KB197845

EICHMANN VOR JERUSALEM

EICHMANN VOR JERUSALEM

BETTINA STANGNETH

예루살렘 이전의 아이히만

대량학살자의 밝혀지지 않은 삶

베티나 슈탕네트 지음 이동기 이재규 옮김

글항아리

한국어판 서문

독일인들은 침묵과 가식의 망토로 우리 가운데 있는 살인자들을 보호했습니다

철학자는 항상 세상 사람 모두를 위해 글을 쓴다고 알려져 있습니다. 그렇지 않다면 철학자라고 할 수 없겠죠. 하지만 이 책을 쓸 때 저는 한국 독자들을 염두에 두지 못했습니다. 12년 동안 매달리면서도 저는 이 책의 독자가 많을 거라 생각하지는 않았습니다. 특히 독일인이 아닌 다른 나라 사람들이 읽으리라고는 생각하기 어려웠습니다. 깊이 파고드는 전문서는 널리 읽히지 않는다는 것을 알기 때문입니다. 독자가 많지 않으리라 생각한 더 중요한 이유가 있습니다. 이 책은 독일 사람들이 지금까지도 별로 알고 싶어하지 않는 주제를 다루고 있기 때문입니다. 즉, 저는 독일 역사를 다루었습니다. 더 정확히 말하면, 지금도 이어지고 있는 독일 과거의 불명예스러운 부분을 다루었죠. 아직도 많은 독일인은 이 문제를 직시하길 꺼리며 다른 사람들까지 그렇게 하지 못하도록 용쓰고 있는 실정입니다. 그렇지만 감춰진 사실을 들추려는 이는 자신이 다른 사람들을 충격에 빠트리거나 불편하게 만들 뿐 아니라 일부 사람을 단죄하기도 하는 점을 잘 압니다. 그는 다른 이들이 애써 감춘 불편한 사실을 드러내며 사람들을 당혹스럽게 한다는 것을 압니다. 또한 그는 그 작업이 제 기원이나 혈통, 또는 정체성의 규명 작업임을 잘 압니다.

우리에게는 모두 선조들이 있고, 우리는 아이처럼 그들에게 매달려 마음에 들고 싶어합니다. 범죄와 누락, 은폐와 침묵에 관해 이야기하는 일은 유쾌하지 않을 것입니다. 범죄를 저지르고 무시하고 감추고 침묵한 사람들은 그렇게 할 수밖에 없는 이유가 있었을 것입니다. 그러나 학문을 추구하는 사람들은 그 이유를 모른 채 넘어가서는 안 됩니다. 무언가를 알고자 한다면 외면하거나 침묵해서는 안 됩니다. 외면과 침묵의 전통은 더 나은 인식을 통해 끝내야 합니다. 그러면 앞으로 나아갈 길이 열릴 것입니다.

오늘날 독일은 과거사를 숨기지 않고 잘 처리했다고 인정받습니다. 하지만 정말 숨기지 않고 잘 처리했는지, 심지어 그럴 의지가 분명히 있었는지를 의심할 만한 이유는 넘쳐납니다. 역사상 가장 큰 규모의 대량학살을 조직했던 아돌프 아이히만의 이야기가 그중 하나입니다. 여기에는 거짓말과 범죄가 깊이 얽혀 있습니다. 그 결과 반세기 넘게 매우 독특한 위선 문화가 생겨났습니다. 지금도 독일은 거기서 완전히 벗어나지 못했습니다. 저는 전쟁이 끝난 지 21년 후인 1966년에 태어났습니다. 우리 세대도 집에서 가족과는 얘기할지

언정 친구들과는 나눌 수 없는 주제들이 있었습니다. 멋모르고 말을 꺼내 가족을 당혹스럽게 만들 수 있다는 두려움이 거의 모든 가정에 드리우고 있었습니다. 여타 범죄 공동체와 마찬가지로 나치사회도 잔인한 방법을 동원했습니다. 모두가 한 명의 '총통' 아래 하나의 '민족'으로서 하나의 의지로 행동하는 하나의 몸, 즉 '민족의 몸'이라고 말하면서 서로를 옹호해야 한다고 말했습니다.

독일에서는 이런 상황이 심각해서 학술 연구와 도서도 오히려 침묵을 지키는 데 활용되었습니다. 이에 대해서는 별도의 설명이 필요해 보입니다. 이 주제에 관한 책이 출판되면, 뭔가를 배우려는 이들뿐만 아니라 사람들이 뭔가 알아가는 것을 두려워하는 이들도 그 책을 읽습니다. 법치국가에서는 더 이상 도서 출판을 금지하거나 책을 불태울 수 없기에 그들은 그 저자에 대한 신뢰를 떨어뜨리거나 (불행히도 이런 일이 이따금 발생합니다), 아니면 자신들의 위선적 이야기와 충돌하지 않는 것처럼 간주하며 그 책을 읽습니다. 즉, 책을 은폐 목적으로 활용할 수 있으면 그렇게 하고 나머지는 그냥 무시하는 법을 배웠던 것입니다. 책을 그런 목적으로 사용하면 더 이상 그것을 정직하게 읽기는 어렵습니다.

아돌프 아이히만을 다룬 한나 아렌트의 책이 출간되었을 때 많은 독일인은 그 책의 주장, 특히 '악의 평범성'이란 용어가 책임을 은폐하는 데 매우 유용하다는 사실을 즉각 알아차렸습니다. '평범하다'는 말은 공격적이거나 파괴적이거나 위험한 의도를 품은 것처럼 들리지 않습니다.

달리 말해, 가족과 함께 식탁에 앉아 있는 할아버지는 신념에 찬

살인자가 아니라 그저 제대로 생각할 줄 몰랐던 인물이라는 사실이 훨씬 더 편하게 느껴질 수 있었습니다. 사실 아이들도 그렇게 합니다. 그들은 잘못이 발각되면 처음에는 '제가 안 그랬어요!'라고 잡아떼다가 곧 '저는 몰랐어요!'라며 터놓고 변명합니다. 의식적으로 범죄자가 되려 하지 않더라도 생각 없음만으로 공범이 될 수 있다는 아렌트의 주장은 많은 범죄자에게 가장 좋은 변명거리가 되었습니다. '악의 평범성' 테제는 크게 성공했습니다. 오용되기 쉬웠기 때문입니다. 신중하지 못했다거나 성찰적이지 못했다고 말하면 그만이었기 때문입니다. 이는 당연히 불쾌하고 곤혹스럽지만, 그 자체가 범죄는 아니었습니다. 하지만 무엇보다 악의 평범성 이론은 희망의 이론입니다. 그게 바로 그 테제가 멋진 이유입니다. 그것은 모든 사람에게 거의 거부할 수 없을 만큼 매혹적인 생각이기도 합니다. 사람들이 여전히 생각없음으로 인해 최악의 범죄를 저지를 수 있다면 더 나은 세상을 위한 해결책은 아주 간단합니다. 즉, 모든 사람이 더 많이 생각하면 이 세상에 악은 더 이상 존재하지 않을 것입니다. 그러기 위해서는 생각이 항상 선하다는 한 가지 사실만 믿으면 됩니다. 나쁜 생각이란 존재하지 않는 것이죠. 다만 문제가 하나 있습니다. 독일 사람들은 그것이 사실이 아님을 잘 알고 있었습니다. 살인자가 너무 많았고, 방조범도 너무 많았고, 동조자와 신념형 지지자 역시 너무 많았습니다. 전 세계가 독일인이 초래한 범죄를 보고 망연자실했습니다. 가해자, 희생자, 증인 모두 인간이 악한 생각을 할 때 어떻게 될 수 있는지를 보고 충격받았습니다. 여러분도 아이히만처럼 자기가 원하는 사람이 될 수 있습니다. 오늘날 누구나 그것을 알 수 있습니다. 하지만 우리는 그것을 견디기 어려워합니다. 결국 독일에서는 아무것도 하지 않은 사람들이 침묵과 가식의 망토로 우리 가운데 있는 살인자들을 보호했습니다. 죄지은 이들은 그 일을 아는 사람들의 수치심에 의지합니다. 수치심과 죄책감은 자기 의심과 결합해 강력한 네트워크를 만들어냅니다. 그것은 놀라울 정도로 모든 사람을 점점 더 불가분의 관계로 결속시키며 서로에게 버팀목을 제공합니다. 그것을 다시 해체하는 것, 아니 심지어 그 시도조차 한때 사람들이 필요로 했던 그 버팀목을 제거하는 것을 의미합니다. 세계 곳곳에서 그렇고, 예나 지금이나 마찬가지입니다.

이와 같은 주제를 본격적으로 연구한다면, 도대체 누가 이런 책을 읽을까 하는 것은 묻지 않는 게 더 낫습니다. 여러 해 동안 이 연구를 계속하기 위해 몇 번이고 스스로를 설득하는 일은 쉽지 않았습니다. 하지만 전적으로 자신만을 위해 글을 쓰는 사람은 없습니다. 적어도 저는 그렇게 할 수 없었습니다. 저는 그때도 지금처럼 글을 썼습니다. 요컨대 저는 제게 자신감을 주면서 비판도 서슴지 않는, 깊이 신뢰하는 친구들을 생각하며 이 책을 썼습니다. 우정은 상처를 주지 않으면서 싸울 수 있도록 하는 것이며, 가장 불쾌한 말이라도 당황하지 않고 말할 수 있도록 하는 것입니다. 그것은 늘 지식에 관한 공동 탐구의 이상으로 존재합니다.

완전히 낯선 사람과 공유하기에는 상당히 불쾌할 수밖에 없는 일에 대해 이 책이 자연스럽게 이야기하는 것처럼 읽힌다면, 그것은 애초에 이 책의 저술을 가능하게 했던 신뢰와 우정의 분위기 때문일 것입니다. 모든 학문 연구와 마찬가지로 신뢰의 정신으로 이 책을 읽어달라고 요청드립니다. 저는 누구에게도 무엇을 감출 생각이 없습니다. 저는 앞 세대가 스스로 감옥으로 만들 만큼 지키려던 비밀을 별로 두려워하지 않는 사람들이 이제는 더 많다고 생각하기 때문입니다. 지식과 진실을 추구하는 사람들에게 중요한 것은 바로 그런 것입니다. 즉 흔들리는 배 위에서도 앞을 주시하면 걸을 수 있듯이, 발아래 땅이 흔들려도 계속 걸어가는 것입니다.

결국 지식은 우리가 어디에서 왔는지 그리고 무엇을 기꺼이 버리려 했는지와 관계없이 우리 모두의 관심사입니다. 철학은 모든 사람이 같은 지평을 바란다는 믿음입니다. 이것이 바로 철학자에게 번역되는 것보다 더 큰 선물이 없는 이유입니다. 자신의 전통과 익숙한 단어를 넘어서 이야기를 전하는 번역은 최고의 시험입니다. 다시 말해 번역할 수 없고 전달할 수 없는 것은 우리에게 별반 도움이 되지 않습니다. 우리가 함께 생각하지 않는 것은 아무리 버팀목처럼 느껴지더라도 그저 우리를 묶어두기만 할 뿐입니다. 여러분은 이 책을 통해 독일인의 역사에 관한 불편한 지식을 접할 수 있을 것입니다. 저는 제 책을 한국 독자도 읽을 수 있다는 사실에 무척 감사한 마음이 듭니다. 이 책의 출간을 결정해준 글항아리 출판사와 끈기 있게 번역을 수행해주신 이동기, 이재규 선생님께 감사드립니다. 여러분이 이 책을 읽는다는 사실에 저는 큰 힘을 얻습니다. 이런 책을 반드시 써야 한다는 신념이 더 커집니다.

마지막으로, 시간을 내고 인내심을 갖고, 일어나지 않았어야 했고 그랬다면 누구도 말할 필요가 없었을 일에 관해 이야기할 수밖에 없는 이 여정에 기꺼이 동행해주시는 한국의 독자 여러분께 감사의 말을 전합니다. 우리 후손들이 과거를 연구할 때는 힘이 좀 덜 들도록 최선을 다합시다!

함부르크, 2024년 12월

베티나 슈탕네트

차례

주요 등장인물

전후 아돌프 아이히만(뤼네부르거 하이데에서는 오토 헤닝거Otto Heninger, 아르헨티나에서는 리카르도 클레멘트Richardo Klement라는 가명을 사용)과 관련된 사람들 중 잘 알려지지 않은 사람들이 일부 있다.

사선 토론회 주요 참여자들

루돌프 폰 알펜슬레벤: 힘러의 참모장, 친위대와 경찰 고위 간부 역임, 전후 아르헨티나에 체류한 나치들 중 최고 지위의 경력자.

에버하르트 프리치: 1946년부터 뒤러출판사 대표, 아르헨티나에서 나치 텍스트 출판하고 나치의 거점인 서점을 소유, 전후 가장 과격

한 나치 잡지인 『길-엘 센데로Der Weg-El Sendero』(이하 『길』)의 발행인.

랑거 박사: 빈 출신의 보안국 장교 경력. 다른 정보는 알려지지 않음.

빌럼 사선: 네덜란드 나치 부역자이자 친위대 언론인단 대원, 아르헨티나에 거주하는 나치들의 대필 작가, 선동가, 통신원, 저술가이자, 아이히만과의 인터뷰 및 토론 모임을 조직하고 이끈 주최자.

아돌프 아이히만의 가족

호르스트 아돌프 아이히만, 디터 헬무트 아이히만, 리카르도 프란시스코: 아돌프 아이히만과 베라 아이히만이 낳은 아들들(호르스트 아돌프는 차남, 디터 헬무트는 셋째 아들, 리카르도 프란시스코는 막내 아들).

카를 아돌프 아이히만: 아돌프 아이히만의 아버지.

클라우스 아이히만: 아돌프 아이히만과 베라 아이히만의 장남.

오토 아이히만: 아돌프 아이히만의 남동생. 로베르트 아이히만과 함께 아이히만 재판에서 변호를 조직하고 지원함.

로베르트 아이히만Robert Eichmann: 아돌프 아이히만의 의붓 남동생. 변호사로서 1960~1962년 아이히만 재판 때 변호를 조직하고 지원. 아르헨티나 문서의 상당 부분이 그의 사무실에서 도난당함.

베라 아이히만: 아돌프 아이히만의 부인. 전후에는 결혼 전의 성 리블을 사용함.

법망으로부터 탈출해서 아르헨티나로 도주할 때

아이히만과 관계를 맺은 인물들

한스 프라이에슬레벤: 아이히만을 위해 뤼네부르거 하이데의 은신처를 마련한 친위대 대원.

호르스트 카를로스 풀드너: 독일계 아르헨티나 친위대 대원. 후안 페론을 대신해 나치들의 탈출을 도움.

알로이스 후달 주교: 가톨릭 주교이자 히틀러 지지자. 아이히만을 비롯해 도주 중인 나치들에게 위조 신분증 제공하는 일을 도움.

넬리 크라비츠: 친위대 대원 쿠르트 바우어의 누이. 포로수용소에서 탈출한 아이히만을 숨겨주고 뤼네부르거 하이데의 은신처로 아이히만을 방문함.

헤르베르트 쿨만, 가명은 페드로 겔러: 친위대 기갑부대 대원. 아이히만과 함께 유럽에서 아르헨티나로 이주. 1953년 차카부코 거리에 소재한 아이히만 아파트의 담보인. CAPRI(산업프로젝트수행 아르헨티나협회)에서 일했음.

루이스 (알로이스) 신틀홀처: 1938년 인스브루크 포그럼과 이태리 전쟁범죄에 연루된 오스트리아 출신의 친위대 장교. 아이히만의 독일 탈출을 도움.

뒤러 서클 회원과 아르헨티나에서 교제한 그 외 나치들

헤르베르트 하겔: 친위대 대원. 린츠 관구장의 부관이자 CAPRI 직원.

베르톨트 하일리히: 나치당 브라운슈바이크 지구당 위원장. 투쿠만 소재 CAPRI에서 근무.

카를 클링겐푸스: 나치 외무부 '유대인과' 근무. 1967년까지 독일-아르헨티나 상공회의소 소장.

라인하르트 콥스, 가명은 후안 말러: 다작의 작가. 나치 광신도이자 사선의 경쟁자이며, 『길』 발간 초기에 뒤러출판사에서 근무.

요한 폰 레어스: 친위대 장교이자 선전부에서 일한 탁월한 이론가. 1950-54년 아르헨티나 거주. 『길』의 기고자.

디터 멩게: 친위대 대원, 독일 공군 조종사. 아르헨티나에서 고철 부호가 되었음. 사선의 후원자.

콘스탄틴 폰 노이라트: 독일 외무부 장관의 아들. 도주한 나치들을 법적으로 재정적으로 돕는 기금 마련 단체인 동지회를 루델과 함께 설립함. 1958년부터 지멘스 아르헨티나 지사장.

빌프레트 폰 오벤: 제국선전부의 괴벨스 언론 담당 부관. 뒤러출판사가 출간한 괴벨스 전기의 저자.

프란츠 빌헬름 파이퍼: 나치 방위군 대령이자 나치 금괴의 보유자로 알려졌음. 아이히만이 관리하던 호아킨 코리나의 토끼 농장 주인이자 사선과 루델의 친구.

페드로 포비에심: 폴란드 출신 나치 방위군 병사. 아르헨티나에서 디터 멩게와 빌럼 사선 등의 나치들과 공동 사업 수행.

한스-울리히 루델: 독일 공군 폭격기 조종사. 히틀러 치하에서 가장 많은 훈장을 받은 군인. 도주한 나치들을 법적 · 재정적으로 돕는 기금 마련 단체인 동지회를 노이라트와 함께 설립. 프리치의 친구이자 사선의 찬양자이며, 뒤러출판사가 출간한 루델 책의 집필자.

요제프 슈밤베르거: 친위대 대원이자 1942~1944년 크라카우 수용소 소장. 지멘스 아르헨티나 지사에서 근무.

디터 폴머: 프리치의 친한 동료로서 『길』에 근무. 1954년 독일로 돌아가서도 뒤러와 교류 유지.

요제프 퓌테를: 특공대 D의 특무반 10A로 함께 형사 및 국경 담당 경찰로 근무. 부에노스아이레스로 도주했지만 1955년 독일로 귀국해 연방헌법수호청에 근무하다 1958년 아르헨티나로 재입국.

아이히만의 추적, 체포 및 재판과 관련된 인물들

츠비 아하로니: 아이히만의 아르헨티나 주소를 발견하고 '리카르도 클레멘트'가 아이히만임을 알아낸 모사드 첩보원.

프리츠 바우어: 헤센주 검찰총장이자 나치 전범의 기소자. 아르헨티나의 아이히만 소재지를 밝힌 뒤 이스라엘 당국에게 정보 제공.

투비아 프리트만: 홀로코스트 생존자. 가족은 살해됨. 나치 추적자이며, 하이파 나치 전범 자료 연구소의 설립자.

프랑수아 주누: 스위스 금융가. 히틀러 숭배자이자 헌신적인 나치. 요제

프 괴벨스와 마르틴 보어만 같은 나치의 글을 팔아 이익을 얻음. 아이히만의 글을 사들이고 대신 아이히만 변호를 위해 재정을 대는 협상에 참여.

이세르 하렐: 1952~1963년 모사드 국장. 아이히만 체포에 대해 논쟁적인 글을 발표.

기드온 하우스너: 1960~1963년 이스라엘 법무부 장관. 아이히만 기소 주도.

로타어 헤르만: 변호사이자 다하우 수용소 생존자. 가족은 홀로코스트로 사망. 처음에는 부에노스아이레스에서, 나중에는 코로넬 수아레스에서 법률 자문 활동. 바우어를 비롯한 여러 사람에게 아이히만의 아르헨티나 거주 정보 제공.

아브너 W. 레스: 이스라엘 경찰의 경감, 아이히만 체포 후 심문 진행.

하인리히 마스트: 독일과 미국의 정보 장교이자 회틀의 동료. 1953년 비젠탈에게 아이히만이 아르헨티나에 있음을 알렸다고 말함.

로베르트 제르바티우스: 서독 변호사. 뉘른베르크 재판에서 나치들을 변호했고 나중에 아이히만 변호인단에 참여.

발렌틴 타라: 아이히만이 은신했을 때 그의 가족을 감시한 알타우제의 형사.

지몬 비젠탈: 홀로코스트 생존자이자 전후 가장 유명한 나치 추적자. 아이히만의 사진을 최초로 발견. 아이히만 가족들이 아이히만을 사망한 것으로 만드는 모든 시도를 저지.

기타 인물들

토마스 하를란: 악명 높은 반유대주의 영화감독 바이트 하를란의 아들이자 작가. 나치 전범 폭로에 헌신. 프리츠 바우어의 친구. 1961년 아르헨티나 문서(랑바인에게서 얻은)에 기초해 작성한 첫 번째 글을 폴란드 주간지 『폴리티카』에 기고.

빌헬름 회틀: 오스트리아 출신 친위대 장교이자 전후 뉘른베르크 재판에서 검찰 측 증인. 아이히만이 홀로코스트 희생자 수를 600만 명이라고 말했다고 전함. 나중에 "정보" 기구의 첩보원으로서 첩보 기구들과 언론 및 역사가들에게 엉터리 정보를 많이 제공.

루돌프 레죄 카스트너: 오스트리아-헝가리 유대인이자 부다페스트 구조 위원회의 부의장. 브란트와 함께 1944년 아이히만을 상대로 유대인을 구출하기 위한 시도인 "인신 대 상품 교환" 협상을 진행했음. 전후 나치 부역죄로 기소됐으며 1957년 암살.

헤르만 랑바인: 수용소 생존자이자 빈 소재 국제아우슈비츠 위원회 초대 사무총장. 1959년 오스트리아에서 아이히만을 형사 고발. 1961년 아르헨티나 문서의 가장 완벽한 복사본을 획득해 유포.

헨리 오르몬트: 다하우 수용소 생존자이자 나치 피해자들을 위해 활동하는 변호사. 바우어와 하를란의 친구. 1961년 아르헨티나 문서를 확보하는 데 도움 제공.

다니엘 파센트: 폴란드 주간지 『폴리티카』 편집인. 1961년 랑바인이 복사한 아르헨티나 문서에 기초한 5부작 시리즈 발표. 하를란과 함께 그것에다 주석 부기.

미에치스와프 라코프스키: 『폴리티카』 편집주간. 아르헨티나 문서가 진짜 라는 것을 확인.

미프 사선: 빌럼 사선의 두 번째 부인.

사스키아 사선: 빌럼 사선과 미프 사선 사이의 딸.

잉게 슈나이더: 사선 집안의 가족 친구. 사선 가족이 유럽을 탈출할 때 탔던 선박 선장의 딸.

디터 비슬리체니: 친위대 장교. 아이히만의 부하이자 심복이며 친구. 전후 뉘른베르크 재판에서 검사 측 증인이며, 생존을 위해 아이히만을 비방함. 1948년 재판 후 브라티슬라바에서 교수형 당함. 그의 뉘른베르크 진술은 1961년 아이히만 기소에 도움이 됨.

서론

"그 일은 사실 내게 오랫동안 불명료했어요."

—한나 아렌트[1]

그 사람을 빼고는 누구도 수백만 명에 달하는 남성과 여성, 어린이들의 체계적인 절멸에 대해 제대로 말할 수 없는데, 정작 이름부터가 애매했다. 도대체 그의 이름은 카를 아돌프인가, 아니면 오토인가? 간단한 질문이지만, 전부터 그의 정체를 잘 알고 있다고 생각하면 당혹스러울 수 있다. 그런데 여러 해에 걸쳐 언론도 수시로 다루었고 학계의 주요 연구 대상이기도 했던 그 인물에 관한 지식에 정말로 여전히 큰 공백이 있을까? 더구나 아돌프 아이히만은 하인리히 힘러나 라인하르트 하이드리히 같은 이들보다는 훨씬 뒤에 놓이는 인물이다. 그런데도 왜 책 한 권이 더 필요할까? 아주 기본적인 질문이 존재하기 때문이다. 그 유명한 모사드 작전으로 아르헨티나에서 납치되어 이스라엘 법정에 서기 전까지 아돌프 아이히만을 알고 있던 사람들은 누구일까? 나는 바로 그것을 알고 싶다.

아이히만은 이스라엘에서 그 문제에 관해 직접 밝혔다. "1946년까지, 즉 빌헬름 회틀 박사가…… 저를 유대인 500만~600만 명을 죽인 사람이라고 낙인찍을 때까지 저는 무명이나 다름없었죠."[2] 피고인으로 몰린 사람이 이렇게 말하면 특별히 놀랄 일은 아니고, 그 역시 마찬가지였다. 결국 자신이 "아돌프 히틀러가 만든 절멸 작동 기계의 작은 톱니바퀴 중 하나일 뿐"이라고 한 아이히만의 진술은 널리 알려졌다. 오늘날까지도 연구자들이 아이히만의 그 말을 무비판적으로 순진하게 인용하고 있다는 사실은 정말 놀랍다. 대량학살자 아이히만을 둘러싸고 여러 논쟁이 격렬하게 벌어졌지만, 예루살렘 재판 때까지 "아이히만"이라는 이름을 알고 있었던 사람이 소수에 불과했다는 사실을 의심하는 이는 없었다.[3]

그러나 옛 신문을 읽어보니 아이히만의 말도, 연구서들의 서술도 뭔가 사실과는 다른 것 같다는 의심이 들었다. 이스라엘 총리 다비드 벤 구리온은 1960년 5월 23일 아돌프 아이히만을 체포해 재판을 진행한다는 소식으로 세상을 놀라게 했다. 하지만 이어서 나온 것은 이른바 지금까지 거의 알려지지 않았던 한 남자에 대한 질문들이 아니라 여러 쪽에 걸쳐 그에 대해 매우 상세하게 서술한 글들이었다. 한참 더 오래된 출판물을 살펴보면 상황은 더 분명하다. 겉으로는 잘 알려지지 않았던 듯하지만, 사실 그는 재판이 시작되기 훨씬 전에 이미 대부분의 나치보다 더 많은 별칭—칼리굴라, 유대인의 차르, 민족 학살의 관리자, 이단 대심문관, 유대인 학살 기술자, 최종해결사, 관료, 대량학살자—을 가지고 있었다. 그 별칭은 모두 이미 1939년부터 1960년 사이에 아이히만을 일컫던 것이었다. 그것은 은밀하지 않았다. 신문이나 유인물, 책에 그 별칭이 다 나와 있었다. 그렇기에 사람들이 아돌프 아이히만에 대해 언제 무엇을 알고 있었는지를 파악하고자 했다면 누구나 그것을 접할 수 있었다. 당시 정확히 한목소리로 정반대 사실을 주장한 집단이 있었다. 그들은 아이히만의 옛 동료와 전후 잔존 나치들이었다. 그들은 어떤 대가를 치르더라도 자신들이 아는 바를 대수롭지 않은 일로 만들고자 했다. 하지만 다음과 같은 의문이 생긴다. 그들이 알고 있던 것이 어느 순간 사라진 이유는 무엇인가? 어떻게 한 사람이 갑자기 모두의 눈을 피해 사라질 수 있었는가? 그 의문에 대한 답은 홀로코스트, 쇼아, 유대인 절멸 중 어느 것으로도 부를 수 있는, 그 전무후무한 인권 유린 범죄의 문제와 직접 관련이 있다.

우리는 범죄자를 여론의 심판이 두려워 비밀리에 범행을 저지른 사람이라고 생각한다. 또 우리는 정체가 폭로된 그 범죄자를 처벌하고 그에게 책임을 지도록 하는 과정에서도 여론의 역할이 여전히 중요하다고 생각한다. 그렇기에 유럽 내 유대인의 권리를 박탈하고 추방한 후 살해한 일을 규명하려는 초기 연구들은 그저 소수의 범죄자가 민족 공동체 몰래 끔찍한 일을 자행했다는 식의 판에 박힌 결론으로 향했다. 즉, 그것은 당시에 상황을 좀 알았다면 집단적으로 저항했을 온순한 한 민족 내의 병적이고 반사회적인 기괴한 소집단으로 가해자들을 파악하는 인식이었다. 하지만 이제 학술 연구는 그런 인식을 넘어선 지 오래다. 그사이 우리는 민족사회주의 세계관의 기능과 집단행동의 역동성, 전체주의적 체제의 결과에 대해 적지 않은 사실을 알게 되었다. 우리는 특별히 가학적 성향을 지니지 않은 사람에게도 폭력 분위기가 영향을 끼친다는 사실을 확인했다. 또 우리는 노동 분업이 인간의 책임감에 얼마나 끔찍한 영향을 끼치는지도 연구했다. 그렇지만 아돌프 아이히만과 같은 범죄자들을 정확히 어떤 위치에 놓아야 하는지에 대해서는 예나 지금이나 의견이 크게 갈린다. 일부 학자는 그가 평범한 사람인데 전체주의 체제에서 사유 능력 없는 살인자가 되었다고 주장했다. 다른 일부 학자는 그를 절멸 의도를 가진 과격한 반유대주의자로 보았다. 또 다른 어떤 학자들은 나치 정권을 이용해 그저 자신의 사디즘을 위한 구실을 마련했던 정신병자로 그를 간주했다. 그 결과 아이히만에 대해 여러 모순된 이미지가 마구 생겨났다. 그것은 한나 아렌트의 『예루살렘의 아이히만: 악의 평범성에 대한 보고』를 둘러싼 논쟁에서 더 극단적으로 나타났다. 그런데 이제껏 논의에서 빠진 관점이 있다. 그것은 바로 여론이다. 다시 말해 예루살렘 이전의 '아이히만 현상' 그리고 생애 여러 시기의 아이히만의 이미지에 대한 시각이 빠졌다.

장 자크 루소의 통찰에 따르면, 월권과 그로 인한 불의에서는 늘 두 가지 인물 유형이 존재한다. 즉 무언가를 주장하는 사람이 있고, 그것을 그대로 따르는 이들이 있다는 것이다.[4] 아돌프 아이히만의 공적 영향력을 살펴보면, 그 두 부류 인간의 기괴한 협력 과정에 대해 많은 것을 알 수 있다. 특히 악명 높은 '유대인 담당관' 시절의 아이히만처럼 우리가 그 협력 과정을 제대로 통찰한다면 그것이 얼마나 위험한지 알 수 있을 것이다. 그래서 이 책은 아이히만의 역사를 그의 범죄 연대기나 행위의 발전사로 서술하지 않고 그의 영향을 재구성하는 방식으로 서술한다. 누가 언제 아이히만을 알았고, 사람들은 그에 대해 언제 어떤 생각을 했으며, 사람들이 자신을 알고 자신에 대해 생각한다는 사실에 그는 어떻게 대응했는가? 얼마나 많은 자기 연출이 아이히만 현상에 깔려 있는가? 그의 역할극은 그의 학살 이력과 우리의 역사상에 어떤 의미를 지녔는가?

우리가 이제 그 문제들을 제대로 다룰 수 있게 된 것은 특수한 사료 상황 덕분이다. 아이히만과 관련된 문서와 기록, 진술서는 여타 주요 나치들 모두의 것보다 더 많다. 히틀러나 괴벨스와 관련된 문서도 결코 아이히만의 것을 능가하지 못했다. 그것은 단순히 아이히만이 전쟁이 끝나고도 17년간 더 생존했다거나 재판 중 이스라엘 경찰 당국이 아이히만 자료를 엄청나게 수집했다는 사실에만 기인하지 않는다. 그것은 무엇보다 아이히만 스스로 열심히 말하고 다니며 글을 썼기 때문이다. 아이히만은 주요 국면마다 행위 대상과 의도에 따라 언제나 자신을 새롭게 그려냈다. 아이히만은 부하 직원, 상사, 가해자, 도주자, 망명자, 피고인 등 그 어떤 상황에서든 매번 자신의 영향력을 정확히 관찰했고 자기 목표를 위해 상황을 최대한 이용하려고 했다. 아이히만이 시도한 여러 이미지 창출 과정을 비교해보면 그와 같은 행동 유형의 양상이 잘 드러날 것이다.

물론 그중 아이히만이 예루살렘에서 만든 이미지만 잘 알려졌다. 하지만 그 뒤에 감춰진 의도를 모를 수는 없다. 아이히만은 생존을 위해 자신을 정당화했다. 예루살렘에서 아이히만이 만든 이미지가 학살을 통해 얻은 출세 가도나 가해자로서의 삶과 어떤 관계가 있는지 알려는 사람은 반드시 예루살렘 이전의 아이히만을 알아야 하고 그 후의 겉모양에만 의존하는 해석들 너머로 과감히 나아가야 한다.

아이히만의 예루살렘 진술에 따르면, 천년왕국의 광기가 잔해로만 남은 1945년 이후에야 비로소 그는 본래의 자기 삶을 찾았다. 오랫동안 갈망한 삶이 그때 시작되었다는 것이다. 전후에 그는 '유대인 담당관'이 아니라 소박한 집토끼 사육사가 되었는데, 그것이야말로 사실 자신이 진정 원했던 삶이라고 밝혔다. 사악한 이들은 나치 정권과 다른 사람들이었지 자신은 아니었고, 그가 아돌프 히틀러 아래에서 경력을 쌓았던 것은 그저 우연일 뿐이라고 주장했다. 하지만 그렇게 생각하지 않을 사람들이 적지 않음을 알기에 그는 아돌프 아이히만이란 이름을 버릴 정도로 용의주도했다. 아이히만은 아내에게만 자신의 첫 이름이자 할아버지 이름이기도 한 오토로 자신을 부르도록 알렸다.[5] 독일이 항복했을 때, 그는 '아돌프 카를 바르트 Adolf Karl Barth'라는 이름으로 포로 무리 속으로 사라졌다가, 심문 과정에서는 '오토 에커만Otto Eckermann'이라는 이름을 사용했다. 그곳에서 도망친 후 뤼네부르거 하이데에서 그는 '오토 헤닝거Otto Henninger'라는 이름으로, 마찬가지로 새 이름을 가진 다른 사람들과 함께 장작을 패고 닭을 키우며 살았다. 그는 그곳 현지 여성들을 바이올린 연주로 유혹하며 꼬시기도 했다. 당시 오토 헤닝거의 삶은 나중, 즉 아르헨티나 시절의 토끼 사육자로서의 삶을 떠올리게 한다.

그의 삶에서 문제는 두 가지에 불과했는데, 둘 다 간단치는 않았다. 하나는 가족과 연락할 수 없는 상황이었고, 다른 하나는 그가 '전범'으로 수배 중이라는 사실이었다. "'두더지'로 숨어 지낸 5년 동안 저는 두 번째 천성을 얻었죠. 새로 마주친 사람을 보면 이런 질문을 항상 제 자신에게 던졌어요. 너, 이 얼굴 기억나? 혹시 그 사람들이 너를 전에 본 적이 있다고 생각하는 것처럼 보이지는 않아? 그 사람들이 과거에 너와 어떤 식으로든 만났다고 말할 거리를 찾고 있는 것은 아니야? 그리고 그때는 누군가가 등 뒤로 다가와 갑자기 '아이히만'이라고 부를지도 모른다는 두려움에서 한 번도 벗어난 적이 없어요."[6] 시간이 흐르면서 나치의 대량살인이 완전히 잊히기를 바랐던 아이히만의 바람은 물거품이 되었다. 아이히만은 결국 도주 아닌 다른 출구를 찾지 못했다. 요컨대 오토 헤닝거는 1950년에 종적을 감췄다. 그 대신 리카르도 클레멘트Ricardo Klement가 제노바에서 유럽을 떠나 완전히 새로운 신분증으로 정체성을 얻어 아르헨티나에서 이전부터 원해온 삶을 살기 시작했다. 그는 수력발전소 프로젝트에서 일자리를 얻어 측량팀을 이끌고 아르헨티나 북부의 아열대 지방인 투쿠만을 종횡무진했다. 그 지역의 계곡과 산자락은 그에게 알프스를 떠올리게 했다. 또 그는 말을 타고 답사에 나서 산들을 둘러보고 광활한 팜파스 지역을 유랑하며 아메리카의 가장 높은 산인 아콩카과산 등정을 두 차례나 시도할 만큼 여유롭게 지냈다. 2년 후 마침내 아내가 아들 삼형제와 함께 아르헨티나로 건너왔다. 그는 아이들을 답사에 데려갔고 그들이 승마와 낚시를 배우고 자연을 즐기도록 가르쳤다. 프로젝트 회사가 파산하면서 리카르도 클레멘트는 새로운 직업을 찾아야 했는데 늘 행운이 따르진 않았다. 그리하여 그 유복한 가족은 사는 것이 조금 버겁기도 했지만, 늦어도 1955년에는 다시 행운이 찾아왔고 죽 계속될 수도 있었다. 아이히만은 토끼 농장 관리인 자리를 얻었을 뿐 아니라 불혹이 넘은 그의 아내가 넷째 아들을 낳았다. 아기 '하지'의 탄생으로 어쨌든 그는 기분이 좋았다. 곧 그가 멋진 아내와 네 아들, 다켈종 개 피피와 목양견 렉스, 뻐꾸기시계와 알프스 풍경화에 어울리는 집을 지을 궁리를 했다는 것은 전혀 놀랍지 않았다.[7] 모사드에 납치되지 않았더라면, 그는 오늘까지도 별 탈 없이 리카르도 클레멘트로서 살아왔을 것이다.

이 멋진 이야기에는 심상치 않은 문제가 하나 있었다. 여권상 리카르도 클레멘트로 신분을 세탁한 옛 나치 아이히만은 이제 완전히 비정치적인 자연 애호가로 둔갑했는데, 사실 그는 아르헨티나에 결코 동화되지 못했다. 아이히만은 전원생활에 어울리는 사람이 아니었다. 아이히만에게 전쟁은, 즉 그의 전쟁은 아직 끝나지 않았다. 친위대 중령으로서 아이히만은 아마도 '예편'했지만, 광적인 나치로서의 아이히만은 아직 끝나지 않았다. 특정한 누군가를 직접 손대지 않고서도 수백만 명의 사람을 살해할 수 있었던 그 전체주의 국가는 이제 사라졌지만, 그렇다고 그가 무장을 해제할 이유는 전혀 없었다. 가족과 50킬로미터 떨어진 곳인 토끼 농장 베란다에서 50일 동안 일과 후 저녁마다 레드 와인을 마시고 쉬면서 바이올린을 연주한 것은 전원적인 삶으로 보이기도 했지만, 실제로는 전혀 그렇지 않았다. 위도 35도에 위치한 그곳이 북유럽과 달리 갑자기 어두워지고 밤이 빨리 찾아오면서 여명이나 긴 황혼도 없이 완전히 어둠에 덮였기 때문만은 아니다. 그는 저녁 시간에 읽고 쓰기 시작했다. 그 작업은 평온함과는 거리가 멀었다. 그 중년의 사내는 책 읽기를 차분히 즐기지 못했다. 그는 행복한 토끼 사육사가 아니라, 책들을 벽에 던지거나 찢고 책 한 귀퉁이에는 공격적으로 끊임없이 비방과 불평을 적으며 신들린 듯 자기 의견과 논평을 쓴 종이를 산더미처럼 쌓는 사람이 되었다. 힘을 주어 끄적거리니 연필심이 뚝뚝 부러졌지만, 투쟁심만큼은 꺾이지 않았다. 아이히만은 세계관에 입각해 투쟁하는 일을 포기하지 않았다. 게다가 그는 결코 혼자가 아니었다.

우리가 오늘날 새로운 사실을 많이 알 수 있게 된 것은 우연한 행운 덕분이다. 지난 2년 동안 전에는 학술 연구에 활용할 수 없었던 자료들이 여러 문서고에서 공개되었다. 그래서 『아르헨티나 문서Argentinien-Papiere』, 즉 아이히만이 망명 중에 남긴 기록과 대화록, 그리고 사선 인터뷰—사실 그런 이름으로 불리기는 좀 어색하지만—로 알려진 대화 녹음 기록들은 처음으로 맥락을 갖춰 재구성되었다. 1300쪽이 넘는 그 자료들이 구속 전 아이히만의 삶과 생각을 드러낸 것은 우연이 아니었다. 상황을 파악하고 해석해내려면 나치의 반인륜 범죄에 대한 전후의 주요 자료들을 제대로 살펴봐야 한다. 지금까지 파악할 수 없었던 연관관계가 문득 분명해졌다. 특히 한 가지는 아주 명확했다. 망명 중에 아이히만은 결코 어둠을 틈타거나 은밀하게 행동하지 않았다는 사실이다. 그는 아르헨티나에서도 눈에 띄고자 했다. 과거에 그랬던 것처럼 그는 그곳에서도 새로운 시대의 상징으로 활동하고자 했다.

빛을 쫓으면 눈에 띈다. 1945년 이후 아이히만과 교제한 사람들은 분명 지금까지 추정했던 것보다 훨씬 더 많았다. 아이히만이 잠적하고 도주한 과정을 살펴본 사람들은 나치 추적자나 특수암살부대뿐만이 아니었다. 그는 무엇보다 조력자와 동조자 및 자신을 칭송하는 이와 친구들을 계속 만나게 된다. 물론 그들은 아이히만을 알지 못했다거나 그저 스치듯 만났을 뿐이라고 시종 거짓말을 둘러댔다. 네덜란드 무장친위대 자원병이자 전쟁 선동가였던 빌럼 사선이 자신은 그저 아이히만의 '대필가'였을 뿐이라고 주장하면서 수십 년 동안 둘의 관계를 감출 수 있었듯이, 사람들은 대개 아이히만과 만난 사실을 숨겼다. 이제 그런 거짓말은 더 이상 통하지 않는다. 『아르헨티나 문서』를 통해 누가 과거 시기와 미래를 위한 정치 구상에 대해 아이히만과 토론하고자 접촉을 원했는지도 드러났다. 빌럼 사선이 그저 호기심 많은 언론인에 불과하지 않은 것처럼, 힘러의 전속 부관이었던 루돌프 폰 알펜슬레벤이 회심한 나치가 아니었던 것처럼, 아르헨티나의 아이히만 역시 그저 부랑자나 그 비슷한 무지렁이가 아니었다. 그들을 무시하고자 한들 어쩔 수 없었다. 그들은 연합국 법정을 피해 도주해와 아르헨티나에서 조직을 새로 꾸린 나치였다. 그들은 조용히 새 삶을 시작하는 것에 만족할 생각이 전혀 없었다. 멀리서 망명의 자유를 누리던 아이히만의 주변 사람들은 독일과 세계의 발전을 두고 의견을 주고받았다. 그들은 열성적으로 정치적 전복 계획을 세웠고 같은 뜻을 가진 이들의 연결망을 부지런히 구축했으며, 나치의 찬란한 세계관을 옹호하고 진실에 맞설 요량으로 문서들을 위조했다. 그 한가운데에 바로 아이히만이 있었다. 과거에 제국중앙보안청의 담당자로 불리는 데 익숙했던 것과 마찬가지로 아이히만은 이제 수백만 명을 살해했다는 이유로 추방당한 전문가로서 자의식을 가졌고 열정적으로 나섰다. 그를 원하는 이는 많았다.

요컨대 '아르헨티나의 아이히만'은 일인극이 아니었다. 그것은 퇴역 친위대 중령이 밟은—역사와 '유대인 문제'의 전문가라는—두 번째 경력의 놀라운 연대기였다. 그래서 그는 훗날 종전이 그를 정화하고 바꾸었다는 사실을 모두에게 이해시키고자 부단히 애썼지만, 아르헨티나 시절 그의 생각과 사회 활동을 살펴보면 실제로는 전혀 그렇지 않았음을 알 수 있다. 아이히만이 온화하고 얌전한 리카르도 클레멘트가 되고자 한 것은 비로소 이스라엘 감옥에 수감되었을 때다. 아르헨티나에서 그는 동료들에게 사진을 주면서도 으쓱거리며 "친위대 퇴역 중령, 아돌프 아이히만"이라고 서명했다.

하지만 1945년 이후의 아이히만은 아르헨티나의 상황보다 훨씬 더 많은 것을 담고 있다. 서독에서도 그의 이름을 기억하는 이가 많았다. 심지어 훗날 사람들이 그에 대해 아무것도 몰랐다고 주장했을지라도 그랬다. 아이히만에 대한 증언은 아주 많았고, 그를 다룬 신문 기사나 출판물도 넘쳤다. 그 자료들은 독일인들이 이미 1960년 이전부터 아이히만 그리고 그를 둘러싼 일들에 대해 어떤 생각을 했는지를 보여준다. '아이히만 현상'을 추적하는 사람들은 또 다른 간접 자료들을—물론 과대평가할 수는 없다—활용할 수 있다. 그의 희생자나 추적자, 또 무엇보다 옛 동료나 지인들의 증언이 그것이다. 그들은 정말이지 아이히만을 잊을 수가 없었는데, 자신들이 그를 기억하는 것만큼이나 아이히만 역시 그들을 잘 기억하고 있다는 사실을 두려워했기 때문이다. 그를 아는 사람, 심지어 그가 누군지 정말 잘 아는 사람조차 그를 기억하는 것을 들키고 싶지는 않았다. 미국의 비밀문서고와 수배자 목록, 독일 검찰과 연방헌법수호청, 외무부가 제공한 소수의 해금 문서는 전쟁이 끝난 직후, 특히 초창기 서독과 오스트리아에서 아돌프 아이히만이 어떤 의미를 지녔는지를 파악하는 데 유용하다. 아이히만, 또는 아이히만 이미지는 점점 더 정치적 의미를 지녔다. 가능한 한 완전히 망각하면서 과거를 극복하려는 노력은 반인륜 범죄의 주요 증인이 생존해 있다는 사실만으로도 난관에 맞닥뜨렸다. 아이히만은 아르헨티나에서도 조용히 눈에 띄지 않게 살아갈 마음이 없었고 오히려 연방 총리 콘라트 아데나워에게 공개서한을 보내기까지 했다. 그것으로 인해 그는 결국 위험인물이 되었다. 그렇게 많은 것을 알고 있는 그자가 서독에서도 자기 말을 하도록 내버려둘 수 있었을까?

그 모든 것으로 인해 아이히만 수배는 사랑과 배신, 죽음으로 채워진 멋진 일화보다 훨씬 더 복잡한 이야기가 된다. 말하자면 그저 희생자, 수백만 명의 사람을 죽인 자를 기필코 찾아내려는 나치 사냥꾼, 그리고 그 과정에서 능숙하게 일을 처리한 정부들만 등장하는 일이 아니다. 아이히만으로 인해 과거가 망명지에서 되돌아오는 일을 막고자 했던 사람들도 적지 않았다. 딸의 남자친구가 전범의 아들이라는 사실을 알게 된 아르헨티나의 한 시각장애인이 침묵을 지키고 싶은 강한 욕구를 극복하기까지는 신중함을 넘어 더 많은 것이 필요했다. 예루살렘 이전의 아이히만 이야기는 전후 독일에서 재판을 통해 진정으로 새로운 시작을 열 기회를 몇 번이나 놓친 일들과 관련된 것이기도 하다. 서독은 옛 인물들을 그대로 둔 채 신생 국가를 통해 그 말도 안 되는 시대의 구조들을 극복하고자 했고 그것은 사실 불가피하기도 했다. 하지만 그 구조들이 전후에도 얼마나 오래 지속되었는지를 알려면 바로 아이히만 이야기를 다루지 않을 수 없다. 국가에 해롭다는 이유로 오늘날에도 아직 독일의 공공기관이 공개하지 않는 아이히만-사료가 존재한다는 사실은 놀랍다. 퇴역한 친위대 중령 아돌프 아이히만을 독일연방공화국의 한 장으로 받아들이는 것은 사실 만시지탄이다.

1963년 『예루살렘의 아이히만』이 출간된 후 아돌프 아이히만에 대한 논의는 언제나 한나 아렌트와의 대화이기도 했다.[8] 아렌트는 유대인 여성으로서 쾨니히스베르크에서 자랐고 마르틴 하이데거와 카를 야스퍼스 밑에서 철학을 수학했다가 나치에 의해 추방되었다. 아렌트는 1961년 예루살렘에 가서 철학의 원래 목적대로 "이해"하기 위해 아이히만 재판을 방청했다. 하지만 누구도 있는 그대로 이해하지는 못한다. 그 대신 우리는 제 나름의 생각과 경험, 다시 말해 과거의 세계상을 가져와 이해한다. 한나 아렌트는 늦어도 1943년에 신문을 통해 아돌프 아이히만의 이름을 처음 접했다. 그로부터 18년 뒤 아렌트는 아이히만에 대해 잘 알게 되었다. 애초 자신이 예상한 인물상에 대해 아렌트는 소상히 밝혔다. 그것은 잔인함의 광기에 휩싸인, 매우 지능적이고 악마 같은 대량학살자였다. 즉 위대한 문학작품을 통해 우리가 익히 아는 인물이었다. 1960년에 아렌트는

"그는 전체 무리에서 가장 지능적인 사람 중 한 명이었다"라고 썼다. 그리고 아이히만을 이해하고자 노력하니 나치 범죄를 이해하는 데 한발 더 나아갈 수 있었다고 말했다. "나는 유혹에 빠졌다."[9]

그 뒤 실제로 아이히만을 보고서 혼란에 빠진 사람은 예리한 관찰력의 소유자인 아렌트만이 아니었다. 초기에 나온 기사들을 읽어보면, 재판참관인들은—어디 출신이건 간에—거의 모두 아이히만에게서 같은 인상을 받았다. 즉, 예루살렘의 아이히만은 사탄에게서 보이는 카리스마라고는 전혀 없는 초라한 인물이었다. 공포와 충격, 그리고 무엇보다 수백만 명의 죽음을 이끌었던 친위대 중령 아이히만은 당시 참담한 문장을 내뱉는 것에 더해 명령에 따른 긴급 상황이니 충성 맹세니 하는 이야기로 사람들의 관심을 마비시켰다. 아이히만이 놀라울 정도로 제 이미지를 잘 만드는 것을 보고 1961년 당시 이미 그것을 의심해볼 수는 없었을까? 어쨌든 그의 말을 의심하는 소리는 약했고 효과도 없었다. 하지만 그들은 재판 참관인들은 갖지 못했던 정보에 접근할 수 있었던 사람들이었다. 그들은 극히 일부이긴 했지만, 『아르헨티나 문서』의 존재를 알고 있었다.

1960년 홀로코스트 연구는 아직 시작 단계에 불과했다. 자료 상태는 형편없었고, 피고인에게서 새로운 이야기를 듣고자 하는 바람이 너무 커서 주도면밀하지 못했다. 한나 아렌트는 그를 이해하고자 자신이 익힌 방식을 택했는데, 그것은 읽기를 반복하는 것이었다. 아렌트는 쓰고 말하는 사람은 이해받으려 한다는 가정 아래 텍스트에 적극 매달렸다. 아렌트는 수사 및 재판 기록을 가장 꼼꼼하게 읽었다. 하지만 바로 그 때문에 아렌트는 계략에 빠졌다. 예루살렘의 아이히만은 거의 가면을 쓴 존재나 다름없었기 때문이다. 아렌트는 그것을 전혀 알아차리지 못했다. 다만 기대와는 달리 그 현상을 여전히 제대로 이해할 수 없다는 사실을 아렌트는 분명 의식하고 있었다.

아돌프 아이히만을 다룬 어떤 책도, 그리고 아마 나치즘에 관한 어떤 책도 『예루살렘의 아이히만』만큼 그렇게 많은 토론을 촉발하지는 못했다. 또 어떤 책도 소크라테스 이후 철학자들이 항상 강렬히 원했던 것, 즉 이해를 위한 논쟁을 그 책만큼 성취하지는 못했다. 하지만 1970년대 말이 되면서 아렌트에 대한 언급은 논쟁의 방향을 전환하는 기능만을 근근이 수행한다. 이미 오래전부터 '아이히만'이란 인물은 더 이상 관심 대상이 아니라는 인상을 지울 수가 없다. 1961년의 아렌트보다 아이히만에 대해 가능한 한 더 정확히 이야기하기보다는 차라리 악에 대한 이론과 논쟁에 대해 더 많이 이야기하기를 원하는 듯하다. 그사이 중요한 것이 변했다. 즉 우리는 완전히 다른 자료를 활용할 수 있다. 원칙적으로는 그렇다는 말이다.

1979년 이후 소위 사선 인터뷰의 대부분이 열람 가능해졌다. 그것은 한나 아렌트를 비롯한 1961년의 재판 참관인들이 갖기 어려웠던 시각을 제공했다. '예루살렘 이전의 아이히만'은 친구가 제공한 방에서 왁자지껄하게 떠들어댔다. 그는 자신과 마찬가지로 나치 신념을 포기하지 않은 채 아르헨티나로 왔던 옛 동지들과 어울리며 살았다. 하지만 그 풍부한 정보를 다루는 작업은 기괴할 정도로 피상적이었다. 그것은 이상할 정도의 호기심 부족으로 인해 마지못해 진행되었을 뿐이다. 1998년 이래로 녹음 기록 원본 몇 가지가 더 나타났을 때도 마찬가지였다. 그 녹음 기록 원본들은 사실 그 전에 꼼꼼히 읽어봤다면 이미 알아차렸을 법한 사실을 확인시켜주었다. 즉 아르헨티나에서 일어난 일은 단순히 호사가였던 한 언론인과 위스키 한잔 걸치고자 했던 퇴역 나치가 우연히 만나 함께 기억을 더듬었던 것과는 차원이 달랐다. 한나 아렌트를 반박하고자 했던 사람들은 그의 책이 성공을 거두었음을 한탄하는 대신 그 반박에 필요한 자료를 여기서 다 발견할 수 있었다. 그렇게는 하지 못한 채 우리는 아이히만의 예루살렘 이야기를 그대로 반복했고, 아이히만이 제공한 일자들을 증거로 삼았으며, 유행이나 좇는 출판사에서 나온 의심쩍은 유사 판본을 인용했다. 심지어 아직 알려지지 않은 아이히만 자료를 문서고에서 잘못 분류해두기까지 했다. 느닷없는 것에 대해 역사가들은 저항하기 마련이었기에 그 아이히만 자료들은 역사가들을 시험에 들게 했다. 사실 우리가 한나 아렌트로 부터 꼭 배워야 하는 것이 적어도 하나는 있다. 그것은 미지의 것을 만나면 유혹에 빠지기 너무나 쉽다는 것이다.

이 책을 통해 나는 일단 활용 가능한 모든 자료와 그 자료로 인해 생겨나는 예상 쟁점들을 소개하고자 한다. 직소 퍼즐처럼 여러 문서고에 흩어져 있는 『아르헨티나 문서』에 대한 이야기만으로도 '아이히만 현상'에 관한 흔치 않은 통찰이 생겨날 것이다. 아울러 그것에 관한 논쟁은 무엇이든 다 흥미로울 것이다. 이 책은 그 논의를 진전시키고 더 많은 질문이 생겨나도록 처음으로 자료들을 상세히 제시했다. 그 자료들에 접근하는 도정도 이 책의 일부를 구성한다.

이 책 역시 한나 아렌트와의 대화다. 이 주제를 다룬 내 작업이 여러 해 전 『예루살렘의 아이히만』으로 시작했기 때문만은 아니다. 우리의 역사 이해는 그것이 일어난 시대와 상황에 따라 달라지기 때문에 아렌트식 접근법을 버릴 수가 없다. 즉 열심히 살폈음에도 여전히 아는 것이 미진할지라도 명료히 판단해 보고자 하는 용기가 필요하다. 아돌프 아이히만을 다루는 과정에서 또 하나의 중요한 사실이 확인된다. 그것은 아이히만 연구에서 얻게 되는 가장 심대한 통찰로서, 평균 지능을 가진 사람이라도 고도의 지능을 가진 사람으로 하여금 자신의 기대가 충족되는 것을 보고픈 욕구를 자극해 자가당착에 빠지도록 만들 수 있다. 하지만 실패를 투명하게 드러내도록 제 예상과 판단을 용기 있게 다룰 수 있는 사람이라면 우리는 그 메커니즘을 잘 포착할 수 있을 것이다.

이런 종류의 책을 쓰는 저자는 서두에서 독자들에게 말했던 것을 마지막에 재차 언급하며 경고하고 싶어한다. 그것은 아이히만 재판을 보기 위해 예루살렘으로 출발하기 전에 아렌트가 친한 친구에게 남겼던 말이다. "흥미로울 것 같아. 끔찍하리라는 사실을 뺀다면 말이지."[10]

1장

"제 이름은 상징이 됐죠"

전 얼룩무늬 개처럼 유명했죠.

—사선 인터뷰에서의 아이히만, 1957

아이히만이 언제부터 남아메리카에 살려고 했는지는 모른다. 하지만 아르헨티나로 이주한 이유는 아이히만이 직접 밝혔다. "남아메리카의 이 '약속의 땅'에서 몇몇 좋은 친구가 저를 돕기 위해 기다린다는 것을 알고 있었거든요. 그들에게 저는 편히, 자유롭고 떳떳하게 제가 친위대 중령인 아이히만이란 걸 말할 수 있었죠."[1]

편히, 자유롭고 떳떳하게 아돌프 아이히만이란 걸 말하다니? 얼마나 기막힌 기대인가! 아이히만이 그렇게 할 수 있다고 봤다는 사실은 정말 놀랍다. 단순히 현재의 관점에서 그런 것만이 아니다. 아돌프 아이히만이란 이름은 나치의 유대인 절멸의 화신이었다. 아이히만도 그것을 아주 잘 알았다. 사실 꼭 그래야 하는 것이 아니라면 누구도 가명으로 이방인들 사이에서 살려고 하지는 않을 것이다. 아돌프 아이히만은 너무나 잘 알려졌기에 시간이 길어지면 결국 발각될 수밖에 없었다. 탈출해야 했다.

아이히만을 알거나 유대인의 억압과 추방, 대량학살에 그가 가담했다는 사실을 아는 사람은 너무 많았다. 그 사실이 당시와는 달리 현재의 우리에게 잘 알려지지 않은 이유는 예루살렘에서 아이히만이 펼친 쇼가 매우 성공적이었기 때문이다. 1960년 이스라엘로 납치된 후부터 아이히만은 자신이 나치 체제의 수많은 과장 중 하나에 불과한 하찮은 존재라는 것을 보여주기 위해 갖은 애를 다 썼다. 그는 자신이 '제3제국'이라는 살해 "기어의 작은 톱니바퀴"에 불과하다고 주장했다. 다시 말해, 자신은 아무런 영향력도 없는 그저 무명의 하찮은 장교였는데 다른 사람의 비겁함과 실수와 우연으로 인해 "희생양이 되어버"렸다는 것이다. 하지만 아이히만 자신도 그것이 거짓말임을 잘 알고 있었다. 아이히만이란 이름은 결코 극히 한정된 동아리에만 알려지지 않았다. 마찬가지로 그의 이름이 재판 때문에 비로소 널리 알려진 것도 아니다. 그와는 반대로 아이히만은 범죄 규모에 상당한 영향을 미쳤으며, 바로 그것 때문에 그는 오늘날까지 악명을 떨친다.

아이히만은 자기 이름이 어떻게 유대인 절멸의 상징으로 떠오르는지를 정확히 관찰했다. 또 그는 자신과 상관들이 그 과정을 줄곧 의식적으로 장려했음을 알고 있었다. 그는 이따금 자신을 "그림자 사람"이라고 일컬었지만 실제로는 그와 전혀 다른 사람이 되기를 원했다. 이스라엘 법정에 서서야 비로소 그는 이름도 얼굴도 없는, 별 볼 일 없고 대체 가능한 하급 공무원이라는 인상을 주고자 했다. 사형될 위험에 처했는데 누군들 그렇게 꽁무니를 빼고 싶지 않겠는가? 그럼에도 불구하고 아이히만이 그림자 사람에 불과하다는 평가가 설득력 있다고 보는 사람이 적지 않다. 심지어 그가 말한 이른바 비가시성이 살해의 성공 비법이라고 보는 사람도 꽤 있다.[2] 하지만 아이히만이 적어도 1938년부터는 무명도 아니었고 그림자 뒤로 물러나 있기를 원하지도 않았다는 증거는 넘친다. 그 흔적을 따라가보면 그림자에 가린 듯 보이는 인물의 현란함이 그대로 드러날 것이다.

1

공적 삶으로의 길

아이히만은 도처에서 인기가 많았고 환대받았다.

—루돌프 회스의 아이히만 회고

아돌프 아이히만은 1932년 오스트리아 린츠에서 나치스와 친위대에 가입했다. 린츠는 아이히만이 독일을 떠난 뒤 유년 시절을 보낸 곳이었다. 아버지는 린츠에서 부르주아로 잘살았다. 하지만 아들은 아버지와는 다른 길을 걸었다. 아돌프는 아버지 회사에 기웃거리지 않았고 성당에서 높은 자리를 맡으려 하지도 않았다. 아돌프는 오스트리아에서 나치 운동이 금지된 상황을 활용해 1933년 린츠에서 나치스의 고위 간부가 되었다. 그 뒤 아이히만은 새로운 정치 세력인 나치의 중심지 독일로 돌아왔다. 애초부터 노렸든, 주변의 권유를 따라서였든, 아니면 타고난 권력 감각 덕분이었든 간에 아이히만은 결국 1934년 친위대 보안국으로 진입했다. 보안국은 당시 규모가 작았지만 이미 악명을 떨치고 있었다. 보안국 대원들이 룀 사건(1934년에 룀을 중심으로 한 세력이 숙청된 사건—옮긴이)에 큰 역할을 수행했다고 알려졌다. 나중에 아이히만은 그 전근을 "실수"나 "착오"라고 둘러댔지만, 전혀 그렇지 않다. 만약 그랬다면 아이히만만 당시 보안국의 특별한 명성을 몰랐다는 말이 된다. 보안국은 카리스마 넘치는 라인하르트 하이드리히의 주도로 비밀리에 활동하는 직원들로 가득했다.[1] 1934년 중반 보안국에 들어간 사람들은 급료가 많지 않더라도 동료 당원들의 경원 대상이었다. 특히 보안국 건물의 외관은 강렬한 인상을 풍겼다. 수도 베를린의 권력 중심지인 빌헬름 거리 102번지에 위치했는데 거대한 궁전 같았다. 당시 아이히만은 서른 살도 채 되지 않았고 2년 전만 해도 아직 오스트리아 북부의 정유 회사 세일즈맨—물론 좀 성공하긴 했지만—에 불과했다. 그렇기에 그의 출세는 눈부셨다. 아이히만 스스로도 삶이 안정됐다고 생각했는지 결혼하고 가정을 꾸리기로 결심했다. 그것은 친위대에서 출세하는 데에도 유리하게 작용했다. 아내는 믈라데 출신인 네 살 연하의 베라 리블이었다. 베라 리블의 남자 형제 둘도 게슈타포에서 일했는데, 모두 아이히만의 성공으로 득을 봤다.

나치스의 첩보 기관인 보안국의 대원들은 처음부터 지위가 특별했다. 일부 법률과 규정이 보안국 대원들에게는 적용되지 않았다. 그들은 군사 훈련을 받을 필요가 없었고 제복 착용도 자유로웠다. 일반 당원들에게는 1935년 4월부터 유대인과의 개인적 접촉이 전부 금지됐지만, 보안국 대원들에게는 첩보 수집을 이유로 상당 부분 허용되었다. 그들은 항상 업무 수행 중이라고 말하면 그만이었다. 특히 비밀 조사 활동은 매혹적이었다. 아이히만은 수십 년이 지난 뒤에도 그것을 떠올리며 흥겨워했다. 아이히만은 유대인 행사를 찾아다니며 유대인들과 교류했다. 유대인들은 아이히만을 호기심 많고 성격 좋은 사람으로 여겼다.[2] 아이히만은 (상관이 두 번이나 말렸는데도) 선생을 찾아 히브리어를 배우려 했고 자기 동료들이 그랬던 것처럼 유대 문헌 연구에 열중했으며 600쪽에 달하는 두꺼운 책과 유대인 신문을 탐독했다. 아이히만은 국제관계를 살폈고 심지어 한 유대인으로부터는 팔레스타인을 방문해달라고 초대받기도 했다. 나중에 아이히만은 그것을 "3년 동안의 학습"이라고 불렀다.[3] 규정이나 시간을 어겨 상사에게 질책받은 사실을 아이히만은 따로 언급하지 않았다.[4] 그런 방식의 삶에 속아 아이히만을 정치적으로는 다소 천박하지만 학문에는 관심이 많은 문예 애호가로 오인하기 쉽다. 특히 카페에서 잡담하고 글을 쓰며 발표하거나 동료들과 전문 서적을 읽고 토론하는 와중에도 유대인을 고발하기 위해 꼼꼼히 일하면서 반유대주의 선전 작업을 수행하고 게슈타포와 함께 체포하며 조사한 일들이 사료에 드러나지 않았다면 그러기 쉽다. 보안국은 이데올로기에 충실한 엘리트 기관이면서 동시에 권력 도구이기도 했다. 바로 그 점 때문에 보안국은 자칭 새로운 세대의 관심을 한 몸에 받았다.

1937년 중반부터 공론장(여기서는 유대인 사회를 뜻한다)이 아이히만에 대해 가진 첫인상은 "똑똑하고 기민해" 보인다는 것이었다. 물론 직위 대신 이름을 부르면 아이히만은 거칠게 반응했다고 한다. 1936~1937년 에른스트 마르쿠스는 "아이히만이 익명으로 남기를 원했다"며 당시의 기억을 더듬었다. 아이히만은 "'특별위원님'이라는 직위가 아니라 이름을 언급하는 것을 무례하다며 금지시켰다".[5] 분명 아이히만은 긴 가죽 외투를 걸친 채 얼굴은 숨긴 권력의 상투적 이미지를 그대로 따랐다. 초기에 보안국은 게슈타포와 마찬가지로 행동했고, 피해자들은 가해 기관이 보안국인지 게슈타포인지 구분하기가 쉽지 않았다. 하지만 아이히만의 익명 선호는 오래가지 않았다. 아이히만이 동료 헤르베르트 하겐과 함께 근동 지방으로 출장 갔을 때 영국 첩보부가 감시하며 이들의 팔레스타인 진입을 막았다. 관련 사진이 해당 사료 파일에 남아 있다.[6] 1937년 말경에는 베를린에서도 "보안국 특별위원"은 이름을 날렸다. 아이히만은 나치가 아직 제대로 다루지 못한 문제들, 즉 시오니즘, 원치 않는 해외 이주 시의 자금 이전 문제, 유대인 사회 내부의 논의와 각종 유대인 단체와 협회 및 주요 인물들에 대해 "아주 정확히 파악하고 있"다고 알려졌다.

아이히만이 언제부터 은둔형의 신중한 감시자에서 고함 지르는 폭군으로 변했는지 정확히 말하기는 어렵다. 늦어도 1937년 6월 베를린에서 아이히만은 익명으로 남기를 원한다는 지난날의 이미지를 완전히 벗어던졌다. 당시 그는 랍비 요아힘 프린츠의 고별식에서 거들먹거리며 난동을 부려 참석자 2000여 명 모두에게 지울 수 없는 강한 인상을 남겼다.[7] "역겨울 정도로 보기 싫은 놈이었어요. 그 놈하고 악수한 뒤에는 누구나 손을 씻으려들" 것이라고 말하면 그게 누군지 다 알았다. 물론 아이히만은 보신을 고려해 그 말을 고쳐 상관에게 "제가 유대인들과 악수할 일은 없죠"라고 보고했다.[8] 신중한 정보 수집의 시기가 끝났음은 분명해졌다.

아이히만의 태도 변화는 보안국의 새로운 자기 이해와 일치했다. 보안국은 더 이상 무대 뒤편에 물러나 있을 생각이 없었다. 보안국은 히틀러의 핵심 관심사이자 위신상으로도 중요했던 유대인 정책에서 전면에 나서고자 했다. 더욱이 뉘른베르크 인종법으로 새로운 기회가 열렸다.[9] 보안국이 그 목표를 바로 이듬해에 이루는 데 있어 아이히만은 특히 중요한 역할을 했다. 보안국은 새로운 시대가 도래하길 간절히 원했다. 요컨대 보안국은 궁극적으로 새로운 정책 방향을 드러내며 "적들에게" 이전과는 상황이 달라졌음을 보여주었다. 아이히만이 특별히 사용한 악의적 수사를 빌리자면, "그놈들은 이제 폭탄이 떨어지기 시작했음을 알게 될 것이다".[10] 1938년 초 아이히만은 베를린의 유대인 주민 사회에 잘 알려진 인물이 되었다. 물론 "적들"이 점점 더 자신을 주목한다는 사실에 아이히만은 전혀 개의치 않았다.

엘리트 부대

보안국이 위세를 떨치자 아이히만도 덩달아 나치들 사이에서 유명해졌다. 애초에 아이히만은 직원 연수를 통해 주로 하급 당원들을 알아갔지만, 친교망은 금세 넓어졌다. 유대인의 강제 국외 추방은 여러 기관의 업무와 겹쳤기에 아이히만은 외무부, 게슈타포, 제국경제부 등의 기관과 함께 일해야 했다. 기관들 사이에 갈등이 없진 않았다. 게다가 하이드리히는 홍보 활동을 민활하게 펼치며 보안국과 유대인과課 II 112의 명성을 높였다. 이를테면 1937년 1월 300명이 넘는 사람이 유대인과 II 112를 방문했는데, 그 방문객에는 전쟁아카데미나 제국전쟁부 소속 장교들만이 아니라 장차 외무부 장관이 되는 요아힘 폰 리벤트로프와 유고슬라비아 비밀경찰의 수장도 있었다.[11] 유대인과는 당의 청년 조직에 강좌를 열었고 오버슐레지엔으로 출장을 다녔으며,[12] 제국 당대회에 참석하는 등의 일정도 챙겼다. 아이히만은 당대회에 율리우스 슈트라이허의 귀빈 대우로 참석했다. 슈트라이허의 한 부하가 아이히만과 친교를 맺고자 했기 때문이다.[13] 비록 영국 첩보부의 방해로 팔레스타인 땅을 밟지는 못했지만, 그런 출장을 통해 아이히만은 이미 '유대인 문제'의 '탁월한 전문가'라는 명성을 얻었다.

그는 일을 계획대로 진행하지 못했음에도 불구하고 명성을 얻는 재주를 일찍부터 발휘했다. 나중에 이스라엘에서 그는 그곳에 와본 적이 있다고 주장했다. 아이히만은 나치들에게 "전문적 식견"을 갖추고 있다는 인상을 남겼고 아이히만은 그 점을 뿌듯해했다. "1934, 1935, 1936년에 전 아직 수련생이었죠…… 그 뒤 팔레스타인에 가서 직인이 됐고, 거기서 돌아와서는 장인이 됐어요."[14] 1934년부터 1938년 사이 베를린에서 아이히만을 만난 사람 모두가 나중에 그의 이름과 얼굴을 기억한 것은 아니다. 하지만 보안국 유대인과課라고 말하면 그게 무엇이었고 어떤 일을 했는지를 아는 이는 많았다. 유대인과 복무 경력을 가진 사람들은 그것을 자랑으로 여길 수 있었다. 아이히만이 당당히 스스로를 과시하는 재능을 지녔다는 사실을 염두에 두면 그도 그 재능을 유감없이 발휘했으리라고 추측할 수 있다.

소小총리

1938년 3월 중순 오스트리아는 독일에 이른바 합병되었다. 그 직후 아이히만은 II 112 소속 특무대의 대장으로 빈에 파견되어 여론의 주목을 한 몸에 받았다. 아이히만은 처음부터 자신의 역사적 사명을 숨기지 않았다. 그는 빈에 거주하는 유대인 대표자들을 다 불러놓고 친위대 제복 차림으로 말채찍을 흔들면서 유대인 조직과 유대주의와 시오니즘 역사에 대한 지식을 자랑했다. 그로부터 얼마 전에 『시오니즘 운동사』 제2권을 탈고한 아돌프 뵘은 아이히만이 자기 책을 열심히 읽었다고 말하는 것을 들었고 실제 『시오니즘 운동사』 제1권의 내용을 그 나름으로 소화했음을 알게 되었다. 당시 예순다섯 살이었던 뵘은 친위대가 자신이 열심히 수집한 지식을 유대인 조직을 파악하기 위한 열쇠로 삼고 유대인 탄압의 무기로 사용하고 있음을 알아차렸다. 아이히만은 뵘에게 3권에서는 자신에 대해서도 한 장 써주기를 기대한다고 덧붙였다. 아이히만을 시오니즘 개척자로 쓰라니? 그 뒤에 어떤 일이 있었는지를 알 필요도 없이, 뵘은 당연히 그것을 받아들일 수 없었다. 사실 그는 더 이상 책을 집필하는 것 자체가 불가능했다.[15]

아이히만은 소심하거나 주저하거나 줏대 없는 사람의 이미지를 완전히 벗어던졌다. 아이히만은 아직은 친위대의 작은 조직에서 일하지만 세계사의 한 장을 쓰고 있다고 자임했다. 그는 이른바 지배 인종의 세계관을 체화한 엘리트라는 자의식으로 충만했다. 한 증인[16]이 남긴 인상기를 옮기자면, "아이히만은 젊은 신처럼 나타났죠. 아주 잘생겼어요. 키도 크고, 검게 빛났어요". 아이히만은 정말 신처럼 행동했다. 그는 유대인의 체포와 석방, 유대인 단체의 금지와 허가, 유대인 신문의 발간과 검열은 말할 것도 없고 심지어 유대인 주민 사회의 은행 구좌 압류를 결정하는 인물로 행세했다.[17] 물론 빈의 나치들 사이에서 권력 행사 문제가 그렇게 간단히 정리되지는 않았다. 오히려 처음부터 권한을 둘러싼 내부 다툼이 일었고 일정 기간 지속되었다.[18] 그럼에도 불구하고 아이히만은 외부에 자신의 지위가 막강하다고 주장했다. "저는 여기서 권력을 완전히 장악했습니다. 저랑 사전에 얘기하지 않으면 어떤 일도 이루어지지 않죠"라고 베를린의 상관에게 전했다. 아이히만은 자긍심이 대단했다. "잘 아시겠지만, 어떤 경우든 제가 일을 주도해요." 아이히만은 막 창간된 『지오니스티셰 룬트샤우Zionistische Rundschau』에서 중심 역할을 떠맡은 것에 대해서도 뿌듯해하며 보고했다. "그건 사실상 '제' 신문이 될 겁니다."[19]

아이히만은 순식간에 유명해졌다. 빈 거주 유대인들이 지방이나 외국에 보낸 편지 및 기록에는 이미 1938년 3월부터 아이히만이란 이름이 등장했다.[20] 아이히만은 자신이 "빈의 유대인들과 관련된 문제를 주도하고 이끌도록 선발"[21]됐다며 떠벌렸고, 실제로도 그런 이미지가 널리 퍼졌다. 유대인 주민 사회나 단체의 대표자들이 접촉한 나치들 중에서 그는 최고위 인물이었다. 톰 세게브는 "유대인들은 그를 두 명의 아돌프 중 하나로 여겼다"[22]는 말로 상황을 정확히 포착했다. 아이히만은 히틀러의 유대인 정책을 대표하는 인물이었다. 물론 그곳의 유대인들에게만 그렇게 여겨진 것은 아니다. 아이히만은 국제 유대인 조직들과도 접촉했다. 그들은 이민자의 비율을 높이기 위해 아이히만과 협력해야 했고 특히 금을 확보해야 했다. 그 결과 아이히만의 이미지는 더 강화되었다. 국외로 이주할 수밖에 없었던 유대인 다수가 망명지에서 아이히만이란 이름을 알렸다. 다비드 벤구리온은 제2차 세계대전이 발발한 지 석 달 만에 벌써 일기에 "아이히만"이란 이름을 적었다.[23]

1938년 8월 아이히만이 빈에 신설된 '유대인 이민 중앙사무소'(이하 '중앙사무소')에 소장으로 공식 취임하자 그의 이름은 나치들 사이에서도 순식간에 퍼졌다. 베를린에서 열린 헤르만 괴링 주재의 한 회의에 라인하르트 하이드리히가 아이히만을 데리고 와서 그가 요제프 괴벨스, 빌헬름 프리크, 발터 풍크, 빌헬름 슈투카르트 등의 권력자들 앞에서 "실제 집행을 위한 (…) 경험"[24]을 알리도록 기회를 제공했다. 아이히만은 그 자리에서 이민과 관련된 유대인 수를 정확히 언급해 참석자들에게 깊은 인상을 남겼다. 권력자들 사이에서 아이히만은 당시 유행어 중 하나인 인습 타파 조직의 대가라는 명성을 얻었다. '중앙사무소'는 여러 부서를 포괄하는 기관이었기에 많은 관심을 받았다. 몇몇 부처와 나치의 핵심 요인들은 대리자를 빈으로 보내 그 조직 실험을 살피도록 했다.[25] 그것은 낡은 관료제를 혁파하며 신선하고 기민한 데다 과감하며 효율적이었기에 나치 이데올로기에 딱 맞았다. "그렇게 저는 순식간에 하인리히 힘러 친위대 대장을 포함해 여러 부처 장관들에게 이름을 날렸죠."[26] 아이히만의 유대인 이민 구상은 아주 매력적이었기에 괴링은 그것을 나치 제국 전역에 도입하려고 했다. 아이히만은 그 구상에 나름의 영향력을 행사하길 원했으며 이는 정당해 보였다. 하이드리히도 빈을 방문해 그곳의 정황을 직접 살폈다. 그는 아이히만을 자신의 "소총리"[27]라고 불렀는데, 이는 상찬과 풍자와 홍보 의도가 뒤섞인 칭호였다.

아이히만은 나치 체제에서 명성은 그대로 권력을 뜻한다는 것을 아주 잘 알고 있었다. "그 모든 것으로 전 엄청 출세했죠."[28] 서른두 살의 아이히만은 나치 엘리트가 되어 빈의 영화계 무도회에 초대받았고, 보헤미아와 모라비아 진입 시 열병식에 참석했으며, 나치 지도자들로부터 서명이 담긴 선물을 받았다.[29] 아이히만은 지위가 아주 탄탄했기에 오스트리아 최초의 강제노동수용소(도플과 잔트호프) 건설 같은 실험을 자기 직원들과 함께 개시하도록 허가받을 수 있었다.[30] 상관들은 혁신을 시도하는 아이히만에게 매우 만족했기에 관직 남용도 눈감아주었다.[31]

1957년에 아이히만은 "당시 저는 유대인 문제 제국특별위원이 될 수도 있었다"고 회고했다. 자신의 출세를 시샘하는 이들이 "방해했다"고 한다.[32] 빈의 그 기구보다 먼저 등장한 다른 선례도 있었고 애초 그 아이디어를 제공한 사람도 따로 있었지만[33] 그것이 아이히만의 자기과시를 막지는 못했다. 특히 아이히만을 아는 유대인들이 있었기 때문이다. 그로부터 몇십 년 뒤 유대인 살해와 추방 가담 때문에 법정에서 변호해야 할 때 그는 그들을 떠올렸다. 하지만 빈과 그 뒤 시기에 아이히만은 영악하게 자신을 시대의 인물로 부각시켰으며 자신이 만든 그 "독특한 기구"가 1938년 말 나치 기관지 『푈키셔 베오바흐터Völkischer Beobachter』 일요판 표지[34]와 심지어 『페스트 로이드Pester Loyd』[35] 지에 실리는 쾌거를 맛봤다. 기사에 아이히만이란 이름이 나오진 않았지만 홍보 효과를 노리던 아이히만이 즐겨 쓰는 표현들로 기사는 채워졌다.

유대인의 차르

1939년 3월 초 베를린의 유대인 주민 대표들은 아이히만을 예방해야 했다. 그날 방문객이자 그 뒤 홀로코스트에서 살아남은 사람들의 회고를 통해 당시 무슨 일이 있었는지 짐작할 수 있다. 베노 콘에 따르면,[36] 그는 파울 엡슈타인, 하인리히 슈탈, 필리프 코초버 그리고 아마도 아르투어 릴리엔탈과 함께 사복을 입은 아이히만과 제복을 입은 친위대 고위 장교를 만났다. 적어도 접견은 유쾌하지 못했다. 아이히만은 유대인 방문객들을 혼쭐내며 수용소로 보내버리겠다고 협박했다. 그러고는 며칠 내에 베를린에 '유대인 이민 제국중앙사무소'를 설치하겠노라고 을러댔다. 1961년 재판에서 진술할 때 콘은 당시 대화의 앞부분을 다음과 같이 기억했다. "대화가 시작되자마자 아이히만은 유대인 대표들에게 거친 말을 퍼부었습니다. 그는 신문 기사 모음 서류철을 펼쳐놨는데, 거기에는 외국 신문 기사들도 있었습니다. 기사들은 아이히만을 유대인을 죽이려는 "맹견"으로 묘사했습니다. 아이히만은 우리한테 『파리저 타게스블라트Pariser Tagesblatt』의 기사 하나를 읽어주고는 그 정보를 우리 중 누군가가 제공한 것이 아니겠냐고 말했습니다. '누가 유대인통신사ITA의 란다우랑 말을 하고 다녔어? 네놈들 중 하나일 거 아냐'라고 했어요." 아이히만은 이른바 망명자들이 발간하는 신문에 자기 이름이 나온 것을 보고는 기분이 안 좋았다. 1939년 초 아이히만은 '적'의 망명지의 신문 기사에 대해 왜 그렇게 갑자기 화를 냈을까?

아르헨티나에서 그리고 이스라엘의 감옥에서 아이히만은 자기 이름이 신문에 처음 언급되었을 때를 자랑삼아 얘기했다. 그는 그것이 "유대인의 차르"라는 제목의 사설이라고 말했다.[37] 아이히만이 거기에 얼마나 깊은 인상을 받았는지는 그의 회상을 통해 알 수 있다. 사실 그것은 아이히만에 대한 기사도 아니었고 기사 제목도 그와 관련된 것이 아니었으며, 사설도 아니었다. 정확히 말하자면, "유대인의 차르"라는 말은 프랑스에서 독일어로 발간된 신문인 『파리저 타게스차이퉁Pariser Tageszeitung』(『파리저 타게스블라트』의 후속 신문) 1면에 실린 작은 기사의 맨 끝 줄에 나온다.[38] 1939년 2월 15일 자에 '독일제국 소식'이라는 제목 아래 다음과 같이 적혀 있었다.

게슈타포가 이민을 종용하고 있다

베를린 2월 14일

Ita가 전하는 소식: 브레슬라우에 거주하는 유대인 300명은 지난 주 느닷없이 게슈타포로부터 배를 빌려 즉시, 일주일 안에 상하이로 떠나라는 명령을 받았다. 브레슬라우 유대인 주민들이 배를 빌릴 만한 돈이 없다고 하자 게슈타포는 "그 문제는 해결될 것"이라고 말했다. 바로 그날 게슈타포는 브레슬라우에 사는 세 명의 유대인 최고 갑부에게서 해당 비용을 강탈했다. 하지만 그 강제이주 계획은 보류되었다. 선박 회사가 상하이로의 수송이 장애에 부딪혀 귀환할 경우에 대비해 외환으로 보증금을 줄 것을 요구했기 때문이다.

게슈타포는 수용소에서 풀려난 유대인들에게 국외로 이주하도록 계속 압박했다. 최근에 석방된 수천 명의 사람은 베를린과 빈의 외국 대사관과 유대인 단체 사무실로 몰렸다. 그들은 어디든 어떤 조건이든 상관없이 국외로 이주할 기회를 잡기를 바랐다. 극히 짧은 기간 내에 독일을 떠나지 못하면 그들은 모두 다시 체포되어 수용소에 수감될 위기에 처한다.

이번 주 안에 유대인 이주 중앙사무소가 베를린에 설립될 것이라고 알려졌다. 그 기관은 과거 유대인 '형제협회' 자리의 대형 건물에 들어서며 빈에서 '유대인의 차르'라는 별명으로 유명한 친위대 장교인 아이히만이 이끈다.

현재의 연구 결과에 비추어 그 기사를 읽으면 Ita(JTA), 즉 유대인 통신사Jewish Telegraphic Agency는 야코프 란다우와 마이더 그로스만을 통해 정확한 정보를 입수했음을 알 수 있다. 아이히만이 보기에도—1939년 3월 그가 드러낸 태도를 보면—그들의 정보력은 상당했다.

당시, 즉 1939년 초, 그들은 일본 및 중국 공사들과 대화하며 일본과 중국에 유대인이 대량으로 이주하면 반대가 얼마나 엄할지 탐문하고 있었다. 아이히만도 직접 옛 지인인 하인리히 슐리[39]에게 상황을 알아보라고 부탁했다(즉 외무부 몰래 수월하게 일을 진행하려고 했다). 슐리는 한자여행사를 운영했고 1937년 7월 이미 사업상의 이유로 아이히만과 긴밀히 협력하기도 했다. 그것은 철저히 외교상의 논의였고 쉽지 않은 탐색이었다. 아이히만은 유대인을 몰아내는 새 방법이 활용되기도 전에 사라지거나 여타 경쟁 기관들에 의해 방해받지 않기를 바랐다. 기사에 나오는 또 다른 내용도 사실이다. 즉 유대인들은 해외로 이주할 수 있음을 증명해야만 수용소에서 나올 수 있었고, 만약 기한 내에 이주하지 못하면 즉각 재수감되었다. 이는 공공연한 비밀이었을 뿐 아니라 효과적인 추방 수단이었다. 나치는 의식적으로 그렇게 겁주면서 "몰아대"는 방법을 택했다. 나치 집권기에 선전부 직원 누구도 강제이주가 상호 간 양해를 통한 인도적 행위라고 주장하지 않았다. 아이히만이 빈에서 유명한 인물이었다는 구절도 틀리지 않았다. 그는 그곳에서 자신을 결코 숨기려 하지 않았기 때문이다.

그렇다면 아이히만은 그 신문 보도를 왜 그렇게 불편하게 여겼을까? 자신에 대한 칭호인 '유대인 차르' 탓도 아니었다. 왜냐하면 나치들에게 그런 별명은 오히려 명예로운 것이었기 때문이다. 아이히만이 유대인 대표자들과 만났을 때 언급한 '맹견'이란 별명도 자주 쓰였다. 1938년 말부터 아이히만과 함께 일했던 동료 알로이스 브루너와 요제프 바이스츨도 그런 별칭을 즐겼다. 심지어 1944년 헝가리에서 아이히만은 "날 몰라? 맹견이야!"[40]라고 자신을 소개하기도 했다. 하이드리히에게도 맹견이란 별칭이 붙었다. 사냥과 관련해 가장 적절한 비유였던 그 용어는 친위대의 이미지에 딱 맞았다. 그런 별칭은 창의력이 발휘되면서 각종 변이를 낳았다. 빈에서 브루너는 자신을 "유대인 쥐스Süß"라고 칭했고,[41] 빈의 중앙사무소 소속으로 도플에 소재한 제1유대인 수용소 소장이자 아이히만 부대에서 가장 잔인한 인물이었던 바이스츨은 아내에게 보낸 편지에서 자신이 최근 "도플의 유대인 황제"로 불린다며 흥겨워했다.[42] 수용소 소장 아몬 괴트는 "크라쿠프의 황제"로 불렸다.[43] 그런 점에서 보면 차르라는 칭호는 '소총리'보다 당시 상황에 훨씬 더 맞았다. 1950년대에 아이히만은 그런 식의 비유를 최대로 끌어올렸다. 아이히만은 사선에게 여러 차례 자신이 "유대인 교황"[44]으로 불렸다고 말했을 뿐만 아니라 "제 부하들은 저를 존경해서 유대인들로 하여금 제게 왕관을 올리도록 만들 정도였어요"(32.8)라고 덧붙였다. 유대인 왕으로 불릴 정도라면 문제가 없지 않다. 오만함 때문에 불편하거나 거부감이 드는 것은 여기서 중요하지 않다. 어쨌든 '적'들에게 '유대인의 차르'로 불렸다는 것은 아이히만에게 사실 반가운 소식이었지 결코 짜증낼 만한 일은 아니었다. 아이히만은 유대인 단체의 신문 기사를 언급하며 자신의 성공을 자랑하기도 했음을 고백했다.[45]

물론 자세히 보면 상황은 좀 다르다. 아이히만은 이미 언급한 베를린 제국중앙사무소의 개소를 유대인 대표자들에게 알렸다. 그런데 실제로는 1939년 1월 24일 괴링은 하이드리히에게 유대인 이민 제국중앙사무소를 설립해 소장이 될 것을 명했다. 1939년 3월에 발간된 제국보안중앙청의 일사분기 보고서에 따르면, 이민 제국중앙사무소의 공식 창립일은 1939년 2월 27일이고 활동 개시일은 3월 초다. 물론 『파리저 타게스차이퉁』의 보도는 이미 2월 15일 자로 나갔고 기관의 주소도 정확했다. 유대인 형제협회의 대형 건물이 위치한 쿠어퓌르스텐 거리 116번지는 바로 아이히만이 향후 일하게 될 주소지였다. 결국 그 신문 기사는 하이드리히에게 내정된 직책, 즉 제국중앙사무소 소장에 아이히만이 배치될 것에 대한 두려움을 드러내는 것이나 다름없었다. 그것도 관계자가 아니라면 아이히만의 베를린 전근에 대해 누구도 알 수 없는 시점에 일어난 일이었다.

직책 관련 언급은 진급에 목매는 나치들에게 민감한 문제였다. 아이히만은 분명 상관들이 자신에게 맡겨진 직책이 아닌데 왜 유대인들 앞에서 마치 그 직책을 갖고 있는 것처럼 건방지게 굴었느냐고 따질 것에 대비해야 했다. 건방지다고 오해받을 그런 상황 때문에라도 아이히만은 거칠고 공격적으로 행동할 필요가 있었다. 특히 아이히만의 상관 한 명이 그 자리에 참석했기 때문에 더욱 그랬다. 아이히만은 유대인 대표들을 비난하는 자리에서 신문 보도의 전반부 내용, 즉 강제이주의 상황을 말하면서 기사에는 등장하지 않은 "맹견"이니 "핏발이 선 유대인의 적"[46]이니 하는 전형적인 나치식 표현을 썼다. 그것은 아이히만이 처한 상황과 과잉 대응하는 이유를 잘 보여준다. 아이히만은 민감한 상황에 처했던 것이다. 당시 그는 나치들 사이에서 자신의 명성을 지키는 것이 중요했다.

게다가 신문 기사를 둘러싼 그 사건은 이스라엘 법정에서 아이히만이 밝힌 진술, 즉 빈을 떠날 생각이 없었는데 베를린으로 강제 전출됐다는 주장을 더 의심케 한다. 또 빈 시절을 자기 인생의 황금기로 여긴다는 아이히만의 진술도 믿기 어렵다. 아이히만의 자부심과 출세 야망은 신중함보다 더 강했고 빈의 지인들에게 이미 베를린으로 전근한다는 것을 과시할 정도였다. 그렇기에 베를린으로 귀환하기를 거부할 이유는 크지 않았다고 볼 수 있다. 신문 기사의 정보 출처는 아마도 베를린이 아니라 빈의 유대인 공동체였을 것이다. JTA의 란다우는 마침 그때 베를린에 체류했지만,[47] 추후 보도를 통해 드러났듯이, 『파리저 타게스차이퉁』은 빈에도 정보원을 두고 있었다. 아이히만도 직접 그 사실을 누설했다. 즉 그는 하인리히 슈탈을 비롯한 베를린 유대인 대표자들에게 그들이 허가도 받지 않고 빈을 방문해 유대인 공동체 사람들과 얘기를 나누었다며 비난을 퍼부었다.

주요 인사

아이히만은 자신의 기억을 세상에 유포하기를 즐겼다. 자기 자랑이나 반유대주의 내용이 많았다. 그는 해외 언론의 1면에서 '유대인의 차르'라는 칭호를 얻었고 이로써 요즘도 흔히 사람들이 꿈꾸는 세상의 유명세를 얻었다. 물론 그 "파리 삼류지"는 아이히만의 일을 높이 평가한 것이 아니라 대충 "휘갈겨 썼"(13.5)을 뿐이었다. 그때부터 아이히만의 신문 기사 스크랩은 계속 늘었다고 한다. "어쨌든 1939년 아직 전쟁이 발발하기 전에 이미 저에 대한 해외 신문 기사가 점점 늘어나 『슈튀르머Der Stürmer』 시절 사부였던 부름 선생님이 해외 신문 기사를 모아 제게 선물해주었죠."[48] 아이히만을 위해 기사를 모아 부쳐준 인물이 정말로 파울 부름인지는 의문이다. 왜냐하면 1937년에 이미 아이히만은 그와의 관계를 끊었기 때문이다.[49] 사실 아이히만은 그런 기사 스크랩 자료를 받을 이유가 전혀 없었다. 신문 기사를 수집하는 기관이 적지 않았고 유대인과도 그중 하나였기 때문이다. "유대인 세계 언론"의 감시는 그곳의 일상 업무였다. 그는 종전 직후 그 기사들을 파기했다고 주장했는데, 사실 그 수집가가 아이히만 자신이라는 의심을 피하기 위해 위의 말을 했을 가능성이 크다. 하지만 아르헨티나에서 아이히만은 자부심이 넘쳐 "유럽 안팎의 유대인 사회에서 저는 얼룩무늬 개처럼 유명했죠. 저만한 사람은 없었어요"[50]라며 떠들고 다녔다. 부하들도 아이히만이 유명하다는 것을 잘 알고 있었다. 나치의 선동 신문도 아이히만에 대해 언급했을 정도다.[51]

아이히만에 따르면, 그를 다룬 그다음 신문 기사는[52] 프라하 중앙사무소와 관련된 것으로 보인다. 아이히만은 사선에게 "체코보호령으로 발령받아 왔을 때, 다시 어떤 외국 신문이 저에 대한 기사를 실었어요"[53]라고 말했다. 그것은 『아우프바우Aufbau』였다. 뉴욕의 독일-유대인 클럽에서 매달 발간하는 유대주의 잡지였다. 그 잡지는 1939년 9월 1일 자 8면에 아래의 단신을 실었다.

> 프라하. 돌격부대 지도자 아이히만 휘하의 '이민사무소'는 보호령의 유대인 전체를 프라하로 이송했다. 매일 200명의 유대인

은 어디든 상관없이 그 점령지를 떠나야 했다.

당시 아이히만은 친위대 대위였다. "돌격부대 지도자Sturmtruppführer"는 정식 계급이 아니었기에 군과 관련해 적용하면서 나온 착오라고 볼 수 있다. 외국에서 친위대의 특수 계급을 부를 때 흔히 그런 일이 일어났다. 어쨌든 아이히만은 '돌격부대 지도자'였던 적이 없다. 다만 기사의 나머지 내용은 다 사실이다. 아이히만은 그해 3월까지 빈의 중앙사무소 업무 외에 베를린 소재의 제국중앙사무소 설립에 참여했고, 보헤미아와 모라비아가 독일제국에 "보호령"으로 병합된 뒤부터 프라하에서 해당 관청을 설립하는 데 참여했다. 심지어 그는 가족과 함께 프라하로 이사했을 정도다. 부인 베라 아이히만은 1939년 말 둘째 아이를 임신한 상태였다. 아이히만 부부는 에곤 에르빈 키시의 집에 입주했다. 베라의 가족 일부도 함께 들어와 살았다. 남편이 성공하자 부인도 득을 많이 봤다. 1939년 7월 14일부터 프라하에서 아이히만이 한 일은 사료로 많이 남아 있다. 그날부터 보호령 정부와 협상할 때 친위대 중장 발터 슈탈레커의 '대리자'로 나섰기 때문이다.[54] 슈탈레커는 아이히만과 개인적으로도 친했기에 그를 대리인으로서만이 아니라 향후 "제국 모델" 또는 "베를린과 빈의 모범을 따라" 프라하에 세울 유대인 관련 기관의 기관장으로 소개했다. 실제 슈탈레커는 관계자를 빈으로 초대해 견학하도록 했다.[55] 프라하의 유대인 대표자들도 이미 아이히만이 누구인지 잘 알고 있었다. 그들은 강제로 끌려 나온 빈의 유대인 동료들과 의견을 나눴던 터라 상황을 분명하게 인지했다.[56] 이미 1939년 8월, 즉 프라하에서 아이히만 휘하에 유대인이민중앙사무소가 설립되고 한 달쯤 뒤 런던에 주재한 체코슬로바키아 비밀정보국은 그 지역 유대인 주민의 상황에 대해 상세하고 정확한 보고서를 확보했다. 보고서는 아이히만에 대한 인상적인 대목도 담고 있었다.[57]

> 앞서 빈과 오스트마르크에서 유대인 문제를 담당했던 철두철미한 관료 아이히만이 7월에 유대인 문제를 담당하는 게슈타포 책임 직책을 넘겨받았다. 아이히만은 힘러의 직속으로 특별전권을 부여받았다. 그가 프라하로 오는 목적은 보호령에서 유대인을 제거하는 것이다.
> 아이히만 씨는 과업 수행에 득달같이 달려들었다. 아이히만이 직접 말했듯이, 유대인과 한 명씩 따로 직접 협상할 수는 없기에 4명을 지역 유대인의 대표자로 인정했다. 그들은 아이히만을 접견해 명령을 받았다. 프라하 유대인 공동체 회장 에일 카프카 박사와 총무 프란티셰크 바이트만 박사, 팔레스타인국의 두 대표인 칸 박사와 총무 에델슈타인이 바로 그들이다. 아이히만은 특히 바이트만 박사에게 24시간을 주며 빈에 가서 그곳의 기관을 (…) 탐방하라고 했다. 바이트만이 돌아온 후 아이히만은 프라하 유대인 공동체에 조속히 이민반을 만들라고 명령했다.

'중앙사무소'는 "게슈타포, 또는 아이히만을 비롯한 직원인 귄터, 바르틀, 노바크와 푸크스 등이 주도했다". 몇몇 체코 기관의 대표들도 함께 일했다. "왜냐하면 아이히만 씨가 (…) 그곳 외의 다른 어떤 기관도 유대인에게 증명서를 제공할 수 없도록 (…) 명령을 내렸기 때문이다."

프라하의 유대인 공동체는 (…) 아이히만 씨에게 매일 유대인 250명이 (…) 이민동의서를 신청하기 위해 중앙사무소에 출두할 것이라고 보증했다. 그것으로 문제는 심각해졌다고 한다. 유대인들에게 파국은 현실로 닥쳤다. 아이히만 씨는 유대인이 모두 두세 번씩 구금되면 결국 어떤 방식으로든 국외로 이주할 것이라고 확신했다. 다시 말해 아이히만 씨는 유대인들 사이에 당국의 허가가 떨어지면 국외로 나가는 것, 심지어 맨몸으로 나가는 것이 이로우리라는 생각이 퍼져나가도록 하고 싶었다. 그렇기에 유대인 국외 유출을 대규모로 시행하는 사람과 '여행사'들은 지원을 받았다. 아이히만 씨는 직업 때문이든 돈 때문이든 (…) 그 수송에 나선 여러 종류의 수상쩍은 인물들이 프라하로 거점을 옮기도록 허가했다. 그 결과 팔레스타인과 남아메리카 등지로 유대인이 불법 이송되었다. 그것은 슬픈 사연이 많아 악명을 떨쳤다. 그 소식은 세계 언론에도 상세히 보도되었다. (…) 이민을 조직하는 것 말고도 아이히만 씨는 보호령을 유대인 해방지구로 만들기 위해 필요한 조치를 모두 취했다. 유대인들 사이에서 '국외로 나가야겠다'는 생각이 퍼지는 데 필요한 분위기가 조성되었다. 특히 그는 유대인들에게 모두 프라하로 이주하도록 명령했다. (…) 그것은 곧 삶의 기반이 파괴된다는 말이다. 아이히만 씨는 그들이 프라하에서 어떻게 살지 그리고 어디에

> 살지를 알아보는 것은 자기 소관이 아니며 프라하에서 한방에 10명이나 15명이 살게 되면 유대인들은 결국 외국으로 나가는 길을 더 열심히 찾을 것이라고 생각하고 있다. 아이히만 씨는 이전에 오스트마르크에서 사용한 방법을 이곳에 적용했다. (…) 여타 시도와 애원은 모두 아무짝에도 쓸모없다. 아이히만 씨의 구두 명령이 곧 법이다. 계획은 이미 실행되고 있다.

기사를 누가 썼든 간에 그는 아이히만을 개인적으로 잘 알고 있었던 게 분명하다. 기사 내용은 아이히만이 얼마나 중요한 인물인지를 잘 드러냈다. 당시 아이히만은 예루살렘에서의 아이히만과는 달리 명령이나 결정의 문제가 제기될 때 어떤 어려움도 없이 "내가"라고 말했다. 당시 아이히만은 사람을 보내고 지시하고 허가하고 조치를 취하고 명령하고 접견했다. 그 기사를 보면, 아이히만은 행동할 때 전혀 주저함이 없었다. 게다가 『아우프바우』의 기사는 모든 유대인이 프라하로 이주한다고 알렸는데 그것은 빈에서 아이히만이 이미 효과를 본 바로 그 방법이었다. 즉 일국의 유대인 모두를 수도로 옮기게 한 뒤 다시 가능한 한 빨리 국외로 이주시키는 것이었다. 프라하에서 아이히만은 그 조치의 의미를 더 이상 숨길 이유가 없었다. 삶의 조건이 긴박해지고 상황이 위험에 처하면서 이민 압박은 점점 더 심해져갔다.

유대인의 권리 박탈과 추방을 위해 정력적으로 활동한 덕에 아이히만은 1939년 늦여름쯤이면 이미 오스트리아, 보헤미아, 모라비아 그리고 이른바 "구제국"의 유대인들에게 잘 알려져 있었다. 나치들도 아이히만의 지위와 명성이 높아져가는 것을 잘 알고 있었다. 나치 기관 내에서도 아이히만은 "빈과 프라하에서 이민중앙사무소"를 세운 인물로 떠올랐기 때문이다.[58]

더욱이 아이히만은 하이드리히의 출세로도 이익을 얻었다. 계급 서열이 아니라 사적 후원에 기초한 체제에서 이것은 놀라운 일이 아니다. 아이히만은 그 대기실-권력에 대해 훗날 다음과 같이 말했다. "저는 하이드리히의 대기실에서 오래 기다릴 필요가 없었어요. 그곳에서는 만나고자 하는 모든 사람을 만날 수 있었기에 흥미로웠죠. 일단 하이드리히의 대기실에 다녀간 사람은 계급과 상관없이 다른 사람들을 사귈 수 있었습니다. 그들은 모두 주요 인사였어요."[59] 아돌프 아이히만도 그중 한 명이었다.

전화위복

『아우프바우』에 위의 짧은 기사가 나온 바로 그날 독일은 폴란드를 공격하기 시작했다. 이로 인해 언론 보도의 주요 관심도 달라졌지만 아이히만의 활동 반경은 대폭 커졌다. 그동안 자주 언급되던 동유럽의 생활 공간은 300만 명이 넘는 폴란드 유대인을 둘러싼 '유대인 문제'를 증폭시켰을 뿐 아니라 거주지 이전과 이주의 새로운 차원을 여는 것이기도 했다. 이제 유대인은 옛 영토의 사회 주변에서 협박, 약탈, 추방당하는 차원을 넘어 거대해진 제3제국 내 황무지로 수송될 수 있었다. 정밀하게 수행된 연구 덕분에 우리는 이제 1939년

10월 빈에서 오스트라바로의 첫 유대인 수송이 아이히만의 지휘로 이루어졌음을 알게 되었다. 하지만 동부 "유대인 보호령" 계획은 1939년 당시에도 이미 충분히 알려졌다. 『데일리 텔레그래프』(런던)와 『파리저 타게스차이퉁』은 1939년 10월 23/24일 자에 루블린 주변의 "유대인 보호령" 계획에 대해 보도했다. 폴란드 전역의 유대인을 그곳으로 수송한다는 것이었다. 두 신문은 이튿날 지면에 "히틀러의 유대인 국가 계획"을 보도하기도 했다.[60] 빈에서 오스트라바로의 유대인 수송에 대한 보도는 1939년 11월 18일에 처음 나왔다. 그것은 그 수송 작전이 이미 초기부터 문제가 불거져 좌초되어 폐기된 지 한참 뒤의 일이었다. 하지만 일반적으로 그 사안이 고도의 비밀 유지를 요했던 것임을 고려하면 보도는 놀라울 정도로 이른 시기에 나온 셈이었다.[61]

아이히만은 그 소식의 확산에 기여했다. 왜냐하면 그는 빈과 프라하의 유대인 지도자들이 니스코 암산의 늪지로 향하는 그 첫 유대인 수송을 따라가야 한다고 명령했기 때문이다. 베냐민 무르멜슈타인, 율리우스 보시한, 베르톨트 슈토르퍼, 야코프 에델슈타인, 리하르트 프리트만 등은 수송 대상에서 빠지는 대신 그 끔찍한 계획을 직접 보도록 조치되었다.[62] 그렇게 그들은 오스트라바와 니스코에서 아이히만이 수행한 역할을 사후에 증언할 수 있는 사람들이 되었다. 그곳에서 아이히만은 "환영사"를 읊었다. 자기과시와 오만함이 넘치는 그런 쇼를 전후에 증인들이 많이 알렸다. 그 밖에도 『파리저 타게스차이퉁』의 1939년 11월 25일 자는 '보호령은 해골부대: 친위대의 감시를 받는다'라는 제목의 기사를 실었다. 기사는 다음의 단락으로 마무리되었다.

> 바르샤바에서 온 소식에 따르면, 게슈타포 요원 에르만(!)이 도착했다고 한다. 그는 빈과 프라하에서 '유대인 문제 담당관'의 전력을 보유하고 있다. 그는 독일인 정착촌인 팔레스타인 사로나 출신인 데다 이디시어와 히브리어를 할 줄 알며 율리우스 슈트라이허의 절친이다. 프라하에서 그는 유대인들에게 국외로 빨리 이주하지 않으면 학살당할 것이라고 위협했다. 그래놓고 그는 다시 이주 신청자들에게 극심한 어려움을 만들어냈다.

이름이 잘못 기재되었지만 여기에 언급된 '그'가 누구인지는 금방 알 수 있다.[63] 위에서 묘사한 것을 보면—나중에 더 상세히 알게 되지만—누구인지 분명하다. 물론 슈트라이허와 친하다는 말은 사실이 아니다. 아이히만도 당혹스러웠을 것이다. 게다가 그 기사는 다른 신문에 영향을 미쳐 일종의 니스코 캠페인을 불러일으켰다. 덴마크와 스위스, 폴란드의 신문들이 그랬다. 요컨대 최초의 유대인 수송은 언론 매체에서 큰 주목을 받았다. 그렇기에 왜 따로 증인들을 데리고 갈 생각을 했는지는 잘 모르겠다. 어쨌든 나치 측이 그 홍보 효과를 하찮게 여겼을 것 같지는 않다. 나치들은 소규모 유대인 공동체 대표가 누구든 그들이 실제보다 더 큰 국제적 영향력을 지닌 것으로 봤다. 아마도 아이히만과 그의 상관들은 유대인 대표자들이 함께 따라가도록 함으로써 수송되는 유대인들과 여론의 동요를 막고자 했을 것이다. 저명인사들이 함께하는 일이라면 경험상 나쁜 일이 아닐 것이라는 인상을 준다. 바로 그런 인상이 긴급하게 필요했다. 사실 그것은 어디로 가는지 알려주지도 않은 채 제국 영토에 사는 수천 명의 사람을 모두가 보는 앞에서 열차에 오르게 하는 최초의 시도였기 때문이다. 나치들은 그 실험적 시도에 대한 여론의 반응에 크게 신경 썼다. 그래서 수송 과정에 대한 공적 반응을 모두 상세히 기록했다.[64] 그 실험은 금세 실패로 귀결되었다. 하지만 처음부터 그것을 지켜본 증인들을 내세워 그동안 정체된 이민 압력을 높이고자 했을 가능성은 크다.

이제 유대인들은 국외로 이주하지 않을 경우 곤경에 빠져 온갖 폭력과 음모에 내맡겨지더라도 빈에서는 더 이상 거주할 수가 없었다. 남은 것은 오로지 외부 세계와의 접촉이 끊긴 늪으로 가는 길뿐이었다. 그렇기에 아이히만은 에델슈타인이 프라하로 돌아오자 그에게 "프라하의 유대인이민중앙사무소에 등록하는 이주 신청자의 일일 할당 수를" 올려야 한다고 고지했다. "그렇게 하지 않으면 프라하 유대인이민중앙사무소는 문을 닫을" 생각이라는 것이다. 덧붙여 아이히만은 에델슈타인에게 외국에서 협상을 진행하도록 보호령을 떠나도 좋다고 허락했다.[65] 니스코 프로젝트가 정말로 일부 연구자와 아이히만 스스로 밝혔듯이 완전히 실패한 나치 프로젝트(아이히만은 그것을 전형적인 자기식대로 "끔찍한 불명예"[66]라고 표현했다)였다면, 아이히만은 최소한 그런 상황에서도 다시 한번 최선의 것을 만들어낸 셈이었다. 즉 그는 니스코 암산의 늪지를 최종 협박 무기로 사용했다. 에델슈타인은 트리에스테로 갈 때 니스코 보고서를 몰래 가져갔다. 1939년 12월 16일 런던의 『타임스』는 그에 의거해 300줄에 달하는 긴 기사를 실었다. '나치의 계획: 냉혹한 절멸로의 길'이라는 명료한 제목의 기사로 그 사건은 만천하에 드러났다. 다만 폴란드에서 수만 명이 죽고 수십만 명이 추방되었다며 숫자는 조심스럽게 다루어졌다. 유대인 주민 사회가 그 섬뜩한 일에 협력하도록 강요받았다고도 했다. 기사는 이송 과정을 아주 세밀히 보도했으며, "유대인 보호령" "생활공간" "폴란드 잔여 국가" 등의 독일어 용어를 그대로 썼다.[67]

그 기사에 대한 나치의 반응은 아직까지 밝혀지지 않았다. 하지만 분명한 점은 나치들이 기사를 읽었다는 사실이다. 그 기사로 인해 아이히만의 가파른 출세가 중단되지는 않았다. 한스 프랑크는 자신이 통치하는 지역으로 유대인이 수송되는 것을 원치 않았기에 분노했다. 그렇다고 해서 아이히만이 자제할 리는 없었다. 아이히만이 한 번만 더 총독령에 발을 디디면 그를 즉각 체포하라는 명령을 프랑크가 내렸다는 얘기가 돌았다. 아이히만은 웃기는 소리라며 이를 느긋하게 받았다. "그래요, 프랑크는 정말 제국보안중앙청 직원, 즉 더 높은 기관의 과장을 체포하라는 명령을 내렸죠." 아르헨티나에서 아이히만은 우쭐거리며 그 상황을 계속 설명했다. "그건 독단이라 볼 수 있었죠. 프랑크는 일종의 (…) 독재자나 갖는 망상에 사로잡히기 시작했죠. 즉 나를 그렇게 간단히 체포할 수 있으리라 보는 것은 과대망상이었어요." 아이히만은 그런 월권이 생겨나는 이유를 설명했다. "프랑크는 저를 경쟁자로 생각했던 게 분명해요."[68] 아이히만은, 히틀러의 변호사 출신으로 동부 점령지의 총독인 한스 프랑크가 자신과의 권력 투쟁에서 뒤진다고 말했는데, 사실 여기서 과대망상에 빠진 사람은 아이히만이었다. 프랑크도 그렇고 그의 무례를 비웃은 사람 누구도 "아이히만"을 그저 관료의 영혼을 가졌을 뿐 아무 영향력도 없는 단순한 명령 집행자로 간주할 수 없었다.

완벽한 히브리어 학자

『타임스』 기사가 나가고 사흘 후 아이히만은 제국보안중앙청 제4국(흔히 게슈타포로 알려진)의 특수과 R을 떠맡았다. 특수과 R은 1940년 1월 30일 유대인이민 제국중앙사무소와 함께 제4국 D4과로 합쳐져 점령지국(제4국 D)으로 통합되었다. 그 결과 아이히만의 역할은 더 커졌다. 유대인에게 이민을 강제하는 대신 이제 그는 동부의 유대인 이송 계획을 조정하는 역할을 맡았다. 그 후 대규모 민족 이동을 조직하고 수행하는 그의 능력에 어떤 의심도 제기되지 않았기에 아이히만은 계속 출세 가도를 달렸다. 1940년 4월부터 아이히만은 동료 한 명과 함께 포젠의 재정주 중앙사무소 일도 부수적으로 떠맡았다. 즉 그는 "바르테가우의 외국 혈통들을 소개"하려는 힘러의 계획, 다시 말해 폴란드인과 유대인을 강제로 이주시키고 볼히니아와 베사르비아의 독일인 혈통 주민들을 그곳으로 거주시키려는 계획을 실현하는 일을 맡았다. 흥미롭게도 이미 폴란드에서도 사람들은 아이히만이 누구인지 잘 알고 있었다. 당시 소스노비츠에 거주했던 프리다 마치아는 1961년 재판에서 다음과 같이 진술했다.

> 1940년 초에 우리는 독일인 고위 장교나 관리가 오면 몸을 숨기거나 거리에 나타나지 않는 게 좋다는 것을 이미 알고 있었어요. (…) 당시 소문으로 떠돌던 얘기가 있었죠. 어쨌든 독일인을 만나지 말아야 한다면서, 특히 그들 중 한 명이 팔레스타인의 독일인 정착촌에서 태어났고 이디시어와 히브리어도 할 줄 알며 유대인의 관습을 잘 안다는 얘기가 있었어요.[69]

마치아의 증언이 전후에 얻은 정보에 기초해서 지어낸 말이 아니라는 사실은 이미 인용한 『파리저 타게스차이퉁』의 기사만이 아니라 뒤이어 나온 또 하나의 아이히만 기사를 통해서도 잘 알 수 있다. 뉴욕에서 발간된 1940년 12월 6일 자 『아우프바우』는 다음의 내용에 작은 지면을 할애했다. 그런데 이번에는 정말로 기사 전체가 아이히만을 다루었고 심지어 표지면에 실렸다.

> **완벽한 히브리어 학자**
>
> 루마니아로 발령받아 온 게슈타포의 정보관이자 처형 집행인은 아이히만 특별위원이다. 그는 이번 주에 부쿠레슈티에 도착했다. 아이히만은 팔레스타인 출신이다. 그는 텔아비브 근교인 사로나 템플러 정착촌에서 출생했다. 그는 히브리어를 유창하게 할 줄 알며 시오니즘 역사도 잘 알고 있는 데다 시오니즘 운동의 그룹별 주요 인물과 경향, 영향도 다 잘 알고 있다.

기사 내용 중 어떤 것도 사실이 아니다. 바로 그렇기에 아이히만은 그 기사가 특히 마음에 들었을 것이다. 꾸며낸 이야기들의 출처가 바로 자기 자신이었기 때문이다. 아이히만은 졸링겐 출신이었지만 팔레스타인 템플러 정착촌에 대해서도 알고 있었다. 물론 그 기이한 이름은 아직 『마이어 사전Meyer's Lexikon』에도 나와 있지 않았다. 아마도 아이히만은 과거 상관이었던 탁월한 근동 "전문가" 레오폴트 폰 밀덴슈타인, 아니면 지인 오토 폰 볼시빙에게서 텔아비브 근교에 모여 살던 반유대주의 과격파 독일인들이 1871년부터 팔레스타인의 기독교 최후의 보루가 되고자 했다는 얘기를 들었을 것이다.[70] 또는 유대인 잡지를 읽다가 우연히 템플러 정착촌 얘기를 접했을 수도 있다.[71] 아이히만은 일찍부터 나치들 사이에서든, 유대인 주민 사회와 대표들에게든 자기 이미지를 조작하기 위해 사로나를 들먹였다. 개종한 유대인들을 대변하던 베를린의 하인리히 그뤼버 목사는 1940년 아이히만에게 사로나 출신이냐고 직접 물었다. 여기에 아이히만이 뭐라고 답했는지는 명확지 않지만 그뤼버는 그 뒤로 아이히만이 사로나 출신이라는 얘기를 철석같이 믿었다.[72]

아이히만은 빈의 유대인들에게도 그렇게 말하고 다녔다. 그는 블라디미르 지프 저보틴스키와 차임 바이츠만에 대해서 그리고 시오니즘의 여러 경향을 놓고 현란하게 떠들어댔으며 유대인이 아니라면 누구도 관심 갖지 않을 이름들을 나열하곤 했다.[73] 베냐민 무르멜슈타인도 아이히만에게 그런 이야기를 들었다고 밝혔다.[74] 아이히만의 부하이자 아이히만에 대해 형용하기 어려운 애증과 시기심을 지닌 절친 디터 비슬리체니는 여러 버전의 이야기를 했다. 아이히만은 그렇게 가짜 얘기를 퍼뜨렸고 사람들이 그것을 믿자 재미

있어했다. 그 얘기가 어떤 이득을 가져올지 그는 잘 알고 있었다. 그것으로 아이히만이 히브리어를 할 줄 알며 유대인에 대해 상당한 지식을 갖고 있다고 거짓말한 이유를 파악할 수 있다.[75]

사로나 출신이라는 얘기는 아이히만에 대한 공적 이미지의 요체였다. 1943년 네덜란드에서 그 얘기가 돌았고,[76] 1944년 헝가리에서도 아이히만은 권위를 세울 요량으로 그 얘기를 적극 활용했다. 비슬리체니도 유대인 주민 사회에 아이히만에 대한 두려움을 퍼뜨리기 위해 그 얘기를 활용했다. 아이히만은 모든 것을 알고 있으며 모든 것을 읽을 수 있고—이제 절정으로 치닫는다—유대인으로 가장해서 언제든 남몰래 유대인들 사이에 잠입할 수 있다고 말하고 다녔던 것이다. 공포를 조장하는 그 시나리오의 효과는 워낙 막강해서 전후에도 아이히만은 유대인으로 가장해 팔레스타인으로 몰래 이주해 들어와 생존자들 사이 어딘가에 숨어 있을 것이라는 두려움이 계속됐다.[77] 아이히만은 친위대 지도부 소속 수용소 감독관이자 계급으로 보면 자신보다 한참 위인 리하르트 글뤼크스에게도 지나가는 말로 사로나 얘기를 했다고 한다. 여러 측면에서 볼 때 아이히만은 그 거짓말로 톡톡히 덕을 봤고 명성을 쌓았다.

아이히만은 동료들에게 자신이 히브리어 능력도 탁월하다고 말했다. 그런 과정에서 아이히만이 활용한 방식을 보면 그가 이미지 조작 방법이나 역할극의 효과를 꿰뚫고 있었음을 알 수 있다.[78] 아이히만은 히브리를 전혀 할 줄 몰랐고 이디시어도 아주 조금만 할 줄 알았다. 그는 히브리어와 이디시어 모두에 능숙한 밀덴슈타인을 보고 탄복했기에 아마도 그로부터 영향을 받아 두 언어를 배우려고 시도는 했을 것이다. 하지만 금세 포기했다. 아이히만은 그 언어 학습을 처음 시도했던 때가 신혼 시기, 즉 1935년 3월이라고 말했다.[79] 자료를 보면 1936년 여름에 아이히만은 유대인 강사를 조달해달라고 신청했다. 그런데 하이드리히는 이를 승낙하지 않고 대신 "아리아인" 강사를 추천했다. 그 교사도 아이히만을 가르치려 했지만 언어 교습은 이루어지지 못했다.[80] 같은 시기에 밀덴슈타인이 그 점령지과를 떠났기에 이듬해에 문제가 생겼다. 왜냐하면 그곳의 누구도 히브리어를 이해할 수 없었기 때문이다. "독학"으로 조금 공부했던 아이히만도 마찬가지였다. 그런데 1937년 6월의 두 번째 언어 개인교습 신청도 기각되었다.[81] 그 후 아이히만은 자울 갈레코가 집필한 『누구나 배울 수 있는 히브리어Hebräisch für Jedermann』[82]라는 교재를 샀다고 주장했다. 제목과는—그리고 아이히만이 한 얘기와는—달리 그 책은 심지어 중급 수준의 언어 독학자에게도 버거웠다. 그래도 그 책은 아이히만의 책상에 멋진 장식품이 돼주었을 것이다.

1938년 빈에서 아이히만은 자비를 들여 베냐민 무르멜슈타인에게 따로 몇 시간 개인 교습을 받았다. 그것으로 그의 히브리어가 특별히 나아지지는 않았다.[83] 오스트리아와 헝가리 출신 증인들에 따르면, 아이히만은 그저 몇몇 문장 부스러기를 외워서 허세를 부리는 것임이 분명했다.[84] 1960년 이스라엘에서 아이히만은 히브리어를 알아듣지도 못했고 읽을 줄도 몰랐다. 그가 보여준 것은 몇 마디 단어와 히브리 책을 제대로 꽂아두는 능력이었다. 그것만으로도 그는 내부자인 것처럼 보이는 데 성공했다.

그 성공은 아이히만의 역할극 재주와 탁월한 기억력 덕분이기도 했지만 유대인들이 그런 식의 관심에 익숙지 못했기 때문이기도 하다. 더구나 그들은 나치가 그런 관심을 가지리라고는 차마 생각하지 못했다. 나치 가운데 유대인에 대해 잘 아는 사람이 있다는 사실은 꽤나 특별했다. 그렇기에 아이히만은 분명 나치 체제에서 매우 흥미롭고 유명한 인물이 되었다. 그렇지 않았다면 위의 사로나 출신 얘기가 쉽게 만들어지지도 않고 유포되지도 못했을 것이다.

아이히만은 처음부터 자신의 공적 이미지에 신경 썼고 영향을 미치고자 노력했다. 아이히만의 마지막 녹취록도 사실 다른 이들이 그에 대해 책과 글로 쓴 것에 대한 대응으로 볼 수 있다. 1961년 그는 반유대주의 망상을 드러내면서 유대주의가 학문과 저널리즘을 결합해 성장한 것이라고 과대평가했다. 그것은 마치 1939년 베를린의 유대인들에게 고함치면서 외국 신문의 영향력을 과대평가했을 때를 상기시킨다. 그 신문의 독일 유입은 사실 금지 사항이었기에 신문 보유는 위험한 일이었다. 유대인이 장악한 학문이니 "국제 언론"을 통한 국제 유대주의의 촘촘한 정보 연결망이니 하는 것은 나치의 악몽에서나 존재했다.

물론 그 말은 유럽과 미국 신문의 아이히만에 대한 공적 이미지가 아무 정보도 없이 그냥 그려본 망상이란 뜻은 아니다. 출처는 나치가 장악한 점령지의 정보원이었다. 사실에 부합하지 않은 기사라 하더라도 우리는 그것을 통해 아이히만의 영향력을 확인할 수 있다.

이상적인 상징

아이히만은 이미지가 얼마나 중요한지 알고 있는 최초의 인물이 아니었다. 상징과 이상의 활용은 나치즘의 성공 요인 중 하나였다. 히틀러의 저서 『나의 투쟁』도 상징적 인물의 영향을 절대 소홀히 하지 말라는 경고를 이미 담고 있었다. 1950년대 아르헨티나에서 아이히만은 전시에 자신이 굉장히 유명했다고 밝혔다. 그는 "전 얼룩무늬 개처럼 유명했죠"라고 말했다.[85] 그의 이름은 심지어 옛 동료들이 빈에서 출간한 책에도 언급되었다.[86] 무엇보다 그의 명성은 피해자들이 그를 알게 됨으로써 높아져갔다. "언론을 통해 아이히만이란 이름은 상징이" 되었다. "어쨌든 유대인이란 말은 아이히만이란 이름과 연결되지 않을 수 없었다."[87] 그가 일하는 과는 인지도가 약할 뿐 아니라 그마저 이름이 자꾸 바뀌니 간단히 "아이히만 사무소"[88]라고 부르는 게 모두에게 편했다. 그 용어는—외국 대표자들에게 "아이히만 특공대"라는 칭호가 그랬던 것처럼[89]—생명력이 길어 전후 뉘른베르크 재판의 증언들에서도 다시 등장한다. 다만 제국보안중앙청의 여타 직원들과는 달리 자기 직책을 그대로 유지했다는 사실만으로는 상황이 충분히 다 드러나지 않는다. 제대로 일을 수행하지 않았다면 그는 그와 같은 명성을 얻지 못했을 것이다. 아울러 그 명성이 없었다면 아이히만 과는 수년 동안 그와 같은 권력의 지위를 누리지 못했을 것이다. 한 명의 개인은 단지 직책이나 권한이 허락하는 정도로만 행동할 수 있다. 반면 이미지는 그 개인이 직접 이르지 못하는 곳까지 영향을 미친다. 설령 적이라고 하더라도 그 이미지를 전파하는 사람들이 생기기 마련이기 때문이다. "사람들은 내가 실제로 지닌 것보다 더 많은 전권을 가진 것으로 알고 있었다"며 아이히만은 그 효과를 설명했다. 아이히만이 가졌다고 상정된 그 가상의 전권에 대한 두려움 때문에라도 "모두가 감시를 받고 있다고 생각했다".[90]

나치의 권력관은 개인에게 초점이 맞춰져 있었다. 이것은 빠르게 확산되었다. 그 권력관의 작동 방식은 지도부에만 영향을 미친 게 아니었다. 아이히만과 동료들도 권력을 행사하는 데 총통식의 지도자가 얼마나 유용한지를 금세 알아차렸다. 이것이 바로 그들이 뒤로 물러서지 않고 자기 연출을 주저하지 않았던 이유 중 하나였다. 유대인 문제와 "연결될 수밖에 없는" 간판 인물이 필요했고 "아이히만"은 바로 거기에 딱 맞았다. 나중에 아이히만은 자신이 상징 인물이 된 것을 우연으로 치장하려고 했다. 아이히만의 역할을 다룬 책이나 논문들도 더러 그런 견해를 따른다. 하지만 아이히만이 아니라면 대체 어떤 인물이 그런 상징이 될 수 있었을까?

아이히만은 자신이 만든 공적 명성이 증대되고 있음을 정확히 인지했다. 이때 그는 자신의 행동도 점점 더 많이 알려진다는 사실을 놓치지 않았다. 국제 언론은 그것을 보도했고, 나치들은 "국제유대주의" 언론을 면밀히 추적했다. 신문 기사 검토는 "지적 무기"로 싸우는 전쟁에서 정찰 같은 것이었다. 아이히만은 자타가 공히 인정하는 주요 인사가 되었다. 작전과 계획이 그의 이름과 연결될 정도였다. 아이히만은 부처 간 업무 회의나 정책 모임에 참석했기에 그때 그를 알게 된 사람도 적지 않았다. 역사를 개인의 생애를 통해 보는 관점은 조심해야 하지만 얼마나 많은 주요 회의에 아이히만이 참석했는지를 보면 놀랄 수밖에 없다. 아이히만은 대개 회의 준비 과정부터 참여했던 게 확인된다. 또 아이히만은 실험 조치를 통해 앞서 치고 나갔다. 빈의 중앙사무소, 도플 수용소, 니스코 암산, 슈테틴 이송, 게토 건설, 심지어 최초의 대량 절멸 작전 등에서 보듯 돌이켜보면 그의 실험들은 그 뒤 적용된 실천의 새 모델을 만드는 것이었다. 마침내 하이드리히는 악명 높은 반제회의에서 아이히만을 "유대인 문제 최종해결"을 위한 부처 간 활동의 조정자로 공식 부상시켰다. 그것은 줄곧 이어진 출세의 다음 단계로 보였다. 그런 미친 프로젝트가 실현되려면 인습적이지 않은 해결 방안을 가지고 흔한 관료주의적 관례를 집어던질 줄 아는 경력자가 필요했다. 빈의 중앙사무소 시절 이후부터 아이히만은 모두에게 늘 바로 그런 일을 수행할 적임자임을 증명했다. 아이히만은 조직가로서의 자질을 지녔으며 미답지를 개척할 인물로 여겨졌다. 사람들은 달리 묘수를 얻지 못하면 항상 아이히만을 찾곤 했다. 이를테면 슈트라스부르크대학이 해골 수집관을 만들면서 아직 생존해 있는 "유대인-볼셰비키 인민위원의 두개골"을 꼭 갖고자 했을 때 그랬다. 그것도 결국 아이히만이 나서자 해결되었다.[91]

난감한 일을 해결하는 사람이라는 품평은 어깨를 으쓱하게 만든다. 아이히만은 자신이 발의하거나 수행하지 않은 일인데도 주변 사람들에게 그것이 자기가 기획한 것이라고 믿게 만드는 데 성공했다. 이른바 마다카스카르 계획도 오늘날 여전히 아이히만의 이름과 연관되어 있다. 사실 그것은 아이히만의 머리에서 나온 것도 아니고 계획을 다듬는 데 그가 참여한 적도 전혀 없었음이 확인되었다.[92] 그렇게 사실이 아니라고 밝혀진 오늘날에도 여전히 마다가스카르 계획에 대해 얘기할 때면 반드시 아이히만의 이름이 언급된다. 아이히만의 명성이 어느 정도였는지를 보여주는 것이다. 나중에 상황이 바뀌자 아이히만은 자신의 원래 역할을 낮추기 위해 무척 애를 썼다. 하지만 그것마저 실제 권력을 가졌을 때 그가 지녔던 지위의 간접 증거였다. 뭔가 감출 것이 있는 사람만이 그런 일을 하기 때문이다. 아이히만은 놀라울 정도로 열심히 그렇게 했다.

아이히만이 "동부 공간에서의 소개를 위한 보안 경찰 업무 중앙 조정"을 담당하는 특수과 제4국 R의 과장으로서 가담한 대규모 유대인 제거와 이주 계획의 의미를 재구성하는 데 역사학은 꽤 오랜 시간이 걸렸다. 1941년 가을 내무부가 작성한 아이히만에 대한 보고서에서 잘 드러나듯이, 아이히만의 동시대 사람들은 상황을 잘 파악했다. 보고서는 아이히만이 유대인 개념을 반쪽 유대인에게로 확대 적용해야 한다는 주장을 펴는 사람이라고 밝혔다. 또 아이히만은 새로운 조치, 즉 "심지어 구속력을 가진 형식으로" 규정을 강화해야 한다고 주장했다고 한다. 아이히만에 대한 언급은 다음과 같은 설명으로 이어졌다. "아이히만은 빈과 프라하의 이민중앙사무소를 설립했고 슈테틴에서 유대인을 이송해 총독령으로 데려왔다."[93]

1940년 2월 13일 밤 슈테틴에서 유대인을 추방한 일과 포젠과 슈나이데뮐에서 뒤이어진 유대인 이송은 동유럽 전역을 위해 마련된 새 방침의 개시였기에 세계 언론으로부터 크게 주목을 받았다. 나치들은 그 보도를 살폈다.[94] 달리 보면 짜증나기도 했을 그런 국제 언론의 주목을 아이히만은, 니스코에서의 실패 때와 마찬가지로, 유대인 대표들과 대화하며 압력을 행사하고 이민 숫자를 지키지 않으면 '이주'시켜버릴 거라고 협박하는 데 이용했다.[95]

아이히만은 활동뿐 아니라 모든 것과 모두의 뒤에 숨어 있다는 식의 인상을 심어주면서 자신의 직책에 큰 의미를 부여했다. 그의 직책과 연결된 이주 상황 보도는 그를 위협적인 이미지로 그려냈다. 사실 그것을 멀리서 제대로 파악하기는 어려웠다. 해외 언론이 과잉 폭력을 보도할 때, 심지어 그것을 선전용으로 과장할 때조차 이는 당시 시점에서 아이히만에게 해가 아니라 오히려 득이 되었다. "바로 아이히만이 그렇게 했다"는 내용의 보도가 쌓이면 쌓일수록, 또 어떤 사건이 발생하면 "순전히 습관적으로" 아이히만 탓으로 돌릴수록 그의 명성은 높아져만 갔다.[96] 아이히만은 그 기제를 잘 파악했을 뿐만 아니라 스스로를 위해 기꺼이 활용했다.

홍보 활동

아이히만은 동부 이주 조정자 역할을 맡으면서 자의식이 충만했다. 유대인을 상대할 때만이 아니라 동료들과의 관계에서도 그래 보였다. 1941년 1월 힘러는 자랑 겸 홍보로 '위대한 귀향'이란 제목으로 "귀향"을 축하하는 전시회를 그해 3월까지 마련하도록 명했다. 전시의 목표는 이주 정책의 성공 과시였다. 전시회 준비에 참여한 아이히만은 "전시 주제에 소개를 포함시켜 특별관에서 전시"해야 한다고 강력히 요구했다. 그는 자기 업적이 독일 전체에 공적으로 알려지기를 원했다. 이주 부분에 대해 부정적인 반응이 나타날까 우려한 독일민족복지청의 반대를 뚫고 아이히만의 요구는 관철되었다.[97] 한편에는 흥겨워하는 새 이주민들의 사진을 비치하고, 다른 한편에는 피추방자들의 숫자와 사진 자료를 비치하는 것으로 정해졌다. 그런데 아이히만의 노력은 결국 물거품이 되었다. 처음엔 전시 개관이 1941년 6월로 연기되었다. 그 뒤 마지막 단계에서 힘러는 검토 후 전시를 무산시켰다. 물론 힘러는 그 일을 추진한 관료들을 달래느라 1942년 3월에 다시 논의하자고 말했다. 하지만 전시는 열리지 않았다. 이주 정책이 애초의 기대만큼 "성공"적이지 못했기 때문이다. 그 사건은 뒤로 물러나 있는 것이 나치의 이상은 아니며 나치들이 자기 과시를 하고자 하더라도 지도부가 보기에 감추는 게 낫다면 제동이 걸릴 수 있음을 잘 보여준다.

1941년 초 "아이히만 사무소"는 다시 커져갔다. 그 후 3년 동안 그것은 제4국 B4과라는 약호로 불렸다. 전후에도 계속 상징적인 의미를 지니며 유명해진 유일한 기관이었다. 1941년 수개월 동안 아이히만이 얼마나 유명해졌는지는 런던에서 발간된 망명 신문인 『디 차이퉁』을 통해서도 확인할 수 있다. 1941년 10월 24일 자 신문은 스톡홀름의 한 기사를 인용해 다음과 같이 보도했다.

베를린 유대인 대량학살

스톡홀름의 신문 『사회민주주의자』는 베를린 유대인 5000명이 동부로 이송되었다며 다음과 같이 상세히 보도했다. 작전은

10월 17일 밤에 개시되었다. 친위대는 유대인들을 잠자리에서 끌어내 그들에게 옷을 입고 짐을 챙기라고 명령했다. 유대인들은 호송되었고 그들의 집은 봉쇄되었으며 재산은 몰수되었다. 체포된 유대인들은 화물역이나 시너고그 폐허지로 끌려와 10월 19일에 동부로 이송되었다. 모두 50세에서 80세 사이의 남성이거나 여성 아니면 아이들이었다. 그들은 동부에서 "유용한 노동력으로 활용될" 터였다. 그 말은 그들이 로키트노 습지를 개간할 것이라는 뜻이다. 체포 당시의 옷을 그대로 입고 혹독한 겨울에 노년의 남성과 여성과 아이들이 그 일을 해야 한다는 말이다. 그 작전이 실제로는 사전 계획된 대량학살이라는 사실에 의문의 여지가 없다. 작전의 지휘자는 친위대 그루펜퓌러 아이히만이다.[98]

친위대 그루펜퓌러Gruppenführer는 계급으로 따지면 중장이었다. 아이히만은 그 근처에도 오르지 못했다. 당시 그는 막 소령이 되었다. 아이히만은 1961년의 법정에서 자신은 과거 제국보안중앙청의 하찮은 직원에 불과했다고 주장했다. 하지만 그 20년 전에 아이히만에 대한 평가는 완전히 달랐다. 그가 계속 출세하리라는 것은 아주 명백해 보였다.[99] 아이히만이 베를린의 유대인 수송에 적극 가담했다는 사실은 자료를 통해 재구성이 가능하다. 이미 1940년 여름 괴벨스는 전쟁이 금방 끝날 것을 기대하며 그렇게 되면 "아직 베를린에 거주하는 유대인 6만2000명 전체를 최대 8주 안에 폴란드로 이주시켜야 한다"고 채근했다.[100] 1941년 3월 20일에 열린 제국선전부 회의에서 아이히만은 히틀러가 이미 승인한 빈 유대인 6만 명의 수송에다 합치면 베를린 유대인 1만5000명의 수송은 가능하다고 말했다. 회의록에 따르면, "회의 결과 아이히만 동지는 관구장 괴벨스를 위해 베를린 유대인 소개 계획안을 작성하도록 결정되었다".[101] 그것은 향후를 대비한 임시 계획이었을 뿐이다. 왜냐하면 당시에는 아직 "생산을 위해 노동 능력을 지닌 유대인들이 필요"했기 때문이다. 그럼에도 불구하고 아이히만은 벌써부터 그런 논의에 참여했다. 러시아 전투로 인해 상황은 다시 변했다. 절멸 전쟁이 낳은 폭력 상황으로 전에는 사람들이 감히 생각지도 못했던 일이 "해결책"으로 받아들여질 수 있었다. 괴벨스는 순식간에 기회를 포착해 이미 1941년 8월 18일에 베를린 유대인이란 주제를 다시 끄집어 올렸다. 그날 히틀러와 대화할 때도 그랬고 그 뒤 수 주 동안 이어진 반유대주의 언론 캠페인에서도 그랬다. 독일제국 영토에서 유대인을 추방하는 첫 작업은 1941년 10월 15일에 개시되었다. 베를린 유대인의 첫 수송 일자는 10월 18일이었고 목적지는 우치였으며 숫자는 1013명이었다.

그 소식은 순식간에 크게 퍼졌다. 『아우프바우』는 그것을 1면에 실었다. 막스 호르크하이머는 놀란 나머지 기사를 오려 친구인 테오도어 아도르노에게 보내기도 하고 자신이 보관하기도 했다.[102] 며칠 동안 세계 언론에서 큰 반향이 일었다. 괴벨스는 1941년 10월 28일자 일기에 다음과 같이 기록했다. "임시로 일부만 진행된 베를린 유대인의 소개가 계속 적들의 주요 선전거리다."[103] 스톡홀름의 『사회민주주의자』에 실린 보도 내용은 비교적 정확했다. 비록 5000명이라는 숫자는 베를린 유대인의 수와 맞지 않았지만. 그 수는 10월 18일부터 그 보도가 인쇄된 날 사이에 끌려간 모든 유대인, 즉 빈과 프랑크푸르트, 프라하와 쾰른 등지에서 온 유대인을 전부 포함했다.[104] 전례가 없는 일이었기에 이를 조직하도록 권한을 부여받은 사람은 당연히 그에 걸맞은 지위를 가져야 했다. 아이히만은 바로 그런 지위의 보유자였다. 그렇기에 나중에 아이히만이 자신은 "순전히 이송 관리 업무"만 챙겼을 뿐이라고 말한 것은 스스로를 변호하는 주장에 불과하다. 1941년의 아이히만은 분명 그런 정도의 하찮은 역할을 수행하는 데 그치지 않았다.

사악한 유인자

1941년 겨울 "최종해결"이란 용어는 뜻이 "절멸"로 완전히 바뀌었다. 아이히만은 "최종해결"이란 말을 자신이 만들었다고 주장했으며[105] 괴링의 지시에 따라 "다른 부처와 기관의 이의 제기 및 개입을 완전히 정리"했다고 뻐겼다. 그렇기에 "최종해결"의 의미 변화도 아이히만의 이름과 결부되었다.[106] 아이히만은 절멸 방법을 살피러 그때부터 자주 동부 유럽으로 출장을 다녔다. 아이히만의 출현은 당연히 기록되었다. 아이히만은 나중에 기밀 업무를 띠고 문서를 살피러 단독 출장을 다녔다고 말했지만 이는 진실과 거리가 멀었다. 그런 말은 경솔했을 뿐이다. 아르헨티나에서 아이히만은 두려워 냉정을 유지하지 못할까봐 늘 걱정했다고도 말했다. "왜냐하면 우리 뒤에는 그런 것을 오류로 해석할 하위 직급의 직원들이 따라다녔기 때문" 이라는 것이다. 하찮은 명령 수행자라면 아마도 허약한 모습을 보였을 것이다. 하지만 친위대 중령 아이히만이 동요했다고? "그럴 리 없었다."[107] 아이히만은 상징이었다.

나치 동료들만 아이히만을 유심히 보고 있었던 것은 아니다. 대량학살의 미친 짓에 대해 세계 언론의 반응은 애초에 믿을 수 없다는 것이었고 그래서 오히려 소극적으로 대응했다. 그렇다고 아이히만의 활약이 신문에 실리지 않았다는 말은 아니다. 세계 언론은 이미 1942년 3월 테레지엔슈타트 계획에 대해서,[108] 그리고 1942년 5월에는 대량학살에 대해서 보도했다. 이미 그해 초 그것을 막고자 가해자들의 이름을 수집하겠다고 경고했다.[109] 망명 신문들은 저항 단체 바움의 단원들이 잔인하게 교수형을 당한 것과 관련된 자료를 수집했다. 아이히만이 가담했음이 확인되었다.[110] 바르샤바의 상황뿐만 아니라 어린아이들 수송을 포함해 프랑스 유대인을 수송할 때 발생한 끔찍한 상황도 모두 십자포화를 받았다.[111] 이제 우리는 아이히만이 절멸을 "작동"시켰음을 알고 있다.[112] 아이히만이 현장에서 살핀 가스 차와 헤움노에 대한 첫 보도는 1942년 11월에 나갔다.[113] 보도에는 나치의 살해 계획과 관련해 충격적인 숫자(사후에 보면 매우 정확한)[114]가 언급되었기에 1942년 12월 17일 연합군은 성명을 통해 모든 범죄 행위에 대해 처벌할 것이라고 경고했다.

유대인 정책이 급변하면서 이제 언론은 더 이상 중요하지 않게 되었다. 아이히만이 이민과 재정 확보 문제를 놓고 아직 유대인과 협상하고 국제 단체의 협력을 필요로 했을 때는 협박이 유용했다.

하지만 목표가 이민이 아니라 살해라면 더 이상 협상할 이유가 없었다. 협상용 대화를 하는 데 꽤 도움이 되었던 위협 이미지가 살해 의도를 감추는 데는 오히려 방해가 되었다. 이제는 협박하기보다는 안정시키고 달래고 분위기를 바꾸며 진정시켜야 했다. 그러지 않으면 대량 이송을 수행하기가 어려워지기 때문이었다. 이송 주체들은 이송 대상, 즉 우선 다른 곳으로 이송된 뒤 그곳에서 가능한 한 눈에 띄지 않게 살해될 그 사람들로부터 우선은 아주 조금이나마 신뢰를 얻어야 한다. 그래야 그들이 열차에 올라타기 때문이다. 종착지가 아마도 아주 끔찍하지는 않으리라는 작은 희망마저 없다면 열차에 올라탈 어떤 동기도 사라진다. 한나 아렌트는 그것을 "차악의 논리"라고 불렀는데 적절했다.

아이히만은 유대인 측 협상 파트너들을 양보와 협력으로 이끄는 데 항상 성공했다. 그 이유는 주로 유대인 협상가들이 아이히만과 "협상"하면 결국에는 더 나쁜 상황을 피할 수 있지 않을까 하는 기대를 가졌기 때문이다. 그러다가 자신들이 덫에 걸렸음을 알고는 얼마나 끔찍해했을까를 상상해보라. 원치 않았지만 사실상 공모자가 되어버린 그들은 이송 과정과 수용소에서 그리고 절멸 기제를 보고서는 자신들이 어떤 일에 참여했는지를 깨달았다. 상황을 파악하게 된 순간 자신들이 사악한 범죄자, 즉 인간의 탈을 쓴 사탄의 제물이 되었다는 생각이 들지 않았을 리 없다. "칼리굴라"라든지 "대박해자 아이히만", 무자비한 야수같이 나중에 등장한 공포 이미지는 나치 유대인 정책의 실제 목표를 알게 된 그 순간에서 비롯되었다. 하지만 공포 이미지는 또한 그들이 실제 폭력 위협과 같은 방식으로

사람들을 제물로 만들어버리는 그 심리 기제를 알게 되면서 생겨난 것이기도 하다.[115]

권력자는 실제로 그가 사람들이 생각하는 그런 인물인지 아닌지는 전혀 중요하지 않다. 사람들의 기대와 행동을 결정하는 것은 권력자에 대한 평판이기 때문이다. 친위대 대원이 내 생사를 결정하는 사람이라면 그에게 어정쩡하게 대할 수가 없다. 평판이 만든 예상으로 인해 그는 곧 사람들이 가장 두려워하는 인물이 된다. 그 결과 인지가 소문을 확인해주고 가공의 얘기가 곧 현실을 구성한다. 기대를 받고 되돌려주면서 그 역동성을 이용할 줄 하는 사람을 만나면 인간으로서의 판단력은 마비된다. 유대인을 상대로 의존과 공포와 기대의 순환을 갖고 노는 사람은 친위대 과장에 불과하더라도 유대인의 차르가 될 수 있었다. 아이히만과 그의 부류들은 그것을 정확히 알고 있었다. "그것을 통해 엄청나게 행세"할 수 있었다.

"아이히만"은 그 기제의 정수가 되었다. 유대인들이 알거나 신뢰한 사람이 바로 아이히만이었기 때문이다. 아이히만이 방문한 적 없거나 그들의 고통에 직접 책임이 없다 해도 그의 이름은 유대인 피해자들 사이에서 유령처럼 떠돌았다. 그것이 바로 유대인 생존자 다수가 사실은 아이히만을 만나지도 못했으면서도 본 적이 있다고 기억하는 이유다. 자기 운명을 결정하는 데 큰 영향력을 발휘하는 사람을 그저 하찮고 볼품없는 인물로 그리고 싶지 않고 그럴 수도 없는 것은 인간의 자기보호 기제다.

고통과 굴욕, 상실을 경험한 사람은 그저 그런 상대의 희생자가 되고 싶지는 않은 법이다. 별 볼 일 없는 사람이 우리에게 권력을 행사했다는 생각보다는 강력한 인물이 우리에게 권력을 행사했다는 사실이 더 견딜 만하기 때문이다. 그런데 그런 인지 방식은 가해자를 제대로 파악하지 못하게 만든다. 그것은 상징이 만들어지는 역동성을 촉진할 뿐만 아니라 판단력을 축소 · 제한함으로써 권력 행사의 여지를 높인다. 마지막으로 자신에게 고통을 주는 그 인물을 한 번이라도 보고 싶은 욕망이 걷잡을 수 없어지고 그것은 다시 투사된 기억을 낳는다. 그러니 아이히만의 경우 회의장이나 사무실 또는 마지막으로는 수용소에서 그를 봤다는 기억이 생겨나는 법이다. 아이히만이 결코 방문한 적 없거나 방문했더라도 시간대가 달랐음이 확인되는데도 말이다. 물론 바로 그 투사된 기억의 사료 가치를 낮게 평가할 수는 없다. 피해자들은 장화를 신고 고함치는 사람이나 오만방자한 검사관을 보면 그를 곧 아이히만이라고 생각했을 수 있다. 왜냐하면 "아이히만"은 오래전부터 구체적인 특정 인물을 뛰어넘는 어떤 것이었기 때문이다. 그의 이름은 사람들을 굴복시키는 권력의 상징이자 보증이 되었다. 이때 실제로 권력을 구현하고 폭력을 행사하는 사람이 누구인지는 전혀 중요하지 않았다. 그 결과로 생겨나는 위협의 힘은 얼굴 없고 이름 없는 관료제가 도달할 수 있는 차원을 훨씬 더 능가했다.

좋은 언론, 나쁜 언론

그사이 원치 않게 유명해져서 독일인들이 얼마나 전전긍긍했는지 그리고 아이히만이 세계 여론에 대해 얼마나 정확히 파악하고 있었는지는 피알라 사건을 통해 알 수 있다. 유대인 절멸은 자신들이 살기 위한 유일한 해법이라고 나치 내부에서는 수도 없이 언급됐지만 그런 주장을 세계만방에 터놓고 말해야 할지에 대해서는 아직 자신이 없었다. 국가 전체를 정보 감시 체제로 만든 것은 독일 주민들조차 그 살해 행위를 납득하기 어려울 것이라는 두려움의 표현이었다. 힘러는 일찍부터 "그 얘기가 '우리 역사의 자랑'이지만 서술해서는 안 된다"고 생각했다. 그는 오딜로 글로보츠니크에게 뒤 세대를 위해 만든 '라인하르트 작전' 영웅들을 위한 지하 추모 명판을 땅속에 묻지 말라며 금지시켰다. 힘러는 부주의하게 매장된 다른 흔적들로 인해 이미 문제가 넘쳐났다. 그는 일찍이 1942년 여름 새로운 대규모 매장지는 더 만들지 말고 과거 매장지도 없애는 방안을 마련하라고 명령했다.[116] 어떤 식으로든 세상에 알려지면 좋을 일이 없었다.

무엇보다 독일 주민들과 여타 세계 사이의 지역, 이를테면 폭력으로든 제휴를 통해서든 독일에 연결된 국가지만 아직 정부가 어정쩡한 태도를 취하고 있는 지역에서는 언론이 문제가 될 위험이 있었다. "대량학살"이나 "절멸" 같은 용어가 퍼져나가면서 아이히만의 동료들은 곧잘 곤혹스러운 질문들과 더 나아가 비판에 맞닥뜨렸다. 그래서 그에 맞설 대항 언론을 만들 생각을 했다. 비슬리체니는 아이히만에게 프리츠 피알라라는 이름의 슬로바키아 언론인을 추천했다고 주장한다.[117] 피알라는 독일어 신문 『그렌츠보테Der Grenzbote』가 독일계 유대인 사주로부터 몰수된 뒤 편집국장이 된 인물인데 유럽 몇몇 신문의 슬로바키아 통신원이기도 했다. 피알라는 탐사 기자로서 수용소의 "진짜 상황"을 현장에서 살펴본 뒤 여론에 퍼진 부정적 이미지를 가라앉히겠다고 제안했다.

1942년 여름 힘러가 세계 언론을 통한 국제 여론의 악화를 계속 우려하자 아이히만은 피알라의 제안을 떠올렸고 (힘러의 발의와 명령에 기초해서) 그로부터 얼마 뒤 피알라를 위해 답사 여행을 마련해주었다. 비슬리체니가 피알라와 함께 슬로바키아 지역 수용소를 보러 질리나로 향했다. 이튿날 그들은 이어서 카토비체로 향했다. 그곳에서 국가 경찰의 형사 반장이 합승한 뒤 두 사람을 소스노비에츠-벵진으로 안내했다. 그는 두 사람에게 게토와 강제노동자들이 일하는 공장을 보여주었다. 그들은 점심을 먹고 유대인 연장자 대표들과 대화를 나눈 뒤 아우슈비츠로 출발해 오후 2시경 도착했다. 아우슈비츠에서는 수용소 소장 루돌프 회스가 직접 그들을 영접했다. 회스는 피알라에게 소장실과 몇몇 수용소 막사를 보여주었고 피알라와 함께 슬로바키아와 프랑스 출신 여성 강제노동자들이 일하는 세탁소에 들렀다. 피알라는 그 여성들과 이야기를 나누고 사진도 찍을 수 있었다. 회스가 저녁을 함께하자고 권했지만 비슬리체니는 정중히 거절했다. 나중에 그는 다른 약속이 있어 그랬다고 얘기했다. 비슬리체니와 피알라는 수용소를 오후 4시 "또는 그보다 더 일찍" 떠났다. 여기까지가 비슬리체니가 말한 내용이다.

피알라는 사진과 함께 수용소 및 슬로바키아 출신 유대인 수감자들에 대해 기사 몇 건을 작성했다. 그는 자기 원고가 아이히만과 힘러에 의해 사전에 검열된다는 것을 알고 있었다. 그런데 왜 그 기사가 11월이나 되어서야 실렸는지는 알 수 없다.[118] 어쩌면 힘러는 자신이 프라하에 머물 때에 맞춰 보도가 나가기를 원했을 수 있다.[119] 혹은 여론의 추이를 더 살피고자 했을 수도 있고, 아니면 원래 계획에 회의가 생겨서일 수도 있다. 어쨌든 그 기사에는 그동안 누구도 자유롭게 말하지 못한 장소들이 언급되었다. 요컨대 1942년 11월 7일과 8일, 10일 자 『그렌츠보테』에 장문의 기사가 세 차례 실렸다. 기사는 깔끔한 환경에서 흰옷을 입은 채 미소를 머금은 젊은 여성들의 사진과 수용소 상태에 대한 찬사로 채워졌다.[120] 피알라는 슬로바키아에서 확인 가능한 이름들을 열거했다. 그런데 그 위선적인 쇼를 완전히 발가벗기는 여성들의 증언도 인용했다. 한 젊은 여성 수감자는 기자가 자신에게 외국에서 유포되는 "만행이라는 선전"에 대해 얘기하자 그를 살짝 비웃었을 뿐만 아니라 아우슈비츠에 사는 것이 팔레스타인에서 사는 것보다야 훨씬 낫죠라고 응수했다. 이 기괴한 쇼에서 피알라가 어떤 태도를 보였는지는 오늘날까지 밝혀지지 않았다. 그래서 우리는 보안국 정보원이었던 그가 정말로 "아우슈비츠에서 순전히 웃는 얼굴들만" 봤는지, 아니면 원고를 위해 억지로 만든 말인지를 정확히 알지는 못한다. 그의 기사는 짧은 판본으로 다른 신문들에도 실렸다.[121] 그 후 아이히만은 그것을 직접 수용소를 구경하고 싶다는 모든 공식 요청을 거부하는 구실로 삼았다. 언론 통제라는 무기로 세계관 투쟁을 수행하며 선전에 선전으로 맞서는 과업이 중요했다.

기획 반박 기사를 통해 여론에 영향을 미치려는 시도가 완전히 실패한 것은 아니다. 하지만 피알라식의 유사 르포 기사보다는 실제 연출이 효과가 더 컸다. 물론 독일의 권력 영향권 내에 있는 곳은 언론의 통제가 엄격하고 언론이 권력에 예속되었기에 피알라의 기사만으로도 아이히만은 좀 놀랐을 것이다. 그는 외국 언론도 위험한 적, 즉 유대인 세계 음모 세력에 의해 통제되고 있다고 확신했다. 인종 이론가들은 언론 자유의 보장은 불가능하다고 본다. 아이히만은 다른 방식을 통해 초기의 우려를 딛고 테레지엔슈타트를 모범 게토 지역으로 알리는 데 성공했다. 1942년 3월의 첫 언론 보도는 테레지엔슈타트를 '보호령 유대인의 순교'라는 제목으로 다루며 절멸을 노린 "사악한 계획"의 다음 단계로 평가했다.[122] 반면 1943년 6월 독일 적십자의 기획 방문은 분위기를 전환하려는 것이었다. 그 쇼를 통해 아이히만과 부하 직원들은 방문객들을 속여 평화로운 상태가 지배하며 누구도 이송되지 않는 수용소로 보이게끔 하는 데 성공했다. 수용소의 과밀 상태와 영양 결핍에 대한 방문객들의 비판보다는 그러한 수용소 방문이 허가되었다는 사실 자체가 더 효과를 발휘했다.[123] 그 연출이 다른 수용소들의 절멸과 대량학살에 대해 비난이 커지는 것을 희석시키기에는 충분치 않았지만 테레지엔슈타트에 대해 다소 고개를 갸우뚱하게 만들었다. 테레지엔슈타트의 선전 기능을 잘 알았던 비판적 언론인들조차 헷갈려했다. 그들은 나치가 원한 대로 테레지엔슈타트를 실제보다 더 긍정적으로 보도했다. 종착지 수용소로서 그것은 전시임을 고려하면 상대적으로 상태가 좋은 상황이라는 것이었다. 1943년 8월 27일 자 『아우프바우』는 '모범 게토 테레지엔슈타트'라는 제목의 긴 1면 보도를 다음과 같이 끝맺었다.[124]

테레지엔슈타트는 나치의 위세가 꺾이기 시작했을 때 "만들어졌다". 앞으로 닥칠 복수에 대한 두려움에 떠는 나치 지도자가 적지 않았다. 그들은 알리바이를 찾기 시작했다. 히브리어와 이디시어를 할 줄 아는 게슈타포 특별위원이자 프라하의 유대인 주민 사회를 초토화한 아이히만은 긴장해 있다고 한다. 테레지엔슈타트의 분위기는 괴벨스와 로젠베르크의 포그롬 정서와는 완전히 대조적이다. 나치 "보호 통치자"들에게 복수의 날이 오면 그들은 "폭정이 심한 상황에서도 우리는 인간으로서 할 수 있는 일을 다 했습니다. 테레지엔슈타트가 우리의 알리바이예요"라며 자기방어에 나설 것이다.

나치가 보여준 상태에 의구심을 갖는 대신 그 동기를 묻고 따진 셈이었다. 그렇게 되니 폭력과 위선의 정도를 제대로 파악할 수 없었다. 아이히만과 그 동료들이 단 하루 동안 위장으로 보여주기 위해 도시 전체를 가꾼 이튿날 다시 원래의 살해 목적으로 바꾸는 그 엄청난 수고를 절대 아끼지 않을 것임을 외부인들은 상상하기가 불가능했다. 한편 비록 아직 나치 범죄의 실제 규모를 정확히 알지는 못했지만 이미 1943년 9월에 독자 투고란을 통해 테레지엔슈타트를 단순히 알리바이로 볼 순 없다고 정확하게 지적한 사람은 한나 아렌트였다.[125] (아렌트는 늦어도 그즈음에는 아이히만이란 이름을 알게 되었다.) "테레지엔슈타트의 진짜 이유는" 전혀 다른 것이라는 얘기다. 아렌트가 보기에 이른바 그 모범 게토라는 것도 전체 수송 체계의 일부였다.[126] 일관된 정책 노선이 존재한다고 본 것이다. 아렌트가 보기에는, 유대인이 용인되거나 심지어 그럭저럭 괜찮은 대우를 받는 곳은 그저 반유대주의를 조장하기 위해 유대인들을 이용해야 하거나 근방에 증인이 너무 많아 유대인을 함부로 다룰 수 없는 곳뿐이었다. "나치들은 바로 체코슬로바키아와 독일에서 주민들의 동요를 막기 위해 유대인의 근절이 아니라 분리가 목적이라고 거듭 밝혔다. 그런 설명에 기여하는 것이 테레지엔슈타트다. 테레지엔슈타트는 보호령의 중심부, 다시 말해 일반 주민들의 통제가 (…) 가능한 곳에 위치해 있다." 아렌트는 망명지에 살면서도 놀라울 정도로 명료하게 상황을 파악했다. "대량학살은 러시아 스텝같이 거주민이 없거나 아니면 최소한 그 주민의 일부를 다소 적극적인 동참에 끌어들일 수 있다고 간주되는 지역에서만 이루어진다." 히틀러의 지배 영토에서 실제 무슨 일이 일어났는지를 정확하게 서술하려면 무엇보다 "유대인 탄압과 나치 지배 기구 사이의 연관관계"를 밝혀야 한다. 아렌트에게 알리바이라는 식의 생각은 어디에도 존재하지 않았다.

하지만 아렌트의 지적은 계속 예외에 불과했다. 이듬해, 즉 1944년 국제 적십자가 작성한 테레지엔슈타트 방문 보고서가 얼마나 엉터리인지 알면 아이히만의 홍보 활동에 그저 감탄하지 않을 수 없다. 독일 적십자 대표단은 "전체 방문객에게 그 정착촌은 아주 좋은 인상을 남겼다"라고 보고했다.[127] 테레지엔슈타트도 배운 게 있었다. 그곳 나치들은 첫 번째 방문단이 비판한 문제들, 이를테면 과밀을 잔인한 방법으로 금세 해결했다. 두 번째 방문단이 왔을 때 좋은 인상을 남기는 데 방해될 만한 것들을 제거한 것이다. 아이히만과 동료들은 끔찍한 것들을 눈에 보이지 않게 잘 치웠다고 생각했다. 최악의 상황을 예상하고 온 사람보다 지옥은 아닐 것이라고 생각하고 오는 사람을 속이기가 훨씬 더 쉬웠다. 1943년에서 1944년 초에 여론의 관심은 다른 주제로 흘렀다. 이유는 주로 전황 탓이긴 했지만 언론을 통해 계획적이고 적극적으로 관심을 돌린 선전 전략의 영향도 무시할 수는 없다. 선동 기사로 가득한 괴벨스식의 서투른 선전보다 아이히만의 전략이 훨씬 더 효과적이었기 때문이기도 하다. 아이히만은 "적의 언론"을 이용해 자기가 만든 거짓말을 자신을 위해 퍼뜨리도록 할 줄 알았다.

"저는 도처에 출몰했죠"

아무리 홍보를 수완 좋게 잘하더라도 그것만으로는 멋진 이미지가 유지되도록 할 수 없었다. 점차 전쟁에서 승리하리라는 믿음에 회의가 싹텄다. 최종 승리에 대한 믿음이 있을 때에는 흔적 제거에 대해 신경을 많이 쓰지 않아도 되었다. 하지만 나중에 정리할 시간이 있으리라는 희망은 점차 사라졌다. 대신 동참자와 추종자들은 자신들의 사후 평판이 어떻게 될지 그리고 패전 후 자신들의 미래가 어떻게 될지에 대한 걱정이 커졌다.[128]

다른 이들은 이미 전후에 대해 생각하기 시작했지만 아이히만의 명성은 나치가 점령하거나 점령지에 인접한 유럽 전역으로 계속 퍼졌다. 그것은 '아이히만 사무소'의 '유대인 문제 참모들' 때문만이 아니라 아이히만 자신 때문이었다. 그는 쉬지 않고 출장을 다녔다. 그는 나중에 "저는 도처에 출몰했죠. 내가 언제 등장할지 아무도 몰랐어요"라고 말했다.[129] 그의 공무 출장 목록은 인상적이다. 암스테르담 회의, 브라티슬라바 접견, 헤이그 다이아몬드 무역 협상, 니스 저녁 외교 행사, 모나코 나들이, 파리 부처 간 회의, 코펜하겐 긴급 출장 등이 게토와 테레지엔슈타트, 절멸수용소 방문과 키이우, 쾨니히스베르크 등 동유럽의 업무 수행지와 함께 기록되어 있다.[130] 아이히만은 늘 "전 여행자였죠"라고 말했다.[131] "유럽 땅의 어떤 벽지라도 나에겐 열려 있어 찾아갈 수 있었다."[132] "아이히만이란 이름이 잘 알려져 있어"[133] 도처에서 환영받았다. 붉은색의 공무원증보다 이름 자체가 더 효과적이었다. 물론 아이히만과 그의 부하들을 접대한 많은 사람 중 다수가 훗날 자기들은 그 자리에 없었다고 주장했다.

하지만 이제 아이히만의 출세가 더 이상 전처럼 계속 순조롭지만은 않았다. 1943년 두 사건이 특히 영향을 미쳤다. 하나는 바르샤바 봉기다. 이는 아이히만의 유대인 이미지를 흔들 정도였다. 다음은 덴마크인들이 나치의 유대인 수송 계획을 성공적으로 저지한 것이었다. 아이히만에게 그것은 사적 패배였다.[134] 맞서 싸울 의지조차 갖지 못한 이들로 간주되었던 유대인들의 물리적 대항 폭력 그리고 나치가 유대인을 제거해주고자 했던 민족의 사보타주는 둘 다 그동안 아이히만이 전혀 생각하지 못한 일이었다. 술수나 음모, 기관들 사이의 반목만 조장할 줄 알았던 사람에게 그것은 정말로 심각한 위협이었다. 두 가지 새로운 문제, 즉 협력자와 가해 동조자의 행위 변화 그리고 저항 세력의 행동에 대해 아이히만은 적절히 응수해야 했다. 그는 한편으로는 통제를 유지하고 다른 한편으로는 권위를 강화하면서 새로운 자기 이미지를 만들어냈다. 아이히만은 동료들의 도움을 받아 자신이 영향력 있는 인물일 뿐만 아니라 영향력이 더 큰 사람들을 친구로 두고 있다는 이미지를 퍼뜨리는 데 성공했다.

1942년 하이드리히의 죽음으로 아이히만은 강력한 후원자를 잃었다. 이는 업무와 관련해서뿐만 아니라 정서적으로도 영향을 미쳤다. 아이히만은 상사에 대한 암살을 개인적인 위협으로 느낄 수밖에 없었다. 안전을 우려해 아이히만은 차에 방탄유리를 끼우고 트렁크에 무기를 가득 실어 자신을 지키려 했으며 자기 사진을 찍지 말도록 조치했다.[135] 가족 신변 보호도 수위를 높였다. 아이들 등굣길에는 경호원이 수행했다.[136] 권력 유지가 쉽지 않다는 게 드러났다. 애초 힘러는 하이드리히의 역할을 떠맡고자 했다. 하지만 힘러는 너무 바빴고 잘 알려진 대로 우유부단함도 문제였다. 외부에서 보면 아이히만은 힘러에게 더 근접한 듯했다. 그러나 실제로는 아이히만에게 힘러의 후원이 항상 보장되는 것은 아니었다. 제국보안중앙청 제4국 국장 하인리히 뮐러("게슈타포 뮐러")는 공적으로 자신을 드러내는 출세주의자가 아니었다. 그렇기에 아이히만은 어떻게 해야 할지 몰라 더욱 난감했다.

그럼에도 불구하고 아이히만과 부하들은 아이히만과 힘러와 관계가 돈독하다는 사실을 부각시켜 위상을 과시했다. 이는 적에게만이 아니라 나치 진영의 경쟁 세력들을 겨냥한 것이기도 했다. 아이히만의 명을 받아 점령지로 파견된 "유대인 담당 참모"들이 "아이히만 사무소"를 들먹이며 자신들을 "아이히만 특공대"라고 불렀듯이, 그들 사이를 오가며 모든 여타 기관과 협의하던 아이히만은 항상 친위대 대장 힘러를 들먹였다. 아이히만의 권세는 드높았다. "총통의 특명"으로 출장을 다녔기 때문이다. 하지만 인간관계가 중요한 체제에서 실제 영향력은 권력자와의 개인적인 접촉에서 생겨난다. 제국 내무부와 협의할 때 총통청이 지원하면 강렬한 인상을 남기겠지만,[137] 힘러에게 개인적으로 알릴 수 있다는 언급이 더 큰 영향을 미친다. 거리를 갖고 보면, 아이히만이 1943년부터 자주 한 위협, 즉 협의에 진전이 없으면 힘러에게 날아갈 것이라는 말은 "엄마한테 다 말할 거야"라는 말처럼 우스꽝스러워 보인다. 하지만 총통 체제이자 동시에 사적 의존 체제에서 그런 말이 지닌 위협은 무시할 수 없다.

히틀러나 힘러의 결정이 모두의 예상과는 달리 그때까지 확실하다고 여겨졌던 것을 뒤집거나 그때까지 탄탄하다고 봤던 인물의 출세를 갑자기 중단한 예는 적지 않다. 아르헨티나에서 사선과 인터뷰할 때 아이히만은 심지어 힘러의 사령부 부장인 카를 볼프 대장에게 전화로 고함을 질러댔다고 으스댄 적이 있다. 그것은 오만하기 짝이 없는 인물의 망상 같은 것에 불과할 수도 있지만 나치즘의 위계제가 어떻게 이루어져 있고 어떻게 작동되는지를 보여주는 것이기도 하다.[138] 정말로 힘러와 직접 연락을 취할 수 있는 사람이라면 원래의 계획을 교란시킬 수 있는 권력자인 셈이다. 아이히만이 필요하면 즉각 힘러에게 날아갈 수 있다고 으스댈 때 그것이 무엇을 의미하는지를 파악해야 한다. 아이히만은 전쟁 말기 일부 지역에서 적군이 가까이 다가오고 있으며 물자와 연료가 부족함에도 불구하고 중령인 자기는 (그리고 심지어 비슬리체니 같은 부하도) 언제든 비행기를 조달해 사전 조정 없이 날아가 곧바로 힘러를 만날 수 있다고 주장했던 것이다.

부하들을 포함해 아이히만의 지인들이 그가 그런 정도의 강한 권력을 가졌다고 생각했다면 그것은 그의 행동과 연출의 효과에 대해 많은 것을 알려준다. 그 말은 실제로 아이히만이 그런 권력을 지녔다는 것을 뜻하지 않는다. 아울러 그의 행동이 지위에 조응했다는 말도 아니다. 그러나 분명한 것은 아이히만이 행동으로 그런 인상을 남겼다는 사실이다. 그런 인상을 낳으려면 특정 행동을 할 필요가 있고 최소한 그런 행동이 그와 모순되지 않아야 했다. 아이히만은 그 연관성을 잘 알고 있었다. 그의 부하들이 아이히만을 "그에 걸맞은 존경"으로 대우했기 때문에 바로 그는 자신의 지위보다 더 많은 권력을 가진 것처럼 보이게 할 수 있었다.

보안국 장교들도 자신을 연출하던 때였다. 당시 가장 뛰어난 영화배우 중 한 명이자 영민한 관찰자인 구스타프 그륀트겐스는 동료 배우들에게 그 기제를 간명히 설명했다. "왕의 역할을 하는 이들은 왕이 아닌 다른 사람들이다." 권력자를 무대에서 보여주려 한다고 해서 무조건 왕의 역할을 탁월하게 수행하는 배우가 필요한 것은 아니다. 왜냐하면 신하 역을 잘하는 배우들이 왕을 향한 그들의 행동을 통해 무대의 그림자를 왕으로 만들 수 있기 때문이다. 권력은 권력자 혼자만이 아니라 집단적 역동성이 만들어내는 현상이다. 집단적 역동성이 비로소 권력자를 만든다. 어떤 식으로든 그 현상을 알아본 사람은 효과를 높이기 위해 희생자들의 무력한 행동을 이용할 수도 있다. 아이히만의 부하들은 그 역할을 수행하는 데 자질을 갖쳤고 아이히만도 자기 역할에 잘 맞는 사람이었다. 마찬가지로 효과적이었던 것은 아이히만이 권력자들 사이에서 더 센 권력을 가진 것처럼 연출했다는 사실이다. 마지막으로 비슬리체니(그리고 아이히만도 분명히)가 심지어 사적으로 힘러와 친척관계라고 주장했다는 것도 제대로 조망하기 어려운 권력 네트워크에서 발판을 쌓기 위한 시도의 종점이었다.[139] 사람들은 그것조차 믿었다. 아울러 그것은 희생자들뿐만 아니라 나치 동료들 그리고 마지막에는 전후의 역사가들에게도 영향을 미쳤다.

최고 무프티의 친구

게다가 아이히만은 완전히 다른 종류의 관계, 즉 "예루살렘의 최고 무프티(이슬람 법학자—옮긴이)"와도 개인적으로 친하다고 주장했다.[140] 그것은 허영심도 충족시켰고 판타지 같은 이야기를 좋아하는 성벽에도 들어맞았다. 그것이 대중적으로도 얼마나 효과 있었는지는 그 이야기의 사후 전개를 통해 잘 알 수 있다. 그 이야기는 심지어 아이히만이 전후 도피처를 숨기는 데도 도움이 되었다. 아이히만이 그 거짓말을 사람들에게 믿게 만들었던 과정을 보면 자기과시 및 정보 취급의 교묘함과 공적 반응 사이의 상호작용이 밝혀진다.

예루살렘의 무프티인 무함마드 아민 알후세이니는 1930년대 근동에서 이루어지는 모든 종류의 협상을 위한 안내자였다. 1920년 영국인들이 군인 전력의 알후세이니에게 무프티 직책을 맡겼다. 그는 경제적 이유에서든 정치적 이유에서든 그곳으로 온 사람들이 꼭 만나고 싶어하는 대화 상대였다. 독일제국과 알후세이니 사이에도 소통망이 여럿 있었다. 그중 하나가 예루살렘 주재 독일 정보국의 라히헤르트(그리고 아이히만의 초기 상관이었던 레오폴트 폰 밀덴슈타인과 친교가 있었던 현지 정보원 오토 폰 볼시빙)를 통해 정보국 유대인과로 연결되어 있었다. 아이히만과 하겐도 1937년 근동 지방을 여행할 때 알후세이니 또는 적어도 그의 주변 인물들을 만났다는 얘기가 있다. 그 추론의 근거는 아이히만의 신청서다. 아이히만은 새 양복과 얇은 외투를 구입하기 위한 자금을 지급해달라면서 "내 출장은 다른 무엇보다 아랍 군주들과 협상하기 위한" 것이라고 이유를 밝혔다.[141]

그들이 도착하기 직전에 알후세이니는 이미 영국 점령군에 맞선 아랍인 봉기를 획책한 뒤 급히 팔레스타인을 떠났다. 그렇게 본다면 그 우연적인 일 때문에 그들의 만남이 불발되었다는 주장은 사실인 듯하다. 한편 1933년 알후세이니는 히틀러에게 권력 장악을 축하하는 인사를 보냈고 1937년에는 접촉을 강화했다. 그는 앙카라를 경유해 로마로 도주한 뒤 최종적으로는 1941년 11월 6일부터 종전 때까지 베를린에서 망명생활을 이어갔다. 그는 몇 차례나 신문 지면을 화려하게 장식했는데 주로 엄청난 생활비 정산 때문이었다. 1941년 11월 28일 알후세이니는 히틀러를 접견한 뒤, 12월 9일 다시 만났다.[142] 나치 제국에서 알후세이니는 왕성하게 활동했다. 1942년 12월 18일 그는 베를린에서 이슬람중앙연구소를 개소하고 연설했으며 이슬람 신자로 구성된 친위대-독립 부대인 "크로 아티아의 보스니아-헤르체고비나 친위대 산악부대 13 자유의용군"을 창립했다. 그는 이른바 '유대인 문제'에 대해서도 관심이 많았다. 알후세이니는 히틀러의 과격한 반유대주의에 깊이 공감했다. 그는 격정적인 라디오 선동 연설로 카이로에서 테헤란과 뭄바이까지 유대인 증오를 확산시키고자 했다. "닥치는 대로 유대인을 죽여버립시다. 신이 기뻐할 것입니다. 이 일은 역사와 신앙을 위한 것입니다."[143]

언론은 그의 독일 체류 소식을 이색적인 사진과 함께 소개했고, 서점가에서는 붉은 수염과 푸른 눈을 가진 그에 대한 전기가 여러 권 쏟아져 나왔다.[144] 알후세이니는 제국보안중앙청 제4국에서 파견된 연락관과 연결되었다. 연락관은 한스-요아힘 바이제였다. 바이제는 알후세이니가 독일과 이탈리아, 점령지를 여행할 때마다 그를 수행하며 경호 임무도 맡았다. 외무부도 알후세이니가 편히 지내도록 직원 한 명을 배정했다. 베르너 오토 폰 헨티히다. 알후세이니의 부하들은 1942년 여름 적어도 한 번은 보안국의 연수 프로그램에 참여했다.[145] 1942년 상반기 최소한 한 번 알후세이니는 아이히만의 부하, 즉 제4국 B4과 b 계(유대인과 재산 문제, 외국 문제 담당)의 계장인 프리드리히 주르와 긴 대화 시간을 가졌다.[146] 히틀러, 괴벨스와 마찬가지로 아이히만도 알후세이니에게 깊은 인상을 받은 게 분명하다. 비슬리체니(다시금 직접 보지는 못했지만)의 보고에 따르면, 아이히만은 비슬리체니에게 알후세이니가 자기 사무실을 방문해 감동받았다고 얘기했으며 그 날짜를 1942년 초라고 말했다. 비슬리체니는 아이히만이 자신에게 전했던 얘기를 1946년 구금 중에 털어놓았다. 그에 따르면, 알후세이니는 애초 힘러를 방문했다.

> 그 얼마 뒤 최고 무프티는 베를린 쿠어퓌르스텐 116번지의 집무지로 유대인과 과장 아돌프 아이히만을 방문했죠. 전 그 며칠 뒤 우연히 베를린에서 아이히만을 만났고요. 그때 아이히만이 저한테 그의 방문에 대해 자세히 얘기해줬어요. 유럽 여러 지역의 유대인 주민들에 대한 통계를 모아둔 '카드방'에서 아이히만은 무프티에게 '유럽 유대인 문제 해결'에 대해 상세히 설명했대요. 무프티는 크게 감동받아서 아이히만에게, 전쟁에서 추축국이 승리한 뒤 자신이 귀국할 때 아이히만의 부관을 자신의 자문관으로 삼아 예루살렘에 데리고 가게 해달라고 힘러에게 이미 부탁해서 승낙을 받았다고 말했대요. 당시 대화에서 아이히만은 저한테 그 일을 해볼 생각이 없냐고 물었는데 저는 그 '동양 모험'을 사양했어요. 아이히만은 무프티의 인물 됨됨이에 아주 강렬한 인상을 받았어요. 아이히만이 저한테 그때뿐만 아니라 나중에도 무프티가 힘러에게도 곧잘 강한 인상을 남겨 아랍-유대인 문제에 대해서도 일정한 영향력을 발휘했다고 말했어요. 제가 알기로 아이히만은 그를 자주 만나 얘기를 나누었어요. 어쨌든 1944년 여름 부다페스트에서 아이히만은 저한테 그렇게 말했어요.[147]

비슬리체니가 자기 죄를 덜 목적으로 아이히만에게 죄를 뒤집어씌우려 하면 할수록 아이히만과 최고 무프티에 대한 얘기도 색깔이 덧입혀졌다. 결국 둘이 아주 친한 친구 사이였다는 얘기로까지 발전했다. 아이히만은 비슬리체니에게 알후세이니가 "신분을 숨기고"(알후세이니의 외양으로 보건대 매우 의심스럽지만) 아우슈비츠에 와서 절멸 과정을 봤다고 말했다. 비슬리체니의 마지막 증언들을 살펴보면 자포자기의 심정으로 말했음을 확인할 수 있다. 비슬리체니는 이스라엘 첩보부를 위해 아이히만 추적에 나섰던 모셰 펄먼에게 다음과 같이 말했다. "알후세이니는 힘러에게 독일이 전쟁에서 크게 승리하고 나면 일정 기간 아이히만을 빌려달라고 말했다고 해요. 유대인 문제에 대한 아이히만의 해결책을 팔레스타인에서도 적용하고 싶다고 했다는 거예요."[148]

이런 얘기는 모두 브라티슬라바에서 구금생활을 하는 사람으로부터 나왔다. 그는 무슨 수를 써서라도 교수형을 면하고자 발버둥 치며 모든 사람과 모든 것을 다 버렸다. 그렇기에 그의 증언은 신빙성이 떨어진다. 비슬리체니와 아이히만은 이미 전시에 유대인 협상 대표들을 위협해 압박하고자 같은 방식의 말을 한 적이 있다. 비슬리체니는 유럽 점령지의 유대인 대표들과 대화하며 강경한 태도를 보일 필요가 있을 때 "무프티는 아이히만과 긴밀한 협력관계다"라고 강조했다.[149] 슬로바키아 유대인 아이들의 이민 가능성을 두고 협상할 때 비슬리체니는 다음과 같이 말했다. "무프티는 유대인의 철천지원수다. (…) 팔레스타인 출신 독일인으로 잘 알려진 아이히만과 대화할 때 무프티는 그런 생각을 드러냈다. 그는 독일인이 유럽 유대인을 체계적으로 절멸해야 한다는 생각을 발의한 사람 중 한 명이기도 했다. 그 계획을 실천할 때 그는 아이히만과 힘러의 조력자로 계속 활약했다." 전후 그 발언의 진위 여부를 밝혀야 했을 때 비슬리체니는 "아이히만이 팔레스타인에서 태어났다거나 무프티가 힘러(!)의 상시 조력자라고 말"한 적이 없다고 주장했다. 하지만 그는 무프티가 아이히만과 협력했다는 것을 부정하지는 않았다. 그런 주장은 이른바 유대인 정책의 국제적 연루를 보여주는 것이었기에 아이히만에게 득이 되었다.

아이히만은 그런 주장을 내버려두었다. 오히려 그는 그 얘기가 퍼져나가도록 신문 기사나 직장 내 잡담을 활용했다. 알후세이니가 독일로 도피한 사실과 히틀러와 나란히 서 있는 모습은 『보켄샤우 Wochenschau』를 비롯한 독일 주요 언론에 실렸다. 알후세이니는 유대인 문제에 개입하고자 했고 이는 나치의 여러 기관에서 확인되었다. 알후세이니는 유대인 난민들의 팔레스타인 이주도 고려되고 있다는 소식을 접하자마자 반대 서한을 무더기로 보내고 개인적으로도 해당 부처를 방문했다. 그것 또한 언론에 보도되었고 나치 기관들에서 이야깃거리가 되었다.[150] 아이히만은 자신이 알후세이니에게 그 사실을 알려주었다고 말했다.[151] 다른 나치 기관의 동료들이 보기엔 그런 것 같았고 아이히만이 다음에도 계속 그렇게 할 것 같아 우려되었다. 마지막으로 1944년 헝가리에서 아이히만은 유대인 수송 증대를 둘러싼 논의에 진척이 없을 때 알후세이니를 린츠에서 몇 차례 만났다고 주장했다.[152] 1944년 말 알후세이니가 실제로 린츠에 체류했고 아이히만도 자주 그곳에 다녀갔다는 사실은 이미 알려져 있다. 아이히만의 가족이 거기에 거주했기 때문이다. 이국적인 외양의 방문객이 같은 시기에 그곳을 다녀갔다는 사실은 초대를 받아 만나지 않아도 알 수 있다. 이미 소련군의 진군 소리가 들리던 부다페스트에서 벗어나 며칠 동안 다른 곳에 머물기 위한 핑계로 공무를 내세운 출장은 이상적이었다. 게다가 사후 과정을 보건대 늦어도 그때쯤이면 아이히만은 전쟁에서 지는 상황을 고려해 지하로 잠적할 계획을 아내 및 린츠의 아버지와 함께 꾸미기 시작했음에 틀림없다. 알후세이니를 극비로 만난다는 것은 그런 계획을 숨기는 데 안성맞춤이었다.

아르헨티나에서 알후세이니와의 관계에 대해 말하면서 아이히만이 그 만남에 대해 일언반구도 하지 않은 것은 기괴하다. 보통 권력자와의 관계에 대해 아이히만은 전혀 겸손하지 않았기 때문이다. 스치는 인사 정도만 해도 아이히만은 긴밀한 관계로 부풀렸다.[153] 사선 서클에서 아이히만은 알후세이니를 만난 것이 한 번뿐이라고 강조했다. 그것도 자기 사무실에서가 아니라고 말했다. 그곳에 알후세이니의 세 부관이 방문했기에 그들에게 모든 것을 다 말해주었다는 것이다. 아이히만은 어떤 접견 장소에서 알후세이니를 한 번 본 게 전부이며 그것 말고는 그의 측근들과만 접촉했다고 말했다. 그는 그들을 "내 아랍 친구들"이라고 불렀다. 아이히만이 사선 서클에서 그렇게 조심스레 말한 데에는 그만한 이유가 있었다. 에버하르트 프리치 때문이었다. 프리치는 사선의 친구로서 출판업자였는데 알후세이니와도 알고 지냈다. 알후세이니는 프리치가 발간하는 『길Der Weg-El Sendero』이라는 잡지의 독자였다. 그 잡지는 더러 알후세이니의 반유대주의 메시지를 실었으며, 한 번은 그의 서명을 복제해 싣기도 했다.

아이히만과 그들의 관계가 얼마나 긴밀했는지는 알 수 없었다. 오토 스코르체니 같은 인물들이 자랑하는 근동 사업의 실제도 알 수 없기는 마찬가지였다. 다만 그는 사선 서클에서 분명치 않은 얘기를 과장해서는 안 될 이유가 있었다. 마지막으로 1960년 이스라엘에서 아이히만은 알후세이니 관련 얘기가 큰 위험을 불러일으킬 수 있음을 간파해 더 별일 아닌 것으로 만들려고 애썼다. "제가 기억하기로는 1942년인가 1943년에 알후세이니가 수행원을 데리고 베를린으로 왔습니다. 그가 베를린에 체류하는 것을 기회 삼아 제4국이 반제 근처 제국보안중앙청의 별장에서 만찬 모임을 마련했죠. 저도 물론 참석했고요. 그의 수행원 중 세 사람이 '이라크 소령들'이라며 소개되었습니다. 이름은 잊은 지 오래됐어요. 아뇨, 더 정확히 말하면 기억한 적도 없을 겁니다. 그중 한 명은 나중에 '근동의 하이드리히'로 활약했다고 들었어요(아마도 제4국에서 들었을 거예요. 그게 아니라면 제가 그걸 어디서 들었겠어요). 그는 알후세이니의 조카라고 했어요. 알후세이니가 직접 제4국 B4과 사무실로 찾아온 적은 없어요. 이미 말했던 것처럼 반제의 만찬 때 행사 주최자 중 한 명인 제4국의 어떤 분이 소개해줘 짧게 인사를 나눈 것 빼고는 제가 알후세이니와 따로 만나 대화를 나눈 적은 없어요."(「나의 회고」 119쪽)

심문 과정에서 아이히만은 알후세이니가 사무실을 방문했을 때 자리에 없었다고 주장했다. 접견할 때 알후세이니를 만난 것은 사실이지만 그와 얘기를 나눌 수는 없었다고 했다. 국빈과 과장은 신분 차이가 너무 컸기 때문이라고 한다.[154] 그 말은 진실일 것이다. 나머지는 그 타고난 고등 사기꾼이 지어낸 얘기일 것이다. 설사 알후세이니와의 관계에 대해 지어낸 얘기가 나치 시기에 아주 잘 먹혔다고 하더라도 그 사실은 변함없다. 물론 유대인과 과장인 아이히만이 근동의 제후인 알후세이니와 친교를 맺었다는 상상은 가능하다. 둘 다 반유대주의 투쟁이라는 같은 목표를 추구했지만 그렇다고 해서 둘의 친분을 믿을 근거는 없다. 둘의 친분 얘기가 효과를 본 것은 순전히 아이히만의 교묘한 여론 조작과 의식적인 자기 이미지 창출 덕이었다. 주요 국면에서 늘 상관의 든든한 오른팔 역할을 하는 부하의 그런 가짜 이야기를 망가뜨릴 상사는 어디에도 없다. 아이히만은 그 얘기 못지않게 자기 연출을 통해 그 인상을 돋우었다.

그 가짜 이야기의 성공 정도를 측정할 수 있는 것은 종전 직후였다. 아이히만이 전쟁포로로 있으면서 자신은 근동의 알후세이니에게로 망명할 거라고 말했을 때 사람들은 그 말을 믿었다. 그 후 근동에서 아이히만이 새로 출세할 것이라는 소문이 떠돌았다. 포로 상태였지만 그 소문은 결코 멈추지 않았다. 아이히만이 거짓으로 만든 알후세이니와의 개인적인 친분 얘기는 그렇게 자가발전했고 아이히만 생애의 마지막에도 계속 돌았다. 재판 과정에서 알후세이니의 수첩 하나가 등장했다. 수첩의 1944년 11월 9일 자에 '아이히만'이란 이름이 쓰여 있어 빼도 박도 못하게 되었다. 잘난 척하던 아이히만은 결국 자기 꾀에 빠졌다.[155] 아이히만은 너무나 분명한 그 증거가 조작되었다고 주장했지만 그 거짓말쟁이를 믿는 사람은 더 이상 없었다.

미치광이

나치 시기 막바지에 아이히만은 앞서 자신이 만든 이미지로 인해 도리어 위험해지는 일을 겪었다. 별로 유명하지 않던 사람이라면 전후 자기 명성에 대해 신경 쓸 필요가 없었다. 하지만 전후에 아이히만을 잊거나 빠뜨릴 가능성은 전무했다. 두 가지 이유에서였다. 먼저, 그의 이름은 너무 잘 알려져 있었다. 그가 유대인 정책의 상징인 된 것은 결코 우연이 아니었다. 두 번째로, 그런 명성으로 인해 자기 죄로부터 벗어나려는 모든 사람에게 아이히만은 완벽한 투사 대상이 되었다. 아이히만은 항상 다른 이를 밀치고 앞으로 나갔던 사람이다. 그렇기에 이제 누구든 아이히만 뒤에 숨기가 편했다. 그런 조짐은 이미 1944년부터 나타났다. 아이히만의 유대인과는 전선이 격화되면서 생긴 직원 확보 문제에도 불구하고 세를 불려 이제 제4국 A4과가 되어 애초부터 가장 큰 소관 영역이었던 '교회 정치' 부문을 포괄했다. 당시 아이히만은 교회 쪽 인물들에게도 오래전부터 이미 유명 인사였다. 그는 출세가 빨라 신구 교파 대표자들에게도 이름이 알려졌다. 개신교 변호사인 게르하르트 레펠트는 1942~1943년 아이히만을 방문했다. 그는 혼혈법 입안과 로젠슈트라세 시위 대응 작전이 모두 "아이히만 중령의 구상"이라고 확신했다. 이른바 레펠트 보고서는 풀다 주교회의 의장인 아돌프 베르트람에게 전달되어 교황에게 보내는 보고서에 활용되었다.[156] 아이히만이 교회 관련 업무도 공식적으로 맡고 있다는 게 알려지면서 그의 명성은 더 높아져갔다. 사실 1944년 3월부터 두 명의 아이히만이 존재했다고 볼 수 있다. 베를린에는 단지 짧게 체류하는 진짜 아이히만과 그를 대신해 '아이히만과'를 아이히만이 하던 방식대로 이끄는 부관인 롤프 귄터. 그렇게 '아이히만'은 두 장소에 동시에 존재할 수 있었다.[157]

당시 아이히만 소속 부처에도 그의 적이 등장했다. 아이히만은 헝가리에서 '아이히만 특공대'로 명성을 한 단계 더 끌어올렸다. 그는 개인적으로는 처음으로 유대인 수송을 이끌었는데 엄청나게 효율적으로 처리했다. 반면 아이히만과 친했던 동료들, 즉 디터 비슬리체니, 헤르만 크루메이, 쿠르트 베커, 심지어 하인리히 힘러는 지난 10년 동안 상대도 하지 않았고 그때까지는 지구상에서 사라지게 만들려 했던 바로 그 사람들과 관계를 가지려고 노력했다. 비슬리체니와 크루메이는 유대인 지도자들과 오랜 시간 협상했다. 그 과정에서 아이히만은 괴물로, 자신들은 힘없는 명령 수행자이지만 상황을 해결하려는 인물들로 보이게 했다. 힘러는 유대인 해외 대표자들과 협상을 시도했고, 에른스트 칼텐브루너는 오스트리아의 단독 강화 내지 오스트리아가 전후 독립적인 특별 지위를 누릴 수 있을지를 탐문했다. 빌헬름 회틀은 일찍부터 상대측 정보원이 되고자 했다. 어쨌든 그들은 새로운 밧줄로 자신들을 묶어 미래 상황에 대비하고자 했다. 그때 그들은 새로운 동기로 아이히만이란 이름을 유명하게 만들었다.[158]

그동안 아이히만이 공적으로 향유했던 특별 지위는 위의 여러 노력에 유용했다. 친위대 중령 아이히만이 같은 지위의 다른 사람들보다 더 큰 권력을 행사했다는 사실로 인해 그들은 그의 영향력을 부풀리고 자신들의 영향력은 낮게 말할 수 있었다. 이 일이 늘 작동한 것은 아니어서 오히려 비웃음거리가 되기도 했다. 이를테면 칼텐브루너 같은 이들이 아이히만이 자신에게 알리지 않고 일을 직접 처리했다고 주장했을 때 그랬다. 물론 이 또한 아이히만의 지위가 아주 높다는 주장의 증거이기는 하다. 칼텐브루너조차 그런 방식으로 말하며 사람들이 자신을 믿게 만들고 싶었던 것이다. 반면 제국보안중앙청 청장인 칼텐브루너보다 영향력이 낮은 지위의 다른 사람들에게는 그 방식이 효과를 냈다. 요컨대 1944~1945년의 아이히만 이미지는 여러 요인에 의해 결정되었다. 먼저, 아이히만의 행동이다. 그는 상대적인 독자성을 가진 데다 헝가리에서 지위를 강화했고 전쟁이 더 파국으로 흐르자 점점 더 자의식이 커졌다. 둘째, 아이히만 부하들의 태도다. 그들은 유대인 피해자들과 협상을 시작하며 이전과는 다른 태도를 보이면서 거리를 두기 시작했고 아이히만의 활약을 부각시켰다. 다음으로는 유대인 협상 파트너다. 그들은 이제 다시 협상을 위해 외국으로 보내졌고 그곳에서 아이히만에 대해 얘기하거나 아이히만과의 관계에 대해 편지나 보고서를 작성했다.

헝가리 체류 초기에 단기간의 가짜 외교 쇼를 보인 뒤[159] 아이히만은 과대망상과 자포자기가 뒤섞인 상태에서 지냈다. "나의 상관 뮐러 중장이 최고 전문가를 파견한다고 말했는데, 나는 정말 최고 전문가처럼 행동하고 싶었어요."[160] 마침내 "친위대의 (중령) 아이히만이 헝가리로 왔다".[161] 그 후 어떤 주저나 조금의 신중함도 없이 끔찍한 과잉 행동이 일어났다. 다시 아이히만은 조금이라도 그럴듯해 보이는 것이 있으면 뭐든 내세워 뽐냈다. 이를테면 헝가리 최고의 권력자와 직접 교류하고 있다든지, 제3제국 고위 권력자들과도 간접적으로 교류하고 있다든지, 그리고 개인용 비행기 동원부터 아우슈비츠 가스실에 대한 직접적인 통제권까지. 아이히만은 모든 것을 조달할 권한을 가지고 있다면서 뻐겼다. "나는 사냥개야" "내가 아우슈비츠의 물레방아를 돌리는 거야"[162] "제가 당신들이 원하는 유대인을 제공하겠어요" "인명 대 물품 교환" "힘러께 고하겠습니다"[163] "부다페스트의 유대인 쓰레기들을 다 제거할 거야" 등의 말을 하고 다녔다. 아이히만은 이따금 외국 외교관들에게도 공격적이었다. "유대인의 개 발렌베리" 같은 "유대인의 친구"들을 암살해버릴 거라며 협박했다.[164] 아이히만은 실제 정치에 관여하는 최고 무프티를 만나러 간다고도 했다. 문제가 발생하면 아이히만은 정말로 직접 아우슈비츠로 차를 몰았고, 외무부와 수용소 소장 회스의 방문을 받기도 했다. 그는 도처에 출몰했지만 동시에 어디에도 안주하지 않았다. 아이히만은 다변가로서 장광설을 즐겼기에 주변 인물들은—실제 상황이 어떤지도 모른 채—그가 헝가리 섭정인 호르티의 몰락에 직접 개입했을 거라고 여겼다.[165] 또 마이다네크 절멸수용소의 해방 사진이 전 세계로 퍼져나갔을 때도 그 책임이 아이히만에게 있다고 여겨졌다.[166] 게다가 아이히만은 심지어 힘러와도 공개적으로 권력 경쟁을 하게 될 것이라고 여겨졌다. 아이히만 부하들의 허풍은 점점 새로운 차원으로 비화했다. 비슬리체니는 나중에 아이히만은 자신이 오딜로 글로보츠니크와 함께 최초로 유대인의 절멸을 제안한 사람이라며 자랑했다고 진술했다.[167] 아이히만은 자기 업적이 굉장하다는 망상에 빠져 "부다페스트에 나를 위한 동상이 분명히 세워질" 것이라고 믿었다.[168] 아이히만은 유대인들에게 "최종 승리" 후에 히틀러가 자신을 "세계 유대인 문제 특별위원"으로 임명할 것이라며 겁박했다.[169] 아이히만이 헝가리에서 저지른 끔찍한 만행을 보고 정신이 번쩍 들지 않았다면, 아이히만의 쇼를 허무맹랑한 연극쯤으로 보고 말았을 것이다. 하지만 그가 펼친 공연은 효과가 있었음이 입증되었다. 결국 아이히만은 "미치광이가 광란"하듯 유대인을 사냥했다는 악명을 얻었다.[170] 여성과 남성 그리고 어린이를 포함한 43만7402명이라는 공식 이송자 수에 견주면 그 말도 부족한 듯하다.

아이히만은 유대인 협상가 요엘 브란트와 레죄 카스트너에게 고함을 질러댔지만 그의 부하들은 신중하게 대화를 이끌었다. 당근과 채찍을 번갈아 사용하는 연출이라면 이는 특별히 새로운 게 아니었다. 오히려 새로운 것은 아이히만의 부하들이 이번에는 정말로 선한 쪽에 서길 원했다는 사실이다. 비슬리체니는 거짓말을 하는 데 주저함이 없었다. 그는 유대인 절멸이 "아이히만의 꿈"[171]이라고 말했으며 대신 자신이 유대인에게 얼마나 도움이 되었는지를 증명하기 위해 스스로의 영향력을 부풀렸다.[172] 막바지에 이르면 카스트너에게서 동정심을 불러일으키려고 심지어 자신을 아이히만의 강요와 협박, 위협에 내몰린 희생자로 그리기도 했다. 이미 자신은 막강한 권력을 가진 상사인 아이히만에 맞서 사욕 없이 할 수 있는 일을 적극적으로 실천했다는 것이다.[173] 크루메이는 진실이 알려지기를 원하며 자신이 끔찍한 사건을 밝혀줄 믿을 만한 사람이라고 말했다. 힘러의 총애를 놓고 아이히만과 경쟁하며 또 다른 특수 임무를 띠고 출장을 다니던 쿠르트 베커는 유대인들의 재산을 놓고 벌인 협상에 진전이 없자 아이히만을 협박용으로 활용했다. 아이히만은 나중에 "모든 기관은 헝가리에서 유대인을 쥐어짜 가능한 모든 것을 얻어내려 애썼고 '이제 그 사악한 아이히만이 닥칠 거야'라는 위협으로 그들을 괴롭혔다"고 밝혔다.[174] 그럼으로써 쿠르트 베커는 유대인 절멸과 함께 이루어진 가장 큰 규모의 약탈 중 하나를 잘 수행했을 뿐만 아니라 뉘른베르크 재판 때 필요했던 알리바이를 미리 확보하는 데도 성공했다.[175] 마지막으로 헝가리인 가해자들도 그 방식을 따라 유대인 대표자들에게 접근하고자 했다.[176] 이때 그들은 유대인을 과대평가했는데 이는 앞서 유대인을 탄압했을 때와 같은 반유대주의에서 비롯된 것이었다. 어쨌든 10년에 걸친 유대인 탄압을 잊게 만드는 데는 그저 한 명의 유대인 변호자로도 충분하리라는 희망이 실현된 것은 일부일 뿐이었다. 비슬리체니가 카스트너에게 한 말은 아무 소용이 없었다. 카스트너의 선한 말도 비슬리체니를 구하기에는 역부족이었다. 하지만 비슬리체니는 이를 통해 아주 강력한 아이히만 이미지의 토대를 마련했다. 쿠르트 베커는 운이 더 좋았다. 그는 편을 바꿈으로써 살아남았다. 그의 생존은 비록 그가 수백만 명의 약탈품을 은행 금고에 숨기고 있었던 덕도 있지만, 살해와 관련된 모든 흔적을 지울 수 있었기 때문이기도 하다. 전쟁이 끝나기 전 마지막 몇 달 동안 그의 방식을 따르는 이가 적지 않았다. 그들은 홀로코스트에 공개적으로 거리를 둘 기회라면 뭐든 찾아 나섰으며 그런 연유로 아이히만의 역할이 특별했음을 부각시켰다. 이는 전후 자신을 방어하는 데 매우 유용해진다.

레죄 카스트너와 요엘 브란트도 그들 나름의 이유로 나치 제국의 경계를 넘어서까지 "괴수 아이히만"[177]의 이미지를 퍼뜨렸다. 브란트는 체포 전후 터키와 카이로에서, 즉 아이라 허시맨과 영국 첩보부[178]에 아이히만에 대해 그리고 유대인 절멸에서 아이히만이 수행한 역할에 대해 알려주었다. 그것은 악명 높은 "인명 대 물품" 교환 제안에 대한 전 세계 보도를 통해 간접적으로 알려지기도 했다.[179] 카스트너는 전시에 일기를 썼고, 이는 전후 곧장 발간된 이른바 「카스트너 보고서」의 뼈대였다. 미국과 영국이 뉘른베르크 재판을 준비할 때, 그들은 그 보고서와 함께 그의 진술(주로 비슬리체니와 베커의 영향이 컸다)을 활용했다.[180] 아이히만이 앞선 시기에 자의식을 갖고 만들어 세상에 퍼뜨린 이미지에 어울리는 새로운 이미지가 등장한 것이다. 아이히만은 이제 그에 대한 통제권을 더 이상 갖기가 어려워졌다. 결국 아이히만에게 남은 길은 자신과 자신의 그 끔찍한 목표를 위해 최대한 그 악명을 계속 활용하고 난 뒤 결국 이름을 바꾸는 것이었다.

전범 14번, 9번, 1번

아이히만은 자기 이름이 점점 더 공포를 불러일으킨다는 것을 알았다. 힘러가 자신을 일시적으로 부다페스트로부터 전출시켰을 때 그는 그것이 자신의 악명 때문이라고 생각했다. 그의 말에 따르면, "내 이름 때문에 어려움"[181]이 생겼다. 하지만 아이히만은 막다른 골목에 처한 자신의 상황을 오히려 큰 영예로 여겼다. 이는 새로운 방식의 서열 정리, 즉 전범 명단에 놓인 자기 자리를 과시하는 것을 통해서도 확인할 수 있다. 아이히만 혼자만 그런 것은 아니었다. 가해자들은 누가 더 높이 올라갔는지를 놓고 우열을 겨루었다. 연합군이 전범 명단을 발표하겠다고 위협한 뒤부터 누가 그 명단에 올랐을지를 놓고 추측이 무성했다. 특히 점령지의 지하 라디오 방송은 전범 명단의 이름을 알리며 그들에게 대량학살에 계속 가담하지 말라고 경고했다. 빌헬름 회틀은 아이히만과 칼텐브루너가 서로 자신들의 전범 서열에 대해 얘기했다고 말했다.[182] 비록 회틀이 가장 신뢰하기 어려운 증인이었지만 그래도 그 진술만큼은 다른 이들의 진술과 일치한다. 아이히만도 그것을 과시했음을 인정했다. 그는 아르헨티나의 대화에서 다음과 같이 상세히 말했다. "저는 신문 기사에서 (…) 전범 명단을 본 적이 있어요. 제가 9번이던데요. 그 모든 게 꽤 웃겼죠."[183] 그 뒤 이스라엘에서 심문받을 때는 자신이 14번이었다고 주장했다. 부다페스트 파견 유대인 담당관이자 아이히만의 연락책이었던 호르스트 테오도어 그렐은 1944년 늦가을, 아이히만이 자신은 600만 명에 대해 양심의 가책을 받고 있기에 적들에게는 자신이 "전범 1번"일 것이라고 우쭐거리며 말했다고 기억했다. 그렐은 그 말을 진지하게 받아들이지는 않았고 그저 "적이 많으면 영예도 높다"는 모토에서 나온 자기 자랑이라고 여겼다.[184] 그렐이 대량 절멸에 대해 놀랐다는 말은 파렴치한 거짓말이다. 그렇다고 하더라도 아이히만과 관련된 진술의 함의는 분명했다. 종전이 다가옴에도 불구하고 아이히만은 자기 "경력"에 대한 자긍심과 과대망상 성향이 줄지 않았다. 그의 말은 도리어 일종의 예언 같았다. 왜냐하면

1947년에 실제로 아이히만은 "유대인의 적 1호"라는 이름으로 다비드 벤구리온과 지몬 비젠탈의 추적 대상이 되기 때문이다.[185]

종전이 가까워질수록 아이히만의 동료들은 점차 아이히만과 나란히 공식 석상에 등장하기를 꺼렸다. 이유는 매우 분명했다. "유대인의 차르"는 점심 식사 때 사람들이 가장 만나기 싫어하는 사람이었기 때문다. 아이히만의 사무실에 있는 식당은 폭격을 모면한 드문 곳이었지만 상황은 그랬다. 사람들은 가능한 한 아이히만과 마주치지 않으려고 했다. 막강했던 시기 잘나가던 인물이 이제 사람 취급도 못 받았다. 아이히만도 그 모욕을 잊을 수가 없었다. 1957년에 그는 다음과 같이 불만을 토로했다. 처음에는 "사람들이 나한테 부처 회의나 공무 외의 모임 등에 오라는 연락 또는 개인적으로 만나 식사하자는 등의 요청을 거의 하지 않았어요". 좀 지나자 어느 누구도 그에게 아는 체하지 않았다.[186] 수년 뒤 아이히만은 1945년의 마지막 여러 달 동안 생필품 보급과 집무실 건물 방어에 신경 쓰는 것 말고는 다른 어떤 일도 하지 않았다는 이야기를 퍼뜨리는 데 성공했다. 상황을 더 잘 아는 많은 사람도 그 얘기를 교정하지 않았다. 사실 아이히만은 나치 지배의 마지막 국면에서 방어전에는 전혀 참여하지 않았다.

아이히만이 지어낸 얘기를 넘어 나치의 마지막 수개월이 어땠는지에 대해서는 아직 연구가 충분하지 않다. 우리가 아는 약간의 지식에 따르면, 유대인 절멸의 수행자들은 마지막 순간까지 그들의 살해 공장을 계속 돌리기 위해 열심히 노력했다. 아이히만은 힘러의 명령을 받들어 저명한 유대인들을 모아 인질로 삼으려고 나치 제국 전역을 돌아다녔다. 힘러는 그들을 내세워 연합군과 협상해 살길을 찾고자 했기 때문이다. 그 밖에도 아이히만은 심지어 마지막 절멸 작전, 즉 라벤스브뤼크 수용소의 가스 살해에도 가담했던 사실이 드러났다. 1945년 1월 26일부터 악명 높은 몰 특공대가 가스차를 끌고 그 수용소로 파견되었을 뿐 아니라 그곳에 따로 가스실을 설치했다.[187] 2월 초 라벤스브뤼크에서 테레지엔슈타트로 이송되어 그곳에서 살아남은 여성들은 아이히만이 진행한 조사를 기억한다. 아이히만은 그들이 그 살해에 대해 무엇을 아는지를 알아내려 했고 그들이 본 것을 테레지엔슈타트에서 발설하면 혼쭐날 것이라고 위협했다.[188]

1943년 1월 네덜란드에서 끌려온 샬로테 잘츠베르거에 따르면, 아이히만은 권터, 에른스트 모에스와 카를 람, 샬로테와 그 여동생, 그 외 세 명의 여성을 심문했다. 그들은 "매우 공손하게" 조사를 받았는데, 심문자는 "우리가 절멸에 대해 무엇을 알고 있는지"를 알고자 했다. 심문자가 누군지 그리고 왜 심문하는지 여성들은 금방 알아차렸다. "우리는 네덜란드에 있을 때부터 이미 아이히만이 어떤 사람인지 알고 있었어요. 우리는 아이히만이 유대인식 어법이나 히브리어 표현을 많이 사용하는 사람이라고 들었죠. 또 그가 히브리어를 할 줄 알고 사로나에서 태어났다는 소문도 있었어요. 그 사람이 말하는 것을 들으니 아주 분명했어요. 그 사람은 우리 과거와 배경, 그리고 네덜란드에서 우리가 무엇을 했는지에 대해 관심을 보였습니다. 그는 시너고그와 시오니즘 문제, 증명서와 청년운동 소속 단체 등에 대해 아주 구체적인 질문을 던졌어요." 물론 여성들은 그 질문이 원래 주제에서 벗어난 기분 전환용인 것을 알아차렸다. "그 사람은 우리에게 이제 테레지엔슈타트 게토로 갈 권리가 있다고 말했어요. 하지만 라벤스브뤼크에서 우리가 보거나 알게 된 것을 얘기하면—그 사람은 이런 표현을 썼어요—'너희는 굴뚝을 통해 나가게' 된다고 했어요."

그렇지만 테레지엔슈타트에도 곧 가스실이 만들어질 것이라는 두려움이 번져나갔다. 살아남아 나중에 그것에 대해 얘기할 수 있게 된 사람들은 아이히만을 그 계획의 입안자로 찍었다.[189] 실제로 아이히만은 국제 적십자의 다음 방문에 대비하느라 당시 테레지엔슈타트에 머물렀다. 그렇기에 아이히만이 가스실 처형을 언급할 이유는 없었다. 4월 초 아이히만은 외무부 파견자 및 그 외 부처 관료들과 함께 한스 G. P. 두낭을 안내했다. 그때 그는 자신의 입장을 분명히 밝혔다. 프라하에서 이어진 만찬 행사에서 그는 자신을 "유대인과 관련된 모든 문제를 담당하는 친위대-대장의 직할 전권자"로 소개했다. 국제 적십자의 오토 레너는 "밤이 깊어가자 아이히만은 유대인 문제에 대한 자신의 견해를 밝혔다"고 기억한다. 아이히만은 그곳에 모인 외국 외교관들 앞에서 유대인 보호령 계획에 대해 아무렇게나 지껄였다. "유대인 전체와 관련된 문제에 대해서 아이히만은 힘러가 현재 인도적인 방법을 찾고 있다고 말했어요. 아이히만 자신은 개인적으로 그 방법에 전적으로 동의하는 것은 아니라고 했고요. 그래도 훌륭한 군인답게 자신은 당연히 친위대 대장의 명령을 충실히 따를 것이라고도 했죠."[190] 그렇지만 오토 레너는 보고서에서 테레지엔슈타트 유대인에게 어떤 일도 일어나지 않을 것이라고 아이히만이 약속했다며 희망을 남겼다.

아이히만은 베를린 근교 치텐 슐로스의 힘러 사택에 자주 드나들었다. 루돌프 회스의 기억에 따르면, 그곳에서도 아이히만은 자기 의견을 분명하게 밝혔다. 아이히만은 친위대 대령 및 경찰서장으로 진급하리라 기대했지만 더 이상의 승진은 실현되지 못했다.[191] 물론 그것은 나중에 아이히만이 반복해서 말했던 것과는 달리 꼭 패전이 다가왔기 때문은 아니었다. 당시 아이히만은 자신을 진급시켜줄 만한 상사들도 자신의 부하들 못지않게 더는 신뢰하지 못했다. 불신이 얼마나 컸는지는 아이히만이 여러 방식으로 맞이한 비장한 추락을 통해서 잘 볼 수 있다. 쿠어퓌르스텐 116번지에 위치한 아이히만의 사무실은 나치 관료들의 만남의 장소였다. 그곳은 지붕도 있고 음식도 갖추고 있었기 때문이다. 뿐만 아니라 그곳은 새로운 신분을 만들어주는 곳이기도 했다. 그새 그곳에는 서류 위조자가 자리를 차지하고 앉아 원하는 대로 위조 신분증을 대량으로 찍어냈다. 그런 상황에서 아이히만은 상관들 앞에서 요란하게 자기 권총을 내보이며 자신은 새 신분증이 필요 없다고 폼을 잡았다. 자신에게는 권총이 곧 새 신분증이기 때문이라는 것이었다. 그러자 하인리히 뮐러는 아이히만이 원했던 말로 응수했다. "우리에게 아이히만이 50명 있었다면, 틀림없이 전쟁에서 승리했을 것이다."[192] 아이히만 같은 사람이라면 충분히 총통을 따를 것이었다. 심지어 죽음에 이르더라도 말이다. 아이히만은 부하들 앞에서 그런 생각을 밝혔다. 그는 오늘날까지 아주 잘 알려진 마지막 인사말에서 "나는 기쁘게 무덤으로 들어갈 거야. 왜냐하면 그곳에는 이미 600만 명의 유대인이 묻혀 있기 때문이지"라고 말했다.

그 잔악한 허풍쟁이는 자신이 총통 사후에 살아남기 위해 실제로 무엇을 준비하고 있었는지에 대해서는 베를린의 어느 누구에게도 얘기하지 않았다. 아이히만은 오래전부터 새 이름이 적힌 새 신분증들을 안전한 장소에 마련해두었다. 게다가 그는 디터 비슬리체니와 빌헬름 회틀에게 가족과 연락이 끊겼다고 거짓말했으며 도주 계획에 대해서도 가짜 정보를 흘렸다. 두 사람은 그 거짓말을 여기저기 퍼뜨렸다.[193] 아이히만은 정말로 그렇게 조심해야 했다. 왜냐하면 그의 부하들은 오래전부터 아이히만을 희생시켜 자신들은 피해를 보지 않은 채 새로운 시대로 진입했으면 하는 생각을 품고 있었기 때문이다. 마지막으로 심지어 상관이기도 하고 오스트리아 시절 그를 당으로 인도한 오랜 절친 에른스트 칼텐브루너마저 체포되기 전에 그 달갑잖은 아이히만과의 관계를 끊으려고 갖은 애를 썼다. 칼텐브루너는 아이히만을 아무도 없는 "알프스 성"으로 보내 산속 움막집에서 목숨 걸고 독일을 방어하도록 하고자 했다. 조국 수호 전투 과정에서 아이히만이 크레파스에 추락해 죽어버리는 것이 많은 사람에게 더 나았을 것임은 분명했다. 마지막에는 아이히만의 오랜 부관들이 아이히만에게 자신들을 떠나라고 요청했다. "수배 중인 전범"과 가까이 있는 것은 위험하다고 봤기 때문이다.[194] 곧 나치 제국의 모든 곳에서 히틀러의 사진이 창밖으로 내동댕이쳐지고, 『나의 투쟁』 수천 권이 땅속에 처박히고, 아직 무사한 건물 벽면의 수많은 나치 철십자가 치워졌다. 그러자 나치의 가장 추악한 범죄 행위의 상징 인물인 아이히만에게도 가능한 한 빨리 잠적하는 일밖에 더는 남은 게 없었다.

2

전후의 이력

아돌프는 늘 우리 집안의 별종이었어요.

—카를 아돌프 아이히만의 CIC 증언[1]

이름을 버리면 결국 이름에 대한 통제력을 잃는다. 오늘날 마케팅의 기본 원리에 속하는 것이 놀랍게도 아이히만에게도 들어맞는다. 물론 아이히만은 그동안 대체로 자기 자신을 탁월하게 마케팅했다. 아이히만은 이미 오래전부터 나치들이 주술처럼 외치던 "최종 승리"를 더 이상 믿지 않았을 뿐 아니라 심지어 때를 봐서 도주할 생각도 품었다. 그렇지만 아이히만은 주변 동료 모두가 그렇게 순식간에 팔을 뻗어 자신을 꼭 찍어 "유명한 이름 아이히만"을 전혀 다른 용도로 사용하면서 새로운 구원의 길을 찾을 줄은 정말 몰랐다.

늦어도 1944년에 아이히만은 자신이 전범으로 수배되고 있다는 사실을 알았다. 지금까지도 당시 수배 인물 중 아주 적은 수만이 연구되었다. 하지만 알려진 모든 종류의 수배 명단에는 "아이히만"이란 이름이 등장했다. 1945년 6월 8일 자 '팔레스타인을 위한 유대인 기구Jewish Agency for Palestine'의 수배 명단에는 번호 6/94로 아이히만의 이름이 보인다.[2] 그는 명단에 오른 사람 중 최고위직이었다. 1945년 7월 27일 유대인세계대회는 미국 검찰에 아이히만을 잡아 뉘른베르크 재판에 주요 전범으로 기소하라고 요청했다.[3] 그해 8월 비슬리체니는 미국인들의 심문에서 아이히만에 대해 상세히 알렸다.[4] 그 밖에 빈의 경찰청도 아이히만 수배 작전을 개시했고 1년 뒤에는 체포 영장을 발부했다.[5] 1945년 9월 영국 MI4/14에서 발표한 「독일 경찰과 친위대, 여타 정당과 준군사 단체 인물 블랙리스트」에도 아이히만의 이름이 올랐다. 1946년 6월 17일 인물 묘사를 담은 3쪽 분량의 아이히만 보고서가 미국 방첩대CIC에 제출되었다. 그것은 주로 회틀과 베커, 그리고 아이히만 가족의 (분명 혼란을 야기하려는) 진술들에 기초했으며 사로나 출생이라는 가짜 얘기도 수정했다. 1960년경 미국중앙정보국CIA의 아이히만 자료는 100건 이상의 보고서와 문서에 달했다.[6] '유엔 전범위원회'의 전신 단체는 이미 1943년 가을부터 범죄자 명단을 작성했다. 아이히만도 당연히 그것, 즉 '나치 사냥의 바이블'로 유명한 '전쟁 범죄와 치안 범죄 용의자 중앙 등록부 명단CROWCASS(Central Registry of War Criminals and Security Suspects) List'에 올랐다.[7] 그럼에도 불구하고 아이히만은 독일이 항복한 후 연합국 군대가 독일 도처에 주둔해도 크게 두려워하지 않았다. 그를 체포한 미군들은 그의 얼굴을 몰랐다. 완선히 패전한 직후였기에 이름을 바꾸는 일은 쉬웠다. 맨 먼저 아이히만은 계급을 내려 아돌프 카를 바르트로(울름과 바이덴/오버팔츠의 포로수용소에서) 변신했고, 이어 재빨리 브레슬라우 출생의 오토 에크만 소위로 신분을 바꿨다. 그 이름은 본명과 비슷해 행여 누가 그를 알아보고 부를 때 쉽게 발각되지 않도록 하기 위함이었다. 더욱이 장교 계급을 갖는 것이 이로웠다. 즉 오토 에크만은 노동 의무가 면제됐다. 아이히만은 심사숙고 끝에 그 신분을 택했다. 브레슬라우에는 관련 문서가 존재하지 않았다. 아이히만은 자기 생일을 "1년 당겨 새로 정했다. (…) 그래야 숫자를 잘 기억할 수 있었다. 서명도 수월하게 할 수 있었다. 혹시라도 잠시 정신이 멍한 상태로 서명을 하게 되더라도 실수할 가능성이 적었다."[8] 아이히만은 프랑켄 지역의 오버다크슈테텐으로 이송되었을 때도 그 관등 성명을 유지했다.[9]

애초에 아이히만은 직접 심문한 경험이 있기에 심문으로 자기 정체가 탄로 날 위험은 없다고 봤다. 포로수용소는 아주 커서 신분 확인이 이루어지기가 불가능했다. 오히려 위험 요소는 아이히만의 얼굴을 알아볼 수 있는 사람들이었다. 이를테면 수용소에서 살아남은 생존자들과 아이히만이 "이민 전문가"로 일할 때 만났던 유대인들이었다. 그들은 더러 포로수용소를 찾아와 고통을 입힌 가해자들과 가족의 살해자들을 찾았다. 아이히만은 나중에 허풍을 떨며 그 상황에 대해 알렸다. "유대인위원회가 포로수용소를 방문해요. 그러면 우리는 집합해야 했습니다. 그들이 우리를 꼼꼼히 관찰하며 어디선가 우리 얼굴을 본 적이 없는지를 살폈어요. (…) 우리는 중대 규모로 집합해야 했어요. (…) 유대인위원회는 15명가량의 얼간이로 구성됐어요. (…) 그들은 대열을 꼼꼼히 둘러본 뒤 우리 얼굴을 다 살폈어요. 정말 그랬죠. 그들은 내 얼굴도 샅샅이 살폈죠. 저는 웃음을 띠었어요. 우리는 말을 해서는 안 됐거든요. 만약 말할 수 있었다면 우리는 그들을 보며 이런저런 이름을 마구 불러댔겠죠. 한 줄의 검토가 끝나면 그 대열의 포로들은 2보 앞으로 나아갔고 다음 대열 차례가 되는 거였어요."[10]

물론 아이히만은 포로들이 합심해 그 추적을 무력화하려고 하면 얼마든지 그렇게 할 수 있었다고 알리는 것이다. 면도도 못 하고 지저분한 상태로 있는 수천 명의 남자 사이에서 제복 입은 나치 장교의 매끈한 얼굴을 알아보기는 쉽지 않았다. 특히 포로들이 전쟁의 패자라는 집단의식을 가지고 결속해 있으면 그렇다. 그런데 나치 범죄의 세부 내용이 계속 알려지면서 바로 그 결속이 순식간에 무너지기 시작했다. 그것은 신념이 투철한 나치 다수에게도 충격과 동요를 불러일으켰기 때문이다. 응집력이 높았던 동지애도 그 범죄를 감당하기는 어려웠다. 더욱이 미국 첩보 기관 CIA의 심문 장교들로부터 직접 조사를 받거나 뉘른베르크 재판이 진행되면서 각자 자신의 안위를 걱정해야 하는 상황에 이르자 동지애는 금방 무너졌다. 그런 상황에서는 아무것도 모르는 듯 대중 속으로 사라지기란 불가능했다. 아이히만은 위험이 적으로부터만이 아니라 친구로 여겼던 사람들로부터도 생길 수 있음을 재빠르게 알아차렸다. 나치들은 교수형에 대한 공포로 아이히만의 얼굴을 알아볼 수 있었다. 물론 동시에 그들은 왜 그렇게 그의 얼굴을 갑자기 잘 알게 되었는지는 숨기고

싫어했다.

여러 해 동안 소리 높여 자신의 역할이 특별하다고 떠들고 다닌 사람은 정치적 전환기가 되면 책임을 전가하고 싶은 사람 모두의 투사 대상이 된다. 물론 아이히만은 무고한 희생양이 아니었다. 하지만 전범 재판에 선 증인들은 아이히만이 결코 가져본 적 없는 권력 지위를 그에게 부여했다. 사실 아이히만 혼자 600만 명의 유대인을 살해한 것은 아니었다. 아이히만이 누구인지 아주 정확히 알았기에 사람들은 이제 그를 잘 알지 못한다거나 만난 적이 없다거나 아니면 그가 무엇을 했는지 아주 조금만 안다고 말할 수밖에 없었다. 유대인 절멸은 극비 사항이라 가담자를 잘 알 수 없었다는 것이다. 아이히만 질문에 "누구라고요? 처음 들어보는데요"라고 대답하는 대신 피고 내지 증인들은 한결같이 놀라며 "그 사람요?? 아니에요, 만난 적 없어요!"라고 대답했다. 그들은 자신이 개인적으로 전혀 알 수 없었다는 그가 누구이고 무엇을 했는지 모르는 까닭을 장황하게 설명했다. 그 결과 나치든, 반체제 인물이든, 희생자든, 얼마나 많은 사람이 그의 이름을 실제로 알고 있었는지의 문제는 시야에서 사라졌다.

"나는 웃으며 무덤으로 뛰어들 거야……"

뉘른베르크 재판에서 유대인 절멸은 여러 심리 대상 중 하나였을 뿐 특별한 주목 대상이 아니었다. 미국 측 검사들이 어떻게 준비했는지를 살펴보면 그것이 얼마나 경시되었는지를 잘 알 수 있다. 게다가 그 문제에 할당된 검사도 단 한 명뿐이었다. 그는 이미 과부하가 걸렸기에 수고를 아끼려고 거의 전적으로 카스트너의 진술에만 의존했다.[11] 이는 놀랄 일이 아니었다. 왜냐하면 나치의 범죄는 규모가 어마어마했고 범죄 가담자 명단도 끝이 없었던 데다 몇 달 안에 나치 제국의 전모를 파악해야 하는 막대한 과제가 닥쳤기 때문이다. 사실 오늘날까지 학술 연구는 이를 재구성하기 위해 노력하고 있다. 자국에서 제기될 수 있는 비판 때문에 유대인 관련 문제를 너무 강조하게 되는 것은 아닐까 하는 신중함도 있었다. 그로 인해 유대인 대량학살이 재판의 핵심 주제가 되지 못한 측면도 있다. 베르겐-벨젠과 부헨발트, 아우슈비츠 수용소의 시체 더미를 담은 사진들이 알려졌지만, 실제 범죄의 규모는 1945년 말, 즉 루돌프 회스와 빌헬름 회틀, 디터 비슬리체니의 진술을 통해 처음으로 조금 가늠할 수 있었다. 재판은 이미 석 달 동안 진행되었기에 조사 기관은 당시 그 진술들을 확보하고 있었다. 뉘른베르크 1차 재판 기록에 아이히만의 이름을 넣어 검색해보면 그가 언급되는 경우는 매우 드물다는 인상을 받는다.[12] 카스트너 증언의 녹취록에 그의 이름이 잘못 기재된(Aichmann) 사실도 그런 인상을 강화한다. 그러나 특정 주제를 정해 범위를 제한함으로써 그 이름이 얼마나 자주 등장하는지를 살펴보거나 재판에서 일부 경우에만 진행된 선서 진술들을 함께 살펴보면 상황은 완전히 다르다는 것을 알 수 있다. 즉 유대인 절멸을 놓고 보면 아이히만은 가장 중요한 이름 중 하나였다.[13]

이미 1945년 6월, 즉 아이히만이 아직 아돌프 카를 바르트라는 이름으로 오버팔츠 지역의 미군 포로수용소에 구금되어 있을 때,

빈 주재 보안국 지부장과 보안경찰청 청장을 역임한 루돌프 밀트너는 자신을 뒤로 숨기면서 책임 단위의 연결선을 알렸다. "뮐러 중장은 제4국 A4과 과장인 아이히만 중령과 구두로 작전을 상의했습니다. 아이히만은 제3국인 보안국에 속했다가 그 과업을 수행하기 위해 제4국으로 전출됐어요."[14] 그 꼼수가 노린 것은 분명했다. 자료도 증인도 없다면 자신을 외부자로 보이게 한 뒤 아무것도 몰랐다고 주장할 수 있는 것이다. 그럼 밀트너가 명령 계통을 어떻게 알게 되었는가라는 질문이 생기지만 유감스럽게 아무도 묻지 않았다. 뉘른베르크를 비롯해 여러 범죄 현장에서 전범 재판이 열릴 때까지 아이히만에 대한 수많은 보고와 진술이 쌓였다. 출처는 적(로즈웰 매클렐런드, 스위스, 1945년 8월 2일)과 협력자(반야 가보르, 헝가리 살라시 내각하의 내무부 장관, 1945년 8월 28일)이기도 했지만, 동료와 친구들이기도 했다. 뉘른베르크 재판이 시작되고 한 달쯤 지나서 악명 높은 빌헬름 회틀의 선서 진술이 제출되었다. 그에 따르면, 아이히만은 회틀에게 희생자가 600만 명이라고 말했다.(1945년 11월 26일) 12월 중순 카스트너의 선서 진술, 이어서 회틀의 선서 진술이 낭독되었다. 곧 "600만 명 살해"라는 표제의 신문 기사가 넘쳐났다. 400만 명이 수용소에서 살해되었고 나머지 200만 명은 특공대에 의해 살해되었다는 통계는 순식간에 전 세계 언론에 퍼졌고 아울러 처음부터 아이히만은 그것을 알린 사람으로 함께 알려졌다.

1945년 12월 9일 자 『풀다어 폴크스차이퉁Fuldaer Volkszeitung』은 다음과 같이 보도했다. "회틀은 진술의 근거를 친위대의 고위 장교로서 유대인 절멸 과정에서 핵심 역할을 수행한 아돌프 아이히만에게 두었다." "회틀은 아이히만의 말이 사실이라고 생각했다. 왜냐하면 아이히만은 살해된 유대인의 수를 가장 잘 알 수 있는 지위에 있었음이 틀림없기 때문이다. 아이히만은 한편으로 특공대를 통해 유대인을 절멸수용소로 끌고 갔고, 다른 한편으로 게슈타포에서 지도적 지위를 누렸기에 다른 방법으로 살해된 유대인의 수도 잘 알 수 있었다." 그때부터 아이히만은 희생자 수와 관련해서 어느 누구도 따라올 수 없는 확실한 증인으로 여겨졌다. 사실 그 명성으로 인해 그는 나중에 아르헨티나에서 사선 서클에 들어가게 된다. 어쨌든 12월 20일 뉘른베르크 법정은 아이히만과를 포함해 게슈타포 조직을 파악하기 시작했다. 물론 부처 이름이 너무 자주 바뀐 것은 혼란을 일으켰다. 1946년 1월 초 특공반 D의 반장 오토 올렌도르프와 디터 비슬리체니의 진술에 대한 신문 보도가 이어지면서 아이히만의 이름도 그 기사들에 언급되었다. 아이히만의 동료이자 절친이었던 비슬리체니는 아이히만이 오만방자한 상사였으며 자신도 아이히만한테 당한 사람이라고 말했다. 비슬리체니가 인용한 아이히만의 말은 유명해졌다. "아이히만은 웃으며 무덤 속으로 뛰어들 거라고 말했어요. 500만 명의 죽음으로 양심의 가책을 가질 듯한 느낌이 들면 아주 만족스러울 것이기 때문이라면서요."[15] 뉘른베르크 재판에 등장한 피고 중 가장 계급이 높았던 괴링은 "비슬리체니는 아이히만이 여기 없기에 크게 보일 뿐 사실상 새끼 돼지에 불과하다"[16]고 논평했다. 괴링은 1938년 11월 포그롬 직후 회의 때부터 아이히만을 개인적으로 잘 알고 있었다.

신중한 탈출 계획

아이히만은 위의 증언들 때문에 포로수용소 탈출을 결심했다고 몇 차례 얘기했다. 아이히만이란 이름은 점차 포로수용소에서도 언급되었다. 안스바흐에서 진행되고 있던 미국 방첩대의 심문은 그사이 오토 에크만으로 이름을 바꾼 아이히만에게도 더 이상 수월하지 않았다. 그는 누군가에 의해 정체가 드러나는 것이 시간문제라고 봤다. 오버다크슈테텐 수용소의 동료 포로들 중 오토 에크만이란 이름으로 숨은 사람이 누구인지 알거나 감을 잡은 이들이 생겨났다. 아이히만에게 그들은 이제 위험 요인이었다. 아이히만이 그들에게 수용소 탈출 계획을 말했을 때 그들은 어떻든 안도했을 것이다. 아이히만 주변에 있다는 것만으로도 그들은 자신들의 미래가 불안했다. 아이히만은 교묘히 거짓 경로를 흘렸고, 그는 그 후 다년간 계속 그렇게 한다. 그는 장교들로 이루어진 그룹에 자신은 "최고 무프티에게" 갈 생각이라고 말했다.[17] 여러 주가 채 지나기 전 그 얘기는 밖으로 알려졌다. 그 결과 아르헨티나에서 체포될 때까지 아이히만은 근동 지방에 있을 것이라는 추측이 나돌았다. 실제로 그는 교묘하고 신중하게 전혀 다른 탈출로를 모색했다. 그는 친위대 대원 쿠르트 바우어와 함께 탈출을 준비했다. 쿠르트 바우어의 누이인 넬리 바우어가 도와주기로 했다. 아이히만은 특히 자신의 지인들이 한 번도 가본 적 없는 북독일의 한 지역에 거점을 만들었다. 포로수용소에 함께 있었던 친위대 대원 한스 프라이에슬레벤은[18] 아이히만이 자기 동생인 볼데마르에게 은신할 수 있도록 연결해주었다. 볼데마르는 니더작센 지역 첼레 근교의 삼림감시원이었고 비밀을 지켜줄 거라 믿을 만한 사람이었다. 아이히만이 어디로 갈 것인지 질문을 받은 동료 장교들은 아이히만이 대담한 데다 여행을 좋아하기에 근동의 이슬람 친구에게 갈 거라고 말했다. 하지만 아이히만은 오래전부터 이미 조용한 조력자들의 도움으로 새로운 삶을 완벽히 준비했다.

1월 오토 에크만은 새미 가죽 모자를 눌러 쓰고 "바이에른 스타일로" 변조된 군복 잠바를 걸치고는 바우어와 함께 잠적했다. 그는 바우어의 누이이자 크라비츠의 미망인인 넬리의 도움으로 시골 농장에 은신처를 얻었다. 증인들에 따르면 그는 아주 예쁜 젊은 여성과 함께 함부르크행 열차를 탔다. 부부로 위장한 남녀는 혼자 다니는 남자들보다 주목을 덜 받기에 검사도 드물었다. 물론 첼레 지역으로 가기 전 아이히만은 먼저 라인란트로 향했다.[19] 그는 아마도 라인란트에 넬리도 모르는 더 나은 은신처를 약속받아둔 듯했다. 하지만 정확한 상황은 누구도 모른다. 다만 그곳에서 그가 새 신분증, 즉 "내가 미리 준비해둔 오토 헤닝거라는 신분을 위한 증명서들"을 챙겼음은 분명하다.[20]

누가 아이히만에게 신분증을 만들어주었는지는 모른다. 그래도 그것이 어디 있었는지에 대한 정보는 남아 있다. 아이히만의 원래 고향인 베르기셰스 란트 지역의 뒤셀도르프 근교에 삼촌 한 명이 아직 살고 있었다. 아이히만의 아버지는 동생을 전적으로 믿었기에 그로부터 몇 년 동안 아이히만의 체류지에 대해 터놓고 얘기했고 심지어 아르헨티나로의 탈출과 새 삶에 대해서도 편지로 알려주었다.[21] 아이히만은 전에도 더러 삼촌 집을 방문한 적이 있었다. 그곳은 새로운 신분을 위한 물품 보관소였고 아마도 아이히만이 아버지와 계속 연락을 취할 수 있는 연락망 중 하나였을 것이다.[22] 어쨌든 아이히만은 아직 시간이 있을 때 도주 계획을 잘 세웠기에 그럴듯한 증명서들을 조달해 라인란트에 잘 숨겨둘 수 있었다. 전쟁에서 항복하면 어떻게 되는지는 뻔하다. 이를테면 교통과 통신망이 모두 단절되리라는 걸 상상할 수 있다. 아이히만은 일찍부터 그런 비상 상황에 대비했음이 틀림없다.

오토 에크만이 바이에른의 포로수용소에서 사라지고 석 달쯤 지난 뒤인 1946년 3월 20일—아이히만의 마흔한 살의 생일 하루 뒤—오토 헤닝거[23]가 절차에 따라 뤼네부르거 하이데에 전입 신고를 했다. 1757이라는 번호 아래 1906년 3월 1일 브레슬라우 출생에 직업은 상인으로 등록되었다. "결혼, 개신교, 난민"이라는 부수 기록도 보이고, 직전 주소지는 프리엔 암 키엠제로 기재되어 있다. 1945년 6월 처자식을 데리고 그 지역으로 도주해온 볼데마르 프라이에슬레벤이 콜렌바흐의 삼림기숙사에 거주하고 수도원 삼림원의 직원으로 일하면서 아이히만을 도왔다.[24] 헤닝거는 당시 "프라이에슬레벤 앞"으로 등록된 몇몇 남자와 마찬가지로 숲속 오두막에서—"섬"이라고 하는 게 더 낫다—거주하며 부르만 회사를 위해 채벌과 목재 채집 노동을 했다.

아이히만의 행동은 교묘한 만큼 신중하기도 했다. 누구보다 아이히만에 대해 잘 아는 비슬리체니조차 아이히만이 그런 곳에 숨어 있으리라고는 생각하지 못했다. 연합군이 자기 상관의 예상 소재지를 묻자 비슬리체니는 은신처 후보지를 작성했다. 그것은 아이히만의 습관을 반영한 매우 명민한 것이었다. 비슬리체니는 "아이히만을 아는 사람이라면 겁 많은 그가 혼자 있지는 않으리라는 점을 알 것이다"[25]라면서 자신감을 내비쳤다. 사실 누구도 아이히만을 제대로 알고 있지 못했다. 비슬리체니는 아이히만의 은신처 후보지를 작성했지만 북독일의 은신처에 대해 어떤 정보도 갖고 있지 못했고 라인란트에 대해서도 일언반구 없었다. 비슬리체니는 아이히만이 엄청난 능력을 갖고 있음을 알았지만 자기를 속일 줄은 정말 몰랐다. 아이히만은 자신에게 닥칠 위험을 정확히 간파했다. 그 위험은 뉘른베르크 재판에서 비롯되었다.

뉘른베르크의 유령

……유대인 절멸 계획을 담당한 칙칙한 인물

—로버트 H. 잭슨, 뉘른베르크의 미국 측 수석 검사

아이히만은 순식간에 뉘른베르크발 언론 보도에 등장했다. 뿐만 아니라 비슬리체니가 진술하고 며칠 뒤인 1946년 1월 10일, 이미 미국 방첩대는 지부 전체에 600만 유대인 살해의 공범인 아돌프 아이히만을 반드시 찾아내 구금하라는 지시를 내렸다. "궁지에 몰리면 총을 쏠 무모한 인물"[26]이니 조심하라는 경고도 덧붙였다. 1946년 2월이 되자 프랑스 유대인 절멸과 관련된 문서에서 아이히만의 이름이 등장했다. 1946년 3월 4일이 되자 아이히만이라고 하면 그가 누구인지 명료해 보였다. 당일 하필이면 칼텐브루너의 변호인이 "잘 아시겠지만(!) 아이히만은 유대인 절멸 작전 전체를 집행한 사람입니다"라고 말했다. 같은 시기에 부다페스트에서는 스토여이 되메가 아이히만에 대해 진술했고, 4월 5일에는 뉘른베르크에서 루돌프 회스가 선서 진술을 제출했다. 회스의 진술은 전쟁 막바지에 아이히만을 "엄청 출세"하게 만든 상징적 역할에 대한 내용을 담고 있다. 하지만 1946년의 진술도 1942년과 마찬가지로 극히 일부만 진실이었다. 옛 동료들은 재빨리 아이히만을 이용해 자기방어의 방법을 찾았다. 회틀은 칼텐브루너를 위해 거짓말을 했고 아이히만과 오스트리아의 자기 동지들 사이에는 업무상 어떤 연결 고리도 없었다고 말했다.[27] 칼텐브루너는 아이히만이 대체로 힘러에게 직접 보고했고 그렇기에 게슈타포 대장 뮐러와 자신을 건너뛰었다고 주장했다. 뮐러는 잠적했고 힘러는 죽은 뒤에 나온 주장이었다. 칼텐브루너는 심지어 아이히만을 평생 두 번만 봤을 뿐이라고 뻔뻔스럽게 말했다.[28] 회틀의 상관이면서 칼텐브루너를 개인적으로 잘 아는 빌헬름 브루노 바네크도 그 거짓말을 따라 칼텐브루너는 심지어 제4국에 별로 신경 쓰지 않고 뮐러에게 다 맡겨두었다는 이유로 자주 비판받았다고 주장했다. 그는 "하이드리히 사후에는" 힘러가 "유대인 문제 해결"을 "전적으로 아이히만에게 위임했다"고 진술했다. "아이히만은 하이드리히가 살아 있을 때도 주도적이거나 특별한 지위를 누렸고, 이를 계속 확대했으며, 유대인 문제 영역과 관련해서는 완전히 독립적으로(제국보안중앙청 내에서는) 활동했다. 하이드리히가 죽고 나서부터 종전까지 아이히만은 힘러의 직속이었다. 내가 알기로 그것은 제국보안중앙청에서 다 알려져 있는 사실이었다."(1946년 4월 15일) 칼텐브루너의 변호인 카우프만은 아우슈비츠가 "악명 높은 아이히만의 정신적 지도하에 놓여 있었다"고 말했다.[29]

1946년 4월 15일 회스가 처음 법정에 등장함으로써—특히 그의 유령 같은 모습으로 인해—어둠의 세력들에 대한 이미지는 최종적으로 완성되었다. 가장 끔찍한 희생자 수를 기록한 아우슈비츠 수용소 소장이었던 회스는 아이히만이 수용소 설치와 사이클론 B 투입 결정에 가담했을 뿐만 아니라 상부의 명령을 자신에게 전달했으며 자신보다 더 과격한 반유대주의자였다고 증언했다. 1946년 4월 29일 율리우스 슈트라이허는 1937년 당대회에 그를 초대하면서 비로소 아이히만을 알게 되었다고 더듬거리며 말했다. 파리의 유대인 수송을 담당했던 헬무트 크노켄은 1946년 6월 17일 기본적으로 아이히만 아니면 힘러가 자신에게 직접 명령을 하달했다고 밝혔다. 또 6월 28일 베르너 베스트는 "아이히만 사무실"이란 표현을 썼다. 7월 9일 칼텐브루너의 변호사는 오직 보르만과 아이히만, 힘러만 아는 상황에서 1941년부터 그 대규모 범죄가 수행되었기에 칼텐브루너는 석방되어야 한다고 거듭 주장했다. 그것은 정말로 "힘러와 아이히만의 유대인 작전"이라는 말이었다. 7월 13일 콘라트 모르겐은 자신이 친위대 판사였을 때 왜 아이히만을 재판에 세우려고 노력했는지에 대해 말하면서—여전히 혼란과 오류에 빠져—아이히만이 친위대 내에서 별종이라는 생각에 힘을 불어넣어주었다. 그 사흘 뒤 미국 측 수석 검사 로버트 잭슨은 아이히만을 "유대인 절멸 계획을 담당한 칙칙한 인물"이라고 불렀다. 나중에 아이히만은 그 말을 듣고 몹시 화를 냈다.[30] 1946년 7월 18일 제국보안중앙청 게슈타포의 반장이었다가 나중에는 7월 20일 특별위원회 위원이 된 발터 후펜코텐은 "유대인과(제4국 B4, 나중에는 제4국 A4b) 과장 아이히만 중령은 제4국에서 특별한 지위를 누렸어요. 아이히만을 비롯해 유대인과 직원 대부분은 쿠어퓌르스텐의 건물에 함께 거주했죠"라고 증언했다. 아이히만의 "출장이 잦았다"고도 말했다. 공식적으로는 아이히만이 뮐러의 "직속" 부하였다고 했다. 후펜코텐은 아이히만과 거리를 두고자 "아이히만과 그의 부하들은 그들의 업무에 대해 아무 말도 하지 않았어요. 그래도 저는 동료들로부터 그가 힘러를 자주 예방한다고 들었습니다"라고 덧붙였다.[31]

덴마크 주재 게슈타포 책임자인 카를 하인츠 호프만도 다음과 같이 말하며 그런 식의 거리 두기를 이어갔다. "유대인 문제 처리는 국립 경찰 출신이 아니라 보안국에서 전근 온 아이히만의 손에 놓였죠. 그는 소속 직원들과 함께 특별한 건물에서 함께 살아 다른 과와는 접촉이 거의 없었습니다. (…) 아이히만은 공식적으로는 제4국에 속했지만 상당히 독립적으로 지냈죠. 제가 강조하고 싶은 점은 그렇게 된 이유가 크게 보아 그가 경찰 출신이 아니었기 때문이라는 것입니다."(1946년 8월 1일)

게슈타포 심리의 변호인 루돌프 메르켈은 다음과 같이 변론했다. "1942년 4월 히틀러는 '유대인 문제의 최종해결', 즉 유대인 살해라는 물리적 절멸을 명령했습니다. 히틀러와 힘러가 명령을 수행할 도구로 찾은 사람이 바로 아돌프 아이히만 중령이었어요. 아이히만은 유대인과의 책임자로서 조직 체계상으로는 제국보안중앙청의 제4국에 속했지만 실제로는 특수 지위에 있었기에 독립적이고 자율적으로 업무를 수행했습니다. 특히 게슈타포로부터는 완전히 독립돼 있었죠." 메르켈은 "아이히만 조직"이라는 말도 사용하며 유대인 탄압에 책임 있는 사람은 오로지 둘, 즉 아이히만과 크리스티안 비르트라고 주장했다.(1946년 8월 23일) 친위대를 변호한 호르스트 펠크만은 "외무부도 아이히만이 한 거짓말의 무력한 희생자였어요. 정말로 그건 진실과 거짓 사이를 교묘히 오가는 방식이었"다고 말했다. 보안국 변호인 펠크만은 심지어 아이히만의 유대인과와 보안국은 어떤 관계도 없었다며 "아이히만국"은 보안국의 관할을 벗어나 있었다고 주장했다. 그런 식의 주장은 계속 나왔다. 이를테면 둘 다 친위대 중장 계급이었던 무장친위대 장군과 경찰대장은[32] 하급직, 즉 친위대 중령에 불과했던 아이히만을 누가 더 두려워하는지를 놓고 다툴 정도였다. 그들은 할 수만 있었다면 헝가리 유대인 수송과 도보 행진을 막았을 것이라고 증언하며 서로에게 도움이 되는 진술을 했다. 하지만 그들은 자신의 지위로 아이히만의 권력에 맞서 그렇게 하기는 도저히 불가능했다고 말했다. 카스트너는 1945년에 이미 그것을 "아이히만주의"라고 불렀다.[33]

검사와 판사들은 그런 진술의 의도를 정확히 간파했다. 미국 검사 토머스 J. 도즈는 1946년 8월 29일 다음과 같이 말했다. "아이히만 부서라는 것이 독립적으로 존재하지는 않았어요. 아이히만은 교회와 유대인 문제를 다루는 게슈타포의 한 부서의 책임자였을 뿐입니다. 바로 그 부서가 유럽의 유대인을 몰아 수용소에 수용하는 책임을 맡았던 거예요. 게슈타포 내에서 아이히만 부서로 불렸던 그곳은 뮐러의 수하에 있는 다른 부서와 마찬가지로 게슈타포로부터 전혀 독립적이지 못했습니다." 소련의 검사도 같은 의견이었다. "유럽 유대인을 절멸수용소에서 (···) 없애버린다는 아이히만의 계획은 게슈타포 제도에서 생겨났죠."(1946년 8월 30일) 그럼에도 불구하고 아이히만에 대한 여러 진술은 분명 효과가 있었고 판결에도 흔적을 남겼다. 판결문에 아이히만의 이름은 세 번 등장한다. "제국보안중앙청에 특별한 게슈타포 소속 부처가 만들어져 아이히만 대령의 지휘 아래 놓였다. 이곳은 점령지의 유대인 문제를 다루기 위해 정보원들을 활용했다."[34] 유대인 절멸의 상징이 될 "최종해결"은 아이히만의 이름과 연결되었다. "그것은 이미 1939년 초 히틀러가 위협용으로 말한 것인데 전쟁 발발의 결과로 유대인 제거라는 의미를 갖게 되었다. 게슈타포의 제4국 B 과장인 아이히만이 이끄는 특별 부서가 만들어졌고, 그 정책을 수행하게 되었다. 소련 침공 직후에 유대인 제거 계획은 완성되었다." 아이히만의 권한도 명확히 확인되었다. 아이히만이 "히틀러에게서 그 계획의 집행 명령을 받았"기 때문이라는 것이다.[35]

아이히만과 뉘른베르크 재판을 논할 때면 언제나 미국 판사 프랜시스 비들[36]의 기록이 인용된다. 그는 재판 자료의 한 귀퉁이에 아이히만 이름 옆에다가 "이 사람은 누굴까?"라고 적어두었다. 그 질문은 철학적이거나 정신분석적인 것이 아니라 비들이 정말 그가 누구인지 몰랐다는 평가가 일반적이다. 하지만 그것이 기록된 때가 재판이 열리기 전이었다는 사실은 간과된다. 지금도 충분히 알고 있다고 주장할 수 없는 나치 국가 체제와 그 규모 및 범죄를 당시 독일

인도 아닌 소수의 법률가가 극히 짧은 시간 안에 파악해야만 했다. 연합군이 수배 중인 전범 명단에는 60명이 넘는 사람의 이름이 올라 있었다. 판사 한 명이 어떤 문서에 등장하는 이름 가운데 하나를 모른다고 해서 전혀 이상할 것은 없다. 이는 오히려 그가 준비를 철저히 했음을 보여준다. 다만 프랜시스 비들이 그 이름을 어디서 보게 되었는지가 매우 놀라운 것이다. 비들이 의문부호를 붙인 그 문서에 이미 아이히만이 적혀 있었기 때문인데 그것은 기소장[37]에 대한 답변으로서 아직은 기밀로 처리된 판결 초안이었다. 1년 후 재판부는 최종 판결문에서 전체 80명의 다른 이름들 사이에서 아이히만을 언급했다. 그것도 세 번이나 언급했는데 그들은 비들의 질문에 대한 답을 찾은 셈이었다.

아이히만은 사실상 "뉘른베르크의 유령"[38]이었다. 도처에서 나타나지만 잡을 수 없는 존재였다. 그의 이름은 후속 재판에서도 계속 등장했다. 정확히 말하면, 1946년 9월의 뉘른베르크는 1939년 초의 빈과 크게 다르지 않았다. 아이히만이란 이름은 다시 한번 상관과 동료들의 적극적인 협조로 유대인 정책과 불가피하게 연결되었다. 다만 시대가 변했다. 아이히만에게는 시대의 변화가—적어도 처음에는—즐거울 것이 없었다. 왜냐하면 자신을 비롯한 저명인사들이 활력을 갖고 추진할 "일"이 없어졌기 때문이다. 아이히만은 이제 더 이상 자신의 팬들에 둘러싸여 있지 못했고 오히려 내팽개쳐진 인물이 되었다. 사람들은 그를 알지 못하는 게 더 나았다. 아니면 그를 배신해서 이득을 챙기고자 했다. 아이히만은 이제 숲속에 홀로 남겨졌다. 물론 나중에 그는 동료들이 자신에게 죄를 떠넘긴 것을 이해할 수 있었다. "저도 다르게 하지는 않았을 것입니다"라고 말했다.[39] 물론 반대로 아이히만이 동료들의 자리에 섰다고 해도, 그들이 그에게 한 것처럼 죄를 짊어지게 할 누군가를 찾기는 쉽지 않았을 것이다. 아이히만은 달리 어떤 것도 할 수 없었다. 그가 할 수 있는 일이란 북독일에서 신문 보도나 잡지에 등장한 자기 이름을 접하는 것뿐이었다. 몇 년 뒤에 밝혔듯이, 당시 아이히만은 "세계 언론의 주목" 대상이었다.[40] 그래서 그는 그 전 수년 동안 전혀 원치 않았던 것, 즉 "보이지 않는 존재"가 되기로 결심했다.

아이히만이 실제로 "어둠의 남자"[41]였던 것은 언제일까? 아마도 갱영화에 나오는 것처럼 검은색 가죽 롱부츠를 신고 조심스럽고도 비밀리에 움직이는 보안국 특별위원이었던 때였을 것이다. 하지만 늦어도 1937년에 그는 그것과는 다른 역할에 더 끌렸고, 새로운 역할이 그에게 실제로 더 유익했다. 아이히만은—무엇보다 스스로 원해서—나치 유대인 정책의 상징이 되었다. 이는 다른 사람들이 그렇게 생각해서이기도 했지만 그 스스로 그렇게 해석하고 행동해서 그렇게 되었다. 전후에 달라진 점 하나는 그가 고립된 범죄자로서 더 높은 인물로 끌어올려졌다는 사실이다. 공범과 공모자들이 스스로를 변호하면서 그를 그렇게 만들어버렸다. 게다가 모두 단지 몇몇 사람으로 이루어진 비밀결사 같은 작은 집단이 역사상 최대 규모의 범죄를 저질렀으며 그들은 나치 안에서도 대부분 별종으로 기피 대상이었다고 주장하며 마음을 달랬다. 이른바 그 살인자 모임의 폐쇄성이 강하면 강할수록 아무것도 몰랐다는 "나머지 사람들"의 주장은 더 그럴듯해졌다.

그렇지만 아이히만은 1960년 이스라엘에 와서야 비로소 처음으로 어둠의 남자로 간주되는 것이 득이 될 수도 있다는 사실을 깨달았다. 그래서 아이히만은 비슬리체니의 주장이 용납할 수 없는 모욕이라고 생각했지만 이를 기꺼이 받아들였다. 그 대신 이스라엘의 감옥에서 아이히만은 사람들이 자신을 알아보지 못한 이유가 자신이 비밀리에 움직여야 할 만큼 막강했기 때문이 아니라 눈에 띄지 않을 정도로 하찮았기 때문임을 어떻게든 증명하고 싶었다. 아이히만은 옛 동지와 친구들의 거짓말에 망연자실했지만 점차 동정심을 가져 스스로도 최소한 일시적으로는 그렇게 믿었던 것은 아닐까 하고 생각할 수 있을 정도였다. 과거 자신의 명망을 부정하는 시도가 1960~1961년 이전의 아이히만 이미지가 지워질 정도로 어떻게 그리 성공적이었는지는 매우 흥미로운 질문이다. 그 이미지를 잠시 살펴보니 우리는 그가 둘 중 하나, 즉 상징이나 무명 중 하나가 될 수밖에 없었음을 알 수 있었다.

사실 법정에서 아이히만이 자신과 비교하며 언급했던 동료 중 누구도 아이히만만큼 유명하지 않았다. 1960년까지의 연구 문헌에서도 그렇고 나치 시기의 공적 인지도 면에서도 그렇고, 가해자와 피해자들 사이에서도 그렇다. 라데마허, 타덴, 비슬리체니, 심지어 프란츠 직스조차 아이히만처럼 신문 지면에 이름을 올리지는 못했다. 뉘른베르크 판결문에도 그들의 이름은 등장하지 않았다. 1951년 이스라엘이 공개적으로 독일에 배상을 요구했을 때 그 이유를 밝힌 공식 문서에는 오로지 5명의 가해자 이름만 나온다. 아이히만이 그중 한 명이었다.[42] 그 소식을 전한 신문 중 어디도 그 이유를 묻지 않았다.

3

익명성 혐오

그는 심심해 죽을 지경이었을 것이다.

—북독일에 숨어 있던 아이히만에 대한 한나 아렌트의 논평

얼핏 보면 뤼네부르거 하이데에는 아이히만을 떠올리게 할 만한 것이 전혀 없다. 친위대에서 출세했던 아돌프 아이히만의 삶과 오토 헤닝거의 삶은 그 양상이 너무 다를 수밖에 없었다. 멋진 제복과 반짝이는 구두, 사무실과 훈령 대신 그에게 남은 것은 낡은 군복 잠바와 숲속의 움막집뿐이었다. 이제는 명령할 수도 없었고 "마음대로 권력을 휘두를" 수도 없었으며, 유럽 땅 절반을 가로지르며 타고 다닐 관용차도 사라졌고, 사람을 죽이면서 기분 전환할 기회도 사라졌다. 아이히만의 세계는 몇 달도 안 돼 크게 졸아들었고 심지어 평온

하다고까지 할 수 있었다. 포로였다가 탈주자가 된 그에게 가장 중요한 것은 생존이었다. 아이히만은 감각의 전부를 살아남는 데 집중시켰다. 숲속은 고요했고 먹을 것은 충분했다.[1] 안정적인 일상을 되찾자 그는 안도했고 자기 삶을 되돌아볼 시간도 가졌다. 아르헨티나에서 아이히만은 "1946년에 저는 기억나는 것을 글로 옮겼고 당시 아직 머릿속에 뚜렷이 남아 있던 통계 수치들을 적어두었어요"[2]라고 말했다. 그의 당시 상황과 나중에 글쓰기 욕구가 폭발한 것을 염두에 두면 그런 행동을 특별히 명상적이라고 말할 이유는 없다. 당시 사무실 책상만 없었다 뿐이지 아이히만의 생각이 바뀐 것은 아니기 때문이다. 게다가 그렇게 삶을 되돌아보는 것은 자신의 행위를 스스로 이해하려는 노력도 아니었다. 그것은 자기가 그동안 업적으로 간주했던 일이 범죄라고 지탄받는 상황에서 이루어진 것이었다. 아이히만은 진실을 찾는 데 관심을 둔 것이 아니라 재판받을 경우에 대비해 자신을 잘 변호하는 일에 관심을 가졌을 뿐이다.

아이히만은 포로로 계속 심문받아야 했던 때부터 이미 어떻게 하면 자신의 눈부신 출세 경력을 가능한 한 범죄와는 무관한 것으로 보이게 할 수 있을지를 궁리했음이 틀림없다. 상관과 동료들의 재판 보도를 접했기에 그는 자신이 증인으로든 피고로든 재판정에 섰을 때를 그려보지 않을 수 없었다. 아이히만은 스스로 심문자의 역할을 대신해보며 순진한 거짓말로 속아넘어가지 않는 연습을 해봤다. 진실은 너무 끔찍해서 순화된 방식으로도 전달하기가 쉽지 않았다. 아마도 아우슈비츠 수용소 소장과 와인을 마시며 편히 이야기한다면 유대인 수백만 명의 살해는 "다음 세대가 더 이상 하지 않아도 되는 전투"[3]를 수행한 것에 불과하다고 말했을 것이다. 하지만 아이히만은 무척 영민했기에 인류의 상당수가 그렇게 받아들이지 않으리란 사실을 잘 알았다. 당시 대부분의 사람은 지난 12년 동안 누구에게 무슨 일이 일어났는지를 기억에서 빼거나 생각에서 쫓아내고 싶어 했다. 하지만 신념이 투철한 나치이자 수배 중이었던 반인륜 범죄자인 아이히만에게 전쟁은 아직 끝나지 않았다.

아이히만은 나치의 유대인 절멸에 대한 보도와 저술을 모두 읽었다고 이따금 말했다. 아이히만은 "하이데 숲에서 저를 다룬 기사가 담긴, 날짜 지난 신문 꾸러미를 한아름 받아봤어요. 대량학살범 아이히만, 대량학살범은 어디에 있을까, 아이히만은 어디에 있을까 등등의 제목을 봤죠"[4]라고 말했다. 나중의 대화나 법정 진술을 보면, 정말로 신문을 읽었는지 확인할 순 없지만 그가 당시의 주요 사건과 보도를 알고 있었다고는 볼 수 있다. 우리는 당시 그가 읽었을 도서 목록도 파악할 순 있지만 나중에야 비로소 그것들을 손에 쥐었을 가능성도 배제할 수 없다. 아이히만이 자주 언급하는 첫 번째 책은 오이겐 케곤의 『친위대 국가Der SS-Staat』다. 그 책은 나치 수용소 수감자였던 사람들이 미군 당국의 위임을 받아 공동으로 작성했던 「부헨발트 리포트」에 기초해서 저술된 것이었다.[5] 1946년에 출간된 『친위대 국가』는 가해자들을 사회성 없고 비정상적인 사디스트로 그렸다. 이는 아이히만이 생각하는 나치 지도부의 모습과는 전혀 달랐다. 아이히만은 자신도 그 새로운 엘리트의 일부라고 믿어 의심치 않았다. 그런 까닭에 아이히만은 모욕을 느꼈고 화가 났다. 또 신문과 잡지를 통해 아이히만은 일찍부터 당시 언론의 큰 주목을 끌었던 회틀과 비슬리체니의 진술을 접할 수 있었다. 아이히만의 증언에 따르면, 그는 로베르트 M. W. 켐프너가 1946년 가을에 출간한 『뉘른베르크 재판』을 읽었다.[6] 사실 아이히만이 삼림에서 일하면서도 그런 출판물을 읽었을 가능성은 높았다. 왜냐하면 "섬"에서 향수 어린 정치 담화를 하는 것은 흔한 일이었기 때문이다. 그곳에 사는 사람들은 아직도 당시 숲속에 살던 남자들이 적십자 직원 루트네 집에서 맥주 한잔 하면서 지난날들에 대해 얘기를 나눴던 것을 기억하고 있다. 책을 구하는 데 비용이 드는 것도 아니었다. 영국 점령군이 주민 교육용으로 배포해주었기 때문이다. 1948년 숲에서 나와 알텐잘츠코트의 작은 촌락으로 옮겨 양계업을 시작했을 때는 정치에 대한 관심이 더 제한적이었을 수도 있다. 그렇지만 당시 상황을 회고하면서 아이히만은 정반대의 사실을 주장했다. "아름다운 뤼네부르거 하이데에서의 삶은 고요히 흘러갔다. 일요일이면 나는 자전거를 타고 첼레 근교의 마을 식당으로 갔다. 간혹 식당 주인이 지방 신문에 난 내 기사에 대해 이야기해주면 입을 비죽이며 웃었다. 주인이 '전부 날조고 위조된 것 같은데요'라고 말하곤 해서 아주 기뻤고 다행으로 여겼다."(「나의 도주Meine Flucht」 11쪽 이하)

하지만 아이히만으로 하여금 자신의 역사적 역할에 대해 대면하게끔 만든 것은 신문 보도나 책만이 아니었다. 그의 새 주거지는 베르겐-벨젠 수용소에서 몇 킬로미터 떨어져 있지 않았다. 옛 나치 수용소는 나치의 살해 작업에서 살아남은 사람들을 위한 임시 거처로 일시적으로나마 난민 수용소로 기능했다. 다시 말해 아이히만은 더 이상 사형집행인이 아니라 양계업자로서이긴 하지만 피해자들과 계속 맞대며 살았다. 아르헨티나에서 아이히만은 그 기괴한 상황을 떠올리며 사선에게 맞장구치는 말을 쏟아냈다. "뤼네부르거 하이데 근처에는 베르겐-벨젠 수용소가 있었죠. 도처에 마늘 냄새가 진동했어요. 유대인들만 있었거든요. 그렇지 않다면 당시 누가 장사를 했겠어요? 유대인만 있었죠. 혼잣말을 했어요. 빌어먹을, 나도 나무와 계란을 유대인에게 팔아먹고 있구먼! 어안이 벙벙했고 놀랐어요. 황당했죠. 그들을 다 죽여버렸어야 했는데, 나랑 장사하는 사람들이 그놈들이니까요. 그렇지 않겠어요?"[7] 옛 동료들 앞에서 해대는 역겨운 나치식 어조에도 불구하고 베르겐-벨젠 근방에 사는 것은 아주 다른 종류의 문제를 야기할 수 있음을 뜻했다. 비록 아이히만이 그에 대해 지나가는 투로 모호한 방식으로 말하긴 했지만 말이다. "그 시기에 늘 저를 휘감고 있던 두려움은 누군가 뒤에서 나를 향해 갑자기 '아이히만!' 하고 부를 수도 있다는 사실이었습니다."(「나의 도주」 22쪽) 거울에 비친 자기 모습을 보는 것과는 차원이 다른 문제였다.

뤼네부르거 하이데에서 아이히만이 어떤 생각을 기록해두었는지는 알 수 없다. 왜냐하면—어쨌든 아르헨티나에서 한 말에 따르면—그가 회고록과 통계집을 차례로 다 불태워버렸기 때문이다. 그는 은신처를 떠날 때 그것을 수중에 지니고 싶어하지 않았다.[8]

밀레-콜렌베르크의 삼림감시원과 알텐잘츠코트에서 오토 헤닝거를 알게 된 사람들은 그의 두려움과 내적 갈등을 전혀 감지하지 못했다. 그들이 접한 그 사람은 술도 안 마시고 노름도 안 하는 점잖은 인물이었다. 그는 필수 보급품을 공정하게 나누었고 "관의 번잡

함"을 잘 알며 영리하고 공손한 사람이었다. 특히 그는 집세를 제때 잘 냈다. 게다가 그는 말할 때 빈 악센트로 매력을 풍겼고 세련된 분위기를 지녀 눈에 띄었다. 마을 아낙들은 1960년 기자들에게 "그 사람은 조용하고 공손했어요. 더운 여름날 저녁이면 그 사람이 우리를 위해 바이올린을 연주해주었죠. 모차르트, 슈베르트, 바흐와 베토벤의 곡을 연주했어요"라고 말했다.[9] 동네 아저씨들도 그를 좋게 봤다. 왜냐하면 그는 기술에 능해 망가진 기계를 잘 고쳤으며 무엇보다 동네 전체에서 유일하게 라디오를 보유했던 사람이기 때문이다. 그는 라디오로 뉴스를 청취했다. 오토 헤닝거는 어떤 경우에든 도움을 베풀 사람처럼 보였다. 너무 뻔한 얘기처럼 들리겠지만, 아이들도 그를 좋아했다. 그가 아이들에게 초콜릿을 주었을 뿐만 아니라 과외 수업도 해주었기 때문이다.[10] 그가 실제로 누구인지를 알기는 어려웠다. 마을 사람들은 그를 자기들 삶 속으로 들어오게 했다. 방과 목초지를 새로 주었고 그를 대신해 그가 기르던 닭을 시장에 내다 팔아주었고, 달걀을 샀으며 공손한 그의 성품을 좋게 말했다. 종전 직후의 시기에는 누구도 함부로 직접 묻지도 않았고 다른 사람을 통해서 탐문하지도 않았다.[11]

물론 아이히만도 자기가 사는 주변 환경에 대해 생각을 많이 하지 않았다. "내가 주변의 일반 사람들로부터 의심을 사지 않으려면 애들 이야기책 이상의 내용을 가진 것은 아예 읽지 말아야 했다."(「나의 도주」 12쪽) 그런 식의 무시하는 말을 알지는 못했지만 한나 아렌트는 아이히만이 뤼네부르거 하이데에서 "심심해 죽을 지경이었을 것"이라고 정확히 추측했다.[12] 그렇게 지내는 데에는 부정할 수 없는 장점이 하나 있었다. 최소한 이제 더는 다른 사람의 목숨을 노리지 않아도 되는 것이었다.

"북부 성채"

아이히만이 이방인들 사이에서 고독하게 지냈다고 말한 또 다른 이유도 있다. 나중에 그는 그 시기에 만난 사람들의 이름을 거의 언급하지 않으려고 했다. 사실 아이히만은 뤼네부르거 하이데에서도 결코 고립되어 있지 않았다. 아이히만은 그곳으로 숨어든 유일한 나치가 아니었다. 그곳에는 비슷한 과거를 가진 다른 사람들도 있었다. 베를린의 나치들은 일찍부터 긴급한 경우에 대비해 접선 가능한 장소를 생각해두었다. 일부 사람은 "알프스 성채"니 "북부 성채"니 하면서 방어 진지를 상상했지만 아이히만과 같은 이들에게는 분명 전혀 다른 차원의 장소가 중요했다. 즉 패배 시에 다시 만날 수 있을 뿐만 아니라 중요한 정보를 주고받을 수도 있는 동료 모임이 빨리 만들어져야 했다. 잘츠카머구트와 첼레 근교는 전략적으로 유리한 곳이었다. 두 장소 모두 도심에서 멀리 떨어져 있는 데다 국경 근처였다. 그곳은 눈에 띄지 않으면서 네트워크를 부활시킬 수 있고 긴급한 상황에서는 도주하기에 유리했다. 오스트리아 한가운데에 위치한 알타우제에서 엎어지면 코 닿는 곳이 이탈리아 남티롤이었고, 알텐잘츠코트의 코앞에는 독일의 큰 항구들이 있었다. 아이히만은 다년간 이민 전문가로 일했기에 분명 그 "성채"의 활용도를 금방 파악했을 것이다. 따라서 그가 자신과 가족의 거주지로 그 지역을 정한 것은 우연이 아니었다. 알텐잘츠코트 근교의 증인들은 요즘도 여전히 친위대 대원들이 그곳을 들렀던 것을 기억한다. 빌리 코흐가 그중 한 명이었다.[13] 그는 십중팔구 오토 헤닝거가 누구인지 알았을 것이다. 또 다른 방문객 루이스 신틀홀처도 분명 알았다. 그는 수년 뒤 자신이 아이히만의 탈출을 도운 그룹의 일원이었다며 서슴없이 자랑하고 다녔다. 그런 얘기는 서독 첩보부의 정보원들에게도 흘러 들어갔다.[14]

루이스 (알로이스) 신틀홀처는 이미 인스부르크에서 1938년 11월 포그롬에 가담해 폭력 가해자로 악명을 떨쳤다. 그는 가장 잔인한 친위대 대원 중 한 명이었다.[15] 물론 그에게 11월의 포그롬은 출세 경력의 시작에 불과했다. 그는 오스트리아 태생으로 청소년기에는 인스부르크에서 복싱 선수로 이름을 날렸다. 신틀홀처는 1943년 카비올라 마을 파괴와 이탈리아 민간인에 대한 무장친위대의 이른바 "복수 작전"에서 주도적인 역할을 수행했다. 당시 40명이 살해되었는데 그중 일부는 자신의 집에서 불타 죽었다. 그 밖에 그는 1943년 유대인 탄압에도 적극 가담했고, 1945년 2월 최종적으로는 트리엔트에서 게슈타포 지부장을 맡았으며 전쟁 말기 후퇴하면서까지 구타와 살해를 이어갔다.[16] 전후 여러 차례 체포되었음에도 불구하고 신틀홀처는 계속 처벌을 면하고 풀려났다. 이탈리아에서는 결석 재판에서 두 차례나 무기 징역을 선고받았지만, 1940년대 말 그는 여전히 나치의 신념을 유지한 채 가족과 함께 빌레펠트에 거주했다. 그는 본명을 그대로 사용했다. 물론 여권은 위조했는데,

오스트리아에서 수배 중이었기 때문이다. 어떻게 그리고 어떤 계기로 신틀홀처와 아이히만이 북독일에서 서로 만났는지는 알지 못한다. 두 사람의 접촉이 신틀홀처가 1989년 죽을 때까지 가담했던 오스트리아 친위대 동지 모임을 통해서였는지 아니면 다른 방식이었는지 모른다. 하지만 분명한 것은 두 사람 다 서로가 누구인지 잘 알고 있었다는 사실이다. 신틀홀처는 아이히만이 북독일에 "유대인 문제 최종해결"과 관련된 자료와 문서를 숨겨놓았다고 자기한테 직접 밝혔다고 나중에 말했다. 통계자료도 함께 들어 있고 무엇보다 가담자들에 대한 신상 정보도 보관하고 있다는 것이었다.[17]

신틀홀처는 뤼네부르거 하이데의 오토 헤닝거를 마지막으로 찾아간 사람이었다. 그는 아이히만을 은밀히 오스트리아 국경까지 데리고 갔다. 아이히만은 사선에게 다음과 같이 말했다. "뤼네부르거 하이데에서 저는 여기저기 많이 돌아다녔어요. 그러니까 사실 저는 계속 일 때문에 왔다갔다했어요. 저는 한곳에 처박혀 있지 못했어요."[18] 심지어 빌레펠트의 옛 동지들을 만날 수도 있었다는 것을 염두에 두면 그가 말한 게 어떤 의미인지 대략 파악할 수 있을 것이다.

시간이 흐르자 포로수용소에 있던 사람들이 일부 귀향했다. 그중 최소한 한 명은 아이히만과 만났다. 한스 프라이에슬레벤은 포로수용소에 나와 알텐잘츠코트에 살았다. 친위대 동료 모임은 여전히 작동되고 있었다. 처음에는 생존이나 은신을 위해 유용했던 것이 점차 탈출 지원을 위한 네트워크로 발전했다. 북독일에 거주했던 나치 관료들은 개별적인 차원을 넘는 조직적인 탈출망을 확보했다. 그들 중 일부는 아르헨티나에서 다시 아이히만을 만나게 된다.

가족과의 연결

아이히만은 애초 뤼네부르거 하이데에 오래 머물 생각이 없었다. 그런데 시간이 흐르면서 그는 그곳이 안전하다고 느꼈다. 1947년 옛 삼림지기 동료의 결혼식에 초대받아 참석해 사진을 찍을 때 신랑 바로 옆에 서기도 했을 정도다. 만약 계속 그곳에 머물렀다면 그는 발각되지 않았을 것이다. 하지만 안전이 가족을 대신하지는 못했다. 금발 미녀 넬리 크라비츠가 남부에서 오토 헤닝거를 방문해 카이저슈마른 같은 맛난 음식을 만들어줘 마을 사람들의 입방아에 오르내렸다.[19] 게다가 이웃들은 그가 지역의 또 다른 여자 한두 명과도 관계를 갖고 있다고 얘기했다. 하지만 그는 다시 가족의 품으로 돌아가고 싶었다.

베라 아이히만이 먼저 그가 원래 삶으로 돌아오게끔 길을 만들었다. 남편이 사라진 뒤 베라 아이히만이 행동한 것을 보면 처음부터 아이히만 부부는 긴급한 경우에 처하면 아내가 어떻게 해야 할지를 사전에 약속했다는 것을 알 수 있다. 베라 아이히만은 신중했을 뿐만 아니라 연합군과 희생자 집단의 심문, 가택 수색 및 감시를 놀라울 정도로 담대하게 이겨냈다. 오랫동안 아이히만의 사진은 한 장도 발견되지 않았는데, 그것도 베라 아이히만의 공이다. 린츠의 가족과 마찬가지로 베라도 모든 서류를 철저히 잘 숨겨놓았다가 1952년 아르헨티나로 이주하기 직전에 이를 다시 꺼내 활용했다. 1946년 11월 미국 방첩대가 심문했을 때 베라는 이미 1945년 3월에 남편과 이혼했고, 4월 알타우제에서 아이들과 작별 인사하면서 본 게 마지막이었다고 진술했다. 베라는 남편의 범죄에 대해 아는 것이 전혀 없다고 말했는데 이는 아이히만의 부모 형제들이 그로부터 한 달 전 최대한 좋게 둘러댄 것과도 정확히 일치해 눈에 띄었다.[20]

아이히만은 이미 종전 이전에 동료들에게 자신이 가족 중에서도 별종이라고 떠들고 다녔는데 그 얘기도 계속 퍼져나갔다. 가족들이 베라 아이히만의 생계를 책임진 것은 누구에게도 의심을 사지 않았던 듯하다.[21] 아울러 카를 아돌프 아이히만도 나치의 신념에 투철했기에 아들의 나치 세계관과 정치적으로 일치했다는 사실을 주목한 사람 역시 전혀 없었다. 카를 아돌프 아이히만도 1930년대에 나치스에 가입했다. 베라는 나중에 1945년 그에게 문제가 생겼다고 말했다. 하지만 그것은 "그가 나치였기 때문"만이 아니라 소유 증명서가 없었기 때문이다. 그는 분명 자신의 소유물이 아닌 것을 갖고 있다가 몰수당했을 뿐이다. 데이비드 세자라니는 "아버지와 아들 사이의 역동적인 교류"를 무시하지 말라고 경고했는데 맞는 말이다.[22]

1947년 4월 베라는 다음의 조치를 취했다. 베라는 바트 이슐에서 남편의 사망 신고를 하려고 했다. 베라는 그가 1945년 4월 프라하에서 죽었다고 주장했다. 그 사망 신고는 일찍부터 아들과 도주에 대해 얘기를 나누었던 아이히만의 아버지와 말을 맞춰 이뤄졌을 것이다. 그 시도가 성공했다면 아이히만은 사실상 유럽의 어딘가에서 발각되지 않은 채 여생을 보낼 수 있었을 것이다. 여러 사진을 통해 우리는 그가 얼마나 변신에 능한지 알고 있다. 게다가 그렇게 됐다면 베라는 연금을 신청했을 것이다. 베라가 내민 남편의 사망 증명은 얼핏 보면 그럴듯했다. 증인으로 리자 칼스를 데려왔는데, 그녀는 알타우제 출신의 남자와 결혼한 뒤 그곳에 거주했다. 리자 칼스는 카를 루카스라는 이름의 체코 출신 대위의 편지를 제시했는데 편지에는 아이히만의 사망에 대한 보고가 적혀 있었다. 하지만 지몬 비젠탈은 카를 루카스라는 이름을 어디선가 들어봤다는 생각이 났다. 바로 베라의 제부였던 것이다. 베라의 언니는 어머니와 함께 린츠 근교에 살고 있었다. 비젠탈의 말을 듣고 유의해 살펴본 알타우제 경찰은 수상한 점을 또 하나 발견했다. 리자 칼스, 즉 이른바 베라의 제부로부터 편지를 받았다는 그녀도 사실은 리블 가족이었다는 점이다.[23] 요컨대 베라 아이히만은 자신의 두 자매와 제부의 도움으로 남편의 사망증명서를 만들고자 시도했다.[24]

그해 5월 비젠탈이 알타우제에서 아이히만을 본 적이 있다고 확인해준 선서 진술 두 장을 제출하자 베라는 신청서를 물렸다. 베라가 의도했던 것과는 정반대의 상황이 벌어진 것이다. 즉 아이히만이 아직 살아 있다는 사실이 누구에게나 분명해졌다. 그렇지 않다면 그의 가족들이 그런 수고를 할 이유가 없었기 때문이다. 미국 방첩대는 다시 한번 아이히만의 가족과 애인의 집을 수색했다. 게다가 이스라엘 첩보원은 아돌프 아이히만의 여성 지인인 마리아 뫼젠바허에게서 아돌프 아이히만의 사진을 확보하는 데 성공했다.[25] 비슬리체니는 수사관들에게 아이히만의 운전사로 알려진 사람을 알려주었다. 그는 아이히만의 여성 지인 명단으로 도움을 줄 수 있었다. 그는 요제프 바이스츨로서 "도플의 유대인 황제"로 불린 악명 높은 사디스트였다. 개 채찍이 그의 징표가 될 정도였다. 덧붙여 그는 빌헬를 회틀의 매형이었다.[26] 바이스츨은 그 얼마 뒤 파리의 군사 법정에 서게 된다. 거기서 그는 아이히만에 대해 상세히 진술했다. 자신은 단지 명령에 따라 사디스트가 되었을 뿐이라고 했다. 아마도 아이히만 부부는 사진에 대해서는 알지 못했을 것이다. 하지만 아돌프 아이히만은 분명 아버지를 통해 가택 수색에 대해 들었을 것이다. 아르헨티나에서 동지들과 대화할 때 아돌프 아이히만은 심지어 그 체포 명령이 빈에서 내려졌다는 것도 알고 있었다.[27] 아이히만의 가족 모두는 아돌프 아이히만에게 달리 대안이 없다고 생각했다. 그는 비상수단을 강구해야 했다. 독일 탈출이었다. 베라 아이히만에게 그것은 다시 몇 년을 더 기다리며 사람들 눈에 띄지 않게 지내야 함을 의미했다. 마침내 베라가 부에노스아이레스에서 남편을 만난 것은 7년 만의 재회였다.

아이히만의 주저

아이히만이 어떻게 아르헨티나를 도주지로 생각하게 되었는지는 추측 가능하다. 아이히만은 오스트리아 케른텐의 옛 나치 관구장이 아르헨티나에 살고 있다는 소식을 접했다고 직접 밝혔다.(「나의 도주」 12쪽) 아이히만이 말한 인물은 지크프리트 우이버라이터였음이 분명하다. 정확히 말하면 그는 케른텐이 아니라 슈타이어마르크의 관구장이었다. 실제 케른텐의 관구장이었던 프리드리히 라이너와 우이버라이터는 전후 유고슬라비아로 이송될 예정이었지만 우이버라이터는 1947년 5월 다하우 수용소에서 탈출했다. 오스트리아 신문은 그 얘기로 도배되었고 일찍부터 우이버라이터가 아르헨티나로 도주했을 것이라는 추측이 떠돌았다.[28] 실제로 1940년대 후반에도 옛 나치 거물들이 아르헨티나에 거주하고 있다는 사실을 아는 사람은 많았다. 이에 대해서는 소문만 돌았던 게 아니다. 부에노스아이레스에서 극단적인 나치 사상을 유포하는 뒤러출판사의 출판물들 때문이기도 했다. 뒤러출판사는 매우 익숙한 이름의 저자들과 공공연히 함께 일했다. 게다가 독일 내 우파 그룹에서는 뒤러출판사가 1947년부터 발간한 『길』이 많이 읽혔다. 이는 전후 나치 잡지들 중 가장 극우적인 매체였고 마치 여전히 "제3제국"이 건재한다는 듯 공개적으로 반유대주의와 인종주의 및 나치즘을 표방했다.

뒤러출판사의 청년 사장 에버하르트 프리치는 독일에서 열심히 잡지를 홍보했다. 그는 아주 적극적으로 활동했고 자의식으로 충만했다. 뒤러출판사의 나치 선전물은 독일에서 점점 더 많이 팔렸다. 그 결과 1949년 이미 독일 언론에서 경고음이 울렸고 분석이 넘쳤다. 아르헨티나의 "나치 저항 센터"와 "남아메리카의 히틀러들"에 대한 글들이 발표되었고, "절벽으로 추락할" 것이라는 경고가 등장했다. 뮌헨에서 발간되는 신문 『노이에 차이퉁』은 프리치를 심지어 "제4제국에서 온 인물"이라고 불렀다.[29] 더욱이 함부르크에서 발간되는 주간지 『슈피겔』은 저명한 나치들이 아르헨티나로 도주한 것은 나치 방위군의 최고 사령부의 명령에 따른 것이라고 주장했다.[30] 『길』 알림판에 실린 '동지회'라는 이름의 모임은 나치들에게 신뢰를 불러일으키기에 충분했다. 그런 협회 이름과 여행 중재 공지도 나름의 역할을 했다. 아이히만과 같이 신념이 투철한 나치들에게 그 소식은 사실 "약속의 땅"에서 오는 구원의 소리처럼 들렸을 것이다.

빌프레트 폰 오벤은 괴벨스의 부관이었고 나치의 신념에 투철했다. 1945년 이후 오벤도 아이히만과 마찬가지로 북독일에 거주했다. 그는 아르헨티나에 관심을 갖게 된 계기가 바로 그 뒤러출판사의 출간물이었음을 숨기지 않았다. 오벤은 괴벨스에 대한 원고를 슐레스비히-홀스타인에서 저술한 뒤 에버하르트 프리치에게 보내 책으로 출간했다.[31] 독일과 부에노스아이레스 사이에는 연결망이 잘 작동하고 있었고, 그는 책을 출간할 때 바로 그 연결망을 활용했다. 아이히만도 나중에 아르헨티나에서 그 네트워크를 높이 평가하게 된다.

아르헨티나는 그저 멋져 보이는 곳만이 아니었다. 그곳은 무엇보다 실제 도피처였다. 아르헨티나인 우키 고니의 선구적인 자료 연구에 의거해 우리는 이주 희망자들에게 그런 도피를 가능케 해준 사람들과 그들의 연결망에 대해 이제 많이 알게 되었다. 아이히만과 같은 이력을 가진 사람이 독일에서 아르헨티나로 잠적하려면 사적인 임기응변에 의존할 수는 없다. 우선, 스웨덴의 항구로 가는 도주로가 확보되어야 했다. 그것은 아이히만이 새로 마련한 집 바로 앞에 있었다. 그런데 1948년 그 북쪽 도주로가 갑자기 닫혔다. 그 후에는 남쪽 도주로에 의존해야 했다. 독일인 조력자와 아르헨티나 거점들, 오스트리아 국경 경비원과 이탈리아의 관공서들, 적십자와 바티칸의 직원들 그리고 영향력 있는 해운업자들의 연계가 도주를 성사시켰다. 문서 둘로 일이 시작된다. 하나는 아르헨티나 입국용 단기 비자다. 이는 아르헨티나 군사 독재자 후안 페론의 특임권자 호르스트 카를로스 풀드너가 제공했다. 다음은 동명의 신분증명서였다. 아이히만의 경우 그것은 남티롤 테르메노에서 발급되었다. 아이히만 외에도 수용소 "의사" 요제프 멩겔레 그리고 힘러의 참모장 루돌프 폰 알펜슬레벤에게도 유사한 용건으로 같은 시기에 증명서가 발급되었다. 아이히만의 신분증은 6월 11일 자로 발급되었고 번호는 131이었으며 리카르도 클레멘트라는 이름이었다.[32] 고통받고 쫓기는 사람들을(나치를 의미!) 위한 보호자라고 자칭한 알로이스 후달 주교는 나중에 난민들을 위해 로마발 증명서를 마련해주었다고 자랑했다.[33]

신분증 발급과 아이히만의 실제 도주 사이에 거의 2년의 세월이 흘렀던 것은 심상치 않다. 아이히만은 거의 막바지, 즉 비자 유효 기간 2년이 거의 끝날 무렵에야 그것을 사용했다. 무슨 이유로 아이히만은 도주를 그렇게나 연기했던 걸까? 한 가지 가능한 답은 1947년에서 1950년 사이에 독일에서 일어난 정치적 변화다. 1947년 12월 런던 외무장관 회담은 서방 연합국과 소련의 차이가 계속 크게 벌어져서 분열을 막을 수 없음을 드러냈다. 이미 종전 이전부터 바로 그런 동서 갈등을 예측한 나치가 많았다. 나치들은, 서구 열강의 반볼셰비즘이 결국에는 히틀러의 독일을 분쇄하려는 갈망보다 더 강해질 것이라고 기대했다. 그러면 독일은 주권을 되찾고 일어설 수 있다는 것이다. "아이히만은 서구 열강과 러시아가 대결을 벌일 것이라고 확신했으며 그것을 자신의 마지막 기회라고 봤어요"라고 부하 중 한 명이 훗날 말했다.[34] 괴링도 뉘른베르크에서 그런 기대를 여

러 번 밝혔고 심지어 이를 통해 자신들이 권력을 되찾을 것이라고 봤다.[35]

1948년이 되자 점차 그런 예상이 들어맞는 듯했다. 새로운 시작뿐만 아니라 대사면 조치가 있을 거라는 기대도 일었다. 또 다른 상황 변화 하나는 아이히만을 당혹스럽게 만들었다. 1948년 6월 20일 화폐개혁이 발효되었다. 이는 일자리를 잃는다는 것만을 뜻하지 않았다. 부르만사의 후속 회사는 파산했다. 화폐개혁으로 인해 아이히만은 절약하며 어렵게 모은 돈을 잃을 위기에 처했다. 새 화폐인 도이치마르크의 도입은 비합법적으로 사는 사람에게 아주 심각한 문제를 낳았다. 행정 기관과의 접촉을 피해야만 하는 사람은 이른바 두당 40도이치마르크의 수령은 말할 것도 없고 새 화폐에 접근하기도 쉽지 않았다. 저축해둔 라이히마르크도 다른 사람의 도움 없이는 교환할 수 없었다. 화폐 교환을 하려면 은행 구좌도 있어야 하고 재정 기관의 심사용 증명서들도 필요했다. 아이히만에게는 둘 다 없었다. 물론 그는 적법한 거주 등록을 했고 적법 신분증도 지녔지만 신중을 기하느라 행정 기관과의 접촉은 모두 피하고 있었다. 비합법적인 존재들은 돈세탁 전문가들의 도움에 기댔다. 그렇게 하면 경험상 교환 비율에서 손해를 보게 된다. 중간 횡령에 맞서 법적 보호를 받을 수도 없다. 이미 빈에서 나치 제국을 위해 수백만 마르크의 화폐를 불공정하게 교환하며 이익을 챙긴 경험이 있는 아이히만 같은 사람은 이런 사실을 너무나 잘 알고 있다.

창고에 와인이 가득한 빌라를 몰수해 그곳에서 "업무"를 보며 살 때를 빼면 아이히만은 평생 절약하며 살았다. 그런 그에게 화폐개혁은 바다 건너에서 새로운 삶을 살아보겠다는 계획을 유보하도록 만들었다. 왜냐하면 옛 동료들로부터 탈출에 도움을 받더라도 어쨌든 돈이 들기 때문이다. 아마도 아이히만이 양계장에 투자한 것은 이런 맥락에서 봐야 할 것이다. 유대인이 외국으로 이주하기 전 가진 것을 몰수당했던 1930년대에 아이히만은 재산을 지키려면 실물 자산에 투자해야 한다는 것을 배웠다. 범죄 국가가 바로 그런 이유로 실물 자산의 보유를 금하는 법률을 제정하지 않는 한에서는 그렇게 해야 했다.

아이히만이 양계업에 돈을 투자하는 것을 막을 사람은 없었다. 또 분명 아이히만이 몇 주 뒤 닭을 다시 새 화폐로 바꾸는 것을 막을 사람도 없었을 것이다. 물론 안정적인 새 화폐가 막 도입되었기에 그 투자로 수익을 챙겼을 가능성은 높다. 당시 아이들은 훗날 아이히만이 100마리가 넘는 닭을 보유했고 계란 하나당 20페니히를 받고 팔았다고 기억했다. 비교를 위해 말하자면, 당시 그의 집세는 매달 10마르크였다.[36] 그는 그런 방식으로 돈을 벌 수 있었을 뿐 아니라 5년 안에 사면이 이루어지지 않을까 기대하며 기다릴 수도 있었다. 그런데 아이히만으로 하여금 주저하도록 만들었을 또 다른 사건이 발생했다. 그것은 경찰과 이스라엘에서 온 "손님들" 그리고 한 명의 나치 사냥꾼이 함께 1948년 겨울 오스트리아에서 아이히만을 체포하려다 실패한 사건이었다.

가족 방문?

1960년 10월 지몬 비젠탈은 기자회견에서 1949년 성탄절 때 알타우제로 가족을 방문하려던 아돌프 아이히만을 체포하려 했다고 밝혀 사람들을 놀라게 했다. "집을 포위하고 기다렸지만 아이히만은 나타나지 않았어요. 아이히만은 사전에 경고의 말을 들었거나 아니면 의심이 깊어져 다시 사라졌습니다."[37] 여기서 중요한 것은 비젠탈이 전하는 얘기의 극적인 성격이 아니라 실제 작전의 양상이다. 물론 비젠탈이 말한 날짜는 정확하지 않았다.

이미 1948년 가을에 아이히만이 그해 성탄절과 신년절 사이에 가족을 방문하려 한다는 첩보가 입수되었다. 그 후 진행된 상황에 대해서는 당시 작전 참여자 몇 명이 기록을 남겼다. 그 기록들이 전부 일치하는 것은 아니지만 그래도 핵심 내용과 날짜는 알 수 있다.[38] 그에 따르면, 1948년 12월 오스트리아 린츠의 경찰들은(레오 프랑크마이어를 비롯한[39]) 이스라엘 첩보원들(미하엘 블로흐를 비롯한[40])과 지몬 비젠탈과 함께 알타우제에 잠복했다. 아이히만을 체포해 이스라엘인들에게 넘기고 그 대신 린츠 경찰서장은 작전에 들어가는 비용과는 별도로 5000달러를 더 받기로 되어 있었다. 그들은 섭씨 영하 20도에 달하는 한파 속에서 거주민도 거의 없는 지역에서 가능한 한 눈에 띄지 않게 잠복해야 했다. 작전 참여자들은 감시할 때 이미 문제가 생겼다고 입을 모았다. 하지만 누구 때문에 아이히만이 사전에 상황을 감지했는지에 대해서는 의견이 갈렸다. 가장 가능성이 높은 실패 이유는 알타우제같이 작은 곳에 그렇게나 많은 사람이 동원된 작전이 알려지지 않고 성공하기란 애초부터 불가능하다는 것이었다. 참여자들의 사후 기록에 따르면, 심지어 그 동네에는 이미 이스라엘인들이 와 있다거나 오스트리아에서는 누구나 아는 나치 사냥꾼 지몬 비젠탈이 와 있다는 말이 퍼졌다.

1948년 말 성탄절과 신년절 사이에 아이히만이 정말로 가족을 방문하려 했을까? 독일을 가로질러 차를 타고 간 뒤 위조 신분증으로 국경을 넘는 엄청난 위험을 그가 감수하려 했을까? 우리는 아이히만이 나치식 비교회 유신론자였지만 성탄절이면 가족 생각을 아주 많이 했다는 것을 나중에 알게 되었다. 게다가 아이히만의 신분증은 이탈리아에 이미 마련되어 있었다. 그렇기에 가족 방문은 아마도 그 전에 감행했어야 할 아르헨티나로의 도주 중 잠깐 들러서 할 만한 일이었을 것이다. 만약 그랬다면 아이히만은 알텐잘츠코트의 자기 재산을 처분하지도 못한 채 잠적하게 되었을 것이다. 이는 커다란 경제적 손실을 일으켰을 것이다. 나중에 베라 아이히만도 자식들도 그런 방문 계획이 있었다고는 말하지 않았다. 알텐잘츠코트의 아이히만 이웃들도 그가 오랫동안 집을 비운 적은 없다고 말했다. 아이히만은 그러고 싶은 생각이 있었다고 암시한 적이 있다. 그런데 그때는 1950년이었고 이미 실제로 도주하는 길, 즉 오스트리아를 가로질러 처자식이 있는 곳에서 몇 킬로미터도 안 되는 지역을 지나면서였다. 그때 그는 위험을 무릅쓰고 가족을 방문할까 고민했지만 그 생각을 단호하게 억눌렀다고 말했다.[41] 그렇기에 아이히만이 1948년에 잠시 긴장이 풀어져 가족 방문에 나섰을 가능성은 거의 없다. 게다가 그는 곧잘 형사처럼 생각하는 습관이 있었기에 하필이면 말 많은 그런 날짜를 잡아 방문하는 실수를 저지르지는 않았을 것이다. 이미 한 번 사망 신고 의뢰 시도가 실패한 뒤였기에 더욱 그렇다.

또 다른 상황도 아이히만이 당시 가족에게 왔을 가능성을 닫는다. 1948년 9월 말 인터뷰 하나가 여러 신문 보도로 이어졌다. 빈에서 발간되는 『벨트 암 아벤트Welt am Abend』는 "아돌프 아이히만의 부모는 전쟁 말기부터 아들에게서 어떤 소식도 듣지 못했다"고 보도했다. 주변을 탐문한 결과 아돌프 아이히만이 1946년까지 미국 포로수용소에 잡혀 있었다는 사실이 밝혀졌다는 것이다. 그는 에커만이란 이름을 썼고 지금은 아마도 근동에서 "예루살렘의 무프티, 알 후세이니의 자문관으로 팔레스타인의 유대인 문제 해결을 위해 일하"고 있을 것이라고 했다. "제국유대인특별위원"이나 "아랍 부대의 일원"이라는 제목을 단 기사들이 1948년 10월에 연일 신문을 뒤덮었다.[42] 심지어 막 괴벨스 전기 저술을 끝낸 쿠르트 리스조차 "특별 통신원" 자격으로 아이히만의 흔적을 쫓아 알타우제로 왔다. 그는 고생 끝에 "알타우제의 흥겨운 여성들"이란 제목으로 흥미를 돋우는 연속 기사를 작성했다. 그 기사에는 나치의 금괴에 대해 떠도는 이야기도 포함돼 있다. 『노이에 벨트Neue Welt』는 11월 3일 자에 유익한 자료를 실었다. 즉 1937년 아이히만이 2쪽에 걸쳐 수기로 작성한 이력을 그대로 인쇄한 것이다. 이는 직원 신상 기록에서 나온 것인데 그의 실제 출생지와 출생일 및 주요 승진 경력이 다 나와 있었다. 그 밖에 리스는 아이히만의 가족들이 어디에 사는지도 알렸다. 하지만 기사에 자주 등장해 아이히만의 가족을 특히 불안하게 만든 것은 "전체 전범 명단에서 아이히만이 가장 윗자리에 있다"는 소식이었다. 아이히만이 가족을 만나러 여행하려고 했든 안 했든 간에 1948년 말은 정말 시기가 좋지 않았다. 왜냐하면 "제국유대인특별위원"이 되기를 꿈꿨던 아이히만이 어떤 사람인지는 당시 모두가 잘 알고 있었기 때문이다.

몇 년 뒤 연방정보원의 전신인 겔렌청은 1949년, 즉 1948년 성탄절 때의 체포 실패로부터 1년이 지난 시점에, 빈 주재 이스라엘 영사가 아이히만 수배 작전을 위해 5만 실링을 마련했다는 정보를 얻었다.[43] 100만 실링의 현상금이 걸렸다고도 했다. 더욱이 정보원에 따르면, 성탄절에 가족을 방문하는 아이히만을 납치할 목적으로 오스트리아에는 이스라엘 첩보대가 체류하고 있었다. 심지어 잘츠부르크 공항에는 전세기가 대기하던 중이었다. 그렇다면 1년 뒤 다시 한번 아이히만 체포 작전이 수행되었다는 말인가?

사료에 따르면, 겔렌청의 정보원은 요제프 아돌프 우르반이었다. 그는 1920년생인데 매우 다채로운 경력의 소유자로서 1948년 위조 여권 거래소 역할을 했던 린츠의 한 카페에서 체포되었다. 그의 가방에 위조 서류가 무더기로 들어 있었기에 린츠 경찰은 그를 구금할 수 있었다. 작전에 참여했던 경찰 중 한 명인 레오 마이어는 우르반의 심문에 대해 기록을 남겼다. 그는 지몬 비젠탈도 심문을 듣도록 허락했다. 우르반은 전범의 도주를 돕는 인물임이 분명했기 때문이다. 증거가 명백했음에도 불구하고 체포 이틀 만에 우르반을 다시 풀어줘야 했다. 마이어에 따르면, 두 명의 미국 첩보대 대원이 나타나 우르반은 소련에 맞선 첩보 네트워크의 핵심 인물이므로 그를 석방하라고 요구했던 것이다. 마이어는, 우르반이 가짜로 고안한

"현지 첩보원"으로부터 받았다고 하는 가짜 "정보들"을 미국 첩보대에 제공하고 이를 위해 동유럽 군수 공장이라는 거짓말도 짜냈다는 사실을 금세 알아차렸다.[44]

마이어가 몰랐던 것은 우르반의 재판을 원치 않은 곳이 미국 첩보 기구만이 아니었다는 사실이다. 우르반은 오스트리아 내무부의 국가정보국을 위한 첩보 제공자이기도 했다. 만약 재판이 진행된다면 그것도 세상이 알려질 게 분명했다.[45] 사실 그는 프랑스의 되지엠 뷰로부터 이스라엘 첩보부까지 거의 모든 첩보 기구에 정보를 제공했다.[46] 겔렌청에도 마찬가지로 했다. 연방정보원에 대해 가장 포괄적인 연구서를 썼던 저자들이 그를 일컬어 "유랑하는 첩보 용병"이라 불렀는데 이는 적절했다.[47] 라인하르트 겔렌은 탁월한 정보력의 소유자로 여겨진 우르반에게 1948년 브루노 카우셴과 함께 오스트리아에 독일 첩보 기구의 지부를 만들라고 지시했다.[48] 우르반이 논란의 소지가 있는 정보를 갖고 때로 장난을 친다는 사실, 그리고 이를 전수받은 기관이 무엇인지에 대해 겔렌이 당시 제대로 알고 있었는지에 대해서는 알려지지 않았다.

아이히만 납치 계획에 대한 정보는 사실이었을까? 최소한 1948~1949년 겨울에 알타우제에서 진행된 작전에 대해서는 미리 알기가 어렵지 않았다. 그것은 현지 술집 주인의 귀에도 들어갔을 것이기 때문이다. 1952년 우르반이 제공한 정보에는 진실보다는 지어낸 얘기가 더 많다고 봐도 무방하다. 우리가 나중에 살펴보겠지만, 1952년 겔렌청은 아이히만에 대한 관심이 컸다. 우르반은 아이히만의 도주를 개인적으로 도왔다고 주장했다. 그런 고백은 전후 서독의 첩보 기관에서 출세하는 데 전혀 해가 되지 않았다.[49] 첩보 기관의 정보가 흔히 그렇듯이 열람 가능한 자료들로 알 수 있는 것은 아직 많지 않다. 하지만 우리는 우르반이 정보 조작 기술을 어디서 배웠는지를 알고 있다. 바로 친위대의 보안국 그리고 헝가리의 아돌프 아이히만에게서였다.[50]

그는 이미 열여덟 살 때 출세하기 위해 나치스에 가입했다(당원 번호는 6312927이다). 그는 순식간에 빈의 보안국 지부장이 되었고 발터 셸렌베르크의 발칸 전문가들 중 한 명으로 평가받았다. 그 뒤 그는 부다페스트의 보안국 통제부 책임자가 되었다. 그곳에서 아돌프 아이히만은 6주 만에 얼마나 많은 사람을 절멸시킬 수 있는지를 세상에 보여주고 있었다. 심지어 우르반은 루돌프 카스트너에 대한 얘기로 비젠탈을 놀라게 했다.[51] 겔렌은 분명 훈련이 잘된 사람들을 잘 알아봤다.

그런 점에서 우르반도 아이히만의 재출현에 관심을 가진 많은 사람 중 한 명이었을 것이다. 당연히 그는 아이히만이 1945년 이전에 한 일을 잘 알았을 뿐만 아니라 심지어 아이히만이 다시 나타났다면 그에게 위조 신분증을 마련해주었을 것이다. 비록 아이히만은 우르반 같은 피라미 범죄자에게 의존하지 않았겠지만. 하지만 우르반이 아이히만을 배신하지 않았을 또 다른 이유도 있었다. 우르반은 평생 나치의 신념에 충실했다. 동료들은 그가 부하들을 항상 "총통 아돌프 히틀러"에게 선서하도록 시켰다고 알려주었다. 그는 "히틀러가 남극 지대의 따뜻한 오아시스에 살아 있다"는 확실한 정보를 갖고 있다고 말했다고 한다. 지리를 잘 모르는 것이 큰 문제는 아니었다.[52] 그런 정치적 입장을 지녔음에도 불구하고 라인하르트 겔렌은 우르반을 심지어 1956년에도 계속 연방정보원의 직원으로 고용했다. 우르반은 1970년대에도 연방정보원으로부터 급료를 받았다.

오스트리아에서 아이히만을 납치하려는 두 번째 시도가 일어났다. 이에 대해서는 겔렌청의 사료 말고 또 다른 기록들도 있다. 1949년에서 1950년으로 해가 바뀔 때의 그 체포 작전에 대해 지몬 비젠탈도 기록을 남겼지만, 두 명의 또 다른 사람도 보고서를 남겼다. 한 명은 끈질긴 나치 사냥꾼 투비아 프리트만이고 다른 한 명은 아셰르 벤 나탄이었다. 당시 나탄은 나중에 모사드로 바뀌는 이스라엘 외무부 정보국의 국장이었다. 그러나 아이히만이 나타나지 않았기에 그 작전도 아무런 성과를 거두지 못했다.[53]

겔렌청의 사료에 우르반의 사기 정보만 들어 있는 것은 아니었다. 두 번의 납치 시도 사이에 중요한 변화가 일어났다. 우르반은 "유대인의 적 1호"의 현상금이 올랐다고 했다. 눈에 띄는 변화였다. 그런데 5000달러에서 5만 달러 실링으로 바뀌면 0이 하나 더 붙었음에도 불구하고 실제 가치는 반토막 나는 것이었다. 그러니 다른 한편 우르반은 100만 실링이라고 언급하기도 했다. 그런 식의 일치하지 않는 정보는 신뢰도를 떨어뜨렸다.

그로부터 11년 뒤 이스라엘 부대가 오랫동안 추적했던 아이히만을 마침내 체포해 비행기로 납치했을 때 CIA는 그 계획이 지몬 비젠탈의 것이라고 확신했다.[54] 그들은 이미 오래전부터 1940년대 말의 납치 시도 실패에 대해서도 잘 알고 있었음에 틀림없다.

우리는 지몬 비젠탈을 서둘러 움직이게 한 아이히만의 가족 방문 관련 정보가 어떤 배경을 갖고 있는지 그리고 왜 그렇게 여러 기관이 당시 아이히만을 체포할 수 있다고 믿었는지 알지 못한다. 그 정보의 배경이 실제로 아이히만의 방문 예고였다고 보기는 어렵다. 여러 착오의 결과 내지 오해였을 수 있다. 아니면 심지어 아이히만의 가족들이 어느 정도나 감시를 받고 있는지 알아보기 위해 테스트한 것일 수도 있다. 어떤 경우든 아이히만은 자신을 잡으려고 얼마나 혈안이 되어 있는지를 잘 알게 되었다. 나중에라도 그가 알텐잘츠코트에서 이스라엘인들에 대한 소문을 들었다면 이로 인해 그는 매우 불안했을 것이다. 1960년 납치된 후 아이히만은 자기 자식들을 많이 잃은 민족의 대표들이 그 일에 조금이라도 책임 있는 사람들에게 복수할 거라는 두려움을 가졌다고 말했다.[55] 하지만 전범 명단이 광범위하게 알려졌고 오스트리아 경찰이 단단히 경계하고 있는 것만으로도 그는 어떤 종류의 위험도 무릅쓰지 않고 궁벽한 알텐잘츠코트에서 오토 헤닝거로 고요히 살면서 닭이나 기르고, 죽일 필요가 없었던 그곳 사람들에게 달걀을 비싸게 팔며 그곳에 좀더 있을 만했다. 1950년 아이히만은 수중에 돈도 있었다. 하지만 신생 연방공화국이 자신에게 여전히 어떤 사면 조치도 취하지 않는다는 사실을 그는 직시해야 했다. 아르헨티나 입국 비자도 곧 기한이 만료된다. 길을 떠날 때가 된 것이다.

도주 준비

알텐잘츠코트를 떠날 때에도 아이히만은 매우 신중했다. 밤을 틈타 몰래 사라지면 금세 관심의 대상이 된다. 더구나 갑작스러운 잠적 소식은 엉뚱한 곳으로 전달될 빌미가 된다. 이사 가거나 이주를 한다면 이는 차라리 당시에 자연스러운 일이었다. 전쟁과 그 여파인 도피와 납치, 추방과 난민수용소, 도시의 주거지 부족 등의 상황으로 새로 자리잡고 살 곳을 찾는 사람이 많았다. 아이히만은 오토 헤닝거란 이름을 가지고 그런 이들의 대열로 침투하는 데 성공했다. 그는 기르던 닭을 삼림지기 프라이에슬레벤에게 처분한 뒤 집주인에게 스칸디나비아에 기계공으로 일하러 갈 계획이라고 얘기했고 넬리에게도 작별 편지를 써서 모든 흔적을 지우고자 했다.[56] 그는 소련군에게 출두하겠다고도 말했다. 당시에 그것은 지금의 생각처럼 그렇게 허무맹랑해 보이진 않았다. 왜냐하면 아이히만의 상사인 뮐러처럼 게슈타포의 고위 관료가 소련 점령지로 도주하는 일도 드물지 않았기 때문이다. 그런 도주를 선택한 이들에 대해서는 아직까지 체계적인 연구가 나오지 않고 있다. 당시 그 길이 지닌 장점은 그곳에서는 심사가 제대로 이루어지지 않았다는 것이다. 어쨌든 오토 헤닝거는 그냥 갑자기 사라지지도 않았고 밤도둑처럼 도망가지도 않았다. 그는 밀린 집세를 지불하며 알텐잘츠코트의 이웃들과 작별 인사를 하고 나왔다. 그랬기 때문에 누구도 의문을 갖지 않았고 경찰에 알리지도 않았다. 주민들의 기억에 그는 4년 동안 거주했던 괜찮은 손님이자 이웃이었을 뿐이다. 그의 조용한 성품이나 바이올린 연주를 그리워하는 이들은 결혼식 사진을 보며 마음을 달랬다. 아마 더러 그로부터 소식을 듣거나 먼 곳에서 그가 어떻게 살고 있는지 알게 된다면 아주 좋았을 것이다. 누구도 이스라엘에서 엽서가 오리라고는 예상하지 못했다.

아이히만이 어떻게 도주 조력자들과 접촉할 수 있었는지, 그리고 아이히만을 찾아온 사람들이 혹시 그의 부하들은 아니었는지 여부는 아직도 밝혀지지 못했다. 그 일도 린츠의 아버지가 도와주었을 가능성을 배제할 순 없다. 우이버라이터의 도주 얘기를 다룬 오스트리아 신문 기사를 북독일에서 접할 수 있었다면 그 말은 아이히만이 오스트리아 쪽과도 긴밀히 접촉을 유지했음을 암시하기 때문이다. 아이히만은 그 상황에 대해 서로 다른 버전으로 직접 여러 차례 얘기했다. 어떤 버전에 따르면, 그는 탈출 중개자를 찾기 위해 지방 신문들에 조심스러운 암호-공지를 게재했다.[57] 1961년 초에 얘기한 거칠되 낭만적인 버전에 따르면, 접촉이 성사된 것은 모험을 감행하려는 의지가 있는 데다 믿을 만한 동지를 둔 덕이었다. "뤼네부르거 하이데에서 친하게 지내던 한 지인에게 해외로 갈 생각을 알리며 여행 관련 정보를 가진 사람이 있는지 물었죠. 그렇게 해서 저는 1950년 함부르크에 사는 한 사람을 알게 됐어요. 그는 친위대 대원 출신으로 독일과 이탈리아를 자주 오갔어요. 저는 그에게 그동안 모아둔 돈(양계로 번 2500도이치마르크) 중 300마르크를 주고 남아메리카로 가는 '잠수선 루트'에 대해 아주 정확한 정보를 얻었어요. 상세한 내용, 접촉 장소, 거점 모두를 알게 됐죠."[58]

어떤 버전이든 공통점이 하나 있었다. 연루된 이들을 최대한 숨기려는 의도였다. 처형될 때까지 아이히만은 자신을 도운 사람들에게 계속 고마워했고 그들과의 연대를 유지했다. 이제 우리는 그 얘기에서 중요한 뭔가가 사실이 아니라는 것을 알고 있다. 즉 도주에 필요한 신분증이 발급된 때는 이미 1948년 6월 초, 그러니까 화폐개혁 전이었다. 다시 말해 아직 삼림감시원에서 양계업자로 직업을 바꾸기 전이었다. 아이히만은 신분증 발급에 대해 이야기할 때 일부러 그 날짜를 늦춰 말했다. 그런 식의 날짜 바꿔치기는 나중에 아이히만이 직접 상세히 설명한 정보 교란 전술의 일환이었다.[59] 아이히만은 그것을 기가 막히게 잘 활용했다.[60] 바로 그렇게 날짜를 뒤로 미뤄 말함으로써 자신의 역할을 계속 축소시킬 수 있었다. 이를테면 어떤 기관의 개소식에 처음 그곳을 가봤다는 사람은 이미 기획 단계에서 그 기관이 지어질 장소를 방문한 사람과는 전혀 다른 역할을 하는 셈이다. 그것은 이주중앙사무소 같은 기관뿐만 아니라 수용소에도 똑같이 적용된다. 또 2년 넘게 주도면밀하게 도주를 준비한 사람은 1950년 돌연 이탈리아로 가겠다고 결정한 뒤 어렵게 그곳에 가서는 다시 주소 몇 군데만 손에 쥐고 그다음에 어떻게 해야 할지를 모색하는 사람과는 완전히 다른 방식의 삶을 사는 것이다. 그런 방식으로 날짜를 변조하면 상당한 정도의 시간을 은폐할 수 있다. 아울러 불편을 일으킬 여타 질문들을 피할 수 있다. 아이히만은 1948년 화폐개혁 전에 돈을 어디서 구했으며 도주에 대해 세세한 정보를 제공해줄 중간 연락책들을 어떻게 확보했을까, 남티롤의 신분증명서와 아르헨티나 단기 비자를 받도록 도와준 교회 쪽 해당 기관과는 어떻게 접촉했을까와 같은 질문 말이다. 사실 아이히만이 직접 그들과 접촉하러 길을 나설 수는 없었다. 앞서 그를 도와준 조력자인 넬리 크라비츠일 수도 없다. 아이히만은 넬리를 믿지 않았기 때문이다.

새 신분을 얻는 과정은 복잡했다. 남티롤의 신분증과 단기 비자 확보는 첫 번째 단계에 불과했다. 그 서류들과 사진, 프란치스코 신부 에도아르도 되뫼터의 품행증명서를 가지고 아이히만은 제노바 국제 적십자에 여권을 신청했다. 여권을 받은 뒤에는 그것과 단기 비자를 가지고 다시 아르헨티나 대사관에 장기 비자를 신청해야 했다. 장기 비자는 건강검진서 및 또 하나의 신분증명서와 함께 아이히만이 부에노스아이레스에서 신분증을 얻기 위해 필요한 기본 서류였다. 선박 티켓도 필요했다. 그 전체 과정이 제노바에서 2주밖에 걸리지 않았다. 노련한 이민 전문가인 아이히만조차 그 일을 아무 문제 없이 여러 나라와 기관을 다 거치며 관료주의 내의 작은 구멍을 찾아 그렇게 효율적으로 잘 처리할 수는 없었을 것이다. 하물며 요제프 멩겔레와 루돌프 폰 알펜슬레벤 같은 사람은 말할 것도 없다. 그들은 이민의 요건을 수월하게 처리하는 데 필요한 경험을 전혀 갖고 있지 않았다.

도주 조직은 매우 전문적이었다. 국제 적십자에 보낸 여권 신청서 사진을 보면 그런 인상을 지울 수 없다. 아돌프 아이히만은 사진에서 아주 멋지게 잘 차려입은 모습이었다. 짧고 단정히 자른 머리와 수염에 둥근 안경을 끼고 양복과 나비넥타이로 잘 차려입은 그 사진 속 남자는 실제보다 나이가 더 들어 보였을 뿐만 아니라 전형적인 엔지니어 이미지였지 조금도 장교를 연상케 하지 않았다. 아이히만의 사진만 그랬던 게 아니다. 힘러의 참모장이었던 루돌프 폰 알펜슬레벤은 키가 2미터나 되고 눈에 띌 정도로 대머리였는데 사진 속 그는 곱슬머리 가발에 수염을 달고 어깨는 축 늘어졌다. 분장사가 일을 능숙하게 한 것이다.

다른 많은 망명객과 마찬가지로 아이히만도 여러 기관, 특히 아르헨티나 대통령 후안 페론의 지시로 움직이는 전문 중개자들의 도움을 받는 조직 네트워크를 활용했다. 아르헨티나는 농업국에서 공업국으로 전환하는 데 도움이 될 독일인 전문가들에 대해 큰 관심을 갖고 있었다. 그 때문에 독일인들의 도주를 돕는 것은 의미 있는 투자로 여겨졌다. 지식 전이를 위해서라면 전후 유럽은 터전이 좋았다. 망가진 유럽 땅에서는 모두가 새로 기회를 찾지 않을 수 없었고 적당한 일자리가 생기면 끌렸다. 잘 훈련된 인력을 이민자로 수용하려는 국가는 아르헨티나만이 아니었다. 그러나 아르헨티나는 심지어 아이히만 같은 범죄자들에게도 기회를 제공한 몇 안 되는 나라 중 하나였다. 아르헨티나는 독일계 아르헨티나인 루돌프 프로이데의 주도 아래 이민청과 긴밀히 연계해 도주 지원을 조직했다. 이미 언급한 또 다른 독일계 아르헨티나인 호르스트 카를로스 풀드너는 1948년 유럽을 여행하며 아르헨티나 영사관의 지원으로 도주에 필요한 서류와 조직을 만들었다. 풀드너가 바로 수년 뒤 아이히만의 아들이 "아버지의 가장 친한 친구"라고 말한 그 사람이었다.[61]

오데사ODESSA, 즉 제3제국 붕괴 후에도 여전히 지하세계의 시계처럼 빈틈없고 효율적이며 엄격히 움직이는 옛 친위대 대원들의 조직이 존재한다는 신화로 인해 오랫동안 현실은 곡해됐다. 오데사라는 용어는 애초 포로수용소에서 친위대 대원들이 서로 돕기 위해 알아보도록 만든 암호명에 불과했다.[62] 그런데 신화가 이어졌다. 판타지가 생겼기 때문이다. 그런 조직이 존재한다는 신화는 트라우마를 겪는 두 집단에 동시에 힘을 불어넣었다. 먼저, 나치 사냥꾼들이었다. 그들은 추적자들이 모두 그렇듯이 자신들이 쫓는 적을 점점 더 과대평가하며 음모론으로 기울었다. 또 다른 집단은 나치들 자신이었다. 그들은 권력을 유지하고 있을 때 친위대 같은 조직의 위력을 이상화했던 터라 패배 후에도 친위대가 일정한 형식으로 존속한다는 상상으로부터 위로를 받았다. 지하에서 활동하는 모임이 있고 1945년 이후 친위대 대원이라면 누구나 자동으로 그 회원이 될 수 있으며 그 조직이 흔들림 없이 존속할 것이라는 생각은 분명 공포와 희망의 판타지가 낳은 결과다. 하지만 마찬가지로 분명한 것은 이데올로기에 투철한 추종자들은 이데올로기 발현의 결과이면서 동시에 강화 요인인 국가가 무너졌다고 해서 이데올로기를 버리거나 동료들과의 결속을 버리지는 않는다는 사실이다. 오히려 정반대였다. 독일은 패전의 결과로 국내 도처에 새로운 적이 존재하는 상황에 처했다. 연합군이라는 새로운 적은 오히려 나치의 결속을 강화했다. 친위대에 대한 낭만적 상상은 과거에 대한 향수 속으로 사라지는 것이 아니라 새 시대에 맞는 네트워크의 창출로 이어졌다. 옛 친위대 대원들로 구성된 대규모 지하조직이 따로 존재한 적은 없었다. 하지만 지하에서 도움을 찾는 옛 친위대 대원들은 여기저기 있었다. 그들은 친위대와 긍정적인 관계를 가졌던 사람들로부터 도움을 받았다. 특히 비합법적 상황에서 협력은 추천과 내밀한 관계를 통해 이루어졌다. 숙소 제공이나 접촉, 연락망, 혹은 그보다 더 중요한 일이든 상관없이 강력한 이데올로기 조직에 가담하는 것은 "적극 권장" 사항이었다. 이때 제국보안중앙청 같은 나치 기구와 마찬가지로 기본 구조는 현대적이었다. 그것은 경직된 조직이 아니었고, 전에 만난 적이 없는 사람끼리도 서로 도울 수 있는 유연한 이익공동체였다. 그 결과 그것은 매우 효율적으로 작동했다. 아이히만의 유럽 도주와 아르헨티나에서의 삶, 심지어 예루살렘 재판도 모두 그에 의해 규정되었다. 아르헨티나에서 아이히만의 삶을 파악하고 이해하려면 그 도주 조직을 살펴봐야 한다. 옛 동지와 새 지지자들의 상호 부조는 당장 드러나지 않도록 은폐되어 있었다. 네트워크는 눈에 띄지 않도록 유의했다. 적이 도처에 있었기에 조력은 소리 소문 없이 제공되어야 했다. 겉으로는 느슨한 연결망이 지닌 실제 힘은 그것이 작동되는 방법이 밖으로 잘 드러나지 않는다는 사실에 있다. 1962년에도 아이히만은 아직 그것을 믿었고 자신과 가족이 도주해 와서 새 삶을 사는 데 도운 "조직"에 대해 항상 감사하다고 말했다.[63]

이주 전문가의 이주

비록 바티칸 계열 교회 기관의 도움이 없었더라면 아르헨티나로의 도주는 불가능했겠지만 아돌프 아이히만의 행로가 로마로 향한 것은 아니다. 그럼에도 불구하고 아이히만이 로마에 다녀갔을 것이라는 주장은 오랫동안 계속됐다. 1961년 모셰 펄먼은 제노바가 아이히만의 기항지이고 프란치스코회 신부가 그곳에서 도움을 주었다고 말했다. 그 정보는 펄먼이 아이히만의 심문 진술을 볼 특권을 가졌던 결과로 나온 것이다.[64] 그 후 한나 아렌트는 펄먼의 정보를 더 많이 알렸다. 하지만 그 정보는 아이히만이 로마에서 알로이스 후달을 만났고 성 라파엘회 신부 안톤 베버에게서 신앙 검증을 통과해야 했다는 끈질긴 소문을 이겨내지 못했다. 후달이 아이히만을 위한 위조 증명서를 조달할 조직과 연결되었을 가능성이 높다고 하더라도 로마에서 그 둘이 만났을 가능성은 없다. 물론 후달이라는 이름은 1950년대 초반부터 나치들의 도주를 돕는 문제와 관련해서는 매우 중요했다. 아이히만이 체포된 뒤 아이히만이 교회의 도움을 받아 이탈리아를 경유해 도주한 사실과 이미 잘 알려진 이름인 알로이스 후달을 연관시키는 것보다 더 수월한 일이 또 있었을까?

로마에서 비달 주교가 도주 중인 나치들을 환대하고 도왔던 사실은 확인된다. 하지만 아이히만은 거기에 해당되지 않았다. 아이히만은 1950년 5월 알텐잘츠코트에서 곧장 오스트리아 국경으로 도주했다. 단순하고도 수월한 도주로였다. 빌레펠트의 루이스 신틀홀처가 아이히만을 차로 첼레에서 오스트리아 국경의 바트 라이헨할로 데려다주었다. 신틀홀처는 나중에 이 사실을 발설하는 바람에 곤경에 빠진다.[65] 낮 동안 꼬박 달렸던 터라 숙소가 필요하지는 않았다. 거기서 아이히만은 한 중개자의 도움으로 자이텐슈트라세를 건너 쿱슈타인으로 조심스레 빠져나가 택시를 타고 인스브루크로 갔다. 아이히만은 인스브루크에서 접선하기로 되어 있었다. 인스브루크는 나치들 사이에서 잘 알려진 도주 거점 중 하나였다. 특히 과거

이력 때문에 도주하는 사람들을 위해서는 중요한 거점이었다. 여러 정황으로 보건대, 아이히만이 거기서 아버지를 만났거나 최소한 중간 연락책을 만났을 가능성은 높다. 왜냐하면 그는 그동안 번 돈의 일부를 자기 가족을 위해 오스트리아에 남겨두었기 때문이다.[66] 인스브루크에서 그는 전문 조력자들의 도움을 받아 남쪽으로 내려가 그리스 암 브레너의 비나데스 숙소에 도착했다. 그곳에서 전문 조력자들은 그가 이탈리아 국경을 넘게 해주었다. 거기서 아이히만을 맞아 그에게 배낭을 넘겨준 사람은 요한 코라디니라는 비피테노의 신부였다. 요한 코라디니 신부는 자전거로 그곳에 왔고 아이히만에게 "택시 운전사"를 연결해주었다. 코라디니의 도움이 일회성이 아닌 것으로 미루어 택시 운전사도 네트워크의 연루자로서 특별 손님을 모시는 사람이었다고 볼 수 있다. 어쨌든 그는 아이히만을 볼차노로 태워다주었다. 새로 제공받은 생애 이력에 따르면, 그는 1913년 그곳에서 안나 클레멘트의 혼외자로 출생했다. 그의 말에 따르면, 그는 여기서 무료로 아르헨티나 이주청으로부터 단기 비자와 새 신분증을 받았다. 남티롤의 테르메노에서 발급한 신분증에 그는 "무국적자"라고 기재되었다.

아이히만은 볼차노에서 다시 베로나를 거쳐 제노바로 갔다. 아이히만은 프란치스코 수도원에서 은신처를 확보했다. 아이히만이 거기서 옛 동지들 중 누구를 만났는지는 여전히 밝혀지지 않았다. 아이히만이 직접 언급한 이름은 페드로 겔러뿐이었다. 그는 기갑연대 장교 출신으로 본명은 헤르베르트 쿨만이었다. 아이히만은 그에게 도항할 돈을 빌렸다고 주장했다. 겔러라는 이름을 쓰는 쿨만이 아이히만이 도주 중에 재회하거나 소개받은 유일한 사람은 아니었다고 볼 수 있다. 그곳에서 이미 해외에서의 삶을 위한 접촉이 이루어졌다. 아이히만은 수도원에서 유럽의 마지막 몇 주를 보냈다. 기다리는 시간을 활용해 제노바 주재 적십자와 아르헨티나 이민청을 방문하거나 노수사 프란치스코와 체스를 두거나 세계관을 놓고 토론했다. 그때 아이히만이 가톨릭 신앙을 갖게 되었고 세례를 받았다는 소문은 믿기 어렵다.[67] 세례를 받는 일은 필요치 않았고 현명하지도 않았다. 왜냐하면 테르메노에서 발급받은 가짜 증명서에 따르면 그는 이미 오래전부터 "가톨릭교도"였기 때문이다. 아이히만은 나중에도 항상 자신을 "비교회 유신론자"라고 밝혔다. 그는 프란치스코가 아침 미사에 한번 참여하길 바란다고 해서 이를 받아들이면서도 건방진 태도를 보였다. "떠나기 전날 프란치스코 신부가 축복을 내리고 싶으니 미사에 꼭 참석하라고 했어요. '해 될 것은 없잖아요'라고 신부님이 말했어요. 저는 그 신부의 어깨에 손을 올리고는 '늙었지만 착한 내 바리새인'이라고 불렀죠."(18쪽) 그는 여권에 거짓 종교를 적어넣으면서 양심의 가책을 느끼지도 않았고 오히려 이를 경박하게 다루었다. "망설이지 않고 나는 가톨릭 교인이라고(바뀐 것이 아니라) 말했다. 사실 나는 교회를 다니지 않았다. 하지만 가톨릭 신부들의 도움을 받은 것은 기억에 많이 남았다. 그리고 나는 가톨릭 교회를 존중하기로 했고 명예 교인이 되어야겠다고 생각했다.(「나의 도주」 24쪽) 힘러 주변의 인물들은 명예에 대해 상당히 독특한 생각을 갖고 있었다.

약 15명의 도주자를 실은 조반나Giovanna C가 제노바 항을 출발했을 때[68] 아이히만은 마침내 안도했다. 이스라엘에서 그 도항 순간을 떠올릴 때도 아이히만은 당시의 안도감을 그대로 드러냈다. 구조된 사람의 감정에 젖어들자 그는 다른 종류의 난민들에 빗대면서 악취미를 드러냈다. "이전에는 유대인이었고, 이번엔 아이히만 차례군!"(「나의 도주」 17쪽) 그런 비교는 파렴치하면서 진실을 드러내는 측면도 있다. 1960년 모든 사람을 속여 누구도 자신이 어떤 인물인지 모르게 하려 했던 아이히만이 스스로 한 번 더 상징적인 의미로 "아이히만"이란 이름을 사용했다. 그 대목을 처음 읽을 때는 가해자가 자신을 희생자와 나란히 위치시키려는 선동처럼 들렸는데, 두 번째로 읽으면 아이히만이 진짜 자신이 누구인지를 드러낸다는 것을 알게 된다. 즉 그는 자신을 유대인과 극명히 대립하는 사람으로 봤고 주변에서도 그렇게 봤다는 것을 알고 있었으며 "유대인 대 아이히만"의 대결을 재빨리 포착했다. 앞의 그런 문장을 쓰는 사람은 명성, 즉 "유명한 이름 아이히만"에 기초한 것이다. 아이히만이 도주의 마지막 순간을 회고하면서 하필이면 그런 감정을 떠올린 것은 결코 우연이 아니다. 마지막으로 아이히만이 새로운 고향에서 멋진 출발을 약속해주는 것도 다름 아닌 옛 이름의 명성이었다. "저는 남아메리카의 이 '약속의 땅'에서 몇몇 좋은 친구가 저를 돕기 위해 기다린다는 것을 알고 있었거든요. 그들에게 저는 편히, 자유롭고 떳떳하게 제가 친위대 중령인 아이히만이란 걸 말할 수 있었죠."[69] 친구들은 바로 그가 누구인지 정확히 알고 있었기에 그를 도우려 했던 것이다. 아이히만에게 리카르도 클레멘트는 처음부터 그저 신분증상의 이름에 불과했다. 아르헨티나로 도항하면서 그는 자유만이 아니라 이름도 되찾는다.

2장

막간극

E I C H M A N N   V O R   J E R U S A L E M

근동으로의 가짜 흔적

아돌프 (M) 아이히만 현재 다마스쿠스

—1952년 이후 독일연방공화국 첩보부가 소장한

아이히만 자료 파일의 명칭

나중에 이스라엘에서 아이히만은 "조반나 C가 제노바 항구를 막 떠나던 순간 그동안 사냥감으로 몰려 쫓기다가 마침내 추적자들을 따돌리는 데 성공했다는 안도감이 들었다. 자유를 되찾았다는 감정이 파도처럼 나를 덮쳤다"(「나의 도주」 18쪽)라고 적었다. 1950년 여름 대서양을 건널 때 그의 기분이 그랬다면 기대는 충족된 셈이었다. 아이히만은 계속 수배 대상이었지만 추적자들 중 누구도 당시 그가 남아메리카로 떠났을 거라고는 생각하지 못했다. 아이히만의 숨

바꿔질 놀이는 완벽해서 10년 뒤 체포되기 전까지 누구도 북독일의 은신처를 알지 못했다. 그의 은신처에 대한 추측은 전부 아이히만 하면 가장 쉽게 머리에 떠오르는 지역인 오스트리아로 향해 있었다. 아이히만은 가족이 사는 곳 주변이나 옛 동료들과 긴밀히 접촉할 수 있는 지역 어딘가에 있을 것이라고 여겨졌다. 1960년에 아이히만의 실제 도주로가 알려진 후 지몬 비젠탈을 비웃는 이가 많았다.[1] 비젠탈은 아이히만이 "지하조직인 '에델바이스' '6성좌' '거미'와 긴밀히 연락"하고 있으며 그 나치 세포조직들이 오데사의 근간이라고 단단히 믿었고, 특히 '거미'는 "본부가 로마 주재 시리아 대사관"에 있다고 봤다.[2] 그런 소문에 사로잡힌 사람은 비젠탈만이 아니었다. 미국 방첩대 장교들도 그런 소문을 접했다.[3] 오버외스트라이히주 린츠 소재 보안청의 비밀 보고서에도 그런 얘기들이 담겼다. 친위대 대원 전력을 가진 어떤 사람은 아이히만이 나치 국제 조직의 재정 후원자라는 얘기를 장황하게 하고 다녔다. 그런 얘기는 과해서 누구나 의심할 수밖에 없었다. 그 지하조직을 이끄는 지도자 중 한 명은 친위대 장군 파울 하우저라고 했는데, 이것도 물론 틀렸다. 하우저는 1949년에 여전히 포로수용소에 있었기 때문이다. 어쨌든 그런 기록을 서독 첩보 기관[4]도 CIA[5]도 다 확보할 수 있었다. 그런데 북독일에 대한 언급은 1960년 이전까지 어디에도 보이지 않는다. 오토 헤닝거라는 이름으로 뤼네부르거 하이데에 잠적한 것은 분명 아이히만의 도주 가운데 가장 탁월했다.

1950년 아이히만의 도주를 직접 도운 사람들과 아이히만의 가족을 빼면 누구도 그의 새 목적지가 아르헨티나라는 사실을 알지 못했다. 심지어 도주 조력자들 중 상당수도 자신들의 도움을 받는 이가 누구인지 정확히는 알지 못했다고 주장했다. 아이히만은 은신처에서 믿을 만한 사람을 만나고 자기 관리를 잘하며 조심스럽게 지냈다. 그것을 제외하면 1944년 말 아이히만이 동료들과 이별할 때 심은 가짜 목적지 소문이 중요한 역할을 했다. 1946년 아이히만이 포로수용소를 탈출해 보이지 않게 완전히 사라진 데다 그가 오스트리아에 있을 것이라는 소문도 확인되지 않자 사람들은 모두 그가 원래 계획에 따라 근동으로 가서 예루살렘의 최고 무프티인 아민 알후세이니로부터 도피처를 확보했을 것이라고 생각했다.

그때까지 사람들이 아이히만에 대해 알고 있던 정보는 그 계획과 다 들어맞아 보였다. 이른바 언어 능력, 자칭 최고 무프티를 비롯한 아랍인들과의 친교, 사로나 템플러 정착촌으로의 출신 위조, 광신적인 유대인 증오, 그리고 어떤 수단을 동원해서라도 세계 전역에서 마지막 순간까지 "유대인들"에 맞서 싸우겠다는 의지 등. 아이히만은 소문과 연출을 교묘히 활용해서 그런 이미지를 만들어냈다. 사방을 돌아다니며 유대인 학살을 수행한 대표적 가해자인 아이히만은 자신의 과업을 이루기 위해 계속 이동했으리라는 것이다. 아이히만이 그런 망상을 가지고 있었으리란 생각이 얼마나 설득력 있었는지는 첫 수색 작업이 잘 보여준다.

베를린에서 발간되는 유대인 문제 잡지인 『길』은 1946년 8월 16일 자에 '카를 아이히만은 어떤 흔적도 없다'는 제목으로 아이히만에 대해 상세한 보도를 처음 실었다.[6] 다른 신문도 그 기사를 일부 인용했다. 그 기사는 아이히만의 이름 오토 아돌프를 그의 아버지 이름 카를 아돌프와 혼동했지만 그의 생애를 소상히 다루었다. 아이히만의 언어 습관과 외모 변화도 언급했다. 인상적인 것은 기사 내용이 증인들의 말에 기초해서 작성되었다는 사실이다. 사람들은 아이히만이 유대인 피해자로 위장해 난민수용소에 있을 것이라고 추측했다. 성형수술로 얼굴을 바꿨을 거라고도 했다. 아이히만을 찾아 법정에 세우는 것은 살아남은 유대인들의 과제로 선언되었다.

『영국 점령지 유대인 회보』는 1947년 1월에 '우리가 찾는 사람'이라는 강령적 제목으로 역시 아이히만에 대해 상세히 보도했다.[7] "카를 아이히만"은 서른다섯 살쯤 되는 "젊고 키 크고 마른 체형이며, 금발에 파란 눈을 가졌고 신학을 전공"했으며 "나치의 가장 탁월한 유대인 탄압 도구"였다고 알렸다. 그 기사는 아이히만이 사로나에서 출생해 1936년 무프티와 힘러 및 히틀러를 서로 연결시켜주기 위해 다시 그곳으로 온 적 있는 완벽한 히브리 학자라는 얘기를 퍼뜨렸다. 그가 가장 마지막으로 사람들 눈에 띈 곳은 테레지엔슈타트였다고 했다. 기사는 그가 이제 "유대인으로 변장해" 유대인들 사이에 숨어 있을 것이라고 했다. "아마 그는 다시 팔레스타인에 있을 것이다. 그는 그곳에서 불법 망명객 신분으로 유대인 테러리스트인 것처럼 행세하고 있을 것이다."

살인자인 아이히만이 하필이면 피해자들 사이에서 도피처를 찾았을 것이라는 두려움은 전후에 계속 퍼졌다. 지몬 비젠탈도 그런 두려움을 품었다. 비젠탈은 1947년에 소책자 『최고 무프티: 추축국의 최대 첩자』를 발간하며 아이히만에 대해서도 한 장 크게 할애했다. 그는 그 장의 마지막 부분을 다음과 같은 추측으로 맺었다. "유대인의 적 1호인 아이히만은 여전히 체포되지 않았다. 최악의 범죄자인 아이히만은 이디시어와 히브리어 구사 능력을 지녔기에 때에 따라 유대인 난민으로 위장해 수용소에 숨어 있거나 아니면 불법 시온주의자 이주민으로 위장해 근동 지방으로 도망가 아랍 지역 친구들에게 가 있을 가능성도 있다.”[8] 그 책에는 아이히만으로 간주된 인물의 사진이 하나 수록돼 있는데, 그것은 비젠탈의 착오였다.

아이히만의 진짜 사진을 최초로 실은 것은 레온 폴리아코프가 1949년에 저술한 인물 품평기 「아이히만 또는 칼리굴라의 꿈」이었다.[9] 프랑스어로 쓰여 있어 독일에서는 반향을 일으키지 못했다. 놀라운 것은 아이히만이 광기와 파괴적인 유대인 증오에 빠진 그 로마 황제에 자신이 견주어진다는 것을 알고 있었으며 대화 상대에 따라 그에 대해 화를 내거나 우쭐거렸다는 사실이다. 폴리아코프는 아이히만이 사로나 출생이라는 얘기는 사실이 아니라고 반박했으며 뉘른베르크 주요 범죄자 재판의 증언과 자료들을 활용했을 뿐만 아니라 무엇보다 아이히만의 사진을—물론 아직 친위대에서 경력을 쌓기 전의 사진이었지만—처음으로 실어 그의 외모를 공개했다. 제복 차림은 아니지만 건방진 포즈를 취하고 몽상에 잠겨 있는 사진 속 청년의 얼굴은 그가 이른바 전형적인 유대인 외모를 가졌을 것이라는 추측을 강화했다. 나중에 빌럼 사선이 그 사진에 대해 묻자 아이히만은 조작된 것임이 분명하다고 말했다. 왜냐하면 자신은 사진 속 넥타이를 맨 적이 없을 뿐만 아니라 얼굴 표정도 자신과는 전혀 다르기 때문이라는 것이었다.[10]

아이히만이 남쪽으로 도주했을 것이라는 추측은 실제 근동 지방에서 친위대 대원들이 등장함으로써 신빙성이 높아졌다. 그들은 그곳에서 은신처만이 아니라 새로운 과업을 찾기도 했다. 1948년 여름, 팔레스타인에서 태어났고 한스 아이히만이란 이름을 가진 "아랍에서 활약하는 친위대 장군"에 대한 기사가 처음으로 등장했다.[11] 대서양을 가로지르는 나치 탈출 조직만 존재했던 것이 아니라 근동에도 나치 전력자의 탈출을 돕는 조력자들이 실제로 존재했다.

물론 살아남은 유대인의 관점에서 보면 북부 아프리카에 나치들이 존재한다는 상상은 매우 위협적이었다. 히틀러의 "사막의 여우" 로멜이 군대를 이끌고 예루살렘의 코앞에 닥쳤던 때가 생존 유대인들에게는 아직 생생했기에 아랍과 독일의 동맹은 큰 위협으로 여겨졌다. 지몬 비젠탈은 1948년 바로 그런 두려움 탓에 의도적으로 틀린 정보를 세상에 퍼뜨렸다고 고백했다. 즉 그는 카이로에서 아이히만이 가족들에게 전화를 걸었다고 말했다. 유나이티드 프레스 기자인 친구와 함께 비젠탈은 "아랍인들에게 협력 적임자를 넘겨줄" 때가 왔다고 생각했다. 그 소식은 '라디오 오스트리아'를 통해 이스라엘 언론에 전달되었고 그곳에서 전 세계로 퍼져나가 유대인 측을 위한 선전으로 활용되었다.[12] 그 작전은 전부터 오래 떠돌던 소문들에 의존했다. 그것의 영향은 뉴욕의 『아우프바우』 1948년 8월 27일 자의 한 기사를 통해서도 확인할 수 있다.

카이로의 아이히만

카이로에서 충격적인 사건이 발생하기 전에 이미 빈에서 소식이 날아왔다. 악명 높은 게슈타포 대원 아돌프 카를 아이히만이 이집트로 도주해 위조 신분증과 가명으로 카이로에 살고 있다는 것이었다. 아이히만은 레겐스부르크 근교의 수용소를 탈출해 흔적도 없이 사라졌다. 어느 날 (오버외스트라이히주) 린츠에 사는 아이히만의 가족들은 수배 중인 범죄자인 그 아이히만이 카이로에 체류하고 있는 게 틀림없다는 소식을 들었다.

볼프강 브레톨츠의 보고서에 따르면 (…) 카이로에서 그 충격적인 사건이 벌어진 날 수백 명의 유대인이 살해되었다. 그것은 계획에 따라 진행되었을 뿐 아니라 아주 잘 준비된 포그롬이었다.

아이히만은 그 사건에 개입했을 가능성이 높다. 텔아비브 근교 사로나에서 태어난 아이히만은 아랍어도 유창하게 구사할 뿐만 아니라 아랍 풍속도 잘 안다. 그렇기에 그는 아무 문제 없이 아랍인으로 사칭할 수 있다. 기억을 더듬어보면, 무프티와 히틀러를 애초에 연결해준 사람도 바로 무프티의 오랜 친구 아이히만이었다. 무프티는 카이로에 살고 있으며, 마찬가지로 빈에서 온 소식에 따르면, 다른 옛 게슈타포 대원들에게 숙소를 마련해주고 취업 기회를 제공하고 있다. 카이로는 현재 수많은 나치 전범 수배자의 도피처다.

이디시어와 히브리어를 할 줄 아는 아이히만이 유대인 문제의 "전문가"였음은 잘 알려져 있다. 그는 베를린과 빈, 프라하의 유대인을 수송하는 일을 맡았고 절멸수용소에서 600만 명의 유대인을 살해한 주요 책임자 중 한 명이다.

이런 서술은 피해를 입은 사람들의 흔한 편집증이나 친이스라엘 선전을 넘어서는 어떤 것을 드러내준다. 아이히만이 가짜 흔적으로 그려놓은 도주로를 아이히만의 부하 알로이스 브루너 같은 이들은 실제로 이용했다. 독일에서 건너온 나치들이 이집트에서 수행한 역할은—다시금 아이히만과 연관시켜—1952년부터 독일 언론에서 언급되었고[13] 오늘날에는 부정할 수 없는 사실로 여겨진다.(물론 여전히 연구가 필요한 대목이 있다.) 이와 유사한 주장은 독일과 미국의 첩보 기관의 보고서에서도 발견된다. 아이히만이 이슬람으로 개종했다는 보고도 있었다. 현지의 한 정보원이 역시 수배 중이던 또 다른 나치와 아이히만을 혼동해서 생겨난 일이었다.[14] 그런 추측이 난무한 이유는 단순했다. 누구도 아이히만이 어디에 있는지, 어디로 도망갔는지를 몰랐기 때문이다. 바로 그 점이 상황을 동요시켰다. 아이히만 체포에 대한 관심이 식지 않았기 때문이다. 작은 흔적 하나라도 추적했다. 아이히만은 그중 하나로 추적자의 눈을 아랍 지역으로 돌리게끔 만들어두었다. 아이히만이 추적자들을 의도적으로 틀린 길로 이끌지 않았다면 비젠탈의 카이로 얘기는 그렇게까지 큰 반향을 일으키지 못했을 것이다.

아이히만이 근동 지방으로 도주했을 것이라는 추측은 끈질기게 살아남았다. 그래서 1960년부터 나온 아이히만에 대한 초기 서적들 중 일부도 그 추측을 되풀이했다. 그때부터는 또 다른 종류의 도주 이야기들도 자주 볼 수 있었다. 이를테면 아이히만은 1948년 이미 독일을 떠나 스페인이나 근동 지방에 머물다가 마지막으로 아르헨티나에 갔다는 식의 이야기다. 1959년 독일 기자 한스 바이벨-알트마이어에게 대량학살자 알로이스 브루너와 아돌프 아이히만을 "팔겠다"는 제안이 들어왔다. 그 기자는 아민 알후세이니와 사진을 찍고 인터뷰도 했다. 바이벨-알트마이어 기자의 보도에 따르면, 알후세이니는 그 둘이 어디에 있는지를 정확히 알고 있다고 주장했다.[15] 쿠엔틴 레이놀즈는 아이히만이 납치된 후, 아이히만이 애초 카를 브링크만이란 이름을 갖고 시리아에 거주하는 알로이스 브루너와 발터 라우프에게 숨어 있다가 레바논과 이라크, 이집트와 요르단, 북아프리카와 사우디아라비아를 여행했다는 소문을 기록했다.[16] 소문에 따르면, 아이히만은 그 후에야 비로소 스페인과 제노바를 거쳐 아르헨티나로 갔다. 그런 얘기들은 사실이 아닌 게 분명했는데도 나치 체제에서 박해를 받아 트라우마를 겪는 사람만 그런 얘기를 믿었던 것은 아니다.[17]

아이히만의 도주와 관련된 여러 얘기에는 오류가 넘쳤지만 긍정적인 측면도 있었다. 즉 궁극적으로 보면, 그런 가짜 흔적도 아이히만의 종말에 공헌했다. 1959년 말 결국 나치 추적자들이 아이히만의 진짜 은신처를 찾아내고 아르헨티나에서 납치를 준비하고 있을 때 무엇보다 신경 써야 했던 것은 아이히만과 그의 친구들로 하여금 안전하다고 느끼도록 만드는 것이었다. 당시 아이히만 추적에 매달렸던 서독 헤센주 검찰총장 프리츠 바우어와 이스라엘의 동료들은 그 긴박한 국면에서 오래된 소문들을 활용했다. 그들은 아이히만이 쿠웨이트에 숨어 있을 것이라는 신문 기사가 나오도록 만들었다. 아이히만이 유포한 거짓말을 이용해 아이히만을 잡는 작전은 실제로 효과를 발휘했다.

물론 종전 후 첫 5년 동안 아이히만의 흔적은 어디서도 찾을 수 없었다. 아이히만에게 복수하고자 하는 욕구가 강했던 터라 그가 숨어 있을 가능성이 있는 도피처는 전부 철저히 조사했다. 유대인 복수 특공대는 처형 명부를 작성해 고통 가해자들을 추적했다. 복수 특공대 대원들과 대화했던 톰 세게브는 다음과 같이 상황을 정리해 주었다. "복수 특공대의 방법은 간단했어요. 그들은 영국 헌병의 군복을 입고 지프차를 타고 처형 대상자의 집 앞에 나타나요. 이때 차 번호판에는 진흙을 잔뜩 묻혀 읽을 수 없게 만들어놓죠. 그들은 문을 두드리고는 그들이 찾는 인물인지를 확인한 뒤 관례적인 일이니 같이 좀 가자고 요청해요. 거부하는 사람은 별로 없어요. 그들은 그 처형 대상자를 데리고 미리 정해진 장소로 가서 확인한 뒤 쏴 죽이죠."[18]

아이히만은 당연히 그 처형 명부에 올라 있었다. 다비드 벤구리온, 모셰 다얀과 절친한 사이인 이스라엘 작가 미카엘 바르-조하르는 이미 1966년 11월에 아이히만을 추적했던 부대의 대장과 대화할 수 있었다. 베라 아이히만을 감시하던 부대원들에게 눈에 띈 것은 그가 더러 시동생과 함께 집에서 꽤 떨어져 있는 별장에 다녀온다는 사실이었다. 그들은 두 사람을 뒤쫓아 그 집을 살폈다. 이상하게도 그곳에는 네 명의 남자가 빛을 피해 살고 있었다. 네 남자는 밤에만 돌아다녔고 극히 비밀리에 먹을 것을 받고 있었다. 어느 날 밤 감시팀이 그중 한 명을 아이히만으로 여겨 그가 산책하고 있을 때 자신들은 팔레스타인에서 왔다며 말을 걸었다. 그는 건방진 말투로 "너희는 나한테 어떤 짓도 못 할걸"이라며 응수했다고 한다. 그는 곧장 총을 맞아 치명상을 입었다.[19] 몇 년 뒤 톰 세게브는 그 팀의 일원이었던 시몬 아비단을 인터뷰했다. 아비단은 당시 모두가 아이히만을 잡았다고 믿었지만 자신은 처음부터 확신하지 않았다고 말했다.[20] 아이히만은 사건이 있고 몇 년 뒤 오스트리아에서 발간된 한 신문에서 그 얘기를 접했다. 그 후 그것을 언급할 때 그는 늘 이상할 정도로 뿌듯해했다.

아르헨티나는 일시적으로나마 아이히만에게 안전한 곳이었다. 우선 은신처를 영리하게 잘 골라서 상당 기간 발각될 위험이 없었다. 게다가 아돌프 아이히만이 어둠 속에서 장기간 지낼 수 있으리라고는 누구도 상상하지 못했다. 권력을 한창 과시할 때 그를 만난 동료와 피해자들은 그를 민첩하고 오만하며 야심 많은 인물로 기억했다. 그런 그라면 당연히 새 "과업"을 찾을 것이라고 여겨졌다. 익명으로 조용히 사는 삶은 그의 본성에 맞지 않기 때문이다. 특히 아이히만이 나치즘 세계관을 대변하며 보였던 격정은 그가 고요히 새로운 시대의 법질서에 적응하며 살 거란 생각을 하지 못하게 만들었다. 아이히만의 자기과시와 행동 욕구는 많은 사람의 기억에 강렬히 남았다. 그렇기에 1946년 이후 아이히만은 사람들이 이미 잘 아는 자기 외모를 성형수술로 바꿔 아무도 모르게 다시 영향력 있는 지위를 차지하고 있을 거라는 소문이 퍼졌다.[21] 특히 젊은 시절 오토바이 사고로 생긴 왼쪽 눈 위의 흉터는[22] 그런 판타지를 조장했다.[23] 사람들은 아이히만이 지하에서 사는 데 만족할 가능성은 없다고 봤다. 지배 인종의 일원으로 인간의 경계를 넘어버린 사람이 어떻게 작은 장소에서 무명의 존재로 사는 데 만족할 수 있을까? 아돌프 아이히만이란 사람이 기괴한 이상을 위해 싸우는 일을 정말로 중단할 수 있을까? 아이히만 추적이 초기에 엉뚱한 길로 빠졌지만 추적자들은 바로 그런 의문을 계속 갖고 있었다. 아이히만은 그럴 가능성이 없었다. 1945년 이후 아이히만 스스로도 그 질문이 가장 곤혹스러웠다. 1961년 이스라엘의 감옥에서 자문했을 때 그의 대답은 명료했다. 그는 "익명으로 살아야 했기에 정신적으로 힘들었"다.[24]

3장

아르헨티나의 아이히만

베라, 이런 식으로 생각해봐.
전쟁 통에 내가 폭탄에 맞았다면 어떻게 됐을까?
그렇게 생각하면, 사실 운명은 우리가 몇 년을 더 함께 살도록 해준 셈이야.
우리는 운명에 고마워해야 해.

—1962년 5월 31일 아돌프 아이히만이 아내에게 보낸 작별 편지

1

"약속의 땅"에서의 삶

1950년 7월 14일 조반나 C 호는 독일에서 화물을 싣고 부에노스아이레스 항구에 도착했다. 아돌프 아이히만은 아르헨티나 땅에 첫발을 디뎠다. 몇 년 뒤 아이히만은 그때의 느낌을 다음과 같이 옮겼다. "심장이 터질 듯이 좋았다. 누군가 나를 고발할지 모른다는 두려움이 사라졌다. 나는 이제 안전해졌다."(「나의 도주」 22쪽) 아이히만이 당시 상황에 대해 쓴 글을 읽으면 낯선 땅에 처음으로 들어왔다기보다는 오히려 잃어버린 아들이 고향으로 돌아온 듯한 인상을 받는다. 다른 이민자들은—특히 위조 여권을 갖고 여행하는 이들은—불안해하거나 기껏해야 호기심 어린 기대 정도만 가질 수밖에 없었는데, 아이히만의 회고에서는 그런 느낌이 전혀 없다. 그토록 편한 감정을 가질 수 있었던 것은 그가 옛 동지들과 함께 입항했을 뿐만 아니라 항구에 또 다른 조력자들이 마중을 나온 데 더해 곧장 독일 망명자 출신 이주민 사회가 그를 품었기 때문이다. 아이히만의 첫 숙소는 나치들이 아르헨티나로 탈출할 때 흔히 묵는 여관이었다. 8월 3일 아이히만은 신분증명서를 제출해 아르헨티나 주민증을 신청했다. 증명서에 따르면 그는 원래보다 일곱 살 어렸고 이름은 C를 스페인어식으로 바꿔 리카르도 클레멘트Richardo Klement였다. 그는 이제 1913년 5월 23일 보젠 출생으로 미혼이며, 종교는 가톨릭, 직업은 기술자로서 무국적자였다. 탈출 거간꾼으로 일하며 1948년 아이히만에게 증명서들을 마련해주었던 독일계 아르헨티나인 호르스트 카를로스 풀드너는 곧 아이히만에게 인기 주거지인 플로리다구에 소재한 집을 중개해주었다. 아이히만은 또 한 명의 새 이주민인 페르난도 아이플러와 함께 그곳에 입주했다. 아이히만은 주물 공장에 임시 고용되었지만 생계가 어렵지는 않았다. 아이히만의 직장 상사는 기술자 경력의 독일계 이주민이었다. 그 직장 상사는 전쟁 때 수용소 건물과 절멸 기구 설치를 주관했던 친위대 대장 한스 카믈러 밑에서 십장으로 일했다.[1] 그는 아이히만에게 고용 기간을 늘려주겠다고 약속했다. 물론 아이히만은 다른 독일 탈출자들과 마찬가지로 더 나은 일자리를 기대했다. 나중에 아이히만은 다음과 같이 말했다. "어느 날 무장 친위대 소령 경력을 가진 사람이 나한테 찾아와 '조직'이 나를 위해 일자리를 마련했다고 말했다. 아르헨티나 북부 안데스산맥 기슭 투쿠만시에 있는, 아르헨티나인과 독일인들이 함께 경영하는 신설 회사가 전기 공급용 수력발전소를 세울 것이라고 말했다. 내게 총무부 조직운영과를 맡아서 일하면 어떻겠냐고 물었다."(「나의 도주」 23쪽) 그 회사는 CAPRI(Compañía Argentina para Proyectos y Realizaciones Industriales: 산업프로젝트수행 아르헨티나협회)였다. CAPRI는 아이히만이 아르헨티나에 도착하기 일주일 전에 회사 등록 절차를 마쳤다. 우키 고니가 밝혔듯이, 아르헨티나인들은 그것을 "CAPRI-피셔만"이라 불렀고, 약칭 CAPRI를 갖고 '신독일이주민협회Compañía Alemana Para Reciên Immigrados'라고 부르며 놀렸다.[2] 그 협회는 사실 '제3제국' 테크노크라트들을 숨겨주기 위한 회사였고 페론의 후원을 받았다. 또 수력발전소 건설을 위해 정부가 막대한 돈을 투자했기에 유지되었고, 새로 이주해온 사람들을 고용하기 위한 장치이기도 했다. 수력발전 업무를 수행할 자격을 가진 직원은 소수에 불과했다.[3]

아이히만은 측량반에서 일했다. 그 후 여러 해에 걸쳐 회사는 투쿠만 주변 지역에서 300명의 직원을 고용해 그 사업을 진행했다. 투쿠만은 지리적으로 적절했다. 게다가 투쿠만은 1955년까지 페론당 당원 페르난도 리에라와 루이스 크루즈가 집권했던 곳이다. 당시 인구 70만 명을 웃돌았던 투쿠만은 아르헨티나 서북부에 위치해 안데스산맥 동쪽 끝자락까지 연결되어 있다. 그곳은 사바나 지역 같은 소안데스 산악지대에서 시작해 언덕과 산들이 계속 펼쳐진다. 여름 섭씨 25도, 겨울 섭씨 14도의 아열대성 기후를 빼면 아이히만에게 오스트리아를 떠올리게 하는 것들이 꽤 있었다. 하지만 린츠에서 가족과 함께 살았을 때와 비교하면 생활 수준은 변변치 않았다. 그때까지 투쿠만은 주로 사탕수수 재배로 먹고살았다. 수력발전소가 건설되면 그 지역은 최신 기술의 혜택을 누릴 수 있었다. 그곳의 삶은 소박했지만 그렇다고 불편하지는 않았다. 처음에 아이히만은 CAPRI 사업 사무소가 있는 남부 지방 라코차의 숙소에서 살았다. 회사는 그를 위해 집을 마련해주었고 두 명의 집 관리인을 붙여주었다.[4] 그곳에 산다고 해서 고립된 것은 아니었다. 1만2000킬로미터 떨어진 수도를 오가는 것도 새로운 삶의 일부였기 때문이다. 부에노스아이레스에 머물 때면 아이히만은 아베니다 데 코르도바 374번지의 사무실에 따로 집무용 책상을 두었다. 같은 건물 한 층 위에는 한스 피슈뵈크가 근무했다. 그는 옛 친위대 소장으로 나치 시기에 오스트리아 재정부 장관직을 수행하며 유대인 재산의 조직적 약탈에 적극 가담했던 인물이다.[5] 그 밖에도 아이히만은 우리가 지금 알고 있는 것보다 훨씬 더 많은 수의 옛 지인을 거기서 재회했을 것이다. 이를테면 베르톨트 하일리히는 힘러의 참모장 출신으로서 아르헨티나에 거주하는 나치들 중 최고위 경력자였던 루돌프 폰 알펜슬레벤과 전쟁 때 리가 게토의 책임자였던 에두아르트 로시만에게 도움을 요청했다. 얼마 뒤 그는 카를 클링겐푸스의 소개로 CAPRI에 취직할 수 있었다.[6] 어떻게 하면 삶에 도움이 될 사람을 만날 수 있는지는 이주민들에게 잘 알려져 있었다. 1967년까지 독일-아르헨티나 상공회의소 사무총장이었던 클링겐푸스는 나치 시기 외무부의 '유대인과'에서 근무했다. 사선 서클에서 아이히만은 그를 "(에버하르트 폰) 타덴의 대리자"라고 불렀다.[7] 클링겐푸스는 벨기에 유대인 1만 명의 수송에 가담했다. 물론 그는 나중에 그런 일에 연루되지 않으려고 바로 전근을 신청했다고 주장한다. 클링겐푸스는 요한 폰 레어스와도 친했고 아돌프 아이히만이 누구인지 알고 있을 뿐만 아니라

얼굴도 기억했다.[8]

그 외에도 아이히만은 나중에 사선 서클을 통해 1952년 부에노스아이레스에서 과거 아끼던 부관 에리히 라자코비치와 재회했다고 말했다. 아이히만은 라자코비치를 1938년 빈의 중앙사무소에 데려왔다. 아이히만이 보기에 그는 변호사로서 유대인 여권 장사에 수완을 발휘했기에 자기 부처에 딱 맞는 친위대 대원이었다.[9] 아이히만의 눈은 정확했다. 라자코비치는 아이히만의 "유대인 문제 부관"으로서 네덜란드에서 10만 명의 유대인을 "성공적"으로 수송하는 데 큰 역할을 했다. 부에노스아이레스의 거리에서는 독일어를 쓰는 사람을 적잖이 볼 수 있었다.[10]

아이히만은 투쿠만에서도 옛 동지와 동료의 지인들을 만났다. 투쿠만 사업의 연구 책임자인 아르민 쇼클리치는 과거 그라츠의 공업전문학교 교장을 역임한 친위대 대원이자 보안국 정보원이었다. 쇼클리치는 그새 다시 민간 연구원이 되어 있었다. 그처럼 슈타이어마르크에서 도주해온 이들이 더 있었다. 과거 그 군관구 지도부의 일원이었던 사람들도 더러 투쿠만에 살았다. 브라운슈바이크의 나치스 군관구장이었던 베르톨트 하일리히와 몇몇 친위대 대원도 그곳에 거점을 마련했다.[11] 하일리히의 자녀들은 아버지가 가끔 같이 술 마시며 이야기 나누던 아이히만을 아직도 기억한다. 하일리히는 CAPRI 사에서 아이히만만큼 좋은 직위를 갖지는 못했다.[12] 린츠 군관구장의 참모 경력을 보유한 헤르베르트 하겔도 같은 직장에 근무했다. 그는 1944~1945년 헝가리 유대인에게서 강탈한 귀중품을 알타우제로 수송하는 일에 가담했다. 1999년 하겔은 한 인터뷰에서 투쿠만 시절 아이히만에게 유대인 살해의 실제 수치를 물어본 적이 있는데 그가 "얼마나 죽었는지 잘 몰라요. 기껏해야 50만 정도일 거예요"라고 답했다고 전했다.[13]

그 이야기에서 흥미로운 점은 거짓말로 댄 숫자가 아니라 다른 것이다. 당시 아이히만은 자기 정체를 편히 밝히며 살았다는 사실이다. 그렇게 할 수 있었던 것은 주변 사람들이 그에 대해 이미 잘 알고 있었기 때문이다. 하겔 같은 이는 아이히만이 누구인지 정확히 알고 있었다. 즉 그는 유대인 절멸과 희생자 숫자를 정확히 파악하려면 누구보다 아이히만에게 물어야 한다는 것을 알았다. 살해자 수를 알 만한 내부 생존자가 온다는 소문은 아이히만이 도착하기 전부터 돌았다. 또 다른 CAPRI 직원 하인츠 뤼르는 아마도 나치 독일의 인물들에 대해 잘 몰랐던 것 같다. 그는 투쿠만의 CAPRI 공동체를 "모두가 과거를 숨기는" 곳이라고 봤다. 그는 호기심이 생겼다. 아이히만이 조심스러워했지만 그는 아이히만에게 질문을 퍼부었다. 그러자 쇼클리치의 부인이 그를 옆으로 데려가 "뤼르 씨, 옛일은 그냥 좀 내버려두세요. 그분은 살면서 힘든 일을 겪었어요"라며 말렸다.[14] 혼자서 온전히 과거를 숨길 수는 없었다. 멋모른 채 알려고 덤비는 이들로부터 눈치껏 서로를 보호할 필요가 있었다. CAPRI는 궁지에 몰린 대량학살자에게 이상적인 퇴각로였다.

아이히만과 함께 배를 타고 건너온 헤르베르트 쿨만은 사업 장비 관리인으로 일하며 회사에서 빠르게 진급했다. 하지만 아이히만은 수위水位를 올리는 일을 맡아 일군의 사람들과 말을 타고 상당한 거리를 다녀야 했다. 항상 사진기를 걸치고 다녀야 했기에 사진 찍히기를 꺼리는 아이히만의 습관도 어느덧 사라졌다. "투쿠만에 살 때는 행복했다. 내가 가장 좋아하던 일 중 하나인 승마를 할 기회도 있었다. 말안장에 앉아 여러 시간 돌아다녔다."(「나의 도주」 24쪽) 아이히만은 시골에서 케이블카를 타거나 말을 타고 다니며 편히 지냈다. 그는 판초를 걸치고 동료들과 어울려 다녔으며, 아르헨티나 최고봉 너머의 능선을 따라 등산했고 비 오는 날에도 함께 일했다. 화창한 날이면 그는 흰옷을 입은 채 백마를 타고 다녔다. 마치 담배 광고 같은 장면이었다. 아이히만은 발각될지 모른다는 그동안의 오랜 두려움을 아르헨티나에서 떨쳐냈다. 새 삶이 마음에 들었고 주변 사람들로부터 인정을 받아 더욱 기분이 좋았다.

"관리 전문가라는 지위"는 지형을 측량할 때 일꾼들을 이끌 뿐 아니라 정기적으로 투쿠만대학을 방문하는 일을 뜻하기도 했다. 그곳에도 도주해온 옛 동료들이 있었다. 그들은 아이히만보다 더 나은 자격을 보유한 사람들이었다. 아이히만은 거기서 사람을 새로 사귀기도 했다. 이를테면 호세 다르마닌이라는 대학교수가 대표적이다.[15] 그는 1993년에도 아이히만을 잘 기억했다. 그에 따르면, 아이히만은 당시 동료였던 쇼클리치를 정기적으로 방문해 측량 결과를 전달했으며 세상사에 대해 "프랑스어로도 말을 잘하던" 사람이었다. 아이히만은 사람들을 자기편으로 끌어들이며 신통찮은 외국어 실력으로 효과를 내는 능력을 잃지 않았다. 사실 그는 학창 시절 잠시 프랑스어를 배웠고 그저 단어 몇 마디만 말할 줄 알았을 뿐이다.[16] 물론 그 정도 능력이라도 그가 스페인어를 부지런히 배우는 데 분명 도움이 되긴 했다. 어쨌든 그는 여러 이유로 아르헨티나

생활에 빨리 적응하고 싶었다. 그 결과 1950년 10월 2일 아이히만은—다시금 "내 친구들"의 도움으로—아르헨티나 신분증과 무기한 체류 허가증을 받았다.[17] 아이히만은 아르헨티나의 환대에 크게 감동했다. 나치로서는 외부인을 그렇게 응대하는 것이 낯설었기 때문이다.

리카르도 삼촌의 크리스마스 카드

옛 친구와 새 친구, 새 신분, 직장과 돈 등 모든 것이 갖추어졌다. 이제 옛 삶을 되찾기 위해 앞으로 나아갈 조건이 다 확보되었다. 아이히만은 투쿠만에서 새집을 구하며 오스트리아로 편지를 보냈다. "내 조국의 알프스산맥 자락 호수 마을에서 아내와 세 아들과 이별한 지도 6년이 흘렀다. 내 은신처를 찾기 위해 가족을 감시하고 있으리라는 사실은 잊지 않았다. 하지만 점차 가족과 연락을 취해도 되지 않을까 하는 생각이 들었다. '조직'이 만든 연결 통로로 아내와 편지를 교환할 수 있었다. 1952년 부에노스아이레스의 옛 나치들은 독일 내 거점을 통해 내 아내에게 아르헨티나로 올 수 있는 돈을 전달해주었다."(「나의 도주」 25쪽)

아이히만은 나중에 이스라엘에서 쓴 글에서 간단히 연락을 주고받는 관계를 넘는 차원의 광범위한 네트워크가 존재했다는 사실을 암시했다. 독일에서 탈출한 사람이 너무 많아 단순한 연락 사무소를 넘어 자체 여행사와 환전 업무, 독자적인 사회안전망과 신분증 관련 문제 해결을 위한 대행사 등도 갖추어져 있었다.

난민 이주를 돕는 일은 아르헨티나에서 수지맞는 사업이었다. 몇몇 독일 이주민은 그것으로 주로 돈을 벌어 생계를 유지했다. 한스-울리히 루델은 히틀러가 수여하는 가장 큰 명예인 기사 철십자 표창을 받은 공군 조종사로서 국제적으로도 명성을 날렸다. 루델도 1948년 6월 부에노스아이레스에 도착하자마자 그 사업에 뛰어들었다. 루델은 콘스탄틴 폰 노이라트와 함께 전쟁에서 참패해 나락으로 떨어진 이들의 생존을 위한 긴급 부조 기금 법인인 "동지회"를 설립했다. 콘스탄틴 폰 노이라트는 법학 박사였고 그의 아버지는 뉘른베르크에서 전범으로 유죄 선고를 받은 나치 시기 외무부 장관인 같은 이름의 콘스탄틴 폰 노이라트였다. 소포 송부와 돈 전달과 사법 대리 업무는 동지회의 주요 활동이었다. 루델은 아르헨티나 대통령 페론과 친했고 공군 무기 전문가로 존중받았기에 그 일을 하기가 수월했다. 그는 아르헨티나 정부로부터 사업 수행 용역을 받았고 무기 수입 허가권을 얻었다. 노이라트는 지멘스 아르헨티나 지사장으로까지 출세했으며 지위를 이용해 동지들을 도왔다.[18] 다른 동지들도 연락을 대신해주거나 성금을 모아주었다.

루델은 아르헨티나에서 독일인 네트워크를 가장 성공적으로 조직한 독일인인 뒤러 가족들과도 만났다. 그곳에서는 1921년 부에노스아이레스에서 태어난 독일계 에버하르트 루트비히 체자어 프리치의 주도로 여러 활동이 펼쳐졌다. 프리치는 과격한 나치였지만 나치즘의 흥망을 아르헨티나에서 지켜보기만 해서 신념을 범죄로 옮길 기회가 없었다. 그는 독일에 딱 한 번, 즉 아직 히틀러 독일이 참신하고 개방적인 외양을 과시하고자 했을 때인 1935년 베를린 근교에 텐트를 치고 진행된 "히틀러 소년단 세계 대회"에 참석차 다녀갔을 뿐이다.[19] 히틀러 소년단 아르헨티나 지부의 열네 살짜리 단장은 그 행사에서 몹시 벅찬 감동을 받았다. 하지만 프리치는 참전하는 대신 세계 저편에서 학업을 이수해 프레데리코스 학교에서 독일어 교사로 근무했다. 게다가 그는 청소년 잡지의 편집인이 되어 경력을 쌓은 뒤 1946년 뒤러사를 설립했다.[20] 그는 은행가의 도움을 받아 독일 서점 한 군데로부터 책을 사들였고 도서관과 고서점 및 예술품 가게를 아우르는 사업을 시작했다.[21] 특히 그것은 향수에 빠진 채 서로 엉켜 있던 옛 나치들에게 이상적인 비밀 회합 장소가 되었다.

프리치는 출판사를 차려 활동을 강화했다. 뒤러출판사는 갓 들어온 이주민들의 접촉 거점이 되었다. 심지어 일부는 출판사에 직원으로 고용된 뒤 일을 하다 더 나은 직장을 찾아 나갈 수도 있었다. 농업 박사 학위를 보유한 한스 헤펠만은 과거 아동-안락사 담당 기구의 일원으로서 "정신병자"를 분류하는 소위원회의 사무국장이었다. 그는 나중에 재판을 받으면서 아주 우연히 그 출판사를 알게 되었으며 그곳에서 "전후 전 세계에서 존재했거나 존재했을 만한 가장 추악하고도 끔찍한 책"의 출판 업무를 맡았다고 밝혔다. 그 얼마 뒤 게르하르트 보네가 그곳을 찾아와 편집인으로 일하게 된 것도 분명 우연이었다. 보네는 헤펠만 주관의 소위원회가 치료와 보호 기관으로 이송하도록 분류한 7만 명의 사람을 살해하는 일을 수행하는 T4 작전 중앙업무국의 사무국장이었다.[22] 세상은 참 좁았다.

독일을 떠나야만 했던 범죄자들만 프리치를 찾아온 것이 아니

NEVER
FORGET
ADOLF EICHMANN (1906–1962) was head of the Judenreferat (Department for Jewish Affairs) IV B 4 of the Reichssicherheitshauptamt (Reich Security Main Office) during the Second World War. He was a leading figure in the mass murder of European Jews. The deportation of Jews to the death camps was centrally organized from his office at Kurfürstenstraße 115/116. Eichmann fled to Argentina after the war. In 1961 his trial in Jerusalem attracted worldwide attention. He was sentenced to death and executed on May 31, 1962.
Adolf Eichmann on trial in Jerusalem, 1961.
Adolf Eichmann, SS-Obersturmbannführer, 1941/42.

에라스뮈스는 루터와 정반대 인물이었습니다. 루터가 확신의 신학자였다면 에라스뮈스는 대의를 의심하고 도그마를 경계한 사람이었습니다. 사회는 보통 루터와 같은 자가 이끌고 군중도 그를 뒤쫓습니다. 반면 심연을 들여다보는 일은 에라스뮈스와 같은 이가 역사의 가장자리에서 수행합니다.

이념의 방향과 무관하게 확신이 넘치는 사회는 숫자와 깔끔한 도식이 지배합니다. 하지만 진실의 표식은 바로 애매성에 있지요. “어슴푸레한 새벽의 넝마주이”처럼 이야기의 조각과 사회의 공기를 수집하는 사람이 진실에 더 가까이 있습니다. 그러니 히틀러가 힘을 떨친 20세기는 진실에서 가장 먼 시대일 것입니다.

나치즘을 추종한 아이히만 역시 유대인 절멸을 주장하는 흔들림 없는 신념의 소유자였습니다. 유대인을 600만 명이나 죽이고도 목표했던 나머지 430만 명을 처분하지 못하자 그는 세상이 순백의 극우 이념으로 채색되지 못한 것을 통탄합니다. 이런 아이히만은 그러나 놀랍게도 칸트의 열혈 독자였습니다. 니체와 스피노자도 읽었지요. 외부에서 흘러드는 사상은 보통 자아 내면의 구획들을 흩뜨려 사고체계와 정서를 재배치합니다. 하지만 아이히만에게 읽고 쓰는 행위는 그의 뇌 속 칸막이를 제거하지 못했고, 더 딱딱해지게 만들었습니다. 결국 다독과 다작으로 쌓아올린 그의 삶은 경직 속에서 부패해갑니다. 그 문자들이 피워올리는 냄새는 지금까지 풍기고 있습니다.

내가 쓴 글을 타인의 눈으로 살피지 않는 저자라면 타락의 세계에 점점 가까워질 것입니다. 독자라는 미지의 영역에 다가가려고 쭈뼛대는 저자만이 스스로를 교정할 수 있습니다. 『예루살렘 이전의 아이히만』은 아이히만을 전적으로 새롭게 읽도록 하는 한편, 독서와 글쓰기를 근원부터 되돌아보도록 촉구합니다.

_『예루살렘 이전의 아이히만』 편집자 이은혜 드림

다. 프리치는 나치 범죄의 단순 가담자들 중 이미 명성을 떨친 극우 성향의 작가들도 찾았다. 그들은 독일에 거주할 순 있어도 더 이상 글을 출판할 기회가 없었다. 프리치의 방법은 간단했다. 글 투고를 요청하는 편지를 그들에게 보냈다. 현재 독일 문서고에 소장된 그 시대착오적인 인물들의 유고에서 프리치의 편지를 적잖이 발견할 수 있다. 프리치는 자신을 정치적 야망을 지닌 그룹의 대표로 소개하며 관심을 유발했다. 그는 "독일 민족성"을 지킬 탁월한 저자들을 출판사로 끌어올 요량이었다. 프리치는 "훌륭했던 옛 저명인사들 중 오늘날 발언할 수 있는 이가 거의 없습니다. 그들을 다시 등장시키는 것이 매우 중요합니다"라며 부추겼다.[23] 그는 앞선 편지의 수신자들이 당신들을 추천했다는 식의 수법을 쓰며 그들의 호기심을 자극했다.[24] 베르너 보이멜부르크는 과거 동료였던 한스 그림(『공간 없는 민족』의 기고자)에게 프리치가 누구냐고 물었다. 그림은 "프리치를 포함해 독일 바깥에 있는 저 사람들은 당원으로 일한 적이 없지만 기개 있는 재외 독일인입니다"라고 답했다.[25] 프리치는 점차 그들에게 중요한 중개자가 되었다. 프리치는 연락처를 많이 확보했다. 특히 프리치는 잡지 『길』을 통해 그들을 끌어들였다. 1940년대 말 서독 언론은 『길』 때문에 아르헨티나에서 나치 세력이 강력해져 제4제국이 등장할지 모른다고 우려하기도 했다. 신념이 투철한 나치들은 그 저속한 잡지에 금세 매료되었다. 『길』은 끔찍하기 이를 데 없는 인종 이론을 포함한 나치 이데올로기와 철십자 문양의 깔개 같은 감상적 통속성과 게르만 낭만주의가 뒤섞인 나치 시절에 대한 향수로 가득했다.[26]

극우 저술가들은 『길』에 기고하려고 혈안이었다. 뒤러출판사의 저자 중 한 명이었지만 『길』에 진입하지는 못한 빌프레트 폰 오벤은 "수준 높고 세계적 명망을 지닌 그 네오나치 잡지"에 열광하면서 동시에 다음과 같이 안타까워했다. "기고자 중 주요 인물로는 베르너 보이멜부르크, 한스 프리드리히 블룬크, 헤르베르트 뵈네, 한스 그림, 스벤 헤딘, 미르코 옐루지히, 한나 라이치, 빌 베스퍼, 안톤 치시카 등을 들 수 있다. 누가 저 저명인사들과 함께하지 않으려 하겠는가. 하지만 나는 그 제3제국의 문예계에 진입하는 데 성공하지 못했다."[27] 아이히만이라면 성공 가능성이 높았다.

프리치는 우파 민족주의 성향을 띠었기에 흡인력을 발휘하기도 했지만 그가 극우 저술가들에게 흥미로운 인물이 된 더 분명한 이유가 있다. 프리치는 원고에 대한 대가를 지불했다. 프리치는 이미 극우 저술가들에게 편지로 투고를 문의하면서 대개 "작은 선물" 꾸러미를 함께 보냈다. 뒤러출판사가 해외에 거주하는 기고자들에게 돈이 아니라 생필품 소포로 원고료를 지불하자 기고자들은 오히려 환영했다. 사실 그들은 나치 잡지에 글 쓰는 것 말고는 다른 생계 방편을 갖지 못했는데 강의와 출판이 금지되자 문자 그대로 뭘 먹고 살아야 할지 모르는 형편이었기 때문이다. 오데사가 막강할 것이라는 소문이 있었지만 사실이 아니었다. 실제 배불리 먹을 것을 제공한 것은 EROS 기증품부의 식품 소포였다.[28]

애초 프리치는 바젤 소재 구호 기관 팍스와 카리타스, 그리고 기독교 구호소를 통해 소포를 보냈다. 그 후 프리치의 회사는 부에노스아이레스의 680 레콘키스타에 따로 사무실을 마련했다. EROS 여행사무소가 CAPRI와 호르스트 카를로스 풀드너의 은행이 위치한 지역에 개소된 것은 우연이 아니었다. EROS가 "나치 대행소"로 알려진 데에는 그럴 만한 이유가 있었다.[29] EROS 운영자는 하이너 코른이었다. 그는 아르헨티나 나치스의 해외 조직 지도부에 참여했다. 그는 초대 조직 부장이 되었고 이게파르벤(1920년대~1940년대 독일에 존재한 염색 · 화학공업 기업 집단. 20세기 초 유럽 최대의 화학 회사였지만 동시에 나치의 홀로코스트에 적극 협조한 것으로도 악명 높았다—옮긴이)의 아르헨티나 지사 사장인 하인리히 폴베르크의 후임자가 되었다.[30] 그들은 『길』에 광고를 실었다. 프리치와 코른은 나치 조직에서 같이 일하며 만나 서로를 내밀한 동지로 여겼다. 코른은 말년에 회사 운영을 책임지면서[31] 은행과 자금 이체 기관, 구호소와 여행사 및 문화원을 결합한 활동을 이끌었다. 그 활동은 유연하고 즉흥적으로 이루어졌다. 자선 단체로 등록된 구호품 제공소의 본부는 뒤셀도르프에 소재했지만 스위스에도 사무소가 따로 있었다. 스위스 사무소는 잡지 원고와 발간물이 오가는 곳이었다.[32] 프리치는 스위스 사무소를 통해 저자들에게 답례품을 제공할 수 있었다. 이를테면 그는 그들에게 커피나 카카오, 통조림과 기름, 초콜릿같이 인기 있는 생필품들에 더해 가죽 신발과 양복도 공급해주었다. 그는 현금을 전달할 수 있는 연결망도 보유했으며 정기 구독자들은 저자들의 은행 구좌에 직접 입금할 수도 있었다. 때로 그 과정에서 예상치 못한 비용이 발생했기에 불평이 일기도 했지만 뒤러출판사의 프리랜서 작가들은 출판사에 감사 인사를 많이 보냈다. 물론 가장 탁월한 그 나치들에게서도 곤경에 처한 사람들을 이용해 이익을 챙기는 사건들이 일어나기도 했다.

아이히만의 새 고향 아르헨티나는 기회의 땅이었다. 『길』은 도피할 수밖에 없는 사람들을 위해 그들에게 필요한 거점들, 이를테면 여행사와 동지회, 법률상담소와 행불자 신고소 등의 안내문을 실었다. 또 부에노스아이레스의 연락 거점, 즉 단골 식당과 독일 제품 특화 가게들도 소개되었는데, 그곳 직원들은 "성실한 독일인"이었다.

프리치는 1948년 네덜란드 출신의 친위대 종군 기자 빌럼 "빔" 사선을 만났다. 그것은 프리치의 사업에서 커다란 행운이었다. 프리치는 사선과 그 가족들에게 집을 임대해주었을 뿐 아니라[33] 사선을 출판사에 고용했다. 사선은 자기과시에 능하며 카리스마 넘치는 인물이었다. 사선은 유럽 땅의 독일인 저자들에게는 없는 능력을 갖고 있었다. 사선은 새롭고 현대적인 문체로 독자들을 매혹할 줄 알았다. 사선은 여러 종류의 가명을 사용하거나 옛 나치 거물들의 대필자로 글을 써서 사실상 혼자 힘으로 뒤러출판사의 간행물 판매 부수를 엄청 올렸다. 한편 당시 사선은 아직 한스-울리히 루델의 운전사로 일하고 있었다. 프리치는 사선에게 의뢰해 루델을 위한 책『그럼에도 불구하고』를 쓰도록 했다. 이로써 삼총사가 탄생했다.[34] 그들은 젊었고 야망이 넘쳤다. 서로 다른 네트워크를 보유했던 루델과 프리치와 사선은 이제 친밀한 동료가 되었다. 그들은 개인적으로 친한 데다 나치의 세계관을 공유했으며 더구나 공동의 이익을 추구했기에 결속력이 강했다. 그 결속은 뒤러출판사 시기를 넘어 오랫동안 지속되었다. 나중에 그들이 함께한 일 중 하나는 아돌프 아이히만의 변호였다.

조종사 영웅 루델은 세계 전역에 탄탄한 네트워크를 가진 인물로서 위기에 빠진 동지들에게 법률 구제를 제공하며 독일과의 연결고리를 만들었다. 출판업자 프리치는 출판사를 통해 교류와 집결의 거점을 제공했다. 사선은 매력적인 글로 나치에 대한 향수를 불러일으켜 나치즘의 부활을 기대하게끔 만들었다. 독일 우파 민족주의 이주민들은 호르스트 카를로스 풀드너에서 페론까지 아르헨티나 최고위층의 지원을 받으며 조직을 키워갔다. 그 후 그들이 정치적 영향력을 과대평가하는 것은 당연했다.

『길』은 1950년에 서독에서 수만 명의 독자를 보유했다. 하지만 1949년에 이미 그 잡지는 배포가 금지되었다. 프리치는 후안 (한스) 말러라는 인물에게 첩보 기관에서 하던 식으로 잡지를 은밀히 배포하도록 맡겼다. 말러는 함부르크 근교 하부르크 출신의 나치로서 원래 이름은 라인하르트 콥스였고 뒤러출판사를 위해 글을 썼다. 공식 우편의 방식이 아니었기에 『길』은 검열받지 않고 계속 무사히 신속하게 배달될 수 있었다. 현재 우리는 독일에 두 곳의 잡지 보급소가 비밀리에 운영되었다는 사실을 알고 있다. 두 운영자 중 한 명은 뤼네부르크에, 다른 한 명은 베르히테스가덴에 살았다.[35] 1953년 서독에 1만6000명, 남아메리카에 2500명의 구독자에게 『길』이 정기 배달되었다. 이로 미루어 우리는 비밀 네트워크가 얼마나 잘 작동했는지를 가늠할 수 있다. 안타깝게도 프리치는 1960년대에 아내에게 수기로 작성된 그 구독자 명부를 불태우도록 했다.[36]

아이히만이 말한 "원형 모임"의 핵심 인물들은 루델의 책 『독일과 아르헨티나 사이에서』를 통해 알 수 있다. "옛 고향과의 연결이"

빈번하고 활발했다. 왜냐하면 "거의 매주 서로 번갈아 유럽 여행을 떠났고 마찬가지로 '독일에서도 같은 정도로 자주 방문객이' 다녀갔기 때문이다".(206쪽) 프리치와 루델은 사람을 잘 다루었다. 그들은 여행객을 설득해 자신들의 짐 이상을 들고 나르도록 했다. 독일로 돌아갈 수 없는 아이히만 같은 이들에게는 EROS 같이 투철한 신념의 동지들과 서신을 전달하려는 의지를 가진 이들이야말로 편지와 돈을 고향으로 안전하게 보내는 유일한 방편이었다. 아이히만도 그 연결망을 활용했다. 그것이 가장 확실한 길이었기 때문이다. 아이히만은 CAPRI와 호르스트 카를로스 풀드너를 위해 일했고, 빌럼 사선도 더러 풀드너를 위해 일했다.[37] 프리치 서클은 그 후 몇 년간 아이히만의 아르헨티나 생활에서 점점 더 중요한 역할을 하게 된다.[38] 서로 깊이 신뢰했기에 1952년 아이히만은 프리치에게 가장 중대한 걱정거리인 가족 문제를 상의했다. 아이히만은 직접 가족과 연락을 취할 필요가 없었다. 독일과 아르헨티나를 연결하는 조직이 많아 아이히만은 그것을 이용했다.

1950년 성탄절 알타우제의 베라 아이히만은 "모두가 사망했다고 생각한 애들 삼촌이 살아 있으며 잘 지내고 있다"는 소식을 접했다.[39] 그때부터 베라 아이히만은 자식들에게 지어낸 이야기를 하기 시작했다. 즉 베라는, 삼촌이 먼 곳에 사는데 그는 엘 브라보라는 이름의 말을 갖고 있으며 자신들이 한번 방문해야 한다고 말했다. 베라에게 편지를 전달한 사람은 린츠에 사는 시아버지였을 것이다. 아돌프 아이히만의 추측대로 베라와 아이들은 늘 감시를 받았다. 디터 비슬리체니와 빌헬름 회틀이 이미 1945년 말 CIC 심문에서 아이히만의 가족이 알타우제에 산다고 밝힌 후부터 베라 아이히만은 가택 수색과 감시 작전에 이골이 났다. 처음에는 그저 연합군이 보낸 이들이었지만 곧 다양한 소속의 수색조들이 잠복했다. 이스라엘의 아셰르 벤 나탄이 보낸 미남 첩보원 헨리크 '마누스' 디아만트는 아이히만의 정부 집에서 아이히만의 사진을 발견했을 뿐 아니라 아이히만의 아내와 아이들에게로도 점차 추적을 좁혀왔다. 1947년경 지몬 비젠탈이 베라 아이히만의 남편 사망 신고를 저지한 뒤 몇 차례나 감시 조치가 이뤄졌다. 베라 가족이 1948년 7월 알타우제군의 작은 면 소재지 피셔른도르프로 이사 간 후에는 몰래 감시하기가 사실상 불가능했다.[40] 1949년 성탄절을 전후한 때의 아이히만 체포 작전도 은밀히 진행되지 못했다. 베라 가족이 사는 마을은 너무 작아 비밀을 유지하기가 어려웠다.[41]

아르헨티나에서 그런 외지로 직접 편지를 보냈다면 경솔한 일이었을 것이다. 형사 발렌틴 타라가 수시로 집배원을 탐문했기 때문이다.[42] 반면 린츠는 눈에 띄지 않게 우편을 배달하기가 수월했다. 아이히만의 부모 집안은 린츠의 번화가에서 전파상을 운영했기 때문이다. 하지만 알타우제의 외지에서는 누구든 낯선 사람이 방문하면 금세 두드러지기 마련이었다. 당시 아이히만의 아버지는 라인란트에 사는 동생에게 아들 아돌프 아이히만이 아르헨티나에 잘 도착했다는 소식을 전달했다. 이로써 보건대, 아르헨티나에서 아돌프 아이히만이 보낸 크리스마스 카드도 린츠에 잘 전해졌을 것임을 알 수 있다.[43]

이번에도 베라 아이히만은 매우 조심했다. 베라 아이히만은 만약에 대비해 아이들에게 진실을 다 알려주지 않았다. 아이들이 낯선 사람들에게 떠벌리고 다닐 수도 있기 때문이었다. 아이들은 엄마한테 자주 "친절한 아저씨들"을 만났다고 말했다. 클라우스 아이히만은 훗날 "그 사람들이 우리한테 초콜릿이랑 껌을 자주 주었죠"라며 기억을 떠올렸다. "그들은 아버지가 어디에 있는지 알려고 했어요."[44] 발렌틴 타라가 아홉 살짜리 아들 디터에게 물었을 때 디터는 뭔지도 모른 채 거짓 정보를 퍼트렸다. 즉 "걔는 저한테 자신들은 북독일로 가고 그곳에서 새집과 아버지를 갖는다고 말했어요. 북독일의 삼촌이 애들 각자에게 말 한 마리씩 줄 거고 자신들은 부자가 될 거라고 말했어요".[45] 베라 아이히만은 여행 준비를 시작했고 아돌프 아이히만은 아내가 필요한 경비와 도움을 받을 수 있도록 조치했다. 특히 베라에게 필요한 것은 신분증이었다. 베라는 다시 시댁의 도움을 받을 수 있었다. 타라 형사는 "린츠에서 전파상을 하는 아이히만의 동생이 자주 방문했다"고 기록했다.[46]

1952년 2월 12일 베라 아이히만은 "거주증명서"를 제출할 수 있었기에 빈 소재 서독 대사관에서 아이들과 자신을 위한 임시 여권을 받았다. 거주증명서는 1930년대까지 독일과 오스트리아에서 일반적으로 적용되었던 국적증명서였고 특정 지역에서 시민권을 가질 수 있음을 보장했다. 거주증명서는 아직까지 독일 국적을 받을 수 있는 증명서로 간주된다.[47] 베라 아이히만은 1935년 아돌프 아이히만과 결혼한 뒤 남편의 출생지인 졸링겐에서 독일 국적을 신청할 권리를 가졌고 아이들도 마찬가지였다. 베라 아이히만은 1952년 1월 2일 쾰른 소재 담당 기관이 발부한 국적증명서를 임시 여권 신청 때 제출했다. 베라가 직접 쾰른에 다녀오지 않았기에 “조직”에서 “서비스” 업무를 대행했다고 볼 수 있다. 1952년 여름 베라와 아이들은 사라졌고 이웃 사람들은 눈치채지 못했다. 나중에 타라 형사는 다음과 같이 보고했다. “아이 엄마 베라는 전출 신고도 안 했고, 생필품 보급 신청도 중단하지 않았으며, 특히 클라우스 아이히만의 학업증명서도 발부받지 않았습니다. 그런 일을 하지 않으면 새 전입 주소를 기재하지 않아도 됐기 때문일 거예요. 집세도 계속 지불했을 정도예요.” 1953년 1월 1일 타라 형사는 상황을 더 소상히 밝혔다. 그는 지몬 비젠탈에게 보낸 편지에 “한 시간 전쯤 저는 베로니카 리블-아이히만이 1952년 7월 정말로 자식들을 데리고 남아메리카로 이주했다는 소식을 접했습니다”[48]라고 썼다. 거기서 소리 소문 없이 사라지기는 매우 어려웠다. 하지만 베라와 아이들은 2년 전 아돌프 아이히만이 그랬던 것처럼 놀라울 정도로 교묘하게 그곳을 빠져나갔다. 베라와 세 아이는 로마 주재 아르헨티나 대사관에서 발부한 비자를[49] 갖고 빈을 빠져나와 제노바를 거쳐 아르헨티나로 입국했다. 여권에는 실명이 그대로 적혀 있었다.

2011년 초에 우리는 베라의 여행 준비가 완벽히 비밀리에 이루어지지는 못했다는 사실을 알게 되었다. 1952년 6월 24일, 즉 베라와 아이들이 이탈리아에서 배를 타기 직전 나중에 연방정보원이 되는 겔렌청에 다음과 같은 신고가 들어왔다. “아이히만 대령은 이집트가 아니라 아르헨티나에 살고 있습니다. 클레멘스Clemens라는 가명으로요. 아이히만의 주소는 아르헨티나에서 발간되는 독일어 잡지 『길』의 편집주간이 알고 있습니다.”[50] 그동안 아이히만이 다마스쿠스나 이집트에 숨어 있다고 접수된 신고 내용과는 달리 이 신고는 아주 정확했으며 오늘날까지 매우 유의할 만한 정보를 전한다. 분명한 것은 신고한 사람이 아르헨티나에 거주하지는 않았다는 사실이다. 계급 칭호가 틀린 것만 봐도 알 수 있다. 물론 1944년 말 아이히만은 대령으로 진급할 가능성이 있었고 부하들은 그것을 미리 축하하기도 했다. 하지만 아이히만은 그렇게 되지 못했다. 아이히만을 대령으로 부른 것은 재판 기록, 즉 뉘른베르크 전범 재판의 판결문이 유일했다. 그 후 그 소식이 유럽 전역에 퍼졌다.[51] 하지만 아르헨티나에서 아이히만은 자신을 소개할 때 과거 악명을 떨쳤을 때의 계급을 그대로 들었다. 즉 그는 자신을 유대인과의 바로 그 친위대 중령이라고 했다. 아울러 그는 옛 동료나 새로운 친구를 만날 때도 항상 그렇게 관등성명을 댔다. 아르헨티나에서 아이히만은 전쟁 시 4년 동안 공포의 상징처럼 된 그 계급을 그대로 살린 것이다. 이는 자신을 하찮게 만들기 위함이 아니었다. 오히려 정반대였다. 아이히만은 그것을 과시용 상표처럼 활용했다. 결국 아르헨티나에서는 누구도 아이히만을 신고할 생각을 하지 않았던 것으로 보인다. 클레멘스라는 이름의 오류도 그것이 직접적인 정보에 기초하지 않았음을 드러낸다. 그래도 그 신고 기록 카드는 다른 정보들을 더 알려준다.

아이히만은 아르헨티나 지인들의 도움으로 베라가 탈출에 필요한 돈과 정보를 받도록 조치했다. 하지만 베라도 만약에 대비해 배가 입항할 부에노스아이레스에 혼자라도 찾을 수 있는 연락처가 필요했다. 4주 동안의 여행에서 예기치 못한 일이 발생할 수도 있었다. 외진 숙소는 스페인어를 못하는 베라가 혼자서 찾기에는 너무 불편했다. 아이히만은 베라에게 부에노스아이레스에 막 도착한 사람들을 맞이하는 업무의 책임자인 에버하르트 프리치의 이름을 가명뿐 아니라 실명도 그대로 알려주었다. 그것은 필요한 조치였다. 그런데 바로 그 정보를 '원형 모임' 주변의 누군가가 정보국에 흘렸다.[52]

그것은 아이히만의 소재지를 가장 정확히 알린 정보라고 볼 수 있다. 아르헨티나에서 발간되는 독일 잡지의 편집주간이 누군지도 1952년판 잡지를 보면 금방 알 수 있다. 발행인 표기에 '주간 에버하르트 프리치'라고 적혀 있고 주소와 전화번호도 나와 있다.[53] 가명 표기 실수와 관등 표기 오류로 인해 추적이 쉽지 않았을 테고 "1952년에 즉각 조사했더라도" 아이히만이 부에노스아이레스에 거주하지 않았기에 "그를 잡지 못했"을 것이라는 식의 편의적 해석은[54] 첩보 기관을 욕보이는 일이다. 그것은 첩보 기관 직원들을 언론사 수습생 정도의 수준으로 간주하는 셈이다. 관등 정보가 틀렸다고 해서 정보 전체를 의심할 이유는 없다. 아이히만의 계급은 재판 기록에도 그렇게 나와 있기 때문이다. 게다가 "두 번이나 잘못 적힌 표기"라고 말할 수도 없다. 스페인어 사용 지역을 오가는 사람이라면 누구나 C는 K로도 읽을 수 있다는 것을 알기에 신원 명부를 볼 때는 둘 모두 살펴야 함을 모를 수가 없다.[55] 특히 정확한 연락 주소도 확보되었다. 잡지 편집국의 연락처를 얻는 데 특별한 소양이 필요하지도 않았다. 『길』을 수집 · 소장한 헌법수호청 직원에게 전화 한 통화만 하면 되었다. 그 잡지를 직접 살 필요도 없었다는 말이다.

유일하게 쉽지 않은 일이라면 프리치로 하여금 발설하도록 만드는 일이었을 것이다. 하지만 그것도 아이히만 주변의 이주민들의 행동에서 잘 드러나듯이 그렇게 어려운 일은 아니었다. 특별히 험한 방법을 동원하지 않아도 되고 그저 교묘히 지어낸 이야기 같은 것만 있으면 됐다. 사실 바로 그런 일이야말로 첩보 기관의 역할이다. 뒤러출판사는 사람들의 방문에 열린 곳이지 뒤뜰에 위장해서 숨겨놓은 비밀 장소가 아니었다. 뒤러출판사는 사람들이 아르헨티나 곳곳에 흩어져 사는 옛 지인을 만나려고 방문하는 곳이기도 했다. 비록 가명에 S가 들어가 있었다 하더라도 그곳에서 '클레멘스-아이히만'을 가지고 수소문했으면 되었을 것이다. 이름을 옮길 때의 청음 실수는 아르헨티나에서 흔한 일이었다. 특히 그들은 자기네끼리 있을 때 가명을 잘 쓰지 않았기 때문에 그런 청음 실수가 일어났다. 불편한 진실은 첩보 기관의 직원이 그냥 한번 부에노스아이레스를 방문해 살폈다면 1952년에 벌써 아이히만을 체포했을 수도 있었다는 것이다. 물론 정말로 그렇게 되었을지는 아무도 모른다. 다만 그 신고로 어떤 일도 일어나지 않았다는 것을 우리는 잘 알고 있다.

사실 여기서 아이히만이 근동에 살고 있다는 정보도 있었고 뒤죽박죽된 여러 신고를 받으면 결국 어떤 것도 할 수 없다는 이의 제기가 있을 수 있다. 그런 정보가 "정확한" 경우는 드물다는 사실을 잠시 제쳐두고 생각해보자. 아이히만의 근동 체류 관련 정보는 베라 아이히만이 오스트리아를 떠나기 전에 확보된 정보처럼 그렇게 세밀하지도 않고 그렇게 손쉽게 확인 가능하지도 않았다. 시리아와 이집트에서 온 보고에 따르면 그런 정보는 당연히 아무 성과가 없었다는 것이다. 하지만 그것으로 확인할 수 있는 점은 독일 첩보 기관이 수년 동안 기괴한 소문들도 성실히 조사해봤다는 사실이다. 그렇기에 겔렌청이 아르헨티나 관련 정보를 소홀히 다루었다고 의심할 이유는 없다. 자료 목록 카드를 정확히 보면 미세한 사실이 눈에 띈다. '클레멘트Clement'라는 이름은 1952년 6월 24일의 신고에서만 사용된 것이 아니었다. 그것은 그 문서철에도 보이고 심지어 사료에도 보인다.[56] 재판 개시 전까지 아이히만이 근동에서 사용한다고 여겨진 이름들이 떠돌았다. 하지만 아이히만의 '가명'은 루돌포 슈페, 에커만, 히르트, 알프레트 아이헨발트, 에른스트 라딩어, 슈모엘, 베레스, 아자르, 카를 브링크만, 또는 에릭이라고 여겨지지는 않았다.[57] 분류 표식은 진실에 매우 가까웠고 명료했다. '아이히만, 아돌프 가명 클레멘스'였다.

하지만 그 정보와 가명은 겔렌청 문서고에 오랫동안 잠들어 있었다. 반면 아이히만을 공개 추적하던 사람들은 서독 첩보 기관이 이미 1952년에 확보했던 그 퍼즐 조각을 맞추기 위해 1957년까지 기다려야 했다. 1958년에야 비로소 CIA는 아이히만이 아르헨티나에서 '클레멘스'라는 이름으로 살고 있다는 정보가 오랫동안 연방정보원에 존재해왔다는 것을 알게 되었다. 그럼에도 불구하고 연방정보원은 1959년 말 헌법수호청 라인란트-팔츠 지부의 정밀한 질문에 대해서도 여전히 1952년에 아이히만은 이집트 그리고 그 후에는 아르헨티나에 산다는 추측이 있다는 정도를 넘어서는 더 상세한 아이히만 주소지에 대해서는 알지 못한다고 대답했다.[58]

영화감독 레이먼드 레이는 2009년 아이히만 영화를 찍을 때 이스라엘의 아이히만 납치팀 팀장 라파엘 아이탄에게 모사드가 제대로 된 정보를 알아내고 활용하는 데 왜 2년이나 걸렸는지를 물었다.

아이탄은 당혹해하며 유감스럽게도 2년을 그냥 허비했다고 답했다. "우리는 아무것도 안 했어요. 2년이 지난 뒤에야 우리는 그 일에 매달렸습니다." 당시는 이미 서독 대표들이 용기를 내 개방적으로 바뀌어서는 문서 보관소를 열어 오래전 사망한 선임자들의 오류를 인정해야 할 때였다. 그렇지만 그들은 그 부끄러운 문서들을 자유롭게 사용할 권리를 삼류 신문에 넘겨버렸다. 사실 서독은 8년 동안 어떤 일도 하지 않은 셈이었다. 다만 이스라엘인들과 한 명의 용감한 서독 검찰총장만이 서독이 아무 일도 하지 않아 욕먹는 일을 중단시켜 주었다. 도덕의 마지막 폭발이었다.

여객선 잘타Salta[59]가 부에노스아이레스 항구에 도착한 때는 1952년 7월 28일이었다. 이틀 전 대통령 부인 에비타 페론이 사망했기에 아르헨티나는 국장 중이었다. 아르헨티나에서 아이히만을 돕는 사람들은 임무의 중요성을 잘 알고 있었다. 그들은 아이히만의 가족이 미행당하지 않고 아이히만이 추적당하지 않도록 안전에 신경을 썼다. 클라우스 아이히만은 다음과 같이 기억했다. "부두에는 여러 명의 아저씨가 나와 있었어요. 친절한 분들이었죠. 아는 사람은 없었습니다. 나중에 호텔로 또 다른 아저씨가 왔어요. 어머니가 '얘들아, 이분이 리카르도 삼촌이야'라고 말했어요. 그분은 우리에게 100페소스를 쥐여줬어요. 당시로서는 큰돈이었죠.[60] 우리는 아이스크림과 사탕을 사먹었어요. 저는 난생처음 담배를 사보기도 했어요."[61] 그렇게 하고 부부는 둘만의 시간을 갖고 해후했다. 아이히만은 결국 원하는 것을 얻었다. 7년 동안의 이별, 은둔생활과 도주 자금 마련 노동 등을 뒤로하고 이제 아이히만은 새로운 삶뿐만 아니라 가족도 되찾았다. 아이히만은 그에 대해 말을 아꼈지만 몇 년이 지나자 그때의 감정을 완전히 숨길 수는 없었다. "재회는 벅찼다."(「나의 도주」 25쪽) 예루살렘의 감옥에서 아이히만은 자기 정체를 제 자식들에게도 결코 말할 수 없었다는 식의 이야기를 장황하게 풀어놓았다. "저는 제 아이들의 아버지가 될 수 없었습니다. 클라우스와 호르스트, 디터에게 저는 '리카르도 삼촌'이었어요." 하지만 짧은 시간 동안만 그랬다. 신분증에는 계속 그 가명을 유지했고 낯선 사람들에게도 그랬던 것을 빼면 말이다. 물론 그것은 리카르도 클레멘트 신분을 가진 사람이 누구였는지 아무도 몰랐다는 이야기로 아르헨티나의 친구와 조력자들을 보호하려는 아이히만의 궁리이기도 했다. 아이히만과 가족들은 그날 저녁 같이 식사를 하고 호텔에서 하룻밤을 잔 뒤 함께 풀만 특급을 타고 투쿠만으로 이동했고 거기서 다시 리오 포트레로로 갔다. 그곳에 아이히만은 임시로 머물 집을 빌려두었다. 자리가 잡히자 아이히만은 자식들에게 정체를 밝혔다. 클라우스 아이히만의 기억에 따르면, "그는 그냥 내가 너희 아버지다라고 말했다. 그뿐이었다".[62]

좋을 때나 나쁠 때나

오랫동안 혼자 살다가 가족들과 함께 사니 출발은 그렇게 순조롭지 못했을 것이다. 관련된 모든 사람이 나중에 그렇게 말했다. 황무지에 덜렁 집 하나 있고 전기도 안 들어오는 곳은 베라 아이히만이 그 전에 남편과 함께 살던 생활 수준에 못 미쳤다. 열여섯 살, 열두 살, 열 살 아들들에게 그런 가우초식 생활은 아주 재미있었다. 하지만 아버지는 그들에게 엄격했다. 그는 자식들이 가능한 한 빨리 스페인어를 배우도록 채근했다. 이를테면 그는 아이들이 매일 정확히 100개의 단어를 외우도록 했다. 한편 아내를 통해서 아이히만은 옛 기억을 떠올리게 되었고 사진 앨범[63]도 받고 가족들의 인사도 전해 들었을 뿐 아니라 유럽 소식도 새로 얻었다. 베라 아이히만은 다음과 같이 기억했다. "저는 남편한테 신문 기사들을 모아 전달했어요. '살인자 아이히만'이니 '대량학살자 아이히만'이니 하는 기사를 읽더니 남편은 '이 사람들이 미쳤나, 나는 살인자가 아니지. 너무 불편한데. 지금 독일에 가야 할 것 같은데'라고 말했죠." 하지만 베라는 반대하며 다음과 같이 말했다. "그러면 안 돼요. 이제야 아이들을 데리고 여기 왔는데 뭘 하겠다고요. 아이들이 클 때까지 좀 기다려요." 그러자 아이히만은 "좋아, 그러면 기다려보지"라고 말했다.[64]

그럼에도 불구하고 베라가 가져온 신문 기사들을 보고 아이히만은 이미 북독일 은둔생활 시절에 겪었던 무력감에 다시 사로잡혔다. 아이히만은 편치 못했다. 오스트리아 출신 나치 서클에는 아이히만이 뉘른베르크 재판의 증언을 접한 뒤 빌헬름 회틀을 죽이겠다고 결심했다는 소문이 빠르게 퍼졌다.[65] 아이히만이란 이름은 오랫동안 고유하게 생명력을 유지했다. 하지만 이제 아이히만은 아내에게 그리고 얼마 뒤에는 자식들에게 왜 그런 신문 보도가 났는지에 대해 설명해주어야겠다고 생각했다. 그것이 간단한 일은 아니라는 것이야 그가 가장 잘 알았다.

그렇지만 변호하러 독일로 돌아가야겠다는 말은 단순히 무죄를 강조하기 위한 제스처만이 아니었다. 비록 그는 그런 악명을 떨칠 만한 일을 했지만 혼자 그런 것이 아니라 동참자가 있었다. 아이히만은 그들이 아이히만의 역할을 과장함으로써 독일에서 무사히 지낼 수 있다는 것을 알았다. 투쿠만 산지에서 가족들과 행복하게 사는 것과는 별도로 옛 동료들이 독일에서 별 탈 없이 살며 연금을 받는 사실 때문에 아이히만의 새로운 행복에는 어두운 그림자가 드리워졌다. 과거를 잘 기억하지 않던 동지들이 아이히만에 대한 생각으로 잠을 잘 못 자기까지는 몇 년의 세월이 더 필요했다. 반면 아이히만은 1950년대 초부터 역사 속 자기 이미지에 대한 걱정과 명성에 대한 관심에서 벗어나지 못했다. 거기에 신경 쓰지 않았다면 아이히만은 아마 특별한 문제 없이 독일 이주민인 리카르도 클레멘트가 되어 부에노스아이레스에서 오래 살다가 자연사를 했을 것이다.

아이히만은 자기 '명예'를 지키려 나서기 전에 투쿠만 체류 시기를 활용해 자식들에게 그동안 가꾼 새로운 세상을 보여주었다. 아이히만은 자신의 새로운 일로 자식들에게 감화를 주었다. 왜냐하면 직원들을 산악지대로 데려가고 다이너마이트를 관장하며 대통령을 위해 댐을 건설하는 아버지를 가진 아이들은 흔치 않기 때문이다.[66] 아이들은 아버지로부터 안데스산맥의 최고봉까지 다녀온 여행담을 들었다. 아이히만은 고지 평원에 가봤다고 했다. 반면 한스-울리히 루델은 의족을 달았음에도 불구하고 아콘카구아의 정상을 밟았고 사선의 도움으로 이에 대한 내용을 책에 적었다.[67] 덧붙여 아이들은 아버지의 친구나 동료들과 인사를 나누었다. 그중 한 명이 아르헨티나의 대통령 관저에서 흥미로운 일을 경험한 헤르베르트 쿨만이었다. 베르톨트 하일리히의 딸들은 아직도 자기 가족들이 "아이히만 가족에게 놀러 가서 오렌지 잼을 만들었"던 일을 기억했다.[68] 당시 클레멘트가 정말로 아이히만인지 여전히 믿지 못한 사람들은 진짜 이름을 갖고 투쿠만에 도착한 아이히만의 처자식들을 보고는 의심을 완전히 거두었다.

나중에 아이히만은 다음과 같이 말하며 뿌듯해했다. "애들한테 말 타는 법을 가르쳐주었다. 우리는 몇 번이나 함께 화려한 부에노스아이레스에 다녀왔다. 나는 거기서 우리 독일인들을 아주 좋아했던 페론 대통령과도 인사를 나누었다."(「나의 도주」 25쪽) 옛날에는 친위대 대장과 직통이라고 하더니 이번에는 아르헨티나 대통령과 안면이 있다고 말했다. 얼핏 망상 같은데 전혀 그렇지 않았다. 페론 대통령은 CAPRI에 정부 용역 사업을 자주 맡겼을 뿐만 아니라 접견이든 CAPRI사 방문을 통해서든 새로운 아르헨티나 시민들을 만날 기회를 자주 만들었다. 페론은 헬무트 그레고어라는 새 이름으로 위장한 수용소 '의사' 요제프 멩겔레와도 만나 담소했다. 페론이 '리카르도 클레멘트'를 만났을 가능성도 매우 높다.

투쿠만에서의 목가적인 생활은 오래가지 못했다. 가족들이 그곳에 도착한 뒤 1년이 채 안 된 1953년 CAPRI는 파산했다. 아이히만과 그 동료들은 안정적인 일자리를 잃었다.[69] 하지만 CAPRI사 사람들이 순식간에 흩어진 것은 아니다. 회사는 여전히 일정 기간 연결 거점의 역할을 했다. 이를테면 베르톨트 하일리히와 한스 피슈뵈크는 1955년까지 계속 CAPRI에서 일했다고 말했다. 호르스트 카를로스 폴드너는 1960년에도 경찰서에서 자신을 CAPRI 사의 사장이고 회사는 아직 파산 절차 과정에 있으며 새 회사명은 폴드너&한센사로 바뀌었다고 주장했다.[70] 실제 회사 규모와 사업 내용은 여전히 알 길이 없다.

아이히만도 일정 기간 여전히 CAPRI 사의 언저리에서 지냈음이 분명하다. 베르톨트 하일리히의 장녀는 아이히만의 아들 호르스트와 잠시 같은 학교 같은 반이었다.[71] 하일리히의 딸들은 1953년 3월부터 12월까지 아르헨티나에 살았다. 그 기간은 아르헨티나의 학제상 학기 중이었다. 그들은 아버지와 같이 투쿠만에 머물다 이사해 아르헨티나의 제3의 도시인 로사리오에서 살았다. 로사리오는 부에노스아이레스에서 북쪽으로 300킬로미터 떨어진 곳이며 교육 도시로 유명했다. 그곳에도 독일 이주민들이 꽤 살았다. 하일리히의 말에 따르면, 로사리오에도 CAPRI 사무소가 있었다. 그런데 투쿠만 사람들에게 그 지역이 매력적이었던 데에는 또 다른 이유가 있었다. 1952년부터 독일 회사 지멘스가 그곳에서 CAPRI 가 하던 일과 매우 유사한 사업, 즉 산 니콜라스 발전소 건설을 준비하기 시작한 것이다.[72] 그것은 CAPRI 경력을 가진 사람들에게 일자리를 제공했다. 이를테면 콘스탄틴 폰 노이라트는 1953년부터 지멘스의 월급 수령 명단에 이름을 올렸다. 노이라트가 '동지회' 창립 회원이었기에 그가 도와줄 것이라는 믿음이 강했다. 게토 사령관으로 수차례 살인을 저지른 요제프 슈밤베르거도 노이라트로부터 도움을 받아 여러 해 동안 지멘스 아르헨티나 지부에서 일했다. 노이라트 스스로 슈밤베르거는 1950년부터 지멘스에 고용되었다고 밝혔다.[73] 아이히만은 자녀들 중 최소한 한 명은 그곳 학교에 다니도록 했다. 부에노스아이레스로 이사하기 전에 아이히만은 이미 그곳에서 일자리를 구할 수 있을 것이라고 봤다.

흥미롭게도 아이히만은 풀드너 회사가 없어도 투쿠만에 살며 카페를 연다든지 하면서 그곳에서 생계를 유지하는 방안을 전혀 고려하지 않았다. 당시 그 지역은 아르헨티나에서 인구밀도가 가장 높았기에 생계를 해결하는 일은 어렵지 않았다. 하지만 그것은 아이히만에게 특별한 의미가 없었다. 아이히만의 수입이 비교적 좋았기 때문이기도 하다. 아이히만은 시간이 좀 지난 뒤 임금이 올랐다고 말한 적이 있다. 아이히만 아들의 기억에 따르면, CAPRI에서 받은 마지막 월급은 약 4000페소스였다. 그것은 대략 800마르크(190 미 달러)였는데 그 정도면 당시 서독의 평균 소득보다 더 높았다.[74] 아이히만이 그 소득 수준을 유지하려 한 것은 충분히 이해할 수 있다. 1953년 7월 아이히만은 가족을 데리고 부에노스아이레스로 이사했다. 아이히만, 아니 리카르도 클레멘트는 전입신고를 한 뒤 새 신분증(번호: 1378538)을 받았다.[75] 제때 기반을 닦아 재정 상태가 좋았던 헤르베르트 쿨만이 마련해준 보증금으로 아이히만 가족은 정원 딸린 작은 집을 빌릴 수 있었다. 시의 북쪽 올리보스구에 위치한 그 집의 주인은 프란치스코 슈미트라는 이름의 오스트리아 사람이었다. 차카부코 4261번지에서의 생활은 투쿠만에서의 생활에 비해 결코 뒤지지 않았다. 올리보스구는 부에노스아이레스에서도 살기 좋은 곳이었다. 시설과 학군이 상당히 좋았다. 무엇보다 새집에는 전기가 들어왔다. 아이히만에게는 ABC 카페-레스토랑과 술집들이 있어 좋았다. 특히 아이헤라는 곳에서 아이히만은 와인 한잔을 걸치고 옛 동료들을 만나거나 새로운 친구도 사귈 수 있었다. 사교성이 좋았던 아이히만이 그곳에서 조심스러워했다는 이야기는 나중에 생겨났다. 집으로 돌아가는 길에 이스라엘인들에 의해 납치된 그를 알고 지냈다는 사실이 불편해진 것이다.[76]

1953년 페론 시대는 황금기가 끝났다. 세계시장의 원료 가격에 의존했던 아르헨티나는 한국전쟁 이후 가격이 추락하자 힘들어졌다. 전반적으로 경제 상황이 악화되었다. 아이히만은 CAPRI 사의 두 동료와 함께 세탁소를 운영했다. 하지만 그 사업은 이미 중국인들이 장악했기에 성공하지 못했다. 섬유업에도 손을 대봤지만 신통치 않았다.[77] 아이히만은 혼자가 아니었다. 사업에 실패하자 동지들이 다시 도움을 주려고 나섰다. 1954년 초 아이히만은 에페브사의 수송부 부장 자리를 얻었다. 에페브사는 위생 설비를 만드는 큰 회사로서 부자들이 사는 플로리다구에 사옥을 두었다. 회사 투자자 중 한 명은 또 다른 독일 난민 프란츠 빌헬름 파이퍼였다. 그는 왕성하게 활동하는 인물로서 전쟁 말기 나치 독일의 금괴 수송에 참여했다는 소문이 있을 정도였다. 특히 그는 사선과 루델의 친구였다.[78]

아이히만 아들의 기억에 따르면, 그곳에서 초기에 아이히만의 월급은 2500페소여서 그 전 수준에 못 미쳤다.[79] 그렇다고 해서 생계가 어려워지지는 않았다. 분명 1953년 하반기는 아이히만의 생애에서 경제적으로 가장 힘들었지만 그 상황이 계속되지는 않았기에 아르헨티나에서의 삶 가운데 예외에 속했을 뿐이다. 수수하게 산다고 해서 삶의 기회가 줄지는 않았다. 이미 친위대에서 출세했을 때도 아이히만은 호사한 삶을 살지 않았다. 아이히만은 가정집을 몰수해 사무실로 사용했을 때 발견한 식료품이나 와인을 제 것으로 삼는 데 주저하지 않았고 사회적 행사 초대나 무장 관용차도 거절하지 않았다. 그렇지만 아이히만은 사적으로 호사로운 생활을 원한 것이 아니었다. 여느 사람들과 달리 그가 사적으로 이익을 착복하거나 관직을 이용해 이득을 챙긴 일은 확인되지 않았다. 물론 나중에 그는 자신도 이익을 챙겼더라면 가족의 상황이 더 좋았을 것이라고 자책할 수 있었다. 하지만 그 대신 그는 권력의 정점에서도 자신이 아침마다 직접 차를 끓이고 구두를 스스로 닦았던 것에 뿌듯해했다. 아이히만은 오히려 초라한 야전침대와 장롱을 기꺼워했다.[80] 아이히만의 부하 디터 비슬리체니는 1946년 상관을 샅샅이 고발하면서도 "아이히만의 생활은 소박했습니다. 그는 욕망이 크지 않았어요"라고 했다. 비슬리체니는 덧붙였다. "재정적으로 보면 아이히만은 정직한 사람이라고 나는 믿어요."[81]

아돌프 아이히만은 대량학살자였지만 그가 탐욕을 부린 것은 부나 사치 쪽이 아니라 사망자 숫자였다. 그것은 대량학살 억제와 함께 다른 모든 기준을 상실한 나치 범죄자라는 흔한 이미지와는 맞지 않는다. 하지만 경제적 복리는 그에게 삶의 목표가 아니었다. 그렇지 않았다면 전쟁 시기에 경제적 이익을 챙길 기회가 많았을 것이다. 그는 공무상 협박을 통해 확보한 자금으로 채워진 은행 구좌와 관련해 전권을 가지고 있었다. 유대인들을 협박할 수 있는 개인적인 기회도 많았다. 1945년 이후 아이히만의 삶을 냉정하게 살피고 모사드 첩보원들이 아이히만의 옷과 내의가 낡고 해져 있었던 데 놀랐다고 해도[82] 분명 간과할 수 없는 사실이 있다. 즉 어쨌든 아이히만은 가족을 아르헨티나로 데려와 먹고살게 했으며 세 아이를 교육시켰고, 간혹 여행도 다닌 데다 플라타 델 마르에서 휴가를 보내기도 했으며 땅도 사서 제 집을 지었다. 삶이 망가졌다고 볼 수는 없는 것이다. "외롭고 궁핍하게 살았다"는 이야기는 이스라엘에서 동정을 유발하려고 만든 거짓말이었다. 그런 얘기가 쉽게 퍼진 것은 그것이 아이히만 주변의 기만 작전과 잘 맞아떨어졌기 때문이다. 아이히만이 체포된 후 그의 주변 사람들은 그와 함께 휴가를 다녀오기는커녕 당연히 그를 전혀 알지 못한다고 주장했다.[83]

재정 면에서 보면, 아이히만은 힘러의 '청렴' 요구를 따르는 데 아무런 어려움이 없었다. 절도, 협박, 약탈, 과시는 철저히 나치 제국을 위한 것이었다. 아르헨티나에서 아이히만은 부자가 아니었다. 물론 경제적 나락으로 떨어진 것도 아니었다. 산골짜기에서든 수도에서든 아이히만은 혼자 힘으로 살지 않았다. 그는 회원들이 상부상조하는 공동체로부터 혜택을 받았다. 그가 아쉬워한 것은 과거 자신의 지위가 안겨준 권력이었다. 힘러를 접견하고 아우슈비츠를 오가는 자극적이고 가파른 생활, 관용차를 타고 다니는 일, 자기 기분이 안 좋으면 어떤 말을 들어야 하는지를 잘 아는 부하들과의 유쾌한 잡담 등이 그것이다.

아이히만은 "저는 이상주의자였어요"라는 말을 반복했다. 이상주의자는 명예와 목표를 위해 일하지 돈이나 호화로운 삶을 위해 일하지 않는다. 적어도 이론상으로는 그렇다. 실제로 아이히만은 근면성실한 독일 관리로서 소리 소문 없이 경력을 쌓아가는 것으로 만족했을 수도 있었다. 하지만 그러지 않았다. 그는 중요한 인물이 되고 싶었기 때문이다. 아르헨티나에서 사는 그에게 부족한 것은 위대한 세계사적 임무였다. 그런 임무를 수행할 수 없게 되자 그는 매우 고통스러웠다. 세상에는 여전히 유대인들이 살고 있다. 리카르도 클레멘트는 아르헨티나에서 잘 지냈다. 반면 아이히만은 아직 못다 한 일이 있었다. 그렇지 않다면 뒤이어 일어난 일들을 설명할 수가 없다. 리카르도 클레멘트가 CAPRI의 옛 직원들과 함께 부에노스아이레스로 돌아오자 순식간에 유럽에서는 이제 더 이상 첩보 기관의 파일에만 묻어둘 수 없는 소문, 즉 아이히만이 리오 델라 플라타에 살고 있다는 소문이 돌았다.

2

고향 전선

그렇기에 1953년에 이미 이스라엘은 아이히만이 아르헨티나에 살고 있다는 사실을 "알았다"고 분명히 말할 수는 없다. 사실 그것을 알고 있던 것은 사료뿐이었다.

—톰 세게브, 『지몬 비젠탈』 134쪽

사후에 퍼진 이야기에 따르면, 1953년 나치 추적자 지몬 비젠탈은 인스브루크에 사는 한 귀족을 방문했다. 비젠탈이 그를 잘 알았던 것은 아니며 단지 그로부터 흥미로운 우표를 사서 수집하려고 했다. 두 사람은 무심코 나치에 대해 이야기하기 시작했다. 비젠탈의 우표 수집은 나치 범죄자 추적에 매달리는 것으로부터 잠시 기분 전환을 하라는 의사의 충고에 따른 것이었다. 인스브루크의 수집가는 비젠탈에게 친구에게서 빌렸다며 멋지고 화려한 우표가 붙은 편지 봉투 하나를 가져다 보여주었다. 시간이 좀 걸렸지만 비젠탈은 아르헨티나에서 온 그 편지에 다음과 같은 인상적인 추신이 적혀 있는 것을 발견했다. "내가 여기서 누구를 만났는지 상상할 수 있겠어? (…) 유대인들에게 명령을 내리던 그 끔찍한 아이히만을 봤다니까. 아이히만은 부에노스아이레스 근교에 살면서 상수도 회사에서 일하고 있어." 의사의 충고는 당연히 물 건너갔다. 비젠탈은 그 편지를 구입하려고 했다. 하지만 인스브루크의 수집가는 그 멋진 우표가 붙은 편지가—유감스럽게도—자기 친구의 것이기 때문에 팔 수 없다고 말했다. 비젠탈에게 그것은 이제 아이히만이 근동에 살고 있다는 정보는 오류라는 사실을 최종적으로 확인해주는 것이었다. 비젠탈이 전쟁 말기부터 계속 추적한 아이히만이 아르헨티나에 살고 있다는 사실이 드러났다. 비젠탈은 급히 집으로 돌아와 빈 주재 이스라엘 공사 아리에 에셸에게 편지를 썼다. 1953년 3월 24일 자 편지에서 비젠탈은 그 일에 대해 이야기했다.[1]

몇 달 뒤 뉴욕 주재 유대인세계회의 의장 나훔 골드만에게 보낸 편지에서 비젠탈은 좀더 담담하게 그 에피소드를 이야기했다. 편지에서 비젠탈은 그 일의 날짜를 뒤로 옮겨 적었다. "1953년 6월 저는 마스트라는 이름의 남작을 알게 되었습니다. 그는 오스트리아 연방군 소속 정보 장교였다가 나중에는 미국과 서독 첩보 기구를 위해 일한 사람이에요. 마스트 남작은 철저한 군주주의자로서 반나치주의자이자 반공주의자예요. (…) 그가 제게 편지를 하나 보여줬는데, 바로 아르헨티나에 사는 옛 장교가 보낸 것입니다. 1953년 5월의 편지였는데 거기에는 당시 부에노스아이레스에서 아이히만을 만났다고 적혀 있습니다. 아이히만이 부에노스아이레스 지역에서 발전소 건설사의 건설 현장에 고용되어 있다고도 적혀 있었습니다."[2] 비젠탈이 진실을 알게 되었음은 이제 알려졌다. 이는 모사드 파견대가 아이히만을 체포하기 7년 전의 일이었다. 다만 그 정보를 얻은 것이 우표 수집 열정 때문이거나 그저 우연 때문이 아니라는 사실을 비젠탈이 알고 있었는지는 명확하지 않다.

56세의 하인리히 '해리' 마스트 남작은 단순한 수집광이 아니라 노련한 첩보원이었다. 그는 오스트리아 첩보 기관과 나치 독일의 첩보국장 빌헬름 카나리스를 위해 일했을 뿐만 아니라 전후에는 카나리스 소장 아카이브의 비밀 자료 대부분을 안전하게 보관했다. 전쟁 말기부터 미국 첩보 기관이 그 '보비 공'을 정보원으로 확보했다. 그는 바트 아우제에서 지인과 함께 출판사에 투자했고 1951년부터는 겔렌청의 오스트리아 지국을 만들었다. 겔렌청은 서독 첩보 기관인데 1956년에 연방정보원으로 발전했다. 비젠탈이 그의 활동을 모를 리 없었다. 두 명의 우표수집가가 우연히 서로 알게 되었다는 식의 이야기는 사실과 맞지 않았다. 비젠탈은 그 전에 하인히리 마스트를 알았다. 마스트는 비젠탈에게 이미 자신을 겔렌청 직원이라고 소개했다.[3]

하인리히 마스트를 겔렌청으로 소개한 인물은 마스트만큼 야심차고 당시에 이미 나치 역사의 증언자로 자신을 파는 데 크게 성공한 빌헬름 회틀이었다. 과거 아돌프 아이히만이 친구라고 여겼던 바로 그 회틀이었다. 회틀과 마스트는 사업적으로도 엮였다. 회틀은 마스트를 자신의 출판사에 고용했다. 회틀과 마스트는 잠시 겔렌청에서 일한 뒤 이미 1951년 겔렌청과 경쟁하던 첩보부인 하인츠청 FDHD(프리드리히 빌헬름 하인츠 청Friedrich Wilhelm Heinz Dienst)으로 옮겼다. 하인츠청은 프리드리히 빌헬름 하인츠가 1950년 연방 총리 아데나워의 후원을 직접 받아 창립했다.[4] 아데나워는 연합국으로부터 독립된 정보국을 갖고 싶었다. 특히 동독에서 일어나는 일과 관련해서 그랬다. 하인츠청은 연합국으로부터 완전히 자유롭진 못했다. 하지만 린츠 그룹에서 애초의 문제는 마스트와 회틀이었다. 그들은 자신들의 모임을 XG라 불렀고 둘이 주역이었다. 특히 회틀은 지식과 네트워크와 사기술을 뒤섞어 유연하게 많은 일을 벌였기에 어떤 때는 대체 자신이 누구 편인지도 종잡을 수 없었을 것이다. 회틀에게는 충성보다 돈이 더 중요했다. 회틀의 욕심은 끝이 없었다. 비젠탈의 에피소드 1년 전에 이미 북아프리카와 아르헨티나의 정치 단체 탐문을 위한 연결 고리로서 프랑코가 지배하는 스페인에 첩보 기구 근거지를 만들려고 시도하기도 했다.[5]

큰일을 약속하는 것은 회틀의 특징이었다. 그가 요제프 아돌프 우르반을 강력한 경쟁자로 여긴 데에는 그만한 이유가 있었던 것이다. 결국에는 CIA도 그렇고 여타 첩보 기관들이 그와 결별한 이유는 그의 정보 중 상당 부분이 요청에 따라 창안된 것으로 확인되었다는 사실에 있다. 나중에 회틀에게 관심을 가진 일부 역사가조차 그 신통치 못한 사실을 가지고 기괴한 연구 결과를 만들어내기도 했다. 피터 블랙은 곤혹스러워하며 "많은 경우 현존 사료로는 그의 추

론이 확인되지 않거나 그의 이야기 중 상당 부분이 거짓임이 확인된다"고 말했다.[6]

그 문제를 놓친 사람은 아주 많았다. 회틀을 포기하기는 너무 어려웠기 때문이다. 비젠탈이 멋진 우표가 붙은 그 편지에 대해 보고한 이튿날 회틀은 체포되었다.[7] 그가 퐁거-베르버 사건에 연루되었다고, 즉 그 두 첩자와 함께 친소 활동을 했다고 여겨졌기 때문이다. 사람들은 그가 충분히 그럴 수 있다고 봤다. 회틀은 잡담하듯 진행된 심문에서 미국 첩보 기관에 퐁거가 미국유대인연합 배급위원회 혹은 "그와 유사한 한 유대인 조직"으로부터 의뢰를 받고 자신과 접촉해 아이히만을 체포하는 데 도움을 주는 대가로 10만 달러를 지불하겠노라 제안했다고 털어놓았다. 그렇지만 자신은 이스라엘 첩보 기관과는 일하고 싶지 않았다고 밝혔다.[8] CIA는 다시금 돈을 제안한 사람이 퐁거가 아니라 비젠탈이라고 봤다. 쿠르트 퐁거와 비젠탈이 친구 사이라는 사실은 이미 잘 알려져 있었기 때문이다.[9] 퐁거는 유대인이었기에 오스트리아에서 탈출했고 전후에는 CIC를 위해 심문을 이끌었다. 그의 도움으로 비젠탈은 비슬리체니의 아이히만 진술을 접할 수 있었다. 하인리히 마스트는 나중에 재차 회틀에게 보내는 편지에서 자신은 쿠르트 퐁거를 언제나 이스라엘 첩자로 봤다고 썼다.[10] CIA는 퐁거를 소련 첩자, 비젠탈을 이스라엘 첩자로 봤다. 비젠탈이 회틀을 CIC로 연결시키려 했다는 소문도 있다.[11] 서독 첩보 기관에는 회틀을 조심하라는 경고가 들어왔다.[12] 반면 하인츠는 그가 "예의 없고 비겁"하지만 일시적으로는 필요한 인물이라 생각했다가[13] 나중에는 결국 그를 포기했다. 앞서 말한 그 편지를 보내고 한 달여 뒤 비젠탈은 독일 주간지 『슈피겔』이 CIA의 자료를 갖고 회틀과 마스트 둘 다를 공개해버려 그 후 어떤 첩보 기구에도 무용하도록 만들었음을 알았다.[14] 이를테면 회틀이 결국 소련 첩자가 될 것이라든가 아니면 비젠탈 같은 이스라엘 첩자들을 위해 일할 것이라는 두려움이 너무 컸다.

이름도 많이 나오고 연결도 복잡해 전체를 조망할 수 없고 혼란스럽다는 인상이 생길 수 있다. 이는 전후 첩자들의 상황, 특히 4대 열강의 관리를 받고 있던 오스트리아에서는 일반적인 양상이었다. 첩자들은 서로 아주 잘 알면서 동시에 서로를 의심했다. 그들 중 둘이 함께 커피를 마시면 제3의 인물이 항상 이를 감시했으며 또 제4의 인물은 그 세 사람의 주변 모두에 잠입해들어간 상태였다. 마치 간첩 장비를 갖추고 벌이는 거대한 아이들 생일 파티 놀이 같았다. "서로 속고 속이며 파악하기 어려운 관계들이 뒤섞인 상황에서 마스트로 하여금 비젠탈에게 아이히만이 아르헨티나에 살고 있다는 정보를 흘릴 어떤 이유가 있었음은 충분히 상상할 수 있는 것처럼 보인다"[15]고 톰 세게브는 정확히 지적했다. 모자이크 조각으로 또 다른 이유를 그려낼 수도 있다. 이를테면 빌헬름 회틀은 나중에 자신이 바로 비젠탈을 염두에 두고 마스트에게 편지를 보낸 바로 그 오스트리아 친구라고 주장했다.[16]

그게 사실이라면—그렇게 여길 근거가 있다—정보는 결국 스스로 아이히만의 친구라고 주장한 인물에게서 발원한 셈이다.[17] 회틀과 아이히만의 관계는 복잡했다. 둘의 관계를 이해하는 것은 그 상황만이 아니라 홀로코스트의 역사 서술을 이해하는 데도 반드시 필요하다. 회틀은 아이히만을 심판한 재판의 핵심 증인 중 한 명이었고 아울러 대량학살의 주요 증인이었다. 회틀은 1944년 헝가리에서의 아이히만의 대화를 언급한 바로 그 인물이다. 그 유명한 대화에서 아이히만은 희생자가 총 600만 명일 것이라고 말했다고 전해진다. 순식간에 회틀을 유명하게 만든 것은 바로 그 증언이었다. 회틀 스스로도 그런 유명세를 누리고 싶었고 기회 있을 때마다 이를 강화했다. 마치 자신은 그것을 알 수밖에 없는 운명을 타고났다는 식으로 말하고 다녔다. 마스트가 비젠탈에게 그 밀고성 편지를 슬쩍 건넨 직후에 회틀은 잘츠부르크 소재 미국 방첩부대에 체포된 상황을 이용해 재차 자신의 특별한 역할을 내세웠다. 『슈피겔』은 인터뷰를 다음과 같이 논평했다. "(아이히만이 회틀에게 한) 그 말이 나치가 살해한 유대인의 수가 600만이라는 사실을 뒷받침해줄 유일하게 신빙성 있는 근거다."[18] 아이히만이 회틀에게만 그 숫자를 말한 것은 아니기 때문에 그 논평이 완벽하게 정확하지는 않다. 하지만 그것은 회틀의 자기과시와는 잘 어울린다. 전후 아이히만과 회틀은 서로 떨어질 수 없도록 대극점에서 마주보고 선 듯했다. 아이히만은 회틀로 인해 특별한 내부 정보를 가진 범죄자로 만들어졌고 회틀은 아이히만에 대한 이야기를 함으로써 여러 곳에서 각광받는 인물이 되었다. 그럼에도 불구하고 둘의 사적 관계는 결코 그런 대립각으로만 규정되지 않는다.[19]

회틀은 아이히만보다 아홉 살 어리다. 둘은 회틀이 유대인 추방 작업을 위해 1938년 3월 빈에 왔을 때 처음 안면을 텄다. 회틀은 보안국 빈 지부의 유대인과 과장이었다. 아이히만은 폐쇄된 유대인 시설들의 열쇠가 필요할 때면 회틀에게 요청해야 했다. 회틀이 그 열쇠를 보관하고 있었기 때문이다. 당시 둘은 업무로든 개인적 용무로든 자주 만났다. 아이히만은 회틀의 지적 수준을 높이 평가했고 그와의 담화를 기억했다. 그 뒤 둘은 만나기가 쉽지 않았다. 왜냐하면 회틀이 빈에 더 머물렀고 기껏해야 한 달에 한 번 정도 제국보안중앙청(제6국)에 보고하러 왔기 때문이다. 1943년 회틀은 제국보안중앙청으로 발령났지만 베를린에 오래 머물지 않았고 빈으로 되돌아가고자 했다. 1944년 3월에야 비로소 헝가리에서 둘의 관계는 다시 긴밀해졌다. 둘 다 그곳으로 발령났기 때문이다. 둘은 임무가 달랐다. 아이히만은 수십만 명을 사지로 모는 일을 맡았고, 회틀은 대외정보국의 명으로 제국 전권 위임자인 에드문트 베젠마이어의 보좌관으로 발령받았다. 회틀은 사망자 수를 베를린에 전달했다. 나중에 아이히만과 칼텐브루너는 회틀이 당시 상황을 가장 잘 파악하고 있었다고 말했다.[20] 1944년 말 아이히만은 베를린으로 돌아왔고 1945년 4월에야 비로소 알타우제에서 회틀을 다시 만났다. 전후 그들이 한목소리로 주장한 사실은 자기네 둘이 정말로 친했다는 점이다. 심지어 둘은 생일도 같았다. 회틀의 매형은 바로 아이히만이 아꼈던 오스트리아 출신 부하 직원 중 한 명인 요제프 바이슬이었다. '도플의 유대인 황제' 바이슬은 아이히만이 처음 세운 유대인 수용소의 소장을 맡았다가 프랑스에서 수송 전문가로 눈부신 활약을 펼쳤다. 하지만 나중에 그는 자신이 아이히만의 '운전수'에 불과했다고 주장했다. 떠벌리기 좋아하는 바이슬은 처남에게 항상 아이히만의 활동에 대해 이야기해주었다. 하지만 회틀은 자신을 아이히만의 범죄에 대한 주요 증인으로 교묘히 내세움으로써 나머지 모든 것을 시야에서 사라지게끔 만들었고 의도적으로 허위 정보를 퍼트림으로써 오늘날까지 1938년부터 빈과 나중에 헝가리에서의 자기 활동을 재구성하는 것을 불가능하도록 만들었다. 그 대신에 그는 자신을 저항 투사로 만들었고 시종 자신이 알 수 없고 그렇기에 당연히 진실도 아닌 여러 얘기를 조합해 아이히만의 이미지를 만들어냈다. 회틀은 자신이 알고 있는 유대인 절멸에 대한 정보와 다른 이들로부터 확보한 아이히만의 도주에 대한 소식을 이용해 내부 소식통이라는 명성을 획득했다.[21] 회틀이 아이히만의 도주 정보를 알려준 것은 1953년이 처음은 아니었다. 물론 그 전에는 도주 지역을 근동이라고 잘못 알렸다.

회틀은 강렬한 진실에의 욕구나 정의감으로 움직이지 않았다. 이를테면 발터 셸렌베르크와 에른스트 칼텐브루너같이 자신과 아주 친했던 사람들에 대해서 회틀은 완전히 침묵하거나 과하게 거짓말을 했다. 특히 회틀은 옛 동료 중 일부에게 계속 죄를 덮어씌움으로써 친구들과 자신을 보호했다. 그 과정에서 그는 아이히만을 가장 높이 올려버렸다. 회틀은 남은 생애 동안 자신이 만든 아이히만 이미지를 가공하고 퍼뜨리는 데 정력을 쏟았다. 이때 그는 첩보 기관들과 접촉하면서 아주 교묘히 행동했고 역사가나 언론인 또는 영화 제작자들에게도 영악하게 응대했다. 오스트리아 전통 의상을 걸치고 알프스산을 배경으로 여유만만하게 미소를 머금고 아이히만 관련 에피소드들을 들려주며 비밀을 누설하는 유쾌한 남자 회틀은 오늘날까지 텔레비전 다큐멘터리에 상습적으로 등장하는 인물이다.

전쟁 때 그를 알고 지낸 한 친구는 이미 직업적으로 증언하는 그에게 미디어가 매달리는 것을 보고 "회틀빠"라고 불렀다.[22]

회틀은 가짜든 진짜든 정보를 이용해 "증인"이라는 자기 명성을 확고히 했을 뿐만 아니라 그것으로 여러 첩보 기관과 활발히 협상을 벌였으며 직접 작가로 나서서 이를 가공하기도 했다. 그는 이미 1950년에 발터 하겐이란 가명으로 『비밀 전선: 독일 첩보 기관의 조직, 직원과 활동Die geheime Front. Organisation, Personen und Aktionen des deutschen Geheimdienstes』을 발간했다.[23] 이 책은 독일 첩보부의 시각에서 판타지로 가득 채운 섹스와 범죄 이야기였다. 몇몇 외국어로도 번역되어 꽤 읽혔다. 아르헨티나에서 이 책은 비판을 받았고 두려움을 불러일으켰다. 가명의 실제 주인이 누구인지는 이미 다 알려져 있었다. 회틀의 장광설은 장시간의 토론거리가 되었고 심지어 사선 서클에서는 초빙 강좌의 주제가 되기도 했다. 회틀의 책은 비젠탈이 예루살렘 무프티에 대해 서술한 책을 빼면 처음으로 아이히만의 상관 하인리히 힘러와 라인하르트 하이드리히, 하인리히 뮐러(게슈타포)와 '유대인문제과'를 다룬 것이었다. 아이히만은 회틀의 책에서 자신이 "하이드리히의 무자비한 인간 멸시와 파괴에 기초해 비밀 지배를 수행하는 소집단의 일원이고 그 소집단은 하이드리히의 명을 받들어 사실상 단독으로 "끔찍한 일인 유대인 문제의 최종해결"을 수행했다고 서술되었음을 알게 되었다.[24] 그는 회틀이 내부 이야기, 특히 자신이 빈과 베를린과 헝가리에서 회틀에게 해준 험담과 뒷담화를 온 세상에 떠벌리며 팔아먹고 있음을 간파했다.[25] 회틀이 다른 사람들에게 피해를 주면서 베스트셀러 작가로 출세하는 동안 아이히만은 유럽의 절반을 가로질러 아르헨티나로 피신했다. 옛 동지에 대해 우정을 느꼈다면 그렇게 하지는 않았을 것이다.

1953년 여름 비젠탈이 봤다고 하는 회틀의 편지는 지금도 다시 나타나지 않았다.[26] 회틀도 마스트도 편지를 다른 사람에게 줘버리거나 복사본을 배포하지는 않았을 것이다. 사실 1960년 이후에는 그 편지의 대가로 꽤 많은 돈을 받을 수 있었을 것이다. 가짜 편지가 아니고 두 사람 다 편지가 발견되는 것을 두려워하지 않았다고 가정하면, 편지가 발견되지 않은 이유는 그 안에 담긴 다른 내용 때문일 것이다. 즉 편지는 아르헨티나에 거주하는 다른 사람들의 이름도 담고 있었음에 틀림없다. 최소한 발신자의 이름은 적혀 있었을 것이다. 마스트와는 달리 회틀은 아르헨티나에 사는 사람으로부터 그런 편지를 받을 만큼 유명했고 존경도 받았다. 이를 잘 보여주는 것은 자신과 잘 지냈던 옛 나치 동료들의 소재지를 회틀에게 문의하는 경우가 많았다는 사실이다. 1953년 회틀은 심지어 페루로 도주한 옛 동료이자 위조 전문가인 프리드리히 슈벤트와 함께 스위스-남아메리카의 연결 사업을 구상하기도 했다.[27] 1953년 회틀에게 편지를 보낸 사람이 누구였든 간에 그는 회틀이 어떤 인물인지를 잘 알고 있었다. 회틀은 바로 그런 정보로 돈을 벌었고 그렇기에 비밀을 헌신짝처럼 내버리는 인물이었다. 회틀은 첫 번째 책을 발간하기도 전에 이미 나치 서클에서 변신에 능한 위험인물로 찍혔다. 그가 전후에 배신을 무기로 출세했다는 사실을 모르는 사람은 없었다. 옛 동료들이 보기에 회틀은 연합국에 매수되었다. 오토 스코르체니 같은 사람들은 회틀이 "600만 명이란 숫자의 창안"자이고 그렇게 한 이유는 순전히 기회주의 때문이라고까지 주장했다.[28] 회틀의 책과 신문 보도를 보면 누구나 회틀에게 어떤 기밀 정보가 알려질 경우 이는 광고탑에 걸리는 것이나 다름없다는 것을 알 수 있었다. 회틀에게 아이히만의 거처를 알린 사람은 분명 자신이 아이히만을 밀고했음을 알고 있었다.

정보 제공자로 여러 사람이 거론되었다. 아돌프 아이히만의 가족들은 처음부터 한 사람을 염두에 두었고 (그 편지를 몰랐지만) 그를 배신자로 여겼다. 헤르베르트 쿨만이었다. 그는 아이히만과 함께 아르헨티나로 건너왔다. 클라우스 아이히만은 1966년에 "우리 아버지가 그 사람의 여행 경비를 지불했어요. 그런데 그가 아버지를 배신했죠. 그 사람은 여기저기에 '클레멘트를 조심하세요. 실은 그가 아이히만이에요. 아이히만은 나쁜 놈입니다'라고 떠들고 다녔어요"라고 말했다.[29] 어법이 유사한 것이 인상적이다. 하지만 쿨만이 그렇게 거친 말로 아이히만의 아르헨티나 거주를 알리며 그를 배신할 유일한 사람은 아니었다. 이미 1953년 다른 경로로도 정보가 알려졌다. 아이히만은 점점 더 조심성을 잃었을 뿐만 아니라 그의 정체를 아는 지인들이 다시 독일로 돌아가기도 했다. 그런데 독일로의 귀환이 꼭 사적인 이유에서만은 아닌 경우도 있었다.

독일과 아르헨티나의 관계

1950년대 초 뒤러출판사 사람들은 서독의 정세를 그저 감상적인 기분으로 보지만은 않았다. 그들이 정치적 야심을 갖고 있다는 사실은 『길』에 실린 글에서 잘 볼 수 있었다. 『길』의 기고문들은 주로 신생 서독 민주주의를 분석하는 데 매달렸다. 잡지의 주역들은 어떤 나라, 이를테면 아르헨티나에서 특별한 독일인 이주민 공동체를 만들려 한 것이 아니라 다른 독일을 되돌려 갖기를 원했다. 그들은 독일 정치에 개입하고자 했고 독일 독자들을 염두에 두고 잡지를 만들었다. 그런 생각은 예나 지금이나 엉뚱해 보인다. 하지만 사선과 루델, 프리치 등은 모두 독일에서 혁명이 일어나도록 조장하고 싶었다. 그들의 민족사회주의 지향은 특히 다음과 같은 모순에 처해 있었다. 그들은 서독의 서방 통합과 재무장, 미국에 반대했고 그 모든 것을 지지하는 인물인 콘라트 아데나워 총리에 반대했다. 그들은 '자유와 질서 월보'(『길』의 새 부제)를 발간하는 것으로 만족하지 못했다. 그들은 독특한 방식의 자유에 기초한 아주 새로운 질서, 즉 '새로운 독일의 건설'을 원했다. 심지어 그들은 잠시 독일 망명정부를 구상하기도 했다.[30]

아르헨티나에서 잘 적응해 살던 인물들이 이성적으로 납득하기 어려운 행동을 펼친 것이다. 그것을 면밀히 살펴보면 그들의 정치적 야심을 자극한 요인이 따로 있었음을 발견하게 된다. 즉 12년 동안 세계를 완전히 흔들어놓았던 독일제국 정치의 일부를 담당했기에 미래 세계의 엘리트라는 망상에 빠진 사람은 평범한 삶에 만족하기가 몹시 어려웠다. 한스 울리히 루델은 사선의 도움으로 다음과 같이 인상적인 말을 했다.

물질적인 면에서 보면, 패전으로 타격을 받은 수백만의 우리 동포들보다 우리는 분명 더 잘살고 있다. 하지만 (짧은) 몇 년 안에 만나는 사람의 범위가 이렇게 줄어들 수 있나? 나는 과거의 시간들을 회고하지 않을 수 없다. 히틀러와의 마지막 대화, 전쟁 말기 몇 달 동안 항상 우리를 감싸고 맴돌던 생각들, 내 생애 전체를 지배했던 위대한 목표, 조국의 영광과 안위에 대해 생각한다. 그러다 지금 내 삶을 보면 너무나 초라하고 의미가 없다. 도대체 갑자기 변해서 어떻게 자기 자신과 주변의 작은 모임과 동료만 생각하며 지낼 수 있을까?[31]

종전과 피난으로 인해 그들은 일상으로 돌아갔다. 일상은 그들에게 정상적이지 않고 하찮아 보이기만 했을 뿐이다. 부에노스아이레스에서 차분히 망명생활을 하며 계속 세계 지배라는 망상을 하며 살기는 쉽지 않았다. 그들에게 그 변화는 너무나 버거웠다. 아직 젊었기 때문이다. 그들이 한창 출세할 나이에 전쟁이 끝나버렸다. 루델은 1916년생, 사선은 1918년생, 프리치는 1921년생이었다. 아이히만은 당시 사십대 중반으로 오히려 나이가 많은 축에 들었다. 반면 서독에서는 일흔 살이 넘은 인물이 총리로 선출되었다. 그들이 보기에 그 모든 것은 바이마르 공화국 시절을 연상시켰다. 그때 이미 "젊은 사람들"은 늙은 대통령 힌덴부르크로부터 권력을 찬탈했고 혐오 대상인 민주주의를 파괴하는 데 성공했다. 그들은 바로 그 일을 다시 하고 싶었다. 그들은 민족사회주의를 아직 완수하지 못한 자신들의 과업이라고 봤다.[32]

제2차 '권력 장악'을 꿈꾸는 이들이 아르헨티나에만 있었던 것은 아니다. 1950년대 초 영향력 있는 극우 세력들은 모두 조직을 키우려고 힘을 썼다. 가장 유명한 예는 선전부 장관 요제프 괴벨스 휘하에서 차관을 역임했던 베르너 나우만을 비롯한 그룹이었다. 그들은 노르트라인-베스트팔렌주 자민당을 장악하려 시도하고 음험한 정치 노선을 추구했을 뿐 아니라 1952년 즈음에는 여타 유럽 국가의 파시스트들과 접촉했다. 그 네트워크에 등장하는 주요 인물은 에버하르트 프리치의 기고자와 연락처 명단에 등장하는 사람들, 즉 영국인 오스월드 모슬리, 프랑스의 모리스 바르데슈였다. 같은 시기에 뒤러 서클도 독일에서 정치적 영향력을 높이려고 노력하며 우선 사회주의제국당SRP과 접촉했다. SRP는 오토 에른스트 레머와 순수 민족 지향 작가인 프리츠 도를스 중심의 민족사회주의 정당이었다. 둘은 역사를 크게 왜곡하는 과격한 반유대주의자였다.[33] 히틀러가 사용한 방법에 대해서는 좀 비판적이었지만 '유대인 문제 해결'은 SRP의 강령에 포함되었다. 당장의 목표는 눈앞의 1953년 총선에서 많은 득표를 해 아데나워의 승리를 막고 보수 진영에서 영향력을 높이는 것이었다. 뒤러 서클 사람들과 레머와 동료들은 서독 주민의 다수가 내심 우파이고 그렇기에 분명 자기들 편일 것이라고 봤다. 주 의회 선거에서 처음으로 성공하면서 희망은 커졌다.[34] 이미 1951년에 극우 잡지 『길』과 1951년 창간된 『유럽 민족』은 두드러지게 협력했다. 당시 빌럼 사선이 미국을 모독하고 재무장으로 『유럽 민족』의 구독자가 늘어나자 『슈피겔』을 포함한 독일 언론은 그들을 주목했다.[35] 아르헨티나와 괴팅겐의 플레제출판사 사이의 접촉도 확인되었다.[36] 베르너 나우만은 그 출판사에서 정력적으로 일했다. 기고자들에게 보낸 편지에서 밝혔듯이, 아마도 프리치는 신문 발행인 카를-하인츠 프리스터를 개인적으로 만나 향후 발전을 모색할 요량으로 독일에 다녀왔던 듯하다.

1952년 여름 아르헨티나의 일부 회원이 서독을 여행했다. 협력 관계가 긴밀해졌고 프리치의 네트워크에 긍정적인 결과를 낳았다. SRP 당원들의 연락망이 『길』 정기 구독자 명부에 통합되었다. 이는 단순히 3000명의 구독자를 새로 확보한 것만이 아니라 '서클'의 신입 회원 3000명을 확보한 것이었다. 그들은 처음부터 정치적 성공을 지향했다. 특히 전쟁 영웅 한스-울리히 루델은 선거에서 당선 가능성이 높은 후보로 여겨졌다. 그가 서독 지역을 몇 차례나 다니자 헌법수호청은 감시에 나섰다.[37] 심지어 신문 보도에 따르면 헌법수호청의 감시 명단에 올라 있는 에버하르트 프리치도 독일로 밀행을 다녀왔다[38]고 한다.[39] 확인된 사실은 프리치와 친한 직원인 디터 폴머가 독일로 완전히 귀국해서 뒤러 서클과 긴밀히 연락을 주고받았다는 것이다. 폴머는 프리치의 계획과 활동을 잘 알았다.[40] 독일을 방문한 그들은 최소한 아돌프 아이히만이 아르헨티나에 거주한다는 사실을 알고 있었다. 동지들을 감화시키려는 사람들은 특별한 접촉을 숨기기가 매우 어려운 법이다.

SRP는 위헌으로 해산을 선고받았고 레머는 7월 20일 저항단에 대한 명예훼손으로 연방 의회 선거 전에 유죄를 선고받았다. 그러자 독일계 아르헨티나인들은 하노버에서 등장한 비민주적인 독일제국당DRP에 희망을 걸었다. 독일제국당은 시장경제에 반대하지 않았다. 이는 열심히 경제활동에 매달렸던 그 이민자들에게도 부합했다. 루델의 새 동료는 아돌프 폰 타덴이었다. 그는 프리치만큼 젊고 전후에 가장 활발히 나섰던 나치들 중 한 명이었다. 폰 타덴은 나중에 민족민주당NPD의 성장에 크게 기여하게 된다. 1952년 12월 그는 이미 루델을 만났고 1953년의 후속 여행 경비를 대주며[41] 독일제국당의 선거운동을 돕도록 했다. 레머와 마찬가지로 타덴은 루델이 옛 민족사회주의의 영광을 재현해줄 것을 기대했다. 루델은 일간지 『프랑크푸르트 룬트샤우』가 "잠입 계획을 수행하는 네트워크의 책임자"[42]라고 부른 베르너 나우만을 한번 만나고는 감화를 받아 그를 정치 자문관으로 발탁했다. 나우만 또한 독일제국당에 가입했다. 하지만 아르헨티나에서 역수입된 인물에 대한 타덴의 평가는 냉정했다. "그는 개인적으로는 아주 훌륭한 사람처럼 보여요. 그런데 독일 정치와 관련된 그의 견해 중 상당 부분은 완전히 잘못됐습니다. 그건 분명 그가 늘 특정 종류의 옛 동지들과만 어울리기 때문에 생겨난 것입니다." 그 나름으로 독일의 미래에 대해 독특한 꿈을 꾸었던 타덴은 "일종의 진정한 민족운동을 조직하"려는 루델의 구상에 있어 당혹스러웠다. 타덴이 보기에는 서독 신생 민주주의에 잠입하고 정당을 통해 나치들이 정부에 입각하는 것이 현실적인 목표였다. 성마른 루델에게 그것은 "너무나 소박"해 보였다. 하지만 타덴도 "루델의 흡인력"을 알고 있었고 그의 추진력을 감지했다. "루델은 어쨌든 정치적 야심이 셌고 독일에서 위대한 역할을 수행하고자 했다."[43] 게다가 타덴은 뒤러 서클의 물적 기반이 마음에 들었다.

타덴이 후에 남긴 기록을 보면, 두 사람이 만났을 때 루델은 매우 당당하고 거침없이 자기 야심을 떠벌렸음을 알 수 있다. 타덴은 아이히만이 체포되기 훨씬 전부터 그가 아르헨티나에 살면서 뒤러 서클과 연결되어 있다는 것을 알았다.[44] 루델은 독일제국당의 후보로 올랐지만 성과는 없었다. 왜냐하면 루델은 선거권 구비의 형식적인 요건조차 갖추지 못했고 분명한 어조의 나치 연설로 인해 거듭 선거운동 금지 조치를 받았기 때문이다. 연방헌법수호청이 1950년대 초 루델과 프리치에 대해 작성한 자료 파일은 아직 열람할 수 없다. 어쨌든 그중 일부는 곧 "기록원 소장" 등급으로 처리될 것이다. 외무부도 새로 급부상한 그 우파의 동태를 살폈다. 루델과 프리치가 이미 1950년부터 남아메리카를 두루 여행하며 '동지회' 결집에 나섰고 혁명의 도래를 선전하고 다녔기 때문이다. 칠레 서독 대표부는 나치에의 향수를 공개적으로 드러내는 이가 너무 많아 독일의 이미지가 손상될 것이라는 우려를 전달했다. 부에노스아이레스 주재 서독 대사관의 대답은 안도감을 주는 것이었다. 그들의 보고에 따르면, 1953년 말 아르헨티나에는 50명 내지 100명 정도의 독일 이주민이 있지만 하찮은 존재들이라 전체 수를 헤아리거나 언급 대상이 될 만하지 않았다.[45] CIA의 생각은 달랐다. 같은 해 아르헨티나 주재 독일 민족주의자나 네오나치들의 활동에 대해 그들은 58쪽의 보고서를 남겼다.[46] 서독 첩보 기관의 보고서 분량이 얼마나 되는지 우리는 아직 모른다.

1950년대 초 나치와 여러 종류의 파시스트들의 활동이 만국 나치들의 거대한 음모처럼 보이지만 실제로는 그렇지 못했다. 외적인 면만 보면 상황은 나치들에게 나쁘지 않았다. 연합국이 계몽과 '재교육' 조치로 달성하고자 했던 민주주의 합의는 전후 몇 년 동안 서독 사회에서 자리잡지 못했다. 그럼에도 불구하고 체제 전복의 꿈을 가진 옛 나치들은 전후에 환영받지 못했다. 주요 인물들을 살피면 이유를 잘 알 수 있다. 민족사회주의 인터내셔널이란 말이 그 자체로 모순이라는 사실을 빼고 보더라도 그들은 출신이 너무 달랐다. 그들은 같이 음모를 꾸미고 싶었지만 맹세할 내용이 없을 뿐만 아니라 투쟁 대상을 넘고 옛 시절에 대한 서로 다른 기억을 넘어서서 서로를 묶어줄 목표를 갖지도 못했다. 결국 그들은 과거 이미지만 붙들고 있는 음모가들에 불과했다. 바로 그랬기 때문에 그들은 현 세계를 전복할 어떤 실천적인 구상도 갖지 못했다. 그저 애도 공동체만으로는 실제적으로든 잠재적으로든 유권자들에게 본인들 힘에 대한 신뢰를 만들어낼 수 없다.

그렇지만 아르헨티나로 망명한 나치들은 독일 및 오스트리아와 다양한 연결을 유지했다. 그것은 멋진 우표를 붙인 항공 우편 송부에 한정되지 않았다. 정보 장사꾼 회틀이 아니었더라도 또는 그가 첩보 기관과 접촉하지 않았더라도 이미 1953년에 아이히만의 은신처와 페론의 상수도 프로젝트에 대해 아는 사람들에게 탐문하는 일은 가능했다. 겔렌청이 1952년의 신고를 따라 직원을 보내 조사했다면 그 신고에는 언급되지 않았던 아이히만의 직장도 알아낼 수 있었다. 서독 기관들은 루델과 프리치의 야망에 짜증이 났다. 그것만으로도 그들은 아르헨티나에 누가 있는지를 최소한 알기는 했을 것이다. 그런 정보를 얻는 데 마스트나 회틀에게 돈을 많이 지불할 필요도 없었을 것이다.

은쟁반의 아이히만

아이히만의 체류지 정보가 어떤 연유로 회틀과 마스트에게 전달됐든 간에 그들이 그 정보를 하필이면 지몬 비젠탈에게 흘린 일은 계속 궁금증을 유발한다. 1953년 초 회틀이 그 정보로 무엇을 원하는지는 잘 알려졌다. 게다가 첩보 기관과 연락하는 사람이라면 누구나 우표수집가 지몬 비젠탈이 어떤 인물인지 잘 알고 있었다. 비젠탈은 열정을 다해 나치 추적에 매달렸고 이미 1947년 린츠에 '유대인 다큐 센터'를 건립했으며 미국과 이스라엘 첩보 기관과 각기 따로 접촉했다. 회틀과 마스트는 자신들이 하고자 하는 일, 즉 아돌프 아이히만을 날려버리는 일이 무엇을 뜻하는지 너무나 잘 알고 있었다. 상수도 공사에 대한 정보는 아주 정확해서 부에노스아이레스에서 두세 번만 물어봤어도 CAPRI에 알려졌을 것이다. CAPRI는 아르헨티나의 가장 큰 프로젝트 중 하나에 참여했기 때문이다. 아이히만을 찾는 데 실패한 이유는 인습적인 반유대주의와 민족사회주의 사상에 빠져 비젠탈의 영향력을 과장했던 탓이다. 유대인의 세계 음모를 믿으면 '그 유대인'은 단수가 아니라 항상 복수로 간주되기 마련이다.[47] 민족사회주의 사유에서는 골목 귀퉁이의 유대인 소매상도 유대인 대규모 조직이 실제 행사하는 영향력 이상을 가지고 있다고 간주된다. 게다가 '그 유대인'은 세계 지배와 복수에밖에 관심이 없다고 여겨졌다. 외부에서 보면 "유대인"에게 유대인의 적 아돌프 아이히만을 은쟁반에 담아 갖다 바친 꼴이었다. 1953년에 누가 도대체 그런 일에 관심을 가졌을까라는 질문이 생겨나는 것은 당연하다.

다른 사람에게 해를 끼치려면 불안이나 복수, 혹은 다른 사람의 고통을 보고픈 욕망 등의 사적인 동기가 숨어 있기 마련이다. 회틀은 아이히만이 600만 명의 유대인 학살을 언급한 것을 공표했기에 아이히만이 자신을 죽여버리겠다고 말한 것을 잘 알고 있었다. 하지만 아이히만은 아주 먼 곳에 살고 있었다. 또 그런 협박이 회틀에게는 특별한 것이 아니었다. 연합국에 협력한 그에게는 이미 적이 많았기 때문이다. 사선 서클 참여자 중 한 명인 랑거 박사는 1945년 5월 이미 빈에서는 회틀을 겨냥한 위협적인 소리가 사방에서 터져 나왔다고 말했다. "도처에서 회틀을 증오하는 목소리가 높았습니다. '그놈을 찾으면 죽여버리겠어'라는 말을 여러 명한테 들었어요."[48] 빌헬름 회틀은 자신의 증언으로 아이히만을 곤경에 빠뜨리는 것을 무척 즐겼으며 아이히만이 처형된 후에는 심지어 그의 명성을 부러워했다. 하지만 증오만으로 그런 행동을 했으리라 보기는 어렵다. 회틀, 또는 회틀에게 그 정보를 알린 사람이 누구든 그에게 아이히만의 은신처를 알리는 게 중요했다면 편지 복사본을 여러 장 만들어 세계 언론에 배포하면 그만이었다. 우리가 아는 한 회틀과 마스트는 1953년 비젠탈 외에는 다른 누구에게도 그것을 보여주지 않았다. 독일 첩보 기관들이 자료를 철저히 밀봉하고 있기 때문에 우리는 전체 사정을 잘 모른다. 회틀과 마스트가 겔렌청과 하인츠청, 헌법수호청 등이 아무것도 모르도록 하거나 심지어 연루되지 않도록 하거나 최소한 나중에도 이에 대해 모르도록 하면서 그렇게 했을 가능성이 있는지는 추측만 할 수 있을 뿐이다.

무한정 큰 야심을 가진 사람들이 그렇게 하는 이유 중 하나는 당연히 첩보활동과 관련해 명성을 높이려는 욕구 때문이다. 전범을 찾는 데 도움을 주어 점수를 따길 원했다면 가장 먼저 서독 첩보 기관이 고려 대상이 되었을 것이다. 물론 미국과 서독 첩보 기관에서 회틀은 평판이 전혀 좋지 않았다. 따라서 우회로가 필요했다. 이미 1952년 11월에 회틀은 연방헌법수호청의 요주의 인물 후보군에 올랐다. 독일과 미국의 첩보 기관 모두 회틀을 신뢰할 수 없는 인물이라 여겼다. 회틀이 계속 가짜 정보를 만들어냈기 때문이다.[49] 물론 이스라엘의 정보원으로 보이는 인물을 이용하는 우회로는 매우 복잡하게 여겨졌을 것이다. 돈 욕심이 동기가 되기는 어려웠다. 편지는 매매되지 않았다. 어쨌든 비젠탈은 10만 달러나 되는 돈을 지불하지 않았고, 사실 그만한 돈도 없어 그렇게 할 수도 없었다. 다른 쪽에서 마스트와 회틀에게 돈을 지불하고 그렇게 하도록 했다고 하더라도 대체 누가 어떤 이유에서 아이히만의 소재지가 공개되는 것에 관심을 가졌을지는 여전히 의문이다. 마스트와 회틀, 또는 그들의 배후 인물들은, 유대인 세계 음모를 믿는 사람들이 모든 유대인의 우두머리라고 간주한 나훔 골드만으로부터 무엇을 기대했을까? '유대인들'이 무엇을 할 수 있었을까? 오늘날의 관점에서 보면 두 가지 시나리오가 가능하다. 당시 활동했던 유대인 복수단 중 한 명이 아이히만을 쥐도 새도 모르게 살해하는 것이 그 하나였다. 아니면 나중에 실제로 그랬듯이 재판을 여는 것이었다. 후자는 아이히만이 자기 은신처가 발각된 것을 알고 새 은신처를 찾는 일에 성공하지 못한 조건에 한해서였다. 희생자 집단인 유대인을 빼면 누가 그 두 가지 대안에 관심을 가질까?

회틀은 자신이 아이히만에 대해 직접 증언할 수 있는 유일한 사람임을 알고 이를 활용했다. 그를 조용히 제거하는 것은 이로써 유대인 절멸에 대한 정보가 지구상에서 사라지는 것을 원할 때만 의미가 있을 것이다. 아이히만이 더 이상 말하지 못하도록 유대인들이 그를 제거하는 것, 다시 말해 더러운 일을 해결하는 길에는 심각한 난점이 있었다. 그렇게 한다면 그 전에 아이히만이 언급한 숫자가 사실이라는 것을 수용해야만 했다. 어떤 사람을 영원히 침묵시키는 것이 의미 있으려면 그가 뭔가 불편한 사실을 말한다고 믿는 게 필요하다. 1953년 독일과 오스트리아에서 그것을 믿는 사람은 극히 적었다. 특히 회틀은 전혀 믿지 않았다.[50]

오늘날 우리가 1950년대 초 사람들이 나치 범죄에 대해 무엇을 알고 있었으며 무엇을 알고자 했는지를 상상하기란 쉽지 않다. 사실상 그들은 당시 어떤 것도 알지 못했다. 재건과 갱신의 와중에 독일과 오스트리아에서 유대인 절멸에 대해 그래도 관심이 있었다면 이와 관련된 거의 모든 정보는 신문 보도, 다시 말해 전범 재판 보도를 통한 것이었다. 전쟁에 패한 국가에서 열리는 그 재판들이 긍정적인 반응을 불러일으키지 않은 것은 당연했다. '승자 재판' '선전-증언' '흑색선전' '집단 책임' '복수 심판' 등의 용어가 퍼졌고 '600만 명'이라는 숫자는 상상조차 하기 어려워 조금이라도 이해가 되도록 하려면 증거나 설명이 필요했다. 하지만 1953년에는 설명과 증거가 전혀 없었다. 왜냐하면 히틀러와 나치즘에 대해서는 책들이 발간되기 시작했지만 당시 아직 유대인 절멸을 다룬 저술은 전혀 존재하지 않았기 때문이다. 종전 8년이 지나면서 대량학살을 파악할 수 있는 유일한 방법은 재판 기록을 살펴보는 것이었다. 적어도 그것을 열람할 수는 있었기 때문이다. 그런 상황에서 가장 손쉬운 대응은 불신과 억압이었다. 심지어 공범들조차 "사실 정확한 것은 아무도 몰라요"라고 말하면서 안도했다. 그런 상황에서 홀로코스트를 부인하는 사람들은 손쉽게 우위를 점할 수 있었다.

오늘날 우리는 도서관을 꽉 채우는 아주 잘 편집된 자료집과 전문 도서 그리고 감당할 수 없을 정도로 많은 사진 자료는 말할 것도 없고 수용소장 회스의 진술, 반제회의록, 특공대 사령부의 보고서, 수용소에 대한 서술들, 사망 통계와 아이히만의 진술 등을 열람할 수 있다. 하지만 1953년에는 뉘른베르크 재판을 빼면 그 어떤 책도 없었다. 오직 모든 것을 상대화하고 부인하는 가해자이자 그 상황을 잘 아는 사람들 그리고 아직 자기 목소리를 되찾지 못한 생존자들뿐이었다. 신생 서독 국가의 대표들도 나치 범죄에 대해서는 암기해서 내뱉는 뻔한 말이나 정치적 올바름에 따른 언어, 즉 다만 뭐라고 말해야 할지를 알긴 하나 실제 그것이 무엇을 뜻하는지는 제대로 모르는 그런 말들만 내뱉었다.[51] 직접 범죄에 가담했기 때문에 무슨 일이 있었는지를 잘 아는 이들을 빼면 대부분의 사람은 아직 아이히만이 어떤 더 끔찍한 일을 발설할지, 즉 더 끔찍한 증언으로 자신들을 놀라게 할지를 잘 몰랐다. 그런 증언을 숨겨야 하는 이유를 왜 따져봐야 하는가? 아이히만이 다른 이름을 발설하기 전에 그를 제거하려는 생각이 드는 이들은 공범임에 틀림없다. 하지만 아이히만으로 하여금 평화롭게 투쿠만 산악에서 말을 타며 돌아다니도록 내버려두지 않고 그를 배신하는 것은 분명 위험한 일이었다.

완전히 다른 이야기를 진실이라고 고집하며 나치의 과거사를 격렬히 부인하는 이들은 상황을 전혀 다르게 봤다. 『길』의 저자들과 장군 경력을 보유한 오토 에른스트 레머를 비롯해 다수의 갱신 불가능한 반유대주의자가 그랬다. 그들은 유대인을 절멸시키고 싶도록 증오를 조장했지만 수백만 명의 사람을 살해했다는 사실은 거짓말이라고 하거나 심각한 일이 아닌 것처럼 둘러 말했다. 그런 관점에서 보면, 모든 것을 정확히 알고 있었던 게 분명한 인물인 아돌프 아이히만은 완전히 다른 의미를 지닌다. 과거사를 부인하는 사람들의 세계에서 아이히만은 그들이 정해놓은 진실, 즉 상황은 뉘른베르크에서 나온 이야기와는 전혀 달랐고 '유대인들이' 그런 규모의 대량학살을 지어냈다고만 말해야 했다. 아이히만의 진술은 독일인들에게 죄의 부담을 덜어내는 것이어야 했다. 대신 그는 그런 거짓말로 득을 보기 위해 진실을 무시한 사람들은—항상 그렇듯이—바로 유대인이라고 말해야 했다. 『길』의 기고문들 중 그런 입장을 가장 잘 다룬 글은 「600만 명은 거짓말이다」였다.[52] '기도 하이만'이라는 가명으로 쓴 그 글은 나치의 적들 중에서 죽은 희생자 수는 36만 5000명에 불과하고 이는 체계적인 대량학살이 아닐뿐더러 가스실이니 가스차니 하는 것은 존재하지도 않았다는 주장을 퍼뜨렸다. 그 외의 모든 말은 심각한 역사 왜곡이라는 것이다. '거짓말'을 논박하려니 주요 증인이 필요했다. 그 뻔뻔한 역사관에서 그 증인은 바로 아돌프 아이히만이었다.

1953년 연방 의회 선거운동이 한창일 때 이른바 그 '거짓말'은 나라를 바꾸는 정치적 의미를 획득했다. 콘라트 아데나워는 1951년 연방 의회에서 나치 범죄에 대한 독일 민족의 죄와 책임을 인정했고 독일인이 이스라엘과 유대 민족에 의무를 지고 있다고 공표했다.[53] 서방 연합국들이 배상 문제로 압박을 가하는 상황에서 계속 침묵할 수만은 없었던 것이다. 아데나워는 과거사를 직접 공개적으로 인정하지 않을 수 없었다. 그렇게 하지 않으면 독일이 국제 무대에 재진입하기는 불가능했기 때문이다. 연방정부와 유대인 총괄 단체인 청구권 회의 대표들 사이의 오랜 협상은 1952년 룩셈부르크 배상 협정으로 귀결되었다. 이에 따라 서독은 이스라엘에 12년 동안 총 34억5000만 마르크의 현금 및 현물과 서비스를 제공하기로 했다. 그것을 스캔들이라고 보는 사람은 적지 않았다. 연방 의회에서 비준을 받으려면 아데나워에게는 사민당의 지지가 필요했다. 여당 의원들 중에는 비준에 동의하지 않는 이가 적지 않았기 때문이다. 나훔 골드만과의 협정을 둘러싼 논쟁은 기민련과 기사련과 자민당의 연정에 심각한 위기를 초래했다. 아데나워 총리는 정치적 타격을 받았다. 이스라엘의 청구권을 부정하는 이들은 극우 단체만이 아니었다. 여론조사에 따르면, 독일인의 12퍼센트만이 룩셈부르크 협정이 정당하다고 봤다.[54] 바로 그런 상황에서 음모론 주창자들이 원하는 대로 아돌프 아이히만이 등장해 나치 범죄는 독일인에 의해(서만) 일어난 일이 전혀 아니라고 주장한다면 걷잡을 수 없는 상황에 처할 수 있었다. 그렇게 되면 아데나워만 비판받는 것이 아니라 룩셈부르크 협정의 근간이 흔들릴 것이었다. 유대인들이 "사기"를 쳤기 때문에 얼굴에 먹칠한 셈이 될 테고 독일인들은 면죄부를 받을 수도 있었다. 팔레스타인을 얻고 돈을 챙기기 위해 "유대인들"이 모든 것을 지어냈다는 식의 이야기가 생겨날 것이었다.

당시 정말 그렇게 생각한 사람들이 있었고, 지금도 이따금 그런 사람들이 있다.[55] 여러 문헌에서 그 사실을 확인할 수 있다. 늘 새로 음모론과 마주치게 된다. 그것은 홀로코스트 부정에서부터 유대인들이 게슈타포에 침투해서 히틀러 몰래 유대인을 대량학살한 것처럼 연극을 했다는 교묘한 주장까지 다양했다. 진실을 뒤집는 그런 억지 주장에서 주범 아돌프 아이히만은 그들이 내세우는 진실을 보증할 주요 증인으로 여겨졌다. 1950년대에 그 편집증적인 구원 희망은 광범위하게 퍼졌다. 그것은 아이히만 체포 직후에 우파 언론의 반응에서만 분명히 확인되는 것이 아니었다. 아이히만의 증언이 유쾌하지 않을 수도 있을 것이라며 이스라엘에 경고하는 목소리는 도처에서 들렸다. 『뉴욕타임스』도 아이히만 재판에서 세부 문제를 공개적으로 다루면 "이스라엘에 도움이 되기보다는 오히려 피해를 줄 수 있을" 것이고 "이스라엘에 역풍"이 불 것이라고 봤다. 『슈피겔』은 "예기치 못한 첫 반응"을 미리 기록했다. 극우 월간지 『유럽 민족』은 가벼운 마음으로 이런 경고를 모두, 더 정확히 말하면 하나만 빼고 정리했다. 즉, 이스라엘이 "나치의 유산을 넘겨받을 위험"에 빠졌다는 『슈테른』의 경고까지 그 나치 독자들에게 알려줄 이유는 없었다.[56]

1960년 말 네덜란드 출신의 친위대 대원 빌럼 사선은 인터뷰에서 그런 착각을 잘 드러냈다. 사선은 이스라엘 정부가 아이히만의 납치와 아무 관련이 없을 거라고 자신 있게 말했다. 왜냐하면 이스라엘 권력자들은 이스라엘이 기반을 둔 거짓말이 폭로될까봐 두려워 아이히만이 말하지 않기를 가장 강력히 바라는 사람들이기 때문이라는 것이다. 아이히만 납치는 소규모 독립 유대인 단체 '과격파'의 소행일 것이며 그동안 사람들이 감추고 싶어했던 진실이 이제 드러날 것이라고도 했다.[57] 서독에서 가장 영향력 있는 극우 인물 아돌프 폰 타덴은 1981년에도 여전히 아이히만이 아르헨티나에서 품었던 생각을 책으로 펴내길 원했다. 그는 "'600만 명'이란 말은 거짓말이다. 35년 동안이나 계속 퍼졌던 그 말은 거짓임이 드러날 것"이라고 했다.[58] 쓰레기 같은 그 이야기에는 심각한 난점이 있었다. 유대인 대량학살은 유대인의 거짓말이 아니라 독일인의 창안물이었다는 점이다. 독일인인 아이히만은 그 살해 업무를 수행했다는 사실이 너무 뿌듯해 이를 부정할 수가 없었다. 아이히만이 어떤 방법으로든 독일에 면죄부를 줄 수 있으리라는 기대는 사실 말도 안 되는 소리였다. 아이히만의 진술은 늘 단 하나, 즉 엄청난 규모의 독일 범죄 그리고 그 독일인의 광란에 희생된 사람들의 헤아리기 어려운 고통만을 명료히 드러냈다.

우리는 이제 아이히만이 무슨 말을 했는지도 알고 50년 이상의 연구와 자료 수집의 결과를 살펴볼 수 있다. 그렇기에 당시 상황이 오늘날에는 기이하게 보일 수 있다. 1953년에는 아이히만으로 인해 자신들이 믿는 진실이 사실로 드러날 것이며 아이히만의 생존만으로 이미 이스라엘의 지위 그리고 아데나워의 화해 정책이 위태로워질 것이라고 믿는 사람이 적지 않았다. 신생 서독 국가와 전후 사회는 안정과는 거리가 멀었다. 그렇기에 "폭로"가 일어나면 서독에 매우 치명적일 것이라고 여겨졌다. 아이히만이 그런 증인 역할을 하리라는 편집병적인 믿음이 바로 마스트가 비젠탈에게 아르헨티나에서 온 편지를 보여준 이유였다. 아이히만의 증언은 "그 유대인"을 겁먹게 할 것이고 그럼으로써 매우 격렬한 정치적 파장을 불러일으켰을 수도 있다고 여겨졌다. 그런 생각은 너무 엉뚱했고 현실은 다르게 흘렀다.

아이히만 추적 과정에서 비젠탈이 당시 얻은 정보는 사실 혼동을 초래했다. 회틀과 마스트의 아이히만 소재지 정보는 당시 비젠탈이 확보한 유일한 정보가 아니었다. 린츠에 사는 베라의 언니 친구도 베라가 남아메리카로 이주했다고 이야기해주었다. 그뿐만이 아니었다. 그는 다음과 같이 전했다. "1953년 7월 빈에 들러 공안청장 파머 박사와 담소하다 우연히 아이히만 얘기가 나왔어요. 그분도 제게 아이히만이 아르헨티나에 산다는 정보를 얻었다고 말했어요." 덧붙여 비젠탈은 이미 그에 앞서 간접적으로 접한 다른 서한을 통해서도 같은 정보를 얻었다. 바로 아민 알후세인을 통해서였다.[59] 뮌헨에 거주하는 비젠탈의 지인 아흐마드 비기[60]는 알후세인의 편지라며 비젠탈에게 번역해서 주었다. 그 편지에는 알후세인이 "아이히만의 소재지를 묻는" 내용이 담겨 있었다. 비젠탈은 그것을 보고 의심을 품었다. 그는 그것이 "무프티 측의 잔꾀", 즉 비젠탈의 친구를 이용해 그런 질문을 던짐으로써 아이히만이 근동에 있으리라는 추론을 흔드는 시도일 것이라고 봤다. 비젠탈은 아랍어를 할 줄 몰랐다. 다만 그는 개인적으로 비기와 친했기에 비기가 번역해준 그 내용이 편지에 담겼다고 믿었다. 그것을 문의한 사람은 알후세인이 아니라 나치 시기 외무부를 위해 일했던 다른 이슬람교도였다는 사실이 확인됐지만 비젠탈에게 그것은 중요하지 않았다. 나훔 골드만에게 보낸 편지에서 비젠탈은 자신은 "아이히만이 아르헨티나에 있다는 사실을 100퍼센트 확실히 보장"할 순 없다고 했다.[61] 하지만 그는 "텔아비브에서 아이히만이 다시 출몰했다", 또는 "이집트군의 군사자문관이 된 대량학살자" "근동의 친위대 장군", 무프티의 "독일 보좌관" 같은 제목의 뉴스는 오보라고 확신했다.[62]

비교적 짧은 기간에 비젠탈은 아이히만의 소재지가 근동이 아니라 남아메리카라는 정보를 여럿 접했다. 비젠탈은 그것을 빈 주재 이스라엘 영사부터 나훔 골드만까지 주요 접촉 인물 모두에게 전달했다. CIA 도 그 정보를 접한 것으로 확인되었다.[63] 하지만 놀랍게도 아무도 아이히만 추적에 더는 나서지 않았다. 정보는 사실 도처에 알려졌지만 누구도 신경 쓰지 않았다. 외국의 첩보 기관들은 1년 전 겔렌청과 마찬가지로 아이히만을 법정에 세우는 일에 큰 관심을 갖지 않았다.

그가 누구였든 간에 아이히만에 대한 정보를 퍼뜨려 무언가를 기대했던 사람은 실망했을 것이다. 비젠탈은 그런 관심 결여에 가장 많이 부딪힌 사람이었다. 회고록에서 비젠탈은 자신을 다른 누구도 관심을 갖지 않는 정의를 위해 싸우는 외로운 투사라고 서술했다. 그는 "같은 생각을 지닌 소수의 바보와 함께 완전히 고립되어 있다는 느낌"을 받았다.[64] 시사적인 정치 주제들이 더 중요했다. 열강들이 냉전에 돌입하고 한국전쟁이 발발한 때라 "아돌프 아이히만에 대한 관심이 사라졌습니다. 제가 미국 동료들에게 아이히만 얘기를 꺼내면 그들은 지긋지긋하다는 듯이 '우리한테는 다른 문제도 많아요'

라고 답했어요."[65] 아데나워 총리는 나치 범죄에 대해 책임감을 느꼈지만 범죄 책임자들을 계속 추적하는 것이 그런 일에 해당된다고는 전혀 생각하지 않았다. 오히려 정반대였다. 룩셈부르크 조약 체결 직후 아데나워는 연방 의회에서 "저는 이제 우리가 나치 제국 문제를 끝내야 한다고 생각합니다"라고 선언했다.[66] 이어진 여러 해 동안 총리의 그 말은 서독 국가 기관들에서 강한 구속력을 발휘했다.

3

우정의 작업

> 아이히만 같은 전문가를 본부로부터 전출시키는 데 주저했다는 사실을 아시길 바랍니다. 현재 그는 우리에게 대체 불가능한 존재임을 알게 될 것입니다.
>
> —1938년 프란츠 알프레트 직스의 아이히만 평가[1]

아르헨티나에 사는 아이히만은 오스트리아의 옛 친구 빌헬름 회틀의 편지에 대해 아무것도 몰랐다. 하지만 아이히만이 뒤러 서클의 정치적 야심을 모를 리는 없었다. 루델은 주소지를 다시 독일로 옮겨 거기서 정치에 입문하려는 계획을 공개적으로 밝혔으며, 사선은 미국 대통령 아이젠하워에게 보내는 공개편지로 세상을 떠들썩하게 했다. 뒤러 서클에서 활동하는 독일 이주민 중 누구도 독일로 향한 관심을 물리지 않았다. 프리치는 『길』로 성공한 뒤 독일 잡지들과 협력해 옛 나치 이데올로기를 그대로 선전했다. 그는 특히 1953년 연방 의회 선거에 큰 관심을 가졌다. 미래가 중요했기 때문이다. 독일에서 경기가 좋아지면서 경제 기적이 시작되었다. 아르헨티나는 점차 위기에 빠져들었기에 독일의 상황은 매우 자극적이 되었다.

아이히만이 언제 처음으로 프리치와 사선을 만났는지는 여태까지 정확히 알려지지 않았다. 세 사람 모두 첫 만남에 대해 믿을 만한 이야기를 풀어놓지 않았기 때문이다. 그럴 만도 했다. 독일 방위군으로 참여했다가 아르헨티나로 건너와 부유한 독일인을 위해 여기저기서 일했던 폴란드 출신의 한 증인은 사선이 이미 투쿠만에서 아이히만을 만났으며 아이히만이 1953년 부에노스아이레스로 이사한 뒤에 둘은 정기적으로 만났다고 알렸다.[2] 반면 아이히만은 프리치와 사선을 오토 스코르체니를 모시는 큰 행사에서 처음으로 알게 되었다고 직접 밝혔다. 사선과 친해진 것은 프리치가 아이히만에게 출판 협력을 요청했을 때였다고도 했다.[3] 둘 다 가능하다. 사선은 호르스트 카를로스 풀드너와 CAPRI를 잘 알았을 뿐 아니라 그곳 행사에 초청받곤 하던 인물이었다. 나치였던 사선은 흥미를 불러일으켰고 아르헨티나 대통령 페론을 포함해 많은 사람과 친분을 쌓았다. 오토 스코르체니는 사선과 아이히만을 1954년에 처음으로 알게 되었다고 말했지만 사실이 아니다. 1954년 즈음엔 그들 모두 서로 안 지가 꽤 되었기 때문이다. 그 말은 그가 아르헨티나-독일인 이주민 사회에 얼마나 깊이 연루되어 있었는지를 숨기려는 시도로 봐야 한다.[4] 아마 스코르체니는 1949년 초, 즉 아이히만이 도착하기 전에 이미 아르헨티나에 들어왔을 것이다. 그는 여러 해 동안 마드리드와 부에노스아이레스를 오갔다. 그는 자신이 무솔리니를 탈출시킨 장본인이라고 말했지만 사실은 히틀러의 사보타주 전문가였다. 그는 죽을 때까지 우파 단체에서 커다란 명성을 누렸고 CIC에서 모사드까지 사실상 모든 정보국과 긴밀한 관계를 유지했다. 스코르체니는 베를린의 선전 행사에서 아이히만을 알게 되었다. 그가 사선과 프리치를 아이히만에게 소개했을 수도 있다. 최소한 1952년 6월에 이미 아이히만과 프리치는 서로 잘 아는 사이였다. 그들은 가족 동반 모임에서 인사를 나눴을 수도 있다. 어쨌든 프리치를 아는 사람이면 그가 사선을 모를 리는 없었다.

사선은 네덜란드 의용-친위대 소속의 종군기자였다. 아이히만은 사선에게 관심이 생겼다. 왜냐하면 그가 바로 아이히만이 직접 해보고픈 일, 즉 책을 집필하고 있었기 때문이다. 사선은 빌럼 슬루이제라는 가명으로 널리 알려졌다. 그의 글은 크게 주목을 끌었고 해외 언론에서도 저술가로 명성을 얻었다. 특히 사선은 루델과 아돌프 갈란트 같은 인물들의 전기를 집필했다. 1953~1954년 사선은 매우 바빴다. 그는 루델이 아르헨티나로 돌아온 후 "녹음기"[5]로 건네준 독일 보고서를 정리해 출판 시장에 내놓았을 뿐만 아니라 소설도 한 권 직접 썼다. 둘 다 1954년에 발간되었다. 소설은 심지어 그 해 중반에 출간되었다.

루델의 책 『독일과 아르헨티나 사이에서』는 부분적으로는 불법이었던 독일에서의 정치활동과 여행을 상세하고도 흥미롭게 다루었다. 한편 소설은 전후 나치들의 생각을 실감 나게 보여주었다. 사선은 이미 「공개편지」를 통해 유명해진 빌럼 슬루이제라는 가명으로 그것을 발표했다. 『제자와 매춘부들』은 7명의 인물을 다루었다. 즉 나치가 승리하지 못하면서 무엇을 할지 결정해야 하는 인물들에 대한 것이었다. 그들은 나치 이념을 따르는 제자들 아니면 점령군인 적에게 몸을 파는 매춘부가 되었다. 그 매춘부들은 이상주의에 물든 가련한 히틀러 추종자들을 고문하고 모욕하며 매수, 추방했고 특히 "재교육"으로 나치 사상을 제거하려고 했다. 사선은 바로 그 문제에 큰 관심을 가졌다.

소설은 조악했다. 그것은 나치의 저항과 거부를 칭송하며 선동하는 내용을 담고 있었다. 하지만 그 비장한 어투만큼은 다른 나치 문학들을 압도적으로 능가했다. 거장이 악기를 다루듯 사선은 독일어를 아주 능숙히 다루었다. 사선의 표현력은 뛰어났다. 그렇기에 그가 자기 능력을 헛소리를 위해 낭비하며 문학이 아니라 저질 폭력 이야기와 관음증, 반유대주의 음모론과 "적"에 대한 이데올로기적 폄훼, 그리고 감상적인 나치 통속물을 위해 사용했다는 사실은 안타까움을 더한다. 어쨌든 사선 덕에 우리는 한참 출세하다가 갑자기 망친 세대의 심리 상태를 제대로 엿볼 수 있다. 그들은 실패한 이데올로기에 매달리며 사실상 내적 망명에 빠져들면서 망가졌다. 마찬가지로 뒤러출판사에서 발간된 그 소설에 사선은 자신과 주변 인물들의 생애를 활용해 집어넣었다.[6] 소설은 뒤러 서클에 대해 중요한 정보를 제공해줬다. 2장에 아이히만 같은 인물이 나온다. 그것을 우연으로 보기는 어렵다.

보안국 대령으로 수용소 소장을 역임한 에르빈 홀츠는 정신과 의사인 토마스 바우어에게 자기 생각과 활동을 이야기해주었다. 토마스 바우어는 미국 포로수용소에서 "죽도록 고문당한" 홀츠의 정신 상태가 정상인지 그렇지 않은지를 검사해야 했다. 의사의 소견에 따라 홀츠가 병원에 입원할지 처형될지가 결정된다. 최종해결 수행자 홀츠에 대해 의사는 처음에 역겨움을 느꼈지만 차츰 거리감 정도만 가졌다. 그러다 마지막에 바우어는 홀츠의 매력에 빠져들었다. 홀츠는 란즈베르크에서 사형이 집행되기 직전에 자살로 생을 마쳤다. 이것을 다룬 장에서는 의사 홀츠의 차분한 태도 외에 그의 언어가 강한 인상을 남긴다. 사선은 홀츠의 입을 빌려 기괴한 정당화를 시도했다. 즉, 그는 "외과용 메스"처럼 한번 걸리면 빠져나올 수 없을 정도로 "호소력 있는 말", 심지어 당혹스러울 정도로 "때로는 원초적인 언급과 주장"을 하며 독자를 휘어잡았다.

프리치는 그 대목에 크게 감동받았다. 그는 책 발간 전에 『길』에 그 부분을 발췌해 미리 선보였다.[7] 아돌프 아이히만의 언설을 녹음기로 들어본 사람은 그것과 소설 주인공의 언설이 미세한 부분까지 상당히 일치한다는 사실을 발견하게 된다.[8] 주인공은 외양이 사선과 친한 수용소 의사 전력의 요제프 멩겔레와 닮았다. 그런데 멩겔레의 말투는 좀 달랐다. 그의 일기가 그것을 잘 보여준다.[9] 사선이 홀츠를 빌려 말한 것을 읽다보면 아이히만의 목소리가 뇌리를 떠나지 않는다. "우리는 그저 사망 명부 작성인이었어요" "저는 어떤 것도 후회하지 않아요" "우리는 우리 사회에서 유대인을 축출하려 했지만, 결국 실패했죠" 같은 말이다.[10] 사선이 아이히만을 만나기 전

에 이미 그런 문장을 썼다고 보기는 어렵다.[11]

그럼에도 불구하고 그렇게 행동했다면 에르빈 홀츠는 사선이 나중에 집필활동을 왕성하게 할 때 자주 보게 될 사람을 예견해 만든 인물이 되는 셈이다. 어쨌든 사선은 1954년에 아이히만의 사유방식을 잘 알았기에 그것을 글로 옮길 수 있었다.

또 다른 일화를 봐도 최소한 1954년 중반이면 프리치와 사선, 아이히만은 사적으로 친밀한 관계를 유지했음을 알 수 있다. 『길』 1954년 8월호에는 아돌프 아이히만 부부가 1945년 5월에 사망했다는 글이 실렸다. 엉뚱하게 등장한 그 부고는 한 미국 친지의 독자 투고로 위장되었다. "진실의 거리에서"라는 제목의 그 투고 저자는 워윅 헤스터였는데 누구도 모르는 이름이었다. 그보다 더 긴 기고문은 7월호에 게재된 "600만 명이라는 거짓말"의 제목으로 하이만 논문의 후속 글인데, 유대인 절멸 제도의 증거를 전부 뒤집는 내용이 담겼다. 논문 기고자는 유대인 절멸을 확인해줄 증인 모두를 사기꾼이나 거짓말쟁이로 몰아세웠고 가스 차의 존재를 부인한 뒤 3쪽에서 아돌프 아이히만은 이미 사망했다고 살짝 언급했다.

> 친위대의 한 하위 장교가 아이히만이라는 이름을 가진 고위 장교를 잘 안다며 부하로서 한때 그의 명령을 받들었다고 말했다. 그는 유대인 문제 전문가인 아이히만이 전쟁이 끝나기 직전 자신에게 약 200만 명의 유대인이 특공대에게 살해되었음을 은밀히 알려주었다고 전했다. 독일이 항복하자 아이히만은 자기 아내와 함께 독극물로 자살했다고 한다. 그 정보의 진위를 확인

해볼 수는 없다. 다만 그가 엉터리 정보를 퍼뜨릴 이유는 없다고 생각한다.[12]

아이히만이 가족과 동반 자살했다는 이야기는 여기서 처음이자 마지막으로 등장한다. 아돌프 아이히만이 자살했을 거라는 얘기는 전혀 개연성이 없으리라 여겨졌다. 물론 1947년 초 빌헬름 회틀이 그런 이야기를 퍼뜨린 적이 있고 영국 첩보부는 그것을 믿기도 했다.[13] 하지만 디터 비슬리체니가 보기에 그것은 불가능한 일이었다.[14] 『길』은 아이히만이 괴벨스식으로 그렇게 종말을 맞이했음을 확인해줄 사람이 있다며 증인까지 만들어냈다. 그런 식의 사실 조작은 그 잡지에서 흔한 일이었다. 여기서 저자가 노린 것은 아이히만과 그의 가족들이 세상에서 평화롭게 살도록, 즉 그들을 노린 추적이 더 이상 필요하지 않도록 만드는 것이었다. 그 방법은 위험을 수반했다. 왜냐하면 당시까지 아이히만이란 이름은 『길』에 한 번도 등장하지 않았기 때문이다. 이 글은 갑자기 아이히만의 "직무"를 슬쩍 언급했는데, 그것은 그 직전 호에서 유대인 문제를 다룬 글 중 아이히만의 이름이 언급될 필요가 있었음에도 불구하고 등장하지 않았다는 사실과 대조된다. 『길』을 체계적으로 연구하고 출판사 직원 디터 폴머를 인터뷰한 홀거 메딩도 『길』은 당시까지 "아이히만의 체류지에 대해 어떤 암시도 주지 않기 위해서 아이히만을 언급하는 일을 피했다"고 결론 내렸다.[15] 비젠탈이나 회틀처럼 아이히만의 자살 시점이라고 언급된 때보다 더 뒤에 아이히만 부부를 만났기에 그 자살 주장이 거짓말임을 금세 알아차린 사람들에게는 그 공지가 오히려 비밀을 드러내는 꼴이었다. 출판사 직원들과 리카르도 클레멘트의 정체를 아는 아르헨티나 독자들은 사망으로 공지된 아이히만과 함께 부에노스아이레스 식당에서 와인을 함께 마시며 그 일을 놓고 시끌벅적하게 즐거워했을 것이다. 하지만 그 기고문은 더 많은 것을 담고 있다. 그것은 저자들이 아이히만과 연결된 것에 대해 많은 사실을 폭로한다.

『길』의 그 글은 유대인 절멸에 대한 증언 전체를 뒤집는 시도였다. 위의 내용을 담은 그 절에서 이미 "회틀 박사"를 파탄에 이르게 하는 언급이 이어진다. 회틀 박사는 CIC의 첩자였고 유대인들에게 매수되었으며 동시에 소련에 정보를 제공해 "엄청난 돈"을 요구한 데다 의도적으로 거짓 정보를 제공했다고 했다. 글에 따르면, 그는 "서독과 오스트리아 및 동남 유럽으로도 뻗어나간 첩보활동"을 통해 모두를 희롱하고 있었다. 왜냐하면 그는 "600만 명이라는 거짓말"에 대한 정보를 갖고 모두에게 긴요한 인물이 되었기 때문이라는 것이다.[16] 그 글의 저자는 당황했을 독자들에게 유대인 대량학살은 인구학적으로도 이미 불가능하다고 지적했다. 저자 워윅 헤스터는 독자들에게 믿음을 주기 위해 "내가 높이 평가하는 유대계 미국인"과의 밀담을 소개했다. 그 미국인은 자신이 심리학자였다면서 그가 600만이라는 숫자는 사기라고 솔직히 고백했다고 전했다. "600만이 믿기 어려울 정도로 아주 많은 수치는 아니에요. 사람들로 하여금 100년 동안 몸서리치도록 만들기에는 충분한 숫자죠. 히틀러가 우리에게 그렇게 할 기회를 준 셈이에요. 당신도 알듯이, 우리는 그걸 이용해 상당한 성과를 내고 있어요."[17] 워윅 헤스터는 유대인을 향해 선의를 보였기에 그런 식의 장난을 그만두라고 경고했다. "거짓말에 대항하는 내부 저항"이 외부 저항으로 자라나는 것은 시간문제라고 봤다. 그런 거짓말은 발각되기 때문이라고 덧붙였다. 그는 "거짓말이 비극적이고 냉소적인(!) 전환의 방식으로 실제로 진실이 되어버림으로써 거짓말의 창안자들에게 복수할지 모른다고 걱정한다"며 글을 맺었다. 달리 말해, 다시 한번 수백만의 유대인이 살해된다면 그 책임은 유대인 스스로 져야 한다는 것이었다. 워윅 헤스터라는 이름 뒤에 숨은 사람이 누구든 그는 냉소적인 표현을 아주 잘 썼다.

논문 「진실의 거리에서」는 아이히만의 사망 소식을 빼더라도 역사 왜곡의 전형적인 본보기였다. 이는 역사수정주의로 불릴 수 있다. 왜냐하면 논문의 대변가들은 1945년 이후의 역사 서술 전체를 선전이라 주장했고 이를 근본적으로 수정하고자 했기 때문이다. 그런데 더 정확히 말하면 그 논문은 그 이상의 의미를 지녔다. 즉 오랫동안 주목받지 못한 사실인데, 그것은 그 후 역사 부인의 핵심 근거가 되었다. 논문이 발간된 지 몇 달 되지 않아 그것과 잘츠부르크 출신이라는 '기도 하이만'의 기고문은 연이어 독일에서 큰 반향을 일으켰다. 극우파 작가이자 출판업자인 헤르베르트 그라베르트는 『지도부 없는 민족』이란 소책자(익명으로 출간되었다)에서 미국 언론인 워윅 헤스터를 언급하면서 나치 정권의 희생자는 36만5000명이라 들었고 그중 일부만 유대인이라고 주장했다.[18] 게다가 바트 뵈리스호펜에서 발간되는 네오나치 잡지 『고발: 권리를 빼앗긴 전쟁 피해자들의 기관지』에도 "더러운 역사 왜곡"에 맞서 새 전문가, 즉

"세계적으로 유명한 한 미국인"인 워윅 헤스터를 소개하는 기고문이 게재되었다.[19] 그것은 반체제 인사 36만5000명—희한한 우연이다!—이 희생되었다는 사실을 적십자가 확인했다는 악명 높은 가짜 뉴스도 담았다. 극우 출판물의 저자들이 서로 교묘히 협력하고 전문 잡지의 독자 투고란을 적극 활용하면서 유대인 절멸을 부인하는 핵심 "사료"가 탄생했다. 그것은 오늘날까지 역사수정주의 시도의 중핵으로 간주된다.[20] 미국인 전문가라는 인물이 창안되었고 잘츠부르크 출신 내부인이라는 인물도 만들어졌다. 그 두 사람이 아르헨티나의 나치 신문에 기고했다고 간주되었다. 덧붙여 독일에서 발간되었다고 하는 적십자 보고서가 등장했다. 그 기고문들과 보고서는 서로를 인용하며 교묘한 방식의 네트워크로 언론 보도의 봇물을 터트렸다.

1990년에도 헤스트의 기고문은 재출간되었다. 이번에는 워윅 헤스터라는 필명을 가진 인물이 실은 "저명한 미국인 법률가인 스티븐 F. 핀터"였다는 설명이 덧붙여졌다. 그 후 그 글은 "핀터 박사의 보고서"라는 제목으로 관련 문헌들과 인터넷에 퍼졌다.[21] 그 새로운 설명에 따르면, 핀터는 모든 것을 아주 잘 알고 있었다. 왜냐하면 핀터는 다하우 재판의 검사였기 때문이라는 것이다. 그는 세인트루이스 출신이라고 소개되었지만, 신뢰를 얻기 위해 때로는 유대인으로 소개되었다. 유대계 미국 법률가가 유대인 절멸을 부인한다면 누구도 그것을 의심하지 않을 것으로 여겨졌다. 최소한 나치처럼 그것을 생각해본다면 그렇게 보였을 것이다. 스티븐 핀터라는 이름을 가진 미국 검사가 존재한 적이 없다는 사실로 놀랄 사람은 없을까? 그런 이름이 처음 등장한 때는 1959년 말이었다. 두 편의 독자 투고 저자로 등장한 그는 헤스터와 하이만의 헛소리를 문자 그대로 되풀이했다. 그중 하나는 널리 읽히는 미국 잡지 『우리 일요일 방문객』에 실렸고 『유럽 민족』에도 다시 게재되었다. 『유럽 민족』은 슬루이제의 공개편지를 게재한 데다 이미 『길』과 오랫동안 협력해왔던 바로 그 잡지였다.[22]

그 합동 작전을 분석해보면 소규모 집단의 기민함이 눈에 띈다. 프리치와 그의 서클이 새롭게 사악한 짓을 꿈꾸며 자신감을 갖는 배경도 파악할 수 있다. 유대인 절멸을 부인하는 이들은 자신들이 가장 즐겨 인용하는 근거를 부에노스아이레스의 역사 위조 공장으로부터 제공받았다. 아르헨티나는 다른 나라에서는 향유하기 어려운 출판의 자유를 보장했다. 그 자유가 그렇게 활용되었다. 옛 나치 동료들 사이의 초국가적 협력은 아주 효과적으로 진행되었다. "배상" 조약 후 그들은 몹시 절망했기에 그런 속임수를 채택하지 않을 수 없었다.

워윅 헤스터라는 가명으로 실제 그 글을 쓴 사람이 누구인지는 지금도 분명하게 확인할 수 없다. 수사법과 연출을 보면 사선이 가장 유력하다. 하지만 요한 폰 레어스일 수도 있다. 폰 레어스도 여러 가명을 사용해 『길』에 글을 썼다. 그는 나중에 어쩔 수 없이 자신이 아르헨티나에서 아이히만에게 홀로코스트 희생자 숫자에 대해 물었다고 고백했다. 가짜 독자 투고를 만들고 그럴듯해 보이는 생애를 조작해내는 일은 뒤러출판사에서 전혀 문제 되지 않았다. 그 "저명한 미국인"은 뒤러 서클과 아이히만의 주변 인물들에 의해 고안되었던 게 분명하다. 그 글의 문체는 『길』의 그것과 일치했다. 또 느닷없는 아이히만의 사망 소식 공지는 그렇게 이해할 수밖에 없도록 만든다. 아이히만은 그동안 사망한 것으로 여겨지거나 망각되기를 원했지만 성공하지 못했다. 1954년 8월 이제 아이히만은 자신이 흔적도 없이 사라졌다는 사실을 인쇄물을 통해 확보할 수 있었다. 그는 프리치와 뒤러출판사가 정치적 영향력을 발휘할 만큼 충분히 강력하다는 인상을 가질 수 있었다. 아이히만은 다시 한번 새 운동의 중심에 섰다. 적어도 아이히만에게는 그렇게 보였다.[23] 아이히만은 자기 삶을 곤혹스럽게 만든 빌헬름 회틀을 도덕적으로나마 매장할 수 있어서 덤으로 좋았다. 그것은 해골단 동지들이 해낸 우정의 작업이었다.

흥미롭게도 1954년 오스트리아에도 한 인물의 사망 소식이 날아들었다. 린츠와 빈의 신문에는 그해 6월 초 런던발 로이터 통신으로 다음과 같은 오보가 있었다고 보도되었다. 그에 따르면, 1946년 중반 친위대 장교 볼프강 바우어가 아이히만으로 오인되어 잘츠카머구트(이른바 린츠 근교의 트라우나우엔)의 산에서 유대인 복수 특공대에 의해 살해되었다. 시체는 숲속에 매장되었다고 했지만, 일주일 뒤 오보임이 밝혀졌다고 보도되었다. 그런데 그 보도를 보고 피살자가 정말로 아이히만이 아닐까 하는 추측이 난무했다. 아르헨티나의 아이히만도 그 신문 기사를(최소한 『오버외스트라이셰 차이퉁』의 보도를) 받아봤다. 아마도 그의 아버지가 보냈을 것이다. 아이히만은 전형적인 그의 방식대로 즉각 이야기를 하나 만들어 사선에게 들려주었다. 아이히만은 그 처형에 대해 이미 뤼네부르거 하이데에서도 들었다고 주장하며 "아이히만은 품위 있게 사망했다"라고 쓰인 신문 구절을 언급하면서 뿌듯해했다. 아이히만은 "상당히 재밌었죠"라며 다음과 같이 덧붙였다. "신문 발췌문을 오랫동안 간직하다가 결국 불태웠어요."[24] 사실 그는 다른 누군가가 그 신문 기사를 보려 할 것에 대비해야 했다. 사선이 의구심을 갖고 언제 그것을 다시 정확히 읽어봤냐고 묻자 아이히만은 "아마 종전 후 4년인가 5년 정도 되었을 때"라며 얼버무렸다.[25]

신문 오보는 그해 9월까지 계속되었고 이스라엘 신문에도 알려졌다.[26] 아이히만에 관해서라면 여전히 심지가 돋는 지몬 비젠탈은 곧장 그것을 폭로해 아이히만이 이미 사망했을 것이라는 주장이 자리잡지 못하도록 만들려고 애썼다. 비젠탈은 오스트리아 이스라엘 주민회의 보도 요청에 응하며 그것이 사실이 아니라는 정보를 퍼뜨리려고 했지만 그 오보가 연구 문헌에도 나타나는 것은 막을 수 없었다. 알텐잘츠코트의 양계업자가 오스트리아 신문에서 자신에 대한 암살 보도를 읽는다는 이야기는 큰 흥미를 끌었다.[27]

알타우제 란트의 형사로서 아이히만 문제에 늘 촉각을 곤두세웠던 발렌틴 타라는 1960년 프리츠 바우어에게 그 신문 기사들을 언급하면서 "런던의 나치 무리들이" 아이히만을 더 이상 추적하지 못하도록 할 요량으로 그런 정보를 퍼뜨렸을 것이라고 추측했다. 실제로 누가 그런 소식을 전파하기 시작했는지는 여전히 알 수 없다.

당시 겔렌청은 여전히 앞의 것과는 전혀 다른 정보를 퍼뜨리는 데 골몰했다. 그들은 아이히만이 근동 지방에서 활약한다는 첩보를 갖고 있었다. 첩보 제공자는 친위대 대원 펠릭스 오르트너의 새 아내인 사이다 오르트너였다. 그에 따르면, 아이히만은 1947년 이탈리아의 미군 포로수용소에서 탈출해 시리아로 도주했으며 1948년 이슬람으로 개종했다. 1951년 아이히만은 카이로에서 무프티 알후세이니를 만나 도움을 받으려 했지만, 알후세이니는 그럴 생각이 없었기에 다시 이집트를 떠나야만 했다.[28] 그런데 아마도 다른 이유가 아니라면, 아랍 이름들에 익숙했던 사이다 오르트너가 아이히만을 알로이스 브루너와 혼동했을 것이라고 볼 수 있다. 알로이스 브루너는 곧잘 "아이히만의 절친한 친구"라고 소개되었기 때문이다. 12만 8000명이 넘는 사람을 살해했던 브루너는 그사이 다마스쿠스에서 게오르크 피셔 박사라는 가명으로 독일을 위해 일하고 있었다. 그는 특히 서독 정보부를 위해 첩보를 제공했다. 그런데도 겔렌청은 위의 그 정보를 미국에 전달했다. 서독 정보부의 정보 수집 직원들 사이에 의사소통의 문제가 있었음을 알 수 있다.

1954년에 여러 사람이 아이히만이 사망했을 거라고 주장하고 나선 것은 좀 이상했다. 사망했다고 알려진 그 아이히만도 가족에게 그것을 언급했다. 1966년 클라우스 아이히만은 린츠 근교에서 아이히만이 처형되었다는 소식을 알리는 "신문 기사가 아버지에게 계속 전달되었다"고 밝혔다.[29] 아버지를 절대 다시는 볼 수 없다는 생각을 7년 동안이나 하고 살았던 자식들에게 자신의 처형을 다룬 글을 읽어주는 아버지는 공감 능력을 갖춘 어른이라고 볼 수 없다. 당연히 그런 일을 잊기란 정말 쉽지 않다.

『길』이 아이히만 부부가 자살했다고 알린 바로 그즈음에 부에노스아이레스 주재 독일 대사관은 두 명의 독일 청소년에게 여권을 갱신해주었다. 그들은 어머니를 동반해 심사를 받았고 쾰른과 빈에서 발행한 적법 서류들을 제출했다. 증빙 자료에는 각기 클라우스와 호르스트 아이히만의 이름이 적혀 있었다.[30] 두 청소년의 법적 보호자로 서명한 사람은 사망했다고 알려진 베로니카 카타리나 아이히만이었고 주소는 올리보스, 차카부코 4261번지였다. 두 아들은 출생 당시의 아버지의 직위를 각기 정확히 기재했다.[31] 대사관 직원들이 아이들에게 아버지에 대한 안부 인사를 보냈는지는 알 수 없다. 독일 대사관 직원들이 나중에 어떤 행동을 했는지를 안다면 그들이 안부 인사를 했을 것이라고 볼 수 있다.

비딱하게 보지 않으려 노력해도 아이히만 가족이 독일 대사관을 방문했다는 사실만으로도 대사관 직원들이 독일의 과거사 정리에 동참할 생각이 없었던 것이라고 여기게 된다. 1954년 아돌프 아이히만은 경험을 통해 자신을 돕거나 자신을 존중해 자신에 대해 글을 쓰려는 사람들이 주변에 널려 있다는 것을 알게 되었다. 게다가 그는 외진 곳인 투쿠만뿐만 아니라 부에노스아이레스에서도 전혀 위험을 느끼지 않았으며 심지어 독일 공식 대표부로부터도 전혀 위험이 생기지 않는다는 사실을 알았다. 두 달 전 독일 대사관은 아이히만의 옛 동료 요제프 슈밤베르거에게 이미 새 여권을 발급했다. 그는 대량학살범이자 게토 사령관이었는데도 여권에는 그 이름 그대로 적혀 있었다.[32]

또 다른 주요 소식들

전후 아이히만의 삶에 대해 혼란을 야기하려는 시도는 정반대 흐름과 동시에 발생했다. 즉 아이히만의 범죄 행위들이 계속해서 밝혀졌다. 1953년 유대인에게 저지른 독일인의 범죄를 포괄적으로 다룬 책이 처음으로 발간되었다. 영어로 쓰인 두꺼운 책으로, 제럴드 라이틀링거의 『최종해결The Final Solution』이었다. 이 책은 통계와 지도를 비롯해 상세한 내용을 담았을 뿐만 아니라 아돌프 아이히만에 대해서도 별도의 장을 할애해 다루었다. 이 책을 독일어로 번역해 출간할 출판사가 독일에는 없었다. 뮌헨 현대사연구소는 번역도 거부했고 『현대사 계간지』에 서평을 싣는 것도 거부했다.[33] 그럼에도 불구하고 이 책은 독일어 번역본이 발간되기도 전에 이미 논의를 근본적으로 바꾸었다. 이 책은 인종 살해의 규모를 파악하고자 시도하면서 후속 연구를 위한 기준을 세웠다. 헬무트 크라우스니크는 1954년 8월 연방고향봉사원에서 발간하는 잡지 『의회』에 아이히만을 집중적으로 다룬 흥미로운 논문을 실었다.[34]

이 책보다 아이히만을 더 불안하게 만든 사건은 역사에서 카스트너 재판이라고 잘못 불리게 되는 법적 분쟁이었다.[35] 이는 1954년 1월 1일 예루살렘에서 개시됐는데, 원래 말키엘 그륀발트라는 저술가에 대한 명예훼손 재판이었다(이스라엘 정부의 검찰총장과 말키엘 그륀발트의 심리 사건, 124/53). 그륀발터가 루돌프 "레죄" 카스트너를 부다페스트 나치의 부역자로 불렀기 때문이다. 그런데 벤야민 할레비 판사가 업무 수행에서 오류를 저지름으로써 재판은 갑자기 카스트너를 겨냥한 것이 되어버렸다. 카스트너는 자신이 아이히만과 "협상"함으로써 헝가리 유대인들을 구출하고자 노력했다고 방어했다.[36] 당시 상황에 대해 잘 알지도 못했고 카스트너의 당 소속 때문에 재판이 정치적인 사건이 되어버리는 바람에 그 법적 분쟁은 점차 세계 여론으로 하여금 관심을 갖게 만들어 흥미로운 역사, 즉 카스트너와 아이히만이 인간의 생명을 둘러싸고 펼치는 극적인 대결을 대면하게끔 만들었다. 세계의 주요 언론들은 모두 그 후 수년 동안 두 차례나 진행된 그 재판 과정과 결과를 상세히 보도했다.[37] 부에노스아이레스의 자유주의—뒤러 서클은 "유대인"이라고 부를[38]—신문이었던 『아르헨티나 타게블라트』도 그에 대해 보도했다. 바로 그 신문을 열심히 읽었던 아이히만은 "인명 대 물품", 요엘 브란트, 카스트너 같은 이름과 말들 그리고 무엇보다 자신에 대한 이야기를 자주 접했다. 대부분의 세상 사람은 새로운 소식, 즉 유대인과 유대인 살인자들 사이의 불균형한 협상, 수주일 내 수십만 명의 유대인 수송, 전쟁 막바지의 혼란한 상황 같은 이야기를 처음 접하며 이것들을 이해하기 위해 노력해야 했다. 반면 아이히만은 어떤 이야기가 펼쳐질지 처음부터 잘 알고 있었다. 아이히만은 여론의 반응을 주의 깊게 관찰하며 자신의 정보를 이용할 수 있다고 봤다. 결국 그는 파국적인 재판 경과를 잘 활용해 그 사건을 자신에게 이롭게 만들었다. 판결문에서 판사는 "아이히만은 사람들을 변절자로 만드는 데 탁월한 수완을 지녔다"라고 말했다. 언론은 "카스트너는 악마에게 영혼을 팔았다"라는 제목을 뽑았다. 아이히만은 언론 보도 표제를 이용해 자신을 방어하는 데 활용했다. 카스트너는 자신의 협력자였다고 말했다. 3년 뒤 사선과의 대화에서는 바로 그것이 첫 번째 주제였다. 아이히만은 이미 잘 준비했기에 놀라워하며 듣는 이들에게 차분히 설명했다. "우리, 즉 카스트너와 저는 헝가리 지역의 상황을 완벽히 장악했었죠. '완벽히'라고 말하는 것을 용서해주세요. 그런데 상황을 이해하는 데 그 말은 도움이 될 거예요."[39]

나치 금괴

1954년 가을 아이히만이란 이름은 전혀 다른 맥락에서 오스트리아 신문에 다시 등장해 지면을 장식했다. 전설처럼 전해지던 나치 보물의 실종과 아이히만이 관련 있다는 소문이 퍼졌다. 나치들이 베를린에 모아둔 그 전리품들은 상자에 담아 "알프스 성채"로 이송 중이었는데 그 중간에 마지막으로 확인된 후 사라졌다는 것이다. 그 보물은 슈타이어마르크 어딘가에 있을 것이라고 추정되었다. 아이히만의 사망에 대해서도 추측이 많아 오스트리아의 여러 기관이 탐사를 진행했다. 기자들 사이에서는 아이히만이 생존해 있고 가명을 쓰며 오스트리아 북부에 살고 있을 것이라는 소문이 퍼졌다. 선정적인 신문 『데어 아벤트』는 1954년 10월 1일 "친위대 대량학살범 아이히만은 어디 있을까?"라는 제목의 기사에 그가 오스트리아 산악지대에 숨어 있을 것이라는 알타우제 란트발 소문을 게재했다. "동유럽에서 유대인을 살육한 옛 친위대 장군 아돌프 아이히만이 생존해 있다는 소문은 알타우제 란트에서는 확실한 사실로 간주된다." 보도에 따르면, 알타우제의 베라 아이히만이 남편의 사망 신고를 접수했을 때도 아돌프 아이히만은 베라를 여러 번 방문했다. 1953년 베라 아이히만은 알려지지 않은 이유로 사라졌지만 1954년 여름에도 그의 집에서 아돌프 아이히만을 본 사람이 있다고 한다. 집은 비었지만 집세는 계속 지불되었다고도 했다. 아마 기자에게 그 말을 전한 사람은 아이히만을 이복형제와 혼동했던 듯하다. 베라가 사라지고 나서 시간이 좀 지난 뒤 그가 남몰래 베라 아이히만이 살던 집을 정리했기 때문이다. 물론 그 집을 감시하던 형사 발렌틴 타라가 그것을 모를 리는 없었다.[40]

빈의 형사법원도 그 보도에 유의해 그해 말까지 관련 보고서를 의뢰했다. 현장 탐사에 기초한 보고서에는 아이히만이 부자라는 이야기와 외모를 바꾼 채 비밀리에 인근 지역에 살고 있다는 소문이 담겨 있다.[41] 소문은 그칠 줄 몰랐다. 1955년 1월 10일에도 신문 『월요일의 세계』(오스트리아)는 "신기한 사건들. 알타우제에 유령이 떠돈다"는 제목으로 기사를 내보냈다. 기사는 아돌프 아이히만이 금을 옮기려 돌아왔다고 보도했다.

나치의 보석 실종에 대한 이야기는 다양했다. 보석으로 채워진 상자들이 산중 호수에 가라앉아 있다고 했고, 해외의 전문가들도 그 사안에 매달렸다. 나치의 보석 이야기는 물욕을 자극했을 뿐만 아니라 나치들이 비밀리에 계속 활동하고 있다는 음모론을 강화하기도 했다. 그것은 전쟁에서 나치즘이 완전히 패퇴하지 않았다는 생각과도 맞았다. 1954년에 등장한 그 추론으로 인해 그렇지 않았다면 "유대인 살육자" 아이히만과 어떤 관계도 갖고 싶어하지 않았을 사람들도 아이히만에게 관심을 갖게 되었다. 하지만 그 소문들 때문에 아이히만은 오히려 안도할 수 있었다. 사람들이 아이히만을 전혀 엉뚱한 곳에서 찾고 있었기 때문이다. 아이히만은 페론의 나라에서 확실히 안전했다. 심지어 그 전리품 수색에 열을 올리는 탐욕적인 나치들조차 그에게는 위협이 되지 않았다. 왜냐하면 사는 행색으로 아이히만이 부자가 아니라는 사실을 누구나 알 수 있었기 때문이다. 그렇지만 식당에서 사람들과 만나거나 아르헨티나에 거주하는 옛 동료들과 회합을 가질 때 아이히만은 곧잘 질문을 받았다. 아이히만이 나치 금괴 책임자로 간주된 바로 그 프란츠 빌헬름 파이퍼를 위해 잠시 일했다는 사실로 인해 아르헨티나에서도 그 소문에는 무게가 실렸다.

전문가 재등장

아이히만은 평생 범죄로 출세하면서 공적 이미지를 자기에게 이롭게 잘 활용할 줄 알았다. 1950년대 중반 아르헨티나 망명 시절에 아이히만은 자신의 이미지에 이점이 많다는 사실을 알게 되었다. 신문 보도와 증언 및 소문이 쌓일수록 퇴역 중령 아이히만은 에버하르트 프리치와 빌럼 사선에게 더욱 흥미로운 존재가 되었다. 나치 독일의 경험이라고는 히틀러 소년단 국제대회 참가밖에 없었던 프리치에게는 특히 그랬다. 프리치에게는 모든 망명객이 나치의 내부인으로 보였다. 친위대 종군기자였던 사선도 아이히만과 경험이 달랐고 둘이 각기 접했던 인물들도 차이가 컸다. 사선은 한 번도 하인리히 힘러와 헤르만 괴링, 또는 라인하르트 하이드리히를 만나지 못했다. 반면 아이히만은 그들을 다 잘 알았으며 나치의 모든 기관과 직위에 대해 많은 정보를 갖고 있었다. 절멸 기구가 잘 작동하도록 바로 아이히만이 모든 톱니바퀴를 항상 조정하는 역할을 맡았기 때문이다. 아르헨티나로 망명한 나치들이 1950년대 중반 다시 독일로 촉수를 뻗으려 했을 때 그들은 접촉 인물들의 정체를 제대로 알고 싶어했다. 서로 누구를 아는지 탐문하는 것이 가장 좋은 방법이었다. 빌헬름 회틀의 저서 같은 것들로 인해 그들은 긴장했던 터라 그런 책의 저자들을 이미 알고 있어 위험이 어느 정도나 되는지 가늠하는 데 도움을 줄 사람들이 필요했다. 이를테면 루델과 사선뿐만 아니라 루돌프 폰 알펜슬레벤과 요한 폰 레어스, 요제프 멩겔레는 회틀을 만난 적이 없었다. 시대가 바뀌었기에 정보 네트워크도 갖춰야 했고 전문가들이 다시 필요해졌다.

그동안 가장 난감하고 두려웠던 주제인 유대인 문제를 위해서도 정보 네트워크와 전문가가 다시 필요해졌다. 출판활동과 잡지 발간을 통해 확인할 수 있었던 것은 망명 나치들도 유대인 문제에 대해 정보를 많이 원한다는 사실이었다. 음모론으로 기운 그들도 인정할 수 있는 근거, 즉 여타 나치들로부터의 정보를 필요로 했다. 나치즘의 진영론에 너무 물들어 "적의 문헌"—사선 서클에서는 그렇게 불렸다—을 신뢰할 수 없었던 사람들은 자기 진영에서 답이 나오기를 기대했다. 나치 대부분은 애초 수용소와 대량학살 관련 폭로를 적들이 지어낸 잔혹한 동화이자 선전일 뿐이라고 생각했다. 시간이 흐르면서 자신들이 기억하는 여러 작은 사건과 이야기들이 불편한 진실과 들어맞았다. 게다가 그들의 자식이 그에 관한 질문을 퍼붓기도 했다. "나는 전혀 몰랐어요"라는 말이 그들에게는 해당되지 않았지만 실제로 정보가 부족하긴 했다. 왜냐하면 그들은 스스로 늘 "그것"의 일부만 알았기 때문이다. 불변의 신념을 지닌 나치들은 거짓 정보와 억지 논리에 매달렸지만 불편한 질문을 마냥 피해갈 수만은 없었다. 자신들의 추측과 공적으로 접하는 소식들에서 진실은 무엇이고 거짓은 무엇일까? 히틀러는 무엇을 알았을까? 가스실은 실제로 존재했을까? 정말로 빨치산들을 총살했을까? 희생자 수는 얼마나 될까?

누구나 자신의 관점에 따라 알고 싶은 것이 있었다. 그리고 결국 모두가 더 정확하게 알고자 했다. "최종해결"은 그사이 누구도 피할 수 없는 주제가 되었다. 그것은 국제정치에도 영향을 끼쳤다. 독일의 지위는 유대인 절멸에 얼마나 명확한 태도를 보이느냐에 달려 있었다. 서독은 "배상금"을 지불했고 친이스라엘 외교정책을 펼쳤다. 근동의 상황이 중요해졌다. 새 동맹국을 이해하려면 그것을 몰라서는 안 되었다. 자국에 해가 될 일을 해서는 안 되었다. 여전히 모든 일 뒤에는 "유대인들"이 있으며 『길』 편집인들에게는 적국 중 하나였던 미국을 좌지우지하는 세력이 유대인이라고 믿으면 믿을수록 더욱 그랬다.

아이히만은 곧 유대인 절멸의 경과와 규모에 대해 믿을 만한 이야기를 해줄 유일한 생존자라는 명성을 얻었다. 그 결과 아이히만은 점점 여기저기서 대화 요청을 받았다. 아이히만은 "적"들을 실제로 만났고 유대인 공동체 및 기관의 대표들과 대화했으며 요엘 브란트와 루돌프 카스트너를 사적으로 알았기 때문이다. 아이히만은 자신을 "공인된 전문가"로 포장하는 능력도 탁월했기에 모든 것이 수월했다. 아이히만이 납치된 후 누구도 아이히만이란 이름조차 들어본 일이 없다고 말한 상황을 염두에 두면 그와 유대인 절멸에 대해 이야기를 나눠본 것으로 확인된 사람의 수는 기이할 정도로 많았다. 이미 투쿠만에 체류했을 때도 쇼클리치 하겔과 헤르베르트 하겔 부부는 아이히만에게 직접 유대인 피살자의 수를 물었다. 아이히만이 사실상 즉답을 피했지만 두 가지를 확인할 수 있다. 먼저, 리카르도 클레멘트가 실제로는 아돌프 아이히만이라는 사실은 비밀이 아니었다. 둘째, 아돌프 아이히만은 그 문제를 잘 아는 전문가라는 사실도 알려져 있었다. 무심코 아르헨티나 북부 산골을 지나다가 독일계 이민자를 만나 저녁 식사를 함께 하면서 나치의 유대인 살해에 대해 물을 사람은 없을 것이기 때문이다.

아이히만에게 직접 말을 건 또 다른 망명객은 요한 폰 레어스였다. 그는 아이히만보다 네 살 많았고 법학을 공부했다. 그는 『입법에서의 혈통과 인종』(1936)이란 책을 썼고 그 덕에 예나대학 교수가 되었다. 폰 레어스는 "인종적 토대에 기초한 법제사와 경제사, 정치사"를 주제로 강의했다. 그는 제국선전부에서 인종 문제에 대해 자문하면서 틈틈이 『유대인의 범죄 본성』(1944)을 집필했다. 1950년 폰 레어스는 이탈리아를 거쳐 아르헨티나로 도주했다.[42] 아르헨티나에서도 폰 레어스는 반유대주의 활동을 직업적으로 수행했다. 그는 끔찍한 내용의 글들을 『길』에 열심히 기고했다. 1950년대 중반 그는 부에노스아이레스를 떠나 카이로로 갔다. 그곳에서 그는 아민 오마르라는 이슬람교 전파자로 이름을 날려 독일의 옛 지인들을 놀라게 했다. 이집트로 떠나기 전에 폰 레어스는 아이히만과 대화했는데 그때 그에게 유대인 희생자 수를 정확히 알려달라고 요청했다. 나중에 "아르헨티나 시절 아이히만의 가장 친한 친구"라는 소문에 맞서 자신을 지키기 위해 레어스가 그 에피소드를 직접 말했다. "아이히만을 몰랐다가 1955년 이름을 처음 들었어요. 그와 잠시 이야기를 나눈 적은 있습니다. 수용소에서 죽은 유대인의 수를 알고 싶어 그에게 물었죠. 그는 그것에 대해 아무 말도 안 했습니다."[43]

홍미롭게도 "아이히만"이란 이름을 들어본 적도 없다고 주장하는 사람이 그가 어떤 일과 관계있는 인물인지, 즉 희생자 수를 정확히 아는 전문가임을 너무 잘 알고 있었다. 게다가 폰 레어스는 아이히만과 대화한 시점을 늦춰 말했는데, 그 자체가 의도를 잘 보여준다. 레어스는 이미 1954년에 아르헨티나를 떠났다. 그는 당시 아이히만이 누구인지 알고 있었던 게 틀림없고 그 질문의 의미를 잘 알고 있을 만큼 양심의 가책을 느끼고 있었다.[44] 두 가지로 해석할 수 있다. 먼저, 레어스가 전에는 아이히만의 이름을 들어본 적이 없다고 한 것은 거짓말이다. 그게 아니라면, 누군가 뉘른베르크 재판 이후 아이히만과 연관된 그런 진술을 이용하면서 그에게 아이히만을 소개했을 것이다. 레어스가 아이히만과의 대화를 자기변호를 위해 사용한 것을 보면 둘의 대화는 레어스가 말한 것보다 훨씬 더 길었을 것으로 보인다. 『길』의 주요 기고자 중 한 명이었던 레어스는 출판사 사장이 아이히만을 챙긴다는 사실을 모를 리 없었다. 1954년 카이로로 이주했을 때, 레어스는 아이히만과 만난 기억을 갖고 있었다. 특히 대화 시점을 1955년으로 늦춰 잡은 일은 아이히만이 빌럼 사선과 프로젝트를 진행하기 전에 아르헨티나에서 어떤 공적인 삶을 살았는지에 대해 흥미로운 점을 알려준다.

물론 나치 망명객들 중에는 유대인 살해의 양상과 규모를 알기 위해 아이히만에게 물어보지 않아도 되는 사람들도 있었다. 에리히 뮐러와 요제프 푀테를, 쿠르트 크리스트만 같은 이들은 유대인 살해와 관련해 그들 나름의 경험을 갖고 있다. 즉 그들은 특공대의 일원으로 1941년 전선의 후방에서 대규모로 사람들을 총살하거나 가스실에서 살해했다. 게르하르트 보네와 한스 헤펠만은 "안락사" 살해 전문가였다. 게토 사령관 출신의 요제프 슈밤베르거는 노동을 통한 절멸에 대해 잘 알고 있었다. 망명객의 세계는 작아서 그들은 대개 서로 만날 기회가 있었다. 루델과 마찬가지로 공군 조종사로 활약했던 디터 멩게는 부에노스아이레스 근교에 멋진 저택을 소유한 채 돈벌이가 잘되는 고철 무역 사업을 했을 뿐 아니라 공포를 불러일으키는 동시대 인물들을 주변으로 끌어모으는 기괴한 취미를 가졌다. 그의 저택에서 열린 사교 모임은 나치 숭배라고 부를 만한 기괴한 것을 다 갖춘 곳으로 지금까지 유명하다. 그 모임에서는 가명을 쓰거나 자신을 감추거나 하는 일도 없었다. 아이히만과 요제프 슈밤베르거 같은 인물들은 인기를 독차지했다. 특히 인기 있었던 유희는 집주인과 가장 좋아하는 손님의 이름을 갖고 장난치는 것이었다. 이를테면 멩게Menge는 특히 멩겔레Mengele를 접대하기 좋아한다는 식의 말장

난이었다.[45]

나중에 사선은 자신이 수용소 의사였던 멩겔레에게 아이히만을 소개해주었다고 주장했다. 멩겔레는 히포크라테스 선서를 그 나름의 방식으로 기괴하게 해석했다. 유대인 생존자 다수는 멩겔레를 잊을 수 없었다. 왜냐하면 바로 그가 아우슈비츠에서 "선별 분리"를 수행했기 때문이다. 손동작 하나로 수백 명의 목숨을 한순간에 결정짓는 사람을 어떻게 잊을 수 있겠는가?[46] 아이히만과 멩겔레는 살인을 통해 출세하는 기간에는 서로 만난 적이 없는 게 분명하다. 물론 아이히만이 1944년 아우슈비츠를 자주 방문했기에 아마 둘은 지나가다 봤을 수는 있다. 둘은 같은 경로로 아르헨티나에 도착했다. 둘 다 급조된 위조 신원증명서를 테르메노에서 받았다. 멩겔레는 아이히만보다 1년 앞서 아르헨티나에 도착했다. 아이히만과는 달리 그는 아버지로부터 재정 지원을 많이 받았기에 상황이 꽤 나았다. 그렇지만 아르헨티나에서 멩겔레와 아이히만의 삶은 자주 겹쳤다. 멩겔레의 절친한 친구였던 사선은 나중에, 즉 1991년에 멩겔레의 "실험"을 높이 평가하게 된다. 사선은 아이히만과 멩겔레에게 공통점이 많지 않다고 생각했다. "둘은 전혀 다른 유형의 사람이었다."[47] 경제 상황으로 봐도 그렇고 교육 수준을 봐도 그랬다. 멩겔레는 돈도 충분히 많았지만 특히 의학 박사 학위 외에 철학 박사 학위(학위 논문 제목은 "네 인종 집단의 전면 턱뼈에 대한 인종형태학 연구")를 하나 더 갖고 있었기 때문이다. 하지만 사선의 말이 딱 들어맞지는 않았다. 1962년 아이히만의 교수형이 집행되었을 때 아이히만의 옛 지인들 중에서 단 한 명만 그에게 존경과 애정을 담은 추도사를 바쳤기 때문이다. 그는 바로 "아우슈비츠의 죽음의 천사"로 불린 멩겔레였다. 둘은 공통점이 없지 않았다.

사선과 함께 녹음하기 전부터 이미 오랫동안 아이히만과 뒤러 서클은 서로에게 관심을 가졌기에 아이히만은 금세 그 서클의 일원이 되었다. 나중에 아이히만에 대해 조금이라도 언급한 사람들은 단지 호기심 때문에 그에게 매혹되었다고 주장했지만 그렇게만 볼 수는 없다. 아이히만이 납치된 후 전반적으로 망각과 침묵이 퍼진 것은 당연했다. 1950년대 중반에 전문가로 인정받은 아이히만에 대한 관심은 엄청났다. 사실 사람들은 잊기 어려운 일에 대해 수다를 떨려는 습성이 있다. 하지만 그것이 아이히만의 안전을 위협했다. 종전 10년이 되자 그동안 망명했던 다수의 옛 동지들이 처벌에 대한 두려움을 점차 털고 독일 및 오스트리아의 지인들과 접촉을 강화했기 때문에 특히 그랬다. 독일에 배우자를 구하는 광고를 직접 낸 사람도 있었고,[48] 독일로 되돌아갈까를 심사숙고하는 이도 많았다. 서독 경제 기적의 아버지 루트비히 에어하르트가 1954년 12월 비공식적으로 아르헨티나를 방문했고, 정보국을 위해 일하는 오토 스코르체니는 크룹사의 공식 대표로 페론을 접견했다. 멩겔레는 1954년 독일에서 이혼 소송이 진행되도록 했다.[49] 심지어 범죄 관련 이력을 지닌 옛 동지들도 놀라울 정도로 다시 출세했다. 아이히만보다 한 살 어렸던 요제프 푀테를은 아이히만과 마찬가지로 적십자 여권으로 아르헨티나로 이주했다. 그는 국경 경찰이자 형사로서 "동부"에서 특공대 D의 특무반 10A와 함께 그곳 지형을 살폈을 뿐 아니라 "국경 방어"와 "빨치산 격퇴" 작전을 수행했다. 그는 1955년 독일로

돌아와 3년을 보냈다. 헌법수호청 직원이 된 것이다. 나중에 우리는 그를 다시 한번 만나게 된다.[50]

한편, 옛 동료나 새 친구들을 만날 때 아이히만은 가족들을 집에 머물도록 했다. 아마 그는 자신이 무죄임을 단단히 믿고 있던 아내로부터 질문을 받고 싶지 않았을 것이다. 하지만 부에노스아이레스는 넓은 곳이 아니었기에 아이히만이 가족과 친구들의 접촉을 늘 막을 수는 없었다. "어느 날 아버지가 제게 넌 지난주에 요제프 멩겔레와 악수를 했다고 말했어요." 클라우스 아이히만의 말에 따르면, 그렇게 알려주는 일은 예외였다. "아버지는 비밀 유지를 아주 중요하게 생각했어요. 누가 우리 집을 방문하면 아버지는 우리한테 꼼짝 말라면서 뺨을 때렸어요. 그래야 다음 날 학교에 가서 이야기하지 않을 거라고 생각한 거죠." 기자들이 누가 방문했는지를 묻자 클라우스 아이히만은 "그냥 뺨 맞은 것만 기억나요"라고 대답했다. 그 뒤의 인터뷰와 증언을 모아보면 아이히만의 납치는 리카르도 클레멘트가 실제로 누구인지를 아는 아르헨티나의 모든 사람에게 유사한 영향을 미쳤음을 알 수 있다.

삶의 승리

결혼: 서로 다른 성을 가진 사람들이 계속 성장하기 위해 결합하는 것[51]

—1961년 초 심리 조사, 아이히만

1955년은 상당히 소란스러웠다. 독일인을 아꼈던 아르헨티나 대통령 페론이 실각했다. 1955년 6월 16일 아르헨티나 해군 장교들이 쿠데타를 일으키자 페론 정권은 바로 무너졌다. 1960년 『라이프』 기자들은 아이히만에 대한 소문을 들었다. 아이히만은 "에른스트 라딩거"라는 가명을 쓰고 가우초가 되어 일한다는 것이었다. 소문에 따르면, 아이히만은 파라과이와 칠레, 우루과이와 페루에서 머물다 페론 정권이 전복된 후 볼리비아로 건너가 수개월 동안 거주했다.[52] 소문은 엉터리였지만 독일 이주민의 상황을 반영하는 측면도 있었다. 독일 이주민들은 아르헨티나의 정치 상황이 자신들에게 어떤 의미를 지니는지 제대로 가늠할 수 없었다. 아르헨티나의 신생 정권은 페론 독재의 부패를 척결하고자 했고 부패 혐의를 받은 독일 회사 일곱 군데의 문을 닫도록 했다.

1955년 12월 경찰은 코르도바 지방에 소재한 한스-울리히 루델의 집 문을 두드렸다. 루델이 페론의 절친으로 유명했기 때문이다. 가택 수색에서 서로 다른 이름이 적힌 여권 세 개와 루델의 정치 활동 및 연결망을 알려주는 문서가 다수 발견되었다.[53] 비록 그가 수년 동안 외국의 파시스트 운동들과 함께 국제 네트워크를 만들었다는 사실이 이미 알려지긴 했으나 그 규모는 놀라웠다. 황급히 집을 나서기 전 루델이 문서 일부를 불태웠기에 실제 규모는 더 컸을 것이다. 유감스럽게도 그때 몰수된 문서들은 지금까지 발견되지 못했다. 하지만 조사위원회는 보고서를 통해 여러 사실을 밝혔다. 그중 하나는 출입국 증명 도장이 찍힌 적십자 여권들이었다. 다른 위조 여권들과 함께 발견된 그것은 루델이 우파의 꿈을 실현하기 위해 얼마나 분주하게 활동했는지를 보여준다. 그 밖에 나중에 히틀러의 누이를 위해 기부금을 모으고자 했던 한스 레헨베르크 같은 서독 네트워크들에 보낸 "동지회"를 위한 기금 모금 편지도 발견되었다. 훗날 루델은 한스 레헨베르크와 함께 아이히만을 변호하기 위해 노력하게 된다. 특히 루델이 영국 파시스트 지도자 오스월드 모슬리를 아르헨티나로 초대해 페론 대통령을 접견할 수 있도록 만들어준 것은 아르헨티나에서 큰 문제를 불러일으켰다. 독일 대사관은 촉각을 곤두세운 채 부에노스아이레스의 신문 기사들을 본으로 보내며 만일의 상황에 대비했다.[54] 흥분이 차츰 가라앉자 "페론나치즘"은 단지 소극에 불과했고, 루델은 자기 역할이 오래전에 끝났음에도 불구하고 퇴장하지 않는 여러 "영웅들"의 전후 전형이라고 볼 수 있었다.[55] 루델의 동지들은 언론이 루델을 "아주 웃기고 오만한 인물"로 평하는 것을 봤다. 루델의 정치 계획은 만천하에 공개되었다. 루델은 잠시 파라과이로 피신했다. 페론 집권기와는 달리 아르헨티나가 더 이상 매력적인 곳이 아님은 분명해졌다. 특히 루델과는 달리 아르헨티나를 벗어나지 못한 사람들에게 그랬다.

아르헨티나에는 이미 오래전부터 인플레이션이 닥칠 것이라는 두려움이 퍼졌다. 쿠데타도 그런 상황 악화의 한 반응이었다. 아이히만의 이직도 그와 관련 있을 것이다. 상황이 불안하면 다시 자연과 함께하는 것이 가장 현명하다. 1955년 5월 아이히만은 부에노스아이레스에서 45킬로미터 떨어진 호아킨 고리나 소재 시에테 팔마스 토끼 농장의 관리인이 되었다. 농장 사장은 프란츠 빌헬름 파이퍼였다. 파이퍼는 유럽으로 돌아갈 궁리로 바빴기에 현장에 신뢰할 만한 사람을 고용하고 싶어했다.[56] 클라우스 아이히만은 "삼촌 둘"이 아버지랑 같이 농장을 운영했다고 말했다. 그들은 "1966년 다시 유럽으로 왔다"고 했다. "그들은 닭 5000마리와 토끼 1000마리를 길렀다." 품종은 앙고라 토끼였다.

긴 흰색 털을 가진 토끼는 값비싼 양모를 제공할 뿐 아니라 수요가 높은 퇴비도 만들어낸다. 토끼 똥에는 질소와 인산과 칼리가 잘 응축된 혼합물이 들어 있다. 감귤류의 주요 수출국인 아르헨티나는 그 퇴비에 대한 수요가 매우 높았다. 농장에서 보내는 일상은 토끼 먹이 주기, 우리 청소, 퇴비 수거 등으로 매우 단조로웠다. 털은 1년에 서너 번 깎았다. 그런 식의 자립적인 삶은 경제적 성공을 보장했다. 아이히만은 과거 동료들에게 최종 승리 후에는 친위대 대장으로부터 뵈멘 지역에 땅을 얻어 농장주가 되고 싶다고 말하기도 했다.[57] "검은 태양"의 제자들은 소박한 삶을 경배했다고 떠들었다. 하지만 그들 중 누구도 한창 권력을 잡고 있을 때 흙이 좋아 출세를 포기하지는 않았다.

그렇기에 양계장 사업에 성공한 적이 있으며 심지어 힘러 대장도 토끼를 길러본 적이 있다고 말한 것을 기억한다 해도 아이히만에게 크게 위안이 되지는 않았다. 변화는 가족들에게 큰 충격을 안겼다. 농장생활은 시골의 삶이었다. 때로 가족들을 데리고 오기도 했지만 대부분의 시간을 아이히만은 그들과 떨어져 혼자 보냈다. 열세 살짜리 막내와 열아홉 살짜리 장남을 포함한 세 아들은 학교를 계속 다녀야 했다. 회고록과 아이들의 기억은 아이히만이 자식들의 학업 의지에 대해 걱정했음을 보여준다. 아이히만은 "세 아들의 무식함"과 "버릇없음" 때문에 골치가 아프다고 했다. 왜냐하면 그들은 마르크스주의와 나치식 경건의 차이에 아무런 관심이 없었기 때문이다.[58]

아이히만의 삶은 다시 알텐잘츠코트에 있을 때와 비슷해졌다. 아이히만은 가족들을 챙길 필요도 없고 그저 돈 벌 궁리만 하면 되었다. 다만 그곳 농장은 뤼네부르거 하이데보다 더 궁벽진 시골에 있었다. 그래서 고요한 저녁이 되어도 이제 더는 슈베르트와 집시의 선율로 동네 아주머니를 열광케 할 기회가 없었다. 그 대신 아이히만은 수천 마리의 닭과 하얀 털의 토끼에게 바이올린 선율을 들려주었다. 그래도 수입은 아주 좋았다. 아이히만은 4500페소스, 즉 1000마르크 정도를 벌었다고 말했다.[59] 당시 예기치 않은 상황이 벌어져 가족들은 급전을 필요로 했다. 베라 아이히만이 다시 임신했던 것이다. 5년 뒤 아이히만은 그때의 감정을 특별한 말로 표현했다. "넷째 아들을 얻음으로써 우리는 최고로 행복했다. 그건 아버지로서 갖는 뿌듯함 이상이었다. 그것은 그동안 나를 짓밟으려 했던 세력들에 맞서 승리한 자유와 생명의 상징이었다. 감옥에 갇혀 있는 지금도 그때를 생각하면 나는 아들을 출산했을 때의 만족스러운 승리감에 젖어든다."(「나의 도주」 25쪽 이하)

아기의 탄생이 승리라고? 1955년의 상황을 고려할 필요가 있다. 당시 아이히만이 신경 써야 했던 문제는 이전의 것과는 성격이 좀 달랐다. 우선 베라 아이히만의 임신은 위험했다. 베라는 당시 마흔여섯 살로 산모로서는 나이가 이미 너무 많았던 데다 건강 상태도 좋지 않았다. 베라는 수년 동안 담즙 이상 증세로 고통을 겪었다.

우정의 작업

낯선 나라였고 보건 시설도 독일과 다른 데다 언어 소통 문제도 베라에게는 쉽지 않았다. 남편 아이히만은 아이가 태어나 겪을 부수적인 어려움 외에도 자기 아내에 대해 심각하게 걱정하지 않을 수 없었다.

아이히만에게 처자식이 중요했다는 사실을 간과해서는 안 된다. 그는 가족 없이 도주하는 삶을 상상도 할 수 없었다. 뿐만 아니라 그의 아내도 함께 상황을 이겨내고자 하는 의지가 강했다. 베라는 남편과 마찬가지로 같이 살기 위해 인내했고 남편의 도주를 도왔다. 결혼생활의 외적 조건은 녹록지 않았다. 하지만 정황을 죽 살피면 1935년 두 사람의 결혼은 사랑에 기반을 두었다. 아이히만은 1930년대 초 세 살 어린 베라 리블을 보헤미아 지방 여행에서 만났다. 베라의 어머니는 그곳에 농장을 소유하고 있었다. 디터 비슬리체니는 베라를 "작고 매우 뚱뚱하며 검은 생머리에, 검은 눈과 슬라브인 같은 둥근 얼굴"로 묘사했다. 누구보다 뚱뚱하기 짝이 없는 비슬리체니가 아이히만을 질투하는 소리였다. 전신 사진을 보면 베라는 매우 매력적인 여성이었음을 알 수 있다. 그녀는 멋진 단발머리에 크고 아름다운 눈과 두터운 입술을 가진 데다 모피 어깨걸이를 걸치고 우아한 옷을 입은 여성이었다. 베라는 외모로 봐도 아이히만이 좋아하는 스타일의 여성에 딱 들어맞았다. 아이히만은 사선에게 나치의 이상적인 여성상, 즉 리나 하이드리히와 마그다 괴벨스같이 키 크고 날씬한 금발 여성에게 끌리지 않는다고 말했다. 아이히만이 보기에, 그들은 "여자로서는 너무 차갑고 거리감을 갖게" 했다.[60] 아이히만이 아내가 농부 출신이라서 부끄러워했다는 빌헬름 회틀의 말은 사실이 아니다. 우선 피와 땅 이데올로기에서 출신 계급은 우열이 따로 없다. 게다가 아이히만은 자기 아내에 대해 늘 존중을 담아 "믈라데 출신의 자랑스러운 농부 딸"이라고 말했다. 그가 베라를 아내로 삼은 것은 결코 출세를 위해서가 아니었다. 아이히만은 친위대 대원의 결혼 때 필요한 서류와 관련해서는 작은 술수를 썼다. 왜냐하면 신부 베라가 관련 서류를 전부 제출하기는 어려웠기 때문이다. 베라는 신앙심이 깊어 교회에서 결혼하기를 원했다. 그것은 친위대에서 환영받지 못했지만 아이히만은 베라가 원하는 대로 했다.

아이히만 부부는 결혼 직후 베를린에서 살다가 빈을 거쳐 마지막엔 프라하에 보금자리를 마련했다. 프라하 집에는 베라의 여동생도 얹혀살 수 있었다. 아이히만이 출세했기에 가능했던 일이다. 아이히만은 아내가 베를린을 좋아하지 않아 프라하에 가족들의 주거지를 마련했다. 그 결과 아이히만은 주말마다 베를린과 프라하를 오가야 했다. 한편 프라하는 일 때문에도 중요했다. 아이히만은 자주 빈과 테레지엔슈타트로 출장을 가야 했다. 아이히만이 일하던 유대인과는 프라하의 벨게셰 가센 25번지에 외청을 따로 두었다. 아이히만 부부는 신혼 시절 행복했다. 하지만 1938년부터 이미 아이히만이 혼외 애인을 두었다는 사실을 부하들은 다 알고 있었다. 그 불륜은 공적인 차원에서도 문제였다. 아이히만이 빈 소재 중앙사무소의 경비로 애인 마리아 뫼젠바허의 부동산을 구매했기 때문이다. 애인을 도울 요량으로 지나치게 고가로 그것을 구입했다는 의심이 퍼졌다.[61] 아이히만의 직장 동료들에게는 또 다른 가십거리가 있었다. 때로 사람들은 마리아 뫼젠바허와 미치를 혼동했다. 미치는 인근에

있는 작은 여관의 주인이었는데, 소문에 따르면, 그 또한 아이히만과 연인관계였다.[62]

베라 아이히만도 그런 소문을 들었던 게 분명하다. 그렇다고 결혼생활에 문제가 생기지는 않았다. 1939년 부활절 즈음 베라의 생일 기념으로 아이히만 부부는 이탈리아를 여행했다.[63] 이들 부부는 주말과 결혼기념일, 생일과 어머니의 날 등을 중요하게 챙겼다. 물론 1960년 결혼기념일을 위해 꽃다발을 사는 와중에 납치되었다는 이야기는 멋지게 들리지만 사실은 아니었다.[64] 아이히만 부부는 당시 자식 셋을 가졌으며 그 애들이 부부의 낙이었다. 아이히만은 결혼 후에도 길거나 짧게 여러 여자와 사귀었다는 소문이 계속 돌았다. 비슬리체니가 언급한 아이히만의 "여자 이야기들"은 믿기 어렵다. 하지만 아이히만이 바람을 피운 것은 사실이다. 아이히만과 같은 직장에서 일한 여성들도 그렇고 아이히만과 바람을 피운 여성은 모두 아이히만이 "멋지"고 "매력 넘쳤다"고 말했다. 그들에 따르면, 아이히만은 게임도 잘하고 음악도 즐기며 이야기도 잘하는 "아주 괜찮은 남자"였다.[65] 남자들도 "아이히에"는 "인기가 있어 만나려는 이가 많았다"고 기억한다. 어쨌든 수용소 소장 회스는 그렇게 말했다.[66] 아르헨티나 시절의 한 녹음 내용을 들으면 아이히만이 여성들을 어떻게 대하는지 살짝 엿볼 수 있다. 사선의 부인과 아이히만의 대화가 녹음되어 있다. 그에 따르면, 사선의 부인은 아이히만에게 그가 즐겨 피우는 담배가 없어 다른 담배를 사갖고 왔다며 미안해했다. 아이히만은 날카롭고도 쏘는 듯한 목소리를 갑자기 굵고 부드럽게 바꿔 "이런, 고생하셨네요. 고맙습니다. 여사님"이라고 말했다.[67] 권력을 잡고 잘나갈 때 아이히만은 최소한 세 명의 여성과 관계를 가졌다는 사실이 확인된다. 알텐잘츠코트 시절에도 아이히만은 멋진 금발 여성 넬리 외에 젊은 홀어미 그리고 집주인 여성과도 정분관계를 유지했다는 소문이 돌았다. 시골의 소문이 얼마나 믿을 만한지 모르겠지만 한 가지 사실은 분명하다. 즉 아이히만은 권력이 따로 없었어도 수선한 군복 잠바 하나만 걸치면 그런 말이 나돌 정도로 인기가 있었다.

아이히만은 애정 행각을 감추었다. 부르주아적 품위가 중요했기 때문이다. 그래도 헝가리에 체류할 때는 이중생활을 숨기지 않았다. 아이히만의 애인 중 한 명은 빈 출신인 마르기트 쿠셰라였다. 비슬리체니는 창녀라면서 그녀를 역겨워했다. 아이히만의 또 다른 정부는 잉그리트 폰 이네였다. 폰 이네는 고급 사교계에 드나드는 이혼 여성으로 나치 이상주의자들이 꿈꾸는 모든 것을 갖추었다. 즉, 키 크고 늘씬하며 도도한 분위기를 풍기는 아름다운 금발 여성이어서 사교 모임에 동반하기 안성맞춤이었다. 데이비드 세자라니는 다음과 같이 결론 내렸다. "아이히만은 나중에 언론이 그려낸 것 같은 가학적이고 음탕한 괴물이 아니었다. 하지만 그는 또 무미건조한 공무원이나 기계 같은 관료도 아니었다. 권력, 삶과 죽음을 결정하는 권력이 그를 망가뜨렸다. 1944년까지의 권력은 아이히만을 완전히 타락시켰다."[68]

물론 성적 외도가 정말로 부패의 결과였는지는 명확히 말할 수 없다. 방종은 도리어 자제력 상실의 결과였다. 술이 문제였다. 비슬리체니는 "마지막 몇 년 동안 아이히만이 여자들과 관련해서는 제어가 되지 않았다. 부다페스트에서도 그는 매일 밤 취해 있었다"고 말했다.[69] 권력에 도취됐다고 해서 부르주아 집안의 자제가 곧장 그렇게 타락한 망나니가 되지는 않는다. 흥미로운 점은 따로 있다. 아이히만은 회고록에서나 아르헨티나 시절의 대담에서 헝가리 시절의 "매력적인" 활동, 즉 헝가리에서 "책임자"로서 나치 시기 전체를 통틀어 가장 효과적으로 유대인 수송을 조직했다는 이야기를 아무 거리낌 없이 했다. 극악한 수송 상황들과 끔찍한 죽음의 행진 등에 대해서 아이히만은 자랑스럽게 이야기했다. 반면 그는 외도 문제만큼은 불편해하며 이리저리 둘러댔다. 모임에 데리고 간 귀부인은 그저 "식사 자리 동반자"일 뿐이라고 말했다. 그것도 단 한 번, 즉 자신이 사람들을 식사에 초대했을 때뿐이라고 했다. 아이히만은 다음과 같이 쓸데없는 말을 늘어놓았다. "저는 여집사가 없었잖아요. 그런데 결국 여집사가 필요했지요. 그래서 폰 이네 여사께 부탁했어요. 그게 다입니다." 아이히만은 분명하게 하기 위해 이렇게 반복했다. "여집사가 없었기에…… 여기서 누군가가 주장하듯이 저한테 애첩이 있었던 건 아니에요. 그렇지 않겠어요?! 잘 알고 지내는 사람들이 좀 있었지만요. 그 사람들하고 가끔 저녁을 먹으러 다니긴 했어요. 그래도 그들 중 누구하고도 내연관계를 갖지는 않았어요." 그런데 다시 여집사가 필요한 일이 있었다고 말하며 "그래서 제가 또 다른 여성에게 여집사 일을 부탁했어요. 그때도 결코 내연관계를 갖지는 않았어요." 이번에는 "폰 쿠셰라 양"이었는데 이미 약혼한 사람이었다는 것이다. "그가 그날 저녁 여집사 역할을 맡았죠."[70]

아이히만은 항상—알텐잘츠코트에서도—여성들과 우정만 나

누었다고 주장했다. 그는 외도 의심에 맞서 자기를 방어했고 사선이 넌지시 떠보거나 포르노식으로 세세하게 말하도록 유도하는데도 불구하고 넘어가지 않았다.[71] 여자 꼬시는 일은 쉬웠지만 별일 없었다며 아이히만은 절제력을 자랑스러워했다. 하지만 사실은 정반대였다. 체포된 후 곧장 아이히만의 여성 편력 소문이 언론에 나돌았다. 그중 상당 부분은 사실이 아니었다. 아이히만은 비슬리체니가 자신의 사생활에 대해 폭로한 것을 읽은 뒤 결코 아내 외에 따로 애인을 두지 않았다고 재차 강조했다. 아내 외의 여자들과는 "순전히 플라토닉 관계"였다고 주장했다.[72] 그런 묘사가 마음에 들지 않았는지 그는 다음과 같이 덧붙였다. "나는 본래 성적 능력이 셌고 그 자질을 갖고 유기적 삶을 발전시켰다. 나는 성감도 없는 말 꼬리가 아니었다."[73]

그 말은 단순히 남자로서 거들먹거리는 과장만이 아니었다. 그것은 투철한 나치 신념의 표현이기도 했다. 성적 능력이니 "자질"이니 하는 것은 모두 인종주의에 기초한 친위대 대원 속성의 일부였다. 힘러는 친위대를 인종적으로 순수한 인간 엘리트의 배포胚飽라고 봤다. 그렇기에 선발에 신중할 필요가 있었다.[74] 친위대 대원의 아내가 될 여성들 그리고 친위대 대원인 남성도 인종청 내지 이민청이 혼인을 허락하기 전에 꼼꼼히 신체검사를 받아야 했다. 성교 불능이나 비정상적인 성 습관을 지닌 사람들은 친위대에 들어오지 못했다.

아이히만은 자유로운 성생활을 당연한 기회로 보기보다는 조심스러운 문제로 인식했다. 아이히만은 힘러가 혼외 애인과의 사이에서 낳은 아이에게 비싼 선물을 주려는 것을 보고 충격을 받았다. 부패여서이기도 했지만 특히 힘러 대장이 두 집 살림을 차리면서 발생한 그 목걸이 사건을 부하들에게 비밀로 할 생각이 전혀 없다는 사실에 아이히만은 아연했다. 직위가 높은 상관이라면 다른 사람이 그런 불편한 일을 알지 못하도록 해야 하고 혹시라도 그 비밀을 아는 사람들의 "포로"가 되어서는 안 되기 때문이었다.[75]

힘러는 친위대가 지금까지의 도덕관념을 극복해야 한다고 생각했다. 그는 도덕관념이 "이른바 기독교가 만든 도덕률"에 불과하므로 이제 그 "위선"을 끝장내야 한다고 봤다. 하지만 아이히만은 힘러의 생각을 받아들이지 않았다.[76] 사선같이 섹스 문제를 가볍게 보는 태도도 아이히만은 받아들일 수 없었다. 사선 서클처럼 순전히 남자들만 모인 곳에서 흔히 나오는 음담패설도 아이히만은 불편해했다. 사선이 슬쩍 여자 관련 질문을 던지면 아이히만은 침묵으로 일관했다. 아이히만은 다른 주제에 대해서는 즐겨 이야기했고 절멸수용소의 상태에 대한 아주 냉소적인 언급들에 대해서도 아무 문제가 없었지만 수용소 유곽과 같은 주제에 대해서는 자신의 여성 편력에 대해서와 마찬가지로 입을 닫았다. 아이히만은 그런 식의 남자들 대화가 불편했다. 이스라엘의 심리 조사에서도 부에노스아이레스에서와 마찬가지였다. 아이히만은 대체로 협조적이었다. 아이히만을 조사했던 심리학자 슐로모 쿨샤르는 "그가 인터뷰 중에 답하기를 거부했던 첫 번째이자 유일한 사례는 우리가 섹스 경험에 대해 물었을 때다"라고 밝혔다.[77] "아이히만에게 있어 섹스 문제는 상당히 억압되고 감추어진 데다 위장되었다. 그것을 재구성하기는 어려웠다."

아주 노련한 심리학자 조사팀은 쿨샤르의 부인을 포함한 여러 테스트를 통해 아이히만이 섹스 문제와 관련해서는 "매우 강한 억압 기제"를 가졌다고 결론 내렸다. 그들은 "가학피학성 변태성욕 콤플렉스"가 있을 것이라고 추측했다.[78] 이건 그 세대가 간통과 관련해 전형적으로 갖는 소심함과는 좀 달랐다고 그들은 믿었다. 그들은 모두 그에게 잠재적 공격성이 있다고 확인했지만 이를 계속 추적하기에는 조사가 충분치 못했다.

그런 맥락에서 보면 아이히만이 자신의 성적 능력을 공개적으로 부각시킨 것은 매우 인상적이다. 그는 심지어 간수들에게도 몇 번이나 그것을 암시했다. 간수들이 아이히만에게 나보코프의 『롤리타』를 읽을거리로 넣어주자 아이히만은 소설이 너무 에로틱하니까 더 넣지 말라고 요청했다. 불이 환하게 켜진 상태로 간수들에게 계속 감시받는 상황에서라면 가질 수밖에 없는 생각이었다. 그렇지 않은 때라면 아이히만은 오랫동안 여자 없이 지내는 것이 자신에게 얼마나 힘든 일인지를 과감히 드러냈다.[79] 이런 언급과 여성 편력에만 집중하면 일부 소설과 최근 영화를 통한 재현에서 나타나듯 그를 "홀로코스트 괴물"로 보는 편리한 상상에 빠질 위험이 있다. 그런 재현에서 아이히만은 살인에 도취되고 도덕적으로 완전히 타락해 무덤 위에서도 섹스를 즐기는 망나니였다.[80] 하지만 아이히만은 그런 포르노그래피식의 나치 관련 통속물에는 전혀 맞지 않는 인물이었다. 아이히만의 예의관은 유대인 학살을 가능케 했지만 개인적인 삶에서 그는 부르주아의 도덕성을 엄격히 지키려고 했다. 다만 나치 이데올로기에서 그렇게 할 근거나 범주, 특히 언어를 발견하면 아이히만은 그 부르주아 도덕성을 포기할 수도 있었다. 자신의 육체적 욕구 때문에 위선과 당혹에 빠져 침묵한 일도 있었다. 반면 번식은 아이히만이 자유롭게 이야기하던 주제였다. 그것은 이른바 유대 인종에 맞선 생존 투쟁부터 최종 승리까지 다양했다. 아이히만은 사실 아주 새침해서 사선같이 악명 높은 여성 편력가와 대화하면서도 바람피운 것을 하나도 이야기하지 않았다. 그런데 바로 그 조잡한 번식의 정치화 내지 "민족 유지 본능"[81]에 대한 이야기로 인해 아이히만은 자신이 나이가 적지 않음에도 불구하고 넷째 아들을 갖게 되었고 여전히 생식 능력을 지녔음을 자랑할 수 있었다.

힘러는 친위대 부하들에게 자식을 적어도 네 명은 낳으라고 요구했다. 아이히만은 유대인을 전부 다 살해하지는 못했지만 1955년 11월 넷째 아들을 가짐으로써 그 명령을 이행했다. 그는 그것을 매우 자랑스럽게 여겼다. 아이히만은 사선 같은 나치들과 바로 그 점에서 견해가 일치했다. 사선도 도주한 뒤 아이가 태어나자 이를 "적을 향한 도전"이라며 축하했다. 즉, 그것은 "적이 짓밟은 가치들과 삶에 대한 야생의 서약"이었다는 것이다.[82] 인종생물학을 받아들인 투철한 반유대주의자들만이 자식에 대해 "나를 절멸시키려고 하는 세력들"을 이긴 승리로 해석한다. 왜냐하면 인종 전쟁이 너무나 총체적이어서 군사적 패배 후에도 그 전쟁이 지속될 수밖에 없는 곳에서만 아들의 탄생이 자아를 만족시키는 "승리를 통한 보상"으로 오용될 수 있기 때문이다. 인종 투쟁에서 생식 능력은 가장 탁월한 무기였다. 아이히만은 은퇴 후에도 여전히 투철한 신념을 갖고 의무를 이행했다.

베라 리블은 1955년 11월[83] 부에노스아이레스의 가톨릭 병원 페쿠에나 콤파니아 마리아에서 아들을 출산했다. 나중에 아이히만은 "아들을 내 자식으로 공식 등록할 수 없었다. 왜냐하면 나는 서류상으로는 아내와 결혼한 상태가 아니었기 때문"이라고 밝혔다.[84] 진지했지만 그 이유는 결혼증서가 없어서가 아니라는 사실을 모르는 사람들이 있는 것처럼 말했다. 간호사들이 드러내놓고 아들을 "아이히만 애기"라고 불렀다는 사실은 놀랍다.[85] 그렇지만 아이히만 이름으로 출생신고를 하는 것은 매우 부주의한 일이었을 것이다. 아들은 베로니카 카타리나 리블의 혼외 자식으로 등록되었다. 아들에게는 일단 아버지의 가명이 붙여졌다. 그 외에 "승리"를 가능케 해준 제노아 신부를 감사히 여겨 기리는 마음으로 그의 이름도 아들에게 중간 이름으로 붙여졌다. 그래서 아들은 리카르도 프란치스코라 불렸다.[86] 아이히만은 어쩔 수 없는 그 상황을 매우 곤혹스러워했다. 나중에 아이히만은 "그렇게 처리해야 해서 마음이 몹시 아팠다"고 고백했다.[87] 아이히만이 보기에 누가 그 개인적 모욕에 책임 있는지는 분명했다. "우리 부부 사이에서 태어난 아들이 혼외 자식으로 등록된 문제의 책임은 정치 상황에 있다."[88] 정치 상황 말고 뭐가 더 있겠는가?

버림받은 곳의 버림받은 무리

그럼요. 그렇고말고요. 벗들이여, 우리는 버림받은 곳의 버림받은 무리예요. 그것이 우리의 강점이지요. 그러니 스스로 절망에 빠지는 것이 우리에게 가장 안 좋은 일이에요.

— 빌럼 사선, 『길』의 1955년 성탄절 메시지[89]

애초에 아이히만은 당시 상황에 만족하면서 살 수도 있었다. 일자리도 새로 구했고 아내의 산후 조리도 잘되었다. 아기도 건강해 돌잔치를 코앞에 두고 있었다. 이 모든 게 사실 축하할 일이었다. 그런데 아이히만에게 그것은 모두 악몽으로 뒤바뀌었다. 남자들 중 상당수는 자식을 갖고 쉰 살이 되면 삶의 의미를 찾지 못해 방황한다. 대량살인의 전과가 없어도 남자들은 자식이 태어나면 아이들이 자신에 대해 뭐라고 말할지 생각하게 된다. 특히 아이히만은 자식들이 도처에서 아버지가 전범이고 대량학살범이라고 말해지는 것에 노출됨을 알고 있었다. 아이히만은 현모양처를 두었지만 공식적으로는 아내를 애인으로 소개해야 했다. 아내는 마땅히 받아야 할 인정을 받지 못했다. 아이도 건강했지만 법적으로는 친자식으로 인정받지 못했다. 아이히만은 1956년 3월 19일에 생일을 맞았다. 하지만 리카르도 클레멘트의 생일은 5월이었고 게다가 원래보다 일곱 살이나 어리다. 화려했던 삶은 끝났고 여전히 익숙해지기 어려운 그 이름만 덩그러니 남았다. 아이히만은 변화를 원했고, 이것은 주변 지인들과 세상이 다 주의를 기울일 만한 것이었다. 그는 나중에 "유대인들이 나를 잡을 수 있게 된 것은 내 잘못 때문이었다"라고 말했다.[90] 1955년 아이히만의 삶을 살피면 맞는 말이라는 결론에 이른다.

1955년 아이히만의 상황만 바뀐 게 아니었다. 독일에서든 망명지에서든 나치 몽상가들은 그해 몇 번이나 나쁜 소식을 접했다. 오스트리아는 국가 조약을 체결했다. 서독에서는 점령이 끝났고, 연방군이 창설되었다. 서독은 북대서양조약기구NATO에 가입했고 할슈타인 원칙(대동독 강경책으로 동독과 외교관계를 맺으면 서독은 그 국가와 외교관계를 맺지 않겠다고 한 것—옮긴이)으로 외국에서 독일의 이익을 단독으로 대표한다고 주장했다. 여전히 나치 신념을 지닌 사람들에게 그것은 모든 대독일주의 이익의 거부 그리고 전승국, 특히 경멸 대상국인 미국에 귀속되는 것을 의미했다. 게다가 선거에 대한 기대도 충족되지 못했다. 한스-울리히 루델은 1954년에 여전히 "상황을 꿰뚫어보는 소수의 사람"이 점점 어리석어지는 나머지 다수의 마음을 빼앗을 수 있을 것이라는 몽상 속에 있었다. 루델은 당시까지 우파가 가장 크게 성공했던 주인 니더작센의 주의회 선거에 독일제국당 후보로 나서 3.8퍼센트의 극히 저조한 지지만을 얻었다. 독일인들은 "독일에 대한 거짓말 네트워크"가 존재한다는 사실과 "세계를 지배하려는 사람들이 우리에게 어떤 무모한 장난을 벌이는지"를 알지 못했다.[91] 그 대신 그들은 경제 번영에 매료되었고 콘라트 아데나워 총리에게 환호했다. 아데나워가 소련에 가서 독일 전쟁포로들을 데려오는 데 성공했기 때문이다. 연방 대통령 테오도어 호이스는 한 연설에서 직접 뒤러 서클에 속한 사람들을 언급하며 다음과 같이 정곡을 찔렀다. 『길』은 "당혹스러운 잡지입니다. (…) 유권자인 주민들은 지난 몇 년 동안 선거에서 거창한 언사에도 불구하고, 아니 바로 그것 때문에 상당한 면역력을 갖추었음을 분명하게 보여주었습니다." "페론의 양지에서 몸을 데우는 그 집단"은 "낡은 언어를 사용하며 미래 독일에 대해 어리석은 구상을" 유포할 수는 있을 것입니다. 하지만 호이스는 "독일이" 이미 오래전부터 그 구상과는 전혀 다른 길을 걷고 있다고 말했다.[92]

1955년 중반 쾰른에는 이스라엘 대사관의 전신인 이스라엘 공관이 생겼다. 그런데도 아르헨티나의 독일 애국 동지들은 여전히 대사면을 기다리고 있었다. 빌럼 사선 같은 이들은 1955년 초에도 아직 기대를 갖고 독일에서 민주주의는 유지될 가능성이 없는 임시 체제, 즉 "공위空位기"[93]가 될 것이라고 말했지만, 이제 그렇지 않다는 게 드러났다. "제국으로서의 의지"나 "영원한 독일인의 불굴의 정신" 같은 것은 볼 수 없었다. 독일로 돌아가 권력을 잡을 가능성은 전보다 더 희박해졌다. 향후 수년 동안 아르헨티나에서 할 수 있는 일이라고는 그저 독일에 잔존한 소수의 용감한 동지에게 일종의 초월적인 인종 승리에 대해 희망을 품도록 만드는 것뿐이었다. 사선은 "우리의 투쟁은 꿈"이었다고 쓰면서 이미 지난번 패배를 통해 익숙해진 인내 구호에 의지했다. "우리의 피는 꿈을 꾸게 하므로 육체적 생명은 의미가 없다. 우리의 피는 수백 년 동안 아이들에게로 이어져 계속 꿈을 꾸게 할 것이다."[94] 세계 여러 곳에 흩어진 나치들은 이제 땅 없이 피만 남았다. 물론 계속 그렇게 된다면 아이히만의 막내아들이 결코 그 피에 딱 맞는 독일 이름을 가질 이유는 없을 것이었다.

더 불편한 상황이 발생했다. 아이히만이 전쟁 시기에 적극 가담했던 인도성 범죄를 둘러싼 논의가 변했다. 짧은 시기 동안 연달아 나치의 유대인 탄압에 대한 연구서들이 발간되기 시작했다. 수용소에서 반체제 인사들을 체계적으로 제거한 이야기와 일상에서 이루어진 수용소 내 공포를 다룬 프랑스 다큐 영화 「밤과 안개」는 관객들을 충격에 빠트렸다. 연방정부는 서독에서 그 영화가 상연되는 것을 금지했을 뿐만 아니라 칸 영화제에서 상연되는 것도 막으려고 했다. 독일 역사학계는 원래 적극적으로 매달려야 했을 일을 제대로 하지 않았다. 반면 공적 차원의 과거 대면 논쟁이 수개월 동안이나 신문 지상을 달구었다.[95] 사선도 그 영화로 인해 혼란스러워 아이히만에게 그에 대해 물었다.

서독 사회 내부 논의의 변화 못지않게 유대인 절멸 관련 도서들도 뒤러 서클의 내부 토론에 영향을 미쳤다. 먼저 1955년 말 레온 폴리아코프와 요제프 불프의 『제3제국과 유대인』이 청천벽력같이 날아들었다. 그 책이 발간된 직후 외무부 직원 오토 브로이티감은 임시 면직 처리되었다. 왜냐하면 그 책에 그의 서명이 붙은 유대인 문제 관련 문서가 포함되어 있었기 때문이다.[96] 사선과 동료들을 가장 괴롭힌 것은 그 책의 가장 큰 장점인 사료들이었다. 그 책은 무엇보다 사료 모음집이었다. 약탈과 탄압을 지시하는 총통 칙령들, 환호하는 괴링의 논평과 기록들, 라인하르트 작전의 약탈과 살해 상황 보고, 금니와 은행 잔고 및 강제노동과 가스실 계획에 대한 보고서와 게르슈타인 보고서 발췌문, 바르샤바 봉기에 대한 힘러의 진압 명령, 슈트루프의 최종 보고서, "특별 취급"과 "근절" 관련 통계들이 나와 있다. 또 "최종해결"에 대한 디터 비슬리체니의 보고서, 반제 회의록, 아우슈비츠와 광신적 인종주의, 의료 실험과 강제 불임 등에 대한 수많은 기록물도 들어 있다. 독자들은 논평이 달린 발췌문과 문서들, 사진과 복사물이 포함된 자료들을 보면서 나치의 유대인

"정책"을 알 수 있었다. 그것은 그때까지 출간된 회고록이나 신문 기사들과는 달리 그냥 무시하고 지나치기가 어려웠다. 편지의 서두와 서명도 알아볼 수 있었다. 책의 한 장 전부는 "마술 부리지 않는 대심문관", 즉 아돌프 아이히만에 대한 것이었다.

세부 상황을 드러내는 사료가 아주 많았기에 더 이상 그것을 적의 선전으로 여기면서 덮어둘 수만은 없었다. 헤스터니 하이만이니 하는 조작된 가짜 전문가들로는 할 수 있는 일이 없었다. 특히 나치들 사이에서도 의심이 증대했다. 점차 뒤러 서클에서 가장 신실한 나치조차 유대인 절멸이 실제로 일어났던 일임을 깨달았다. 권력을 장악했을 때는 그 사실을 모르는 척했거나 별일 아닌 듯 간주하거나 무시했던 사람들도 그 증거를 무시할 수 없었다. 모든 언론이 그 책을 다뤘고 아이히만이란 이름도 자주 등장했다. 『길』 7월호도 그 책을 언급했다.[97] 심지어 전후 가장 완강한 나치 잡지들에서도 이제는 "아우슈비츠" "마이다네크" "유대인 문제의 최종해결" "반제회의" "반나치 정치범에 대한 대규모 학대", 프랑스 유대인 4만 명의 수송 같은 용어가 등장했다.[98] "아무것도 모른 채 수용소로 내몰려 죽음을 맞은 사람들" "수용소 테러" "유대인에 대한 포악" 같은 용어도 쓰였다.[99] 심지어 결정적인 이름들, 즉 라인하르트 하이드리히, 하인리히 뮐러, 아르투어 네베, 오딜로 글로보츠니크와 프랑스 제4국 B4과의 "유대인 담당관" 테오도어 다네커 같은 이름도 언급되었다.[100] 사실관계가 아주 명료하게 밝혀졌기에 부에노스아이레스에서도 그 이름들이 다 언급될 정도였다. 1956년의 그 글들에서 전혀 언급되지 않은 유일한 이름은 아이히만이었다.

주목한다고 수용하는 것은 아니다. "세계사의 유일무이한 죽음의 무도舞蹈"[101]라는 사실을 인정하는 대신 새로운 음모론이 등장했다. 사실을 부정할 수 없자 그것의 의미를 바꾸었다. "'게슈타포'의 역할"이라는 강령적 제목의 연재 글은 "1933년부터 극심했던 음모"론을 보여준다. 말도 안 되는 헛소리였지만 한 가지, 즉 나치 구원을 꿈꿨던 사람들의 대책 없는 절망만은 분명히 보여주었다.[102] 요약하면, 그것은 억압을 통한 동화식 이야기였다. 즉 친위대는 그 일에 책임이 없다고 했다. 결코 그럴 리가 없다고 했다. 다만 게슈타포에 책임이 있다는 것이다. 게슈타포는 "당시와 지금 흔히 말하듯 그런 순수 나치 경찰 기구는 결코 아니었"기 때문이다. 창립 때부터 이미 게슈타포는 "전복"을 추진했고 "제3제국의 정책을 방해하고 훼손하며 비방하"려고 한 소수의 "충직한 시민으로 위장한" 기구였다는 주장이다. 게슈타포의 목적은 일차적으로 "경멸 대상인 히틀러의 인민정부(!)를 붕괴시키는 것이었다. 그뿐만 아니라 독일의 명예를 계속 훼손하는 것도 중요했다. 게슈타포는 히틀러의 역할이 컸던 독일의 승리를 중단시키고자 했다는 것이다. 그 글들은 모든 불행의 책임이 군 첩보부의 책임자 빌헬름 카나리스 제독에게 있다고 주장하며 망상적인 논의를 세밀히 펼쳤다. 카나리스는 음모꾼인 라인하르트 하이드리히를 떠받들었으며 그 두 사람이 모든 폭력의 근원이라고 했다. "이제 우리는 그 새 나치 지배를 흔들며 적대자를 만든 특정 체제가 존재했다고 추론"할 수 있다는 것이다. 그 글에 따르면, 카나리스가 자신을 악용한다는 사실을 하이드리히가 발견하자 카나리스는 하이드리히를 즉각 제거했다. 그러자 원래 나치와 관련이 없던 하인리히 뮐러가 동부에서 유대인 절멸을 조직했다는 것이다. 그 "게슈타포 지도부 내 범죄자 그룹"은 결국 왕에 해당되는 히틀러를 무너뜨리기 위해 "사람들을 수용소로 보내 살해한 무자비한 인간들이었다. 상황이 그토록 명료하다면 왜 누구도 알아차리지 못했는가라는 질문에 답을 해야 했다. 글의 저자는 거짓말이 만들어졌다고 주장했다. "전승국들은 그 게슈타포 작전의 실제 배경을 아주 정확히 알고 있었다. 언젠가 세상 사람들이 히틀러가 아니라 그의 적대자들이 유대인 살해를 조직했다는 사실을 알아차리지 못하도록 전승국은 은폐를 도왔다." 그런 식으로 말하니 이제 다시 모든 것, 즉 히틀러와 독일 그리고 나치즘 등은 아무 문제가 없었다.

글의 저자는 마드리드에 거주한다는 파울 베네케로 적혀 있었다. 진짜 파울 베네케는 15세기 인물이었다. 그는 관점에 따라 다르게 평가받는다. 한편으로 그는 1468년 영국 함대를 몰아내고 한자동맹에 특권을 회복시켜준 위대한 이타적 영웅이었다. 다른 관점에서 보면 그는 속도 느린 모든 배를 약탈한 잔인한 해적이었다. 구스타프 프라이타크는 "독일의 과거에 대한 묘사"와 반유대주의 저작으로 나치로부터 존경받은 저술가였다. 그는 단치히 출신인 한자동맹의 장군 베네케에 대한 책을 집필했다. 그것은 군사 출판사에 의해 화려한 판본으로 출간되었다. 단치히에서도 파울 베네케는 특별한 영웅으로 대접받았다. 그의 이름을 딴 거리와 공공 기관들이 생겨났다. 단치히 주민들과 시의 관계를 잘 아는 사람이라면[103] 그 글의 저자가 동프로이센 출신이라고 결론 내릴 것이다. 실제 저자가 누구인지는 지금도 알 수 없다. 글의 내용을 보면 저자가 친위대 대원인 것은 분명하다. 문체나 글쓰기 방식 그리고 세부 내용의 숙지 정도로 판단하자면 저자가 사선이나 레어스 또는 프리치 같은 인물이라고 하긴 어렵다.[104] 아이히만이 "모든 시대를 통틀어 가장 거대하고 광포한 죽음의 무도" 같은 표현을 쓰기는 했지만 그 말이 누구로부터 기원했는지는 파악하기 어렵다. 특히 그 글은 아이히만이 옳다고 생각한 것 모두를 문제 삼았다. 글의 내용이 아이히만의 마음에 들 가능성은 없었다.[105]

이처럼 사실 인식으로 인한 악몽으로부터 동지들의 영혼을 구하려는 사람들이 등장했다. 당시에도 여러 명 있었고 후에 그 뒤를 따르는 이도 적지 않았다. 자기 목적을 달성하기 위해 히틀러와 그의 동지들을 속여 전쟁과 대량학살로 내몬 소수의 범죄 집단이 존재했다는 식의 이야기는 거듭 새로운 윤색을 거쳐 오늘날에도 관련 문헌이나 인터넷 사이트에 등장한다. 물론 그 모든 것의 배후 세력이 누구인지에 대한 질문이 생겨나고 이에 대해서는 이미 1956년 "파울 베네케"의 글에서 암시되었던 대답이 기괴한 결론으로 제출되었다. 베를린에서 열린 독일제국당의 집회에서 한 당원이 그것을 퍼뜨렸다. 1956년 11월 30일의 회의록은 그의 말을 다음과 같이 기록했다. 즉, 게슈타포 유대인과 과장 아이히만은 "순종 유대인"이었다. 힘러와 외국 유대인들의 도움을 받아 아이히만은 친위대에 침투해 반유대주의를 친위대에 심었다. 현재 그는 다시 텔아비브에 살고 있다.[106] 이로써 아이히만의 삶을 정면으로 뒤집는 생애사가 등장했다.[107] 그때부터 그 이야기는 치유가 필요한 사람들 사이에서 질기게 이어졌다. 아이히만 스스로 사로나 출신이라고 늘 말하지 않았던가? 아이히만은 히브리어와 이디시어를 유창하게 구사하지 않았던가? 아이히만이 유대인이었기에 유대인 문제 전문가로 출세할 수 있었다고 간주되었다. 심지어 1954년 마지막으로 아이히만을 본 뒤 이집트로 이주한 요한 폰 레어스조차 나중에 그 이야기가 설득력 있다고 봤다.[108] "아이히만이 유대인"이라는 그 엉망진창인 이야기는 유대인 살해를 거짓말로 치부할 순 없지만 결코 "독일인의 행위"라고 인정할 수도 없었던 역사 왜곡의 최종 결과였다. 그 말도 안 되는 이야기에서 유일하게 경험적 실재와 관련 있는 것은 아이히만 스스로 유대교에 정통하다며 허풍 떨었던 지적 농간과 아이히만은 탄압을 피하기 위해 유대인으로 위장했을 것이라는 피해자들의 두려움이었다. 그 두려움은 1945년 신문 보도에서 이미 표현된 적이 있다. 음모론자들이 "우리가 찾는 인물"이라는 옛 신문 기사를 자주 인용한 것은 우연이 아니었다. 사실을 뒤집고자 하는 사람들은 그 기사를 '아이히만은 유대인'이라는 유대인들의 고백 증거로 간주했다. 그런데 유대인을 여전히 유대인 절멸의 배후라고 보는 역사 부인의 변주들은 오늘날까지 끄떡없이 지지자들을 확보하고 있고 국제적으로도 상당히 널리 유포되어 있다. 부에노스아이레스에 사는 사람들도 총통은 아무것도 모르는 얼간이였다는 그 카나리스 이론을 아주 수월하게 받아들였다. 다만 아돌프 아이히만의 혈통과 관련해서는 그 기괴한 주장을 받아들이기가 쉽지 않았다. 그럼에도 불구하고 사선과 그의 동료들은 아이히만으로 하여금 최소한 "비독일적"이라는 사실을 고백하도록 유도하기 위해 애썼다.

레온 폴리아코프와 요제프 불프의 자료 모음집으로 인해 빌럼 사선조차 동요했다. 사선은 『길』 독자들에게 "최근 저는 고통을 감내하면서 제3제국과 유대인의 관계를 다룬 논문 및 자료를 담은 두꺼운 책을 읽었습니다. 숨이 막혀 몸을 비틀다 '이건 사실이 아니야'라고—아주 순진하게—외쳤습니다. 저는 그것이 특별한 말이 아님을 압니다. 저도 모르게 어쩔 수 없이 나오는 소리지요. 저는 모든 것을 그냥 다 거짓말로 낙인찍어서는 안 된다고 생각합니다. 그 끔찍한 책에 담긴 내용도 그렇고 '이건 사실이 아니야'라는 소리도 그렇습니다"[109]라고 했다. 하지만 사선이 책을 읽고 세계관의 붕괴를 경험했길 기대하는 사람은 실망하게 된다. 충격을 받았다는 고백은 원자력을 비판하는 텍스트에서 다시 그 의미가 달라졌다. 그는 원자력 발명도 유대인이 비난받아야 할 문제라고 했다. 왜냐하면 진정한 아리아인이라면 원자를 분할하지 않았을 것이기 때문이다. 그런 식으로 사선은 독자들에게 교묘하게 "끔찍한 책"에 대한 자신의 해방감을 전달했다. "아마도 진실은 상대적일 것이다." 왜냐하면 절멸수용소에서 가스로 살인하는 것을 도운 "작은" 조력자는 "인간이 무기력하게 내던져질 과학적 절멸 기술의 거인으로서 노벨상을 받은 사람들에게는 못 미치는 하찮은 난쟁이에 불과하"기 때문이다. 사선은 상대성 이론 창시자를 언급하며 유대인의 진짜 절멸 계획에 대비해 인도성 범죄를 몇 줄 다루면서 이를 다시 별일 아닌 것으로 상대화했다.

『길』이 나치의 범죄를 별일 아닌 것으로 다루긴 했지만 편집부 내에서는 눈에 띄는 변화가 일어났다. 수개월 전에는 하이만 시리즈나 헤스터의 글을 통해 독자들은 "독일 안이든 밖이든 수용소나 구치소 어디에도 인간 절멸용 가스실이나 가스차, 소각로는 없었다"와 같은 문장을 접했다.[110] 그런데 이제 벨제크 같은 수용소, 호켄홀트 같은 디젤 엔진 기술자나 비르트 같은 현장 책임자의 이름들이 글에 등장했다. 현실이 순식간에 부에노스아이레스를 덮쳤다. 진정하려 했지만 사선은 가만있을 수가 없었다. 사선은 피로 물든 꿈에 대해 빈말을 늘어놓기보다는 독일로 입국해 집을 구한 뒤 정착했다. 이름은 빌럼 안토니우스 마리아 사선 판 엘슬루, 직업은 언론인이자 작가, 국적은 독일이었다. 공식적으로 사선은 1956년 8월 25일 아르헨티나에서 보덴제의 콘스탄츠로 이주했다. 쉴 거처가 있다면 실직은 그래도 견딜 만한 법이다.[111]

폴리아코프와 불프는 1956년 두 번째 사료집 『제3제국과 공복들』을 출간했다. 이 책은 외무부와 사법부, 방위군을 다루었다. 그 후 두 권의 또 다른 책이 출간되어 영향력을 발휘했다. 먼저, 제럴드 라이틀링거의 대작 『최종해결: 1939~1945년 히틀러의 유럽 유대인 궤멸 시도』는 독일에서 마침내 출판사를 찾아 출간되었다. 이 책은 유대인 절멸의 모든 차원을 다루는 첫 시도였다. 두 번째로는 예루살렘에서 진행된 이른바 카스트너 재판을 둘러싼 토론의 결과물인 『알렉스 바이스베르크가 기록한 요엘 브란트의 이야기』였다. 이 책에 대한 여러 서평도 대개 아이히만이란 이름을 언급했다. 아이히만이 요엘 브란트를 외국으로 보내 유대인을 실어 나를 트럭을 구입하도록 했던 것이다. 이 책의 저자들은 유대인이기에 객관적이지 못하다는 비판을 받았다.[112] 하지만 이들 책은 자료 모음집이라는 성격에도 불구하고 커다란 영향을 미쳤다.

뒤러 서클도 그 책을 읽었다. 그들은 그런 일이 일어났다고 믿고 싶지 않았기에 페이지를 넘길 때마다 실제 무슨 일이 있었는지를 더욱더 알고 싶어했다. 그 주제를 다룬 글의 제목은 "유대인 문제의 '최종해결'"이었다. 그것은 사선의 인터뷰 전에 실렸다. 그 글은 유대인 절멸의 애초 목표는 이스라엘의 건국이었다고 주장했다. 사람들이 범죄를 "교묘한 방법으로" 히틀러 탓으로 돌린다고도 덧붙였다.[113] 그 글은 아돌프 히틀러가 유대인 살해 계획을 지시하지는 않았다고 주장했다. 글에 따르면, 히틀러는 반제에서 모인 소규모 음모 집단—아이히만은 여기서 처음이자 마지막으로 언급되었다[114]—때문에 무슨 일이 벌어지는지를 전혀 몰랐다. 히틀러는 "수용소 수도원"의—그 글의 언어 사용에 유의해야 한다—총통 관저에 처박혀 실제 발생하는 일들로부터 벗어나 있었다. "경찰에서 음모 집단이 등장했다는 사실로 인해 우리는 형식적으로는 나치였던 게슈타포를 변질시킨 것이 유대인 비밀 첩자들이었다는 점을 알 수 있다." 시온주의자들은 자신들의 국가를 갖기 위해 "경멸 대상인 동화주의자들"을 직접 살해했다. 그러니 유대인 절멸은 결국 사실상 유대인 내부 문제였다. 그에 맞서 불쌍한 총통이 벙커에서 할 수 있는 일은 없었다. 이것이 그 글의 주장이었다.

이 말도 안 되는 주장을 펼친 인물은 볼프람 지버스라는 가명을 사용했다. 이 가명은 『길』의 다른 글에도 등장했다. 이 이름은 그들에게 나름 의미가 있었다. 그는 란즈베르크에서 교수형에 처해진 전범이었다. 뒤러 서클은 그를 순교자로 받들었다. 한스-울리히 루델은 1953년 독일을 여행할 때 란즈베르크 교도소 교수형장을 답사한 뒤 크게 감동받아 "고향으로 돌아온 후 독일의 여기저기를 다 다녔지만 나는 이곳을 심적으로 가장 가깝다고 느꼈다"라고 밝혔다.[115] 볼프람 지버스는 뉘른베르크 의사 재판에서 사형을 선고받았다. "선조의 유산"이라는 이름의 "연구 공동체" 사무처장으로 인체 실험과 살인에 책임이 있었기 때문이다. 그와 같은 반인간적 프로젝트와 악명 높은 "해골 수집"을 위해 그는 아돌프 아이히만과도 접촉했다. 누군가 생존 "전시품"을 수송해야 했기 때문이다. 볼프람 지버스라는 가명을 사용하고 글을 쓴 사람이 누구인지는 아직도 알 길이 없다. 문체나 내용, 특히 비유를 보면 아마 사선이 저자일 확률이 매우 높다. 사선은 그 글의 핵심 주장을 1960년의 한 인터뷰에서 거의 그대로 말했다. 『라 라손』 기자에게 사선은 유대인 절멸의 책임을 전적으로 다른 사람들이 져야 한다고 말했다. "아이히만은 분명 그 극악한 계획을 꾸민 이들의 한낱 도구에 불과했다." 히틀러가 계획을 창안하지는 않았다는 것이다.[116] 덧붙여, 가명을 봐도 사선을 저자로 추측하도록 만든다. 사선이 사용한 다른 두 가명의 머리글자도 W. S.였기 때문이다.[117] 어쨌든 「유대인 문제의 최종해결」이란 글에는 사선이 아이히만과 대화하면서 다룬 주제와 주장들, 즉 총통의 명령, "시온주의자들의 음모", 히틀러의 명예 유지, 게슈타포 내부의 음모 세력 추적, 남아 있는 문서와 도서 등이 다 나온다.

잡지를 발간하며 갖은 용을 써도 새로운 서술들이 거세게 몰아치는 것을 막을 수는 없었다. 사선 같은 인물은 러시아 전투 후에 소문을 좀 들었기에 직접 말한 것보다는 더 많은 것을 알고 있었다. 하지만 사선은 나치 지도부 개개인에 대한 정보가 취약해 제대로 맞짱을 뜰 수가 없었다. 사선은 문서를 보지 못했고 계속 언급되는 그 회의들에 대해 들어본 적도 없었다. 사선은 자료를 제대로 소화하기도 힘들었다. 아무리 음모라고 소리쳐도 유대인 살해를 다룬 책들 때문에 독일에 있든 아르헨티나에 살든 나치들은 망연자실할 뿐이었다. 독일 독자들과는 달리 부에노스아이레스인들은 이 질문들에 답할 수 있는 사람이 어디에 사는지를 알고 있었다. 뿐만 아니라 그는 상황을 아주 잘 알았기에 공적 영향이 매우 클 것으로 여겨졌다. 그것은 세계관 투쟁 다음 단계에서 필요한 일이었다. 그 증인, 즉 아이히만은 유대인의 음모를 물거품으로 만들 수 있을 거라고 기대되었다. 힘러의 참모장 경력자나 수용소 '의사' 경력의 요제프 멩겔레같이 소심한 사람들과는 달리 아이히만은 그런 기대에 조응했다. 아이히만이 보기에 대화는 자신에게 두 가지 이점이 있었다. 먼저, 뒤러 서클을 통해 아이히만은 혼자서는 확보할 수 없었던 신간들을 얻을 수 있었다. 부에노스아이레스에서 독일 책을 구입하는 것은 너무 비쌌다. 게다가 언론 매체 경험이 풍부한 동료들을 통해 아이히만은 급히 다시 갈구했던 것, 즉 자신의 역사적 의미를 만들고자 했다. 이를 통해 그는 자식들이 아버지의 아들임을 편하고 뿌듯하게 공개적으로 밝힐 수 있도록 만들고 싶었다.

4장

이른바 사선 인터뷰

사선은 내 삶의 이야기를 기록하려고
녹음기를 들고 우리 집을 자주 찾아왔던 언론인이다.
언젠가 내가 죽거나 이스라엘 사람들에게 붙잡히면
그 기록을 출판해도 좋다고 나는 그에게 허락했다.
내가 알기로, 이제 그는 뭔가를 출판했고,
사람들은 그것을 내 회고록이라고 여긴다.
미국에서 출판된 것은 모두 완전히 가짜다.
정신 나간 자들이나 그것을 내가 썼다고 믿을 것이다.

— 아이히만, 「나의 도주」, 1961년 3월, 『라이프』

여러 해 동안 빌럼 사선은 대량학살자 아이히만을 찾아내 그의 이야기를 끌어냈다고 인정받았다. 언론인들이 동료에 대해 갖는 자연스러운 호의는 이 이야기의 성공을 설명하는 데 도움이 되며, 네덜란드 자원 친위대의 종군 기자를 지낸 이 사람이 매우 카리스마 있는 인물이라는 점도 그럴 것이다. 언론계 밖의 사람들에게 사선은 스타 저자이자 모험가, 그리고 그런 성취에 어울리는 쾌남아쯤으로 보였고, 사선 자신도 이런 이미지를 강화하기 위해 전력을 다했다. 물론 아돌프 아이히만의 말을 끌어내기 위해서라면 특별히 매력적이거나 감성을 자극하거나 설득력을 발휘할 필요가 없었다. 오히려 진짜 문제는 그의 말을 중단시키는 것이었다. 이 친위대 퇴역 중령이 일단 말을 시작하면 그를 저지할 수 없었기 때문이다. 이런 이미지는 여전히 믿기 힘들어 보인다. 도주 중인 사람이라면 가능한 한 눈에 띄지 않으려 하고 극도로 조심하며 극도로 말을 아끼기 마련이라고 생각되기 때문이다. 하지만 아르헨티나에서 민족사회주의자들은 그렇게 살지 않았다. 침묵과 비밀의 신화는 아이히만이 납치된 후 그들이 여러 이유로 침묵의 벽을 세우는 데 도움이 되었을 뿐이다. 대량학살 혐의로 법정에 선 자에 대해 그를 모른다고 주장하는 사람을 우리는 얼마나 믿어야 할까? 자기 동료였던 사람이 일터에서 집으로 돌아오는 길에 이스라엘로 납치된 마당에, 제정신이라면 누가 바로 그 동료와 함께 술잔을 기울이고 민족사회주의에 대한 책에 참여했다고 인정하겠는가? 아이히만의 동료들은 귀갓길에 비슷한 일을 당하지 않기를 간절히 바랐다. 그들의 가장 빤한 행동 방침은 아이히만을 사선 말고는 어느 누구에게도 입을 열지 않은 은둔자로 묘사하는 것이었다. 게다가 사선은 "그와 같은" 사람들에게 말을 걸어야 하는 언론인이었다. 하지만 아이히만이 이스라엘에 있으면서 아르헨티나로부터 많은 화환과 덕담을 받았다는 사실은[1] 그가 고독하게 살았다는 인상을 이내 수정해줄 것이다.

아르헨티나에서, 말을 하려는 아이히만의 욕구는 그의 경계심보다 언제나 더 컸다. 이미 봤듯이, 그는 믿을 만하다고 여긴 사람들 사이에서는 자신을 결코 숨기지 않았다. 하지만 사교 모임이나 퇴근 후 술집에서의 우연한 담소는 에버하르트 프리치와 빌럼 사선이 계획하고 있던 것, 즉 역사서와 시사 문제들에 대한 정연한 이야기와는 아주 다른 것이었다. 진지한 준비가 이루어지고 있었고, 또한 1956년 말경에 아이히만은 뒤러출판사에서 낼 생각으로 책 발간도 하나 계획하고 있었다. 그러므로 실행 계획을 세우고 그 프로젝트에 누가 더 참여할 수 있을지 고려하는—금전적인 이유로—진지한 협의가 이미 이루어져 있었으리라 추측할 수 있다. 훗날 빌럼 사선, 에버하르트 프리치, 아돌프 아이히만 모두 각자 확인해준 바에 따르면, 그들은 이 시점에 서로 계약을 맺어, 그 책의 판매 수익을 똑같이 나누어 갖기로 합의했다.[2] 그들을 하나로 묶어준 것이 "유혈의 꿈"이었다 할지라도, 그들 모두에게 중요하게 작용한 것은 재빨리 한밑천을 챙기는 꿈이었다. 부에노스아이레스에서의 삶에는 언제나 "용병"의 삶 같은 면이 있었다.

공식적인 녹음이 시작되기에 앞서, 빠르면 1957년 4월에 사선의 집에서는 뭔가 범상치 않은 일이 벌어졌다. 당시 열 살쯤 됐던 사스키아 사선,[3] 즉 사선의 딸은 남자들이 거실 천장에 구멍들을 뚫고 거기에 마이크를 숨겨놓는 것을 봤다. 집에서 확연한 긴장감과 불안한 분주함이 느껴졌다고 사스키아는 2005년에 회고했다. 아이히만이 도착해 그녀의 아버지와 함께 거실로 사라졌고, 그가 거기 있는 시간 내내 한 낯선 남자가 그 위의 다락방에 머무르며 대화를 엿들었다. 사스키아 사선은 아버지와 함께 있던 남자가 아돌프 아이히만이었고, 자신이 그 다락방 남자를 본 것은 그날 한 번뿐이었다고, 즉 그 일이 딱 한 번 있었다고 확신한다.

아이들의 기억이 의심의 여지가 있는 정보원이라는 것은 주지의 사실이고, 이 나이의 아이들이란 새 조명 기구를 설치하는 전선에 불과할 수 있는 것에서도 "비밀"을 보려 하기 마련이다. 하지만 이 일과 관련된 것일 수 있는 증언이 하나 더 있다. 아일랜드로부터 아르헨티나로 사선 가족과 함께 온, 이 가족의 한 오랜 친구는 사선의 아내인 미프가 온통 "전선투성이"라고 불평했다고 말했다.[4] 전선으로 인한 그녀의 짜증이 천장에 설치된 마이크와 관련된 것이었는지는 유감스럽게도 알 수 없다. 미프 사선은 남편이 여러 달 동안 주말마다 장비를 갖추고 거실을 독차지하는 것을 지켜봤다. 그는 녹음기를 설치해 여러 개의 마이크를 거실 여기저기에 마치 인계 철선처럼 늘어놓고는 몇 시간 동안 옛 동지들과의 인터뷰를 진행했다. 설령 그녀의 집 천장에 구멍을 뚫는 일이 없었다 해도, 노크 없이는 거실에 들어갈 수 없게 금지당하고 아이들을 조용히 시킬 것을 명령받은 사람이라면[5] "전선투성이"인 것에 대해 불평할 이유가 충분했다. 그럼에도, 사스키아 사선의 회고는 공식적인 녹음이 시작되기 하루 전에 빌럼 사선이 아이히만 모르게 다락방에 도청하는 사람을 배치했을 가능성이 있음을 시사한다.

이 기이한 일화는 사스키아 사선의 뇌리를 떠나지 않았고, 훗날 그녀는 자신이 목격한 것에 대한 설명을 구하고자 했다. 그녀가 생각해낸 가장 그럴듯한 시나리오는 아버지의 지인 중 한 명이었던 필 페인과 관련된 것이었다. 페인은 사선이 일한 잡지들 중 하나인 『라이프』 지의 남아메리카 통신원이었다. "『타임』/『라이프』의 페인 씨"는 심지어 아이들도 아는 사람이었다. 다락방에서 엿듣던 사람이 페인 본인이 아니었을 수도 있지만,[6] 사스키아에게는 이렇게 연결 짓는 것이 자신이 목격한 것에 대한 유일한 합리적 설명이었다. 그녀의 해석은, 공식 녹음이 시작되기도 전에 아버지가 타임사社와의 모종의 계약을 노리고 있었고, 인터뷰 대상이 정말로 전 친위대 중령 아돌프 아이히만이라는 증거를 제시해야만 했다는 것이었다. 이런 가능성은 프랑스 잡지 『렉스프레스』의 어떤 기사(대부분이 가공의 내용임이 분명한)와도 아주 그럴듯하게 들어맞는다.[7] 그 기사는 아이히만이 납치되기 "4년 전"에 사선이 타임사에 인터뷰를 제안했으나 성사되지 않았다고 주장했다. 사선은 그 기사에 분개하면서 그런 제안을 한 적이 없다고 부인했다.[8] 『렉스프레스』 기사가 진실을 담고 있다 해도 시기는 틀렸다. 인터뷰는 훨씬 뒤에야 이뤄졌고, 주장된 시점에는 인터뷰가 완성되지도, 심지어 시작되지도 않은 상태였다. 그러니 신중을 기해, 우리가 진실이라고 알고 있는 것부터 시작하기로 하자.

필 페인은 타임사의 남아메리카 통신원이었다. 그는 페론이 축출된 직후 부에노스아이레스에 도착했고, 다른 지역으로 장기간 취재 여행을 하면서 중간에 그곳에 체류했다. 그리고 1958년에 다시 떠났다. 빌럼 사선은 타임사에 조사 자료를 제공하면서, 1955년 11월 『라이프』에 실린 기사, 즉 아르헨티나에서 쿠데타가 일어난 후의 페론과 페드로 아람부루를 다룬 큰 기사의[9] 정보원 역할을 했다. 하지만 그는 1960년 아이히만 기사들이 나오기 전에는 그 잡지에서 존재감 있는 사람이 아니었다. 이는 페인이 사선을 타임사와 이어주는 존재이자 사선의 집에서 환대받는 손님이었음을 시사한다. 1957년 4월 이전에 만약 사선이 아이히만 이야기나 홀로코스트에 대한 진술을 이 미국 잡지에 팔고자 했다면 그는 분명 필 페인에게 이야기를 꺼냈을 것이다. 페인으로서는 사선의 정보에 투자하는 것이 가치 있는 일이라고 상관을 설득해야 했을 테고, 그러자면 사스키아 사선의 기억처럼 사선의 집을 도청하는 것이 좋은 방법이 되었을 것이다. 그렇게 하면 아이히만을 놀라 달아나게 만들지 않으면서 그가 사선과 접촉하는 것이 사실인지를 알아볼 수 있었다. 사선으로서는 잠재적 경쟁자가 자신의 가장 중요한 정보원과 접촉하는 것을 막고 싶었을 텐데,[10] 이는 그런 민감한 이야기에 대한 합리적인 안전 조치다. 하지만 페인은 과거를 탐구하는 데는 거의 관심이 없었고, 아이히만 이야기를 여전히 믿지 못하고 있었을지도 모른다. 필 페인의 전문 분야는 큰 위험을 감수해야 하는 최신 사건들이었다. 그는 콜롬비아 내전과 니카라과의 무기 거래를 보도했고, 코스타리카에서 게릴라를 찾아 나섰으며, 과테말라에서 볼리비아에 이르기까지 남아메리카의 거의 모든 분쟁 지역을 돌아다녔다. 하코보 아르벤스 구스만이나 후안 도밍고 페론처럼 권력을 잡았다가 놓친 혁명가, 지도자들의 대서사가 그의 관심사였다. 그는 1957년에 남아메리카의 일을 마무리한 뒤, 이어지는 몇 년간은 로마에 머물며 취재했다. 그리고 1961년에 예루살렘으로 가, 최종해결을 기획한 사람에 대한 재판을 보도하게 된다.[11] 1956년에 부에노스아이레스에서 페인이 사선을 쓸모 있게 여긴 것은 그의 기발한 생각이나 비위에 거슬리는 그의 친구들 때문이 아니라, 그 도시에 대한 그의 내부자적 지식과 전 대통령 페론이 스페인 망명 중임에도 그가 페론과 유지하고 있던 밀접한 관계 때문이었다. 루돌프 카스트너에 대한 기사를 통해 이 무렵의 『타임』 지 여러 페이지에서 "아이히만"이라는 이름이 발견되긴 했지만,[12] 페인의 눈에 옛 나치의 이야기들은 매력적으로 비치지 않았다. 하지만 만약 페인이 정말로 1956~1957년에 아이히만 이야기를 거절했다면, 나중에 그의 재판을 취재하면서 몹시 후회했을 것이다.

어쨌든 이 이야기에서 몇 가지는 여전히 이해가 잘 안 된다. 무엇보다, 어째서 아돌프 아이히만을 위해 이렇게까지 해야 했을까? 아이히만은 프리치와 사선의 제안을 마지못해 받아들인 것이 아니었고, 자기 신분을 드러내는 것에 대해 전혀 꺼림칙해하지 않았다. 사실 첫 번째 녹음 때 그는 "이 책의 저자가 진짜 그 아이히만임을 믿게 해줄 만한" 게 있겠느냐는 질문을 받았고, 이렇게 대답했다. "그럼요. 세부적인 것을 잘 알든 모르든, 물질적 자료는 부정될 수 없지요. 만약 이 신사분들이 의심을 품고 있다면, 서류철의 필적들을 대조해보셔도 되고, 필요하다면—이렇게 하고 싶진 않지만—이 시기에 찍은 사진을 제가 직접 드릴 수도 있습니다."[13] 아이히만과 그의 가족이 단 한 장의 사진도 추적자들의 손에 들어가지 않도록 그토록 오랜 시간 동안 노력한 것을 생각하면, 그가 새로운 친구들에게 보인 이런 개방성은 놀랍다. 나중에 그는 정말로 사선에게 "아돌프 아이히만. 친위대 퇴역 중령"이라고 서명한 사진을 한 장 주었다. 프리치, 사선, 아이히만이 무엇을 출판하려 계획했건 그것은 분명 팀을 이루어 진행된 일이었고, 아이히만을 위한 가명이나 그 어떤 종류의 위장도 그 계획에는 포함되어 있지 않았다. 이런 고려 사항들에 더해, 천장의 마이크들이 아이히만을 위해 설치된 것이었는지도 확실치 않다. 사선이 그 토론 그룹에 다른 사람들도 초대했음을 고려하면, 공개 녹음을 거부하는 사람이 있을 경우에 대비해 그가 아이히만에 대한 청취 장비를 시험하고 있었던 것일 수도

있다.[14]

벽에 구멍을 뚫어 전선을 설치하는 것에서 자기도 모르게 뭔가 비밀스러운 일을 떠올리는 사람은 아이들뿐만이 아니다. 다락방에 엿듣는 사람이 숨어 있는 상황이란 진부한 설명을 넘어서는 너무나 매력적인 설명임에 틀림없다. 도청 활동이 금전적 동기에서 비롯된 일이 아니라 정보기관에 의해 수행된 일이었을 가능성이 있을까? 여기서 중요한 문제는 이 시점에 누군가가 실제로 아돌프 아이히만에게 관심을 갖고 있었는지 여부다. 아직 붙잡히지 않은 민족사회주의자들은 CIA가 자체적으로 추가한 사람들을 빼고는 미국의 우선순위 목록에서 밀려나 있었다.[15] 새로 창설된 이스라엘 정보기관은 시급한 당장의 문제들에 집중해야 했다. 1956년 10월에 수에즈 위기가 시작되어, 이스라엘은 비젠탈의 단서를 추적할 여력이 없었다.

독일 상황은 어땠을까? 여기서는 헤센주 검찰총장 프리츠 바우어가 나치 가해자 기소라는 어렵고 인기 없는 업무를 이제 막 시작했을 따름이다. 그는 빈에서 작성된 아돌프 아이히만의 수배자 파일을 요청했다.[16] 1956년 11월 24일 프랑크푸르트 지방법원은 마침내 "소재 불명의 아돌프 아이히만"에 대한 구속 영장을 발부했다. "크루메이 등"을 상대로 하는 사건과 관련해 영장을 발부한 것이었고, 거기 적힌 바에 따르면 아이히만의 혐의는 다음과 같았다. 아이히만은 "1938~1945년의 기간에 유럽 여러 나라에서 저열한 동기에 따라 정확히 산정할 수 없는 수많은 사람을 잔인하고 은밀한 방식으로 살해했다. 친위대 중령이자 제국중앙보안청 제4국 B4 부서장이었던 아이히만은 독일과 전시 독일 점령지 내에서의 '유대인 이주'를 담당했다. 이른바 유대인 문제의 최종해결의 맥락에서 그는 유대인 수백만 명의 강제 이동과 강제수용소에서의 가스에 의한 몰살을 명령했다".[17] 아이히만의 이름은 1957년에 독일인 "수배자" 목록에 올랐다. 하지만 독일에서 프리츠 바우어의 수사는 환영받지 못했고, 다른 어떤 기관들이 아이히만 추적에 열심히 관여했다는 증거는 없다. 심지어 연방형사청은 이 사건과 관련된 근본적 상황이 인터폴의 아이히만 추적을 막고 있다고 말했다.[18] 처음에 바우어는 행방이 알려진 가해자들, 예컨대 헝가리의 아이히만 대리인이었던 헤르만 크루메이 같은 가해자들의 사건을 다루느라 매우 바빴다. 구성원들이 과거에 나치와 어느 정도로든 관련돼 있었던 사법 기관에서 이런 업무를 진행하는 것은 정말 힘든 일이었다. 크루메이는 1957년 4월 1일에 체포되었다. 뒤에서 보게 되듯이, 이런 일들은 아르헨티나에서도 면밀히 주시되었지만, 심지어 이 사건에서는 형사 소송이 즉각 제기되지도 않았다. 분명 바우어는 이 시점에 아르헨티나에서 뭔가 행동을 취할 만한 상황에 있지 않았다. 하지만 연방헌법수호청은 바우어의 수사와는 완전히 별개로 루델과 프리치에게 관심을 갖기 시작했는데, 이에 대해서는 뒤에서 더 자세히 이야기하겠다.[19]

어쨌든 사선의 집 지붕 아래 스파이가 숨어들어 서독의 수사를 돕고 있었을 가능성은 순전히 추측이다. 무엇보다, 분단된 독일의 서쪽 절반과 그곳의 기관들을 저주하고 파괴하려 했던 사람이 바로 이 서독의 기관들 중 하나를 자기 집 다락방에 들였을 가능성은 상당히 낮다. 또한 그는 잃을 게 너무 많았다. 만약 독일 정보기관의 누군가가 옛 동지들이 사선의 거실에서 무엇을 하고 있는지 알고자 했다면, 그 사람은 자신이 그들 사이에 끼어 있을 방법을 찾아야 했을 것이다. 그것은 특별히 어려운 일은 아니었을 테고, 수고스럽게 사선을 도청하는 것보다 분명 더 간단한 일이었을 것이다.

그렇다면 사선의 집이 도청되었다는 이 유년기 기억을 어떻게 봐야 할까? 오늘날의 관점에서 가장 그럴듯한 설명은 그것이 언론 활동이었다는 것이다. 필 페인은 1955년과 1957년 사이에 아르헨티나에 자주 머물렀고, 1957년 5월 10일에는 확실히 부에노스아이레스에 있었다.[20] 하지만 더 많은 자료나 증인이 나타날 때까지, 또는 타임사 기록보관소에서 더 많은 기록이 발굴될 때까지는 이러한 설명 역시 추측에 불과하다. 아돌프 아이히만과의 그룹 대화를 준비하는 일이 사선 집안의 아이들에게 흥미진진하고 신비롭게 보였다는 정도만 확실하다. 빌럼 사선은 이 정도 규모의 프로젝트를 맡아본 적이 없었고, 다른 참여자들만큼이나 흥분되었을 것이다. 만약 사선의 집이 도청되었다면, 그것은 분명 사선 자신이 허락한 일이었을 것이다. 하지만 도청의 목적이 무엇이었는지, 도청을 수행한 사람이 누구였는지는 오늘날에도 여전히 밝혀지지 않았다.[21] 자신의 신원 확인 방법에 대한 아이히만의 설명은 처음부터 프로젝트 참여자들 중 일부는 뒤러 서클의 핵심 일원이 아니었음을 보여준다. 다락방에 엿듣는 사람이 있었건 없었건, 아이히만은 사선이 자신에게 언제나 정직한 것은 아니며, 자신을 거꾸러뜨릴 준비가 돼 있다는 것을 차차 알게 되었을 뿐이다. 그러나 아이히만은 앞뒤 가리지 않고 이 새로운 일에 아주 열심히 참여했다.

1

작가 아이히만

> 책의 장정과 표지는 진주색이나 비둘기색 한 가지로 유지되어야 하며, 명확하고 직선적이고 매력적인 서체가 사용되어야 한다. 나는 가명을 쓸 생각이 조금도 없는데, 그것은 이 일의 성격에 맞지 않기 때문이다.
>
> —아이히만, 1961[1]

아돌프 아이히만이 자기 생각을 글로 쓸 마음을 언제 처음 먹었는지는 알 수 없다. 훗날 그는 자신이 종전 직후에, 즉 알텐잘츠코트에 살 때 첫 시도(나치 시설들의 살인 통계와 그 시설들에 대한 묘사를 결합한 글)를 했다고 말했다. 그의 말에 따르면, 그런 글은 당시 위험 요소가 되었기에 그는 그것을 태워버렸다. 패배를 겪고서 그렇게 빨리, 게

다가 안전이 충분히 보장되지 않은 상황에서 글을 쓰기 시작했다는 것이 이상하게 들릴 수 있지만, 어쩌면 그 시점에 그는 자신의 생각을 종이에 적어두려는 욕구를 절실히 느꼈을지도 모른다. 재판을 받게 될 가능성에 대비해 스스로를 변호해본다는 것은 나쁜 생각이 아니었을 것이다. 어쨌든 설령 아이히만이 독일 북부에서 어떤 원고를 썼다 해도 그것이 그의 첫 원고는 아니었을 것이다.

공판 기록 덕분에, 또한 아이히만이 다른 많은 민족사회주의자와 공유한 어떤 두드러진 성향 덕분에, 오늘날 우리는 수천 페이지에 달하는 아이히만의 이야기를 확보하고 있다. 평생 동안 아이히만은 글 쓰는 일에 마음이 끌렸고, 작가가 되고 싶어했다. 그는 책을 내겠다는 생각에 사로잡힌 나머지, 참담한 재판 끝에 1961년 이스라엘에서 평결을 기다리면서 책 표지 색깔, 잠재적 편집자들, 글꼴, 기증본에 대해 열정적으로 이야기했다. 출판이 진짜 가능성 있는 일인지조차 여전히 불분명했지만 말이다.[2] 아이히만이 쓴 글들에 대해 이런 식으로 접근하는 경우는 그리 많지 않았다. 아이히만의 지칠 줄 모르는 글쓰기는 한편으로는 스스로를 정당화하려는 욕구의 징후로 여겨졌다. 다른 한편으로는, 하리 뮐리스와 한나 아렌트 같은 저자들이 지적했듯이, 그가 끄적인 글들은 가식적으로 굴면서 허위로 영향을 미친다고 여겨졌다. 글을 쓰고자 하는 스스로의 충동을 철저히 분석해본 사람이라면 "우리의 일원"임을 주장하는 아이히만의 도발을 간과할 수가 없다. 또한, 뒤에서 보게 되겠지만 이런 주장은 불쾌하게도 역사가들에게 익숙할 텐데, 우리는 역사가인 체하는 아이히만을 마주하게 되기 때문이다. 작가와 역사가들은 아이히만의 이런 면을 우스꽝스러워 보이게 만들고 그의 야심을 프티부르주아적 공상으로 깎아내리려는 충동을 강하게 느낀다.

산더미처럼 쌓인 책을 공개적으로 불태우기 일쑤였던 민족사회주의자들은 이로써 우리의 시각을 비틀어놓았다. 민족사회주의는 글로 쓰인 것의 힘을 대단히—아마도 너무 대단히—중시했다. 사람들은 책에 힘이 있다고 생각할 때만 책을 불태운다. 다시 말해서, 책을 두려워하기 때문에 책을 불태운다. 이런 두려움은 근본적으로 나치를 자극하는 것 중 하나였다. 20세기 초에 사람들은 대중매체로서의 책을 충분히 접하면서, 역사란 그저 일어난 일이 아니라 다음 세대를 위해 쓰인, 사건들에 대한 해석임을 알 수 있었다. 이러한 통찰은 "창조적" 투쟁과 1933년 이전에 창조된 것의 파괴가 꾸준히 진행된 아돌프 히틀러의 공격적인 길의 일부였다.

민족사회주의자들은 행동으로만 역사를 다시 쓴 것이 아니다. 처음부터 그들의 프로젝트는 문화적이고 문학적인 것이었다. 그들은 문화 산업을 "유대인다운" 것이라고 비난했고, 모든 학문 영역을 "외국의 영향을 너무 많이 받고 있다"며 불신했다. 이러한 판단은 책을 적들의 가장 큰 무기 중 하나로 여기게 만들었고, 유대인들과 관련해서 특히 더 그랬다. 책들을 추려내서 태우는 것은—나치가 인간들을 상대로 그렇게 하게 된 것처럼—그저 첫 번째 단계일 뿐이었다. 두 번째 단계는 독일 민족을 돌보고 양성하며 나치의 문화와 학문 전통을 수립하는 것이었다. 그들은 예술에서나 학문에서나 스스로의 책을 필요로 했는데, 자신들이 민족사회주의에서 비로소 진정한 독일의 문학적, 학문적 전통을 수립하는 데 기초가 되는 것을 발견했다고 믿었기 때문이다. 그 결과, 민족사회주의하에서 서적 출판량이 어마어마했고, 당대의 기준으로 학문을 재해석하는 것은 폭력적 행위에 가까웠다.

이 새로운 문화를 장려한 주체는 자칭 사상적 엘리트, 특히 친위대 보안국이었다. 친위대 보안국은 "창조적"이고자 애썼는데, "창조적 인간"은 점원이나 사무원과는 상반되는 존재이기 때문이었고, 나치는 바로 이 창의성이 자신들의 목표를 이루게 해주리라 믿었기 때문이다. 베를린에서의 아이히만의 "일" 역시 처음부터 문서 작성이었다. 그의 말에 따르면 그의 첫 번째 업무는 시온주의 고전인 테오도어 헤르츨의 『유대 국가Der Judenstaat』를 요약하는 것이었다. 이런 종류의 일은 아이히만에게는 새로운 것이었지만, 대학 교육을 받은 그의 많은 동료에게는 그렇지 않았다. 그의 첫 상관들 중 한 명인 레오폴트 폰 밀덴슈타인은 비교적 알려진 작가였다. 그는 1933년의 동방 여행 뒤에 친위대 기관지인 『공격Der Angriff』에 「어느 나치의 팔레스타인 여행 이야기Ein Nazi fährt nach Palästina und erzählt」라는 글을 발표해 큰 호평을 받았다. 이 잡지는 그 글을 연재하는 한편 기념 주화도 제작했는데, 놀랍게도 그 주화 앞면에는 나치 문양이, 뒷면에는 다윗의 별이 새겨져 있었다.[3] 아이히만은 상관인 밀덴슈타인을 숭배하고 모방했다(혹은 그렇게 기억했다). 밀덴슈타인의 후임인 헤르베르트 하겐은 1937년 중동 여행 때 아이히만을 동반했으며, 과중한 도서 목록을 가지고 독서회를 꾸려나갔다. 또한 그는 논평이 담긴 더 많은 서평과 언론 비평을 요구했고, 때로는 '라이트헤프트Leitheft'("지침 노트")라는, 전문가용과 훈련자용의 긴 글을 요구하기도 했다. 아이히만은 이 글들에 너무 매료되어 있어서, 자신도 하나를 썼으며 그것이 "인쇄되었다"는 주장을 늘 했다.[4] "이 보고서에서 나는 세계 시온주의 기구의 설립, 시온주의의 목표들, 시온주의 지원의 원천들, 시온주의의 난제들에 대한 사실적 설명을 제시하고 그 도전을 강조했는데, 왜냐하면 시온주의가 이 점에서 우리 바람에 부합하기 때문이었고, 또한 시온주의가 해결책을 찾고 있기 때문이었다." 엄밀히 말하면 '라이트헤프트'는 인쇄되는 것이 아니라 타자기로 타자되는 것이었다. 친위대 '라이트헤프트'는 친위대 보안국 내부용 비밀 서류로, 동명의 친위대 잡지 또는 출판물과는 다른 것이었다.[5] 아이히만이 언급한 제목은 발견되지 않았으나, 그의 개요를 들어보면 1939년에 디터 슈바르츠라는 가명으로 출간된 지독한 반유대주의 책 『세계 유대주의: 조직, 권력, 정치Das Weltjudentum: Organisation, Macht und Politik』와 비슷하다는 의심이 든다. 비슬리체니는 하겐과 프란츠 알프레트 직스가 이 책을 엮었다고 주장했다. 그 부서는 그 책을 자랑스러워했다. 문체로 미루어 아이히만이 쓴 것으로 보이지는 않지만, 그는 분명 그 책의 저자이고 싶었을 것이다. 그가 주장한 보안국 '라이트헤프트'의 수는 그가 필자로서 자신의 활동을 이야기할 때마다 늘어났다.[6]

심지어 나치 시절에도 아이히만의 야심은 내부용 팸플릿을 훨씬 넘어서는 것이었다. 아이히만이 사선과 이스라엘 심문자에게 말했듯이, 그는 1942년 5월에 「유대인 문제의 최종해결」이라는 100쪽 분량의 글을 썼다. 그것은 "교육 목적으로" 노르틀란트출판사에서 5만 부 인쇄될 예정이었다. 이 글에는 "유대인 문제"와 수송 과정에 대한 전반적 설명뿐 아니라 통계 자료도 담겨 있었다. 아이히만은 하이드리히의 이름으로 출판하도록 그에게 원고를 주었다고 사선에게 말했다. 그리고 6월에 하이드리히가 암살되자 아이히만은 적어도 그 글을 그에게 헌정하기로 결심했다. 하지만 출판은 이루어지지 않았고, 그 글은 전쟁 말기에 불태워졌다.

이 책에 대한 아이히만의 이야기들에는 어긋나는 내용이 많아서, 그가 상당히 부풀려 이야기했음을 시사한다.[7] 친위대의 노르틀란트출판사는 1939년부터 제국중앙보안청 제7부를 위해 '유대인 문제 총서Bücher zur Judenfrage'와 '유대인 문제에 대한 문헌과 설명Quellen und Darstellungen zur Judenfrage'이라는 두 가지 유명한 시리즈를 출판했다. 통계 자료를 담은 책 한 권도 그 시리즈의 일부가 될 예정이었다. 제7부 부장 프란츠 알프레트 직스는 어떤 회의와 관련해 아이히만과 그 일을 논의했다. 하지만 직스는 그것이 "우리의 지시를 따르는 그룹 프로젝트"가 될 것이며, 엄밀히 말해서 자신이 아이히만에게 바라는 것은 오직 있는 그대로의 수치 자료뿐이라고 분명히 밝혔다.[8]

한편 아이히만은 이 유명한 시리즈에 속하는 자기 책이 출판된다는 생각에 얼마나 기분이 좋았던지, 심지어 몇 년이 지나서도 그 날짜와 출판사를 여전히 기억하고 있었고, 자신이 이 훌륭한 총서를 위해 선택된 저자들 중 한 명임을 내세웠다.

아이히만이 자신은 "각광"받는 데는 관심이 없다고 말했을지 몰라도 그의 행동은 그가 대중의 관심을 받는 것에 얼마나 신경 썼는지를 분명히 보여준다. 그는 내부 회의에서 연설을 했고, 또한 베르나우에 있는 보안국 학교의 단골 강연자였다.[9] 물론 자신의 희생자들에게 참담한 연설을 하기도 했고 말이다. 그는 사람들 앞에 극적으로 등장하는 것을 좋아했고, (자신이 대량학살 자행으로써 쓴 역사를 넘어) 후세에 뭔가를 남겨주고 싶어했는데, 이러한 점은 단지 망명에 따른 반작용이 아니었다. 그러나 아르헨티나에서 세 가지 상황이 그의 의욕을 더욱 북돋웠다. 첫째, 1955년에 유대인 절멸에 대한 첫 책들이 나오기 시작했다. 아이히만은 그 책들을 수많은 신문 기사와 마찬가지로 "적의 문헌"이자 도발로 여겼다. 둘째, 제3제국 몰락 이후 이념적 투사들에게는 글쓰기와 선전이라는 단 하나의 무기밖에 남지 않았다. 셋째, 그는 펜을 들고 실제로 이 싸움에 임하고 있는 사람들과 이때 처음 어울리게 되었다. 그들은 자기네 마음대로 이용 가능한 출판사를 갖고 있었고, 또한 가장 중요한 점인데, 그들은 아이히만이 알고 있는 것에 대해 관심 있어 보였다. 이 사람들이 바로 빌럼 사선과 에버하르트 프리치였다. 사실 뒤러출판사는 매우 작고 임시변통적으로 운영되는 곳이어서 그 출판사의 독자들을 넘어서는 존재감이나 잠재력은 갖고 있지 않았지만, 아돌프 아이히만은 출판업에 갓 발을 들인 신참이었고, 그에게는 분명 그러한 사실이 인식되지 않았다. 아마도 그는 자기 준거적 사고로 인해 결국 외부의 모든 것을 주변적인 것으로 보이게 만드는 그런 내부 지향적 공동체들의 덫에 빠졌을 것이다. 그의 시각에서는 극우 출판계에서 『길』이 맡고 있는 역할이 굉장해 보였을 것이다. 사선은 페론을 알고 있었을 뿐만 아니라 소설도 썼고, 또 『유럽 민족』과 아돌프 폰 타덴의 신문 『제국의 부름Reichsruf』에 글도 썼다. 한스-울리히 루델은 회고록과 기타 짧은 글들을 썼고, 한 독일 정당의 후보자였다. 레어스는 카이로에서 기고문을 써 보냈고, 심지어 무프티에게 안부 인사를 받았다. 드루펠 같은 독일-오스트리아 출판사들은 『길』에 광고를 실었고, 에버하르트 프리치는 『슈피겔』과 『차이트』부터 라디오 방송에 이르기까지 독일 언론에 나타난 자신의 잡지에 대한 반응을 부지런히 수집했다.[10] 심지어 서독 대통령 테오도어 호이스까지 프리치를 언급했다. 아이히만으로서는 이런 경이로운 집단의 일원이 된다는 생각을 억누를 수 없었을 것이다.

아르헨티나 문서

아이히만의 집필 생산성은 저술 경력이 있는 사람들도 놀랄 만한 수준으로, 우리가 접할 수 있는 현존 자료들만 봐도 그렇다. 오늘날 아이히만의 아르헨티나 문서들은 세 개의 문서고에 나뉘어 있다. 그중에는 유명한 사선 녹취록과 그것에 대한 아이히만의 100여 쪽에 달하는 주석뿐 아니라 1957년 이전에 아이히만이 나름의 의도를 가지고 작성한 비슷한 분량의 글들이 포함되어 있다. 지금까지 아이히만의 이야기들을 읽으려는 사람은 많은 인내심과 뛰어난 기억력을 발휘해야 했는데, 흩어져 있는 페이지들을 짜맞추어 원형을 구성해내야 하는 데다가 그 페이지들 중 일부는 알아보기 힘들게 되어 있기 때문이다. 녹취록은 불완전하며, 벽장 안에 갇혀 있는 경우도 있다. 그 원고들을 죽 늘어놓는다면 아이히만의 악필이라는 장애물들이 설치된 250킬로미터의 장애물 경주 트랙이 만들어진다.[11] 이 사실은 어째서 지금까지 아무도 그것을 전부 읽으려 노력해보지 않았는지, 혹은 방대한 아르헨티나 문서들이 존재할 수 있다는 생각을 아예 해보지 않았는지를—아이히만의 어마어마한 원고 중 적어도 한 가지는 온전히 복원해낼 수 있으리라고 생각해보기는커녕—설명해줄 수 있다. 이 퍼즐 맞추기를 시작하면 사선 인터뷰 녹취록의 분량이 1000쪽이 넘는다는 것을 금방 알게 된다. 또한 『다른 이들이 말했고, 이제 내가 말할 차례다!』라는 제목의 107쪽에 달하는 독립적 원고도 있고, 주석 딸린 서문 투의 글 몇 편, 책들에 대한 100여 쪽의 노트와 논평도 있다.

분명 아이히만의 또 다른 원고들도 남아 있지만, 연구자들은 접할 수 없다. 「소설 투쿠만」은 여전히 아이히만 가족의 수중에 있다. 이것은 260쪽에 달하며, 여기서 아이히만은 자기 삶과 행적을 자세히 이야기하면서 무엇보다 자신의 자녀, 가족, 그리고 자신이 그토록 중요하게 여긴 "후세"에게 자신을 알리려 했다고 한다. 현재 오직 아이히만 가족만이 이 글에 대해 자세히 알고 있다.[12] 그것의 내용에 대한 다른 단서는 오직 아이히만과 그의 변호인 로베르트 제르파티우스 사이의 대화나 재판 중의 아이히만의 발언에서 얻을 수 있을 뿐이다. 제르파티우스는 이 문서를 아이히만의 민족사회주의 청산이자 "피고인의 진실된 태도의 증거"로서 법원에 제출한다고 밝혔다.[13] 어쩌면 이 "소설"은 자기 아들들을 향한 그의 호소의 한 형태였을지도 모른다. 클라우스 아이히만은 그 호소를 잘 기억하고 있었다. "아버지는 우리가 군대나 정치에 발을 들이기를 원치 않는다고 말했습니다. 제가 '말했다'고 표현하긴 했지만, 아버지는 사실상 명령한 것이었습니다."[14] 하지만 아마도 아이히만의 현재 알려지지 않은 마지막 글일 그 글이 공개되어야만 이 의문은 밝혀질 것이다. 아르헨티나 문서들 중 접근 가능한 것들조차 아직 철저히 다루어지지 않은 만큼, 역사가들은 지금까지도 계속 시간을 잡아먹는 많은 작업에 임해야만 한다. 아이히만의 글을 읽는 것은 결코 간단치 않은 일인 것이다. 우선, 그의 필체가 대단히 특이하다. 깨끗한 사본을 만들기 위해 사선이 고용한 기록원들은 아이히만이 쓴 글자를 알아보기가 너무 힘들다고 여겼고, 따라서 자신들이 만들어낸 사본을 이용할 때는 반드시 원본을 함께 살펴봐야 한다고 판단했다.[15]

아이히만이 이른바 질서의식이라는 것을 갖고 있었는지 모르겠지만, 적어도 그 의식이 그의 필기에까지 미치지 않았음은 분명하다. 휘갈긴 그의 악필과 끄적일 수 있는 종이라면 뭐든 사용하던 그의 습관은 질서와는 거리가 멀다. 그리고 그의 표현과 생각도 마찬가지로 특이하며, 그가 특별한 어휘 감각이나 언어 감각이 없는 사람임을 드러내준다. 한나 아렌트는 독일 고전문학을 통해 연마한 언어 감각과 개념 감각을 갖고 있었는데, 아이히만의 언어가 무분별한 증오, 냉소, 징징대는 자기 연민, 의도치 않은 코미디, 믿기 어려울 정도의 인간적 비열함으로 이루어진 롤러코스터라고 썼다. 슐로모 쿨샤르는 아이히만의 문체가 전형적인 나치 또는 관료의 문체라고 말했다.[16] 그의 글은 이중의 집중을 요한다. 독자는 끊임없이 판단력을 발휘해야 하고, 동시에 필자가 누구이며 그 필자가 글을 쓰기 시작하기 전에는 무엇을 했는지를 늘 염두에 두어야 하기 때문이다.

하지만 역사적 사실에 대한 우리 앎이 바뀔 수 없는 것인 만큼, 우리가 단지 아르헨티나 문서들을 증거로 제시한다면 아돌프 아이히만을 과소평가할 위험이 있다. 아이히만 같은 사람들은 우리와는 전혀 다른 이유에서 글을 쓴다. 역사 연구를 방해하고 자신들이 원하는 방향으로 몰아가기 위해서 글을 쓰는 것이다.

아이히만의 아르헨티나 문서 같은 자기 정당화의 글들을 해석하려면 거기서 역사적 사건에 대한 새로운 인식을 얻어내기를 기대해서는 안 된다. 자기를 정당화하기 위해 글을 쓰는 사람은 자기 시대에 대한 역사가도 기록자도 아니기 때문이다. 더욱이 공개적으로 밝힌 "생각" 뒤에 그런 이권을 갖고 있는 사람은 믿을 만한 증인이 아니다. 모든 날짜와 세부 사항이 거짓말일 수 있다. 이런 글들이 확인시켜주는 신뢰할 만한 것은 단 한 가지로, 글이라는 것에는 그것이 진실을 말하든 거짓을 말하든 사고 작용이 관련되어 있다는 것이다. 거짓말 또한 글쓴이가 진실이라고 믿는 것을 기초로 한다. 아이히만의 글—그의 자기소개와 역사 왜곡—을 해석하면서 드러나는 새로운 역사적 사실은 그의 생각 그 자체다.

아이히만은 "대목장" 시절에, 즉 1955년 3월부터 글을 쓰기 시작했다고 말했다. 그리고 그가 107쪽짜리 글의 마지막 부분에서 수에즈 위기를 분명히 언급하고 있는 만큼, 적어도 우리는 마지막 세 쪽이 1956년 10~11월에 쓰였음을 알 수 있다. 1957년 4월 드디어 인터뷰가 시작되었을 때,[17] 아이히만은 자기 원고 중 하나를 가져왔다.[18] "대목장"에서 글을 썼다는 것은 사실인 듯하다. 그는 한 주 동안 가족들과 떨어져 지내면서, 자신이 한 일을 비난하고 자신이 여전히 스스로의 가장 큰 업적으로 여기는 것에 대해 규탄하는 책들을 읽는 데 많은 시간을 사용했다. "저자들은 처음부터 나에 대해 마구잡이로 쓰면서 전설을 꾸며"냈고, "600만 내지 800만 명에 이른다는 거짓말"을 했다. 심지어 "비유대인들이 나를 희생양으로 만들었다". 아이히만이 "일반 사항"이라는 제목을 붙인 별도의 메모들에 적어 놓은 이 모든 내용은 기껏해야 "진실과 허구의 뒤섞임"이었다. 그는 이유 없이 희생양이 되었거나, 혹은 그의 아둔한 어휘 선택에 따르면 "후광을 입은 자들 중 하나로 낙인찍혔다".[19] 그는 이 "거짓의 폭탄"을 폭파시켜버리고자 했다. 글을 쓰는 것은 그 일을 하기에 적절한 방법으로 보였고, 그는 아내에게 다음과 같이 설명했다. "이 책이 나의 변론이 될 것이고, 그러니 나는 독일로 가서 독일에서 자수할 것이다."[20] 오늘날의 우리에게는 어리석어 보이지만, 아돌프 아이히만은 이 책을 이용해 독일에서 자신의 이름뿐 아니라 자기 삶도 되찾겠다는 목표를 갖고 있었다.

1950년대 초 서독의 형사 소추 실태를 살펴본다면 아이히만의 계획이 전혀 가망 없는 일은 아니었음을 인정하게 된다. 사형은 한 건도 없었고, 대체로 나치 범죄자들에 대한 기소는 비교적 관대한 처벌로 끝났다. 연합국과 미국의 법관들에 의한 뉘른베르크 재판은 끝났고, 기소는 흔히 지난 시절의 인사들을 수장으로 하는 새로운 독일 기관들 소관으로 넘어가 있었다. 아이히만은 아무 문제 없이 독일에서 계속 잘 살고 있는 수많은 옛 동료를 알고 있었다. 전범들은 낮은 형량을 받으리라 기대할 수 있었고, 심지어 주요 나치 범죄자들에게도 공소시효가 만료될 것이었다. 어쨌든 "제3제국"이 멸망한 지 거의 10년이 지나 있었다. 하지만 히틀러의 유대인 문제 담당관이 감옥에서 몇 년을 보낸 다음 자유인이 되어 독일에서 활보하는 것을 세계가 허락하리라고 아이히만이 정말로 생각했다면 그는 대단히 순진한 것이었다. 아이히만이 살아 숨 쉬는 것은 생각도 할 수 없는 수많은 이유를 가진 사람이 수없이 많았다. 일단 복역이라도 하면, 그가 자신의 이름으로 살아가는 것은 적어도 민주주의 체제의 서독에서는 불가능했을 것이다. 당시 아이히만은 민주주의의 수호자가 결코 아니었다. 그는 걸핏하면 다른 정치 조건으로의 복귀를 상상하는 사람들 중 한 명이었던 것이다. 자신의 과거를 밝히려는 그의 시도는 불가능한 일임이 금세 드러났다. 한편으로 그는 민족 공동체, 즉 1945년 5월 이후 근본적으로 바뀌기 이전의 우익 공동체로 돌아가고 싶어했다. 다른 한편으로 그는 자신이 한 일을 정당화하려 했고, 다른 행동 방침이 있을 수 있었으리라는 인식은 여전히 할 수 없었다. 하지만 이 두 가지 목표를 당장 달성하는 것은 불가능했고, 이러한 사실이 글을 쓰고 있던 아이히만에게 분명해졌던 것으로 보인다.

"잠수함을 탄 익명의 방랑자"

역사의 이번 장을 이해하려면 그 가해자의 마음속에서 무슨 일이 일어나고 있는지를—심지어 그가 진실을 말하지 않더라도—알아야만 한다.

—모셰 치머만, 1999 [21]

아르헨티나 문서들에서 가장 많이 인용되는 것은 흔히 아이히만의 마지막 발언으로 여겨지는 것인데, 검증된 바는 없다.[22] 손글씨로 적혀 있는 원본은 "익명의 방랑자" 운운하는 이 인상적인 인용문과 완전히 일치하지는 않는데, 이는 아마도 이 부분이 판독하기 대단히 어렵게 되어 있다는 단순한 사실 탓일 것이다. 아이히만에게는 관료다운 단정한 필체도, 문학적 표현 감각도 없었다. 그가 가진 것은 말이 안 되는 잡다한 은유에 대한 놀라운 재능이었다. 그는 자기 책에 넣을 적절한 서문을 쓰려는 시도들 중 하나인 "개인 사항"이라는 제목의 문서에서 "나는 '잠수함'을 타고 익명의 방랑자로 세계 각지를 떠돌며 사는 데 지치기 시작했다"라고 말한다. "누구도 피할 수 없는 내 마음의 소리는 평화를 찾으라고 끊임없이 내게 속삭였다. 심지어 내 과거의 적과도 평화를 찾을 수 있을지 모른다. 어쩌면 이것은 독일인의 특성에 속할 것이다. 그리고 만약…라면, 나는 절대로 독일 당국에 자수하지 않으려 하지 않았을 것이다."[23]

여기서 아이히만의 "만약"은 그와 그의 동료들이 평화적으로 행동했다는, 혹은 1933~1945년에 독일인의 특성이 특별히 평화적인 면을 보여주었다는 기억을 갖고 있는 사람이 아무도 없다는 사실과는 관련이 없었다. 나치의 사전에서 단수로 "적"은 "유대인"과 명백한 동의어라는 생각도 그의 머릿속에는 떠오르지 않았다. 그리고 아이히만이 자신의 과거 행동에 비추어 이 평화 추구의 무례함을 깨달았기를, 혹은 평화를 위한 자신의 역량에 대해 막 의구심을 갖게 되었기를 여전히 간절히 바라는 사람이 있다면 실망할 것이다. 아이히만의 "만약"은 비난을 다른 데 떠넘겼다. "만약 사건의 정치성에 대한 관심이 여전히 너무 커서 문제에 대한 분명하고 객관적인 결과를 끌어낼 수 없다는 것을 내가 고려할 필요가 없다면……."[24] 아이히만은 이 "분명하고 객관적인 결과"—다시 말해서 평결—를 논란의 여지가 없는 하나의 사실로 거론했다. 그의 의식은 분명했다. 그는 자신이 "살인자도 대량학살자도 아니"라고 생각했고, 설령 자신이 어떤 죄 때문에 기소된다 해도 그것은 명령을 따르느라 "전시에 살인을 방조"한 것일 뿐이라고 생각했다. "나는 내가 받은 퇴거와 추방 명령을 전달했고, 내가 받아 전달한 명령의 준수와 이행을 감독했다." 또한 그는 추방된 사람들 중 누가 죽임을 당했는지도 알지 못한다고 주장했다.[25]

물론 이것은 나치의 추방 및 절멸 정책을 개발하고 시행하는 데 큰 역할을 한 사람의 거짓말 목록이다. 틀림없이 아이히만은 "명령을 전달"하는 데 그치지 않았다. 하지만 더 흥미로운 것은 그가 스스로에게 최소한의 자백도 강요할 수 없었던 이유다. "내가 나 자신에 대해 가혹하고 철저한 심판을 해야 한다면, 전시에 적을 죽이는 것을 방조한 일에 대해 나 자신을 비난해야 한다고 나는 말했다. 내게도 당시 내 직속 부하였던 사람들을 심판할 권리가, 혹은 다른 사람들에 대한 전반적 고려 이전에 이런 심판을 할 권리가 있는 것인지 나는 아직 잘 모르겠다. 왜냐하면 (이런 비교를 해서 미안하지만) 다른 편에 있던 내 동료들의 경우에는 그중 일부가 높은 훈장을 받고 고위 공직자가 되고 연금생활을 누리고 있을 뿐, 그들이 살인 방조로 기소되었다거나 살인 방조 혐의를 받았다는 얘기를 나로서는 여태 들어보지 못했기 때문이다." 아이히만은 1944년에 수천 명의 유대인을 죽음의 행진으로 내몰고, 1945년까지 새로운 독가스 학살 계획에 계속 관여했음이 틀림없는데, 그런 그가 양심의 가책이라고는 조금도 없이 유대인 절멸을 "수백만"의 다른 사람들의 추방—대부분 전후에 이루어진—에 견주고 있었다. 그는 "모든 사람에게 동일한 정의"를 요구했다. "그리고 정말 이해해줘야만 하는 것이, 그저 명령 수령자에 해당되는 사람인 내가 교황보다 더 고결할 수는 없다." 이 발언은 "냉소적으로" 혹은 "비꼬는 투로" 한 것이 아니었다. 물론 아이히만은 그것이 달리 어떻게 이해되어야 하는지 알려주지는 않았다. 그는 이미 차르나 다른 고관들에게 견주어졌던 사람이니 교황을 가정한들 문제될 게 없었다. 어쨌든 그는 자신이 한 모든 일을 "분명한 의식과 충심을 가지고" 했다. 그는 "민족이 요구하는 바"를 확신하고 있었고, "독일제국의 지도자들"이 "전면전의 필요성"을 "역설"하자 그는 자신의 애국적 의무를 다했다. "내 안에 깃들어 있는 조국의 윤리(!)는 이러한 사항들을 고려해, 내가 전시의 살인 방조에 대해 유죄임을 인정하도록 허락지 않았다. 내가 그래야 한다고 믿었듯이 말이다. 그러므로, 다른 편에서 똑같이 명령을 받는 신사들이 분명 그랬던 것처럼 나는 내면의 도덕에 맞게 행동할 수 있다."[26]

아이히만이 뭔가를 자백해야겠다고 "믿은" 적이 있기는 한 것인지 의심스럽다. 그는 분명 평결에 영향을 미치기보다는 평결을 "창조"하려 애쓰는 사람이었다.[27]

이 "내면의 도덕"의 척도가 되는 것은 어떤 정의 관념이나 보편적 도덕 범주가 아니었고, 심지어 자기 성찰 같은 것도 아니었다. 아이히만이 보기에는 자신의 행동에 대한 모든 평결이 잘못된 정치적 입장—"조국의 윤리"에서 벗어난, 결과적으로 독일 민족의 관점에서 벗어난 척도—에 기초하리라는 것이 너무나 뻔했다. 처음 읽으면 보편적 정의의 소환이나 모든 사람이 어떤 공통의 인간 법률에 따라 심판받아야 한다는 호소처럼 들리는 것이 면밀히 들여다보면 사실은 완전히 다른 종류의 "평등권"임이 드러난다. 아이히만은 자신도 인간이니 자신에게도 어떤 공통의 인간 법률이 적용되기를 요구하고 있는 것이 아니었다. 사실 그의 요구는 어떤 민족사회주의적 도그마에 대한 인정을 요구하는 것이었다. 즉 모든 사람이, 무엇보다 독일 민족이 어떻게든 스스로를 변호하는 데 준거로 삼을 수 있는 것으로서 그 도그마를 인정해달라는 것이었다. 그리고 그들은 스스로를 변호하는 것을 멈춘 적이 없었다. 군수품이 고갈되면 최종 승리를 미루기만 하면 되었다. 하지만 그들은 자신들의 이념의 무기는 포기한 적이 없었다. 아이히만은 "민족이 요구하는 바"가 존재한다고 여전히 확신했고, 그의 최고의 정당화 명분은 자기 민족이 다른 모든 이익보다 우위에 있다는 것이었다. 그렇지 않으면 사람은 "더러운 돼지이자 배신자"[28]가 되는 것이었다. 그렇다면 양심은? 양심이란 단지 어떤 사람 "안에 깃들어 있는 조국의 윤리"일 뿐이며, 아이히만은 이를 "피의 목소리"라 부르기도 했다. 우리에게는 모든 사람에게 별이 빛나는 하늘에 대한 권리가 있는 것만큼 그렇게 보편적인 법이란 거의 없다. 독일인에게는 법이 곧 독일법이다.

아이히만은 "양심"을 모든 생각과 행동을 바로잡는 교정책으로 보지 않았고, 지배적인 관습을 문제시하게 해주는 것으로도 보지 않았다. 또한 양심은 옳고 선한 것을 찾도록 인도하는 불빛도 아니었다. 이와 반대로, "양심"에 대해 이런 식으로 생각하는 사람이라면 피의 목소리를 배신하는 자가 될 것이다. 만약 아이히만이 자기 "마음의 소리"에 귀 기울인다면 그는 민족사회주의자들에게 근본적 악으로 여겨지는 감정적 나약함을 드러내게 될 것이다. 그의 마음은 안간힘을 써 평화를 찾으라고 속삭일 수 있었고, 그는 이 "비독일적" 교육의 흔적들을 무시할 수 있을 정도로 늘 강할 것이다. 분명 아이히만은 "이 총력전에서의 승리 아니면 독일 민족의 몰락"임을 여전히 믿고 있었다. 승리가 선행되지 않은 "평화 추구"란 있을 수 없었다. 그리고 그 승리는 진정한 보편적 재판권에 대한 민족성의 승리였다. 더 이상 고민하지 않고 아이히만은 독일 윤리가 최종 승리를 거둔 이후로 자신의 유죄 인정을 미루었다. "이 사안을 자주, 집중해서 따져볼수록 나는 내가 실은 어떤 범죄에 대해서도 나 자신을 유죄로 만들지 않았음을, 심지어 오늘날의 법에 비추어서도 그러함을 점점 더 확신하게 된다."[29] 무엇보다 "적" 또한 유죄 인정을 하고 있지 않았다. 여기서 유일한 보편적 요소는 "유죄"이지 "정의"가 아니다. 전시의 모든 행동이 유죄로 분류되니 유죄임은 마찬가지가 된다. 전쟁 범죄와 반인륜 범죄의 실제 가해자들은 집단 범죄 이론을 늘 기꺼이 받아들였다. 그것은 그들이 광범위한 유죄 군중 속으로 사라지게 해주었고, 나머지 사람들에게 그들이 공범이었다고 설득하게 해주었다. 보편적 유죄 주장은 또한 아이히만의 회피 구실이 되었다. 우선, 다른 모든 사람이 바로 아이히만과 똑같이 유죄라고 인정해야 했고, 그래야만 그도 유죄를 인정할 것이다. 모두가 유죄라면 아무도 유죄가 아닌 셈이며, 자백에 대해 법적인 결과가, 혹은 사실상 도덕적인 결과가 따르지 않을 수 있다. 이런 회피의 곡예는 비난에 의한 정당화라고 불릴 만하다. 이것이 규칙을 만드는 지배자 민족이었다. 「일반 사항」과 「개인 사항」이라는 두 짧은 육필 텍스트에 담긴 일련의 생각은 서문과도 같은 그 글들이 소개하려는 본격적인 원고의 개요를 제공했다.

"다른 이들이 말했고, 이제 내가 말할 차례다!"

> 이제 익명에서 걸어 나와 나를 소개할 때가 되었다.
>
> 이름: 아돌프 오토 아이히만
>
> 국적: 독일
>
> 지위: 친위대 퇴역 중령
>
> —아이히만,
>
> 『다른 이들이 말했고, 이제 내가 말할 차례다!』, 1956

『다른 이들이 말했고, 이제 내가 말할 차례다!』[30]라는 107쪽짜리 원고 가운데 중간 부분만이 실제로 잘 알려져 있는데, 재판을 위해 이스라엘에 전달된 페이지들에 그것의 일부가 포함되어 있었기 때문이다.[31] 그 글은 10쪽짜리 서문, 그에 뒤이은 「'유대인 문제'와

1933년부터 1945년까지 이 문제를 해결하기 위해 민족사회주의 독일제국 정부가 취한 조치에 대한 나의 입장」이라는 제목이 붙은 부분, 그리고 유죄 문제에 대한 생각을 담은 26쪽짜리 마지막 부분으로 이루어져 있다.

아이히만은 제 공적 활동의 재개를 당연하며 심지어 필수적이라고 간주했다. 아이히만은 자신을 악의적 중상과 허위 사실 유포의 피해자로 제시한다. 이제껏 초인적이었던 그의 인내는 마침내 바닥을 드러냈다. 이런 악랄한 공격들을 감당하는 것이 그에게 너무 벅찼던 것이다. 이제 그의 차례가 왔다. 틀림없이 사람들은 그것을 이해해줄 것이다. "나는 분명히 하고 싶다. 나는 거짓을 밝혀 망신을 주고 싶다." 이 용감한 영웅은 이렇게 선언한다.[32] 그리고 재차 그는 자기가 궁극적으로 (일정한 조건하에서) 유죄임을 인정할 용의가 있지만 당장은 아니라고 밝힌다. "나는 성급하게 행동하고 싶지 않다." 그는 비밀스럽게 말한다.

아이히만은 자신의 글이 누구를 상대로 하는지에 대해 매우 분명한 생각을 갖고 있었다. 이 "이야기들"은 그의 "친구들과 친구 아닌 사람들"을 위한 것이지만, 특히 그의 친구들을 위한 것이다. 그는 놀랍게도 자신이 "수많은 친구, 수백만의 사람"을 가지고 있음을 알게 되었다고 덧붙인다. 그렇지만 여기서 아이히만이 누구를 거론하는 것인지 알고 싶다면 100여 쪽을 더 기다려야 할 것이다. 두 번째 문단에서 그는 자기 자신에 대한 스스로의 판단이 기정사실이라고 설명하고 있다. "이제 나는 살인자도 대량학살범도 아니다. 이를 증명하기 위해 이제 나는 공식적으로 나 자신을 재판하려고 한다." 이스라엘에서 그를 검사한 심리학자들이 설명한 바에 따르면 아이히만의 특징은 주로 독백자 같다는 것이었다. 아이히만이 "이 정당화에 있어서 어떤 것도 얼버무리고" 싶지 않다거나 심지어 자신이 한 일을 "회피하고" 싶지 않다고 말할 때, 그 말은 심지어 다음 페이지들에 어떤 내용이 담겨 있는지 모르는 사람들에게도 공허하고 수사적인 것으로 느껴진다. 그 자신의 "평범한 성격"을 언급하는 것도, 또한 독일 문학을 장난스럽게 암시하며 "인간의 행위와 노력"이나 자신의 "온갖 역경"을 이야기하는 것도 마찬가지다.[33]

아이히만의 정당화 논리는 잘 알려져 있다. 세상이 너무나 악해졌다는 것, 그리고 자신이 명령을 따라 행동한 다른 많은 사람 이상의 "더 나쁜 일은 단연코 하지 않았다"는 것이다. 이 글에서 좀더 흥미로운 점은 그가 자신의 진짜 이름의 회복을 극적으로 표현하고 있다는 것이다. 아이히만은 교묘하게 긴장감을 조성한다. 그는 "여하튼 나는 누구인가"라고 물은 다음, 자신을 도덕적 곤경에 처한 모든 동료의 구세주로 내세운다.[34] "내 상사였던 여러분, 내 동료였던 여러분, 내 부하였던 여러분, 전시의 여러분은 내가 그런 것처럼 분명히 무죄다."[35] 또한 나는 "내가" 나 자신을 용서하는 "것처럼" 여러분의 죄를 없애줄 것이다. 라파엘 그로스는 "분명 신학적 수사는 지난 일들을 너무 면밀히 들여다볼 필요 없이, 심지어 희생자들에 대한 특별한 책임을 인정할 필요 없이, 그 독일인들에 대한 보편화된 이해를 구하는 데 특히 잘 작동한다"라고 말한다.[36] 이는 이 가해자가 같은 부류의 사람들과 대화할 때에도 해당되는 말이다. 어쨌든 아이히만은 일종의 도취 상태에 빠져 글을 쓰면서, 억압받는 독일인들을 그들의 희생자들의 악령에서 해방시켜줄 "논리"와 "명확성"을 천명한다. 희생자들에 대한 이해의 말 몇 마디를 해도 시원찮을 판에 여기에 그런 말이 단 한마디도 없다는 사실은 아이히만의 위로의 말을 비난으로 몰아넣는다. 비탄은 이 가해자가 오직 자기 자신과 아마도 자기 동료들을 위해서 느끼는 것이었다. 한편 희생자들은 무언 중에 여전히 진짜 죄인으로 남아 있다. 아이히만이 늘 그렇게 믿었듯이 말이다.

리카르도 클레멘트라는 이름의 여권을 사용하는 이 남자는 세인의 주목을 받는 위치로 돌아가기를 간절히 바랐을 것이다. 이 첫 부분에서 그가 구축한 긴장감이 최고조에 달했을 때, 잘 계산된 그의 진짜 이름 소개가 이루어진다. "이제 익명에서 걸어 나와 나를 소개할 때가 되었다. 이름: 아돌프 오토 아이히만."[37] 전문가가 자신의 희생자라고 주장하는 거짓말쟁이들을 바로잡기 위해 돌아왔다. 이 글이 어떤 상황에서 나왔는지를 상상해본다면 그것을 쓸 때의 아이히만의 환희가 어땠을지 여전히 실감된다. 이 토끼 사육자는 일과를 마친 후 자신이 "유명했던" 때로 돌아간다. 아이히만이 이 절정을 향할 때 그의 필적에서 도취가 드러난다. 첫 페이지에서 그의 글씨는 작고 알아보기 어렵지만, 두 번째 페이지에 이르러서는 글씨가 이미 커져 있고 특이하게 되어 있다. 분명 볼펜이 종이 위를 날아다니고 있고, 필자는 훗날 녹음테이프에 기록된 그의 말에 딱 맞게 글의 체재를 갖추었다. 효과적인 잠시 멈춤(문단 나누기)과 강조의 문장부호 등 연설가 원고에서 익숙한 속성들을 동원한 것이다. 아이히만은 다른 글에서 그랬듯이 여기서도 단호하고 활력 넘치며 전문적인 느낌을 불러일으키고자 했다. 이 글들은 출판되어야만 했다. 에버하르트 프리치와 빌럼 사선이 이를 위해 큰 계획을 세웠고, 아이히만은 그것에 맞추기 위해 모든 노력을 기울였다.

완성된 역사

> 현재와 미래의 역사가들이 여기에 제시된 진실의 길에서 벗어나지 않을 만큼 객관적이기를.
>
> —아이히만,
>
> 『다른 이들이 말했고, 이제 내가 말할 차례다!』, 1956 [38]

아이히만은 "진실"을 이야기하기로 결심한 (모든 거짓말쟁이에게 위협적인 암시를 주는) 서문 다음에는 역사적 사건들에 관심을 돌린다. 그는 자신의 "기록"을 「'유대인 문제'와 1933년부터 1945년까지 이 문제를 해결하기 위해 민족사회주의 독일제국 정부가 취한 조치에 대한 나의 입장」이라고 명명한다. 그는 "진실"을 "냉정하고 사실적인" 방식으로, "일어난 일 그대로", 스스로의 경험에 기초한 개인적 판단 없이 묘사하고자 한다.[39] 그가 사선과 일반 독자들에게 서둘러 설명하듯이, 그는 유일하게 생존하는 진정한 내부자이며 다른 이들은 이미 다 죽었다. 그는 "현재와 미래의 역사가들"이 "완성된 진실한 그림을 얻도록" 도울 수 있는 유일한 사람이다.[40] 그리고 탁월한 전문성을 입증하고자 아이히만은 자신이 "이 문제의 대부분을" 친위대 보안국과 제4국 B4부 시절에 "주도하고 이끌어야" 했다고 덧붙인다. "예컨대 유대인의 육체적 절멸처럼 내 소관이 아닌 일에서도 나는 개요를 파악하고 있어야 했다."[41] 이는 아이히만이 사선 서클이나 이스라엘에서도 사용했던 양면 전술을 보여준다. 그는 자신을 반박할 수 없는 핵심 증인으로 내세우는 동시에 자신의 부서가 제4국 A4b로 불리던 민족사회주의 정권의 마지막 몇 년을 편집한 것이다. 자기 홍보와 조작은 그에게 쓰인 역사에 대한 통제권을 돌려줄 것이다. 오직 그만이 "객관적"으로, 영원히, 진실의 길을 놓을 수 있었다. 자기만의 해석을 객관적 진실로 내세우는 것을 전통적으로 "설교"라고 일컫는다.

이 부분에서, "사실적 설명"을 한다는 것은 어떤 사람이 "유죄인지 아닌지"의 문제를 회피한다는 뜻이다. 그 대신에 아이히만은 우리에게 어떤 의문점이 남아 있는 것이 놀라울 정도의, 나치 시대에 대한 어떤 "완성된" 그림을 제시한다. 아이히만의 말대로라면 그 모든 것은 매우 단순하고 놀라우리만치 대수롭지 않은 일이었다. "유대인 문제"를 다루는 책임은 오직 독일 정부, 즉 아돌프 히틀러와 "그의 장관들, 즉 그의 제국 지도자들"에게 있었다. 나머지는 단지 서약과 복종의 문제였다. 하지만 당연히 "전 총통" 역시 자신의 의무를 수행하고 있었을 뿐이다. 전쟁 중이었고, 모든 진영이 "적의 섬멸"이라는 "슬로건"에 따라 살았기 때문이다. 그리고 이것은 특히 하나의 적을 의미했다. "전 세계 유대인들은 자신의 지도자들(!), 특히 차임 바이츠만 박사를 통해 독일제국에 대한 개전을 선포했다." 그리고 개전이 그들이 얻은 것이었다. 애초의 목표는 독일제국으로부터 유대인들을 평화롭게 이주시키는 것이었지만 이러한 노력은 다른 나라들의 협조를 얻지 못해 실패했다고 이 역사가 아이히만은 차분하게 설명한다. 당시 테레지엔슈타트 게토가 존재했는데, "유대인 지도자"들은 이곳에 대해 만족스러워했다. 고집스럽고 이기적인 유대인들이 이곳에서 "처음으로 함께 어울려 살고 일하는 데 힘썼기" 때문이다. 적십자 회원들은 이곳을 방문한 뒤 열광했고, 심지어 1945년에도 그랬다. 모든 것은 법을 엄수하면서, 그리고 "유대인"과의 상호 합의하에, 세심히 관리되며 "온당하고" 비폭력적인 방식으로 이루어졌다. 하지만 그때 전쟁이 일어나 이주가 금지되었다. 그때 아돌프 아이히만은 좋은 결과가 나올 리 없다는 것을 알았다. 그런데도 그는 첫 번째 뉘른베르크 재판에서 "금세기 최고의 사악한 인물"로 불렸다. (미국인 검사 로버트 잭슨이 실제로 한 말이 부에노스아이레스의 아이히만에게 그대로 전해지지 않았음은 분명하다. 잭슨은 "금세기"라는 말과 "최고"라는 최상급 수식 없이 아이히만을 단순히 "절멸 프로그램을 담당한 사악한 인물"이라고 일컬었다.)[42] 어쨌든 계속해서 아이히만은 자신이 유대인 절멸에 책임이 없다고 말한다. 오히려 그는 마다가스카르 계획에 힘쓰고 싶어했지만, 이 "꿈" 역시 러시아와의 전쟁으로 좌절되었다. 안타깝게도 러시아 전투는 "'상부' 사람들의 기대만큼 빠르게 전개되지 않았다". 그들은 두 전선에서 전쟁을 치르게 되었고, 그때 "전 세계 유대인들"도 그들을 상대로 전쟁을 선포했다. "내 짐작으로는" 바로 이것이 "최후의 어떤 제약들"이 사라지면서 히틀러가 "육체적 제거" 명령을 내린 이유였다. "이때 내가 어떤 기분이었는지"는 "말로 표현하기 어려우니 말하지 않겠다"라고 이 역사가는 말한다. 하지만 공습을 목격하며 그는 "내 업무가 사실은" 폭탄을 수송하는 사람들의 "업무와 놀라울 정도로 유사하다는 것, 아니 똑같다는 것"을 깨달았다. 사보타주—유대인을 가득 태운 열차를 몰래 외국으로 보내는 것—는 소용없었을 것이다. "누가 내게서 그들을 받아주었겠는가?" 아이히만은 살인하는 것 말고 달리 무엇을 할 수 있었겠느냐는 뜻을 넌지시 내비친다. 그 대신에 그는 자신과 카스트너 간의 "협상"에 대한 믿기 힘든 이야기에 초점을 맞춘다. 그의 말에 따르면, 적이 다시 한번 자신들을 방해하지만 않았다면 그 협상은 완전히 성공을 거두었을 것이다. 아무도 "이 100만 명"의 유대인을 떠맡고 싶어하지 않았고,[43] 그러다 전쟁이 끝났다. 아이히만은 마치 의심스러운 부분은 추호도 없다는 듯이 이 "진실의 길"을 65쪽에 걸쳐 보여주었다.

당연히 그는 특히 한 가지가 자신의 창작품을 비난의 대상으로 만들 수 있다는 것을 알고 있었는데, 그것은 바로 희생자 수였다. 그래서 그는 자신의 설명을 어떤 통계로 마무리했는데, 그 통계는 지금까지 그가 한 거짓말 중 가장 믿지 못할 것 가운데 하나였다. 아이히만의 말에 따르면 1944년 말에 한 통계학자가 힘러와 히틀러를 위해 어떤 수치들을 만들었고, 그래서 그는 그 수치들을 이용할 수 있었다. "특히 당시 두 차례 '총통 보고서' 초안을 수정해야 했던 것처럼" 말이다.[44] 훗날 그는 코르헤어 보고서로 악명 높았던 이 문서와의 관련성을 줄곧 부정했다. 하지만 진짜 거짓말은 세부에 숨어 있다. 이 통계 수치들은 사실 1943년 3월에 잡힌 것인데, 그는 이 통계학자의 보고서 날짜를 1944년 말로 이야기하고 있기 때문이다. 아이히만은 이런 식으로 날짜를 바꾸는 데 능숙했고, 자신을 좀 더 좋은 모습으로 그리기 위해 이런 기법을 자주 사용했다. 만약 누군가 그의 숫자 놀음을 눈치채면 그는 오랜 시간이 흘렀으니 혼동할 수도 있다고 믿어주는 사람들의 마음에 의지했다. 아이히만은 사선과의 대화 중에 이런 방법을 상세히 설명했는데, 자신의 속임수를 알려주는 마술사와도 같은 경솔한 행동이었다. 1943년 초의 수치를 최종 수치로 제시함으로써 아이히만은 2년에 가까운 시간과 100만 명 이상의 살인을 지워버린 셈이다. 그것도, 앞선 수치가 애당초 맞는 것이었다는 전제하에 말이다.

하지만 아이히만과 코르헤어에 얽힌 이야기는 아르헨티나에서 벌어진 파렴치한 날짜 바꾸기 놀이에 그치지 않는다. 그 통계학자의 이름은 아이히만 경력의 가장 큰 낭패 중 하나와 동의어였다. 1943년 1월 18일, 하인리히 힘러는 하인리히 뮐러에게 분노의 편지를 보내, 아이히만을 그때까지 그가 수행해온 살인 통계 업무에서 공식적으로 배제시켰다. "제국중앙보안청은…… 더 이상 이 분야의 통계 작업을 수행할 수 없다. 지금까지 생산된 통계 자료들이 과학적 정확성을 결여하고 있기 때문이다." 그 대신에 힘러는 리하르트 코르헤어를 유일한 공식 통계학자로, "친위대장의 통계 조사관"으로 임명했다. 코르헤어는 자신이 직책을 부여받은 곳인 제4국 B4—즉 아이히만 왕국의 한복판—의 모든 자료에 바로 접근할 권한을 갖게 되었다.[45] 이제 아이히만은 코르헤어가 수치들을 수집하는 것을 도와야 했다. 아이히만처럼 경력을 중시하는 사람은 이런 일을 잊거나 혼동하지 않았을 것이다.

아이히만이 1956년에 100만 명 미만이라는 완전히 다른 희생자 수에 도달했다는 것은 더욱 주목할 만하다. 그의 글은 이주 할당 인원 수와 생존자 수를 크게 부풀리고 있고, 많은 유대인이 연합군의 폭격으로 사망했을 것이라고 강조한다. 살인 통계에 대한 이런 종류의 뻔뻔한 숫자 놀음은 참기 힘든 일이다. 더구나 아이히만은 믿을 수 없을 정도로 파렴치했다. 그는 방문자들에게 자기 사무실의 "지도地圖 방"을 자랑스럽게 보여주었는데, 그곳의 벽들에는 그 자신의 "성공"과 민족사회주의 전체의 "성공"을 보여주는 도표들이 붙어 있었다. 또한 그는 부하를 시켜, 마치 사냥꾼이 사슴뿔을 전시하듯이 모두가 볼 수 있도록 자기 책상 뒤쪽 벽에 추방과 관련된 도표들을 붙여놓았다.[46] 그런 사람이 살해 할당 인원을 채우는 데 힘쓰는 것은 자기 부서에 중요한 일이 아니었다고 우리에게 말하려 했단 말인가? 다른 사람도 아니고, 1944~1945년에 500만 내지 600만을(오늘날 우리가 알기로는 사실을 정확히 보여주는 숫자) 보고 있었던 이 사람 아이히만이? 그럼에도 여기서 그는 민족사회주의 절멸 프로그램이 역사에서 유감스러운 어떤 부차적인 일이 될 정도로, 자신의 "일"에서 느꼈던 비뚤어진 자부심을 어떻게든 축소해 다루고 있다. 이러한 부인은 너무나 터무니없어서, 그것을 믿어줄 사람이 있으리라고 아이히만이 잠시라도 생각했다는 것이 경탄스러울 뿐이다. 심지어 아르헨티나의 지식 협잡꾼들 사이에서도 이러한 왜곡은 오래가지 못했다. 아이히만의 수치는 사선과 그의 동료들이 진행하고 있던 프로젝트와 완벽하게 조화를 이루었지만, 불행히도 코르헤어 보고서는 사선 서클이 앞에 두고 있던 레온 폴리아코프와 요제프 불프의 자료

집에 수록된 문서들 중 하나였다. 따라서 희생자 수에 대한 토론이 그 토론 그룹의 시간을 많이 잡아먹었다.[47]

하지만 아이히만을 믿는 사람에게 가장 큰 장벽은 사실 그 자신이 세운 것으로, 전쟁 말기에 그가 동료들에게 보여주었던 스스로의 이미지 속에 자리 잡고 있었다. 의심을 피하려면 이 문제와 대결해야 하리라는 것을 그는 알고 있었고, 「'유대인 문제'와 1933년부터 1945년까지 이 문제를 해결하기 위해 민족사회주의 독일제국 정부가 취한 조치에 대한 나의 입장」의 마지막 페이지에서 그는 이 문제에 정면으로 맞섰다. "전쟁이 끝나가고 있었다. 그 막바지에—나는 거의 마지막 시간들이라고 말하고 싶다—나는 몇몇 하위 장교에게 이렇게 말했다. '……그리고 만약 그렇다면 나는 약[48] 500만에 달하는 제국의 적이 우리와 함께 죽임을 당했음을 알고 기쁘게 구덩이로 뛰어들 것이다.'"[49] 아이히만의 부연에 따르면, 그는 이러한 언급을 전쟁의 종식과 전쟁으로 인한 파괴가 빚어낸 분위기 속에서 했다. 또 "적의 최대한 많은 희생"은 적의 "입장"이기도 했다. 아이히만은 자신이 "유대인"에 대한 어떤 얘기를 했다는 것을 단호히 부인하면서, 그 얘기를 빌헬름 회틀과 디터 비슬리체니에게 전가한다. 오해가 없도록 확실히 하기 위해 그는 "그것은 사실이 아니다!"라고 또 다시 말한다. 그는 이 두 사람이 어떻게 그런 말도 안 되는 허위 진술에 이르게 되었는지 도무지 모르겠다고 말한다.[50] 아이히만은 사선 서클에서 이 점을 캐묻는 질문들을 받았지만 사건들에 대한 자기 식의 해석을 옹호했으며, 자신이 "제국의 적들"이라는 말을 했음을—당연히—그가 인정하기까지는 5년이라는 시간이 더 필요했다.

오늘날에는 아이히만의 거짓말을 알아보기 쉽다. 50년에 걸친 조사 덕분에 우리는 그를 반박하는 데 필요한 논거들을 가지고 있고, 또한 허구 뒤의 사실들을 알아볼 수 있기 때문이다. 우리는 그의 말이 우리에게 어떤 영향을 미치기도 전에 그의 의도를 알아차릴 수 있다. 하지만 1956년에는 그의 함정에 빠질 위험이 비할 수 없이 컸다. 그렇다면 좀더 흥미로운 일은 그가 사용한 혼동 야기와 조작이라는 방법을 더 자세히 살펴보는 것이다. 어쨌든 이 글은 아이히만의 전후 첫 번째 진술이고, 독립적인 역사 해석 권리를 요구하는 그의 첫 번째 시도다. 이 첫 번째 원고의 몇몇 폭로적 내용이 그가 자신의 방법들을 어떻게 개발하고 다듬었는지를 알려준다.

이 「'유대인 문제'와 1933년부터 1945년까지 이 문제를 해결하기 위해 민족사회주의 독일제국 정부가 취한 조치에 대한 나의 입장」이라는 글은 그의 역사 왜곡의 여러 딜레마에서 비롯되는 내적 긴장으로 인해 흔들린다. 첫 번째 딜레마는 아이히만의 히틀러 이미지와 관련 있다. 아이히만은 한편으로는 히틀러 총통이 명백히 독일 점령 지역들에서의 유대인 절멸을 명령했다고 주장하며, 다른 한편으로는 매우 낮은 살인율을 주장한다. 하지만 이 두 주장이 다 맞으려면 그는 그 전체주의 국가 수반의 명령이 어떻게 그처럼 별 효력이 없을 수 있었는지를 설명해야 한다. 총통의 말이 아이히만이 주장하는 것처럼 그렇게 구속력이 있지 않았거나(이는 그가 자기 행동의 정당화를 위해 내세우는 "단지 명령을 수행했을 뿐"이라는 논리를 약화시킨다), 그의 수치가 너무 낮은 것이거나(이는 그의 범죄가 그가 주장하려는 것보다 더 크다는 것을 의미한다) 둘 중 하나다. 아이히만은 힘러가 여전히 "전쟁에 반쯤 유리한 결과"를 믿고 있었기 때문에 "총통의 명령을 수행하는 것을 너무 서두르지 않았다"고 간단히 말하고 있을 뿐이다.[51] 그리고 적어도 처음에는, 독일의 강제 노동("노동력") 의존이 너무 커서 경제 · 행정 당국이 총통의 절멸 명령을 따르지 않았다. 하지만 이 설명은 역사에 대한 아이히만의 "완성된" 그림의 뚜렷한 약점을 드러낸다. 그는 사선 서클에서의 대화를 이용하고 책들을 이용해 계속 더 나은 얼개를 만들어가고자 했다.

아이히만의 주장의 두 번째 구조적 결함은 그가 상대한 사람들, 그리고 그 자신의 자아상과 관련 있었다. 뒤러 서클은 가능한 한 많은 것을 알고 있고 근본적으로 민족사회주의적인 견해를 갖춘 사람을 원해서 아이히만을 찾아낸 것이었다. 따라서 1956년의 아돌프 아이히만은 예루살렘에 나타난 그 아이히만보다 "나"를 이야기하는 데 훨씬 문제가 적었다. 허영심과 이따금 분출되는 솔직함이 어우러진 글 『다른 이들이 말했고, 이제 내가 말할 차례다!』에서 그는 독자들에게, 필수 불가결한 증인이자 사선 그룹의 정당한 일원으로서 자신의 자격에 대한 증거를 제시한다. 그의 글은 구직용 자기소개서와 약간 비슷하다. 그것은 그가 생각하기에 스스로를 긍정적으로 보여줄 만한 점들을 과도하게 강조한 것이겠지만, 여기서도 여전히 아이히만은 과거의 자신이 실제로 그랬듯이 스스로를 성공적이고 평판 높은 민족사회주의자로 내세우고 있다. 그는 자신이 결부되고 싶지 않은 부정적인 어떤 면들에 대해 해명하는 언급을 포함시킨다. 아이히만은 "총통과 민족을 위한 평생의 업적"을 자랑스러워했지만, 스스로를 변호해야 한다는 것, 그리고 이러한 긴장 상태가 나중에 자신을 취약하게 만들리라는 것 또한 알고 있었다.

이런 역사를 제공함에 있어서 그가 직면한 세 번째 기본 문제는 잠재 독자의 사전 지식의 정도를 판단하는 것이었다. 조종하고 속이려는 사람은 지식에 있어서 우위에 서야 할 뿐 아니라 자기 청취자의 실제적 · 가설적 지식을 잘 파악하고 있어야 한다. 역사의 맥락에서라면 우리는 그런 지식을 본체가 되는 원재료라고 부를 것이다. 그렇지만 1956년에 아이히만이 최근 출판된 책들에 대해 아는 것이라고는 책 제목들뿐이었다. 에버하르트 프리치나 빌럼 사선과 달리 그는 비판적 질문들을 받아넘기는 데 도움이 되는 언론 서평들에 의지해야 했다. "그곳에 있었던" 아이히만은 일어난 일들에 대한 지식에서 우위를 점했을 수 있지만, 그에게는 다른 사람들에게는 없는 걱정도 한 가지 있었다. 여느 사람들과 달리 그는 어떤 참사가 밝혀질지 정확히 알고 있었던 것이다. 판타지 문학의 작가들은 자유롭게 이야기를 만들어낼 수 있지만, 거짓말쟁이는 그렇지 않다. 거짓말쟁이는 반드시 사람들이 자기 말을 믿게 해야 한다. 그리고 청취자의 배경 지식이 언제든 예고 없이 확장될 수 있을 때 이는 더 어려워진다. 사선은 이 사실이 자신에게 주는 작은 이점을 인식했고, 아이히만을 상대로 그 이점을 활용하려 했다.

아이히만이 이 원고에서 직면한 네 번째 딜레마는 그의 범죄 뒤에 있는 근본적인 악, 즉 그의 급진적 반유대주의에서 비롯되었다. 자신과 나치 정권 전체의 무죄를 밝히기 위해 그는 자신이 유대인 "교섭 상대들"과 훌륭한 관계를 맺고 있었다고 강조한다. 그들은 서로 합의할 수 있는 해결책을 지향했기 때문에 그들의 거래는 양측에서 화목하게 이루어졌다. 그러나 이러한 역설은 한 인종이 다른 인종에 대해 "최종 승리"를 거둬야 한다는 아이히만의 믿음에 완전히 반대된다. 민족사회주의 반유대인 정책들의 목표는 궁극적으로 "유대인 문제의 최종해결"이었고, 히틀러의 세계 지배 계획은 심지어 달에도 유대인을 위한 공간을 허락하지 않았을 것이다. "전 세계 유대인"과 교섭하는 신사적인 외교관과 세계 지배를 위한 투쟁에서 "적 인종"을 상대하는 근본주의자 사이에 중간 지점은 없었다. 이러한 불균형은 아이히만이 이 둘을 양립시키려 할 때 약간의 어려움을 야기한다. 범죄적 절멸 계획을 자백하고 싶지 않은 그는 "유대인 대표들"과의 정치적이고 비폭력적인 협상들에 대해 이야기해야 한다. 하지만 이 전략은 사선과 프리치 같은 다른 헌신적인 인종적 반유대주의자들에게 의심을 사게 만드는 것이었다.

아돌프 아이히만이 정말로 "역사에 대한 완성된 그림"을 만들고 싶었다면 그 1956년의 첫 번째 글에 담긴 이런 긴장 요소들을 제거해야 했다. 그 요소들은 그의 이상적 비전의 약점들이었다. 1960년 이스라엘에 도착했을 때 그는 이 글을 쓴 이후의 몇 달에 걸친 집중적 토론이 만들어준 풍부한 경험에 의지할 수 있는 상태였을 것이다. 근본적인 문제들은 극복할 수 없었겠지만, 그때쯤 그는 그 문제들을 다루는 연습을 엄청나게 많이 한 상태였을 것이다. 사건들에 대한 이 "분명하고 사실적인" 설명과 당시 자신이 토론에 바친 시간들 덕분에 아돌프 아이히만은 뉘른베르크의 피고들이나 전쟁 범죄와 반인륜 범죄로 재판받는 다른 어떤 사람보다 대중의 눈앞에 다시 나타날 준비가 훨씬 잘 되어 있었을 것이다. 언제나 그랬듯이 아이히만은 어려운 상황에서 이득을 얻을 기회를 잡았다. 이번에는, 세간의 주목을 받는 것이 1956년 부에노스아이레스에서 한 번 더 아이히만에게 점점 더 현실적인 선택지가 되고 있었다는 사실도 관련 있었을 수 있다.

총리에게 보내는 공개편지

> 저는 어떤 식으로든 세간의 주목을 받고 싶지 않습니다. 저는 야심이 없습니다.
>
> —아이히만, 사선 토론회[52]

『다른 이들이 말했고, 이제 내가 말할 차례다!』의 원고에서는 아이히만 재판에 제시된 17번 파일의 질 나쁜 사본이 지우고 있는 뭔가를 볼 수 있다. 아이히만의 「'유대인 문제'와 1933년부터 1945년까지 이 문제를 해결하기 위해 민족사회주의 독일제국 정부가 취한 조치에 대한 나의 입장」은 서독 총리인 콘라트 아데나워에게 보내는 공개편지로 계획되었다. 제목 위에는 다음과 같은 아이히만의 육필 메모가 적혀 있다(나중에 줄이 그어져 삭제됨). "연필로 쓴 추가 내용은 오직 총리에게 보내는 '공개편지'에만 적용된다."[53]

1950년대에 공개편지는 극우 성향의 출판물에서 인기 있는 장르였다. 공개편지는 대개 익명으로 실렸고, 편지 내용이 그 내용에 대한 설명을 요구받고자 하는 필자의 의지보다 더 "공개적"이었다. 언론의 자유라는 미명하의 이런 종류의 자기 선전이 오늘날의 현상이라고 믿는 사람은 문제의 출판물들을 힐끗 보기만 해도 그런 믿음을 바로잡게 될 것이다. "독자의 편지"와 마찬가지로 "공개편지"의 장점은 편집자가 표현의 자유라는 이름으로 그 편지를 게재하되, 편지 내용이 필자 개인의 의견일 뿐 꼭 해당 잡지의 지지를 받는 것은 아님을 밝힘으로써 그 편지와 거리를 둘 수 있다는 것이었다. 이 책략 덕분에 『길』 『유럽 민족』 『관점』 『제국의 사명』처럼 분명한 이유들에서 계속 판매 금지와 압수의 위협을 받는 출판물들이 기소를 염려치 않고 쓰고 싶은 것을 쓸 수 있었다. 공식적으로 거기 담긴 말은 다른 누군가의 말이었던 것이다. "유대인" 독자들의 편지를 포함시키는 것은 특히 믿을 수 없는 일이었고, 더할 수 없이 노골적인 반유대주의적 혐오 발언이 "독자 의견"이라는 꼬리표를 달고 있었다. 아이히만은 사선이 이런 독자 편지들 중 하나를 이용해 아이젠하워 대통령에게 상당한 문제를 야기하는 것을 본 적이 있었다. 그리고 이제는 아이히만이 직접 공개편지를 쓰고 있었다. 이것은 뒤러 서클과 아돌프 아이히만이 계획하고 있던 일의 흥미로운 면을 보여준다. 한편으로, 아이히만은 혼자서 그런 글을 발표할 경우 무모하게도 자신의 은신을 위태롭게 할 수밖에 없어 적절한 연줄을 가진 중재자가 필요했다. 다른 한편으로, 이 계획은 그가 빌럼 사선과 함께 진행하던 프로젝트가 단순히 후세를 위해 계획된 것이 아니었음을 보여준다. 콘라트 아데나워에게 보내는 공개편지로 영향을 미칠 첫 번째 기회는 다가오는 1957년 가을의 선거였을 것이다. 특히 아르헨티나에서 잠시 쉬는 시간을 갖고 있던 사람들이 이 기회를 잡으려 계획했을 것 같은데, 그들은 여전히 아데나워 정부를 무너뜨리려는 꿈을 꾸고 있었기 때문이다. 아이히만은 분명 본인 사후에 출판될 책을 쓴다는 생각에 만족하지 않았고, 자기가 하고 싶은 말을 하기 위해 엄청난 위험을 감수할 준비가 되어 있었다. 익명으로 발표되더라도 이 편지의 내용은 필연적으로 이 유대인 문제 담당관이 필자임을 짐작게 했을 것이고, 누군가가 그 편지를 쓴 사람에게 설명을 요구할 생각을 할 수도 있을 만큼 도발적이었다. 아이히만은 자신이 특수한 내부자 지식을 가지고 있다고 너무나 확신하고 있어서, 익명이 어떤 식으로든 자신을 보호해줄 것이라고 믿을 수 없었다. 그리고 『길』에 이 글을 싣는 것은 그가 숨어 있는 곳으로 나치 추적자들을 곧장 끌어들이는 일이 되었을 것이다. 도출되는 유일한 결론은 아이히만이 그 위험을 거래의 일부로 받아들였다는 것이다. 심지어 자신이 발견되기를 그가 어느 정도 의식적으로 바라고 있었을 가능성도 있다.

1952년에 아이히만은 아내에게 독일에서 재판을 받고 싶다고 말했고, 이후 몇 년 동안 가족에게 이런 의향을 거듭 밝혔다. "아버지는 유럽의 국제 재판소에 자신을 넘기는 것을 고려했다." 훗날 그의 아들은 이렇게 회고했다. "아버지는 처벌 없이 풀려나지는 못하리라는 것을 분명히 알고 있었지만, 중형을 받으리라고는 생각하지 않았다. 아버지는 심지어 4~6년 안에 석방될 수도 있다고 생각했다."[54] 1950년대 중반에 서독에서 법 적용이 어떠했는지를 고려하면 아이히만의 기대는 현실과 그리 동떨어진 것이 아니었다. 쉰 살의 남자는 자신이 태어난 나라에서 자신의 진짜 이름으로 가족과 함께 황혼기를 보낼 수 있을 것이라고 스스로에게 말했을 것이다. 그러나 이 행동은 그를 또 다른 꿈, 즉 가족의 번영을 이루는 것에도 더 가까이 데려다주었을 것이다. 사선과의 프로젝트가 한편으로는 돈벌이 계획이기도 했고, 그는 재판이 열린다면 아돌프 아이히만이 쓴 책의 시장 가치가 급격히 상승하리라는 것을 잘 알고 있었다.[55] 그는 항상 가족의 미래를 보호하려 애쓰고 있었고, 그가 체포되어 법정에 서는 것은 그런 가족에 대한 봉사가 될 것이었다. 몇 년이 무슨 대수겠는가? 아이히만의 아들은 이렇게 회상했다. "아버지는 어머니에게 '그 정도 기간이면 당신은 나 없이도 살 수 있으니 괜찮을 것'이라고 말했다." 그리고 그 후에는 다시 한번 세상만사가 편안해질 것이었다. 적어도, 아이히만의 이름이 수백만 건의 살인과 완전히 불가분하게 엮여 있지는 않아서 그가 서독에서의 정상 상태로 돌아갈 수만 있다면 그렇게 되었을 것이다.

그러나 아이히만이 아무리 이러한 현실로부터 자신을 보호하려 애썼어도, "총리에게 보내는 공개편지"를 쓰려는 그의 계획은 그와 그의 동료들이 그저 아르헨티나 망명 기간의 지루한 주말을 채우기 위해 이런 아이디어들을 만지작거리고 있었던 게 아니라는 것을 의심의 여지 없이 보여준다. 아이히만을 포함해 그들 모두는 구체적인 정치적 야망을 갖고 있었다. 그들은 역사책을 위해서, 또는 자신들의 노력을 책상 서랍에 보관하기 위해서 조용히 활동하고 있는 것이 아니었다. 그들은 영향을 미치고 싶어했고, 유럽으로 돌아가 서독 정치에 참여하고 싶어했다. 멀리서 보면 이 계획은 미친 짓처럼 보이지만, 아이히만의 실제 경험을 바탕으로 한 것이었다. 15년 전에 그의 계획과 제안은 친위대장 힘러에게, 그리고 그 위의 모든 사람을 거쳐 히틀러에게까지 전달되었다. 헤르만 괴링과 라인하르트 하이드리히는 아이히만의 초안을 바탕으로 연설을 하고 강연을 했으며,[56] 그가 제안한 것들(중앙 사무실, 재교육 수용소, 죽음의 행진)을 통해 그는 세계사에 흔적을 남겼다. 문명세계가 상상할 수 있는 수준을 넘어서는 이 모든 살인 프로젝트가 바로 아이히만이 상관들과 함께 추진한 일이었다. 그러니 이 퇴역 중령이 이러한 역사 스케치를 응용해 총리라는 위치에 있는 콘라트 아데나워와 더불어 비슷한 일을 도모할 수 있겠다고 믿을 만큼 자신감을 갖는 것도 무리는 아니었다. 사건들에 대한 그의 해석은 책임에 대한 이 짜증스러운 문제들에 종지부를 찍을 것이었고, 바로 이것이 독일의 많은 사람이 간절히 원하는 것이었다. 이론적으로, 나치의 반유대주의 정책들에 대해 전문가적 입장에서 간단히 설명한다는 것은 흥미로운 시도였을 것이다. 아르헨티나는 익숙한 성향의 옛 동지들이 사는 유일한 나라가 아니었다. 아이히만의 펜은 독일로 돌아갈 기회를 만들어내려는 욕망에 의해 움직였을 수 있다. 비슷한 신념을 가진 사람들이 고국으로 돌아오는 그를 환영했을 수도 있다. 그는 자신의 아이디어들에 대해 전 유대인 문제 담당관이 그랬던 것처럼 친숙하고 매력적이라고 여겼을 사람이 독일 정부 내에 아직 한두 명은 있다는 것을 알고 있었다.

그렇다면 도덕은?

자기 보존의 충동은 그 어떤 소위 도덕적 요구보다 더 강하다.

—아이히만,

『다른 이들이 말했고, 이제 내가 말할 차례다!』, 1956[57]

아이히만은 상대화와 그릇된 방향을 보여주는 글 『다른 이들이 말했고, 이제 내가 말할 차례다!』의 두 번째 부분에서 자신의 "사실적이고 분명한" "완성된" 역사 개념을 제시한 다음, 약속한 대로 "오늘"(즉, 1945년 이후)과 관련된 질문으로 방향을 돌렸다. 분명 이것은 누구도 하지 않았던 질문이었다. "유죄인가 아닌가?"[58] 예루살렘의 아이히만 자화상을 잘 아는 사람이라면 이 아르헨티나 시기가 서러운 자기 연민과 전 상관들에 대한 냉혹한 환멸의 혼합 비슷한 것을 보여주리라고 기대했을 수도 있다. 예루살렘에서는 이 피고인이 자신은 이 참상에 입회하고 관여하지 않을 수 없었지만 처음부터 그것에 반대했다는 것을 세상 사람들(그리고 분명 그 자신)에게 납득시키려는 설명을 끝없이 반복했다. 반면 아르헨티나에서 그는 놀랍게도 근본적으로 다른 말을 했다. 『다른 이들이 말했고, 이제 내가 말할 차례다!』의 이 장에서도 그는 선동가적 자기 과신을 보이면서, 비난의 어조로, 반박할 수 없는 자신의 진실을 우리에게 제시한다.

아돌프 아이히만은 유복한 중산층 가정 출신이었고, 비록 민족사회주의 사상이 그 가정까지 장악하고 있긴 했지만, 그는 자신이 한 일에 대해 대부분의 사람이 비난하리라는 것을 알 수 있을 만큼 전통적인 부르주아 도덕과 일반적 도덕 개념에 대해서도 충분히 배운 사람이었다. 심지어 그는 도덕, 양심, 정의 등의 개념이 존재한다는 것을 알고 있었고, 그것들과 관련된 근본적인 질문들을 무시하고 싶지 않았다. 그는 자신의 세계관을 위한 당당한 포부들을 가지고 있었고, 민족사회주의의 이데올로기적 요소들은 그가 필요로 하는 것을 다 줄 수 없을 것이었다. 법원이 임명한 심리학자 숄로모 쿨샤르는 아마도 아이히만은 성격 때문에 자신이 처한 어떤 체제에도 완전히 종속될 수 없었을 것이라고 훗날 말했다. 아이히만의 글들 역시 그가 민족사회주의 개념들을 숙고하고 그것을 자신의 사고에 응용했음을 보여준다. 1956년에 자유인으로서 그는 단지 "베르사유의 굴욕"에 대한 대중적 문구를 앵무새처럼 되풀이하는 데 그치지 않았다. 최근 극우 세력은 1919년의 그 평화 조약에 모든 책임이 있다고 주장하고 있었다. 그 평화 조약이 너무 불공평해서 대중이 민족사회주의로 치달았다는 것이었다. 아이히만은 그 문구를 좀 다르게 사용했다. "아마 나는 베르사유의 치욕을 제대로 파악하고 이해하기 전에도 이미 민족사회주의 사상의 지지자였을 것이다." 그가 자신의 정치적 방향을 선택한 데에는 다른 이유들도 있었지만, 지나고 나서 보면, 민족사회주의로 인해 그는 베르사유의 치욕을 이해할 수 있게 되었다. "어느 정도 그것은 초민족주의로 변형되었다."[59] 이것은 아이히만이 민족사회주의 세계관을 개조해 자신의 것으로 만든 유일한 방법은 아니었다.

아이히만은 이 부분의 서두에서 자기 개인의 책임 문제에 답한다. "나는 빌라도 같은 태도를 취하지 않아도, 법 앞에서, 내 양심 앞에서 나에겐 죄가 없다고 생각하며, 전쟁 중에 내 부하였던 사람들도 그렇다. 왜냐하면 우리는 모두 (…) 제국중앙보안청이라는 기계의 작은 톱니였고, 따라서 전쟁 중에는 전쟁이라는 살인 모터의 거대한 동력 전달 장치의 작은 톱니들이었기 때문이다." "아군과 적군" 모두를 구속하는 충성의 맹세는 "사람이 가담할 수 있는 최고의 의무"였고, 모두가 그 맹세를 지켜야 했다. 전 세계 지도자들은 정말로 "적의 섬멸"이라는 단 하나의 명령만을 내렸다.[60] 아이히만이 보기에는, 그 전쟁이 적의 제거를 목표로 하는 전면적이고 세계적인 전쟁이었다는 견해가 사실을 간단히 진술해주는 것이었다. 그의 급진적 생물학주의는 "최종 승리"가 긴급하다는 믿음으로 이어졌다. 종족 간의 그 피할 수 없는 전쟁으로 오직 한 종족만 남게 될 것이었다.

이 부분에서 아이히만은 스스로에게 "그렇다면 도덕은?"이라는 질문을 던지고 있으며, 이에 대해 놀라울 정도로 도발적인 답을 내놓는다. "기독교 도덕, 윤리적 가치의 도덕, 전쟁의 도덕, 전투의 도덕 등 여러 도덕이 있다. 어떤 것일까?" 그런 다음 아이히만은 철학적 접근을 완전히 무너뜨리는 데 수사적 기술을 이용한다(그가 자기 주장을 뒷받침하기 위해 철학자들을 들먹이긴 하지만 말이다). 도덕이 권력에 견주어 상대적으로 중요한 점은 무엇인가? 소크라테스 자신도 사형 선고를 받아들이며 법과 질서를 따르지 않았던가? "소크라테스의 지혜는 국법에 굴복한다. 인본주의자들이 우리에게 가르치는 것이 이것이다." (물론 민족사회주의 사상에서 인본주의자들은 함께하면 전쟁에 이길 수 없을 나약한 동료들이었는데, 그들은 전쟁이 불가피하다는 것을 인정하기를 거부했기 때문이다.) 계속해서 아이히만은 국가의 지도력은 항상 개인들의 생각보다 위에 있어왔다고 설명한다. 설명을 위해 그는 구약성서와 현대 과학을 끌어들인다. 교회 역시 국가 권력을 지구상의 가장 높은 지도 원칙으로 인정하고 있으며, 심지어 개미집에도 계급 체계가 존재한다. 아이히만은 니체와 칸트 같은 사상가들이 자신의 주장에 도움이 될 수 있는지 여부에서만 좌초한다. 이 두 사상가는 "분명한 독일 지향"을 가지고 있었는가? 그는 "의심스럽다"고 결론 내린 다음, 모든 학문에 대한 민족사회주의의 근본적인 불신을 다음과 같은 한 문장으로 요약한다. "내 말은, 철학은 국제적인 것이라는 뜻이다." 그래서 그는 철학 없이 자신의 답을 찾고자 한다.[61] 그 자신의 "내면의 도덕"도 좋지만, 가장 중요한 것은 언제나 국가 지도자들의 의지다. 단지 그들이 사람들에게 복종을 강요할 힘을 가지고 있기 때문이 아니라, 그들이 오직 민족을 대리하기 때문이다. 그러므로 개인은 자기 내면의 도덕이 자신이 받은 명령과 충돌하도록 허용해서는 안 된다. 개인은 이 명령이 민족의 이익을 위한 것임을 알아야 하며, 신념을 가지고 명령을 따라야 한다. 아이히만은 이 문제를 극복하는 쉬운 방법을 찾았다. "나는 자연에서 아주 분명하고 단순하게 나의 유사점들을 발견했다. 깃발에 대한 충성이 제멋대로의[!] 생각을 금지하지는 않았기 때문이다. 설령 내 생각과 탐구의 결과가 당연히 그보다 우위에 있는 정부의 의지와 목표에 다소 부정적이더라도 말이다. 하지만 소우주든 대우주든 자연계에 귀 기울일수록, 내가 속한 우리 나라 정부의 요구뿐만 아니라 적국 정부와 지도자들의 목표에서도 나는 불의를 점점 덜 발견하게 되었다. 누구나 그 자신의 관점에서 보면 옳았다."[62] 다시 말해서, 모든 사람이 총력전을 원했고, 그 사실은 모든 사람이 "전통적인 것이든 비전통적인 것이든" 필요한 수단을 총동원해 전쟁을 벌이는 것에 대해 정당성을 제공했다.[63] 또한 보편적인 절멸 전쟁은 사람들이 부도덕한 폭력을 마음껏 사용하게 해준다. 심지어 죽음의 수용소를 이용하는 것조차 갑자기 하나의 독창적 전술이 된다. "위로받지 못할 모든 유기체의 영원한 파멸" 때문에 필요해진 하나의 전술인 것이다. "그것은 항상 존재해왔고, 항상 존재할 것이다." 아이히만은 이러한 생각을 지지하거나 그 안에서 자기 행동의 이상적인 조건을 찾는 데 문제가 없다. 사고와 도덕은 더 이상 국제적인 것이 아니다. 전쟁만이 국제적인 것이다. 그러나 승리는 민족주의자들의 것이 될 테고, 그 사실을 이해하는 사람들만이 살아남을 것이다.

이스라엘에서 아이히만은 자신이 평생 이마누엘 칸트의 정언명령을 따라 살아왔다고 말해 방청객을 놀라게 했다. "칸트를 믿는다"라고 그는 진지하게 말했다.[64] 다만 자신이 받은 명령이 때로 자기 신념에 따라 행동하는 것을 방해했을 뿐이다. 추가 질문을 받자 그는 심지어 칸트의 정언명령에 대해 그럭저럭 무난한 정의를 제시하기까지 했다. 그는 그 지혜를 진심으로 칭찬하려 했다.[65] 그가 자유인이었던 1956년에는 상황이 조금 달랐다.[66] 그는 "자기 보존의 충동은 그 어떤 소위 도덕적 요구보다 강하다"라고 썼다.[67] 이 모든 것이 궤변과 경솔함이라는 것을 사람들이 깨달았다면, 개인의 책임과 보편적인 인간의 범주들을 권고하는, 칸트의 것과 같은 국제적인 접근법에 의지하려는 사람이 누가 있겠는가? "코페르니쿠스와 갈릴레오의 지구적 세계관에서 오늘날의 호모 사피엔스의 초은하계적 세계관에 이르기까지 법이 질서를 만들고 예상한다. 병자와 퇴보자만이 제외된다."[68] 질서를 만들고 병자와 "퇴보자"를 말살하는 이 법은 인본주의적 이상이나 여타 허약함과는 전혀 관계가 없다. "더 큰 공동체와 그 안의 내가 살 수 있도록 나는 그 법을 따라야 한다. 나를 복종시키고 따르게 만든 것은 바로 이런 생각이었다."[69] 몇 주 후, 사선 서클에서 아이히만은 전쟁 중에 양심의 위기를 겪었다고 주장하는 사람은 거짓말을 하고 있는 것이라고 말했다. 지나고 나서 보니, 단지 명령을 따랐을 뿐이라고 스스로에게 말하는 것은 "터무니없는 헛소리이고 변명이다". 그리고 "인본주의적 견해"는 단지 사람들이 "규정, 법령, 법률 뒤에 편히 숨도록" 도왔을 뿐이다.[70]

아이히만은 전통적인 도덕관념을 완전히 거부하고, 자연이 요구하는 무제한적 생존 투쟁을 지지했다. 그는 피와 땅에 대한 명확한 언급이 없는 어떤 형태의 계획도 구식이며 무엇보다 위험하다고 말하는 사고방식에 전적으로 공감했다. 여기서 이성, 정의, 자유는 인간사회의 허용 가능한 중심 개념이 아니었다. 모든 사람의 공통된 이해理解라는 생각 자체가 아이히만과 그의 총통 모두의 생각에 대한 배신이었다. 첫째로는 독일인의 우월함이 민족성에서 비롯된 것일 수도 있기 때문이고, 둘째로는 세상에는 모든 사람을 수용할 자리가 없기 때문이었다. 인종 간의 투쟁은 본질적으로 자원을 둘러싼 투쟁이었다. 이런 기본 생각은 오늘날 석유와 식수를 둘러싼 미래 전쟁을 염려하는 많은 사람에게 낯설지 않은 것이다. 하지만 아이히만은 상호 합의 가능한 해결책이 있을 수 있다는 생각을 받아들이려 하지 않았다. 중요한 것은 단 하나, 바로 각자의 자기 민족이었다. "옳은 것이란 자기 민족에 도움이 되는 것"이고,[71] 자기 민족에 속하지 않는 사람은 아무런 권리가 없었다. 문화를 초월한 범주들과 세계 지향을 추구하는 고전적 의미의 철학은 틀린 것이었다. 왜냐하면 보편적인 것을 추구하고 순수 민족성에의 의존을 받아들이지 않았기 때문이다. (여기서 아이히만이 아주 옳게 보고 있듯이) 철학의 견해는 근본적으로 "국제적"이었다. 이와 같이, 철학은 조국을 갖지 않지만, (이 연결을 깨닫는 것이 중요한데) 나치 이데올로기 조달자들에게 철학은 하나의 민족을 갖는 것이었다. 나치 이데올로기와 히틀러의 선동 발언에 따르면, 자기 나라를 갖지 못해서 국제적인 경향을 갖고 있고 정신의 한없는 자유를 숭배하는 하나의 "인종"이 있으니, 바로 유대인이었다. 대표적인 어느 나치 출판물은 "유대인의 지성은 뿌리를 내린 땅에서 떨어져 나가 스스로 뿌리 없는 존재가 된다"고 말한다. 더욱이 유대인의 마음가짐은 "독일 사람들을 분열시키고 독일의 생활 방식을 훼손"하는데, 그것이 "민족에 기초한 사고"가 아니기 때문이다.[72] 오직 순수 민족적 사고만이 민족성의 형성을 가능하게 해주며, 인도주의적인 이야기는 이 민족성이 흐릿해지고 약해지게 할 수 있을 뿐이다. "피와 땅"과 다시 이어지는 것을 유일한 생존 수단으로 보는 이데올로기에서는 국제적인 견해는 모두 궁극적인 위협이 되어버린다. 이러한 위협은 전 세계적 도덕이 독일의 민족적 도덕의 개념들을 파괴하고 독일의 방어물들을 약화시키기 전에 무력화되어야 한다. 또는, 1939년에 나치스 인종 정책 주사무국의 국장이 분명히 말했듯이, "국제적 성격의 사고 체계들과는 합의가 이뤄질 수 없는데, 이러한 사고 체계들은 근본적으로 진실하지도 정직하지도 않으며, 괴물 같은 거짓말, 즉 모든 인간의 평등이라는 거짓말에 기초해 있기 때문이다".[73] 아르헨티나 문서들에는 아이히만이 이런 사고 범주들을 지향한다는 것이 의심의 여지 없이 나타나 있다.

예루살렘에서 아이히만은 철학과 철학자들, 특히 칸트에 대해 좀 다르게 말했다. 그는 칸트가 언제나 자기 사고의 길잡이가 되어 주었다고 말했다. 대량학살자의 이 진술은 그대로 받아들이기 좀 벅찬 것이었고, 아이히만이 칸트의 기본 도덕 개념에 대한 상당한 지식을 그럭저럭 보여주었음에도 불구하고 철학과 민족사회주의에 대한 그의 견해는 재판 방청객들의 비웃음을 샀다. 한나 아렌트는 아이히만의 "그리 대단치 않다 할 지적 천품"과 복종이라는 문제의 철학적 차원에 대한 그의 "모호한 개념"에 대해 쓴 바 있다.[74] 역사가들은 그녀의 선례를 따라, 아이히만의 말을 역설적인 헛소리이자 사이비 철학으로 일축했고, 각주로 언급할 만한 것 정도로 만들었다. 그러나 이것은 지나치게 성급하고 위험한 일이었다. 아렌트는 아이히만이 심문과 재판 중에 했던 몇 가지 진술에 근거해 그를 판단한 것이었다. 그녀는 아이히만이 쓴 긴 에세이들을 알지 못했다. 그녀는 그가 이스라엘에서 쓴 글들, 즉 칸트에 대한 사랑을 전제해 쓴 글들에 대해 알지 못했고, 그가 급진적 신학자 윌리엄 L. 헐과 벌인 종교철학 논쟁에 대해서도 알지 못했다. 이 문서들은 다른 자료들과 함께 재판 방청객들에게 공개되지 않았기 때문에, 아이히만이 거의 전적으로 이마누엘 칸트에 의지해 최후 진술을 하려고 계획했다가 변호사의 설득으로 그 생각을 떨쳐버렸다는 것을 아렌트는 알지 못했다.[75] 아렌트가 제대로 본 것은 아이히만이 의도적으로 철학도처럼 굴었다는 것이다. 그녀는 단지 이런 꾸민 태도의 주된 이유가 어설픈 허영심, 그리고 수사적 기술과 철학적 지식의 부족 때문이라고 상상해 잘못된 결론을 도출했을 뿐이다. 스스로 철학을 하는 이는 어떤 사람이 철학의 기초를 잘 알 수는 있지만 철학의 가르침을 적극적으로 따를 수는 없다는 것을 받아들이고 싶어하지 않으며, 바로 이 점이 자신의 결론이 유일하게 가능한 결론이라는 아렌트의 추측에서 한몫했을 것이다. 하지만 이스라엘의 기록에서 드러나듯이 아이히만은 강력하게 주장을 펼 수 있었다. 아이히만을 거의 300시간에 걸쳐 심문한 아브너 W. 레스는 그를 "자수성가했고, 박식하고, 매우 지적이고, 매우 노련한" 사람이라고 묘사했으며, "그는 언제나 내 질문이 어떻게 전개될지 귀 기울여 듣고 그에 따라 적절히 대응하는 경향이 있다"라고 밝혔다.[76] 아이히만은 결코 일반 교육에 속하지 않는 철학 사상들을 잘 알고 있었다. 그는 칸트, 니체, 플라톤에 더해 쇼펜하우어도 언급했고, 최고의 유대인 철학자 스피노자도—아주 진지하게—언급했다. 그는 감옥에서 어느 근본주의 기독교인과 종교철학 원칙에 대한 논쟁을 벌였다. 이 사람은 그를 극우 신조로 끌어들이고자 필사적이었고, 그의 어떤 주장들은 너무나 훌륭하게 구성되어, 그 신학자가 불쾌해하며 이렇게 외칠 정도였다. "만약 당신이 스스로의 유치한 신념을 고수하고 스피노자와 칸트의 철학 사상에 관여하지 않았다면, 당신은 지금 평범하고 행복한 삶을 살 수 있었을 겁니다."[77] 계몽된 국가에서 종교는 사적인 문제로 간주되는 만큼, 심지어 예루살렘의 아이히만도 자신이 생각하는 바를 숨길 필요가 없었다. 특히 이 종교 논쟁은 재판이 끝난 후에야 시작된 것이었다. 책임 문제에 대한 글을 쓸 때와 달리 아이히만은 자신이 잘못한 것처럼 보이게 하지 않으려 전략적으로 생각할 필요가 없었다. 그가 그의 다른 텍스트들에서 훨씬 더 조심스럽고 무뚝뚝하게 보인다면, 이는 그가 이스라엘에서 한 모든 말이 자신만의 체계적 생각을 은폐하기 위한 것이었기 때문이다. 아르헨티나 문서들과 비교해보면 알 수 있듯이 그런 생각은 분명히 존재했지만, 이스라엘에서 그는 나치 집권기에 자신이 몰아내려 했던 대상인 자애로운 인문주의자이자 철학 숭배자라는 바로 그 유형으로 자신을 묘사하기 위해 애썼다. 그는 이 역할을 연습할 기회가 별로 없었을 뿐이었다.

물론 아돌프 아이히만 같은 사람이 자신의 철학 사상을 자세히 설명할 때 귀 기울여 듣는 것은 절대로 쉬운 일이 아니지만, 그가 철학 사상에 대해 글을 썼다는 사실은 그가 예루살렘에서 보여준 겉모습의 이면을 엿볼 수 있는 흔치 않은 기회를 제공한다. 그의 진짜 신념은 아르헨티나 문서들에서 찾을 수 있는데, 이 문서들은 피할 수 없는 자연법칙들의 비생기론적 철학을 보여준다. 오직 민족성에 기초한 사고만이 모든 생명체의 투쟁에서 최종 승리의 가능성을 제공한다. 그러나 만일 이러한 생각을 "가짜 철학"으로 여긴다면, 우리는 자유의 여지가 없는 순수한 자연적 인과관계의 위험한 도그마를 과소평가할 위험이 있다. 또한 우리는 이 계몽주의 철회와 도덕적 요구 없는 과학의 선포를 두고 싸울 기회를 허비하고 있다. 우리는 철학에 대한 이 선전포고에 더 나은 것으로 맞서는 대신에, 우리가 철학 자체를 이상화하고 있다는 의심에 스스로를 노출시킨다. 철학이 반드시 좋은 것은 아니다. 거기서도 우리는 위험한 잘못된 방향 전환을 발견하는데, 아이히만 같은 친위대 제복을 입은 딜레탕트만이 그로 인해 비난을 받는 것은 아니다. "우리는 근거 없고 설득력 없는 사상을 이상화하는 것에서 벗어났다. 우리는 그러한 사상에 영합하는 철학의 종말을 보고 있다." 1933년에 이런 말을 한 이는 일종의 '순수 민족 학문'을 요구했을 뿐 아니라, "가장 깊은 감정을 자극하고 존재를 가장 광범위하게 뒤흔드는 힘"으로 이해되는, "피와 땅에 있는 기운을 보존하는 힘"이 "한 민족의 정신세계"라고 믿었다. 그 사람은 바로 마르틴 하이데거였다.[78] 아돌프 아이히만도 그의 이름을 알고 있었다. 처형 직전에 아이히만은 동생에게 이 독일 철학자가 종부성사에 대해 어떻게 생각하는지 알아봐달라고 부탁했다. "어떻게든 나 자신을 이 위대한 사상가에 비유하려는 것은 아니지만, 나와 기독교의 관계를 생각하면 그것은 내게 중요한 문제일 것이다."[79] 하이데거가 답했는지는 알려지지 않았다.

아이히만에게 이데올로기는 소일거리나 이론적 잉여물이 아니라 자신의 행위를 본질적으로 인가해주는 것이었다. 따라서 이데올로기를 설명하고 유포하고 이행하는 것은 권력을 얻는 수단이기도 했다. 아이히만은 권력을 원했지만, 독단적 행동, 무자비한 공격성, 제복, 명령에 의한 것은 아니었다. 그 권력은 자신의 행동을 "올바른 것"으로 보이게 해주는 사고와 가치관의 체계에 의해 정당화되어야 했다. 그는 자신의 권한에 대한 승인이 내부로부터 오는 것이기를 바랐다. 그는 자신의 신념에 따라 행동하기 위해서 자기 승인을 추구했다. 그의 정당화 이론이 일반적인 나치 슬로건에 부합하는 것이 아니었던 만큼, 그는 스스로 일을 쉽게 만들지 않았다. 아이히만이 1956년 원고에서 보여주는 것은 결정적인 점들에서 다른 민족사회주의자들의 세계관과 차이가 나는 민족사회주의 세계관이다. 알프레트 로젠베르크와 공식 프로파간다(모든 독일 저명인사를 나치의 대의로 끌어들이려 한)와는 달리, 그는 칸트가 새로운 "독일 사상"에 간단히 통합될 수 있다고 생각하지 않았다. 아이히만은 자칭 "제3제국"의 지도자가 선언한 것처럼 정언명령이 사실상 "자기 본질에 따라 살고 자기 인종의 가치를 수호하라"라는 의미라는 생각에 동의하지 않았다.[80] 칸트의 가르침도 다른 어떤 철학도 인종생물학적 투쟁과 양립할 수 없다는 것을 그는 분명히 깨달았다. 그에게 칸트는 절멸 정책을 시행하려 하는 사람을 힘들게 하는 것인 "이른바" 도덕성을 대표하는 인물이었다. 칸트의 사상은 "민족적인" 것이 아니라 "국제적"인 것이었다. 이러한 입장은 아이히만의 일관된 민족사회주의적 태도의 증거이지만, 또한 절대적 권력에 대한 한결같은 욕망의 증거이기도 하다. 근본주의적 사상의 힘은 상급자가 내린 명령의 힘보다 훨씬 크다. 상급자들이 모두 죽고 그가 아르헨티나의 토끼 농장에 앉아 있을 때 그 권위는 여전히 유지되었을 것이다. 이 점을 염두에 둘 때, 누군가 아이히만에게 명령을 내렸다면 아이히만은 붉은 머리를 가졌든 푸른 눈을 가졌든 마찬가지로 그들을 탄압했을 것이라고 주장한 지몬 비젠탈은 틀렸다. 아이히만이 전체주의 체제에 그토록 수용적이었던 것은 그가 이미 전체주의 사상에 사로잡혀 있었기 때문이다. 인간의 생명을 경시하는 이데올로기는, 그 이데올로기를 선언하는 지배자 민족의 일원이 되어 있는 사람에게라면, 그리고 그 이데올로기가 정의와 도덕에 대한 전통적 개념에 의해 비난받을 만한 행동을 정당화한다면, 매우 매력적일 수 있다. 아이히만은 자신이 한 일을 하고 싶어했지만, 무엇보다 올바른 일을 했다는 존중을 받고 싶어했다. 그리고 사람들을 전향시키고 싶어했다. 바로 그것이 그의 글들을 역겹게 만드는 점이다.

아이히만은 일관되게 "다음 세대들"에 희망을 걸었고, "다음 세대들"이라는 말을 지치지 않고 반복했다. 그는 다음 세대들의 사고방식을 바꾸고 싶어했는데, 그렇게만 된다면 다음 세대들은 대량학살 혐의에 대해 그에게 무죄를 선고할 것이었다. 그런 혐의는 아직 진정한 민족사회주의를 이해하지 못하고 여전히 이질적인 세력의 가르침을 주입받고 있는 사람들에 의해서만 만들어질 수 있는 것이었다. 만약 사람들이 인종 간 최종 투쟁을 믿는다면, 단 하나의 적이 아직 살아남아 있는 한 이 투쟁은 결코 끝날 수 없을 것이다. 농장에서 수많은 토끼와 닭에 둘러싸여 있던 아이히만에게는 이제 그 적을 절멸할 가능성이 별로 없었고, 그가 할 수 있는 일이라고는 유대교의 "지적 교육"으로 스스로 여긴 것을 반박하는 것밖에 남아 있지 않았다. 1956년에 그는 1930년대 초 자신의 출발 지점, 즉 "이데올로기 전쟁" 수행이라는 지점으로 돌아왔다. 그는 해석 주권을 위한 이 싸움에서 "관습적 방식과 비관습적 방식을 다 동원해" 이기고 싶었다. 그가 생산한 엄청난 양의 텍스트는 자신의 행동을 정당화할 필요성을 드러내지만, 설득력 있는 수사의 힘으로 사람들에게 자신의 비전을 강요하는 선동가가 되고픈 그의 욕망을 더 많이 드러낸다. 이 욕망은 인종 이론의 밀폐된 내부에서도 비롯되었다. 폐쇄적인 체제 내에서 강력한 주장을 갖는 것은 권력을 갖는 것을 의미하며, 사람들에 대한 권력은 자신이 무명의 존재가 되어 있는 상황에서 아이히만이 몹시 그리워한 것이었다.

1960년 이전에 아이히만은 "소위" 도덕적 요구를 적이 나의 전투력을 약화시키기 위해 내 눈에 던진 모래와 같은 것으로 봤다. 아이히만이 이스라엘 감옥에 수감되었을 때에야 이 모래는 유용해졌다. 그는 자기 민족의 범죄에 대한 해명을 요구받는 것을 피하기 위해서 다른 민족의 시야를 가릴 뭔가를 찾고 있었다. 그는 거리낌 없이 칸트 신봉자인 척하거나 다른 부도덕한 거짓말을 했다. 법원 심리학자가 본디오 빌라도를 언급했을 때, (1956년에 "빌라도 같은 태도를 취하지 않아도" 자신이 죄가 없다고 판단했던) 아이히만은 자신을 이 역사적 인물과 비교할 생각을 결코 해보지 않았을 것이라며 그에게 친절하게 감사를 표했다. 그는 열렬히 외쳤다. "그게 바로 제 입장입니다! 빌라도는 손을 씻으면서, 자신은 그 결정 과정과 관련이 없다는 뜻을 나타냈습니다. 그는 그렇게 하도록 강요받은 것이었습니다. 제가 그런 역사적 위인과 저를 감히 비교해도 된다면, 그의 상황은 저의 상황과 똑같았습니다."[81] 사람들에게 무언가를 원할 때면 아이히만은 그들에게 그들이 듣고 싶어하는 말을 해주어 너무 늦어버리기 전에 그들을 굴복시키는 것에 언제나 아주 능했다. 아이히만의 권력 의지를 과소평가하지 않는 게 좋을 것이다. 그는 심지어 자기 글에서도 권력 의지에 도움이 되게끔 온갖 조작 도구를 마음대로 사용했다.

1956년에 쓴 『다른 이들이 말했고, 이제 내가 말할 차례다!』에서 아이히만은 자신이 투쟁의 "추상같은 합법성"을 유지하는 데서 보여준 의지력을 드러내놓고 자랑스러워했다. 그는 "마음 졸이며 [합법성을] 따랐"고,[82] 합법성을 받아들였을 뿐 아니라 그것의 매우 독특한 "온기"를 발견하기도 했다. 프리츠 칸의 『원자Das Atom』는 아이히만이 자기 책의 원고를 위해 사용한 대우주와 소우주라는 바로 그 개념을 담고 있는 책이다. 아이히만은 갖고 있던 이 책에 다음과 같이 적어놓았다. "나는 이 주제에 대한 다른 책들과 마찬가지로 이 책을 정신적으로 '흡수'했고, 민족사회주의적 '경건성Gottgläubigkeit'에 대한 멋진 확증을 얻었다." 이 경건성은 "진실하고, 자연스럽고, 언제나 살아 있다".[83] "진실한 경건성"은 인종들의 불가피한 최종 전쟁의 교리다. 그 경건성은 아이히만도 충심을 다해 지지한 그 "안락사" 프로젝트에서 종족 학살에 대한, 심지어 민족적 독일인을 "가려내는" 일에 대한 지적 기반을 제공한다.[84] 사람들을 분리하고 절멸하려는 이는 자신의 행동이 얼마나 끔찍한 것인지 의식하지 못하도록 생명체에 적대적인 생각을 가져야 하는데, 아이히만의 경우가 확실히 그랬다.

이데올로기를 갖는 것은 권력과 관련된 것만이 아니었다. 그것은 또한 심지어 살인자가 스스로의 범죄로 인해 공포에 휩싸였을 때도 위안을 가져다주는 종교였다. 아이히만에 따르면, 유일한 희망은 "자연계에서 위안을 줄 수 있는 길을 발견하는 것"에 있었다.[85] 루돌프 회스의 글을 잠깐 살펴보면 아이히만이 이런 믿음을 가진 유일한 사람은 아니었음을 알 수 있다. 전 아우슈비츠 강제수용소 소장인 회스는 다음과 같이 회고했다. "1942년 봄, 수백 명의 꽃피는 사람들이 농장의 꽃피는 과일 나무들 아래로 걸어갔는데, 그들 대부분은 자신들이 가스실을 향해, 그리고 죽음을 향해 가고 있다는 것을 짐작하지 못했다. 지금도 이 성장과 쇠퇴의 이미지가 눈에 선하다."[86] 성장과 쇠퇴의 영원한 순환에 대한 생각은 수백만에 달하는 사람의 절멸을 자연적인 일로 만들었고, 살인자들을 자연법칙의 오른팔인 자연의 힘으로 만들었다. 이 원칙에 따르면, 살인자들의 행동은 살인자들을 도덕적으로 올바른 공동체에서 영원히 쫓아내지 않았다. 오히려 그들은 자신들이 독일 인종 집단의 일부임을 증명했다. 이 엄연한 사실에 대한 의심은 모두 도덕이라는 감상적 개념의 잔재였고, 이러한 잔재는 자연법칙을 지향하는 것으로 극복될 수 있었다. 이후의 글들에서, 특히 이스라엘에서 쓴 가장 긴 글인 「우상들」에서 아이히만은 이 방법으로 어떻게 스스로를 위로했는지에 대한 구체적인 예를 제시했다. 낮에 아우슈비츠를 방문하는 것은 저녁에 당번병이 이 용감한 유대인 문제 담당관을 모시러 시간을 딱 지켜 나타나는 것 때문에 견딜 만한 일이 되었다. 당번병은 그를 차에 태워 그의 사적인 종교 의례로 곧장 데려갔는데, 그 의례는 불변성에 대한 의식을 가지고 살인 업무를 이행하는 것이었다. "중령님, 15분 뒤에 해가 집니다!"[87]

우리의 기대를 모두 저버리고, 아이히만은 자신의 집단 내에서 완전히 편안했다. 알텐잘츠코트, 투쿠만, 아르헨티나 대초원 지대에서 그는 탁 트인 공간, 베란다에서 마시는 와인, 홀로 시골을 누비고 다니는 것을 즐겼다. 그에게서는 자연의 미학과 도덕에 대한 사색

—혹은 잠깐의 고려—사이에 아무 연관이 없었다. 오히려 정반대였다. 우리로서는 그의 행동을 모든 형태의 문명에 대한 모욕이라고밖에 부를 수 없지만, 그는 자신의 행동이 자연의 아름다움 속에 반영되어 있고 거기서 확인될 수 있다고 봤다. 이 남자는 오늘날 자신이 독자들에게 야기하는 짜증을 조금도 경험하지 못한 채 수십 년 동안 혼잣말을 하며 갇혀 있을 수도 있었다. 그의 끝없는 횡설수설을 묵살하는 것은 너무나 쉽다. 모든 독단이 그렇듯이, 그의 철학은 결국 나쁜 철학일 뿐이기 때문이다. 하지만 아이히만의 경우 이런 끔찍한 구조의 논리가 확고함과 내적 힘을 제공했다는 것은 충격적인 사실이다. 역사상 가장 두드러진 대량학살자 중 한 사람의 균형을 무너뜨리려면 사고 능력만으로는 충분하지 않았다.

과거의 범죄자이자 새로운 전사

나는 그저 참회만 하지는 않을 것이다.

—아이히만, 1956[88]

1945년 5월에 아이히만은 많은 사람이 자신의 사고방식을 공유하지 않으며 홀로코스트의 상세한 내용에 몸서리치리라는 것을 잘 알고 있었다. 그리고 그즈음에는 그의 이름이 그 일과 너무 긴밀히 연결돼 있어서, 심지어 그의 가족도 모든 일에 정말 책임을 져야 하는 사람이 누구인지에 대해 설명을 요구할 정도였다. 베라 아이히만은

1962년의 한 인터뷰에서 남편이 잠행에 앞서 했던 작별의 말을 회고했다. "'베라, 한 가지만 말해두고 싶어. 내 양심과 손은 깨끗해. 당신에게 그것을 말해주고 싶어.' 그는 자기 아이들의 목숨을 걸고 맹세했고, 그게 다였다."[89] 그는 이런 장담을 주문처럼 반복했다. 하지만 1956년에 계획하고 있던 책을 위해서는 자신의 "깨끗한 양심"을 단언하는 것으로는 충분치 않았기에, 그는 두 가지를 덧붙였다. "둘째, 상대편은 양처럼 온순한 존재가 아니었고, 오직 독일인들만 나쁜 사람이라고 할 수 없었다. 셋째, 이 피비린내 나는 최종해결을 낳은 장본인이 나란 말인가?"[90] 계속해서 아이히만은 독자들에게 최종해결을 낳은 진짜 장본인, 대량학살에 대해 정말로 죄가 있는 사람들에 관해 이해시켰고, 과연 누가 이 범죄자들을 처형할 수 있느냐고 넌지시 말했다.

누가 죄인인지에 대한 답은 놀라울 게 없을 것이다. 애초에 한 남자가 폴란드 침공 배후의 전쟁 도발자였다고 아이히만은 설명한다. "독일 국민의 경제를 부러워하는 특정 민족이 전쟁을 마음에 두지 않았다면 독일제국이 폴란드를 상대로 벌인 전쟁은 필요하지 않았을 것이다."[91] 어쨌든 "폴란드는 분명 전쟁을 원하지 않았고, 독일도 마찬가지였다". 두 민족은 독일 경제를 시기한 그 민족, "나아가 전쟁을 준비"하고 "전쟁을 일으킨" 그 민족의 무고한 희생자들이었다. 그리고 여기서 거론되는 인물이 누구인지 잘 모르는 사람이 있다면 아이히만은 다음과 같이 설명할 것이다. "유대인의 이름으로 독일인들에게 전쟁을 선포"하기 위해 그 어떤 "독일-폴란드 결속"에도 반대한 인물, 즉 "전 세계에 흩어져 있는 유대인들의 대변자이자 런던 소재 세계 시온주의 기구의 우두머리인 차임 바이츠만 박사"라고 말이다. 이것이 당시 히틀러가 다가오는 전쟁이 유대 민족의 몰락이 될 것이라고 단언한 유일한 이유였다(그리고 여기서 아이히만은 나치의 가장 큰 선전 거짓말 중 하나를 반복하고 있다). 이어서 아이히만은 "오늘날 우리는 이 점에서 그가 틀렸음을 안다"라고 말한다.[92] 유대인은 비교적 적은 인명 손실을 입었고, 그 덕분에 "국가 독립"을 이루었다고 전 유대인 문제 담당관 아이히만은 말한다. 독일인들이야말로 진정한 희생자로, 700만 명이 사망했고, 전후에 이전 점령지들로부터 추방되는 과정에서 수백만 명이 죽임을 당했다. "희생자는 독일인"이라고 아이히만은 세 차례나 말하고 있는데, 그런데도 독일인들을 죽인 자들을 재판에 회부하는 사람은 아무도 없다. 아이히만은 흥분해서 다음과 같이 쓴다. "그럼 이 전쟁 범죄자들과 반인륜 범죄자들을 위한 교수대는 지금 어디 있는가?"[93] 결국 사람들은 뉘른베르크 재판이 평화를 증진하는 데 아무런 도움이 되지 않았다는 것을 알 수 있었다. 과거의 침략자들이 계속 새로운 전쟁을 시작할 것이기 때문이었다.

헌신적인 반유대주의자 아돌프 아이히만은 국제적 · 집단적 책임 이론을 펴는 데 그치지 않았다. 그에게는 자신이 저지른 살인의 통계를 상대화하고 절멸 수용소에서 죽은 자들을 전사한 군인들로 상쇄하는 것으로는 충분치 않았다. 다시 한번 그는 유대인을 모든 죄인 중 가장 큰 죄인으로, 모든 사태의 원동력으로 그려야 했다. 자신이 정당하다고 생각하는 사람다운 의기양양함을 보이며 그는 다음과 같이 수에즈 위기를 지적한다.

그리고 우리가 이 모든 것을 고려하는 중에—여전히 우리는 사실상 전시의 끔찍한 일들이었던 것을 우리가 도왔는지 여부를 (그리고 만약 도왔다면 어느 정도까지 도왔는지를) 분명히 하려 하고 있다—현재의 사건들이 우리를 놀라게 하고 기겁하게 한다. 왜냐하면 지금 이스라엘의 총검이 이집트 사람들을 공격해 그들이 평화로운 잠에서 화들짝 깨어나게 만들었기 때문이다. 이스라엘의 탱크와 장갑차는 포화를 일으키며 시나이반도를 뒤흔들어놓고 있으며, 이스라엘의 전투기들은 평화로운 이집트 마을과 도시들을 폭격하고 있다. 1945년 이래 두 번째로 그들은 침략을 벌이고 있다. 여기서 누가 침략자인가? 누가 전쟁 범죄자인가?[94]

자신의 희생자들을 위해서는 한 번도 가져보지 못한 비애를 느끼며 이 유대인 문제 전문가는 새로운 연합을 구축한다. "희생자는 이집트인, 아랍인, 이슬람교도들이다. 아몬신과 알라신이여, 1945년 독일인들에게 행해진 일에 뒤이어 이제 당신들의 이집트 민족이 아랍 민족들에 대한 주된 침략자이자 주된 전쟁 범죄자, 중동에서 일어난 반인륜적 일들의 주된 가해자, 살해당한 이슬람교도들에 대해 책임 있는 자인 모든 이스라엘 사람에게 참회해야 할 것이며, 당신들의 이집트 민족은 대대손손 살아온 땅에서 계속 살고 싶어하는 무모함 때문에 참회해야 할 것이다." 독일인들은 유대인을 가장 큰 적으로, 즉 전멸시켜야 하는 종족으로 봐야 하는 타당한 이유를 가지고 있었다. 독일인은 항상 옳았다. "중세부터 시작해 계속, 유대인과 그들의 주재국 독일 사이에 지속적 불화가 발생한 이유를 우리 모두는 알고 있다."[95] 그러니 아돌프 아이히만은 잘못한 게 없었다. 아돌프 히틀러가 인식했듯이, 처음부터 유대인들이 비난받아야 했다.

명령 때문에 마지못해 했을 뿐이라고 훗날 주장하게 되는 이 남자는 1956년에 가장 사악한 종류의 대중 선동 문학의 모든 기준을 충족하는 어떤 글을 썼다. 참패한 지 11년이 지났고 대량학살의 끔찍한 현실을 세세하게 경험했음에도 불구하고 그의 마음속에서는 여전히 그 같은 증오가 이글거리고 있었고, 그 같은 영구 전쟁 이론이 불타고 있었다. 그리고 여전히 대부분의 사람이 이 이론을 이해하지 못하기 때문에, 아이히만 같은 사람들이 독일에서 연금을 받고 영웅 대접을 받는 대신에 지구 반대편에서 가짜 이름으로 살 수밖에 없다고 설명했다. 신념을 위해 죽은 사람들은 말할 것도 없다고 덧붙였다.

아이히만은 "익명성에서 벗어날" 결심을 설명하면서 다시 한번 구원자의 열정에 휩싸였다. "옛 동료들과 달리 여전히 말을 할 수 있고 또 이제 말을 해야만 하는 나는 세상을 향해 외친다. 우리 독일인들 역시 우리 의무를 다하고 있었을 뿐, 죄가 없다!"[96] 정의에 대한 외침 뒤에는 "각자 자기 몫"이라는 전형적인 민족사회주의적 해석이 놓여 있다. 즉, 유대인이 세계 음모를 꾸미고 있다는 도그마와 유대인 문제에 대해 생각할 수 있는 유일한 최종해결로서의 절멸이 자기 몫의 정의라는 것이다. 아르헨티나의 아이히만은 참회할 생각이 없었는데, 후회가 소용없어서(그가 반대 심문 때 주장한 대로 "어린애들

이나 하는 일")가 아니라, 자기 아이들이 아버지의 유죄와는 전혀 다른 것을 보기를 바라서였다.[97]

하지만 중동에서 일어나고 있는 당장의 일들을 보며 그가 우쭐해한 것은 그저 묵은 억울함을 확인해주는 것 이상의 일이었다. 언제나처럼 아이히만은 당장의 정치적 사건들에서 개인적으로 득이 되는 점을 즉각 찾아냈다. 만약 그가 자수해 재판에 넘겨지고자 한다면 처벌이 관대하리라는 확신 때문일 것이다. 아이히만은 오직 "정치적 이유"에서만 자신이 유죄 선고를 받을 것이고, 사실관계를 따져보면 유죄 평결은 "국제법상 불가능한 일"이 될 것이라고 믿었다. 그리고 바로 이런 이유에서, "내가 절대 받아들이지 않을" 유죄 평결은 "터무니없"고 "주제넘은" 일에 불과할 것이다. 그러나 아이히만은 "소위 서구 문화에서" 자신이 정의를 실현할 수 있을지 의심스럽다고 말하면서 자신이 전술적 게임을 하고 있음을 드러낸다. "어쩌면, 서구 사상 대부분과 긴밀히 연결되어 있는 기독교 성경에, 이번에는 신약성경(요한…)[98]에, 모든 신성한 것이 유대인에게서 유래한 것으로 명백히 설명되어 있다는 점이 진짜 이유일 수도 있다." 아니다, 독일 법정이든 국제 법정이든 법정에 나가는 것은 도움이 되지 않을 것이다. 서구 세계는 여전히 이해를 못 하고 있었고, 아이히만이 보기에 기독교는 밑바닥부터 유대인에 의해 오염되었다. 그래서 그는 자신의 모든 원고가 겨냥하는 "광범위한 친구들, 수백만 명의 사람"에게 기대를 걸면서,[99] 그들이 적어도 상징적인 의미에서 자신에게 정의를 내려주기를 희망한다. "하지만 3억6000만 이슬람교도들이여, 나는 당신들의 예루살렘 대大무프티와 제휴한 이래 당신들과 내적으로 강력하게 연결되어 있고, 당신들은 코란의 구절에 담긴 더 큰 진실을 가지고 있는바, 나는 그런 당신들에게 나에 대한 판결을 부탁한다. 알라의 자식인 당신들은 유대인을 서구 사람들보다 더 오래, 더 잘 알고 있다. 당신들의 고귀한 무프티와 율법학자들은 나를 재판할 수 있고, 적어도 상징적으로 당신들의 평결을 언도할 수 있다."[100] 1956년, 여전히 많은 사람에게 중동에 있는 것으로 여겨진 그 남자는 아랍 문화권에서 상징적인 구원을 찾고 있었는데, 그는 유대교와 마찬가지로 아랍 문화권도 단일한 전체로 봤다. 그는 그곳에서는 적어도, 훗날의 이스라엘에서와 달리, 심경의 변화를 가장할 필요가 없을 것이라고 믿었다. 그는 내놓고 자랑스럽게 친위대 중령 아이히만일 수 있었고, 무자비한 반유대주의자일 수 있었다. 아이히만은 이른바 아랍인들과의 우정에 대해서 매우 공공연했을 것이다. 그가 납치된 후 그의 가족은 둘째 아들에 대한 걱정을 하게 되었다. 경찰 보고서에 따르면, "호르스트는 쉽게 흥분하는 편이어서, 아이히만 가족은 그가 아버지에게 닥친 나쁜 일에 대해 듣고는 아랍 국가들 편에서 이스라엘을 상대로 싸우는 일에 가담하게 될까봐 걱정했다".[101] 아이히만은 자신의 새로운 군대가 어디 있는지를 아이들에게 분명히 말해둔 터였다.

아이히만은 아르헨티나에서 아랍인들에게 희망을 건 유일한 사람이 아니었다. 『길』은 발행 마지막 해에 중동으로 관심을 돌렸다. 1956~1957년에 친이슬람 기조를 공공연히 드러내고 이집트의 나세르 대통령에 대한 지지를 숨기지 않은 것이다. 물론 이것은 의도된 정치적 입장이라기보다는 지푸라기라도 잡으려는 심정에 가까워 보였다. 하지만 부에노스아이레스와 중동 사이에는 구체적인 연결 고리들이 있었다. 요한 폰 레어스는 1년 넘게 카이로에 거주하며 이슬람교로 개종한 데다가, 맹렬한 친이슬람 글들을 쓰고 있었다. 이는 『유럽 민족』의 편집자들을 포함해 서독의 극우 집단들에게 소외감을 안겨주기 시작했는데, 이러한 영향은 독일에 국한된 것이 아니었다. 옛 친위대와 보안국 사람들이 이집트에서 새로운 경력을 만들어가는 것에 대한 소문은 고국을 떠나 아르헨티나에 머물러 있던 나치들의 귀에도 들려왔다. 심지어 그들의 이름이 신문에 등장하기 시작했는데, 그중에는 아이히만을 유대인과로 데려왔고 이후 선전부로 옮겨간 인물인 레오폴트 폰 밀덴슈타인도 있었다. 밀덴슈타인은 이제 한 아랍 라디오 방송국에서 연설하고 있었는데, 그 연설 내용 때문에 결국 미국 CIA의 관심을 끌게 되었다.[102] 그리고 아르헨티나의 나치들은 중동에 있는 옛 동료들을 만날 기회가 종종 있었다. 가령 악명 높은 가스 트럭의 고안을 도왔던 제국중앙보안청의 전문가 발터 라우프는 1950년에 몇 달간 부에노스아이레스에 머물렀고, 그런 다음 (아이히만이 그렇게 알고 있었던 것으로 보이듯이) 칠레에 정착했다.[103] 억누를 수 없는 사보타주 영웅 오토 스코르체니 역시 중동에서의 자기 일을 떠벌렸을 수 있다. 아이히만 자신은 옛 동료 중 몇몇이, 특히 그가 자신의 "최고 인재"라고 부르고 싶어했던 인물인 알로이스 브루너가 중동에 가 있지 않을까 생각했다. 다마스쿠스에서 브루너는 상업으로 이름을 떨쳤다. 아이히만이 브루너에 대해 한 말로 미루어, 그는 브루너가 살아 있음을 알고 있었을 것이다. 만약 그가 자신의 최고 인재 브루노가 이제 서독 정보기관을 위해 일하고 있다는 것을 알았다면 그리 기뻐하지는 않았겠지만 말이다. 아이히만의 옛 외무부 동료 중 한 명도 마찬가지였는데, 그 동료는 1952년 자신의 재판이 시작되기 전에 여봐란듯이 중동으로 달아났다. 하지만 아이히만은 프란츠 라데마허에 대해서는 결코 좋은 마음을 가질 수 없었다. 그가 뉘른베르크 재판에서 "아이히만이 그들을 총살할 것을 주장한다"[104]라는, 유죄를 입증하는 말이 적힌 옛 통신 기록을 제출했던 것이다.

이런 개인적 연결 고리들에도 불구하고 아돌프 아이히만, 에버하르트 프리치, 빌럼 사선이 중동으로의 이주를 진지하게 고려했다는 암시는 없다. 적어도 부에노스아이레스에는 식당과 상점들을 갖춘 큰 독일 이주민 공동체가 존재했고, 아르헨티나 생활은 별로 불편하지 않았다. 그런 생각이 매력적으로 다가온 것은 오직 서독의 정치적 전개가 뒤러 서클이 바란 대로 되지 않았다는 이유에서뿐이었다. 그리고 어쩌면, 뒤러 서클이 더 이상 아무도 관심을 갖지 않는 신념을 가지고 지구 반대편에 앉아 있는 데 반해, 미숙한 이데올로기들이 선전 집단을 필요로 하기 때문이기도 했다. 아이히만은 참회하기를 거부했고, 박수를 갈망했다. 그러나 물론 그는 언제나 "주요 전범"이자 "주요 침략자"였던 유대인들에 대한 자신의 싸움을 자신의 "아랍 친구들"이 이어가주기를 무엇보다 바랐다. 그 자신은 "완전한 절멸"이라는 과제를 완수하지 못했지만, 무슬림들이 그를 대신해 그 일을 완수해줄 수 있었다.

변명자와 선동가

아이히만은 독백자다.

—슐로모 쿨샤르 105

1957년 빌럼 사선의 집에서 토론회가 시작되었을 때 아이히만은 자신의 완성본 원고를 가져갔고, 사선은 적어도 그에게 그것으로 뭔가가 만들어질 수도 있겠다는 느낌을 받게 해주었다. 사선은 이 원고를 손글씨로 옮겨 적은—가능한 한—사본을 만들었으며, 대화의 흐름을 보면 아이히만의 텍스트가 사선 서클의 다른 참가자들 사이에서 거듭 이용되고 회람되었음을 알 수 있다. 또한 그들의 반응을 보면 그 텍스트에서 넘치도록 분출되는 사상에 모두가 깊은 인상을 받았고, 그 텍스트와 관련해 그들이 아이히만에게 많은 질문을 했음을 알 수 있다. 아이히만은 분명하고 날카롭고 유효한 요점들을 명확하게 드러냈으며(아마 이전에 그가 말하는 것을 들어본 사람이라면 놀랐을 것이다), 그것들을 큰 설계에 성공적으로 통합시켰다. 사실 그의 표현에는 어폐가 있어서, 잠수함을 탄 사람들이 이 땅을 떠돌아다닐 수도 있었고 사람들이 후광으로 낙인찍힐 수도 있었지만, 은유는 그의 강점 중 하나가 아니었다. 어쨌든 아이히만은 자기 글에 대한 그 반응을 격려로 받아들였고, 더 많은, 더 짧은 원고들을 준비하면서, 자신이 계획하고 있는 책의 서론에 쓸 만한 말을 계속 찾았다. 베라 아이히만은 남편이 글을 쓰는 것은 자주 봤지만, 훗날 그녀가 확언한 바에 따르면, 남편이 쓴 글을 읽은 적은 없다. 아이히만은 자신이 쓴 글 대부분을 사선의 집에 맡겨두었으므로 이 진술은 신빙성이 있다. 게다가 가장의 옛 업무 영역에 관한 대화는 분명 환영받지 못했다. 그의 아들은 다음과 같이 회고했다. "아버지는 언제나 말하셨다. 얘들아, 전쟁이 있었는데, 우리는 그것을 모두 잊고 싶어하는구나. 전쟁은 전쟁이다. 아버지는 자주 말하셨다. 이제 우리는 평화롭게 살고 있어서, 전쟁 중에 일어난 일에 대해 걱정하고 싶어하지 않는구나."[106] 아이히만 자신은 아무것도 잊지 않았다. 그는 누구를 상대로 이야기하는가에 따라 자신의 역사 해석을 바꿔가면서 속임의 기술을 연마했다. 사선이 그에게 제공한 모든 책은 그로 하여금 더 많은 글을 쓰도록 자극했고, 인터뷰 진행자로서는 불만스럽게도, 아이히만은 긴 연설 텍스트들을 가지고 사선 서클에 참석하곤 했다. 녹취록에서 알 수 있듯이, 아이히만이 즉석 연설을 할 때보다 글을 읽고 있을 때 중단시키기가 훨씬 더 어려웠다.

아이히만이 선호한 형식은 분명, 방해받지 않는 연설인 독백이었다. 독백에서 그는 세계에 대한 자기만의 폐쇄적인 해석을 펼칠 수 있었고, 자기 언어의 파토스에 빠져들 수 있었다. 아브너 W. 레스는 심문 중에 아이히만의 짧은 연설의 결과를 관찰한 바 있었다. "결국 그 남자는 자기 말에 정말로 감동해 눈물을 흘렸다."[107] 수백 쪽을 빠르게 채울 수 있었던 아이히만의 속도는 그의 사고의 독백적 구조에서 유래했을 수도 있다. 아이히만은 어떤 지적 구성체를 발전시키거나 다듬기 위해 글을 쓴 것이 아니었고, 나아가면서 생각이 점점 더 구체화된 것이었다. 그는 완전히 형성된 어떤 경직된 생각을 펼치고 있었고, 그의 글씨와 목소리 톤에서 알 수 있듯이 "적"에 대한 자신의 공격성을 마음껏 풀어놓고 있었다. 글을 쓰면서 그는 계속 자신을 보호할 수 있었다.

아이히만이 이스라엘에 이르렀을 때 이 훈련은 크게 도움이 되었다. 한편으로 그는, 그가 기꺼이 제공하려는 것처럼 보인 모든 정보로 수사 당국과 검사를 바쁘게 만들 수 있었다. 다른 한편으로는 글쓰기가 그에게 안정감을 주었는데, 그가 자신에게 실제로 동기를 부여한 생각과 매우 다른 생각을 갖고 있는 척 가장해야 했을 때 특히 그랬다. 물론 예루살렘에서 그는 순진무구한 히틀러를 함정에 빠뜨려 독일인들을 희생시킨 종족, 그 "주요 침략자"의 영원한 죄에 대해서는 아무것도 쓰지 않았다. 유대인 지성의 본질적으로 파괴적인 성격에 대한 그의 생각은 법정의 환심을 사려는 그의 비루한 시도에서만 드러났다. 아이히만은 이번에는 모범적이고 말 많은 죄수 역할을 위한 또 다른 지원서를 작성하고 있었을 뿐이고, 비록 사선 서클에서만큼 성공적이지는 못했지만, 그의 새로운 글들은 혼란을 야기하기에 충분했다.

이스라엘에서 아이히만은 끊임없이 글을 썼다. 이스라엘에 도착하자마자 그는 128쪽짜리 자기 삶의 이야기인 「나의 회고」를 쓰기 시작했다. 문서, 책, 사람들, 그리고 그를 향한 모든 질문에 대해 산더미 같은 논평이 이어졌다. 정확하게 기록된 심문 내용에서 알 수 있듯이, 예루살렘의 아이히만은 강제적인 이른 취침과 낮 시간을 꽉 채운 심문에도 불구하고 한 심문 과정과 다음 과정 사이에 무려 80쪽을 너끈히 채울 수 있었다. 그는 자기변호를 위해 상상 가능한 온갖 주제에 대한 광범위한 문서들을 생산했고, 언론을 위한 대중적인 글들도 썼다. 반대 심문과 평결 사이의 휴정 기간에 아이히만은 다시 한번 자신을 변호하고자 계획한 방대한 책을—이번에는 아이히만의 친구가 아님을 주장한 사람들을 겨냥한 것이었지만—위해서 1000쪽 이상을 축적했다. 「우상들」은 『다른 이들이 말했고, 이제 내가 말할 차례다!』에 대한 반론으로 해석되며, 그는 철학자들의 신조인 "너 자신을 알라"를 제목으로 고려하기도 했다. 심지어 평결이 나왔을 때도 그는 오랫동안 충격에 휩싸여 있지 않았다. 아이히만은 빠르게 더 많은 지면을 채워가기 시작했다. 그리하여 「나의 존재와 행동」, 「여기 교수대에 직면해서도」, 편지들, 인터뷰 응답들, 종교철학에 대한 글을 써냈다. 그는 쓰고 또 썼다. 말 그대로 끝까지 썼다. 사람들이 그를 교수대로 데려가려고 왔을 때도 그는 여전히 마지막 문장들을 쓰고 있었던 것이다.[108] 아이히만을 자기 정당화의 필요성에 의해 글을 쓴 변명자로 보는 것은 분명 옳지만, 이 홍수 같은 말을 읽는 사람은 다른 동기를 간과할 수 없다. 아이히만은 논쟁 놀이, 말의 힘, 그리고 자신의 조작 능력을 즐기고 있었다. 아이히만의 글에는 영향을 미치려는 욕구, 즉 독자를 제 뜻대로 이끌어 자신의 사고 구조를 받아들이지 않을 수 없게 만들려는 욕구가 항상 나타나 있다. 문명사회의 모든 규칙에서 벗어난 아이히만의 제안, 의견, 계획이 정책에 영향을 미칠 수 있었던 시기가 한때 있었다. 반유대인 정책이 절멸이라는 아이디어를 향해 나아가는 동안 그의 생각은 반유대인 정책의 개발에 영향을 미쳤다. 글로 쓰인 말의 힘을 알아본 사람이 있었다면, 그것은 바로 아이히만이었다. 그것은 삶과 죽음을 지배하는 힘이 될 수 있었고, 이스라엘에서 그는 그것이 자신에게 다름 아닌 삶을 주기를 바랐다. 이와 대조적으로, 그가 빌럼 사선이나 에버하르트 프리치에게 원한 것은 익명에서 벗어날 수 있는 티켓이었다. 사선과 프리치는 독백자와의 대화를 시도하는 것의 어려움을 깨달았을 것이다.

2

대화하는 아이히만

하지만 여러분이 보기에 그것이 분명하지 않습니까? 그것은 모든 사람에게 분명해야 합니다.

—사선 서클에서의 아이히만[1]

계약 당사자들

아르헨티나에서 아돌프 아이히만은 "유대인 문제의 최종해결"이라는 말 뒤에 놓인 공포의 규모를 누구보다 더 잘 알고 있었다. 또한 그는 역사에 대한 조사와 모든 종류의 조사에 얼마나 많은 위험이 도사리고 있는지도 잘 알고 있었다. 아이히만에 비하면 심지어 요제프 멩겔레나 전 수용소장 요제프 슈밤베르거도 통찰력이 부족했다.

베를린과 결정 과정, 그리고 결정권자들로부터 멀리 떨어져 있었던 이 두 사람은 절멸 계획의 최종 결과를 경험했을 뿐이다. 루돌프 회스의 회고록은 인간의 생명에 대한 경시, 고문, 살인이 일상화된 환경을 보여주며, 이러한 환경에서는 사실과 숫자와 개념이 흐려진다. 하지만 아이히만이 배치된 곳은 거리가 떨어져 있으면서도 감독을 하는 자리였다. 그는 힘러의 지원을 받아 임명된 조정관이었고, 작전의 많은 가닥이 그의 직책 내에서 합쳐졌다. 심지어 히틀러가 집권하는 동안에도 아이히만은 민족사회주의자들의 유대인 절멸의 실상에 대한 개요를 적어도 어느 정도 얻을 수 있는 소수의 사람 중 한 명이었다. 1957년에 이르러 아이히만의 상관들이 모두 죽고 없자, 아이히만의 정보는 독보적인 것이 되었다. 자신의 권위에 대한 자각으로 아이히만은 뒤러 서클과의 토론에 자신 있게 참여할 수 있었을 것이다. 물론 그는 다른 사람들의 호기심이 자신의 이상적인 역사 해석을 위태롭게 할 만한 것들에 닿을 수도 있다는 위험을 무릅썼지만, 그는 항상 우위를 점할 것이었다. 당연히, 그가 결코 바라지 않은 것은 사람들이 현실에 눈뜨게 되는 것이었다. 그는 쉰한 살인 데다가 아르헨티나에서 산 지도 거의 7년이 되었으므로, 에버하르트 프리치와 빌럼 사선에 대해 이리저리 알아보고 나름대로 판단하는 것이 충분히 가능했을 것이다. 1957년 4월 말경 녹음이 시작됐을 때, 분명 아이히만은 이 프로젝트에 참여하는 파트너들에 대해 충분히 안다고 생각했다.

출판인: 에버하르트 프리치

아이히만의 관점에서, 관련된 사람들 중 가장 위험이 낮은 인물은 프리치였다. 프리치는 아이히만의 책을 성공시키기 위한 기반을 갖춘, 즉 출판사와 신구 민족사회주의 집단들과의 폭넓은 관계를 갖추었다. 에버하르트 루트비히 체자어 프리치는 1921년 11월 21일 부에노스아이레스에서 태어났고,[2] 따라서 아이히만보다 15살 연하였다. 이 점만 놓고 봐도 그에게 내부자 지식이 없는 것은 당연했다. 독일제국, 독일제국의 총통, 독일제국의 타락한 일상, 전쟁, 절멸은 모두 그가 겪어보지 않은 것이었다. 프리치가 베를린에서 괴벨스를 위해 일했었다는 소문과 달리, 그는 1935년 베를린 근교에서 열린 국제 히틀러 유겐트 대회 참석차 단 한 번 그 전설적인 제3제국을 방문했을 뿐이었다.[3] 부에노스아이레스에서 성장한 히틀러 유겐트 대표는 경제 회복이 가속화되던 시기의 히틀러의 독일을 보며 장래성에 도취했을 것이다. 다음 해에 올림픽이라는 허울에 홀린 전 세계의 더 많은 성인 관중보다 훨씬 더했을 것이다. 대체로 독일에 우호적이었던 아르헨티나에서는, 젊은 프리치가 히틀러에게 광적으로 빠져 이 높은 이상에 어울리지 않는 모든 것은 악의적 선전이라고 주장하는 것을 그 무엇도 막아주지 못했다. 독일의 패배 후에 알려진 소식들도 이러한 열광을 바꾸지 못했고, 아르헨티나에서는 급진적 정치관에도 불구하고 한 젊은이가 프레데리쿠스 학교에서 독일어를 가르치는 일자리를 얻을 수 있었다. 그의 유겐트 활동과 관련해서는 사정이 좀 달랐다. 프리치가 방학 중에 운영한 캠프는 너무나 과도한 열광을 드러내며 히틀러 유겐트를 본뜨고 있어서, 사선 부부조차 지나치다고 여기고 딸을 그곳에서 곧장 집으로 데려갔을 정도였다. 이러한 딸 구출에 추진력을 발휘한 것이 남편의 극단주의 친구들을 결코 받아들일 수 없었던 사선의 아내 미프였을 수도 있지만, 어쨌든 이 에피소드는 프리치의 활동의 과열된 성격을 보여준다.[4] 사스키아 사선의 기억에 따르면 프리치는 나치보다 더 나치 같았는데, 당시에는 망명자들보다는 프리치가 이상주의자가 되기 훨씬 쉬웠다. 프리치는 참상을 목격한 적이 없었다. 그에게 민족사회주의는 캠프에 참여한 소년이 꾸었던 완전무결한 꿈으로 남아 있었고, 게다가 이제 그 꿈은 아르헨티나로 이주해온 사람들의 영웅적 이야기들로 더 풍성해져 있었다. 아르헨티나인으로서 그의 시각은, 그가 독일에 대해서는 우호적이고 미국에 대해서는 의심을 품고 있어서, 히틀러 정권의 범죄에 대한 연합군의 어떤 설명도 그에게는 믿을 수 없는 것으로 들렸음을 의미했다. 게다가 프리치는 독일에서 건너온 민족사회주의자들에게 둘러싸여 있었는데, 이들은 실제로는 자신들의 희생자인 사람들에게 죄를 뒤집어씌우려 할 때만 전쟁의 공포와 반인륜 범죄를 운운했다. 그는 뉘른베르크의 "승자의 정의"와 "미국 방첩대 수용소에서의 고문"에 대해 들었고, 『길』에 실린 그의 글들에서 알 수 있듯이, 히틀러 정권에 대한 그 어떤 비판도 반독일 프로파간다로 여겨 묵살했다. 그는 투옥된 "동지들"의 처우를 개선하기 위해 힘썼고, 한스-울리히 루델의 동지회에 관여했으며, 민족사회주의 철학의 전파를 도왔다. 그는 1948년에 자기 필자들 중 한 명에게 썼듯이, "많은 독일인이 소중히 여기는 과거를 헐뜯는"

글들에는 관심이 없었다.[5] 그는 "순수 민족적 관점에 반대하는 데서 생겨나는 무력함"이 없게끔 "우리 민족을, 또한 유럽과 세계를 치유하는 철학"을 원했다.[6] 남아메리카를 두루 여행하면서 그는 바로 이 "민족적 관점"이 꼭 필요하며, 브라질의 "성난 반半흑인 군중"에 직면해서는 특히 그렇다는 것을 알게 되었다.[7] 프리치가 가난한 사람과 박해받는 사람들에게 관심을 가지려면, 당연히 그들이 망명 중인 나치여야 했다. 그는 독일에서 온 다른 난민들, 예컨대 아르헨티나로 건너온 유대인 이주자들의 이야기에는 전혀 관심이 없었다.

프리치의 도움이 전적으로 이타적인 것은 아니었다. 나치 도망자들에게 많은 도움을 제공하는 것으로 그가 생활비를 벌었기 때문이다. 프리치는 인맥이 넓은 사람이었다. 그는 정부에 직접 연줄이 닿아 있지도 않았고, (호르스트 카를로스 풀드너나 루돌프 프로이데와 달리) 유럽으로부터 나치들을 구출해 아르헨티나에서 재기하도록 도울 능력도 없었지만, 떠밀려온 나치들에게 부에노스아이레스에서의 삶을 시작할 기반을 제공해줄 수 있었고, 다방면에서 협조를 얻었다.[8] 뒤러 하우스는 갓 이주한 사람들이 주소를 교환하고, 유익한 연결을 주선하고, 독일어 서적을 구입할 수 있는 만남의 장이었다. 광고를 내주고, 배달 서비스와 여행 서비스를 제공하며, 특히 독일 도망자들에게 조국에서 온 저급한 파시스트 물품들을 공급함으로써 프리치는 망명 중인 나치들을 위한 수지 맞는 원스톱 상점이라 할 만한 것을 수립했다. 미국 정보부 파일들은 프리치가 최고위층의 지원을 받았음을 시사하는데, 호르스트 카를로스 풀드너가 뒤러 하우스에 자본을 댄 사람들 중 한 명으로 밝혀져 있기 때문이다.[9] 실제로는 이 지원이 재정적인 것이 아니었을 수도 있는데, 적절한 정치적 뒷받침이 없었다면 그 사업은 유지될 수 없었을 것이다. 많은 유대인 이주자가 구독한 자유주의 성향의 신문 『아르헨티나 타게블라트』는 발행 금지나 수입 종이에 대한 할당 제한에 거듭 맞서 싸워야 했지만, 프리치는 방해받지 않고 출판을 계속했다.[10] 우리는 그 사업의 재정적 배경에 대해서는 거의 알지 못하지만, 프리치는 적어도 당시에 어느 정도 재력이 있는 사람이었을 것이다. 그는 어려운 상황에서도 출판사를 근근이 유지했고, 부동산도 소유하고 있었다. 빌럼 사선이 부에노스아이레스에서 임차했던 첫 집이 바로 프리치 소유였다.[11]

에버하르트 프리치는 여러 특성이 제멋대로 혼합된 사람이었다. 한편으로, 그는 안전하게 멀찍이 남아메리카에 있는 괴짜 나치 광신자로, "제4제국"에 대해 떠들어대기를 좋아했고, 민족사회주의자들에 대해 한없는 존경을 품고 있었다. 다른 한편으로, 그는 제3제국이 붕괴되면서 자신들이 잃어버린 것에 대해 여전히 감상적 갈망을 느끼는 이들을 기민하게 이용해먹는 사람이었다. 이후의 일들은 또한 그가 빌럼 사선을 존경하고 거의 그에게 사로잡힌, 잘 속아 넘어가는 사람임을 드러낸다.[12] 물론 프리치는 이 점에서 혼자가 아니었다. 한스-울리히 루델은 그의 동료들이 항상 이해하지 못하는 충실함으로 사선의 곁을 지켰다.[13]

두 가지 지엽적인 사실이 프리치에 대한 아돌프 아이히만의 태도를 잘 보여준다. 아이히만은 그를 "프리치 동지"라고 불렀는데, 이런 호칭은 자신이 동료 군인(친위대 사람들)으로 여긴 사람들에게, 그리고 도피 중에나 아르헨티나 시절에 자신을 도와준 사람들에게 아이히만이 주로 사용한 것이었다. 이런 사람들 중에는 당연히 "친애하는 사선 동지"도 포함되어 있었다. 아이히만은 자신과 동급으로 보지 않는 이들은 그냥 성으로 불렀다. 이스라엘에서 재판을 받을 때 아이히만은 아르헨티나 출판 프로젝트에서 프리치가 차지했던 역할을 축소하려 몹시 애썼다.[14] 그 시점에 이르러서는 적어도 부에노스아이레스에는 뒤러 서클이 더 이상 존재하지 않았음에도 말이다. 심지어 1958년 프리치가 아내와 아이들과 함께 오스트리아로 이주했을 때 아이히만이 프리치에게 린츠에 있던 자기 가족과 연락이 닿게 해주었다는 많은 암시가 있다.[15]

"공저자" 빌럼 사선

아르헨티나로 도주한 민족사회주의자들 가운데 빌럼 사선만큼 생체 활력에 대한 상투적인 생각을 충족시킨 사람은 없었다. 그는 다재다능했지만 자제력이라고는 없었다. 그는 파티를 좋아했고, 항상 큰 성공과 쉽게 한밑천 잡을 기회를 노렸지만, 사생활에서나 직업에서나 끈기 있는 사람은 아니었다. 사선의 삶에서 변함없는 것이 하나 있다면 바로 민족사회주의에 매혹되어 있었다는 것이고, 프리치와 달리 그는 민족사회주의를 직접 경험한 사람이었다. 빌헬무스 안토니우스 마리아 사선은[16] 1918년 4월 16일에 네덜란드 브라반트 헤르트라위덴베르흐의 가톨릭 가정에서 태어났다. 고등학교 졸업

후 그는 신학을 공부할 것을 고려하기도 했으나 결국 법학을 택했고, 대학에서 민족사회주의에 대해 자세히 알게 되었다. 열여덟 살 때 올림픽 관람 여행을 간 사선은 아돌프 히틀러에게 뜨겁게 매료되었고, 귀향 후 강경한 친독일 연설을 해서 겐트에서 쫓겨나고 대학에도 다닐 수 없게 되었다. 사선의 언론인 경력은 신문으로 시작되었고, 1938년 징집되면서 군을 위해 글을 쓰기 시작했다. 그는 위트레흐트 포병 부대에 오래 머물지 않았는데, 독일군이 진주하게 되었을 때 잠깐 전쟁 포로가 되었다가 풀려났기 때문이다. 그는 언론계로 돌아갔다. 또한 1940년에 첫 번째 결혼을 했고, 아버지가 되었고, 그러고 나서는 두 번째 결혼 상대를 물색하기 시작했다. 러시아 침공이 일어나는 와중에 사선은 네덜란드 의용 친위대에 들어갔고, "쿼르트 에헤르스" 친위대 비행 중대에서 복무했다. 이곳은 선전을 돕는 인력의 온상으로, 여기서는 헨리 나넌과 피튀스 더 프리스 같은 작가나 방송인들이 최종 승리를 향해 군대들에 박차를 가했다. 사선은 이 두 사람을 알았다. 스탄 라우리센스에 따르면, 사선은 전쟁 범죄들의 목격자이기도 했다. 그는 친위대가 유대인 27명에게 죽을 때까지 서로를 때리게 하는 것을 본 적도 있다.[17] 사선은 폴란드를 건너 러시아로 갔고, 1942년의 캅카스 공세 한가운데로 들어갔다. 7월 26일에 사선은 큰 부상을 당했고, 이후 8개월을 크라쿠프, 뮌헨, 베를린의 군 병원들에서 치료를 받으며 보내야 했다. 이 일로 그는 친위대 하사로 진급했고, 동료 나치들에게는 전쟁 영웅이 되었다. 사선이 소속돼 있던 곳은 무장친위대였고, 그는 최전선의 경험과 그것의 증거가 되는 상처를 가지고 있었다. 반면 아이히만은 최전선의 군인들에게 업신여김을 받는 친위대 본부에 있었다. 그의 상처라고는 모터사이클 사고로 생긴 것이 전부였고, 그의 손 골절은 미끄러운 마룻바닥 때문에 일어난 일이었다. 이처럼 전투 경험이 없다는 것은 망명 중인 전 친위대 동료들 사이에서 여전히 명백한 오점으로 여겨졌고, 아이히만은 이를 뼈저리게 느끼고 있었다.[18]

1943년 4월 사선이 건강을 회복한 후 그의 경력은 그야말로 도약했다. 그는 검열법에 위배되는 생방송을 허용받았는데, 그의 방송이 대단히 성공적이고 인기가 있어서 심지어 브레멘 라디오 방송국도 그의 보도를 송출할 정도였다. 사선은 1944년 중반까지 브뤼셀 방송국을 위해 일하면서, 가혹하고 오싹하고 눈물 짜내는 스타일의 극단적인 반연합군 라디오의 기준을 세웠다. 이런 포르노그래피적 폭력과 격정과 감상의 혼합은 그가 훗날 아르헨티나에서 쓴 글들에서도 특징으로 나타난다. 그는 주류 취향에 부응하고, 방대한 보도를 생산하며, 이에 상응하는 돈을 버는 데 능숙했다. 그의 종군 기자 경력의 정점은 1944년 6월 4일(노르망디 상륙 작전 디데이)에 노르망디 최전선에서 생방송을 한 것이었다. 이날 연합군이 상륙할 때 그는 때때로 적진 뒤에 있었다. 철군 명령이 내려져 군대가 독일로 돌아가게 되자 사선은 이동 전쟁 방송국, 선전지, 라디오 방송국들을 위해 일하기 시작했다. 하지만 그는 군수 창고를 약탈하고 명령을 따르지 않는 등 점점 가십난을 장식하는 인물이 되어갔다. 그럼에도 그가 매번 심각한 결과에 봉착하지 않은 것은 오직 훌륭한 연줄 덕분이었다. 1945년 3월에 사선은 위트레흐트로 도망쳤고, 4월 7일 전기가 끊길 때까지 그곳에서 인내에 대한 군색한 슬로건을 계속 방송했다. 그 시점에 사선은 다른 곳을 찾을 때가 되었음을 깨달았던 것 같다. 그는 동생과 접촉했는데, 동생은 1944년부터 역시 무장친위대에 있었고, 네덜란드 나치들의 잠적을 돕는 네트워크를 구축해놓고 있었다. 그것은 이동 라디오 방송국들을 접촉 매체로 활용해 새로운 신원의 생성을 지원하는 체계적인 위조 작전이었다. 히틀러 사후 이 형제는 알크마르로 도망쳐 은신했다.

사선의 이력에는 몇몇 인상적인 탈출이 포함되어 있다. 그는 1945년 6월 5일 블라우카펄 요새의 영국 야전보안대에 구금되어 심문을 받았으나, 12월에 위조 서류들, 돈, 먹을 것을 챙겨 수용소를 탈출했다. 얼마 안 있어 그는 벨기에에서 다시 붙잡혀 심문을 받았다. 억류 당국은 그를 네덜란드 측에 넘기려 했고, 사선은 그 이동을 틈타 최종 탈출에 성공했다. 1947년 5월에 그는 아일랜드로 여행을 떠났고, 며칠 뒤 그의 두 번째 아내인 미프 사선이—결혼 전 성은 반 데어 포르트—딸과 함께 그에게 왔다. 사선은 스쿠너선 선장 슈나이더의 딸들과 맺은 친분 덕분에—그 딸들 중 한 명은 잠시 사선 가족과 함께 살기도 했다—아르헨티나로 달아날 기회를 얻었다.[19] 여러 해 뒤 잉게 슈나이더는 사선이 아일랜드에서 어떻게 생계를 꾸려갔는지는 모르겠지만, 그는 여행을 많이 다녔고, 거기서 지낸 마지막 해에는 아주 좋은 아파트에서 살았다고 말했다. 1948년 9월에 사선은 임신 중인 아내와 두 사람 사이의 딸 사스키아와 함께 더블린에서 스쿠너선 "독수리"호에 승선했다. 그리고 11월 5일 아르헨티나 땅을 밟았다. 그는 도주 중에 가명인 야코부스 얀센이라는 이름으로 여행했고, 두 명의 벨기에인 전범 및 그들의 가족과 함께했다.

사선은 여자를 유혹하기 좋아하는 남자였고, 언어 습득에 재능이 있는 사람이었다. 그는 선상에서 다섯 번째 언어를 배웠으며, 선장의 둘째 딸인 안트예 슈나이더에게 노골적인 관심을 보였다. 이러한 연애사가 있었음에도, 그가 소설에서 만삭의 아내를 둔 헌신적인 남편의 관점에서 몹시 힘든 항해를 묘사하는 것을 막을 수는 없었다. 해당 부분의 지독한 묘사 수준은 독자에게 뱃멀미에 대한 매우 생생한 인상을 준다.[20] 이 도주자들 모두 아르헨티나 이민 당국으로부터 입국 허가를 받았다.[21] 도착 후 사선과 아내, 그리고 두 딸은 얼마간 필라르에서 슈나이더 자매들과 함께 살았다. 돈이 부족했고, 그들은 서로 열심히 도왔다.[22] 잉게 슈나이더의 회고에 따르면, 사선은 도착하자마자 서독의 잡지들을 위해 일하기 시작했다. 의뢰받은 첫 일은 『슈테른』을 위한 두 페이지짜리 취재였다. 또한 사선은 『슈피겔』과 『라이프』의 일도 한다고 가족에게 말했다.[23]

아돌프 아이히만이 1950년 중반 부에노스아이레스에 도착했을 때 사선은 어느 정도 기반을 닦은 상태였다.[24] 그는 한스-울리히 루델과 함께 재빨리 도주자 지원 사업에 참여했고, 이제는 루델의 운전 기사이자 대필 작가로 일하고 있었다. 또한 그는 아르헨티나에 비상 착륙한 두 번째 비행 에이스인 아돌프 갈란트의 회고록을 집필하고 있었고, 아르헨티나 사회 내의 모든 친나치 서클에서 환영받았다. 사선은 부에노스아이레스의 독일 극장에서 활약하는 재능 있는 배우였고, 무대 안팎에서 거부할 수 없는 매력을 발산하는 돈 후안이었다. 그는 대통령의 정치적 야심이 있는 친구였고, 유럽 잡지사들의 통신원이었다. 또한 그는 포커를 좋아하는 만큼 이름을 가지고 노는 것도 좋아한 재능 있는 작가였다. 그는 빌헬름Wilhelm · 빌럼Willem · 빔Wim · 빌리Willy 사선이었고, W. S. 반 엘슬로였으며, 그것 말고도 필명이 많았다. 이 도주자는 성공을 이루었다. 머지않아 그는 부에노스아이레스에서 가장 선망받는 거리인, 플로리다 지구의 리베르다드 2755번지에 자신과 가족을 위한 작은 집을 마련할 수 있었다. 그는 가족에게 결코 안락한 삶을 마련해주지 못했지만, 그것은 순전히 돈 관리 능력이 부족한 탓이었다. 그는 타고난 생존자였고, 그런 교육 수준과 언어에 대한 재능을 가진 술 잘 마시고 사교적인 남자를 사람들은 대체로 사랑스럽게 생각할지도 모른다. 그가 독일의 세계 지배 계획과 히틀러에 대해 여전히 품고 있던 불타는 열정 및 유대인에 대한 그의 확고부동한 증오가 없었다면 말이다. 그는 음모론을 좋아했고, 부도덕한 조작에 재능이 있었으며, 그러한 재능을 이용해 모든 사람에게 모든 것에 대해 거짓말을 했다. 아내에 대한 그의 행동은 확실히 무례했다. 그의 동시대 사람들의 전언은 어떤 여성도 사선의 유혹에 저항하지 못했다는 인상을 받게 한다. 그의 친구와 사귀고 있던 여성이라 해도 말이다.[25] 어쨌든 그는 무슨 일을 하건 간에 처자식에 대해서는 그리 신경 쓰지 않는 것처럼 보였다. 바람둥이로 악명 높은 남편과 함께 재정적 전망이 불투명한 상황에 갇힌 미프 사선은 자기 삶이 그런 식으로 돌아가리라고는 생각지 못했을 것이다. 무엇보다 그녀는 그의 이상한 정치적 견해를 공유하지도 않았고, 그의 친위대 동료들을 피했다. 나치 점령기에 그녀의 형제가 벨기에 레지스탕스 활동을 했다는 것도 이유가 되었을 것이다.[26] 하지만 그녀는 아돌프 아이히만을 비롯한 사람들이 가족의 날인 일요일에 찾아오는 것이 싫었음에도 그들의 방문을 용인했다. 1957년의 여러 달 동안 미프 사선은 적어도 두 대량학살범에게 세심한 안주인임을 입증했고, 따라서 그녀 나름으로 사선-프리치 프로젝트를 지원한 셈이다.

"사선 동지"는 뒤러 서클 내에서 아이히만의 가장 중요한 애착 대상 중 한 명이 되었다. 사선이 아이히만과 그의 가족을 배반했다는 증거가 쌓였을 때조차 아이히만은 사선에 대해 계속 존경을 담아 이야기했으며, 불리한 보고서들을 인정하기 꺼려했다. 이스라엘에서 아이히만은 사선을 "공저자"라고 칭하면서, "여러 해에 걸쳐" 자신들 사이에 "우정이" 깊어졌다고 덧붙였다.[27] 심지어 베라 아이히만도 "사선 씨"를 그녀와 그녀의 가족을 돕기 위해 할 수 있는 일은 다 하는 것처럼 보인 유익한 남자라고 여겼다.[28] 주말에 남편 얼굴을 보기가 어려워졌음에도 사선 토론회가 남편에게 가져온 변화를 그녀가 알아차리지 못했을 리 없다. 그녀 남편의 눈에 사선은 정치 생활로 돌아가게 해주는, 활력과 무게를 되찾게 해주는 관문으로 비치고 있었다.

사선 인터뷰

뒤러 서클은 1957년 봄에야 민족사회주의의 유대인 절멸에 대한 대화를 녹음하기로 결정했다. 녹음은 그들이 다른 출판 프로젝트들에서 이미 써본 방식이었다. 한스-울리히 루델은 『독일과 아르헨티나 사이에서』라는 책을 위해 자신의 회고 내용을 녹음했고, 사선은 이 내용을 비감 넘치는 작품으로 잘 다듬어낼 수 있었다. 페드로 포비에심은 폴란드 출신의 전 나치 방위군 군인이자, 고철 사업의 거물인 디터 멩게와 비즈니스로 얽혀 있던 인물인데, 사선이 특히 이 프로젝트를 위해 자신에게서 녹음기를 샀다고 말했다. 포비에심이 미국으로부터 아르헨티나로 밀반입했던 녹음기였다.[29] 빌렘 사선 역시 자신의 글을 위해 녹음기를 이용했고, 분명히 그것의 가능성에 매료되었다. 당시 녹음기는 매우 현대적인 기기였다. 그는 당연히 그 기기를 사용하기 시작했고, 연극, 댄스 음악, 자신의 노랫소리와 휘파람 소리를 녹음하는 등 개인적으로 그것을 가지고 놀았는데, 남아 있는 몇몇 녹음테이프에서 지금도 그것을 들을 수 있다.

녹취록과 아이히만의 수정본에 더해 1990년대 후반에 다시 등장한 녹음물들은 사선의 작업 방식을 매우 정확하게 그려 보여준다. 녹음테이프에 녹음된 내용은 여러 보조자에 의해 비교적 빠르게 타자되었고, 그런 다음 그 녹음테이프는 새로운 내용을 녹음하는 데 재사용되었다. 새 녹음테이프는 부에노스아이레스에서도 다른 어떤 지역에서도 가격이 비쌌고, 구하기도 쉽지 않았다. 오늘날 우리에게는 수정 페이지들을 포함해 1000여 쪽에 달하는 녹취록과 29시간 분량의 녹음이 남아 있으며, 훗날 만들어진 복사본 테이프들이 남아 있다. 이 녹음들은 녹취록이 신뢰할 만한 자료임을 증명해줄 뿐 아니라, 1957년도와 사선의 집 응접실을 들여다볼 수 있는 창이 되어준다.[30]

일단의 중년 남성들이 부에노스아이레스의 인기 있는 동네인 플로리다에 위치한 한 집의 깔끔한 거실에서 만났다. 그들을 둘러싼 환경은 그들의 프로젝트에 담긴 포부에 어울렸다. 그 거실은 서재 같은 공간이기도 해서 책, 음반, 예술품, 그림, 유럽식 가구 등으로 채워져 있었고, 대화가 의미 있어 보이게 만드는 분위기를 풍겼다. 사선의 집은 "네덜란드식 안락함"이 가득한[31] 쾌적한 집이었다. 사선은 자기 형편 내에서 최대한 호사를 누리며 살고자 했다. 민족사회주의 외에 그는 아름다운 것들, 교육, 값비싼 위스키를 가치 있게 여겼다. "작곡가 맞히기" 게임과 독서 토론은 아이들이 어렸을 때부터 이 가족의 식탁 대화의 일부였다.[32] 사선의 생활상은 결코 호화롭지 않았지만, 아이히만의 생활상과는 아주 달랐다. 아이히만은 주중에는 "목장에서" 앙고라 토끼들을 살뜰히 돌보며 지냈고, 집에서도 사선의 방 같은 공간에 기거하지 않았다. 하지만 사선과 함께하는 주말이 마치 다른 세계로의 여행과도 같았던 이유는 이것뿐만이 아니었다.

그 회합이야말로 진정 중요한 것이었다. 그 회합은 옛 동료인 유랑자들과 재회하고, 문학에 다가가고, 자기 삶에 다시 한번 다른 차원을 부여해주는 대화에 참여하는 것이었기 때문이다. 사선 서클의 정치적 견해는 몇몇 분명한 극우적 특징을 띠고 있었고, 아이히만은 자신의 지식과 판단이 그 새로운 움직임에 없어서는 안 될 부분이라고 느꼈다. 그것은 그저 혼자서 우쭐대는 것이 아니었다. 그 회합에서는 이 한 명의 살아남은 내부자를 정말로 필요로 했기 때문이다. 극우 서클들에서 그토록 뜨거운 논란거리가 된 희생자 수의 문제에 관한 한 일반적으로 아이히만은 집단 총살과 노역 · 굶주림 ·

독가스에 의한 죽음을 모두 개관할 수 있는 유일한 인물로 여겨졌으며, 이것이야말로 그가 쌓은 명성이었다. 아르헨티나에서 이 이미지는 언제나 그에게 전후의 나치 서클들에 들어가는 입장권이 되어주었다.

4년 후 이스라엘에서 재판을 받을 때 아이히만은 사선과의 대화의 실제 규모를 은폐하려 애썼다. 기본적으로 그의 방어 전략은 자신이 더 이상 민족사회주의자가 아니며, 지난 15년간 죄 짓지 않고 평범하게, 무엇보다 정치와 거리를 두고 살아온 시민임을 주장하는 것이었다. 또한 그는 오래된 적개심을, 무엇보다 반유대주의를 오래전에 버렸다고 주장했다. 만약 사선 서클의 배경이 밝혀진다면 아이히만은 이 거짓말을 유지할 수 없었을 것이다. 그래서 아이히만은 자기 변호사에게, 사선이 기삿거리에 굶주린 기자였는데 우연히 카페에서 순진한 아르헨티나 시민 클레멘트를 만났다는 식의 이야기를 들려주었다. 당시 사선은 정기적으로 녹음기를 들고 아이히만의 집을 찾아와, 이 대화가 아이히만 전기를 쓰는 데 도움이 될 것이라고 그를 설득했다. 게다가 술의 도움을 빌려 때때로 사선은 아이히만이 오래된 버릇에 빠지도록 부추겼고, 그러고는 나중에 모든 것을 왜곡했다. 기자들이 으레 그러듯이 말이다. 아이히만에 따르면, 결과물에는 그가 실제로 한 말과 일치하는 것은 한마디도 없었다. 사건에 대한 이런 식의 설명은 다른 증인들이 하고 있던 숨바꼭질과 완벽하게 조화를 이루었는데, 그들 중 누구도 아이히만과 한 테이블에 둘러앉았던 것을 인정하고 싶어하지 않았기 때문이다. 특히 사선은 자신의 민족사회주의 신념을 프로페셔널한 기자라는 외관 뒤에 숨기려 애썼다.

증거에 따르면 토론회는 아이히만의 집이 아니라 빌럼 사선의 집에서 이루어졌다. 바로 사선의 집이 "최종해결"에 대한 정기 토론이[33] 1957년 4월부터 토요일과 일요일에 열렸던 곳이다.[34] 다른 사람들이 비슷한 모임을 열었을 가능성도 충분하다. 전 친위대원인 부유한 디터 멩게가 주관한 토론회와 뒤러출판사 건물 내에서 열린 토론회를 동시대인들이 언급한 바 있기 때문이다. 하지만 이런 토론회들에서는 아마 녹음이 이루어지지 않았을 것이다. 증거에 따르면 녹음은 사선의 집에서 이루어졌다. 녹음테이프에는 배경에서 들리는 사선의 아내와 두 딸의 소리, 내내 같은 문과 같은 창문에서 나는 소리, 그리고 무엇보다 사선의 일상생활의 몇몇 사적인 단편이 담겨 있다. 방들은 제각기 특유의 소리를 갖고 있는 법인데, 녹음테이프에서는 사선의 집 아닌 다른 장소를 암시하는 소리는 전혀 들리지 않는다.

훗날 아이히만이 주장한 바와 달리 술은 이 모임에서 중요한 역할을 하지 않았다. 녹음테이프와 녹취록에 코르크 병마개 소리를 짐작게 하는 것이 담겨 있긴 하지만 술은 대화 진행에 전혀 영향을 미치지 않았던 것으로 보인다. 1950년대에는 거의 모든 사회적 모임에 술이 곁들여졌고, 이 모임도 예외가 아니었다. 술은 잘 갖춰진 커피 테이블의 일부였고, 술 없는 "신사들의 대화"는 상상할 수 없었다. 커피와 술에는 담배도 딸려 있었고, 이는 골초였던 아이히만에게는 매우 반가운 일이었을 것이다. 하지만 술에 취했음을 알려주는 전형적인 징표는 전혀 들리지 않는다. 혀 꼬부라진 소리도 없고,

심지어 더할 수 없이 뜨거운 논쟁이 벌어지는 동안 모든 사람이 기민함을 드러내며 집중하고 있다. 술 취한 나치들이 "승리를 위해Sieg Heil!"라고 외치며 술잔이 부서지도록 건배를 해대는 클리셰에 길든 사람이라면 녹음된 대화의 규율이 매우 잘 잡혀 있다고 생각할 것이다. 건배를 외치는 소리도, 술잔 부딪치는 소리도 없었고, 그저 종이 바스락거리는 소리만 있었다. 모든 사람이 예의 바르고 사려 깊었고, 심지어 설전이 벌어진 뒤에도 그랬다. 이 남자들은 토론에 극히 진지했다. "술자리 잡담"처럼 모임의 성격을 규정한 것은 분명 피고인의 방어 전략이었으니, 아이히만을 도와 이 전략을 유효하게 만드는 것을 멈춰야 한다.

하나의 예외만 빼고, 참석자 모두가 서로를 정중하게 "당신"으로 칭했으며, 때로는 "신사분들"이라는 단어도 사용했지만, 낮은 목소리의 어조는 편안했고, 때로는 상냥하기까지 했다. 그 예외는 익숙한 옛 호칭을 사용하는 것이었다. 아이히만은 "사선 동지" "친애하는 우리 사선 동지" "프리치 동지" 같은 호칭을 자주 사용했다.[35] 결석한 구성원이나 옛 동료를 언급할 때는 그냥 그들의 성을 불렀다.[36] 사선과 루돌프 폰 알펜슬레벤만은 서로 "너"라는 반말을 사용했다. 대체로 가명보다는 실명이 사용되었다. 즉, 사선의 집에는 리카르도 클레멘트는 없고 아돌프 아이히만만 있었다.[37]

토론의 분위기와 진행은 과제 회의와 같은 인상을 준다. 참석자 구성이 매번 달라지는 가운데 참석자들은 역사 이론을 논하고, 함께 문서들을 해석하고, 각자의 경험에 입각해 때로는 격렬하게 평가에 대한 의견을 내놓으며 여러 시간을 보냈다. 그들은 구할 수 있는 책은 모두 철저히 읽고 토론했다. 사선은 종종 회합과 회합 사이에 다루어볼 과제를 설정하고 참가자들에게 적절한 주의를 기울일 것을 촉구했다.[38] 남자들은 메모를 했고, 자기 서평을 읽어주었고, 새로운 질문들을 만들어냈고, 심지어 일종의 강의도 했다. 녹음 원본을 들어보면 사람들이 대체로 매우 천천히 말하면서 자기 말을 강조하는 것을 알 수 있다. 녹음테이프로도, 녹취록으로도 남아 있는 랑거 박사의 강의는 20분가량 계속되지만 타자된 문서로는 한 페이지 반에 불과한데, 이로 미루어 토론이 얼마나 길게 이어졌는지를 알 수 있다.

참석자들의 체력은 이따금 꺾였지만 토론의 집중도는 대체로 높았다. 참석자들은 모임을 위해 서로 자료를 제공했다. 사선은 아이히만에게 책을 빌려주었고, 중요한 문서들의 사본을 배포했다.[39] 아이히만은 자기가 입수한 유럽의 신문 기사들을 가져왔다.[40] 한번은 사선이 참석자들에게 미국 잡지의 기사를 번역해주기도 했다. 사람들은 자기가 아르헨티나 언론 매체에서 읽은 것을 이야기해주었고, 최신 국제 정세에 대해, 그리고 서독에서 점점 커지고 있는 나치 전력에 대한 사법적 처리 노력에 대해 토론했다. 이런 토론이 네 시간을 훌쩍 넘긴 적도 몇 차례 있었고, 토론에서는 느슨하고 즐겁게 시간을 때운다는 인상은 결코 받을 수 없다. 모든 페이지에서 진지함이 드러나며, 심지어 더할 수 없이 터무니없는 이론을 세우는 데서도 그렇다.

시기 특정과 비전문적이라는 장점

몇몇의 경우, 당시의 정치적 사건들에 대한 언급이 대화가 이루어진 시점을 특정하게 해준다. 3번 테이프에서는 아이히만이 녹음이 이루어진 해를 언급하며(1957년), 8번과 9번 테이프에서는 아이히만의 동료 헤르만 크루메이의 체포가 여전히 뜨거운 주제가 되고 있다(그는 1957년 4월 1일에 체포되었다). 같은 날 아이히만은 카스트너 암살을 언급한다(그는 3월 3일에 습격을 받았고, 그달 15일에 사망했다). 이 암살은 당시에는 이미 지나간 뉴스였음에 틀림없는데, 아이히만이 곰곰이 생각하면서 "아마 그가 죽은 게 올 초였지, 그 전이 아니고"라고 혼잣말을 하기 때문이다.[41] 토론에서는 또한 1957년 4월 15일자 『아르헨티나 타게블라트』의 기사가 다루어진다.[42] 37번 테이프에서 사선은 『타임』 최신호(1957년 8월)의 한 영어 기사를 번역하고 있으며, 39번 테이프에서 아이히만은 바로 얼마 전에 『아르헨티나 타게블라트』(역시 1957년 8월)에서 읽은 알베르트 발린의 탄생 100주년 기념행사를 언급한다.[43] 끝으로 72번 테이프에서는 뮌헨에서 나온 페르디난트 쇠르너 장군의 판결(1957년 10월 15일)이 직접 언급된다.[44] 또한 아이히만은 "어젯밤" "지금까지 넉 달 동안" "몇 주 전"과 같이 더 많은 통찰을 가능케 하는 시간들을 종종 언급한다.[45] 사선은 다음 주의 모임에 대해 이야기를 한다. 이 모든 것으로 미루어 녹음은 빨라도 1957년 4월에 시작되었고, 적어도 같은 해 10월 중순까지 계속되었다.

다소 비전문적으로 제작된 녹취록들은 토론에 참여한 사람이 사선과 아이히만 두 사람만이 아니었음을 보여준다. 남아 있는 녹음테이프들은 다른 참여자들뿐 아니라 수동적인 방청자들도 있었다는 오디오 증거를 제공한다. 한 번에 여러 시간 동안 진행되는 대화를 듣고 있으면서 아무 소리도 내지 않을 수 있는 사람은 없는 법이어서, 목청 가다듬는 소리, 기침 소리, 종이 부스럭거리는 소리, 발소리, 소곤소곤 양해 구하는 소리, 서둘러 작별 인사 하는 소리, 문 닫는 소리, 빡빡한 창문 소리, 뭔가 마시는 소리, 담배 라이터 소리 같은 것이 들리기 때문이다. 방의 곳곳에서 여섯 명의 사람이 이런 소리를 내고 있었다는 것이 확인된다. 아이히만과 함께하는 이 토론회에 대해 많은 사람이 알고 있었고, 그 자리에 참석해봤다고 말하는 것은 자랑스러운 일이었음을 부에노스아이레스의 동시대인들은 한결같이 시사했다. 물론 사람들이 다른 데서 아이히만을 만나놓고 그것을 사선 서클과 혼동했을 가능성이나 중요한 인물처럼 보이려고 그 토론회에 참석한 적이 있다고 말했을 가능성을 배제할 수는 없다. 하지만 문서들과 녹음테이프들은 그 토론회가 실제로 큰 행사였음을 입증해준다.

녹취록에는 독해를 대단히 어렵게 만드는 결함이 있다. 타자한 사람이 화자가 누구인지를 전혀 표시하지 않았기 때문이다. 이름이나 이니셜도 없고, 질문인지 답변인지를 알려주는 것도 없다. 때때로 손글씨로 표시되어 있지만—질문을 뜻하는 F(rage), 대답을 뜻하는 A(ntwort)—, 이마저 때때로 오류가 나 있다.[46] 일관되게 이름들이 빠져 있다는 점은 그것이 의도된 바였음을 암시한다. 그 예방 조치는 의심의 여지 없이 합리적이었다. 여러 달에 걸친 그런 대규모 프로젝트가 진행되다보면 녹취록의 페이지들이 엉뚱한 사람의 손에 들어갈 수도 있었고, 또 모든 사람이 아이히만처럼 자기 이름이 인쇄되는 것을 보고 싶어하지는 않았기 때문이다. 이리하여 언뜻 보면 녹취록은 화자 불명 같았다. 화자가 누구인지 알 수 없는 대화의 대화록을 읽는 데는 고도의 집중력이 요구되며, 여러 사람이 동시에 이야기할 때는 특히 그렇다. 게다가 대화를 옮겨 적는 사람들이 종종 줄 바꾸기를 잊는 바람에 화자의 바뀜은 내용과 어조로 추측될 수 있을 뿐이다. 인용문 표시도 되어 있지 않다. 사선이나 그의 동료들은 종종 책에 나오는 구절을 길게 낭독했는데, 이는 인용문을 알아볼 줄 알고 인용문과 화자 자신의 말을 구별할 줄 아는 사람에게만 드러난다. 사선 녹취록에서는 책 인용문이 10퍼센트 이상을 차지한다.[47] 이 모든 점 때문에 사선 녹취록은 대충 읽는 것이 불가능하다. 하지만 시간을 들여서 읽으면 화자를 식별할 수 있다. 아이히만의 말투와 사선의 말투는 텍스트를 신경 써서 읽어본 사람이라면 금방 알아볼 수 있을 만큼 개성이 뚜렷하기 때문이다. 또한 현재 우리에게 원본 테이프가 몇 개 남아 있다는 사실은 우리가 언어에 대한 감각과 스스로의 독서 경험에 전적으로 의존하지 않아도 된다는 것을 의미한다.[48]

주제와 전환에서 알 수 있듯이, 녹음이 이루어진 순서는 대체로 테이프들의 일련 번호와 일치한다.[49] 사선이 실수로 잘못 정리한 것으로 보이는 주말이 딱 한 번(58~61번 테이프) 있다. 올바른 순서는 다음과 같다. 1번~54번 중간, 그다음에 58~61번, 그다음에 54번 중간~57번, 그다음에 62~69번과 72~73번.[50] ("음악과 어떤 플랑드

르어 연극이 담겨 있는 W. S.의 개인 테이프"의 중간에 사선과 아이히만의 대화가 짧게 녹음돼 있는 한 "번호 없는 테이프"는 61번 테이프와 관련된 것으로 보인다.)[51] 약간의 작은 착오들에도 불구하고, 수개월에 걸쳐 질서 있고 체계적인 방식의 작업이 분명히 시도되었으며, 오늘날 우리는 녹음테이프 레이블들의 순서를 대체로 따를 수 있다. 그러나 이 자료는 관련자들 중 이런 규모의 프로젝트에 대한 경험이 있거나 그런 프로젝트를 수행하는 데 도움이 될 학술적 방법들에 익숙한 사람은 없었다는 것을 보여준다.

놀랍게 들릴 수 있지만, 서투른 녹취록은 전문적으로 만들어진 녹취록에 견주어 부인할 수 없는 장점이 있다. 그런 녹취록은 그것을 타이핑한 사람들에 대해 많은 것을 드러내며, 예컨대 반복되는 타자 오류 같은 그들의 실수는 식별 표시가 된다. 녹취록을 주의 깊게 읽으면 각 녹취록 작성자의 특이점들을 알아볼 수 있다. 녹취록 전체는 대부분 단일 기종인 세 대의 타자기로 타이핑되었다. 하지만 각 녹취록 작성자가 쉽게 구별되는 각자의 특징적인 흔적을 남기고 있어서 세 명의 타자수의 존재가 파악된다. 첫 번째 테이프와 마지막 테이프의 녹취록은 비서직 경력이 있는 사람에 의해 만들어졌다. 문단 나누기가 분명하게 되어 있고, 발화된 말이 문법적 오류까지 그대로 옮겨 적혔으며, 인명, 지명, 나치 내부 문제와 관련된 실수들이 해당 타자수가 독일 역사에 대한 내부자적 지식을 갖고 있지 않은 사람임을 암시한다. 동시대인들은 사선이 다른 여러 일에 뒤러 출판사의 비서들을 활용하기를 좋아했다고 기억하며, 사선이 이 비서들에게 첫 녹취본을 맡겼을 가능성이 있어 보인다. 반면 대부분의 테이프에 대한 녹취록은 나치 경험을 가진 남자임이 분명해 보이는 사람에 의해 만들어졌다. 계급, 인물, 기관을 기재할 때 그가 사용한 축약어가 나치 관료들이 사용한 것과 일치하기 때문이다. 이 타자수에게도 특이한 점이 있다. 그는 반복되는 것은 빼버렸고, 괄호 안에 덧붙인 백 개가 넘는 언급을 통해 사선과 소통한다. 그중에는 직접적인 이의 제기도 있지만, 그 밖의 대부분은 분명하게 정치적 색깔을 띠고 있다. 이 타자수는 토론회 내에서의 표준적인 호칭대로 사선을 "사선 동지"라 부르고 있으며, 괄호 안의 발언은 분명 모두 사선에게 건네는 말이다. 그것은 "그는 더 빨리 말할 수 있었을까?!" "어처구니없도록 불분명" "불분명한 말, 당신을 미치게 만들기에 충분함" "테이프 정보에 감사" 같은 언급에 그치지 않는다. 아이히만의 발언에 대한 "주저리주저리"나 "헛소리" 같은 빈정대는 언급도 있었고, 아이히만을 겨냥한 "고집불통의 오스트리아 놈"이나 "잡상인" 같은 심술궂은 발언도—대개 다른 화자가 사용한 어떤 외국어 단어를 아이히만이 사용한 것에 대한 반응으로—있었다. 이 발언들은 타자수가 타자 문서를 통해 "유머 있는" 언급들을 흩뿌리면서 간접적으로나마 토론에 참여하고 싶어했음을 보여준다. 그래서 아이히만의 발언 뒤에 때때로 "아하"나 "안녕히 주무세요" 같은 언급이 따르기도 하고, 아이히만이 괴링에 대해 한 이야기 다음에 "불쌍한 하인리히"라는 언급이 따르기도 한다. 심지어 사선의 성적인 경향을 친근하게 놀리는 말도 있다. 그 타자수는 소음들에 대해 언급한다("수코양이 한 마리가 배경에서 울어댄다, 신께서 자비를 베푸시길"). 그는 분명 약간 부러워하면서, "와인 한 병"이라는 소리가 들리며, 네 페이지 후(약 두 시간 후)에는 "벌써 와인 한 병 더"라는 소리가 들린다고 언급한다. 전문적인 타자수라면 분명 이런 건방진 혹은 개인적인 언급을 스스로에게 허락하지 않았을 것이다. 하지만 녹취록과 녹음테이프를 비교해보면 사선이 왜 친구 같은 사람에게 주로 의지했는지를 알 수 있다. 이 남자는 동조적이었고, 프로젝트에 유용한 대화와 그렇지 않은 대화를 구별할 수 있었으며, 또한 그 내용을 감당할 수 있었다. 그는 그 프로젝트의 목표를 분명히 알고 있었기 때문에 대화를 자르고, 아이히만의 개인적 일화를 빼고, 반복된 것을 생략할 수 있었다. 그에게 나치의 역사는 낯선 것도 아니었고, 분명 동떨어진 것도 아니었다. 그렇지 않았다면 그에게 전쟁 범죄와 잔학 행위에 대한 이런 상세한 서술의 일부를 타이핑해달라고 요구하는 것은 무리한 일이었을 것이다. 사선은 대부분의 녹취 작업에서 일종의 "전문가"에게 의지했으며, 이에 대한 보답으로 그의 독단적 언급을 용인했다. 한 테이프에는 녹취 작업에 대한 명시적 지침을 제시하는 사선의 발언이 담겨 있다. 그는 녹음된 대화가 "점검되고 편집되기를" 원하며, "이는 잘못된 문장 구성, 완결되지 않은 문장, 좋지 않은 문장, 즉 너무 긴 문장을 줄이되 자연스러운 의미를 놓치거나 자구를 바꾸지 않는 것을 의미한다"고 설명한다.[52] 사선의 지침은 철자와 축약에 대해서까지 아우르고 있었지만, 녹취록을 보면 이 타자수가 흔히 자기만의 방식을 취했음을 알 수 있다. 이 남자의 정체는 밝혀지지 않았다.

타자수의 이런 생략과 언급에도 불구하고 녹취록과 녹음 원본을 비교해보면—둘 다 존재하는 부분에서—한 가지가 매우 분명하게 드러난다. 오늘날 우리에게 남아 있는 것이 녹음테이프들을 곧바로 녹취한 것이라는 점이다. 일부 내용을 빼버렸을 수는 있지만, 그렇다고 이것이 편집본인 것은 결코 아니다. 녹취록은 완전하지 않고 또 약간 침범을 당하기도 했지만, 의도적인 왜곡이나 조작의 증거는 없다. 그것은 그 프로젝트에 대한 신뢰할 만한 녹취록이며, 우리가 학문적 관점에서 그 녹취록이 좀더 완전하기를 바랄 수는 있겠지만, 이 포괄적 자료의 신빙성을 의심할 만한 근거는 전혀 없다.

사교 행사

아이히만은 아르헨티나에서 녹취록 대부분을 읽었고, 마지막 테이프에 이르기까지 자신의 수정 사항과 언급을 추가했다. 그는 이런 구성의 글을 읽는 것이 얼마나 어려운 일인지를 정확히 알고 있었고, 바로 이 점을 이스라엘에서 이 종이 증인에 의한 위협을 완화하는 데 사용했다. 그는 술에 취해 감상에 빠진 전 나치 아이히만과 호기심 많은 언론인 사선이 세상의 눈을 피해 아이히만 집의 주방에서 비밀스럽게 일대일 대화를 나누는 이미지를 부각했다. 이 이야기는 즉각 의심을 받았을 텐데, 아이히만의 아내가 자기 집에서 녹음 작업이 있었다는 것을 전적으로 부인했기 때문이다.[53] 또한 녹취록은 두 명 이상의 사람이 토론에 참여했음을 분명히 보여준다. 하지만 사선 서클 구성원들에 대한 여전히 떠도는 소문의 대부분은 아이히만의 고의적 허위 정보에 뿌리를 두고 있다. 그가 실제 참석자로 언급한 유일한 사람은 "그 출판인"(에버하르트 프리치)뿐이었다. 하지만 47번 테이프에서 프리치의 존재가 쉽게 드러남에도, 프리치가 처음 몇 번의 녹음 때에만 그 자리에 있었다고 아이히만은 주장했다. 아이히만이 제시한 다른 이름들은 모두 뻔뻔스러운 거짓 단서일 뿐이었다.

아이히만의 설명을 따른다면, 루돌프 밀드너가 전문가로서 회합에 초대되었다. 그는 무엇보다 아우슈비츠의 정치국장, 1941년부터 카토비체의 게슈타포 사령관, 그리고 보안 경찰과 덴마크 친위대 보안국의 지휘관을 지낸 사람이었다. 사선 토론회에서 밀드너의 이름이 종종 언급되긴 했지만, 이는 그가 그 자리에 참석해서가 아니었다. 오히려 반대로, 참석자들은 그가 있을 만한 곳을 아는 사람이 있는지 궁금해했으며, 녹음테이프와 녹취록은 그들이 그가 "실종되었다"고 생각하고 있었음을 암시한다.[54] 1960년에 아이히만은 "3년쯤 전에 처음으로 (…) 사선 씨라는 사람이 있는 자리에서" 밀드너와 함께 나치의 역사를 "분석"했다고 주장할 분명한 동기가 있었다.[55] 그에게는 루돌프 밀드너에 대한 아직 풀지 못한 원한이 있었는데, 그는 자신의 가장 큰 패배 중 하나이자 개인적인 모욕, 즉 덴마크에서의 추방 실패가 밀드너 탓이라고 여겼다.[56] 그는 또한 밀드너가 뉘른베르크에서 유죄를 입증하는 증언을 한 것에 분노했다. 결국 밀드너 이야기는 일종의 교란이었다. 어떤 나치 고위 인사가 사선 서클에서 루돌프 폰 알펜슬레벤이라는 이름으로 이야기를 했고, 누군가 녹취록에서 그 사실을 접하게 되는 것은 단지 시간문제임을 아이히만은 알고 있었다. 아이히만은 단지 다른 고위 인사의 이름을 대는 것으로 그를 효과적으로 가릴 수 있었다. 아이히만이 이런 역할을 위해 밀드너를 선택한 동기는 밀드너에 대한 지연된 복수의 욕구였던 것으로 보인다.[57]

대체로 아이히만은 옛 동료들이 자신을 배신했다고 느끼지 않는 한 재판 과정에서 그들을 배신하지 않았다. 그는 오래전에 사망한 사람들의 이름만 언급했고, 이런 경우에조차 가능한 한 혼란을 야기하려 했다. 심문 중에 아이히만은 알로이스 브루너를 보호하려고, 당국이 그를 종전 후 처형당한 안톤 브루너와 혼동하는 것을 바로잡지 않았다. 또한 사선 서클의 한 일원의 이름을 정정하지 않는 방식으로 그를 보호하기도 했다. 폴란드 언론인들은 1961년에 사선 녹취록을 읽다가 "랑거Langer"라는 이름을 발견했다. 재판에서 그 이름에 대해 질문을 받자 아이히만은 침착하게 그 이름을 "클란 박사라는 가명으로 불린 랑게Lange"라고 말했는데, 그가 사선 인터뷰 때 만나게 된 남자였다. 이는 특공대의 집단 총살에 관여했고 반제회의에도 참석했던 악명 높은 인물 "루돌프 랑게 박사"에 대한 헛된 추적의 출발점이 되었다.[58] 그 추적은 성공적이지 못했는데, 랑게가 1945년 2월에 대전차포에 맞서 살아남지 못했기 때문이다. 그 토론 모임에 대해 알고 싶다면 아이히만의 증언으로부터는 별 도움을 기대할 수 없을 것이다. 다행히 문서와 녹음테이프는 좀더 협조적이다.

우리가 사선 서클의 구성원들에 대해 낱낱이 알게 되기까지는 아직 갈 길이 멀지만, 녹취록은 사람들이 지금까지 본 것보다 훨씬 더 많은 것을 우리에게 말해준다. 아이히만, 사선, 프리치에 더해 적어도 다른 두 사람의 존재에 대한 분명한 증거가 있다. 그들은 바로 랑거 박사, 그리고 지금까지 완전히 간과됐던 것으로 보이는, 코르도바에서 온 손님 루돌프 폰 알펜슬레벤이다. 녹취록에 숨어 있는 어떤 단서들은 여성 참석자들도 있었음을 암시한다. 사선 집에서의 모임에 대한 이야기가 빠르게 퍼졌고, 그 모임은 일종의 사교 행사가 되었다. 이 프로젝트는 분명 비밀이 아니었고, 많은 관심을 끌었으며, 이 프로젝트에 대한 기대가 많았다. 아이히만은 자기가 모르는 손님이 몇몇 있을 때도 흔들림 없이 매우 솔직하게 이야기했다. 단지 이런 손님들의 질문 때문에 이따금 동요했을 뿐이다. 녹취록을 보면 한번은 그가 이런 불평을 한다. "3페이지에서 나에 대한 특정 추정이 어떻게 이루어졌는지를 읽어나가는 것은 너무 짜증 나는 일이에요. 나는 블라우 박사가 이 모음집[어떤 책을 가리킴]을 편집한 것에 감사합니다. 그것은 추정에 꽤 능한 사람이라 해도 추정한다는 것이 얼마나 어리석은 일인지를 이 유별난 질문자에게 증명해주지요."[59] 하지만 아이히만은 이 유별난 질문자가 누구인지 물어보지 않았던 것 같다. 다른 날의 토론회가 녹음된 테이프에는 그가 막 자리를 떠난 어떤 이름 모를 방청자에 대해 마음에 안 든다고 중얼거리는 소리가 담겨 있다. 자신의 안전과 익명성을 걱정하는 사람이라면 누구도 이렇게 느긋할 순 없을 것이다.

사선 역시 자기 손님들에게 늘 만족한 것은 아니었다. 한번은 그가 최근 녹음을 녹취하는 사람에게 "오늘 오후에" 만난 "어떤 파타고니아 거드름쟁이" 이야기를 하면서 짜증을 드러낸다. "우리끼리 하는 말인데, 정말 실망스러웠어." 그런 다음 그는 그 거드름쟁이가 "파타고니아에서 사람들이 몰고 다니는 빵빵한 신차의 이미지와는 전혀 다른…… 오래된 시시한 차를 타고" 왔다고 기록에 남는 진술을 하는 것으로 복수한다.[60] 공교롭게도 사선의 아르헨티나 시절 초기부터의 오랜 라이벌 중 한 명이 1950년대 초 바릴로체로 이사했는데, 바로 한스 후안 말러(본명은 라인하르트 콥스)였다.

사선처럼 말러도 다작하는 작가였다. 네 살 연상인 말러는 『길』 초창기에 이미 뒤러출판사에 없어서는 안 되는 존재였다. 그는 그 잡지를 유통시키는 교활하고 불법적인 방법들을 찾아내는 데 특화되어 있었고, 그중 한 방법이 그의 고향인 함부르크의 보급소를 이용하는 것이었다.[61] 프리메이슨 관련 얘기 전문가인 말러가 프리치, 레어스, 사선의 노선에서 점점 벗어나면서 잡지 편집자들 사이에 견해차가 생겼다. 말러는 그 자신이 망상에 사로잡히지만 않았다면 추종을 부르는 데 아주 유용했을 어떤 미친 이론을 폈다. 그는 더 이상 부에노스아이레스에서 안전하다고 느끼지 못했고, 살인자들이 자신을 쫓고 있다고 생각했다. 그는 또한 자신을 위대한 지성인으로 여겼다.[62] 말러는 1950년대 초에 파타고니아의 바릴로체로 이사했고, 거기서 뒤러 하우스의 경쟁자가 되려 했다. 그가 호텔과 여행사를 설립했음에도 일은 그가 바란 대로 돌아가지 않았다. 사업은 시장성이 별로 없는 책들을 내는 자가 출판으로 바뀌었지만, 그럼에도 그는 회고록에서 자신의 큰 성공을 자랑했다. 바릴로체는 망명 중인 나치 인사들에게 인기 있는 곳이었다. 부에노스아이레스에서 약 1300킬로미터 떨어진 이곳은 안데스산맥 기슭에 위치해 스위스 산악 지대를 떠올리게 했고, 이 때문에 알프스 지역에서 온 이주자들에게 특히 인기가 있었다. 전 인스부르크 관구장들인 프란츠 루바처, 구스타프 란치너와 프리드리히 란치너는 이 인기 관광지에서 스키 강사로 일했고, 에리히 프립케는 "비너 델리카테센"이라는 정육점을 성공적으로 운영했다. 루돌프 프로이데는 여기에 집이 있었다.[63] 바릴로체는 유행에 민감한 대도시였고, 사선이 언급한 "빵빵한 차"는 상투적 표현이었다. 프리치는 분명 말러와 계속 연락을 주고받았고, 따라서 프로젝트에 대한 아이디어를 얻기 위해 그를 초대했을 수도 있다. 심지어 그의 말이 녹음되어 있을 가능성도 있다. 녹음테이프의 한 부분에서 강한 함부르크 악센트를 드러내는 어떤 목소리를 들을 수 있기 때문이다.[64] 어쨌든 사선이 부에노스아이레스에서 하는 일을 보기 위해 사방에서 사람들이 찾아왔다. "오래된 시시한 차를 타고 온 거드름쟁이"는 사선에게 직접 초대받은 것으로 보이지는 않는다.

녹취록과 녹음테이프는 또한 몇몇 사람을 방청객으로 참석했을 가능성에서 배제하게 해준다. 모든 자료는 강제수용소 "의사" 요제프 멩겔레가 이 자리에 참석한 적이 있다는 것을 부인한다. 아이히만과 사선은 멩겔레를 개인적으로 알고 있었고, 아이히만은 다른 참가자들에게 그랬던 것처럼 멩겔레를 어떻게든 계속 대화에 끌어들였을 것이다. 대화가 회틀에 대한 이야기로 넘어가자 아이히만은 "랑거 박사"에게 말을 거는데, "그가 업무상 회틀을 아는 사람"이기 때문이다. 또한 아이히만은 모든 질문이 자신을 겨냥하는 것을 피하기 위해서 친근한 어조를 취하기를 좋아한다. "하이드리히 아시잖아요"라고 그는 말한다. 아우슈비츠와 나치 "의학"—아이히만이 가능한 한 거리를 두려 했던 주제—에 대한 멩겔레의 내부자 지식을 고려할 때, 아이히만은 어떤 주제들에서는 멩겔레에게 대화의 책임을 미루려 했을 것이다. 아이히만은 자신을 뒷받침해줄 사람이 없다는 것에 대해 여러 차례 아쉬움을 드러낸다. "이제는 함께 일했던 동료들이 하나도 없다는 것이 아쉽습니다. 여러 해 동안 이 모든 생각을 삼가다보니, 내가 잊어버린 게 많다는 것을 깨달았기 때문입니다."[65] 사선은 또한 멩겔레에 대한 어떤 글을 길게 읽어준다. 놀랍게도 타자수는 그 이름을 알아보지 못하며, 다른 낯선 이름들을 대했을 때처럼 그냥 공백으로 남겨둔다. 요제프 멩겔레는 그의 일기가 보여주듯이 의심이 많고 극히 조심스러웠다. 이런 이유만으로도 그는 사선 토론회 같은 공개적인 일에 얽히려 하지 않았을 것이다. 하지만 사선은 다른 기회에 아우슈비츠에 대해 멩겔레와 이야기를 나눴을 것이다. 1991년에 아르헨티나 텔레비전 방송과의 인터뷰에서 그가 여전히 그 수용소에서 진행됐던 멩겔레의 인체 "실험"을 정당화하고 있었고, 또한 멩겔레가 얼마나 "교양 있는" 사람인지 이야기하고 있었기 때문이다. 멩겔레는 항상 인간 존재의 "본질, 철학"을 발견하려 했고, 이를 위해 "예외적 상황하의" 인간을 관찰했다고 사선은 말했다. 사선은 의미도 이유도 없는 가학적 괴롭힘을 "인간성의 한 증거"로 봤다.[66] 현명하게도 그는 아이히만이 납치된 후 자신이 멩겔레를 찾아내는 일을 위해 모사드로부터 돈을 받았다는 것은 인터뷰 진행자에게 말하지 않았다.

1957년에 모두가 멩겔레처럼 매스컴의 관심을 꺼린 것은 아니었다. 아르헨티나 작가 우키 고니는 광범위한 조사 과정에서, 아이히만과 사선의 대화를 지켜봤다고 주장하는 사람들을 놀랄 만큼 많이 만났다. 뒤러 서클에 출입하지 않았던 사람들이 그런 주장을 했다는 것은 인간적인 면일 뿐이다. 괴벨스의 조수였던 빌프레트 폰 오벤은 심지어 사선보다 한참 늦은 1951년에 아르헨티나에 왔음에도 불구하고 자신이 프리치와 사선을 소개했다고 말했다. 이 모든 자랑은 이 모임과 참가자들이 얼마나 사람들의 마음을 끌었는지를 잘 보여준다. 자신을 중요한 인물로 여기는 이라면 자신이 그 자리에 있었다고 주장했다. 초기 녹음 모임들 중 하나에서 아이히만은 자신이 극우 서클들에서 대중적 주목을 받게 되는 것에 개의치 않은 이유를 암시한다. "그들은 나를 찾는 것을 오래전에 중단했어요. 그것은 분명합니다."[67]

여성 방문자들

우리는 어느 나치 도주자의 비밀스러운 삶이라는 이미지에 너무 익숙해져서, 어려운 문서 자료들을 읽을 때 어떤 명백한 점을 간과하곤 한다. 사선 서클이 규모가 컸을 뿐 아니라 여성의 참여가 허락된 사교 행사였다는 점이다.[68] 처음의 녹취록들 중 하나에 기록된 이 사실은 훗날 아이히만이 그려 보여준 사선 서클의 이미지를 떨쳐버리게 해준다. 여성들의 방문은 재앙이었다. 녹음 끝부분에서 "여성들"은 정중하게 안내를 받으며 자리를 떠나고, 그런 다음 아이히만은 분통을 터뜨린다. "내가 여성들에게 작별 인사라도 할 수 있었던 건 오직 엄청난 자제 덕분이었습니다."[69] 무슨 일이 있었던 것일까?

정확히 어떻게 그 토론이 시작됐는지 우리로서는 알 수 없는데, 녹음테이프에 결함이 있어서 처음부터 바로 녹음이 시작되지 않았기 때문이다. 하지만 녹취록이 보여주는 바에 따르면 대화는 다소 진부하게, 괴테의 그레첸이 파우스트에게 던진 것과 같은 질문으로 시작되었다. "자, 아돌프, 종교에 대해서는 어떤 입장을 갖고 있나요?" 아이히만은 독실한 신자였던 자기 아내에 대한 이야기를 한다. "내 아내는 심지어 성경을 읽고요, 나는 아내가 성경을 읽도록 내버려둡니다." 그는 자신의 결혼생활을 엿보게 하며 말한다. "한번은 내가 성경을 갈기갈기 찢어 내버렸고, 이후 아내는 불행했습니다. 그러다가 아내는 다른 성경을 집어들었고—한 권이 더 있었어요—나는 어느 시점에 그것도 찢어버렸지만, 이번에는 그냥 두 동강만 냈습니다…… 이제 아내는 두 동강 난 성경을 읽고 있고, 나는 그녀가 그것을 읽도록 내버려두기로 맹세했으며, 그래서 그녀는 행복합니다." 그는 단지 자기 가족이 자기가 살았던 것보다 더 나은 삶을 살기를 바랄 뿐이며, 자신이 이제 정치는 잊은 것처럼 사람들에게 비칠까봐 이렇게 덧붙인다. "나는 독일을 위해서 그랬던 것처럼 아내를 위해서 할 수 있는 일은 다 하며, 내 가족은 독일의 작은 한 부분일 뿐입니다."[70]

비록 친위대는 종교를 업신여겼지만, 성경 훼손 일화에도 불구하고 아이히만은 아내의 종교적인 면을 대체로 받아들이고 있었다. 아마도 여기에는 아이히만 가족의 종교적 배경이 일정한 역할을 했을 것이다. 아이히만의 아버지는 개신교도였고, 가족이 린츠로 이사하면서 소수파에 속하게 되었다. 그래도 그는 교회 공동체에 적극적으로 참여했고, 심지어 장로였다. 첫 번째 아내가 죽자 카를 아돌프 아이히만은 자신의 대가족에 합류시킬 여성을 의도적으로 자기가 다니는 교회에서 선택했다. 아이히만이 1957년에도 여전히 "새엄마"라고 부른 마리아 아이히만은 신앙심이 깊은 여성으로 자주 성경을 읽었다. 아이히만이 아버지의 뜻에 따라 얼마간 광산으로 일하러 다니던 때에 그녀는 이 의붓아들에게 성경책을 선물해주었다. 아이히만이 훗날 사선에게 살짝 말했듯이, 그는 "그 당시에 매우 독실했다". 16세의 아이히만은 가정 교육 때문이든, 산에 사는 사람들의 전통적인 독실함 때문이든 성경을 읽었고, 자기 나름의 방식으로 읽었다. "나는 매일 저녁 성경을 읽었고, 특히 관심 가는 부분에는 빨간색과 파란색 펜으로 밑줄을 쳤습니다. 구약의 전쟁들."[71] 색깔로 구분된 이 명상들은 머지않아 특별한 개종으로 이어졌다. 아이히만이 "경건해진gottgläubig" 것이다. 즉, 민족사회주의의 옹호를 받는, 인종에 기반을 둔 종교의 신봉자가 된 것이다. 그러나 그는 결혼한 지 3년 뒤인 1938년 초에 영원히 교회를 떠났다.[72] 아이히만은 베라 리블과 결혼할 때 친위대의 바람을 거스르며 교회 예식에 동의했고, 신앙을 포기하지 않겠다는 아내의 결정을 거듭 옹호했다. 그러나 아이히만은 1943년 11월에 자신이 상급자에게 공식적으로 자기 아내가 "이제 경건하다"라고 보고했다는 사실은 아내에게 말하지 않았을 것이다.[73] 이스라엘에서 심문을 받는 중에 이 속임수에 대한 증거 문서가 그에게 제시되었을 때 그는 분명 불편했을 것이다. 아이히만의 종교관은 그가 여생 동안 솔직하고 일관성 있게 응한 몇 안 되는 주제 중 하나였다. 아이히만은 심지어 삶이 몇 달 남지 않았을 때도 기독교에 귀의하라는 충고를 받아들이지 않았다. 그러나 그가 아무리 자신의 결정에 충실했더라도, 아내는 다른 것을 필요로 한다는 것을 그는 알고 있었다. 그는 막내 아이를 가톨릭 학교에 보내려는 아내의 소망을 받아들였다. 그리고 이스라엘에서 그를 면회했던 신학자 헐 목사가 그의 감옥 성경을 베라에게 보낼 것을 제안하자 그 또한 받아들였다.[74] 그러므로 1957년에 그가 호기심 많은 여성들에게 주장했듯이, 성경을 찢은 것에 대해 그가 정말로 미안해했다고 추측할 수 있다.

녹음테이프에서 아이히만은 또한 자신의 "직업"생활에 대한 생생한 설명을 제공한다. 그는 살인 일과를 마친 뒤 자신과 동료들이 음악을 연주했던 유대인 사무국 내의 방에 대해 이야기한다. "내 보좌관이 피아노를 쳤고, 나는 제2바이올린을, 나보다 연주 실력이 훨씬 좋았던 내 부사관은 제1바이올린을 연주했다." 그는 또한 전쟁이 끝났을 때 자신의 영웅적인 행동에 대해서도 이야기한다. 당시 그의 동료들은 모두 위조 신분증을 만드는 이들에게 몰려들었지만, 그는 최종적으로 패배할 경우 자살할 생각이어서 어떤 것도 원하지 않았다. 죽고자 한 사람이 살아남아 부에노스아이레스에서 이 이야기를 한다는 사실이 아이히만의 발걸음을 멈추게 하지는 않는다. 그는 자신이 상관들에게 인정받았음을 자랑한다. "한번은 뮐러가 내게 말했어요. '아이히만 같은 사람 50명만 있었다면 우리는 틀림없이 전쟁에서 이겼을 것이다.' 나는 뿌듯했습니다." 이런 말을 하고 나서 그는 울컥 짜증이 치민 것처럼 보인다. "이 정도면 여러분은 나의 내면을 간파했어야 합니다. 왜냐하면 여러분은 나를 모르고, 내 속을 모르는데, 이게 중요하기 때문입니다."[75]

한 대량학살자의 내면이 여성들의 호기심을 자극한 듯, 그들은 아이히만에 대해 더 많은 것을 알고 싶어한다. "당신이 열성적 민족주의자[민족사회주의자를 의미함]라면",[76] 혹시 "당신에게는 이에 영향을 미친, 민족주의적 삶에 대한 어떤 신비주의, 신조, 세계관 같은 것"이 있느냐고 누군가 묻는다. 녹음테이프는 이 지점에서 멈추지만, 녹취록은 아이히만이 이 질문에 얼마나 열심히 대답했는지를 보여준다. 그렇다, 그의 첫 번째 부대장이었던 그레고어 슈바르츠-보스투니치는 신비주의자였다. 슈바르츠-보스투니치는 키가 180센티미터였고 평발에다가 염소수염을 기르고 있었는데, 이 사람 자체가 기묘한 구경거리이기도 했다. 그는 가짜 교수직을 가진 떠들썩한 선동가였다. 그가 일단 프리메이슨의 위험에 대한 끝없는 이야기를 늘어놓기 시작하면 제지하기 어려웠는데, 그의 무심함이 항의로부터 그를 지켜주었기 때문이다. 그는 심지어 힘러 서클들 내에서도 의심을 받았다. 친위대장 힘러 자신도 마녀들이 그런 지도를 가지고 있고, 북부 독일의 엑스테른슈타이네 암반층이 "원시 게르만적"이라 여기고, 아주 넓게 봐야만 "신비주의"로 묘사될 수 있을 성배와 기사단 관련 온갖 다른 터무니없는 것들을 믿는 사람이었는데 말이다.[77] 아이히만은 신비주의에는 별로 관심이 없었다. "나는 신비주의에서는 아무것도 기대하지 않아요…… 우리는 후손이 반드시 제대로 된 삶을 살 수 있게 해야 한다, 그뿐입니다. 나는 저항의 힘에 비례해 무기를 벼려야 합니다." 하지만 그는 위대한 사명이라는 매혹적인 개념을 모르는 사람이 아니었고, 이는 녹취록 부분 부분에서 분명히 나타난다. "전체로의 통합, 왜냐하면 민족적인 것인 단일 혈통은 전체 안에 있기 때문입니다."

아이히만은 거짓말을 한 것이 아니었다. 그는 유대인에 대한 제의적 살해라는 무서운 이야기들이 선전이라고 늘 믿고 있었고, 처음부터 『시온 장로 의정서』를 위조된 것으로 인식하고 있었기 때문이다. 이는 사선이 놀라워한 부분이었다. 아이히만은 해외 대리인들을 조종하는 데는 이런 것을 이용했지만, 자신이 살인을 범하도록 설득하는 데는 그것이 필요치 않았다.

이 지점에서 타자기를 이용한 녹취록 작성자는 다섯 개의 줄표를 삽입하고서, 여성들이 떠난 뒤 아이히만이 하는 말만 다시 이어간다. 하지만 어떤 일이 있었는지는 분명히 드러난다. 아이히만은 평정심을 잃을 정도로 흥분하면서 말한다. "이를 위해 우리는 모든 것을 바쳤어요. 모든 것을, 청춘을, 모든 것을, 자유를, 그리고 다른 사람들은 더 많은 것을, 심지어 목숨까지 바쳤어요. 그래서 나는 누군가 내게 민족사회주의가 1933년 1월 30일에 정권을 잡은 것보다 나쁜 게 뭐가 있겠느냐고 말하는 것을 참을 수 없어요. 나는 폭발할 지경이에요!"[78] 그 "여성들" 중 한 명이 향후 몇 달 동안 그 토론회에서 누구도 다루지 않을 어떤 것을 감히 건드렸다. 그녀는 1933년 나치가 독일에서 "권력을 장악"하면서 드러난 그 전체주의 국가의 근본적으로 범죄적인 성격을 따진 것이었다. 아이히만의 인내심이 한계에 이르기 전에 여성 방문자들이 정중하고 신속하게 밖으로 안내되었으리라는 것은 대단한 상상력을 발휘하지 않아도 알아차릴 수 있다. "내가 여성들에게 작별 인사라도 할 수 있었던 건 오직 엄청난 자제 덕분이었습니다."[79]

이 일화는 토론을 지켜보는 사람들에 대한, 그리고 손님들이 주요 참가자들과 비슷한 신념을 갖고 있는지 여부에 대한 고려가 처음부터 거의 없었음을 보여준다는 점에서 주목할 만하다. 사리에 맞는 견해를 가진 여성들이 누구였는지는 알 수 없다. 사선과 관계가 있던 벨기에 출신의 한 뒤러출판사 여비서가 그중 한 명이었을 수 있다.[80] 스쿠너선 선장의 딸로 사선과 함께 대서양을 건너온 뤼네부르크 황무지 출신의 잉게 슈나이더는 자매인 안트예가 그 녹음 토론회에 갔었다고 자신에게 말했던 것을 기억한다. 안트예 슈나이더의 결혼 후 성은 뢴스였고, 그녀의 남편은 바이에르사社의 남아메리카 대리인이었는데, 그녀는 계속 사선을 짝사랑하며 그의 사진과 연극평을 수집했다. 잉게 슈나이더는 훗날 독일 잠수함 선장 하인리히 레만-빌렌브로크—1981년 작 영화 「잠수함」에서 위르겐 프로흐노가 연기했던 인물—와 결혼했다. 그녀는 뒤러 서클과는 훨씬 더 거리를 두었으며, 그 모임에는 참석한 적이 없고 다른 사교 모임들에서만 아이히만과 마주쳤다고 주장했다.[81] 아이히만을 머리끝까지 화나게 했던 여성들은 아이히만과 달리 분명 "광적인 민족사회주의자"가 아니었다. 아이히만은 광신도여서, 자신이 믿는 바를 숨기지 않았고, 그 여성들에게 자신의 "마음가짐"에 대한 요구받지 않은 통찰을 제공했다. 분명 아이히만, 사선, 프리치 모두 자기와 다른 생각을 가진 사람들을 두려워하지 않았다. 부에노스아이레스에서 그 여성들에게 아이히만의 견해에 대해 말해준 사람은 누구였을까? 아르헨티나에 개선의 여지가 없는 나치들이 있다는 것은 비밀이 아니었고, 그들의 이름도 비밀이 아니었다. "클레멘트 같은 사람 50명만 있었다면 우리는 틀림없이 전쟁에서 이겼을 것이다"라는 말을 듣는 것에는 아무도 흥미가 없었을 것이다.

알려지지 않은 조력자: 랑거 박사

계속 파고들어요!

—사선이 랑거 박사에게 속삭이다[82]

가끔 있는 이런 방문자들 말고도 손님들이 있었다. 사선이 자신과 아이히만 단둘의 대화를 녹음한 경우는 극히 드물었기 때문이다. 대부분의 경우, 모든 사람이 "랑거 박사"라고 부르는 어떤 남자가 함께했다.[83] 이 남자는 사선 인터뷰를 진행해나가는 데 큰 역할을 했는데 무슨 이유로 그의 역할이 간과되어왔는지 의문이다. 우리에게는 그의 많은 질문과 견해가 남아 있을 뿐 아니라, 녹음테이프와 녹취록 모두에 보존된 그의 긴 강의도 하나 남아 있다. 흥분했음이 뚜렷이 드러나는 약간 더듬거리는 목소리로 랑거 박사는 빈에서 업무상 매우 잘 알고 지냈던 빌헬름 회틀에 대해 이야기한다. 또한 그는 아이히만과 열띤 대화를 나누기도 한다. 미리 말해두자면, 우리는 이 남자가 누구인지 모르지만, 그에게 두드러진 나치 경력이 있었음은 분명하다.

아이히만이 종종 우쭐해하며 말했듯이 랑거는 빈의 친위대 보안국에서 일했고 군 복무는 하지 않았다. 어떤 열띤 토론 중에 아이히만은 그에게 왜 잘 알지도 못하면서 끼어드냐고 묻기도 하고, 또는 "바보 같으니라고! 전선에서 싸워봤어요?"라고 묻기도 한다.[84] 하지만 랑거는 법을 아는 사람이었고, 아이히만이 합병 이후의 오스트리아에서 보낸 시간에 대해 이야기하자 그는 다음과 같이 자신의 경험을 강조한다. "당시 나는 오스트리아 친위대 보안국의 다른 부서에서 일했고, 이 법의 틀 안에서 우리는 공무원을 평가하는 일, 즉 공무원들이 유대인인지 아닌지 판정하는 일을 했어요."[85] 다시 말해서 랑거는 오스트리아에서 1933년의 직업공무원법을 시행한 사람들 중 한 명이었다. 그는 공무원으로 남아도 되는 사람과 그러면 안 되는 사람을 결정했다.

빈 친위대 보안국 출신의 이 랑거 박사는 분명 대단히 중요한 인물이었고, 적어도 1957년에 여전히 아이히만의 시샘을 자아낸 직책을 지낸 인물이었다. 아이히만이 자신의 부대장 하이드리히가 프라하에서 너무 바쁜 탓에 베를린에서 제국중앙보안청 문제들에 거의 시간을 낼 수 없었다고 설명하자 랑거는 단호하게 반박한다. "그 말은 믿을 수 없어요. 그는 적어도 시간을 들여 결재를 했어요." 그러자 아이히만이 발끈해서 응수한다. "당신이 못 믿겠다니 말하지 않을 수 없는데, 당신은 그때 친위대 보안국에 있었으니 운이 좋았던 거예요…… 그 시기에 제4국의 다른 모든 일은 뮐러가 결재했어요." 하지만 랑거는 순순히 물러나지 않는다. "똑똑히 기억하는데, 제4국에는 그의 서명이 들어간 문서가 많았어요." 그런 다음 그는 상처에 소금을 뿌리는 형국으로 다음과 같이 덧붙인다. "게다가 그는 내가 프라하에 함께 있을 때도 시간을 들여 결재를 했어요." 이에 아이히만은 어색하게 말한다. "나도 프라하에 그와 함께 있었어요."[86] 마치 모임의 누군가 그 점을 의심하기라도 했을 것처럼 이렇게 말하고 있는 것이다. 이 바보 같은 하이드리히 차지하기 게임은 아이히만의 공격이 랑거의 명백한 중요성을 깎아내리려는 시도임을 드러낸다. 하이드리히는 제3제국에서 가장 야심 있는 인물들 중 한 명이었고, 아무에게나 접견을 허락하는 사람이 아니었다. 랑거는 친위대 내 유대인 비율 전문가로 등장한다. "아리안 증명서 이후 몇 명 있긴 했지만 수가 적어서 백분율을 따지는 것은 불가능했고, 아마 옛 독일제국보다 오스트리아에 더 많았을 겁니다."[87] 그는 한스 라우터나 아르투어 자이스-인쿠아르트 같은 저명한 나치 인사들에 대한 개인적 인상을 전해줄 수 있으며,[88] 심지어 아이히만도 자신의 목적에 들어맞을 때는 종종 그의 우월한 지식에 기댄다. "하이드리히가 1939년에 국제형사경찰위원회 위원장이기도 했는지 여부는 랑거 박사에게 분명히 물어봐야 할 겁니다."[89]

랑거 박사가 누구인지 우리가 모른다 하더라도 그의 지위가 낮았을 리는 없다. "내 사무실에 소위가 한 명 있었는데, 그는 자신이 4분의 1은 유대인임을 알게 되어 자살하고 싶어했고, 나는 그를 말렸어요. 그러고 나서 그는 공군에 들어갔는데, 거기서 큰 활약을 했고 (…) 나는 그가 전후에 다시 오스트리아에서 새로운 민족 운동에 가담해 큰 역할을 맡았다고 들었어요."[90] 자기 사람들에 대한 이 확연한 자부심에는 또 다른 의미도 있다. 자기 참모들에 대한 어떤 질문에 답하면서 랑거는 자신이 최고의 인재들을 계속 잃었다고 아이히만에게 불평한다. "제국중앙보안청의 책임자들이 계속 내게서 인재들을 빼가서 나는 손해가 많았어요."[91]

두 사람의 경쟁의식에도 불구하고, 랑거 박사는 아이히만이 듣고 싶어하는 정보를 가지고 있었다. 한번은 아이히만이 사선에게, 자신의 골칫거리가 되어온 주제에 대해, 즉 전후에 자신이 했던 과장된 발언의 목격자에 대해 랑거 박사에게 물어보라고 압박한다. 아이히만은 "랑거 박사가 (…) 업무상 회틀을 안다"고 지적한다.[92] 그래서 랑거 박사는 그 주제에 대해 이야기해달라는 요청을 받았을 것이다. 랑거는 약 20분에 걸쳐 회틀에 대한 일종의 강의를 한다. 그가 미리 준비한 노트를 이용하고 있는 소리가 들리는데, 그 노트에는 회틀의 책에 대한 설명이 담겨 있다. 랑거의 진행은 냉담하고 딱딱한 느낌을 주지만, 시간이 지나면서 그는 긴장을 풀고 회틀의 끔찍한 평판과 간사함에 대해 어느 정도 유머 있게 이야기한다. 하지만 이 라이벌에게 너무 많은 관심이 쏠리자 아이히만은 초조해져서 끼어든다. 그는 짜증 섞인 말("그럼 그게 다예요?")을 내뱉으며 자신의 장황한 설명에 돌입하는데, 설명 내용이 너무 빈약해서 그것이 상대의 발언을 단축시키려는 행동이라는 인상을 지울 수 없다.

랑거는 아이히만에게 몇 가지 비판적인 질문을 던지는데, 이는 그가 죄책감 같은 것을 갖고 있을지도 모른다는 암시를 가끔 준다. 하지만 친위대 보안국 소속이었던 빈 출신의 이 남자가 사선 그룹 내의 마지막 도덕성의 흔적이라고 상상하는 것은 맞지 않을 것이다. 원본 테이프에는 아르헨티나의 녹취록 작성자가 빼버린 내용이 남아 있다. 랑거 박사가 마우트하우젠 강제수용소에 출입했다는 내용이다. "나는 그곳을 자주 방문했는데, 한번은 방문 중에 네덜란드계 유대인들이 내 앞으로 줄지어 지나갔어요."[93] 랑거 박사는 수용소장 프란츠 치라이스와 가까운 사이여서, 네덜란드계 유대인들을 노역에 의해 절멸시키는 명령에 대해 들었다. 그는 "강제수용소 소장이 내게 설명해주었던 개인적 경험담"을 회상한다. 그 설명에 따르면 "이 유대인들은 사실상 한 사람이 여러 날 걸려 해낼 수 있는 일을 할당받았다".[94] 사선 서클은 노역을 통한 절멸을 가져오는 끔찍한 방법들에 대해 흥미를 드러내며 터놓고 토론한다.

랑거는 다른 측면들에서도 사선 서클에 어울리지 않는 존재가 아니다. 그는 유대인들이 세계를 상대로 음모를 꾸미고 있다는 믿음을 그 모임과 공유하고 있으며, 사선과 마찬가지로, "유대인" 학계에 도움이 될 수도 있는 떠도는 사실들을 예리하게 감시한다. 아이히만이 자기 상관의 변덕스러운 성향을 비교적 솔직하게 이야기하자 랑거는 위험성을 지적한다. "물론 당신은 적에게 변덕스러움이 지배한다고 주장할 수 있을 만한 더 많은 논거를 제시하고 있지요."[95]

랑거 자신이 홀로코스트에 관여한 이야기들은 녹취록에는 거의 들어가 있지 않으며, 이는 사선이 그에게 어느 정도의 재량권을 보장했음을 암시한다. 확실히 사선은 랑거에게 자세한 이야기를 들을 요량으로 그를 모임에 끌어들인 것 같지 않다. 랑거가 제공할 수 있는 것은 완전히 다른 무엇이었다. 사선이나 프리치와 달리 그는 아이히만의 말을 적어도 어느 정도 평가할 수 있는 위치에 있었다. 랑거와 아이히만이 현역 시절부터 서로에 대해 잠시도 알지 못했다는 것은 상상할 수 없는 일이다. 최소한 1944년의 마지막 몇 달 동안 아이히만의 그 끔찍한 죽음의 행진은 분명 랑거 같은 계급의 친위대 보안국 남자에게 그의 이름을 알렸을 것이다. 랑거는 사선이 놓치고 있는 부분에서 판단하고 질문할 수 있었다. 그런 부분에서 그는 사선을 대신해 아이히만을 몰아붙였다. 『길』 직원이었던 어떤 사람의 말에 따르면 사선 서클에서 아이히만은 그야말로 심문을 당했다.[96] 녹음테이프에서는 아이히만과 랑거 두 사람에게 집중된 어떤 대화 중에 "계속 파고들어요!"라고 속삭이는 사선의 목소리가 들린다. 하지만 아이히만은 랑거를 다루는 법을 재빨리 찾아냈다. 법과 규정이라는 그 자신의 무기를 그에게 겨누는 것이었다. 그는 사선 서클에서 한 페이지 한 페이지 토론했던 책들 중 하나를 인용하고 자신의 우월한 지식을 활용하면서 자신의 부분적으로 부정직한 이론들을 다음과 같은 말로 뒷받침하기를 좋아했다. "랑거 역시 블라우 박사의 법령집을 보면서 처음으로 그것을 확인했어요."[97]

아이히만은 또한 베를린에서 일할 때 부처 간 협의에서 자신의 이익을 꾀하는 데 사용했던 기술에 의지하기도 했다. 옹졸한 관료처럼 구는 것이었다. 이를테면 한 녹음테이프에서 아이히만은 자신의 부서가 "제4국 A4"과로 되어 있는 어떤 문서를 받아 드는데, 먼저 신경질을 내더니 사소한 것을 가지고 트집을 잡는다. "제4국 A4과…… 잠깐. 뭐라고? 다시 좀 봐도 될까요? 이것 좀 보세요. 여기 이 얼빠진 작자 좀 보시라고요. 이런 작자들이 자기가 지혜를 흡수했다고 믿죠. 여러분이 로마 숫자[Ⅳ]와 대문자 소문자의 조합을 본다면 이런 멍청이들은 그것들을 뒤섞어버릴걸요. 제4국 A 라고 되어 있잖아요. 제4국 A 과는 완전히 다른 집단이라고요!" 그런 다음 아이히만은 왜 이 부서 명칭이 존재할 수 없는지에 대해 장황하고 자신감 있고 위압적이고 궁극적으로 설득력 있는 설명을 제시한다.[98] 하지만 진실은 아이히만의 부서가 1944년 3월부터 정말로 제4국 A4라고 불렸다는 것이다. 그의 부서는 몇 년에 걸쳐 네 개의 다른 이름을 가졌다. 제4국 R, 제4국 D4, 제4국 B4를 거쳐 제4국 A4가 된 것이다.[99] 그는 이 숫자들이 어떤 특정 부서에 어떤 파일을 연결시키는 전부이며, 레이블만 제거하면 그 서류들과의 관련성을 부인할 수 있고, 산더미 같은 문서들을 모조리 사라지게 할 수 있다는 것을 아주 잘 알고 있었다. 이스라엘 심문관 아브너 W. 레스는 아이히만이 제4국 B4 이외의 모든 부서명을 "믿을 수 없을 정도로 완강하고 격렬하게" 부인하는 것을 보며 거의 흥미로워하기까지 했다. 아이히만은 당국을 난처하게 만들려는 자신의 모든 시도가 헛되다는 것을 상기시켜주는 문서가 제시될 때까지 공식 용어와 내부 명칭을 계속 생각했다.[100] 하지만 나치 집권기에는 사정이 완전히 딴판이었다. 살인하는 것이 업인 사람이라면 누구도 설득할 필요 없이 그저 시간을 벌기만 하면 된다. 아이히만이 자신이 하려는 일에 대한 선례를 만들기 위해 잔꾀를 부렸다는 것은 수많은 문서가 입증한다. 관료주의적 핑계는 관료제 그 자체와는 다르며, 이 점을 아이히만보다 더 잘 아는 사람은 없었는데, 그는 모든 관료 체계를 분명 성가신 것으로 여겼기 때문이다. 이러한 이유로 직원이 필요했다. "나는 관료 체계와 관련된 일들 때문에 내 공무원들에게 의지했다"라고 그는 사선에게 설명했다. 그는 에른스트 뫼스와 프리츠 뵈른 같은 이 "생명체들"을 "관료제 브레이크"로 사용했다.[101] 랑거를 상대할 때 그는 자신의 필요에 들어맞는 한 스스로가 바로 그 "생명체"의 입장이 되었다. 만약 어떤 질문이 그를 너무 불편하게 만들면 그는 다음과 같은 말로 재빨리 방향을 바꾸었다. "당신은 내 입장이 될 수 없어요, 절대 그럴 수 없어요. 당신은 최후까지 친위대 보안국에 있었으니까요."[102]

랑거 박사는 누구였을까? 빈의 억양이 살짝 섞인 목소리, 누군가에게 음료를 건네받을 때 공손하게 "신의 축복이 있기를!" 하고 말하지만 마우트하우젠 수용소에서 벌어진 끔찍한 일들에 대한 기억도 입 밖에 꺼내는 그 목소리의 주인공은 누구였을까? 다시 한번 예루살렘의 아이히만은 우리에게 도움이 되지 않는다. 예루살렘에서 아이히만은 사선의 집 주방에서 사선과 대화를 나누곤 하던 즈음에 과거 오스트리아 어느 사단의 사단장이었던 "랑게"라는 사람을 잠깐 만난 적이 있다고 주장했다. 그 남자의 진짜 이름은 "클란 박사"였다고 그는 말했다.[103] 의미심장하게도 아이히만 주변에는 이렇게 이국적으로 들리는 이름을 가진 사람이 실제로 한 명 있었다. 그 사람은 바로 아이히만이 납치된 직후 그를 관리했던 모사드 팀의 의사였다. 아르헨티나에서는 아직 이 이름들이 발견된 바 없다. 오스트리아에서는 친위대가 분할되어 있었던 것과 달리 친위대 보안국 사단은 여러 개 있지 않았다. 오스트리아 전체가 단 하나의 친위대 보안국 사단, 즉 도나우 사단의 관할하에 있었던 것이다.

랑거의 정체는 수수께끼로 남아 있다. 우리가 가지고 있는 것이라고는 그의 이야기, 그의 목소리, 그의 이름뿐이다. 사선의 집에서는 가명이 사용되지 않았고, 아이히만과 랑거가 업무를 통해 마주치기 쉬웠던 사람들인 만큼 랑거가 아이히만에게 자신의 신원을 숨긴다는 것은 말이 안 되는 일이었을 것이다.[104] 나치 친위대 명단,[105] 빈대학의 법학이나 정치학 박사학위 수여 기록,[106] 수많은 동료의 전문적 의견[107]은 지금까지 배제해야 할 사람들의 긴 명단을 제공했을 뿐 그 이상의 통찰은 제공하지 못했다. "랑거 박사"의 사례는 우리가 사선 인터뷰라는 자료에서 찾아내야 할 것이 아직 얼마나 많은지, 그리고 결국 우리가 망명 중의 나치 인사들에 대해 아는 것이 얼마나 적은지를 보여준다.

무기: 달변

사선: 그냥 그렇게 파리를 잡을 수 있어요?

목소리: 그럼요!

(손바닥으로 탁 치는 소리와 웃음소리)

사선: 유대 성향의 파리……

(손바닥으로 치는 소리)

사선: 죽은 파리.

—사선 토론회[108]

사선 문서를 그처럼 강력한 자료로 만들어주는 것은 무엇보다, 텍스트와 녹음 기록에 의해 어떤 중간 단계 없이 우리에게 직접 전달되는 그 남자들의 말이다. 아브너 W. 레스가 아돌프 아이히만을 심문하는 것을 들어봤거나 녹음된 재판을 들어본 사람이라면 누구나 그의 독특한 말투에 익숙할 것이다. 그는 자신과 자신의 반인륜적 범죄에 대해 말할 때 징징거렸다가 냉정했다가 때로 발끈했다가 한다. 그가 어리석은 위계와 책임을 이야기하는 것으로, 또한 의무감과 명령을 하달받았음을 들먹이며 변명하는 것으로 청자들을 지치게 할 때, 그의 기나긴 문장들은 꼬임과 비틀림과 순환적 사고로 가득 차 있다. 아르헨티나의 아이히만, 동조자 모임 내의 아이히만의 말을 듣는 것은 분명 다른(그리고 훨씬 더 참기 힘든) 경험이다. 녹음테이프의 내용을 들으면서 적어도 그가 아르헨티나에서 사람들에게 어떻게 보였을지에 대해 어느 정도의 인상을 갖지 않기란 불가능하다. 1957년의 그 몇 달에 걸쳐 사선 서클이 만들어낸 것을 분석하고자 한다면, 그 구성원들의 생각뿐 아니라 말에도 주목해야 한다. 다른 무엇보다, 이것은 이 자칭 현자들의 허튼소리에 접근하게 해주는 매우 드문 자료 중 하나다.[109]

언뜻 보면 아이히만의 실없는 말로 토론이 지배되는 것 같다. 이 남자는 자기 희생자들을 분류하는 자기만의 방식을 갖고 있었다. 그의 유일한 배려 대상은 "제국에 중요한 존재로서의 위치에 있는 유대인들"이었고, "보통의 흔해빠진 유대인은 전혀 중요치 않았다".[110] 그의 머릿속에는 "가치 있는 유대인"과 아무짝에도 쓸모없는 "늙고 동화된" 유대인이 있었다. 이 광신적 인종주의자는 이 점을 마치 그것이 세상에서 최고로 자명한 사실인 양 설명했다. 유대인들은 또한 "생물학적으로 매우 가치 있는 유대인의 피"를 보존하고 싶어한다고 그는 주장했다.[111] "그것은 내가 지금 양계장을 운영하고 있는 경우와 똑같아요. 백 마리든 만 마리든 알 낳는 암탉이 필요하면, 사실상 나는 20만 마리의 닭을 부화시켜야 하는데, 왜냐하면 반은 수탉이고 반은 암탉일 것이기 때문이죠."[112]

"강제수용소의 노동에 투입될 재료가 완전히 쓸모없고 수리가 필요한 상태로 도착하는 것은 우리 이익에 부합하지 않기 때문에"[113] 당연히 추방 쪽으로 관심이 기울었다. 아이히만은 자신이 곧잘 성공을 거두었음을 자랑스러워했다. "생각해보세요. 2만5000명의 유대인, 혹은 사람, 혹은 2만5000마리의 소라고나 할까. (…) 2만5000마리의 동물을 어떻게 도중에 사라지게 할 수 있을까요? (…) 여러분은 2만5000명의 사람이 무더기로 있는 것을 본 적 있습니까? (…) 만 명의 사람이 무더기로 있는 것을 본 적 있어요? 다섯 개의 수송 열차가 있어요. 헝가리 경찰이 계획한 방식으로 채워넣는다면 열차 하나에 기껏해야 3000명 정도밖에 실을 수 없을 거예요."[114] 절멸 작전을 수행하고자 하는 어떤 사람이 맞닥뜨린 문제가 무엇인지 아이히만의 대화 상대들은 알아채지 못한다. "소를 싣든 밀가루 포대를 싣든 기차에 짐을 싣는 것은 어쨌든 까다로운 일이고, 하물며 사람을 싣는 것은 훨씬 더 어려운 일이고, 감안할 문제들이 있을 때는 더더욱 그렇죠."[115] 늘 똑같았다. 처음에는 상황이 "매우 희망적"으로 보였는데, "수송 열차들이 동원되었고, 멋진 일이라 할 만했다".[116] 추방은 "아무 어려움 없이 훌륭하게" 진행되었다.[117] 일부 작전 수행은 "특히 멋지고 깔끔"했지만",[118] 나중에는 "빌어먹을 문제들"이 발생했다.[119]

아이히만이 생각해낸 독창적인 계획은 한겨울이었던 전쟁 막바지의 몇 달 동안 사람들로 하여금 수백 킬로미터를 걸어서 가게 하는 것이었다. 하지만 그는 그것을 "죽음의 행진"이라고 부르지 않았다. 그는 그것을 "유대인 여행"이라고 했으며, 그 유대인 여행은 "더할 수 없이 우아하게" 진행되었다.[120] 그는 주저 없이 덧붙인다. "전체 여정 중에 시체 두 구를 봤다는 것을 오늘 여러분에게 말할 수 있습니다. 나이 든 유대인들이었죠. 달걀을 깨뜨리지 않고는 오믈렛을 만들 수 없는 게 분명합니다. 그리고 1945년 이후 훨씬 더 큰 독일 분견대들이 동쪽으로부터 행진할 때 달걀이 깨뜨려지지 않았습니까?" 아이히만은 수십만 명의 헝가리 유대인들을 그들의 죽음을 불사하고 추방하는 것이 절대적으로 공정한 일이라고 생각했다. 이동은 "유대인들 자신을 포함해 모든 사람에게 이로움을 주는" 것이었기 때문이다.[121] 쿠르트 베허 같은 사람들은 단지 유대인을 약탈하고 싶어 유대인들을 살려두고자 했지만, 아이히만은 아니었다. "우리가 유대인 문제를 해결하기 위해 유대인들과 협력하는 동안 다른 사람들은 유대인을 어떤 목적을 위한 수단으로 삼았고, 자기 개인의 목적을 위해 그들의 단물을 빨아먹었지요."[122] 부당한 강탈보다는 적절한 최종해결이 나았다. 아이히만은 당연히 그렇게까지 비굴하지는 않았던 것이다. 물론 그렇다고 해서 그가 자기 가족을 위해 뭔가를 몰래 축적하지 않았던 것은 아니지만 말이다. "내가 개돼지가 되지 않도록 해주신 신께 감사드립니다."[123] 그러나 안타깝게도 모든 사람이 이 사실을 깨달은 것은 아니었다. "그리고 바로 이것이 독가스로 살해되었어야 할 아주 많은 유대인이 오늘날에도 여전히 인생을 즐기고 있는 이유죠."[124]

당연히 이런 일은 오직 대규모로 고려되었다. 개별 사례들에 대해서는 관심이 없었다. "이런저런 불평꾼이 (…) 어떻게든 역할을 했는지 여부"는 중요치 않았기 때문이다.[125] "소수의 생존자나 집단들"—살해되지 못한 유대인들—을 두고 소란을 피울 가치는 없었다. 그럼에도 예외를 두지 않는 것에 언제나 주의를 기울여야 했다. "그런 군중 속에서 한 개인은 더 이상 역할을 할 수 없지만, 이 규정들을 면밀히 감시해야 했던 내 변호사들 앞에서 나는 그렇게 할 수 없었어요."[126] 체계적인 절멸에서 빠진 사람들은 "로이테Leute"라고 불리는데, 이들은 "목숨을 부지했고 티푸스나 물리적 말살을 겪지 않았다".[127] 하지만 그의 동료들은 종종 "이런 잔재들에 신경을 썼다".[128] 예컨대 비슬리체니는 "슬로바키아의 유대인들을 끝장냈다".[129]

유대인 대표들이 아이히만과의 논의를 통해 어떤 식으로든 구제받을 수 있으리란 희망을 품었다면 그것은 이미 실패한 일이나 다름없었다. 그는 이러한 만남을 지적 도전에 지나지 않는 것으로 봤다. "나는 모든 유대인 정치 조직원과 누가 더 대범한지 겨루기를 좋아했어요."[130] "내게는 '대범함'이 금언이죠."[131] 아이히만 자신이 거리낌 없이 인정했듯이, 아이히만이 헝가리에서 루돌프 카스트너와 벌인 이 "게임"은 실제로 "그가 자신의 유대인 공동체를 위해 유화를 꾀하는 사람으로서의 역할을 계속한 데" 따른 것이었다.[132] 아이히만은 목적을 이루기 위해 자신이 사용한 거짓말과 책략에 대해 자부심을 드러냈다. "나는 여러 해에 걸쳐 어떤 물고기에 어떤 낚싯바늘을 사용해야 하는지를 배웠어요."[133] 파렴치한 공갈은 "게임"의 일부였다. "당연히 나는 브란트 가족을 이용해 카스트너를 압박했는데, 그것은 방첩국이 벌인 게임이고, 납득할 수 있는 일이죠."[134] 어쨌든 적어도 사선과 다른 참석자들은 납득했다.

아이히만의 세계에서 인류를 위해 목숨을 아끼지 않는 사람들은 그저 욕먹어 마땅할 뿐이었다. 라울 발렌베리는 헝가리에서 박해받는 사람들에게 피난처와 스웨덴 증명서를 마련해주기 위해 할 수 있는 일을 다 했다. 아이히만에게는 그가 거기서 "자기 집처럼 편하게 지내는" "사이비 외교관"에 불과했다.[135] 유대인을 위해 행동하고 "절멸 기계"를[136] 멈추게 하는 사람은 중요한 게 뭔지 이해하지 못하는 "간섭꾼"이었다. 그들 중 다수는 "일요일마다 교회에 가기 때문에 시야가 좁다".[137] 쿠르트 게르슈타인처럼 적에게 절멸 프로그램에 대해 말한 사람은 "귀 달린 ……다".[138] 여기서 녹취록 작성자는 욕설이 부적절하다고 느껴(고문과 살인에 대한 자세한 설명과 달리) 정중하게 생략하고 있다. 추방 할당량을 채우지 못한 어떤 하급자에 대해 이야기하면서 아이히만은 "여기서 그가 법령, 법규, 법률 뒤에 편안하게 숨을 수 있게 해주는 것이 인도주의적인 뜻"이라고 암시한다. 인간적 동정이라는 것이 "변명"이 아니고 뭐겠냐는 것이다.[139]

아이히만이 걸핏하면 은유를 사용하면서 삶의 부드러운 이미지들을 이용해 추방과 살인에 대해 이야기할 때 언어는 완전히 타락해버린다. 강제 추방을 담당하는 기관은 아이히만의 "첫아이"였고,[140] 이곳에서 그는 "나의 업무에 대해 창의적"일 수 있었다".[141] 오스트리아에서 일어난 모든 개별적인 약탈 행위와 추방 행위는 "그 나라에 유대인 해결책을 주사"하기 위한 것이었다.[142] 심지어 절멸과 추방이 "탄생"했다.[143] 바로 이것이 그가 아우슈비츠로의 강제 추방을 중단하지 않을 수 없게 되었을 때 부다페스트에서 자신이 너무 불필요한 존재라고 느낀 이유였다. "내가 아는 한, 나는 더 이상 유익한 일을 할 수 없었을 거예요."[144] 노고의 결실이 살해 도표의 그래프 상승으로 나타나는 경우라면 성장과 생명에 대한 다른 식의 이해가 필요한 법이다. 아이히만의 표현을 빌리자면, 그가 사람들을 죽음의 수용소로 보낸 것이 아니라 수용소가 "재료를 공급받은" 것이었다.[145]

이 "최종해결 업무"에서 저항은 예상치 못한 일이었고, 실제로 저항이 발생하자 아이히만은 도저히 이해할 수 없어 했다. 예컨대 강제수용소 관리들이 "돌아버린 일부 유대인에게 맞아 죽는" 일이 벌어졌을 때처럼 말이다.[146] 불길에서 살아남은 이들은 이미 "달아나고 없는" 사람들뿐이었다.[147]

아이히만도 그의 대화 상대들도 숨김없이 말하는 데는 문제가 없었다. 유대인들은 "독가스 살해"를 당했고, "얼간이들은 도살 처분을 받았"으며, 추방된 자들은 "컨베이어 벨트 위에 놓인 것처럼 강제수용소에서 끊임없이 살해"되었다.[148] 힘러가 바라던 대로, 사람들은 빙빙 돌려 말하지 않을 때 더 예민하게 느끼는 것 같았다. 아이히만은 어떤 녹음에서 스스럼없이 이렇게 말한다. "유대인들이 어디로 가든 내게는 아무런 차이가 없었어요. 나로서는 그들이 마다가스카르로 행진하든, 글로보츠니크로 가서 독가스로 살해되든, 아니면 아우슈비츠로 가든 리가로 가든 아무 상관이 없었어요."[149] 하지만 몰취향마저 개성이며, 모든 참여자는 각자의 특별한 취향을 가지고 있다. 사선은 수용소에서의 잔혹 행위들을 대할 때 "생식 충동의 기술적 충족"과 "남성의 욕망"에 대해 성적으로 빈정거리기를 좋아한다.[150] 의심스러워 보이는 사람은 누구나 "멍청이" 또는 "얼간이"다. 알펜슬레벤은 "유대인 군중이 믿을 수 없을 정도로 소란스러울 수 있는 방식"[151]과 "타고난 책임"[152]에 대해 허풍 떨기를 좋아한다. 랑거 박사는 마우트하우젠에서 사용된 고문 방식을 자세히 설명하기를 즐겼다.[153]

하지만 이 남자들에게 섬세한 감정이 없었다고는 말하지 말아야 한다. 아이히만이 여기서 동료들에게 이야기하고 있듯이, 그는 "제국을 위해 진심으로 슬픔을" 느낀다. "나는 제국을 몹시 걱정했다"고,[154] "내가 나의 온 존재를 바쳐 얼마나 오롯이 이 투쟁에 헌신했는지"[155] 사람들이 알 수 있었다고 그는 말한다. 처음 절멸 계획을 들었을 때 그는 충격을 받았고, "그 단어는 말하기는 쉽지만 엄청나게 어려운 일이다"라는 힘러의 말로 위안을 삼았다.[156] "최종해결 업무는 전체적으로"[157] "직업적 살인"이었고, 아이히만은 빈정거리는 투 없이 이 표현을 썼다.[158] 살인에 "불필요한 잔인성"을 동반하지 말라는 힘러의 요구만이 "내가 들을 수 있는 좋은 소리였다".[159] 바로 이것이 일부 유대인이 "테레지엔슈타트 양로원"에 받아들여진 이유였는데,[160] "그곳에서 그들은 가장 쉬운 일, 어떤 실수로 아직 죽지 않은 노인들을 위한 일"을 부과받았던 것이다.[161]

아이히만은 1957년 아르헨티나에서 여전히 많은 것을 자랑스러워했다. 수많은 죽음은 필요한 것이었다. "제국의 유일한 좋은 적은 죽은 적이죠. 특히 덧붙여 말하자면, 나는 명령을 받으면 항상 사형 집행자와 함께 그것을 수행했고, 지금까지도 그 점을 자랑스럽게 생각합니다."[162] "내가 그 일을 하지 않았다면 그들은 도살되지 않았을 거예요."[163] 헝가리, 즉 몇 주 안에 이루어낸 40만 명 이상의 대량 추방이 그의 걸작이 되었다. "그건 정말 전무후무한 업적이었죠."[164] 그 전에 그런 문제들만 없었더라면! 아이히만에게 가장 고통스러운 일은 열차가 가득 차지 않는 것이었다. "벨기에에서는 너무나 안 좋은 실적"을 냈다.[165] 덴마크에서는 더 안 좋았는데, 당시 그는 자기가 바라는 대로 사람들을 죽음을 향해 싣고 가는 것을 허락받지 못했다. "나는 수송을 취소할 수밖에 없었는데, 내게 그것은 정말 죽도록 치욕적인 일이었습니다."[166]

냉소, 무자비함, 비인간적, 부도덕함, 눈치나 한도에 대한 이해가 없음. 바로 이런 것들이 1957년에 아이히만과 사선, 그리고 그들의 모임이 내놓은 말들을 불충분하나마 설명해주는 특성이다. 여기에 미래의 예루살렘의 죄수를 떠올리게 하는 것은 없다. 슐로모 쿨샤르는 이 죄수에 대해 다음과 같이 언급한 바 있다. "심문관은 나치 문헌의 스타일을 잘 알고 있다. 아이히만의 스타일은 완전히 달랐고, 더 건조했고, 거센 표현도 없었다. 그것은 감정을 자극하기 위한 것이 아니었다."[167] 그리고 한나 아렌트가 때로 공포를 희극으로 바꿔버리기도 하는 그 "소름 끼치는 유머"를 지적한 것은 옳았을지 몰라도, 아르헨티나 문서들에 비추어볼 때 그녀가 지적한 아이히만의 "말하기의 무능력"과 "사고의 무능력"은 설득력을 얻을 수 없을 듯하다.[168] 아이히만이 아르헨티나에서 한 말은 다른 참가자들의 말과 마찬가지로 생각 없는 헛소리가 아니라, 제대로 된 사고 체계에 기초한 일관성 있는 말이었다. 그의 말은 과도한 단정이었다. 여기서 빠져 있는 것은 논증의 토대가 아니라, 전체주의 사유 구조에 대한 기본적인 비판의 의지였다. 그것은 그들 나름의 교조성 때문이었다. 이 남자들은 자기가 그들 자신과 다른 사람들에게 휘두를 수 있는 폭력의 지속성을 중요하게 여겼다. 그것은 그 자체로 하나의 목적이 되었다. 전쟁이 끝난 지 12년이 지나서도 그들은 여전히 폭력으로부터 조금도 거리를 두지 못한 상태였다. 프리치, 사선, 아이히만은 언어와 허풍만 빼고 모든 무기를 잃은 채, 이념적 전사로서 여전히 한창 싸우는 중이었다. 바로 이런 이유에서, 그들의 언어를 마주하면 역사적 사실에 대한 지식과 상상력만으로는 할 수 없는 방식으로 이 문서들을 이해할 수 있다. 이 언어에는 민족사회주의자들이 동류 인간을 상대로 끔찍한 범죄를 저지르게 해준, 문명사회와의 단절이 반영되어 있다. 체계적 대량학살은 단순히 사디즘의 개별 사례들의 총합이 아니라, 근본적으로 왜곡돼 있는 정치적 사고의 결과다. 마찬가지로, 사선의 집 거실에서 이루어진 토론회들 역시 어떤 도덕적 척도와도 근본적으로 거리가 멀었다. "쓸모없다"는 말이 정당하다면, 이 남자들의 발언의 기초가 된 사고 체계와 관련해서 그럴 것이다. 사선 녹취록이 예루살렘에서 아이히만이 한 말에 비해 읽기 매우 부담스러운 이유가 바로 이것이다. 심문과 재판에서는 분명 더 위축된 아이히만을 볼 수 있다. 예루살렘에서 아이히만에게 말을 거는 사람들의 목소리는 이성과 정의를 지향하는 것이었다. 심문관, 판사, 검사가 그랬고, 특히 이 모든 것에 대해 논평하는 언론이 그랬다. 그들은 우리가 도덕적 가치를 계속 의식하게 해주고 우리와 그들이 다수라고 느끼게 해준다. 하지만 이 아르헨티나 토론회 내에서는 오로지 우리만 겉도는 존재다.

사선 서클의 자료 어디에서도 토론의 논조에 반대하는 사람은 나타나지 않는다. 이 신사들은 분명 화제에 걸맞은 말씨를 보이고 있으며, 누구도 인권과 인류에 대한 존중을 요구하거나 토론을 중단시키거나 최소한 항의의 뜻으로 자리를 뜰 생각을 하지 않는다. 누구도 역겨워하지 않으며, 누구도 경악하지 않는다. 유일한 논쟁거리는 독일인이라는 게 정확히 무엇을 의미하는가 하는 것이고, 토론회 자리를 뜨는 사람은 먼저 돌아가야 하는 것에 대해 아쉬움을 드러낼 뿐이다.[169] 살인 고백 후에도 다른 프로젝트들과 그날그날의 일에 대한 협의는 자연스럽게 이어진다.[170] 한번은 모임이 끝난 후 사선이 녹음테이프가 계속 돌아가도록 놔둔 채 녹취록 작성을 위한 몇 가지 지침을 이야기하거나 막 돌아간 손님들에 대해 험담을 하면서 정리하고 있었는데, 이때 일과를 마치고 만족스럽게 귀가하는 사람처럼 그가 즐겁게 휘파람을 불고 가족에게 말을 거는 소리가 녹음되었다.[171] 이곳에서 '최종해결 업무'는 살인이 단순한 토론 주제 이상이었던 때에 그랬던 것처럼 일상적인 일이었다. 이 집단이 사용한 언어를 살펴보면 민족사회주의자들이 비독일인으로 선고한 사람들이 어떤 폭력에 맞닥뜨렸는지를 알 수 있다. 그들은 궁극적으로 생존권을 포함해 모든 권리를 거부당할 수 있었다. 우리의 규범은 사선 집단 내에서 목소리를 낼 수 없다. 사선 집단의 발언은 나락에 빠진 영혼에서 나오지만, 누구도 그 점을 걱정하지 않는 것 같다. 언어에 귀 기울여야 할 필요성에 대한 이보다 더 나은 논거는 없다. 거기서 도덕적 세계의 가능성은 결국 사라져버린다. 일단 생각이 이런 범주에 도달하면, 어떤 논거도 그 생각이 살인 행위를 야기하는 것을 막지 못할 것이다.

적: 책들

> 저자들은 닥치는 대로 거짓말을 합니다. 닥치는 대로요. 폴리아코프든, 이 어릿광대, 이름이 뭐더라, 라이틀링거든 말입니다! 그자는 폴리아코프보다 훨씬 더 많이 거짓말을 합니다. 혹은 코곤—혹은 이름이 뭐든, 형제들.
>
> —아이히만, 사선 토론회[172]

처음부터 사선 서클에서는 함께 책을 읽고 평가하는 것이 결정적인 역할을 했다. 민족사회주의자들의 유대인 절멸에 관한 2차 문헌은 1957년에 아직 미미한 수준이었기 때문에 부에노스아이레스의 이 모임이 이 주제를 다룬 모든 독일어 서적을 입수했다는 것은 놀라운 일이다. 그중 일부는 소규모 출판사에서 나온 것이어서 특히 놀랍다. 사선과 그의 동료들은 철저히 조사했고, 부에노스아이레스에서 독일어 서적의 가격이 싸지 않았기에 꽤 비용을 감수했다. 『길』에 서평란이 있었지만 뒤러출판사는 증정본을 받는 것에 의지할 수 없었다. 서독에서 이 출판사의 책들이 너무 많이 판매 금지를 당한 탓에 평판이 나쁜 데다, 누구도 이 세상의 그 구석진 곳에서 나온 서평에 가치를 두거나 비싼 배송료를 감당해가며 그곳까지 책을 보내주지는 않을 것이기 때문이었다. 그런 이유로 에버하르트 프리치는 『길』의 사설을 통해서 자신의 충실한 독자들에게 도움을 청해, 관련 주제에 관한 책이나 신문 기사를 보내달라고 부탁했다. 물론 프리치는 자기 필자들이나 전 동료인 디터 폴머에게 개인적으로 부탁하기도 했다. 어쨌든 이 모임은 구할 수 있는 모든 출판물을 열심히 추적했다. 사선 서클에서 토론된 책들의 목록은 사선과 그의 동료들이 새로운 역사 연구에서 취한 체계적 접근 방식을 좀더 잘 보여준다.

아이히만과 사선은 첫 번째 녹음 때부터 텍스트를 인용한다. 아이히만은 뉘른베르크 재판 기록물을 읽어주고,[173] 사선은 알렉스 바이스베르크의 『요엘 브란트 이야기』[174]와 제럴드 라이틀링거의 『최종해결』의 핵심 문구들에 대해 묻는다.[175] 그들은 녹음테이프 거의 30개에 걸쳐 이 두 책에 대해 토론하며, 그다음에는 레온 폴리아코프와 요제프 불프의 문서 모음집인 『제3제국과 유대인』에 대한 논의가 마찬가지로 길게 계속된다. 39번 테이프부터는 나치 입법의 개요를 설명하려는 첫 시도인 브루노 블라우의 『독일 내 유대인 배제법 1933~1945』(1954)를 따라가며 나치 입법에 대한 대화가 이어진다.[176] 블라우는 아이히만이 기억했을 만한 인물이다. 그는 즉시 추방될 수 없는 유대인들이 억류돼 있었던 베를린 유대인 병원의 비자발적 입소자였기 때문이다. 아이히만이 자기 부서의 관할하에 있던 이 병원을 방문했다는 증거가 있다. 빌헬름 회틀의 『비밀 전선』은 특별한 중요성을 띠었다. 주로 회틀 자신과 대량학살의 주요 목격자로서의 그의 역할, 그리고 랑거와 아이히만이 이 저자를 직접 알았다는 사실과 관련해서 그랬지만 말이다. 이 모임은 라이틀링거의 『최종해결』 독일어 번역본에 가장 많은 관심을 쏟았고, 거듭거듭 그 책으로 돌아오곤 했다. 심지어 마지막 녹음도 이 대작을 반박하는 데 바쳐졌다.[177] 때로 책들은 토론 참여자들이 집에서 읽을 수 있도록 부분 부분 복제되기도 했지만 적어도 랑거는 자기 책을 가지고 있었고, 이 점은 그가 준비한 회틀 강의에서 확인할 수 있다.

모임에서 함께 논한 책들 외에 아이히만과 다른 사람들이 개인적으로 읽은 책과 기사들도 있었다. 아이히만은 오이겐 코곤의 『친위대 국가』, 그리고 미국인 검사 로버트 켐프너의 서문이 딸린 『뉘른베르크 재판』을 언급했다. 아이히만이 그 주제에 관한 한 존재하는 거의 모든 것을 읽었음을 우리는 안다.[178] 그는 또한 신문 기사들에 대한 정보도 제공했다. 그는 가족들이 오려내 보내주는 독일과 오스트리아 언론 기사들을 접할 수 있었고, 사선과는 달리, 자유주의적 신문이자 무엇보다 유대교 신문인 부에노스아이레스의 전통적 독일어 신문 『아르헨티나 타게블라트』도 읽었기 때문이다. "적의 언론 매체"를 숙독하는 것은 아이히만이 아르헨티나에서 이어간 직업적인 일 중 하나였으며, 그 일은 누군가 자신을 추적하고 있는지를 알아내는 데도 유용했다. 아이히만이 사선에게 가져다준 기사들을 보면 그가 여전히 "적"을 염탐하고 있었음을 알 수 있다. 책으로 둘러싸인 사선의 집 거실은 최신 유럽 신문과 잡지들을 접하는 호사를 제공했다. 이 간행물들 중에는 타덴의 『제국의 부름』(사선도 필진으로 참여)이나 『바이킹의 부름』 같은 극우 매체뿐 아니라 『슈테른』

『슈피겔』, 그리고 네덜란드 신문인 『데 폴크스크란트』도 있었다. 사선은 가끔 『타임』 최신 호 기사들을 번역해 들려주기도 했다.[179] 1950년대 말에 부에노스아이레스의 그 남자들처럼 견문이 넓은 사람들의 모임에서 최종해결에 대한 문헌을 그처럼 자세하게 파고든 경우는 없었을 테지만, 사실상 그들은 그것에 대해 거의 아무것도 이해하지 못한 셈이다. 그들이 그 글들을 읽는 주된 목적은 자신의 지평을 넓히는 데 있지 않았기 때문이다.

3년 뒤 이스라엘에서 아이히만은 이 공부 기간에 대해 여러 차례 고마워했을 것이다. 아이히만의 가장 잘 알려진 사진 중 하나는 그가 재판이 시작되기 전 자기 감방 내의 테이블 앞에 앉아 있고 그 앞에는 책들이 높이 쌓여 있는 모습을 보여준다. 그 책들은 모두 그가 잘 아는 것이었고, 그가 많은 종잇조각으로 특정 페이지들을 표시해둔 것으로 미루어 그는 그 책들을 어떻게 이용해야 할지 정확히 알고 있었다.[180] 아이히만을 심문한 이스라엘 경감 아브너 W. 레스는 그 점을 염려하며 지적했다. "밝혀진 대로, 그 남자는 이 방면에 훤했다. 믿을 수 없을 정도로!"[181] 레스는 그렇게 짧은 시간 안에 문헌을 이해하는 것이 자신과 동료들에게 얼마나 어려운 일인지 말했고, 다음과 같이 깔끔하게 요약했다. "라이틀링거가 우리의 성경이었다." 이 수감자는 심문관이 그 책을 구입하기도 전에 이미 거기에 정통해 있었다. 아이히만은 사선 덕분에 확보하게 된 그 이점을 숨기려 했다는 점에서 그 이점을 의식하고 있었던 것으로 보인다. 그는 마침내 다시 책을 읽을 수 있도록 허락받은 것에 감사하는 척했고, 특출한 교활함을 발휘해, 전에는 그런 기회가 없었던 것에 대해 유감을 표했다. 물론 그는 아르헨티나에서 그 책들을 읽었을 뿐 아니라 그 책들에 응수하는 연습도 했었다. 말하자면 아이히만은 2차 문헌과의 씨름을 통해서 자신을 기다리고 있던 심문을 선취한 셈이었다. 조용한 독서는 책을 다루는 아이히만의 방식이 전혀 아니었다.

사선 서클은 한 가지 점에서 의견이 일치했다. 이 문헌들이 "적에게서"[182] "반대 진영에서"[183] 나온 것이며, "적의 프로파간다"이고,[184] "적의 작가"가 쓴[185] "적의 문헌"이고,[186] "적의 언론"[187]이고, 무엇보다 "적의 추론"이라는[188] 것이었다. 요컨대 이 문헌들은 모두 "유대인 적"이[189] 쓴 것이었다. 그들은 가해자 편에서는 아직 아무도 책을 낼 정도로 이 주제에 관심을 기울이지 않았는데 희생자 편에서 이 주제에 대해 글을 썼다며 비난했다. 책들에 "유대인"이라는 꼬리표를 붙임으로써 그들은 또한 자신들이 적절한 연구가 아니라 프로파간다를 다루고 있다고 가정하고 있었다. 아이히만은 이렇게 설명했다. "이 유대인들이 그 일 이후 글을 끄적여 뭐든 자기가 원하는 것을 입맛대로 써대는 것은 아주 간단한 일이죠."[190] 아이히만은 내용이 마음에 들지 않으면 저자가 "무식하거나 악의적"이라고[191] 확언했다. "삼류 작가"[192] "서투른 놈"[193] "얼간이"[194] "개돼지"[195]는 아이히만이 오늘날 우리가 홀로코스트 역사 연구의 선구자로 인정하는—그와 그의 동료들은 그렇게 보지 않지만—저자들을 부를 때 습관적으로 사용한 말이다. 사선 서클은 연구란 전반적으로 "이른바 과학의 분출"이라는[196] 그의 조건을 공유하고 있었다.

하지만 그 연구에 대한 이런 존중 결여는 사정거리 안의 모든 것을 공격함으로써 비난으로부터 스스로를 방어하려는 시도를 넘어서는 것이었다. 조잡한 인종 이론의 결과로, 민족사회주의는 그 어떤 "국제적" 사고 체계나 비인종적 사고 체계도 거부했다. 결국 이것은 비인종적 과학이 존재할 수 없다는 뜻이기도 했다. "독일인 물리학"과 "유대인 물리학"이 존재했다. 보편성의 전형으로 널리 받아들여지는 과학조차 사실상 이런 구분을 피하지 못했다. 민족사회주의자들에게는 유대인 수학도 존재했다.[197] 과학조차 최종 승리를 위한 인종 투쟁이 되어, 과학과 학문을 위한 모든 노력을 단순한 전술 수준으로 끌어내렸다. 다시 말해서 진리 탐구는 "적의 이념 투쟁"을 약화시키는 것이어야 했다. 당연히 그들은 "적들" 역시 이런 식으로 행동하고 있다고 가정했다. 결국 모두가 전술적 게임을 하고 있었고, 무엇보다 유대인들이 그랬다. "책의 저자인 유대인 브란트가 유대인의 사고방식에 걸맞지 않은 수준으로 거짓말을 해야 할 이유가 뭐가 있겠는가?" 결국 전문가 아이히만은 이렇게 밝힌다. "그는 반은 랍비인 자의 아들"이기 때문이다.[198]

사실 그 책들을 누가 썼는지는 상관이 없었다. 아이히만은 그 같은 일관성을 가지고 빌헬름 회틀의 책도 불신했다. 회틀의 글은 "터무니없고, 바보 같은 헛소리이고, 어떻게든 기회를 잡아 애써 관심을 끌려는 사람들이나 심지어 1945년 이후 개인적 이익을 개척하려는 사람들의 거짓말이다".[199]

사선 서클은 주로 저자들이 어떤 식으로 사실들을 조작해 진실을 만들어내는지를 알아내기 위해서 이 책들을 읽었다. 그들은 추정되는 이런 전술들을 폭로할 방법을 알아내고자 했고, 필요한 경우 이것들을 더 잘 활용하고자 했다. 그들은 해석의 주권을 두고 싸우는 이 전쟁에서는 모두가 진실을 조작하고 있다고 확신했다. 적어도 그들은 스스로를 납득시키기 위해 할 수 있는 모든 것을 다 했다. 늘 성공한 것은 아니었다. 부에노스아이레스의 독자들까지도 이 풍부한 정보의 설득력에 영향을 받았기 때문이다.

이 문헌들을 깊이 파고들수록 사선과 랑거는 자신들이 읽은 것이 진실일지도 모른다는 불안감을 자주 느꼈다. 의심할 수 없는 세부 사항이 아주 많았기 때문이다. 심지어 아이히만이 실제로 인정한 것조차 그 남자들이 듣고 싶어하는 정도를 넘어서는 것이었다. 이것이 문제가 있음을 알아차린 아이히만은 괴테의 더할 수 없이 독일적인 어떤 문구를 빌려 그 책들을 설명했다. "이미 말했다시피, 1945년의 재앙적인 날들부터 오늘날까지 생겨난 모든 서재는 '시와 진실 Dichtung und Wahrheit'의 뒤범벅입니다."[200] 어떤 이들은 전쟁이 끝났을 때보다 다른 날들을 더 "재앙적"으로 여긴다는 것을 그는 전혀 생각지 못했다. 아이히만처럼 말을 많이 하는 사람이라면 이따금 실언을 하게 된다. 격해진 그는 자기가 어떤 기준으로 "시[허구]"와 "진실"을 구분하는지를 다음과 같이 폭로하기도 했다. "나를 욕하는 책에 나와 있는 (…) 모든 것에 신물이 납니다—나는 그것을 거짓말로 받아들입니다."[201]

자칭 적의 문헌에 대한 전쟁을 위해 아이히만은 두 개의 전선에서 싸웠다. 다른 사람들이 그 연구에 맞서 자신들의 공상적 역사 해석을 옹호하는 데 집중하는 동안, 아이히만 또한 사선 서클의 사람들에게 그들이 듣고 싶어하는 이야기를 들려주려 애썼다. 아이히만은 동료 군인이 아니라 적이 자신의 대화 상대일 것임을 알고 있었다. 그는 자기 해석에 따른 편향된 견해를 제시함으로써 그 모임의 참석자들이 자신이 아주 잘 아는 사실들로부터 방향을 돌리게 해야 했다. 사선과 프리치는 역사적 사실들을 인정하길 거부했을지 모르지만, 아이히만은 문헌을 훨씬 넘어서는 지식을 숨겨야 했다. 이것은 엄청난 노력을 들여야 하는 일이었을 것이다. 범죄 규모를 아는 아이히만으로서는 먼저 그것에 대해 책에 뭐라고 쓰여 있는지를 알아내야 했고, 그다음에는 책들에 담긴 위협적인 내용으로부터 사람들의 주의를 돌릴 방법을 생각해야 했고, 그러는 동시에 부정의 한 가지인 그들의 관점을 공유하는 것처럼 보여야 했다. 그런 다음 이 전문적인 상담역은 자신을 너무 많이 노출하지는 않으면서 토론에 "새로운" 정보를 더해주어야 했다. 가장 중요한 점은, 그 과정의 어떤 지점에서도 들키지 말아야 한다는 것이었다. 아이히만이 1960년 경찰 심문을 받을 당시 최고로 잘 단련된 상태에 있었던 것도 놀라운 일은 아니다.

가뜩이나 복잡한 이 상황에 더해진 어려움은 사선 토론회가 처음 시작되었을 때 아이히만에게는 대부분의 책이 새로운 것이라는 점이었다. 일반적으로 말해서, 그는 서평에 익숙했을 뿐 책 자체에는 익숙하지 않았다. 이 점에서 상대적으로 유리했던 사선은 곧잘 이를 통해 아이히만의 엄청난 정보의 우위를 상쇄해보려 했다. 그는 출처를 밝히지 않은 채 역사적 세부 사항을 가지고 아이히만에게 맞서곤 했다. 물론 사선과 책의 동맹관계가 아이히만에게 간파되지 않을 수 없었고, 아이히만은 책의 내용에 대해 계속 구체적인 질문을 던졌다. 하지만 무엇보다 사선은 아이히만에게 궁금증을 불러일으켰는데, 자신과 자신의 범죄에 대해 책에 실제로 어떻게 쓰여 있을지에 대한 궁금증이었다. 사선이 아이히만에게 빌려준 첫 책『요엘 브란트 이야기』부터 시작해 과정은 언제나 같았다. 초기 토론회(6, 8, 9, 10번 테이프)에 해당되는 어떤 토론회에서 아이히만은 자신이 그 책을 잘 모른다고 언급한다. "나는 그 책도 읽어보지 못했어요. 아쉽게도 접할 기회가 없었어요. 그 책은 불과 몇 달 전에 출판되었죠. 하지만 여러 신문에 실린 서평들은 읽었어요."[202] 사선은 그의 암시들을 일부러 무시하면서, 자기가 그 책을 잘 안다고 아이히만을 안심시킨다. 아이히만은 그 책을 빌려달라고 단도직입적으로 말하지 않는다. 하지만 그는 언젠가 그 책을 "공부"해볼 수 있다면[203] 그것을 읽으며 틀림없이 자신의 기억을 자극할 수 있을 것이라는 날카로운 언급을 자주 한다. "그 사람의 책에 설명된 어떤 내용을 통해 내가 자극을 받는다면, 또는 다른 어떤 책이 그 사람의 말을 언급한다면 내가 할 수 있는 얘기가 더 많아질 수도 있겠죠."[204] 하지만 사선은 몇 주 동안 버텼고, 책들은 토론회 중에 참석자 전체에게 낭독되었다. 24번 테이프에 이르러서야 아이히만은 그 책을 직접 살펴볼 수 있게 되고, 그 책에 대해 자신이 적어놓은 것을 다른 사람들의 끼어듦 없이 읽어줄 수 있게 된다.[205] 아이히만이 금방 알아챘듯이 사선은 순진한 사람이 아니었고, 사실상 친구도 아니었다.

하지만 당시에 책은 적이기만 한 것이 아니었다. 아이히만의 가장 위험한 재능 중 하나는 모든 종류의 해석을 효과적으로 사용하는 것이었다. 그것이 그 해석들을 악용하는 것을 의미할지라도 말이다. 단련된 이념의 전사로서 그는 당연히 각 페이지 위에서 벌어지는 "적"의 공격을 우려했다. 그는 역사 조작이 "유대인들"의 정치적 목표라고 봤다. 하지만 아마 더 놀라운 점은, 그 또한 이 같은 책들에서 도움을 구했다는 것이다. 심지어 바이스베르크와 브란트의 책에 대한 서평은 그 책들이 자신의 주장을 지지해줄 수 있다는 아이히만의 희망을 부추겼다. 아이히만은 사선에게 이렇게 설명했다. "지금 내가 카스트너 박사와의 논의를 들먹인다면, 요엘 브란트가 책을 낸 뒤인 오늘날에는 사람들이 나를 믿을 것이기 때문에 그렇게 할 수 있는 것입니다. 유대인 요엘 브란트의 책이 나오기 전에는 사람들이 과연 나를 믿었을까 싶습니다."[206] 언뜻 이러한 희망은 무모하게 여겨질 수 있지만, 사실 보이는 것처럼 그렇게 어리숙한 것은 아니었다. 아이히만이 자신의 이론을 뒷받침하는 쪽으로 저자의 의도와 다르게 책들을 활용하는 연습을 다년간 해왔기 때문이었다. 이미 1938년에 그는 시오니즘의 역사에 대한 어떤 선구적 저작을 아주 그럴듯하게 악용한 적이 있었다. 아이히만은 자신의 해석 기술의 초점을 무언가를 배우는 데 맞추지만 않는다면 책들이 자신의 동맹이 될 수 있다는 것을 일찌감치 깨달았다. 사선조차 아이히만의 이런 재능을 완전히 과소평가해, 그는 책을 인용하는 것으로 아이히만의 활보를 방해하는 데 자주 실패했다. 책을 통해 배우기 위해 책을 읽는 사람이라면 다 그렇겠지만, 사선은 책을 이용하거나 문헌을 생산하는 것으로 아이히만을 결코 따라잡을 수 없으리라는 것을 깨닫지 못했다. 이미 "거기에" 가본 사람에게 책은 기억을 돕는 일종의 비망록이지만, 직접적 경험이 없는 사람에게 책은 그 사람이 아직 모르는 바를 말해주는 것일 뿐이다. 사선이 책들을 통해 아이히만의 활동을 대강 짐작하려 애쓰는 동안, 아이히만은 다른 관점에서 그 책들을 읽고 있었다. 그는 저자들보다 더 많은 것을 알고 있었고, 그들의 오해 및 그들의 지식의 틈새를 알아봤고, 그들의 학문적 공정성을 부당하게 이용하고 있었다. 하지만 이것이야말로 전쟁의 원리다. 적의 약점을 이용해 가능한 모든 이점을 얻어내야 하는 것이다. 따라서 아이히만은 실제로는 자신을 비난하고 있는 책들을 거짓말과 자기 정당화를 위한 전략의 일환으로 자주 언급했다. 그는 "어느 저자가 어떤 책에서 말한 것 같은데"라는 말을 곧잘 했다.[207] 누군가 그의 발언에 대해 진지하게 의문을 제기하면 그는 이런 조언으로 대응했다. "전후에 나온 관련 도서들에서 그것을 좀 찾아보셨으면 합니다."[208] 그 어떤 인쇄물이라도 그것을 글쓴이의 논리와 전혀 다른 논리를 지지하는 것으로 보이게 만드는 것은 가능하다.

아이히만이 이 책들에서 진심으로 배우고 싶어한 한 가지가 있다면 그것은 바로 전술이었을 것이다. 그는 일어난 일들에 대한 자신의 해석을 구성하는 데 사용할 계략을 끊임없이 찾고 있는 것처럼 보였다. 『요엘 브란트 이야기』의 서론은 정직을 기하기 위하여, 그 책에 담긴 대화가 바이스베르크와 브란트에 의해 재구성된 것이며, 진실에 가까운 것이기는 하지만 절대적인 자료는 아니라는 것을 독자들에게 알리고 있다. 아이히만은 여기서 투명하고자 하는 열망 대신 "유대인의 교활함"을 본다. 또한 그는 이 "예술적 자유"에 큰 인상을 받았음이 틀림없는데, 그 스스로 그것의 가능성을 탐색하기 시작했기 때문이다. 아이히만은 이 테이프의 녹취록에 사선을 위해 다음과 같은 말을 적어두었다. "그렇게 오랜 시간이 지난 후 많은 것에 대해 기억을 되살리는 것은 분명 대단히 어려운 일이다. 그리고 우리가 진실에 집착한다면, 이것은 책에도 표현되어야 한다. 물론 요엘 브란트와 그의 저자는 유사한 일을 했다."[209] 아이히만은 4년 후 자기 정당화의 마지막 대작 「우상들」의 초고를 쓸 때 이 논리를 자명한 것인 양 사용해 처음부터 공격의 여지를 없애버렸다. "이 작가적 노력은 법조문이라는 저울로 측정될 수 없다."[210]

지크문트 프로이트의 말처럼, 독자를 대하는 태도로 저자를 판단할 수 있다. 아이히만은 이 격언이 반대로도 작용한다는 것을 보여준다. 그는 자신이 희생시킨 사람들을 대한 방식으로 책을 대했다. 폭력적인, 존중이나 가책 없는, 절멸이라는 최종 결과를 낳은 그 방식 말이다. 그의 독서 습관은 "유대인 문제 담당관"으로서의 그의 큰 성공에 대해 우리에게 뭔가를 알려줄 수 있다. 학교를 끝마치지 못했고 분명 지식인도 아니었던 아이히만이 텍스트를 이용하는 데 이토록 명민했다는 것은 이 전직 세일즈맨이 인간을 말살하는 사업에서 전례 없는 끔찍한 즉흥 연주의 달인이 된 것만큼이나 놀랍다. 적어도 이 엄청난 효과의 한 가지 원인은 분명하다. 바로, 아이히만이 책이나 토론에 뛰어들기 한참 전에 이미 행동 방침을 정해놓았고, 이 방침이 전쟁과 절멸이었다는 것이다. 유대인 대표들이 아이히만을 상대하면서 저지른 치명적인 실수는 자신들이 여전히 아이히만의 결정에 영향을 미칠 수 있다고 믿은 것이었다. 하지만 아이히만은 이미 살해를 목표로 삼고 있었고, 어떤 의심도 수용하지 않았다. 그는 텍스트에도 똑같은 방법을 적용했고, 덕분에 텍스트를 매우 빠르고 효과적으로 활용할 수 있었다. 아이히만은 도둑이 남의 집을 뒤지듯이 책을 뒤졌다. 그는 자신이 이용할 수 있는 것은 뭐든 다 취했고, 모든 것을 오직 이런 기능적 이해관계를 기준으로 판단했다. 그 과정에서 부서진 것이 무엇인지, 혹은 자신이 내버린 것이 무엇인지는 거의 신경 쓰지 않았다. 아이히만이 책 안에서 구한 것은 자기 생각에 대한 확증이 아니라 자신의 거짓말을 뒷받침해줄 재료였다. 이것은 중대한 차이인데, 후자의 경우 의심의 가능성을 배제하기 때문이다. 진정한 독자는 의심에 열려 있는 법이다. 그것이 자신에게 의문을 품는 것을 의미할지라도 말이다. 의심에 대한 이런 개방성, 스스로의 생각에 대한 이런 거리 두기는 저자의 관심과 텍스트의 내적 일관성이 제대로 힘을 발휘하고 있다면 시간이 걸린다. 간단히 말해서, 독자는 일반적으로 저자와의 대화를 바란다. 하지만 아이히만은 오직 이 적을 무력화하고, 문헌에 대한 외견상의 관심 아래 자신의 의도를 숨기고, 다른 이론들에 대한 열린 마음과 그런 이론을 제시하는 사람들에 대한 존중을 가장하는 데에만 관심이 있었다. 이 때문에 그는 진지한 토론에 관심 있는 사람보다 더 재빠르게 읽었다. 특히 그것은 그를 역사가들에 대한 위협으로 만든다. 학문적 연구는 진실성과 신뢰성을 지향하는데, 학문을 그저 또 하나의 전술로 보는 적에게 해를 입기 쉽기 때문이다. 책들로 눈을 돌리면서 아이히만은 자신이 창안한 사실을 뒤엎고 자신의 자아상을 위협하는 것은 무엇이든 파괴하려는 욕구를 다시 한번 드러냈다. 쿠어퓌르스텐 거리 116번지의 아이히만 사무실에서든 사선 집의 거실에서든 사실이나 주장을 통해 아이히만에게 영향을 미칠 수 있다고 생각한 사람이라면 그 누구든 시작도 하기 전에 이미 진 것이었다. 총력전을 벌이는 사람에게는 토론도 다른 어떤 것이나 마찬가지로 하나의 무기일 뿐이다. 아르헨티나에서 아이히만이 처한 문제는 이 무기를 사선에게 사용해야 할지, 아니면 사선에게 설명해야 할지 결정할 수 없다는 것이었다.

깨달음: 절멸

> 나는 원래 매우 예민한 사람이어서 그런 것을 그냥 보기가 힘들어요. 몸서리를 치게 되죠.
>
> —아이히만, 사선 토론회[211]

사선과 프리치 같은 사람들에게는 아이히만을 접한 것이 아주 특별한 경험이었을 것이다. 그들은 토론을 통해서 몰랐던 것을 알게 되기를 바랐던 것이지, 자신들이 민족사회주의자들의 절멸 작전에 대해 간파하게 된 그런 것을 예상했던 게 아니었다. 아돌프 아이히만으로 인해 그들은 그 끔찍한 일의 엄청난 규모와 진면모를 마주하게 되었다. 훗날 1961년의 재판에서 그런 것처럼, 그는 자신이 직접 목격한 잔혹한 살인 작전들에 대해 이야기했다. 남녀 성인과 아이들의 집단 총살, 체포되어 추방당한 사람들, 가스 트럭에 의한 살해, 절멸 수용소, 선별 작업, 시신 소각 같은 이야기였다. 그의 말은 『길』이 적의 프로파간다로 일축했던 모든 것을 사실로 확인해주었고, 구체화해주었다. 아우슈비츠에서처럼 그는 이 산업화된 대량학살을 직접 보고 싶어하지 않았고, 그래서 거리를 둔 채 수용소 소장이 "최고로 흥미진진하게" 그 일을 자신에게 이야기하도록 내버려두는 편을 택했지만, 그럼에도 그 일을 충분히 잘 알고 있었다. "하지만 나는 절멸의 전 과정을 처음부터 쭉 본 적이 없어요. 나는 그런 일을 하는 사람이 아니었어요."[212] 그에게는 그 과정의 끝에서 이루어진 공개적인 시신 소각을 보는 것으로 충분했다. 아이히만은 유대인을 말살하는 것이 옳다고 생각했지만, 희생자들의 두려움과 고통과 죽음을 직접 대면하는 것은 좋아하지 않았다. "내가 수용소에 간 것은 개인적 호기심이 아니라 다른 문제들 때문이었어요." 그는 녹취록에서 이렇게 주장했고, 우리는 그의 말을 믿을 수 있다. 그는 수용소장이 "여기서 매일매일 자신이 감당해야 하는 상황을 펜대나 잡고 있는 사람에게 보여주는 것을 얼마나 즐거워했는지" 이야기한다.[213] 아이히만의 몇몇 묘사를 보면, 마치 수용소장 회스가 아이히만을 상대로 했던 것과 같은 일을 아이히만이 사선 서클을 상대로 해 이야기하고 있는 듯한 인상을 받게 된다. 그의 이야기는 노골적이고 자세하며, 듣기 좋게 순화하지 않는다. 원활하게 작동하는 살인 기계, 신속한 죽음, 살인과 관련된 독일적 효율성에 대한 이야기는 없다. 그 대신에 아이히만은 대량학살이 얼마나 끔찍했는지를 묘사한다. 그에게는 당연히 끔찍했다. 그는 주시할 것을 명령받았고, 메스꺼움을 느꼈고, "무릎이 떨렸다". 문제는 아이들이 죽임을 당했다는 것이 아니었다. 당시 자녀가 둘이었던 그 자신이 그 일을 지켜봐야만 했다는 것이었다. "나는 시체를 보는 것을 견딜 수 없어 하는 사람들 중 한 명입니다." 그는 사선 서클에서 이렇게 토로했다.[214] 그의 이야기들은 그 자신이 촉발한 운명으로 인해 다른 사람들이 고통받는 것을 봐야 하는 부담 때문에 끔찍한 자기 연민으로 가득 차 있다. 하지만 아이히만은 이러한 이야기의 목격자, 그 끔찍한 일을 다루는 한낱 역사가처럼 굴면서, 자신이 절멸과는 아무 관련이 없었음을 자신과 다른 사람들에게 설득한다. 그는 아무것도 바꿀 수 없었고, 이러한 "출장"이 그를 "불행한 사람"으로 만들었다.[215]

하지만 이런 설명에서는 다른 무엇이 작용하고 있다. 하인리히 힘러는 아우슈비츠 수용소장에게, 그가 학살을 수행해야만 미래 세대가 그 일을 하지 않아도 될 것이라고 말했다. 이 명령은 유대인 절멸을 회스나 아이히만 같은 사람들이 놓치고 있었던 중요한 일, 즉 최전선에서 싸우는 일로 전환시켰다. 아이히만의 어느 참모나 "병역면제"에 버금가는 위치의 사람들이 스탈린그라드의 병사들과 자리를 바꾸었으리라는 말이 아니다. 아이히만 부서의 어느 누구든 실제로 최전선으로의 전출을 요청했다는 증거는 없다. 그러나 여전히 그들은 전투, 용맹함, 영웅적 행동의 증표이자 크게 칭송받는 것인 전우애적 경험을 자신들이 놓치고 있다고 느꼈고, 최전선 군대는 실제로 사무실 복무자들을 결코 전우로 인정하지 않았다. 무장친위대는 일반 친위대를 싫어하고 조롱했다. 전선에서 살아남아 진급한 사람들은 베를린의 책상머리나 지키고 있다가 같은 보상을 받는 사람을 좋아하지 않았고, 이는 이해할 만한 일이었다. 이러한 구별은 아르헨티나의 아이히만에게도 똑똑히 느껴졌다.[216] 그래서 힘러가 보여준 이러한 인정을 환기하는 것도, 그 절멸의 수용소를 방문할 때마다 자신이 존재감을 증명했음을 다른 사람들에게 드러내는 것도 그에게는 즐거운 일이었다. 피의 분출과 부러진 뼈, 의지력과 폭력 행위, 아이히만 역시 이 모든 것을 치러낸 사람이었다. 그 역시 전우애를 알고 있었고, 동료 병사들을 지원했다. 녹음테이프에서 그는 갑자기 아우슈비츠 수용소장이었던 회스를 옹호하고 나서, 회스가 그런 자리에 있는 사람에 대해 일반적으로 상상할 수 있는 것과는 너무나 다른 인물이었다고 말한다. 그는 죽은 동료를 옹호하며 이렇게 말한다. "그리고 내가 강제수용소 소장직을 맡아야 했다면 나는 조금도 다르게 행동하지 않았을 겁니다. 유대인을 독가스로 죽이거나 총살하라는 명령을 받았다면 나는 그 명령을 수행했을 겁니다. 말했다시피, 나는 그런 명령을 받지 않은 운명에 고마워하지도, 안 고마워하지도 않아요. 바람에 대고 오줌을 누는 것은 소용없는 일이니까요."[217] 그가 사선의 거실에서 누군가에게 "이 바보 같은 사람 좀 보게! 당신, 전선에서 싸워보긴 했어요?"[218] 하고 소리칠 당시까지만 해도 그는 분명 본인은 최전선 경험이 있다고 믿게 된 상태였다. 그는 이어서 다음과 같이 말한다. "우리는 총력전을 치렀고 전선과 후방이 완전히 흐릿해졌다고 내가 말했던 것을 잠깐만 생각해보세요. 그리고 오늘 나는 지난 전쟁이 최전선에서만 치러졌다는 생각을 갖고 있는, 독일인을 포함한 완고한 지식인들에게 명백히 맞서 싸워야 합니다. (…) 총력전이 선포된 상황에서는 적국들을 섬멸하는 것에 아무런 차이가 없습니다."[219] 아이히만은 정말로 어떤 끔찍한 일들을 봤지만, 자신의 "적국들"이 무방비 상태의 겁에 질린 인간들이었다는 것, 그리고 바로 자신이 따뜻한 겨울 외투를 입은 채 그들을 절멸로 몰고 간 운전사였다는 것은 깨끗이 잊고 있었다. 그는 자신도 독일을 위해 고생했다는 것을 입증하고 싶었다. 이러한 욕구는 아이히만이 그 끔찍한 일을 그토록 솔직하게 묘사하는 이유를 설명하는 데 큰 도움이 된다.

청자들은 다양하게 반응한다. 랑거 박사는 자신이 마우트하우젠에서 들었던 고문과 절멸에 대한 이야기를 시작하지만, 현실을 대면한 사선과 프리치는 말을 잃는다. 대체로 그들은 질문을 하지 않는데, 이미 넘치도록 많은 것을 들었기 때문이다. 사선은 녹취록 작성자에게 절멸 작전에 대한 반복된 묘사는 생략하라고 지시한다. 청자들의 경악과 혐오는 명백하다. 소설가 사선은 "승전국들"이 독일인들에게 가했을 것으로 추정되는 고문과 관련해서라면 과도한 폭력을 파고들었을지 모르지만, 유대인들의 고통은 그를 침묵시켰다. 그가 아이히만과 랑거를 믿지 않아서가 아니었다. 이 두 사람 다 강제수용소에 관여했던 인물들로 서로 간에 경험과 자기 연민을 공유할 수 있었지만, 사선은 매우 경악스러워했음에 틀림없다. 하지만 그는 인정받으려는 아이히만의 소원을 들어주었다. 아이히만이 틀림없이 공감할 만한 다음과 같은 정곡을 찌르는 문장을 받아쓰게 한 것이다. "이 전쟁의 전장은 죽음의 수용소라고 불렸다."[220] 바로 이것이 아이히만이 요구하는 자신의 "최전선 경험"에 대한 존중이었다. 그렇지만 사선이 자기 생각을 이야기한 긴 내용에는 아이히만, 회스, 오딜로 글로보츠니크가 관여한 반인륜적 범죄가 "용서될 수 없는"[221] 것이었다는 주장도 담겨 있다. 그런 다음 사선은 그들의 행동이 "이해될 수 있는" 것이었다고 서둘러 말한다. 아이히만, 그리고 히틀러에 이르기까지의 다른 사람들이 모두 그저 조종되었기 때문이다. 그러나 사선은 이러한 범죄가 용서받을 수 없는 것이라는 견해를 수정하지 않았다. 그리고 녹취록에서 어린아이들의 수송에 대해 이야기하는 부분—아이히만이 매우 진지하게 "아이들 이야기"라고 언급하는—에 이르렀을 때는 사선의 "이해"마저 일시적으로 사라져버린다.[222] 아이히만은 사선의 경악을 똑똑히 알아차리고는 뻔뻔스럽게도 그런 일이 일어났음을 부인한다. "하지만 당신은 그토록 많은 문서와 서류를 찾아봤고, 지금 나로서는 아이들 문제에 대한 문서들이 어디 있는지 몰라요. 믿을 만한 문서들 말이에요. 그러니 이 문제에 대해 나는 당장은 더 할 말이 없어요."[223] 사선이 이 말에 안도했는지는 알 수 없다. 그는 아이히만이 나쁘다고 증명할 수도 없었고, 그러고 싶지도 않았다. 아이히만은 결국 이스라엘에서 이 범죄와 관련된 문서들을 보게 된다. 하지만 그는 그 문서들이 존재하며, 바로 자신이 "아동 수송"을 명령한 장본인이었다는 것을 항상 확실히 알고 있었다.[224]

사선, 프리치, 알펜슬레벤을 랑거, 아이히만과 구별시키는 것은 후자와 달리 이들이 수용소 현실에 대한 직접적 경험이 없다는 점이었다. 녹취록에 나타나 있듯이, 랑거는 아이히만이 저지른 범죄의 일부를 확실히 목격했을 뿐이었고, 그가 아는 사실 대부분은 마우트하우젠 수용소장과의 대화를 통해 알게 된 것이었다. 하지만 랑거와 아이히만은 스스로를 희생자로 믿고 있다는 점에서 확실하게 일치했다. 그들은 자신이 경험한 것과 들은 이야기를 모두 자신이 희생자라는 확신에 차서 묘사했다. "죽음의 계단"과 같은 혐오스러운 것을 직접 봤던 랑거는 자신이 이런 것을 보게 된 것에 대해 한탄하면서, 그 자신도 아이히만도 진짜 희생자들에 대해서는 발휘하지 못한 감성을 드러냈다. 두 사람 다 자신들이 기여한 일이 벌어진 것이었는데도 마치 무력하게 지켜보고 있었던 양 이야기했다. 이 같은 자기 본위적 태도는 힘러에 이르기까지 다른 많은 가해자의 설명에서도 발견될 수 있다. 힘러의 포즈난 연설은 그 불쌍하고 고통받는 살인자들을 위한 동정의 말로 가득 채워져 있었다.

가해자와 희생자의 이 역전은 단순히 가해자에게서 자신이 저지른 일에 대한 부담스러운 기억을 덜어주는 것 이상의 일을 하는 정신역학적 전환이며, 소급적 억압의 행위 이상의 것이다. 그것은 이 가해자들에게 애초에 그러한 행위를 할 수 있게 해주었던 바로 그 의식을 억압하는 것이다. 아이히만은 최대한 스스로를 방어해야 한다는 것을 분명히 인식하고 있었다. 그는 다음과 같이 설명한다. "하지만 내게는 타고난 한 가지 좋은 점이 있는데, 애쓰지 않아도 신경 끄고 재빨리 잊어버릴 수 있다는 것이다."[225] 그는 이 과정을 돕는 몇몇 효과적인 방법을 가지고 있었는데, 주된 전략은 술을 마시는 것이었다. 그러나 심리적 억압의 메커니즘에 대한 그의 이해는 그의 자기 인식과 마찬가지로 이 단순한 약물의 사용을 훨씬 넘어서는 것이었다.[226] 의식적인 마음은 의도적으로 주의를 돌릴 수 있는데, 『다른 이들이 말했고, 이제 내가 말할 차례다!』에서 그가 설명했듯이 오직 자연 속으로 도피하는 것에 의해서만이 아니다. 사선 서클에서 아이히만은 이렇게 설명한다. "내가 젊었을 때부터 쭉 외우고 있는 매우 경건한 어떤 말이 있어요. 지독히 불쾌한 일을 접하게 되고 그것에 대한 생각을 멈출 수 없을 때면 나는 항상 그 말을 하죠. 억지로 주의를 돌리기 위해 내가 무슨 말을 하는지 아십니까? 알면 웃으실걸요! 나는 하느님 아버지와 성령을 믿사오며, 동정녀 마리아에게서 나시고 본디오 빌라도에게 죽으시고 고난을 받으시고 기타 등등 기타 등등, 죽은 자 가운데서 다시 살아나시고 기타 등등."[227]

나치 도주자들이 로마에서 새로운 신분을 얻도록 도운 사람 중 한 명인 안톤 베버 신부는 그들이 진짜로 신앙을 되찾았는지를 확인해보기 위해 자신이 사용하는 수법이 있다고 말했다. "나는 그들에게 주기도문을 외우게 했다. 누가 진짜이고 누가 가짜인지는 여기서 금방 드러났다."[228] 아이히만은 분명 5초 안에 해내는 속도로 그에게 인상을 남겼을 것이다. "어쨌든 나는 일찍이 어렸을 때—물론 아직 독실한 신자였던 때, 일단 주기도문을 외우고 나면 다른 생각은 나지 않는다는 것을 깨달았습니다."[229]

신뢰의 균열

> 나는 이 보고서에서 단 하나의 동기, 단 하나의 추동력밖에 읽어낼 수가 없어요. 그가 당신을 극도로 싫어한다는 것입니다.
>
> —비슬리체니에 대한 사선의 말, 사선 토론회[230]

시간이 지나면서 사선은 토론회가 자신을 아이히만에게 충분히 밀착시켜주지 못한다는 것을 인식하게 되었을 것이다. 그의 대화 상대는 언제나 좀더 빠르고 문서와 정보를 다루는 데 좀더 민첩했으며, 사실에 대한 그의 앞선 출발을 따라잡는 것은 불가능해 보였다. 그 밖의 청취자들도, 랑거 박사의 비판적 기조의 법적 질문들도 그를 불안하게 만들지 못했다. 그러나 사선의 점점 커가는 낙담은 나치의 반인륜적 범죄에 대한 진실을 듣고 싶어하지 않는 그의 마음에서도 어느 정도 기인했다. 그래서 그는 이 진실이 거짓이어야 한다고 생각했다. 그는 진실이 숨겨져 있다고 잘못 생각했고, 그 진실을 알고 싶어했다. 41번 테이프에 이르러 아이히만은 자신감이 커진 나머지 그 모임을 상대로 짧은 연설을 했고, 8월 말에 사선은 방침을 바꾸기로 결심했다. 그는 아이히만에게 덫을 놓았다.[231]

대화는 평소처럼 시작되었다. 사선은 폴리아코프와 불프의 책을 집어들었으나, 이제 막 자신들이 논하려는 그 자료가 "적"이 쓴 것도 아니고 "유대인이 끄적여놓은 것"도 아니라는 것을 아이히만에게 말하지 않았다. 오히려 그 자료에는 아이히만이 자신의 절친한 친구 중 하나로 여겼던 디터 비슬리체니의 말이 담겨 있었다.[232]

아이히만은 다섯 살 아래인 비슬리체니를 1934년 가을에 처음 만났는데, 뮌헨에서였는지 베를린에서였는지는 아이히만의 언급에서 분명히 드러나지 않는다. 처음에는 그들의 접촉이 잦지 않았지만, 비슬리체니가 1937년 2월에 제2국 112 부서로 자리를 옮긴 뒤 그들은 업무상 좀더 밀접해졌고, 매일 서로 대면했다. 비슬리체니는 잠깐 동안 아이히만의 상관이었지만, 진급에 실패하면서 베를린을 떠나 1940년 8월까지 단치히의 친위대 보안국에서 일했다. 그가 복귀해 부서 내에서 아이히만을 위해 일하게 되면서 그들은 다시 좀더 규칙적으로 접촉하게 되었지만, 그 후 비슬리체니가 발칸반도의 "유대인 문제 담당관"으로 배치되어 둘은 직접 만날 일이 거의 없었다. 비슬리체니가 아이히만의 헝가리 특임대에 들어간 1944년 3월에야 두 사람은 다시 한번 긴밀한 관계를 형성했다. 전해지는 바에 의하면, 이러한 관계는 1944년 말 비슬리체니가 전후 세계에 대비해 자기 이미지를 더 좋게 만들려는 헛된 시도들을 하면서 악화되었다. 훗날 아이히만은 자신과 비슬리체니의 관계가 나빠졌다는 주장을 반박했고, 그의 말이 맞을 수도 있다. 비슬리체니가 최선을 다해 부정하긴 했지만, 그는 1945년 4월까지 아이히만 곁에 있었다.[233]

아이히만과 비슬리체니의 개인적 관계는 복잡했다. 아이히만이 셋째 아들의 이름을 비슬리체니에게서 따왔을 정도로, 분명 아이히만은 자신과 그가 진정한 친구 사이라고 느꼈다. 아이히만은 이 손아래 남자의 교양과 지적 능력을 숨김없이 칭찬했다. 비슬리체니는 신학을 공부했으나, 가족의 경제 상황 때문에 중도에 그만두었다. 몇십 년 후에도 아이히만은 두 사람이 했던 토론을 기억하게 된다. 하지만 비슬리체니에게는 이 관계가 다른 차원을 띠고 있었다. 비슬리체니는 1946년 브라티슬라바의 감옥에 갇혀 있을 때 아이히만에 대한 진술서를 쓰도록 요구받았고, 이 한 사람에 대해 무려 22쪽을 빼곡히 채워 제출했다. "최종해결" "최고 무프티" "피알라 사건"을 비롯한 많은 주제에 대한 기록이 추가로 100쪽 이상을 채우고 있는데, 여기서 아이히만에 대한 훨씬 더 많은 세부 정보가 드러난다.[234] 아이히만을 깎아내리려는 비슬리체니의 온갖 시도에도 불구하고 그의 글에서는 여전히 감탄과 애착의 흔적이 보인다. 그는 오랜 세월에 걸쳐 아이히만 주변의 모든 일과 사람을 지켜봤던 듯하며, 심지어 자신의 방어선에 해가 될 때조차 자신이 그 상관에 대해 상세히 알고 있다고 주장했다. 그는 자신과 아이히만이 각자 다른 곳에서 일하던 기간에 일어난 일들에 대해서도 알고 있었다. 멀리 떨어져 있는 동안에도 계속 정보를 수집해두었던 것이다. 이런 주목에는 집착 같은 면이 있다. 비슬리체니는 아이히만의 눈동자 색깔, 그의 상처, 그의 숨소리, 그의 움직이는 방식을 알았고, 심지어 그의 치아가 어떤지도 기억하고 있었다. 그는 아이히만의 "시신에서도 금으로 때운 그의 이"를 알아볼 수 있을 것이었다.[235]

비슬리체니는 아이히만을 찾아낼 몇 가지 제안을 했고, 이로써 법정에 불려 나올 수 있었다. 당국은 이런 목적을 위해 그를 풀어주는 것을 거부했지만 그는 아이히만이 숨어 있을 만한 모든 곳을 생각해내는 데 계속 공을 들였는데, 이 또한 비슬리체니가 아이히만을 얼마나 잘 알고 있었는지를 보여준다. 그가 제시한 곳은 모두 틀린 것으로 판명되었지만, 이는 전적으로 아이히만이 모두가 생각하는 것만큼 예측 가능한 사람이 아닌 탓이었다. 비슬리체니의 증언은 분명 두 가지 동기에 의해 형성되었다. 바로 자기방어와 아이히만과의 강한 감정적 유대다. 이 애착은 때로는 이상화를 통해 긍정적으로 표현되었고, 때로는 일종의 복수 충동을 통해 부정적으로 표현되었다. 브라티슬라바에서 비슬리체니가 거리를 두려 하면서 그의 강한 감정적 유대는 맹목적 증오로 변했다. 이 증오는 아이히만을 비방하는 엄청나게 많은 거짓말과 시도를 촉발했는데, 다른 사람들이 한 것을 훨씬 넘어서는 수준이었고, 합리적인 이유도 없었던 것 같다. 그의 행동은 자기방어의 시도로만 설명될 수 없다.

1957년에 아이히만은 비슬리체니가 뉘른베르크에서 자신에게 불리한 증언을 했다는 것—이는 모든 신문에 나왔다—, 그리고 그가 브라티슬라바에서 처형되었다는[236] 것을 알고 있었다. 아이히만은 사선에게 그 증언이 과장됐다고 이야기했지만, 실은 비슬리체니가 진실을 말했다는 것을 알았다. 유쾌하진 않지만 이해할 수 있는 일이었다. 하지만 그 후 비슬리체니가 쓴 글은 아이히만이 생각지 못한 것이었다. 그는 자기 친구를 연합국의 "승자의 정의"의 희생자, 나아가 아마도 그들의 "고문"의 희생자로 여겼다. 아이히만 자신이 그러한 방법을 자주 사용해온 터라 그는 그 방법으로 무엇을 얻을 수 있는지 아주 잘 알고 있었다.[237] 아르헨티나에서 아이히만은 비슬리체니에 대해 즐겨 이야기했고, 길게 이야기를 늘어놓았다. 비슬리체니는 특히 헝가리 특공대에 들어가려고 지원한 적이 있었고, 언제나 그가 가장 믿을 수 있는 사람 중 한 명이었다. 아이히만은 정말로 그를 진급시키고 싶었겠지만, 유감스럽게도 비슬리체니는 친위대 규범 하나를 따르지 않고 있었다. 결혼하는 것을 딱 잘라 거절한 것이다. 아이히만은 헝가리에서 그를 설득하려 했지만 실패했다. 이유도 알아낼 수 없었다.

녹취록에서 사선은 비슬리체니의 "최종해결"에 대한 글—『제3제국과 유대인』에 수록된—부터 읽기 시작한다. 아이히만은 그 글의 필자가 누구인지 모르고 있다. 언제나처럼 아이히만은 자기 자신과 동료들을 보호하기 위해 이른바 이 "필자"의 거짓말과 "어린애 같은 경험 부족"을[238] 들먹이며 그의 말을 부정하려 애쓴다. 심지어 그는 그것이 비슬리체니의 증언인 것도 모르고 그 증언에 맞서 비슬리체니를 옹호하기에 이른다. 사선은 이 특정 일에 녹음테이프 두 개에 걸쳐 이 이상한 게임을 벌였고,[239] 아이히만이 이 글을 물고 늘어지며 점점 흥분하고, 이 필자가 쓴 모든 문장을 어설픈 주장으로 공격하는 것을 여러 시간 동안 지켜봤다. 이 필자는 진짜 위협적인 존재처럼 보이며, 계속 사선에게 자극을 받은 아이히만은 결국 "이 글에는 많은 진실이 있지만, 필자는 문제를 철저히 조사하지 않았다"고 주장한다. 그러자 사선은 필자가 사실을 얼마나 잘 아는 사람인지를 밝힌다. "이 보고서는 비슬리체니가 쓴 것입니다." 아이히만은 이 말을 듣고 동요한다. 녹취록에는 다음과 같이 되어 있다. "진실이 뭘까요? 진실이 뭔지 알아요? 난 알지만 당신은 모르죠. 그는 대체 어떻게 심문을 받은 건가요?" 사선은 잠깐 동안 더듬거리는 아이히만의 말을 듣고 나서 도발의 수위를 높인다. "나로서는 개인적인 느낌밖에 말할 수 없는데, 내 생각에 이 보고서는 어떤 직접적이고 즉각적인 강압이나 고문 같은 것에 의해 쓰인 게 절대 아니에요. 나는 이 보고서에서 단 하나의 동기, 단 하나의 추동력밖에 읽어낼 수 없어요. 전반적으로 속죄는 아니에요. 속죄는 지적인 사람들에게는 아주 큰 역할을 하지 않아요. 나는 막 비슬리체니가 지적인 사람이라는 것을 깨닫는 중이거든요. 그에게는 어떤 기본적인 동기가 있는데, 아주 원시적인 거예요. 그가 당신을 극도로 싫어한다는 것입니다." "질투는 (…) 순수한 증오가 되었죠. 그는 체포됐는데 아이히만은 체포되지 않은 상황에서는 특히요." 마침내 사선은 연합국이 아이히만을 찾는 것을 돕는 데 비슬리체니가 얼마나 열심이었는지를 자세히 설명한다. 지친 듯한 아이히만이 대답한다. "그건 비열해요." 아마 그는 어느 정도는 자기 자신을 가리켜 이야기하고 있을 것이다. 이날의 토론은 가면을 벗은 아이히만, 지치고 기만당하고 당황하고 상심한 아이히만을 힐끗 보게 해주는 몇 안 되는 순간 중 하나로 끝난다. "이 모든 게 이해가 안 됩니다. (…) 모든 게 이해가 안 돼요."[240]

사선은 의도적으로 아이히만을 난처한 상황에 빠뜨렸고, 이는 분명 그를 주눅 들게 만들었다. 하지만 사선은 심문 기술을 아주 잘 알지는 못해서, 이 방법이 대화를 더 이어갈 충분한 시간이 있을 때에만 성공할 수 있다는 것을 깨닫지 못했다. 이런 기술은 구속 상황 중의 장기 심문에서 작동한다. 하지만 심문관이 심문받는 사람의 심장부를 흔들어놓았다 해도 그가 마음대로 집에 갈 수 있는 상황이라면 그는 무슨 일이 일어났는지 깨달을 것이고, 결과는 정반대가 될 것이다. 아르헨티나에서 바로 이런 일이 펼쳐졌다. 아이히만은 사선이 자신의 감정을 가지고 놀면서 함정에 빠뜨렸다는 것을 깨달았다. 이어진 토론회들에서 아이히만은 더 더듬거렸고, 숨겨진 공격성이나 노골적인 공격성으로 가득해졌다. 이전 토론회들에서와 같은 명랑한 분위기는 단박에 사라졌다.[241]

훌륭한 포커 플레이어였던 사선이 자신의 패를 과신한 나머지 일을 망쳤다. 그의 노트는 그가 왜 그토록 큰 위험을 감수했는지에 대한 단서를 제공한다. 그는 비슬리체니가 아직 살아 있다고 확신했던 것이다. 그는 녹음테이프에 대고 이렇게 말한다. "개인적으로, 나는 비슬리체니가 죽었다고 믿지 않는다는 것을 한 번 더 확실히 밝히고 싶다. 그들이 아이히만에 대해 확신을 갖지 못하는 한 비슬리체니는 아직 확보되어 있는 것이다."[242] 여기서 "그들"이 누구인지는 사선에게 자명했다. 이번에도 그들은 유대인으로, 비밀스러운 책략을 가진 사람들로서 비슬리체니가 브라티슬라바에서 처형된 것처럼 세계를 속이고 있는 것이었다. 사실 "국제적 유대인들"은 요구가 있을 때마다 수백만 명의 유대인이 살해되었다고 거듭 말해줄 수 있는 사람을 필요로 했다. 사선의 동화는 계속된다. 그러면 이스라엘은 독일로부터 배상금을 갈취할 수 있었다. 하지만 수백만이라는 수치는 그저 "전설"에 불과하기 때문에 "국제적 유대인들"은 아이히만이 이를 확인해주리라 확신할 수 없었다. 의미심장하게도 사선은 이 미친 이론을 아이히만에게 전혀 내비치지 않았는데, "아이히만에 대해 확신이 없는" 사람은 사실상 사선 자신이었기 때문이다. 그는 아이히만이 정말로 어느 "편"인지 알아내기 위해 전력을 다했고, 그를 고립시키기 위해 할 수 있는 모든 것을 했으며, 그의 상관과 동료를 모두 의심하려 했다. 즉, 하이드리히는 비밀 세력을 위해 일하는 일개 경찰관이었고, 뮐러는 사실 민족사회주의자가 전혀 아니었다. 아이히만의 부하들은 변절한 거짓말쟁이이거나 무능한 하수인이었지만, 아이히만은 전혀 눈치채지 못했다. 사선은 아이히만이 국제적 음모자들의 손아귀에서 놀아나는 꼭두각시라는 자신의 음모론을 강화하려 애썼고, 그러자면 먼저 아이히만에게 그가 믿는 모든 것이 틀렸음을 일깨워주어야 했다. 의도적으로, 그리고 합의하에 유대인 대량학살을 자행한 헌신적인 민족사회주의자들의 존재보다 사선의 역사관에 더 큰 위협이 되는 것은 없었다. 아이히만을 자기 이야기의 주요 증인으로 끌어들이기 위해서 사선은 아이히만이 모든 확신을 잃어버릴 만큼 그를 동요시켜 결국 그가 사선의 "진실"을 인정하고 지지하도록 만들어야 했다. 이른바 세뇌라고 하는 이것은 아이히만에게 통하지 않았다. 그는 자신이 전혀 모르고 있었던 어떤 매우 위험한 문서가 존재하며, 게다가 그것이 이미 출판되었다는 것을 즉각 깨달았다. 그는 가장 가까운 친구로 여겼던 옛 동료가 자신을 적에게 넘기기 위해 할 수 있는 모든 일을 다 했다는 것을 깨달았다. 또한 그는 아르헨티나의 새 친구로 여겼던 사람이 거리낌 없이 자신을 조종했다는 것을 깨달았다. 아이히만은 소위 친구라는 두 사람, 옛 친구와 새 친구 모두에게 배신당했다는 것을 알게 되었다. 다음 토론회는 사선이 아니라 랑거가 이끌었고, 비교적 위험하지 않은 주제를 다루었다. 민족사회주의 "유대인 법률" 모음집을 함께 읽어나간 것이다. 하지만 이 축소 전략은 소용없었고, 오히려 정반대로 작용했다. 뒤이은 토론회들은 이 논쟁에서 저 논쟁으로 번져갔다. 아이히만은 아주 강력하게 자기 의견을 피력했고, 심지어 사선이 듣고 싶어하지 않을 때도 그랬다. 아니다, 그는 당연히 히틀러의 명령에 따라 움직인 것이었다. 아니다, 유대인 절멸은 "비독일적인" 것이 아니었다. 그것은 계속 정당화해야 하는 근본적으로 독일적인 작전이었고, 그는 그것을 수행한 독일 장교였다. 유대인 문제 전문가 아이히만은 히틀러가 원하는 바를 정확히 실행한 것이었다. "연설문들을 쭉 읽어보고 정신과 의사에게 물어보세요. 내가 옳다는 걸 알게 될 겁니다."[243] 이 테이프들은 이스라엘에서 희미하게나마 느껴졌던 날카롭고 냉혹하며 일관성 있는 아이히만을 보여준다. 이 남자는 군복 없이도 옛 동지들 사이에 불안과 공포를 퍼뜨릴 수 있었다. 사선, 프리치, 랑거는 거의 응수할 수가 없었다. 토론은 때로 궤도를 이탈했고, 프로젝트는 붕괴될 위기에 처했다. 아이히만은 녹취록에서 이렇게 불평한다. "여러분에게는 내 생각이 중요하지 않죠. 적어도 오늘은요. 내가 짜증이 났거든요. 일을 그르치려는 시도가 있어서요…… 그렇습니다, 신사 여러분, 아무리 사람들이 객관적이지 못하다 해도 내가 객관적일 수 있겠지만, 그러면 나는 아무 말도 하지 않을 겁니다."[244]

중재자: 루돌프 폰 알펜슬레벤[245]

(우키 고니에게 바친다. 어쨌거나 이 장의 일부는 그의 것이다.)

녹취록의 마지막 3분의 1에서 갑자기 완전히 새로운 인터뷰 진행자가 등장한다. 부드러우면서도 집요하게 진행된 토론에서 어떤 사람이 아이히만을 설득하려 애쓴다. "물론 내가 당신을 속속들이 안다고 주장하고 있는 것은 아닙니다." 이 새로운 인물은 이렇게 번지르르하게 말을 시작하더니, 대량학살자에게도 "나름의 고민이 있었을 것"이라며 그 기분을 조심스럽게 배려하면서 질문을 이어나간다.[246] 이 그룹은 자신이 외국 세력에 조종당하는 도구였다는 아이히만의 고백을 이끌어내려 거듭거듭 노력한다. 영향력을 띤 이 새로운 인물의 정체는 사선이 56번 테이프에서 그와 진행한 긴 인터뷰에서 드러난다.[247] 그는 루돌프 폰 알펜슬레벤이다.[248]

아르헨티나에 있던 이 고위급 나치 인사가 사선 서클에 들어와 있었다는 사실은 그의 존재가 쉽게 드러나지 않을 수 있었던 사실만큼이나 짜증 나는 점이지만, 사선이 그와 한 심층적 인터뷰는 대부분 누구나 볼 수 있다. 1957년에 루돌프 폰 알펜슬레벤은 특정 종류의 과거를 지닌 이민자들의 또 다른 중심지인 코르도바에서 살고 있었다. 수년에 걸쳐 한여름 밤의 축제로 악명 높아진 곳이었다. 한스-울리히 루델 역시 이곳에 집이 있었다. 하지만 의심의 여지 없이 알펜슬레벤은 부에노스아이레스에 있는 사선의 집에서 열린 토론에 자주 참여했고, 그를 도와 아이히만의 입을 열게 하려고 했다. 나치 도망자들 중 "소수만이 이전에 서로 알았거나 탈출 후에 만났기 때문"에 그들 사이에는 접촉이 거의 혹은 전혀 없었다는 논리는 특히 알펜슬레벤과 관련해서는 타당하지 않다. 심지어 그의 탈출 경로는 아이히만과 멩겔레의 탈출 경로와 동일한 접점들을 거쳤다.[249]

"내가 하이드리히에 대해 어떻게 생각하는지 알고 싶어요? 몇 마디로 말해보죠……." 이로부터 빌럼 사선과 루돌프 폰 알펜슬레벤 사이의 대화가 시작된다. 그들은 서로를 친근하고 편하게 대하면서 너나들이를 하고, 농담을 하고, 과거에 대해 이야기를 나눈다. 그러나 그들은 미래도 바라보고, 여전히 모두를 사로잡고 있는 신념, 즉 민족사회주의라 불리는 그 "수정처럼 맑은" 세계관도 바라본다. 우리가 접할 수 있는 대화 부분은 (사선 녹취록을 해독하는 데 익숙지 않은 사람들에게는 이해가 잘 안 되겠지만) 녹음 내용을 타자하는 남자의 짜증스러운 언급으로 시작되는데, 테이프에 결함이 있음을 설명하는 말이다. 그 결과, 그 망가진 테이프에 대한 좋은 인상을 주는 끊김 있는 텍스트가 만들어진다. 여기서 포기하지 않는 사람이라면 (그리고 모임에서 읽고 있는 책들을 잘 아는 사람이라면) 이 남자들이 무엇에 대해 얘기를 나누고 있는지 금방 알아차릴 것이다. 이들은 빌헬름 회틀의 책 『비밀 전선: 독일 첩보 기관의 조직, 직원과 활동』을 함께 읽고 있다. 알펜슬레벤과의 대화를 위해 사선은 라인하르트 하이드리히에 대한 장을 골랐는데, 알펜슬레벤이 그에 대해 어떻게 생각하는지를 알아보기 위해서였다. 다행히 여기서 테이프가 다시 작동하기 시작해, 우리는 하이드리히, 힘러, 나치의 음모, 나치의 이데올로기, 유대인 살해와 그것의 이유, 친위대의 도덕성, 총통의 꿈을 아우르는 토론을 따라잡을 수 있다.

사선은 아르헨티나 어디에서도 이 주제에 대한 더 나은 인터뷰 대상을 찾을 수 없었을 것이다. 작센 출신의 이 남자는 182센티미터의 장대한 체격을 넘어 더 많은 면에서 큰 사람이었다. 알펜슬레벤은 처음부터 "운동"의 일원이었으며, 1930년대 초에 괴벨스를 만났고 다년간 친위대장 하인리히 힘러의 수석 부관으로 일했다. 그런 다음 그는 폴란드와 크림반도로 갔고, 그곳에서 나치 정책들과 모든 무도한 행위를 실행에 옮겼다. 그는 드레스덴에서 친위대장의 대리인에 해당되는 고위 친위대 겸 경찰 지도자의 역할로 경력을 마감하고 범죄 현장을 벗어났다. 알펜슬레벤은 그 자신의 표현을 빌리자면 "이 오케스트라에서 연주한 신사 대부분을 잘" 알고 있었다. 그들은 공적인 서신에서 서로를 별명으로 불렀고, 나치 모임들 내의 모든 사람이 "부비"가 누구인지 알았다(그리고 지금까지도 알고 있다). 그의 희생자들은 폴란드와 크림반도에 미친 그의 파괴적인 영향은 말할 것도 없고 그의 오만함과 고압적인 태도도 잊지 않았다. 그는 "독일 민족 자위대"를 이끌었는데, 4개월 동안 약 2만~3만 명의 사람이 이 조직에 의해 희생되었으며, 단련된 친위대 부하들조차 이 조직이 지나치게 잔인하다고 여겼다. 이 조직은 폴란드의 지식인, 성직자, 유대인을 비롯해 알펜슬레벤이 "빨치산"으로 간주한 사람들을 표적으로 삼았다. 그는 폴란드에서 발생한 4247건의 살인에 직접 가담한 혐의로 결석 재판에서 충분히 사형을 선고받았고, 1964년 서독에서 체포 영장이 발부된다. 하지만 알펜슬레벤과 그의 가족은 전쟁이 끝난 후 부에노스아이레스로 도망쳤고, 이는 사선과 그의 친구들에게는 행운이었다. "친애하는 친위대장님"에게 아첨하는 편지와 자녀들의 사진을 보내곤 했던 알펜슬레벤은 괴벨스 가족을 모욕하고 히틀러에 대해 극히 비판적인 말을 하는 식으로 퇴색된 적도 없었다. 전 세계에 걸쳐 생존해 있는 나치들 중에서 그는 가장 많은 내부 정보를 보유한 사람 중 한 명이었으며, 아르헨티나에 체류 중인 가장 높은 계급의 나치 관료였다. 그는 친위대 및 경찰의 중장으로 1944년에 친위대 147번이었고[250](1번은 힘러였다), 무장친위대 90번이었다.[251] 이 번호들은 "제3제국" 전체를 통틀어 매긴 것이었다.

힘러의 부관이었던 그의 세도와 지명도는 어마어마했다. 이 부관의 일은 온갖 시찰과 출장을 포함해 이 친위대장의 일과를 조정하는 것이었다. 따라서 출장 중인 힘러를 보여주는 많은 영상물에서 호리호리한 모습의 알펜슬레벤도 찾아볼 수 있다. 그는 처음부터 권력의 중심부에 있었으며, 1938년의 그에 대한 평가가 말해주듯이 그는 "자신과 자신의 일을 전면에 확실히 내세우는 법"을 알고 있었

다.[252]

알펜슬레벤의 신원은 녹취록에서 그가 제시하는 스스로에 대한 많은 정보 중 단 세 가지로 정확히 설명될 수 있다. 그는 잘레강 연안의 할레에서 태어났고, 제국의회 의원을 지냈고, 무장친위대 중장이었다. 그 이상의 세부적인 사항들은 뒷받침하는 역할을 할 뿐이다. 그가 힘러의 측근이었고 힘러를 잘 알았다는 점, 1942년 러시아에서 그가 배치되었던 곳, 그가 나치 시대에 대한 자신의 이야기에서 강요하는 존경과 권위, 뚜렷한 계급 의식, 그리고 특히 그가 언급하는 파울 판 켐펜, 헤르베르트 폰 카라얀 같은 음악계 거장들과의 우정 등등이 그런 세부 사항이다. 알펜슬레벤은 다소 우쭐하며 이야기한다. "다하우에서 미국인들은 다른 것은 찾지 못한 채 내 사진을 한 장 주웠고, 그걸 나무에 걸어놓고 총을 쏘았습니다." 그들이 사진을 입수하는 것은 어렵지 않았을 것이다. 1933년 이후의 모든 제국의회 편람에 사진이 있었다.

인터뷰 중 몇몇 사람이 알펜슬레벤에게 질문을 던지지만, 아돌프 아이히만은 그 자리에 없었을 것이다. 우선 아이히만은 어떤 사람이 토론 시간을 너무 많이 빼앗는다고 느끼면 끼어들어 말을 가로채는 경향이 있었기 때문이고,[253] 또한 자기 역할이 본인의 자아상을 거스르는 것으로 이야기될 때면 끼어들어 참견하지 않고는 못 배겼기 때문이다. 알펜슬레벤이 함께한 토론회의 참가자들은 즉각 아이히만의 감정을 상하게 했을 만한 발언을 많이 한다. 알펜슬레벤은 오만함을 한껏 드러내면서, 자신의 기준으로 볼 때 아이히만이 해당되는 야심가와 출세주의자들을 욕한다. 알펜슬레벤은 아이히만이 평소 용납하지 않았던 방식으로 아이히만의 "영웅들"인 하이드리히와 뮐러에 대해 이야기하며, 반유대인 정책에 대한 알펜슬레벤의 주장은 너무 물의를 일으킬 만한 것이어서 심지어 사선조차 그의 말을 반박하고 만다. 그리고 아이히만은 토론 참가자들이 유대인 강제 이주의 "성공"을 평가하는 방식에 격하게 반대했을 것이다. 아이히만의 "유대인 이주" 작업은 그 자신이 대단히 "건설적"이었다고 주장한 것으로, 그의 위상을 떠받치는 주요 기둥 가운데 하나였기 때문이다.

알펜슬레벤과 아이히만이 언제 어떤 상황에서 처음 만났는지를 보여주는 증거는 아직 나타나지 않았지만, 나치 집권기에 첫 만남이 있었을 가능성이 매우 높다. 알펜슬레벤은 1938~1939년 힘러의 부관이었고, 당시 아이히만은 "빈 모델"과 오스트리아로부터 유대인을 강제 이주시킨 "성과"를 통해 "전문가"로서의 명성을 쌓아가기 시작했기 때문이다. 알펜슬레벤은 1941년 4~5월 제국중앙보안청에 배치되어, 아이히만의 부서가 점점 더 중요해지던 바로 그 시기에 제국중앙보안청이 어떻게 조직되어 있고 어떤 일을 하는지를 배웠다. 알펜슬레벤과 아이히만은 또한 전쟁이 끝날 무렵 힘러가 호엔리헨의 치텐성城으로 소환한 마지막 사람들에 속해 있었으며, 이는 알펜슬레벤이 명확히 언급한 사실이다.[254] 두 사람은 만날 기회가 많았으며, 알펜슬레벤이 힘러의 수행원이었고 아이히만이 힘러의 중점 프로젝트의 담당관이었던 만큼 부에노스아이레스에서 두 사람 다 상대를 정확히 알고 있었다고 추정할 수 있다.

사선에게 루돌프 폰 알펜슬레벤은 여러모로 월척이었다. 그는 다른 누구도 설명할 수 없었을 인맥을 명확히 밝힐 수 있었는데, 그가 망명 중인 다른 어떤 나치보다 권력자들과 더 가까웠기 때문이었다. 알펜슬레벤에게는 중요한 역사적 인물 대부분이 단지 그가 이름만 안 게 아니라 직접 알았던 사람들이었다. 이 덕분에 그는 다른 사람들이 아래로부터의 관점만을 가졌던 데 비해 남다른 높은 관점을 가질 수 있었다. 그는 자기 부서를 지휘하는 중령(심지어 아주 뛰어난 중령)이나 멀리서 가끔 괴벨스를 본 적 있는 네덜란드인 종군 기자나 마우트하우젠 강제수용소 출입 권한이 있는 빈 출신의 친위대 보안국 변호사와는 다르게 상황을 봤다. 알펜슬레벤은 중요 나치 인사였고, 그에 상응하는 내부자 지식을 가지고 있었다. 사선과 사선 서클에게는 그가 높은 지위로 인해 동떨어져 있었을 가능성보다 그의 이런 지식이 더 중요했다. 사선과 알펜슬레벤은 분명 우정으로 결속돼 있었고, 사선은 자신과 알펜슬레벤이 "높은" 민족사회주의 이상들을 공유하고 있다고 확신했으며,[255] 이는 알펜슬레벤을 신뢰할 수 있는 협력자로 만들었다.

하지만 사선과 알펜슬레벤 간의 논쟁이 결코 문제가 없었던 것은 아니다. 아르헨티나의 극우 모임들이 구제 불능의 인물로 여기던 하인리히 힘러에 대한 알펜슬레벤의 계속된 존경은 넘어서기 어려운 분열이었다.[256] 하지만 홀로코스트가 역사적 사실이자 범죄임을 알펜슬레벤이 인정한다는 게 더 큰 문제였다. 1957년의 알펜슬레벤은 나치의 반유대인 정책을 실수일 뿐 아니라 비인간적인 일이라고 봤다. 그는 공공연한 인종주의자이자 반유대주의자였음에도 불구하고 홀로코스트를 "의심의 여지 없이 야만적"이고, "비독일적"이고,

"비열한" 일로 여겼다. 그는 이런 말로 자기 입장이 "게릴라들에 대한" 무자비한 "전쟁"의 공범이자 옹호자로 표현될 수도 있다는 것은 생각지 못했다. 그는 헤르베르트 폰 카라얀에 대한 일화를 들려주면서 인종주의적 박해를 이야기했다. 그는 사선에게 이렇게 설명했다. "나의 가장 큰 적이라 할지라도 무방비 상태인 사람들을, 혈통을 통해서 말고는 개인적으로 나를 거스르는 어떤 일도 하지 않는 그 무방비 상태의 사람들을 데려가 가스 오븐에 집어넣는다는 그 발상에 나는 개인적으로 저항합니다."[257]

이러한 입장은 아이히만에게 어려움을 안겨주었는데, 그는 자기 평생의 업적, 즉 수백만 명의 "제국의 적"을 죽인 업적이 다른 민족사회주의자들의 눈에 갑자기 "비독일적"인 것으로 비쳤다는 말을 들어야 했던 것이다. 이 때문에 아이히만의 자제력은 한계에 다다랐고, 사선 역시 민족사회주의의 반유대인 정책에 대한 알펜슬레벤의 견해에 화가 났다. 알펜슬레벤의 모든 진술에서 드러나듯이, 알펜슬레벤은 특별히 나치 유형의 반유대주의자는 아니었다. 오히려 그는 시기심에 기반한 구식의 19세기적 반유대주의를 대표했다. 그는 폴란드인들에 대한 증오심에서 거리낌 없이 수천 명의 총살을 명령하고 기회 있을 때마다 축재를 일삼았던 사람인데, 그런 그가 유대인 절멸 시도는 미친 짓이라는 생각을 숨기지 않았다.

인종주의적 반유대주의자들의 모임에서 표현된 이 인간성의 흔적은 평소 자신의 견해를 드러내지 않았던 사선으로 하여금 급진적 반유대주의를 고백하게 했다. 빌럼 사선은 유대인이라는 존재 자체를 하나의 위협으로 봤다. 따라서 그에게는 민족사회주의의 반유대인 정책이 잘못이 아니라 시대의 사명이었다. 사선이 알펜슬레벤과 나눈 대화는 녹취록의 다른 부분들에서는 우리가 짐작만 할 수 있는 것을, 즉 사선과 아이히만의 연결 고리를 보여준다. 그들은 인종 간 전쟁이 실제로 존재하며 그 전쟁은 결국 한 인종만 살아남는 "최종 전투"가 되리라는 미친 생각을 공유했다. 바로 이것이 사선에게 동기를 부여하는 것이었고, 그가 아이히만을 만난 이유였다. 알펜슬레벤 역시 "수정처럼 맑은 민족사회주의 세계관"과 "친위대의 구상"에 크게 도취되어 있었지만, 이 점에서 그는 사선의 생각에 동의하지 않았다. 사선과 아이히만의 관점에서 알펜슬레벤은 그가 자처하는 나치 귀족의 고귀한 일원이라고는 할 수 없는 사람으로, "진짜 위험"을 파악하지 못한 것처럼 보였을 것이다. 그는 이 세상에서 유대인과 함께 살아가는 것을 상상할 수 있었지만 아이히만과 사선은 그럴 수 없었다.

1957년에 아르헨티나에서 아이히만과 알펜슬레벤은 하인리히 힘러에 대한 공통의 존경 이상의 것에 의해 엮여 있었다. 그들은 독일을 떠날 때 똑같이 남티롤의 한 지역에서 만들어진 신분증을 사용했다. 나치 저명인사 세 명이 테르메노에서 발행된 신분증을 가지고 이동했다. 이들은 요제프 멩겔레, 알펜슬레벤, 아이히만인데, 멩겔레는 1948년 4월, 알펜슬레벤은 1948년 5월, 아이히만은 1948년 6월에 발행된 신분증을 가지고 있었다. 알펜슬레벤의 도주에 대해 전부 알려면 아직 갈 길이 한참 멀지만, 현재 알려져 있는 내용만 해도 놀라운 것으로, 이 경로가 어떻게 준비되었는지에 대해 많은 것을 밝혀준다. 나는 아르헨티나 저널리스트이자 역사가인 우키 고니와 점심을 함께한 덕분에 이 복잡한 이야기를 일부나마 나눌 수 있었다. 나는 그에게 알펜슬레벤 토론에 대해 이야기했고, 그는 알펜슬레벤이 "크렘하르트Kremhart"라는 이름의 적십자 여권을 사용하지 않았을까 하는 의심을 내비쳤다. 오스트리아 역사가 게랄트 슈타이나허가 크렘하르트의 진짜 정체를 추적했지만 소득은 없었다.[258] 그 의심은 이후 몇 주에 걸친 필체와 사진의 정밀한 비교를 통해 입증되었다.

알펜슬레벤의 도주는 독일 북부의 뤼베크에서 온 한 편지로 시작되었다. 1946년 11월 30일에 "로나 크렘하르트"라는 여성이 볼차노의 경찰서에 편지를 보내 자기 남편 "테오도어 크렘하르트"에 대해 물었고, 남편의 성이 "크라인하르트Kreinhart"라고 적혀 있을지도 모른다고 말했다.[259] 그는 1905년 9월 18일 포젠(포즈나인)에서 태어났다. 편지를 보낸 여성이 받았던 그에 대한 최신 정보는 인스부르크에서 온 것이었다. 그들 사이에는 아이가 셋 있었다. 이 약간 이상한 편지에 대한 답은 신속하게 이루어졌다. 크렘하르트가 1946년 9월부터 볼차노에, 츠뷜프말그라이엔 여관에 있었다는 것이다. 크렘하르트 부인의 필체를 자세히 살펴보면 놀라운 사실을 알게 된다. 그것은 의심의 여지 없이 루돌프 폰 알펜슬레벤의 필체다.[260] 노이엔가메의 전쟁포로 수용소에 갇혔던 그는 (카를 볼프에 따르면) 1946년 9월 11일 탈출에 성공했다. 처음에 그는 북부에서 숨어 지내고 있을 것으로 짐작되었다. 알펜슬레벤의 가족이 뤼베크에 있었으므로 그가 그곳으로부터 볼차노로 편지를 쓴 것은 놀라운 일이 아니다. 볼차노는 아이히만이 새로운 신분증을 수령하게 되는 남티롤의 마을이다. 한데 어째서 그는 여자인 체하고, 한 이름의 두 가지 철자를 이야기하고, 자녀가 셋임을 밝히고 있었던 것일까? 이 남자가 새로운 신분을 구하고 있었고 세 자녀와 함께 유럽을 떠나고자 했다는 것이 답인 듯하다.[261] 남티롤의 한 공적 기관에 보낸 편지가 그가 새 신분을 얻는 데 도움이 되었다는 것은 다년간 민족사회주의자들의 도주 경로를 추적해온 사람들이 봐도 놀라운 일이다. 하지만 테오도어 크렘하르트의 적십자 여권 신청서에는 여전히 루돌프 폰 알펜슬레벤의 사진이 붙어 있다. 그리고 무엇보다, 신청자의 서명이 뤼베크의 로나의 서명과 믿기 힘들 정도로 비슷하다.[262] 적십자 기록에 따르면, 그는 1948년 5월 테르메노에서 발행된 신분증을 제시했으며, 그의 여권 신청서는 아이히만의 신청서와 마찬가지로 가톨릭 신부 에도아르도 되뫼터의 추천을 받은 것이어서 이 예비 도망자가 특별 대우를 받고 있음을 증명했다.[263] "크렘하르트"는 '카보 부에나 에스페란자'호를 타고 여행할 계획이었는데, 이 배는 몇 년 후 멜리타 폰 알펜슬레벤이 아르헨티나 여권을 신청하면서 지명한 바로 그 배이기도 하다. 배는 1949년 12월에 부에노스아이레스에 도착했다. 우키 고니는 승선자 명부에서 두 이름을 다 찾아냈다. 바로 이것이 아르헨티나에 거주하던 이 최고위 나치 인사의 도주 경로가 파악된 경위다.

그 결정적인 편지 뒤에 무엇이 숨어 있었는지 우리는 그저 짐작만 할 수 있을 뿐이다. 이리하여 알펜슬레벤은 그 경로를 전수했을까? 아이히만과 멩겔레도 같은 식으로 도주를 준비했을까, 아니면 알펜슬레벤이 다른 경로를 찾고 있었을까? 볼차노 시립문서고를 뒤져 남성적 필체를 가진 걱정하는 아내들이 쓴, 이름의 철자가 여러 가지로 되어 있는 남편을 찾는 편지들을 더 찾아내게 된다면 답이 드러날 수 있을 것이다. 하지만 현재 확실한 것은 알펜슬레벤이 요제프 멩겔레, 아돌프 아이히만과 같은 신분증을 사용해 도주했으며, 이 세 사람의 신분증이 한 달 간격으로 연이어 발행되었다는 점이다. 이런 정보를 맞닥뜨리고도 다양한 경로로 즉흥적인 도주가 이루어졌다고 계속 주장하자면 배짱이 있어야 할 것이다. 사실 이것은 생각했던 것보다 훨씬 더 큰 규모의 조직이 있었음을 시사한다.

우연히 사선 서클에 들어갔을 때 루돌프 폰 알펜슬레벤은 과거에 같은 상관을 우상으로 삼았던, 또한 같은 조력자들 덕분에 새로운 삶을 갖게 된 적어도 한 명의 남자와 재회하게 되었다. 이것은 우연이 아니었을 것이다. 비록 나중에 그가 아이히만이 자신에게는 너무 평범한 사람이라고 판단하긴 했지만 말이다. 알펜슬레벤은 1952년 자신과 가족의 아르헨티나 시민권을 신청해 취득했는데, 이 덕분에 사실상 그는 서독의 기소를 피할 수 있었다. 그는 아르헨티나에서 독자적으로 삶을 잘 꾸려나가, 코르도바 산타로사데칼라무치타에 있는 한 양어장의 관리자가 되었다. 그는 어업 · 수렵 · 항해를 관장하는 아르헨티나 사무소의 지역 책임자였고, 축구 클럽인 클루보 아틀레티코 유니언의 회장으로서 사진에 담겼다. 심지어 후안 말러에 따르면 몇 년간 알펜슬레벤은 근처 나치 인사들의 집단 거주지인 빌라 제네랄 벨그라노의 우두머리를 지내기도 했다.[264] 폴란드의 결석 재판이 수천 명을 살해한 혐의로 그에게 사형 선고를 내리고 1964년에 서독이 그를 기소하려 노력했음에도 불구하고 그는 1970년 아르헨티나에서 평온하게 생을 마치게 된다. 한 텔레비전 인터뷰에서 젊은 세대에 속하는 한 가족 구성원은 알펜슬레벤이 아르헨티나 망명 시기에 개심하여, 고국을 포기한 것만큼이나 재빨리 민족사회주의 신념을 포기했을 가능성을 주장했다.[265] 알펜슬레벤이 사선, 프리치, 랑거, 아이히만을 찾아내고 나치 시대, 유대인 절멸, 민족사회주의의 순수 이념에 대한 그들과의 대화에 푹 빠져 며칠을 보냈던 1957년만 해도 아직 이러한 개심은 일어나지 않은 상태였다.

사선이 알펜슬레벤을 끌어들인 것은 잠깐 동안만 효과를 냈다. 아이히만은 이 새로운 대화 상대에게 재빨리 적응했고, 절멸 수용소로 완성된, 음모론자들에게 맞선 자신의 "성스러운 투쟁"을 옹호했다. 자신이 총통의 명령을 수행했다고 믿으며, 그는 고위직 인사들에게 위축되지 않으려 했다. 알펜슬레벤이 사선 서클에 들어왔다는 것은 이 프로젝트에 대한 이 모임의 야심이 어떤 수준이었는지를 보여준다. 그들은 단지 한 유대인 문제 담당관의 회고록을 제작하거나(아이히만은 심지어 알펜슬레벤 인터뷰의 주제도 아니었다) 독서 모임을 진행하는 것이 아니었다. 그들은 히틀러와 민족사회주의를 구원하는 것을 목표로 대대적 역사 수정을 시도하고 있었다. 심지어 알펜슬레벤 역시 신중함과 경계심에도 불구하고 이 일에 동참하고 싶어했다. 사선은 훗날 녹취록을 팔기 위해 끄집어냈을 때 그것에 대한 알펜슬레벤의 인터뷰가 담긴 녹취록은 거의 다 빼버렸다. 그 인터뷰의 나머지 부분이 우리에게 남아 있는 것은 단지 사선이 그 부분에는 신경 쓰지 않았기 때문임을 시사한다. 그는 랑거에게 그랬던 것처럼 알펜슬레벤에게도 자신의 입이 무겁다는 것을 확신시켰을지 모른다. 어쨌든 힘러의 수석 부관이었던 사람의 고백이 잘 팔릴 만한 것이었음에도 사선은 결코 그 인터뷰를 팔려고 내놓지 않았다. 심지어 알펜슬레벤이 사망한 뒤에도 팔지 않았다. 사선의 욕심은 인적 동맹을 넘어서지 않았다. 아이히만 역시 결코 알펜슬레벤을 배신하지 않았고, 그를 숨기기 위해 루돌프 밀드너라는 존재를 만들어내기까지 했다. 비록 아이히만이 이스라엘에서 이른바 "흰 장갑을 낀 살롱 장교들", 즉 민족사회주의 운동의 핵심을 이해하지 못하고 있던 사람들에 대해 불평할 때 알펜슬레벤의 나치 귀족 같은 거만한 태도를 염두에 두었을 수는 있지만 말이다.

"600만 명이라는 거짓말"

> 나는 회틀과 매우 자주 이야기를 나눴습니다, 맞아요. 아마 유대인 절멸에 대해 이야기했겠죠. 그것 말고 우리가 무슨 이야기를 했겠습니까.
>
> —아이히만, 사선 토론회[266]

유대인 희생자의 수보다 뒤러 서클을 더 자극한 주제는 없었다. 1957년에 이르러 부에노스아이레스의 어느 누구도 「600만 명이라는 거짓말」 같은 기사들과 헤스터 보고서가—뒤러 서클이 이 수정주의적 부정을 생산해내는 일을 주로 담당하고 있었다—대량학살을 의심스러운 것으로 만들 수 있다고 믿지 않았다. 일단 새로운 1차 자료가 입수되면 그들이 할 수 있는 일은 학살 규모가 가능한 한 작아 보이도록 애쓰는 것밖에 없었다. 나치의 유대인 박해라는 법적 · 도덕적 문제가 절대적 숫자에 달린 것이 아님을 고려할 때, 구나치와 신나치, 그리고 신우익이 계속 희생자 수의 문제에 골몰하는 이유를 이해하기는 어렵다. 심의 중인 숫자가 600만 명이 아니라 400만 명이나 800만 명이었더라도 "배상" 협상의 결과는 크게 달라지지 않았을 것이다. 총통을 숭배하면서 상징의 힘을 터득한 이 사람들은 다른 무엇보다 자신들의 "적"의 강력한 상징을, 즉 그 600만 명을 늘 더 두려워하기라도 한 것 같다. 그러나 또 다른 질문, 즉 1945년 이후의 모든 증인이 출처로 지명한 사람, 이 상상할 수 없는 숫자를 최초로 언급한 사람이 누구인가 하는 질문은 더 간단한 답을 갖고 있다. 『길』은 1957년에 이 증인의 등장을 알렸다. 7월호에서 한 "독자 편지"는, "모든 유대인 출판물과 뉘른베르크 국제군사재판소 재판에서의 증인 진술에 의거할 때 이 완전한 혐오에 대해 말할 유일한 적격자로 간주되는 사람인 친위대 중령 아이히만을 찾아낼 수 없다는 것이 특히 유감스럽다"고 썼으며, "아돌프 히틀러, 힘러, 하이드리히, 칼텐브루너의 죽음 이후 그는 실제로 어떤 일이 일어났는지를 알려줄 신뢰할 만한 유일의 내부 증인일 수 있다"고 썼다.[267] 그런 다음 이 "독자"는 지금까지 "찾을 수 없었던" 이 핵심 증인에 대한 정보를 가지고 있는 사람이 있는지 묻는다.

1955년 말에 레온 폴리아코프와 요제프 불프가 엮어 출판한 문서 모음집에서는 선서하에 이루어진 빌헬름 회틀의 세 쪽짜리 진술을 볼 수 있었는데, 여기서 회틀은 아이히만과의 대화를 제시했다. PS-2738은 뉘른베르크 재판들에서 가장 중요한 문서 중 하나였다.[268] 여기서 회틀은 1944년 8월 말 아이히만이 부다페스트의 자기 아파트에 왔었고, 언제나처럼 군사적 상황에 대한 정보를 얻고자 했다고 말한다. 회틀은 이 기회를 틈타 아이히만에게 살해된 유대인의 정확한 수치를 물었고, 아이히만은 이렇게 답했다. "약 400만 명의 유대인이 여러 절멸 수용소에서 살해되었고, 추가로 200만 명이 다른 방식으로 죽었는데, 대부분 러시아 원정 시기에 보안경찰 특수부대에게 총살되었다." 회틀은 세밀한 내용에 대한 정보원으로서 아이히만이 갖는 신빙성을 강조했다. "나는 아이히만에게 들은 이 정보가 맞는다고 볼 수밖에 없는데, 모든 관계자 중에서 살해된 유대인의 수를 가장 잘 가늠할 수 있는 자가 바로 그였기 때문이다. 첫째, 말하자면 그는 자기 특임대를 이용해 절멸 수용소들에 유대인들을 '공급'했고, 따라서 그 숫자를 정확히 알았다. 둘째, 유대인 관련 업무도 담당한 제국중앙보안청 제4국의 부서장으로서 그는 다른 방식으로 사망한 유대인의 수가 얼마나 되는지도 분명 가장 잘 알았다." 심지어 아이히만은 힘러에게 보고서도 제출했는데, 힘러는 그가 밝힌 숫자가 너무 낮다고 생각했다.

당연히 뒤러 서클 사람들은 모두 회틀의 진술을 익히 알고 있었다. 『길』이 이에 대해 논박하긴 했지만, 일시적인 신문 기사를 읽고 지나가는 것은 해당 텍스트 자체를 면밀히 읽는 것과는 크게 다른 문제였다. 사선은 자신의 모임이 독일인들의 체계적인 유대인 학살을 부인할 수 있으려면 회틀의 진술이 신빙성을 잃어야 한다는 것을 즉시 알아차렸다. 토론이 시작되자 그는 아이히만에게 단도직입적으로 "600만 명 이론" 및 회틀과의 대화에 대해 질문했고, 이후 거듭해서 그 문제로 돌아왔다.[269] 이 모임은 랑거 박사에게 이 증인에 대한 강의까지 요청해가면서 이 증인에 대해 가능한 한 많은 것을 알아내고 이 증인의 모든 개인적 약점을 찾아내려 노력했다. 사선에게 중요한 질문은 "이 설명을 어떻게 조롱할 것인가?" 하는 것이었다.[270]

디터 비슬리체니가 전 상사를 인용해 비슷한 규모의 숫자를 언급했다는 사실 때문에 문제는 더 복잡해졌다. 뉘른베르크에서 그는 이 주제에 관해 아이히만과 나눴던 여러 차례의 대화를 언급했는데, 대화에서 언급된 숫자는 언제나 최소 400만 명이었다. 또한 비슬리체니는 베를린에서 아이히만이 했던 악명 높은 고별사를 다음과 같이 따라 말했다. "그는 웃으면서 무덤 속으로 뛰어들었을 것입니다. 왜냐하면 마음에 걸리는 사람 500만 명이 있다는 그 기분이 그에게 엄청난 만족감을 주었기 때문입니다."[271] 자기가 이런 주장을 펼 때 누가 그 자리에 있었는지를 정확히 알고 있던 아이히만과 달리 사선은 얼마나 많은 다른 목격자가 이런 식의 진술을 기억하고 있을지 알 수 없었다. 아이히만의 재판 중에, 부다페스트에서 임무를 수행한 유대인 문제 담당관이자 아이히만의 협력자였던 테오도어 그렐은 1944년 늦가을에 아이히만이 자기가 "600만 명의 사람"의 죽음을 담당했다고 자랑스럽게 말했다고 증언하게 된다.[272] 사선은 자신의 노력을 방해하는 가장 큰 장애물을 너무 늦게 깨달았다. 그것은 바로 많은 사망자 수가 아이히만에게는 엄청난 만족감을 주었다는 사실이었다. 그럼에도 아이히만은 사선과 그의 동료들에게 그들이 듣고 싶어하는 말을 해주기 위해 많이 애썼다. 아니, 아이히만은 결코 600만 명의 유대인이 살해되었다고 말하지 않았다. 단지 "제국의 적들"이란 말만 했다. 아니, "사람들"이라고 말한 적은 없고 분명 단수로 "제국의 적"이라고 말했다. 이스라엘에서 재판을 받는 중에야 아이히만은 자신이 어쨌든 "유대인"을 말했음을 부득불 인정하게 된다. 순간의 실수로 그가 실제로 그 말을 써놓은 적이 있었던 것이다.[273]

아르헨티나에서 아이히만은, 다른 사람들도 아니고 자신이 자신에게 "잘못 전가된 이런 설명을" 해야 한다는 것이 이해가 안 된다고 말했다.[274] 회틀은 그저 "비슬리체니와 같은 거짓말을 생각해냈던" 것뿐이다.[275] 아이히만은 심지어 자신이 반제회의 전에 하이드리히를 위해 준비했던 통계 자료가 나중에 만들어진 위조된 것이라고 말했다.[276] 그는 어떤 통계 자료도 준비하지 않았기 때문에 "절멸된 사람의 수를 전혀 몰랐다".[277] 여기서 그의 허영심이 위험성을 드러냈는데, 어쨌든 자신의 통계 자료에 대해 힘러는 결코 불만스러워하지 않았을 것이라고 그가 덧붙였기 때문이다.[278] 아이히만은 애초에 자신이 그 자리에 있게 된 이유를, 즉 그 숫자에 대한 보증인으로서 그 자리에 있게 된 것이라는 점을 사선이 환기시켜야 할 정도로 때때로 지나치게 입조심을 했다. 한 테이프에서 사선은 아이히만에게 다음과 같이 불평한다. "우리는 아이히만이 그 숫자를 개관할 수 있는 자리에 있지 않았다는 논리를 온 힘을 다해 밀어버려야 합니다. 온 힘을 다해서요!" 아이히만은 그저 이렇게 답할 수 있을 뿐이었다. "물론이죠, 그게 도움이 된다면요!"[279] 이 모든 것은 대단히 냉소적인 것이 아니라면 우스꽝스러운 것이라 할 만하다. 아이히만은 사선 서클을 기쁘게 하기 위해서 자신이 알고 있는 것을 부인했는데, 그들은 분명 그가 그 지식을 가진 유일한 사람이라는 이유에서 그에게 정보를 구하고 있었던 것이다. 단, 그들은 그가 알고 있는 것이 매우 다른 것이라고 생각하고 있었지만 말이다. 이 우스꽝스러운 익살극에서 사선은, 달콤한 말로 자기가 갈망하는 미녀를 구슬러 마침내 그녀의 가면을 벗겨내려 안달이 나 있지만, 정작 그 가면 뒤에 메두사의 머리가 숨어 있다는 것은 꿈에도 생각지 못하고 있는 남자다.

이렇게 얽히고설킨 상황에서, 유대인의 "600만 명이라는 거짓말"을 반박하려는 시도는 두 가지 의미에서 익살극이 되었다. 이 집단은 살인 통계를 하나하나 읽어나갔지만, 그들이 지난 몇 년 동안 위조한 통계들은 빼놓았다.[280] 1953년에 제럴드 라이틀링거는 420만 명 내지 470만 명이라는 숫자를 말했고, 1946년 6월부터 세계유대인회의에서 이야기된 것은 600만 명이었다. 레온 폴리아코프는 800만 명도 가능하다고 봤다. 사선 서클은 반제회의 의사록과 1943년부터 히틀러에게 제출된 코르헤어 보고서에 나오는 수치를 하나하나 분석하려 시도했다. 그들은 아우슈비츠 수용소의 절멸 능력에 대한 회스 수용소장의 진술을 읽었다. 사선은 수치를 낮게 잡았고, 아이히만은 높게 잡았다. 아이히만은 생존자 수를 과장했고, 사선은 이에 대해 의심을 표했으며, 이들은 함께 하나의 수치를 추정해내려 했다. 이들의 토론 내용을 읽다보면 이따금 시장에 와 있는 것 같은 착각이 드는데, 다시 말하지만 아이히만에게는 오직 숫자만 있고 사람은 없기 때문이다. "그러니까, 그[라이틀링거]는 6만 5000을 말하고 있고 나는 4만을 말하고 있으니, 약 5만이라고 합시다."[281] 또 다른 예도 있다. "38만1000은 좀 많지만, 약 30만이었을 수도 있죠."[282] 그리고 사선이 살짝 긍정적으로 되려 하면 언제나 아이히만의 말이 모든 것을 다시 뒤죽박죽으로 만든다. "언제나 그들 중 절반은 살아남았죠." 아이히만은 아우슈비츠의 유대인들에 대해 이렇게 주장한다. 이는 헝가리로부터 실려와 수감된 유대인의 규모를 고려할 때 살인 비율을 믿을 수 없을 만큼 낮게 잡은 것이지만, 이에 대한 사선의 반응은 공황에 가깝다. "아니, 아니, 수용 가능 인원이 약 25만 명이었다는 걸 우리가 알아냈지만, 만약 총 200만 명이 거기로 갔다면……",[283] 그러면 아우슈비츠에서만 100만 명의 유대인이 가스 살해를 당했을 것이다. 오늘날 우리가 알고 있듯이 이것은 진실에 가깝지만, 1957년에 사선이 듣고 싶었던 바는 분명 아니었다.

숫자를 둘러싼 사선 서클의 이상한 줄다리기는 민족사회주의자들이 벌인 대량학살에 대한 생각만큼이나 참을 수 없는 냉소적인 인간 경시를 드러낸다. 이 토론의 진행 중에 드러나는 감정이라고는 진전이 느리다는 데서 오는 조바심 또는 짜증뿐이다. 토론 참가자들은 동정심, 수치심, 죄책감을 드러내기는커녕 피해자들을 넌지시 언급하는 일조차 없다. 그럼에도 불구하고, 사선의 거실에서 조사를 벌이는 이 남자들에게 귀 기울이고 녹취록과 씨름하는 연구자라면, 모든 것을 속이고 부정하려는 그들의 의지에도 불구하고 그들이 사실의 위력을 거스를 수 없었음을 알아차리게 된다. 아무리 노력해도 그들은 뜻하지 않은 숫자만 쌓아갔다. 그들의 뾰족한 연필 아래서 총계가 점점 커지자 이 반인륜적 범죄의 엄청난 규모는 불길한 징조로 보이기 시작했다. 아이히만을 제외한 모든 참가자는 체계적인 유대인 대량학살이 거짓 선전이라고 완전히 확신해서, 더 면밀한 조사가 결국 자신들의 생각이 옳다는 것을 확인해주리라고 진심으로 기대했다. 사선은 만약 "유대인들"이 명단 제공을 통해 살해된 사람이 누구인지를 정확히 증명할 것을 강요받는다면 죽은 사람이 극히 일부에 불과하다는 것이 드러나리라고 생각했다.[284] 바로 이 방법이 이후 수십 년에 걸쳐 반대의 사실을 증명하게 되리라는 것을 그는 서서히 감지하기 시작했을 뿐이다. 결국 스스로의 견해 또한 재검토하지 않고는 누구도 어떤 것을 이렇게 면밀히 검토할 수 없다. 아이히만은 『다른 이들이 말했고, 이제 내가 말할 차례다!』에서 자신이 제시했던 첫 번째 "최종 수치"가 옹호될 수 없는 것임을 알게 되었고, 통계를 사용해 자신의 거짓말을 뒷받침하는 것은 근본적으로 문제가 있음을 깨달았다. 이스라엘에서 그는 더 신중해져서, 살해된 유대인의 수를 결코 확실히 알 수 없을 것이라는 뜻을 내비쳤다.

역설적이게도, 아르헨티나의 그 남자들은 매우 다른 현실을 상상했기 때문에 오히려 현실에 더 가까이 다가가고 있었다. 그들은 이제 막 시작된 연구 분야를 파고든 것이었고, 초보자로서의 실수도 많이 저질렀다. 전쟁 후 첫 10년 동안, 높은 학문적 기준에 부합하고자 증명 가능한 수치들만 가지고 작업했던 모든 역사가는 현재의 우리가 너무 적다고 여길 만한 총계에 도달했다. 하지만 이 조사의 시작은 믿을 수 없을 만큼 어려웠다. 독일적 효율성으로 수행된 체계적인 살인 작전이라는 관념과 달리 유대인 절멸은 즉흥적이고 때로 무질서한 범죄였다. 독일인들은 당시 자신들의 기록을 소각하려 했다. 심지어 그들은 자신들이 한 일의 실질적인 개요를 파악하고 있지 않았다. 죽음의 수용소에서 벌어진 일은 해충 방제를 모델로 한 힘러의 멸종 계획에 따른 임상적이고 "인도적인" 살해와는 닮은 데가 없었다. 커다란 시체 더미들을 만들어내는 것이 유일한 목표였던 그 수용소들에서는 시간이 흐르면서 체제와 절차에 대한 모든 감각이 무너져 내리는 것이 불가피했을 것이다. 역사 연구를 통해 희생자의 정확한 수치를 얻을 수 있다고 상상하는 것은 이 거대한 범죄의 상황을 이상화하는 것이다. 그리고 이 절차들에 대한 정확한 그림을 얻으려면 1950년대 중반에 접할 수 있었던 것보다 더 많은 문서에 다가가야 할 것이다. 당시 일부 생존자가 일어난 일의 규모를 대략 알고 있었을지는 몰라도, 오로지 가해자들만이 실제 세부 내용을 알고 있었다. 라울 힐베르크는 1961년에 510만 명이라고 추산했다. 마틴 길버트는 1982년에 570만 명이라는 수치를 내놓았지만, 여기에는 충분한 근거가 뒷받침되지 않았다. 1990년대부터, 그리고 러시아 문서고가 개방되고부터 비로소 우리는 그 범죄의 진정한 규모가 1944년 테오도어 그렐이 아이히만에게 들었던(그리고 회틀 역시 들었다고 주장한) 바로 그 수치에 가깝다고 이해해왔다.

아이러니하게도 회틀의 진술은 여전히 신뢰할 수 없는 것으로 간주된다. 1945년 독일의 패배 이후 그가 미국 조사관들에게 말한 내용 대부분은 직접 들은 정보가 아니었다. 그는 다른 사람들의 보고서에서 정보를 "차용"했고, 가끔 자신의 정보를 과장해서 덧붙였다. 자신을 증인으로서 없어서는 안 될 존재로 만들고 미국 정보기관의 잠재적 스파이로서의 가치를 보여주려는 비뚤어진 시도였다. 당시 그는 테오도어 그렐, 디터 비슬리체니와 접촉하고 있었고, 그들의 기억도 활용할 수 있었을 것이다. 회틀의 가장 큰 문제는 나치 정권에서 자신이 맡았던 역할로부터 사람들의 주의를 돌리는 것이었다. 그가 헝가리에서 아이히만과 만난 것은 분명 역사 연구와는 아무 관련이 없는 일이었다. 정권이 무너지자 그는 자신의 설 자리를 타진하고 있었다. 아이히만은 하인리히 힘러와 접촉 중이었는데, 힘러는 회틀과 그의 상관들이 스스로를 구하기 위해 세우고 있는 계획에서 아직 특성 파악이 안 된 거물들 중 한 명이었다. 아이히만을 통해 그는 게슈타포의 수장인 하인리히 뮐러가 무슨 일을 꾸미고 있는지도 알 수 있었다. 회틀은 기계의 작은 톱니가 아니었지만, 그가 중요한 사람인 것은 연합국에 아무 도움도 되지 않을 것이었다. 그 대신에 그는 자신의 이야기로부터 사람들의 주의를 돌리기 위해 큰 소리로 다른 이야기를 하면서 탐색하는 질문들을 피했다. 그는 1944년 8월 부다페스트에서 아이히만과 대화할 때 바로 이렇게 했다. 그리고 이 상세한 이야기가 경쟁자를 능가하려는 회틀의 소름 끼치는 시도였을 가능성을 배제할 수 없다.

나중에 회틀은 무심결에 자신의 신뢰성에 대한 의심을 강화하게 된다. 그는 자서전에서, 이 진술이 자신을 모두가 찾는 (그리고 대우가 좋은) 나치 시대에 대한 증인으로 만들어줄 것임을 깨달았다고 주장했다. 말년에 그는 오직 이 진술에 근거해 텔레비전 경력을 시작했고, 홀로코스트의 규모가 그렇게 막대하다고 정말로 믿지는 않았음을 당시 여러 차례 암시했다. 그의 마지막 책에 담겨 있는 많은 것과 마찬가지로 이 암시는 회틀이 얼마나 쉽게 자신이 믿지 않은 것들을 이야기하며 평생을 보냈는지를 입증한다. 말년의 어느 인터뷰에서 회틀은 이렇게 말했다. "종종 그렇듯, 내가 거짓으로 말한 것이 사실이 되었습니다."[285]

아이히만이 부다페스트로부터의 악명 높은 죽음의 행진 이전이자 라벤스브뤼크의 가스 학살 작전 이전에 해당되는 이 시점에 그렇게 큰 숫자를 언급했어야 한다는 것은 놀라운 일이다. 종전 직전 몇 달 동안 테레지엔슈타트와 남아 있는 강제수용소들(베르겐-벨젠, 부헨발트, 마우트하우젠, 다하우)을 방문한 그는 그곳의 참혹한 환경에서 사람들이 무더기로 죽어가고 있음을 알았다. 하지만 1944년에 아이히만이 그저 허풍을 떠는 것이라고 생각한 사람은 테오도어 그렐뿐만이 아니었다. 아이히만은 1941년 동부 전선 뒤에서 시작된 특공대의 대량학살 규모에 대한 보고들은 접한 바 있지만 아무 관련이 없었다. 그럼에도 그는 분명 그 총계를 책임지고 싶어했다. 그래서 그는 유대인을 상대로 벌인 여러 말살 작전이 하나의 큰 프로젝트에 속하는 것임을 모두에게 각인시켰다. 반유대주의적 공격은 주변부에서 봤을 때는 대부분 즉흥적이고 행동파적이며 독단적인 것으로 비칠 수 있지만, 베를린에서 봤을 때는 모든 반유대주의적 공격이 나치가 이루고자 하는 것의 실현이었다. 아이히만은 자신과 "집단 학살 프로젝트"와의 관련을 연출가와 연출 작품의 관련성과 동일시했다. 연출가는 때로 배우들이 무대에서 즉흥 연기를 하거나 상호 연기를 할 때도 자신의 의지가 실행되는 것을 본다. 이런 가능함의 분위기는 독일제국에서 일어난 모든 것에 대한 아이히만의 일체감을 이해할 수 있게 만드는 효과를 낳았다. 그와 다른 사람들은 수많은 잔학 행위를 초래하는 폭력적 분위기를 끊임없이 조장했다. 그는 그것을 알고 있었고, 그 자신의 양심에 따라 자발적으로 모든 살인을 더했다.

그렇다 해도, 나치의 살인 작전에 희생된 사람의 현재 입증 가능한 수에 매우 근접한 수치를 아이히만이 제시했다는 사실은 그대로다. 500만 명을 말했든 600만 명을 말했든(혹은 시기와 대화 상대에 따라 다르게 둘 다를 말했든), 역사가들이 이를 증명할 충분한 자료를 모으기 수십 년 전에 그는 정확한 수치에 접근했다. 이 놀라운 정확성은 아이히만이 대량학살의 규모에 대해 얼마나 잘 알고 있었는지, 그리고 훗날 아르헨티나와 이스라엘에서 그가 무지한 척하려 한 것이 얼마나 기만적이었는지를 보여준다. 사선과 그의 동료들은 회틀이 거짓말을 하고 있다고 확신했기 때문에, 그리고 회틀이 출처로 언급한 바로 그 남자가 그것을 입증할 수 있었기 때문에 아이히만에게 기댔다. 아이히만은 자신이 그런 숫자를 말한 적이 없다고 공개 선언을 해야 했다. 그래서 그는 자신도 "진리의 거리"를 누비고 싶다고, 그리고 또 다른 아이히만 인용문—이번에는 진짜인—으로 "600만 명이라는 거짓말"이 틀렸음을 입증하고 싶다고 몇 달에 걸쳐 사선을 안심시켰다. 그러나 뒤러 서클이 읽은 각각의 문서들은 전혀 다른 길의 포석이 되었다. 사선이 그것을 깨달았을 때는 너무 늦어 되돌릴 수 없었다. 그의 주요 증인이 예기치 않게 주행 차선에서 그를 추월하더니, 아르헨티나의 그 토론 그룹을 반박 불가능한 새로운 자백의 증인으로 만들어버렸던 것이다.

불편한 결론

> 이것이 바로 (…) 결론이며, 나는 여러분에게 이를 밝혀야 한다는 생각이 듭니다.
>
> —아이히만, 사선 토론회[286]

1960년에 사선이 팔아넘긴 녹취록 버전은 악명 높은 67번 테이프에서 끝났다. 그 녹취록의 마지막 두 페이지에 해당되는 "아이히만의 맺음말"은 즉시 이 녹취록 가운데 저널리스트와 역사가들이 가장 많이 인용하는 부분이 되었다. 그러나 1957년에 아이히만이 한 이 짤막한 연설은 결코 사선 인터뷰의 끝이 아니었다. 그것은 분명 평소 사선 서클과는 다른 회합이었는데, 이에 대한 공지만으로도 아이히만으로 하여금 그 회합이 그 프로젝트의 굉장한 피날레가 될 것이라는 잘못된 인상을 갖게 하기에 충분했다. 그래서 그는 분명한 "결론"을 준비했다. 테이프에서 들리는 배경 소음으로 미루어 비교적 많은 사람이 참석했음을 짐작할 수 있다. 아이히만은 이 청중을 "원탁 모임"이라고 칭한다. 그는 1957년 9월 또는 10월에 열린 이 회합이 그의 동료와 역사책들 내에서 악명을 떨칠 고별사들 중 하나를 위한 이상적인 무대가 되리라 추측했을 것이다. 기술과 직관을 발휘해 그는 『독일제국과 유대인』의 마지막 문서들에 대한 토론 중에 자신의 연설을 시작하기 좋은 순간을 찾아냈다. 그는 즉흥 연설이 아닌 준비된 원고를 가지고 하는 바로 그 어조로 이 연설을 했다. 힘이 들어간 새된 소리로, 그러나 느리고 엄숙하게 말했고, 효과를 노리며 곧잘 휴지를 두었다. 이 연설 전체, 그리고 이 연설에 앞선 토론과 이 연설에 대한 반응이 원본 테이프들 중 하나에 오롯이 담겨 있다.[287] 이 연설은 사선 토론회에 대한 이해를 돕는 것으로서, 그리고 무엇보다 아이히만이 아르헨티나에서 한 발언이 얼마나 가치 있는 자료인지를 입증하는 것으로서 중요한 만큼, 한마디 한마디 충실히 옮겨 기록할 가치가 있다.[288] (주를 통해 몇몇 단어와 구절에 대한 설명을 제공한다.)

> 아이히만: ……그리고 12년이 지난 지금 이 문제로 나를 괴롭히고 혼란스럽게 하지 말아주십시오. 이름이 코프먼이든[289] 아이히만이든 사선이든 모건도든[290] 상관없어요. 무슨 일인가 일어났고, 그 상황에서 나는 나 자신에게 이렇게 말했습니다. 좋아, 그럼 나는 모든 의심을 떨쳐버려야 해. 내 민족이 죽기에 앞서 온 세상이 먼저 죽어야 하고, 내 민족은 그다음이야. 오직 그다음이라고!
>
> 나는 이렇게 말했습니다. 우리 문제에 대한 결론으로서 이 말씀을 드리는데, "신중한 관료",[291] 그게 바로 나였습니다, 그렇고 말고요. 한데 나는 그 "신중한 관료"라는 것에 대해 좀더 자세히 이야기해보고 싶습니다. 내게 다소 불리한 일이 되겠지만요. 이

신중한 관료는 (…) 어떤 광적인 전사를 수반했습니다. 나의 생득권인 내 혈통의 자유를 위해 싸우는 전사지요. 그리고 전에도 했던 말을 다시 하자면, 사선 동지, 나는 당신을 물어뜯는 당신의 이蟲에는 관심이 없습니다.[292] 내 옷깃 아래 있는 나의 이에 관심이 있지요. 나는 그것을 짓이겨버릴 겁니다. 내 민족의 경우도 마찬가지입니다. 그리고 신중한 관료라는 것—당연히 과거의 내가 속했던—은 나를 이끌어주고 내게 영감을 주기도 했습니다. 나의 민족에게 유익한 것이 내게는 신성한 명령이고 신성한 법입니다. 그렇고말고요.

그리고 이제 나는 여러분에게 이 모든 레코드판[293]의 결론으로서 한 말씀 하고 싶습니다. 우리가 이제 곧 그것을 끝내게 될 테니까요. 나는 제일 먼저 이렇게 말해야 할 것입니다. 나는 후회하지 않습니다! 나는 절대 십자가에 절하지 않을 것입니다! 우리가 여기서 이 문제를 검토해온 넉 달 동안,[294] 여러분이 나의 기억을 되살리려 노력해온 그 넉 달 동안, 내 기억의 많은 부분이 되살아났으며, 그것은 너무 쉬운 일이었습니다. 그리고 나는 여론을 위해서, 그것을 깊이 후회하고, 사울이 바울이 된 것처럼 구는 일을 쉽게 할 수 있을 것입니다.

사선 동지, 말씀드리는데, 나는 그렇게 할 수 없습니다. 그렇게 할 수 없는 건, 나에게 그럴 의사가 없기 때문이고, 우리가 뭔가 잘못된 일을 했다고 말하는 것을 내 마음속으로 주저하기 때문입니다. 아닙니다. 나는 당신에게 정말 솔직하게 이렇게 말해야 합니다. 현재 우리가 아는 바와 같이 코르헤어가 확인해준

1030만 명의 유대인[295] 중에서 우리가 1030만 명을 죽였다면 나는 만족스러워할 것이고, 좋다고, 우리가 적을 말살했다고 말할 것이라고요. 행운의 변덕으로 인해 현재 이 1030만 명의 유대인 중 대다수가 살아 있으니, 나는 스스로에게 이렇게 말합니다. 운명이 그렇게 되기를 바란 거라고요. 나는 운명에 복종해야 합니다. 나는 보잘것없는 인간일 뿐이니 이에 맞서 싸우지 말아야 하며, 그럴 수도 없고, 그러고 싶지도 않습니다. 만약 우리가 오늘날 생존해 있는 모든 지식인 중 가장 교활한 지식인을[296] 말살했다면 우리는 우리 피와 민족에 대한, 또 민족들의 자유에 대한[297] 우리 의무를 완수한 것일 겁니다. 바로 그것이 내가 슈트라이허에게[298] 말한 바이며, 내가 항상 역설해온 바이니까요. 우리는 수천 년에 걸친 교육을[299] 통해 지적으로 우리보다 우위에 있는 적을 상대로 싸우고 있다고 말입니다. 어제였는지 그제였는지 아니면 1년 전이었는지 모르겠지만, 내가 들은, 혹은 읽은 이야기가 있습니다. 로마인들이 나라를 세우기도 전에, 로마가 건국되기도 전에 그 땅의 유대인들은 글을 쓸 줄 알았다는 겁니다. 이건 낮잡아 말한 것입니다. 로마인들이 나라를 세우기 수백억 년 전부터, 로마 건국 수백억 년 전부터 유대인들은 글을 쓸 줄 알았다고 말했어야 합니다. 십계명이 새겨진 판을 보십시오. 오늘날 6000년은 족히 되는 기록된 역사에 의지하고 있는 인종을 보세요. 말하자면, 5000년 내지 6000년 동안 법을 만들어온 인종을 보세요. 혹은 7000년으로 추정한다 해도 틀리지 않을 겁니다. 오늘날 기독교 교회가 이 입법을[300]

이용한다는 사실이 나로서는 너무 답답합니다. 하지만 이것이 내게 말해주는 바는, 이 인종이 중요성에서 일등이라는 것입니다. 입법자들은 언제나 위대한 존재였으니까요. 그리고 이러한 깨달음 때문에 나는 이 적에 맞서 싸운 것입니다.

그리고, 이 적들 중 1030만 명이 죽임을 당했다면 그때는 우리가 의무를 완수한 것이리라는 내 말에서 여러분은 바로 이것이 나의 동기임을 이해해야 합니다. (효과를 위해 멈춤.) 한데 이것이 이루어지지 않았으므로, 아직 태어나지 않은 사람들이 그 고통과 고난을 겪어야 할 것이라고 말하겠습니다. 아마도 그들이 우리를 욕하게 되겠지요. (효과를 위해 멈춤.) 우리 소수의 사람들만으로는 시대정신에 맞설 수 없습니다. 우리는 할 수 있는 것을 했습니다.

물론 인간의 감정도 여기에 어느 정도 작용한다고 말씀드려야 할 겁니다. 나 역시 여기서 자유롭지 않고, 나 역시 그 같은 약점으로 인해 패배했습니다. 나는 이 점을 알고 있습니다! 아마도 어떤 권위에 의해 계획되었을 진정 완전한 제거, 또는 내가 염두에 두고 있던 그 개념이 실행될 수 없었다는 사실에 대해 나 역시 부분적으로 책임이 있습니다. 나는 여러분에게 이에 대한 몇몇 작은 예를 제시했습니다. 나는 지력이 부족한 사람이었는데, 사실 더 많은 일을 할 수 있었을, 그리고 더 많은 일을 해야 했을 자리에 배치되었습니다.

내가 여러분에게 한 말은 사과로 받아들여져야 합니다. 첫째, 나는 깊은 지성을 갖추지 못했습니다. 둘째, 나는 필수적인 신체적

강건함을 갖추지 못했습니다. 셋째, 심지어 내 뜻에 반해서 내 뜻에 맞서 싸우는 많은 사람이 있었습니다. 그래서 나는 스스로 이미 장애를 느끼면서도, 돌파구를 찾는 데 도움이 될 다른 일들을 수행하는 데 제약을 받았는데, 수년 동안 이른바 개입주의자들과의[301] 싸움에 꼼짝없이 붙들려 있었기 때문입니다. 나는 마지막으로 여러분에게 이런 말씀을 드리고 싶습니다.

여러분이 이것을 책에 넣을지 어떨지 모르겠지만, 아마 그건 좋은 생각이 아닐 겁니다. 아마 책에 들어가지 않아야 할 겁니다. 이것이 바로 내가 이 몇 달 동안 기억을 되살리면서 씨름해온 것에 대한 결론이며, 나는 여러분에게 이를 밝혀야 한다는 생각이 듭니다.

사선: 네.

(길고 긴장된 침묵, 테이블 주위에서 안절부절못하는 듯한 소리.)

아이히만: 이제 녹음 작업은 다 끝난 거죠, 네?

사선: 뭐라고요?

아이히만: 이제 다 끝난 거죠, 네? 아닌가요?

사선: 실은 그렇지 않아요. 이야기할 페이지가 아직 좀 남아 있습니다. 하지만 우리는 틀림없이 할 수 있을 거예요.

아이히만: 아, 정말로 책을 끝낸 게 아니에요?

(사선이 웃는다. 반쯤 동정적으로, 반쯤 관대하게.)

아이히만: (불안해하고 혼란스러워하며) 나는 다 끝났다고 생각해서…… 그래서 나는…… 나는…… 이 그룹을 향해…… 작은 결론을…… 연설을…… 내놓은 건데요.

사선: 상관없습니다.

이 "상관없습니다"에 이르러서야 아이히만은 "그룹을 향한 작은 연설"이 얼마나 부적절한 것이었는지를 비로소 깨달은 것처럼 보인다. 즉각적인 반응이 없자 그는 사선에게 이 발언에 대해 어떻게 생각하는지 단도직입적으로 묻는다. 그리고 대답이 없자 이 후회 없는 연사는 결국 자기 발언의 무도함을 스스로도 알고 있음을 인정한다. "내가 여러분에게 한 말이 과격하지요, 압니다. 표현이 너무 과격해서 내가 비난을 받겠지만, 그렇다고 달리 말할 수도 없어요. 그게 진실이니까요! 내가 왜 그것을 부인해야 합니까?" 그것은 "그 순간에, 내 마음속에서" 우러난 것이었고, 바로 이것이 그가 미래와 후손을 위해, "어떤 종류의 연구를 위해" 말하고 싶었던 이유다. 녹음테이프로 전체 내용을 참고 들을 수 있는 사람이라면 그 "연설" 동안 이 한심한 공연의 스타일과 내용이 청중을 점점 더 불편하고 불안하게 만든다는 것을 알아차리지 못할 수 없을 것이다. 사선이 이 기괴한 장면을 얼버무리고 넘어가려 시도한 것은 놀라운 일이 아니다. 아이히만이 한 일은 그저 사선 프로젝트 자체를 희화화하고 이 프로젝트를 계획한 사람들을 바보로 만들어버린 것에 불과했으니 말이다. 그들은 지난 몇 달 동안 민족사회주의를 "우리가 항상 비난받는 한 가지" —즉, 홀로코스트—로부터 거리를 두게 하려 애쓰고, 각종 통계 자료를 의심하게 만드는 "적의 선전" 같은 이유를 발굴해내고, 가능한 한 수치들을 최소화하려 노력한 터였다. 그들이 생각하기에 전쟁 막바지에 아이히만과 그의 연설들로 인해 생겨났다고 여겨지는 문제를 제거하려는 목적에서였다. 그런데 정작 그들이 주요 증인이 되어 줄 것으로 기대했던 사람이 몇백만 명을 더 보탠 셈이었다. 아이히만을 내세워 아이히만을 바로잡으려는 시도가 실패했다는 것을 모든 참석자는 깨달았을 것이다. 게다가 이 이해할 수 없을 정도로 냉소적인 연설은, 사망자가 수백만 명이라는 아이히만의 고백을 비슬리체니나 또 다른 사람들이 인용했을 때 그것이 연합군 점령이라는 곤란한 상황으로 인해 마지못해 거짓말을 한 것이 아니었음을 아주 분명하게 보여주었다. 또한 아마 반감을 가지고 있던 빌헬름 회틀은 자기가 중요하게 보이게끔 하려고 과장했겠지만, 그럼에도 그는 1957년 사선의 탁자에서 드러난 실제에는 미치지 못했다. 사선 서클은 가장 불쾌한 인용인 "600만 명" 발언을 고문이 초래한 자포자기적 거짓말이나 빌헬름 회틀이 적극적으로 지어낸 말이라고 폭로하지 못했다. 대신에 그들은 이 괴상한 자백의 증인이 되어, 그것을 완전히 확인하고 말았다. 아이히만은 1945년에 정말로 그것을 말했다. 전쟁이 끝난 지 12년 후, 방에 모여 녹음기를 틀어놓은 토론 그룹 내에서 이 대량학살자는 요청받지도 않은 자백 재공연을 했다. 유대인 절멸이 있었다. 그는 수백만 건의 살인—사실상 완전한 대량학살—을 계획하는 것을 도왔다. 그는 여전히 이 목표가 옳다고 믿었다. 그는 그 일에 참여한 것에 만족했다. 이 미친 민족사회주의 프로젝트에 대한 그의 유일한 비판은 "우리는 더 많이 할 수 있었고 더 많이 했어야 했다"라는 것이었다. 사선과 프리치는 "600만 명이라는 거짓말"이 유대인의 전술임을 증명함으로써 이스라엘 내의 "적"과 전 세계의 모든 유대인에게 망신을 주는 대신, "순수한 민족사회주의"라는 자신들의 공상적 이념의 진짜 적은 가장 성공적인 실무자 가운데 한 명이자 여전히 히틀러의 이상을 좇는 마지막 헌신적인 민족사회주의자 가운데 한 명인 친위대 퇴역 중령 오토 아돌프 아이히만으로 체현된 나치 이데올로기 그 자체의 한가운데에 있다는 것을 본의 아니게 증명하고 말았다. 사선은 이 이 사실을 경시하려 애썼지만, 그의 프로젝트는 여기서 실패로 끝났다. 이 그룹은 다른 것들, 즉 피해자의 증언, 재발견된 통계 문서, 살인율에 대한 전보와 사망자 명부, 각종 영화와 사진과 연구에 대해 의문을 제기하며 그것들을 "반독일적인" "선전적인" "과장된" "위조된" 것이라고 묘사할 수 있었다. 그러나 그들은 아이히만만큼은 의심할 수 없었다. 그가 모든 것을 그렇게 설득력 있게 확언했으니 말이다. 아이히만은 민족사회주의자였고, 그런 이유로 헌신적인 대량학살자였다. 그보다 더 "중요한" 것은 없었을 것이다.

결론 없는 종결

결국 아이히만은 자기 말만 믿는다.

—하리 뮐리스[302]

그날 저녁이 어떤 식으로 이어졌을지는 추측만 해볼 수 있는데, 이야기할 페이지가 아직 좀 남았다는 사선의 말이 있었음에도 불구하고 녹음기는 거기서 꺼졌기 때문이다. 아무도 문헌 작업에 더 이상

열의를 보이지 않았던 것 같다. 공지된 토론회는 그다음 주에야 열려, 68번 테이프에서 시작되었다. 다음에 일어난 일은 아이히만이 그 그룹의 전반적인 이해 부족에 대한 명확한 인상을 받았음을 시사한다. 곧바로 그는 사선에게 자신의 실패한 "결론"을 반박하는 편지를 써 보내면서 "코프먼 계획"과 유대인들 스스로의 파멸을 유도하는 "유대인들의 자극"에 대한 자신의 허술한 이해를 뒷받침할 더 많은 자료를 소심하게 요청했다. 그는 사선의 역사 해석에 부합하도록 초안을 고쳐 쓰려 하고 있었다.[303] 그는 사선이 듣고 싶어하는 말을 사선에게 해야 한다고 생각했음에 틀림없다. 편지에서도, 이 일 다음에 있은 토론회—68번 테이프의 시작 부분—를[304] 위해 쓴 글에서도 말이다. 그는 더듬거리며 말했다. "네, 나는 한 가지 요점을 기록하고 싶습니다. 지난번 녹음 중에…… 나는 일종의 결론을 말했습니다…… 폴리아코프의 이 책을 읽고…… 어떤 일이 일어났는지를 알게 된 지금…… 나는 더 이상 내가 내린 이 결론이 옳다고 느끼지 않습니다."[305] 아이히만은 마치 양심의 가책을 느끼는 어린 학생처럼 분명 비위를 맞추려 하고 있다. 하지만 그는 뉘우치는 연사처럼 구는 데 있어서 완전히 성공하진 못했는데, "그 문서들이 가짜가 아니라 진짜"이기만 하다면 동의하겠다는 단서를 덧붙이고야 말았기 때문이다. 그러나 그는 즉시 후퇴한다. "물론 전체 상황 등을 고려할 때 나는 대부분 의심하고, 몇 가지는 진실로 받아들여져야 한다고 믿는데…… 당신은 어떻게 생각하세요?" 이어지는 녹음테이프들에서 사선은 너무 짜증이 나서 분명 더 이상 아무것도 생각할 수 없는 상태에 있으며, 또한 적극성이 심히 결여되어 있다. 그는 계속해서 책을 부분부분 소리 내어 읽는데, 천천히 그리고 평소보다 덜 집중해서 읽고, 그러다가 멈추고, 다른 지점에서 다시 시작하고, 몇 분씩 다시 멈춘다. 그는 흥미를 느껴서라기보다 습관적으로 질문을 하는 것 같다. 아이히만만이 평소와 같은 수준의 참여도를 유지하다가 점점 더 사선을 의심한다. 그는 훨씬 더 회피적으로 대답하기 시작한다. "처음 듣는 말인데요…… 하지만 나는 그것에 대해 할 말이 없다고 얘기할 수밖에 없습니다, 나는 그것과는 아무 관련이 없으니까요." "모르겠습니다." "기억이 안 납니다."[306]

사선은 아이히만의 발언에 거의 아무것도 덧붙이지 않는다. 거의 질문하지 않고, 더 파고들고 싶어하지 않고, 그저 자신이 계획한 주제를 하나하나 확인하고 넘어갈 뿐이다. 녹취록도 불완전하고, 텍스트에서 녹음테이프들의 순서도 불확실해진다.[307] 마지막 테이프와 녹취록들은 사선이 그냥 흥미를 잃었다는 인상을 준다. 이전 테이프들에서 그가 보인 흥분을 되살리는 것은 불가능했다. 아이히만은 사선 서클의 실망거리가 되어 있었다. 그는 많은 전술, 책, 조력자를 동원해 시도했음에도 불구하고 결국 아이히만을 제어하는 데 실패했음을 인정해야만 했다. 결국 아이히만은 아이히만으로 남았다. 사선과의 만남은 그저 그가 자신의 역사 해석과 계획을 이해시키려는 또 하나의 기회일 뿐이었다. "사선 동지, 나는 당신을 물어뜯는 당신의 이에는 관심이 없습니다"라는 것이 그의 입장이었던 것이다. 사선은 남아메리카 정치인들을 인터뷰할 때만큼 교활함을 발휘했음에도 불구하고, 스스로의 목소리에 귀 기울이는 데 빠져 있는 아이히만에게는 상대가 되지 못했다. 아이히만과 그의 글을 접해본 모든 사람과 마찬가지로, 사선은 그냥 짜증이 났다. 이 고정 손님의 형편없는 문장 구조와 새로운 해석 때문이기도 했고, 사선이 키워온 민족사회주의하의 독일이라는 관념이 유지될 수 없을 만큼 결함이 너무 크다는 것을 깨달았기 때문이기도 했다. 사선의 딸은 아버지가 홀로코스트라는 주제를 다룰 수 없었을 뿐 아니라 다루려 하지도 않았을 것이라고 여러 번 강조했다. 왜냐하면 그것은 "민족사회주의라는 순수한 관념"에 대한 그의 꿈에 부합하지 않았기 때문이다. 하지만 아이히만을 통해 사선은 홀로코스트를 무시하는 것은 이를 부정하는 것과 같다는 점을 이해하게 되었다. 대량학살과 가스실이 존재했고, 이것은 독일 역사의 일부였으며, 아이히만 같은 민족사회주의자들은 대의를 위한 헌신에서 그것들의 발생에 결정적인 역할을 했다. 사선은 헌신적인 민족사회주의자이자 인종적 반유대주의자였을 수는 있지만, 이런 살인 프로젝트를 범죄로 봤으며, 부인하는 것을 하나의 해결책으로 보기에는 자각이 너무 깊었다. 그는 이 토론회를 바탕으로 아이히만도 자신도 마음에 들어할 만한 책을 쓰려는 시도에 실패했다. 이 프로젝트는 사선에게 민족사회주의자로 남고자 한다면 아이히만과 함께하는 것을 멈춰야 한다는 점을 깨우쳐주었을 뿐이다. 역사를 왜곡하고 히틀러와 "독일성"을 유대인 학살로부터 분리하는 것은 아이히만에게 대립해야만 가능할 터였다.

1957년 가을은 전 세계에 흩어져 있던 전후의 나치들에게 중대한 변화를 가져왔다. 콘라트 아데나워가 서독 선거에서 과반 득표로 승리한 것이다. 독일과 부에노스아이레스에서 극우 운동은 이 선거의 승리를 막고 전후의 독일 정치에 전환점을 가져오는 것을 꿈꿨다. 그것은 1950년대에도 이미 현실과는 크게 동떨어진 꿈이었다. 이는 수포로 돌아갔으며, 그 길을 따라 다시금 독일의 상석으로 돌아간다는 전망 또한 좌절되었다. 아데나워가 깨달았듯이, 독일 국민은 더 이상 실험을 갈망하지 않았다.[308] 이제 돌아갈 길이 없다는 것을 모두가 이해했고, 그들은 있는 그대로의 새로운 세계에 적응해야 할 터였다. 에버하르트 프리치, 루돌프 폰 알펜슬레벤, 빌럼 사선, 한스-울리히 루델은, 그들의 전기가 보여주듯이, 히틀러가 오래전에 죽었다는 사실을 천천히 깨닫기 시작했다. 제3제국은 지나갔고, 결코 돌아오지 않을 것이었다. 고립된 망명생활에서는 가장 감상적인 꿈조차 한계가 있었지만, 세상은 계속 움직이고 있었고, 아르헨티나에서도 세상은 꽤나 달라져 있었다. 1957년에 이 나라는 앞선 10년간 페론 통치하에 누렸던 활기찬 호황기에서 멀어져 있었다. 그 "운동"은 시대에 뒤떨어진 것이 되었고, 과거에 갇혀 있을 생각이 없는 사람이라면 새로운 세계와 그 세계의 가능성에 보조를 맞추기 시작해야 했다. 심지어 『길』도 발행을 중단했다. 그러므로 사선 프로젝트는 어떤 잘 준비된 타격이나 극적인 돌발 사건으로 끝난 게 아니었다. 그냥 지루함과 실망으로 죽어버린 것이다.

하지만 아이히만의 자백은 아르헨티나의 목격자들만 변화시킨 것이 아니었다. 그것은 여전히 총통 국가의 복귀를 꿈꾸고 있던 다른 사람들에게도 거침없이 퍼져나갔다. 사선 인터뷰가 아이히만의 몰락에서 담당한 첫 번째 역할은 반인륜적 범죄의 가해자들을 오랫동안 보호했던 민족사회주의 세계관에 대한 악랄한 동조를 파괴하는 데 일조한 것이었다.

5장
안전하다는 착각

아이히만은 정말 멍청했다. 그가 어디 있는지 모두가 알았다.

—잉게 슈나이더(사선의 지인)

EICHMANN VOR JERUSALEM

프랑크푸르트의 검사장 아르놀트 부흐탈은 1957년 4월 초에 기자회견을 열었다. 그는 4월 1일 헤르만 크루메이의 체포를 명령한 터였다. 크루메이는 아이히만과 수년간 같이 일했고 1944년 헝가리에서 아이히만을 대리했던 인물이다. 부흐탈은 40만 명이 넘는 헝가리 유대인의 역사적 살해에 대한 모든 조사를 중앙에서 지휘하는 일을 맡게 되었고, 이후 며칠 동안 서독의 모든 주요 일간지에, 심지어 『아르헨티나 타게블라트』에도 그의 말이 실렸다. 기사에 따르면, 1956년 11월 24일에 체포 명령이 떨어진, 크루메이의 상관 아돌프 아이히만에 대한 추적도 당연히 계속되고 있었다. "그는 남아메리카의 어딘가에 살고 있다고 한다."[1] 아이히만이 이 기사를 읽었음을 알 수 있는데, 그가 사선 서클에서 이 기사를 언급한 바 있기 때문이다. 그리고 다른 어떤 사람도 이 소식을 들었을 가능성이 크다. 로타어 헤르만이라는 시각 장애인이었는데, 그의 가족은 민족사회주의자들에게 죽임을 당했고, 그 자신은 그 나라를 떠남으로써 가까스로 이러한 운명을 피할 수 있었다.

지난날 다하우 수용소의 수감자였던 이 남자의 딸이 학교에서 아이히만의 장남을 만나게 되었다는 이야기에 사람들은 늘 즐거워했다. 아이히만을 파멸로 이끈 것이 정보기관이 아니라 아들의 연애사로 판명났다는 생각은 만족스러운 나머지 모든 문제를 무시해버린 것처럼 보인다. 하지만 이 섹스와 비밀의 이야기가 아무리 멋져도, 역사가들은 그 싸구려 통속 소설적 매력에 무비판적으로 굴복해서는 안 된다. 우리는 앞뒤가 맞지 않는 것들을 지적해야 하고, 무엇보다 출처를 살펴야 한다. 흔히 그렇듯이, 이 이야기는 겉으로 보이는 것보다 훨씬 더 복잡하다.[2] 독일 법률가 프리츠 바우어, 로타어 헤르만, 그의 딸, 클라우스 아이히만에 대한 정보는 수년 후에야 널리 알려졌다. 이 정보는 다비드 벤구리온의 가까운 친구인 미카엘 바르-조하르의 『복수자들』(1967)에 처음 등장했다. 그는 아이히만 추적과 관련해 프리츠 바우어를 언급한 첫 번째 사람이었지만, 원래는 넌지시 말하는 수준이었다. 다만 인터뷰에서, 그리고 바우어 사후에 출간된 그 책의 히브리어판에서만 바르-조하르는 바우어가 이스라엘 당국과 비밀리에 협력했음을 터놓고 말했다.[3] 바르-조하르의 책은 대중적인 페이퍼백으로 제작되었지만, 바르-조하르 자신은 전문 역사가로서 여전히 호평을 받았다. 그는 벤구리온과 이스라엘 국방장관 모셰 다얀의 호평 받는 전기를 썼으며, 모사드의 수장인 이세르 하렐과 면담할 수 있는 사이였다. 그는 의심할 여지 없이 매우 좋은 인맥을 가지고 있었으므로, 1967년 3월에 프리츠 바우어와 직접 대화했다는 그의 주장을 진지하게 받아들여야 한다.

바르-조하르 책의 성공에 고무된 이세르 하렐 또한 아이히만이 체포된 경위를 공개했고, 인터뷰, 신문 기사, 마침내 책을 통해 자신의 이야기를 전했다.[4] 이 시점에 하렐은 헤르만이 오래전에 죽었다고 생각했고, 재판 10주년을 맞아 모사드의 업적(그리고 자신)을 기리는 어떤 기념물을 만들고 싶어했다. 그는 아이히만 납치를 자기 경력의 최고 성과로 여겼다. 그의 책은 나치의 아들과 유대인 생존자의 딸 사이의 사랑 이야기에 힘입어 전 세계에서 여러 판으로 출판되었다. 섹스와 나치는 항상 잘 팔린다.

로타어 헤르만은 하렐의 이야기를 듣고 깜짝 놀랐다. 하렐의 이야기는 대부분 "완전히 틀렸고", "의도적이며 공공연하게" 사실을 뒤틀어놓았던 것이다. "유대교 신앙을 가진 사람들이 그렇게 나쁘고 배신할 줄은 상상도 못 했다"고 그는 말했다. 하렐은 "내 이름과 내 딸의 이름을 악용"한 것이었다.[5] 헤르만은 아이히만 납치에서 자신의 역할에 대한 대중의 찬사와 이스라엘의 초대를 거부했다. 그럼에도 그는 이스라엘 정부가 주는 1만 달러의 보상금은 수락했는데, 이 이야기의 배경과 당시 그의 생계 상황을 고려할 때 크게 이해되는 점이다. 그렇게 함으로써 그가 이 이야기에 또 다른 반유대주의적 클리셰의 가능성을 추가하긴 했지만 말이다. 한스 디트리히 잔더와 카를 슈미트 사이의 서신을 보면 하렐의 이야기가 대중의 취향에 얼마나 잘 맞았는지 알 수 있다. "나는 최근에 『쥐드도이체 차이퉁』에서 아이히만 체포에 대한 기사를 읽었습니다"라고 잔더는 쓰고 있다. 이어서 이렇게 쓴다. "이에 따르면 아이히만은 이스라엘 첩보 기관의 기민함 덕에 발견된 것이 아니라, 첩보 기관이 내건 현상금 덕에 발견된 셈입니다. 그로 인해 아르헨티나에 있던 어느 나이 든 유대인 맹인이 연락을 해왔는데, 그는 자기 딸과 아이히만의 아들이 친구 사이여서 아이히만이 어디 있는지 알고 있었어요. 알다시피 아이히만은 그 나라 밖으로 끌려갔지만 현상금은 지불되지 않았어요. 이 유대인은 수년에 걸친 법적 분쟁을 시작했습니다." 잔더는 아쉬워하며 이렇게 덧붙인다. "딸은 더 이상 기사에 등장하지 않습니다."[6] 그의 관음증적 감각은 분명 좀더 음란한 세부 내용을 바랐을 것이다.

하렐이 제시한 질비아 헤르만 이야기에 대한 별도의 정보원들은 없다. 그가 언급한 일들은 공식적인 모사드 작전 이전에 일어났기 때문이다. 1960년 이전에 일어난 일의 세부 내용을 훗날 전해준 요원들은 모두 상관인 하렐에게서 정보를 얻은 것이었다. 납치 팀 구성 전에는 그들 모두가 아이히만 수색에 대해 아무것도 몰랐다. 1958년 초에 로타어 헤르만을 방문했던 에프라임 호프슈테터는 이후 이스탄불에서 테러 공격에 희생되었다. 아이히만의 주소를 확인하고 실제 현장 조사를 수행한 최초의 모사드 요원 츠비 아하로니는 하렐의 책에 대한 비판을 아끼지 않았고, 헤르만이 그랬던 것처럼, 진실을 희생시키면서 세간의 관심을 구걸했다고 하렐을 비난했다.[7] 또한 지몬 비젠탈의 전기를 쓴 톰 세게브는 하렐이 나이를 먹으면서 자신의 평판은 높이려 애쓰고, 아이히만 추적에서 비젠탈이 했던 역할은—이스라엘 정부의 포상을 통해 공식적으로 인정받은 역할—지우려 애쓰는 등 얼마나 질투심에 차 있었는지를 보여준다. 하렐의 홍보 캠페인에 공정함은 없었다. 그리고 간과하지 말아야 할 사실이 또 하나 있다. 이 이야기에서 클라우스 아이히만의 행동은 그의 아버지가 발각되는 데 중요한 역할을 했지만, 아버지의 죽음으로 이어진 일들에 대해 그가 자책한 기미는 없으며, 그는 이 일을 매우 다른 관점에서 봤다.[8] 따라서 하렐을 유일한 정보원으로 이용하기보다는 좀더 신중하게 접근해야 한다. 첫째, 진실에 대한 전술적 이해는 정보기관장들의 일에 따라다니기 때문이며, 둘째, 아르헨티나에서 일어난 일들에 접근하게 해주는 대체 경로가 있기 때문이다.

정보원 로타어 헤르만

> 이렇게 나는 역사에 남을 명성을 포기하고 있는 것이겠지요.
>
> —1960년 6월 25일
>
> 로타어 헤르만이 프리츠 바우어에게 보낸 편지

클라우스 아이히만과 질비아 헤르만이 만났을 때, 두 사람 다 학교에 다니고 있었고, 기껏해야 각각 열아홉 살과 열네 살이었다.[9] 1956년 1월경 헤르만 가족은 부에노스아이레스로부터 500킬로미터 떨어진 코로넬수아레스로 이사했다.[10] 로타어 헤르만이 유대인인 탓에 독일을 떠나지 않을 수 없게 된 후 그와 그의 첫 번째 아내는 아르헨티나로 이주했다. 나치 용어를 사용해 그를 "반半 유대인"이라고 칭한 적 있는 하렐에게 그가 강조했듯이, 그는 "완전한 유대인"이었다.[11] 1901년에 독일 퀴른바흐에서 태어난 헤르만은 변호사였다. 그의 말에 따르면 그는 1935년 9월 14일부터 1936년 5월 7일까지 아마도 사회주의에 대한 관심 때문에 다하우 수용소에 "보호 구금"되었다.[12] 그 뒤 그는 "정치적 유대인"이라는 이유로 독일에서 추방되었고, 네덜란드를 거쳐 아르헨티나로 이주했으며, 네덜란드에 머물 때인 1938년에 마침내 "아리아인" 아내와 결혼할 수 있었다. 그의 부모와 형제자매는 민족사회주의자들의 손에서 살아남지 못했다. 아르헨티나에서 헤르만은 시력을 완전히 잃었지만 법률 자문가로 계속 일했고, 연금 청구를 전문으로 했다. 그는 큰 독일계 유대인 공동체가 있는 코로넬수아레스로 이사했는데, 거기에 더 많은 일거리가 있을 것이기 때문이었다. 헤르만이 부유했다거나 형편이 좋았다고 할 만한 근거는 전혀 없다.

1941년 부에노스아이레스에서 태어난 질비아 헤르만은 재능 있는 아이였다. 이 가족의 친구 하나와 로타어 헤르만의 비서는 헤르만 부부가 딸을 부에노스아이레스로 돌려보내 그곳에서 고등학교에 다니게 하기로 결정했다고 기억한다. 그러면 딸은 헤르만 가족의 먼 친척 몇몇이 살고 있는 북아메리카의 대학에 갈 수 있게 될 것이었다. 로타어 헤르만의 편지들은 질비아가 열여덟 살이던 1959년 가을에 아르헨티나를 떠나 미국으로 갔다는 것을 알려준다. 이는 그녀의 출발과 아이히만 납치를 직접적으로 연결 짓는 것을 불가능하게 만들지만, 질비아 헤르만과 클라우스 아이히만이 만났을 만한 때가 언제인지는 알려준다.

그들의 길이 교차했다는 사실은 이상한 우연이 분명 아니었다. 아르헨티나의 독일 이민자 세계에서는 전 피해자와 가해자가 문자 그대로 바로 옆집에 살았고, 그들의 자녀는 같은 학교에 다녔다. 물론 문화적 분열이 있어서, 한편에 독일계 유대인들의 신문, 연극, 영화가 있었다면 다른 한편에는 독일 민족의 그리고/또는 민족사회주의의 관습들이 있었지만, 젊은이들은 그러한 분열을 거의 따르지 않았고, 부모 세대의 정신적 장벽들을 거의 신경 쓰지 않았다. 로타어 헤르만은 자기 딸이 언제 어디서 아이히만의 아들을 만났는지 결코 말하지 않았다. 다만 1959년에 그는 아이히만의 신원과 그가 사는 곳에 대해 자신이 말한 모든 것을 자기 딸이 확인해줄 수 있음을 시사했다. 하지만 한 친구는 질비아가 다섯 살 연상의 클라우스를 학교에서 만났다고 기억한다. 그녀는 그에게 반했고, 그가 찍힌 사진을 한 장 가지고 있었다. 학교 사진이었을 수도 있고, 파티에서 찍은 스냅숏이었을 수도 있고, 또 다른 사진이었을 수도 있지만, 발견된 적은 없다. 하지만 많은 사람이 그 사진을 봤다고 주장하며, 심지어 헤르만 가족의 집 벽에 그 사진이 걸려 있었다는 말도 있다.[13]

로타어 헤르만은 항상 아르헨티나의 나치들에 관심을 갖고 있었고, 자기 가족을 살해한 자들을 법정에 세우고 싶어했다. 그러니 아이히만이라는 이름이 곧장 그의 귀에 꽂힌 것은 놀라운 일이 아니었다. 헤르만과 그의 가족이 코로넬수아레스로 간 지 1년이 막 넘은 시점인 1957년 가을에 이르러서는 아이히만이 아르헨티나에 있다는 정보가 프리츠 바우어의 수중에 들어가 있었다. 심지어 1957년

6월에 이미 바우어가 헤르만의 편지를 받았을 수도 있다.

헤르만이 아이히만의 정확한 소재에 대한 정보를 프랑크푸르트의 검찰총장 프리츠 바우어에게 보낼 생각을 어떻게 하게 되었는지는 분명치 않다. 헤르만은 그들이 서신을 주고받은 시기만, 즉 "1957/58년"만 언급했다.[14] 그의 첫 번째 편지는 사라졌는데, 그것의 날짜는 불확실하지만,[15] 그것의 수신자는 『아르헨티나 타게블라트』에서 아이히만이 남아메리카에 있다고 이야기하는 중에 언급된 사람, 즉 아르놀트 부흐탈이었을 수도 있다. 부흐탈이 프리츠 바우어에게 그 편지를 전달한 것일 수 있다. 아르헨티나에서는 바우어와 관련된 글이 아직 전혀 나오지 않은 상태였다. 바우어와 부흐탈은 서로 아는 사이였을 뿐 아니라, 둘 다 헤센주 총리 게오르크 아우구스트 친의 지원을 받고 있었다. 친은 과거를 인정하는 것을 크게 옹호하는 입장이었고, 이 두 유대인 법률가에게 큰 희망을 걸고 있었다. 아르놀트 부흐탈은 정치적인 문제로 나치 전력이 있는 사람에게 검사장직을 내주고 물러나게 되었을 때, 자신의 수사 결과들을 그냥 책상 위에 놔두는 대신 바우어에게 넘기기 시작했을 것이다.[16] 바우어는 1957년 6월 9일 베라 아이히만의 어머니를 심문했을 때 아이히만 추적의 진정한 첫발을 내딛은 것이라고 우리는 알고 있다. 그녀는 딸이 1953년부터 외국에서 살았으며, 모르는 남자와 결혼해 그와 함께 미국으로 갔다고 말했다.[17] 7월 초, 바우어는 꽤 큰 좌절을 겪었다. 연방형사청이 헤센주 형사청에 아이히만에 대한 인터폴 수색을 시작하지 않을 것임을 통보한 것이다. 그는 "정치적, 인종적 성격"의 범죄들로 수배되었는데, 인터폴 규정상 이런 유의 기소에는 그들이 개입할 수 없었다. "따라서 나는 독일 중앙 부처의 하나인 연방형사청을 통해 아이히만 추적을 국제적으로 수행할 방법이 없다." 바우어는 이렇게 말했다.[18] 연방형사청은 전 친위대 장교인 파울 디코프(연방형사청이 기용한 옛 친위대 동료들 중에서 특히)가 스스로 좋은 경력을 쌓을 수 있게 해주었다. 그는 결국 연방형사청의 수장이 되었고, 나아가 인터폴의 수장까지 되었다. 일반적으로 말하자면, 연방형사청은 나치 범죄자를 추적하는 데 전혀 열의를 보이지 않는다고 해서 비난받을 수 없다. 훗날 아이히만은 인터폴이 자신을 추적하는 일을 거부했기 때문에 자신이 늘 안심했었다고 주장하는데, 그가 어떻게 그 사실을 알게 되었는지는 확실치 않다.[19]

1957년 여름의 바로 이 시점에, 중동의 아이히만에 대한 오랜 소문이 부활했다. 한 달 넘게 카이로의 나치들에 대한 내용이 독일 신문들에 등장했다.[20] 그 이야기들은 『길』에서 (아이히만의 이름은 언급하지 않은 채) 논의되고 반박되기까지 했다. 아마도 카이로에서 요한 폰 레어스가 그 기사들에 위협을 느끼기 시작했기 때문일 것이다.[21] 다시 말하지만, 이 단서들은 정보기관의 파일들에서도 발견된다.[22] 이 시기에 이르러 프리츠 바우어는 독일 내에 자신의 정보를 유포해봐야 아무 성과도 낼 수 없다는 사실을 인정해야만 했다. 오히려 독일 당국에 호소하는 것은 성공 가능성을 위협했다. 11월 초, 바우어는 이스라엘 대표들과 첫 만남을 가졌고, 그들에게 아르헨티나에서 온 정보를 전달했다. 그는 또한 이스라엘과의 협력을 독자적으로 결정한 것이 아니며, 헤센주 총리이자 친구인 게오르그 아우구스트 친과 논의했다고 말했다.[23] 1958년 1월에 모사드는 부에노스아이레스의 주소지를 조사하기 위해 에마누엘 탈모르를 첩자로 보냈지만, 차카부코 거리의 그 집은 망명 중인 영향력 있는 나치들에 대한 클리셰에는 어울리지 않는 것이었다. 이러한 결론을 보고받은 프리츠 바우어는 그럼에도 불구하고 추가 조사를 요구했다. 결국 이스라엘 경찰의 고위 간부인 에프라임 호프슈테터가 1958년 3월에 로타어 헤르만의 집을 찾아가는 임무를 맡았다. 나중에 그가 재판 기간에 경찰 수사국을 이끈 것은 우연이 아니었다. 어쨌든 호프슈테터는 이미 인터폴 회의를 위해 부에노스아이레스로 가고 있었다.[24] 안타깝게도 그가 거기서 만난 연방형사청 대표들이 누구인지는 알 수 없다. 하지만 스스로를 연방형사청 "설계자"로 부르고 싶어 했던 연방형사청 부청장 파울 디코프가 이 시기에 "해외부" 수장이기도 했다는 것을 우리는 알고 있다. 그는 자주 그 조직을 대표해 국제 회의에 참석했으며, 인터폴 총회는 그를 1955~1961년의 이 일들을 위한 통신원으로 임명했다. 어쩌면 그가 옛 동료들의 피난처가 된 그 나라를 방문했을 수도 있다. 대표단의 보고서를 한번 훑어보는 것은 분명 가치 있는 일일 것이다. 그것을 찾을 수만 있다면 말이다.[25]

호프슈테터는 로타어 헤르만에게 가명을 사용했고, 자신을 프랑크푸르트 검찰총장 바우어 사무실의 직원이라고 밝히는 바우어의 편지를 만들어냈다. 아이히만을 알아봤다고 주장하는 사람이 시각 장애인임을 알게 되어 모든 사람이 얼마나 실망했을지는 쉽게 상상할 수 있다. 호프슈테터는 헤르만이 프리츠 바우어와 더 이상 접촉하지 못하도록 막았고, 헤르만에게 미국의 한 주소를 알려주어 앞으로의 우편물은 그곳으로 보내게끔 했다. 수년 후 헤르만은 그곳으로 보낸 편지들에 대해 한 번도 답장을 받지 못했다고 불평했다. 그 편지들 중에는 그가 "우연히" 손에 넣은 "클라우스 아이히만의 사진 한 장"이 동봉된 것도 있었다. (지금까지 헤르만이 뉴욕으로 보낸 편지들은 하나도 알려지지 않았다. 그 문서들을 공개하는 것이 헤르만의 업적을 인정하는 적절한 일이 될 것이다.)[26] 훗날 헤르만은 "카를 후베르트"(호프슈테터의 가명)로부터 "1만5000아르헨티나 페소를 두 번으로 나누어 받는" 데 "엄청난 어려움과 노력"이 따랐다고 설명했다. 그러나 편지에 대한 답장을 받지 못하자 1958년에 헤르만은 보유 자료 일체를 프랑크푸르트로 돌려보냈고, 나중에 그가 말했듯이, 자신의 작업이 무의미하다는 인상을 받아 더 이상의 조사를 포기했다.[27] 그때 헤르만 부부는 딸을 대학에 유학 보냈고, 따라서 헤르만은 아이히만 가족과의 접점을 잃었다. 이제 그에게는 자신을 대신해 조사를 수행할 사람이 없었다. 그러나 질비아가 떠난 것은 그녀 자신의 안전을 위해서였다는 말이 나중에 있었다고 그의 동시대인들은 회고한다. 조사는 그녀를 위험한 입장에 처하게 했고, 어쨌거나 편집증적으로 의심이 많은 것이 당연했던 로타어 헤르만은 그녀의 외국 대학 입학이 가족에게 재정적 부담을 안겨줌에도 불구하고 그녀의 유학을 밀어붙였다. 질비아 헤르만이 이 일들에 대해 아무 말도 하지 않기로 결심했기 때문에, 우리로서는 그녀가 떠난 진짜 이유를 그저 추측만 할 수 있을 뿐이다.

헤르만이 정보를 제공한 상대들의 반응은 매우 분명하다. 호프슈테터의 방문 후, 정보원 로타어 헤르만은 더 이상 진지하게 받아들여지지 않았다. 그는 정말로 아돌프 아이히만을 찾아냈다. 다만 믿을 만해 보이지 않았을 뿐이다. 그는 시각 장애인이었고, 외딴곳인 코로넬수아레스에서 살고 있었으며, 그가 부에노스아이레스에서 "유대인의 주적"을 찾아냈다고 주장했지만 그가 제시한 주소지는 보안이나 사치의 흔적이 없는 수수한 아파트에 불과했다. 게다가 그는 조사 진행 과정에서 아이히만 집의 임대인인 프란시스코 슈미트를 아이히만 본인으로 착각한 적이 있고, 이로 인해 그의 신뢰성은 완전히 무너졌다. 나치가 그런 아파트에 세 들어 살고 있을 수도 있다는 생각은 이세르 하렐과 그의 동료들로서는 받아들이기 어려웠다. 하지만 프리츠 바우어는 포기할 생각이 없었다. 헤르만의 편지들은 확신을 갖게 해주었고, 바우어는 아르헨티나에 있는 자기 정보원의 말을 뒷받침하는 증거를 점점 더 많이 발견하고 있었다.

독일 귀국?

> 이 시기에 독일 헌법수호청 또한 아이히만을 조사하고 있었던 것은 순전히 우연이었다.
>
> —이름트루트 보야크[28]

부유한 나치에 대한 클리셰와 반대로, 1957년 말경 아돌프 아이히만은 사업상의 문제를 겪기 시작했다. 토끼 농장이 실패했는데, 교배 오류(무엇보다 종의 혼합) 때문이었다고 한다.[29] 유대인 인종에 대한 허황된 생각은 변함없는 그의 분야였다. 하지만 이번에도 아이히만은 모든 걸 다 잃지는 않았다. 연말에 그는 또 다른 옛 동료의 도움을 받아 로베르토 메르티그 소유의 회사에서 일자리를 얻었다.[30] 요제프 멩겔레 아버지의 사업 파트너인 메르티그는 가스 오븐 공장을 소유하고 있었고, 멩겔레 자신도 고용되어 있었다고 한다. 농업용 차량을 제작하는 멩겔레 시니어는 줄곧 아들을 지원했고, 아들을 위한 수입 창출 방법을 계속 모색했다. 아이히만이 가스 오븐 공장에서 일한 것은 그의 옛 동료들 사이에서 섬뜩한 농담의 원천이 되었을 것이다. 하지만 이스라엘의 그가 친구들과 가족에게 편지를 보내면서 아르헨티나에서의 마지막 2년에 대해 쓴 내용을 우리가 믿는다면, 그의 심경에도 변화의 징후가 있었다. 아이히만조차 '지금 여기'에 더 많은 주의를 기울이기 시작한 것 같다. 이 변화가 전적으로 자발적인 것이었는지는 의심스럽지만 말이다.

뒤러 프로젝트가 실패하면서 아이히만과 사선이 계획했던 출판도 무산되었고, 이는 두 사람 모두에게 영향을 미쳤다. 독일-아르헨티나 커뮤니티는 변화하기 시작했다. 나치 위계에서 하위에 속했던 "덜 위태로운" 망명자 다수는 자신이 자란 곳으로 돌아갈 필요를 느껴 유럽으로 돌아갔다. 서독과 오스트리아의 공소시효와 기타 회생법은 사형죄나 전쟁 범죄를 (또는 적어도 누군가 증명하려 애쓰고 있는 범죄를) 저지른 사람만 아니라면 돌아와 새 출발을 할 수 있도록 허용했다. 그리고 부에노스아이레스에서 태어난 에버하르트 프리치조차 1958년 3월 초 출판사를 포함해 모든 것을 싹 정리하고 잘츠부르크 근처의 집으로 이사했다.[31] 아르헨티나의 독일 민족주의 공동체는 중요한 준거를 잃었고, 사선은 직장을 잃었다. 더 중요한 사실은, 그가 자신의 글을 출판해주고 자신을 저자로 만듦으로써 독일-아르헨티나 사회에서 자신에게 언론인이자 작가라는 지위를 확보해준 사람을 잃었다는 것이었다. 프리치가 떠나기 직전에 나온 『길』 마지막 호는 빌럼 사선의 글로 끝났는데, 다시 한번 현대 독일의 운명을 한탄하는 내용이었다.[32] 사선과 아이히만 모두 유럽에서 출판사를 설립하려는 프리치의 계획이 결실을 맺길 바랐지만, 아이히만의 저서 출간의 꿈은 이미 그의 손이 닿지 않는 곳으로 가버렸다. 그래도 그들은 만약을 대비해 연락은 유지했다. 이후의 일들은 프리치가 오스트리아에 있는 아이히만 가족과 접촉했음을 보여준다. 1960년 아이히만의 체포가 발표되자 그는 즉시 아이히만의 동생을 만나 그의 변호를 준비했다.[33] 프리치가 잘츠부르크로 이사함으로써 아이히만은 아버지에게 자신의 새로운 삶에 대한 소식을 전달할 좋은 수단을 갖게 되었다.

하지만 에버하르트 프리치만 독일로 돌아온 것이 아니었다. 사선은 1958~1959년의 신년 휴가를 유럽에서 보냈는데, 옛 동료들로부터 자신이 독일 시민권을 가질 권리가 있음을 증언하는 진술을 수집하려는 목적도 있었다. (사선은 1956년 10월 콘스탄츠에 등록할 때 독일인임을 주장했지만, 이 문제는 아직까지 완전히 밝혀지지 않았다.) 비교적 짧은 시간 내에 그는 1943년 자신이 성공적으로 시민권 신청을 했음을 증명할 수 있었을 뿐만 아니라(네덜란드 의용 친위대원에게는 쉬운 일이었다) 이를 확인해주는 진술들도 제출할 수 있었는데, 이 중에는 그의 옛 지휘관인 귄터 달크벤의 것도 있었다. 그의 옛 급여

장부와 종군 기자 신분증에 더해 이것은 콘스탄츠 당국이 1959년 1월 26일에 시민증을 발급하는 데 충분했다. 2월 4일에 이르러서 그는 뮌헨 거주자로 등록되어 있었다.[34] 독일 시민권을 원하지 않는다고 단호히 밝혔던 그의 아내로서는 경악스럽게도,[35] 사선은 독일로 가서 언론인으로 일하고 싶다고 사람들에게 말하고 다니기 시작했다. 사기꾼과 모험가 분위기의 혼합으로 대표되는 사람답게 그는 여러 독일 신문이 자신을 특파원으로 영입했다며 가족과 다른 사람들에게 자랑했다. 1959년에 그는 실제로 『슈테른』 지 몇몇 호의 발행인 정보란에 빌헬름 S. 폰 엘슬로로 이름을 올렸다. 몇 년 후 그는 위스키 한 병을 다 비우고는, 여전히 뭔가 음모가 있는 듯한 분위기로, 자신이 뮌헨으로 이사한 데는 특별한 이유가 있었다고 중얼거렸다. "겔렌 장군"과 함께 어떤 첩보부 활동을 계획하고 있었다는 것이다. 이 계획은 무산되지만, 그 말은 아이히만이 납치된 후 사선에게 상당한 어려움을 야기하게 된다. 그가 갑자기 반역자로 의심받게 된 것이다.[36] 그는 독일 여행에 대해 좀 과하게 열광적이었다. 특히 1959년 여름의 그의 독일 방문은 연방헌법수호청을 긴장시켰을 것이다. 사선이 옛 친구인 루델을 방문했을 뿐만 아니라, 어찌어찌하여 동독의 도시들도 여행했기 때문이다. 역사의 이 시점에 그런 여행 계획을 발표한 것만으로도 그는 동유럽의 첩자로 몰리기에 충분했을 것이다.[37] 사선은 여전히 아이히만을 가끔 만났지만, 이제 더 흥미로운 계획을 갖고 있었다. 그리고 당연하게도 아이히만은 아르헨티나 땅에 남겨진 유일한 사람이 되고 싶지 않았다.

클라우스 아이히만은 1950년대 후반에 아버지가 독일 법정에 스스로 서는 것에 대해 이야기하곤 했다고 기억했다. 아이히만의 "총리에게 보내는 편지"는 이것이 빈말이 아니었음을—"세간의 주목"을 바라지 않는다는 마음에도 없는 장담과 달리[38]—보여준다. 하지만 그의 아들이 회고했듯이 다른 친위대 지도자와 민족사회주의자들이 그를 만류했다. "그들은 그가 유럽에서 자수하는 것의 가능성을 타진했다. 영향력 있는 사람이 유럽에 파견되었다. 수많은 논의 끝에 아버지에게 결론이 전달되었다. 그들은 아직 때가 아니라고 말했다. 유럽은 여전히 너무 위험했다. 그는 아르헨티나에서 적어도 5년은 더 기다려야 했다. 그 시기 동안 남아메리카에서는 그에게 아무 일도 없을 것이라고 그들은 확신했다."[39] 여러 사람 중 누구라도 유용한 유럽 전문가가 될 수 있었을 것이다. 사선은 가장 유력한 후보다. 그는 1958년 말부터 수차례 독일을 방문했고, 친구 한스-울리히 루델의 경험도 참고할 수 있었다. 하지만 다른 사람들은 법률 문제에 관한 한 더 노련했다. 『프랑크푸르터 알게마이네 차이퉁』 통신원인 프리츠 오토 엘레르트는 호르스트 카를로스 풀드너와 아는 사이였고, 외무부의 정보원이기도 했다. 물론 아르헨티나 주재 독일 대사관 역시 현재의 법률적 상황에 대해 직접 정보를 제공해줄 정도로 그곳의 나치들과 긴밀히 연결돼 있었다. 이제 우리는 대사인 베르너 융커도 빌럼 사선과 계속 접촉했다는 것을 알고 있다. 그는 사선을 "대단히 유능한 언론인"으로 여겼다. 융커는 심지어 사선의 정치 성향에도 어느 정도 동조했다.[40]

하지만 에버하르트 프리치가 유럽에서 겪은 일은 아이히만에게 실망스러웠을 것이다. 프리치는 자신이 독일인 부모에게서 태어난 사람으로서 정말 서독으로 이주하고 싶었지만 아르헨티나 시민권 때문에 입국을 거부당했다고 나치 동조자들에게 말했다.[41] 진실은 덜 영웅적이었다. 서독 경찰은 극우적이고 반헌법적인 문헌을 배포한 혐의로 프리치에 대한 체포 영장을 발부했다. 뤼네부르크 지방법원 제4부는 또한 독일 북부에 있는 뒤러출판사의 주요 유통업체에 맞섰고, 『길』 마지막 발행분들이 보관되어 있던 창고를 압류했다. 프리치는 아르헨티나 시민권을 갖고 있었고, 아르헨티나 주재 독일 대사관에서 받은 정식 비자와 입국 허가서도 갖고 있었지만, 독일에 입국하지 않아야만 기소를 면할 수 있었다. 그는 입국을 거부당한 것이 아니었다. 다만 수배자 명단에 올라 있을 뿐이었다.[42] 잘츠부르크에서 출판 활동을 이어가려던 그의 큰 야망도 물거품이 되었다. 그는 출판 금지 처분을 받았고, 호텔 수위로 일해야 했다. 호텔은 중심 광장에 있는 일류였지만, 그것은 부에노스아이레스 출신의 그 남자가 아내와 다섯 자녀를 위해 상상했던 삶은 아니었다.

나치 범죄 경력이 없는 프리치 같은 사람이 그런 문제들에 직면했다면, 아이히만의 가능성은 아주 안 좋아 보였다. 우리는 또한 린츠의 아이히만 가족이 부에노스아이레스의 이 악명 높은 형제 없이 잘 지내고 있었고, 그에게 돌아오라고 부추기지 않았을 것이라고 생각해볼 수 있다. 그리고 아이히만의 가족만이 그에게 거기 가만히 있으라고 조언한 것도 아니었다. 아르헨티나에서 아이히만을 만난 적이 있거나 그에 대해 들어본 적이 있는 사람들은 그가 재판을 받는 것을 몹시 두려워했다. 그들은 아이히만의 생각을 알고 있었고, 더 중요한 것은, 아이히만이 한 말을 들은 사람이 누구인지를 그 자신이 알고 있다는 것이었다. 그가 나치 네트워크, 탈출 및 원조 조직, 통신 경로에 대해 알고 있기에 사람들의 삶은 매우 불편해질 수 있었고, 아이히만이 독일 당국에 그것들에 대해 발설할 경우 미칠 여파는 생각도 하기 싫은 것이었다. 그래서 아르헨티나에 있는 아이히만의 친구들은 거의 안쓰러울 만큼 이 퇴역 중령이 그곳에서 편안함을 느낄 수 있게 했고, 그에게 늘 소득이 있을 뿐 아니라 심지어 플라타델마르라는 멋진 휴양지에서 휴가도 보낼 수 있게끔 손을 썼다.[43]

아이히만의 재판 회부 가능성을 걱정하는 것은 아르헨티나의 망명자들만이 아니었다. 그가 다시 모습을 드러내면 독일과 오스트리아에 있는 많은 사람에게 심각한 문제가 야기될 것이었다. 여기서 적절한 질문은, 친구들이 그의 유럽 귀환을 권하거나 말린 이유가 무엇이었느냐가 아니라, 전 나치 관료들 중 서독에서 아이히만 재판이 열린다 해도 두려워할 게 없는 사람이 누구였느냐는 것이다. 나치 정권 내에서 아이히만의 위치를 고려하면, 그가 누구를 알았는지, 무엇보다 그가 누구를 알아봤을지를 가볍게 넘길 수 없다. 흔히 사람들은 자신이 어떤 인물의 이름을 알면 그 역시 틀림없이 자신의 이름을 알 것이라고 잘못 생각하며, 이는 사람들의 두려움만 키웠을 것이다. 1960년에 아이히만 체포로 야기된 소란을 보면 서독 사람들이 그의 이름과 뭘 연결 지었는지, 그들이 뭘 두려워했는지를 알 수 있다. 너무나 많은 옛 나치가 서로의 개인사를 무해한 것처럼 보이도록 다듬어 새로운 경력을 만들었다. 연방형사청 내의 전 친위대원 무리가—파울 디코프가 그중 가장 잘 알려진 사람이다—아이히만의 의도를 알았다면 재판을 전폭적으로 지지했으리라고 상상하기는 어렵다. 복직 조항 덕분에 이제 다시 외교관으로 일하고 있던 외무부 직원들, 그리고 일부 연방정보국 직원들도 같은 마음이었을 것이다. 아이히만이 이름을 알고 있는 탓에 그의 옛 동료들이 세심하게 쌓아 올린 외관은 무너질 위험에 처했을 것이다. 2010년까지만 해도 『공직Das Amt』(『공직과 과거: 제3제국과 연방공화국의 독일 외교관들』이라는 책의 약어. 나치 시기 외무부 관료들의 나치 범죄 연루와 연방공화국 초기 그 관료들의 부활을 다룬 과거사 정리 저작물—옮긴이)이라는 책의 출판은 외무부 구성원들 사이에, 그리고 때로는 전혀 도움이 되지 않는 그들의 친구들 사이에 소란을 일으켰다. 우리는 50년도 더 전에 그것이 어떤 영향을 미쳤을지 상상할 수 있다. 당시 위기에 처한 것은 은퇴한 외교관들의 사후死後 평판이 아니라 사람들의 깨끗한 경력, 높은 지위, 높은 급여였다.

한편 아이히만은 서독에서 이루어지기 시작한 나치 범죄자들의 기소에 대해 놀라울 만큼 잘 알고 있었다. 그는 동료 헤르만 크루메이의 체포와 페르디난트 쇠르너 같은 이들의 재판에 대해 알고 있었다. 또한 그는 루트비히스부르크에 나치 범죄자 기소 본부가 설립되었다는 소식도 들었다. 그것은 서독 전역에서 진행되는 모든 수사를 조정하기 위해 1958년 10월에 계획되었다. 심지어 뮌헨 현대사연구소의 소식까지 부에노스아이레스에 있는 그에게 전해졌다. 1960년 6월 이스라엘에서 심문이 시작되었을 때 아이히만은 다음과 같이 말했다. "정확히 어디인지는 기억나지 않지만, 서독 어딘가에 문서 자료의 소장과 관련된 일종의 중앙 문서고가 있다고 읽었습니다."[44] 아데나워에게 보내는 아이히만의 공개편지는 그의 실명으로 작성된, 그리고 세심하게 마련된 방어선을 갖춘 일종의 "보고서"가 될 예정이었다. 이 모든 것은 아이히만이 어떤 경로로 서독에 자수할지 진지하게 고려했을 가능성이 있음을 말해준다. 그는 아마 스타 증인으로서의 지위와 자신에게 유리하게 작용할 떠들썩한 재판을 기대했을 것이다. 불행히도 우리는 이 전략이 터무니없는 것이었다고 간단히 말할 수 없다.

아이히만은 친구들의 조언 외에 증언을 위해 독일로 돌아가지 않을 또 다른 이유를 가족들에게 언급했다. 클라우스 아이히만에 따르면 그는 "뮐러가 살아 있는 한은 모든 것을 밝히기를 원하지 않았다". 몇몇 증거가 뮐러의 사망을 말해주고 있긴 하지만, 우리는 1945년 5월 이후의 "게슈타포 뮐러"의 삶에 대해 아직도 거의 알지 못한다.[45] 적어도 아이히만은 자신이 전폭적으로 존경했던 하인리히 뮐러가 아직 생존해 동쪽에서 도피 중이라고 가정하고 있었다. "하지만 아버지는 그가 동유럽에서 살고 있다고 말한 적은 없습니다." 클라우스 아이히만은 애매하게 이렇게 덧붙였다. 아이히만이 전후 뮐러의 삶에 대해 정말 뭔가를 알고 있었을 것 같지는 않다. 아이히만이 자수하기를 꺼린 것에 대한 이런 설명에는 헛된 바람도, 그의 우유부단함 증상도 한몫했을 가능성을 배제할 수 없다. 궁극적으로 아르헨티나에서의 삶은 가족과 함께하는 자유로운 것이었고, 그의 상황은 점점 더 좋아지고 있었다. 그는 작은 땅을 사서 집을 지었고, 아들들이 자라는 것을 지켜봤다. 이런 상황에서, 유럽으로 돌아가지 말라는 옛 동료들의 조언을 따르기는 쉬웠다.

프리츠 바우어의 초기 수사 때문이었든, 오스트리아에서 에버하르트 프리치가 한 말 때문이었든, 독일로 돌아가는 사람들의 증가 때문이었든, 아이히만 친구들의 부주의한 조사 때문이었든, 1958년 초에 이르러서는 아이히만의 행방에 대한 증거가 늘어나고 있었다. 3월에 뮌헨의 한 CIA 요원은 아이히만이 아르헨티나에서 클레멘스라는 이름으로 살고 있다는 내용이 담긴 연방정보국 파일을 봤다(물론 그가 중동에 있을 수도 있다는 주의 사항이 딸려 있었지만).[46] "1952년부터"라는 말과 이름의 철자 오류는 CIA 요원이 어떤 파일을 봤는지를 알려준다. 그것은 1952년 6월 24일에 나온 정보원 보고서에 기초한, 서독 정보기관의 아이히만에 대한 색인 카드였다. 그 보고서에 따르면, 아이히만의 아르헨티나 주소는 『길』 "편집장"으로부터 입수할 수 있었다. 1958년에 이르러서 연방정보국은 그보다 더 정확한 정보를 갖고 있었어야 한다. 쾰른 연방헌법수호청의 동료들은 이미 훨씬 더 많은 정보를 갖고 있었다.[47] 연방헌법수호청은 심지어 더 자세한 내용을 알아내기 위해 진지한 노력을 기울이고 있었다. 이 기관은 1958년 4월 11일 외무부에 다음과 같이 밝혔다. "우리가 여기 가지고 있는 확인되지 않은 정보에 따르면, '제3제국' 시대에 유대인 추방을 계획한 카를 아이히만이라는 사람(자세한 개인 정보는 알려지지 않았음)은 몰락 후 몇 년이 흐르는 동안 클레멘트라는 이름으로 로마를 거쳐 아르헨티나로 도피했습니다. 아르헨티나에서 그는 '뒤러출판사'의 공동 소유자이자 부에노스아이레스의 『길』이라는 잡지의 편집자인 에버하르트 프리치와 연결되어 있으며, 전 나치당 당원들의 서클에서 활동하고 있습니다." 부에노스아이레스 주재 독일 대사관에 이 사람에 대한 주의를 요청하는 게 도움이 될 것이며, 이 사람은 실제로는 아돌프 아이히만 중령일 수 있고, 그의 생년월일과 이전 부서명은 아래에 나와 있다고 연방헌법수호청은 설명했다. 특히 연방헌법수호청은 아이히만이 사는 곳이 어디인지 알고 싶어했다. 또한 대사관에는 "그의 자세한 개인 정보를 확인하고 그의 정치 활동을 보고"하라는 지시가 내려져야 했다.[48] 이 확인되지 않은 정보의 출처가 누구인지는 몰라도, 그 정보원이 믿을 만하고 제대로 알고 있었음은 분명하다. '클레멘트'를 'Klement'가 아닌 'Clement'로 쓴 작은 철자 실수는 이해할 만한 것이고 중요하지도 않다. 독일 바깥에서는 이 이름의 첫 글자로 K를 쓰는 경우가 드물며, 스페인어권에서는 이 K가 흔히 C로 대체되기 때문이다. 심지어 로타어 헤르만의 편지에서도 '클레멘트'가 때로 'Clement'로 표기된다. 시각 장애인 헤르만은 그 이름을 소리로 들을 수만 있고 글자로 볼 수는 없었기에, 가장 가능성 있는 철자를 선택한 것이었다. 하지만 이 정보의 경우 헤르만은 출처가 아니었다. 연방헌법수호청의 정보원은 멀리 떨어진 코로넬수아레스에서 누구라도 발견할 수 있었을 만한 것 이상을 알고 있었다. 연방정보국과 마찬가지로 그는 아르헨티나에 있는 아이히만의 동료들에 대해 알고 있었고, 가톨릭교회가 아이히만의 탈출을 도왔다는 것, "클레멘트"는 아르헨티나에서 채택된 가명이 아니라 아이히만이 도피 시절부터 사용했던 이름이라는 것도 알고 있었다. 물론 이제 우리는 적십자 여권과 그의 다른 모든 서류가 1948년에 이 이름으로 발행되었다는 것을 알고 있다. 그러나 1958년 초에는 아이히만 서클 내의 참여자나 그의 도주를 도운 사람만이 이런 내용을 알았을 것이다. 에버하르트 프리치가 아직 아르헨티나에 있다고 이 사람이 잘못 생각한 데에는 여러 이유가 있을 수 있다. 정보 입수 시점이 프리치가 떠나기 전인 2월 말이었을 수도 있고, 이 정보원이 프리치가 서독 입국 실패 후 아르헨티나로 돌아갔다고 생각했을 수도 있다. 이 시점에는 뒤러출판사도 『길』도 공식적으로 더 이상 존재하지 않았고, 프리치는 이미 부동산을 다 팔아버린 터였다.[49] 이러한 정보로 미루어, 프리치가 정보원일 가능성은 배제할 수 있다. 유감스럽게도 연방헌법수호청이 아직 프리치의 파일을 공개하지 않았기 때문에, 우리는 이 야심찬 출판인에 대한 보고서에서 또 다른 정보들을 접하게 되기를 간절히 바라며 계속 기다려야 한다.[50] 하지만 연방헌법수호청의 서신에는 또 다른 흥미로운 단서가 담겨 있다. 아이히만이 서독 체제에 영향을 미칠 수 있는 방식으로 다시 정치 활동을 할 수도 있음을 숨김없이 가정하고 있다는 것이다. 이제 우리는 이러한 의혹이 충분히 근거 있는 것이었음을 안다.

두 달여 만에 독일 대사관이 내놓은 답변은 여러모로 놀랍다. "클레멘트 등의 이름으로 수배된 인물에 대한 문의는 지금까지 아무 소득이 없었습니다." 순진한 연구자는 대사관이 자체 기록보관소에서 이 이름을 찾기 시작했을 것이라고 추측했을 수 있는데, 물론 그곳에는 이 이름이 있었을 것이다. 베라 아이히만은 1954년 아들들의 여권이 필요해졌을 때 이 아이히만 소년들을 데리고 직접 대사관을 찾아갔었다. 아이들에게 친위대 등급을 부여한 사람은 그들의 성이 자신에게 아무런 의미가 없다고는 주장할 수 없었다. 그러나 "문의"는 좋은 생각이었을 것이다. 무엇보다, 대사관은 나치 세계와의 접촉이 부족하지 않았기 때문이다. 대사 베르너 융커는 빌럼 사선을 알았고 높이 평가했으며, 또 다른 몇몇 극우파 인맥도 갖고 있었다. 의붓딸이 잡지사에서 인턴으로 일하고 싶어하자 융커는 이 젊은 아가씨를 『프라이에 프레세』에 쉽사리 들여보냈는데, 그 잡지의 편집장은 괴벨스의 전 언론 담당관인 빌프레트 폰 오벤이었다.[51] 대사 자신이 그 독일 커뮤니티의 우경 요소에 대해 딱히 "손을 떼는" 태도를 취하지 않았음을 고려할 때, 문의가 정말 그렇게 성과가 없었던 것인지 의아할 수 있다. 어째서 그런 하찮은 답변을 내놓는 데 두 달이나 걸렸는지는 말할 것도 없고 말이다.

아이히만이 납치되고 여권 문제가 드러난 후, 이 놀라운 실패에 대해 의문이 제기되었다. 외무부의 법무 부서는 당시 대사관이 "수배자 아돌프 아이히만의 행방에 대한 결론이 이 신청서에서 도출될 수 있다"는 것을 알지 못했을 것이라고 밝혔다.[52] 내부 조사 결과 주된 이유가 밝혀졌다. 아이히만이 납치되기 이전에, "대사관 조사에 따르면, 대사를 포함해 대사관 직원 중 어느 누구도 아돌프 아이히만과 그의 범죄에 대해 들어보지 못했다". 학술 역사서들의 저자가 되기 이전에 서독 대사를 지낸 하인츠 슈네펜은 이 근본적 이유를 "영사 업무를 담당하는 관리들의 불충분한 경계警戒"라고 관대하게 부른다.[53] 그러나 당시 부에노스아이레스에서의 독일 관련성을 면밀히 살펴보면 대사관 직원에게 "경계" 이상의 것이 부족했음에 틀림없다는 결론에 이르게 된다. 예컨대 지역 신문들을 살 돈이 부족했다. 그렇지만 않았다면 대사관 직원들은 아르헨티나에서 가장 많이 팔리는 독일어 신문에서 정확히 아돌프 아이히만이 누구인지, 그가 어떤 범죄를 저질렀는지에 대한 자세한 기사를 자주 접할 수 있었을 것이다. 대사관의 신사숙녀들은 분명 독일 역사에 대한 책이나 고국의 언론 보도를 읽은 적이 없었다. 그러나 그들은 통찰력을 타고났음에 틀림없다. 한 가지 예외가 있었으니, 1960년에 그들이 들어본 적 없다고 주장한 그 이름은 1958년에 그들이 제보했던 이름이었다. 아이히만이 "중동에 있는 것으로 의심된다"라고 말이다. 작은 것 하나하나가 도움이 된다.

독일 대사관 직원들은 오히려 다음과 같이 조력의 의지를 과장했던 것 같다. "하지만 대사관은 아이히만의 행방을 계속 조사할 것이며, 적절한 시기에 보고할 것입니다. 이를 위해, 한때 이곳에 거주했던 전 나치당 당원들(예컨대 『길』의 편집자나 직원)이 현재 이집트나 중동에서 확인된 경우 우리에게 알려주시면 고맙겠습니다."[54] 심지어 연방헌법수호청은 이 솔직하지 못한 요청에 짜증이 났다. 이 정보가 아르헨티나에서 아이히만을 찾아내는 데 부적절하다는 것은 차치하고, 외무부는 한 가지를 잊고 있었다. 1954년 8월 11일에 외무부 직원들이 연방헌법수호청에, 종종 『길』의 기고자 아닌 편집자로 오인되었던 인물인 요한 폰 레어스가 카이로로 떠났다고 말했다는 것이다.[55] 오늘날의 관점에서 볼 때, 누군가 연방헌법수호청이 정확히 무엇을 알고 있는지를 알아낼 기회를 잡고 있었던 것 같다. 어쨌든 쾰른의 연방헌법수호청은 자신들의 자료를 외무부에 자세히 상기시키고 아이히만에 대해 더 이상의 질문을 하지 않기로 결정했다.[56] 외무부를 상대로 한 연방헌법수호청의 서신은 아이히만 납치 이후에야 다시 그 주제로 돌아오게 된다. 1958년에는 연방헌법수호청은 외무부와 아르헨티나 주재 대사관에 아이히만에 대해 묻는 것이 무의미하다는 결론에 도달했을 것이다.

유감스럽게도 우리는 연방헌법수호청이 1958년 아이히만을 찾기 위해 그 밖에 또 어떤 일을 했는지는 알 수 없다. 앞서 언급한 자료들 외에 더 이상 공개된 것은 없다. 이는 요제프 푀테를의 자리가 여기서 뭔가 역할을 했는지 여부를 분명히 알 수 없다는 뜻이기도 하다. 잘츠부르크 출신인 푀테를은 "동쪽에서" 특공대 D와 함께 임무를 수행하는 것을 포함해, "국경 보안"과 "빨치산 단속" 임무를 수행하는 사법 경찰 겸 국경 경찰에서 경력을 쌓았다. 아이히만처럼 그도 아르헨티나로 도망쳤다가 1955년 독일로 돌아와 3년 동안 머물렀다. 그는 연방헌법수호청에서 일자리를 찾았다. 연방헌법수호청이 외무부에 맥 빠지는 서신을 보낸 지 며칠 후인 1958년 9월, 푀테를은 부에노스아이레스로 돌아왔다. 하인츠 슈네펜의 표현을 따르자면 그는 "아르헨티나 회사로부터 제안을 받았다". 어쨌든 연방헌법수호청에서 그의 급여는 매우 낮았다.[57] 이 새롭고 좀더 수지맞는 제안에 대한 더 이상의 정보는 없지만, 그것이 그의 "빨치산 단속" 경험 덕분일 수는 없었을 것이다.

서독의 외교 기관과 명령을 내릴 권한을 부여받은 그곳 사람들의 행동에도 불구하고, 1958년 초에 서독 당국이 또다시 아이히만을 찾기에 충분한 정보를 확보했다는 사실은 남아 있다. 그러나 지금까지도 이에 대해 알려진 것은 거의 없다. 지금까지 살펴볼 수 있었던 모든 자료는 우연히 발견된 것이다. 50년 넘는 세월이 지났음에도 연방정보국과 연방형사청 모두 연구자들에게 문서를 공개하지 않고 있다. 그리고 외무부의 의뢰를 받은 자료들의 모음집인 『서독 외교 정책 문서집』처럼 1차 자료들을 담은 출판물을 참고하면 좋겠지만, 지금까지 간행된 그런 자료집들에는 문제가 있다. 1943~1953년, 그리고 1963~1979년에 해당되는 것이기 때문이다. 1962년도 자료집은 2010년에야 출간되었다.[58] 얼마나 많은 기밀문서가 여전히 다양한 기록보관소에 보관되어 있는지, 그리고 투명성에 대한 열의가 얼마나 적은지 생각하면 분명하면서도 당혹스러운 사실이 드러나게 된다. 아이히만이 납치되기 전에 사람들은 그가 서독에서 재판받기를 바라지 않았다는 것이다. 그리고 서독에는 누가, 왜 그랬는지에 대한 투명성을 원하지 않는 사람들이 여전히 존재한다는 것이다.

1963년에 외무부는 최소한 에른스트 귄터 모어를 새 아르헨티나 주재 대사로 임명함으로써, 독일 역사에 대한 주요 외교관들의 끔찍한 무지에 맞서는 조치를 취했다.[59] 적어도 외무부는 그가 아이히만이 누구인지는 안다고 확신할 수 있었다. 모어가 1941년 헤이그 대사관에서 아이히만 사무실에 제출할 네덜란드 유대인 추방에 대한 자세한 진행 보고서를 준비한 적이 있었기 때문이다. 아이히만은 분명 이 일을 기억했고, 1961년에 「우상들」에서 모어의 열정적인 지원을 언급했다.[60] 연속성에 대한 이러한 우려는 아르헨티나에만 국한된 것이 아니었다. 후베르트 크리어는 1965년 말에 파라과이 주재 대사가 되었다. 그는 은퇴 후의 한 인터뷰에서 여전히 역력하게 불안한 기색을 보이며 다음과 같이 회고했다. "당시 출국하기에 앞서 나는 외무부로부터 멩겔레 문제만은 내버려두라는 지시를 받았습니다."[61] 만약 아이히만이 멩겔레처럼 조심스러워서, 유대인에 대한 깊은 증오를 조용히 호소하고 민족사회주의에 대한 찬가를 자기 일기장에나 쓰는 데 그쳤다면, 그 역시 느긋하게 죽을 수 있었을 것이다. 멩겔레는 1979년에 바다에서 수영하다가 익사했다.

아르헨티나의 보르만

> 그들은 이름과 과거와 그 밖의 많은 것을 근본적으로 바꿨습니다. 세상이 이러저러한 사람들을 추적하고 있거나 그들이 죽었다고 여길 때, 그들이 살길은 오직 이것뿐입니다.
>
> —남아메리카의 나치 인사들에 대한 아이히만의 언급, 1962 [62]

아이히만은 아르헨티나에서의 마지막 해에 거의 조심하는 일이 없었다. 1957년에 그가 위험을 감수하고 자신의 존재와 세계관을 공공연히 밝혔기 때문에, 그가 다시 한번 익명으로 물러나는 일은 불가능했을 것이다. 그는 부에노스아이레스에서 사라져 다른 곳에서 다시 시작해야 했을 것이다. 하지만 대신 그는 그 도시의 가장자리에 있는 작은 땅을 샀다. 클라우스 아이히만은 아버지가 70제곱미터의 땅에 5만 6000페소를 지불한 것을 기억했다. 아이히만 자신은 10년 임대차 계약에 대해 말했다.[63] 좋은 친구를 아주 많이 둔 사람은 꾸준하게 수입을 얻을 수 있었다. 건축 자재 영수증은 '리블 데 아이히만 부인'의 이름으로 되어 있었다. 아이히만은 자기 집을 짓는 계획에 온 마음을 쏟았지만, 빌럼 사선 서클에도 계속 나갔다.

사선 인터뷰 녹취록에 대한 아이히만의 수정은 마지막 테이프에 이르기까지 계속된다. 그는 사선이 쓴 글도 검토했지만, 그가 실제로 한 말과는 거의 관련이 없어서 찬성할 수 없었다. 아이히만의 아내는 남편이 사선과의 작업을 1959년 말에 끝냈다고 여러 차례 말했다.[64] 사선 대화가 끝나도 아이히만의 정치 활동은 멈추지 않았다는 확실한 증거도 있다. 그는 자녀들을 위한 새 원고 「소설 투쿠만」을 쓰기 시작했고, 역사가들이 실제로 평가할 수는 없었던 어떤 놀라운 프로젝트, 즉 나치 시대의 문서들을 수집하는 프로젝트에 참여했다. 1966년에 아이히만의 아들 클라우스는 좀더 긴밀한 국제적 네트워크를 구축하려는 민족사회주의자들의 시도에 대해 이야기하게 된다. "남아메리카, 중동, 북아메리카, 유럽의 민족사회주의자들 사이에 연결 고리가 있습니다." 그는 이렇게 설명했다. 당시 우파 출판사들의 광범위한 협력을 보면 이것이 무엇을 의미하는지 알 수 있다. 『길』 마지막 호에서는 이러한 연결이 외부 세계에도 명백히 보였다. 카이로에서는 요한 폰 레어스가 다양한 이름으로 수많은 중동발 기사를 쓰고 있었고, 세계 뉴스 섹션이 크게 확대되었다. 그런데 클라우스 아이히만은 또 다른 네트워크에 대해서도 말했다. "그것은 해외에 거주하는 모든 전 부서장들이 전에 담당했던 각 분야의 자료를 편집하고 수집하는 식으로 조직화됩니다. 내 동생 호르스트의 말로는, 원래의 부서장이 죽고 없는 부서들에는 다른 전문가가 배정되었지만 이름은 그대로 썼다고 합니다. 그래서 공군의 '괴링', 선전부의 '괴벨스' 등등이 있었습니다." 그리고 아이히만의 아들은 분명히 이렇게 말했다. "우리 아버지는 이 자료를 수집하는 것을 도왔습니다."[65] 아이히만은 이와 관련해 특별히 제공할 것이 하나 있었는데, 바로 상선을 타는 둘째 아들이었다. 그는 "1959년부터 1961년까지 캐나다, 미국, 아프리카, 남아메리카, 유럽을" 오가며 "두꺼운 파일 묶음"을 운반했다. 아이히만은 자식들이 나중에 정치와 군대에 관여하지 않기를 바란다고 주장했지만, 그럼에도 불구하고 적어도 아들 한 명은 분명 자신의 정치 활동에 참여시킨 셈이다. 그리고 호르스트 아이히만이라는 이름으로 국제 운송선을 파견한 것은 부에노스아이레스에 거주하는 반인륜적 범죄의 가해자를 은폐하기에 결코 좋지 않았다.

"이 문서 수집 작업의 구조는 아르헨티나의 고위 나치 관리들에 대한 단골 질문에 대해 약간의 단서를 던져준다. 엘바섬의 나폴레옹의 동결 버전 같은, 귀환을 기다리고 있는 남극 대륙의 아돌프 히틀러에 대한 터무니없는 전설은 차치하고,[66] 전후의 나치 인사들에 대한 가장 끈질기게 지속된 소문 중 하나는 마르틴 보르만이 남아메리카에 있다는 것이었다. 수집품이 어떻게 분류되었는지에 대한 클라우스 아이히만의 이야기가 맞는다면, 총리실 파일들의 수집을 맡고 있었던 "마르틴 보르만"이라는 사람은 당시 실제로 남아메리카에 있었다. 이것은 적어도 라디슬라스 파라고와 게르트 하이데만 같은 잘 속는 언론인들이 전후 시기에 나온 "보르만"으로 서명된 글들과 기타 보고를 봤다고 계속 주장한 이유를 설명해줄 것이다.

"아이히만을 멀리하라!"

> 그는 재빨리 요령을 터득했고, 관리자로부터 높은 평가를 받았습니다.
>
> —확인되지 않은 메르세데스 벤츠 직원[67]

아이히만은 민족사회주의자들 사회에서 아무도 엮이고 싶어하지 않는 일종의 버림받은 사람이었다고 늘 주장된다. 1950년대 말까지는 이런 주장이 지지를 받을 수 없었지만, 아이히만의 아들은 아르헨티나에서 보낸 마지막 해에 사람들이 아버지를 피하기 시작했다는 인상을 받았다. 클라우스가 보기에는 이유가 분명했다. "멩겔레 박사가 말을 퍼뜨렸어요. 아이히만을 멀리하라고. 아이히만과 가깝게 지내면 위험할 수 있다고." 하지만 이런 해석은 앞뒤가 맞지 않는다. 멩겔레는 자신이 쫓기고 있음을 걱정했고, 그럴 만한 이유도 있었다. 요제프 멩겔레가 이런 행동을 주도했을지는 의문인데, 그는 두 사람 중 덜 위험한 인물이 결코 아니었기 때문이다. 다른 사람들도 아니고 바로 그가 과거 지향적인 독일 공동체에서 이들에게 최종 해결의 기획자를 가까이하지 말 것을 경고할 만큼 충분한 영향력을 갖고 있었다는 생각에는 설득력이 별로 없다. 그럼에도 아이히만의 아들이 그렇게 믿었다는 사실은 실제로 있었던 일들을 암시한다.

1959년 2월 프랑크푸르트 지방법원은 그에 대한 체포 영장을 발부했고, 아이히만과 달리 그는 부에노스아이레스에서 자신의 이름으로 매우 공개적으로 살고 있었다. 영장이 발부될 무렵, 멩겔레는 사선의 집과 같은 거리에 있는 자신의 집을 포기하고 아르헨티나를 떠나 파라과이로 숨어들었다. 그의 일기에 따르면 아르헨티나에 있는 친구들은 이런 반응이 지나치다고 생각했다.[68] 어쨌든 멩겔레는 더 이상 부에노스아이레스에 있지 않았고, 사람들에게 아이히만을 멀리할 것을 촉구할 수 없었을 것이다. 하지만 아이히만은 이 시점에 멩겔레의 아버지도 일부 지분을 가지고 있던 회사인 로베르토 메르티그의 회사를 떠났다. 따라서 멩겔레가 아이히만과 거리를 두었다 할 수는 있지만, 그것이 그가 아이히만을 피하고 있기 때문은 아니었다. 그는 그냥 사라졌고, 그와 연결되어 있었던 왕년의 인물 네트워크도 사라졌다. 클라우스 아이히만이 목격한 것은 부에노스아이레스의 나치 동조자들 사이에서 나타난 전반적인 기류 변화였다. 멩겔레의 광적인 도주에 대한 소문과 서독의 바뀌고 있는 법 관련 상황에 대한 소식이 떠돌았을 것이다. 체포 영장과 실제 체포가 쌓여갔고, 1958년 울름에서 열린 특공대에 대한 재판은 마침내 전쟁 범죄 처리에 대한 공개 토론을 불러일으켰다. 나치 방위군 행정 책임자를 지낸 막스 메르텐은 살로니카로부터 유대인을 강제 추방한 혐의로 1959년 초 아테네에서 재판을 받았다. 그는 다른 곳도 아닌 그리스에서 휴가를 보낼 만큼 놀라울 정도로 뻔뻔하게 행동하다가 체포되었다. 1959년 9월에는 게르하르트 보네의 체포 영장이 발부되었다. 그는 아르헨티나로부터 귀국한 상태였고, 안락사라는 이름으로 저지른 1만 건의 교활한 살인에 대해 재판을 받게 되었다. 아르헨티나 언론은 이 모든 것을 보도했다.

나치 범죄자들의 기소에 대한 관심이 커지면서 사람들은 대량학살에 대해 점점 더 많이 알게 되었고, 기획자에 대한 질문도 많아졌다. 아이히만의 이름은 이제 나치 범죄에 대한 언급이 있는 신문과 책에는 어김없이 등장했다. 심지어 그가 항상 "아돌프 아이히만"으로 나타났다는 사실, 그리고 더 이상 누구도 그의 이름을 "아돌프"가 아닌 다른 것으로 혼동하지 않았다는 사실도 무언가 변했음을 보여준다. 그에 대한 다른 전설들도 급격히 무너지기 시작했다. 주간지 『디차이트』의 어느 기사의 제목은 "성전 기사단 따위는 없다"였다.[69]

훗날 아이히만의 아들은 사람들이 여행에서 돌아오면서 점점 더 많은 신문 기사를 아버지에게 가져오기 시작했다고 말했다. 물론 아이히만이 많은 시간을 함께 보냈던 사람들이 해외 여행을 하고 있다는 사실은 그가 버림받았다고 느낀 또 다른 이유가 되었다.

하지만 아이히만과 그의 옛 동료들 사이의 거리가 그렇게 멀었을 수는 없다. 그들이 매번 그에게 일자리를 구해줬기 때문이다. 호르스트 카를로스 풀드너는 북쪽으로 차로 두 시간 걸리는 공업 지대 곤살레스카탄에 위치한 메르세데스 벤츠 아르헨티나에서 일자리를 찾아주었다. 아이히만은 1959년 3월 20일부터 교체 부품 창고 노동자로 그곳에서 일하기 시작했다.[70] 호르스트 카를로스 풀드너, 공학박사 크라스, 프란시스코 호세 비게너가 그의 추천서를 써주었다. 아이히만이 납치된 후 부사장 한스 마르틴 슐라이어가 알게 되었듯이, 이 지원자는 "좋은 추천서를 가지고 있었고, 좋은 인상도 남겼다".[71] 리카르도 클레멘트는 법정 연금 제도에 제대로 등록되었다(번호 1785425). 그는 독일의 약 1100마르크에 해당되는 5500페소의 월급을 예상했는데, 이는 당시 서독의 평균 임금보다 많은 것이었다.[72] 1959년 2분기 임금 대장은 이것이 그의 실수령액임을 보여준다.[73] 메르세데스 벤츠는 이 기간에 많은 독일인을 고용했는데, 몇몇 친위대원도 있었다. 한 직원의 말에 따르면 "사실상 경영진 전체가 전후 독일에서 온 이민자들로 구성되었다". 그들 중 일부는 "클레멘트"가 누구인지 알았겠지만, 그 주제는 금기시되었을 것이다.[74] 사교적인 아이히만은 메르세데스 벤츠에서 금세 새로운 친구들을 사귀었다. 그는 그들을 자기 가족에게 소개했고, 그가 납치된 후 클라우스 아이히만과 빌럼 사선은 유죄의 빌미가 될 만한 문서들을 숨기는 것을 도와달라고 그들에게 부탁했다.

아이히만의 새로운 직장은 매일 왕복 네 시간의 버스 통근을 의미했다. 주말이면 그는 아들들과 함께 자그마한 자기 땅에 집을 짓는 일을 했다. 클라우스 아이히만의 회고에 따르면, 그 일이 그의 관심을 온통 빼앗았다. 그 일은 다른 사람들과 관계를 맺을 기회도 줄어들게 했다. 아이히만은 남은 자유 시간을 집에서 보냈고, 차분하고 안정되어 보였으며, 많이 읽고 종종 바이올린을 연주했다. 그는 "특히 차르다시와 기타 집시풍 곡을 좋아했다". 1939년에 아이히만은 오스트리아의 집시들을 니스코로 가는 첫 번째 수송 열차에 태워 보내고 싶어했는데, 그에게는 그게 전혀 모순을 일으키지 않는 것 같았다.[75] 심지어 그의 아들조차 1959년 아이히만이 겉보기만큼 죄가 없다고 믿지 않았다. 그럼에도 클라우스는 부모의 결혼기념일 전날에 결혼식을 올리고 머지않아 손녀를 안겨주는 등 그에게 다정하게 대했다. 하지만 아이히만에게 더 중대한 결과를 초래한 또 다른 가족 사건이 있었다. 1959년 4월에 그의 계모 마리아 아이히만이 린츠에서 사망했고, 가족은 부주의하게도 그녀의 아들들의 이름과 함께 며느리의 이름도 유족 명단에 포함시켰다. 공식적으로는 아이히만 부부가 이혼한 것으로 되어 있다는 사실을 잊은 것이다. 부고에는 "베라 아이히만"의 이름이 적혀 있었다.

프리츠 바우어의 출처

> 나는 유대인들 중에 적을 갖고 있지 않았습니다.
>
> —아이히만, 사선 토론회[76]

지몬 비젠탈은 『오버외스터라이헨 나흐리히텐Oberösterreichen Nachrichten』 지에서 아이히만 계모의 부고를 봤고, 훗날 이렇게 썼다. "하지만 그 소식을 누구에게 전해야 했을까?"[77] 오스트리아에는 이야기할 사람이 있었지만(예컨대 이스라엘 대사), 이전의 경험 때문에 그가 주저했을 수도 있다. 다른 곳에서는 아이히만을 찾는 일이 점점 더 활기를 띠고 있었다. 세계 여러 곳에서 점점 더 많은 사람이 그 일에 개입하게 되었다. 그렇다면 이 이야기의 가닥들이 때로 얽히는 것은 당연하다.

오스트리아에서는 1959년 3월 25일 헤르만 랑바인의 국제아우슈비츠위원회 명의로 아이히만에 대한 형사 고발이 공식적으로 이루어졌다. 랑바인은 나치 피해자들을 전문적으로 대리한 프랑크푸르트 변호사 헨리 오르몬트와의 합의하에 이러한 행동을 취했다. 아이히만에 대한 체포 영장은 1940년대 말부터 쭉 발부된 상태였고, 그는 1955년부터 수배자 명단에 올라 있었지만, 이러한 고발이 확실한 신호를 보냈다. 랑바인은 폴란드를 여행하는 동안 아이히만의 또 다른 사진을 손에 넣었다. 그는 전범들을 추적하는 데 도움이 될 만한 정보나 증거를 계속 찾고 있었다. 오르몬트와 랑바인 모두 프리츠 바우어와 연락을 주고받았지만, 이 시점에 바우어가 이 둘 중 누구에게든 속내를 털어놓았다는 증거는 아직 발견되지 않았다. 그래도 랑바인의 노력이 특히 압력을 높였다.[78] 따라서 당국의 다음과 같은 메시지는 더욱 혼란스러워 보인다. 1959년 봄에 연방헌법수호청은 "아이히만의 아내와 네 자녀가 남아메리카에서 살고 있으며 아이히만 자신은 유럽 어딘가에서 살고 있는 것으로 이야기된다"는 "확인되지 않은 정보"를 입수했다.[79] 이 소문이 어떤 사람이 여행 중에 아이히만을 예컨대 사선과 혼동한 데서 비롯된 것인지, 아니면 아르헨티나에서의 어떤 교란 전술에서 비롯된 것인지는 분명치 않다. 이와 관련해 주목할 점은, 이 시점에 이르러 사람들은 리카르도 클레멘트가 아닌 아돌프 아이히만이 몇 명의 자녀를 두었는지 분명히 알고 있었다는 것이다.

1959년 이스라엘에서 아이히만 사건에 대한 더 많은 관심을 불러일으키는 목소리가 나왔다. 전쟁이 끝난 직후 나치 살인범들을 추적하기 시작한 투비아 프리트만은 비젠탈과 연락을 주고받았고, 이스라엘로 이주한 뒤 그의 이상주의는 하이파에서 문서 수집을 시작하는 것으로 이어졌다. 이제 그는 온갖 곳에 질문을 던지고 있었다. 1959년 7월 13일, 그는 루트비히스부르크 나치 범죄자 기소 본부의 수장인 에르빈 쉴레에게 편지를 써, 서독 정부가 아돌프 아이히만이 한 일을 다루고 싶지 않아서 아이히만을 붙잡기 위한 일은 전혀 하지 않고 있다며 비난했다. 쉴레는 일주일 내로 답장을 보내, 1956년 발부된 기존 체포 영장에 대해, 그리고 아이히만이 아르헨티나나 이스라엘 인접 국가들 중 한 곳에 있을 것이라는 소문에 대해 프리트만에게 알렸다. 얼마 지나지 않아 쉴레는 다시 편지를 보내 아이히만에 대한 문서들과 정보를 요청했는데, 프리트만이 '하이파 나치 전쟁 범죄 기록 문서 연구소' 레터헤드가 찍힌 편지지를 사용했기 때문이다. 프리트만은 열정적으로 그 일에 매달렸지만, 조심스럽게 문서를 제공하는 것 이상을 원했다. 그가 모르고 있던 사실은, 아돌프 아이히만을 찾는 일에서 이제껏 엄청난 진전이 있었고, 그의 행동주의가 실은 그 일의 성공을 위협한다는 것이었다.

이세르 하렐과 달리 프리츠 바우어는 아르헨티나 단서를 그리 빨리 포기하지 않았다. 로타어 헤르만이 북아메리카의 주소로 충실하게 편지를 보내고 있었기에 바우어는 더 이상 헤르만으로부터 소식을 듣지 못했지만, 그는 자신이 올바른 길을 가고 있다는 다른 단서들을 얻었다. 그와 함께 근무했던 사람들은 자신들의 상사가 연방형사청의 파울 디코프의 방문을 받았던 것을 기억한다. 디코프는 친위대원 전력이 있었고, 여전히 정치 스펙트럼의 극우에 속하는 사람들과 연락하고 있었다.[80] 디코프는 바우어에게 아이히만 추적을 포기할 것을 제안했다고 한다. 그리고, 어쨌거나 아이히만이 아르헨티나에 있다고 가정하는 것은 잘못된 일이라고 말했다고 한다. 이러한 "바람"은 바우어에게 필요했던, 자신이 점점 더 가까이 다가가고 있

다는 확인이 되어주었던 것 같다.[81]

이 가해자가 처벌받지 않은 것에 대한 대중, 또는 적어도 일부 대중의 우려가 점점 깊어진 데는 또 다른 이유가 있었다. 동독은 서독이 과거의 잘못을 인정하지 못하고 있는 점을 냉전의 무기로 사용하기 시작했고, 그 잘못의 주역들에 관한 달갑잖은 폭로로 끊임없이 서독을 위협했다. 원래 소련에 의해 압수된 문서들의 도움으로 동베를린에서는 매주 새로운 내용이 드러났다. 서독은 이 위험한 무기를 어떻게 상대해야 할지 알 수 없었다. 폭로 내용 대부분이 전적으로 사실이었기 때문이다.[82] 이런 상황에서 아이히만이 재등장하는 것은 가능한 최악의 재앙처럼 보였을 것이다. 이름트루트 보야크가 이세르 하렐의 이야기를 가지고 재구성한 바에 따르면 1959년 여름에 프리츠 바우어는 이스라엘 대표단을 만났고, 신속한 행동을 촉구했다. 하렐의 주장에 따르면, 바우어는 아르헨티나에서의 아이히만의 행방을 증언해줄 수 있는 보조 정보원을 언급했으며, 그는 친위대원이었고, 이름이 드러나면 그가 위험해질 것이므로 그의 이름은 밝힐 수 없었다.

이 친위대 정보원에 대한 소문은 넘쳐났다. 전후에 헌신적인 민족사회주의자들이 유지했던 긴밀한 관계에 대해, 특히 아르헨티나와 서독 간의 관계에 대해 오늘날 우리가 알고 있는 바를 고려하면, 그리고 아이히만이 어디에 있는지를 얼마나 많은 사람이 알고 있었는지를 생각해보면, 문제는 이 정보원이었을 가능성이 있는 사람이 누구인가가 아니라 그 가능성에서 배제할 수 있는 사람이 누구인가이다. 1961년에 극우 잡지 『유럽 민족』에 실린 한 기사에서는 우익 서클들 내에 무심코 발설된 아이히만에 대해 정보가 얼마나 많은지가 우연히 드러났다. F. J. P. 페알레(『길』에도 기고)는 다음과 같이 썼다. "일단, 아이히만이 아르헨티나로 도주했다는 것은 이미 오래전부터 널리 알려진 사실이었음을 지적하자."[83]

프리츠 바우어의 보조 정보원이 누구였는지 우리는 여전히 알지 못한다. 바우어가 그의 이름을 밝히고 싶어하지 않았기 때문이다. 바우어가 신중을 기하느라 친위대원을 보호하고 있다고 이세르하렐의 책이 밝히자, 어떤 이들은 아이히만 진영 내부의 "반역자"를 의심했다. 이 의심은 빌럼 사선이 인터뷰 판매로 얻는 이익을 극대화하기 위해 아이히만을 배신했다는 추측, 또는 반대로 사선의 인터뷰 판매 시도가 아이히만에게로 이어지는 길을 놓았다는 추측을 뒷받침했다. 하지만 훗날의 바우어와 사선 사이의 서신은 사선이 이 일에서 바우어와 접촉하지 않았음을 증명해준다.[84] 과거에 친위대에서 복무했고 현재 아이히만이 어디서 어떻게 살고 있는지 정확히 알고 있던 잠재적 정보원은 많았을 것이다. 아르헨티나에서 올바른 방향을 짚은 것 같다는 바우어의 느낌을 전 친위대원 한 명이 우연히 확인해주었다. 바우어의 사무실에 충고성 방문을 한 파울 디코프였다. 이로써 디코프는 친위대 배경을 가진 일급 정보원이라는 자격을 얻었고, 바우어가 연방공화국에 이 당혹스러운 사실을 지적하기를 꺼렸다 해도 이해할 만할 일이다.

하지만 프리츠 바우어는 친구들 사이에서는 누군가의 이름을 댔다. 토마스 하를란이 생애 말기에 밝혔듯이,[85] 바우어는 "슈나이더 Schneider"(다른 철자도 가능하지만)라는 남자로부터 리카르도 클레멘트가 메르세데스 벤츠에 취직했다는 이야기를 들었다. 이 슈나이더는 과거에 특공대와도 어느 정도 관련이 있었지만, 1950년대 후반에는 슈투트가르트의 메르세데스에서 "연수부" 책임자로 일했다. 이 자리에서 그는 바우어에게 인사 파일과 기타 정보에 접근하게 해줌으로써 아이히만을 찾는 데 도움을 줄 수 있었다. 안타깝게도 나는 다임러의 직원 중에 악명 높은 대량학살자뿐 아니라 유명한 독일 검찰총장을 도운 사람도 포함돼 있었을 가능성을 다임러 측에 납득시키지 못했다. 심지어 다임러 측은 가능성 있는 여러 슈나이더를 생년월일과 함께 정리해 명단을 제공하겠다는 나의 뜻도 받아들이지 않았다.[86] 문의에 대하여 나는 1959년 회사 사람들 중 누구도 리카르도 클레멘트가 어떤 사람인지 알지 못했다는 답을 들었을 뿐이다.[87] 50년 동안 그의 정체가 알려져왔고, 그것을 아는 데는 그 자체의 책임이 따른다고 그들에게 말할 적임자는 분명 내가 아니다. 하지만 깨닫는 데 시간이 걸리는 것들도 있다. 어쩌면 다른 누군가는 세계적으로 존경받는 회사를 상대로, 과거에 아돌프 아이히만을 찾는 데 도움을 준 사람을 고용한 적이 있다 해도 그 회사의 역사에 그림자가 드리워지거나 그 회사의 이미지가 손상되지 않으리라는 것을 확신시키는 데 성공하게 될 것이다. 이 메르세데스 직원이 프리츠 바우어를 도운 것이 단지 자신의 (개연성 있는) 특공대 경력을 바우어가 알고 있기 때문이었다 해도, 그는 옳은 일을 함에 있어서 대부분의 사람이 인정받을 수 있는 것보다 더 많은 용기를 발휘한 것이었다.

하지만 프리츠 바우어의 정보원들과 관련해 또 다른 단서는 전혀 다른 방향을 가리킨다. 바우어는 로타어 헤르만 외에 또 다른 유대인 정보원을 사적으로 언급한 적이 있다. 바우어는 아르헨티나에서의 아이히만의 생활상을 알려준 이 정보원에 대해 가까운 친구에게 말했다. 토마스 하를란이 기억하기로 이 사람은 "브라질에 사는 유대인이었고, 그 전에는 폴란드에 살았으며, 소비보르 봉기의 생존자였지만, 그는 내게 이름을 말해주지 않았다".[88] 아이히만이 이스라엘에 수감되었다는 사실을 벤구리온이 크네세트에 알린 직후, 텔아비브에서는 폴란드로부터 도망쳐온 한 유대인이 아이히만이 사는 곳에 대한 단서를 제공했다는 주장이 잠깐 나왔다.[89] 요제프 멩겔레가 브라질에 있지 않을까 생각되었기에 브라질과 관련된 이야기도 많았다. 소비보르와 관련된 연결 고리만 빠져 있다. 하지만 1960년 당시에 그 이름은 대부분의 사람에게 별 의미가 없었다. 이 잔혹 행위의 현장과 생존자들에 대한 자세한 연구는 최근 몇 년 사이에 비로소 나타나기 시작했다.

소비보르는 라인하르트 작전의 절멸 수용소 중 하나였고, 민족사회주의자들은 그곳에 생존자를 남기지 않기로 계획했다.[90] 수감자들의 봉기에 크게 힘입어 최소한 47명이 탈출에 성공했다. 총 62명만이 이 지옥에서 살아남았다. 그리고 그 폴란드 태생의 남성들 중 단 두 명이 1940년대 후반에 브라질로 이주했다. 1923년 이즈비차에서 태어난 하임 코렌펠트와 1927년 푸와비에서 태어난 스타니슬라브 "슐로모" 슈마이즈네르다. 슈마이즈네르는 소비보르 봉기의 주모자 중 한 명이었다. 우리는 브라질에서의 코렌펠트의 삶에 대해 거의 알지 못하며, 그가 1949년 이탈리아를 거쳐 그곳으로 갔다는 것만 알고 있다. 슈마이즈네르는 원래 이스라엘로 이주하고 싫어했고, 단지 리우데자네이루의 친척들을 방문하던 중이었다. 그는 1947년에 브라질에 도착했고, 여생을 그곳에서 보냈다. 그는 보석상을 열었고, 10년 만에 성공적인 사업체로 키웠으며, 1958년 이를 매각해 열대 우림에 있는 섬을 샀다. 그런 다음 축산업을 시작했다.[91] 1968년에 그는 자신의 이야기를 『소비보르: 어느 유대인 청년의 비극에 대하여』로 출판했는데,[92] 이 제목은 그가 겪은 일에 비하면 절제된 것으로 들린다. 슈마이즈네르는 1942년 5월에 보석 세공 도구를 가지고 소비보르 수용소에 도착했다. 당시 열다섯 살도 채 되지 않았고, "격리 수용"이라는 거짓말을 믿을 정도로 순진했다. 이 금세공 견습생을 즉각적인 죽음에서 구한 것은 소비보르에 있던 친위대 사람들이 친위대를 상징하는 룬 문자와 세련된 모노그램이 새겨진 채찍 손잡이용 금 고리를 매우 좋아한다는 점이었다.[93] 수용소 부소장 구스타프 바그너는 그 소년의 재능을 알아봤고, 다행히 금화와 금니를 쉽게 조달할 수 있었다. 슈마이즈네르는 자신이 만들어야 하는 세공품의 재료가 어디서 오는지를 항상 알고 있었다. 그는 또한 자신의 부모와 형제자매가 소비보르에서 죽임을 당했다는 것도 알고 있었다. 강제 노동을 통해 그는 바그너와 수용소장 프란츠 슈탕글을 접했고, 그들의 얼굴은 그의 머릿속에 지울 수 없이 각인되었다. 수년 후 슈마이즈네르는 이 두 사람을 다시 만나게 된다. 1968년에 그는 브라질의 한 거리에서 슈탕글을 봤고, 지몬 비젠탈의 효과적인 압박의 결과로 슈탕글은 재판을 받았다.[94] 또한 슈마이즈네르는 1978년 구스타프 바그너를 알아봤는데, 바그너는 기소를 피했지만 자살했다. 적어도 공식적인 경찰 보고서에 따르면 그렇다.

또 다른 소비보르 생존자는 다음과 같이 말했다. "슈마이즈네르는 자신이 바그너의 죽음에 전혀 관여하지 않았다고 밝혔습니다."[95]

스타니슬라브 슈마이즈네르는 브라질에 사는 폴란드계 유대인이자 사업가였고, 아이히만이 아르헨티나에서 살고 있다는 얘기를 만약 들었다면 그는 1950년대 후반에 당연히 이 정보를 이용했을 것이다. 그가 아이히만이 있는 곳을 알았을 가능성은 높다. 브라질과 아르헨티나 간 출장은 빈번했다. 한스-울리히 루델이 일찍이 브라질을 방문했고, 심지어 에버하르트 프리치도 그 나라를 방문했다. 아르헨티나에서 나치들과 상거래를 하고 사선에게 녹음기를 구해준 인물인 폴란드 출신의 전 나치 방위군 군인 페드로 포비에심도 사업차 브라질에 다녀왔다. 수완 좋은 사람이라면 부에노스아이레스의 나치사회에서 쉽게 조사를 할 수 있었을 것이다. 자신이 찾고 있는 것이 무엇인지를 이미 알고 있다면 특히 더 그랬을 것이다. 1959년 아르헨티나에서 신중하게 조사할 사람이 필요했다면, 슈마이즈네르는 접근하기 가장 적합한 사람이었을 것이다. 프리츠 바우어가 한 말을 의심할 이유가 없으므로, 남아메리카의 두 유대인 정보원과 전 친위대원들이 아이히만을 예루살렘의 재판정에 세울 수 있게끔 결정적인 단서를 제공했다고 볼 이유는 충분하다.

쿠웨이트의 아이히만

바우어 검찰총장은 1960년 초에 본Bonn의 담당 부처들을 통해서 쿠웨이트에 아이히만 인도를 요청할 예정이다. 검찰총장은 국제법상 인도에 아무런 장애가 없다고 보고 있다.

—대언론 공식 발표, 1959년 12월 23일[96]

1959년 중반부터 아이히만이 중동에 있다는 소문이 새로운 변형과 함께 더 많이 떠돌기 시작했다. 상상력 풍부한 언론인 한스 바이벨-알트마이어는 지몬 비젠탈의 제안에 따라 중동으로 가서 그곳의 나치들을 조사했다.[97] 한 인터뷰에서 전 무프티 아민 알후세이니는 요한 폰 레어스의 반유대주의적 책자를 그에게 건네준 것 같고, 심지어 다음과 같이 확언했다. "네, 사실입니다. 나는 아이히만을 잘 알고 있고, 그가 아직 살아 있다고 장담할 수 있습니다." 바이벨-알트마이어는 또한 다마스쿠스에서 아이히만을 5만 달러에 "판다"는 제의를 받았다.[98] 한 기자가 "어떤 아랍인 집단들이 며칠 동안 '아이히만 거래'를 논의하고 있었다"는 사실을 알아낼 수 있었다면, 정보기관 한 곳도 이 정보를 알게 되었을 것이다. 연방정보국은 특히 현지에 알로이스 브루너와 프란츠 라데마허를 정보원으로 두고 있었다. 어쨌든 1959년 9월 말 연방헌법수호청은 아이히만이 다마스쿠스나 카타르에 있다는 취지의 정보를 받았다.[99] 이 정보 제공자는 심지어 브루너와 아이히만을 직접 만났다고 주장했다. 톰 세게브는 이 정보원이 바이벨-알트마이어 자신이었을 수도 있다고 말한다. 이 기자는 1960년 여름 쾰른의 타블로이드판 『노이에 일루스트리어테』에, 어떤 바에 갔는데 옆 테이블에 아이히만과 브루너가 앉아 있었다는 내용을 썼기 때문이다.

그런데 연방헌법수호청은 매우 다른 종류의 단서들도 가지고 있었다. 1959년에 아이히만을 위해 새로운 삶을 만들어주려 애썼던 중동의 친구들을 가리키는 단서들이었다. 출처는 중동에서 자리 잡은 바트제게베르크 출신의 무기상 에른스트 빌헬름 슈프링거였다. 연방헌법수호청 보고서에 따르면, 슈프링거는 "1959년 10월의 언론 기사들과 관련해, 아이히만이 현재 민족해방전선FLN에 우호적인 중동 국가에 있으며, 이따금 동료 피셔[알로이스 브루너]를 만난다고 말했다. 아이히만에게 쿠웨이트의 석유 회사에서 관리직 일자리를 얻어주려는 의도였지만, 이 계획은 언론의 여론 환기 이후 중단되었다고 한다".[100]

중동과 관련된 이 새로운 소식들은 소란을 일으켰고, 독일산업연맹은 즉각 이 소문들을 부인했다. 다만 헤르만 랑바인이 국제아우슈비츠위원회라고 인쇄된 편지지에 질의를 적어 보냈을 때 이 기관은 다음과 같이 말했다.[101] "귀하의 편지를 쿠웨이트의 큰 독일 회사들 중 아돌프 아이히만이라는 사람을 고용 중인 곳이 있는지에 대한 철저한 조사의 기회로 삼았습니다." 조사는 두 달간 진행되었다. 심지어 쿠웨이트 주재 독일 기업들의 이익을 대표하는 단체가 이 조사를 맡았다. "결과는 완전 부정"이었고, 심지어 중동의 어느 누구도 이 아이히만이 어떤 사람인지 알지 못했다. 하지만 그때 아이히만을 아는 사람이 있었다면, 중동에서 아이히만을 찾는 데 얼마나 많은 노력이 투입되고 있는지도 알았을 것이다. 그리고 설령 아돌프 아이히만을 고용할 것을 고려 중인 사람이 있었다 해도, 프리츠 바우어가 신뢰하는 친구에 의해 승인된 헤르만 랑바인의 질의가 분명 아이히만을 배제하게 만들었을 것이다.[102] 연방헌법수호청의 보고서에는 주목할 만한 내용이 더 담겨 있다. 슈프링거에 따르면 "아랍연합공화국 수장 메다니는 아이히만이 바트고데스베르크에 있다고 알고 있었던 것 같다".[103]

이 이야기가 공상적인 것이었는지, 신원 오인에서 비롯된 것인지, 고의적인 소문이었는지는 확증할 수 없지만, 아이히만에 대한 관심이 커지고 있었던 것은 분명하다. 그럼에도 납치될 때까지 아이히만이 아르헨티나와 가족을 떠난 적이 없다는 것은 확실하다. 그가 중동으로 가기로 선택했다면 어떻게든 중동으로 갈 수 있었을지, 1959년 중동에서 신분을 숨기고 살 수 있었을지는 다른 문제다. 그는 이미 자신이 만든 함정에 빠져 있었다. 그가 북아프리카로 이주하면 그를 쫓는 사람들이 그를 붙잡는 게 더 쉬워질 뿐이었을 것이다. 어쨌든 그런 소문은 프리츠 바우어의 대량학살자 추적에 효과적인 차폐막이 되어주었다. 1959년 여름에 나온 모든 잘못된 작은 정보는 아마 단순한 우연 이상이었을 것이다.

1959년 8월 20일, 에르빈 쉴레는 루트비히스부르크로부터 투비아 프리트만에게 새로운 기밀 정보를 보냈다. 아이히만이 쿠웨이트에 있고, 그곳의 한 석유 회사에서 일하고 있다는 것이었다.[104] 쉴레가 자신의 정보가 맞지 않는다는 것을 알고 있었는지, 아니면 거짓 흔적을 남기는 데 이용되고 있었던 것인지는 알 수 없다. 증거에 따르면 프리츠 바우어는 이스라엘 경찰과 협력해 이 새로운 버전의 중동 이야기를 퍼뜨리는 데 쉴레를 이용하고 있었다. 아르헨티나에서 나치 범죄자들을 추적한 경험에 따르면 그곳의 독일 대사관은 전적으로 신뢰할 수 있는 곳이 아니었다. 바우어는 루트비히스부르크 나치 범죄자 기소 본부의 수장인 쉴레를 신뢰하지 않았을 수도 있지만, 그가 쉴레의 친위대 전력을 알고 있었음을 암시하는 것은 없다. 어쨌든 그들이 아이히만에게 이미 얼마나 가까이 다가와 있는지를 아이히만이 알아챌 위험은 매달 커지고 있었던 만큼, 허위 정보를 제공하는 것은 분명한 하나의 전략이었다.

투비아 프리트만은 이러한 진전이 몹시 기뻐서 10월에 쿠웨이트 소식을 언론에 직접 전했다. 10월 12일자 『아르헨티나 타게블라트』의 한 기사에는 "아돌프 아이히만이 1945년부터 쿠웨이트에 있었다는 주장"이라는 제목이 달렸다. 이 기사는 무엇보다 "하이파에 있는 이스라엘 연구소의 소장인 (…) 투비아 프리트만은 이 연구소가 아이히만을 찾아 체포하는 데 일찍이 1만 달러의 현상금을 걸었다고 말했다"라고 보도했다. 프리트만은 이 명백한 경솔함에 대해 쉴레에게 사과했지만, 쉴레는 화를 냈다. 하지만 그렇게 해도 프리트만이 더 이상의 행동을 취하는 것을 멈추게 하지는 못했다. 아이히만을 법정에 세우려는 그의 갈망은 억누를 수 없는 것이었다. 프리츠 바우어와 이스라엘 정보기관은 쿠웨이트 계략을 교묘히 이용해, 마치 쿠웨이트가 진지하게 받아들져야 하는 단서인 것처럼 행동했다. 10월 13일에 『쥐드도이체 차이퉁』은 아이히만의 본국 송환 가능성을 검토했고, 이후 며칠 동안 언론은 아이히만이 진짜 쿠웨이트에 있는지에 대한 공식 문의—이스라엘 외무장관이 서독과 영국 당국에 했을—에 대해 보도했다. 이스라엘 정부 대변인은 "이스라엘은 프랑크푸르트암마인 검찰총장실의 수배자 명단에 올라 있는 아이히만의 사건을 다루고 있다"라고 밝혔다. 특히 『아르헨티나 타게블라트』는 이 발표 또한 보도했다.[105] 허위 정보에 대해 아무것도 모른 채 투비아 프리트만은 벤구리온을 위한 선거 행사를 이용해, 쿠웨이트에서 아이히만 체포가 이루어질 경우 보상할 것을 주장했고, 언론도 이를 장려했다.[106]

그 후 몇 달 동안 나치 추적자들은 이 허위 정보가 계속 언론에 등장하도록 최선을 다했다. 바우어는 계속해서 기자 회견을 열고 인터뷰에 응했으며, 이스라엘로부터 더 많은 공식 발표가 나오면서 바우어가 바란 대로 잦은 보도가 이루어졌다. 영국 당국이 부인하고 영국 외무부가 도움을 거부하긴 했지만, 1960년 1월 초 아이히만 인도 합의에 대한 이야기가 있었다. 바우어는 아이히만이 "독일 회사들에서 일하고 있을 것"이라고 추정한 쿠웨이트 지도자에 대한 세부 정보를 언론에 제공했지만, "신중"을 기하느라 이 회사들의 이름은 밝히지 못했다. 심지어 바우어는 국제법상의 모든 장애물이 극복되었으므로 외무부를 위해 이 정보를 준비하겠다고 발표했다.[107] 언론인들은 외무부가 이 문제에 대해 왜 그렇게 조용히 있었는지 궁금해했다. 뮌헨의 『도이체 보헤』는 이렇게 말했다. "그러니 이제 문제는 어째서 지금까지 외무부가 소문을 부인하지도 않고, 소문이 사실이라고 공식적으로 확인해주지도 않았는가 하는 것이다."[108] 이 이야기는 매우 설득력 있어서, 독일 당국은 자신들의 정보를 의심하기 시작했다. 외무부는 연방 법무부에 쿠웨이트나 이집트에서의 아이히만의 행방에 대한 정보가 있는지 물었고, 짜증 나는 답변을 받았다. "아이히만이 살아 있다는 것조차 어느 정도의 확실성을 가지고 말할 수가 없다."[109]

단 하나의 신문만이 이 이야기를 단호하게 반박했다. 바로 독일제국당의 선전지인 『제국의 사명』이었다. 10월 24일, 독일에서의 한스-울리히 루델의 정치 경력에 많은 관심을 갖고 있던 아돌프 폰 타덴은 "그렇다면 아이히만은 어디에 있는가?"라는 제목의 기사를 썼다. 타덴은 다음과 같이 말했다. "아이히만은 한 가톨릭 수도원의 도움으로 이탈리아에 숨었고, 그다음에는 가톨릭 고위직 연줄을 이용해 이탈리아에서 아르헨티나로 갔다." 이는 간단하고 공개적인 누설이었다. 타덴은 "쉴레 씨와 이스라엘의 쿠웨이트 수색은 헛수고가 될 것이다"라며 비웃었다. 그리고 다음과 같이 위협적으로 덧붙였다. "매우 유감스러운 일이다. 만약 아이히만이 정말로 유대인들을 죽인 악명 높은 살인자라면, 그의 유죄 판결을 통해서 이 끔찍한 사건에 대한 더 큰 명확성이 확보될 수 있을 것이기 때문이다." 600만 명이 거짓으로 드러나는 꿈이 행간들 사이에서 흘러나온다. 그리고 『제국의 사명』이 민족사회주의를 구원할 아이히만의 증언을 유발하기로 작정한 것이든, 단지 수다스러운 편집자가 입을 다물고 있을 수 없었던 것이든,[110] 아주 이상한 일이 일어났다. 뒤에 가서 타덴은 자신의 전 기고자 빌럼 사선에 대한 경멸을 드러내면서, 그를 신의 없는 아이히만 배신자라고 비난했다. 하지만 여기서 타덴 자신은 나치 추적자들을 조롱하면서, 불필요하게도 굳이 아이히만의 은신처를 떠벌렸다. 언론에서 아르헨티나가 언급된 것은 이것이 처음이었다. 그리고 니더작센 출신의 이 극단주의자는 정보의 출처를 숨기지 않았다. 그는 "독일 이민자 서클들"을 공개적으로 언급했다. 그들이 아이히만을 "피했다"고 강조하긴 했지만 말이다. 이 서클들의 구성원 중 한 명이 1953년 이래 독일제국당 후보자 명단에 올라 있었다는 사실을 모든 사람(또는 적어도 『제국의 사명』 독자)이 알고 있었기 때문에 그 단서에 더 큰 무게가 실렸다. 그렇다면 타덴의 글을 주목한 이들이 있었을까? 있었다. 연방헌법수호청의 관찰력 있는 직원들이었다.[111] 그곳에서, 그 반헌법적 출판물의 기사는 "주목할 만한" 것으로 여겨졌고, 충실하게 아이히만 파일 안에 붙여 넣어졌다. 사실 이 점은 모든 정부 파일을 공개하는 것만으로도 이 몇 달 동안 독일 당국 내에서 무슨 일이 벌어지고 있었는지 파악하기에 충분하지 않을까 하는 생각을 불러일으킬 만도 하다.

『제국의 사명』 배포는 점점 줄어들어 너무 미미한 수준이었고, 거기 실린 기사가 그럴듯한 반향을 불러일으키는 법도 없었다. 타덴은 훗날 독일국가민주당NPD 의장을 지내기도 하고 영국 정보기관인 MI6에서 일하기도 하는데, 동지를 배신했다고 비난받은 적이 없었다.[112] 하지만 프리츠 바우어의 허위 정보 전략은 훌륭한 효과를 발휘했다. 아이히만이 이 뉴스에 보인 반응에서 알 수 있듯이, 이것은 꼭 필요한 '주의 딴 데로 돌리기'였다. 클라우스 아이히만은, 어느 날 저녁에 아내가 라디오에서 쿠웨이트에 있는 것으로 의심되는 아돌프 아이히만이 인터폴의 수배를 받고 있다는 이야기를 들었던 것을 회상했다. "나는 산페르난도로 달려가 아버지를 깨웠습니다. '인터폴이 아버지를 쫓고 있어요.' 이 말에도 아버지는 냉담했습니다. 그저 이렇게 말하셨어요. '젠장, 그것 때문에 한밤중에 나를 깨우고 있는 거냐? 아침까지 기다려도 됐을 텐데. 집에 가서 잠 좀 자라.'"

그의 아버지는 이후 며칠 동안 친구들과 상의했지만, 그들 중 누구도 당혹스러워하거나 그 뉴스를 심각하게 받아들이지 않았다.[113]

그사이 로타어 헤르만은 『아르헨티나 타게블라트』에서 투비아 프리트만이 1만 달러의 보상금을 이야기했다는 기사를 접했다. 그는 바우어와의 연락이 두절되고 다른 누구에게서도 답을 받지 못하고 있었기에, 즉시 이스라엘의 프리트만에게 편지를 보내 정보를 제공했다. 그 기사는 그에게 마침내 누군가 이 문제를 심각하게 받아들이고 있다는 인상을 주었다. 처음에 헤르만은 현재 미국에서 살고 있는 딸에 대해 아무 말도 하지 않았다.[114] 그는 "문서 센터"가 가용 재원을 갖추고 있지 않은, 헌신적인 한 나치 추적자의 개인 컬렉션이라는 것을 전혀 몰랐다. 그는 그것이 국가가 운영하는 것이라고 믿었고, 이는 보상금이 진짜 존재한다는 오해로 이어졌다. 헤르만은 이번에는 선지급 없이는 어떤 정보도 내주지 않을 것임을 분명히 했다. 프리트만은 헤르만의 이름을 밝히지 않은 채 11월 8일 이 정보를 쉴레에게 전달했다. 이 시점에 쉴레는 추적의 실상을 알고 있었던 것 같고, 프리트만에게 더할 수 없이 강한 어조로 중단을 촉구했다. 그는 "아이히만 문제가 아직도 가라앉지 않고 있음을 알게 되어 실망"했다며 다음과 같이 말했다. "가까운 미래를 위해 당장은 '아이히만 건'을 절대적으로 금기시하는 나를 지지해주세요. (…) 출판물도, 연설도, 다른 어떤 종류의 행동도 말고요." 왜냐하면 그 모두가 "아이히만 건을 해결하려는 우리 노력을 방해"하기 때문이었다. 이 점을 강조하기 위해 쉴레는 추적의 확실한 성공을 암시했다.[115] 그럼에도 불구하고 그는 프리트만이 실제로 물러나기까지 이런 간곡

한 권고를 반복해야 할 것이었다. 프리트만은 세계유대인회의의 예루살렘 대표에게 그 정보를 전달했다고, 그리고 누군가가 반드시 연락할 것이라고 헤르만에게 알렸다.[116]

로타어 헤르만의 관점에서 일의 진행은 투비아 프리트만이 생각한 것보다 훨씬 더 뒤틀려 있었다. 1959년 12월 26일 아르헨티나 유대인 공동체의 대표가, "G. 쉬르만 씨"라는 대표가 헤르만을 방문했는데, 헤르만으로서는 실제로 그를 보낸 사람이 누구인지 알아낼 수 없었다. 헤르만은 프리트만이라고 추정했지만, 훗날 프리트만은 더 이상은 아무것도 하지 않았다고 주장했다.[117] 중동 뉴스를 들은 프리트만은 이제 더는 헤르만을 믿지 않았다.[118] 헤르만의 이후 편지들을 보면 프리츠 바우어, 투비아 프리트만, 모사드가 일체가 되어 적절한 보상 제공 없이 헤르만에게서 정보를 빼내기 위해 서로 공모했다는 것이 헤르만 자신의 시각이었음을 알 수 있다. 하지만 실제로 무슨 일이 벌어졌는지를 극비리에 알고 있는 사람은 소수에 불과했다. 헤르만은 그중 한 명이 아니었다. 이 시점에 모사드에 의한 아돌프 아이히만 납치는 이미 끝난 일이었다.[119]

아이히만 추적은 복잡한 연계를 통해 달성된 성공의 더할 수 없이 좋은 예다. 인간의 활동이 단일한 인과관계로 이루어지는 경우는 거의 없다. 일반적으로 인간의 활동은 어떤 일을 각자 다른 이유에서 하고 있는 많은 사람이 관련된 여러 갈래의 활동이 누적된 결과다. 당연히 파울 디코프는 자신의 행동으로 바우어를 격려하고자 한 것이 아니었고, 투비아 프리트만은 분명 아이히만 추적의 성공을 위험에 빠뜨리고자 한 것이 아니었다. 지몬 비젠탈은 그냥 포기하길 거부하고 아이히만이 법정에 서는 것을 꼭 보고자 했다. 이세르 하렐은 자신의 정보기관을 위해 획기적인 작전을 찾고 있었고, 당연히 다비드 벤구리온처럼 "유대인의 최대 적"을 찾고 있었다. 벤구리온은 또한 독일과 이스라엘 간의 대화를 염두에 두어야 했는데, 그들의 무역 협정과 이스라엘의 무기 공급이 그 대화에 달려 있었기 때문이다. 마지막으로 프리츠 바우어는 독일에서 아이히만을 기소하고 싶어했다. 아이히만 체포는 일련의 사건의 결과가 아니라, 일련의 실이 점점 엮여 하나의 그물을 형성해간 결과였다. 하지만 돌이켜보면, 앞서 말했다시피 이것은 우리가 생각하는 것보다 훨씬 더 흔한 인간 활동 패턴이다.

아이히만 추적에 비하면 아이히만의 최종 체포는 거의 간단한 일처럼 보인다. 1959년 12월 6일, 벤구리온은 모사드 내에 아돌프 아이히만의 신원을 확인하고 납치할 팀을 꾸릴 것을 이세르 하렐에게 요구했다고 일기에 털어놓았다.[120] 프리츠 바우어는 이스라엘을 다시 방문해 신속한 행동의 필요성을 강조했다. 11월에 빈 주재 이스라엘 대사인 에제키엘 사하르는 지몬 비젠탈에게 아이히만에 대한 관심이 되살아난 것에 대해 이야기했다. 비젠탈은 자기가 가진 모든 정보를 하나의 포괄적인 문건으로 만들었다. 이번엔 사하르는 이스라엘이 그의 작업에 매우 감명받았다고 그에게 말할 수 있었다. 심지어 사하르는 비젠탈에게 추가 질문 목록까지 주었다. 아이히만의 아버지인 "회사 중역에서 은퇴한 아돌프 아이히만"이 2월 5일 사망했을 때, 아이히만 계모의 부고[121]에서 그랬듯이 아버지의 부고에서도 유족 중에 베라 아이히만의 이름이 언급되었다. 비젠탈은 그것을 보고 재빨리 반응했다. 아이히만이나 그의 아내가 장례식에 나타날 희박한 가능성을 기대하면서 비젠탈은 모든 문상객의 사진을 찍게 했다. 두 사람 다 거기 나타나지 않았지만 비젠탈은 이제 아이히만 형제들의 사진을 손에 넣었는데, 그에게는 늘 그들이 비슷해 보였다.[122] 훗날 이세르 하렐은 비젠탈이 모사드 작전에 관여하지 않았다고 주장했지만, 그의 요원 츠비 아하로니는 이 사진들이 나치 시대의 사진만으로 식별하는 것보다 더 쉽게 54세의 아이히만을 찾아내게 해주었다고 확언했다.[123] 하렐은 1960년 2월에 아하로니를 아르헨티나로 보냈다. 그의 부에노스아이레스 방문은 그때가 처음이 아니었다. 아하로니는 1959년 3월 다른 임무를 위해 그곳에 머무른 적이 있었다.[124] 그는 자신이 아는 것과 자신의 인맥 덕분에 아이히만을 추적할 수 있었다. 아이히만이 막 차카부코 거리에서 새집으로 이사를 갔음에도 말이다. 모사드 팀은 4월 말에 뒤따라 왔다. 부에노스아이레스의 유용한 인맥의 도움을 받아, 그들은 모사드를 유명하게 만들 성공을 거두었다. "유대인의 주적"이 1960년 5월 11일에 귀가하다가 집 밖에서 납치된 것이다.

아이히만은 체포된 것을 자책했다. 그는 "11년간 자유와 안전을 누린 아르헨티나에서 너무나 안전하다는 느낌을 받아서" 모든 위험 징후를 간과했다.[125] 그는 투쿠만이나 칠레나 아시아로 가지 않은 "멍청이"였다. 의미심장하게도 그는 중동은 언급하지 않았다. 이스라엘에서 아이히만은 자신의 관점에서 납치에 대해 자세히 서술하는 글을 썼다.[126] 이 설명은 모사드 요원들이 주장한 식으로 납치가 이루어졌음을 확인시켜주었다. 비록 여러 세부 내용에서는 설명이 달라지기도 하지만 말이다.[127] 아이히만은 자신이 수개월간 감시를 받고 있었음을 알게 되었다고 말했는데, 이는 자신이 속아넘어갔음을 인정하지 않는 것 그 이상이었다. 그는 모사드 요원들의 보고서를 읽을 수는 없었지만, 모사드 팀이 자신을 찾고 있을 때 실제로 어떤 일이 일어났는지를 노트에 서술한다. 그의 며느리에게 직접 캐물으려는 아하로니의 시도는 가망이 없었다. 그리고 그는 집 근처에 일련의 차들이 주차돼 있는 것을 알아봤다. 위험이 너무 뚜렷해서, 아들은 그에게 총을 빌려주겠다고 제안했었다. 그의 아내는 그녀가 받은 가톨릭 교육에 어울리는 악몽을 꾸었다. 꿈에서 남편이 피 묻은 하얀색 헤어셔츠hair shirt를 입고 있는 모습을 본 것이다.[128] 하지만 아르헨티나에서 환영받는다고 느꼈던 이 남자는 한 가지 치명적인 실수를 저질렀다. 아이히만은 1961년에 다음과 같이 썼다. "하지만 나는 이것이 납치로 이어질 수 있다고 생각지 않았고 그것이 아르헨티나 경찰의 작전이라고 믿었으며, 다른 사람들 일인 양 여기서 무슨 수사가 진행되고 있나보다 했다."[129] 이 민족사회주의자에게 아르헨티나 경찰력은 어려울 때 도와주는 진정한 친구였고, 항상 의지할 수 있는 보호자였다.

내게는 동지가 없었다

특히, 많은 아르헨티나 친구가 내 생일에 꽃 선물로 나를 기억해줘서 기쁘다.

—아이히만이 가족에게 보낸 편지, 1961년 4월 17일

그날 밤 남편이 제시간에 집에 돌아오지 않자, 베라 아이히만은 아들과 함께 비상 소집에 나섰다. 아이히만의 실종은 아르헨티나의 은밀한 독일인 커뮤니티에서 아이히만 가족이 얼마나 큰 부분을 차지하게 되었는지를 보여주는 소동을 촉발했다. 아돌프 아이히만은 1960년 5월 11일에 납치되었다. 그는 부에노스아이레스의 한 집에 숨겨졌고, 열흘 뒤 이스라엘로 가는 비행기에 태워졌다.[130] 5월 23일 다비드 벤구리온의 발표가 나올 때까지 아르헨티나의 어느 누구도 아이히만이 어디에 있는지 알지 못했지만, 이 정보는 많은 사람에게 매우 중요한 것이었다. 사스키아 사선은 아이히만 형제를 포함한 한 무리의 사람들이 갑자기 집에 나타났던 것, 그 뒤로 소란스러운 날들이 이어지며 점점 더 많은 사람이 정보를 구하거나 도움을 제공했던 것을 기억한다. 아이들은 어리둥절했다. 그들은 집에서 모임이 열리는 것에 익숙했지만, 이제 사람들은 아이들이 무슨 소리를 듣든 말든 더 이상 신경 쓰지 않았다. 사스키아 사선의 어머니는 신경쇠약 직전이었고, 아이히만의 납치 사실이 알려지자 그녀는 몇 주 동안 가족을 떠났다. 긴장감과 남편이 그 일에 얽혀 있는 것을 견딜 수 없었던 것이다.[131] 베라 아이히만은 남편이 무슨 일을 했는지 전혀 모른다고 주장했지만, 처음 든 생각은 남편이 유대인들에게 납치되었구나 하는 것이었다고 말하기도 했다. 빌럼 사선과 남편의 다른 친구들만이 그녀가 경찰에 가지 못하게 막았다. 호르스트 카를로스 풀드너는 그 친구들 중 한 명이었다. 그는 그 가족에 대한 책임감을

느꼈고, 도움 요청에 즉각 응했다.[132] 훗날 클라우스 아이히만은 "아버지의 가장 친한 친구가 우리에게 차분히 생각하라고 강요했다"고 말했다. 어쩌면 그의 아버지는 와인을 너무 많이 마셔서 외박한 것일 수도 있고, 사고를 당해 병원으로 이송된 것일 수도 있었다. 이 두 가지 가능성은 아이히만 가족이 처음에는 유대인의 보복에 대한 극심한 공포 때문에 생각지 못한 것이었다. "우리는 이틀 동안 경찰서, 병원, 영안실을 뒤지고 다녔습니다. 헛일이었지요. 남은 것은 그들이 아버지를 잡아갔다는 깨달음이었습니다." 클라우스 아이히만은 사선과 함께 메르세데스 벤츠로 가서 아버지의 친구를 만나고 거기에 원고들을 숨겼다.[133] 아이히만의 가장 믿음직한 동료들이 도시 전역에 흩어져 항구와 기차역 같은 교통 중심지들을 감시했다. 클라우스 아이히만이 1966년에 조금도 의심하는 기색 없이 회고했듯이, 사선은 공항을 맡았다. 그들은 또한 이 가족을 위한 경비대를 조직했다. 300명에 달하는 "페론주의 청년단" 단원들이 자기 집을 감시했다고 아이히만의 아들은 다소 자랑스러워하며 말했다. 어떤 사람들은 심지어 이스라엘 대사를 납치하거나 이스라엘 대사관을 공격하는 것과 같은 폭력적인 보복에 대해 이야기하기도 했다. 하지만 풀드너는 그러는 대신 그 가족에게 대체 거처를 마련해주었으며, 당분간 그들은 어떤 일이 전개될지 지켜봤다.[134]

1960년 5월 11일의 납치 발생 이후 벌어진 열띤 수색에도 불구하고, 거의 2주 후 벤구리온의 연설은 전 세계를 놀라게 했다. CIA 파일들을 보면 이 정보기관 역시 진상이 무엇인지를 다른 "우호적인 정보기관들"에 물어봐야 했음을 알 수 있다. 어쩌면 아르헨티나의 동조자들이 이 불안한 상황에서 특별히 신중하게 행동했기 때문일 수도 있고,[135] 단서들이 잘못 평가되었기 때문일 수도 있다. 어쨌든 이후 미국 정보기관, 연방헌법수호청, 독일 외무부가 공개한 파일들에서는 모사드 작전에 대해 누군가 조금이라도 알고 있었다는 증거를 찾을 수 없다. 그러나 부에노스아이레스 나치사회 내에 있던 독일 대사의 긴밀한 접촉자들 중 한 명이 수상한 낌새를 알아차렸을 수도 있다.

부에노스아이레스의 '나치 박해 유대인 생존자협회' 회장인 호세 모스코비츠는 독일 대사관에서 있었던 어떤 놀라운 일을 기억하고 있다. 그는 그 일이 아이히만이 납치되기 "2개월 전, 최대 3개월 전"에 있었다고 확신한다. "본으로부터 두 신사가 도착했는데, 그중 한 명은 독일 정보기관에서 온 사람이었고, 아이히만 파일을 요구했다." 대사관 직원 중 어떤 친절한 사람이 바로 직전에 이 파일을 요제프 멩겔레의 파일과 함께 모스코비츠에게 빌려주었고, 따라서 이 파일이 대사관 내에 없었으며, 이 때문에 말다툼이 벌어졌다. 모스코비츠에 따르면, 그 책임자는 즉시 해고되었다.[136]

호세 모스코비츠가 바로 그 시점에 정말로 아이히만과 멩겔레에 대한 정보를 수집하고 있었다는 것은 증명 가능하다. 그는 지몬 비젠탈의 아르헨티나 접점이었고, 그와 비젠탈 간의 서신이 그들의 정보 교환을 증명해주기 때문이다.[137] 그는 또한 멩겔레를 찾는 데 다년간 열심히 매달렸다. 헝가리에서 태어난 모스코비츠는 아르헨티나 보안 기관 내에 뛰어난 연줄을 가지고 있었고, 다른 여러 영역에서도 활동했다. 그는 수많은 보상 청구에 나섬으로써 나치 시대에 도난당한 유대인 재산이 반환되는 결과를 가져왔고, 이로써 그 생존자협회를 진지하게 받아들여지는 기관으로 만들었다. 그에게는 아이히만 납치 시기를 기억하는 또 다른 이유가 있었다. 츠비 아하로니와 모사드 팀이 그에게 도움을 구했고, 그는 자신의 인맥을 활용해 그들이 납치 계획을 위해서 아파트를 임대하고 차량을 확보하도록 도왔다.[138]

모스코비츠는 독일 대사관 쪽 연줄을 통해서 심지어 츠비 아하로니를 대사관 내부로 데리고 들어가 조사하게 해주었다. 1960년 3월 1일부터 4월 7일까지의 첫 여행 때 아하로니는 가명이 적힌 외교 여권을 가지고 여행하면서 이스라엘 외무부의 재무 부서 대표로 행세했다.[139] 모스코비츠의 기억과 그가 제시한 날짜를 의심할 이유는 거의 없다. 이 이야기에서 유일하게 문제가 되는 부분은 한 생존자 단체의 공인된 대표를 기록보관소에 출입시켜주었다는 이유로 문제의 직원에게 대사가 그토록 무거운 처벌을 내릴 수도 있다는 생각이다. 대사관 측이 1958년 아이히만에 대한 어떤 종류의 정보도 가지고 있지 않다고 주장했고, 납치 몇 달 후에는 대사관에서 단 한 사람만이 아이히만이 누구인지 알고 있었다고 밝혔지만, 실제로는 대사관이 아이히만에 대한 파일을 가지고 있었다는 점을 여기서는 일단 제쳐두겠다. 더 분통 터지게 하는 것은 서독 대표들이 1960년 봄에 부에노스아이레스까지 와서 아이히만에 대해 물어본 이유가 무엇이었는가 하는 것이다. 그들이 현 수사 상황이나 체포 영장을 조사하고 있었다면 서독에서 파일을 잠깐 살펴보는 것으로 충분했을 것이다. 어쨌든 방문 시기가 의미심장하다.

1960년 2월 말, 츠비 아하로니가 납치 준비를 위해 아르헨티나로 출발할 때, 서독에서는 또 다른 섬세한 임무를 위한 준비가 이뤄지고 있었다. 콘라트 아데나워와 다비드 벤구리온의 첫 만남은 미래의 독일-이스라엘 관계를 위한 중대한 발걸음이 될 것이었다. 1959년 크리스마스 직후 반유대주의의 물결이 서독을 휩쓸었다. 그것은 유대교 회당에 나치 표식이 나타나는 것으로 시작되어 유대인 묘지들을 파괴하는 것으로 끝났다. 연방헌법수호청은 1960년 1월 28일까지 "470건의 사건"과 "어린아이 같은 낙서 215건"을 집계했다. 해외에서는 충격을 받았고, 서독 연방정부는 학교의 역사 교과 과정의 변경을 서두르는 등 조치를 취하려 애썼다.[140] 매우 민감한 회의를 앞두고 어떤 곤란한 상황도 피하고자 하는 정부의 간절함이 아르헨티나에서의 조사 수행으로 이어진 것일 수도 있다. 아이히만의 행방에 대한 정보가 쌓이고 있었고, 독일-이스라엘 회담 시에 퇴역 중령 아돌프 아이히만의 "총리에게 보내는 공개편지"는 심각한 반향을 불러일으킬 수도 있었을 것이다.

프리츠 바우어가 유대인 학살의 책임자들을 추적하는 데 점점 더 열심히 매달리고 있다는 것도 무시할 수 없는 점이었다. 이 헤센주 검찰총장은 지나치게 조심스러웠지만, 브라질을 거쳐 부에노스아이레스까지 수색을 이어가려는 그의 노력이 전혀 주목받지 못한 것은 아닌 듯하다. 아이히만이 이스라엘에 있다는 벤구리온의 발표가 나온 지 얼마 안 되어 『슈피겔』은 프리츠 바우어의 보조 정보원에 대한 독점적인 단서를 밝히는 기사를 실었다. 아이히만의 행방에 대한 최초의 제보는 "브라질의 유대인"에게서 나왔다고 이 기사는 밝혔다.[141] 기사는 또한 이스라엘이 이 특정 시점에 아이히만을 납치한 것이 "서독에 계속 도덕적 압박을 가해 추가적인 경제 원조를 확보하기 위한" 것은 아닐까 추측했다. 함부르크에서 발행되는 이 잡지에는 정통한 출처들에서 나온 정보가 가득했다. 바우어가 1959년 후반에 이스라엘에서 행동을 촉구하면서 보인 분노 이상의 것에 의해 드러났듯이, 그는 자신의 수사 전개 상황을 들킬까봐 극도로 우려했다. 바우어가 쿠웨이트의 아이히만 인도를 강요하려는 명백한 노력으로 오인될 만한 요청들을 하면서 외무부와 같은 서독 연방 기관들에 제공한 풍부한 아이디어들은 서독 당국에 대한 그의 불신을 드러낸다. 1960년 봄에 만약 외무부, 연방형사청, 심지어 연방정보국이 바우어에게 아이히만이 어디 있는지 물었다면, 그들 모두가 수년간 내놓고 있던 답변과 똑같은 답변이 돌아왔을 것이다. 아이히만은 중동에 있다고 말이다.

이스라엘이 그를 납치한 것은 단지 자국에 유리하게끔 협상에 영향을 미치기 위해서였다는 후일의 암시들에서 알 수 있듯이, 일부 사람은 분명 민감한 이 독일-이스라엘 논의 단계에서 그 유대인 문제 담당관이 튀어나올까봐 우려했다. 벤구리온은 아이히만 재판이 마침내 임박했음을 알고서 콘라트 아데나워를 만났을 때 어떤 기분이었을까? 독일 총리 아데나워는 뉴욕의 월도프 아스토리아에서 회담을 갖기 사흘 전에 부에노스아이레스의 츠비 아하로니로부터 아이히만의 새 주소를 찾았다는 보고가 있었음을 알지 못했다.

수완 좋은 요원이라도 그것은 쉬운 일이 아니었다. 대사관 직원들의 넘치는 도움에도 불구하고 부에노스아이레스에서의 수사는

1960년 2~3월에 더 어려워졌다. 아이히만은 방금 이사를 했고, 새 주소를 남기지 않았다. 그가 매수한 토지는 부에노스아이레스 변두리의 일종의 무인 지대에 있었다. 아하로니는 철저히 조사하고 매우 영리한 계략들을 동원한 끝에 비로소 새 주소를 알아낼 수 있었다. "모사드의 대심문관"이라 불린 그 남자는 아이히만의 아들 한 명에게 그를 위한 선물을 가지고 있다고 주장하며 함정을 놓았다. 라파엘 아이탄은 여전히 아하로니를 한껏 칭찬하는데, 아하로니가 없었다면 흔적이 끊겼을 것이라고 그는 확신한다. 운과 대단한 수완이 없었다면 그 작전은 분명 성공하지 못했을 것이다. 츠비 아하로니는 우익 독일 커뮤니티와 아무 관련이 없는 한 이스라엘인조차 아이히만을 찾을 수 있다는 것을 증명했다. 물론 그를 정말로 찾아내고자 한다면 말이다.

불행히도 대사관 방문으로는 베라 아이히만과 아이들이 그곳에 알려져 있다는 (그리고 기록되어 있다는) 정보밖에 얻을 수 없었을 것이다. 그들의 현주소는 알려져 있지 않았다. 호세 모스코비츠가 기억한 서독 대표들은 짧은 체류 시간 동안에 아이히만이 사는 곳을 알아낼 수 없었을 것이다. 게다가 이 정보를 가지고 그들이 무엇을 했겠는가? 대사관 방문 후에도 그들은 수색을 강화하지 않았다. 사람들은 다른 이가 자기보다 더 수완 있다고 생각하지 않는 경향이 있으며, 이어진 일들에서 알 수 있듯이 독일 대표들은 이스라엘 정보기관이 이런 자질을 가지고 있다고 여기지 않았다. 독일 총리실이 아이히만 파일을 연구자들에게 공개하지 않고 있는 이유 중 하나는 당시에 직원들이 한 어떤 모호한 발언이 "외국 공공 기관들과의 우호관계를 크게 손상시키거나 심지어 위태롭게 할" 위험이 있다는 것이다.[142] 1960년대 초의 그 일들을 감안하면, 적어도 이러한 이유가 무엇을 의미하는지 짐작할 수 있다. 하지만 그것은 연방정보국 아이히만 파일의 완전 공개를 더 중요하게 만든다. 연방정보국이 아이히만을 찾는 데 거의 아무 일도 하지 않았다는 것, 그리고 연방정보국 직원들이 이스라엘 동료들이나 헤센주 검찰총장이 그 일을 해낼 수 있다고 생각하지 않았다는 것만으로도 충분히 나쁘다. 하지만 파일이 공개되지 않는다면, 연방정보국이 심지어 체포를 방해하려 했을지 모른다는 끔찍한 의심도 남을 것이다.

모사드가 거둔 성공은 분명 모든 사람에게 놀라움을 안겨주었다. 1960년 5월 23일, 아이히만의 재등장 소식이 빠르게 퍼졌고, 흥분된 움직임이 일어났다. 일간지들은 갑자기 아이히만의 사진과 그의 범죄에 대한 자세한 내용으로 가득 찼다. 도서관과 기록보관소들에 오랫동안 보관되어 있었던 방대한 정보를 바탕으로 전 세계 사람들이 수많은 기사를 썼다. 이 발표는 또한 서독 정치에도 혼란을 불러왔다. 전 서독 대통령 테오도어 호이스는 첫 이스라엘 방문 중에 이 소식을 접했다. 그의 반응은 놀랍도록 침착했고, 그는 아이히만이 문제없이 이스라엘에서 공정한 재판을 받을 것이라고 언론에 밝혔다. 본에서 나온 반응은 더 경악스러웠다. 콘라트 아데나워는 아이히만이 오스트리아인으로 선언되어 독일이 그에 대해 책임을 지지 않기를 바랐다. 국방위원회가 급히 소집되었고, 연방언론부에서 연방헌법수호청과 정보기관에 이르기까지 이 사건과 관련된 모든 기관을 통합하려는 시도가 이루어졌다. 그들은 "아이히만 실무단"

을 구성했지만, 이 실무단의 목표는 이스라엘 감옥에 있는 그 미지의 남자가 어떤 사람인지 알아내는 것이 아니었다. 연방언론부는 매우 짧은 시간 안에 정교한 미디어 캠페인을 시작했다. 라파엘 그로스는 서독을 긍정적으로 그리기 위해 기획된, '낙원과 불가마'라는 이름의 영화 프로젝트에 대한 증거를 발견했다.[143] 다가오는 재판에 직면한 두려움과 무력감이 그보다 더 명확하게 설명될 수는 없었다.

서독의 기관들이 이 시기에 준비한 자료 중 현재 열람 가능한 것은 극히 일부에 불과하지만, 그것만 봐도 사람들이 최악의 상황을 두려워했음을 알 수 있다. 아이히만은 돌아왔고, 과거의 그림자 이상의 것을 가지고 왔다. 그 재판을 가장 두려워한 사람 중에는 대량학살 연루에 따른 어떤 실질적인 영향도 없이 서독 내에서 입지를 굳힌 모든 전 나치 인사가 포함되어 있었다. 그들 모두 자신이 한 일에 대해 걱정했다. 전 제국중앙보안청 사람들은 이제 경찰, 연방형사청, 연방정보국에 몸담고 있었다. 외무부 직원들 또한 걱정할 이유가 있었다. 아르헨티나 주재 대사관이 몇 년 전 아이히만의 아들들에게 실명으로 여권을 발급해주었다는 사실은 좋은 징조가 아니었다. 그리고 1958년에 매우 구체적인 요청에도 불구하고 대사관이 아이히만을 찾아내지 못한 것은 난처하게도 수배 중인 범죄자를 돕고 방조하는 것처럼 보였다. 대사관 직원들이 요청에 따라 갑작스레 본으로 보낼 수 있었던, 아르헨티나에서의 아이히만의 삶에 대한 폭넓은 서류 일체는 그들이 그곳에서 조사를 벌임으로써 얼마나 많은 것을 알아낼 수 있었을지(또는 알아냈는지)를 보여주었다. 납치가 일어나기 전, 대사관의 어느 누구도 아이히만이 누구인지 모른다는 그들의 어색한 단언은 그저 무례해 보였다. 그리고 대사관 직원들과 아이히만의 친구 집단 간의 접촉은 더 이상 감춰질 수 없었다. 독일 대사는 빌럼 사선에 대한 자세한 보고서를 제공할 수 있었는데, 그 보고서는 그가 사선을 잘 알고 있었을 뿐만 아니라 그의 정치적 견해의 많은 부분을 공유하고 있었음을 보여준다. 이런 정도의 연루는 대사의 상관인 하인리히 폰 브렌타노 외무장관으로 하여금 거의 평정심을 잃게 했다. "우리의 재외 공관 일부가 이런 민족사회주의의 잔당[!]에 대해 충분히 보고하지 않고 있고, 그러한 잔당과 확실히 거리를 두기 위한 적절한 예방 조치를 취하지 않고 있는 것 같다"고 그는 말했다.[144]

브렌타노는 본의 동료들 중 일부가 이 잔당에 속한다는 사실을 걱정하지 않는 듯했다. 그의 지시는 베르너 융커 대사에게 먹히지 않았다. 1962년 말에 융커는 여전히 대량학살자인 요제프 슈밤베르거의 인도를 막기 위해 온 힘을 다하게 된다. 당시 그는 지멘스사 아르헨티나 해외 사무소 소장인 콘스탄틴 폰 노이라트의 강력한 지원을 받았다. 노이라트는 이 게토 관리 전문가를 "그 회사에 12년간" 고용한 바 있다고 자세히 설명했다. 그와 같은 사람들을 서독 사법제도에 넘긴다는 생각은 대사와 지멘스 소장 모두에게 "객관적으로 매우 우려스러운" 일이었다. 그들은 슈밤베르거가 향후 몇 년 내에 "긴급하게 필요할 것"이고 "그의 부재는 회사에 엄청난 문제들을 일으킬 것"이라고 내다봤다.[145] 그리고 이 창의적인 대사는 아르헨티나 법이 독일 법원의 이익에 반하는 방식으로 교묘하게 적용될 수 있는 방법에 대한 제안을 덧붙였다. 이로써 아이히만 재판이 상황을 뒤바꿀 수 있다는 희망은 이루어지지 않았고, 오히려 이 사건은 사람들에게 몇 가지 요령을 가르쳐주었다. 1960년 가을, 대사관의 실수는 사실상 전문성 부족에 기인한 의사소통 문제로 치부되었고, 추문을 피할 수 있었다. 유일한 걱정거리는 아돌프 아이히만이 아마도 외무부 동료들을 너무나 잘 기억하고 있으리라는 것이었다. 그가 재판 중에 그들을 언급할지 여부는 아무도 알 수 없었다. 그래서 아르헨티나에서 그들의 혐의를 처리하는 것이 더욱 중요해졌다.

아이히만이 알고 있는 것들은 또한 많은 전 동료를 공직에 고용함으로써 "비나치화"한 기관들에 문제를 일으키는 것이었다. 그 기관들 중에는 전 친위대 요원이 대통령의 상임 대리로 있는 연방형사청도 포함되어 있었다. 적어도 죽음의 명령을 수행하는 47명의 신사가 그와 함께 근무했다.[146] 정보기관들도 이런 종류의 문제를 품고 있었다. 볼셰비즘에 대한 우려 때문에 이 기관들은 모종의 전력이 있는 사람들을 합류시켰는데, 아이히만은 그들을 잘 알았고, 그 중에는 빌헬름 회틀, 오토 폰 볼슈빙, 프란츠 라데마허, 알로이스 브루너도 있었다.[147] 연방정보국은 바로 몇 달 전 아테네 주재 독일 대사관의 도움으로 브루너의 이름을 그리스의 수배자 명단에서 빼는 데 성공했다. 연방정보국은 중동의 가장 중요한 연결 고리 중 하나를 잃을 위험을 감수하고 싶지 않았다.[148]

발각될 수 있는 그런 경우들에 비하면 아데나워의 사람인 (극)우익 인물 한스 글롭케는 비교적 무해해 보였다. 사람들은 글롭케와 같은 저명인사에 대한 동독의 공격에 점점 더 익숙해졌고, 그러한 공격을 동독의 선전이라며 일상적으로 깎아내렸다. 하지만 어쨌든 이 문제는 특히 예민한 것이었는데, 아이히만이 독일 시민으로서 법적 지원을 받을 권리가 있음에도 서독 정부가 그에게 그러한 지원을 제공하기를 단호히 거부한 데서 알 수 있다.[149] 정부는 연방정보국이 알고 있는 가운데 민족사회주의자들이 비밀리에 아이히만 변호에 자금을 대는 것을 용인하고자 했다. 그러나 그의 변호인 비용은 이스라엘 측이 부담하게 된다.[150] 재판 과정에서 너무 많은 심각한 폭로가 나올 것에 대한 예방 조치로서 이스라엘 측과 사전에 합의한 거래들은 "아이히만 재판이 끝날 때까지" 동결되었다.[151] 1962년 1월 22일에야 아데나워는 이제 약속된 것을 제공할 수 있다고 벤구리온에게 알렸다.[152]

다른 사람들은 더 구체적인 우려를 하고 있었다. 루이스 신틀홀처는 자신이 아이히만의 독일 탈출을 도왔고 심지어 그를 오스트리아 국경까지 직접 차로 데려다주었다고 사람들에게 이야기하는 것을 항상 큰 기쁨으로 여겼다. 이제 그는 증인 진술을 위한 소환장을 받았다.[153] 위조 서독 여권 소지자인 그는 소환에 응하는 것이 너무 위험한 일이라고 생각한 것 같다. 그는 도망쳐 뮌헨으로 숨어들었다. 신틀홀처의 한 지인이 연방정보국에 말한 바에 따르면, 신틀홀처는 인스부르크에서 어떤 심문을 담당했었고, 자수하고 싶어했지만, 빨라도 1960년 9월까지는 기다리라는 조언을 들었다. 기다리면 5~7년의 징역형을 선고받을 것이고 그중 2~3년은 복역해야 할 것이라고 신틀홀처는 약간 안도하면서 이 지인에게 말했다. 그는 아이히만의 증언으로 자신도 유죄가 될까봐 걱정했지만 이는 근거 없는 것으로 판명되었다. 사실 신틀홀처는 1961년 4월 재판이 시작되었을 때 자수했다. 그는 1년간 구속 수사를 받았지만 이후 석방되었고, 1989년 사망할 때까지 자유인으로 살았다. 그는 자신이 그 악명 높은 죄수의 운전사였던 이야기를 조금 숨겼지만, 자신의 정치적 견해는 결코 감추지 않았다. 그의 아내는 친위대의 좌우명인 "그의 명예는 충성심이라 불렸다"라는 문구를 그의 부고의 첫머리에 썼고, 그를 애도하는 친위대 동료들이 그 옆에 배치한 고시문은 신틀홀처 부인이 이 문구를 무심코 선택한 것이 아님을 보여주었다.[154]

아이히만 납치는 독일 외부에서도 경각심을 불러일으켰다. 1960년 6월 초, 로마에서 소란이 벌어졌다.[155] 부에노스아이레스 주재 교황 대사인 움베르토 모초니는 아르헨티나 외무장관을 만나러 갔고, 그들의 논의는 곧 있을 아르헨티나 대통령의 교황 알현만을 다루지 않았다. 오스트리아 신문 『폴크스빌레』의 놀라울 만큼 정통한 한 기자에 따르면, 바티칸 외교관들은 몇몇 유엔 회원국을 방문해 아이히만을 아르헨티나로 돌려보낼 것을 요구했다. "반공식적인 채널들을 통해 교황의 관리들은 제2차 세계대전의 나치 지도자들이 더 이상 기소되어서는 안 된다는 의견을 표명했다. 그들은 공산주의에 맞서 서방 사회를 방어하는 데 적극적인 역할을 해야 한다. 오늘날에는 모든 반공 세력을 규합하는 것이 그 어느 때보다 더 필요한 일이다." 뉘른베르크 재판에서 나왔던 이러한 견해는 민족사회주의자들이 재판을 모면하도록 돕는 근거로 이용되었다. 교회가 이제 국제법과 "동방의 야만성"에 대한 투쟁을 호소하고 있었다면, 그것은 머지않아 모든 사람이 아이히만의 적십자 여권과 가톨릭 사제들이 반인륜적 범죄를 저지른 사람에게 제공했던 추천서에 대해 듣게 될 것이기 때문이었다. 첫 번째 상세한 신문 기사는 후달 주교를 비롯한 여러 인물에 대한 세부 정보를 유포하고, 그들과 국제적십자사 간의 협력을 설명하며, 유고슬라비아 사제 크루노슬라프 드라가노비치의 수상쩍은 역할을 이야기했다. 사람들은 "바티칸 여권"에 대해 이야기하기 시작했고, 아이히만이 얼마나 많은 "바티칸 서류"를 알고 있을지는 아무도 예측할 수 없었다.

아르헨티나에 있는 아이히만의 절친한 친구들은 처음에는 그를 찾기 위해 많은 노력을 했지만, 이제 가능한 한 빨리 거리를 두었다. 경찰은 차카부코 거리에 있는 아이히만 아파트의 보증인이었던 그의 여행 동반자 "페드로 겔러"(헤르베르트 쿨만)를 심문하러 갔다가 호르스트 카를로스 풀드너를 만났다. 놀랍게도 그는 경찰에게 문을 열어주고 쾌활하게 이야기를 늘어놓았다. 그는 파산 절차가 길어서 자신이 여전히 CAPRI의 수장이며, 겔러와 아이히만을 알았다고 말했다. 경찰은 다음과 같이 기록했다. "풀드너는 5월 26일까지 리카르도 클레멘트의 진짜 이름을 몰랐다고 해명했다. 클레멘트는 1953년에 CAPRI에서 사직했다. (…) 문제의 날 오전 10시에 혼란에 빠진 한 젊은이가 옴부 거리 2929번지의 그의 집에 찾아왔다. 풀드너가 처음 본 젊은이였는데, 그는 자신을 클라우스 아이히만이라고 소개했다. 풀드너가 리카르도 클레멘트로 알고 있던 남자의 아들이었다." 풀드너는 매우 도움이 되었는데, 그는 쿨만과 아이히만이 아르헨티나에 도착한 정확한 날짜를 그 자리에서 경찰에게 말해주었고, 나아가 그들이 대서양을 건널 때 탔던 배의 이름이 '조반나 C'라고 밝혔다. 그는 나치 도망자들을 도왔음을 인정하고 있는 셈이었지만, 아무도 이를 의식하지 못했던 듯하다.[156] 몇몇 사람은 공개적으로 부인했다. 언론이 오토 스코르체니를 아이히만의 친구로 서술하자, 이제 함부르크 남쪽에 사서함을 두고 있던 스코르체니가 부인하는 글을 발표했고, 이런 암시를 하려는 사람에게는 법적 조치를 취하겠다고 위협했다.[157] 풀드너와 마찬가지로 요한 폰 레어스는 아이히만을 잠깐 알았을 뿐이라고 경찰과 언론에 말했다. 아이히만의 고용주, 동료, 친구들(대부분 거짓말을 했다)은 이 리카르도 클레멘트가 실제로 누구인지 전혀 몰랐다고 말했다.

임박한 재판에 의해 뿌려진 불안의 씨앗들은 기이한 열매를 맺었다. 아이히만 재판이 열릴 것이라는 발표가 나온 지 2주 후, 한 남자가 프랑크푸르트의 CIA 사무실에 나타나, 자신은 항상 CIA를 위해 일했으므로 면책권이 있다고 주장했다. 그는 레오폴트 폰 밀덴슈타인이었는데, 아이히만이 친위대 보안국의 유대인과 제2국 112에서 매우 존경했던 인물이다. 분명 그는 자신으로 인해 "유대인 문제"에 관심을 갖게 되었던 그 남자의 폭로를 두려워했다. 하지만 CIA는 그를 관심을 끌지 않는 인물로 분류했고, 그에 대한 특별한 보호를 거절했다. 어떤 조사에서 드러난 바에 따르면, 그 기관이 그와 마지막으로 접촉한 것은 1956년, 즉 그가 중동에 정착해 이스라엘에 맞서 가말 압델 나세르를 지원하려 애쓰던 때였다.[158] 아이히만의 다른 동료 군인 몇몇도 행동에 나섰다. 1961년 초, CIA는 무솔리니를 해방시킨 공로로 옛 나치 동료들에게 크게 존경받는 오토 스코르체니에 대한 소문을 접했다. 그 동료 중 일부는 아이히만을 빼낼 계획들을 세웠지만, 그게 쉽지 않은 일로 드러나자 이제는 이스라엘의 그 수감자를 죽여버리고자 했다.[159] 파일을 보면, 미국인들이 어느 쪽을 더 혼란스러워했을지, 즉 그런 터무니없는 계획들이 존재한다고 추정된다는 사실과 연방정보국의 독일 동료들이 그 계획을 믿는 것처럼 보인다는 사실 중 어느 쪽을 더 혼란스러워했을지 궁금해진다. 어쨌든 그 파일들은 옛 나치 영웅들이 밤늦게까지 논의했던 것에 대해 우리에게 좋은 인상을 준다.[160]

아이히만 납치는 1945년 5월 패배 이후의 그 어떤 사건보다 친위대 사람들과 기타 대량학살 가해자들의 삶을 더 근본적으로 바꿔놓았다. 그것은 그들 서로 간의 상호작용 방식을 영원히 바꾸어놓았다. 편안한 망명생활과 옛 동료들 간의 자연스러운 신뢰는 갑자기 끝났다. 유대인 절멸에 대해 잘 알지 못했던 사람들의 경우에는 새로 알게 된 사실로 인해 향수의 감정을 떨쳐버리게 되었고, 또 다른 사람들은 다시 한번 갑자기 도망자가 되었다. 그들은 정상 상태로 돌아갈 수 없으리라는 것을 깨달았다. "이제 그들은 내가 옳았음을 안다." 동요된 요제프 멩겔레는 일기에 이렇게 썼고, 1960년 10월에 더 멀리 브라질로 이주했다.[161] 전쟁이 끝난 지 15년 후, 해외 거주자들은 자신들이 주의를 끌지 않도록 조심해야 한다는 것을 갑자기 상기했다. 그리고 그들에게는 전략을 짤 시간이 조금밖에 없었다.

이스라엘은 국제법 위반에 대한 불가피한 논쟁을 가능한 한 오랫동안 미루고 싶어했고, 아이히만이 이웃 나라에 포로로 잡혔다는 소식을 퍼뜨리며 오래된 중동 이야기를 부활시켰다.

하지만 아이히만이 진짜로 붙잡힌 장소가 어디인지 곧 밝혀졌고, 그때부터 아르헨티나는 아이히만의 삶에 대해 더 많은 것을 알아내려는 기자들로 가득했다. 빌프레트 폰 오벤은 마침내 자신이 뒤러 서클에 대해 알고 있는 많은 것을 보여줄 기회를 얻었다. 풀드너는 자신의 친구이자 『프랑크푸르터 알게마이네 차이퉁』의 통신원인 프리츠 오토 엘레르트와의 인터뷰에 응했다. 메르세데스사의 임원인 윌리엄 A. 모제티는 적어도 회사 이름은 공개하지 않도록 엘레르트를 설득하려 노력했다. 아이히만을 너무 잘 알았던 사람들로서는 이제 남들의 시선을 끌지 않고 조용히 지내는 수밖에 없었다.[162] 사선 서클은 해체되었다. 더 이상은 지난 시절에 대한 광범위한 토론에 참여하는 것이 불가능했고, 사회에서 두드러진 지위를 차지하거나 히틀러의 생일을 눈에 띄게 축하하는 것도 불가능했다. 리가에서 유대인을 살해한 라트비아인 헤르베르트 쿠쿠르스가 1965년 몬테비데오에서 총에 맞아 사망하면서 남아메리카의 옛 동료들에게 다시 두려움을 일깨웠다.[163]

하지만 아르헨티나 친구 한 명이 아이히만과의 관련성을 이용해 공격적으로 나섰다. 바로 빌럼 사선이었다. 아르헨티나 경찰 보고서에 따르면, 6월 6일 민간인 복장의 두 남자가 아이히만의 집에 침입해 온갖 사진을 찍었다.[164] 그날은 사선이 베라 아이히만을 설득해 사진들을 요구하는 『라이프』와 계약을 체결하게 한 바로 그 날이었다. 경찰은 침입이 아니라 비밀 방문으로 판단한 듯하다. 얼마 지나지 않아 급히 버려진 그 집의 사진들이 독일 잡지 『슈테른』과 네덜란드 신문 『폴크스크란트』에 기사와 함께 실렸는데, 사선은 이 매체들에 아르헨티나 신문들에 나온 자료도 판매한 것으로 보인다.[165] 그때부터 전 친위대 소속 종군 기자 사선은 사람의 일대기를 판매하는 탐사 기자로 스스로를 내세웠다. 그는 자신의 진정한 친구들이 자신(대단한 반미주의자 사선)을 항상 "윌리"라고 불렀다며 뻔뻔스럽게 주장했다. 그는 가족에게, 거의 1년 동안 주말마다 자신의 손님이었던 그 남자를 자신은 사실 좋아하지 않았다고 조심스럽게 해명했다.[166]

이스라엘에서의 재판이 다가오고 미디어의 폭풍이 동반되면서, 세상의 어느 누구도 아돌프 아이히만과 연결되고 싶어하지 않았다. 사실들이 밝혀지고 있었고, 처음으로 사람들은 사실들을 무시하는 대신 사실들에 대해 토론했다. 하지만 아이히만이 법정에 서면서, 유럽 역사상 가장 놀랍도록 성공적인 혼선 주기 행위 중 하나가 기회를 얻었다. 유리 칸막이 좌석 안에 앉은 이 그림자 같은 긴장한 남자, 그의 작은 책상 뒤로, 파일 더미 뒤로, 그의 이해하기 힘든 독일어 뒤로 점점 더 사라진 남자. 어떻게 이 남자가 대단한 존재일 수 있었을까? 아이히만은 자신을 책상 앞에 앉아 있는 사람이라고 묘사했고, 그의 사무실에 들어와본 적이 없는 전 동료들이 그를 만난 적이 없다고 주장할 수 있게 해주었다. 그 누구도 기계의 작은 톱니 하나는 알지 못한다. 다른 어떤 것을 모르는 사람들은 특히 그렇다. 1960년대에 이 전략이 성공했다는 것, 그리고 오늘날에도 여전히 홀로코스트에 대한 책 거의 모두에 그러한 성공이 나타나고 있다는 것은 끔찍하다. 하지만 1960년 5월 24일부터 나온 일간지들을 훑어보면 기자들이 "'최종해결'의 관리자" 같은 제목의 기사들을 쓸 때 독자들의 앎을 어떤 수준으로 상정하고 있었는지를 알 수 있다.[167] 재판이 시작되기 한참 전부터 아이히만의 이름은 더 이상의 설명이 필요 없는 상징이 되어 있었다. 그런데도 우리는 여전히, 1960년 이전에는 아무도 이 남자를 알지 못했던 이유를 세상 사람들에게 설명하고 있다. 이 남자의 체포는 뉴욕에서 바르샤바까지, 본에서 텔아비브까지 감정의 분출을 촉발했다. 이는 세계사가 갑자기 초점을 딱 맞추게 된 순간이었고, 더 이상의 설명은 필요치 않았다.

위기에 처했을 때 진짜 친구가 누구인지 알게 된다는 말이 있다. 하지만 아돌프 아이히만은 기대했던 친구들을 찾지 못했다. 여전히 굴하지 않고 민족사회주의 이상을 고수하는 사람들은 동지들과 연계되고 싶어하지 않았다. 극우 언론도 끼어들지 않았다. 평소와 달리 극우 언론은 독일 여론과 같은 생각을 취했다. 600만 명의 유대인을 비밀리에 살해한 것은 독일인들이 아니라 바로 그 아이히만 같은 작자들이었고, 그것은 끔찍한 일이었다. 그 후 네오나치 운동은 빌럼 사선과 루돌프 폰 알펜슬레벤이 1957년에 계획했던 방식으로 현실을 짓밟았다. 히틀러와 제국을 구원하려는 그들의 시도는 아돌프 아이히만과 그의 동료들은 거기 속하지 않는 사람들이었다는 주장에 기초한다. "범죄에는 조국이 없다"가 새로운 슬로건이었다. 범죄에는 조국이 없으며, 조국은 영웅들만 인정한다.[168] 유럽 유대인들의 절멸은 그것을 자행한 나라에서는 그렇게 불리는 일이 드물다. 독일인들은 홀로코스트나 쇼아라는 용어를 썼다. 아르헨티나에서는 이 범죄가 의심하지 않는 독일인들에게 누군가 떠넘겼음에 틀림없는 수입 항목 같은 것으로 일축되었다. 히틀러와 마찬가지로 부에노스아이레스의 나치들은 아무것도 몰랐고, 따라서 결국 이 범죄는 그들과 아무런 관련이 없었다. 월간지 『유럽 민족』의 한 익명의 필자는 크게 안도하면서, 재판이 시작되었을 때 아이히만이 한 말을 인용했다. "나는 그[히틀러]를 직접 만난 적이 없습니다." 이로써 모든 것이 명확해졌다. 아이히만은 총통을 직접 본 적이 없었고, 유대인이나 독일인 모두 아이히만의 이름을 알아보지 못했다. 이 진술은 "총통의 명령"을 따랐을 뿐이라는 그의 주장을 의심스럽게 만들었고, "심지어 아이히만 씨는 감히 독일 민족에게 호소할 수 없을 것"이었다.[169] 이 필자도 그 점에 대해서는 틀렸지만, 극우 잡지들에 글을 쓰는 독일인들은 더 이상 재판에 귀 기울이지 않기로 했다. 그럼에도 사용된 가명의 수는 눈에 띄게 증가했다. 필자들은 그들이 인정하고자 한 것보다 더 두려워했다.

전 나치 방위군 군인 페드로 포비에심은 "당시에 그를 위해 울어준 사람은 아무도 없었다"고 말했지만, 이는 전혀 사실이 아니었다. 아돌프 아이히만이 처형된 후, 멀리 브라질에 있던 요제프 멩겔레는 자신의 동지에게 "매우 침울한" 작별의 글을 썼다. 그것은 단지 아이히만이 멩겔레를 비롯해 자신이 아르헨티나에서 만난 사람들을 배신하지 않은 데 대한 감사 표시에 그치는 것이 아니었다. 멩겔레에게는 아이히만의 처형이 개인적 차원과 역사적 차원 모두를 갖고 있었다. "내가 며칠 뒤에야 들은 6월 1일의 일[아이히만 처형]은 의외가 아니었지만 깊은 인상을 남겼다. 이 살인에는 어떤 의미가 있었을까? 사람들은 유사점을 끌어내고 싶어하지만, 지난 2000년 동안의 역사가 보여준 현실에 겁먹어 그 생각을 포기한다. 그의 사람들은 비열하게 그를 배신했다. 그에게는 아마도 이것이 가장 무거운 인간적 부담이었을 것이다. 그리고 이 경우 아마도 그것이 문제의 핵심일 것이다! 언젠가 독일 민족은 이것을 부끄러워할 것이다! 아니면, 그들은 그 무엇도 부끄러워하지 않을 것이다!"[170]

예루살렘의 독일인 예수로서의 아이히만? 멩겔레가 받은 가톨릭 가정 교육이 이 괴상한 생각에 대한 적절한 설명은 아니다. 하지만 두 가지는 분명하다. 멩겔레가 아르헨티나의 다른 민족사회주의자들보다 아이히만을 더 잘 이해했다는 것, 그리고 멩겔레가 아이히만과 자신을 연결하는 무엇이 있음을 알고 있었다는 것이다. 독일인들은 아이히만과 엮여 있지 않기를 바랐고, 1959년 멩겔레의 체포 영장이 발부된 후로는 멩겔레와도 엮여 있지 않기를 바랐다. 25년 전, 독일 민족은 아이히만과 멩겔레가 그랬던 것처럼 민족사회주의의 열병에 굴복했었다. 독일 민족이 없었다면 이 두 사람 다 현재의 모습이 될 수 없었겠지만, 이제 독일 민족은 이들 스스로가 받아 마땅하다고 믿는 존경을 이들에게 표하기를 거부했다. 이들은 스스로를 총통의 명령 집행자이자 전 독일 민족의 집행관으로 여겼었다. 그리고 이제는 독일 민족이 더 이상 이들을 알고 싶어하지 않았다. 아이히만의 두려움은 점점 더 커졌다. 그는 가족에게 이렇게 조언했다. "당분간 독일에 너무 많이 가지 말아요. 조심하는 게 나을 것 같아요."[171]

이스라엘에서의 최종 진술에서 아이히만은 자신이 다른 사람들의 대리인으로서 재판을 받고 있다는 느낌이 든다고 말했다. 그 스스로가 세상 어떤 처벌도 충분치 않을 정도의 죄를 진 만큼 그는 의심할 여지 없이 이상적인 대리인이었지만, 그렇다고 해서 그의 느낌이 틀리지 않았다는 사실이 바뀌는 것은 아니었다. 독일 민족은 아이히만 혼자서 600만 명의 유대인을 살해했다고 주장할 수 있어서 무척 기뻤다. "독일 청년"의 죄를 대신 짊어지고 공개적으로 목매달겠다는 그의 제안은 기괴했지만, 그 재판의 근본적인 문제점을 드러냈다. 이스라엘은 카타르시스를, 집단적 죄에 대한 집단적 반성을 바라고 있었고, 심지어 아이히만은 자신의 왜곡된 순교가 자신의 비참한 상황에 비애와 장렬함을 부여할 수 있다는 사실을 간파했다. 하지만 가해자, 협력자, 자발적 동조자들은 그저 자신들의 희생양을 없애고 싶을 뿐이었다. "신성한 조국이여, 당신은 수많은 당신의 아들들이 너무 힘들어지게끔 상황을 만들고 있다! 하지만 우리는 당신을 떠나지 않을 것이고, 우리는 항상, 항상 당신을 사랑할 것이다!" 멩겔레는 스스로를 위로하려 애쓰며 이렇게 썼다.[172] 아이히만은 가족에게 보낸 작별 편지에서 "역사가 평가를 만들어내도록 맡겨두자"라고 썼다.[173] 두 사람 다 현재로서는 그 이상을 기대할 수 없었다.

6장

역할 변경

예루살렘의 아이히만

그는 재판에서 진술할 수 있어서 기뻐했고, 이렇게 말했습니다.
"이제 살인자와 대량학살자는 완전히 사라졌어."

—베라 아이히만,
수감 중인 아이히만을 면회한 후, 1962년 4월 22일

아이히만은 자신이 살인단이 아니라 납치범의 수중에 들어왔음을 깨닫자마자 의미심장한 요청을 했다. "나는 더 이상 모든 세부 내용을 기억하지 못하고 어떤 것들은 착각하거나 혼동하기도 하니, 내가 도움을 받을 수 있도록 참고 가능한 자료와 진술서들을 제공해주시길 부탁드립니다."[1] 아이히만은 자신이 철저히 파고들었던 책들을 원했는데, 자신에게 유리하게끔 그것들을 사용할 방법을 정확히

알고 있어서였다. 이스라엘 경찰의 아브너 W. 레스 경감은 그를 심문하기 시작했을 때 곧 어떤 낌새를 알아차렸다. "첫 번째 심리가 끝난 후, 나는 아이히만이 이 이야기를 처음 하는 것이 아님을 확신했다."[2] 이어서 그는 이렇게 밝혔다. "나는 이자가 이전에 어디선가 그것을 시연했다는 느낌을 받았다."[3] 그 피의자는 지식인이 아니었지만 엄청나게 박식했으며, "매우 지능적이고, 매우 교활했고, 심문 중에 그가 보인 행동 방식이 있었다". 두 사람 다 심문이 어떻게 진행되는지 알고 있었기 때문에 그들은 "일종의 체스 게임"을 하고 있었다.[4] 레스는 아이히만이 그 모든 책을 잘 알고 있다는 것을 금방 깨달았다. 심지어 그가 정반대 주장을 하면서, 지금에야 이스라엘에서 이 책들을 읽을 수 있게 되어 얼마나 후회스러운지 한숨 섞어 이야기할 때조차 말이다. 이 심문관은 이 피의자가 "자신에게 유리해 보이는 구절"을 무서운 속도로 찾을 수 있다는 것을 알아챘다. 레스는 아이히만이 어디에서 연습했는지, 그리고 어째서 그가 심문에 그토록 잘 준비되어 있었는지를 몇 달 동안 알아내지 못했다.

아이히만이 예상치 못하게 자신의 대적에 의해 투옥되었을 때, 그는 유포되고 있는 자신의 이미지들 중 어떤 것이 자기변호에 가장 유용할지를 이미 정해놓은 상태였다. 그는 자신이 아르헨티나에서 생산해낸, 유죄를 뒷받침하는 글들 없이, 신중한 관료의 이미지를 내놓았다. 이 역할을 통해 그는 자신을 교수대에서 구해줄 수 있는 것으로서 기대한 두 가지를 하나로 합칠 수 있었다. 그것은 바로 유대인 학살에 대한 독점적 지식과 자신의 무죄였다. 심지어 그는 자신의 개인적인 통찰력을 내세울 여지도 얻을 수 있었다. "나는 알고 있었지만, 아무것도 바꿀 수 없었다."[5]

그 유명한 "유대인 문제" 전문가이자 절멸 프로젝트의 부처 간 조정자, 상관들과 함께 난롯가에서 코냑을 마시며 그 일의 실행을 축하했던 남자가, 스스로는 아무 힘도 없는 무력한 회의록 작성자로 변신했다. 그는 심지어 반제회의에서도 자신은 "보조 테이블에서 연필을 깎고 있었다"고 주장했다.[6] 아르헨티나에서 아이히만은 자기 이름이 전쟁 전부터 이미 상징이 된 이유를 자랑스럽게 거들먹거리며 정확히 설명했다. 그는 자신이 모아놓은 언론 기사들을 손바닥 보듯 훤히 알고 있었지만, 이제는 "1946년까지 나는 대중에게 거의 알려져 있지 않았다"고 주장했다.[7] 사실 다가오는 재판은 그가 "15년 동안 전 세계로부터 비난, 비방, 추적을 받아왔다"는 사실에서 비롯된 오해에 불과했다.[8] 법정 최종 진술에서는 그는 나무라듯이 이렇게 말했다. "나 역시 일개 희생자입니다."

이 가면극의 일환으로 아이히만은 이전에는 자신에게서 분노의 외침을 자아냈을 말들로 자신을 묘사했다. 그는 이제 "도량이 좁은" 사람이었고, "펜대나 놀리는 사람" "탁상공론가" "자신의 책무를 넘어서지 않은"[9] 사람이었다. 이 마지막 거짓말은 심지어 그를 약간 즐겁게 했을지도 모른다. 그의 전 외무부 동료들은 이의 제기도 못하고 이 모든 말을 들어야 했겠지만, 그들은 아이히만이 자신의 책무를 얼마나 넘어섰는지에 대해 매우 다른 이야기를 할 수 있었을 것이다. 그는 항상 자신의 책략을 매우 자랑스러워했고, 관찰력 있는 심문관은 이 피의자가 전략적 계책을 부릴 때 특히 활기를 띤다는 것을 알아챘다.

이스라엘에서 그가 자신에게 붙인 이 모든 꼬리표는 실제로는 민족사회주의자들이 적대시하는 개념에 들어맞는 것이었고, "관료"는 친위대원과는 거의 대척점에 있는 것이었다.[10] 물론 관료주의는 무기로 사용될 수 있는데, 관료주의를 믿는 사람들을 상대로 싸울 때 특히 그렇다. 권력을 갖고 있던 시기에 아이히만은 다른 제국 기관들과 자신의 희생자들의 기세를 약화시키기 위해 뒤틀린 관료주의 책략을 쓰곤 했고, 그는 이런 미묘한 형태의 권력을 잘 알고 있었다. 하지만 이제 이스라엘의 감방에 갇힌 상황에서는 관료가 친위대원보다 훨씬 더 무해하게 들렸다. 이 신중한 관료는 광적인 민족사회주의자였던 적이 없었다. 그는 학구적이며 계몽주의와 세계주의를 갈망하는 평범하고 자연을 사랑하는 사람이었다. 지난 15년 동안 그는 마침내 범죄 정부의 부담스러운 명령들을 뒤로하고 자신의 뿌리로 돌아갈 수 있었다. 이것이 아이히만이 생애 마지막 해에 남들에게 보이기로 선택한 자신의 이미지였다. 역할 속에 들어가 이를 완벽하게 수행하는 능력 덕분에 그는 놀라울 정도로 일관되게 이런 주장을 유지할 수 있었다. 그는 심지어 이를 확장해나갔다. 입심 좋은 피의자와 근면한 역사가에 국제법을 존중한 평화주의자가 합쳐졌고, 마지막으로 칸트와 스피노자—이번만은 "피의 목소리" 없이—의 도움을 받아 도덕성과 존재라는 근본적인 문제들과 씨름한 철학자가 합쳐졌다.

그러나 나치 시대의 인종적 반유대주의에 대한 연구는 이러한 역할들에도 포함되어 있는 반유대주의적 클리셰들을 드러내 보여준다. 아이히만은 여전히 헌신적인 반유대주의자처럼 생각하고 있었다. 그가 1930년대부터 설교했듯이 유대인들은 보편주의자였다. 그들의 약점은 지식과 같은 보편적인 개념을 피의 언어보다 위에 두는 데 있었다. 그는 그것이 그들의 타고난 "본능"이라 믿었고, 그것에 의지하면 자기가 빠져나갈 구멍이 생기리라 생각했을 것이다. 유대인과 그들에게 "감염된" 모든 사람은 지식과 학문을 추구하는 것을 "피의 신성한 이기심"보다 위에 두지 않을 수 없다고 인종적 반유대주의자들은 확신했다. 그가 과거를 이해하려는 그들의 욕구를 충족시키는 한, 그들은 그를 죽이지 않을 것이었다.

심지어 그가 누구인지 정확히 아는 사람들에게 둘러싸여 있었던 이스라엘에서도 아이히만은 나치 관리로서 전에도 여러 번 했던 일을 해냈다. 반대자들의 호의를 끌어낸 것이다. 이스라엘에서 아이히만을 상대한 사람 모두가 자신이 그에게 중요한 애착 대상이라고 확신했다. 심문관, 교도소장, 의사, 심리학자, 신학자, 부검찰총장 모두 그의 협조 의지를 칭찬했고, 그가 얼마나 기꺼운 마음으로 이야기하는지 말했으며, 그가 자신과의 대화를 특히 고마워한다고 믿었다. 그들은 그가 한 일을 놓고 다투며 그가 한 일 때문에 그를 비난했지만, 그들 모두가 고마워하는 피의자의 모습에 감화되었다.[11] 심지어 아브너 W. 레스조차 노련한 심문관으로서 매력 공세에 대처할 도구들을 가지고 있었음에도 불구하고, 아이히만의 놀라울 정도로 마음을 끌어당기는 방식에 가끔 어려움을 겪었다.

능숙한 통역가가 있어도 아이히만과 그의 텍스트들은 사람들을 거듭거듭 잘못된 결론으로 이끌었다. "동쪽으로" 짐을 꾸려 가서, "이를 잡기"에 앞서 옷가지들을 놔둔 곳을 기억해두라는 요청을 받은 사람은 당연히 무슨 이유가 있을 것이라고 예상한다. 슈바르츠발트에 있는 친척으로부터 엽서를 받는 사람은 당연히 그 친척이 슈바르츠발트에 있다고 생각하지, 아우슈비츠에서 이미 가스로 사망했다고 생각하지 않는다. 마찬가지로, 우리는 항상 텍스트와 증언에서 우리 자신의 앎과 경험과의 관련성을 찾으려 한다. 다시 말해, 우리는 추론한다. 우리는 알고자 한다. 이 민족사회주의 "이념의 엘리트"는 우리가 이 알고자 하는 욕구에 취약하다는 것을 파악했다. 그들은 그 점을 이용해 사람들을 혼란스럽게 만들었고, 판단을 내리거나 행동을 취할 수 없게 만들었다. 알고자 하는 사람들이라면 다른 이들이 누구에게나 다 존재할 권리가 주어진 것은 아니라는 믿음에서 모든 다리를 불태워버린 상황에서도 알려는 노력을 결코 포기하지 않을 것이다. 아이히만의 「우상들」은 철학과 도덕적 가치, 평화와 국제법이라는 이상들에 대한 찬가다. 그것은 나치즘에 대한 환멸 및 이른바 심경 변화를 피력한다. 그것은 유대인 절멸과 같은 범죄의 실상에 대해 알려는 마음이 간절하지만 알지 못하는 사람을 위해 다리를 놓으려는 아이히만의 시도다.

아이히만은 자신의 행위를 비난한 사람들처럼 도덕성과 정의에 대한 진보적인 관점에서 말함으로써 어떤 접속의 가능성, 즉 그가 의미하는 바를 알아낼 기회를 잡을 가능성을 암시하고 있었다. 궁극적으로 아무도 그의 신념을 알아내거나, 질문하거나, 무엇보다 있는 그대로의 그를 알아볼 수 있을 만큼 그의 말을 주의 깊게 듣지 않는 한, 아이히만이 자신을 관료, 정신분열증 환자, 기억상실증 환자로서 납득시킬 수 있는지 여부는 중요하지 않았다. 심지어 훌륭한 출판물과 다큐멘터리들에서도 아이히만의 사진들은 종종 좌우가 반전되어 있다.[12] 그것은 우연이 아니다. 그를 아주 가까이에서 들여다보는 일 없이 그의 사진을 찍고 싶어한 우리 마음은 아이히만이 권력을 가질 수 있었던 근본적인 이유들 중 하나였다. 그는 사람들이 보고 싶어하는 것을 보여주는 데 성공했다. 예루살렘의 아이히만은 알고자 하는 사람들을 자신의 세계관으로 인도하는 다리를 건너도록 유도하기 위해 엄청난 노력을 기울였다. 우리는 아르헨티나 문서들의 기만적인 철학적 늪에 경계의 시선을 고정함으로써만 아이히만의 「우상들」이라는 함정에 빠지는 것을 피할 수 있다.

심문관 아브너 W. 레스와 재판관 이차크 라베는 아이히만의 말을 그대로 받아들이고 그의 역할 연기를 관찰하여 그의 표면을 잘 알아냄으로써 그 아래로 들어가는 법을 보여주었다. 거울에 비친 자기 모습을 넋 놓고 바라보는 것으로는 거울에 대해 아무것도 배울 수 없다. 요령은 반영된 외양 자체에 집중하는 것이다.

아이히만이 이스라엘에서 쓴 글들은 불의에 대한 통찰을 제공하고, 자신의 상관들에 대한 실망을 표현하며, 이성과 세계 평화를 호소하지만, 그 글들에 진정성이 없다는 것을 아르헨티나에서의 글과 토론들이 결정적으로 증명해준다. 이 이전 텍스트들은 아이히만의 조작의 메커니즘을, 그리고 거짓말과 허위 정보라는 방법에 대한 그의 깊은 숙고를 분석하게 해준다. 스스로를 양식화하는 작업과 역사 수정주의를 보여주는 이 수천 페이지는 그냥 생겨난 것이 아니다. 그 페이지들은 단순한 우연이나 기억의 잘못이 아니며, 특히 같은 사람의 두 가지 다른 설명이 아니다. 아르헨티나 문서들은 거울의 뒷면을 보게 해준다. 그 문서들은 오직 인간의 근본적인 약점, 즉 그들이 현실과 거의 관련이 없다는 점으로부터 사람들의 주의를 돌릴 목적에서 내적 일관성을 띤 이야기들을 만들고 전달하는 기술을 갈고닦았던 한 남자를 보여준다. 권력을 갖고 있던 시절에 아이히만은, 처한 상황에서 벗어날 방법을 찾으려는 희생자들의 희망을 가지고 기만적인 게임을 벌여, 저항도 없이 그들을 죽음으로 몰아넣었다. 아르헨티나에서 그는 옛 동지들의 존경과 도움을 얻기 위해서, 민족사회주의가 절멸의 명령과는 별개일 수 있다는 그들의 기대를 확인해주었다. 이스라엘에서 그는 자신이 "유대인의 본능"이라고 여기는 것, 즉 이해하고 앎을 얻으려는 유대인의 욕구를 충족시켜주려 노력했다. 사람들이 목숨을 걱정하고 있었든, 아니면 그가 악의 이론을 사실로 확인해주기를 바라고 있었든 간에, 그는 거울처럼 사람들의 두려움과 기대를 반영했다. 그 모든 거울 이미지 뒤에는 아이히만의 권력의지와 사람들의 생각을 통제하려는 그의 욕망이 근면함으로 위장된 채 놓여 있었다. 단 한 가지가 줄곧 아이히만을 부주의하게 만들고 따라서 취약하게 만들었는데, 그것은 바로 그의 확연한 인정 욕구였다. 그렇게 많은 가면을 쓰고 있는 사람은 진짜 자신이 누구인지를 늘 드러내고 싶어하는 법이다. 하지만 통제하고 조종하려는 욕구는 궁극적으로 아이히만이 자신의 가장 큰 정신적 짐으로 여겼던 "개인의 익명성"을 요구한다.

이스라엘에서 아이히만은 다시 한번 "늑대와 함께 울부짖으려" 노력하면서, 힘 있는 사람들의 시선을 끌려고, 그리고 세상이 자신을 없어서는 안 될 전문가, 역사가, 철학자, 그리고 최종적으로 평화와 국제적 이해를 설파하는 선지자로 보게 하려고 애썼다. 그는 최고로 큰 내기를 벌이고 있었다. 하지만 이번에는 그가 졌다. 오토 아돌프 아이히만은 1962년 5월과 6월 사이의 밤에 교수형에 처해졌고, 그의 유해는 지중해에 뿌려졌다. 하지만 주의를 딴 데로 돌리는 그의 전술의 흔적은 오늘날에도 여전히 뚜렷이 남아 있다.

7장

막후극

침묵은 그 의미가 금방 드러나지 않는다.
침묵 그 자체를 알아차린 다음에야 그 의미가 파악된다.

—라울 힐베르크[1]

아르헨티나의 한 나치였던 남자가 이제 새로운 독자층을 염두에 두고서 그들을 겨냥한 새로운 글들을 양산해내며 한창 '예루살렘의 아이히만'이 되어가고 있을 때, 부에노스아이레스의 동지들은 그가 남기고 간 문서 흔적에 주의를 돌렸다. 1000페이지에 달하는 해설 딸린 대화 녹취록, 남아 있는 약간의 녹음테이프, 그리고 500페이지 분량의 육필 텍스트와 메모 및 종종 존재하는 사본들. 이 문서들이 대중의 눈에 띄게 된 경로는 복잡하다. 이 이야기는 아직 끝나지 않았고, 한 편의 소설이 되기에 충분한 많은 재료를 포함하고 있다. 이른바 사선 인터뷰는 홀로코스트에 대한 가장 많이 인용되는 전후 자료 중 하나가 되었지만, 이 중요한 자료의 범위와 내용에 대한 지식은 놀랄 만큼 불완전하며, 연구자들은 아르헨티나 문서들이 실제로 무엇을 말하고 있는지에 대해 놀랄 만큼 호기심을 보이지 않았다. 그 이유 중에는 심리적인 것도 있다. 판도라의 상자를 여는 것에 대한 두려움, 더러운 생각을 다루는 것은 더러운 손 이상의 것을 남길 수 있다는 골로 만의 경고 같은 것 말이다. 하지만 아이히만이 남아메리카 시절부터 남겨놓은 것들에 대한 개요를 확보하는 것은 엄청나게 어렵다. 그 문서들은 거대한 수수께끼 퍼즐처럼 여러 문서고에 흩어져 있고, 레퍼런스 결여와 졸속 정렬은 그 작업을 더욱더 어렵게 만든다. 코블렌츠 연방기록원의 지난 10년간의 가장 큰 발견은 "이 텍스트들은 수년 동안 연구자들에게 공개되어왔다"라는 설명을 자랑으로 내놓을 수 있다는 것이다. 시간 부족으로 인해 정렬이 "임시적"일 뿐이라는 추가 설명은 이 명백한 잘못을 덜 심각한 것으로 만들지는 않는다. 역사의 퍼즐을 맞춰나가는 데 중요한 단서는 종종 처음에 어떻게 퍼즐 조각들이 생겨났는지에서 나온다. 퍼즐을 해결하는 데는 퍼즐이 만들어지기 전인 처음으로 돌아가보는 일도 수반될 것이다. 그러니 아르헨티나 문서들이 아직 방대했던—한때 그랬다고 우리가 알고 있는 것처럼—시점인 1960년 5월부터 시작해보기로 하자.

사선 자료

아이히만이 납치되었을 당시, 그가 아르헨티나에 남긴 것들은 주로 그의 주소지와 빌럼 사선의 주소지에 흩어져 있었다. 아이히만의 메모, 사적인 글, 주석을 달아놓은 책, 사선의 텍스트 초안들 약간, 그리고 「소설 투쿠만」이 아이히만의 집에 있었다면, 사선은 자료 대부분을 가지고 있었다. 오늘날 부에노스아이레스에서는 아이히만의 문서들을 누가 숨겼을지 혹은 숨기지 않았을지에 대한 소문이 여전히 떠돌고 있지만, 흔히 그렇듯이 진실은 더 단순할 수 있다. 서독 선거에서 극우가 패하고, 책 프로젝트가 무산되고, 자신의 출판업자가 오스트리아로 떠난 후, 사선은 점점 그 자료에 싫증을 느껴 제쳐놓았고, 새로운 프로젝트에 주의를 돌렸다. 아이히만이 납치되고서야 그 자료는 갑자기 다시 유포되고 폭발력을 회복했다. 하지만 가장 중요한 것은, 그의 수중에 있던 자료가 그에게 즉각적인 위험을 초래했다는 것이다. 아이히만 납치부터 아이히만이 이스라엘에 수감되어 있다는 벤구리온의 공식 발표까지는 12일의 간격이 있었다. 그 기간에 아이히만의 가족, 친구, 지인들은 무슨 일이 일어났는지, 그리고 다음엔 무슨 일이 일어날지 전혀 알지 못한 채, 이 작전이 더 큰 어떤 일의 시작일지도 모른다며 두려워했다. 사선의 즉각적인 대응은 자료를 자기 집 밖으로 빼내는 것이었다. 그 모든 자료를 한곳에 두는 것은 현명한 일이 아니었을 것이다. 아이히만의 메르세데스벤츠 동료는 사선과 클라우스 아이히만이 일주일간 자신에게 원고들을 맡겼다고 말했다.[2] 또 다른 사람들은 녹음테이프와 녹취록 더미가 어느 정원엔가 파묻혔다고 이야기했는데, 아마 사선의 후원자였던 디터 멩게의 넓은 땅에 속하는 곳이었을 것이다.[3] 한편 아이히만 가족은 당연하게도 교외 변두리에 위치한 집이 더 이상 안전하지 않다고 느꼈다. 사선과 풀드너 같은 친구들이 다시 한번 이 가족을 도와 개인적인 것들을 안전한 곳으로 옮겼다. 하지만 더 이상의 공격은 없었고, 아이히만 납치의 공개 발표는 사선의 상황을 극적으로 바꿔놓았다. 마침내 그는 그 오래된 자료를 이용할 기회를 얻었다.

아돌프 아이히만은 "내가 죽거나 이스라엘 사람들에게 붙잡히면" 사선이 인터뷰 내용을 출판해도 된다고 합의했다.[4] 사선은 이 합의에 충실했고, 재빨리 행동했다. 녹음테이프의 타자본은 이미 존재했지만, 사선 서클의 프로젝트가 결국 지루해 죽을 지경이 되어버리면서 아이히만의 몇몇 육필 텍스트는 여전히 아무렇게나 흩어져 있었다. 그 텍스트들을 쓸모 있는 것으로 만들려면 옮겨 적어놓아야 했다. 아이히만의 필체는 독특했고, 때로는 독일어 문자에 익숙한 사람도 읽기 어려웠다.[5] 사선은 『라이프』 지 경험이 좀 있었던 데다 미국 시장을 생각하고 있었기 때문에, 그 나머지 부분을 타자할 비서를 곧바로 고용했다.[6] 사선은 매우 선견지명 있는 또 다른 조치도 취했다. 문서들을 사진으로 찍어둔 것이다. 오늘날의 제록스 복사기는 아직 사용되지 않았고 영구 사본은 오직 사진 촬영을 통해서만 생성될 수 있었던 때에 이것은 가장 간단한 복제 방법이었다.[7] 1960년 6월에 이르러서는 사선은 자신이 팔고자 하는 모든 문서의 35밀리미터 네거티브 필름을 가지고 있었다. 이 규격은 오랜 세월 동안 아날로그 사진 촬영에 사용되었던 것이다. 이것은 영리한 조치였는데, 단지 사선이 원본에의 접근을 막고 싶어했기 때문만은 아니었다. 그는 여행을 계획하고 있었는데, 1500페이지에 달하는 문서는 무거운 짐이 되었을 것이다. (이 타자본 묶음은 두께가 약 20센티미터였고, 무게는 7킬로그램이 넘었다.)

사선은 전체 페이지가 아니라 육필 페이지들의 일부 사본만을 팔기로 결정했다. 그는 인터뷰 녹취록 중에서 100페이지 이상을 떼어내 집에 두었고, 그것들 대부분이 1979년까지 집에 남아 있었다. 하지만 급하게 진행된 이 정리 작업은 철저하지 못했다. 그는 알펜슬레벤 인터뷰가 담긴 테이프(아마도 그 회차의 두 번째 테이프)에 대해 잊었다. 2년이 지나면 누구든 아무렇게나 모아놓은 텍스트로 가득한 가방 안에 뭐가 들어 있는지 정확히 기억하기 어려울 것이다.

판매

흔히 이야기된 바에 따르면, 빌럼 사선은 기회를 포착해 서둘러 언론사에 원고를 팔아버림으로써 이 일에서 최대한의 이익을 얻어내고 싶어했다. 하지만 그리 간단한 일이 아니었다. 사선은 아이히만과 합의한 바에 따라 행동했지만, 처음부터 아이히만과 엮이게 했던 동인인 이익을 추구하기 위해서 자료를 이용하고 있기도 했다. 그는 돈벌이 감각이 뛰어났을 수는 있지만, 여전히 헌신적인 민족사회주의자이자 반유대주의자이기도 했다. 오늘날 우리에게는 믿기 어려운 소리로 들릴지 몰라도, 사선은 돈 이상의 것을 원했다. 그는『라이프』와의 관계를 이용해 세상에서 가장 악명 높은 피의자와 인터뷰했던 내용을 출판하고자 했다. 그리고 이후의 일들은 그 출판이 아이히만에게 도움이 되리라고 그가 실제로 믿었다는 것을 보여준다. 사선-프리치 서클의 공상적인 역사 이해를 익히 아는 사람이라면

이 정도의 순진함에 거의 놀라지 않을 것이다. 사선은 또한 이스라엘 정부가 아이히만 납치를 승인할 수는 없었을 테고, 몇몇 악랄한 광신도가 이스라엘에 엄청난 어려움을 초래할 일을 저지른 것이라고 믿었다. 사선은 아이히만이 입을 여는 것이 바로 "유대인들"이 두려워하는 것이라고 확신했다. 그는 아이히만의 변호인에게 보낸 편지에서 재판이 "예전의 드레퓌스 사건처럼 여론을 바탕으로" 결정될 것이라고 썼다.[8] 한때 종군 기자로 잘나갔던 사선은 자신이 이 무기를 사용하는 데 조예가 깊다고 믿었다. 아르헨티나에서 아이히만이 한 말은 "유대인들"에게 어려움을 안겨줄 것이다. 그의 말은 "이스라엘 땅Eretz Israel"을 폭로할 것이다. 아이히만이 모든 독일인과 마찬가지로 유대인의 세계 음모의 진정한 희생자임을 세상이 알아보게 될 것이고, "유대인들"이 어떤 존재인지가 마침내 드러날 것이다. 아이히만을 구할 수 있는 것이 하나 있다면, 그것은 "유대인들"이 이 "진실"이 "폭로되는" 것을 두려워한다는 점이었다. 사선은 이를 조금도 의심하지 않았다. 만약 아이히만이 아르헨티나의 자유 속에서 했던 말을 사선 자신이 영리하게 사용하기만 한다면, 이스라엘의 그 피의자가 혼자서 할 수 있는 것보다 더 많은 것을 성취할 수 있을 것이다. 그는 예루살렘의 아이히만이 오직 고문 때문에 자백할 것이라고 믿었다. 사선은 (그리고 『슈피겔』 기자들을 포함해 몇몇 독일 언론인은[9]) 이 재판이 공정하지 않을 것이라고 무턱대고 믿었다. 사선 서클의 역사 이해가 터무니없는 것이 아니었다면 그 전략은 먹혔을 것이다. 하지만 사실 그것은 아이히만의 변호에 있을 수 있는 최악의 일로 판명이 났다. 어쨌든 그는 사실상 변호가 불가능한 사람이었다. 그는 범죄 행위의 규모를 완전히 무너뜨린 사람이었던 것이다.

이런 "호의"를 베푸는 것은 당연히 사선에게도 이익이 되었고, 아이히만 가족은 하룻밤 사이에 가장을 잃어 돈이 절실히 필요했다. 사선은 사업 감각, 정치적 야망, 개인적 동정심을 모두 발휘해 이 일을 해냈다. 이는 그의 가장 큰 성공이 되었지만, 동시에 그의 언론인 경력은 끝났다. 그는 1955년 페론과 가졌던 첫 인터뷰 기사를 팔 수 있었고, 언론에서는 속도가 중요하다는 것을 알고 있었다. 그는 『라이프』 대리인을 부에노스아이레스로 초대했고, 베라 아이히만에게 6월 5일 그 미국 잡지와의 계약서에 서명할 것을 부추겼다.[10] 아이히만의 아내는 남편의 법적 대리인으로서 서명했고, 사선은 그녀의 고문이자 원고 "편집자"로서 서명했다. 출판은 재판이 끝난 후에야 이루어질 예정이었고, 『라이프』는 자료 판매권을 얻지만, 어떤 상황에서도 이스라엘에는 자료를 팔 수 없었다. 사선은 "150페이지의 육필 텍스트와 600페이지의 타자된 텍스트"를 1만5000달러와 사선 몫의 수수료 5000달러를 받고 넘겨주게 되었다. 사선은 베라 아이히만 모르게 따로 더 많은 돈을 받았을 수도 있다.[11]

자료가 진짜임을 증명하기 위해, 사선은 『라이프』 대리인에게 원본을 몇 페이지 보여주었고, 녹음테이프 일부를 들려주었다. 페이지 번호들을 보면, 그리고 때가 되어 이 잡지에 게재된 내용을 보면 『라이프』로 넘어간 자료는 전체가 아니라, 인터뷰의 60퍼센트와 육필 페이지의 40퍼센트에 해당됨을 알 수 있다. 여기에는 67번 테이프에 나오는 아이히만의 악명 높은 "결론"도 포함되어 있고, 오랫동안 희미해져 판독하기 어려운, "잠수함을 탄 익명의 방랑자" 운운하는 육필 텍스트도 포함되어 있었다. 아이히만의 변호인이 나중에 설명했듯이, 베라 아이히만에게는 사실 이런 협상을 진행할 권리가 없었다. 원래의 권리자는 이스라엘 감옥에 갇혀 있긴 했지만 엄연히 살아 있었다.[12] 하지만 사선은 편집자라는 용어를 통해 법적으로 빠져나갈 구멍을 찾았다. 언론에서 수수료와 저작권을 갖게 되는 사람은 인터뷰 대상자가 아니라 인터뷰를 진행하고 편집하는 사람이다. 이런 식으로 분명 사선은 출판되는 내용에 대한 통제권을 유지하기를, 그리고 가장 중요하게는, 필자로 일컬어지기를 바랐다. 그의 계획 중 이 부분은 잘 풀리지 않았다.

여전히 6월에 사선은 다시 유럽과 독일에 갔다. 훗날 제르파티우스는 사선이 아르헨티나 대통령 아르투로 프론디시와 함께 대서양을 건넜다는 얘기를 들었다. 그것은 사실이 아니었지만, 사람들이 사선을 얼마나 인맥 좋은 사람으로 여겼는지를 보여준다.[13] 사선은 특별한 관계를 맺고 있던 독일 잡지 『슈테른』과의 협상을 시작했다. 그와 『슈테른』 창간자 헨리 나넨은 "쿠르트 에게르스"의 친위대 선전부에서 일하면서 만난 사이였다. 나넨의 성공에는 윤리적 문제를 너무 많이 고려하지 않고 특이한 통신원들을 고용하는 용기가 한몫했다. 1959년에 그는 심지어 『슈테른』의 발행인 정보란에 사선("빌헬름 S. 폰 엘슬로")의 이름을 올렸고, 여기에는 사선의 실제 아르헨티나 주소도 딸려 있었다.[14] 사선은 가족에게 자신이 『슈피겔』과 했던 일에 대해 이야기하길 좋아했던 것만큼 이 이야기를 하는 것도 좋아했다.[15] 그가 『슈테른』에 무엇을 팔았는지는 추측만 할 수 있다. 이 잡지사가 친절하게도 내게 자사 문서고를 개방해주었지만, 헌신적인 문서고 직원은 사선의 자료를 단 한 페이지도 찾을 수 없었다. 이 안타까운 유실에 대해 가능한 설명은 두 가지다. 어떤 시점에 문서고 정리가 이루어졌을 수 있다. 아니면, CIA 요원이 보고했듯이, 아이히만 보도를 담당한 『슈테른』 기자가 원본들을 이스라엘로 보냈을 수 있다.[16] 하지만 우리는 『슈테른』으로 넘어간 자료에는 무엇이 있었는지에 대해 몇 가지 단서를 가지고 있다. CIA 보고서는 육필로 쓰인 80페이지를 언급하고 있으며, 로베르트 펜도르프는 자신의 『슈테른』 기사들을 토대로 쓴 책에서 아이히만의 육필 텍스트들에서 발췌한 내용을 사용했다(즉 "잠수함을 탄 방랑자", 좀더 큰 원고의 일부, 녹취록의 일부). 독일 신문 편집자들 사이에서는 함부르크의 누군가가 아이히만과 광범위한 인터뷰를 했다는 소문이 서서히 퍼졌다. 『슈테른』 쪽 자료는 아마도 『라이프』 쪽 자료와 같은 것이었을 테고, 육필 페이지들만 언급한 『슈테른』 편집자들의 조심성은 이용권에 대한 법적 논쟁을 피하려는 시도였을 것이다.[17] 사선은 『슈테른』 기자에게 문서들뿐만 아니라 아르헨티나에서의 아이히만의 삶에 대한 통찰도 제공했다. 비록 그가 사선 서클을 언급하는 것은 조심스럽게 피했지만 말이다. 그는 사선의 부추김을 받아 자신의 제국에의 복종에 대한 감정적 토론에 나섰던, 버림받은 자 아이히만을 그렸다. 사선이 이 80페이지의 아르헨티나 문서들과 녹취록 일부를 『슈피겔』에도 제공했다는 암시가 많이 있지만, 이 잡지는 그것들을 드러나게 사용하지 않았다. 한 CIA 소식통은 그 잡지의 창간자인 루돌프 아우크슈타인이 적절한 때를 기다리고 있는 것으로 짐작했다.[18] 사선은 또한 두 네덜란드 언론사, 즉 하를렘의 『데 슈파르네트슈타

트』와 『폴크스크란트』와도 (사진 자료를 위해) 계약했다.[19]

아이히만의 더러운 세탁물을 널다

거의 같은 시기에 이스라엘에서 아이히만은 사선과의 만남에 대해 이야기하기 시작했고, 전 동료인 루돌프 밀드너의 이름과 마주하게 되었다.[20] 사선 토론회가 진행되던 시기에 아이히만은 루돌프 밀드너가 "실종"되었다고 확신하고 있었지만, 이제 그는 밀드너를 사선 서클의 헌신적인 참여자라며 비난했다. 그는 밀드너의 뉘른베르크 진술을 인용했는데, 부에노스아이레스에서는 그가 존재를 부정했던 진술이다. "이것이 아마 3년쯤 전에 내가 밀드너와 다시 이야기를 나누게 된 것이었는데, 사선 씨라는 사람이 함께한 자리에서 나는 이 문제를 조목조목 분석했습니다. 사선 씨는 여기서 이야기되는 것처럼, 그곳 정부에서 공인된 '언론인'이었습니다. (…) 밀드너는 자신의 뉘른베르크 증언에 담긴 입장을 고수했는데, 사실상 그것은 게슈타포가 살인 과정과 전혀 관련이 없었다는 입장입니다." 아이히만은 아르헨티에서의 토론회 녹음과 녹취록을 인정했다.[21] 이것은 노련한 전략이었다. 그는 발생할 수 있는 어려움을 예상하고 그것을 언급하여, 이스라엘이 실제로 얼마나 많은 증거를 확보하고 있는지를 시험하려 했다. 그러나 이 시점에 검찰은 사선 인터뷰에 접근할 수 없었고, 그에 대한 더 자세한 정보도 갖고 있지 않았다.

『슈테른』과의 협상과 관련해 사선은 잘츠부르크에 있는 에버하르트 프리치를 방문했고, 프리치는 오토 아이히만과 로베르트 아이히만 형제를 만나는 자리를 만들었다.[22] 사선은 장기적으로 프리치와 아이히만 가족의 허락이 필요하리라는 것을 알고 있었다. 어쨌든 프리치는 아이히만 프로젝트를 위한 출판사였고, 그들의 합의에 따라 그들 세 사람 모두가 출판물에서 동등한 이익을 얻어야 했다. 사선이 여전히 신뢰하고 존중한 아이히만 형제들과 프리치 모두 사선이 설명해준 계획에 반대하지 않았다. 그가 거듭 설명한 바에 따르면, 그는 미국 판권만을 판매했다. 이것은 거짓말이었지만, 프리치는 이 소식을 반겼을 것이다. 출판 금지 처분 상태임에도 불구하고, 그는 다시 출판사를 운영하고 싶었을 것이다. 사선은 심지어 『라이프』와의 계약서를 분실해서 보여줄 수가 없다고 말하며 빠져나갔다. 사선은 누구에게도 녹취록을 보여주지 않았기 때문에, 아이히만 형제는 이 문서들이 아이히만의 변호에 위협이 될 수 있다는 것을 여전히 알지 못했다. 아이히만에 대한 책을 쓰자는 사선의 제안은 동의를 얻었고, 특히 출판 계약을 직접 담당하고 싶어한 프리치의 동의를 얻었다. 이를 위해 프리치는 사선이 『슈테른』 쪽 자료에서 빼놓은 몇 페이지를 받았다. 이것 역시 오류로 판명된다.[23]

헨리 나넨은 『슈테른』을 위해 이 기회를 잘 활용했고, 1960년 6월 25일자에 "아이히만의 마지막 흔적을 찾아내다"라는 제목의 4회 연속 기사 중 첫 회분을 실었다. 그리고 현재의 『슈테른』 직원들이 관심을 갖고 나를 맞아준 사실이 아니더라도, 이 연속 기사는 저널리즘의 역작이라고밖에 설명할 수 없다. 크네세트를 향한 벤구리온의 발표가 나온 지 한 달 후 『슈테른』은 아이히만의 지하생활에 대한, 다른 어떤 잡지가 공개했거나 지금껏 공개해온 것보다 더 많은 사진과 내부자 정보를 공개했다. 기자는 아이히만이 준 전기적 사실에 대한 모든 단서를(1957년에 사선이 전혀 흥미를 보이지 않았던 부분) 잘 활용했다. 알텐잘츠코트에서 인터뷰들이 진행되었다. 한 기자는 미국에서 아이히만의 조력자이자 연인 넬리 크라비츠와 이야기를 나누었다. 아이히만의 집에서 찍은 사진들도 있었고, 아이히만이 책들에 달아놓은 주석에서 가져온 인용문도 있었다. 헤드라인을 장악한 이 재료는 『라이프』가 가진 것을 훨씬 더 넘어섰다. 이 미국 잡지의 편집자들이 거의 번역 불가능하고 구조화되지 않은 엄청난 양의 녹취록에 여전히 절망하고 있는 동안, 『슈테른』의 기사들은 북부 독일의 지역색과 한 아르헨티나 유명인의 프로필을 결합했다. 기사들은 매력적인 아이들부터 고산의 파노라마 아래의 바이올린 케이스에 이르기까지 가족사진으로 가득했고, 동시에 나치 역사의 끔찍한 일에 대한 놀라운 사실들을 이야기했다. 이웃집에 사는 대량학살자부터 정보기관에 의한 납치 이야기에 이르기까지, 이 연속 기사는 편집자가 꿈꿀 만한 모든 것을 담고 있었다. 게다가 역사가들이 오늘날에도 이 기사들을 이용한다는 사실은 그것들이 보급량을 늘리는 데만 좋은 것이 아니었음을 보여준다. 이 기사들은 오류(그리고 사선에게서 나온 몇 가지 허위 정보)보다는 유용한 정보를 담고 있다. 이렇게 일찍 기사를 내는 것은 고위험 전략이었다. 나넨과 『슈테른』은 1983년에 이른바 "히틀러 일기"를 가지고 이런 전략을 택해 쓴맛을 보기도 했다. 하지만 1960년 6월의 그 고위험 전략은 성공적이었다.

결국 아이히만의 심문관은 『슈테른』 기사들을 이용했는데, 이는 아이히만에게는 사선이 아르헨티나 문서들을 팔기 시작했음을 알리는 신호였다. 하지만 심문관이 기사들에서 사선에 대한 언급이나 인터뷰의 존재에 대한 언급은 찾지 못했기 때문에 아이히만은 다시 한번 유리한 입장에 놓였다.

황금알을 낳는 아이히만 문서들

이스라엘의 검찰이 『슈테른』 정보의 출처에 대해 궁금해하기 시작하면서, 한 나치의 자유로운 고백이 이스라엘 바깥에서 희망을 일깨우기 시작했다. 사선과 마찬가지로 다른 헌신적인 민족사회주의자들은 아르헨티나 문서들이 자신들이 그 이스라엘의 피의자에게서 듣게 될 것으로 예상하는 자백을 무효화하는 데 도움이 되거나 적어도 그 자백과 뚜렷이 대비될 수도 있다고 기대했다. 반유대주의자들은 유대인들이라면 거의 뭐든 할 수 있다고 믿는데, 반유대주의자들은 아이히만이 결국 이스라엘 사람들에게 그들이 듣고 싶어하는 모든 말을 하게 될 것이라고 확신했다. 더 광범위한 나치 서클들은 아르헨티나의 아이히만이 진실을 말했을 것이라고, 즉 유대인 절멸이 있었음을 부인했을 것이라고 확신했다. 그러므로 우선 그들은 아르헨티나 문서들을 공개해 이 투옥된 친위대 동지를 돕고, 최고로 바람직하게는 그 문서로 돈도 좀 벌어보려는 의욕으로 가득 차 있었다.

나치 문서를 돈으로 바꾸는 데 가장 경험이 많은 사람은 프랑수아 주누였다. 그는 수상스러운 인물로, 히틀러의 팬이었고, 힘든 시기에 쓰러진 영웅들의 위로자였으며, 정보기관의 조력자였고, 괴벨스와 보르만의 책을 낸 출판인이었고, 아랍 세계를 상대하는 은행가였다.[24] 1960년에 이르러 주누의 연고는 히틀러와의 초기 만남에서부터 아랍 자유 투사들 및 연방형사청 지도자들과의 친밀한 우정까지 아우르고 있었다. 그와 그의 가까운 친구인 한스 레헨베르크(당시 바이에른주 바트툉츠에 거주)는 즉시 아이히만 형제와 연락해 아이히만의 변호를 준비했다. 이들 형제는 이미 변호인을 정해놓은 상태였다. 바로 로베르트 제르파티우스였는데, 레헨베르크는 뉘른베르크 재판 때 그를 알게 되었을 수도 있다.[25] 아이히만 문서들을 팔면 변호 비용이 충당되고도 남을 것이 분명했다. 이스라엘 측이 제르파티우스에게 다른 수입원이 없다고 여겨 그에게 대준 돈은 제쳐두더라도 말이다.[26] 이 목적을 위해 린츠의 어떤 "공통 이익 집단"이 1960년 가을부터 여러 차례 모임을 가졌다. 심지어 한스-울리히 루델도 잘츠부르크의 한 호텔에서 열린 이 모임에 한 번 참석했다.[27] 호텔 수위인 프리치가 장소를 제공했고, 레헨베르크와 주누가 자금을 댔고, 제르파티우스가 이스라엘 감방에 있는 피의자와 접촉했다. 아이히만 형제는 아돌프 아이히만의 위임 대리인 역할을 했다. 연방정보국에 전달된 서신과 보고서는 "공통 이익"이 다소 부적절한 말이었음을 보여준다. 그 집단은 결코 단결하지 않았고, 아돌프 아이히만에게 힘입어 벌 수 있는 돈을 놓고 격렬하게 다퉜다.

관련된 사람들 중 누구도 이 사업이 불가능한 일을 도모하는 것임을 깨닫지 못했던 것 같다. 그들은 가뜩이나 취약한 변호를 아예 불가능하게 만들 문서들을 판매해 성공적인 변호를 위한 자금을 조달하려 하고 있었다. 하지만 그들의 첫 번째 문제는 전혀 다른 것이었다. 아르헨티나 문서들의 수호자인 빌럼 사선은 그 문서들의 판매를 다른 사람에게 맡길 의향이 없었기에 그것들을 넘기기를 거부했던 것이다. 아이히만의 변호인은 프리치와 아이히만의 동생으로부터 아르헨티나 문서들과 『라이프』 지 계약서의 존재를 알게 되었지만, 아이히만의 동생과 마찬가지로 미래의 의뢰인이 아르헨티나에서 무엇을 말하고 썼는지 여전히 알지 못했다.[28] 1960년 7월 14일 제르파티우스가 공식적으로 사건 적요서를 받았을 때, 그는 아르헨티나에서의 고백이 초래하는 위험을 전혀 모르고 있었다. 그의 의뢰인은 10월 9일 이스라엘에서의 첫 만남 때부터 재판 종료 때까지 그 고백에 대해 그에게 계속 거짓말을 했다. 로베르트 아이히만과 에버하르트 프리치도 제르파티우스에게 정보를 제공하지 않았다. 분명 제르파티우스는 자세한 내용을 실제로 알고 싶지는 않은 듯한 인상을 주었는데, 어쨌든 그는 아이히만 사건과 관련된 넘치는 문서로 인해 할 일이 너무 많았다.

한편 사선은 지칠 줄 모르고 유럽을 돌아다니고 있었다. 본의 기자들은 그가 7월에 원본 녹음테이프 하나를 들려주었다고 보도했다. "린츠 공통 이익 집단"은 다소 불안해하며 그 모든 것을 주목했다.[29] 동시에 사선은 『라이프』 기사를 자신이 직접 쓰게 될 것이라 믿고서 자기 수중의 아이히만 텍스트들에 대한 원고를 하나 쓰려 하고 있었다. 에버하르트 프리치와 한스 레헨베르크는 사선보다 덜 신중했다. 프리치는 급히 출판사를 구하려 애쓰는 가운데 부주의하게 행동했고, 아르헨티나 문서들에 대한 정보가 연방정보국에 들어갔다. 이는 곧 있을 재판에 대한 일반적 공황에 기인한 또 하나의 막대한 위험이었다.[30]

연방정보국은 이 정보를 접하고 불안해졌는데, 프리치가 출판사들에 샘플 페이지를 넘기기를 거부하며 문서들의 길이에 대해 과장된 주장을 하고 있다는 점도 이유가 되었다. 그는 3000페이지가 있다고 말했다. 뮌헨의 연방정보국은 워싱턴에 도움을 요청했다. 아이히만의 친구들이 아이히만 가족의 경제적 지원을 위해 "아이히만 회고록"을 팔려고 애쓰고 있으며, 한 부가 동독으로 갈 수도 있다고 그들은 말했다.[31] 아이히만 사건은 동독과 서독 간 설전에서 다이너마이트가 되어 있었다. 프리치가 『라이프』 지 계약에 대해 떠들어댄 탓에 연방정보국과 CIA는 그 문서들에 대해 『라이프』 측에 서둘러 문의했다. 그들은 또한 프리치에 대해 알아봤고, 그를 동구권 스파이로 여겼다. 서독 정부는 아이히만이 글롭케를 언급했을 수도 있다는 것을 특히 우려했다. CIA는 곧바로 연방정보국을 도우러 나섰고, 『라이프』 측에 무슨 수를 써서라도 기사에 글롭케의 이름이 들어가지 않게 하라고 압력을 가했다. CIA의 수장인 앨런 W. 덜레스는 글롭케라는 이름이 아이히만의 진술에서 단 한 번 등장했고, 『라이프』는 그 이름을 기사에 싣지 않기로 했다면서 이내 연방정보국을 안심시킬 수 있었다.[32] 이런 결과를 이끌어내는 데는 그리 많은 압력이 필요하지 않았다. 글롭케Globke는 아르헨티나 문서들에 전혀 등장하지 않았던 것이다.[33] 녹취록에서 가끔 언급되는 "글로Glo…"는 분명 치명적인 라인하르트 작전의 지휘자였던 오딜로 글로보츠니크를 지칭했다. 결국 『라이프』는 주로 논평 없이 짧은 소개 글과 함께 아이히만 텍스트들의 일부를 실었지만, 그렇다고 해서 글롭케에 대한 암시를 계획했다는 뜻은 아니다. 여기서 누가 누구를 속이고 있었건, 『라이프』는 덜레스가 막아야만 하는 일은 아무것도 하고 있지 않았다. 연방정보국과 연방총리는 그래도 고마워했을 것이다.

CIA는 『라이프』가 입수한 문서들에 대해 약간 알아냈다. 그것은 600페이지의 녹취록과 40페이지의 육필 텍스트로 이루어져 있었다. 『라이프』는 사선에게 정보기관의 문의에 대해 말했고, 그는 프리치에게 항의했다. 결과적으로 사선은 미국 입국을 금지당했다. 프리치의 실수 때문에 사선은 오스트리아에 더 이상의 문서를 보내지 않게 되었다.[34] 주누와 레헨베르크는 이러한 전개를 환영할 수밖에 없었다. 왜냐하면 그것은 그들이 사선을 수익에서 안전하게 배제할 수 있다는 것을 의미했기 때문이다. 그리고 아이히만이 높이 평가하는 출판인 에버하르트 프리치를 그들이 여전히 확보하고 있는 한, 사선 없이도 그들은 그 이야기꾼의 신뢰를 얻을 자신이 있었다.

그사이 프랑수아 주누와 "린츠 공통 이익 집단"은 아이히만의 고백에 대한 복잡하지 않은 출처를 하나 찾아냈다. 바로 이스라엘에 갇혀 있는 그 수감자 자신이었다. 아이히만은 이스라엘 도착 직후 수사 당국의 취조에 응하며 새로운 텍스트들을 쓰기 시작했다.[35] 검찰총장이 놀라워할 정도로, 아이히만은 자기 삶에 대해서(「나의 회고」, 1960년 5월), 전후의 자신의 도피에 대해서(「나의 도주」, 1961년 3월), 그리고 그들이 자신에게 던진 다른 모든 주제에 대해서 많은 설명을 자발적으로 내놓았다. 이 텍스트들에서 그는 자신을 "15년

만에 처음으로" 자기 생각과 경험을 기록하는 시도를 하고 있는 미숙한 작가로 소개했다. 그는 이러한 목적에서 자신에게 공급된 모든 책을 기쁨과 호기심을 보이며 받아들였지만, 그 책들은 그와 그의 아르헨티나 친구들이 문장 하나하나를 분석하며 "유대인의 헛소리" "거짓말 범벅"이라고 일축했던 바로 그것들이었다.[36]

아이히만은 심문 내용이 가까운 미래에 공개될 것이라고 생각했고, 3564페이지에 달하는 최종 텍스트를 수정하는 데 몰두했다. 그는 한참 뒤에야 "매일 보고서를 구술하고 있다"고 변호사에게 보고했고 변호사는 경악했다.[37] 예루살렘의 아이히만은 자신이 글을 쓰고 진술을 녹음하며 문헌들을 탐색하는 다년간의 훈련에 의지해 이제는 단지 새로운 대상을 겨냥한 맞춤 변명을 만들어내고 있다는 사실을 숨겼다. 처음부터 이스라엘에서의 그의 글은 다소 미묘하게 그의 아르헨티나 문서들과 모순되었다.

결국 아이히만은 예루살렘에서 보내는 시간 동안 약 8000페이지에 달하는 글을 남겼다. 원고, 진술 기록, 편지, 개인 서류, 이념적인 글, 개인적 메모, 그리고 문서들의 여백에 적어놓은 수천 개의 메모 등이었다. 제르파티우스(이스라엘 당국으로부터는 어떤 실질적 방해도 받지 않고, 연방정보국으로부터는 감시를 받고 있던),[38] 주누, 레헨베르크는 넘쳐나는 이 문서들을 마음껏 이용했다. 그들은 몇 개의 텍스트를 팔았고, 이에 더하여 아르헨티나에서 찍은 아이히만의 사적인 사진 몇 장, 심지어 아이히만 아내와의 독점 인터뷰까지 팔았다.[39] 그들은 자신들의 사업에서 거의 존중을 보이지 않았고, 심지어 다하우 거리 표지판 앞에서 꽃다발을 들고 있는 베라 아이히만에 대한 사진 촬영까지 허용했다. 이 사람들은 분명 아이히만의 삶이 몰수되었다고 생각했지만, 이 역시 이익을 남기고 팔 만한 것이었다. 그들이 마지막으로 착취한 것은 질문지를 통해 진행된 이 수감자와의 단독 인터뷰였다. 그것은 그가 처형된 지 일주일 후 『파리 마치』에 실렸고, "아이히만이 저승에서 말하다"라는 매력적인 제목을 달고 있었다.[40]

주누는 이 피의자가 독일 국민의 집단적 무죄를 입증하는 증인으로서나 아돌프 히틀러의 명예를 구하는 구원자로서 희망이 없다는 것을 깨달았을 때 아이히만의 변호에 대해 흥미를 잃었다.[41] 아이히만은 제3제국에서든, 아르헨티나에서든, 이스라엘에서든 수백만 명의 살인에 대해 자세하고 정통한 설명을 제시했다. 그는 단지 그 살인에 대한 자신의 역할과 태도를 그때그때의 상황에 맞게 조정해 설명했을 뿐이다.

『라이프』와 그것의 결과

1960년 10월 19일자로 발행된 함부르크의 시사 잡지 『슈피겔』은 『라이프』가 아이히만의 "고백"을 샀고 머잖아 이를 출판할 것이라는 소문이 서독 신문업계에 파다하다고 보도했다. 이 뉴스는 제르파티우스로 하여금 그가 아직 보지 못한 아르헨티나 텍스트들을 떠올리게 했고, 이 때문에 프리치와 아이히만 형제와의 추가 논의가 필요해졌다. 그들은 사선을 오스트리아로 다시 불러들이기로 결정했다.

그는 남아메리카로 돌아가 있다고 여겨졌고, 프리치는 심지어 그의 항공료를 대주겠다고 제안했다. 하지만 사선은 그들에게 자료를 보여주기를 거부했고, 여행을 한 달 연기했다. 그는 아이히만의 아내에게 12월에 그 자료를 책으로 출판할 계획이라고 말했다.[42] 사선이 여전히 『라이프』에 글을 쓰게 될 것은 자신이라고 확신하고 있을 때 이 미국 잡지는 그를 앞서 나갔다. 11월 중순에 예고가 있었고, 다음 두 호에 걸쳐 기사가 나갔다.[43] 제르파티우스는 11월 25일 이 게재에 대해 알게 되었고, 이에 대한 조치를 취하려 했지만 헛일이었다. 『라이프』는 인터뷰 녹취록에서 발췌한 강렬한 내용 몇 가지와 육필 텍스트 일부를 "아이히만이 자신의 저주스러운 이야기를 들려준다"라는 제목으로 게재했다. 각 호에 아이히만의 구절이 하나씩 효과적으로 실렸다. "나는 그들을 (…) 도살장으로 보냈다"(1960년 11월 28일), 그리고 "결론적으로, 나는 아무것도 후회하지 않는다"(1960년 12월 5일). 이 일에 관련된 모든 사람이 각자의 방식으로 충격받은 반응을 보였다. 완전히 기습당한 사선은 베라 아이히만에게 이렇게 탄식했다. "『라이프』가 나한테 무슨 짓을 했는지 보세요." 베라 아이히만은 "나는 그들을 도살장으로 보냈다"라는 제목을 이해하지 못했고, 그러자 사선은 이렇게 설명했다. "『라이프』가 한 일이 바로 그거예요. 나는 『라이프』를 위해 7년을 일했는데, 이것이 내가 받은 감사 표시죠."[44]

제르파티우스는 공황 상태에 빠졌고, 극적인 표현으로 변호의 "파멸적인 결과"를 운운했다. 한 기자 회견에서 그는 그 텍스트들이 진짜로 판명되면 변론을 포기하겠다고 말했다. 그는 그 텍스트들이 위조된 것이라고 믿었다.[45] 아이히만은 『라이프』 기사들의 번역본을 접하고서 신경이 날카로워졌으며 정신적으로 무너졌다. 그를 돌보던 의사는 그가 "나는 끝났어요. 나는 망했어요"라고 말했다고 언급했다.[46] 제르파티우스는 가장 빠르게 충격에서 회복되었고, 『라이프』 기사의 초기 여파 속에서 아르헨티나 문서들에 체계적으로 접근하기 시작했으며, 그것들 안에 실제로 어떤 위험이 도사리고 있는지 알아내기로 결심했다. 그는 베라 아이히만에게 전보를 보냈고, 프리치와 아이히만 형제에게도 저작권에 대해 물었다. 모두의 대답이 일치했다. 베라 아이히만은 전보를 통해 출판이 "사선 오토 베라의 뜻과 동의에 따라" 이루어졌다고 답했다. 그녀는 자신이 남편(오토)의 뜻에 따라 행동했다고 여겼다.[47] 프리치는 아이히만이 자신이 체포될 경우 문서들을 출판해도 좋다고 분명히 허락했음을 제르파티우스에게 확인해주었고, 부에노스아이레스에서 작성된 계약서의 오래된 사본이라 주장하며 계약서를 제공했다. 한 가지 작은 문제는 그것이 아르헨티나의 누구도 갖고 있지 않은 독일 타자기로 타자되었다는 것이었다.[48]

제르파티우스의 요청에 따라 베라는 시동생 로베르트 아이히만에게 『라이프』 계약서 사본과 자신에게 있던 아르헨티나 문서들(제르파티우스는 이것에 대해서는 몰랐지만)을 보냈다. 아이히만 가족은 변호인 제르파티우스에게도, 레헨베르크, 주누, 프리치에게도 이 문서들을 받았다는 것을 말하지 않기로 했음에 틀림없다. 제르파티우스는 자료를 넘겨줄 것을 사선에게 계속 요구했지만, 사실 그 자료는 이미 로베르트 아이히만의 사무실에 가 있었다. 로베르트 아이히만은 아마 그 문서들을 읽기 시작했을 것이고, 제르파티우스가 그 문서들을 얼핏 보기라도 하면 정말로 변호를 포기할 것이라고 우려하기 시작했을 것이다. 지금 우리가 알고 있듯이, 린츠로 넘어간 아르헨티나 문서들은 『라이프』로 넘어간 문서들보다 방대했고, 아이히만의 육필 텍스트를 대량 포함하고 있었다. 변호인에게는 이 문서들을 반박할 방법이 전혀 없을 것이었다. 변호인은 그 문서들에 대해 『라이프』 측이 날조한 것이라거나 사선의 편집이 개입된 결과라고 설명할 수 없었다. 그것들은 아이히만이 자기 손으로 직접 쓴 것이기 때문이었다. 제르파티우스가 사선을 독일로 불러들이고 『라이프』 기사의 신뢰성을 떨어뜨리기 위해 혼신의 노력을 기울이는 동안 프리치, 사선, 로베르트 아이히만 모두는 이제 아르헨티나 문서들에 진짜 뭐가 담겨 있는지를 알게 되었다. 그리고 이 세 사람 중에서 오직 아이히만의 동생만이 그 문서들을 더 발표하면 해로울 뿐이라는 사실을 깨달았던 것 같다. 하지만 나중에 밝혀졌듯이, 이 문서들을 그의 사무실에 둔 것은 그의 형에게 도움이 되기보다는 해가 되었다.

한편 사선은 자신이 바랐던 대로 다시 국제적 관심의 중심에 섰다. 『라이프』는 적어도 그를 인터뷰 진행자로 인정했다(비록 한 "독일 언론인"이라고 언급했지만). 이제 모든 사람이 아르헨티나에서 아이히만을 인터뷰하는 큰일을 해낸 사람이 누구인지 궁금해했다. 지금껏 거의 알려지지 않았던 이 언론인에 대한 갑작스러운 관심은 상상 인터뷰인 "사선과의 인터뷰" 게재로 이어졌고, 이로 인해 사선과 제르파티우스의 관계는 더 불편해졌다. 이들은 이 기사를 위해 언론에 거짓 정보를 제공했다며 서로를 비난했다.[49] 그 후 사선은 아르헨티나에서 진짜 인터뷰에 응했는데, 자신감이 넘쳤고, 공공연하게 반이스라엘 입장을 드러냈다.[50] 그리고 다시 한번 그는 그 재판의 골자를 이루게 되는 말을 내놓았다. 그가 아이히만을 "끔찍한 나치 기계의 톱니 하나"라고 칭한 것이다. 나중에 사선은 내부자 정보의 형태로 제르파티우스에게 도움을 주려 애쓰게 되지만, 제르파티우스는 그의 제안을 위협으로 여겨 무시했다.[51] 몇 달 후 아이히만은 여전히 자기 변호인에게 사선이 책을 쓸 가능성과 그 책으로 얻는 이익의 분배에 대한 이야기를 하고 있었지만,[52] 사선은 아이히만에 대한 책을 쓸 시간을 내지 못했다. 그는 또한 이스라엘에 아이히만을 팔아넘긴 사람으로서 사냥당하는 느낌을 받기 시작했다.

자백 사냥

『라이프』 기사들은 이스라엘 검찰에 매우 유용한 것으로 판명되었고, 그래서 이제 검찰은 사선 인터뷰 전체를 손에 넣고 싶어했다. 하지만 이스라엘 검찰만 그 자료에 뜨거운 관심을 보인 것이 아니었다. 많은 이에게 실망스럽게도, 아무도 『라이프』 쪽 자료를 손에 넣지 못했다. 하지만 1960년 12월 21일, 독일의 한 CIA 정보원이 녹취록 몇 페이지와 육필 텍스트 몇 부분을 "제목: 아이히만 회고록"이라는 제목하에 워싱턴으로 보냈다.[53] 그는 (혹은 그녀는) "E 회고록의 포토스탯 복사물을 가지고 만든 서모팩스 복사물"의 질이 좋지 않음에 대해 양해를 구했는데, 이는 워낙 질이 떨어지고 심지어 곳곳이 판독 불가능하게 되어 있는 원본을 가지고 만든 결과물이기 때문이었다. 그러나 육필 페이지들의 사본은 독일어 문자를 해독할 수 있는 사람이라면 분명히 판독 가능한 것이었다. 정보원은 또한 그 사본들을 『라이프』 기사들과 아직 비교하지 않았다고 말했다. 그의 말에 따르면 이 시점에 독일에는 수많은 사본이 있었는데, 그는 그 자료를 넘겨주는 것에 대해 기밀을 유지해달라고 간청했다. 특히 발신자에 대해 발설하지 말아야 했는데, 안 그랬다가는 출처가 함부르크라는 사실이 밝혀질 것이기 때문이었다. 공식적으로 함부르크에 있는 자료는 『슈테른』 측이 가지고 있는 것뿐이었으므로, 틀림없이 누군가 나넨의 사무실에서 밀렵을 했을 것이다. 그것이 처음은 아니었을 것이다. CIA가 제대로 정보를 입수했다면, 언론인 츠비 알두비와 에프라임 카츠, 특히 열심이었던 속기사 쿠엔틴 레이놀즈 또한 『슈테른』 편집실의 자료를 이용했을 것이다. 그들은 그곳의 비서로부터 직접 자료를 얻었다고 주장했다.[54] 그들은 1960년 9월 말 시중에 나온 『죽음 장관Minister of Death』이라는 책을 위해 그 자료를 이용했다. CIA 파일에서 나온 단서는 또한 함부르크 쪽의 아르헨티나 문서들에 대해서(따라서 유통되고 있던 그것의 사본들에 대해서도) 더 많은 것을 알려준다. 그중에는 녹취록의 질 나쁜 사본과 육필 페이지들의 판독 가능한 사본들이 포함되어 있었다는 것이다. 아이히만 재판에서 검찰총장이 마침내 1961년 5월 이스라엘 쪽 아르헨티나 문서들을 제출했을 때, 그것은 매우 달라 보였다. 그것은 분명하게 판독 가능한 녹취록 사본들, 그리고 그보다는 덜하게 판독 가능한 육필 페이지들로 이루어져 있었다. 그래서 CIA 보고서는 이스라엘 당국이 입수하지 못한 것은 함부르크 쪽 자료임을 알려준다. 판독의 질이 떨어지는 문서를 판독 가능한 상태로 복사하는 것은 불가능하다.

1961년 2월, 『슈테른』에 아이히만에 대한 기사를 썼던 함부르크 기자 로베르트 펜도르프는 『살인자와 살해당한 자들: 아이히만과 제3제국의 유대인 정책』이라는 책을 출간했다. 이 책에서 펜도르프는 자신의 정보 출처(즉 『슈테른』이 사선으로부터 받은 것)에 대해, 모눈종이에 손으로 쓴 어떤 문서, "독일제국에서의 아이히만의 활동을 상세한 내용 없이 매우 일반적으로 기술하고 있는 약 80페이지 분량의 원고"라고 설명하고 있다.[55] 그는 또한 "아이히만의 여백 메모들이 남아 있는" 수많은 책을 살펴볼 수 있었고, "제3제국의 반유대주의 정책에 관한 모든 주목할 만한 출판물에 대한, 낱장들에 작성된 논평 페이지들"을 살펴볼 수 있었다. 그러나 펜도르프는 사선 인터뷰를, 즉 "아이히만이 훗날 전 네덜란드 친위대 장교 빌럼 사선 반 엘슬로의 도움을 받아 녹음했고 아이히만이 체포된 후 미국의 화보잡지 『라이프』에 대폭 축약된[!] 형태로 실린 '회고록'[인용 부호에 유의!]"을 이용하지 않았고, 이를 지나치게 강조했을 수도 있다. 펜도르프는 그 인터뷰들의 범위를 분명히 알고 있었고, 녹취록의 흔적들이 그의 책에 나타나 있다. 아마 그의 이런 부인은 『라이프』와의 권리에 대한 충돌을 피하려는 의도에서 나왔을 것이다. 그러나 펜도르프의 설명은 사선이 아르헨티나에서 『슈테른』 기자에게 얼마나 많은 자료를 보여주었는지(준 것이 아니라면) 알려준다. 또한 1961년 2월 아르헨티나 문서들의 범위에 대해 어떻게 알려져 있었는지도 말해준다. 어쨌든 펜도르프는 몇 년 전까지 대중에게 (또는 심지어 연구자들에게도) 공개되지 않았던 자료를 봤다.

1961년 초 『라이프』 발췌문, 녹취록 부분들, 그리고 약 80페이지 분량의 육필 텍스트들이 신문사들과 적어도 두 개의 정보기관에 떠돌아다니고 있었다. 하지만 이스라엘 검찰들이 (또는 헤센주 검찰총장 프리츠 바우어가) 이 시점에 아르헨티나 문서들의 사본을 입수해 이용할 수 있었다는 암시는 전혀 없다. 1961년 3월에 상황이 바뀌었지만, 협조적인 언론인들이나 독일 또는 미국 정보기관들의 노력 덕분은 아니었다.

구멍 뚫린 보안

1961년 3월 초, 프랑크푸르트의 한 호텔에서 주목할 만하지만 잘 알려지지 않은 만남이 있었다. 빈에서 온 헤르만 랑바인, 바르샤바에서 온 토마스 하를란, 프랑크푸르트에서 온 헨리 오르몬트의 만남이었다. 이 세 사람은 모두 특이한 이력의 소유자로, 나치 역사를 정리하고 정의를 이루려는 열망을 갖고 있었다. 그렇지 않았다면 그들은 결코 만날 일이 없었을 것이다.

1912년생인 헤르만 랑바인은 젊은 시절에 오스트리아 공산당에서 활동했다. 그는 여러 강제수용소에서 살아남았고, 빈 국제아우슈비츠위원회의 초대 사무총장이 되었다. 나중에는 국제수용소위원회의 간사가 되었고, "열방의 의인"이라는 명예로운 칭호를 받았다.[56] 1945년 이후 그는 나치 범죄를 폭로하고 처벌하는 데 일생을 바쳤으며, 생존자들의 비참함을 알리고 체계적인 기소를 요구했다. 그는 또한 나치 도망자들 추적에 대한 상당한 언론 자료를 수집했고, 교육 활동을 벌였으며, 폴란드로의 사실 조사 여행을 기획했다. 뛰어난 인맥 덕분에 그는 철의 장막 너머에서도 증인 찾기를 시도할 수 있는 위치에 있었다. 서독과 폴란드 간에 외교 관계가 없었기 때문에 그는 프리츠 바우어가 폴란드 법률가들과 접촉하는 것을 도왔다. 아이히만은 그의 명단의 제일 처음에 있었다. 랑바인은 1959년 초 폴란드에서 사진들을 찾는 일을 벌였고, 같은 해에 헨리 오르몬트와 합의해 오스트리아에서 아돌프 아이히만을 공식적으로 형사 고발했다.[57]

카셀에서 한스 루트비히 야코프존이라는 이름으로 태어난 헨리 오르몬트는 유대계라는 이유로 1933년 만하임 지방법원 판사직을 잃은 독일 법률가였다. 그는 1938년 11월 포그롬 중에 체포되었다. 3개월 뒤 해외로 이주할 수 있다는 증거를 제시한 후 다하우 강제수용소에서 나가는 것을 허락받았다. 수용소 감금을 겪은 후 그는 손 하나를 거의 움직일 수 없었는데, 이는 그의 여생 동안 수용소 시기를 상기시켰다. 그는 스위스로, 그다음엔 영국과 캐나다로 도망쳤고, 결국엔 영국 군인이 되어 유럽으로 돌아왔다. 점령 기간에 그는 장교로서 하노버와 함부르크에 남아, 언론 부문을 새로 구축하는 일을 맡았다. 헨리 나넨과 루돌프 아우크슈타인은 헨리 오르몬트를 통해 허가증을 받았고, 오르몬트는 여생 동안 『슈테른』과 『슈피겔』을 비판적으로 바라보게 된다.[58] 그는 1950년 4월 프랑크푸르트에서 변호사로 일하기 시작했는데, 그곳에서 이게파르벤사社에 대한 최초의 강제 노동 재판을 진행했고, 나치 희생자들의 권리 인정을 옹호했다. 아우슈비츠 재판에서만 그는 15명의 공동 원고를 대리했다.[59] 그는 또한 외무부의 역사 왜곡을 알아보고 비난한 최초의 사람 중 한 명이었다.[60]

1929년에 태어난 토마스 하를란은 1940년의 반유대주의 영화 「유대인 쥐스」로 악명을 떨치게 된 파이트 하를란 감독의 아들이었다. 그는 1959년 바르샤바로 이주했고, 아버지에 대한 실망을 (그리고 크리스마스 때 자신에게 장난감 기차 세트를 준 괴벨스에 대한 기억을) 창의성과 역사 저널리즘으로 전환시켰다. 그는 특이한 길을 택해, 대부분의 연구를 폴란드에서 수행했고, 일반적인 동-서 구분을 다른 방식으로도 했다. 하를란의 임무는 나치 범죄자들을 폭로하고 가해자의 이름을 부르는 것이었다. 이를 염두에 두고서 그는 유력 나치 인사들의 전후 삶을 다루는 『제4제국』이라는 대작의 출판을 계획하고 있었다. 1960년 5월에 그는 권위 있는 폴란드 주간지 『폴리티카』에 아이히만에 관한 첫 기사들 중 하나를 썼다.[61]

오르몬트와 랑바인은 적어도 1955년부터 서로 알았고, 빠르게 상호 존중으로 나아갔다. 그들은 함께 보도 자료를 발표했다. 랑바인은 오르몬트가 재판을 위한 문서와 증인들을 찾는 것을 도왔다. 그리고 오르몬트는 랑바인이 독일 법체계를 다루는 것을 도왔다. 1959년에 헤센주 검찰총장인 프리츠 바우어는 헨리 오르몬트를 통해 랑바인과 접촉했는데, 랑바인이 바우어 자신과 동료들을 위해 아우슈비츠 현장 방문을 주선하겠다고 제안했기 때문이다. 안타깝게도 이 여행은 막판에 관료주의에 막혀 무산되었다.[62] 랑바인과 하를란은 아우슈비츠에서 살아남은 하를란의 폴란드인 여자친구를 통해서, 또한 하를란이 폴란드의 언론계에서 활발히 활동하고 있어서 서로 알았다. 오르몬트와 하를란은 랑바인이나 프리츠 바우어를 통해 늦어도 1960년에 만났다.

1961년 3월 3~6일, 이 세 사람은 프랑크푸르트의 한 호텔에서 만나 현존하는 가장 포괄적인 아르헨티나 문서 모음을 검토했다.[63] 랑바인은 린츠에 있는 아이히만의 이복동생 로베르트의 책상에서 직접 꺼낸 그 문서 모음을 빈으로부터 가져왔다. 랑바인이 토마스 하를란에게 말했듯이, 한 "자물쇠공"이 비쇼프 거리 3번지의 사무실에 들어가는 것을 허락받아, 베라 아이히만이 시동생에게 보내주었던 900페이지 분량의 문서를 랑바인에게 꺼내주었다. 확실히 알 수는 없지만, 자물쇠공이 필요하지 않았을 수도 있다. 1960년 초에 지몬 비젠탈은 오스트리아 비밀경찰을 통해 로베르트 아이히만의 비서—당시 20대 초반—와 접촉했다. 그녀가 "자물쇠공"에게 문을 열어준 사람이었을 수도 있다.[64]

어쨌든 그 문서들은 헤르만 랑바인에게 넘어갔다.[65] 그는 그 문서들을 유용하게 사용할 수 있다고 여겨지는 사람들에게 신속히 연락했다. 이름트루트 보야크는 프리츠 바우어가 3월 7일 자기 사무실의 복사 시설 사용을 예약했다는 증거를 발견했다. 헤센주 법무부의 그의 동료들의 다른 모든 복사 작업은 사무실 메모에 따르면 "프랑크푸르트 복사 시설이 충분하지 않기 때문에" 연기되어야 했다. 바우어 검찰총장은 "아이히만이 아직 자유로웠던 때에 직접 구술한 것으로 추정되는" 한 녹음테이프의 녹취록을 복사하느라 복사 시설을 사용해야 했다.[66] 하를란의 폴란드인 여자친구 크리스티나 지불스카는 복사된 문서가 헤르만 랑바인에게서 직접 온 것이었다고 기억했다. 이는 바우어에게도 프랑크푸르트 회의가 상당한 이익이 되었음을 의미한다. 반면 린츠에서는 아이히만의 이복동생이 자기 사무실에서 일어난 도난 사건에 대해 입 다물고 있었음이 분명하다. 아이히만의 변호인은 여전히 빌럼 사선으로부터 문서들을 받기를 기다리고 있었고, 한스 레헨베르크의 편지들로 미루어 그는 여전히 사선만이 녹취록을 가지고 있다고 확신하고 있었다. 로베르트 아이히만은 자신이 아르헨티나 문서들 같은 민감한 자료의 보안에 허술했다는 사실에 너무 당황해서, 이복형의 가족에게 도난 사실을 알리지도 않았을 것이다. 그리고 지금까지 그 도난 사건이 린츠 경찰에 신고되었다는 증거는 나오지 않았다.[67] 전 과정이 너무 순조롭게 진행되어, 그것은 정보기관 파일에도 도달하지 못했다.

오르몬트, 하를란, 랑바인의 만남은 또 다른 데도 도움이 되었다. 랑바인은 로베르트 아이히만의 수중에 있었던 아르헨티나 문서들을 마이크로필름으로 만들고, 하를란으로 하여금 이 광범위한 자료를 자세히 분석하게 하기 위해서 돈이 필요했다. 무엇보다 랑바인은 이 자료가 가능한 한 빨리 출판되기를 바랐다. 3월 말에 나온 한 재무 보고서에 따르면 헨리 오르몬트는 마이크로필름 사본에 실제로 자금을 댔다. 동시에 이탈리아의 좌파 출판인인 잔자코모 펠트리넬리는 하를란의 작업에 자금을 지원할 것을 약속했다.[68] 프리츠 바우어가 여기서 어떤 역할을 한 것 같지만 증거는 없다. 모든 서신은 헨리 오르몬트를 거쳤다. 토마스 하를란은 필름을 바르샤바로 가져가 즉시 읽기 시작했고, 주간지 『폴리티카』의 편집자인 친구 다니엘 파센트에게 연락했다.[69] 파센트는 해당 자료를 이용해 일련의 기사를 실어야 한다고 편집장에게 건의했다. 미에치스와프 F. 라코프스키는 범죄 수사에 대한 폴란드 경찰청의 전문 지식을 활용한 것으로 미루어 신중한 사람이었을 것이다. 5월 6일에 『폴리티카』의 편집장은 평가서를 받았다. 해당 자료는 진짜이며, 친필은 아돌프 아이히만의 것이라는 내용이었다.[70] 라코프스키, 하를란, 파센트는 『라이프』와는 다른 행동 방침을 취할 것에 합의했다. 5월 20일부터 『폴리티카』는 5회 연속 기사를 실었다. 이 기사들은 처음으로 편집 없이 텍스트를 그대로 내보내는 것이었고, 이미지, 복사본들, 필적 분석도 제공했다. 이 연속 기사에는 아이히만이 협력자로 지명한 사람들의 역사 비평과 간략한 이력이 포함되어 있었다. 이 짧은 시간 동안 하를란과 파센트는 그 문서들에 대한 350페이지의 해설을 썼다.[71] 현재까지 이 해설은 일반 대중을 위해 아르헨티나 문서들에 대한 정보를 제공하려는 가장 철저한 시도로 남아 있다.

그래서 『폴리티카』는 그 연속 기사들이 미친 영향에, 아니 정확하게는 영향 없음에 실망했다. 심지어 동구권에서도 딱히 언급할 만한 반응이 나오지 않았다. 연속 기사가 끝난 후 라코프스키는 소련의 미디어도 다른 동구권 국가의 미디어도 그 기사들에 관심을 보이지 않았다고 체념하며 말했다. 동독의 라디오 베를린은 첫 번째 호를 한 부 요청한 유일한 기관이었다.[72] 서독에서는 『알게마이네 보헨차이퉁 데어 유덴』과 『디 벨트』가 사이드 칼럼에서 이 연속 기사를 언급했지만 『폴리티카』는 이에 대해 듣지 못했다.[73] 모두가 이 연속 기사가 『라이프』 기사들을 재수록한 것에 불과하다고 생각하는 듯했다. 프랑스의 화보 잡지 『파리 마치』(5월 초)를 비롯해 몇몇 다른 잡지가 그 기사들을 재수록한 바 있기 때문이다.[74] 그러나 라코프스키는 『폴리티카』가 아르헨티나 문서들을 입수한 후에야 이스라엘의 검찰총장 기드온 하우스너가 자신이 아르헨티나 문서들을 받았다고 주장한 이유 또한 알 수 없었고, 하우스너가 모든 문서를 제시하지 않은 이유도 알 수 없었다. 하우스너는 67개 녹음테이프의 녹취록과 83페이지의 육필 텍스트를 이야기하고 있었다. 라코프스키가 (그리고 기드온 하우스너가) 알지 못했을 사실은 폴란드 쪽으로 들어간 아르헨티나 문서들이 100페이지 이상의 추가 페이지를 갖추고 있어 더 완전하다는 것이었다. 라코프스키는 이스라엘 검찰에서는 존재도 모르고 있는 문서들을—어쨌든 아이히만 재판은 20세기의 가장 중요한 재판 중 하나인데—바르샤바의 한 신문 편집자가 이용할 수 있다는 것을 상상할 수 없었다. 그리고 라코프스키는 이스라엘 검찰뿐만 아니라 아이히만을 연구하는 사람들과도 좋은 관계를 유지했다.

이스라엘 측이 입수한 문서들

기드온 하우스너가 아르헨티나 문서들을 어디서 얻었고, 그것들이 그의 팀에 언제 공개되었는지는 항상 수수께끼였다. 그러나 그 문서들이 어떻게 여러 곳으로 흩어지게 되었는지의 이야기를 지금까지 추적한 결과 우리는 적어도 몇 걸음 더 나아가게 되었다. 헤르만 랑바인이 자신의 엄청난 발견물을 기드온 하우스너에게 제공했을 수도 있다(또는 적어도 자기 대신 프리츠 바우어가 그렇게 하도록 했을 수도 있다). 그리고 이와 관련해 프리츠 바우어가 이스라엘 동료들을 도왔을 것이라고 추측해볼 수도 있다. 그는 아돌프 아이히만을 찾는 것을 도운 사람인데, 그런 그가 어떤 유용한 관계를 통해 입수하게 된 중요한 문서들을 알리지 않고 그냥 혼자 간직하고 있었다면 말이 안 될 것이다. 그러나 이스라엘 검찰이 증거로 제출한 자료는 바우어에게서 나온 것이 아니었다. 이스라엘 측이 가진 문서들은 그보다 범위가 좁을 뿐만 아니라 판독성도 훨씬 안 좋다. 손으로 쓴 부분들은 읽기 어렵고(어떤 곳에서는 아예 읽을 수가 없다), 녹취록 사본은 군데군데 지저분하며 손상된 것을 가지고 만들어졌다. 로베르트 아이히만이 가지고 있던 문서들은 이따금 약간 흐릿하고 군데군데서 텍스트가 가장자리에 바싹 다가가 있지만, 녹취록이나 육필 페이지들에 지저분한 흔적은 없다. 이는 바우어가 (그리고 아마도 랑바인이) 하우스너에게 문서들을 제공했지만, 아이히만을 심문하고 아이히만에 대한 증거를 수집하기 위해 만들어진 'Büro 06'이라는 특수 부서는 프리츠 바우어가 가진 모든 것을 자기들이 이미 가지고 있다고 여겨 그 문서들을 정중히 거절했음을 시사한다. 관심이 부족했을 리는 없다. 육필 텍스트들은 그 무엇에도 뒤지지 않는 증거이기 때문이다. 심지어 아이히만도 그 텍스트들이 아르헨티나에서의 자신의 진짜 생각을 잘못 표현한 것이라고 주장할 수 없었을 것이다.

3월 초 프리츠 바우어가 아르헨티나 문서들을 입수했을 때는 이스라엘 사람들이 이미 일정 부분의 아르헨티나 문서들을 갖고 있었던 것 같다. 그것이 린츠에서 도난당한 그 문서들과는 관련이 없었지만 말이다. 아이히만의 심문관인 아브너 W. 레스는 검찰이 막 입수한 사선 녹취록을 아이히만에게 들이대야 할지를 놓고 논의한 것을 기억했지만 제르파티우스는 더 이상의 심문을 허락하지 않았다.[75] 레스는 여전히 아이히만을 협조하게 만들 수 있다고, 그리고 그를 설득해 재판이 시작되기 전에 그 문서들에 대해 인정하게 할 수 있다고 확신했다. 그는 아이히만이 법정에서는 잘 응답하지 않을까봐 우려했다. 이로 미루어 그 문서들이 도착한 시간대는 1961년 2월이나 3월 초로 좁혀진다. 그러나 문서들이 도착한 때가 언제든, 헨리 오르몬트와 헤르만 랑바인 모두 그 문서들이 위험하고 불법적인 작업을 통해 얻어진 것이라고 생각했다.[76] 기드온 하우스너는 4월 26일 법정에서 『라이프』 기사들의 기초가 된 문서들을 아직 접하지 못했다고 말했는데, 그것은 분명 사실이 아니었다. 이에 반해, 같은 주장을 한 아이히만의 변호인 제르파티우스는 이 시점에 실제로 아르헨티나 문서를 단편 하나밖에 보지 못한 상태였다.[77] 이스라엘 측 문서 입수에 참여한 사람들은 수년 동안 침묵을 지켰다. 2007년에야 하우스너의 대리인이었던 가브리엘 바흐가 사선 녹취록에 대해 모호한 진술을 했다. 아이히만이 납치된 후 "이 언론인이 『라이프』에 그것을 주었고, 우리는 그곳에서 그것을 얻었다"라고 그는 말했다.[78] 그러나 이스라엘 측 입수 문서들의 외양으로 미루어 이러한 설명은 설득력이 떨어진다. 한 가지는 분명하다. 사선이 제일 처음 문서들을 제공한 그 잡지가 이스라엘 측 문서들의 출처라고 가정할 때 기대할 수 있는 바와 달리, 이 페이지들은 꼼꼼하게 체계적으로 복사되지 않았다. 가브리엘 바흐도 대부분의 다른 사람들처럼 "『라이프』 자료"와 "사선 문서"를 같은 것으로 보고 있었던 것 같다. 진실은 조금 더 복잡하다.

지몬 비젠탈의 문서들을 광범위하게 조사하던 톰 세게브는 하우스너 검찰총장에게 보내는, 몇십 년 후에 쓰인 편지를 발견했는데, 그 편지는 하우스너에게 사선 녹취록을 접하게 해준 사람이 바로 비젠탈이었음을 환기하고 있었다.[79] 비젠탈의 인용문을 다룰 때는 적절한 주의를 기울여야 하지만, 이 경우 진실을 확실히 알고 있는 한 사람에게 그가 거짓말을 했을 가능성은 거의 없다. 그러므로 그 문서들을 추적한 사람은 린츠의 그 진취적인 사람이었을 것이다. 재판을 준비하는 동안 비젠탈이 제공한 도움은 아주 최근까지도 대체로 알려지지 않았다. 그가 담당한 역할을 강조하는 것이 관련자들의 이익에 부합하지 않아 아무도 그의 역할을 기억하지 않았다. 특히 이세르 하렐은 자신이 관여한 유명한 아이히만 사건에서 비젠탈의 역할을 축소하기 위해 진실을 왜곡하고 과장된 이야기를 늘어놓았다. 현재 우리가 좀더 균형 잡힌 시각을 갖고 있는 것은 톰 세게브 덕분이다. 그러나 비젠탈의 편지는 그가 녹취록의 일부만을 발견했음을 보여준다. "기억하시겠지만, 나는 아이히만의 육필 메모들이 딸린 녹취록 28개를 아이히만 재판을 위해 제공했습니다."[80] 이 편지는 또한 비젠탈이 공식적인 출처를 갖고 있지 않았음을 보여준다.

한 페이지 한 페이지를 비교해보면 이스라엘 검찰이 자신들이 확보한 사선 문서들을 짜맞추는 작업을 꽤나 해야 했음을 알 수 있다. 이 문서들은 사선이 원래 언론에 판매한 부분에서 나온 것이라는 점에서 헤르만 랑바인의 뛰어난 버전과는 근본적으로 다르다.[81] 비젠탈이 그 문서들을 한 언론인으로부터 입수했는지 혹은 한 정보기관 동료로부터 입수했는지에 대해서는 문서고들이 공개될 때에야 답을 얻을 수 있을 것이며, 연방정보국이 실제로 그 문서들을 확보한 때가 언제인지는 우리가 알아낼 수 있다. 한 연방정보국 직원은 연방정보국이 "그 유대인 살인자의 일기"를 모사드로부터 처음 받았다고 주장했지만 이는 분명 말도 안 되는 이야기다. 적절한 질문은, 연방정보국이 1960년 말에 이미 가지고 있던 문서들을[82] 왜 이스라엘 검찰에 보내지 않았는가 하는 것이다.

하우스너는 가능한 한 오래 법정에서 그 자료의 존재를 비밀에 부쳤다. 이 검찰총장은 아마도 아이히만을 안심시키는 한편 시간을 벌려고 그렇게 했을 것이다. 사선 녹취록이 아니더라도 이미 검찰은 산더미 같은 문서를 뒤져야 했고, 이 새로운 자료는 판독하기 어려웠다. 그래서 1961년 4월에 검찰은 『라이프』에 자료를 넘겨달라고(물론 이스라엘 측은 이미 자료를 가지고 있었지만) 요청했다고 발표했다. 심지어 기드온 하우스너는 문서들을 사용하기에 앞서 감정부터 이루어지기를 바랐고, 자신이 갖고 있는 문서들을 이스라엘 경찰의 필적 전문가인 아브라함 하가그에게 보냈다.[83]

우리는 사선 녹취록의 한 부분에 대한 최초의 정렬과 온전한 명세를 제공한 아브라함 하가그에게 감사해야 한다. 그는 페이지들을 분류하고, 그 산더미 같은 문서들을 관리 가능한 폴더들에 넣었다. 각 폴더에는 번호에 따라 정리된 여러 개의 녹취록이 들어갔다. 이렇게 해서 그 유명한 "17개의 파일을 담은 2개의 바인더"가 탄생했다. 16개 파일에는 녹취록이 담겼고, "17번 파일"에는 83페이지의 육필 텍스트가 담겼다.[84] 정렬이 완전히 정확하지는 않아서, 하가그는 사선 자신의 구술을 옮긴 몇몇 페이지와 아이히만이 작성한 동떨어진 텍스트 하나를 녹취록들 중에 모르고 끼워넣기도 했지만, 시간적 압박을 고려하면 이는 인상적인 성과였다.[85] 조사관 하가그의 공식 집계는 녹취 문서 716페이지와 육필 문서 83페이지였다.[86] 우발적으로 페이지 번호를 하나 건너뛰고 매기게 된 곳이 세 군데 있음을 감안하면, 이스라엘 측 문서는 타자 문서 713페이지, 육필 문서 83페이지로 이루어져 있다. 분명 몇몇 테이프의 녹취록은 빠져 있었다. 5번 테이프와 11번 테이프 사이에 공백이 있었기 때문이다. 41번 테이프의 세 번째 페이지가 빠져 있었고,[87] 55번 테이프는 단 두 페이지로 이루어져 있었다. 이스라엘 측 녹취록은 67번 테이프에 나오는 아이히만의 "그룹을 향한 작은 연설"로 대단한 인상을 주며 끝났다. 이스라엘의 어느 누구도 녹음 기록이 더 있을 수 있다거나 원래는 70개 이상의 테이프가 있었다는 것을 알지 못했다. 『폴리티카』의 미에치스와프 F. 라코프스키는 자신은 적어도 68번 테이프가 존재한다는 것은 알고 있다고 즉각 언급했지만, 그 사실로부터 적절한 결론을 끌어내지는 못했다. 그러나 5번 테이프와 11번 테이프 사이의 공백 및 55번 테이프의 페이지 누락은 로베르트 아이히만 측 문서들과 유통 중인 다른 모든 문서에서도 동일했다. 사선은 문서들을 세상에 내보내기에 앞서 1960년 이 부분들과 알펜슬레벤 인터뷰의 주요 부분을 뺐다. 심지어 그는 첫 대화들에 등장한 "유대인의 세계 음모"와 "강도 국가 이스라엘"에 관련된 그런 맹렬한 반유대주의에 재판이 나쁜 계제가 되리라는 것을 깨달았다.[88]

증거 해체

재판 중에 갑자기 새로운 증거가 나타나면 항상 시간이 중요한 문제다. 796페이지밖에 안 되는 이스라엘 측 문서들도 하우스너의 동료들이 처리하기에는 너무 많았다. 그러나 『폴리티카』가 5월 20일에 발췌문과 샘플 페이지의 복사본을 싣기 시작하고, 심지어 기소를 위해 이스라엘에 그 자료를 보내겠다는 공개 제안까지 하고 나서자, 기드온 하우스너가 더 미룬다면 한심해 보이지 않을 수 없었다. 1961년 5월 22일, 그는 현재 복사된 원고들을 확보하고 있다고 발표했다. 그는 이에 대한 판사의 질문에 절반의 진실로 답해, 자신과 자신의 팀이 3주 동안 이 문서들을 살펴봤으며, 그것들을 『라이프』로부터 직접 받지 않았다고 말했다.

그때부터 그 문서들은 "사선 문서"라고 불렸다. 피고 측은 사본을 받았는데, 이 사본은 아이히만이 감방에서 적어놓은 주석들을 그대로 담은 채로 현재 코블렌츠 연방기록원(제르파티우스 유품)에 보관되어 있다. 독일 법률가들은 신청하면 그것을 열람할 수 있었다. 루트비히스부르크에서 온 재판 참관인 디트리히 초이크는 프리츠 바우어에게 사본을 보내주며 그가 가진 것과 비교해볼 수 있다고 말했다.[89] 그러나 하우스너의 성공으로서 시작된 일은 예상치 못한 불행으로 끝났다. 문서들을 법정에 증거로 제출하려 했을 때 이 검찰총장은 아브너 W. 레스가 예견했던 문제에 직면했다. 로베르트 제르파티우스가 이의를 제기한 것이다. 하가그의 감정으로 필적이 아이히만의 것임이 증명되었음에도(그리고 6월 9일 감정 결과가 제출되었음에도), 아이히만은 그 자료가 진짜라는 것을 강력히 부인했다. 그리고 증명해줄 녹음테이프가 없는데, 타자된 녹취록이 실제로 한 말과 정말로 일치한다는 것을 어떻게 증명할 수 있는가? 하우스너는 모든 페이지를 두고 다퉈야 했고, 6월 12일에는 아이히만이 손글씨로 수정한 페이지들이나 직접 손으로 쓴 페이지들만 사용할 수 있다는 데 동의했다. 아이히만과 홀로코스트에 대해 가장 강력하게 폭로하는 전후 자료가 796개 페이지에서 83개 페이지 위에 적혀 있는 여백 메모 및 거의 알아볼 수 없는 필적으로 이루어진 또 다른 83개 페이지로 축소되는 것을 검찰은 무기력하게 지켜봤다.[90] "그룹을 향한 작은 연설"과 같은 강력한 텍스트들은 인용할 수 없었다. 이후 며칠 동안 아이히만은 얼마 되지 않는 텍스트에 남아 있는 것의 증거능력을 없애기 위해 부단히 노력했다. 그는 알코올의 영향을 강조하고, 자신이 수정한 내용 대부분이 없어졌다고 주장하고, 녹취록이 워낙 안 좋아서 자신이 아예 수정을 포기했다고 거짓말하면서 "그 유명한 사선 문서"에 대해 이의를 제기했다. 필적 전문가와 달리(그리고 눈 있는 모든 사람과 달리), 아이히만은 손글씨로 되어 있는 몇 가지 언급을 자신의 것으로 인정할 수 없었다. 육필 페이지들은 불완전하기 때문에 거의 쓸모가 없으며, 그래서 잘못된 인상을 줄 수 있다고 그는 말했다. 그는 또한 출판을 위해서는 모든 페이지에 대해 자필로 사전 승인을 받아야 한다는 사선과의 합의가 있었다고 주장했다. 이런 절차는 말하자면 그가 이스라엘에서 익히 겪은 것이었다. 이스라엘에서 심문관은 심문 때마다 그로 하여금 심문 기록에 서명하게 했다.[91] 하지만 그의 거짓말 중 가장 놀라운 것은 사선의 독일어 구사가 매우 서툴렀다는 것이었다(7월 13일). 낮고 자신감 있는 언어로 지난날에 대한 향수에 젖은 독일 나치들의 파시스트적 심장을 따뜻하게 해주었던 남자, 바로 이런 점 때문에 아이히만이 숭배했던 남자, 바로 이 남자가 갑자기 말을 잘 알아듣지 못해 서투른 실수를 한 사람으로 몰려버렸다! 아이히만은 무모하게 원본 테이프의 제출을 계속 요구했지만, 한편으로는 조심성 있게, 사선이 좋은 표제들을 만들어내기 위해서 자신을 거짓 진술을 하게끔 몰아갔다고 말했다(7월 19일). 그는 자신들이 한 토론들을 "술자리 대화"라고 일컬었다. 역사 이론과 나치 역사를 공부하던 시간들이 갑자기 무심코 떠들어댄 허풍과 술기운에서 나온 감상으로 가득해졌다(7월 20일). 아이히만은 사선이 때때로 자신을 민족사회주의적 사고방식으로 "퇴보시키려" 했다고 말했다. 물론 그는 사선 서클 전체가 하나의 큰 퇴보라고 언급하지는 않았다. 아이히만은 또한 변호인에게 자신이 실제로 아르헨티나에서 쓴 글은 매우 다른 것이라고 말했다. 당시 제르파티우스가 법정에서 설명한 대로, 아이히만은 이러한 글을 "피고인의 실제 태도에 대한 증거"로 제시하게 된다.[92] 아이히만은 사선과 『라이프』가 세상에 가져온 소문, 즉 "아이히만 회고록"의 전설을 끌어댐으로써, 이러한 토론이 왜 발생했는지에 대한 모든 질문을 교묘하게 진정시키고 회피했다.

이것은 사선이 아르헨티나 문서들을 『라이프』에 팔 때 그 문서들에 부여한 제목이었다. 아이히만 납치로 인해 망명 중인 그 대량 학살자의 삶과 생각을 자세히 알려는 요구가 생겨났고, "회고록"이라는 꼬리표는 사선에게 이에 대한 독점권을 부여했다. 그는 세 가지 목표를 동시에 달성했다. 사선 서클 참가자들을 보호하고, 스스로를 민족사회주의 성향과 무관한 언론인으로 소개하고, 자신이 가진 자료의 가치를 높인 것이다.[93] 그는 몇 년 전 자신이 녹취록 작성자에게 아이히만의 삶과 관련된 모든 일화를 빼버리라고 지시했다는 사실은 언급하지 않았다. 그럼에도 불구하고 사선이 아이히만에 대한 책을 계획하고 있었다는 이야기에는 아무도 의문을 제기하지 않았다.

이 허위 정보는 아르헨티나 문서들의 존재라는 근본적인 문제에도 불구하고 예루살렘의 아이히만에게 큰 도움이 되었다. 그는 자신이 교화된 나치이며, 히틀러와 히틀러의 명령만 없으면, 언제나 그랬듯이 완전히 무해하고 비정치적인 사람으로 돌아갈 수 있다는 것을 사람들에게 확신시키려 노력했다. 그는 아르헨티나의 정직한 시민이었고, 더 이상 그런 끔찍한 명령을 수행할 필요가 없음을 기뻐했다. 이런 노력에 비해, 그는 "회고록" 표제들을 수정할 생각이 거의 없었다. 그의 민족사회주의 정치 프로젝트—다른 방법으로 반유대주의 전쟁을 지속함—참여는 무해한 아르헨티나 국민의 이미지에 부합하지 않았다. 사전 합의 없이 사선과 아이히만은 모두 같은 거짓말을 했다. 그들은 운 나쁜 한 망명자가 돈 욕심 있는 한 언론인을 만나 위스키를 한두 병 마시며 옛이야기를 한 것이라고 세상 사람들이 믿게 했다. 그리고 세상 사람들은 나치를 과시하는 취객의 진부한 말을 기꺼이 믿었는데, 무엇보다 다른 모든 관련자가 침묵했기 때문이다.

뒤러 서클에 있었던 사람들 중에서는 단 한 명만이 사선 녹취록의 배경에 대해 공개적으로 말했다. 에버하르트 프리치를 대리한 사람인 디터 폴머는 1954년 독일로 돌아갔다. 그는 끝까지 『길』에 글을 썼으며, 뒤러가 낸 출판물들을 배포하는 어려운 일에 관여한 것으로 보인다. 1961년에 폴머는 서독의 편향적인 월간지 『유럽 민족』에 「언론인의 직업 윤리에 대하여」라는 다소 설득력 없는 기사를 썼는데, 여기서 사선 녹취록의 난처할 정도로 명확한 증거를 교묘하게 해체했다.[94] 폴머는 사선이 아이히만에게 "그의 과거에 대해 몇 달 동안 체계적으로" 질문했다고 경의를 표하며 말했다. "당시 부에노스아이레스에서는 녹음테이프를 구하기가 매우 어려웠다. 그래서 테이프 하나가 녹음으로 꽉 차면 내용을 연필로[!] 간단하게[!] 적어둔 뒤, 그 테이프를 다음 녹음에 재사용하기 위해 닦아냈다. 이 간단한 연필 메모를 가지고 우리의 부지런한 언론인은 원고를 만들어냈다." 아이히만은 예루살렘에서 이 문서의 신빙성에 대해 "인상적"으로 반박했고, 폴머는 독자들에게 "이 몇 달 동안 아이히만이 한 말에 대한 진실은 더 이상 확실히 조사될 수 없다"며 놀라울 정도로 확신을 가지고 말했다. 심지어 그는 "내 지인 두 명이 본 연필 메모 복사물을 봐도" 그렇다고 예방 조치로서 덧붙였다. 간결하고 연필을 대단히 강조한 폴머의 설명은 녹취록들이 그 녹취록의 탄생에 관련된 모든 사람에게 의미하는 위험뿐 아니라 녹취록들이 수정주의 역사와 아르헨티나 밖의 나치 네트워크에 미치는 위험까지도 막아내기 위해 꾸며낸 것임이 분명했다. 그는 또한 관련되지 않은 사람들과 아이히만이 그렇게 중요한 문서 증거가 될 만한 자료를 제공할 수 있었으리라고 믿지 않는 사람들의 마음에 의심을 심어주고 있었다.[95] 그리고 좀더 잘 아는 사람들은, 심지어 독일에 있는 사람들조차 그의 말을 반박하지 않았다.[96]

이스라엘 검찰총장 기드온 하우스너의 상황에는 비극적인 면이 있었다. 그는 아이히만이 아르헨티나에서 한 말을 봤지만 그것을 대부분 이용할 수 없었다. 프리츠 바우어는 이스라엘 동료를 도우려 애썼고, 빈에서 에버하르트 프리치를 심문해 녹취록이 진짜임을 증명하려 시도했지만 성공하지 못한 것으로 보인다.[97] 나중에 그는 사선에게 편지를 쓰기까지 했다.[98] 하우스너는 최소한 하나라도 녹음 기록 원본을 구할 수 있기를 바랐다. 그러나 땅이 그것들의 흔적을 모조리 삼켜버린 것 같았다.[99] 훗날 아르헨티나의 목격자들은 딱 그대로였다고 이야기했다. 빌럼 사선이 그것들을 정원에 묻은 것이다.[100] 그가 이 몇 미터의 녹음테이프를 묻지 않고 팔았다면 많은 돈을 벌 수 있었을 것이므로, 이 이야기는 그가 아이히만에 대한 책임감 없이 이익만 좇는 언론인이었다는 이론을 불식시킨다. 훗날 하우스너는 그 녹음테이프들을 찾는 데 상당한 노력과 비용이 들었음을 암시했다. 재판이 오래 걸렸기 때문에, 그는 결국 아르헨티나의 아이히만의 녹음 기록을 가지고 예루살렘의 아이히만을 논박할 수 있게 되기를 바랐다.[101] 실제로 아이히만에게 불리한 증거는 여전히 압도적이었고, 심지어 녹취록 읽기는 검찰이 그의 교화 이야기에 속지 않게 해주었다.[102] 그래도 그것은 패배였고, 아이히만의 불쾌할 정도로 날카로운 목소리가 전 세계 뉴스에서 흘러나오면서 "그룹을 향한 작은 연설"을 했다면 그 재판이 대중에게 미치는 영향이 어떤 식으로 바뀌었을지는 누구도 알 수 없는 일이다. 아이히만이 "아니요, 저는 그런 말을 하지 않았습니다"라고 말했을 때 그에게 반론을 제기할 방법은 전혀 없었다.[103] 그래서 사선 녹취록은 신뢰할 수 없는 근거라는 평판을 얻었고, 한나 아렌트를 비롯해 아이히만에 대한 글을 쓰려는 사람은 증거로 인정된 몇 페이지와 『라이프』 기사들에 만족해야 했다. 후자가 신뢰할 만한 텍스트인지 과장된 타블로이드 저널리즘인지는 아무도 확실히 알지 못했지만 말이다.[104] 좀더 신뢰할 만한 근거였던 폴란드 신문 『폴리티카』의 기사들은 결국 사용되지 않았다. 이스라엘 검찰총장 기드온 하우스너에게는 녹음테이프들을 듣고서 녹취록의 증거력에 대해 처음부터 자신이 옳았음을 확인할 기회가 끝내 주어지지 않았다. 하우스너는 1990년 예루살렘에서 사망했다.

평가와 옛 자료

아르헨티나 문서들에는 계속 "아이히만 회고록"이라는 꼬리표가 따라다녔다. 그 문서들은 증거로 인정되지 않았고, 그 문서들의 신빙성에 대한 아이히만의 공격은 반박 불가능해서, 재판의 맥락에서는 더 철저한 평가가 필요하지 않았다. 이 점과 사선 녹취록의 다양한 약점은 알펜슬레벤 인터뷰, 아이히만과 사선이 쓴 글들, 랑거 강의가 거의 관심을 끌지 못한 이유 또한 설명해준다. 그 문서들 속에서 이런 "이물질"을 발견하기 어려운 이유는 그것들을 알아차리지 못한 사람이 검사들만은 아니었다는 사실에서 짐작할 수 있다. 프리츠 바우어 역시 이 자료를 수사에 사용하고 싶은 마음이 간절했다. 1961년에 아이히만 재판은 숨은 전범들을 추적하는 것에 더 많은 관심을 불러일으켰다. 바우어는 바덴-뷔르템베르크주 형사청에 상세한 "사선 인터뷰 평가"를 주문했다. 1961년 12월 4일, 루트비히스부르크 나치 범죄자 기소 본부, 검찰총장 사무실, 에센 지방 법원(그곳에서 진행 중이던 재판과 관련해)에 평가 결과가 전달되었다. 그것은 700페이지가 넘었고, 단락별로 인명과 내용에 대한 포괄적인 색인을 포함하고 있었다. 나는 바덴-뷔르템베르크주 형사청 측의 한 첨부 편지에서 이 엄청난 작업에 대한 첫 언급을 발견했고,[105] 인명 색인은 연방기록원의 소장물 목록에 포함되어 있었다.[106] 그것은 500페이지에 걸쳐 467개 항목으로 이루어져 있었고, 각 이름이 녹취록의 어느 지점에서 어떻게 언급되었는지에 대한 요약이 딸려 있었다. 비록 녹취록의 수많은 철자 오류와 잘못 들은 이름들 탓에 색인의 완성도가 떨어지기는 했지만 말이다. 흥미롭게도 바덴-뷔르템베르크주 형사청 직원들은 이 색인을 만드는 데 두 가지 사선 사본을 사용했다. 하나는 여전히 사본을 만드는 표준 방식인 종이 사본이었고, 다른 하나는 마이크로필름 사본이었다. 종이 사본은 연방기록원 목록에도 나타나 있었지만 필름은 흔적이 없었고, 내용 목록도 사라진 것처럼 보였다. 그 모든 것을 다시 접할 수 있게 된 것은 어느 정도는 루트비히스부르크 나치 범죄자 기소 본부에서 발견된 손글씨 연필 메모 덕분이다. 그러나 바덴-뷔르템베르크주 형사청의 호기심 많은 직원들과 나의 끈질긴 문의에 자극받은 루트비히스부르크 연방기록원의 똑같이 호기심 많은 직원들이 없었다면 그 문서들은 발견되지 않았을 것이다. 노르베르트 키슬링(바덴-뷔르템부르크주 형사청 소속)은 전임자의 레터헤드를 해석하는 것을 도와주었는데, 그 레터헤드는 그로서도 해독하기 어려운 것이었다. 또한 그는 특별 위원회들의 문제점도 설명해주었다.[107] 토비아스 헤르만은 연방기록원 동료들로 하여금 손글씨로 쓰인 오래된 메모에 언급된 기소 본부 캐비닛을 찾는 데 관심을 갖게 했다. 두 개의 바인더가 발견되었고, 필름이 가득 든 봉투도 하나 발견되었는데, 그 필름들은 아르헨티나 문서들의 또 다른 사본으로 드러났다. 또한 우리 중 누구도 찾게 될 것으로 예상치 못했던 또 다른 바인더도 있었는데, 거기에는 "사선 인터뷰 기타 D 제4부"라는 기대되는 제목이 붙어 있었다. 이 시점에는 우리가 발견한 것이 반세기 전 린츠의 로베르트 아이히만 사무실에서 도난당해 헤르만 랑바인에게 넘어갔던 그 육필 텍스트들의 현존하는 첫 사본이라는 것을 알지 못했다.

바덴-뷔르템부르크주 형사청의 내용 목록은 250페이지가 조금 넘는데, 1~5번 테이프와 10~67번 테이프의 모든 문단 하나하나에 대한 정보를 포함하고 있으며, 하가그의 이스라엘본에서 빠져 있는 41번 테이프의 3페이지도 포함하고 있다. 이 목록은 역사가들이 아니라 형사 고발을 위해 일하는 공무원들이 만들었다. 그런 작업은 시간적 압박하에 진행되는데, 이 경우에는 몇 달의 기간이 주어져 있었다. 그리고 사선 녹취록을 몇 페이지 본 사람이라면 그것을 읽는 게 얼마나 어려운지 이해할 것이다. 그러나 이것은 여전히 우리가 가진 유일한 개요이며, 비록 세부적으로 수많은 잘못된 해석과 약어를 포함하고 있기는 하지만, 빠른 개관을 가능하게 해준다. 이후 법정 속기록에 인용된 내용을 보면 이 내용 목록이 사용되었음을 알 수 있다. 하지만 바덴-뷔르템부르크주 형사청 직원들이 알아차리지 못한 것은 녹취록 내에 여러 명의 화자가 존재한다는 사실이었다. 그들은 랑거의 강의를 아이히만의 진술로 읽었고, 알펜슬레벤 인터뷰를 또 하나의 아이히만 인터뷰로 간주했다. 특히 후자는 이상하고 실망스러운 결과를 가져왔다. 1963년 뮌헨 지방 법원 제2부가 카를 볼프를 기소했을 때, 알펜슬레벤은 훌륭한 증인이 돼주었을 것이다. 사선 녹취록을 통해 접하는 56번 테이프에는 볼프에게 불리한 증언이 담겨 있었다. 기소장에는 "아이히만의" 진술에서 가져온 볼프에 대한 긴 인용문 두 개가 포함되었다.[108] 당국이 56번 테이프에서 실제로 말하고 있는 사람이 누구인지 알았다면 검사는 알펜슬레벤을 결석 증인으로 동원할 수 있었을 것이다. 알펜슬레벤과 볼프의 오랜 시간에 걸친 친밀한 업무적 · 개인적 관계를 감안할 때, 이보다 더 신뢰할 만한 증거를 찾기는 어려웠을 것이다. 그러나 아이히만을 볼프와 맞붙이는 것은 곧 제국중앙보안청의 부서장 한 명을 친위대장 하인리히 힘러의 전속 참모장과 맞붙이는 것이었다. 루돌프 폰 알펜슬레벤은 수년 동안 힘러의 사무실 바로 옆에 사무실을 두고 있었고, 볼프도 그랬다. 피고인 볼프에 대해서 알펜슬레벤의 말이 훨씬 더 큰 무게를 가졌을 것이다.

아이히만 이후

항소가 기각된 후인 1962년 5월 31일, 아이히만은 사형 집행 유예도 거부당했다. 교수형은 대중을 상대로 스스로의 이미지에 영향을 미칠 수 있었던 아이히만의 능력을 끝장냈다. 그는 아르헨티나에서 털어놓은 자신의 말이나 스스로의 범죄에 대한 자신의 태도를 사람들로 하여금 더 이상 잊게 할 수 없었다. 사선 녹취록은 계속 수수께끼에 싸여 있었다. 아이히만의 근거 없는 거짓말들 때문에 녹취록을 가지고 있는 사람들은 이를 정보원으로서 신뢰하지 않았고, 어떤 누구도 그것을 연구할 기회는 거의 없었다. 한 명의 예외는 기드온 하우스너로, 그는 1963~1964년 아이히만 재판에 대한 자신의 보고서를 『예루살렘의 정의』라는 책으로 출간했다. 그는 사선 녹취록을 인용했지만, 혼란스럽게도 이스라엘 측이 가지고 있는 녹취록을 713페이지가 아닌 659페이지로 언급했다. 한편 토마스 하를란은 1960년대 초 폴란드에서 점점 더 많은 문제에 직면했고, 바르샤바로 돌아갈 수 없었다. 아르헨티나 문서들을 출판하려는 그의 계획은 폴란드에서 먼저 좌절되었고, 이어서 이탈리아에서는 출판인 잔자코모 펠트리넬리가 저작권 문제의 발생 가능성을 우려한 탓에 좌절되었다. 아이히만과 그의 상속자들이 아마 저작권자였을 것이고, 어쩌면 사선이 저작권자일 수도 있었다. 그리고 사선에게서 독점권을 산 『타임/라이프』 사와 다른 모든 사람이 있었다. 펠트리넬리는 적어도 1961~1962년 로마에 있던 프랑수아 주누에 대해 들어봤을 것이었다. 그는 자신이 아이히만의 글에 대한 독점권 보유자라며 자신 있게 주장했고, 유럽의 절반에서 저작권 문제의 불쾌한 적수라는 평판을 얻었다.[109] 헨리 오르몬트와 헤르만 랑바인은 펠트리넬리를 안심시킬 만한 논리를 찾고자 했다. 랑바인은 오르몬트에게 편지를 썼다. "내가 생각하기에 아이히만은 이 녹음테이프 녹취록들의 합법적인 소유자가 아닙니다. 사선이 그것들을 『라이프』에 팔았으니까요. 그러니 사선도 더 이상 소유자가 아닙니다. 만약 누군가 저작권을 주장한다면, 아마도 『라이프』일 수 있겠지요. 하지만 우리는 녹음 내용 텍스트를 『라이프』나 사선에게서 얻은 것이 아니라 예루살렘 법정과 같은[!] 방식으로 얻었기 때문에 내가 보기에는 여기에도 문제가 있는 것 같습니다." 랑바인은 심지어 자신들이 문서를 손에 넣은 경로를 공식적으로 뒤집어 그것들이 이스라엘이나 폴란드에서 왔다고 주장함으로써 펠트리넬리를 안심시켜야 하는 게 아닐까 생각했다.[110]

하지만 주된 문제는 토마스 하를란에게, 아니 오히려 그 일 전체에 있었다. 3564페이지에 달하는 심문 기록을 읽는 것은 엄청난 일이었고, 한나 아렌트처럼[111] 그것을 철저히 읽은 사람들조차 심문이나 공판 기록만으로는 반박 불가능한 역사적 텍스트의 기초로 기능할 만큼 충분히 신뢰할 만한 자료가 될 수 없다는 것을 인정해야 했다. 나치 시대에 대한 자세한 조사는 아이히만 재판에 와서야 진짜로 시작되었다. 오늘날 우리는 수십 년에 걸친 연구, 수집된 훌륭한 문서, 통계 데이터에 의지하지만, 1961년의 저자들은 산더미 같은 아이히만의 예루살렘 이야기들을 사실상 홀로 바라보고 있었다.

다른 저자들에 비하면 토마스 하를란은 산맥이라 할 만한 것에 직면해 있었다. 프리츠 바우어가 그에게 모든 공판 문서를 주었고, 또한 가장 중요한 것인, 아르헨티나 문서들에 대한 독점적 접근 권한도 주었기 때문이다. 여전히 그는 "제4제국", 즉 처벌받지 않고 계속 독일에서 살고 있는 전범들에 대한 책을 쓰고 싶어했다. 또한 그는 아우슈비츠 재판을 준비하는 프리츠 바우어, 헤르만 랑바인, 헨리 오르몬트를 지원하고자 했다. 그런 일은 추가적인 개인적 문제가 없는 사람조차 압도할 만한 것이었다. 하를란은 친구와 지지자들을 실망시킨 것에 대해 끔찍한 죄책감에 시달렸다.[112] 훗날 그는 과거를 다루는 다른 방법, 좀더 예술적인 방법들을 발견하게 되며, 몇 년 전에는 자신에게 남아 있던 아이히만 문서들을 추가 연구를 위해 이름트루트 보야크에게 주었다. 그녀는 아직도 그 문서들을 가지고 있다.[113] 유감스럽게도 나는 하를란 측에 아직 보관되어 있는, 이 수집물의 얼마 안 되는 잔존 페이지들밖에 보지 못했다.[114] 따라서 나로서는 보야크 부인이 얼마 전 내게 한 약속, 즉 이 문서들이 정리된 것을 볼 날이 있으리라는 약속을 언급하는 것 말고는 달리 할 수 있는 게 없다. 이런 까닭에 우리는 여전히 토마스 하를란이 해낸 일에 대해 제대로 된 평가를 못 하고 있다. 그는 병중에도 내게 중요한 조언을 해줄 준비가 되어 있었고, 2011년 결국 그 병 때문에 사망했다.

사라진 녹음테이프

재판 이후 몇 년 동안, 예루살렘의 심문 기록과 공판 기록 및 축적되어가는 역사적 문서들에 크게 힘입어 아이히만과 민족사회주의의 반유대인 정책에 대한 연구가 극적으로 증가했다. 하지만 아르헨티나의 아이히만에 대해서는 여전히 궁금증이 남아 있었다. 접근할 수 없는, 혹은 사라진 문서만큼 상상력을 자극하는 것도 없다. 누구도 아르헨티나 문서들이 얼마나 방대한지 알지 못했고(그리고 누구도 옛 폴란드 잡지들을 읽지 않았다), 연구자들의 호기심은 5~10번에 해당되는 사라진 녹음테이프들에 집중되었다.[115] 사선이 녹취록을 팔기 전에 그것들을 빼둘 만큼 비밀스러운 것이 무엇이었을까?

학자들은 흔히 이런 종류의 질문은 건드리지도 않으려 하고, 언론인들이 이끌어가도록 내버려두는 편이다. 학자들은 선정적인 연구 주제로 인기를 얻으려 한다는 평판을 피하고 싶어한다(또는 본명을 내걸고 싶어한다. 목을 내놓고 감히 어리석은 짓을 하지는 않는 법이다). 이러한 분업의 재앙적인 점은 양측 모두 눈이 멀게 된다는 것이다. 한쪽은 옛 세상을 보지 못하고, 다른 한쪽은 새로 발견된 세상을 보지 못하는 것인데, 이 때문에 최악의 경우 한쪽은 충격으로 마비되고 다른 한쪽은 무기력하게 늪에 빠져버린다.

라디슬라스 파라고는 사선 인터뷰와 관련된 수상쩍은 비밀들을 가장 성공적으로 유포시킨 사람들 중 한 명이 되었고, 그 비밀들을 신랄하게 "끔찍한 이야기"라고 일컬었다. 남아메리카로 도망친 전범들에 대한 그의 책은 저널리즘적 재능과 역사에 대한 순진함의 슬픈 조합이다. 매우 폭발적인 정보와 완전한 난센스를 이렇게 밀접하게 어우러지게 할 수 있었던 저자는 거의 없었다.[116] 아이히만과 같은 해에 태어난 파라고는 시나리오 작가였고, 스파이 활동과 제2차 세계대전에 대한 대중적인 책도 많이 썼다. 이런 유의 책은 오락용이었다(그리고 그의 책들은 그 목적에 아주 잘 맞았다). 학문 연구의 기준을 가지고 그 책들을 판단하지 말아야 한다. 단, 그 책들의 내용은 뒷문을 통해 학술 문헌으로 들어갔다. 다른 저자들은 인용 부호를 사용하고 출처를 인용하는 것을 잊은 채—당연히 간단한 실수!—책의 내용을 그대로 옮겨다 썼다. 때로는 "파라고"라고 써야 할 자리에 "나"라고 쓰기까지 했다.[117] 파라고의 놀랍도록 재미있는 이야기들은 실제 증인 진술로 바뀌어, 이제 매우 진지한 저작들에 인용되고 있다. 그러므로 파라고 이야기를 좀더 자세히 살펴보지 않고 피해가기는 어렵다.

1974년에 출간된 파라고의 『가사 상태: 마르틴 보르만과 그 외 남아메리카의 나치 거물들』은 나치들을 해외로 데려간 탈출 경로에 대한 최초의 책들 중 하나였다. 두 장이 아이히만에게 할애되었다.[118] 파라고는 적어도 에버하르트 프리치를 중심으로 한 뒤러 서클과 한스-울리히 루델 같은 사선 동료들의 이름 몇몇을 똑바르게는 아니더라도 이야기했지만,[119] 그의 이야기는 그가 실존하지 않은 사람들, 즉 『길』에 사용된 가명들을 가지고 창작된 인물들과 이야기도 나눴다고 주장한 것 때문에 훼손된다. 그는 사선을 정치적으로 중립적이고 역사적으로 비교적 노출되지 않은 작가로 묘사한다. 사선은 "루델-프리치 무리의 허위 선전에 혼란스러워하지 않았다. (…) 이것은 눈가림도 변명도 될 수 없었다".[120] 파라고는 사선을 찾아갔던 일을 자세히 이야기하면서, 사선 녹취록을 봤을 뿐 아니라 심지어 읽어봤다고 주장했다. "17개의 '라이츠'사 문서 바인더에 깔끔하게 보관된 그 많은 녹취록이 딸린 67개의 녹음테이프"와 아이히만이(!) 타자기로 생성한 "여백 메모"와 "추가 페이지들"이 있었다.[121] 총 695페이지(!)가 있었다고 파라고는 말했다. 이 숫자는 파라고가 실제로 본 것이 무엇인지를 말해준다. 그는 아이히만 재판에 대한 책들, 특히 하우스너의 『예루살렘의 정의』를 본 것이고, 그로부터 잘못된 페이지 수를 비롯해 이스라엘 쪽 아르헨티나 문서들에 대한 설명을 교묘하게 도용한 것이었다. 아르헨티나에는 17개의 바인더가 없었고, 695페이지만 있지도 않았다.[122] "62개 테이프"에 대한 "요약"에서 파라고는 아이히만이 "지하로 숨어든 탈출 나치들에 대해" 주로 말했다고 이야기하는데, 이는 그가 녹취록을 읽어본 적이 없음을 드러낸다. 사선은 아이히만에게 이런 정보를 요구할 필요가 없었을 것이다. 나치들이 아르헨티나로 간 탈출 경로에 대해서는 사선과 호르스트 카를로스 풀드너가 아이히만보다 훨씬 더 많이 알고 있었기 때문이다. 이 상상적 목격자 보고서의 정점은 파라고가 직접 사선과 가진 인터뷰에 근거해 공유한다며 "독점 정보"를 이야기하는 부분이다. "오늘 우리는 존재 자체가 비밀에 부쳐진 5개의 추가 테이프를 (…) 빌럼 사선이 숨기고 있었다는 것을 안다. 그는 또한 51개 페이지를 숨겼다. (…) 사선이 숨기고 있던 5개의 테이프에서는 아이히만이 자신의 탈출에 얽힌 추악한 이야기를, 그리고 아르헨티나에 이르기까지 보르만의 여정에 대한 정통한 설명을 제공했다." 파라고는 계속해서 이렇게 말한다. "[사선은] 그 테이프들과 그것들을 공개하지 않기로 한 그의 결정에서 보르만이 두드러지게 나타난다는 것을 쉽게 인정했지만, 테이프를 하나라도 내주거나 그 5개의 비밀스러운 테이프를 내게 들려주는 것은 단호히 거부했다. 그는 유감스럽다는 듯이 말했다. '내가 얼마나 위험을 자초할 수 있는지 압니다.' 그는 '어떤 사람들이 미칠 수 있는 힘이 두렵다'고 내게 매우 직설적으로 말했다." 분명 사선은 "'보르만이든 나든 우리 둘 중 한 명이 죽은 후에야' (…) 총체적인 아이히만 책을" 출판할 것이다.[123] 사선이 정말로 두려워했다고 너그럽게 가정해보자. 다른 나치들이 아이히만의 일 이후 사선을 반역자로 여겼으니 말이다. 그리고 사선이 선정성을 추구하는 한 기자에게 보르만에 대한 소문을 전했을 수도 있다고 (매우 너그럽게) 가정해보자. 그런 소문은 늘 상당한 돈을 받고 건네지니 말이다. 그래도 아이히만이 자신의 탈출 과정에서 보르만의 역할을 이야기한 사라진 "5개 테이프와 51개 페이지"란 존재하지 않았다는 사실이 남아 있다. 당의 총비서이자 아돌프 히틀러의 전속 비서였던 마르틴 보르만은 1945년 5월을 넘기지 못하고 사망했다. 그는 한 동지에게 아르헨티나로 가는 길을 보여주기는커녕, 자신을 안전하게 보호할 기회도 의지도 없었다. 6~10번 테이프(네 개뿐인 테이프와 62페이지의 녹취록)에는 전후에 아이히만과 보르만의 만남이 있었다는 이야기는 전혀 없다. 68~73번 테이프에도, 사선의 개인적인 녹음테이프에 담긴 토론 단편에도 보르만에 대한 언급은 없다. 의미심장하게도, 사선의 집을 방문한 적이 있고 그의 원본 문서들을 본 적이 있다고 주장한 이들 중 그것을 봤다는 사람은 아무도 없었다.

우리는 사선이 동료 작가에게 거짓말 꾸러미를 팔려 했다고 생각할 이유가 없다. 그는 정식으로 문서화된 어떤 인터뷰에서도 이런 종류의 이야기를 공유하지 않았고, 오히려 매우 신빙성 있는 정보를 제공했다.[124] 파라고의 "사선 인터뷰"는 오락용 문학의 극적인 구조를 떠받치는 한 부분인 예술적 허용이라고 무리 없이 일축될 수 있으며, 67개의 녹음테이프와 17개의 바인더를 가지고 있는 이 허구적 사선을 방문한 것에 대한 모든 보고서도 마찬가지다. 그러나 이 전설이 2차 문헌으로 옮겨가게 된 것은 신뢰에 기초한 인용이 초래할 수 있는 영향을 보여주는데, 아이히만 연구에는 그러한 예가 많이 있다.

파라고는 아르헨티나 문서들의 빠진 부분을 갈망하는 유일한 사람이 결코 아니었다. 한 조각의 희망에 매달려 있는 사람들이 다 그렇듯이, 그는 자신이 접근을 거부당한 곳에서 답을 찾을 수 있을 것이라고 믿었다. 유사한 기대가 매우 다른 맥락에서, 즉 아랍 문화권의 반시오니스트 담론에서 생겨났다. 중동에서 사람들은 아이히만 재판에서든 일반적인 역사 연구에서든 늘 이스라엘이 증거를 숨길 것이라고 가정했다. 언뜻 보면 이 담론은 (네오)나치 집단들 내에서 창조된 역사적 환상과 매우 흡사하다. 그 음모론은 아이히만이 결국은 이스라엘 건국을 위해 수백만 명의 사람을 희생시킨 유대인으로 밝혀질 것이라고 말했다. 아랍 세계에서도 홀로코스트의 이유와 규모에 대한 의심이 제기되었다. 하지만 이곳의 동기는 상당히 달랐다. 아랍인들은 히틀러나 민족사회주의자들의 평판을 회복시키려는 것이 아니었다. 그들은 이스라엘의 홀로코스트 역사를 훼손하고 이스라엘이라는 국가의 정당성을 공격하려는 것이었다. 이러한 노력은 수많은 다른 주장을 낳았다.[125] 그중 하나는 아이히만의 전술, 즉 독일 시오니스트들을 접점 삼아서 아이히만 자신의 유일한 목표가 유대인들을 팔레스타인으로 이주시키는 것임을 알린다는 전술에 기초한 것이었다. 스스로를 제2차 세계대전의 진짜 희생자라고 여긴 문화권에서 이러한 정보는 시오니스트와 민족사회주의자들이 처음부터 모종의 계약을, 아랍에 맞서는 비밀 동맹을 맺고 있었다는 음모론을 낳았다. 나치가 비非시오니스트 유대인들을 몰살한 것은 그 동맹에 꼭 필요한 부분이었다. 파리스 야히아는 저서 『시오니스트와 나치 독일의 관계』에서, "시오니스트와 나치 간 협력의 가장 중요한 몇몇 합의에서 중심이 된 인물인 아이히만은 살아 있는 최고위 나치 전범은 아니었지만, 아마도 시오니스트 운동과 나치 정권의 관계에 대해 가장 자세히 아는 나치였을 것"이라고 설명한다. 유대인들은 그를 너무 빨리 처형했고, 그에게 너무 적게 질문했다. "그가 아는 모든 것이 그와 함께 사라졌다." 물론 그가 아르헨티나에서 이미 그것을 녹음해두지 않았다면 말이다.[126]

발견되지 않은 아이히만 텍스트가 아이히만이 나치-시오니스트 음모의 핵심 증인임을 밝혀줄 것이라고 기대하는 사람은 크게 실망할 것이다. 아르헨티나 문서들에는 다른 종류의 희망이 나타나 있기 때문이다. 거기서 아이히만은 위대한 민족사회주의-아랍 연맹에 대한 꿈을 피력하고 있다. 그는 대무프티 아민 알후세이니가 베를린에 오고 제국중앙보안청이 그의 연락관들과 협력하는 데서 그것의 징조를 봤다. 그러다가 유대인을 몰살하려는 민족사회주의자들의 계획이 실패한 뒤 아이히만은 아랍 세계가 결국 자신의 "평생의 업적"을 인정하고 자신의 절멸 작업을 기리거나 심지어 완수하는 것에 희망을 두었다. '빛은 동방으로부터Ex Oriente Lux'라는 말은 "아랍 친구들"의 도움을 받는 최종해결이라는 미친 악몽을 상징했다. 다른 민족사회주의자들은 같은 꿈을 꾸었었고, 심지어 팔레스타인의 특수 가스 화물차 특공대를 위한 시행 계획을 수립하기까지 했다.[127] 아르헨티나에서 여전히 아이히만은 하나의 "최종해결 방안"으로서의 "사막"에 대해 깊이 생각하고 있었다.[128] 그는 아랍인들의 동맹이 되고자 했던 것이지, 반아랍 음모의 증인이 되거나 이스라엘의 동맹이 되고자 했던 것은 아니다. "사라진" 테이프들과 육필 텍스트는 이 사실을 아주 분명하게 보여준다. 심지어 이스라엘에서 아이히만은 동생과 변호사에게 '빛은 동방으로부터'라는 자신의 입장이 유지되는 한 아르헨티나 문서들이 재편집되는 것을 기쁘게 생각한다고 계속 말했다.[129] 이 때문에 서방 정보기관들은 최악의 상황을 우려했다. 그리고 때마침 아이히만도 이 기대에 부응하기 위해 일어났다. 이 이스라엘 수감자는 동생에게 보낸 편지에서 자신이 최근에 공산주의로 전향했다고 흥분하며 알린 것이다. 공산주의는 "악의 근원인 인종적 증오, 인종적 살인, 그리고"—그는 실제로 이렇게 썼다—"반유대주의"에 맞서는 유일한 독트린이었다.[130] 아이히만의 말에서 자신의 우려가 확인되기를 기대하는 사람이라면 실망하지 않을 것이다.

재발견

1979년까지 연구 환경에 근본적인 변화는 없었다. 그때까지는 루트비히스부르크 나치 범죄자 기소 본부의 컬렉션에 접근할 수 있는 사람들만이 사선 녹취록을 읽을 수 있었다. 그런데 연방기록원(당시에는 코블렌츠에 단 하나가 있었다)가 로베르트 제르파티우스의 유품을 매입하면서 이제 또 다른 발견물이 나타났다. 제르파티우스가 남긴 재판 자료, 재무제표, 메모 모음, 기타 자료가 'AllProz 6'이라는 분류명하에 그곳에 보관되어 연구자들의 열람이 가능해졌다. 이 자료들 중에는 이스라엘 쪽의 사선 녹취록이 포함되어 있으며, 이제는 법조계 밖의 사람들도 이것을 볼 수 있다. 단 이것은 이스라엘에서 아이히만이 주석을 달아놓은 버전이다.[131] 오늘날 이 컬렉션에 대한 조사가 충분히 이루어졌다고 말할 수는 없지만, 이 자료는 역사가들이 이용할 수 있는 것에 상당한 변화를 가져왔다.

동시에 빌럼 사선은 자신의 모든 문서를 아돌프 아이히만의 가족에게 넘기기로 결심했다. 우리는 이러한 결심의 동기가 무엇이었는지에 대한 단서를 두 가지 가지고 있다. 첫째, 그와 그의 젊은 새 아내는 아기를 기다리고 있었는데,[132] 그런 일은 흔히 과거를 정리하려는 욕구를 불러일으킨다. 그리고 1979년 사선의 집은 다시 한 번 만남의 장소가 되었다. 전 하인리히 힘러 전속 참모장이자 아직 살아 있는 최고위 나치들 중 한 명이던 카를 볼프가 『슈테른』 기자와 함께 남아메리카의 옛 "동지들"을 방문하게 되었다. 이에 사선은 두 "동료"를 기다리고 있었고, 게르트 하이데만이 기억하듯이 긴장하고 있었다. 그는 여전히 이스라엘에 아이히만을 팔아넘겼다는 비난을 받고 있었다. 심지어 페루의 한 민족사회주의자는 사선이 친위대에 들어간 적이 없으며, 처음부터 아이히만을 속이며 이용했다고 주장했다. 그는 사선이 "아이히만의 은신처를 밀고했다"고 봤다.[133] 사선은 이러한 의심을 결코 털어낼 수 없었고, 프리치가 오스트리아로 떠나면서 자신이 차지하게 되었던, 남아메리카 나치 네트워크의 중요 연락 거점이라는 지위를 잃었다. 프리드리히 슈벤트는 다음과 같이 주장했다. "그가 중요한 정보를 전달하기로 되어 있던 때에, 그는 그 정보를 양쪽에 팔았습니다. 편지들은 그의 손을 거치면서 개봉되었습니다." 사선은 "반역자"였다.[134] 한동안 부에노스아이레스를 떠나야만 했던 그는 사람들이 그를 믿지 않는 탓에 다년간 불이익을 받았다. 그동안 사선은 정말로 모사드를 위해 일을 하기도 했다. 몇 시간에 걸친 논의를 통해 츠비 아하로니가 그게 현명한 결정이라고 그를 설득했던 것이다. 이러한 사실이 사선의 자신감을 높였을 리 없다.[135] 사선을 반역자로 여긴 한 사람인 게르트 하이데만이 사선이 자기 손님들에게 도움이 되려 특별히 애쓰고 있다는 인상을 받은 것도 당연했다.[136] 만약 『슈테른』 기자와 옛 친위대 상급자가 그 악명 높은 문서들에 대해 묻기 시작할 가능성이 있었다면, 사선은 그 문서들이 자기 집에 있는 것을 원치 않았을 것이다.

아이히만의 상속자들은 그다지 현명치 못한 결정을 내렸는데, 의도적으로 우편향이라는 평판을 일궈온 출판인과 계약을 맺었기 때문이다. 이 출판인은 비슷한 평판을 가진 편집자 루돌프 아셰나워에게 일을 맡겼다. 1980년에 드루펠출판사는 『나, 아돌프 아이히만』을 내놓았다. 그것은 빌럼 사선의 아르헨티나 문서들의 콜라주였으며, 그중 일부는 잘못 편집되었고, 수정주의적 해설이 딸려 있었다. 심지어 우익 집단들조차 그 책의 조잡한 편집을 의심스러워했다. 아돌프 폰 타덴은 전후 서독에서 가장 활동적이었던 우익 인사들 중 한 명으로, 한스-울리히 루델의 친구였고, 독일제국당의 일원이었으며, 독일민족민주당의 창당인이었다. 그런데 심지어 그가 이제 『민족과 유럽』이라 불리던 월간지에서 이 책을 비판했다. 아셰나워 편집판의 의도와 달리, 타덴은 아이히만의 회고를 유대인 절멸의 명백한 증거로 읽었다. 아무리 그가 "600만 명이라는 거짓말" 입장을 고수했더라도 말이다. 타덴은 또한 출판인에게 보낸 편지에서 이 책이 실제 텍스트 모음과 완전히 일치하지 않는다고 강조했다.[137]

그러나 데이비드 어빙 같은 우익 극단주의자들은 오늘날에도 여전히 아셰나워가 "아이히만 진술의 많은 부분이 잘못되었음을 지적했다"고 칭찬한다. 이 "오류들"은 어빙 자신에게 명성을 안겨준 역사 부정과 의외로 곧잘 들어맞는다.[138] 그러나 드루펠 편집판의 가장 큰 문제는 아셰나워의 고압적인 해설이 아니라 텍스트들의 순서를 바꾸고 인터뷰의 대화 구조를 알아볼 수 없게 만든 결정이었다. 그 결과, 세상에서 가장 좋은 의지를 가졌더라도, 말하고 있는 사람이 누구인지를 알려줄 수 없게 되었다. 이 편집자는 사선의 구술, 랑거의 발언과 강의, 알펜슬레벤의 답변 등등 모든 것을 분명히 알지 못했고, 그것들을 다 아이히만의 것으로 만들었다. 드루펠출판사의 주트홀트 박사가 친절하게 내게 알려주었듯이, "불행히도" 이 출판인은 2000년 사무실을 이전할 때 그 원고를 없앴다. 또한 주트홀트 박사는 서문의 일부로 실렸던 베라 아이히만의 진술도 찾을 수 없었다. 다행히 그렇다고 해서 아셰나워 판이 세심한 문장별 비교를 통해서만 분석될 수 있다는 것은 아니다. 모든 아르헨티나 문서 및 녹음테이프들과 함께 아셰나워 원고가 현재 다시 나타나 있다. 그리고 연구자들은 몇 년 전부터 모든 원본 문서에 접근할 수 있었던 터라 더 이상 그런 문제 있는 출판물을 참고할 이유가 없다.[139]

1991년 10월 데이비드 어빙은 베라 아이히만이 남편의 가장 친한 친구에게 맡겨놨던, 아르헨티나에 남아 있던 문서들을 손에 넣는 데 성공했다. 어빙은 사선과 같은 나라 사람이자 이 "실업가 친구"로부터 문서들을 인수한 사람인 후고 비테비르가 부에노스아이레스의 한 정원에서 "426페이지의 타자된 문서"를 어빙에게 주었다고 주장한다. 그 자료에 대한 어빙의 평가, 그리고 그가 공개한 샘플 페이지들을 보면, 아르헨티나 문서들을 알고 있는 사람이라면 누구나 이 문서들이 무엇인지 알 수 있다. 어빙은 아이히만의 육필 텍스트 몇 편의 타자본과 타자된 사선 녹취록 몇 페이지를 받았는데, 이것 역시 모두 연방기록원에 보관되었다.[140] 또한 사선이 계획한 책을 위해 쓴 원고 중 최소한 한 개의 장이 있었다.[141] 이전에 사람들이 볼 수 있었던 것은 이에 대해 폄하하는 아이히만의 발언뿐이었다. 그는 사선 서클 사람들에게 자신은 이 모음집을 허가하지 않겠다고 말했는데, 거기서 자신의 말이 심하게 편집되고 때로는 잘못 해석되었기 때문이다. 우연히 62개의 테이프 녹취록만을 받은 데이비드 어빙은 이 모든 문서를 자신의 웹사이트에 게시할 것이라고 발표했다. 이미 공개된 "제4장"은 아이히만조차 반대하는 것이 당연했던 그 프로젝트에 대한 사선의 생각에 대해 좋은 인상을 준다.[142] 아이히만의 진술들은 조절되어 사선의 음모 이론에 끼워넣어졌다. 재발견된 이 문서들은 빌럼 사선의 사상과 작업을 탐구하는 데 특히 유용할 것이다.

1992년에 스위스의 ABC 출판사는 아이히만 가족으로부터 사선 자료를 매입했고, 몇 개의 테이프, 마이크로필름 원판, 아셰나워 원고도 매입했다. 출판사는 총람을 준비했고, 필름에서 얻은 일부 녹취록 페이지의 새로운 인쇄를 준비했지만, 자료 사용 방법에 대한 합의에 실패했다. 그 후 몇 년 동안 일어난 일은 근본적으로 변화하는 경제 상황에 의해 결정되었다. 이 출판사의 주인이 바뀌었고, 40년이 이상이 지난 시점에 원본 테이프들이 재발견되었다는 소문이 서서히 퍼졌다. 기도 크노프는 그 테이프들의 단편을 적절히 이용한 첫 번째 사람으로, 1998년 다큐멘터리 「나는 히틀러를 믿었다: 히틀러의 조력자들Hitlers Helfer II」을 내놓았다. 이 영화는 깜짝 놀란 현대 역사가들을 포함해 수백만 명의 관객에게 아이히만의 "그룹을 향한 작은 연설" 일부와 대량 총살을 자행하던 당시 그의 괴상한 "신조" 의례 이야기를 직접 들을 수 있게 해주었다. 얼마 지나지 않아 문화 관련 방송사들은 그 출판사의 한 편집자(차후 이름이 언급되기를 바라지 않는)가 연구자들이 이용할 수 있도록 사선 자료를 코블렌츠 연방기록원에 기증했다는 뉴스를 내보냈다. 용기를 내어 그 녹음테이프들에 대한 첫인상을 얻은 첫 번째 사람은 이름트루트 보야크였고, 그녀의 2001년 저서 『아이히만의 회고』는 그 오디오 자료만으로도 연구 과제가 주어질 수 있다는 아이디어를 전해준다. 스위스 소유자의 그 관대하고 선견지명 있는 결정의 참뜻이 인식되기까지는 분명 시간이 좀 걸렸는데, 이는 자료들의 목록을 작성하는 데서 나온 중대한 실수에 일부 기인한다. 이 컬렉션의 소개 글은 다음과 같다. "'아돌프 아이히만 유품' 컬렉션의 자료들은 아돌프 아이히만의 자서전 초안들로, 이미 알려진 것 이상의 근본적으로 새로운 정보를 제공하지는 않는다. 텍스트들의 사본이 이미 연방기록원의 '연합국 재판 6: 아이히만 재판Allierte Prozesse 6: Eichmann Prozße' 컬렉션에 소장되어 있으며, 수년 동안 연구자들에게 공개되어왔다." 적어도 마지막 문장은 단연코 틀렸다. '아이히만 유품' 컬렉션에 들어간 문서의 3분의 1 이상은 연구자들이 이전에 접할 수 없었던 것이다. 이에 비하면, 아르헨티나 문서들이 단지 아이히만의 "자서전"으로 한정되어 받아들여질 수 있다는 것은 무해한 오해다. 시간과 인력의 부족 탓에 연방기록원 직원들은 수년간 힘들게 일했고, 바로 이것이 의심할 여지 없이 잘못된 평가의 원인이었다. 그러나 그 결과는 광범위했고, 연구자들은 심지어 최근 몇 년 동안에도 제르파티우스 유품 내의 자료들에 계속 의존해왔다. 제르파티우스 유품에 포함된 것은 전체 아르헨티나 문서들의 60퍼센트밖에 되지 않는데 말이다. 대단히 문제가 많은 드루펠 판도 자주 인용되어, 이처럼 단편적이고 전문성 없이 편집된 자료가 낳을 수밖에 없는, 아르헨티나에서 아이히만의 삶과 생각에 대한 오해를 불러일으켰다.[143]

"새로운 정보가 없다"는 알림에 대한 나의 불신은 루티비히스부르크 연방기록원에서 인명과 문단들에 대한 색인을 발견하면서 생겨났다. 그것은 내가 제르파티우스 유품에서 헛되이 찾았던 어떤 한 페이지를 가리키고 있었다. 41번 테이프의 그 악명 높은 세 번째 페이지로, 여기에는 아이히만의 대리자였던 롤프 귄터가 언급되어 있다. 이 단서로 인해 나는 그때까지 이스라엘 쪽 사선 녹취록 사본과 동일한 것으로 여겼던 루트비히스부르크 사본을 다시 살펴보게 되었다. 하지만 언뜻 봐도 루트비히스부르크 종이 사본[144]이 이스라엘본과 근본적으로 다르다는 것은 분명하다. 1961년 여러 출처에서 나온 여러 사본이 존재했다는 것을 깨달은 나는 설령 "새로운 정보가 없다"는 설명 문구가 있더라도 세 번째 버전이 존재하는지 알아보기 위해 추가 사본을 살펴볼 가치가 있다고 생각했다. 이 시점에 나는 코블렌츠 연방기록원의 아이히만 컬렉션이 대부분 오래전에 사라진 원본 녹취록과 육필 텍스트들로 이루어져 있음을 발견하게 되리라고는 생각도 하지 못했다.

관대한 스위스 출판인이 코블렌츠 연방기록원에 기증한 자료에는 녹음테이프들(녹취록들의 신빙성을 결정적으로 증명해주는 증거)과 빌럼 사선이 1979년에 아직 간직하고 있었던 모든 원본 녹취록, 육필 텍스트, 필름이 포함되어 있다. 사선은 결코 꼼꼼한 사람이 아니었고, 기록 보관 전문가도 확실히 아니었다. 이 원본 아르헨티나 버전조차 아직 완전하지 않다. 29번 테이프(아이히만이 "오직 여러분의 참고용"이라고 지적한 테이프)의 녹취록은 빠져 있고, 롤프 귄터에 대한 페이지와 70번, 71번 테이프의 녹취록도(이 테이프들이 존재했다면) 빠져 있다. 하지만 원본 자료에는 5번 테이프와 11번 테이프 사이의 "빠진" 녹취록, 즉 6번, 8번, 9번, 10번 테이프의 녹취록이 포함되어 있다.[145] 또한 67번 테이프를 위한 두 개의 추가 페이지,

68~69번 테이프, 72~73번 테이프가 있으며, 번호 없는 또 다른 테이프도 있는데, 여기에는 다음과 같은 설명이 딸려 있다. "음악과 플랑드르 드라마로 채워진 W. S.의 개인 테이프에는 E.와 W. S.의 대화 부분이 있다."[146] 육필 텍스트들과 육필 텍스트의 타자본들은 불완전하며, 혼란스럽게 구분되어 있는데, 전체 초안의 구조가 무시되었기 때문이다. 또한 어떤 토론 중에 사선이 적어놓은 일부 메모의 타자본도 있다.[147] ABC 출판사가 1992년에 본 그 필름은 인화본과 함께 비교되어야 한다. 그러나 육필 텍스트와 타자 사본은 200페이지가 넘긴 하지만, 이스라엘 "17번 파일"의 육필 페이지 중 상당수가 빠져 있다. 코블렌츠 연방기록원에 있는 아이히만 유품 내의 육필 문서들과는 대조적으로, 루트비히스부르크 연방기록원의 "기타"라는 딱지가 붙은 바인더의 문서들은 "17번 파일" 텍스트들을 원래 그것들이 소속된 큰 원고 『다른 이들이 말했고, 이제 내가 말할 차례다!』로 재정리될 수 있게 해주는 페이지들의 양호하고 깨끗한 사본들이다.

이 혼란스러운 그림을 단순화하자면, 오늘날 아르헨티나 문서를 연구하려는 사람은 먼저 세 개의 문서고 컬렉션 각각으로부터 아이히만의 텍스트들과 사선 인터뷰들을 다시 모아야 한다. 한 페이지씩 모아야 하는 경우도 있다. 이 책(및 나의 다른 저작)을 쓰기 위해 나도 그렇게 했고, 따라서 나는 그 수고가 가치 있다고 보고할 수 있다. 하지만 그런 퍼즐에 평생을 허비하는 것은 한 사람으로 충분하며, 그래서 나는 연방기록원에서 후속 연구를 수행하는 이들에게 각 문서를 어디서 찾을 수 있는지에 대한 지침과 함께 페이지별 색인을 제공하게 되어 기쁘다. 녹음테이프의 내용에 대한 개요도 마찬가지다. 모든 테이프가 아르헨티나의 원본은 아니며, 최대 29시간인 테이프 재생 시간이 내용으로 꽉 채워져 있지도 않다. 어떤 부분은 여러 번 반복된다. 몇몇 테이프는 분명 말을 더 이해하기 쉽게 만들기 위해서인 듯 다른 속도로 주행되었다. 그러나 녹음이 원본이라면 테이프의 상황은 다르다. 적어도 사본들 중 하나는 최근 몇 년 사이에 만들어졌지만, 해당 테이프는 헌것으로 보인다. 여러 번 녹음된 낡은 테이프들의 경우와 마찬가지로, 이전에 그 테이프에 담겼던 내용의 잔해를 들을 수 있다. 다중 주파수 버튼 신호와 폴리포닉 사운드를 갖춘 어린이용 무선 기기인데, 이는 1990년대 기술을 암시한다. 반면 1957년에 녹음된 테이프들도 있는데, 거기서는 여전히 이전의 사선 토론들을 들을 수 있다(또는 짐작할 수 있다). 녹음 스튜디오에서 이것들을 분석하면 몇 가지 더 놀라운 사실을 발견할 수 있을 것이다.

덧붙이는 말: 연방정보국 파일, 또는 아이히만의 네 번째 경력

모사드 요원들은 아이히만 납치에 얽힌 이야기를 처음 출판한 사람들이었다. 츠비 아하로니, 페터 Z. 말킨, 이세르 하렐은 모두 자세한 책을 썼고, 그 덕분에 우리는 모사드 작전을 통찰할 수 있었다. 한편 아셰르 벤 나탄의 회고록과 다비드 벤구리온의 유품은 납치와 재판을 낳은 의사 결정 과정을 더 잘 이해하도록 도와준다. 관련자들 사이에서 의견 불일치와 반감도 생겨났고, 그래서 보고서들은 다면적이며 때로 일관성 없는 그림을 보여준다. 그리고 투명성이 커지는 추세가 뚜렷하다. 모사드의 전 수장인 이세르 하렐은 1997년 『가리발디 거리의 집』 개정판을 낼 때, 자신이 초창기에 사용했던 가명들을 대부분 버리고 실명으로 대체하기로 결정했다.[148] 이스라엘 팀의 많은 사람도 인터뷰에 응했고, 목적과 생각을 설명했고, 질문에 답했다. 납치와 재판에 관련된 자료 모두가 연구자들에게 개방되어 있는 것은 아니지만, 올바른 방향으로의 진전이 상당히 이루어져왔다.

1998년 미국 국립기록원이 민족사회주의자들에 대한 정보기관 파일들을 공개하기 시작했을 때 연구자들의 기대는 컸다. 모습을 드러낸 페이지들 중 상당수는 흔한 것이었고, 다른 페이지들은 터무니없이 많이 가려져 있었지만, CIA의 "아돌프 아이히만 파일"은 상당한 양의 정보를 제공했다. 이 파일들이 없었다면 사선 녹취록을 둘러싼 일부 사건을 재구성하는 것은 불가능했을 것이다. 정보기관 파일들을 수집하는 사람들은 역사가가 아니며, 미래의 연구를 위해 옛 기록들을 모으는 데 관심이 없다. 그들은 국가의 이익과 안보를 지키는 임무를 수행하고 있는 것이다. 따라서 어떤 점에서는 전임자들의 허위 정보 전략, 잘못, 결점을 폭로함으로써 야기되는 피해가 억측과 숨기는 것이 있다는 의심으로 인해 야기되는 피해보다 클 수 없다는 것을 깨닫는 것이 더욱 중요하다.

정보기관 자료에는 항상 다른 국가들의 보고서와 "우호적인" 정보기관들의 정보가 포함되어 있다. 이 점과 관련해 많은 주의가 기울여졌음에도 불구하고, 기밀 해제된 CIA 파일에는 여전히 서독 연방정보국에서 유래한 것이 틀림없는 일부 정보가 포함되어 있다. 그 파일들의 공개에 대한 국제적 항의는 없었다(적어도 대중의 귀에까지 들리는 비난은 없었다). 하지만 이 문제에 관심이 있는 사람이라면 독일 외무부나 연방헌법수호청과 마찬가지로 연방정보국도 자체적으로 아이히만 파일을 수집했다는 사실을 상기하게 된다. 그리고 연방정보국 파일에 대한 접근은 여전히 제한되어 있다. 아이히만 사건과 관련성이 거의 없는 사건들에 대한 몇몇 섹션의 파일들만이 연방기록원에 넘겨졌다(2010년 11월).[149]

기밀 해제 기한의 대폭 연장을 막을 수 있었던 것은 오직 언론인 가비 베버 덕분이었다. 2010년에 그녀는 파일 공개를 차단하는 것이 연방행정법원에 의해 용인될 수 없음을 선언할 수 있었다. 베버는 파일의 제한적인 보기를 청원해 성공한 최초의 사람이었고, 그녀는 적어도 그 컬렉션의 일부를 연구할 수 있었지만, 군데군데 페이지들이 심하게 가려져 있었다. 안타깝게도 이 사건은 이 선별된 파일들의 일반 공개로 이어지지 않았다. 달리 말해, 이 파일들은 소송을 제기해야만 볼 수 있다. 슈프링거출판사의 기자 중 한 명인 한스-빌헬름 자우레가 그 파일들의 열람을 청원한 후인 2011년 1월에 독일의 타블로이드판 신문 『빌트』는 자료들 중 하나를 일반 대중이 열람 가능한 것으로 만들었다.[150] 2013년 2월에 연방행정법원은 추가 파일 공개를 위한 소송을 기각했다. 원고에게는 아직 연방헌법재판소와 유럽사법재판소에 소송을 제기하는 선택지가 남아 있다. 또 다른 언론인들이 자우레 씨의 예를 따라 아이히만 파일들의 완전한 기밀 해제를 위한 소송을 제기할 뜻을 밝혔다. 독일 법원들은 이 "아이히만 사건"을 오래도록 다루게 될 것으로 보인다.

이 이상한 상황 때문에 연구와 공익을 위한 폭로는 궁극적으로 법원 비용과 변호사 비용을 충당할 자금을 확보하는 데 달려 있다. 이는 이 연방정보국 파일들에 대해, 무엇이 그렇게 폭발적이기에 50년 넘는 시간이 흘렀음에도 여전히 파일 공개가 정치적 선택지가 될 수 없는 것인가 하는 의문을 갖게 한다. 가장 실질적인 설명은 가비 베버의 도전이 성공하기 전인 2009년 9월 10일 연방총리실이 그녀에게 내놓은, 기밀 해제 금지에 대한 11페이지 분량의 정당화에 있었다. 그녀는 관대하게도 자신의 웹사이트에 이것을 공개했다. 연방행정법원에 의해 무효화된, 아이히만 사건에 대한 모든 파일을 공개하지 않으려는 시도는 좀더 면밀히 살펴볼 가치가 있다. 그것은 투명성이라는 것이 여전히 두려움을 불러올 수 있다는 것을 통찰하게 해주며, 연방정보국의 거부는 파일만으로는 알 수 없는 것을 알게 해준다. 무언가를 거부하는 사람은 우선 스스로에 대해 말하고 있는 셈이다. 그리고 연구 대상인 아돌프 아이히만에 대해, 또한 오늘날 이용 가능한 문서들의 범위에 대해 우리가 더 많이 알게 될수록 이러한 효과는 더 분명해진다.

2009년 9월 10일 연방총리실이 내놓은 공식 발표에 따르면, 해당 파일 컬렉션은 다섯 공간에 나누어 보관된 약 3400페이지로 구성되어 있다. 또한 이것은 광범위한 추적의 결과이며, "오직 아르헨티나의 아이히만에 대해서만 알려주는 동떨어진" 파일들을 포함하고 있다. 하지만 이 파일들이 똑같은 다섯 공간에 보관되어 있어서, 다른 직원도 이 파일들이 연결된 것이라 생각했을 것이다.[151] '아이히만'이라는 검색어로 태그되는 연방정보국 파일들을 공개하지 않는 이유는 본질적으로 "진실을 찾는 것에 대한 다소 추상적인 (…) 관심"(9쪽)보다 우선되어야 하는 세 가지 사항으로 압축된다. 바로 공익, 정보원 보호, 그리고 영향을 받는 제3자의 프라이버시에 대한 일반적 권리다.

공익이라는 항목은 이 파일들을 공개하는 것이 국가 안보라는 이익에 부정적 영향을 미칠 것임을 암시한다. 이 컬렉션에는 또한 외국 기관들이 연방정보국에 제공한 문서들의 사본도 있는데, 이것들은 함부로 공개할 수 없는 것이다. 이 주장에 대해서는 즉각 다음과 같이 해명된다. 국제 협력을 필요로 하는 정보기관들은 또한 모든 관계자가 제공받은 모든 것을 책임감 있게 취급하는 것을 필요로 한다. 물론 외국 기관들은 한 입헌국의 공무가 해당 국가의 법을 따라야 하며 기밀 해제 기한이 외국 자료에도 적용된다는 것 또한 알고 있다. 그러나 "외국 기관들"에 관한 정부의 재량권을 옹호하면서도 "아이히만 재판과 관련된 모든 공식[!] 문서가 공개되지는 않았다"며 이스라엘을 탓하는 것은 전혀 일관성이 없다. 그렇기는 하지만, 연방정보국 파일에의 접근을 요청하는 사람은 그 파일을 원하는 것일 뿐 그 이상은 아무것도 없다. 그래서 연방행정법원에 넘겨진 파일들에 이스라엘의 자료가 들어 있다는 것이 더욱 놀랍다.[152]

이 주장은 결정적으로 한 걸음 더 나아간다. "연방정보국이 작성한 평가 문서들은 외국 공공 기관의 특정 인물들을 불신하게 만들려는 시도로 잘못 이해될 수 있다. 당면한 경우에[아이히만과 관련된 파일들], 그리고 일반적으로, 이는 외국 공공 기관들과의 우호관계를 크게 손상시키거나 심지어 위태롭게 할 수 있다"(3쪽). 이러한 힌트는, 연방정보국 평가가 현재의 국제관계를 위협할 가능성이 있는 것이라면, 그 평가에 담겼을 수 있는 내용에 대한 우려를 불러일으킨다. 어쨌든 정보기관 자료든 역사적 자료든 제3자의 모든 정보를 평가하는 것은 완전히 정상적인 절차다. 하지만 "외국 공공 기관의 인물들"(예컨대 이스라엘의)에 대한 1950년대 연방정보국 직원(연방공화국 공무원)의 평가가 여전히 경멸적인 것으로 비칠 수 있다는 생각은 놀라움을 자아낸다.

두 번째 항목은 정보원 보호로, 이것은 정보기관의 활동 과정에서 정보를 제공한 사람을 무분별하게 위험에 빠뜨리지 않을 의무다. 정보원 보호는 이익과 관련 있다. 어떤 정보기관이 정보 제공자를 보호하지 않는다는 소문이 퍼진다면 머지않아 그 정보기관에는 정보원이 남아 있지 않을 것이다. 이런 관점에서, 연방정보국의 진술이 특정 정보원에 대한 세부 사항을 제공하고 있다는 점은 매우 놀랍다. 우리가 알게 된바, 이 유용한 사람은 "관련 정보에 대한 독점적 접근권"을 갖고 있다는 점에서 정체 파악이 "비교적 쉽다". "정보의 내용과 범위는 (…) 정보의 출처와 정보 제공자의 정체에 대한 결론을 도출하게 해준다"(5쪽). 그는 또한 "특별한 출처 보호를 요청했다". 문제의 정보원은 2009년에도 생존해 있었고, "그의[!] 전문 분야에서 여전히 활동"하고 있었다. "그의 정체가 밝혀지면 그 정보원의 사적 영역과 직업적 영역은 위협받을 것"이고, 나아가 "그의 현재의 여러 비즈니스 동업자"의 사적 영역과 직업적 영역도 마찬가지일 것이다. 그의 "연방정보국과의 협력에 대한 추측은 (…) 곧 그의 비즈니스에 대한 경제적 불이익과 그의 평판 측면에서의 불이익을 의미할 것"이다(5쪽). 그 정보원은 "아직도 직업적 활동을 하고" 있었고, "이름이 거론되며 인터넷에서 검색 가능한" 사람이었다(9쪽). 그는 또한 1980년대 초 "또 다른 연방정보국 작전에서 (…) 다시 활동"했으며, 이 작전과의 공적 관련성 역시 위협이 될 것이다(5쪽). 이유를 자세히 설명하기 위해 이런 진술을 하는 사람들의 뜻을 생각하면 외람되지만, 다음과 같은 질문이 제기되어야 한다. 아이히만 사건에서 중요한 역할을 한 인물로 추측될 경우 피해를 입을 수도 있는 사람에 대해 정보기관 직원은 왜 그렇게 자세한 설명을 했을까? 그 사건에서 도움을 주었던 인물이 세계 모든 곳에서 훈장을 받지는 않을 것이다(대부분의 지역에서는 그렇겠지만). 그것을 명예로운 업적으로 인정하지 않을 문화권이 여전히 존재하니 말이다.[153] 하지만 나치 동조자들이 문제의 인물을 공격할 위험이야말로 이 설명을 통해 그를 "보호"하지 않는 훌륭한 이유임에 틀림없다. 연방정보국은 나이가 적어도 60대 후반이고 지난 50년 동안 세계의 이러한 지역들에서 "특히" 사업가로서 "존재"해온 인물을 제시한다. 반나절 만에 한 수완 좋은 연구자가[154] (유익한 권장대로 인터넷을 사용해) 가능성 있는 정보원들을 위험스러울 정도로 소수로 추려낼 수 있었고, 이제 12명의 남성이 이 위협적인 추측의 대상이 되어 있다. 사건과 관련 없는 사람들을 위험에 빠뜨리는 것을 대가로 하는 "정보원 보호"는 내게는 신뢰할 수 없는 것으로 보이며, 연방정보국의 현재의 정보원과 잠재적 정보원을 결코 안심시켜주지 못한다.

이 진술서에 따르면, 제3자들의 프라이버시에 대한 권리는 관련 파일의 수가 많은 만큼 파일들에서 이름이 거론된 약 50명의 사람과 관련이 있지만, 그들은 해당 주제와는 거의 관계가 없다(9쪽). 이 이름들이 드러나지 않게 가리는 것이 필요하겠지만, 이는 연구를 위해 얻을 수 있는 이득에 비해 "너무 큰 행정적 수고"를 뜻할 것이다. 물론 학자라면 누구나 한 명 이상의 연방정보국 직원이 이 분야의 연구에 도움이 될 수 있는 것과 없는 것을 판단할 수 있다는 주장에 이의를 제기할 것이다. 심지어 색인 카드 한 장의 쓸모도 학자 한 명의 교육과 면밀한 연구라는 기량에 근본적으로 달려 있는 만큼 외부에서 이에 대해 추측하는 사람은 항상 틀릴 수밖에 없다. 모든 학자는 완성까지 여러 해가 걸리는 작업을 끈기 있게 해나가기 위해 자기 연구 분야의 중요성을 필연적으로 과대평가하기 마련이지만, 학문과 더 넓은 세계에 미치는 아돌프 아이히만의 중요성은 의심의 여지가 전혀 없다. 사람들이 기밀 해제 금지에 반대하든 그렇지 않든, 아이히만은 막후의 학자들에게 인기 있는 주제 그 이상이며, 독일이 그 주제에 참여하는 것은 "추상적인" 방식만(8쪽) 아니라면 전 세계적으로 가치 있는 일이다. 그것은 서독에 대한 국제적 평가에서 기준이 되는 것 중 하나다. 독일에 대한 존중은 당연히 과거로부터 배우려는 우리 의지에 결부되어 있다. "공익"을 해치는 것이 있다면 그것은 바로 연방총리실의 레터헤드 용지에 피력된 견해, 즉 "진실을 찾기 위해"(8쪽) 아이히만에 대한 연방정보국 파일을 공개하는 행정적 수고를 감당하는 것은 "적절치 않다"(11쪽)는 것이다.

이 세 가지에 더하여 진술서는 문제의 파일들로 얻은 연구 결과를 공개하지 말 것을 경고한다. "그 문서들에는 독일연방공화국뿐 아니라 다른 나라들에 대한 정치적 (그리고 외교적) 함의도 담겨 있는

데, 그러한 함의들은 문서고 내 자료들의 역사적 내용에서 벗어나면 현재적 의미를 띠며, 외교 정책의 목표와 이해관계의 맥락에서 부당하게 이용될 수 있다(중동 정책)"(8쪽). 이 진술은 현대사 문서를 연구하는 것이 찻잎을 들여다보며 역사를 점치는 것보다 언제나 더 낫다고 오랫동안 주장해온 모든 사람을 옹호해준다. 이 연구를 실행하고 호흡한 사람들은 그것이 '지금 여기'에 영향을 미친다고 확신하며, 바로 그 이유에서 그들은 연구를 한다. 깨인 사람에게는, 모든 형태의 출판물에서 그렇듯이 학문적 저술에서도 잘못되거나 과도한 해석이 생길 수 있다는 사실은 자신의 목적을 위해 어떤 정보든 사용할 수 있고 사용할 사람들이 존재한다는 사실만큼이나 분명하다. 정보기관의 자료들은 오로지 이 목적에만, 즉 정치적 목표를 설정하기 위한—특히 국제적 맥락에서—이기적인 정보 이용에만 봉사한다. 아이히만과 관련된 연방정보국 파일들을 살펴보면 이 정보기관의 활동과 1950년대, 1960년대에 독일 사회가 세계에서 차지하고 있었던 위치를 엿볼 수 있다. 하지만 이는 출처 연구의 불행한 단점이 아니라, 출처 연구의 선언된 의도다. 어쨌거나 자료를 어떤 종류의 정치적 맥락에서 이기적으로 이용하는 것은 새로운 일이 아니다. 그러나 20세기의 역사는 선전가들이 어떤 정보든 악용할 수 있다는 것 또한 보여주었는데, 그럼에도 그들에게 자료를 숨기려는 시도는 전면적인 검열이나 마찬가지일 것이다.

아이히만 파일들의 처리에 대한 연방정보국의 해명 노력은 이러한 진술을 국제적 영향을 미치는 공적인 사건으로 만들었다. 다른 나라의 학자들과 이야기를 나눠보면 이것이 외부 세계에 얼마나 당혹스러울 정도로 부정직해 보이는지 알 수 있다. 파일 보류는 법치 국가들이 명확한 규정에 따라 시행하는 정상적인 절차이지만, 독일에서 우리는 투명성 원칙에도 매달리고 있다. 이것이 기밀 해제 기한이 되기에 앞서 필요한 부분들에서 글자들을 검은색으로 칠한 채 파일을 불완전하게 공개하는 규정이 존재하는 이유다. 그리고 이러한 규정들에도 불구하고 사람들이 여전히 파일을 볼 권리를 위해 소송해야 하는 상황에서는, 국가의 이미지가 손상되고, 학계에 있는 시민이라면 누구나 국제 연구 커뮤니티에서 불편함을 느끼게 된다. 이러한 행동은 특히 한 가지 측면에서 이제는 돌이킬 수 없는 피해를 입혔다. 정부가 아이히만에 대한 정보를 숨기는 데 상당한 관심이 있다는 인상을 심어주게 된 것이다. 파일 공개에 대한 이의가 제기되었으므로 이제 사람들은 앞으로 공개될 어떤 문서에도 연방정보국 수중의 모든 문서가 정말로 포함되지 않을 것으로 의심한다. 기밀문서 처리에 대한 법률을 만드는 한 가지 이유는 그런 음모 이론들을 방지한다는 것이었다.

불행히도 꼭 음모론의 팬이어야만 현재 소송 당사자에게 제시된 파일 모음이 불완전하다는 의심을 하는 것은 아니다. 그것은 파일을 직접 보지 않아도 알아낼 수 있다. 예루살렘 이전의 아이히만을 연구한 사람이라면 단 한 가지 정보만으로 충분하다. 이 파일에는 아이히만이 1960년 5월 체포되기 전의 시기에 해당되는 문서가 30페이지도 안 되게 담겨 있으며, 그중 4페이지는 빌럼 사선의 여행 및 여권 신청과 관련된 것이다. 그 페이지들은 아마도 사선 인터뷰가 알려진 후에야 아이히만 파일에 추가되었을 것이다. 거기에는 지몬 비젠탈의 정보도, 오스트리아와 독일의 체포 영장도 없다. 1958년에 CIA와 교환한 정보에 대해서나 1959년 여름부터의 프리츠 바우어의 대규모 기만 전략에 대해서나 몇 가지 요점을 짚어주는 메모도 없다. 1952년부터의 아이히만의 가명과 연락처가 적힌 색인 카드 말고는 현재 우리가 다른 출처들을 통해 익히 알고 있는 사건과 정보들을 암시하는 것은 하나도 없다. 공개된 페이지들을 연방헌법수호청이 몇 년 전 공개한 5개 문서와 비교해보면 이 격차가 얼마나 뚜렷한지 분명해진다. 과제를 마쳤고 그것을 해석할 수 있는 사람에게는 단 하나의 색인 카드가 많은 것을 보여줄 수 있지만, 현재의 아이히만 파일의 빈약함이 어떤 이유에서든 항상 그렇게 빈약했던 것은 아니라는 게 진짜 문제이며, 이 문제는 간과될 수 없다. 연방정보국의 임무 수행 방식이 이 문서들이 시사하는 것처럼 그렇게 부적절하고 체계적이지 않았다고 생각할 이유는 없다. 안타깝게도 이 관찰은 1960년 5월까지의 파일들 이상의 많은 파일에도 유효하다.

아이히만 사건에서 투명성에 대한 염려는 어디에서 비롯되었을까? 정보기관 파일의 공개에 관한 한 그것이 일반적인 원칙이라고 상정하고 싶지 않다면, 아마 더 생각해봐야 할 것이다. 아이히만 사건을 다른 나치 유산과 구별되게 하는 것은 그의 이름과 연결 지어진 모든 것이다. 1960년 그의 납치 이전에도 사람들은 그가 무슨 말을 할지 두려워했다. 그리고 민족사회주의자들의 유대인 박해의 코디네이터였던 아이히만은 정치계와 경제계의 너무 많은 영역에 닿아 있어서, 그의 납치는 나치 도망자들뿐 아니라 경제와 산업을 대표하는 사람들, 그리고 사법 분야, 의학 분야, 정부, 외교 기관에서 일하는 사람들도 불안하게 만들었다. 처음부터 아이히만의 이름은 아돌프 아이히만 자신이 가본 적이 없는 곳들에서 영향을 미쳤다. 이것은 민족사회주의 체제를 완벽하게 지배하는 권력 메커니즘의 일부였다. 수많은 사람이 이익을 얻었던 범죄 국가 네트워크 안에서 많은 사람이 자신이 공범이라고 느꼈을 것이다. 비록 1945년 이후의 시간이 그들에게는 난처한 질문의 시간은 아니었지만 말이다. 상징이 된 이름이 다시 등장하면서 그들의 집단적 침묵이 깨졌다. 그리고 벤구리온이 아이히만 재판을 발표한 후, 이 이름을 아는 사람들이 있는 세계 곳곳으로 엄청난 불안이 퍼져나갔다. 아이히만이 동지들에 대한 오랜 충성을 중시하리라는 것을, 또는 그가 수다스러운 성격에도 불구하고 그들을 밀고하지 않으리라는 것을 1960년에는 아무도 몰랐다.[155] 1960년 여름, 아이히만은 제3제국에서 그랬던 것처럼 자신이 가본 적 없는 곳들에서 다시 한번 영향을 미치고 있었다. 정보기관이 으레 그러듯이 아이히만 체포에 대한 세계의 반응을 관찰한 사람이라면 아이히만과 아무런 관련이 없었던 지역들에서도 반응이 나오는 것을 봤을 것이다. 여러 해 동안 사람들은 그가 시리아나 이집트에 있지 않을까 생각했기 때문에, 거의 조사되지 않은 중동의 나치 네트워크에 대한 수사도 고려해야 했다. 이 네트워크는 개별 사례들에서 알 수 있듯이 빠르게 중요한 경제적 관계들을 구축했으며, 그중 일부는 오늘날에도 여전히 유효하다. 물론 그 관계들은 이스라엘-팔레스타인 갈등과도 관련이 있다("중동 정책"). 개개인들이 중동에서 아이히만을 봤다고 생각했을 수도 있고, 에리히 슈미트-엔봄이 암시했듯이, 그곳의 어떤 사람이 무신경하게도 "아이히만"이라는 이름을 자신의 가명으로 삼았을 수도 있다.[156] 어쨌든 이러한 소문은 전후의 아주 최근 역사 한 조각에 대한 열쇠를 제공한다. 1960년대 초에 정보기관이 철저한 조사에 임하다보면 이런 유의 이야기를 듣지 않을 수 없었을 것이다. 아르헨티나에서든, 독일, 오스트리아, 스페인, 중동에서든 일반적인 불안은 아이히만에 대한 반응이라기보다는 사람들 스스로가 갖고 있는 제3제국 연루 기억에 대한 반응이었다. 그 기억은 쉽게 사라지지 않았다. 1945년 이전의 아이히만을 살펴보는 책이 필연적으로 나치 시대에 대한 책인 것처럼, 정보기관 파일들은 1945년 이후의 아이히만을 찾으려는 시도를 빼고는 전후 시대에 대한 그림을 그릴 수가 없다. 출판을 통해 아이히만 파일들을 공개하는 것은 이 그림의 베일을 걷어줄 것이다. 또한 그것은 불편한 통찰을 제공할 수도 있다.

하지만 한 기관의 활동과 50년 된 파일들의 부적절한 처리를 단지 이 기관만의 탓으로 돌리는 것은 실수일 것이다. 연방정보국은 신생 연방공화국과 그 나라 대표자들의 등 뒤에서 몰래 수상쩍은 목적을 추구하는 소규모 비밀 조직이 아니었다. 우리의 민족사회주의 범죄에의 관여가 우리에게 가르쳐준 것이 있다면, 그것은 소규모 집단들은 사회와 사회의 대표자들이 지시하고 허락할 때에만 행동할 수 있다는 것이다. 사람들이 그 조직을 "국가 내 국가"로 부를 때처럼 일방적인 비난을 가하는 것은 광범위한 책임을 상정하는 것만큼이나 우리의 판단을 흐리게 한다. 그 정보기관은 1950년대에 독일의 정치적 이해관계를 떠나 활동할 수 없었고, 연방총리실이 수년에 걸친 실행 계획을 가진 위원회를 구성해 역사적 기록에 대한 접근을 차단하거나 기밀 해제를 지연시키고자 한다면 오늘날에도 그곳의 직원들이 비난받을 수는 없다. 대중의 항의가 전혀 없었을 때는 특히 그렇다.

파일의 폭발적인 내용을 암시함으로써 그것을 비밀로 유지하려는 시도에는 괴상한 데가 있다. 다시 한번 우리는 결단력 부족과 필요한 결정을 피하려는 욕구가 아돌프 아이히만이라는 이름과 필연적으로 연결되도록 허용하고 있는 것이다. 그가 처형된 지 반세기가 지난 지금, 그의 이름이 다시 한번 상징이 될 수 있는 위험은 매우 현실적인데, 이번에는 못 본 척하려는 유혹의 상징이 될 수 있는 것이다. 이 문제를 똑바로 바라봐야 함에도 불구하고 말이다. 이것이 미래의 실수를 피하는 유일한 방법이다. 그리고 그것은 역사적 파일에 담겨 있을 만한 내용이 무엇인지, 또는 1950년대에 독일의 한 연방 기관이 소홀히 했거나 일어나지 않도록 막았던 일이 무엇인지와는 전혀 관련이 없다. 연방정보국의 아이히만 파일에 대한 2011년 독일 연방의회 토론에서 예르치 몬타크는 이 불쾌한 유산을 다루는 방법에 대한 근본적인 재고를 촉구했다. "우리는 방향을 바꿔야 합니다. (…) 우리가 탐사 기자로부터 듣거나 우연히 듣는 것을 통해서가 아니라, 행정부가 우리에게 서너 차례 새로운 자료를 제공하는 것을 통해서 무언가를 알게 된다면, 그때는 뭔가가 달라질 것입니다."[157]

내가 이 책의 집필을 이미 마쳤을 때, 뜻밖에도 한 기자가 내게 연방정보국 파일을 볼 수 있게 해주었다. 책을 완전히 다시 쓰지 않아도 된다는 것이 저자로서는 기쁜 일이지만, 독일 학자로서 나는 이 일이 지속적인 불안을 남겼음을 고백하지 않을 수 없다. 나는 몇 페이지의 추가 언급으로 담을 수 있는 것보다 더 많은 것을 알기를 바랐을 것이다. 연방정보국 문서고에 있는 '파일 121 099'의 2425개 페이지들 중에는 희망의 근거가 되어주는 것이 하나 있다. 이 페이지에는 대문자로 쓰인 단 하나의 지시가 담겨 있다. "아이히만에 대한 모든 것을 주의 깊게 수집해주세요. 우리는 아직도 그것이 필요합니다."[158]

끝나지 않는 말

아르헨티나의 아돌프 아이히만의 생각을 연구하려는 사람은 이제 그 어느 때보다 더 많은 자료를 활용할 수 있다. 대부분의 원본 녹취록, 여러 개의 다른 사본 녹취록, 다수의 육필 텍스트와 타자 사본, 그리고 당시의 가장 중요한 출판물들에 적힌 아이히만의 메모와 논평 등이다. 또한 우리에게는 재판을 목격한 사람들보다 더 유리한 점이 있는데, 우리는 현대사에 대한 연구 자료, 심문 기록과 공판 기록의 훌륭한 편집본을 가지고 있기 때문이다.

하지만 과제는 여전히 엄청나다. 아이히만은 항상 사람들을 위압하고 꼼짝 못하게 만들 수 있었다. 빌럼 사선은 아이히만 재판과 『라이프』 쪽 일의 실패 이후에도 계속 사람들에게 아이히만에 대한 글을 쓸 것이라고 말했다. 심지어 1979년에 아이히만 가족에게 문서와 녹음테이프들을 넘기기로 결정했을 때도 그는 아르헨티나 문서들을 자신의 에세이에 인용할 권리를 유지하고 싶어했다. 그는 사선 서클에 대한 세부 사항을 결코 밝히지 않았고, 루돌프 폰 알펜슬레벤과 같은 관련자 대부분이 죽은 후에도 그것을 혼자만 알고 있었다. 하지만 아이히만과의 만남은 그를 가만히 내버려두지 않았다. 마지막 인터뷰에서 그는 망가진 알코올 중독자임을 보여주었고, 거의 조리 있는 문장을 만들어내지 못했으며, 그의 생각은 여전히 그가 결코 쓰지 않을 아이히만 책을 중심으로 맴돌았다.[159] 결국 그는 아이히만과의 토론을 시작했던 바로 그 시기에 소설 『청년들과 시골 처녀들』을 위해 자신이 만들어냈던 한 인물과 비슷한 운명을 겪은 것처럼 보인다.[160]

> 집에 돌아왔을 때, 그는 저녁 식사를 즐기지 않았다. 그는 벽들이 천장까지 책으로 가려져 있는 서재로 들어갔고, 작은 이동식 바에서 술병과 유리잔을 꺼내 안락의자에 앉았다. 그는 신문을 집어들었고, 그다음에는 책을, 그리고 마지막에는 자신의 최신 출판물에 대한 극찬이 실린 전문지를 집어들었지만, 그는 단 한 순간도 정신을 집중할 수 없었다. 그는 빨리, 그다지 음미하지 않고 마셨다. 취기가 그만큼 빨리 찾아왔고, 아무런 위안도 주지 않았다. 그것이 다시 시작되었다. 관자놀이의 방망이질, 심장의 두근거림. 그리고 그는 다시 에르빈 홀츠의 날카로운 목소리를 들었다. 최근 며칠 동안 그와 나누었던 많은 대화에서 토막토막 터져나왔던 그 목소리. 에르빈 홀츠에게 그 대화들은 자기

자신과 자기 세대에게 가차 없이 압력을 가하기 위한 메스였다. 의사는 때때로 너무나 원시적인 홀츠의 논리와 주장에 맞서 자신을 방어하려 했고, 분석이나 비꼬는 말로 그것을 해체하려 했다. 그리고 이후 그는 항상 자신의 파괴적인 노력에 만족하지 못했다. 그것은 그의 차분하고 정연한 마음에는 흥미로운 모험이었고, 홀츠로 하여금 현대세계의 영혼 박탈의 미궁과 자기희생적 이상주의자들의 지하 묘지로 들어가게 해주었다. 그것은 흥미로운 모험이었지만, 또한 짐이기도 했다. 당장은 홀츠의 목소리가 어디에나, 그의 주변에도, 그의 내부에도 있었다. 그 목소리는 심지어 토마스 바우어 박사 자신이 마지막 말을 했다고 믿는 곳들에서도 말을 했다. 그는 뻗었던 다리를 끌어당겨 두 팔로 무릎을 감싼 뒤, 마치 스스로를 보호하듯 그 안으로 머리를 넣었다. 그는 눈을 감았고, 목소리가 자신을 공격하게 두었다.

사선은 정말로 자기 목소리를 잃었다. 대량학살자와의 만남과 그의 사고는 그의 가장 인상적인 재능, 즉 언어 능력과 글쓰기를 영원히 마비시켰다. 사선은 더 이상의 출판 없이 2001년에 사망했다.[161]

아이히만이 1960년 예루살렘으로 가게 됐을 때, 그와 함께 간 것은 그의 범죄와 그의 아르헨티나 과거였다. 변호사를 포함한 그의 주변 사람들과 달리 그는 놀라지 않았을 것이다. 그는 자신이 죽거나 붙잡히면 곧장 자료를 공개하라고 사선과 프리치에게 여러 번 말했다. 그리고 아이히만은 다시 한번 다른 모든 사람보다 뚜렷하게 유리한 위치에 있었다. 그는 자신이 아르헨티나에 무엇을 남기고 왔는지 정확히 알고 있었던 것이다. 그는 자연스러운 반응을 보일 준비가 되어 있었다. 그 문서들의 신빙성을 부인하는 것은 효과적일 뿐 아니라 위험하기도 했다. 그렇게 함으로써 그는 아르헨티나 막간극에 관련된 모든 사람을 보호하고 사선 서클이 거의 드러나지 않게 만들 수 있었으며, 또한 매우 유용한 아르헨티나 문서들의 가치가 이후 수십 년간 의심받게 해놓았다. 그가 이 위험한 카드를 쓰며 얻고자 한 것은 이념 전쟁의 이 마지막 전투를 통해 다시 한번 자신의 역사적 위치를 결정할 수 있다는 가능성이었다. 하지만 이 전략은 또한 그를 민족사회주의의 잘못이라는 덫에 걸려든 것으로 만들었다. 역사에서 그가 차지하는 위치는 후세에게 강권하는 것이기는커녕, 그의 자유로운 선택의 문제가 결코 아니라는 것이었다. 그가 거짓말로 사람들을 조종하고 혼란스럽게 만들 수 있었던 시대는 끝났다. 이제 우리가 할 일은 투명성을 만들고 아이히만을 그가 있어야 할 자리에 두는 것이지, 그가 쏟아내는 말에 놀라 말문이 막혀버리는 것이 아니다. 거의 1300페이지에 달하는 아르헨티나 문서들과 25시간 이상에 달하는 녹음테이프는 다년간 수많은 숨바꼭질을 거쳐 살아남았다. 글을 써서 자신을 설명하는 데 필사적이었던 한 남자의 저주는 이 충동으로 인해 다른 사람들이 그가 상상할 수 있었던 것보다 더 철저하게 그의 모든 말을 읽을 수 있는 위치에 놓이게 되었다는 것이다.

감사의 말

여러 문서고의 많은 분에게 감사의 말을 전하고 싶다. 나는 그분들에게 기꺼운 도움과 관심, 자료 찾기, 수많은 편지와 전화 통화와 이메일을 빚졌고, 무엇보다 문서고의 깊숙한 곳들에 접근하는 가능한 지름길에 대한 모든 아이디어를 빚졌다. 그분들이 없었다면 나는 그 지름길들을 결코 찾지 못했을 것이다. 특히 내용물에 대한 색인이 없는 캐비닛들을 열어준 용기에 큰 고마움을 표하고 싶다. 그들의 호기심, 열정, 개인적인 격려는 내게 상상도 못 할 정도로 큰 힘이 되었다.

개인적인 도움과 정보, 개인적인 수정, 때로는 매우 방대한 서신, 개인 문서고들의 열람을 제공해준 다음과 같은 분들에게 감사한다.

힐데가르트 베셔-투생(프랑크푸르트 고등검찰청), 조냐 V. 베렌스, 바바라 비링거(빈대학 기록원), 볼프강 비르크홀츠(쾰른 라디오방송국), 라인하르트 브란트(마르부르크), 데틀레프 부세(니더작센 주기록원), 마이클 데이비스(미국 『퍼레이드』), 니콜렛 A. 도브라울스키(뉴욕 시러큐스대학), 헬무트 아이히만, 프랑케 박사(파텐젠), 다니엘 프리치, 크리스티안 간저(키이우), 우리엘 가스트(취리히 연방기술공과대학교), 크리스티안 걸락(워싱턴), 우키 고니, 페터 바임 그라벤, 야스민 그라펜호르스트, 게오르크-미하엘 하프너, 마르틴 하이딩거(빈 오스트리아 라디오방송국), 토마스 하를란(†), 게르트 하이데만, 헬무트 하이넨(쾰른 라디오방송국), 토비아스 헤르만(루트비히스부르크 연방기록원), 라울 힐베르크(†), 비르기트 키노브(마르바흐 독일 문학 기록원), 노르베르트 키슬링(바덴-뷔르템베르크주 형사청), 앤디 킹(『텔레그래프』), 엘리자베트 클람퍼(오스트리아 저항운동문서고), 로테 쾰러(†), 미하엘 쾰러(함부르크), 페터 F. 크라믈(잘츠부르크 시기록원), 아네테 크리거(쾰른 라디오방송국), 마누엘라 랑게(코블렌츠 연방기록원), 레이먼드 레이, 데보라 립슈타트, 발터 로렌시츠(오스트리아 국립기록원), 마르셀 마르쿠스(예루살렘 루트비히 마이어 서점), 홀거 메딩(쾰른), 파울 메비센, 베아테 마이어(독일 유대인역사연구소), 루츠 뫼저(베를린 연방기록원), 하리 물리시(†), 아네그레트 노이페르트(코블렌츠 연방기록원), 크리스토프 파르치, 다니엘 파센트, 안톤 펠린카(인스부르크), 티모라 페렐(야드바셈), 베르트란트 페르츠(빈), 만프레트 풀트(비스바덴 헤센 중앙국립기록원), 도론 라비노비치, 올리버 라트콜프(빈대학), 베르너 렌츠(프리츠 바우어 연구소), 디르크 리델(다하우 기념관), 프란치스카 사선, 사스키아 사선, 한스-빌헬름 자우레(『빌트』), 에스터 샤피라, 파트리치아 슐레징거(북독일 라디오방송국), 슈테판 슈미츠(『슈테른』), 베르너 슈뢰더, 카를로 쉬트(함부르크 현대사연구소), 쿠르트-베르너 제보(베르겐 시기록원), 카트린 자이볼트-하를란, 크리스토프 슈탐(사회민주주의 기록원), 알렉산더 스튀머, 룰프 반 틸, 지다어 톱탄치(루트비히스부르크 연방기록원), 미하엘라 보첼카(지몬 비젠탈 기록원), 앙겔리카 포스(함부르크 현대사연구소 문서고), 클라우스 비그레페(『슈피겔』), 미하엘 빌트, 프랑크 비텐도르퍼(지멘스사), 이름트루트 보야크, 나타샤 데 빈터(부에노스아이레스) 및 이름을 밝히지 않는 조건으로 도와준 사람들.

몇 가지 문의에 대해서는 아직 답을 받지 못했다. 나는 여전히 다음과 같은 분들의 답을 듣고 싶다. 데이비드 세자라니, 리아네 디르크스(『폴리티카』에 대하여), 기도 크노프(자료에 대하여), 외르크 뮐너(녹음테이프 사운드 편집에 대하여), 『타임/라이프』사.

연구를 수행하는 사람들에게는 연구가 언제나 삶의 일부다. 쓰레기가 나를 독살하려들 때 나의 길에서 이 사실을 상기시켜준 사람들을 만난 것은 행운이었다. 내가 힘을 내어 이 프로젝트를 끝까지 밀고 나갈 수 있었던 것은 이런 만남들 덕분이다. 그리고 무엇보다 이런 만남들은 내가 다시금 그런 길에 들어서게 할 수 있는 유일한 이유다. 에크하르트 하스펠, 피터 뮐러, 빌리 윙클러에게 감사한다.

옮긴이의 말

'아렌트는 아이히만에게 속았다.' 10년 전 2015년 1월 나는 한 주간지에 '현대사 스틸컷'이란 역사 에세이를 연재할 때 그 얘기를 국내에서 처음 올렸다. 그 주제를 다룬 연구 문헌들이 산더미처럼 쌓여 있었지만, 그 글을 쓰는 데 베티나 슈탕네트의 이 책은 단연 유용했다. 이제 그 책의 한국어판이 발간되어 매우 기쁘다. 국내에서도 후속 논의가 이어지기를 크게 기대한다.

슈탕네트가 이 책을 처음 발간했을 때인 2011년에 이미 친위대 중령 아이히만이 단순히 거대한 살인 기제의 작은 톱니바퀴에 불과한 인물이 아니고 나치 이데올로기와 신념에 충실한 능동적 행위자였다는 사실은 꽤 알려져 있었다. 한스 사프리안, 야코프 로조비크, 이름트루드 보야크, 데이비드 세자라니 등은 이미 한나 아렌트의 아이히만 이미지가 오류임을 밝혔고, '악이 평범'하지 않으며 도리어 비범하다는 사실을 규명했다. 그것은 1990년대부터 본격적으로 발전한 홀로코스트 연구의 분과 연구 흐름인 '가해자 연구'의 숱한 결과에 그대로 조응했다.

나치 가해자 연구에 따르면, 홀로코스트는 근대 국가의 관료제나 전체주의 체제의 분업 체계 때문에 가능했던 게 전혀 아니었다. 오히려 인습적인 관료제를 깨버리고 상명하복 체계를 뛰어넘어 새로운 구상과 실험을 적극 실천한 행위자들의 역동성과 '비범성'이야말로 그와 같은 방대한 규모의 학살과 억압을 가능케 했다. 나치 국가 기구의 중상급 관료와 군인들은 나치 이념을 자신의 신념이자 사명으로 끌어올렸고, 스스로 생각하며 자신의 논리와 언어를 마구 창안했다.

슈탕네트는 이 책을 통해 바로 아이히만의 신념과 사명, 언어와 논리를 세밀히 밝혔다. 이 책이 특별한 것은 아이히만의 '두 번째 투쟁', 즉 아르헨티나 도주 시절의 활동과 사유를 포괄적으로 다루면서 그의 '사유 능력'과 '언어 능력'을 부각했기 때문이다. 저자는 철학자이지만 여느 역사가 못지않게—그것도 처음으로—'사선 인터뷰'를 완전히 복원해 정밀히 살폈다. 이제 독자들은 아이히만이 얼마나 독창적으로 사유하고 고유한 방식의 논리를 가졌는지 실감할 것이다.

아이히만을 비롯한 나치 범죄의 주요 행위자들은 '평범'하거나 '정상'적이지 않았다. 슈탕네트는 이 책에서 '악'을 직접 분석하지도 않았고 '악의 평범성' 테제의 의의를 완전히 부정하지도 않았다. 다만 2016년에 발간한 다음 책 『사악한 생각』에서 그 문제를 따로 다루었다. 아렌트가 주장하는 것과는 달리, 그는 '악'이 단순히 '무사유 thoughtlessness'에서 생겨나지 않고 오히려 '적극적인 사유 과정'을 통해서 생겨난다고 지적했다. 슈탕네트에 따르면, 악한 행위를 하는 사람들은 자기기만을 통해 자기 행동을 정당화한다. 홀로코스트와 같은 폭력 가해 행위자들은 보편적 이성과 인도적 준칙을 비틀고 뒤집어 제 나름의 궤변과 세계 인식 방식을 창안해 가해 행동과 폭력 실천에 오히려 큰 역사적 의미와 의의를 부여했다. 그 과정에서 그들은 대개 위로부터의 명령 전에 또는 그것을 뛰어넘어 더 과격해졌다. 악을 단순히 사유의 결핍이 낳은 도덕 불감증의 문제로 볼 수 없는 이유다.

'악의 평범성' 테제는, 사실 원래 아렌트가 말한 것과는 달리, '평범'한 우리가 '일상'의 삶에 빠져 무심히 심각한 '악'을 방관하지는 않는지를 질타하는 경종으로 이해되었다. 그런 오해는 우리 양심과 이성에 경각을 불러일으키면서 성찰의 힘을 갖는 것으로 여겨진다. 하지만 그것은 홀로코스트의 가해자 또는 여타 폭력과 억압 가해자들의 실제 모습과는 거리가 멀다. 가해 기구에서 일정한 직책을 가진 수행자들이 그렇게 무심할 순 없을뿐더러 명령에만 복종해서는 대량살상이 일어나기 어렵다. 이데올로기나 신념이 아니더라도 출세나 경제 이익, 집단 문화나 동류의식 등 무수한 행위 동기와 유인 및 이유와 배경이 존재한다.

폭력 가해자들의 행위 동기와 논리, 자기 인지와 상황 해석을 해명하는 것은 '악이 평범하다'고 말하는 것보다 더 큰 성찰 과제를 제시한다. 폭력 가해자들은 위로부터의 명령에 수동적으로 따르기에 생겨나는 것이 아니라 특정한 사유와 인지 방식, 특히 죄와 책임을 피해자와 희생자들에게 돌리는 적극적인 자기기만과 논리적 합리화를 통해 형성되고 지속된다. 아이히만이 그랬듯이, 그것은 자기과시 및 이미지 창출과도 연결되기에 가해자들은 전혀 정적이거나 수동적일 수가 없다.

이 책은 아이히만이 제2차 세계대전 당시 얼마나 지독하게 나치 신념을 유지하고 실천으로 모범을 '창안'했는지, 나치 몰락 후 아르헨티나 도주 시절에도 얼마나 질기게 나치 혁명을 '준비'했는지, 1961년 예루살렘 법정에서 얼마나 기막히게 '거짓말'을 했는지를 잘 보여준다.

독자들은 이 책에서 접하는 '비범한 악인' 아이히만의 과격한 주장, 기만과 궤변, 위선과 변명이 21세기 한국의 정치 상황에서도 여실히 나타남을 알 수 있을 것이다. 2024년 12월 3일을 전후해서 지금까지 한국에서 벌어진 헌정 유린과 내란 범죄, 법원 폭동과 극우 선동 그 어디에도 '무사유'는 없다. 오히려 기괴한 사유 방식과 독특한 상황 해석 및 뒤틀린 언어 사용들이 넘쳐났다. 보편적 이성과 도덕, 그에 기초한 헌법과 질서를 모두 파괴하는 다양한 행위자가 역동적으로 형성되고 있다. 그것을 어떻게 제어할지에 대해 이 책이 당장 해답을 주지는 않는다. 하지만 그 '비범'하고 '비정상'적인 헌정 파괴자들의 사유 비밀과 행위 양식 및 사후 변명과 위선, 기만 논리를 밝히고 이해하는 데 이 책은 매우 유용할 것이다.

21세기 민주주의 파괴 세력의 강도와 정도는 심상치 않다. 아이히만과 같은 가해자들 그리고 '악의 비범성'에 대해 본격 토론을 열어야 할 때다. 이 책은 억압과 폭력 행위자들의 비판과 분석, 성찰과 극복의 새 단계로 독자들을 초대할 것이다.

이 책의 한국어판 출간을 마련하고 번역을 격려한 글항아리 출판사의 이은혜 편집장과 한선예 편집자께 깊은 감사를 드린다. 두루 읽혀 오랜 기다림에 조금이나마 미안함을 덜 수 있기를 빈다. 한국어판 서문을 보내온 저자 베티나 슈탕네트 선생께도 고마움과 경의를 표한다.

2025년 2월 6일

이동기

약어

[1, 2] 별도의 언급이 없는 경우 사선 녹취록의 쪽수를 가리킴
A. o. 앞에서 표기

AA	Auswärtiges Amt 외무부
AfZ	ETH Archif für Zeitgeschichte, Eidgenössische Technische Hochschule Zürich 취리히 연방기술공과대학교 현대사 문서고
BArch	Bundesarchiv 연방기록원
BDC	Berlin Document Center, heute im Bestand des BArch Berlin 베를린문서센터(현재는 베를린 연방기록원 내)
BdJ	Bundesministerium der Justiz 연방법무부
BfV	Bundesamt für Verfassungsschutz 연방헌법수호청
BKA	Bundeskriminalamt 연방형사청
BND	Bundesnachrichtendienst, bis 1956 "Organisation Gehlen" 연방정보국(1956년까지는 "겔렌 조직")

BVerwG Bundesverwaltungsgericht 연방행정법원

Dok. Dokument 문서

DÖW Dokumentationszentrum Österreichischer Widerstand 오스트리아 저항운동문서고

ds. der-/dieselbe 동일함

ebd. ebenda 출처는 위와 같음

FZH Forschung für Zeitgeschichte, Hamburg 함부르크 현대사연구소

HHStA Hessisches Hauptstaatsarchiv 헤센 중앙국립기록원

HIS Hamburger Institut für Sozialforschung 함부르크 사회연구소

IMT xx 뉘른베르크 전범 재판 문서 분류 번호

NA National Archives, College Park 미국 국립기록원, 메릴랜드 칼리지파크

ÖStA Österreichisches Staatsarchiv 오스트리아 국립기록원, 빈

PA AA Politisches Archiv des Auswärtigen Amtes 외무부 정치기록원

RSHA Reichssicherheitshauptamt 제국중앙보안청

RuSHA Rasse- und Siedlungshauptamt 중앙인종 · 이주청

S.u. Siehe unten 아래 참조

Sassen-Transkript 1957년 사선 토론회의 녹취록, (테이프 번호):(쪽 번호) 형식으로 지시됨

Prozess 아이히만 재판 공판 번호, 1961년 독일어 기록을 따름(잘못 들은 내용은 암묵적으로 수정됨)

T-xx 아이히만 재판의 검찰 측 문서 분류 번호

u.ö. und öfter 또 여러 차례

Verhör Protokoll des Polizeiverhörs in Israel 이스라엘 경찰 조서 기록

ZSt Zentrale Stelle Ludwigsburg 루트비히스부르크 중앙청

주

서론

1. 1961년 2월 5일 카를 야스퍼스에게 보내는 편지. 한나 아렌트 · 카를 야스퍼스, 『서신 교환 1926~1969*Breifwechsel 1926~1969*』, 로테 쾰러 · 한스 자너 편(뮌헨 및 취리히, 1985), 459쪽.

2. 아이히만의 1962년 프랑스 신문 『파리 마치*Paris Match*』 설문지. 코블렌츠 연방기록원, AllProz 6/252, 38쪽. 모든 인용은 원문의 옛 정서법이나 오기를 수정하지 않고 그대로 따랐다. 그 외 관습상의 참조는 뺐다.

3. 어떤 책 어디에서 그런 말을 보았는지 저자는 알 수 없다. 다만 저자는 7년 전에 그것을 봤다고 확신한다. 외교부에 대한 포괄적인 연구가 그 사례다. 에카르트 콘체 · 노르베르트 프라이 · 페터 하예스 · 모셰 치머만, 『공직과 과거: 제3제국과 연방공화국의 독일 외교관들*Das Amt und die Vergangenheit: Deutsche Diplomaten im Dritten Reich und in der Bundesrepublik*』(뮌헨, 2010), 604쪽. 이후 『공직과 과거』로 표기함.

4. 장 자크 루소, 『인간 불평등 기원론*Discour sur l'origine et les fondaments de l'inegalité parmi les homes*』(암스테르담, 1775), 2부의 첫 문장.

5. 1945년 전쟁이 끝난 직후에 이미 아이히만의 이름을 두고 혼란이 생겼다. 그 혼란은 오늘날까지도 지속되고 있다. 하지만 그의 이름은 분명 입증이 가능하다. 그는 출생증서(코블렌츠 연방기록원, AllProz 6/236)뿐 아니라 중앙 인종 및 거주청의 문서와 같은 나치 시대 공문서(베를린 문서 센터BDC, 베를린 연방기록원, RuSH-Akte Adolf Eich-

mann)를 소지하고 있었다. 그의 이름을 카를이라고 주장하는 것은 힌츠의 전화번호부뿐 아니라 나치당 당원증에도 기재된 그의 아버지 이름과 혼동한 것에서 기인한다. 사람들이 아이히만의 이름을 이스라엘에서도 그의 아버지 이름과 함께 사용하는 방식인 '카를 아돌프 아이히만의 아들, 아돌프'로 불렀기 때문에 이런 오해가 생겼다. 장남에게 보통 그랬던 것과 같이 아이히만은 친할아버지의 이름을 이어받았다.

6. 「나의 도주Meine Flucht」, 22쪽. 1961년 3월 이스라엘에서의 기록. 아이히만 스스로 "1945년 5월 어느 밤"이라고 밝혔다. 타자 원고에서 손으로 페이지를 매긴 것에 따라 인용했다. 코블렌츠 연방기록원, AllProz 6/247.

7. 이 얘기가 단지 문학적 수사라고 생각하는 사람들은 1960년 6월 6일 아이히만 납치 후 그의 집에서 찍은 사진과 그 시기에 몇몇 신문사에서—특히 1960년 6월 26일~7월 16일의 『슈테른*Stern*』—공개한 사진 등에서 그 증거를 찾을 수 있다. 그 밖의 세부 사항들은 아이히만이 이스라엘에 있는 가족에게 보낸 편지에서 나온 사실들이다. 사본은 이스라엘 국립기록원과 코블벤츠 연방기록원 AllProz 6/165 및 248.

8. 이 책은 뉴욕과 런던에서 1963년에 출간되었다. 독일 독자들은 우선 20페이지가 채 못 되는 분량만 읽을 수 있었는데, 『메르쿠르*Merkur*』 편집부는 2장과 3장을 축약해 실었다. 첫 번째 독일어판은 1964년 뮌헨에서 피퍼 문고본의 제35권으로 출간되었다. 이후 인용은 그 판본을 따른다.

9. 1960년 6월 20일 메리 매카시에게 보낸 편지. 한나 아렌트 · 메리 매카시, 『기밀: 서신 교환 1949~1975*Im Vertrauen: Briefwechsel 1948~1975*』, 캐럴 브라이트먼 편(뮌헨 및 취리히, 1995), 150쪽.

10. 같은 책, 1960년 6월 20일, 150쪽.

1장 "제 이름은 상징이 됐죠"

1. 「나의 도주」, 22쪽. 1961년 3월 이스라엘에서 작성. 코블렌츠 연방기록원, AllProz 6/247.

2. 최근에 발간된 가장 인상적인 예는 클라우스 W. 토파른, 『제3제국과 홀로코스트*Das Dritte Reich und der Holocaust*』(프랑크푸르트암마인, 2008)다. 그 책의 4.22 「아이히만 재판 논평」은 여러 측면에서 문제가 있다. "아이히만이 세계 여론에 미친 영향은 무엇보다 그의 비가시성과 비돌출성에 기초했다. 전쟁 전 아이히만은 눈에 띄지 않는 보안국 대원이었고, 전쟁 중엔 눈에 띄지 않는 친위대 장교였고, 전후에는 지하로 잠적한 나치였고, 재판 개시 전까지는 눈에 띄지 않는 이스라엘의 포로였다."(359쪽)

1. 공적 삶으로의 길

1. 그것에 대해서는 아이히만이 더 많이 알아 유리했고 그는 그 지식을 활용했다. 1960~1961년경에는 보안국에 대해 알려진 것이 많지 않았다. 1934년 아이히만이 보안국에 자리를 지원했을 때 보안국은 이미 초기 국면을 지나 성장해 하이드리히 외에 86명의 장교를 보유했다(1934년 10월 1일자 친위대 복무 연한 목록에 기초한 숫자).

2. 프란츠 마이어, 아이히만의 17차 공판에서의 증언.

3. 사선 녹취록 24:2. 원본에 따른 숫자 표기.

4. 1937년 12월 18일의 부서장 회의에서 하겐은 규칙과 규율 위반을 상세히 공지하고 경고한 뒤 개선 기한을 명확히 정했다. T/108. T/x 부호는 모두 재판에서 검사가 제출한 기소장에 붙인 것이다.

5. 에른스트 마르쿠스는 아이히만과 처음 만난 때를 1936년 11월이라고 말했다. 그러나 그가 얘기한 사건에 따르면, 그 만남은 1937년 11월이었다는 결론이 나온다. 아이히만에 대한 뒤이은 묘사도 같은 시기에 대한 것이다. 마르쿠스는 아이히만과 처음 만났을 때의 계기나 연도 중 하나에 대한 기억이 틀렸다. 마르쿠스는 이미 1937년 이전에 아이히만을 만났을 가능성이 높다. 즉 그가 언급한 첫 만남의 날짜는 정확하며, 다만 만남의 계기를 착각했을 것이다. 에른스트 마르쿠스, *Das deutsche Auswärtige Amt und die Palästinafrage in den Jahren 1933~1939*(야드바셈 기록원 O-1/11, 1946); 영어본은 *Yad Washem Studies* 2(1958), 179~204쪽; 독일어본은 Kurt Jakob Ball-Kaduri, *Vor der Katastrophe. Juden in Deutschland 1934~1939*(Tel Aviv, 1967), 69~72쪽.

6. 그 감시 사진은 아이히만 재판에 제출되었다. 하지만 사료 파일은 아직 봉인되어 있다.

7. 1937년 6월 26일 요아힘 프린츠는 은퇴식을 가졌다. 미국으로 이민 가기 위해서였다. 베노 콘, 『프랑크푸르터 룬트샤우*Frankfurter Rundschau*』, 1960년 6월 1일; 아이히만의 15차 공판. 아이히만은 1937년 11월 1일 강연에서 그 사건에 대해 말했다. 미하엘 빌트, *Die Judenpolitik des SD 1935~1938: Eine Dokumentation*(뮌헨, 1995), 123쪽 이하. 아이히만은 아르헨티나에서도 자기 행동이 정당했다고 말했다. 『다른 이들이 말했고, 이제 내가 말할 차례다!』를 참조하라.

8. 오토 폰 볼슈빙은 에른스트 마르쿠스와 에른스트 고틀리프가 아이히만에 대해 이야기하는 것을 엿듣고는 그 둘을 아이히만에게 고발했다. 아이히만의 대응은 다음 편지의 수기 논평에 나와 있다. 권터 슈베르트가 모으고 논평한 다음의 글을 참조하라. "Post für Eichmann", *Jahrbuch für Antisemismusforschung* 15(2006), 볼프강 벤츠 편, 383~393쪽, 복사본 392~393쪽.

9. 보안국의 발전과 유대인 및 직원들의 자기 이미지에 대해서는 위에서 언급한 미하엘 빌트의 *Die Judenpolitik des SD* 서문을 보라.

10. 볼슈빙의 편지에 아이히만이 기록한 논평은 권터 슈베르트의 "Post für Eichmann"의 복사본을 참조하라.

11. II 112의 활동 보고서, 특히 1937년 2월 17일의 보고서(T/107)를 보라.

12. 1937년 5월 15일 유대인의 소수자 지위가 박탈된 후인 1937년 5월 22일부터 아이히만은 브레슬라우로 가서 반유대주의 법률과 조치의 집행을 감시했다. 그곳에서 그는 처음으로 유대인 카드 발급과 등록 절차를 직접 경험했다. 1937년 7월 6일부터 10월 5일까지의 활동 보고서, SD-Hauptamt, II 112, 코블렌츠 연방기록원, R58/991. 그것에 대해서는 미하엘 빌트의 *Die Judenpolitk des SD* 서문, 13~64쪽, 특히 34쪽 이하를 보라. 아울러 데이비드 세자라니, 『아이히만: 그의 삶과 범죄*Eichmann: His Life*

and Crimes』(런던, 2005), 52쪽 참조.

13. 아이히만을 접촉한 사람은 파울 부름이었다. 그는 베를린에서 발간되는 잡지 『슈튀르머*Die Stürmer*』의 편집인이었다. 아이히만은 상관과 협의(1937년 8월 3일)한 후 파울 부름의 초청을 수락했다(1937년 9월 2일). "관구장Gauleiter인 슈트라이허 몰래" 『슈튀르머』 아카이브를 열람하도록 해주겠다는 약속을 받았기 때문이다. 아이히만은 1937년 9월 5일부터 9일까지 당 대회에 참석했고 그때 슈트라이허를 만났다. 심지어 그는 미국 반유대주의자 단체를 만났는데 충격적인 경험이었다. T/121, Dienstbericht des SS-H'scharf. Eichmann, II 112 v.11.9.37. 그것은 코블렌츠 연방기록원, R 58/623과 동일하다. 마그누스 브레히트켄, *"Madagaskar für die Juden": Antisemitische Idee und politische Praxis 1885~1945*(뮌헨, 1997), 72쪽 이하.

14. 사선 녹취록 62:1.

15. 그들이 만난 날짜를 정확히 파악하기는 여전히 어렵다. 시기만 대략 추정할 수 있다. 1938년 3월 15일에서 25일 사이일 것이다. 그것에 대한 여러 서술이 존재한다. 아돌프 뵘은 신경쇠약으로 신경과 병원의 폐쇄 병동에 입원했다. 도론 라비노비치, *Instanzen der Ohnmacht: Wien 1938~1945. Der Weg zum Judenrat*(프랑크푸르트암마인, 2000), 70쪽 이하.

16. 1977년 3월 22일자 헤르베르트 로젠크란츠의 예후다 브로트 박사와의 인터뷰, '빈 청년 알리야 상담소'. 야드바셈 기록원 O-3/3912. 인용은 헤르베르트 로젠크란츠, *Verfolgung und Selbstbehauptung: Die Juden in Österreich 1938~1945*(뮌헨, 1978), 109쪽 이하.

17. 1939년 12월 14일 아이히만은 오스트마르크의 이스라엘공동체 재산관리 특별전권위원이 되었다. "Anordnung des Reichskommissars für die Wiedervereinigung Österreichs mit dem deutschen Reich", 뷔르켈 서명, 1939년 12월 14일, ÖStA, AdR Bürckel-Materie, 1762/1,31; 로젠크란츠, *Verfolgung und Selbstbehauptung*, 221, 234쪽에서 인용.

18. 다소 일방적이긴 하지만 그것과는 다른 주장, 즉 게슈타포의 역할이 중요했다고 보는 입장은 토마스 망, *"Gestapo-Leitstelle Wien–Mein Name ist Huber": Wer trug die lokale Verantwortung für den Mord an den Juden Wiens?*(뮌스터, 2004).

19. 1938년 5월 8일자 헤르베르트 하겐에게 보내는 편지, T/130. 코블렌츠 연방기록원, R58/982, fol. 19 이하와 동일하다. 그 신문은 1938년 5월 20일부터 1938년 11월 9일까지 25호까지 발간되었다(편집주간은 에밀 라이히). 검열의 영향이 강했다는 것이 확인된다.

20. 마틴 로젠블루트(런던)와 게오르크 란다우어의 서신 교환, 1938년 5월 17일, *Deutsches Judentum unter dem Nationalsozialismus*, 오토 도브 쿨카 편(튀빙겐, 1997), Bd. 1, Dokumente zur Geschichte der Reichsvertretung der deutschen Juden 1933~1939, 381쪽. 극비문서, 1938년 4월 19일의 레오 라우터바흐의 보고서 "The Jewish Situation in Austria. Report submitted to the Zionist Organization". 인용은 헤르베르트 로젠크란츠, *Verfolgung und Selbstbehauptung*, 275쪽 이하; 이즈리얼 코언 Israel Cohen, "Bericht über Wien", Prag, 1938년 3월 28일, 같은 책, 51쪽 이하.

21. 이즈리얼 코언, 같은 책.

22. 톰 세게브, 『지몬 비젠탈*Simon Wiesenthal: Eine Biographie*』(뮌헨, 2010), 23쪽.

23. 1939년 11월 30일, 벤구리온 문서고Ben-Gurion Archiv(BGA). 톰 세게브, 『지몬 비젠탈』, 24쪽, 주 511.

24. 1938년 11월 11일의 단기 요청; 1938년 11월 12일 회의. 검찰 측 문서 T/114. 그것은 IMT 1816-PS(28499 이하를 참조)와 동일하다.

25. 베른하르트 뢰제너(제국 내무부 관료이자 뉘른베르크 법률 작성자)는 그 방문을 확인해주었다. 물론 사후 보고서에서 그는 자신의 역할을 왜곡했다. 1950년 6월 26일의 수기, *Vierteljahreshefte für Zeitgeschichte* 9, 제3호(1961년 7월), 264~313쪽, 여기서는 292쪽. 하이드리히와 제국 경제부 및 선전부 대표들의 방문도 확인된다.

26. 사선 녹취록 32:8.

27. 사선 녹취록 4:3, 60:2 등등.

28. 사선 녹취록 32:8.

29. 친위대 중장 힌켈은 아이히만에게 자필 서명을 담은 『10만 명 중의 한 명*Einer unter 100000*』을 선물했다. 아이히만은 사선 인터뷰와 「나의 회고Meine Memoiren」에서 그것을 떠올리며 뿌듯해했다.

30. 바이트호펜 안데어 입스 근교의 구트 잔트호프 노동수용소와 린츠 근교 뮐탈의 도플 노동수용소를 말한다. 두 수용소는 1939년 5월에서 1941년 12월까지 '수공업과 농업 분야 직업을 위한 유대인 강제 견습 수용소'라는 이름으로 빈의 '중앙사무소'에 의해 운영되었다. 오랫동안 간과되었던 그 유대인 정책에 대해서는 선구적인 연구 가브리엘레 안데를Gabriele Anderl, "Die 'Umschulungslager' Doppl und Sandhof der Wiener Zentralstelle für jüdische Auswanderung"을 참조하라. www.doew.at/thema(2003).

31. 아이히만은 자기 옛 애인이 그 부동산을 구입할 때 시가보다 훨씬 더 높은 가격을 지불했다는 의심을 받았다. 가브리엘레 안데를, "Die 'Umschlungslager'".

32. 사선 녹취록, 번호가 매겨지지 않은 호, Blatt 2. 같은 곳 54:12.

33. 그것에 대한 면밀한 분석은 가브리엘레 안데를 · 더크 루프노Dirk Rupnow, *Die Zentralstelle für jüdische Auswanderung als Beraubungsinstitution*(빈, 2004); 그리고 특히 테오도어 베누스Theodor Venus · 알렉산드라-아일렌 벵크Alexandra-Eileen Wenck, *Die Entziehung jüdischen Vermögens im Rahmen der Aktion Gildemeester*(빈, 뮌헨, 2004).

34. *Wiener Völkischer Beobachter*, 1938년 11월 20일(사진을 실은 일요판).

35. 라디스라우스 베네스의 기사, *Pester Loyd*, 1939년 2월 11일.

36. "독일 시오니스트 모임의 회의"에서 보고된 베노 콘, Vorladung von Vertretern des deustchen Judentums im Frühjahr 1939 vor der Gestapo(Eichmann). 1958년 4월 2일 발-카두리 박사의 녹음, 야드바셈 기록원 O-1/125. 1958년 회의록은 쿠르트 발-

카두리, *Vor der Katastrophe: Juden in Deutschland 1934~1939*(텔아비브, 1967), 235~239쪽. 그것에 대해서는 도론 라비노비치, *Instanzen der Ohnmancht: Wien 1938~1945. Der Weg zum Judenrat*(프랑크푸르트암마인, 2000), 151쪽 이하. 그는 야드바솀 사료 번호를 227(그것은 1940년대 에리히 프랑크와 만남에 대한 회의록을 담고 있다)로 오기했다. 벤노 콘은 1939년 3월 말 망명했다. Aussage Session 14 이하.

37. 그는 그것을 여러 번 말했다. 사선 녹취록 2:4와 6:1.

38. 『파리저 타게스차이퉁』 지는 『파리저 타게스블라트』의 후속 신문이었다. 사람들은 두 신문명을 더러 혼동해서 기억했다. 신문은 처음부터 독일어로 발간되었다. 간혹 등장하는 얘기와는 달리 이디시어로 발간되지 않았다.

39. 베를린 리히터펠데 연방기록원, ZA I, 7358, A. 1, 1:15.5(6!), 1937. Betrifft Unterredung SS-Hptscharf. Eichmann und SS-O'Scharf. Hagen. 인용은 테오도어 베누스 · 알렉산드라-아일렌 벵크, *Die Entziehung des Vermögens*, 48쪽 이하. Bericht von Heinrich Schlie an Eichmann und Lischka, 1939년 3월 5일, 야드바솀 기록원 O-51/0S0-41. 인용은 Avraham Altman and Irene Eber, "Flight to Shanghai 1938~1940: The lager Setting", 『야드바솀 연구 *Yad Vashem Studies*』 제28호(2000), 58~86쪽, 여기서는 59쪽.

40. 부다페스트 유대인평의회와 처음 만났을 때였다. 아이히만은 사선에게 그때 그렇게 말했다고 터놓고 얘기했다. "유머와 조롱을 섞어서" 한 말이었다고 한다. 사선 녹취록 72:6.

41. 1945년 10월 3일 안톤 브루너의 진술이었다. 그는 알로이스 브루너와는 아무 관련 없는 중앙사무소의 민간인 직원이었고 1946년 빈에서 교수형을 당했다. 오스트리아 저항운동문서고, 빈, 문서 19 061/2. 한스 사프리안Hans Safrian, 『아이히만과 그의 조력자들*Eichmann und seine Gehilfen*』(프랑크푸르트암마인, 1995)을 참조하라.

42. 요제프 바이슬이 아내 파울리네에게 보낸 날짜 미상의 편지. Verfahren gegen Josef Weiszl vor dem LG St Wien, Vg 7c Vr 658/46, Ord. Nr.56, Bl. 2567 이하. 인용은 가브리엘레 안데를, "Die 'Umschlungslager'".

43. Der Mördervater, Dokumentation von James Moll, USA 2006, Bayerischer Rundfunk 2006을 참조하라.

44. 사선 녹취록은 1957년 원본의 번호를 따라 인용된다. 테이프 번호를 적고 다음에 페이지 번호를 적는다.

45. 사선 녹취록 72:16. "저는 유대인 주요 인사를 만나면 몇 번이나 이렇게 말했어요. '너희는 지금 어디에 있는지 알아? 너희는 지금 '유대인 차르' 앞에 와 있는 거야. 너희는 그것을 몰라? 『파리저 타게스블라트』를 안 읽었단 말이야?!"

46. 베노 콘은 아이히만 재판에서 자신의 기억을 재구성해 다음과 같이 진술했다. "아이히만은 그 신문에 자기 얘기가 나왔다며 크게 화를 냈어요. 우리한테 기사의 일부, 즉 그를 '맹견'이라고 쓴 대목을 읽어주었죠. 그때 언급된 말들을 옮기면 이런 거예요. '맹견 아이히만' '핏발이 선 눈' '새로 나타난 적' '유대인의 적'. 저는 당시 표현들을 다 기억하지는 못해요. 하지만 전부 너무나 적절했어요."

47. 베노 콘의 법정 진술. 아이히만의 14~15차 공판.

48. 사선 녹취록 6:1.

49. II 112는 공무 때문에 『슈튀르머』의 편집인과 계속 교류하는 것에 별로 관심이 없었다. 아이히만은 관계를 끊었다. 특히 『슈튀르머』와 반유대주의 '정보 수집'과 관련한 전술과 입장을 둘러싸고 갈등이 커졌기 때문이었다. 부름은 외무부의 프란츠 라데마허와 교류하며 외무부에서 발의한 이른바 마다카스카르 계획에 참여했다. 마그누스 브레히트켄Magnus Brechtkin, *'Madagaskar für die Juden'*, 72쪽 이하를 참조하라.

50. 사선 녹취록 6:1.

51. Zeugenaussage zum Eichmann-Prozess Novak, 1961년 4월 3~5일. 아이히만은 "유대인들 사이에서 상당히 유명해졌어요." 노바크는 그 이유를 아이히만이 유대인 단체의 간부들과 접촉했기 때문이라고 봤다.

52. 지금까지 누구도 그 기사 모음을 재구성하려고 하지 않았던 것에는 여러 이유가 있었을 것이다. '그림자 사람'이라는 매력적인 이미지, 아이히만의 허풍(이번에는 눈에 금방 띄는)에 대한 불신, 신문 기사 조사의 근본적인 문제들이 그것이다. 그 부분을 다루기 위해 나는 1938년부터 폐간 때까지 다음과 같은 독일어로 된 망명지 신문들을 살폈다. 『아우프바우』(뉴욕) 『파리저 타게스차이퉁』(파리) 『디차이퉁』(런던). 『아우프바우』의 경우에는 주제어와 인명 목록의 카드가 존재한다. 그것은 불완전하고 오류도 적지 않기에 정밀하게 조사할 필요가 있다. 다른 신문들의 경우에는 그냥 다 읽는 수밖에 없다. 관공서 출간물의 공무상 기재된 것을 빼면 나는 지금까지 나치 체제의 어떤 신문에서도 아이히만의 이름을 발견하지 못했다. 나는 『 키셔 베오바흐터』(베를린판과 빈판) 『다스 라이히*Das Reich*』 『데어 안그리프*Der Angriff*』 『다스 슈바르츠코프*Das Schwarzkopf*』 등을 살펴봤다.

53. 사선 녹취록 6:1.

54. 알로이스 엘리아스 장군은 참사관 파호운 박사에게 "유대인이민중앙사무소 설립 문제"를 논의하도록 위임했다. "그에게 사적으로 그것에 대해 얘기한 사람은 슈탈레커 대령과 그의 부관인 아이히만 대위였다." Státní ús ední archiv Praha(SÚA)/ Staatliches Zentralarchiv Prag, Bestand Präsidium des Ministerrates(PMR), Karton 4018. 인용은 Jaroslava Milotová, "Die Zentralstelle für jüdische Auswanderung in Prag. Genesis und Tätigkeit bis zum Anfang des Jahres 1940", *Theresienstädter Studien und Dokumente*(1997), 7~30쪽, 2쪽.

55. 1939년 7월 19일 페첵 궁성의 협의. Information für den Minister. Vermerk aus der Beratung im Petschek-Palais am 19.7.1939, SÜA, Bestand der Polizeidirektion Prag(PP), Sign. 7/33/39. Karton 1903. 인용은 Jaroslava Milotová, 앞의 책.

56. 프라하 유대인 공동체 비서인 프란티셰크 바이트만은 1939년 7월 20일, 즉 정부 대표단보다 앞서 이미 "아이히만 대위의 지시로" 답사하러 빈에 오라고 명령을 받았다. 같은 시기에 빈의 유대인 공동체 대표는 프라하에 와서 "교육"하라고 호출받았다. T/162: Wochenbericht der jüdischen Kultusgemeinde Prag über die Zeit vom 23. bis 29. Juli 1939.

57. 자료 전체를 정리한 것으로는 Stanislav Kokoska, "Zwei unbekannte Berichte

aus dem besetzten Prag über die Lage der jüdischen Bevölkerung im Protektorat", *Theresienstädter Studien und Dokumente*(1997), 31~49쪽.

58. 검찰 측 문서 T/526: Stillen an Reichskommissar der Niederlande, Den Haag 19.9.1941 über sein Gespräch mit Lösener vom Reichsinnenministerium am 16.9.1941. 그 '업적'으로 얻은 명성은 상당히 오래 지속되었다. 왜냐하면 1941년이면 이미 전쟁 때문에 '이민중앙사무소'는 사실 더 이상 중요하지도 않았고, 비록 그것이 베를린에서 아이히만이 주도한 유대인과의 명령 계통 아래에 놓여 있긴 했지만 더 이상 아이히만이 그것을 직접 이끌지도 않았기 때문이다.

59. 사선 녹취록 51:7.

60. 1939년 10월 26일 표지 면의 기사. "(리투아니아 정부 기관지) 『리에투바스 아이다스 Lietuvas Aidas』의 보도에 따르면, 처음에는 보이보드샤프트 루블린에 유대인 국가를 건설할 생각이었다. 그런데 그 계획은 히틀러가 생각한 방식의 유대인 문제의 완전 '해결'이 아니었다. 히틀러는 제국의회의 마지막 연설에서 밝힌 것처럼 '평화강령'에 유대인 문제 처리를 포함했는데, 그것은 유럽 전체에서 유대인을 완전 소개시켜 해외의 어느 폐쇄 지역에 재정주시키는 것을 의미했다." 『리에투바스 아이다스』는 베를린의 정부 소식통에 의거했다.

61. "Die Verschickung nach Lublin", 『파리저 타게스차이퉁』, 1939년 11월 18일, 2쪽. 그 기사는 나치의 목표와 상황을 어떻게 봐야 할지 잘 모르는 혼란을 드러냈다.

62. 1939년 10월 10일 빈의 유대인 공동체의 요제프 뢰벤헤르츠는 아이히만을 대신한 롤프 귄터로부터 명령을 받았다. 해당 유대인들은 빈에서 오스트라바에 와서 아이히만을 만나고 그곳에서 3주에서 4주를 머물러야 한다는 명령이었다. T/148: Löwenherz, Aktennotitz über die Vorsprache bei Herrn Obersturmführer Günther in der Zentralstelle für jüdische Auswanderung am 10.10.1939. (동일 복사본이 T/153에도 있다.)

63. 두 이름을 대문자로 적으면 혼동이 생길 수 있다. 손으로 EICHMANN과 EHRMANN를 쓰면 분간하기 쉽지 않다.

64. 한스 귄터는 1939년 10월 19일 "오스트라바에서 떠도는 소문"과 시위를 메모해두었다. 소요 위험을 포착하고 안정 조치로 그것을 억제하기 위해 전력을 다했다. Vermerk Günther, "In Mähr.-Ostrau umlaufende Gerüchte", 1939년 10월 23일, SÜA, 100-653-1. 인용은 Miroslav Kárný, "Nisko in der Geschichte der Endlösung", *Judaica Bohemiae* XXIII(프라하, 1987), 69~84, 81쪽.

65. T/162: Wochenbericht der jüdichen Kulusgemeinde Prag über die Zeit vom 10-16.11.1939.

66. 사선 녹취록 68:6.

67. 정보원인 에델슈타인이 다시 프라하로 돌아가야 했기에 보호를 위해 이름은 전혀 언급되지 않았다. 이송되다 탈출해 러시아 국경을 건너서 온 사람이 그 소식을 전해주었다고 보도되었다. 그것은 에델슈타인을 비롯한 여타 관찰자들의 얘기가 정확하다고 힘을 실어주었다. 나치들은 니스코에서 일이 엉망이 되자 끌고 가던 사람들 전체를 러시아 국경 쪽으로 쫓은 뒤 총으로 갈겼다. 통신원은—그의 이름도 마찬가지로 밝히지

않았다—루이스 B. 나미어(베른슈타인-나미로브스키)였다. 기사의 전문은 Liva Rothkirchen, "Zur ersten authetischen Nachricht über den Beginn der Vernichtung der europäischen Juden", *Theresienstädter Studien und Dokumente*(2002), 338~340쪽. 거기에는 원문 기사의 절단 복사본도 있다. Margalit Shlaim, "Jakob Edelstein. Bemühungen um die Rettung der Juden aus dem Protektorat Böhmen und Mähren von Mai 1939 bis Dezember 1939. Eine Korrespondenzanalyse", *Theresienstädter Studien und Dokumente*(2003), 71~94쪽.

68. 사선 녹취록 57:4 이하.

69. 아이히만의 27차 공판.

70. 크리스토프 호프만은 터키에서 몇 차례 시도했지만 실패한 뒤 1871년 그 정착촌을 건설했다. 그것이 팔레스타인의 유일한 템플러 정착촌은 아니었지만 특히 안정적이었던 것으로 알려졌다. 1943년 영국인들은 팔레스타인의 독일인 템플러 전부를 축출했다. 밀덴슈타인은 그것을 이상화한 낭만적 감상을 두 번의 여행기로 남겼다. LIM(밀덴슈타인의 가명), "Ein Nazi fährt nach Palästina", Artikelserie, Der Angriff, 1934년 9월 26일~10월 9일(책으로는 *Ring um das brennende Land am Jordan*[베를린, 1938]); Leopold von Mildenstein, *Nahe Osten—vom Straßenrand erlebt*(슈투트가르트, 1941), 114쪽 이하.

71. 독일어로 쓰인 연작 시리즈인 Palästina. Zeitschrift für den Aufbau Palästinas(아돌프 뵘이 편집했다)의 1934년 8월호와 1937년 12월호는 이미 사로나를 다루었다. 그 밖에 빌헬름 2세는 1898년 팔레스타인 여행에서 그 정착촌을 방문했고, 그 후 식민지 문학에 그것은 자주 언급되었다.

72. 아이히만의 41차 공판에서 법정 진술. 아이히만에 대한 그의 인상은 하인리히 그뤼버, *Zeuge pro Israel*(베를린, 1963)을 참조하라.

73. 1938년 마카비의 청년 단체 대표였던 아돌프/돌피 (다니엘) 브루너는 그 대화를 잘 기억한다. Tonbanaufnahme Dr. Danile Adolf Brunner über den "Makkai Hazair Wien", Jaffa, 1977, 야드바셈 기록원 O-3/3914. 인용은 헤르베르트 로젠크란츠, *Verfolgung und Selbstbehauptung*, 111쪽.

74. 무르멜슈타인은 지몬 비젠탈에게 그것에 대해 얘기했다. Brief Wiesenthal an Nahrum Goldmann, 1954년 3월 30일, CIA 아돌프 아이히만 파일을 참조하라.

75. 디터 비슬리체니, 22-seitige Handschrift "Bericht betr. Obersturmbahnführer Adolf Eichmann", 브라티슬라바, 1946년 10월 27일, 133호실 문서(T/84), 5쪽. "1938/39년 빈에서 유대인 주요 인물들과 교류했을 때 아이히만은 팔레스타인에 대한 지식과 언어 능력, 유대인 문제에 대한 식견으로 그들에게 깊은 인상을 남기고 싶었어요. 그는 자신이 하이파 근교 사로나의 이른바 '템플러교도' 독일 가계 출신이라고 흘리고 다녔어요. 그러니 '자신을 속여 넘길' 수 없다고도 했습니다. 그때부터 유대인들 사이에는 그 소문이 퍼졌고 아이히만은 재미있어했죠." 하지만 비슬리체니는 아이히만의 얘기를 그대로 따라서 말하는 것이라는 사실을 감안해야 한다. 왜냐하면 당시 그와 아이히만은 아직 친한 사이가 전혀 아니었기 때문이다. 1940년 늦여름이 되어서야 둘의 관계는 긴밀해졌다. 더구나 비슬리체니에게 있어 진실을 얘기하는 것은 별로 중요하지 않았다. 아이히만에 대해서 그가 아는 것은 많지 않았다.

76. 아이히만의 42차 공판에서 샬로테 잘츠베르거의 진술.

77. "Der Mann, den wir suchen", *Jüdisches Gemeindeblatt für die Britische Zone*, 1947년 1월 6일. 지몬 비젠탈, 『최고 무프티: 추축국의 최대 첩자*Großmufti — Großagent der Achse*』(잘츠부르크, 빈, 1947), 46쪽. 1952년에도 텔아비브에서는 아직 그 소문이 떠돌았다.

78. 비슬리체니, 133호실 문서, 3쪽. 그는 아이히만이 히브리어에 관심을 가진 때가 1935년이라고 말했는데 당시 아이히만이 말한 것을 그대로 되풀이하고 있을 뿐이다. "아이히만은 자유 시간이 많았기에 고대어, 특히 히브리어를 배우기 시작했습니다. 그것에 흥미를 갖게 된 것은 그가 관할하고 있던 유대인 문화재와 동전 모음들이었습니다. 그는 독학으로 지식을 쌓았어요. 히브리어를 잘 읽었고 번역도 제법 했어요. 이디시어도 읽을 줄 알았고 번역도 잘했죠. 대신 그는 히브리어를 유창하게 말하지는 못했죠." 비슬리체니는 밀덴슈타인이 팔레스타인에 "수년간" 체류했다고도 주장했다. 그런 말을 통해 비슬리체니가 허풍에 약하다는 것과 밀덴슈타인(그리고 아이히만도)과 거리를 두려는 경향을 동시에 알 수 있다.

79. 아이히만이 아르헨티나와 이스라엘에서 말한 날짜는 문제가 있다. 그것은 과거 보안국에서 말한 것과 다르기 때문이다. 거짓말일 가능성이 높다.

80. 두 번째 신청서에는 첫 번째 신청이 언급되어 있다. 추천된 강사는 프리츠 알트였다. Hinweis auf das Kontaktgespräch des SD OA Südost am 3.7.1936. 코블렌츠 연방기록원, R58/991. 괴츠 알리Götz Aly · 카를 하인츠 로트Karl Heinz Roth, *Die restlose Erfassung. Volkszählen, Identifizieren, Aussondern im Nationalsozialismus*(프랑크푸르트암마인, 2000). 한스 크리스티안 하르텐Hans Christian Harten · 우베 나이리히Uwe Neirich · 마티아스 슈베렌트Matthias Schwerendt, *Rassenhygiene als Erziehungsideologie des Dritten Reichs. Bio-Bibliographisches Handbuch*(베를린, 2006), 238~242쪽.

81. Antrag Nummer 2 vom 18.6.1937, T/55(11). 더 나은 복사본은 T/55(14), Dok. 13, Vermerk: "Betr. Übersetzungen neu-hebräisch-deutsch". 그 외 R. M. W. 켐프너, 『아이히만과 공범자들. 문서 사본 포함*Eichmann und Komplizien. Mit Dokumentenfaksimies*』(취리히, 슈투트가르트, 빈, 1961), 39쪽도 참조하라. 그 신청서에는 첫 번째 신청일이 1936년 6월/7월로 적혀 있다.

82. *Hebräisch für Jedermann von Dr. S. Kaléko, Buchausgabe des Herbäischen Fern-Unterrichtes der Jüdischen Rundschau. Mit einem Vokabular der 1500 wichtigsten Wörter, Grammatik-Index und Anhang*(베를린, 1936), Verlag Jüdische Rundschau GmbH 출판. 그 책은 독일의 일부 도서관, 이를테면 함부르크 국립/대학도서관에도 소장되어 있다. A1949/7278(1936년 판본의 5쇄) 아이히만이 사선 인터뷰에서 책의 저자와 흔치 않은 그 제목을 기억하고 있는 데에는 그만한 이유가 있었다. 자울 칼레코는 1938년까지 베를린에서 히브리어를 가르쳤다. 야드바셈 기록원 O-1-132: Saul Kaleko(Barkali Shaul), *Teaching Hebrew in Berlin 1933~1938*(1957). 『유디셰 룬트샤우*Jüdische Rundschau*』는 그 책을 구입해 발췌해서 일부 내용을 게재했다.

83. 1954년 3월 30일자 나훔 골드만에게 보내는 편지에서 지몬 비젠탈은 그것을 알렸다. 미국 국립기록원, RC 263, CIA 아돌프 아이히만 파일. 비젠탈에게 정보를 제공한

사람은 베냐민 무르멜슈타인이었다.

84. 돌피 브루너(마카비 하자이르 운동의 지도자로서 빈에서 아이히만을 자주 만났다)와 에르노 문카치시스(부다페스트 유대인평의회)는 아이히만이 그저 말 몇 자락만 할 수 있다고 확신했다. Tonbandaufnahme Dr. Daniel Adolf Brunner über den "Makkabi Hazair Wien", Jaffa, 1977, 야드바셈 기록원 O-3/3914. 인용은 헤르베르트 로젠크란츠, *Verfolgung und Selbstbehauptung*. 에르노 문카치시스(부다페스트 유대인평의회)의 증언은 Jenö Leval, *Eichmann in Ungarn. Dokumente*)부다페스트, 1961), 211쪽.

85. 사선 녹취록 2:4.

86. Otto Bokisch and Gustav Zirbs, *Der Österreichische Legionär. Aus Erinnerungen und Archiv, aus Tagebüchern und Blättern*(빈, 1940), 37쪽.

87. 사선 녹취록 22:14.

88. 베르너 베스트는 1946년 6월 28일 선서 진술에서 "아이히만 사무소"라는 말을 사용했다. Dokument des Nürnberger Kriegverbrecherprozesses IMT 41, 166쪽(Ribbentrop-320). "힘러는 베를린에서 아이히만 사무소 출신의 귄터를 책임자로 삼도록 했어요." 타덴(AA)의 진술도 마찬가지였다. IMT 2605-PS.

89. 루돌프 밀드너는 1946년 4월 11일 선서 진술을 낭독했다. IMT 11, 284쪽.

90. 사선 녹취록 14:2.

91. 슈트라스부르대학의 아우구스트 히르트 교수는 그 수집관을 원해 "조상상속연구소"의 볼프람 지버스를 통해 아이히만으로 하여금 그 인간파괴 프로젝트를 WVHA와 함께 추진하자고 설득했다. 볼프람 지버스로부터 아이히만은 이미 1941년 "아리화 조치" 때 도움을 받은 적이 있다. T/1363-1370. 1942년 그 수집 제안이 발의되었다. 1942년 11월 아이히만은 힘러가 공적으로 지시를 내릴 필요가 있다고 말했다.

92. 파울 부름과 협력했던 외무부의 프란츠 라데마허가 옛 마다가스카르 계획을 다시 끌어올렸다. 하이드리히가 유대인 정책에서 영향력이 약해질까 걱정할 때에는 아이히만과도 개입을 요청받았다. 그때 그 일은 테오도어 다네커와 에리히 라자코비치에게 위임되었다. 나중에 연루자가 모두 서로 다른 식으로 얘기를 퍼뜨렸던 것은 그 진술들이 진실이 아니라는 명백한 증거다. 그것에 대해 인상적인 연구는 마그누스 브레히트켄의 1998년과 2000년의 저작이다.

93. T/526: Stiller an Reichskommissar der Niederlande, Den Haag, 1941년 9월 19일. über sein Gespräch mit Lösener vom Reichsinnenministerium am 19.9.1941.

94. 독일은 유대인 수천 명을 폴란드 총독령으로 수송하려던 계획을 기밀로 유지하려 했지만 실패했고 그것은 세계 여론에 알려졌다. T/667: Interne Information zur Informationen am 15.2.1940 für deutsche Repräsentanten. 유대인 수천 명을 총독령으로 수송한다는 뉴스는 사실이라고 하면서 "하지만 기밀로 다루어져야 한다"고 했다. NG-4698도 동일하다. 『노이에 취리히 차이퉁』의 베를린 통신원은 1940년 2월 15일자에 그 사건을 보도했고, 코펜하겐에서 발행된 덴마크 신문 『폴리티켄』은 1940년 2월 17일자에서 슈테틴에서 이루어지는 그 비인간적인 수송에 대해 경각심을 돋는 기사를 실었다. "독일은 자기 국민을 끌고 갔다. 노인과 아이들도 끌려갔다. 세계대전의 전선

에 싸운 군인들도 마찬가지로 끌려갔다." 사망자가 속출했다. 미국 대통령 루스벨트는 그것에 대해 보고할 것을 지시했다. 독일은 그 직후 세계 언론의 반응을 유심히 관찰했고 번역도 많이 했다. T/666: Deutsche Übersetzung des dänischen Berichtes für den Gebrauch im RSHA. IMT NG-1530: Deutsches Nachrichtenbüro Bern an das AA mit der Schweizer Presse, 16.2.1940.

95. Bericht von Ephraim (Erich) Fank über die "Vertreter der jüdischen Dachorganisationen in Berlin, Wien und Prag vor der Gestapo in Berlin (Eichmann) im März 1940", erstattet in der Sitzung des Kreises von deutschen Zionisten aus Deutschland am 23. Juni 1958, protolliert von Dr. Ball-Kaduri, 야드바셈 기록원 O-1/227. 자료 II는(실수로 회의의 제목도 날짜도 다 잘못 적혀 있다) Kurt Jacob Ball-Kaduri, "Illegale Judenauswanderung aus Deutschland nach Palästina 1939/40. Planung, Durchführung und internationale Zusammenhänge", *Jahrbuch des Instituts für deutsche Geschichte* 4(1975), 387~421쪽. 1940년 3월 27일에서 30일까지 열린 그 협의에 대해서는 당시 참석자들의 보고가 존재한다. 마찬가지로 실수로 날짜는 잘못 기재되어 있다. 이른바 Löwenherz-Bienenfeld-Bericht(T/154).

96. 사선 녹취록 2:4와 6:1.

97. 전시와 관련된 서면 의견교환은 AGK, EWZ/L/838/1/2. 코블렌츠 연방기록원, R69/554. 그것에 대해서는 괴츠 알리, *"Endlösung": Völkerverschiebung und der Mord an den europäischen Juden*(프랑크푸르트암마인, 1995), 250쪽. 전시의 설명문은 상당 부분 사진으로 남아 있다.

98. 『디차이퉁』은 10월 28일자에 동일한 출처에 기초해 다음과 같이 보도했다. "10월 21일 세 번째 유대인 수송이 개시되었다. 대략 유대인 800명이 그루네발터의 귄터 역에서 동부로 이송되기 시작했다. 같은 날 쿠어퓌르스텐 거리에 소재한 유대인이민사무소가 문을 닫았다. 이유는 알려지지 않았다."

99. 사선 대화에서 아이히만은 사람들이 때로 자신을 장군으로 알고 있다며 재미있어했다. 이스라엘에서 이이히만은 그것을 나쁜 의도를 가진 과장이라고 간주했다.

100. 인용과 참조는 페터 롱게리히Peter Longerich, *Politik der Vernichtung: Eine Gesamtdarstellung der nationalsozialistischen Judenvernichtung*(취리히, 뮌헨, 1998), 282쪽.

101. Protokoll der Sitzung vom 20.3.1941, erstellt am 21.3.1941, Reichspropagandaleitung Hauptamt Reichsring. 그것은 H. G. 아들러H. G. Adler, *Der verwaltete Mensch: Studien zur Deportation der Juden aus Deutschland*(튀빙겐, 1974), 152~153쪽에 실려 있다.

102. "Die Austreibungen im Reich", 『아우프바우』, 1941년 10월 24일. 츠비 로젠은 그 기사를 호르크하이머 아카이브에서 발견했다. 츠비 로젠, *Max Horkheimer*(뮌헨, 1995), 40쪽.

103. *Die Tagebücher von Josepf Goebbels*, Im Auftrag des Instituts für Zeitgeschichte und mit Unterstützung des Staatlichen Archivdienstes Rußland hrsg. von Elke Fröhlich, Teil II, Bd.2, München u.a. 1996, 194쪽.

104. 1941년 베를린 유대인의 수송 날짜는 10월 18, 24일, 11월 1, 14, 17, 27일로 확인된다.

105. 사선 녹취록 1:4. "전 이제 저였는지 뭘러였는지 잘 모르겠어요."

106. 비슬리체니, 133호실 문서. "그럼으로써(하이드리히에게 '유대인 문제의 전체 해결'을 위임하고 하이드리히가 반제회의를 정당화하기 위해 적극 활용했던 1941년 7월 31일의 괴링 칙령으로) 그 (유대인) 지역에서 아이히만의 권력 지위는 무척 강화되었습니다. 아이히만은 그 칙령에 기초해 (…) 여타 부처의 이의나 개입을 완전히 무력화했죠." 비록 그 말은 비슬리체니가 자신을 변호하는 과정에서 나온 것이지만 그것을 통해 전형적인 아이히만의 어조를 엿볼 수 있다. 그것은 왜 반제회의가 아이히만 자신에게는 부담을 더는 전환점이었는지에 대해 아이히만이 사선에게 밝힌 대목과도 일치한다. 이스라엘에서 아이히만이 반제회의를 자기 양심의 부담을 덜기 위해 활용했을 때에도 같은 어조가 확인된다.

107. 사선 녹취록 17:8.

108. 표지 이야기, 『디차이퉁』(런던), 1942년 3월 6일.

109. 1942년 5월과 6월 이후의 『뉴욕타임스』와 『데일리 텔레그래프』(1942년 6월 25일), BBC(1942년 6월 30일). 가스에 의한 대량학살과 가해자 이름을 수집하겠다는 최초 구상은 『타임스』(런던, 1942년 3월 10일).

110. 『디차이퉁』(런던), 1942년 6월 19일. '소련-파라디스'라는 베를린의 헤츠 전시에 대한 공격 후 대규모 체포와 총살이 일어났다. 아이히만은 유대인 조직 대표들에게 복수할 것이라고 알렸고 유대인들을 작센하우젠 수용소로 끌고 갔다. 그것에 대해서는 문헌 자료도 있고 아르헨티나에서 아이히만이 말한 증언도 있다. 사선 녹취록 69:1 이하. Aktennotiz über die Vorsprache beim RSHA, IV B4, am Freitag, d. 29. Mai 1942(Josef Löwenherz). Wolfgang Scheffler, "Der Brandanschlag im Berliner Lustgarten im Mai 1942 und seine Folgen. Eine quellenkritische Betrachtung", *Berlin in Geschichte und Gegenwart. Jahrbuch des Landesarchivs Berlin*(1984), 91~118쪽.

111. 『뉴스위크』, 1942년 8월 10일.

112. 1942년 7월 21일자 다네커의 기록에 따르면, 아이히만은 "어린아이들 수송도 진행할 수 있다"고 결정했다. T/439. IMT RF-1233도 같은 내용이다. Vermerk Danneckers vom 21.7.1942. 세르주 클라르스펠트Serge Klarsfeld, 『비시—아우슈비츠 *Vichy—Auschwitz: Die Zusammenarbeit der deutschen und französischen Behörden bei der "Endlösung der Judenfrage" in Frankreich*』(뇌르틀링겐, 1989), 416쪽(신판은 다름슈타트, 2007, 441쪽). 복사본은 R. M. W. 켐프너, 『아이히만과 공범자들』, 212쪽. 신문 보도는 『파리수아르*Paris Soir*』, 1942년 8월 19~20일; "Kinderschicksale", 『디차이퉁』(런던, 1942년 9월 4일).

113. *Jewish Frontier*, 1942년 11월 1일.

114. 『뉴욕헤럴드트리뷴』 1942년 11월 25일. 『뉴욕타임스』 1942년 11월 26일. 랍비 슈테펜 S. 비제가 아마도 400만 명이 죽을 것이라 말한 경고가 실려 있다. 『뉴욕타임스』 1942년 12월 2, 4일.

115. 생존자들의 보고에는 그것을 알게 된 순간에 대한 고통스러운 증언이 담겨 있다. 특히 레오 베크, 베냐민 무르멜슈타인, 요엘 브란트 그리고 루돌프 카스트너 같은 사람들은 불행과 죄에 연루되었다는 생각에 사로잡혔다. 그로 인해 아이히만에 대한 공포 이미지가 생겨났다고 볼 수 있다.

116. 파울 블로벨이 지휘하는 특공대 1005는 힘러가 아우슈비츠를 다녀간 뒤에 이미 적절한 방법을 찾도록 위임받았다. 그 특공대는 아이히만과의 건물에 사무실을 가졌고 아이히만과의 급료 사무실에서 급료가 지불되었다. 아이히만은 아르헨티나에서 그 문제에 대해 여러 번 불만을 털어놓았다.

117. 비슬리체니, "Handschriftliche Aufzeichnung Betrf. Hauptschriftleiter des 'Grenzboten', Fritz Fialla[sic]", 1946년 7월 26일, 브라티슬라바. T/1107. 그것과 관련한 비슬리체니의 주장은 아이히만의 진술과 일치하기에 신뢰할 만하다. 물론 아이히만의 진술과 일치한다는 것이 곧장 진실의 기준은 아니다. 아이히만도 자신의 죄를 면해줄 거짓말을 꾸며냈고 그런 유의 거짓말에 동의했기 때문이다. 거짓말과 거짓 진술들이 실타래로 엉켜 전대미문의 역사 왜곡이 이루어진 대표적인 이야기가 마다카스카르 계획이었는데 브레히트켄이 멋지게 밝혀냈다. 라데마허는 자신이 아니라 아이히만이 그 계획을 생각해냈다고 주장했다. 그것은 분명 라데마허의 것이었음에도 불구하고 아이히만은 그 거짓말을 받아들였다. 왜냐하면 1940년에 자신은 폴란드인이나 유대인들을 동유럽으로 수송하는 일에 참여하지 않았고 대신 유대인 국가 건설 계획에 몰두했다는 가짜 이야기가 자기 이미지에 더 도움이 되었기 때문이다. 그 두 이야기는 서로 완벽하게 들어맞지만 진실과는 거리가 정말 멀다. 다른 사람이 자기방어용으로 지어낸 거짓말을 자기 것으로 사용한 예는 아이히만에게서 자주 확인된다.

118. 아이히만이 1942년 8월 11일 힘러를 예방한 사실은 확인된다. 하지만 그때 피알라 보고서가 중요한 문제로 다루어졌는지는 아직까지 확인할 길이 없다. *Dienstkalender Heinrich Himmler*, 1942년 8월 11일 작성.

119. 힘러는 1942년 7월 6일과 7일 프라하를 방문했다. *Dienstkalender Heinrich Himmler*, 606쪽. 첫 기사는 1942년 7월 7일에 나왔다.

120. *Grenzbote—deutsche Tagblatt für die Karpatenländer*, 브라티슬라바. 301, 302, 304호.

121. 아이히만은 『슬로바크*Slovak*』『슬로벤스카 폴리티카*Slovenská politika*』『가디에테*Gardiete*』『머저르 히를러프*Magyar Hirlap*』『파리저 차이퉁』을 언급했다. 증인 모두가 확인해준 사실이다. T/1108: Eichmann an Thadden, 1943년 6월 2일.

122. 첫 보도는 이미 1942년 3월 3일 런던의 라디오 방송을 통해 나갔다. 흔히 그렇듯이 신문 매체의 보도는 며칠 늦었다. 1942년 3월 6일자 『디차이퉁』 표지면 「새 게토 정책 루블린 대신 테레지엔슈타트—보호령 유대인의 수난」. "베를린 주재 중립국 통신원들은 그때까지 보헤미아와 모라비아에 살던 유대인 전부를 테레지엔슈타트로 이송하려는 힘러와 하이드리히의 새로운 계획에 대해 보도했다. 테레지엔슈타트는 주민이 소개되어 대규모 게토로 변할 것이라고 한다. 그 계획은 제3제국의 초기 유대인 정책이 상황에 조응해 변했다는 것을 뜻한다. 원래 계획은 독일과 독일 점령지의 유대인 전체를 폴란드 동부로 끌고 가서 그곳의 대규모 게토 수용소에서 노예노동을 하며 살도록 하는 것이었다. 루블린 근교의 유대인센터는 그 야만적인 계획에 따라 만든 시설의 일부였다. 나치들은 유럽 전역에서 끌려온 유대인들이 익숙하지 않은 중노동과 부족

한 영양 공급으로 인해 머지않아 급격히 줄어들 것이라고 내다봤다. 나머지는—전쟁이 끝나고도 아직 나머지라고 말할 수 있게 된다면—독일이 복속한 세계의 여타 유대인들과 함께 바다 건너 유대인 보호령으로 보내질 것이었다. 나치들은 그것을 위해 일시적으로 마다가스카르섬을 염두에 두었다."

123. 독일 적십자의 발터 게오르크 하르트만은 1943년 6월 28일의 답사 후 처음에는 긍정적인 보고서를 작성했다. Aktennotiz über den organisatorischen Ablauf des Besuchs in Theresienstadt, 1943년 6월 30일, Hartmann, DRK-Archiv Berlin 176/I, o.F. Birgitt Morgenbrod and Stephanie Merkenich, *Das Deutsche Rote Kreuz unter der NS-Diktatur 1933~1945*(Paderborn, München, Wien, Zürich, 2008), 386쪽 이하. 물론 하르트만은 며칠 뒤 앙드레 드 필라에게 다르게 얘기했다. "게토의 상황은 끔찍했다. 제대로 갖추고 있는 것이 아무것도 없었다. 그곳 사람들은 심각한 영양 부족 상태에 놓여 있"으며 의료 설비도 "너무 부족"하다고 말했다. 하지만 그도 그 행사가 의도한 가장 중요한 선전 책략에 속아넘어가 필라에게 테레지엔슈타트가 "최종 수용소"라고 설명하며 안도시켰다. T/853: Die Aufzeichnung von Gerhard Riegner, Jewish World Congress, über sein Gespräch mit André de Pilar, 1943년 7월 7일 녹음.

124. 근거는 『프리 유럽*Free Europe*』(런던) 6월호에 실린 알프레트 요아힘 피셔의 글이었다.

125. 『아우프바우』, 1943년 9월 3일, 21쪽.

126. 한나 아렌트, "Die wahren Gründe für Theresienstadt", 『아우프바우』, 1943년 9월 3일, 21쪽.

127. 1944년 6월 23일의 답사에 대해서는 "하이데캄프 보고서"를 보라. 그 조직에 대한 문서와 함께 DRK-Archiv Berlin, 176/I, o.F. Birgitt Morgenbrod and Stephanie Merkenich, *Das Deutsche Rote Kreuz unter der NS-Diktatur 1933~1945*, 390쪽 이하. 국제 적십자사의 파견자인 모리스 로젤은 순진한 보고서, 아니 사실 행사 주최 측이 바라던 것을 거의 그대로 담은 맹목적인 보고서를 작성했다. 미로슬라브 카르니의 서문과 보테치 블로디크의 주해를 담은 그 보고서의 독일어 번역본은 *Theresienstädter Studien und Dokumente*(1996), 276~320쪽. 아이히만의 부하들은 이미 1944년 9월 11일에 그 보고서를 읽을 수 있었다.

128. 레니 야힐은 인상적인 저서에서 대량학살 소문과 흔적을 제거하려는 노력 사이의 관계를 살폈다. *Die Shoah: Überlebenskampf und Vernichtung der europäischen Juden*(뮌헨, 1998), 610쪽 이하, "Das Tilgen der Spuren(흔적 제거)" 장.

129. 사선 녹취록 32:8.

130. 베티나 슈탕네트, "Dienstelle Aufenthaltsorte Adolf Eichmanns, 12.3.1938 bis 8. Mai 1945", Annotierte Liste zur Sonderausstellung *50 Jahre Prozess gegen Adolf Eichmann*, Topographie des Terrors und Stiftung Denkmal, Berlin, 2010년 7월(미출간 원고).

131. 사선 녹취록 3:5.

132. 사선 녹취록 11:13.

133. 사선 녹취록 22:14.

134. 덴마크에서의 유대인 수송 실패에 대한 아이히만의 격렬한 반응은 아직 충분히 밝혀지지 않았다. 1943년 9월 24일, 즉 작전이 개시되기 직전에 아이히만이 힘러를 만난 정황을 고려하면 아이히만이 그 작전에 직접 개입했을 가능성을 배제할 수 없다. Tatian Brustin-Berenstein, "The Attempt to deport the Danish Jews", 『야드바셈 연구』 제17호(1986), 191쪽. 인용은 워싱턴 소재의 힘러 일기 마이크로필름. 원본은 코블렌츠 연방기록원, 1943년 9월 24일, MF 84/25. 타덴의 진술(1948년 4월 16일)에 따르면, 롤프 귄터는 그에게 그 작전은 "독일 기관, 아마도 독일대사(관)가 방해했을" 것이라고 몰래 알려주었다. "아이히만은 이미 힘러에게 보고했고 그 방해꾼의 머리를 요구했을 것이다." T/584: Affidavit von Eberhard von Thadden in Nürnberg, 1948년 4월 16일.

135. 빌헬름 회틀과 디터 비슬리체니는—뉘른베르크 감옥에서 같이 지내며 대화하는 와중에—아이히만이 사진에 찍히면 과민하게 대응했으며 흥분한 나머지 카메라를 박살 내고는 나중에 배상하기도 했다고 말했다. 더 앞선 시기의 아이히만 사진은 아주 많이 수집되어 있다.

136. 클라우스 아이히만은 미국 잡지 『퍼레이드』와의 인터뷰에서 그것에 대해 얘기했다. "My Father is Adof Eichmann", 1961년 3월 19일.

137. 뢰제너는 그 겁박 전술에 대해 상세히 설명했다. Lösener-Manuskript.

138. 그것과 직접 관련된 사료가 따로 존재하지는 않는다. 아이히만은 사선에게 볼프가 사적인 이유로 유대인 수송에서 예외를 만들고자 했다고 말했다. 하지만 아이히만은 원칙을 언급하면서 그것을 허락하지 않았다는 것이다. "그래서 저는 반대 의사를 표명했죠. 그가 저한테 저는 친위대 중령이고 자신은 친위대 대장이라고 말했기에 제가 '예 잘 압니다. 대장님, 하지만 당신은 기밀 국가경찰과 소통해야 하고 그 기관의 대표자는 바로 친위대 중령인 아이히만입니다'라고 응수했어요." 그 후 아이히만은 볼프에게 결투를 신청했지만 힘러가 허락하지 않았다는 것이다. 사선 녹취록 14:8~9. 볼프를 오랫동안 잘 알고 지냈으며 사선 모임의 회원이었던 루돌프 폰 알펜슬레벤은 그 얘기가 사실이라고 확인해주었다.

139. 비슬리체니는 아이히만이 힘러의 매부라고 했다가 자신이 힘러의 매부라고 했다가를 반복했다. 또 비슬리체니는 아이히만이 그런 식의 집안 인연으로 권력과 가까이 있다고 말했다가 자신이 그렇다고 주장하기를 반복했다. *Der Kasztner-Bericht über Eichmanns Menschenhandel in Ungarn*(뮌헨, 1961)(원래는 Der Bericht des Jüdischen Rettungskommittes aus Budapest 1942~1945). 『카스트너 보고서Kasztner Bericht』와 비슬리체니, 133호실 문서.

140. 그 주제를 다룬 서술은 많지 않다. 그것은 앞뒤가 맞지 않는 비슬리체니의 주장이나 아이히만 심문 진술 중 하나를 따른다. 아니면 의심스러운 그 문헌들을 아예 언급하지 않는 경우도 있다. 이를테면 클라우스 겐지케Klaus Gensicke, *Der Mufti von Jerusalem, Amin el-Husseini und die Nationalsozialisten*(프랑크푸르트암마인, 1988), 특히 164~167쪽. 이 책은 아이히만의 심문 조서에 전적으로 의지했다. 반면 마틴 퀴퍼르스와 클라우스-미하엘 말만은 비슬리체니의 주장을 그대로 따랐다. 그 부분만 빼면 이 책은 훌륭하기에 사실 그것의 무비판적 수용은 놀랍다. 즈비 엘펠레크Zvi Elpeleg, 『최고 무프티: 팔레스타인 민족운동의 창시자, 하즈 아민 알후세이니 *The Grand*

Mufti, Haj Amin al-Husseini, Founder of the Palestinian National Movement』(런던, 1993). 여러 측면에서 주목할 만한 비젠탈의 초기 저서 『최고 무프티: 추축국의 최대 첩자』(잘츠부르크, 빈, 1947), 37쪽 이하도 비슬리체니를 계속 따랐다. 하지만 비젠탈은 책에서 그 사료를 언급하지 않았다. 게다가 비젠탈은 카스트너와의 대화를 통해 아이히만의 헝가리 시절 얘기를 들었다.

141. 코블렌츠 연방기록원, R58/523, fol. 23: Adolf Eichmann an II-1, betrf. Auslandsreise, 1.9.1939. 그것은 야드바셈 기록원, M-38/194와 동일하다.

142. 『보켄샤우』『 키셔 베오바흐터』를 비롯한 여러 신문이 그 만남에 대해 다양하게 보도했다.

143. Jeffrey Herf, "Hitlers Dschihad", *Vierteljahresbefte für Zeitgeschichte*, Heft 2(2010년, 4월), 258~286쪽.

144. Kurt Fischer-Weth, *Amin Al-Husseini: Großmufti von Palästina*(베를린-프리데나우, 1943). 그것의 표지면은 알아보기 쉽지 않은 알후세이니의 총천연색 초상화로 채워졌다.

145. Vermerk Grobba(AA), 1942년 7월 17일, PA AA, R100 702 C/M, 153쪽.

146. 그 만남은 주르의 비서가 확인해주었다. Vernehmung Margarethe Reichert, 1967년 10월 17일, 루트비히스부르크 연방기록원, B 162/4172, Bl. 296.

147. 4쪽의 수기 보고서 「예루살렘의 대大무프티에 대하여Betr: Grossmufti von Jerusalem」, 브라티슬라바, 1946년 7월 26일, T/89와 22쪽의 수기 보고서 「전 친위대 중령 아돌프 아이히만 관련 보고서Bericht Betr. ehemaliger SS-Oberstrurmbannführer Adolf Eichmann」, 브라티슬라바, 1946년 10월 27일(소위 133호실 문서, T/84).

148. 모셰 펄먼, 『아돌프 아이히만의 체포*The Capture of Adolf Eichmann*』(런던, 1961), 98쪽.

149. 1946년 2월 6일 브라티슬라바에서의 앙드레 슈타이너의 진술. 그것은 그의 부하인 오스카 노이만과 티보르 코바치에 의해 확인되었다. 1946년 3월 5일의 비슬리체니의 논평은 진술지에 수기로 기록되어 있다. T/1117.

150. 1943년 5월 13일 알후세이니는 리벤트로프에게 문제를 제기했으며 헝가리와 루마니아 외무부 장관에게도 서신을 보냈다. 그 자료는 게르하르트 회프Gerhard Hoepp, *Mufti-Papier, Briefe, Memorandum, Reden und Aufsätze Amin al Husainis aus dem Exil 1940~1945*(베를린, 2004), 문서 78, 82, 83.

151. 이제 우리는 알후세이니의 정보원이 아이히만이 아니라 런던 주재의 인물이었음을 알고 있다.

152. 그 거짓말의 유통 경로 중 하나는 아이히만에서 시작해 비슬리체니를 거쳐 카스트너로 흘러가는(그리고 전후에는 카스트너와 대화를 한 지몬 비젠탈을 통해 연구 문헌으로 이어지는) 방식이었다. 그것은 비슬리체니의 미발간 보고서와 비젠탈의 초기 텍스트가 글자 그대로 일치하는 것을 통해서 확인할 수 있다. 또 다른 경로는 외무부를 통한 것이었다. 「카스트너 보고서」, 115쪽을 보라.

153. 이른바 군 정보국 국장 빌헬름 카나리스와의 접촉은 한 예였다.

154. 심문, 564쪽 이하.

155. 1944년 3월 25일 알후세이니는 수첩에 아랍어로 "유대인 문제 전문가"를 만나고 싶다고 적었다. 수첩 1944년 9월 29일자에는 역시 아랍어로 "주제: 이탈리아와 프랑스와 헝가리의 유대인. 누가 유대인 문제 전문가일까"라고 적혀 있다. 수첩의 1944년 11월 9일자에는 아이히만의 이름이 수려한 라틴어 표기로 적혀 있다. 아마도 알후세이니는 누군가로부터 답을 들었나보다. 수첩에 기재된 그것만 보고는 아직 명확한 평가를 내릴 수는 없다. 다만 1942년 1월에 아이히만과 만났을 때는 그에게 특별히 강한 인상을 받지 않았던 것 같다. 만약 그랬다면 알후세이니는 아이히만의 이름을 적어두었을 것이다. 이와 관련된 내용의 복사본은 재판 기록에서 볼 수 있다. T/1267-69, 확대본은 T/1394.

156. 게르하르트 레펠트Gerhard Lehfeld, "Bericht über die Lage von 'Mischlingen'"(베를린, 1943년 3월 중순). 그것은 Antonia Leugers(Hrsg.), Berlin, *Rosenstraße 2-4: Protest in der NS-Diktatur. Neue Forschungen zum Frauenprotest in der Rosenstraße 1943*에 자료로 들어 있다. Anweiler o. J.(2005)의 자료 6으로 233~238쪽. 여기서는 235쪽. 그 배경에 대해서는 Nathan Stolzfus, "Heikle Enthüllungen. Gerhard Lehrfelds Bericht an Kirchenfürsten beider Konfesssionen über den Massenmord an den Juden Europas", Leugers, 위의 책, 145~180쪽.

157. 아르헨티나에서 아이히만은 귄터에 대해 소상히 밝혔다. 귄터는 자신이 없는 틈을 노려 아이히만의 유대인 조력자들에게 사형선고를 내렸다는 말이었다. 아이히만이 전술상의 이유로 연기했던 일이라는 것이다. 그러나 아이히만은 귄터가 아직 생존해 있을 것이라고 생각했기에 사선에게 해당 부분의 녹취를 빼달라고 요청했다. 그래서 하가그Hagag 본과 원본 녹취록(Nachlass Eichmann) 둘 모두에서 그 부분은 빠졌다. 그것은 현재 Ordner Diverse, 루트비히스부르크 연방기록원. 그것에 대해서는 이 책의 「막후극」을 보라.

158. 증인들은 뉘른베르크에서 자신들의 생각과 기억을 서로 얘기하며 진술을 조정했다. 그것은 사후 진술에서 유사한 내용이 일부 등장하는 이유를 설명해준다. 이를테면 회틀과 칼텐브루너, 비슬리체니, 빌헬름 브루노 바네크 그리고 나중에는 루돌프 예니슈가 함께 의견을 나누었다. 그들의 진술을 보면 그들이 서로 입을 맞추었음을 확인할 수 있다. 마찬가지로 한스 유트너와 오토 빙켈만, 쿠르트 베커 사이에도 접촉이 있었음이 확인된다.

159. 아이히만이 헝가리에 처음 등장할 때의 상황에 대해서는 1944년 3월 31일 유대인 대표들 앞에서 행한 아이히만 연설의 수기 기록을 보라. T/1156.

160. 사선 녹취록 9:10. 아이히만은 그 말을 좋아해 자주 사용했다. 같은 곳 10:6과 33:8을 보라.

161. 사선 녹취록 9:4.

162. 「카스트너 보고서」, 110쪽. 요엘 브란트도 유사한 말을 했지만 카스트너의 말을 따왔다.

163. 「카스트너 보고서」, 244쪽.

164. 아이히만이 라울 발렌베리를 강력히 위협하는 바람에 베를린에서 외교적 경로로 항의가 일었다. 외무부는 아이히만을 위해 그 항의를 진정시켰다. 그 직후 발렌베리의 한 보좌관이 자동차 충격을 받고 사망했다. 당시 헝가리에서는 그것을 아이히만의 경고와 연관된 것으로 보는 사람들이 많았다. T/1243: AA an Edmund Veesenmayer vom 17.12.1944. 코블렌츠 연방기록원, *Blue volumes, Dokumente des UD zu Wallenberg von 1944~1965*, 49 Bände, Nr. 800-2: Telegramm Nr. 438 vom 22.10.1944. 크리스토프 간Christoph Gann, 『라울 발렌베리*Raoul Wallenberg: So viele Menschen retten wie möglich*』(뮌헨, 1999), 126쪽. 그것은 발렌베리 운전수의 부인인 엘리자베트 젤의 기억에 따른 것이다. 에릭 스요퀴스트의 보도도 참조하라. 베른트 실러Bernt Schiller, *Raoul Wallenberg, Das Ende einer Legende*(베를린, 1993), 97쪽 이하.

165. 「카스트너 보고서」, 135쪽 이하.

166. 비슬리체니는 카스트너에게 그렇게 말했다. "아이히만은 또 스캔들이 발생할까봐 걱정했어요." 같은 곳, 295쪽.

167. 비슬리체니, 133호실 문서, 8. "아이히만은 1943년 헝가리에서 저에게 그 계획을 발의한 사람은 자기와 글로비츠니크고 (…) 힘러에게 제안한 사람은 자신이라고 솔직히 말했어요. 그 후 히틀러가 직접 명령했어요."

168. 사선 녹취록 34:6.

169. *Der Weg, Zeitschrift für Fragen des Judentums*, Berlin, Jg. 1, Nr. 26, 1946년 8월 16일.

170. 「카스트너 보고서」, 139쪽.

171. 「카스트너 보고서」, 178쪽 그리고 나중의 교도소 기록.

172. 1944년 말 비슬리체니는 심지어 아이히만이 파면되었고 자신이 유대인을 보호하기 위해 테레지엔슈타트의 감독관이 되었다고 주장했다. 둘 다 거짓말이다. 비슬리체니는 그런 거짓말로 브라티슬라바에서 살아 나오고자 했지만 성공하지 못했다. 「카스트너 보고서」, 비슬리체니의 설명(1947년 3월 25일, T/1116).

173. 비슬리체니는 이미 1944년 5월 3일 아이히만이 자신을 숙청했다고 주장했다. 이유는 자신이 유대인과 사적인 관계가 긴밀했기 때문이라는 것이다. 물론 그것도 거짓말임이 확인된다.(「카스트너 보고서」, 85쪽) 그 뒤 가을에 그는 다음과 같이 주장했다. "저는 유대인들이 부다페스트에서 맨발 행진을 해야 하는 그 불행한 때 돕고자 했어요. 그러나 아이히만이 반대해서 그렇게 하기가 정말 어려웠어요. 아주 조그만 일도 하기가 정말 어려웠어요."(같은 곳, 274쪽)

174. 사선 녹취록 12:6~7.

175. 쿠르트 베커는 카스트너의 서약 보증으로 벌을 면했다. 그는 구조자로 보이는 데 성공했다. 카스트너가 그를 도와주는 것에 대해 비판이 많았다. 카스트너는 1947년에 베커가 그 범죄에 연루되었다는 사실을 알 수가 없었음이 분명하다. 카스트너만 그랬던 것은 아니었다. 안드레아스 비스와 알렉스 바이스베르크, 요엘 브란트 등은 1955년에 베커를 책 발간 작업에(쿠르트 베커, 아이히만 재판의 증인 진술) 동참시키려고 했다. 베커의 주장은 아이히만의 것보다 훨씬 더 잘 먹혔다.

176. 이를테면 라슬로 페렌치는 헝가리의 헌병대 대장으로서 유대인과 관련된 모든 작전에서 중요한 역할을 담당했다. 그도 아이히만에 대해 두려움을 가졌다고 카스트너는 말했다. 「카스트너 보고서」, 155쪽.

177. 「카스트너 보고서」, 62쪽.

178. 브란트는 1944년 6월 12일에서 10월 5일 사이에 카이로에 구금되었다. 그와 함께 다녔던 반디 그로스의 심문서는 이미 1944년 7월 13일 런던에서 제출되었다.

179. 요엘-브란트 미션은 그 직후 이미 의미가 없어졌다. 1944년 7월 18일 후부터는 라디오 뉴스와 신문 보도가 넘쳐났다. 헝가리에서는 이미 7월 19일에 번역이 이루어졌다. 여론의 반응은 끔찍했다.(T/1190) 같은 날 『타임스』는 다음과 같은 제목의 기사를 보도했다. "A Monstrous 'Offer': German Blackmail. Bartering Jews for Munitions", 『뉴욕헤럴드트리뷴』, 7월 19일자를 보라.

180. Shlomo Aronson, "Preparations for the Nuremberg Trial: The O.S.S., Charles Dwork, and the Holocaust", 『홀로코스트와 제노사이드 연구Holocaust and Genocide Studies』 12, no. 2(1998), 257~281쪽.

181. 사선 녹취록 73:8.

182. 회틀, 아이히만 재판을 위한 진술, 알타우제, 1961년 5월 26일.

183. 사선 녹취록 49:8.

184. 그렐, 아이히만 재판을 위한 진술, 베르히테스가덴, 1961년 5월 23일. 또 IMT NG-2190을 참조하라.

185. 벤구리온은 전범 명단을 소개하면서 아이히만을 "모든 전범 중에서 최악이자 가장 위험한 범죄자"라고 칭했고, 비젠탈은 "유대인의 적 1호"라고 칭했다. 『최고 무프티: 추축국의 최대 첩자』(잘츠부르크, 빈, 1947), 46쪽.

186. 사선 녹취록 25:5.

187. 스테판 회르들러Stefan Hördler, "Die Schlussphase des Konzentrationslagers Ravensbrück. Personalpolitik und Vernichtung", *Zeitschrift für Geschichtswissenschaft* 56, no. 3(2008), 222~248쪽, 여기서는 224쪽. 회르들러는 가스를 이용한 대량학살의 마지막이 1945년 3월 30일과 31일에 발생했고 그 후에는 가스실이 해체되었다고 보는 견해가 수정되어야 한다고 지적했다. 그의 연구에 따르면, 대량학살의 마지막은 1945년 4월 15일과 24일 사이였고, 그때 몰 기동특공대가 라벤스브뤼크에 투입되었다.

188. 샬로테 잘츠베르거의 진술, 아이히만의 42차 공판. 잘츠베르거는 아이히만 재판에서 그 심문 날짜를 1945년 3월 3일이라고 진술했다. 잘츠베르거는 아이히만의 말을 독일어로 인용했는데 그러자 아이히만은 아주 눈에 띄는 반응을 보였다.

189. 테레지엔슈타트에 가스실을 설치한다는 소문의 발원지는 아이히만으로 간주되었다. 특히 비슬리체니가 카스트너에게 아이히만에 대해 말하면서 그렇게 언급했기 때문이다. 그것에 따르면, 아이히만은 마이다네크 수용소를 언급하며 그런 일이 다시는 그에게 발생해서는 안 된다고 했다고 한다. 마이다네크 수용소를 존속시킨 책임도

아이히만에게 있다고 언급되었다(카스트너 보고서). 이미 H. G. 아들러(『테레지엔슈타트 1941~1945*Theresienstadt 1941~1945: Das Antlitz einer Zwangsgesellschaft*』[튀빙겐, 1955], 201쪽)는 그 계획이 실제로 존재했지만 아이히만이 철회시킬 수밖에 없었다고 주장했다. 3월 초 아이히만은 절멸 조치와 관련된 모든 준비를 중단시켰고 제2차 "미화" 작업을 이끌었다. 아들러, *Der verwaltete Mensch*, 354쪽. 모리츠 헨셸도 이미 1946년 9월에 그 계획에 대해 말했다. T/649: 1946년 9월 13일 텔아비브, 모리츠 헨셸의 강연 '베를린 유대인 주민 사회의 마지막 시기'의 발췌.

190. T/865: "L'activité des CICR dans les Camps de Concentration en Allemagne". 축약본은 장클로드 파베스Jean-Claude Favez, *Warum schwieg das Rote Kreuz? Eine internationale Organisation und das Dritte Reich*(뮌헨, 1994), 193, 499쪽 이하. 아들러는 불어 원본에서 직접 인용했지만 전체를 다 인용하지는 않았다. 『테레지엔슈타트』, 204쪽. T/866: 행사 참여자 명단. 그 방문 시 같이 온 사람은 외무부의 에른스트 폰 타덴, 보헤미아와 모라비아 보안국 국장인 에르빈 바인만과 에리히 폰 루크발트였다. 저녁 만찬은 흐라드차니성의 제국보호령장관 카를-헤르만 프랑크의 집에서 열렸다.

191. 비슬리체니도 아이히만도 모두 곧 친위대 대령으로 진급하리라고 말했다. 133호실 문서, T/84, 여기서는 8쪽; 사선 녹취록 4:5.

192. 사선 녹취록 11:11. 그 이전 녹취록에는 아이히만이 "30명의 아이히만"이라고 말했다고 되어 있다. 사선 녹취록 3:1.

193. 비슬리체니, 133호실 문서, 14. 비슬리체니는 아이히만이 퍼뜨린 얘기를 상세히 말했고, 회틀이 아이히만으로부터 들은 얘기를 뉘른베르크에서 전해 듣고는 그 정보들을 비교해 말하기도 했다.

194. 아이히만은 그 얘기를 수차례 언급했다. 그 사실은 차이슈카, 괴치 그리고 바네크의 진술에 의해 확인되었다. 1946년 6월 17일, 정보는 1945년 4월, 미국 국립기록원, RG 263, CIA 아돌프 아이히만 파일.

2. 전후의 이력

1. 미국 국립기록원, RG 263; CIA 아돌프 아이히만 파일, CIC 보고서 1946년 6월 17일.

2. 복사본은 마누스 디아만트Manus Diamant, 『비밀 임무: 미션 아이히만*Geheimauftrag: Mission Eichmann*』(빈, 1995), 224쪽. 마찬가지로 지몬 비젠탈, 『나는 아이히만을 쫓았다*Ich jagte Eichmann*』(귀터슬로, 1961), 25쪽.

3. Robinson an Jackson, 1945년 7월 27일, World Jewish Congress Collection(MS-361), American Jewish Archives, Box C106, File 16. 톰 세게브, 『지몬 비젠탈』, 24쪽 이하에도 확인할 수 있다.

4. 미국 국립기록원, RG 263, CIA 아돌프 아이히만 파일: 디터 비슬리체니 구속 보고서, 1945년 8월 25일과 27일.

5. Haftbefehl im St.P.F.Bl., Art. 1654/46(1946) wegen 3 und 4, KVG. 작전은 성과가 없었다. 10년 뒤 프랑크푸르트의 헤르체고비나 바우어는 그 자료를 열람할 수 있었다.

6. 1998년 나치 전범 정보공개법으로 일부가 개방되었다. 미국 국립기록원, RG 263, CIA 아돌프 아이히만 파일, Box 14-15.

7. 이미 1945년 파리 발표본(킬대학도서관 소재)에도 실렸다. 1947년 3월의 베를린 발표본에서는 7번(한 번은 아이크만Eickmann이라는 이름으로) 언급되었다. 미국와 프랑스는 아이히만을 전범이자 살인자이자 고문 가해자로 규정해 수배했다.

8. 사선 녹취록 10:17.

9. 나중에 아이히만은 아돌프 카를 바르트는 베를린의 식민지 물품 가게 주인의 이름이었다고 밝혔다. 울름에서 아이히만은 자신을 공군 병장이라고 했고, 바이덴, 오버팔츠의 수용소로 이송되어서는 무장친위대 상사라고 둘러댔다. 『다른 이들이 말했고, 이제 내가 말할 차례다!』를 참조하라. 1945년 8월에 아이히만은 오버다흐슈테텐, 프랑켄으로 이송되었다. 에크만이란 이름을 처음 언급한 것은 이미 1945년 6월의 증인 진술 때였다. 야드바셈 기록원, M-9, File 584a, Interrogation of Rudolf Scheide by L. Ponger. 그 진술은 1946년 12월 3일의 CIC 관련 보고서에 담겨 있다. 미국 국립기록원, RG319, IRR, Adolf Eichmann.

10. 사선 인터뷰, 연방기록원 녹음테이프 10B, 1:14 이하. 글자 그대로의 녹취, 약어는 표시가 되어 있다.

11. Shlomo Aronson, "Preparations for the Nuremberg Trial: The O.S.S., Charles Dwork, and the Holocaust", 『홀로코스트와 제노사이드 연구*Holocaust and Genocide Studies*』 12, no. 2(1998), 257~281쪽.

12. 그런 오해의 한 예는 데이비드 세자라니다. 그는 "심리 과정에서 아이히만은 불규칙적으로 짧은 신문 보도만으로 뉘른베르크 재판을 접하는 사람들은 말할 것도 없고 재판을 정밀하게 지켜보는 사람들에게도 특별한 인상을 남길 만큼 자주 언급되거나 특별히 논의되지 않았다".(8쪽) 특히 독일인 신문 구독자들은 이름에 관심을 보이지 않았으며 일상에서의 생존에 신경 쓰느라 재판에 관심을 갖지 못했다는 식의 변명을 일삼았다는 것도 고려해야 한다. 마찬가지로 여기서 재판 관찰자가 누구인지도 생각해 봐야 한다. 희생자들이나 가해 동조자들처럼 이미 전부터 아이히만의 이름을 아는 사람들도 어떤 것을 놓치거나 주목할 나름의 여러 이유가 있었다.

13. 제1차 뉘른베르크 전범 재판의 기록과 자료는 독일어판에 따라 인용을 달았다. 각주 장치의 부담을 줄이고 동시에 텍스트 분량에 부담을 주지 않기 위해 각 권과 페이지 번호를 생략한다. 대신 기록된 심리 날짜를 기재해 해당 부분을 쉽게 찾을 수 있도록 하겠다. 자료집은 재판에 따라 정리된 번호에 따라 인용되기에 그 번호로 해당 자료집을 찾을 수 있다.

14. 아이히만 재판 자료 T/585. 그것은 IMT 2376-PS, 게슈타포-62(1945년 6월 22일)와 동일하다.

15. 디터 비슬리체니, 증인 진술, 1946년 1월 3일, IMT 4412.

16. 구스타브 M. 길버트Gustave M. Gilbert, 『뉘른베르크 일기*Nürnberger Tagebuch*』(프랑크푸르트암마인, 1962), 109쪽.

17. 그 소식은 아이히만의 부관 루돌프 예니슈를 통해 곧장 알려졌고 방첩대의 자료에

도 기록되었다. 그런 말을 했다는 것은 확인 가능하다. 아이히만도 아르헨티나에서 직접 그 작전에 대해 소상히 알려주었다. 사선 녹취록 10:17.

18. 연구 문헌에서 빈번히 발견되는 "파이어스레벤"이라는 이름은 청음 오류이거나 인쇄 실수다. 그것은 에버젠의 주민등록에서 이름 기입 과정과 1960년 여름 알텐잘츠코트에서의 인터뷰 과정의 실수에서 확산되었다. 이름의 부가어 '폰von'은 주민등록 과정에서 삭제되었다. Stadtarchiv Bergen, Fach 585 Nr. 2. 그 뒤의 문서에는 이름이 정확히 기입되어 있다. 베르겐시 문서고의 쿠르트 베르너 씨가 정확한 정보를 알려주었다. 그에게 고마움을 표한다.

19. 지금까지 제대로 밝혀지지 않은 그 도주 거점에 대해 아이히만은 두 번 언급했다. 1957년 사선과의 대화(단지 원본에만 있다. 녹음테이프 10B, 1:22:15)와 「나의 도주」, 21쪽(1961년 3월)에서다. 뒤의 글에는 아이히만이 라인란트에서 새 신분증을 받았다는 언급도 들어 있다.

20. 사선 녹취록 11:2.

21. 그 삼촌의 가정부는 1960년의 인터뷰에서 아이히만의 아버지와 삼촌이 편지로 아이히만의 도주에 대해 소식을 나누었다고 얘기했다. 그 인터뷰는 지금까지 주목되지 못했다. 가정부는 세세한 내용을 잘 알고 있었는데 최근에야 그 진술이 믿을 만하다는 사실이 확인되었다. 그 인터뷰는 1960년 6월 2일자 『노이에스 외스트라이히』의 통신원 보도 "아돌프 아이히만은 자기 무덤을 팠다. 아이히만 가족의 가정부가 얘기하다"에 실려 있다.

22. 상당한 시간이 흐른 뒤 로베르트 아이히만은 자신의 아버지와 의붓형 아돌프 아이히만 간에 연락이 끊어진 적이 없다고 고백했다. 물론 가족들은 그 사실을 아버지가 죽고 난 뒤에야 알게 되었다고 한다. 1990년 3월 8일 로베르트 아이히만이 은퇴한 경찰서장 레오 마이어-프랑크에게 보낸 편지. 그 편지는 Rena Giefer and Thomas Giefer, *Die Rattenlinie. Fluchtwege der Nazis. Eine Dokumentation*(프랑크푸르트암마인, 1991), 71~73쪽. (그 편지에는 의심쩍은 정보들도 담겨 있다.)

23. "Henninger"는 청음 오류다. 에버센의 주민등록명부에 기입된 것으로도 분명 Heninger다. An—und Abmeldebuch Eversen, Stadtarchiv Bergen, Fach 585 Nr.2. 쿠르트 베르너 제보 씨께 고마움을 표한다.

24. 같은 책.

25. 비슬리체니, 133호실 문서, 22쪽.

26. 미국 국립기록원, RG 319, IRR Adolf Eichmann; CIC 보고서와 미국 국립기록원, RG 263, CIA 아돌프 아이히만 파일, SS-Obersturmnbahnführer A. E. 1946.

27. 1946년 4월 11일에 낭독된 선서 진술.

28. 같은 진술.

29. IMT 11,305, 11.4.1946.

30. 이때 아이히만의 기억이 좀 틀렸다. 아르헨티나에서 아이히만은 잭슨을 다음과 같이 인용했다. "그는(잭슨은) 그 재판에서 내가 (…) '진정 20세기 최악의 인물'임을 확인

했다고 믿었다."(「나의 진술」) 그것은 잭슨의 말을 이중으로 과장했다.

31. IMT Gest-39, 후펜코텐의 선서 진술.

32. 헝가리 주재 친위대 및 경찰 고위 간부인 친위대-대장 오토 빙켈만과 무장친위대 장군인 친위대-대장 한스 위트너는 (쿠르트 베커의 도움을 받아) 자신들이 왜 그 헝가리 유대인의 죽음의 행진과 아무 관련이 없는지를 증명하기 위해 터무니없는 얘기로 알리바이를 함께 만들었다. 하지만 사실 빙켈만은 그 수송에 대해 책임을 맡았고 위트너는 유대인을 강제노동으로 내몰았다. 위트너는 "빙켈만은 당시(1944년 11월) 그 일과 관련해 완전히 무력하니 제가 문제 제기를 해주면 고맙겠다고 말했어요"라고 진술했다. 위트너는 "그런 개입이 나에게 매우 안 좋은 결과를 초래할 것이 분명했지만" 그렇게 해보려고 애썼다는 것이다. 반면 아이히만은 그 두 인물이 당연히 자신의 도보 행진 제안을 축하해주었다고 주장했다. 위트너가 유일하게 불만스러웠을 일은 그 행진 참여자의 구성이었다. 노동을 할 만한 사람이 많지 않았던 것이다. 1948년 5월 3일 위트너의 진술. 빙켈만과 위트너, 베커는 모두 아이히만 재판을 위한 진술에서 그 쇼를 반복했다. 빙켈만, 보르데스홀름, 1961년 5월 29일; 위트너, 바트 츠, 1961년 5월 31일; 쿠르트 베커, 브레멘, 1961년 6월 20일.

33. 「카스트너 보고서」, 194쪽. 카스트너는 모든 점령지에서 아이히만의 체제가 확립되어 유대인 정책과 관련해서는 누구도 그에 맞설 수 없는 불가침의 권력 지위를 뜻하는 것으로 그 용어를 사용했다.

34. Urteil 1, 298. 1946년 9월 30일 선고.

35. IMT 1,283.

36. 그 수기는 "(단지 숙고와 검토용으로만 사용할) 판결문 개요의 기본 틀 제안"이란 제목을 단 내부 문건에 적혀 있다. 그것은 극비로 다루어졌다. 이유는 판사가 아직 이른 시점에 벌써 판결을 위한 기록을 작성했다는 소식이 심각한 결과를 초래할 수 있으리라는 것이었다. 그 문건이 아주 이른 시기에 작성되었음을 알 수 있다. Syracuse University, Syracuse, New York, Francis Biddle Papers, Box 14. 그 자료와 기록을 발견하는 것을 도와준 니콜레테 A. 도브로볼스키 씨께 고마움을 전한다. 브래들리 F. 스미스 Bradley F. Smith, *Reaching Judgment at Nuremberg*(뉴욕, 1977), 115쪽은 문제가 있다.

37. 기소장 최종본은 1945년 10월 18일 재판 첫 심리 때 제출되었다.

38. 그 적절한 표현은 모셰 펄먼의 것이다.

39. 사선 녹취록 3:3.

40. 사선 녹취록 6:1.

41. 그 말을 처음 사용한 사람은 디터 비슬리체니다. 그는 자신을 변호하기 위해 상관 아이히만이 비밀리에 작전을 수행했다고 주장했다. 비슬리체니, 133호실 문서, 브라티슬라바, 1946년 10월 27일, T/84.

42. 이스라엘 정부가 미국과 영국, 프랑스와 소련 정부에게 보내는 각서. 그 전문은 『유디셰 알게마이네』, 1951년 7월 27일. 나머지 네 명은 하이드리히, 회스, 프랑크, 히틀러다. 비교적 짧은 그 텍스트에서 아이히만은 두 번이나 언급되었다.

3. 익명성 혐오

1. 증인들의 기억에 따르면, 그 지역에서는 기아 같은 문제가 없었다.

2. 아르헨티나 문서. 수기 『다른 이들이 말했고, 이제 내가 말할 차례다!』, 57쪽에 대한 논평, 루트비히스부르크 연방기록원의 "기타" 폴더도 참고.

3. 아이히만에 따르면, 루돌프 회스는 그에게 힘러가 그런 식의 표현을 사용했다고 말했다. 「나의 회고」, 110쪽. 재판과 심문의 기록도 보라.

4. 사선 녹취록 11:2. 아이히만은 그 구절을 손으로 고쳐 조력자들을 암시하는 모든 내용을 지우도록 했다. 그것은 다음과 같은 구절로 바뀌었다. "그곳에서 저는 날짜 지난 신문 더미 한 아름을 발견했어요. 거기에는 저와 관련된 것도 있었어요."

5. 사선 인터뷰에서 그 책이 대화 주제가 아니었음에도 불구하고 아이히만은 그것을 상세히 언급했다. 게다가 아이히만은 이스라엘에서 그 책을(5판) 구입해 마지막 변호에서 그것을 활용했다. 「우상들Götzen」(1961).

6. 그 책은 부에노스아이레스의 아이히만 서가에 꽂혀 있었다. 그것에 대한 수기 논평도 존재한다. 아이히만 유품, 코블렌츠 연방기록원, N/1497-89.

7. 사선 인터뷰, 원본 테이프 10B, 1:22. 그것은 문법 오류 교정을 하지 않은 채 말한 그대로 옮긴 녹취록이다.

8. 아르헨티나 문서. 수기 『다른 이들이 말했고, 이제 내가 말할 차례다!』, 57쪽 여백 메모, 루트비히스부르크 연방기록원의 "기타" 폴더도 참고.

9. 1960년 6월 로베르트 펜도르의 루트 트라머 인터뷰(『슈테른』), 리하르트 킬리안의 인터뷰(런던 『데일리 텔레그래프』), 『슈테른』 기사 시리즈(1960년 6월 15일에서 25일까지)와 쿠엔틴 레이놀즈 · 에프라임 카츠 · 츠비 알두비, 『아돌프 아이히만 사건: 죽음의 전권 대리인*Der Fall Adolf Eichmann. Der Vollmächtiger des Todes*』(취리히, 1961)에서 활용되었다. 「한 살인자와의 만남*Begegnung mit einem Mörder*」(BBC/NDR, 2002), 2009년 인터뷰(레이먼드 레이), 2010년 7월 24일 *Menschen und Schlagzeilen* 에서도 확인되었다(NDR, 2010년 7월 28일 방송). 증인들의 요구로 이름은 언급되지 않았다.

10. 아이들의 기억에 대해서는 알텐잘츠코트에서의 인터뷰, 2010년 7월 24일, *Menschen und Schlagzeilen*(NDR, 2020년 7월 28일 방송).

11. 기자들이 맨 처음 알텐잘츠코트 주민들을 인터뷰한 때는 1960년 여름이었다. 예를 들면, 로베르트 펜도르프는 『슈테른』과 인터뷰를 했다. 볼데마르 프라이에슬레벤처럼 "아무것도 몰랐다"고 말하는 사람이 많았다.(『슈피겔』, 1960년 6월 15일) 그 지역은 인구가 많지 않았다. 그곳에서 아이히만이 보인 행동이나 삶에 대한 증인들의 진술은 오늘날까지 일치한다. 자신들과 함께 살았던 사람이 누구인지 알았을 때 전반적으로 충격을 받았음은 분명하다. 아울러 두려워서 계속 침묵하는 것이 전반적인 생존 전략이었음도 분명하다. 그 지역에 대한 포괄적인 연구는 Karsten Krüger(2002), 일부는 2002년 5월 30일자 『프랑크푸르터 룬트샤우』에 실렸다. 2009년 7월 23일자 『노이에 프레세』를 참조하라. NDR/BBC 방송 「한 살인자와의 만남」을 위한 인터뷰, 2009년 ARD 방송 「아이히만의 종말」을 위한 인터뷰. 중요한 보충은 오늘날까지 1960년 『라이프』와 『슈테른』의 넬리 퀸 인터뷰가 제공한다. 레이놀즈 외, 『아돌프 아이히만 사건』,

185쪽; 『슈테른』, 1960년 6월 16~25일.

12. 한나 아렌트, 『예루살렘의 아이히만』, 281쪽.

13. 아이히만을 정기적으로 방문했던 "빌리 삼촌"이 친위대 대원이었다는 정보가 사실이면 코흐와 아이히만은 서로 아는 사이였음이 틀림없다. 1910년 9월 22일 출생한 빌리 코흐는 1940년 포젠 이민중앙사무소에 근무했고 그네젠 외청 사무소의 소장이었다. 당시 포젠 이주중앙사무소는 아이히만의 휘하에 있었다. SS-Dienstaltersliste 1.12.1938와 15.6.1939, Nr. 4813, 보안국 중앙사무소.

14. 이에 대해서는 '내게는 동지가 없었다' 장도 참조하라.

15. 루이스 신틀홀처, 1914년 12월 16일 인스브루크 출생, SS-Nr. 308210, Nr. 2076 in der DAL der Waffen-SS(Stand 1. Juli 1944) als Hauptsturmführer der Reserve, BArch Berlin BDC-Akte. 게랄트 슈타이나허, 『도주 중인 나치*Nazis auf der Flucht: Wie Kriegsverbrecher über Italien nach Übersee entkamen*』(인스브루크, 빈, 보첸, 2008), 50~52쪽. 게랄트 슈타이나허도 루트비히스부르크 연방기록원의 신틀홀처 사료를 활용했다.

16. 필리프 트라포이어Philipp Trafojer, 『어느 살인자의 목소리*Die Stimme eines Mörders*』(1914~1989), 2005년 9월 8일자 오스트리아 잡지 『빈슈게르빈트』의 표지 이야기.

17. 신틀홀처는 신분을 정확히 모르는 한 지인에게 그 얘기를 했는데, 그는 연방첩보부의 정보원이었다. 연방행정법원 7A 15.10, 자우레 대 연방정보국 사건 첨부 문서, 연방정보국 파일 121 099, 1664(1960년 6월 3일의 "외무부 질의에 대한auf AA-Anfrage" 편지) 및 1784(1960년 8월 11일). 인용을 허락해준 크리스토프 파르치 씨께 고마움을 전한다.

18. 이 구절은 원본 녹음에서만 발견된다. 아르헨티나에서의 녹취록에는 빠졌다. 연방기록원 녹음테이프 10B, 1:22:30.

19. 그런 대화 내용을 직접 엿볼 수 있는 것은 나이 든 여성들이 거실에서 얘기하는 영상 장면이다. 그들은 수십 년이 지난 뒤에도 여전히 아주 조용했던 그 헤닝거 씨가 남부의 단 음식을 좋아했다고 얘기한 뒤에는 그의 눈동자가 파란색이었는지 갈색이었는지를 두고 논쟁했다. 「한 살인자와의 만남」(BBC/NDR, 2002). 아이히만의 눈은 회청색이었다.

20. 오토 아돌프 아이히만의 전처 베라 리블 심문은 1946년 11월 26일. 친위대 중령 오토 아돌프 아이히만의 부모와 형제 심문은 미국 국립기록원, RG 263, CIA 아돌프 아이히만 파일, 1946년 10월 중순.

21. 아이히만 스스로 나중에 아내가 자기 삼촌 소유의 집에 살았다고 밝혔다. 아우제란트의 경찰관이었던 발렌틴 타라가 1960년 1월 6일 헤르체고비나 바우어에게 보낸 보고서에 따르면, 그 집은 사냥 별장이었다. 1948년 7월 30일 베라는 아이들과 함께 피셔도르프의 한 농부 집으로 입주했다. 그 보고서는 오스트리아 잡지 『만루프*Mannruf*』 1960년 7월호에 실렸다.

22. 데이비드 세자라니, 『아이히만: 그의 삶과 범죄』, 41쪽. 베라 아이히만 인터뷰, 『데

일리 익스프레스』, 1961년 12월 12일.

23. 발렌틴 타라의 녹음 진술에 따르면, 베라의 여동생은 전후 알타우제에서 레오폴트 칼스와 결혼했다. 베라의 또 다른 여동생은 린츠 근교 플리거호르스트 회르싱에서 남편과 어머니와 함께 살았다.

24. 비젠탈은 저서 『나는 아이히만을 쫓았다』에서 그 날짜를 1947년 4월 30일이라고 말했다.(85쪽) CIA 이름 파일의 해당 부분은 날짜가 명료하지 않다. 친위대 중령 아돌프 아이히만, 베를린의 보고 17.6.??(판독 불가능) 비젠탈은 당시 상황을 언급하며 베라 아이히만의 그 사망 신고를 막아 낸 것이 아이히만 체포를 위한 자신의 중요한 공헌이었다고 말했다. 알타우제 경찰의 관점에 대해서는 위에서 언급한 발렌틴 타라의 보고서를 참조하라.

25. 가택수색에 대해서는 1947년 6월 7일 아이히만에 대한 미국 방첩대 보고서를 보라. 미국 국립기록원, RG 319, IRR Adolf Eichmann. 바트 가슈타인 소재 잉그리트 폰 이네의 집도 수색되었다. 아이히만 사진의 발견에 대해서는 마누스 디아만트, 『비밀 임무』(빈, 1995), 223쪽. 1945년으로 시점이 잘못 적힌 것은 독일 언론의 착오 탓이다. 그 사진은 다른 것과 자주 혼동되었다. 최초로 발견된 해당 사진은 위의 책에서 볼 수 있다.

26. 요제프 바이슬은 1947년 프랑스로 이송되어 그곳에서 아우슈비츠로의 유대인 수송에 가담한 죄로 기소되어 종신형을 선고받았다. 바이슬은 1955년 방면되어 오스트리아로 돌아갔고 그곳에서는 여죄로 다시 재판받지는 않았다. 한스 사프리안, 『아이히만과 그의 조력자들』(프랑크푸르트암마인, 1995), 328쪽.

27. 사선 녹취록 3:3. 아이히만은 1955년 3월부터 오스트리아의 수배 명단에 올라 있었다.

28. 케른텐의 관구장을 역임한 사람은 두 명뿐이었다. 후베르트 클라우스너(1939년생)과 프리드히리 라이너(1947년 예루살렘에서 처형). 우키 고니는 CAPRI에서 아르미 다드디예라는 이름을 가진 직원을 우이버라이터라고 본다. 그러니 그는 아이히만과 우이버라이터가 아르헨티나에서 만났을 것이라고 생각한다. 홀거 메딩Holger Meding, 『뉘른베르크로부터의 도주?*Flucht vor Nürnberg? Deutsche und österreichische Einwanderung in Argentinien 1945~1955*』(쾰른, 바이마르, 빈, 1992), 150쪽 이하, 217쪽 이하. CEANA, *Third Progress Report*(부에노스아이레스, 1998). KORSO의 기자들과 하인츠 슈네펜은 그렇지 않다고 본다. 그들은 우이버라이터가 신델핑엔의 '프리드리히 쉰하르팅'이었을 것이라고 추측했다. 아이히만이 직접 우이버라이터의 소재지에 대해 언급하지는 않았던 것으로 안다. 분명한 것은 아이히만이 1947년 5월 그 소문들을 잘 알고 있었으며 1960년의 글에도 그것을 기억하고 있었으며 부정하지 않았다는 사실이다. 1930년대 이후 아이히만과 우버라이터는 서로 잘 아는 사이였다.

29. 『노이에 차이퉁』(뮌헨), 1949년 9월 23일. "Der 'Weg', der in den Abgrund führt", 『노이에 차이퉁』, 1949년 6월 7일; "Importierter Wehrwolf", 『뤼베커 나흐리히텐』, 1949년 6월 11일; "Die Herrschaft der 'Descamisados'", 『타게스슈피겔』, 1949년 9월 28일; "Die Hitlers in Südamerika", *Gronauer Nachrichten und Volkszeitung*, 1949년 11월 5일.

30. 『슈피겔』, 1949년 6월 2일. 『뤼베커 나흐리히텐』, 1949년 6월 11일자도 보라. 루델과 갈라트, 바움바흐와 린츠만 등이 언급되었다.

31. 빌프레트 폰 오벤, 『괴벨스와 함께 끝까지*Mit Goebbels bis zum Ende*』(부에노스아이레스, 1949). 오벤은 슐레스비히-홀슈타인에서 보낸 시간에 대해서도 서술했다. 『아르헨티나의 '나치'*Ein "Nazi" in Argentinien*』(글라트베크, 1993).

32. 증명서도 단기 비자도 발견되지 않았다. 적십자 난민 신청서와 여권에는 그것과 관련된 기록들이 상세히 남아 있다. 이외에도 아르헨티나 이민청의 서류들을 통해서도 알 수 있다(file no. 231489/48. 인용은 우키 고니, 『오데사』, 126쪽 이하, 284쪽 이하). 1948년 6월 2일도 이론상으로는 가능한 날짜다. 적십자의 문서들은 간혹 로마자와 아라비아 숫자가 뒤섞여 기록되었기 때문이다. 요제프 멩겔레와 에른스트 뮐러와 '크렘하르트'(루돌프 폰 알펜슬레벤)의 현존 자료들을 보면 그것은 모두 금요일과 일요일 사이에 작성되었음을 알 수 있다. 서류 발행의 업무 시간을 갖고 추정하면 아마도 발행일은 1948년 6월 11일이다.

33. 아이히만은 후달을 이미 나치 시기부터 알았다. 로마 주재 산타마리아 델아니마 독일 국민교회의 신학교 학장인 후달은 외무부에 자주 로마의 정세에 대해 보고했기 때문이다. 1943년 10월 23일 아이히만은, 교황이 의견 표명을 하지 않도록 하려면 공적인 공간에서 유대인을 체포하지 않는 것이 좋다는 후달의 권고를 담은 보고서를 받았다.(T/620)

34. 비슬리체니, 133호실 문서, T/84, 여기서는 18쪽.

35. 뉘른베르크 죄수들은 동서 갈등에 큰 희망을 걸었다. 동서 갈등은 재판정 바깥에서 그들이 나누는 대화의 주요 주제였다. 구스타브 M. 길버트, 『뉘른베르크 일기』(프랑크푸르트암마인, 1962)를 참조하라.

36. 린트호르스트 씨의 증언. 「한 살인자와의 만남」(NDR/BBC, 2002).

37. 1960년 10월 24일 월요일에 예루살렘에서 열린 기자회견. "Wie Eichmann gejagt wurde", 『알게마이네 보헨차이퉁 데어 유덴』, 1960년 10월 28일.

38. 톰 세게브는 그때까지 나온 여러 서술을 세세히 대비시키며 차이를 잘 보여주었다. 따로 다른 문헌을 언급하지 않으면 아래 요약은 세게브의 책 해당 부분에 의거했다. 톰 세게브, 『지몬 비젠탈』, 31~41쪽.

39. 레오 프랑크마이어Leo Frank-Maier, 『자백*Geständnis: Das Leben eines Polizisten — Vom Agentenjäger zum Kripochef Oberst Leo Maier*』(린츠, 1993), 그 사건은 25쪽 이하를 참조하라.

40. 블로흐는 1949년 1월 3일 그 작전에 대한 보고서를 작성했다. 톰 세게브, 『지몬 비젠탈』.

41. 「나의 도주」 17쪽에서 아이히만은 1950년 여름 잠시 그래볼까 생각했다고 직접 밝혔다.

42. 기사의 대부분은 1948년 10월 초에 나왔고 기사 내용은 『벨트 암 아벤트』의 보도를 거의 글자 그대로 옮겼다. 여기서 인용은 『쥐트쿠리어』와 『오버외스트라이셰 차이퉁』 1948년 10월 2일과 3일자 및 『노이에 보헤』 1948년 11월 13일자에서 따왔다.

43. 2010년 11월 연방정보원은 유관 사료를 연방기록원으로 이관했다. 코블렌츠 연방기록원, B206/1986: Fall Adolf Eichmann. 이스라엘의 체포 작전 실패 그리고 우르반

의 도주 지원 주장. 『슈피겔』은 그 사료들을 2010년 1월 15일자 온라인 기사에 실었다("이스라엘은 오스트리아에서 아이히만을 납치하려고 했다"). 그 기사는 최근의 연구 결과를 전혀 언급하지 않았다.

44. 레오 프랑크마이어, 『자백』 21쪽 이하. 거기에는 신분 확인용 우르반의 사진이 들어 있다.(24쪽)

45. 페터 F. 뮐러Peter F. Müller · 마이클 뮬러Michael Mueller, *Gegen Freund und Feind: Der BND: Geheime Politik und schmutzige Geschäfte*(함부르크, 2002), 226쪽.

46. 우르반에 대해서는 CIC/CIA-Akte 미국 국립기록원, RG 263, 요제프 아돌프 우르반 파일(geboren am 14.6.1920).

47. 페터 F. 뮐러 · 마이클 뮬러, *Gegen Freund und Feind*, 226쪽.

48. 브루노 카우셴은 제국보안중앙청 제4국(보안국 국외 담당) C2 출신이었다.

49. 코블렌츠 연방기록원, B206/1986.

50. 우르반의 나치 경력에 대해서는 헤르만 촐링Hermann Zolling · 하인츠 회네Heinz Höhne, *Pullach Intern—General Gehlen und die Geschichte des Bundesnachrichtendienstes*(함부르크, 1971), 217쪽. 그의 CIA 자료도 참조하라.

51. 비젠탈은 1948년 12월 5일의 심문 후 카스트너에게 편지로 심문에서 나온 얘기가 사실인지를 물었다. 톰 세게브, 『지몬 비젠탈』, 131쪽 이하.

52. 1952년 7월 16일자 보고서 "H 박사 공격의 배경과 이유". 인용은 뮐러 · 뮬러, *Gegen Freund und Feind*, 227쪽에서 따왔다. 그 보고서는 빌헬름 회틀과 가까운 사람에 의해 작성되었다. 그에 대해서는 여기서 나중에 다시 언급될 것이다. 우르반은 가짜 정보를 파는 데 있어서 그와 직접 다툴 정도였다. 하지만 그의 견해가 맞다고 하는 사람들도 있었다.

53. 톰 세게브, 『지몬 비젠탈』, 41쪽.

54. 미국 국립기록원, RG263, CIA 아돌프 아이히만 파일, 비젠탈에 대한 언급이 수차례 나온다.

55. 츠비 아하로니는 아이히만이 자신에게 아이들에 대해 물었다고 말했다.

56. 아이히만의 집주인 아들 오토 린트호르스트가 2002년 BBC/NDR의 방송 인터뷰에서 한 진술. 그 외에도 『라이프』의 기자 카르스텐 크뤼거는 1960년 넬리 크라비츠를 인터뷰했다. 그에 따르면, 아이히만은 그에게 보낸 편지에서 "4주 안에 나로부터 안부를 듣지 못하면 내 이름에 성호를 그어줘"라고 썼다. 그 어법은 정확히 아이히만의 것과 일치한다. 쿠엔틴 레이놀즈 외, 『아돌프 아이히만 사건: 죽음의 전권 대리인』(취리히, 1961), 185쪽.

57. 1960년 체포된 후 아이히만은 이스라엘 첩보원 츠비 아하로니에게 여러 변이를 이야기했다. 츠비 아하로니 · 빌헬름 디틀, 『사냥꾼. 아이히만 작전*Der Jäger. Operation Eichmann: Was wirklich geschah*』(뮌헨, 1966), 228쪽 이하.

58. 「나의 도주」, 13쪽.

59. 이를테면 사선 녹취록 21:10.

60. 아이히만이 여기저기서 여러 해를 보낸 터라 날짜를 혼동했을 것이라고 볼 수도 있다. 하지만 그런 호의적 추론은 별로 중요하지 않은 일과 관련한 날짜들에는 들어맞을지 모른다. 분명 아이히만은 상황을 본인 중심으로 설명(또는 방어)할 목적으로 날짜를 일부러 자기에게 유리하게 미루었다. 아이히만은 이미 나치 때부터 날짜 바꿔치기를 통해 득을 봤다. 관료주의를 갖고 노는 것은 보안국 대원들이 1930년대 초에 배운 조작 방식으로 볼 수 있을 것이다.

61. 독일 잡지 『퀵크*Quick*』의 클라우스 아이히만 인터뷰. Heft 1, 1966년 1월 2일.

62. 이미 미국 방첩대의 초기 보고서에는 친위대 대원들이 무해한 것으로 들리는 도시명을 이용해 자신들끼리 가능한 한 비밀리에 서로를 알아보도록 했다는 정보가 담겨 있었다. 그것은 옛 동지들에게 호소해서 더 많은 양식을 얻는 데는 실제적인 이점이 있었다. CIC file Organisation Odessa, 첫 번째 문서, 1946년 10월 25일. 하인츠 슈네펜 Heinz Schneppen은 『오데사와 제4제국*Odessa und das Vierte Reich: Mythen der Zeitgeschichte*』(베를린, 2007)에서 그런 가공의 얘기가 지닌 문제를 정확히 밝혔다. 물론 그도 여전히 오데사라는 용어에 너무 집중한 나머지 여타 실제로 존재하는 조직 체계들을 간과했다. 유감스럽게도 슈네펜은 아이히만의 진술을 너무 제한적으로 활용했고 아르헨티나로의 도주자들 사이에 존재하는 중요한 네트워크와의 접촉들을 무시했다. 이에 대한 보충은 이 책 뒷부분에서 볼 수 있다.

63. 사선 인터뷰에서 아이히만은 동조자의 이름을 대지 않는 방식으로 말했다. "나는 독일에서 밀반출되었다." 「나의 도주」에서는 전부 다 "조직"이라고 언급되었다. 하인츠 슈네펜은 아이히만이 "오데사"라는 말을 한 번도 사용하지 않았다고 정확히 지적했다. 물론 이름이 언급되지 않았다고 실체가 없어지는 것은 아니다. 아이히만은 분명 옛 친위대 대원들이 활동하는 조직을 언급했다. 이스라엘의 공식 기록에는 그런 내용이 발견되지 않는다. 왜냐하면 아이히만이 언급한 "조직"은 당시에도 여전히 존재하고 있었기 때문이다. 그 조직은 체계도 갖추었을 뿐만 아니라 특히 아이히만이 부재하는 동안 그의 가족을 부양했다. 그것에 대해 말하는 것은—슈네펜의 주장과는 달리—1960년 이스라엘에서는 아직 "당사자나 제3자가 위험"해지는 일이었다.(23쪽)

64. 모셰 펄먼, 『아돌프 아이히만의 체포*Die Festnahme des Adolf Eichmann*』(프랑크푸르트암마인, 1961).

65. 연방행정법원 7A 15.10, 자우레 대 연방정보국 사건, 연방정보국 파일 121 099, 1664(1960년 6월 3일의 "외무부 질의에 대한auf AA-Anfrage" 편지) 및 1784(1960년 8월 11일). '내게는 동지가 없었다' 장을 참조하라.

66. 아이히만 가족을 감시한 결과 바로 그즈음 그들의 재정 상태가 개선되었음을 알 수 있었다. 1954년 3월 30일 지몬 비젠탈이 나훔 골드만에게 보내는 편지는 그것을 확인해준다. 아이히만도 「나의 도주」 16쪽에서 그런 접촉이 있었음을 암시했다.

67. 게랄트 슈타이나허는 아이히만이 슈테르칭의 신부에게서 세례를 받았다고 봤다. 그곳의 세례 명부에는 에리히 프리브케의 재세례가 적혀 있기 때문이다. 아이히만/클레멘트의 세례 증명은 발견되지 않았다. 슈타이나허, 『도주 중인 나치』 167쪽.

68. Giovanni는 자주 보이는 오기다. 아이히만 탓이기도 하다. 아르헨티나의 문서에는

정확하게 쓰여 있다.

69. 「나의 도주」 22쪽.

2장 막간극

근동으로의 가짜 흔적

1. 비젠탈의 오류에 대한 평가를 잘 보여주는 것은 하인츠 슈네펜, 『오데사와 제4제국』, 12쪽 이하와 가이 월터스Guy Walters, 『악의 사냥*Hunting Evil*』(런던, 토론토, 2009), 207쪽 이하.

2. 린츠에서 올라온 보고서를 근거로 인용한 비젠탈은 아이히만이 체포된 후에도 오랫동안 오스트리아에 아이히만의 접촉 연결망과 은신처가 있었을 것이라고 믿어 의심치 않았다. 그의 저서 전부와 여러 글은 그런 추론을 담고 있다. 지몬 비젠탈, 『복수가 아닌 정의*Recht, nicht Rache. Erinnerungen*』(프랑크푸르트암마인, 베를린, 1988), 99쪽 이하. 그 책은 가장 소상히 그 내용을 인용했다. 즉 1954년 3월 30일자인 비젠탈이 나훔 골드만에게 보내는 편지, 미국 국립기록원, RG 263, CIA 아돌프 아이히만 파일.

3. 오스트리아에서 암약한다고 하는 나치 조직을 알리는 정보원은 다름 아닌 허위 정보 전문가인 빌헬름 회틀이었다. 미국 국립기록원, RG263, CIA 빌헬름 회틀 파일.

4. 2010년 11월부터 판타지가 탁월한 정보원 미테르후버의 얘기에 대한 린츠의 보고서를 연방정보원 사료 보관록에서도 열람할 수 있다. 그것은 코블렌츠 소재 연방기록원으로 이전되었다.(B206/1986) 미테르후버는 심지어 아이히만이 다가올 공산주의자들의 습격에 맞설 저항 세포 조직을 이끌었고 그것은 미국의 재정 지원을 받았다고 주장했다.

5. 미국 국립기록원, RG263, CIA 아돌프 아이히만 파일. '거미'에 대해서는 오토 스코르체니 파일을 보라. 미국에서도 그 비밀 조직들의 재원에 대해서는 추측이 난무했는데 항상 소련이 언급되었다. 가이 월터스, 『악의 사냥』, 207쪽 이하.

6. Heft Nr. 25. 그 기사의 저자는 알프레트 피셔였다. 기사의 영어본은 『시오니스트 리뷰*Zionist Review*』 10월 4일자에 「카를 아이히만—게슈타포 유대인과의 과장」이란 제목으로 실렸다.

7. 1947년 6월 1일자의 R. B. 해블러의 기사. 그 기사는 그 뒤 몇 년 동안 나치 저술가들에 의해 자주 인용되었다. 그들은 그 기사를 아이히만도 유대인이라는 사실의 증거라고 여겼다.

8. 지몬 비젠탈, 『최고 무프티: 추축국의 최대 첩자』(잘츠부르크, 빈, 1947), 46쪽.

9. 레온 폴리아코프, "Adolf Eichmann ou le r ve de Caligula", 『르몽드 쥐프*Le Monde Juif*』(파리), 1949년 6월 4일. 1930년대 초의 그 사진은 이제 다음의 책에서도 볼 수 있다. 데이비드 세자라니, 『아이히만: 그의 삶과 범죄』(베를린, 2004년 판본 사진 부분의 첫 사진).

10. 사선 녹취록 22:1. 폴리아코프 글에 실린 아이히만 사진은 인쇄가 서툴게 된 것이지 조작된 것은 아니다.

11. *Jüdisches Gemeindeblatt für die Britische Zone*(*Allgemeine Wochenzeitung der Juden in Deutschland*의 전신), 1948년 6월 23일. 1948년 말 빈의 『벨트 암 아벤트』에서 기사가 나간 뒤에는 "아랍부대의 한 명" 같은 제목으로 유사한 기사의 홍수가 일었다(*Südkurier*, 1948년 10월 2~3일).

12. 톰 세게브는 자신의 비젠탈 전기에 그 에피소드를 서술하며 1948년 6월 22일 비젠탈이 실베르샤인에게 보내는 편지를 언급했다. 톰 세게브, 『지몬 비젠탈』, 144쪽.

13. 예를 들면, "Massenmörder als Militärberater", 『프랑크푸르터 룬트샤우』(1952년 3월 22일); "SS-Generale im Nahen Osten", 『디 게겐바르트』(1951년 4월)와 『알게마이네 보헨차이퉁 데어 유덴』(1952년 4월 18일); "Der deutsche Soldat im Mittleren Osten", 『알게마이네 보헨차이퉁 데어 유덴』(1952년 4월 25일); "Deutsche Berater in Kairo schüren gegen Bonn. Ehemalige SS—und SD-Führer in Verbindung mit Nagib und Mufti", 『벨트 암 존타크』, 1952년 11월 23일.

14. 자이다 오르트너의 거짓 정보에 의거해 연방정보원은 아이히만이 시리아에 도착한 때를 1947년이라고 알고 있었다. 미국 국립기록원, RG 263, CIA 아돌프 아이히만 파일. 1958년 CIA를 위한 연방정보원의 보고서 「새로운 동부 커넥션」을 참조하라. 아직도 단지 CIA 아돌프 아이히만 파일에서만 열람 가능하다. 정말로 그렇게 개종한 유명 나치로는 요한 폰 레어스가 있다. 그는 아르헨티나에서 아이히만과 만났다. 실제로 그렇게 시리아로 간 것으로 확인된 사람은 알로이스 브루너였다.

15. 연속 기사와 그 배경에 대해서는 톰 세게브, 『지몬 비젠탈』, 177쪽 참조.

16. 쿠엔틴 레이놀즈 · 에프라임 카츠 · 츠비 알두비, 『죽음 장관』(뉴욕, 1960), 189쪽.

17. 레이놀즈는 실제로 그런 길로 탈출한 오토 스코르체니나 발터 라우프를 아이히만과 혼동했을 수 있다. 레이놀즈는 그 정보를 하인츠 바이벨-알트마이어로부터 돈을 주고 산 이른바 제3의 인물 "푸아다 나디프" 인터뷰에서 인용했다고 밝혔다.

18. 톰 세게브, 『일곱 번째 백만 명*Die siebte Million. Der Holocaust und Israels Politik der Erinnerung*』(라인베크, 1995), 202쪽.

19. 미카엘 바르-조하르Michael Bar-Zohar, 『복수자들*The Avengers*』(뉴욕, 1970), 65쪽 이하. 바르-조하르는 프리츠 바우어의 역할을 제대로 알아본 최초의 사람이었다. 그 외에도 그는 놀라울 정도로 좋은 정보를 가졌다. 그의 책은 여러 나라 언어로 번역되었지만 독일어본은 없다.

20. 톰 세게브, 『일곱 번째 백만 명』, 203쪽. 근거는 아바 코브너와의 인터뷰다. 코브너는 바르샤바 봉기의 생존자로서 이미 종전 전에 복수 결사체를 만들었다. 그 배경은 복수 특공대 대원들을 인터뷰한 미하엘 바르조하르의 책을 통해 처음으로 밝혀졌다.

21. 위에서 언급한 알프레트 피셔의 기사 「카를 아이히만은 어떤 흔적도 없다」를 참조하라. 『길』, 1946년 8월 16일.

22. 1932년 아이히만은 사고로 두개골절상과 쇄골골절상을 입었고 눈 위의 흉터를 갖게 되었다. 사고 자국과 흉터는 1960년 모사드가 아이히만을 납치했을 때 그의 정체를

명확히 확인하는 데 도움이 되었다. 아이히만의 얼굴 양면이 불균형한 것이 그 사고 탓이라는 추측은 사실이 아니다. 그것은 아돌프 아이히만의 어릴 때 사진이나 아이히만의 형제들에게서도 식별할 수 있을 정도로 보이기 때문이다.

23. 그 소문은 1940년대 말부터 등장해 그 후 몇 년 동안 대중적인 글에서 더러 반복되었다. 비젠탈은 1954년 3월 30일자 나훔 골드만에게 보내는 글에서 그렇게 적었다. 아이히만을 잘 아는 베냐민 엡슈타인도 아이히만 체포와 관련된 인터뷰에서 마찬가지로 그 소문을 퍼뜨렸다. "Massenmörder Eichmann hatte sein Gesicht operieren lassen", 『노이에스 외스터라이히』, 1960년 5월 26일. 그 소문들은 아이히만이 체포된 뒤 당시 사진을 보고 그렇지 않다는 것을 안 뒤에야 사라졌다. 이스라엘에서 아이히만은 남미에서 이름 이외의 것도 바꾼 나치들을 실제로 만났다고 언급했다. 하지만 이것도 다시 아이히만에게 전형적인 태도일 가능성이 있다. 즉 자신이 내부 정보를 아는 주요 인물임을 보여주는 것이다. 코블렌츠 연방기록원, AllProz 6/252, 『파리 마치』 인터뷰.

24. 「우상들」, 589쪽.

3장 아르헨티나의 아이히만

1. "약속의 땅"에서의 삶

1. 그 사실을 밝힌 사람은 아이히만이었다. 물론 이런 경우 자주 그랬듯이, 아이히만은 그의 이름을 밝히지는 않았다. 「나의 도주」, 23쪽. 그 집단에 속한 인물들은 서로 소개할 때 분명 과거 사용하던 이름을 그대로 불렀지 새 가명을 사용하지는 않았다.

2. 우키 고니Uki Goñi, 『오데사*Odessa*』, 283쪽.

3. 300명의 직원 중에 단지 40명만이 원래 직업이 기술자였던 듯하다. 에른스트 클레 Ernst Klee, 『결백증명서*Persilscheine und falsche Pässe: Wie die Kirche den Nazis halfen*』(프랑크푸르트암마인, 1992); 우키 고니, 『오데사』.

4. 아이히만은 이스라엘에서 쓴 글, 즉 「나의 도주」를 쓰기 위한 수기 노트에서 이에 대해 적었다.

5. 사선과의 대화에서 아이히만은 피슈뵈크에 대해 언급했다. 아이히만은 사선 녹취록 59:9에 수기로 "그가 살아 있다니!"라고 논평을 붙였다. 피슈뵈크의 부인은 아이히만이 체포된 뒤 자신이 그와 가장 마지막으로 이야기를 나눈 사람 중 한 명일 것이라고 말했다. 피슈뵈크도 같은 시기에 CAPRI에서 일했기에 그의 부인은 아이히만을 잘 알았다.

6. 에크하르트 심프Eckhard Schimpf, 『하일리히*Heilig: Die Flucht des Braunschweiger Naziführers auf der Vatikan-Route nach Südamerika*』(브라운슈바이크, 2005), 110쪽.

7. 연방기록원 녹음테이프 10C, 1:28:00.

8. 현재 스무 번의 교류를 확인할 수 있다. 두 사람 사이의 편지와 만남 기록이 남아 있다. 그중 하나는 전화 통신 기록이다.

9. 라자코비치는 1940년 친위대에 가입했다. Personalbericht Eichmanns über Rajakowitsch vom 19.7.1940, T/55(6). 라자코비치는 1952년 2월에서 8월 사이에 부에노스아이레스에 있었음이 확인되었다. 또한 그것으로 아이히만도 투쿠만 체류 시기에 부에노스아이레스에 더러 들렀음이 확인된다.

10. 나중에 후안 (한스) 말러는 독일 사람임이 밝혀질까 두려웠다고 썼다. 하지만 그런 비감한 이야기들은 지어낸 것에 불과했다. 부에노스아이레스에는 독일 식당과 극장, 영화관 및 독일인 가게 등의 다양한 독일인 시설들이 존재했다. 그것은 그 시의 일부였다. 게다가 아르헨티나는 특히 독일인들에게 우호적이었다.

11. 이를테면 고니는 아르민 다듀, 베르톨트 하일리히, 에르빈 플라이스, 프란츠 슈테르칭거 등을 들었다.(284쪽) 괴니와 홀거 메딩은 또한 슈타이어마르크의 군관구장이자 주지사였던 지크프리트 우이버라이터도 그곳에 있었다고 주장했다. 하지만 그렇지 않다는 주장도 자주 등장했다. 아이히만은 「나의 도주」에서 아르헨티나로 도주하는 과정을 다루면서 우이버라이터를 언급했다. 도주에 관한 한 그는 아이히만에게 직접 영향을 주었기 때문이다.

12. 에크하르트 심프, 『하일리히』, 111쪽. 카린 하일리히의 기억에 따르면, 하일리히는 1951년 1월 17일 부에노스아이레스에 도착했고, 그의 자녀들은 1953년에 도착했다. 하일리히는 자녀들에게 이미 로마에 있을 때 아이히만을 만났다고 이야기했다. 그 이야기 덕분에 가족들은 그가 아이히만을 어떻게 알게 되었는가를 설명할 필요가 없어졌다. 로마에서 알게 되었다면 특별히 의심할 이유가 없어진다.

13. 1998년과 1999년 요주아 골츠와 아벨 바스티와의 인터뷰. 고니, 『오데사』, 267, 494쪽. 헤르베르트 하겔(친위대 번호 112171)은 친위대 대장 아우구스트 아이그루버(린츠 군관구장)의 부관이었다.

14. 2002년 NDR/BBC의 하인츠 뤼르 인터뷰, 「한 살인자와의 만남」. 뤼르는 그 대화 날짜를 베라 아이히만이 도착한 직후인 1952년 7월 후라고 말했다.

15. 더러 보이는 표기 "Davmanin"는 오기다.

16. 이스라엘에서 아이히만은 프랑스어 이해 능력이 없음이 확인되었다. 아르헨티나 체류 시절의 녹음을 들어보면 아이히만이 외국어 학습 자질이 없다는 사실을 확인할 수 있다. 그는 스페인어를 독일어식으로 말했다.

17. 부에노스아이레스 경찰서가 발행한 신원증서의 번호는 1378538이었다. 투쿠만도는 아이히만에게 연이어 두 번 신분증을 발행해주었다. 1952년 2월 8일자 신분증의 번호는 341952였고 1952년 4월 3일자 증명서의 번호는 212430이었다. 복사본의 출처는 기드온 하우스너Gideon Hausner, 『예루살렘의 정의*Justice in Jerusalem*』(뉴욕, 1966).

18. 콘스탄틴 폰 노이라트(1902~1981)는 심지어 잠시 '동지회' 회장을 역임하기도 했다고 한다. 폰 오벤과의 인터뷰(2008년 5월 8일 방송된 hr2 Kultur, Wissenswert의 가비 베버), 루트비히 리엔하르트와 요제프 야코의 인터뷰(홀거 메딩, 『뉘른베르크로부터의 도주?』, 176쪽). 노이라트는 1953년부터 지멘스의 직원이었고 1958년 지멘스 아르헨티나 지부의 지사장이 되었다. 그 후 그는 뮌헨에서 일하다가(1965년에는 회사 본부를 위한 대리업무 총괄) 1966년 은퇴했다. 뮌헨 소재 지멘스 기록원의 프랑크 비텐도르퍼 씨께 감

사한다. 놀랍게도 그곳 사람들은 노이라트에 대해 잘 알지 못했다. 이를테면 수배 중이었던 전범들을 노이라트가 도운 일에 대해 그들은 아무것도 몰랐다.

19. 루델은 저서에서 (대필자인 사선의 도움으로) 프리치의 삶에 대해 알렸다. 『독일과 아르헨티나 사이에서*Zwischen Deutschland und Argentinien*』(부에노스아이레스, 1954), 220쪽. 그 책도 뒤러출판사에서 출간되었다. 책에는 출판사 사장에 대한 아첨도 담겼다. 프리치가 독일을 짧게 방문했다는 사실 외에 전쟁범죄에 가담했다든지 독일에서의 높은 지위를 얻었다는 식의 소문은 사실이 아니었다. 프리치는 히틀러의 나치 제국에서 출중한 경력을 쌓기에는 너무 어렸다. 그 밖에 '세계 대회'는 단지 한 번만 열렸다. 그렇기에 그 방문의 정확한 날짜를 알 수 있다.

20. 그 과정을 잘 보여주는 훌륭한 책이 1997년 발간되었다. 홀거 메딩, 『"길": 1947~1957년 부에노스아이레스의 독일 이주자 잡지*"Der Weg": Eine deutsche Emigrantenzeitschrift in Buenos Aires 1947~1957*』(베를린). 그 책은 제목이 암시하는 것 이상의 내용을 담고 있다. 그 책은 아르헨티나뿐만 아니라 여타 지역의 독일 민족주의자들의 성격을 밝히고자 하는 사람들에게도 유용했고 추후 연구를 위해서 매우 흥미로운 영역을 개척했다. 사실 오늘날까지 그곳에서 일한 모든 사람의 신원이 다 밝혀지지는 않았다. 물론 연구의 심화를 위해서는 뒤러출판사의 발간물과 『길』에 대한 분석이 필요하다. 이하의 서술은 그와 관련된 자료 연구에 기초했다. 덧붙여 나는 에버하르트 프리치의 손자께 함께 의견을 나눌 수 있어서 감사했다는 말을 전한다.

21. "포목점"은 간혹 일어나는 번역의 실수다. 편지에서 프리치는 제 사업에 대해 직접 명료히 밝혔다.

22. 한스 헤펠만Hans Hefelmann 진술, 1960년 12월 28일, Js148/60 GStA Frankfurt a.M. gegen Prof. Werner Heyde, Hefelmann 등. 그들의 이력에 대해서는 에른스트 클레, 『결백증명서』를 참조하라.

23. 1948년 8월 19일자 보이멜부르크에게 보내는 프리치의 편지. 코블렌츠의 라인 주도서관, 베르너 보이멜부르크 유품. 인용은 Stefan Busch, *Und gestern, da hörte uns Deutschland. NS-Autoren in der Bundesrepublik. Kontinuität und Diskontinuität bei Friedrich Griese, Werner Beumelburg, Ebrhard Wolfgang Müller und Kurt Ziesel*(Würzburg, 1998). 그 편지를 열람하게 해준 코블렌츠 주립도서관의 바르바라 퀼게스 씨께 감사드린다.

24. 현재까지 확인된 인물은 베르너 보이멜부르크, 한스 그림, 쿠르트 치젤, 에버하르트 볼프강 뮐러, 프리드리히 그리제, 에르하르트 비텍, 파울 알베르데스 그리고 하인리히 칠리히 등이다. 그들은 모두 뒤러출판사의 저자들이었다. 『길』을 참조하라. 1948년 2월 10일과 1949년 2월 9일자 보이멜부르크에게 보내는 프리치의 편지도 참조하라. 그 편지에서 프리치는 자신과 편지를 교환한 사람들을 언급했다. 코블렌츠의 라인 주도서관, 베르너 보이멜부르크 유품.

25. 1948년 2월 10일 프리치는 보이멜부르크에게 편지를 보냈다. 1948년 3월 5일 그림은 보이멜부르크에게 편지를 보냈다. 둘 다 코블렌츠의 라인 주도서관에서 열람할 수 있다. 코블렌츠의 라인 주도서관, 베르너 보이멜부르크 유품. 한스 그림의 서신 교환을 열람하게 해준 마바흐 독일문학기록원DLA-Marbach의 비어기트 키노프 씨께 감사드린다.

26. 철십자 문양의 깔개는 문학적 창안이 아니었다. 뒤러출판사는 그것을 만들기 위한 바느질 안내서를 팔았다. 여성 한 명이 그것을 아직도 갖고 있다고 증언했다. 그의 말을 믿을 수 있을 듯하다. 그는 그것과 관련해 제 이름을 알리고 싶어하지는 않았다.

27. 빌프레트 폰 오벤, 『아르헨티나의 '나치'』(글라트베크, 1993), 19쪽.

28. EROS 여행사무소의 실제 활용에 대해서는 프리치와 베르너 보이멜부르크 사이에 오간 편지들을 보라. 그것을 보면, 보이멜부르크는 현물로 대가가 지불되었음을 알 수 있다.

29. 이하 서술하는 내용은 내가 아카이브 작업과 인터뷰를 통해서 얻은 것이기도 하지만 나타샤 데 빈터 씨가 현장에서 나를 위해 수행한 탁월한 조사 작업의 결과이기도 하다.

30. 폴베르크는 회고록을 집필하면서 과거 직위를 숨기려 했지만 성공하지 못했다. 하인리히 폴베르크Heinrich Volberg, 『독일 국외 거주자와 제3제국*Auslandsdeutschtum und Drittes Reich: Der Fall Argentinien*』(쾰른, 빈, 1981). 아르헨티나지부의 상황과 직원 명부에 대해서는 무엇보다 프랑크-루트거 하우스만Frank-Rutger Hausmann, 『에른스트 빌헬름 볼*Ernst Wilhelm Bohle: Gauleiter im Dienst von Partei und Staat*』(베를린, 2009)을 참고하라.

31. 하이너 코른의 후임자는 헤리베르토 코르히였다. 코르히는 인터뷰를 거부했다. 그 회사는 여러 해 전에야 비로소 퀴네와 나겔에게 매각되었다.

32. 프리치가 주고받은 편지에 그들의 이름과 주소가 나와 있다.

33. 잉게 슈나이더 인터뷰, Roelf van Til(1999).

34. Ibid.; 레이먼드 레이의 사스키아 사선 인터뷰(2009); 사스키아와 프란시스카 사선의 편지.

35. 1959년 2월 4일 뤼네부르크 지방법원의 형사4부에서 나치 저작물 배포 건으로 구스타프 플로어에 대한 재판이 진행되었다. 플로어는 뒤러출판사의 간행물들과 정기구독자 목록을 압수당했다. 뒤러출판사는 그 1년 전에 영업을 중단했다. 프리치도 소환되었지만 법정에 출두하지 않았다. 1959년 2월 4일자 『슈투트가르트 신문』과 벨트와 함부르크 지역 신문들의 기사를 참조하라. 안타깝게도 압수된 증거품들을 아직까지 발견하지 못했다. 아마도 보유 기간이 끝나자 폐기된 듯하다. 베르히테스가덴은 프리치의 편지에서 등장했다.

36. 정보를 준 다니엘 프리치 씨게 감사를 전한다.

37. 1953년 CIA 보고서에는 사선이 CAPRI의 직원이라고 나와 있다. 정보원이 아르헨티나 출신이었기에 외부인인 사선이 CAPRI의 직원인 것은 사실인 듯하다. *German Nationalists and Neo-Nazi Activities in Argentina*, 1953년 7월 8일. 이 문서는 2000년 4월 11일 열람이 허용되었다.(CIA-RDP 620-00856R000300030004-4) 그 밖에도 페드로 포비에심(2009)은 사선이 자주 투쿠만을 다녔다고 주장했다.

38. 에크하르트 심프는 베르톨트 하일리히가 이용한 보급망, 즉 과거에 제 가족들의 여권을 제공해준 로마 네트워크 그리고 친위대 단체인 '조용한 조력자'에 대해 서술했다. 편지도 여러 위장 주소를 통해 하일리히에게 도착했다. 에크하르트 심프, 『하일리

히』, 111쪽. 활발히 활동하는 이젠부르크 공주인 헬레네 엘리자베트의 '조용한 조력자'는 루델의 '동지회'와 교류했다.

39. 아이히만은 자신을 조사한 모사드 심문 전문가들에게 처음으로 그 이야기를 해주었다. 츠비 아하로니 · 빌헬름 디틀, 『사냥꾼. 아이히만 작전』(뮌헨, 1966), 103쪽.

40. 주민센터 자료에 따르면 베라 아이히만은 1948년 7월 30일 피셔른도르프로 전입했다. 프리츠 바우어에게 보낸 발렌틴 타라의 편지를 참조하라.

41. 1960년 10월 24일 예루살렘에서 열린 기자회견. 『알게마이네 보헨차이퉁 데어 유덴』, 1960년 10월 28일, "Wie Eichmann gejagt wurde"에서 인용.

42. 그것에 대해서는 톰 세게브, 『지몬 비젠탈』을 참조하라. 세게브는 타라의 유고를 열람할 수 있었고 그가 비젠탈에게 보낸 편지를 검토했다.(126쪽)

43. 라인란트에 사는 삼촌 집의 가사도우미가 그 편지에 대해 알려주었다. "아돌프 아이히만은 제 무덤을 팠다. 가사도우미의 폭로", 『노이에스 외스터라이히』, 1960년 6월 2일. 에버하르트 프리치가 1958년 아르헨티나에서 오스트리아로 출발할 때 그는 아이히만으로부터 그의 가족의 린츠 주소를 받았다. 7장 「막후극」을 참조하라.

44. 클라우스 아이히만 인터뷰, 『퀵』, 1966년 1월 2일.

45. 1960년 1월 1일자 프리츠 바우어에게 보낸 발렌틴 타라의 편지, 『만루프*Mahnruf*』(오스트리아), 1960년 6월.

46. 상황을 보면 프리츠 아이히만을 말하는 것이다. 그는 아돌프 아이히만의 아버지가 재혼해서 낳은 그의 배다른 동생이다.

47. 지금도 독일 시민권 신청 서류를 보면 그것을 확인할 수 있다.

48. 비젠탈에게 보낸 타라의 편지, 1953년 1월 19일. Wiesenthal Private Papers. 인용은 톰 세게브, 『지몬 비젠탈』, 128쪽.

49. 클라우스 아이히만 인터뷰.

50. 『빌트 차이퉁』은 2011년 1월 8일 연방기록원의 아이히만 관련 문서철 카드의 첫 페이지를 복사해 게재했다. 그것에는 'Eichmann/Aichmann, Adolf DN Clemens'라는 제목이 붙어 있었다. 연방행정법원 7A 15.10, 자우레 대 연방정보국 사건, 연방정보국 파일 100 470, 1쪽.

51. 유고슬라비아에서 열린 빌헬름 푹스 재판에서 피고 푹스도 아이히만을 "대령"이라고 불렀다. 그것으로 보건대 아이히만은 진급 전망이 있어 잘난 체하고 다녔음을 알 수 있다.

52. 요제프 아돌프 우르반이 정보 제공자일 것이라는 추측도 가능하다. 하지만 정보 제공자로 추측할 만한 사람이 너무 많다. 첩보망과 연결된 사람들을 모두 의심해볼 수 있다. 아울러 린츠의 아이히만 가족들에게 고용되었던 사람들을 의심해 볼 수도 있다.

53. 프리치는 1947년 잡지 발간 초에는 아직 인쇄기술자 구스트프 프리들의 이름을 제 가명으로 사용했다. 1947년 후에 프리치는 정기적으로 발간사를 썼을 뿐만 아니라 간기에 제 이름을 명료히 밝혔다. 요한 폰 리어스가 편집주간이라는 주장이 더러 있

었다. 그것은 리어스가 아르헨티나를 떠났을 때인 1954년에 부에노스아이레스 주재 서독 대사관이 서독 외무부에 보낸 보고에서 나온 이야기였지만 사실이 아니었다. 서독 대사관은 리어스가 그 잡지 편집회의에서 큰 영향력을 발휘했음을 잘 알고 있긴 했다. Botschaft an AA, 11.6.1954, PA AA, Abt. 3, Bd. 74, Polit. Bez. zu Argentinien Az, 81.33/3. 홀거 메딩, 『길』, 125쪽.

54. 2011년 1월 8일 『디벨트』(온라인판)는 연방정보원 자료의 기록 목록 공표에 대한 반응으로 그렇게 해석했다.

55. 호르헤 카마라사Jorge Camarasa는 심지어 부에노스아이레스의 시 전화번호부에서 리카르도 클레멘트Ricardo Klement라는 이름을 발견했다. 아이히만은 이미 1952년에 전화를 신청했던 모양이다. 호르헤 카마라사, 『남쪽의 오데사*Odessa al Sur: La Argentina Como Refugio de Nazis y Criminales de Guerra*』(부에노스아이레스, 1995), 157쪽; 우키 고니, 『오데사』, 376쪽, 주 539. 하지만 아직까지 그 정보의 진위를 정확히 알 수가 없다. 1951~1952년 리카르도 클레멘트라는 이름은 부에노스아이레스의 지역판이든 전체판이든 어디에도 나와 있지 않다. 물론 그것으로 어떤 결론을 내릴 수는 없다. 유감스럽게도 1952년의 신청 여부를 알 수 있는 것은 1953~1954년본인데, 최종 발간본이든 구이아 데 아보노의 편집본이든 어디에도 그 이름을 발견할 수 없다. 나타샤 데 빈터 씨께 감사드린다. 그는 엄청난 인내심을 갖고 부에노스아이레스의 여러 도서관과 기록원에서 그것을 추적했다.

56. 그 가명은 문서철 카드 외에도 1960년 전 시기에 대한 22쪽의 기록들에서도 발견된다. 그 기록들은 사료철에 들어 있다. 연방행정법원 7A 15.10, 자우레 대 연방정보국 사건, 연방정보국 파일, 100 470, 1~18쪽을 참조하라.

57. 아이히만의 잠적 소문에서 등장하는 이름의 수는 엄청났다. 재판이 시작될 때까지의 CIA 보고서와 신문 기사 및 책들을 살펴보면 20개가량을 확인할 수 있다. 그중 어떤 것은 아이히만이 실제 사용한 것이기도 했다.

58. 1959년 9월 1일의 문의와 1959년 9월 8일의 대답. 연방행정법원 7A 15.10, 자우레 대 연방정보국 사건 첨부 문서, 연방정보국 파일 100 470, 17~18쪽. 크리스토프 파르치 씨게 감사를 드린다.

59. 잘토Salto는 오기다.

60. 당시 통용되던 공식 환전에 따르면, 100페소는 약 5달러 내지 20마르크였다. 상당히 많은 돈이었다.

61. 클라우스 아이히만 인터뷰, 『퀴크』, 1966년 1월 2일.

62. 「나의 도주」, 25쪽.

63. 베라 아이히만은 남편 사진들을 잘 숨겼다. 1960년에 베라가 빌럼 사선을 통해서 『라이프』와 『슈테른』에 팔았던 엄청난 양의 사진들을 보면 그것을 잘 알 수 있다.

64. 베라 아이히만 인터뷰. 『파리 마치』, 1962년 4월 29일. 인터뷰 녹취 기록 원본은 코블렌츠 연방기록원, AllProz 6/252, 23.

65. 악명 높은 나치 에리히 케른마이어(Ps. Kern)는 이미 1952년 3월 CIA 정보원이 있는 곳에서 그렇게 말했다. CIA 보고서, 미국 국립기록원, RG 263, CIA 빌헬름 회틀

파일.

66. 클라우스 아이히만은 1966년에도 아버지에 대해 이야기하면서 여전히 감탄을 연발했다. 그는 제 아버지가 수많은 일을 할 줄 알았다고 말했다. 클라우스 아이히만 인터뷰.

67. 아돌프 아이히만은 이스라엘에서 보낸 편지에서도 아콘카구아 여행을 언급했다. 독일 이주민들 사이에서 아콘가구아 정복은 야심찬 목표였다. 한스 울리히 루델은 아콘카구아 등산 사진집을 출간하며 자랑스러워했다.

68. 에크하르트 심프, 『하일리히』, 111쪽.

69. 1959년 메르세데스 벤츠 아르헨티나 지사에 일자리를 지원했을 때 아이히만은 CAPRI 에서의 고용 해지일이 1953년 4월 30일이라고 직접 밝혔다. 하인츠 슈네펜, 『오데사와 제4제국』(베를린, 2007), 160~161쪽.

70. 1960년 6월 9일 아이히만 납치에 대한 아르헨티나 연방경찰의 보고서, 아르헨티나 국립문서고, DAE, 보르만 파일, 77~79쪽. 우키 고니, 『오데사』, 296쪽에서 확인 가능하다.

71. 베르톨트 하일리히의 가족, 즉 안네그레트, 카린 그리고 하넬로레 '리치비츠'는 1953년 3월 25일에 아르헨티나에 도착했다가 1953년 12월 21일 다시 아르헨티나를 떠났다. 한스 라치비츠라는 가명을 사용한 베르톨트 하일리히는 옛 가족과 새 애인 사이에서 선택을 하지 못했다. 안네그레트는 아이히만의 둘째 아들과 동갑이었다. 하일리히는 1955년까지 CAPRI 와 풀드너를 위해 일했다고 한다. 에크하르트 심프, 『하일리히』, 110, 129쪽. 한스 피슈뵈크의 부인은 아이히만 납치 후 자기 남편과 아이히만이 1955년까지 CAPRI 에 고용되었다고 밝혔다.

72. 지멘스 아르헨티나 지부는 공식적으로 1954년 창립되었다. 로사리오에서 활동한 것은 회사 창립 전이었다. 노이라트는 1953년 12월 1일부터 임금 수령 목록에 올랐다. 지멘스 기록원의 프랑크 비텐도르퍼 씨께 감사드린다.

73. 노이라트는 서독의 인도 요구에도 불구하고 부에노스아이레스 서독 대사관에 슈밤베르거를 인도하지 말도록 청원했다.

74. 1950년 서독의 평균 소득은 500마르크였다. 환시세의 역사를 알려준 독일연방은행의 직원들께 감사를 드린다. 이 경우 계산 기준은 프랑크푸르트암마인의 거래 시세였다. 아이히만의 수입 정보는 클라우스 아이히만 인터뷰에서 따왔다. 『퀵크』, 1966년 1월 2일. 아이히만의 아들은 돈 문제의 경우 좀 낮게 말하는 경향이 있었다. 아버지 아이히만이 그에게 언급한 숫자라고 볼 수 있다. 1959년 메르세데스 아르헨티나 지부에 일자리를 지원했을 때 아이히만은 CAPRI 에서 3500페소, 에페브에서 4500페소를 받았다고 밝혔다. 하인츠 슈네펜, 『오데사와 제4제국』, 159쪽. 하인츠 슈네펜은 DM 과 US-Dollar 를 혼동했음이 분명하다. 그 환시세가 실제 지불된 것과 일치한다는 사실은 뒤러출판사가 독일 저자들에게 인세 정산하는 것을 통해서도 정확히 확인할 수 있다. 프리치의 편지들을 보라.

75. 그것은 CEANA 의 최종 보고서에서 확인할 수 있다. Carlota Jackisch, *Cuantification de Criminales de Guerra Según Fuentes Argentinas*(Informe Final, 1998), 9쪽.

76. 그럼에도 불구하고 흥미롭게도 아이히만을 사적으로 만났다고 밝힌 사람들이 적지 않았다. 물론 그들은 아이히만이 눈에 띄지 않는 인물이라고 강조했다. 레이몬드 레이 인터뷰, ABC 2009와 페드로 포비에심 인터뷰, BBC 2002.

77. 아르헨티나에서 아이히만이 어떻게 살았는지에 대해 처음으로 다룬 것은 1960년 5월 말 아르헨티나 신문 『라 라손*La Razón*』의 기사였다. 독일에서는 『프랑크푸르터 알게마이네 차이퉁』이 위의 기사에 기초해서 익명의 '부에노스아이레스 통신원'을 통해 보도했다. "Beweise für Eichmanns Aufenthalt in Argentinien", 『프랑크푸르터 알게마이네 차이퉁』, 1960년 6월 2일.

78. Fabrica Metalúrgica Efeve in Sta. Rosa/Buenos Aires. 우키 고니, 『오데사』, 376쪽의 주 541을 참조하라. 아이히만은 메르세데스 아르헨티나 지사에 지원했을 때 그 회사를 언급했다.

79. 아이히만은 메르세데스 아르헨티나 지사에 지원했을 때 그것보다 더 많은 4500페소를 받았다고 밝혔다. 물론 그것은 취업될 때 임금을 올리려는 심산이었다. 그렇기에 클라우스 아이히만의 기억이 더 정확하다고 볼 수 있다.

80. 그의 진술을 가장 잘 볼 수 있는 것은 15쪽 분량의 이스라엘 문서 "Mein Sein und Tun"(재판 시작 전에 쓰였다), AllProz 6/253, 12쪽.

81. 비슬리체니, 133호실 문서, 브라티슬라바, 1946년 10월 27일, 검찰 측 문서 T/84, 12, 16쪽. 재판 증인 중 누구도 그것을 부정하지 않았다.

82. 츠비 아하로니 · 빌헬름 디틀, 『사냥꾼. 아이히만 작전』, 216쪽.

83. 아르헨티나 신문 『라 라존』은 이미 1960년에, 늦어도 1952년 처자식들이 도착한 후에는 리카르도 클레멘트가 사실은 아돌프 아이히만이라는 사실을 알았다고 증언한 사람들을 찾아냈다. 인용은 『프랑크푸르터 알게마이네 차이퉁』, 1960년 6월 2일, "Beweise für Eichmanns Aufenthalt in Argentinien. Seit 1950 unter dem Namen Richardo Clement. Erkundigungen bei seinem Arbeitgeber und seiner Familie." 증언의 내용을 보면 기사에 인용된 증인 중 한 명은 호르스트 카를로스 풀드너였음을 알 수 있다.

2. 고향 전선

1. 그런 유의 이야기는 비젠탈의 책에서도 발견된다. 『나는 아이히만을 쫓았다』(귀터슬로, 1961), 224쪽; 『복수가 아닌 정의』(프랑크푸르트암마인, 베를린, 1988), 65쪽. 아리에 에셸에게 보낸 편지는 비젠탈의 개인 문서에 놓여 있다. 톰 세게브는 그것을 꼼꼼히 분석했다. 그렇기에 우리는 이제 모사드 국장 이저 하렐이 주장한 것과는 달리 비젠탈이 그 이야기를 지어낸 것이 아니라는 사실을 알게 되었다. 톰 세게브, 『지몬 비젠탈』, 129쪽.

2. 비젠탈이 나훔 골드만에게 보낸 편지, 1954년 3월 30일, 미국 국립기록원, RG263, CIA 아돌프 아이히만 파일.

3. 비젠탈은 1952년 4월 18일자 유니츠만에게 보낸 편지에서 그것에 대해 말했다. 톰 세게브, 『지몬 비젠탈』, 131쪽.

4. 하인츠청Heinz-Dienst에 대해서는 다음의 탁월한 연구를 참조하라. Susanne Meinl, Dieter Krüger, "Der politische Weg von Friedrich Wilhelm Heinz", *Vierteljahreshefte für Zeitgeschichte*, Heft 1, 1994; Susanne Meinl, "Im Mahlstrom des Kalten Krieges", *Spionage für den Frieden?*, Wolfgang Krieger, Jürgen Weber(Hg.), München, 1997. 독일 첩보 기관의 상황에 대해서는 페터 F. 뮐러 · 마이클 뮬러, *Gegen Freund und Feind*. 특히 "Parallelaktion in Östereich", 166쪽 이하를 보라. 겔렌은 1952년 초에 이미 회틀이 하인츠에게 고용되었다는 사실을 알았다. CIA Pullach Operations Branch to Special Operations, 1952년 1월 9일, 미국 국립기록원, RG 263, CIA 빌헬름 회틀 파일.

5. XG-Meldung vom 1.3.1952, Betriff: Einrichtung einer ND-Linie für Spanien — L909. 인용은 뮐러 · 뮬러, *Gegen Freund und Feind*, 195쪽의 주 653.

6. 피터 블랙Peter Black, 『에른스트 칼텐브루너*Ernst Kaltenbrunner: Vasall Himmlers: Eine SS-Karriere*』(파더보른, 1991), 10쪽 이하.

7. 회틀은 그것을 '초대'라고 의미를 격하시켰다. Interrogation of Dr. Wilhelm Höttl, Protokolle und Vermerke vom 26./27.2.1953(첫 심문), 3.4.1953, 9.4.1953, 21.4.1953, 미국 국립기록원, RG 263, CIA 빌헬름 회틀 파일. 그것에 대해서는 노먼 J. W. 고다Norman J. W. Goda, "The Nazi Peddler, Wilhelm Höttl and Allied Intelligence", 리처드 브레이트먼Richard Breitman 편, 『미국 정보부와 나치*U.S. Intelligence and the Nazis*』(워싱턴 D.C., 2004), 265~292쪽.

8. CIA 보고서, 1953년 4월 3일.

9. 이에 대해서는 톰 세게브, 『지몬 비젠탈』, 133쪽.

10. 같은 책.

11. 1950년 1월 16일자 CIA 보고서는 비젠탈이 회틀을 첩보원으로 포섭했다고 알려진 뒤 소문들을 수집했다. 출처가 불명료했다. 들은 것을 모은 것이라고 여겨졌다. 그 말은 비젠탈이 실제로 회틀을 CIC 활동을 위해 포섭할 수 없었다는 뜻이 아니라 단지 그 보고의 내용을 그대로 믿을 수는 없다는 뜻이다. 미국 국립기록원, RG 263, CIA 빌헬름 회틀 파일. 사료를 복사해준 마르틴 하이딩거 씨께 감사드린다.

12. "회틀의 제거가 (…) 오스트리아 첩보의 공익을 위하는 일이 될 것이다." 미국 국립기록원, RG 263, CIA 빌헬름 회틀 파일, 1952년 8월 11일.

13. 미국 국립기록원, RG 263, CIA 빌헬름 회틀 파일, 1952년 4월 9일.

14. "Intermezzo in Salzburg", 『슈피겔』, 1953년 4월 22일, 17쪽.

15. 톰 세게브, 『지몬 비젠탈』, 134쪽.

16. 빌헬름 회틀 인터뷰. 그리고 한계는 있지만 스탄 라우리센스 인터뷰. 편지는 아직까지 발견되지 않았다. 회틀 인터뷰를 열람하도록 해주고 회틀의 유증 자료를 알려준 빈의 마르틴 하이딩거 씨께 감사드린다. Höttl-Nachlass, ÖStA Wien B1226.

17. 회틀은 마스트가 제 의사에 반해 그렇게 했다고 말하지 않았다. 마스트와 회틀 간의 신뢰 관계를 생각하면 마스트가 독자 행동을 했을 가능성은 거의 없다.

18. 1953년 4월 22일 『슈피겔』은 그렇게 보도했다.

19. 상세한 것은 출간 예정인 베티나 슈탕네트, *Quellen — und Datenhandbuh Adolf Eichmann 1906-1962*의 빌헬름 회틀(증인들의 평가 정보)을 다루는 장을 보라. 회틀, 특히 나치 시기의 그에 대해서는 아직까지 연구가 부족하다. 비록 군데군데 무비판적이지만 가장 포괄적인 연구는 Thorsten J. Querg, "Wilhelm Höttl — vom Informanten zum Sturmbahnführer im Sicherheitsdienst der SS", *Historische Rassismusforschung. Ideologie — Täter — Opfer*, Barbara Dankwortt, Thorsten Querg, Claudia Schönigh(Hrsg.)(Hamburg, 1995), 208~230쪽. CIC/CIA 활동에 특히 초점을 맞춘 전후의 삶에 대해서는 노먼 J. W. 고다, "The Nazi Peddler. Wilhelm Höttl and Allied Intelligence", 리처드 브레이트먼 편, 『미국 정보부와 나치』(워싱턴 D.C., 2004), 265~292쪽. 회틀을 주제로 자료를 가장 많이 보고 가장 포괄적으로 살핀 글은 미출간 석사 논문이다. Martin Haidinger, *Wilhelm Höttl, Agent zwischen Spionage and Selbstdarstellung*, Wien. 논문을 보내준 마르틴 하이딩거 씨께 감사드린다.

20. 고다, "The Nazi Peddler".

21. 회틀이 장사한 아이히만 관련 여러 이야기는 이제 그 출처를 상세히 확인할 수 있다. 회틀은 아이히만의 포로수용소 생활에 대한 정보를 그의 부하 루돌프 예니슈로부터 얻었지만 출처를 밝히지 않았다. 여타 부분은 쿠르트 베커와 디터 비슬리체니가 말한 것이다. 회틀은 정보 발원자들보다 더 흥미롭게 이야기하는 능력을 마음껏 발휘했다. 그 내용은 너무 다양해 여기서 그것을 다 언급할 수가 없다. 텍스트를 나란히 비교해서 보면서 발간 날짜에 유의해 비교해보면 누구 것이 어떻게 활용되었는지를 잘 알 수 있다.

22. 프리드리히 슈벤트는 "위조 화폐 제조 프로젝트인 '베른하르트 사업' 조직가의 일원이었다. 그는 페루에 망명한 상태에서 회틀이 두 번째 책을 쓸 수 있도록 도왔고 (때로는 불법적인) 경제활동을 수행했다. 1964년 7월 15일자 마더에게 보내는 슈벤트의 편지, HIS, Sammlung Schwend, Lose Mappe I 2.

23. 그 책은 1950년 린츠와 빈의 니벨룽겐출판사에서 출판되었다. 그것은 분별없는 잡담으로 가득했다. 때로 진실과 거리가 너무 멀어 기겁할 정도였다. 이를테면 그는 카나리스 제독이 하이드리히의 어머니가 유대인임을(사실이 아니다) 알고 그를 협박했고 하이드리히가 히틀러를 유대인 절멸로 오도했으며 힘러는 어떤 일이 일어나는지를 제대로 모르고 있었다고 주장했다. 독자가 책 내용에 지루해할 즈음 회틀은 교묘히 사창가 이야기를 퍼뜨렸고 제 마음에 들지 않는 인물들의 섹스 습관들을 슬쩍 언급했다. 당연히 자신과 가까웠던 전범들을 평가할 때 회틀은 신난 듯 갈겨 썼다.

24 발터 하겐, 『비밀 전선』, 37쪽.

25. 아이히만이 아르헨티나에서 히틀러의 "다이어트 요리사" 리나 하이드리히, 하인리히 뮐러 그리고 하인리히 힘러에 대해 말한 것과 회틀의 책을 비교해보면 비슷한 대목이 보인다. 아이히만이 회틀의 책을 언제 처음 읽었는지를 우리가 정확히 알 수 있기 때문에 그 영향이 거꾸로 작동했다고 보기는 불가능하다.

26. 회틀이 남긴 자료들은 여전히 충분히 밝혀지지 않았다. 그것을 꼼꼼히 살핀 연구는 아직 없다. Nachlass Höttl, ÖStA B1226.

27. HIS, Sammlung Schwend, 특히 Lose Mappe I 2. 1950년대 초 슈벤트는 부에노스 아이레스 쪽과 연결되기 했지만 한스-울리히 루델을 제외하면 CAPRI 나 뒤러 서클과 접촉하지는 않았다. 그가 남긴 사료를 보면 슈벤트를 정보 제공자로 보기는 어렵다. 왜냐하면 그는 아돌프 아이히만뿐만 아니라 알펜슬레벤에 대해서도 전혀 몰랐기 때문이다.

28. 오토 스코르체니Otto Skorzeny, *Meine Kommandounternermen*(비스바덴, 뮌헨, 1976), 405쪽. 1956년 12월 14일자(!) 편지를 보면 회틀은 뉘른베르크에서 'CIC 유대인'의 꼬임에 넘어가 그런 말을 했다고 한다.

29. 클라우스 아이히만 인터뷰, 『퀴크』, 1966년 1월 2일.

30. 인용은 『길』 1954년의 제8집 1호, 28쪽. 1952년 제6집 1호 51쪽에 망명정부의 수용 여부에 대한 독자 설문 조사가 담겨 있다.

31. 루델, 『독일과 아르헨티나 사이에서』(부에노스아이레스, 1954), 34쪽.

32. 루델은 총리를 "우리 편, 즉 젊은 측에서 보면 가장 강력한 동맹자"라고 불렀다. "반면 상대측 여러 어른은 곧 파장을 맞을 것이라는 두려움에 사로잡혔다. 다음 선거나 그 다음 선거가 마지막이 될 것이기 때문이었다." 위의 책, 246~247쪽.

33. 당시 서독 극우 정당들의 양상에 대해서는 지금도 여전히 탁월한 연구로 꼽히는 다음 책을 보라. Kurt P. Tauber, *Beyond the eagle and swastika: German Nationalism since 1945*(Middletown, Conn, 1967). 그 밖에 Peter Dudek, Hans-Gerd Jaschke, *Entstehung und Entwicklung des Rechtsextremismus in der Bundesrepublik*(Opladen, 1984); Henning Hansen, *Die Sozialistische Reichspartei(SRP): Aufstieg und Scheitern einer rechtsextremen Partei*(Düsseldorf, 2007); Oliver Sowinski, *Die Deutsche Reichspartei 1950~1965: Organisation und Ideologie einer rechtsradikalen Partei*(Frankfurt a. M., 1998). 이하 서술한 접촉에 대한 세세한 정보는 따로 각주가 없으면 모두 아돌프 폰 타덴의 유증 자료에서 가져왔다. 니더작센주 기록원의 파텐젠 소장고의 자료들은 열람된 적이 없었다. 그 자료를 정밀히 살피도록 적극 도와준 크라케, 프랑크, 소냐 폰 베렌스 씨께 감사드린다.

34. 1951년 5월 니더작센 주의회 선거에서 SRP는 순식간에 11퍼센트를 얻었지만 그 후 지지를 다시 빠르게 잃었다. 경제 호황으로 그들이 내건 '민중사회주의' 이상의 설득력이 떨어졌기 때문이다. 1952년 10월 불법화되면서 SRP는 이미 종지부를 찍었다.

35. 사선은 『길』에 박사 학위를 복수로 붙인 채 빌럼 슬루이제라는 가명으로 쓴 텍스트를 출간했다. "Offener Brief an den europäischen Oberbefehlshaber General Dwight D. Eisenhower von Dr. Dr, Willem Sluyse, Obergefreiter a.D.", 『길』(1951), 제2호와 『유럽 민족』 1, 제7호(1951), 46~56쪽. 이 글은 따로 삽화를 담아 별쇄본으로 출판되었다.

36. 한스-울리히 루델은 독일어판으로 저서를 발간했다.

37. 연방헌법수호청은 긴장해 이듬해 프리치와 루델이 브라질 쪽과 접촉하는 것에 깊이 우려했다. BfV(i.A. Nollau) an das Auswärtige Amt, 8.12.1953, PA AA, Abt. 3, Bd. 87,81.11/2. 홀거 메딩 씨께 감사드린다.

38. 프리치의 밀행은 1952년 7월 3일자 *Hessische Nachrichten* 기사 보도("루델 대령의 길")의 내용이었다. 나는 그 여행의 확실한 증거를 아직 발견하지 못했다. 물론 프리치는 베르너 보임멜부르크에게 보낸 편지에서 직접 독일 첫 여행을 언급했다. Nachlass Beumelburg. 하지만 카를-하인츠 프리스터와 『유럽 민족』 사이의 협력은 독일 방문과는 다른 길을 통해서도 생겨날 수 있었다. 위의 그 기사를 볼 수 있도록 도와준 HNA 기록원의 클라인 씨께 감사드린다.

39. 그의 오른팔은 디터 폴머였다. 폴머는 『길』의 배포에 중요한 역할을 수행했다.

40. 홀거 메딩은 책을 집필하면서 디터 폴머를 인터뷰했다. 나중에 폴머도 직접 책과 논문에서 자신이 만난 사람들에 대해 정보를 제공했다. 『유럽 민족』 11, 제11호(1961), 37~42쪽. 그것에 대해서는 이 책 「막후극」을 참조하라.

41. 그것과 관련한 문서들은 아돌프 폰 타덴의 유증 문서에서 볼 수 있다. 1953년 8월 4일자 코르도바로 보낸 전보는 재정 확보를 알려준다. Landesarchiv Niedersachsen, VVP 39 Nr. 45 II, Bl. 508.

42. 『프랑크푸르터 룬트샤우』, 1953년 6월 9일.

43. Akten-Notiz "Über eine Besprechung mit Oberst Rudel in Düsseldorf am 6.12.(1952)", Nachlass Adolf von Tadden, VVP 39 Nr. 45 II, Bl. 505~507. 신우파와의 만남은 몇 차례나 확인된다.

44. 타덴은 『라이프』나 『슈테른』 같은 사선의 고객보다 사선의 녹음 내용에 대해 더 잘 알았다.

45. Botschaft Chile an AA, 1953년 4월 18일, PA AA Abt. III b 212-02, Bd. 3; Botschaft Buenos Aires (Terenge) an AA, 1953년 12월 28일, PA AA Abt. 3, Bd. 74. 인용은 홀거 메딩, 『뉘른베르크로부터의 도주?』, 177쪽.

46. "German Nationalist and Neo-Nazi Activities in Argentina", 1953년 7월 8일, 2000년 11월 4일 열람.(CIA-RDP620-00856 R00030004-4)

47. 회틀이 죽도록 유대인의 세계 음모를 믿는 반유대주의라는 사실을 믿지 않는 사람들이 있다면 그가 남긴 마지막 자서전을 권하고 싶다. 이 책에서 거의 모든 기괴한 생각을 발견할 수 있다. 그중 하나가 바로 반제회의록이 조작된 것이라는 주장이다. 빌헬름 회틀, *Einsatz für das Reich: Im Auslandsgehemdienst des Dritten Reiches*(코블렌츠, 1997).

48. 그런 맹세는 이미 1952년 3월 CIA의 자료에서 확인할 수 있다(출처는 에리히 케른마이어였다). 미국 국립기록원, RG 263, CIA 빌헬름 회틀 파일, Bericht 1952. 랑거 텍스트에 대해서는 연방기록원 녹음테이프 03A, 10:00. (사선 녹취록 64와 일치한다. 물론 녹음 원본이 더 상세하다.)

49. 1952년 CIA 보고서에 따르면, 하인츠와 아힘 오스터도 회틀을 정보 조작자이자 고등사기꾼으로 여겼다. 1952년 여름 이후부터 회틀은 악명이 높았다. 하인츠청은 그에게 빈에서 제 이름을 팔지 말라고 말했다. 물론 하인츠청은 그가 그 금지령을 지키지 않고 있음을 알게 되었다. CIA 보고서의 출처는 프랑크푸르트, 미국 국립기록원, RG 263, CIA 빌헬름 회틀 파일, 2009년 3월 20일 열람.

50. 회틀은 조악한 표현은 피하고 대량학살을 공개적으로 인정하긴 했지만 평생 반유대주의 상투어를 버리지 않았다. 회틀은 홀로코스트를 부인하는 인물은 아니었지만 마지막 저서에서 유대인 대량학살 규모를 살짝 의심하도록 만들었다. 회틀은 유대인 살해를 극소수 집단의 행위로 보게 하고 그 규모를 의문시하고 증거 자료들을 이스라엘를 이롭게 하기 위한 거짓 문서로 보이도록 할 요량이었다. 1997년에도 말이다! 빌헬름 회틀, *Einsatz für das Reich*(코블렌츠, 1997), 특히 410쪽 이하.

51. 그 대표적인 인물이 콘라트 아데나워 총리였다. 아데나워는 유대인 절멸에 대해 자주 말하지도 않았지만 언급할 때조차 표현과 내용이 매우 무미건조했다. 그것은 그의 회고록과 연설문 및 (비교적 일부만) 편집한 서한집에서도 다 확인된다.

52. 저자 '기도 하이네만'은 1954년생이었다. 제7호, 479~487쪽. 잡지의 그 호는 오늘날까지 고서점에서 가장 인기 있다. 유감스럽게도 대부분의 도서관은 그것을 보유하지 못하고 있다. 함부르크 현대사연구소FZH Hamburg의 카를로 쉬트 씨는 내게 쾰른 대학 도서관으로부터 그 기고문을 조달해주었다. 그에게 감사드린다.

53. Bundestagsberichte der 1. Wahlperiode, 165. Sitzung, Bonn, 1951년 9월 27일, 6697쪽.

54. 1952년 8월 알렌스바흐 여론조사연구소의 조사. 독일인 44퍼센트는 협정이 "쓸데없는 일"이라고 평가했고, 24퍼센트가 원칙적으로 옳은 일이라고 봤지만 지불 규모가 너무 크다고 생각했다. 단지 11퍼센트만이 협정에 대한 분명한 지지 입장을 보였다. 엘리자베트 노엘Elisabeth Noelle · 에리히 페터 노이만Erich Peter Neumann 편, *Jahrbuch der öffentlichen Meinung 1947~1955*(알렌스바흐, 1956), 130쪽 이하.

55. 인터넷에는 수천 쪽에 달하는 아이히만의 진술에는 아랑곳하지 않은 채 이스라엘이 아이히만을 그렇게 서둘러 살해하지 않았다면 "진실"이 밝혀졌을 것이라고 주장하는 우파 사이트가 넘쳐난다. 아랍인들도 그렇게 생각하는 사람이 꽤 있다. 후자에 대해서는 이 책의 '과거의 범죄자이자 새로운 전사'와 「막후극」을 보라.

56. 『뉴욕타임스』, 1960년 5월 29일; 『슈피겔』, 1960년 6월 15일; 『슈테른』, 1960년 6월 25일. 이와 관련된 언론의 반응은 『유럽 민족』 7호 Suchlicht를 참조하라.

57. "Eichmann Fue un Engranaje de la Diabólica Maquinaria Nazi, Dice el Hombre que Escribió sus Memorias en Buenos Aires", 『라 라손』, 1960년 12월 12일.

58. 아돌프 폰 타덴, "Eichmanns Erinnerungen", 『유럽 민족』 31, 제2호(1981), 60~61쪽.

59. 비젠탈은 나훔 골드만에게 보낸 편지에서도 그것을 언급했다. 톰 세게브는 비젠탈의 생애에서 여전히 의문투성이인 그 인물의 역할을 밝혀냈고 1952년 9월 28일 비젠탈에게 보내는 아흐메트 비기의 편지를 증거로 제시했다. 톰 세게브, 『지몬 비젠탈』, 113쪽 이하.

60. 비기는 저명한 이슬람 지식인의 아들이었고 비젠탈의 절친이었다. 톰 세게브, 『지몬 비젠탈』, 113쪽 이하.

61. 비젠탈이 나훔 골드만에게 보낸 편지, 1954년 3월 30일, 미국 국립기록원, RG 263, CIA 아돌프 아이히만 파일.

62. 1952년 언론 보도의 표제였다. 베를린의 『텔레그라프』 일요판은 1952년 2월 24일 텔아비브에서 아이히만의 다시 출몰했다고 보도했다. 1952년 3월 22일자 『프랑크푸르터 룬트샤우』는 "대량학살자 군사자문관. 디를레방거와 아이히만은 이집트군을 돕다"라고 표제를 달았다. 『알게마이네 보헨차이퉁 데어 유덴』은 4월 18일과 25일에 "근동의 친위대 장군"이라는 제목으로 그가 "카를 아이히만"일 것이라고 보도했다. 『디벨트 암 존탁』은 1952년 11월 23일 여전히 아이히만이 무프티의 측근이라고 보도했다. "서독에 맞선 카이로의 독일 '보좌관들'. 친위대와 보안국 고위직 경력자들이 나기브와 무프티와 협력하다."

63. 나중에 나훔 골드만은 비젠탈의 편지를 그대로 CIA에게 전달했다고 밝혔다. CIA의 아돌프 아이히만 수집 자료철은 골드만이 그것을 뉴욕의 라비 칼만노비츠에게 다시 전달했음을 보여준다. 칼만노비츠는 CIA와 미국 대통령으로 하여금 아이히만을 체포하도록 설득하기 위해 노력했다. 미국 국립기록원, RG 263, CIA 아돌프 아이히만 파일, Appeal to DCI by Mr. Adolph Berle and Rabbi Kalmanowitz. 비젠탈과의 서신 교환 및 비젠탈의 반응에 대해서는 세게브, 『지몬 비젠탈』, 189쪽을 참조하라.

64. 지몬 비젠탈, 『복수가 아닌 정의』(프랑크푸르트암마인, 베를린, 1988), 104쪽.

65. 비젠탈, 같은 책, 102쪽 이하.

66. Bundestagsberichte der 1. Wahlperiode, 234. Sitzung, Bonn, 22.10.1952, p. 10736.

3. 우정의 작업

1. 프란츠 알프레트 직스가 베르너 나우만에게 보낸 편지, 1938년 5월 16일, "Betr. SS UStf Eichmann", 검찰 측 문서 T/133. 1938년 7월 19일 악명 높은 보고서도 참조하라. 그 안에는 제대로 인용하기는 어려운 다음과 같은 구절, 즉 "제 전문 영역에서 인정받는 전문가"라는 말이 있다.(T/55-3) 직스가 종전 바로 직전에 이미 겔렌청의 첩보원 모집에 응했음을 보여주는 대목도 있다. 뮐러 · 뮬러, *Gegen Freund und Feind*.

2. 2009년 바스콤브, 페드로 포비에심 인터뷰.

3. 아이히만의 105차 공판, 1960년 7월 20일. Deutsches Protokoll, Y1.

4. 아이히만 납치 후 스코르체니는 미국 첩보부에 그렇게 이야기했다. 미국 국립기록원, RG 263, CIA 오토 스코르체니 파일. 아이히만 문서철도 참고하라.

5. 1953년에는 아직 신기한 것으로 여겨졌던 그 작업 기술을 사용한 것을 루델은 뿌듯해했다. 『독일과 아르헨티나 사이에서』(부에노스아이레스, 1954), 224쪽.

6. 그 책의 6장은 임산부 부인과 아이를 데리고 아일랜드에서 아르헨티나로 도주한 과정을 담고 있다.

7. 『길』(1954), 제10호, 679~685쪽. 그것은 잡지 인쇄용으로 축약되었고 어조도 조금 완화되었다.

8. 빌럼 슬루이제, 『청년들과 시골 처녀들*Die Jünger und die Dirnen*』(부에노스아이레스, 1954). 몇몇 예를 들면 다음과 같다. "저는 그것에 관심이 없었어요."가 반복되었

다.(55쪽 이하) 또 "제게 묻는다면 (…) 저는 이렇게 답하겠어요"(56쪽); "이제 당신에게 말하겠습니다"(66쪽); "저는, 그러니까 저는……"(68쪽) 같은 것이다. 게다가 홀츠는 아이히만과 마찬가지로 모르겐타우 계획으로 불리던 것과 카우프만 계획으로 불리던 것을 혼동했다. 그것에 대해서는 이 책의 '불편한 결론'을 참조하라.

9. 멩겔레에 대해서는 이 책의 '내게는 동지가 없었다'를 참조하라.

10. 슬루이제, 『청년들과 시골 처녀들』, 55, 63, 64쪽.

11. 스탄 라우리센스는 아이히만이 사선에게 다가갔다고 주장했다. 그의 주장에 따르면, 아이히만은 소설 주인공이 자신을 빼닮았다고 느꼈기에 사선을 만나보고 싶었다. 그 주장은 사실이 아니다. 사선과 아이히만은 소설 발간 시점에는 이미 서로 잘 알고 있었기 때문이다. 게다가 라우리센스는 사료를 너무 자의적으로 해석했다.

12. 『길』(1954), 제8호, 574쪽 이하.

13. 1947년 2월 유엔에서 발표한 나치 체제 주요 인물 수배 명단의 아이히만 정보란에 "US CIC 자료에 따르면 자살한 것으로 여겨진다"라고 기록되어 있다. Archives of UNWCC, UN Archives, 뉴욕, 가이 월터스, 『악의 사냥』(런던, 토론토, 2009), 115, 598쪽. 1947년 2월자 영국 전범 그룹의 문서에 의거해 발터스는 영국인들은 그 사실을 믿었기에 아이히만 추적에 적극적으로 나서지 않았다고 추측했다.

14. 비슬리체니, 133호실 문서, T/84.

15. 홀거 메딩, 『"길": 1947~1957년 부에노스아이레스의 독일 이주자 잡지』(베를린, 1997), 131쪽.

16. 『길』(1954), 제8호, 575쪽.

17. 같은 책, 578쪽.

18. Hogo C. Backhaus(헤르베르트 그라베르트), 『지도부 없는 민족 *Volk ohne Führung*』(괴팅겐, 1955). 1956년에 이미 재판을 찍었다. 여기서는 초판을 따라 인용했다. 233쪽 이하. 그라베르트는 "해직교수동맹"의 창립자이자 독일 교수신문 출판사(1953년 발간) 사장이었으며, 극우 단체들의 숨은 연결 고리였다. Martin Finkenberger, Horst Junginger (Hrsg.), *Im Dienste der Lügen: Herbert Grabert(1901~1978) und seine Verlage*(Aschaffenburg, 2004).

19. 정확한 출처는 밝히지 않은 채 『길』을 근거로 삼은 다음의 두 글은 유대인을 포함해 나치가 살해한 반체제 인사들의 수를 30만 명이라고 주장했다. 하이만 논문(『길』[1954], 제7호, 485쪽)이 주장한 35만3000명보다 적었다. 『고발』에 실린 글은 다음과 같다. "Die gemeinste Geschichtsfälschung"(1955년 1월)와 "Beweis aus der Schweiz. Was nun, Herr Staatsanwalt?"(1955년 4월 1일). 두 글 모두 볼프강 벤츠Wolgang Benz의 논문을 참고했다. 벤츠는 뒤러출판사 잡지와의 연관성을 몰랐기에 워워 헤스터란 이름을 제대로 위치 지을 수 없었다. 볼프강 벤츠, "Realitätsverweigerung als antisemitisches Prinzip: Die Legnung des Völkermordes", *Antisemitismus in Deutschland: Zur Aktualität eines Vorurteils*(München, 1995), 121~139쪽, 여기서는 130쪽 이하.

20. 볼프강 벤츠의 위의 논문은 역사 위조와 그것의 확산을 유럽적 관점에서 분석했다.

21. 우도 발렌디는 그 궤변을 그대로 되풀이했다. "Der Dr. Pinter-Bericht", *Historische Tatsachen* 43(1990), 20~23쪽. 그 글에서 그는 스티븐 F. 핀터와의 관련성을 찾았다.

22. 홀거 메딩은 미국에서 핀터라는 이름을 가진 법률가를 찾았지만 성공하지 못했다. 그런데 메딩은 워윅 헤스터와 『고발』의 연관성을 알지 못했다. 메딩, 『길』, 위의 글, 64쪽 이하. 핀터에 대해서는 『유럽 민족』 10, 제4호, 1960년 4월 4일, 68쪽. 연관성을 보여주는 증거는 미국 인디애나에서 발간되는 가톨릭 주간지 *Our Sunday Vistor* 1959년 6월 14일자 핀터의 언급을 참조하라. 그 글에는 가스실, 특히 다하우 수용소 가스실의 존재를 부정하는 증거가 제시되었다. 실제로는 독자 편지였는데 그 후 계속 논문으로 인용되었다. 현재 *Our Sunday Vistor*의 편집주간인 존 노턴 씨께 감사드린다. 그는 내게 그의 출판사 누구도 우파에서 인기가 있었다는 사실을 알지 못했다고 알려주었다. 유감스럽게도 독자 편지 원본은 찾을 수 없는 것 같다.

23. 아이히만은 이스라엘에서 매우 신중한 방식이었지만 그렇게 봤다고 말했다. 아이히만은 사선을 아르헨티나 정부가 "공인한" 언론인이라고 높이 평가했고 프리치를 훌륭한 출판인으로 존중을 표했다. Interrogation, p. 397; 아이히만의 105차 공판.

24. 사선 녹취록 3:4.

25. 사선 녹취록 6:2. 나는 어떤 글에서도 아이히만이 봤다고 주장하는 신문 기사를 찾을 수 없었다. 누군가 그것을 찾아 알려주면 기쁘겠다.

26. *Ha'aretz*, 1954년 9월 17일.

27. 레이놀즈는 그 기사가 나온 날을 1940년대라고 말했고 바우어가 구스타프 노스케의 특공대 12와 오토 올렌도르프 휘하의 친위대 특공대에 복무했다고 주장했다. 레이놀즈는 "최소한 그는 남자답게 죽었다"고 언급된 신문 기사를 인용했다. 그것은 사선 녹취록에 근거했다. 『라이프』의 콜라주도 이미 그 녹취록에 의거했다. 쿠엔틴 레이놀즈 · 에프라임 카츠 · 츠비 알두비, 『아돌프 아이히만 사건: 죽음의 전권 대리인』(콘스탄츠, 슈투트가르트, 1961), 30쪽 이하. 그 사건을 살펴봤다고 주장한 펜도로프도 관련 신문 기사를 발견하지 못했는데도 아이히만이 꾸며낸 그 이야기에 빠져들었다. 그 후 그 이야기는 아이히만 연구 문헌에서 반복해서 등장했다. 비젠탈만 정확히 맞혔다.

28. BND-Bericht Near Eastern Connections, 1958년 3월 19일, 미국 국립기록원, RG 263, CIA 아돌프 아이히만 파일.

29. 클라우스 아이히만 인터뷰, 『퀴크』, 1966년 1월 2일.

30. 발급 일자는 1954년 8월 20일이었다. 세부 내용은 1960년 알려졌다. Aufzeichnung Raab für Staatssekretär und Minister, 1960년 7월 27일, PA AA, Bd. 55. Das Amt, 2010, 603, 792쪽에서 확인할 수 있다.

31. 호르스트 아이히만이 그렇게 말했다. Abschrift einer Unterredung am 7.3.1961 mit Horst Eichmann von Fritz Bauer am 10.3.1961 dem Bundesaußenminister über den hessischen Justizminister mitgeteilt, BArch B82/432.

32. 여권은 1954년 6월 23일 발급되었다. 그것이 마지막은 아니었다. 슈밤베르거는 슈투트가르트 검찰이 조사를 개시한 뒤에도 두 번째 여권을 수령했기 때문이다. 1962년 12월 12일자 베르너 융커 대사가 외무부에 보내는 편지를 참조하라. Dokument 483,

Akten zur Auswärgien Politik der Bundesrepublik Deutschland, 1962(München, 2010), 2060~2061쪽. 슈밤베르거와 아이히만은 오래전부터 아는 사이였다. 심지어 둘은 같은 막사에서 군사 훈련을 받기도 했었다.

33. 이에 대해서는 Nikolas Berg, *Der Holocaust und die westdeutschen Historiker. Erforschung und Erinnerung*(Göttingen, 2003), 284~289쪽. 연구소의 이사회 회의는 1954년 6월 25일에 열렸다.

34. Helmut Krausnick, "Zur Zahl der Opfer des Nationalsozialismus", *Aus Politik und Zeitgeschichte*, 1954년 8월 11일.

35. 이에 대한 상세한 내용은 애나 포터Anna Porter, 『카스트너의 열차: 홀로코스트의 한 알려지지 않은 영웅의 실화*Kasztner's Train: The True Story of an Unknown Hero of the Holocaust*』(뉴욕, 2007), 324쪽 이하를 참조하라. 그 책이 주로 의거한 것은 예치암 바이츠가 히브리어로 쓴 글 『두 번 살해된 사람*The Man Who Was Murdered Twice*』이었다. 비공식 번역본만 존재한다. 다큐 영화 「Mishpat Kastner」(Israel Broadcasting Authority, 1994)를 참조하라. 또 라디슬라우스 뢰브Ladislaus Löb, 『레쇠 카스트너*Rezsö Kasztner: The Daring Rescue of Hungarian Jews: A Survivor's Account*』(런던, 2008)와 톰 세게브, 『일곱 번째 백만 명』(라인베크, 1995), 341~424쪽.

36. 할레비는 그 에피소드 때문에 1961년 아이히만 재판에서도 재판장 자리를 잃었다. 모셰 란나우가 그 자리를 이었다

37. 이를테면 "On Trial", 『타임』, 1955년 7월 11일; "Zionist Ex-Leader Accused of Perjury", 『뉴욕타임스』, 1955년 7월 8일; "Israeli Case Revived", 『뉴욕타임스』, 1955년 8월 1일. 1957년 3월 3일 카스트너에 대한 암살 후 반응이 크게 일었다. 이는 사선 모임에도 자극을 주었다.

38. 1993년 빌프레트 폰 오벤은 그것을 "주로 유대인과 좌파 지식인들이 읽는" 신문이라고 불렀다. 오벤, 『아르헨티나의 '나치'』(글라트베크, 1993), 9쪽.

39. 사선 녹취록 12:4.

40. 프리츠 바우어에게 보낸 발렌틴 타라의 편지.

41. 조사 보고서와 신문 기사 모음들은 아이히만 수배 파일에 소장되어 있다가 1956년 프랑크푸르트암마인의 프리츠 바우어에게 보내졌다. 불행히도 그 파일은 사라졌다. 그 사건에 대한 몇 쪽의 기록과 발췌 자료들만 일부 남아 있다. 1954년 11월 18일 빈의 국립형사재판소가 판사들에게 보낸 자료들, HHStA Wiesbaden, Section 461, no. 33,531, 118쪽 이하. 해당 페이지를 비롯해 자료 조사에 도움을 주신 비스바덴 소재 헤센중앙국립기록원의 폴트 씨께 감사드린다. 이름트루트 보작은 두 권의 저서에서 그 자료를 주에서 다루었는데 오기가 있다. 이름트루트 보야크, 『아이히만의 회고: 비판적 에세이*Eichmanns Memoiren: Ein kritischer Essay*』(프랑크푸르트암마인, 2001); 『프리츠 바우어 전기 1903~1968*Fritz Bauer 1903~1968: Eine Biographie*』(뮌헨, 2009).

42. Eintrag "Johannes von Leers", *Die deutschsprachige Presse: Ein biographisch-bibliographisches Handbuch*, bearbeitet von Bruno Jahn(München, 2005), Band 1, 617쪽.

43. 독자 편지였다. "Johann von Leers: Eine Richtigstellung", 『유럽 민족』 11, 제4호 (1961), 68쪽.

44. 그의 아르헨티나 출국은 독일로 보고되었다. Botschaft der Bundesrepublik, Buenos Aires an AA, 11.8.1954 unter 212, Nr. 2116/54. 1954년 8월 25일 서독 외무부는 그 정보를 연방헌법수호청에 전달했다.(306212-02/5.20973/54).

45. 1997년 우키 고니와 페드로 포비에심의 인터뷰, 2000년 로엘프 판 틸과 페드로 포비에심의 인터뷰. 「한 살인자와의 만남」(BBC/NDR, 2003). 포비에심은 더러 디터 멩게를 위해 일하면서 손님들을 거리를 두고 관찰했다. 멩게가 모든 극우 간행물을 기록-수집하고 정기 구독했다는 소문은 지금까지 부에노스아이레스에서 떠돌고 있다. 로엘프 판 틸과 우키 고니와 나타샤 데 빈터 씨께 정보 제공과 지원에 감사드린다.

46. "아르헨티나의 유대인들은 항상 멩겔레에 대해 이야기했다." Interview mit José Moskovits, dem Leiter der israelischen Gemeinde Buenos Aires, 2009, Ausschnitt in Eichmanns Ende(NDR/SWR, 2010).

47. *The Hunt for Dr. Mengele*(Granada Television, 1978)에 실린 인터뷰와 멩겔레의 "연구"에 대한 사선의 언급, 1991년의 인터뷰 모음들은 *Edicion Plus*(Telefe Buenos Aires).

48. 하인츠 슈네펜, 『오데사와 제4제국』, 139쪽.

49. 같은 책, 153쪽.

50. 같은 책, 136쪽.

51. I.S. Kulcsár, Shoshanna Kulcsár, Lipot Szondi, "Adolf Eichmann and the Third Reich", Ralph Slovenko(Hrsg.), *Crime, Law and Corrections*(Springfield, Illinois, 1966), 16~32쪽, 여기서는 28쪽.

52. 쿠엔틴 레이놀즈 · 에프라임 카츠 · 츠비 알두비, 『아돌프 아이히만 사건』, 197쪽.

53. "Peron als Beschützer Rudels und der braunen Internationalen", 『아르헨티나 타게블라트』, 1955년 12월 17일.

54. 노베르트 프라이의 연구팀은 최근 외무부의 문서고에서 『아르헨티나 타게블라트』의 기고문들에 대한 언급을 발견했다. 에카르트 콘체 · 노르베르트 프라이 · 페터 하예스 · 모셰 치머만, 『공직과 과거』(뮌헨, 2010), 596쪽.

55. 1955년 12월 19일자 『아르헨티나 타게블라트』는 코르베트 소장을 역임한 헤르만 브룬쉬비크의 논평을 "페론나치즘"이라는 제목으로 실었다. 이는 독일인 이민자들을 집단 비난으로부터 보호하려는 목적을 지녔다. 냉정한 현실주의도 때로는 위험을 무시하게 만든다.

56. 츠비 아하로니 · 빌헬름 디틀, 『사냥꾼: 아이히만 작전』, 107쪽. 아이히만은 직접 농장에서 일하기 시작한 날짜를 1955년 3월 1일이라고 말했다. 그 날짜는 지원 서류 작성용이었기에 완전히 정확하다고 볼 수는 없다. Personalbogen Mercedes Benz Argentina, 20.3.1959; 복사본, 슈네펜, 『오데사와 제4제국』, 160쪽.

57. 비슬리체니, 133호실 문서, T/84, 16쪽 이하.

58. 프리츠 칸, 『원자*Das Atom*』(취리히, 1948) 겉표지에 남긴 아이히만의 수기. 인용은 『슈테른』, 1960년 7월 9일. 1960년 9월 15일 심문에서 그 인용이 맞는다고 확인했다.

59. 메르세데스 아르헨티나에 보낸 지원서는 슈네펜, 『오데사와 제4제국』, 복사본을 보라.

60. 리나 하이드리히에 대한 아이히만의 언급은 연방기록원 녹음테이프 29:05 이하를 보라. 녹음자료 64와 일치한다. 녹취록에서는 내용이 축약되었다.

61. 빈의 중앙사무소의 자산 소유자인 "해외 이민 기금 빈"은 1939년 5월 8일 도플(뢸탈)/린츠 근교 알텐펠덴(오버외스트라이히) 소재 종이공장을 구입했다. 관련 문서철에 "부동산 견적 평가는 필요 없다"고 적혀 있다. AdR, Ministerium für innere und kulturelle Angelegenheiten, Abt. II, Gr. 4, Referat: Stiftungen und Fonds, Notstandsangelegenheiten, Wien 1, Ballhausplatz 2, Zi. II/4-127.517, 1939. Gegenstand AWF, Liegenschaftserwerb, 11.5.1939; 다음의 문서도 함께 있다. Kaufvertrag zwischen M. Mösenbacher und den AWF, 8.5.1939. Gundrun Rohrbach, Akt. Nr. R76/39. 인용은 가브리엘레 안데를, "Die 'Umschulungslager' Doppl und Sandhof der Wiener Zentralstelle für jüdische Auswanderung", www.david.juden.at/kulturzeitschrift/57-60/58-Anderl.htm(2003)을 따랐다.

62. 전후 이스라엘 첩보원은 그 소식을 들었고 1990년대 렘베르크에서 탐사하던 기자들도 그 얘기를 접했다. 마리아 "미치" 바우어에 대한 이야기다. 그는 펜션 바이스의 관리인이었다. 그 여관은 아이히만의 비밀 사교 장소였고 나중에 도주를 위해 중요한 역할을 수행했다. 마누스 디아만트, 『비밀 임무』, 209쪽 이하, 게오르크 M. 하프너 · 에스터 샤피라, *Die Akte Alois Brunner: Warum einer der größten Naziverbrecher noch immer auf freiem Fuß ist*(함부르크, 2007), 73쪽 이하.

63. 사선 녹취록 59:3. 아이히만은 단지 부활절이라 여행했다고 말했다. 하지만 그해 베라 아이히만의 생일은 그 휴일과 겹쳤다.

64. 츠비 아하로니는 아이히만의 출근부를 근거로 들며 이를 부정했다. 그날 아이히만은 집에 없었다. 아들의 증언에 따르면 그는 투쿠만을 방문했다.

65. 이 서술은 여비서의 진술(로베마리 고트레프스키와 에밀리에 피네간 인터뷰, NDR/BBC 2002), 연인 마리아 뫼젠바허, 미치 바우어와 마르기트 쿠쉐라의 진술(마누스 디아만트, 『비밀 임무』, 210~228쪽) 그리고 알텐잘츠코트에서 만난 여성들의 진술에 기반(1960년 6월/7월의 인터뷰, NDR/BBC 2002)을 두고 있다.

66. 아이히만의 그 별명은 일차 CIC 보고서에 등장했다. 보고서에 따르면, 그 정보는 비슬리체니와 회틀이 제공했다. Arrest Report Interrogation Wisliceny 와 CIC Report Eichmann, 미국 국립기록원, RG 263, CIA 아돌프 아이히만 파일. 루돌프 회스, 『아우슈비츠 수용소장: 자전 기록*Kommandant in Auschwitz: Autobiographische Aufzeichnungen*』(1958; 뮌헨, 2000), 336쪽.

67. 연방기록원 녹음테이프 02-A, 8:25 이하(Argentinische Bandzählung: Nr. 68).

68. 데이비드 세자라니, 『아이히만: 그의 삶과 범죄』, 267쪽.

69. 비슬리체니, 133호실 문서, T/84, 13쪽.

70. 연방기록원 녹음테이프 9C, 27:30~29:30. 말을 자주 더듬었기에 녹취록은 축약되었다.

71. 그 예들은 사선 녹취록에서 볼 수 있다. Band 17(KZ-Bordelle), Band 67(Ton 05B, 20:00 이하).

72. 아이히만은 이스라엘에서 세계 평화 구상을 밝혔다. 여성들이 권력을 장악해야 한다는 것이다. 「우상들」, 199쪽 이하. 그는 세계 평화가 비아리아적이라고 간주했음을 쓰지는 않았다.

73. "Mein Sein und Tun", 15쪽 분량의 이스라엘 문서에서 인용, AllProz 6/253, 여기서는 10쪽.

74. 롱게리히는 실제로는 그것이 힘러의 생각과 별로 관련 없다는 사실을 설득력 있게 보여주었다. 롱게리히, 『하인리히 힘러*Heinrich Himmler*』(뮌헨, 2008), 382쪽 이하.

75. 사선 녹취록 10:7 이하. 쿠르트 베커는 아이히만에게 값비싼 목걸이를 보여주었다. 그것은 아이히만이 힘러의 명령에 따라 협박해서 뺏은 것이었다. 아이히만은 베커가 그 목걸이를 힘러에게 넘겨주는 것을 목격한 증인이었다.

76. 1936년 4월과 1937년 6월의 힘러 메모에서 인용. 롱게리히, 『하인리히 힘러』, 382쪽 이하에서 확인할 수 있다.

77. I. S. 쿨샤르I. S. Kulcsár · 쇼샨나 쿨샤르Shoshanna Kulcsár · 리포트 촌디Lipot Szondi, 「아돌프 아이히만과 제3제국Adolf Eichmann and the Third Reich」, 30쪽 이하.

78. 위의 책, 17쪽. 아이히만의 심리 조사에 참여한 학자는 세 사람이었다. 쿨샤르가 직접 대화를 주도했고 테스트를 실행했다. 분석에는 쿨샤르 부인도 참여했다. 리포트 촌디도 조사 결과 하나를 분석했다. 테스트 분석의 일부 결과는 수년이 지난 뒤에야—부분적으로는 블라인드 처리되어—평가가 이루어졌다. 그것은 쿨샤르의 연구 결과와 크게 다르지 않았다. 그것은 지금까지 심리학 분야를 넘어서는 제대로 인지되지 않고 있다.

79. 한나 아렌트, 『예루살렘의 아이히만』(뮌헨, 1964), 77쪽과 1961년 2월 7일 아브너 W. 레스의 녹음, ETH Zürich—AfZ, NL Less, 4.2.3.2.

80. 그 예는 다음과 같은 통속 출판물이다. Dewey W. Linze, *The Trial of Adolf Eichmann*(Los Angeles, California, 1960); Comer Clarke, *The Savage Truth: Eichmann, the Brutal Story of Hitler's Beast*(London, 1960); John Donovan, @Eichmann: Man of Slaughter(New York, 1960). 가장 극단적인 극 영화는 로버트 W. 영 감독의 「아이히만Eichmann: Ehemann, Vater, Soldat, Mörder」(GB/UNgarn, 2007)이다.

81. 사선 녹취록 39:3.

82. 소설 『청년들과 시골 처녀들』의 6장은 사선이 아르헨티나로 탈출한 것을 다루었다. 겉으로 보기에만 문학적 가공이 들어간 듯하다. 168쪽.

83. 데이비드 세자라니는 그때를 1953년이라고 말했지만 오기다. 그것은 1962년 5월 29일자 아이히만의 친부 확인과 여타 자료들을 보면 명료히 확인된다. 코블렌츠 연방

기록원, AllProz 6/237.

84. 「나의 도주」, 26쪽.

85. 교수형을 받기 직전 아이히만은 프랑스 신문 『파리 마치』 서면 인터뷰에 답했다. 가족들이 걱정되지 않냐는 질문에 아이히만은 실수로 그렇게 말했다. Fragebogen von Paris Match mit den Antworten Adolf Eichmanns, 코블렌츠 연방기록원, Allproz 6, 252, 20. 그 신문은 아이히만 처형 후 인터뷰의 일부 내용을 보도했다.

86. 아들이 아이히만이란 이름으로 등록되었다는 서술이 더러 있는데 그렇지 않다.

87. 「나의 도주」, 26쪽.

88. Fragebogen von Paris Match.

89. 빌럼 슬루이제(빌럼 사선), "Brief an einen verzweifelten Freund, Weihnachten 1955", 『길』(1956), 제1호, 12쪽.

90. 「나의 도주」, 26쪽.

91. 한스-울리히 루델, 『독일과 아르헨티나 사이에서』(부에노스아이레스, 1954), 259, 157쪽.

92. 테오도어 호이스, "Der deutsche Weg—Rückfall und Fortschritt", Ansprache zur Jubliäumsfeier der Evangelischen Akademie, Bad Boll, Druckfassung, *Das Parlament* 42(1955년 10월 19일), 9~10쪽, 여기서는 9쪽.

93. 사선은 1945~1955년을 "격렬한 공위기"라고 이름을 붙였다. 『길』(1955), 295~299쪽, 여기서는 299쪽.

94. 빌럼 슬루이제(빌럼 사선), "Brief an einen verzweifelten Freund, Weihnachten 1955", 『길』(1956), 제1호, 14쪽.

95. Ewout van der Knaap, Nitzan Lebovic, *"Nacht und Nebel". Gedächtnis des Holocaust und internationale Wirkungsgechichte*(Göttingen, 2008).

96. 오토 브로이티감에 대한 첫 재판은 1950년 중단되었다. 문서를 보면, 브로이티감은 살해 계획을 세세히 잘 알았을 뿐만 아니라 그것에 가담했음이 명료했다. 그럼에도 불구하고 면직 처리는 1958년에 종결되어 그는 직장에 복귀했다. 이미 뉘른베르크 재판 당시에 아이히만과의 협의를 보여주는 문서가 제출되었다. IMT 3319-PS, Materialsammlung Ribbentrop, ident. mit T/1003. 아마 브로이티감이 직접 반제 후속 회의를 주관했을 것이다. 1959년 8월 브로이티감은 연방공로십자훈장을 받았다. Michael Schwab-Trap, *Konflikt, Kultur und Interpretation: Eine Diskursanalyse des öffentlichen Umgangs mit dem Nationalsozialismus*(Opladen, 1996)(=Studien zur Sozialwissenschaft 168).

97. 『길』(1956), 제7~8호, 240쪽.

98. 이 단어들은 모두 다음에서 순서대로 인용되었다. 『길』(1956), 480, 240, 242, 357, 610쪽.

99. 같은 책, 477, 610쪽.

100. 같은 책, 608쪽.

101. 같은 책, 477쪽.

102. 파울 베네케Paul Beneke(Ps.), "Die Rolle der 'Gestapo'", 『길』(1956), 제7~8호, 353~358쪽; 제9호, 476~480쪽.

103. 글의 저자는 단치히에서 살다가 이주한 사람이었다.

104. 라인하르트 콥스를 완전히 배제할 수는 없다. 그는 특히 후안 말러라는 가명으로 글을 썼으며 함부르크 근교에서 태어났다. 한자 동맹 소속감을 통해 베네케와의 연관을 추측할 수 있다. 하지만 전체적으로 보아 후반 말러가 그 글을 썼다고 보는 것은 무리다. 너무 학술적이었기 때문이다. 그 글에는 각주가 달려 있었는데 그것은 『길』에서 드문 일이었다.

105. 「나의 회고」(1960), 108쪽 이하. 『길』의 이 글은 아이히만이 옳다고 생각한 것을 근본적으로 공격했다. 그렇기에 이 글 작성에 아이히만이 연관되었다고 볼 수는 없다. 그 말은 그 텍스트가 내부 정보를 포함한 것과는 별도로 아이히만과의 대화에 기초해 있다는 사실을 배제하는 것은 아니다.

106. Bericht der DRP-Versammlung vom 30.11.1956, Berlin, Archiv des Bundes der Verfolgten des Naziregimes(BNV-Berlin), Berlin. 보고서를 열람하도록 도와준 레펠트씨께 감사드린다. 그것은 아돌프 폰 타덴의 유증 자료에 없었다(Staatsarchiv Hannover, Magazin Pattensen, VVP 39).

107. 가장 상세한 내용의 이야기는 베르너 브로크도르프Werner Brockdorff(본명은 알프레트 야르셸Alfred Jarschel이었고 나치 청소년 지도자 경력을 지녔다), *Flucht vor Nürnberg. Pläne und Organisation der Fluchtwege der NS-Prominienz im "Römischen Weg"*(München-Wels, 1969), 특히 17장.

108. 요한 폰 레어스, 독자 편지, 『유럽 민족』, 앞의 글.

109. 빌럼 슬루이제, "Müllkutscher her! Eine Bilanz unserer Atomzeit", 『길』(1956), 제11~12호, 673~676쪽.

110. 『길』(1954), 제7호, 487쪽.

111. 콘스탄츠 시기록원에 감사드린다. 사선은 1959년 2월 4일까지 콘스탄츠에 체류했다. 쇼텐 거리 61번지에 입주한 것으로 등록되었다. 그 후 그는 뮌헨의 호헨슈타우펜 거리 21번지로 이사했다고 기록되어 있다. 사선이 콘스탄츠에 오게 된 경위는 명확하지 않다. 물론 바로 그해 그곳은 체포 체제가 바뀌었다. 그 체제가 그렇게 급격히 바뀌면 은신처를 찾는 사람에게는 아주 유리한 구멍이 생겨난다. 그렇기에 아이히만도 도주 시에 브레슬라우를 출생지로 골랐던 것이다.

112. 반유대주의는 아르헨티나에서처럼 그렇게 명료히 나타나지는 않았다. 하지만 유대인 박해를 다룬 초기 저작물들에 대한 반응을 지배한 것은 그런 방식의 비난이었다. 논평가들은 모두 저자들이 유대인이라는 사실을 언급했다.

113. 볼프람 지버스Wolf Sievers(Ps), "Die 'Endlösung' der Judenfrage", 『길』(1957), 제3호, 235~242쪽. 아래 인용의 출처는 모두 이 글이다.

114. 같은 글, 239쪽. "반제회의 참여자들: 하이드리히, 게슈타포-뮐러, 아이히만, 쇤가르트, 게슈타포의 랑게, 외무부의 루터 및 나치 제국 정부 부처의 고위 관료들 중 특정 범주의 대표자들". 1957년까지 출간된 『길』에서 아돌프 아이히만이 언급된 것은 단 두 번뿐이다. 그가 자살했다는 소문이 퍼졌을 때가 하나였다. 그 후에는 위의 이 '독자 편지'에서 한 번 더 언급되었다.

115. 루델, 『독일과 아르헨티나 사이에서』, 260쪽.

116. "Eichmann Fue un Engranaje de la Diabolica Maquinaria Nazi……", 『라 라손』, 1960년 12월 12일.

117. 사선의 가명들은 아직도 충분히 알려지지 않았다. 빌럼 슬루이제Willem Sluyse와 스티븐 빌Steven Wiel 그리고 『슈테른』 같은 유명 간행물에 사선이 사용한 가족 이름인 빌럼 S. 판엘슬루Willem S. van Elsloo는 알려졌다. 그 밖에 간혹 앙드레 데스메트Andre Desmedt와 후안 델 리오Juan del Rio라는 이름도 사용했다. 하지만 사선은 『길』 그리고 서독 잡지에 또 다른 이름으로도 훨씬 더 많이 기고했을 것이다. 사선이라고 추측되는 저자명에 대해서는 다음 사선 인터뷰의 내용에 대한 설명을 참조하라.

4장 이른바 사선 인터뷰

1. 가브리엘 바흐는 인터뷰에서 이 사실을 몇 번이나 (감탄하며) 언급했다. 아이히만 자신은 가족에게 보낸 편지에서 감사를 표했다. 코블렌츠 연방기록원, 1961년 4월 17일, AllProz 6/165.

2. 이에 대해 사선은 타임사社와의 계약에서 말했고, 프리치는 아이히만 가족과 한스 레헨베르크에게 말했고, 아이히만은 이스라엘에서 여러 차례 말했다. 코블렌츠 연방기록원, AllProz 6/253. 이 책의 7장 「막후극」 참고.

3. 이 일에 대한 많은 정보를 주고 2009년에 의견 교환에 응해준 사스키아 사선에게 감사한다. 또한 룰프 반 틸(2005년 3월 21일, 27일)과 레이먼드 레이(2009년 6월 7일)의 사스키아 사선 인터뷰를 보라. 우리 논의에 도움을 준 이 두 사람에게도 감사한다.

4. 룰프 반 틸의 잉게 슈나이더 인터뷰(2005). 그녀에 대한 더 자세한 내용이 수반된다.

5. 이 두 가지는 남아 있는 테이프에서 여러 차례 들린다.

6. 2005년에 사스키아 사선은 여전히 페인이 다락방의 남자였을 것이라고 말하고 있었지만, 2009년에 이러한 생각을 수정했고, 지금은 다락방의 남자가 자기가 모르는 사람이었다고 확신하고 있다.

7. 『렉스프레스』 494호, 1960년 12월 1일.

8. 사선, 그리고 아이히만의 변호인인 로베르트 제르파티우스는 악의로 이 기사를 그 잡지에 주었다며 1960년에 서로를 비난했다. 이는 두 사람 다 이 기사의 필자가 아님을 시사한다. 이 책의 7장 「막후극」 참고. 이 기사에 담긴 많은 주장이 틀린 것인 만큼 사선의 부인은 타당해 보인다.

9. 「남아메리카 최대 국가들의 쿠데타와 배후 세력Coups in South America's Biggest

Countries and Forces Behind Them」, 『라이프』, 1955년 11월 28일, 44~47쪽. 이 기사에는 필자가 소개되어 있지 않다.

10. 노련한 언론인의 시각에서 이러한 생각을 제공해준 우키 고니에게 감사한다. 슈탕네트와 고니의 서신 교환(2009~).

11. 이 시점들과 정보의 근거가 된 것은 페인의 르포르타주(『타임』, 1952년 3월 17일; 『라이프』, 1955년 1월 31일) 그리고 1957년 5월 10일자 부에노스아이레스에서의 보고와 1961년 4월 12일자 아이히만 재판에 대한 보고 등 페인이 『타임』에 보낸 확인 가능한 급보들이다. 『타임』 『라이프』 당시 사장이었던 로이 E. 라슨Roy E. Larsen의 유품, 하버드대학 도서관(Dispatches from Time Magazine Correspondents: First Series, 1942~1955, MA 02 138; Second Series, 1956~1968, MS AM 2090.1).

12. 「이스라엘: 재판Israel: On Trial」, 『타임』, 1955년 7월 11일.

13. 사선 녹취록 6:3.

14. 그 어린 날에 대한 사스키아 사선의 기억은 그 또래 아이들의 머릿속에 형성되는 기억이 으레 그렇듯이 빈틈이 없지 않았다. 또한 손님이 왔을 때 아이들이 언제나 집에 있었던 것도 아니었다. 어쨌든 어떤 사람이 아이를 상대로 그렇게 규모가 크고 민감한 책의 기획에 대해 설명했을 가능성은 희박하다.

15. 어떤 글에서나 사실과 허구를 짜깁는 데 선수인 스탄 라우리센스는 심지어 페인 자신이 정보기관 관련자였다고 주장한다. 라우리센스에 따르면, 페인은 다름 아닌 모사드의 우두머리 이세르 하렐에게 아이히만과 사선 간에 오간 대화에 대해 알려주었는데, 이는 하렐이 타임사로부터 특종 제보를 제안받은 후의 일이었다. 그는 페인을 만나러 아르헨티나로 갔을 것이고, 그때 페인이 그에게 필기된 내용을 보여주었을 수 있다. 스탄 라우리센스Stan Lauryssens, 『아돌프 아이히만의 치명적 우정*De fatale vriendschappen van Adolf Eichmann*』(뢰벤, 1998), 179쪽.

16. 비스바덴의 헤센 주립문서고, Section 461, No. 33 531, T 20/1. 1956년 10월 6일, 연방법무부가 본의 카를스루에에 위치한 연방법원의 검사장에게. 관련 페이지들을 찾는 데 도움을 준 비스바덴 소재 헤센 주립문서고의 폴트 씨에게 감사한다. 다른 데서 주장된 것과 달리, 수배자 파일 전체는 유감스럽게도 헤센 주립문서고에 보관되어 있지 않다.

17. 형법 제211조 74항에 의거한 범죄. 구속 영장 사본은 하인츠 슈네펜, 『오데사와 제4제국』(베를린, 2007), 158쪽에서 볼 수 있다.

18. 슈네펜, 『오데사와 제4제국』, 162쪽에서 인용된 자료. 유감스럽게도 이 저자는 학술적 기준에 맞는 출처 표시를 거의 하지 않았다.

19. 1953년 12월 8일, (놀라우에게 위임받아) 연방헌법수호청이 외무부에. PA AA, Abt. 3, Bd. 87, 81.11/2. 홀거 메딩에게 감사한다.

20. 페인이 타임사에 보낸 아르벤스에 대한 급보. dispatch no. 317, 라슨 유품, 하버드대학 도서관(Dispatches from Time Magazine Correspondents Second Series, 1956~1968, MS AM 2090.1).

21. 복잡하게 뒤얽힌 스스로의 기억과 감정과 심상을 진솔하게 더듬어준 사스키아 사

선에게 감사한다.

1. 작가 아이히만

1. 「우상들」, 8쪽, A.E. 3.

2. 같은 책.

3. 밀덴슈타인은 1933년에 쿠르트 투흘러와 함께 6개월간 팔레스타인을 둘러보면서 림이라는 가명으로 여행기를 썼다. 이 친시온주의적 연재 글은 1934년 9월 26일에서 10월 9일 사이에 게재되었고, 뚜렷하게 반유대주의 논조를 띠고 있었다. 이 글은 언론의 뜨거운 관심을 받았는데, 심지어 『유대인 평론*Die Jüdische Rundschau*』(1934년 9월 28일)도 이 글을 언급했다. 1938년에 이 연재물은 책으로 출간되었다. 연재 글에 대한 논의는 악셀 마이어Axel Meier, 「'어느 나치의 팔레스타인 여행 이야기': 한 친위대 장교의 유대인 문제 해결 기고문'Ein Nazi fährt nach Palästina und erzählt.' Der Bericht eines SS-Offiziers als Beitrag zur Lösung des Judenfrage」, 볼프강 벤츠Wolfgang Benz 편, 『반유대주의 연구 연감Jahrbuch für Antisemitismusforschung』 11(2002), 76~90쪽 참조. 유감스럽게도, 밀덴슈타인의 친위대 보안국 이력에 대한 전기적 정보는 아이히만의 (잘못된) 설명을 따르고 있다.

4. 심문 기록, 66쪽.

5. 친위대 보안국 내부용 '라이트헤프트'는 대외비 원고로, 1급 기밀로 분류되었다. 예컨대 1937년 3월부터 코블렌츠 연방기록원에 소장되어 있는 "출판사들Verlagswesen"이라는 제목의 문서는 A4 용지 35쪽 분량으로 되어 있고, 번호가 매겨져 있으며, "친위대장Reichsführer-SS"이라는 표제 정보를 달고 있다. 이것은 그 주제에 대한 모호한 설명을 보여주고 있으므로, 내부자들만을 위한 것임이 분명하다. 코블렌츠 연방기록원, R58/1107. 이에 반해 『친위대 라이트헤프트*SS-Leithefte*』는 대중적 월간지로, 삽화들과 다양한 필자의 기사들로 이루어졌다. 이 잡지는 처음에는 친위대장을 위해 친위대 중앙인종 · 이주청에서 편집했고, 나중에는 친위대 본부에서 편집했다.

6. 심문 기록, 66쪽.

7. 이스라엘(102차 공판)에서 아이히만은 1942년 5월에 그 책을 썼다고 주장했지만, 또한 하이드리히의 사망 후 그것을 그에게 헌정하고자 했다고(6월 4일 이후였을 것이다) 말하기도 했다. 한편 사선에게 말한 바로는, 아이히만은 "비아위스토크와 민스크 여행 후" 그것을 썼으며, 하이드리히에게 그것을 하이드리히의 이름으로 출판할 것을 제안했다(즉, 6월 4일 이전에).

8. 1942년 4월 20일: 워싱턴 소재 미국 홀로코스트 박물관, RG15 007M 23번 릴: HK 바르샤바 362/298 folio 1.5 : 1942년 9월 10~11일 제7부 C부서와 프란츠 교수(스트라스부르 "제국대학"의 귄터 프란츠 교수)와의 업무 회의에 대한 보고서, 위르겐 마테우스Jürgen Matthäus, 「'세계관 연구와 평가': 제국중앙보안국 7부 문서에서'Weltanschauliche Forschung und Auswertung': Aus der Akten des Amtes VII im Reichssicherheitshauptamt」, 볼프강 벤츠 편, 『반유대주의 연구 연감』 4(1996), 1996년 287~330쪽, 이 중 309~312쪽에 dokument 6으로 수록됨. 또한 1942년 4월 20일 부장(직스)이 취한 입장에 대한 디텔의 발언인 folio 6, 업무 계획에 대한 회의 기

록, 같은 책, 312~314쪽에 dokument 7로 수록됨. 그 뒤 그 계획은 폐기된 게 분명하다. 다음 회의 기록들을 보라. 1942년 7월 1일 후속 회의 기록, folio 12, 15.18~19, 마테우스, 「'세계관 연구와 평가'」, 314~320쪽에 dokument 10으로 수록됨. 1943년 1월 16일 회의 기록, folio 21, 25, 27, 마테우스, 「'세계관 연구와 평가'」, 321~324쪽에 dokument 12로 수록됨.

9. 예컨대 「유대인 문제 해결의 목적과 방법Ziel und Methodik in der Lösung der Judenfrage」, 1938년 2월 23일, 코블렌츠 연방기록원, R58/911, 144쪽.

10. 남독일 라디오방송Süddeutsche Rundfunk의 루돌프 페켈은 '찬반 시리즈Für und Wider'에서 『길』을 철저히 분석했다(1954년 6월 8일, 1954년 11월 23일, 1955년 1월 4일). 또한 홀거 메딩은 바이에른 라디오방송Bayerische Rundfunk의 프로그램들을 언급한다. 홀거 메딩, 『"길": 1947~1957년 부에노스아이레스의 독일 이주자 잡지』(베를린, 1997), 133쪽.

11. 없어졌다고 여겨졌던 문서들의 일부 발견에 대해서는 이 책의 「막후극」을 보라.

12. 아돌프 아이히만의 손자 중 한 명인 헬무트 아이히만은 자기 가족이 소유하고 있는 그 원고에 대해 내게 말해줄 의향이 있었고, 이 문서를 보여줄 수 있을지 아버지 디터 아이히만에게 물어봐주었다. 그의 이러한 협조에 감사한다. 그 가족은 적정 수준의 사례가 주어진다는 조건에서 그 원고를 공개할 것을 진지하게 고려하고 있다. 심지어 그 문서를 접근 가능한 자료들과 비판적으로 비교하는 일도 구체적인 제안의 맥락에서만 수행되어야 한다.

13. 제르파티우스Servatius, 「'사선 회고록'에 대한 피고 진술Einlassungen zu den 'Sassen-Memoiren'」, 6쪽 분량, 예루살렘, 1961년 6월 9일, 코블렌츠 연방기록원, All-Proz 6/254.

14. 클라우스 아이히만 인터뷰, 『퀵』, 1966년 1월 2일.

15. 이는 끌어다 쓴 많은 인용문에도 해당되는 말이다.

16. 이러한 특징이 항상 나타나는 것은 아니지만, 이를 뒷받침하는 증거가 많이 있다. 아이히만은 특이한 언어로 말하고 글을 썼는데, 그 언어의 주된 특징은 나치의 표현과 관료의 전문 용어가 다른 문체들과 결합되어 있다는 것이었다.

17. 첫 회는 테이프 8:1에 담겨 있으며, 이 대화가 이루어진 시점은 1957년 4월 중순이라고 볼 수 있다. 루돌프 카스트너가 암살되고(3월 3일에 습격받고 15일에 사망) 『아르헨티나 타게블라트』(1957년 4월 15일)에 관련 기사가 실린 이후의 대화이기 때문이다. 크루메이의 체포도 언급되었다(8:9.2 테이프, 1957년 4월 1일).

18. 사선은 녹음된 아이히만 원고 일부를 나중에 타자기로 정서하기 위해 받아 적었다. 이로 미루어 그것은 이 구술이 담겨 있는 테이프 15 이전에 완성되었을 것이다. 『다른 이들이 말했고, 이제 내가 말할 차례다!』, 54~65쪽에 해당되는 사선 녹취록 15:5~9.

19. 백지 두 장에 걸친 육필 텍스트 「일반 사항」, 아이히만 유품, 코블렌츠 연방기록원, N/1497-92. 이것은 같은 곳의 「개인 사항Persönliches」과 같은 시기에 쓰인 것임이 분명하다. 두 글 모두 자기가 보여주고 싶은 대로의 모습으로 자신을 소개하려는 시도

로 작성된 것이다.

20. 베라 아이히만 인터뷰, 『파리 마치』, 1962년 4월 29일. 코블렌츠 연방기록원, AllProz 6/252.

21. 『디벨트』, 1999년 8월 17일.

22. 이름트루트 보야크, 『아이히만의 회고: 비판적 에세이』(프랑크푸르트암마인, 2001), 68쪽. 여기서 보야크는 "이 원고는 검증될 수 없다"고 설명한다. 저자들 대부분은 로베르트 펜도르프나 논란의 여지가 많은 출판물인 『나, 아돌프 아이히만*Ich, Adolf Eichmann*』을 인용한다. 아이히만의 육필 텍스트 「개인 사항」은 아이히만 유품, 코블렌츠 연방기록원, N1497-92에 속해 있다. 펜도르프의 진술과 달리 그 글은 줄이 쳐진 여러 크기의 종이들에, 좀더 정확히 말하자면 더 큰 페이지들이 삽입된 공책에 쓰인 원고인데, 총 아홉 쪽으로 이루어졌고, 이 중 두 쪽은 양면 사용된 것이다. "일반 사항"이라는 제목의 원고는 격자무늬 종이에 쓰여 있다. 펜도르프는 분명 두 문서를 알고 있었으니, 아마 그가 단지 두 글을 혼동했을 것이다. 육필 단편 「일반 사항」은 코블렌츠 연방기록원, N1497-92에 속해 있다. 신뢰성은 떨어지지만 동시대에 나온 전사본을 N1497-73에서 볼 수 있다.

23. 특별한 언급이 없는 한 다음 문단들의 모든 인용문의 출처는 육필 텍스트 「개인 사항」, 아이히만 유품, 코블렌츠 연방기록원, N1497-92다. 여기서는 4쪽.

24. 같은 글, 5쪽.

25. 같은 글, 7쪽.

26. 같은 글, 6, 7, 9쪽.

27. 처형 전 가족에게 보낸 작별의 편지에서 아이히만은 다음과 같이 썼다. "역사가 평결을 창조(!)하기를." 코블렌츠 연방기록원, AllProz 6/248.

28. 「개인 사항」, 육필 텍스트, 4쪽, 아이히만 유품, 코블렌츠 연방기록원, N/1497-92, 6쪽.

29. 같은 글, 9쪽.

30. A4 크기에 가까운 격자무늬 종이 107쪽에 걸쳐 육필로 작성되었다. 원고의 부분들과 다양한 단편이 오늘날 여러 문서고에 분산되어 있으며, 부분적으로는 루트비히스부르크 연방기록원와 코블렌츠 연방기록원의 많은 파일에도 분산되어 있다. 코블렌츠 연방기록원의 경우 AllProz 6(제르파티우스 컬렉션)과 아이히만 유품으로 나뉘어 있다. 이 책의 「막후극」도 참고하라. 질서정연하거나 전문적인 원고를 기대해서는 안 된다. 우리는 흩어져 있는 육필 페이지와 타자본들로 구성된 무질서한 컬렉션을 여러 개 가지고 있다. 이 중 어떤 것도 온전하지 않다. 연속되는 페이지 번호도 없고 확실한 장 제목도 없다. 아이히만이 쓴 글들을 읽고자 하는 사람은 우선 그것들을 짜 맞추어야 한다. 하지만 여기서는 코블렌츠와 루트비히스부르크 연방기록원에서 찾을 수 있는, 내가 조합해놓은 것들을 이용할 수 있다. 목록에는 판독하기 어려운 아이히만의 필적을 읽는 지침(오직 연방기록원에서 사용할 수 있는)도 포함되어 있다. 이어지는 글에서는 페이지 번호를 최대한 포괄적으로 제시한다. 그러나 언뜻 보기에 모순되어 보이는 인용들을 피할 수 없다.

31. 아르헨티나 문서들의 출판 이력에 대해서는 「막후극」을 보라.

32. 『다른 이들이 말했고, 이제 내가 말할 차례다!』, 서문(1부), 1쪽.

33. 같은 책, 2쪽.

34. 같은 책

35. 같은 책, 7쪽.

36. 라파엘 그로스Raphael Gross, 『지속적으로 남아 있는 것: 민족사회주의 윤리*Anständig geblieben: Nationalsozialistische Moral*』(프랑크푸르트암마인, 2010), 191쪽.

37. 『다른 이들이 말했고, 이제 내가 말할 차례다!』, 서문, 7쪽. 원고의 이 페이지는 빠져 있는데, 분명 사선이 그 원본을 『라이프』에 팔았기 때문일 것이다. 이에 대한 정보와 동시대의 전사본에 대한 정보는 루트비히스부르크 연방기록원의 "기타" 폴더에서 찾을 수 있다. 「막후극」 참고.

38. 『다른 이들이 말했고, 이제 내가 말할 차례다!』, 2부, 1쪽.

39. 『다른 이들이 말했고, 이제 내가 말할 차례다!』, 2부: "'유대인 문제'와 1933년부터 1945년까지 이 문제를 해결하기 위해 민족사회주의 독일제국 정부가 취한 조치에 대한 나의 입장", 65쪽. 이 글은 육필 페이지들에서 인용했으며, 페이지 번호는 그 원본에 따른 것이다. 이 원고는 앞에서 언급한 문서고들에 부분부분 나뉘어 보관돼 있던 것들을 가지고 재구성한 것이다. 어떤 컬렉션에도 완전한 형태 혹은 완전히 읽을 수 있는 형태로 존재하는 것이 없기 때문이다.

40. 같은 책, 1쪽.

41. 같은 책, 2쪽.

42. 전체 인용은 앞을 보라. 로버트 잭슨의 진술, 1946년 7월 26일, IMT vol. 19, 397쪽.

43. "'유대인 문제'와 1933년부터 1945년까지 이 문제를 해결하기 위해 민족사회주의 독일제국 정부가 취한 조치에 대한 나의 입장", 54쪽.

44. 같은 글, 57쪽.

45. 1943년 1월 18일 힘러가 뮐러에게 보낸 편지. 또한 페터 비테Peter Witte와 슈테판 튀아스Stephan Tyas의 「'라인하르트 작전' 동안 유대인 말살과 살해에 대한 새로운 자료A New Document on the Destruction and Murder of Jews during 'Einsatz Reinhardt'」, 『홀로코스트와 제노사이드 연구』 15(2001), 468~486쪽을 보라.

46. 디터 비슬리체니는 자신의 육필 문서 「예루살렘의 대大무프티에 대하여」(브라티슬라바, 1946년 7월 26일, T/89)에서 이 "지도 방"에 대해 묘사했다. 롤프 귄터의 벽 도표들에 대한 묘사, 그리고 프란츠 노바크의 책상 뒤쪽에 걸려 있었던, 절멸 수용소들이 표시된 지도에 대한 묘사는 1972년 3월 27일의 프란츠 노바크 재판에서 과거 아이히만 부서의 비서였던 에리카 숄츠가 한 증언에서 나왔다. 쿠르츠 페트촐트Kurt Pätzold와 에리카 슈바르츠Erika Schwarz, 『"나에게 아우슈비츠는 기차역에 불과했다": 아돌프 아이히만의 수송 장교 프란츠 노바크*"Auschwitz war für mich nur ein Bahnhof": Franz Novak, der Transportoffizier Adolf Eichmanns*』(베를린, 1994), 171쪽의 doku-

ment 46.

47. 코르헤어 보고서에 대한 논쟁 및 다른 수치들에 대해서는 이 책의 「600만 명이라는 거짓말」 부분을 보라.

48. 이 육필 텍스트는 15번 테이프의 일부로서 사선의 녹취록에 들어가 있는데, 이 텍스트를 옮겨 적은 사람이 "rund(약)"를 "und(그리고)"로 잘못 적었다. 사선 녹취록, 하가그본, 116쪽. 하지만 손글씨는 그 오류를 명확히 보여준다.

49. "'유대인 문제'와 1933년부터 1945년까지 이 문제를 해결하기 위해 민족사회주의 독일제국 정부가 취한 조치에 대한 나의 입장", 64쪽.

50. 같은 글, 65쪽.

51. 같은 글, 63~64쪽.

52. 67번 테이프, 연방기록원 녹음테이프 10B, 1:01:00.

53. 아이히만 유품, 코블렌츠 연방기록원, N1497-90. Bl. 1. 아마 사선은 아이히만을 곤란하게 하고 싶지 않아서 자신이 판매할 책들에서는 이 메모가 보일 수 없게 했을 것이다. 이 책의 「막후극」 참고.

54. 클라우스 아이히만 인터뷰, 『퀵크』, 1966년 1월 2일.

55. 이스라엘 감옥에 수감되어 있을 때 아이히만은 "괴물 재판"이 단순한 메모 모음조차 베스트셀러로 만들어줄 것이라고 공공연히 속셈을 드러냈다. "재판 전날 밤"인 1961년 4월 17일에 가족에게 보낸 편지. AllProz 6/165.

56. 무엇보다 아이히만은 하이드리히의 반제회의 강연을 위한 기초 자료를 만들었다. 그는 사선과 그 회의 기록에 대해 이야기를 나누던 중에 사선에게 이렇게 설명했다. 사선 녹취록 47:10 및 다른 곳. 물론 아이히만은 이스라엘에서는 이에 대해 기억나지 않는다고 말했다.

57. 『다른 이들이 말했고, 이제 내가 말할 차례다!』, 3부, 10쪽.

58. 같은 책, 4쪽.

59. 같은 책, 3쪽.

60. 같은 책, 5, 6, 7쪽.

61. 같은 책, 9쪽.

62. 같은 책, 10쪽.

63. 같은 책, 7쪽.

64. 아이히만이 헐에게 보낸 편지. 윌리엄 L. 헐William L. Hull, 『어느 영혼을 위한 투쟁. 사형수 감옥에서 만난 아이히만과의 대화*Kampf um eine Seele: Gespräche mit Eichmann in der Todeszelle*』(부퍼탈, 1964), 75쪽.

65. 베티나 슈탕네트, 「아이히만이 해석한 칸트Adolf Eichmann interpretiert Immanuel Kant」, 2002년 마르부르크대학 강연.

66. 라우리센스, 『아돌프 아이히만의 치명적 교제』, 137쪽. 스탄 라우리센스는 사선 서클에서 칸트에 대한 감탄을 드러내는 아이히만을 "인용"하지만, 자세히 살펴보면 이 텍스트는 이스라엘에서 나온 그의 말과 사선 녹취록의 부분부분을 결합하고 있다. 녹취록에서도, 녹음테이프에서도, 아이히만의 아르헨티나 텍스트들에서도 아이히만이 이스라엘에서 드러낸 칸트에 대한 애착을 짐작게 하는 암시는 전혀 발견되지 않는다.

67. 『다른 이들이 말했고, 이제 내가 말할 차례다!』, 3부, 10쪽.

68. 같은 책, 11쪽.

69. 같은 책.

70. 사선 녹취록 3:3, 연방기록원 녹음테이프 33:10.

71. 『다른 이들이 말했고, 이제 내가 말할 차례다!』, 3부, 3쪽.

72. 카를 바이어Karl Beyer, 『유대인의 지성과 독일적 신념*Jüdischer Intellekt und deutscher Glaube*』(라이프치히, 1933), 28쪽 이하. 오토 디트리히Otto Dietrich, 『민족사회주의 철학 개요. 독일 정신 무장 호소문*Die philosophische Grundlage des Nationalsozialismus: Ruf zu den Waffen deutschen Geistes*』(브레슬라우, 1935). "유대인" 철학과 "독일" 철학의 구성을 다룬 나치 문헌은 매우 많다. 대중적인 출판물에서도 볼 수 있는데, 예컨대 테오도어 프리치Theodor Fritsch 의 『유대인 문제 핸드북*Handbuch der Judenfrage*』(라이프치히, 1943), 후기 판본들, 특히 "독일 철학 내 유대성Das Judentum in der deutschen Philosophie" 장의 393쪽 이하가 그렇다.

73. 발터 그로스Walter Groß, 『독일 인종관과 세계*Der deutsche Rassegedanke und die Welt*』(베를린, 1939)(문서 I, 42), 30쪽.

74. 한나 아렌트, 『예루살렘의 아이히만』, 174쪽.

75. 최후 진술을 실제 주어진 형태로 재작성한 것의 복제본은 1996년 이래 쉽게 접할 수 있다. 이것은 츠비 아하로니 · 빌헬름 디틀, 『사냥꾼. 아이히만 작전』, 275~281쪽에서 볼 수 있다. (이는 헬무트 뵈글러Helmut Bögler 의 영어 번역으로 1997년 뉴욕에서 출판되었다.) 로베르트 제르파티우스는 전반적 수정을 요구했다. 아이히만의 생각으로는 최후 진술은 그가 계획하고 있던 「우상들」이라는 책의 한 부분이었다. 코블렌츠 연방기록원, AllProz 6/196.

76. 아브너 W. 레스 인터뷰, 아브너 레스 유품, 취리히 연방기술공과대학 현대사 문서고, NL Less, 테이프 7.1.IX.

77. 윌리엄 L. 헐, 『어느 영혼을 위한 투쟁: 사형수 감옥에서 만난 아이히만과의 대화』, 131쪽. 헐은 기독교 선교사로, 스스로를 "개신교 신앙에 대한 비공식적 관찰자"라고 일컬었다. 그는 세례받은 개신교도를 올바른 길로 돌려놓아 지옥의 벌에서 구한다는 목표에서 자기 마음대로 아이히만을 찾아갔다. 헐은 다른 형태의 신앙에 대한 오만함으로 형성되고 뚜렷한 반유대주의 특성을 보이는 근본주의적이고 부흥주의적인 기독교의 열성 신자였다. (캐나다 언론인들과의 인터뷰에서 그는 아이히만의 모든 유대인 희생자들은 어쨌든 분명 지옥에서 불타게 될 것이라고 설명했는데, 왜냐하면 그들을 죽인 자와 달리 그들은 세례를 받지 않았고 그리스도를 알아보지 못했기 때문이다.) 이 "개종 대화들"의 기이한 결과 중 하나는 아이히만이 자신을 개종시키려는 헐의 공격적 시도를 훌륭하게 방어

하는 가운데 사실상 긍정적인 모습으로 비친다는 것이다. 헐의 책을 읽다보면 그런 혐오스러운 근본주의자의 방문을 받은 아이히만에 대해 진심 어린 동정심 같은 것을 느끼게 되고, 헐에 대해서는 인간적으로 반감 같은 것을 느끼게 된다. 하지만 그의 책이 거의 이용되지 않고 있다는 것은 유감스러운 일인데, 그 책에는 아이히만의 매우 흥미로운 편지 세 통이 포함되어 있기 때문이다. 그 편지들은, 기억으로 만들어진 역번역된 대화 녹취록과는 대조적으로, 의심의 여지 없이 믿을 만한 자료다.

78. 1933년 11월 11일 라이프치히에서 열린 독일 학계의 캠페인 집회에서 하이데거가 한 악명 높은 연설. 귀도 슈네베르거Guido Schneeberger, 『하이데거 유고*Nachlese zu Heidegger*』(베른, 1962), document 132, 그리고 『독일 대학의 자기주장*Die Selbstbehauptung der deutschen Universität*』(1934)(프랑크푸르트암마인, 1983), 14쪽. 여기서 하이데거는 민족사회주의 사상을 적극적으로 따른 몇몇 철학자를 대표하고 있다.

79. 아이히만은 동생 로베르트에게 보낸 이 편지를 1962년 5월호 『파리 마치』의 질문에 답하는 과정에서 언급한다. 코블렌츠 연방기록원, AllProz 6/252, 27쪽.

80. 로젠베르크는 1939년 2월 20일 쾨니히스베르크에서 열린 코페르니쿠스와 칸트 기념행사에서 이 말을 사용했다.

81. 슐로모 쿨샤르가 기록한 바에 따르면, 잠시 짜증스러워했던 아이히만은 이 새로운 생각에 대단히 열광했고, 그 심리학자에게 그의 말이 옳다고 말했다. "옳게 보신 것 같습니다. 그는 실로 팔레스타인의 한 대관구 지도자에 불과했습니다." 그래서 아이히만이 자신을 그와 비교하는 것이 적절했을 것이다. I. S. 쿨샤르 · 쇼샨나 쿨샤르 · 리포트 촌디, 「아돌프 아이히만과 제3제국」, 랄프 슬로벤코Ralph Slovenko 편, 『범죄, 법, 교정*Crime, Law and Corrections*』(일리노이 스프링필드, 1966), 33쪽.

82. 『다른 이들이 말했고, 이제 내가 말할 차례다!』, 3부, 13쪽.

83. 1960년 11월 9일의 『슈테른』 28호에서 인용. 아이히만은 1960년 9월 15일의 심문에서 이것이 진심임을 확인해주었다.

84. 아이히만은 사선에게, 자신이 절멸 작전 중에 한 친척을 죽이는 것을 허가했고, 심지어 한 가족 구성원의 분명한 청이 있었음에도 그 일을 중단시키지 않았다고 말했다. 67번 테이프. 녹취록보다 테이프의 내용이 더 상세하다. 연방기록원 녹음테이프 05B, 21:00부터.

85. 『다른 이들이 말했고, 이제 내가 말할 차례다!』, 3부, 13쪽.

86. 루돌프 회스, 『아우슈비츠 수용소장: 자전 기록*Kommandant in Auschwitz: Autobiographische Aufzeichnungen*』(1958; 뮌헨, 2000), 194쪽.

87. 아이히만은 정말로 이렇게 썼다. 「우상들」, 138쪽, A.E. 97.

88. 육필 텍스트 「일반 사항」, 아이히만 유품, 코블렌츠 연방기록원, N/1497-92, 2쪽.

89. 베라 아이히만 인터뷰, 『파리 마치』, 1962년 4월 29일.

90. 육필 텍스트 「일반 사항」, 아이히만 유품, 코블렌츠 연방기록원, N/1497-92, 2쪽.

91. 『다른 이들이 말했고, 이제 내가 말할 차례다!』, 3부, 14쪽.

92. 같은 책, 16쪽.

93. 같은 책, 21쪽.

94. 같은 책, 23쪽.

95. 같은 책, 24쪽.

96. 같은 책, 25쪽.

97. "후회는 어린애들이나 하는 일"이라는 말은 여러 차례 인용되었으나 출처를 제시한 경우는 거의 없다. 아이히만은 1961년 7월 13일에 열린 96차 공판의 반대 심문에서 이 말을 했다. 그는 아르헨티나에서 "간단한 최후 진술"을 했다는 것을 부인한 뒤 이 말을 했다.

98. 아이히만이 찾고 있던 참고문헌은 「요한복음」 4장 22절이다.

99. 『다른 이들이 말했고, 이제 내가 말할 차례다!』, 서문, 1쪽.

100. 같은 책, 3부, 26쪽.

101. 아이히만 납치에 대한 아르헨티나 연방경찰 보고서, 1960년 6월 9일, 아르헨티나 국립문서고, DAE, 보르만 파일, 77~79쪽. 우키 고니, 『오데사』, 296쪽, 주 559에서 인용.

102. 밀덴슈타인의 전후 경력에 대해서는 티머시 나프탈리Timothy Naftali, 「CIA와 아이히만의 동료들The CIA and Eichmann's Associates」, 리처드 브라이트먼 편, 『미국 정보부와 나치』, 337~374쪽을 참고하라. 해당 문헌은 미국 국립기록원, RG 263, CIA 레오폴트 폰 밀덴슈타인 문서에 기초한 것이다.

103. 1960~1961년에 아이히만은 칠레에 은신할 가능성에 대해, 어리석게도 자신이 활용하지 않은 그 가능성에 대해 썼다. 「나의 도주」, 27쪽.

104. T/873. 펠릭스 벤츨러Felix Benzler가 1941년 9월 12일 외무부에 보낸 전보에 대해 프란츠 라데마허가 적어놓은 육필 기록. 복사본은 R. M. W. 켐프너, 『아이히만과 공범자들: 문서 사본 포함*Eichmann und Komplizien. Mit Dokumentenfaksimies*』(취리히, 슈투트가르트, 빈, 1961), 291쪽 참조. IMT 문서 NG-3354와 동일한 것이다.

105. Shlomo Kulcsár, "De Sade and Eichmann", *Mental Health and Society* 3(1976), 108쪽.

106. 클라우스 아이히만 인터뷰, 『퀵크』, 1966년 1월 2일.

107. 아브너 레스 인터뷰, 아브너 레스 유품, 취리히 연방기술공과대학 현대사 문서고, NL Less, 테이프 7.1.IX.

108. 아이히만이 가족에게 보낸 작별 편지의 마지막 문장은 다음과 같다. "이제 나는 교수형당하러 끌려 간다. 1962년 5월 31일 23시 55분이다. 신이 그대들을 보살펴주시길!" 코블렌츠 연방기록원, AllProz 6/248.

2. 대화하는 아이히만

1. 사선 녹취록 18:8.

2. 친절하게도 나를 대신해 주민 등록 카드를 조사해준 잘츠부르크 시기록원의 페터 F. 크라뮬에게 각별한 감사를 전한다.

3. 사선/루델은 『독일과 아르헨티나 사이에서*Zwischen Deutschland und Argentinien*』(부에노스아이레스, 1954)에서 프리치의 독일 방문을 언급한다. 우파 정기 간행물 『독일 연대기: 민족사 연감*Deutsche Annalen, Jahrbuch des Nationalgeschehens*』 1974년호(레오니암슈타른베르거제, 1975)에 실린(쪽수 없음) 「1974년에 작고한 독일인들 Deutsche Abschiede 1974」도 참고하라. 프리치의 나치 경력에 대한 소문은 프리치 자신에 의해 시작되었다. 그가 나치 작가들에게 보낸 편지에서 자신이 그들의 낭독을 직접 들었다고 주장했던 것이다. 예컨대 1948년 2월 10일에 프리치가 베르너 보이멜부르크에게 보낸 편지(베르너 보이멜부르크 유품, 코블렌츠의 라인 주도서관)를 보라.

4. 사스키아 사선의 저자와의 인터뷰 및 편지(2009).

5. 프리치가 베르너 보이멜부르크에게 보낸 편지, 1948년 4월 23일, 보이멜부르크 유품.

6. 프리치가 베르너 보이멜부르크에게 보낸 편지, 1949년 6월 6일, 보이멜부르크 유품.

7. 프리치가 베르너 보이멜부르크에게 보낸 편지, 1948년 8월 19일, 보이멜부르크 유품.

8. 「아르헨티나에서의 독일 민족주의자와 네오나치 활동German Nationalist and Neo-Nazi Actities in Argentina」, 1953년 7월 8일. 2000년 4월 11일 기밀 해제(CIA-RDP620-00 856 R000 3000 30004-4). 우키 고니 또한 프로이데가 뒤러출판사의 공동 소유자였을 것으로 추측된다.

9. 같은 글. 프리치는 처음 몇 년간은 '엘 부엔 리브로El Buen Libro' 서점의 주인인 테오도어 슈미트와도 협력했다. 하지만, 프리치가 편지에서 이야기한 내용이 믿을 만한 것이라면, 이 협력은 재정상의 의견 불일치 때문에 오래가지 못했던 것으로 보인다.

10. 『아르헨티나 타게블라트』, in: AHK 『재 아르헨티나 독일어권 출신자 협회: 사회 책임을 위한 논문*Argentinische Vereinigungen deutschsprachigen Ursprungs: Ein Beitrag zur sozialen Verantwortung*』(부에노스아이레스, 2007), 589~597쪽.

11. 사스키아 사선, 저자와의 인터뷰 및 편지, 2009.

12. 1960년 이후 아이히만 변호 자금을 조달하는 것과 관련해 프리치와 접촉한 한스 레헨베르크는 로베르트 제르파티우스에게 이런 애착에 대해 불평했다. 「막후극」 참고.

13. 아돌프 폰 타덴은 한 편지에서 루델이 웬만해서는 사선에게 등을 돌릴 사람이 아니라고 말했다. 타덴이 드루펠출판사의 게르트 주트홀트에게 보낸 편지, 1981년 9월 10일, 아돌프 폰 타덴 유품, 니더작센 주기록원, VVP 39, Acc. 1/98 49번, 서신 S.

14. 95차 공판에서 아이히만은 프리치가 그저 잠깐 대화를 청취했을 뿐이며, 그런 뒤에는 더 이상 오지 않았다고 주장했다. 하지만 녹취록과 녹음테이프는 프리치와 아이

히만이 막바지 녹음 중에도 여전히 서로 접촉하고 있었음을 보여준다.

15. 아이히만이 1960년 납치되었음이 알려졌을 때 아이히만의 동생들인 오토와 로베르트는 곧바로 에버하르트 프리치를 만났다. 이는 그들이 그 전부터 이미 서로 알고 있었음을 시사한다.「막후극」 참고.

16. 사선이 유럽에서 도망치기 이전의 삶에 대해서는 헤랄드 흐루네펠드Gerald Groeneveld,『종군 기자: 네덜란드 친위대 종군 기자 1941~1945*Kriegsberichter: Nederlandse SS-oorlogsverslaggevers 1941~1945*』(하를럼, 2004) 참고. 특히「사선의 변덕De fatsen van Sassen」, 356~368쪽. 사선의 소설『청년들과 시골 처녀들』 6장에 문학적으로 가공되어 담겨 있는 그의 도주 이야기도 참고. 사선의 도주와 아르헨티나 시절에 대해서는 다음 문헌들을 보라. 룰프 반 틸의 문서들과 잉게 슈나이더 및 사스키아 사선과의 인터뷰(2009년에 레이먼드 레이가 진행한 인터뷰들도). 사스키아 사선의 서신(2009). 프란치스카 사선의 서신(2009). 안토니 메르텐스Anthony Mertens 인터뷰(1960년 12월, 헤셀바흐),「그는 아돌프 아이히만의 회고록을 썼다Er schrieb Adolf Eichmanns Memoiren」,『쾰니슈 룬트샤우*Kölnische Rundschau*』, 1960년 12월 16일. 큰 도움을 준『쾰니슈 룬트샤우』의 볼프강 비르크홀츠와 아네테 크리거에게 깊이 감사한다. 스탄 라우리센스의 책은 무엇보다 오락적 가치가 있고, 스타니슬라스 파라고의 사선 인터뷰는 분명 허구다.「막후극」 참고.

17. 이 정보의 제공자는 문제가 있다. 라우리센스의 진술 중 몇 가지는 맞지 않는다. 이 작가는 쾰른 방문 때 쾰른 성당의 단일 첨탑을 감상한—첨탑이 두 개인 것으로 유명함에도—사람이고, 오직 이스라엘에만 존재한 문서 파일들을 사선의 집에서 봤다고 주장하는 사람이니, 그에 대해서는 의심을 품어야 할 것이다.

18. 훗날 아이히만은 자기도 "전선에서 싸웠다"고 역설했다. 아르헨티나에서 무장친위대 사람들과 아이히만 같은 사람들의 분열이 심각했음은 레이먼드 레이의 페드로 포비에심 인터뷰(2009)에서 포비에심이 한 말을 참고하라. "아이히만은 친위대원이 아니었다…… 그는 개새끼였다."

19. 이어지는 상세한 내용은 잉게 슈나이더의 회고에 기초한 것이며, 그의 회고는 룰프 반 틸의 인터뷰와 다큐멘터리「빌럼 사선」(KRO, 2005)에 나타나 있다.

20. 사스키아 사선은 아버지의 소설『청년들과 시골 처녀들』이 자기 부모에게 큰 불화를 야기했다고 회상한다. 민족사회주의 이상이라는 추상적 차원도 없이, 아르헨티나를 향한 도항을 다루는 장에서 사선은 강간과 죽어가는 태아를 묘사하는 것을 즐겼는데, 이는 여성이라면 문학작품을 통해 이런 식으로 불멸화되는 것에 반대할 만하다는 것을 분명히 보여준다. 페드로 포비에심 역시 이 집에 손님으로 있을 때 이런 다툼을 한 번 들은 적이 있었다(레이먼드 레이의 페드로 포비에심 인터뷰, 2009).

21. 사선 문서 186 912/48; 우키 고니,『오데사』, 176쪽. 반 틸(2005)과 레이(2009)의 사스키아 사선 인터뷰; 사스키아 사선이 저자에게 보낸 편지(2009).

22.「빌럼 사선」(KRO, 2005)을 위한 룰프 반 틸의 잉게 슈나이더 인터뷰; 사스키아 사선의 저자와의 인터뷰(2005)와 편지(2009).

23. 레이먼드 레이의 사스키아 사선 인터뷰(2009).

24. 그의 아르헨티나 시절에 대해서는 룰프 반 틸의 잉게 슈나이더 인터뷰, 저자에게

보낸 사스키아 사선의 편지(2009), 저자에게 보낸 프란치스카 사선의 편지(2009) 참고.

25. 잉게 슈나이더와 사스키아 사선의 말에 따르면.

26. 민족사회주의에 대한 미프 사선의 비판적 입장은 단순히 딸이 짐작한 것이 아니었다. 이 점은 잉게 슈나이더의 회고에서도 확인되고, 독일 시민권이 있으면 유럽에 정착하는 것이 훨씬 수월해질 텐데도 미프가 독일 시민권 취득을 거부한 사실에서도 확인된다. 미프 사선의 형제와 관련된 정보는 어떤 소송 첨부 문서에서 찾을 수 있다. 연방행정법원 7A 15.10, 자우레 대 연방정보국 사건, 연방정보국 파일 121 099, 1853(1960년 11월 23일 『라이프』 계약의 배경에 대한 기록).

27. 아이히만의 102차 공판과 105차 공판. 또한 아이히만이 자기 변호사와 아브너 W. 레스에게 한 진술.

28. 베라 아이히만 인터뷰, 『파리 마치』, 1962년 4월 29일.

29. 페드로 포비에심은 아르헨티나에서 팔기 위해 뉴욕에서 녹음기들을 구입했으며, "내 고객 중 한 명은 사선이었다"라고 밝혔다. 2009년 레이먼드 레이와의 인터뷰.

30. 그 옛집의 내부에 대한 기억으로 그 역사적 문서에 대한 나의 이해를 도와준 사스키아 사선과 프란치스카 사선에게 감사한다.

31. 사스키아 사선의 표현.

32. 사스키아 사선은 부모가 자신들이 생각하는 이상적인 교육을 딸들에게 전하기 위해 공동의 노력을 기울였다고 기억한다.

33. 이에 대해 이야기한 모든 동시대 증인들은 사선 집에서의 토론회를 언급한다(사선의 두 딸, 페드로 포비에심, 1970년대 이후의 빌럼 사선, 베라 아이히만, 클라우스 아이히만). 그들 중 아이히만의 집에서 녹음이 이루어졌다고 말하는 이는 아무도 없다. 특히 아이히만 가족이 녹음된 내용에 대해 전혀 몰랐다는 사실은 아이히만의 이스라엘 진술과는 분명히 배치된다.

34. 이스라엘에서 아이히만은 토요일 오후와 저녁, 일요일 아침에 대해 이야기했다(92차 공판). 이는 녹취록과 문서를 통해 확인된다. 자세한 내용은 이번 장과 주들에서 이야기된다. 사스키아 사선은 특히 그 일요일들을 기억하고 있지만, 이제 우리는 그 모임이 일요일에만 열린 것이 아님을 입증할 수 있다. 물론, 미프 사선이 딸들을 데리고 소풍이나 짧은 여행에 나서는 것을 좋아하긴 했지만, 그게 아니더라도 토요일은 평범한 등교일이었다.

35. 사선 녹취록 10:2.

36. "사선 동지"는 수없이 많이 등장하고 "친애하는 우리 사선 동지"는 11:13에 나온다. 다른 곳에서 아이히만은 랑거나 프리치가 결석한 상황에서 그들을 흔히 "랑거" "프리치"라고 불렀고, 부재하는 다른 동료들도 예컨대 "라자코비치"처럼 성을 불렀다. "신사분들"이라는 말은 좀더 많은 사람이 참석한 자리에서 사용되는데, 가령 18:8에서는 "신사분들, 그것은 당신들에게 명백할 것입니다"라는 말이 나온다.

37. 심지어 녹음에는 참석하지 않은 녹취록 작성자조차 분명히 하기 위해 이따금 괄호

안에 "Eichm"이라고 덧붙인다(13:11).

38. 예컨대 연방기록원 녹음테이프 09D, 5:59에서 사선은 아이히만에게 "이번 주에 이 문제에 대해 다시 생각해보셨으면 합니다"라고 말한다.

39. 예컨대 72:6에서 아이히만은 "당신이 최근 제게 외무부 활동에 대한 자료를 몇 페이지 주셨지요"라고 말한다.

40. 아이히만이 10:2에서 말한다. "제가 프리치 동지에게 준 이 신문들이(라오울 발렌베리에 대한 신문 기사들을 의미함) 그 문제에 대해 훨씬 더 정확하게 설명해준다고 생각합니다."

41. 사선 녹취록 10:2.

42. 「시온의 무리Die Schwärmer von Zion」. 이것은 이스라엘 내 급진적 집단들에 대한 장문의 기사로, 루돌프 카스트너 암살에 대한 토론에 반응해 거론된다. 아이히만은 이 기사를 단어 그대로 인용할 수 있을 정도로 면밀히 읽었다.

43. 「종교: 두 종류의 유대인Religion: Two Kinds of Jews」, 『타임』, 1957년 8월 26일(발행일: 8월 20일). 이 기사는 8월 초에 있었던 벤구리온의 시온주의에 대한 연설을 언급한다. 알베르트 발린은 1857년 8월 15일에 태어났고, 『아르헨티나 타게블라트』는 목요일의 기념행사를 보도했다(「알베르트 발린의 필생의 업적Albert Ballins Lebenswerk」, 1957년 8월 15일자). 이것은 37~39번 테이프의 녹음이 1957년 8월 24~25일 주말에 이루어졌음을 알려준다.

44. 아이히만이 말한다. "쇠르너 사건을 가지고 이야기해봅시다. 그게 바로 당장의 일이니까요." 그런 다음 평결에 대한 아이히만의 생각이 이어진다(72:2). 페르디난트 쇠르너는 1957년 10월에 뮌헨 제1지방법원에서 살인죄로 4년 6개월형을 선고받았다.

45. 녹음테이프 20:2에 대한 수정 3:9. "지난 일요일에 우리는 그 '두꺼운 책'에서 데이트 상대를 발견했습니다." 루트비히스부르크 연방기록원, "기타" 폴더, 12쪽.

46. 녹취록 정리를 위해 적어놓은 손글씨들은 사선의 것임이 분명한데, 모든 원본과 필름과 사본에 나타난 그의 필적과 일치하기 때문이다. 10번 테이프 녹취록의 3쪽은 이러한 표시들을—실수를 포함해—훽 훑어볼 수 있는 좋은 예다.

47. 한 줄 한 줄 검토한 바에 의하면 사선 녹취록에서는 책 인용문이 11퍼센트, 다른 자료(아이히만과의 대화가 아닌 부분, 사선의 메모와 구술)가 6퍼센트를 차지한다. 그러므로 실제 대화에 해당되는 부분은 83퍼센트다. 63번과 65번 테이프처럼 아이히만이 "그렇지" "아니지" 같은 언급밖에 하지 않는 경우에는 한 페이지에서 인용문이 90퍼센트를 훨씬 넘을 수도 있다. 심지어 한 페이지 전체가 하나의 인용문(폴리아코프 인용문)으로 이루어진 경우도 한 번 있다. 63:5에 해당되는 236쪽. 레온 폴리아코프 · 요제프 불프, 『제3제국과 유대인*Das Dritte Reich und die Juden*』(베를린-그루네발트, 1955).

48. 드루펠출판사에서 나온 것으로 추정되는 녹취록 판본(Asche nauer, *Ich, Adolf Eichmann*[Leoni am Starnberger See, 1980])은 쓸모없는데, 편집자들이 다른 여러 화자와 인용문의 존재를 알아보지 못한 탓에 그 판본은 전체적으로 문구를 매끄럽게 다듬고 대화 구조를 독백으로 바꿔놓았기 때문이다. 드루펠판은 아이히만의 입에서 나오지 않은 말을 뒤섞어 아이히만의 말로 만들어놓았다. 게다가 문제가 있다는 것을 인

식할 기회를 실질적으로 차단하고 있다. 결과적으로 사선과 알펜슬레벤의 말이 다른 진지한 2차 문헌에 아이히만의 말로 들어갔다. 그 출판물에 대해서는 이 책의 「막후극」 참고.

49. 몇몇 예를 언급할 수 있다. 아이히만의 수정본은 때때로 여러 개의 녹음테이프를 한꺼번에 고쳐 썼고, 쪽 번호를 매겨 녹음된 순서를 보여주었다. 8번 테이프에서 아이히만은 브란트와 바이스베르크의 책을 아직 읽지 않은 상태였고, 그 책에 대한 그의 인상은 24번 테이프에서 이어진다. 11~13번 테이프는 그 자체로 완결성을 띠는 하나의 토론을 담고 있다. 42번 테이프에 나오고 41번 테이프와 분명하게 관련이 있는 "지난번" 같은 내적 표지는 "몇 주 전"(46번 테이프에 나오고 37번 테이프와 관련 있는)과 "어제"(54번 테이프에 나오고 51번 테이프와 관련 있는) 같은 내적 표지들이 그렇듯이 순서를 보여주며, 이후에 일어나도록 계획된 토론들을 보여준다(랑거의 강의는 50번 테이프에서 예고되고 64번 테이프에서 이어진다). 주제 문헌에 대한 토론은 해당 책의 내용을 따라가며 매우 상세하게 이루어졌다. 그래서 책의 인용문에 기초해 토론들의 순서를 정리하는 것이 가능하다. 예컨대 58번 테이프는 라이틀링거의 책 399쪽을 인용하는 것으로 끝나고, 59번 테이프는 라이틀링거의 책 399쪽으로 시작한다. 이는 또한 54번 테이프의 중간 부분을 58번 테이프와 연결하게 해준다. 54번 테이프는 라이틀링거의 책 중 프랑스에 대한 장으로 끝나고, 58번 테이프는 그 장에 뒤이은 벨기에에 대한 장으로 시작한다. 그런 증거는 아주 많아서, 원본의 시간적 순서를 놀랍도록 정확하게 재구성할 수 있다.

50. 72번 테이프에는 숫자 대신 물음표가 있는데, 그것이 72번 테이프인지가 녹취록 작성자에게 명확하지 않았기 때문이다. 사선의 메모에 따르면 7번 테이프는 존재하지 않았다. 70번과 71번 테이프의 흔적은 아직 발견되지 않았다. 55번과 69번 테이프는 확실히 단편적이다.

51. 61번 테이프에는 폴리아코프의 책에 대한 대화가 담겨 있고, 이어서 라이틀링거의 책 218~220쪽에 대한 토론이 담겨 있다. 번호 없는 테이프는 사선이 릴 테이프를 잘못 집어 들어 만들어진 것으로, 라이틀링거에 대한 직전의 대화, 즉 212~217쪽에 대한 대화를 담고 있다.

52. 연방기록원 녹음테이프 8A, 30:10 이하.

53. 베라 아이히만 인터뷰, 『파리 마치』, 1962년 4월 29일.

54. 사선 녹취록 67:6. 녹음테이프에는 더 상세한 내용이 담겨 있다. 연방기록원 녹음테이프 10B, 38:50 이하.

55. 아브너 W. 레스의 심문을 받는 과정에서 나온 아이히만의 말, 1960년 6월 6일. 397쪽. "이것이 제가 3년쯤 전에 밀트너와 다시 나누게 된 첫 대화였습니다…… 그리고 저는 사선 씨라는 사람이 있는 자리에서 이 문제를 분석했습니다."

56. 덴마크에서의 대규모 추방 계획은 덴마크인들의 저항이 너무 큰 탓에 실행되지 못했다. 아이히만은 그 계획에 직접적으로 관여했기 때문에 그 실패를 개인적으로 받아들였고, 자기와 동급의 사람들 안에서 비난 대상을 찾았다.

57. 밀트너로 의심되는 사람이 아르헨티나에 있었다는 정보를 제공하는 모든 출처는 전적으로 이스라엘에서의 아이히만의 유죄 입증 진술에 근거를 두고 있으며, 비젠탈,

고니, 슈네펜, 보야크, 세자라니의 문헌처럼, 그 근거가 언급되지 않거나 충분히 자주 반복되지 않는 문헌에서만 독자적인 것으로 보인다. 이는 밀트너가 아르헨티나에 있었을 가능성이 없음을 의미하는 것이 아니다. 단지, 지금까지 우리에게 다른 증거가 없는 만큼, 아이히만이 그 점에 대한 증인으로 소환되어서는 안 된다는 것을 의미할 뿐이다. 밀트너는 분명 사선 모임의 일원이 아니었다.

58. 아이히만이 부에노스아이레스에서 랑거 박사의 이름을 잘못 들었을지도 모른다는 너그러운 생각은 떨쳐버려도 된다. 랑거는 사선 모임의 오랜 터줏대감이었고, 아이히만이 그 이름을 말하는 것이 녹음테이프에 여러 번 담겨 있으며, 심지어 그는 녹취록의 한 페이지에서 그 이름을 맞게 쓰고 있다. 사선 녹취록 59:6.

59. 37번 테이프의 사선 녹취록 수정 사항 4:1. 루트비히스부르크 연방기록원 "기타" 폴더 14쪽.

60. 연방기록원 녹음테이프 8A, 27:50 이하. 맥락상 이 녹음은 토론회들의 첫 3분의 1에 해당되는 비교적 초기의 테이프인 듯하다.

61. 홀거 메딩, 『"길": 1947~1957년 부에노스아이레스의 독일 이주자 잡지』(베를린, 1997), 117쪽도 참고.

62. 후안 말러Juan Maler, 『평화와 전쟁, 그리고 "평화"*Frieden, Krieg und "Frieden"*』(바릴로체, 1987), 340쪽.

63. 요제프 슈밤베르거는 한동안 그곳에서 살았지만, 늦어도 1954년에는 부에노스아이레스로 돌아갔다.

64. 연방기록원 녹음테이프 03A, 초반부터.

65. 사선 녹취록 3:4.

66. 1991년 아르헨티나 '에디션 플러스'에서 방송된 전화 인터뷰의 일부. 유감스럽게도 원본은 보존되어 있지 않다.

67. 사선 녹취록 3:3.

68. 나는 여러 차례의 독해 후에야 여성들의 방문과 루돌프 폰 알펜슬레벤에 대한 정말 분명한 단서들을 알아보게 되었다. 더 정확히 말하자면, 난해한 텍스트의 해석에서 나의 존경스러운 스승인 클라우스 욀러의 충고를 따라 자료를 뒤에서부터 거꾸로 한 번 더 읽음으로써 그 단서들을 알아보게 되었다. 그는 나와 함께 아리스토텔레스를 읽는 데 그 방법을 사용한 것이지만, 그 방법은 아이히만 문서들에 접근할 때도 훌륭한 방편이 되어준다.

69. 사선 녹취록 3:2.

70. 사선 녹취록 3:1.

71. 사선 녹취록 29:4. 29번 테이프의 녹취록에는 아이히만이 손글씨로 적어놓은 메모가 있다. "이 29번은 오직 여러분의 참고용이다." 또한 교정지에는 이런 종류의 전기적 정보는 "이 책을 위한 것이 아니다"라고 분명히 언급되어 있다.

72. 아이히만은 훗날 이 이야기를 다른 식으로 진술했지만, 그의 인사 파일에 따르면

이는 1938년 상반기의 일이다. 베를린-리히터펠데 연방기록원 내 베를린문서센터 BDC의 친위대 파일.

73. 친위대 파일의 문서. 재판에 검찰 측 문서 T/37(12)로서 제출됨.

74. 헐에 대한 더 많은 정보는 4장 1절「글 쓰는 아이히만」의 주 77을 보라.

75. 사선 녹취록 3:2.

76. "민족사회주의"를 오해되기 쉬운 방식으로 줄여 쓰는 녹취록 작성자의 습관은 초기 녹취록들에서 계속 이어지며, 그러다가 이런 축약들에 분명한 지침을 주는 사선의 목소리가 녹음테이프에서 들리게 된다. 그러나 이 용어와 관련된 문제는 계속 불거진다.

77. 다음을 보라. 친위대 파일, 베를린-리히터펠데 연방기록원 내 베를린문서센터; 카를 슐뢰거Karl Schlöger 편,『독일 내 러시아 이주민, 1918~1994*Russische Emigranten in Deutschland 1918~1994*』(베를린, 1995).

78. 사선 녹취록 3:2.

79. Ibid.

80. 에리카 엘리자베스 가르테 데 갈리아르트로, 그녀는 전범 피에르 다예의 벨기에인 친구와 결혼했다. 그녀는 우키 고니가 친절하게도 내게 말해준 것처럼 자신이 사선 프로젝트에 대해 알고 있다는 사실이나, 자신이 빌프레트 폰 오벤과 디터 멩게와 밀접한 관계가 있다는 사실을 숨기지 않았다. 이런 밀접한 관계가 있었다고 해서 그녀가 민족사회주의 사고방식에 대해 많은 비판적 질문을 제기하게 되는 대단한 사람이었다는 말은 아니다.

81. 룰프 반 틸과의 인터뷰. 잉게 슈나이더는 왜 안트예가 이런 터무니없는 말에 귀 기울이려 하는지, 또는 미프 사선이 알고 있는데도 왜 안트예가 사선과의 불륜 관계를 끝내지 않는지 이해할 수 없었다고 설명한다. 안트예 슈나이더는 1990년에 암으로 사망했고, 잉게 슈나이더는 2006년 사망할 때까지 아르헨티나와 브레멘에서 살았다.

82. 연방기록원 녹음테이프 09D, 29:08.

83. 녹취록에는 때로 "랑게Lange 박사"로 기록되어 있지만, 아이히만이 그 이름을 고쳐 적어놓았고 녹음테이프에서 수차례 그렇게 발음했으므로 이 남자의 이름은 틀림없이 "랑거"였다.

84. 사선 녹취록 47:12.

85. 사선 녹취록 44:9.

86. 사선 녹취록 46:8.

87. 사선 녹취록 44:10.

88. 사선 녹취록 59:10.

89. 사선 녹취록 16:1에 손글씨로 적혀 있는 수정 사항.

90. 사선 녹취록 44:10. 아이히만은 손글씨로 다음과 같은 말을 덧붙여놓았다. "이것은

랑거 박사가 한 말이지, 내 말이 아니다." 아이히만은 자신이 유대인을 도왔을 수도 있다는 어떤 의혹도 피하고 싶었던 게 분명하다.

91. 사선 녹취록 47:16.

92. 사선 녹취록 50:2.

93. 연방기록원 녹음테이프 09D, 53:45 이하.

94. 연방기록원 녹음테이프 09D, 1:04:30 이하.

95. 연방기록원 녹음테이프 09D, 29:55 이하.

96. 디터 폴머의 말, 홀거 메딩과의 인터뷰. 또한 디터 폴머, 「언론인의 직업 윤리에 대하여」, 『유럽 민족』 11, 제11호, 1961, 37~42쪽. 폴머는 1953년 말에 다시 아르헨티나를 떠났지만 끝까지 프리치를 위해 기사를 썼으며, 독일에서 뒤러출판사의 금서들을 배급하는 데 힘썼다. 그는 1957년 프로젝트에 대해 너무 많이 알았기 때문에 늦어도 1961년에 이르러서는 사선 녹취록에 따른 위험을 줄이려 애썼다. 뒤에 나오는 "증거 해체"라는 절을 참고하라.

97. 사선 녹취록 54:14.

98. 연방기록원 녹음테이프 10D, 22:45 이하.

99. 제국중앙보안청(제4부)의 업무 계획, 아이히만 재판의 모든 검찰 측 문서 참고. 검찰 측 문서 T/99, 코블렌츠 연방기록원, R58/840. 제4부 A 4을 위해서는 1944년 2월 10일 칼텐브루너 회람 훈령, 구동독 국가보안부(슈타지) 연방기록물처(BStU), RHE 75/70 3권 12~17번째 장張; 제4부의 게슈타포 업무 계획, 1944년 3월 15일, 상동, 2~10번째 장. 부서 이름의 증거는 IMT 42, 315쪽, 발터 후펜코텐 진술서(게슈타포-39)와 비슬리체니의 증언.

100. 개인 기록, 아브너 레스 유품, 취리히 연방기술공과대학 현대사 문서고, NL Less, 4.2.3.2.

101. 연방기록원 녹음테이프 10D, 21:30.

102. 사선 녹취록 53:15.

103. 아이히만의 102차 공판.

104. 녹취록에서든 녹음테이프에서든 어떤 사람이 그 모임 내의 다른 사람에게 정체를 숨긴다거나 누군가를 이름으로 부르지 않는 경우를 나는 한 번도 발견하지 못했다. 심지어 비꼬듯이 가명을 언급했다는 증거도 없다. "이름 변경"이 있는 경우는 오직 오타로 인한 것뿐인데, 글로보츠니크Globocnik나 비슬리체니Wisliceny 같은 이름들은 아이히만이나 사선처럼 간단하게 적을 수 있는 이름은 아니기 때문이다.

105. 친위대 장관 명단(그리고 만일을 위해 무장친위대 장관 명단도)에서 랑거나 그와 비슷한 이름들을 찾아봤고, 베를린-리히터펠데 연방기록원 내 베를린문서센터의 파일들도 확인해봤다. 이 문제에 해당되는 기록은 단 두 건이 있는데, 하나는 오토 랑거(친위대 번호 없음, 1899년 3월 18일생, 친위대 분대장, "마우트하우젠 강제수용소"라는 추가 기재 사항 있음)이고 다른 하나는 프리츠 랑거(친위대 번호 54691, 1904년 1월 13일생, 형사과

장, 아마도 빈)이다. 빈 군관구의 "조사관"(RS-PK)이라는 프리츠 랑거의 위치는 그가 우리의 랑거 박사일 수도 있겠다는 생각을 갖게 하지만, 전선에 나가 싸운 경험이 없는 게 분명한 녹음테이프 속의 랑거 박사와 달리 그는 북이탈리아에서 파르티잔에 맞서 헌신적으로 싸운 공로로 포상을 받았다. 이 "전선 배치"(R70) 때문에 그는 연합군의 '전범 및 안보용의자 중앙등기소CROWCASS' 수배자 명단에 올라갔다. R70과 RS-PK 파일은 모순도 드러낸다. 나는 오토 랑거의 신원을 제대로 파악하기에 충분한 문서를 찾을 수 없었지만, 그의 계급은 랑거 박사가 설명하는 임무들에 비해 분명 너무 낮다. 베를린-리히터펠데 연방기록원의 루츠 뫼저의 도움에 감사한다.

106. 빈대학 기록원의 바르바라 비링거Barbara Bieringer에게 감사한다.

107. 랑거를 추적하는 더 많은 가능성을 생각하는 데 시간을 내준 미하엘 빌트와 베르트란트 페르츠, 그리고 오스트리아 저항운동문서고 직원들에게 감사한다. 우키 고니는 아르헨티나에서 랑거의 흔적을 찾으려 애썼지만, 랑거든 랑게든 "클란 박사"든 이에 대한 기록상의 단서를 전혀 발견하지 못했다.

108. 73번 테이프, 연방기록원 녹음테이프 8A, 10:35.

109. 나는 이 장에서 화자의 이름이나 기타 읽기 보조 도구들을 포함하는 것을 의식적으로 피했다. 그것은 모든 "원문 그대로sic"와 느낌표로 텍스트를 읽기 어렵게 만들 뿐 아니라 독자들이 말이 주는 인상에 주목하는 것을 방해할 것이다.

110. 사선 녹취록 5:6.

111. 사선 녹취록 21:10.

112. 사선 녹취록 9:3.

113. 사선 녹취록 17:1. 아이히만은 손글씨를 첨가해 이런 문구로 만들었다!

114. 사선 녹취록 18:3.

115. 사선 녹취록 21:6.

116. 사선 녹취록 34:4.

117. 사선 녹취록 5:5.

118. 사선 녹취록 68:9.

119. 사선 녹취록 34:4.

120. 사선 녹취록 11:6과 11:8.

121. 사선 녹취록 23:4.

122. 사선 녹취록 13:6.

123. 사선 녹취록 13:7.

124. 사선 녹취록 17:1.

125. 사선 녹취록 12:2.

126. 사선 녹취록 14:9.

127. 사선 녹취록 14:10.

128. 사선 녹취록 41:1.

129. 사선 녹취록 22:19.

130. 사선 녹취록 8:4.

131. 사선 녹취록 13:5.

132. 8번 테이프의 녹취록은 터무니없이 긴 연속 용지에 작성되었다. 그래서 페이지 번호가 지금은 절단돼 있는 두 페이지 크기의 용지를 가리킨다. 이 인용문의 출처를 가리키는 8:8.2는 "8번 테이프, 8쪽, 2번째 장"을 의미한다.

133. 사선 녹취록 9:8.

134. 사선 녹취록 10:5.

135. 사선 녹취록 10:1.

136. 사선 녹취록 13:4.

137. 사선 녹취록 64:4.

138. 사선 녹취록 50:5.

139. 사선 녹취록 33:10.

140. 사선 녹취록 72:16.

141. 사선 녹취록 68:5.

142. 사선 녹취록 26:7.

143. 사선 녹취록 73:1.

144. 사선 녹취록 21:8.

145. 사선 녹취록 19:5.

146. 사선 녹취록 61:4.

147. 사선 녹취록 52:13.

148. 42:5에서는 이른바 안락사 작전에 토론이 집중되었는데, 사선은 이 문제에 별로 관심이 없어서 녹취록에서 뺐다. 이 인용문들 대부분에 대해서는 연방기록원 녹음테이프 7B, 39:15를 보라.

149. 사선 녹취록 43:8.

150. 사선 녹취록 39:4.

151. 사선 녹취록 56:7.

152. 사선 녹취록 56:9.

153. 23번 테이프. 녹취되지 않은 부분에 대해서는 연방기록원 녹음테이프 09D, 51:55 이하 참고.

154. 사선 녹취록 15:3.

155. 사선 녹취록 15:3.

156. 사선 녹취록 60:2.

157. 사선 녹취록 43:5.

158. 사선 녹취록 46:5.

159. 사선 녹취록 16:10.

160. 사선 녹취록 18:3.

161. 사선 녹취록 17:9.

162. 사선 녹취록 20:7.

163. 사선 녹취록 44:4.

164. 사선 녹취록 51:11.

165. 사선 녹취록 58:5.

166. 사선 녹취록 68:6.

167. I. S. 쿨샤르 · 쇼샨나 쿨샤르 · 리포트 촌디, 「아돌프 아이히만과 제3제국」, 28쪽.

168. 한나 아렌트, 『예루살렘의 아이히만』, 78쪽 이하.

169. 이런 퇴장 몇몇을 남아 있는 녹음테이프 일부에서 인지할 수 있다. 예컨대 연방기록원 녹음테이프 06A, 47:55에서는 누군지 알 수 없는 어떤 목소리가 "죄송하지만 이만 가봐야겠습니다"라고 말하는 것이 또렷이 들린다.

170. 연방기록원 녹음테이프 09C, 1:51:55 참고. 사선이 토론회를 마감하자 남자들은 대화를 나누기 시작하고, 누군가의 목소리가 또 다른 글의 제출 시한에 대해 사선과 논의한다.

171. 예컨대 연방기록원 녹음테이프 8A, 27:50 이하와 10C, 39:46.

172. 연방기록원 녹음테이프 10B, 1:11:00 이하.

173. 사선 녹취록 1:1.

174. 사선 녹취록 1:2. "광적인 시온주의자"로서의 아이히만.

175. 폴란드에서 집단 총살이 아이히만 자신에 의해 계획되었다는 주장에 대해서는 사선 녹취록 1:2. "……나는 기쁘게 구덩이 속으로 뛰어들 것이다"라는 아이히만의 인용에 대해서는 사선 녹취록 1:3.

176. 초판은 1952년에 『유럽 내 유대인 배제법*Das Ausnahmerecht für die Juden in den europäischen Ländern*』 시리즈의 일부로 나왔지만, 사선 서클은 입수 가능한 단독 판본(뒤셀도르프, 1954)을 사용했다.

177. 각 자료는 대략 다음과 같은 토론에서 다루어졌다. 바이스베르크: 6, 8~17, 19~22, 24~26번 테이프. 폴리아코프 · 불프: 28, 34, 37~39, 42~44, 49~52, 54~57, 61~67번 테이프. 블라우: 39~40, 44~47번 테이프. 하겐 · 회틀: 10~11, 51, (56), 64번 테이프. 라이틀링거: 1, 18~19, 22~23, 25~27, 33, 49, 52~54, 58-61, 68, 69, 72, 73번 테이프 및 번호 없는 테이프.

178. 예컨대 헤르만 그라믈Hermann Graml, 『1938년 11월 9일 "제국 수정의 밤"*Der 9. November 1938, "Reichskristallnacht"*』(본, 1955); 게르하르트 볼트Gerhardt Boldt, 『제국 총리부 최후의 날*Die letzten Tage der Reichskanzlei*』(함부르크, 1947); 찰스 캘런 탠실Charles Callan Tansill, 『전쟁으로 가는 뒷문*Die Hintertür zum Kriege*』(뒤셀도르프, 1956).

179. 녹음테이프 37:1 이하. 사선은 갓 인쇄되어 나온 기사를 읽어주었는데, 특정 가능한 녹음 날짜에 비추어 이를 알 수 있다.

180. 그 사진들은 재판이 시작되기 전에 대중에게 알려진 것으로, 여러 지면에 실렸다. 아이히만이 「우상들」 원고를 쓸 때의 모습을 담은 사진들이라는 주장은 틀렸다. 아이히만은 자기 변호사의 요청으로 그 책들을 받았는데, 아이히만이 이 책들에 대한 입장을 취하기를 변호사가 바랐기 때문이었다. 언급된 책들 외에 사선 인터뷰 이후 출판된 책도 몇 권 있었는데 다음과 같다. 루돌프 회스, 『아우슈비츠 수용소장』(1960); 알베르트 부허Albert Wucher, 『수많은 아이히만이 있었다*Eichmanns gab es viele*』(1961); 요엘 브란트Joel Brand, 『허구에 반대되는 사실들*Fakten gegen Fabeln*』(1961); 폴리아코프 · 불프, 『제3제국과 하수인들*Das Dritte Reich und seine Denker*』(1959); H. G. 아들러, 『테레지엔슈타트 1941~1945』(1960). 책더미를 재구성하고 그로써 도서 목록을 재구성할 수 있도록 함부르크 현대사연구소 도서관의 책들을 이용하게 해준 카를로 쉬트에게 특별히 감사한다.

181. 「인간의 모습Erscheinungsform Mensch」을 위한 롤프 데프랑크Rolf Defrank 의 아브너 레스 인터뷰, 아브너 레스 유품, 취리히 연방기술공과대학 현대사 문서고, NL Less, 테이프 7.1.IX.

182. 사선 녹취록 50:6.

183. 사선 녹취록 49:16.

184. 사선 녹취록 4:6, 39:8.

185. 사선 녹취록 49:14.

186. 사선 녹취록 18:1, 33:9, 40:2, 52:1, 52:5, 52:6, 54:4.

187. 사선 녹취록 22:7.

188. 사선 녹취록 24:1.

189. 사선 녹취록 31:10, 61:3.

190. 사선 녹취록 17:5.

191. 사선 녹취록 21:3.

192. 사선 녹취록 62:1, 72:8.

193. 사선 녹취록 2:4.

194. 사선 녹취록 73:13.

195. 사선 녹취록 68:15.

196. 사선 녹취록 6:1.

197. 독일연구협회는 "독일인 수학"을 수립하기 위한 학술지 연재물 전체를 출판했다(라이프치히, 1936~1944).

198. 사선 녹취록 20:4.

199. 사선 녹취록 11:6.

200. 사선 녹취록 11:4.

201. 사선 녹취록 25:8.

202. 사선 녹취록 8:2.

203. 사선 녹취록 10:14.

204. 사선 녹취록 10:17.

205. 24번 테이프와 25번 테이프 초반에 아이히만의 서평이 담겨 있다. 그 글도 남아 있다. 아이히만 유품, 코블렌츠 연방기록원, N1497-87. 그 글을 보면 아이히만이 늘어놓은 말이 그의 원고에서 거의 글자 그대로 가져온 것임을 알 수 있다.

206. 사선 녹취록 8:2.

207. 사선 녹취록 12:1.

208. 사선 녹취록 14:7.

209. 녹취록 52:16에 아이히만이 손글씨로 길게 덧붙인 내용.

210. 「우상들」 19번째 장(아이히만이 매긴 번호로는 1) 등등.

211. 사선 녹취록 3:6.

212. 사선 녹취록 26:4.

213. 사선 녹취록 31:9.

214. 연방기록원 녹음테이프 10C, 55:40.

215. 사선 녹취록 54:5.

216. 나타샤 데 빈터 및 레이먼드 레이의 페드로 포비에심 인터뷰(2009).

217. 연방기록원 녹음테이프 09D, 41:30.

218. 사선 녹취록 47:12.

219. Ibid.

220. 사선 녹취록 36:2. 이 문장은 빌럼 사선에게서 나온 것임이 분명하다. 즉, 그가 토론 중에 길게 필기한 내용 중에서 나온 것임이 분명하다. 전에는 이 문장이 아이히만이 발언으로 추정되었고, 그래서 항상 아이히만의 말로 간주되었다. 이것은 전혀 맞지 않는다. 사선이 이 문장을 아이히만으로부터 취했다는 증거도 없다. 사선이 자신의 언어로 표현하는 것에 너무 자신 있어서 하필 아이히만의 언어를 차용했을 리 없다는 사실을 제쳐놓더라도 말이다.

221. 사선 녹취록 36:5.

222. 사선 녹취록 52, 아이히만이 손글씨로 덧붙인 내용이 있음.

223. 사선 녹취록 54:9.

224. 아이히만이 부하인 테오도어 다네커와의 전화 통화 중에 한 말, 검찰 측 문서 T/439. 국제전범재판소 RF-1233과 동일함. 1942년 7월 20일의 아이히만 및 노바크와의 전화 통화에 대해 다네커가 남긴 1942년 7월 21일의 메모는 클라르스펠트, 『비시-아우슈비츠』(뇌르틀링겐, 1989), 416쪽(신판, 다름슈타트, 2007, 441쪽)에 실려 있다. 복사본은 R. M. W. 켐프너, 『아이히만과 공범자들. 문서 사본 포함』, 212쪽.

225. 사선 녹취록 3:6.

226. 녹음테이프 중 녹취록으로 만들어지지 않은 부분들의 한 곳에서 아이히만은 다른 약물이라고는 전혀 모른다는 것을 드러낸다. 예컨대 그는 모르핀을 어떻게 투약하는지도 모른다. 사선 인터뷰, 연방기록원 녹음테이프 10B, 1:14 이하.

227. 연방기록원 녹음테이프 10C, 1:00:00 이하.

228. 에른스트 클레, 『결백증명서』(프랑크푸르트암마인, 1992).

229. 연방기록원 녹음테이프 10C, 1:00:00 이하.

230. 사선 녹취록 44:6.

231. 두 가지 참고 사항을 통해 37번과 39번 테이프가 8월 말에 녹음된 것임을 알 수 있다. 37번 테이프에서 사선은 1957년 8월 26일자 『타임』의(미국 잡지들이 보통 그렇듯이 실제로 발행된 것은 그보다 며칠 앞선 1957년 8월 20일) 최신 기사를 번역해주고 있다. 39번 테이프에서 아이히만은 자신이 지난주에 읽은 발린의 100주년 기념행사를 알리는 글을 언급하는데, 이 글은 1957년 8월 15일자 『아르헨티나 타게블라트』의 한 기사로 확인된다.

232. 그의 전기적 사실에 대해서는 우선적으로 베를린-리히터펠데 연방기록원 내 베를린문서센터의 디터 비슬리체니 파일들을 참고하라. 또한 1946년 8월 1일의 미국 방첩대CID 체포 보고서에 담긴 정보, 미국 국립기록원, RG 263, 아돌프 아이히만 파일.

233. 아이히만은 비슬리체니가 알타우제에서 자신과 계속 함께했음을 항상 강조했다. 비슬리체니는 이를 반박했지만, 1945년 5월 12일에 그 소도시에 이름을 준 바로 그 알

타우스 호수 근처에서 그가 체포되었다는 증거가 있다.

234. 아이히만에 대한 비슬리체니의 주요 진술 및 기록에는 다음과 같은 것들이 포함된다. 카스트너와의 대화(여기서 비슬리체니는 가능한 한 아이히만에게 죄과를 돌리고 비슬리체니를 무죄로 만드는 그런 아이히만의 이미지를 조장하려 애썼다), 1945년 1월/2월, 「카스트너 보고서」, 273쪽 이하. 미국 당국에 의한 1945년 5월 3일의 그의 체포 이후의 상세한 진술, 1945년 8월 25일과 27일(체포 보고서, 미국 국립기록원 RG 263, 아돌프 아이히만 파일). 뉘른베르크 진술서, 1945년 11월 9일, 검찰 측 문서 T/57. 뉘른베르크 증인 진술, 1946년 1월 3일, 검찰 측 문서 T/58. 브라티슬라바에서 미하엘 게르트에게 한 진술, 1946년 5월 6일, 경찰 측 문서 B06-899. 피알라 사건에 대한 육필 기록, 1946년 7월 26일, 검찰 측 문서 T/1107. 아이히만과 무프티의 관계에 대한 육필 기록, 1946년 7월 26일, 검찰 측 문서 T/89. 22쪽짜리 육필 보고서 「전 친위대 중령 아돌프 아이히만 관련 보고서」, 소위 133호실 문서, 1946년 10월 27일, 검찰 측 문서 T/84. 아이히만에 대한 모셰 펄먼과의 대화, 1946년 11월 14일, 브라티슬라바(CDJC LXXXVIII-47, 모셰 펄먼의 『아돌프 아이히만의 체포』 137쪽 이하에 수록). "최종해결"에 대한 보고서, 브라티슬라바, 소위 106호실 문서, 1946년 11월 18일, 검찰 측 문서 T/85, 폴리아코프와 불프의 『독일제국과 유대인*Das Deutsche Reich und die Juden*』(베를린, 1955), 87~98쪽에 발췌됨.

235. 비슬리체니, 133호실 문서, 검찰 측 문서 T/84, 17쪽.

236. 1948년 2월 27일.

237. 1930년대 초에 아이히만은 게슈타포의 심문을 몇 번 목격한 바 있으며, 친위대 보안국 소속인 그는 직접 그 심문을 진행할 수는 없었지만 그 심문의 비결을 도입할 수는 있었다. 그 자신의 심문 방법은 몇 가지 사례를 통해 재구성될 수 있으며, 오직 배신의 심리적 테러라고 설명될 수 있다. 예컨대 그는 아우슈비츠에서 야코프 에델슈타인을 심문할 때 그의 아내가 쓴 어떤 편지를 사용해 그를 무너뜨리려 했는데, 사실 그 편지는 그가 인접 수용소 단지에 아무 의심 없이 수용되어 있던 그 여성에게서 짜낸 것이었다. 그녀는 남편이 여전히 (비교적) 자유로운 상태에 있고 아이히만이 남편에게 그 편지를 가져다줄 만큼 선량한 사람일 것이라는 믿음 속에서 편지를 썼다. 아이히만은 물리적 폭력이 시작되면 자리를 떴지만, 그 폭력의 결과를 이용하기 위해 다시 돌아왔다. H. G. 아들러, 『테레지엔슈타트 1941~1945』, 730쪽과 810쪽.

238. 사선 녹취록 44:5.

239. 사선 녹취록 42:3~44:6.

240. 사선 녹취록 44:5~44:8.

241. 이 전환점 이전의 녹음 기록 두 개가 남아 있어서 이러한 분위기 변화를 귀로 확인할 수 있다. 아쉽게도 결정적인 순간의 녹음은 빠져 있다.

242. 연방기록원 녹음테이프 08A, 42:13 이하.

243. 사선 녹취록 46:8.

244. 사선 녹취록, 47:7.

245. 이 부분은 나의 미발표 원고 「또 다른 아르헨티나의 나치: 빌럼 사선과 루돌프

폰 알펜슬레벤의 대화Noch ein Nazi in Argentinien: Ludolf von Alvensleben im Gespräch mit Willem Sassen」를 요약한 것으로, 레이먼드 레이와 북독일방송NDR은 2009년 7월에 이를 다큐멘터리 드라마 「아이히만의 최후Eichmanns Ende」의 기초로 사용한 바 있다. 이 원고에는 논평과 함께 인터뷰들 전체가 담겨 있다.

246. 사선 녹취록 54:5.

247. 이 56번 테이프는 무슨 이물질처럼 녹취록에 끼어들어 있는 것이 아니다. 이것은 처음부터 토론 프로젝트의 한 구성 요소였고, 같은 방식으로 번호가 매겨지고 녹취되었으며, 후속 토론회들의 기준점이 된다. 따라서 사선이 실수로 이 인터뷰를 잘못 넣은 것이 아니었다.

248. 이어지는 정보는 일차적으로 베를린-리히터펠데 연방기록원 내 베를린문서센터의 친위대 파일 중 알펜슬레벤 파일에 기초한 것이다. 또한 다음 자료들도 빼놓을 수 없다. 루트 베티나 비른Ruth Bettina Birn, 『친위대 및 경찰 고위 지도자: 힘러의 제국 및 점령지 대리인*Die höheren SS-und Polizeiführer: Himmlers Vertreter im Reich und in den besetzten Gebieten*』(뒤셀도르프, 1986), 특히 330쪽, 또한 311쪽 및 382쪽 이하(주 2). 크리스티안 얀젠Christian Jansen · 아르노 베켄베커Arno Weckenbecker, 『1939/40년 폴란드의 "민족 독일 자위대"*Der "Volksdeutsche Selbstschutz" in Polen 1939/40*』(뮌헨, 1992), 계간 현대사 시리즈Vierteljahrhefte für Zeitgeschichte 64권. 스타니슬라브 무샤Stanislaw Muscha의 걸작 영화 「"부비"와 함께 고향 제국으로: 어느 친위대 장성의 궤적Mit "Bubi" heim ins Reich: Die Spuren eines SS-Generals」, 포츠담-바벨스베르크 2000년 베를린 영화제 초연, ZDF 2000년 11월 20일.

249. 하인츠 슈네펜, 『오데사와 제4제국』, 125쪽. 슈네펜은 오데사 신화를 해체하고 그것의 기원을 추적하는 데 매우 많은 노력을 기울였다. 유감스럽게도 개별 나치들에 대한 조사의 일부는 기대에 못 미치며, 그들에 대한 그의 묘사는 가끔 다른 종류의 신화로 변질된다. 심지어 그가 인용하는 참고 자료에서는 그가 실제로 이용하는 것보다 훨씬 더 많은 연관성을 볼 수 있다. 이 도망자들의 삶과 인성을 조사하려다보면 곧 벽에 부딪히게 된다는 생각은 알펜슬레벤, 아이히만, 멩겔레, 하일리히, 라야코비치, 클링겐푸스의 경우에는 타당하지 않지만, 자료 조사가 아주 힘들다는 것은 명백하다. (덧붙이자면, 루돌프 밀트너가 슈네펜의 아르헨티나의 나치 명단에 들어가 있는데, 비젠탈이 이스라엘에서의 아이히만의 증언에 의지하고 있다는 것을 슈네펜이 인지하지 못했기 때문이다.)

250. 1944년 11월 전 친위대 연공 서열 목록. 원본은 베를린 1944.

251. 무장친위대 장교 명단의 번호 체계는 언뜻 보면 혼란스럽다. 등급이 숫자와 문자의 조합으로 되어 있기 때문이다. 하지만 알펜슬레벤은 43명의 친위대 상급 분대장과 대장들 다음에 있는 친위대 분대장과 중장들 내의 41f 자리에 있다. 이는 무장친위대 구성원 전체에서 90번에 해당된다. DAL, 1944년 7월 1일 기준. 재인쇄(오스나브뤼크, 1987), 14쪽.

252. 알펜슬레벤의 친위대 파일, 1938년 6월 15일자 간부 평가.

253. 녹음테이프에서든 녹취록에서든 이런 예는 많다. 아이히만은 다른 대화 참여자들에게 고함을 지르거나, 그들의 관심을 빼앗아 오거나, 가능한 한 빨리 자신에게로 대화를 되돌릴 다른 방법을 발견하는 데 거리낌이 없었다. 알펜슬레벤 토론은 아이히만에게는 들이받고 반박할 거리를 충분히 제공했을 것이다. 그리고 아이히만은 말없이

당하고 있을 사람이 아니었다.

254. 58번 테이프에서 알펜슬레벤은 자신이 "경험을 통해" 알고 있는, 1945년 드레스덴 폭격에 대한 힘러의 반응을 이야기한다. 알펜슬레벤은 고위 친위대 겸 경찰 지도자로서의 자신의 관할권에 속해 있던 드레스덴이 폭격을 받은 직후 힘러에게 보고했다. 그런 다음 그는 괴벨스도 방문했고, 괴벨스에게 힘러의 행동에 대해 설명했다. 선전장관 괴벨스는 1945년 3월 6일의 일기에 알펜슬레벤의 방문에 대해 썼다. 사선 서클 참가자 중에는 (아이히만을 빼고는) 힘러나 괴벨스의 근처에 가본 사람도 없었다.

255. 알펜슬레벤이 사선 모임에 접근하거나 "침투"하기 위해서 헌신적인 민족사회주의자인 것처럼 그저 가장했을 가능성은 미미하다. 사선의 집에서 모이는 토론회는 비밀이 아니었고, 어떤 "입회 기준"이 있었다는 증거는 없다. 알펜슬레벤이 1945년 이후에 견해를 바꾸었다고 주장하려는 사람이 있다면 입증의 무거운 부담을 감당해야 한다.

256. 페터 롱게리히, 『하인리히 힘러』, 9쪽. "전후 몇 년이 지나도록 힘러 전설이 탄생할 기미는 없었다."

257. 사선 녹취록 56:7.

258. 게랄트 슈타이나허, 『도주 중인 나치』.

259. 이 편지와 답장이 모두 볼차노 국립문서고에 보관되어 있다. 이 편지를 급히 열람할 수 있게 해준 게랄트 슈타이나허에게 크게 감사한다.

260. 친위대 파일들 내의 알펜슬레벤이 힘러에게 보낸 편지들을 비교 대상으로 삼을 수 있다. 필체란 너무나 많은 점에서 개성을 드러내는 것이어서, 필체를 바꾸는 데 성공하는 사람은 거의 없다. 알펜슬레벤은 약간 화려하고 "여성적"으로 글씨를 쓰려 애썼지만, 그 글씨는 친위대 파일들 내의 표본과 분명히 일치한다. 필체를 식별하는 데 20년의 경험이 있는 사람이라면 글자의 기울기, 글자가 위와 아래의 선을 넘는 양상, 독특한 대문자들, 숫자 쓰는 방식, 행간 등 세부 사항에서의 유사점을 밝혀낼 수 있다. 하지만 이 경우에는 내 경험에 의지할 필요도 없었다. 한눈에 분명히 드러났기 때문이다. 직접 확인해보고 싶은 사람이 있다면 디지털 방식으로 두 표본을 합쳐보면 된다.

261. 알펜슬레벤과 그의 아내 멜리타(결혼 전 성은 구아이타) 사이에는 네 아이가 있었다. 두 딸은 1925년생과 1934년생이었고, 두 아들은 1942년생과 1944년생이었다. 이 당시에 장녀는 이미 성인이었기에(그리고 이미 결혼했을 가능성이 높다) 신고되어야 하는 자녀로 포함되지 않았다. 자세한 정보는 베를린-리히터펠데 연방기록원 내 베를린문서센터의 친위대 장교 파일 중 알펜슬레벤 파일 참고.

262. 사실 "테오도어 크렘하르트"를 위한 신청서는 두 개가 존재하며, 이 각각에 알펜슬레벤의 서로 다른 사진이 붙어 있다. 신청서 양식 작성에서 실수가 있었기 때문일 수도 있다. 이 문서들과 관련해 많은 도움을 준 우키 고니와 게랄트 슈타이나허에게 다시 한번 큰 감사를 표한다.

263. 우키 고니는 되뫼터의 서명이 있는 여권 신청서는 단 두 개밖에 모른다고 내게 말했다.

264. 후안 말러, 『평화와 전쟁, 그리고 "평화"』, 345쪽.

265. 스타니슬라브 무샤의 「"부비"와 함께 고향 제국으로: 어느 친위대 장성의 궤적」은 알펜슬레벤 가족의 한 일원이 피력한 이런 견해로 끝난다. 무샤는 그것을 반박하기에 충분한 증거를 가지고 있지 않았다.

266. 사선 녹취록 49:15.

267. 『길』(1957), 제7호, 495~496쪽. 이 독자 편지에는 "브라질 상파울루의 에른스트 라우하르트 박사"라는 서명이 되어 있다. 『길』의 독자 편지 중 많은 것은 편집자들 자신이 쓴 것이었고, 따라서 이 이름은 진짜가 아닐 수 있다. 어쨌든 프리치는 이 날짜에 이 글을 싣기로 결정했다.

268. 31권 85~87쪽에 수록. 폴리아코프 · 불프, 『독일제국과 유대인』, 99~100쪽.

269. 사선 녹취록 4:10.

270. 사선 녹취록 50:1.

271. 비슬리체니, 국제군사재판소 진술, 1946년 1월 3일, 4, 412쪽. 숫자들에 대한 추가 내용은 같은 곳, 411쪽.

272. 그렐, 아이히만 재판을 위한 진술, 베르히테스가덴, 1961년 5월 23일.

273. 판사 이차크 라베는 아이히만을 그 자신의 필체로 된 문장과 대면시켰다(검찰 측 문서 T/43).

274. 사선 녹취록 24:1.

275. 사선 녹취록 4:2.

276. 사선 녹취록 50:10 이하.

277. 사선 녹취록 49:9.

278. 사선 녹취록 49:8.

279. 연방기록원 녹음테이프 02A, 43:30.

280. 하이만과 헤스터의 기사들이 날조한 것이라는 증거가 더 필요하다면, 이 사실로 충족될 것이다. 사선 모임은 이 주제와 관련 있는 모든 출판물을 읽었고, 심지어 『타임』의 기사들도 읽었다. 『길』의 기사들만 다루지 않았다. 그 기사들은 사실과 동떨어진 것이어서 다룰 필요가 없다는 것을 모든 참석자가 알고 있었다.

281. 사선 녹취록 53:1.

282. 사선 녹취록 73:3.

283. 사선 녹취록 61:3.

284. 사선의 구술. 이것은 잘못하여 토론과 함께 녹취록에 기록되었고, 하가그본에서 녹취록 36의 처음과 326~335쪽에 배치되었다. 이 구술의 더 자세한 내용은 연방기록원 녹음테이프 08A, 32:37 이하에 나온다.

285. 자신의 인터뷰 녹취록을 읽어보게 해준 마르틴 하이딩거에게 감사한다.

286. 67번 테이프.

287. 연방기록원에 보관된 10개의 녹음테이프에는 이 연설의 사본들도 담겨 있는데, 다양한 부분에서 잘라낸 다양한 길이의 사본들이다. 그래서 유감스럽게도 오늘날 문헌이나 미디어에서 볼 수 있는 녹취록들은 모두 온전한 것이 아니다. 아래의 내용은 자르지 않은 연방기록원 녹음테이프 10B의 52:30부터 1:02:58까지에 해당되는 첫 온전한 녹취록이다.

288. 다른 녹취본들의 잘못 옮겨 적은 단어들은 수정되었고, 여기서는 언급되지 않는다.

289. 사선과의 대화에서 이른바 코프먼 계획이 모건도 계획과 거듭 혼동된다. 시어도어 N. 코프먼은 1941년에 뉴욕에서 『독일은 멸망해야 한다*German must perish*』라는 팸플릿을 자비 출판했고, 여기서 불임 수술을 통한 독일인의 근절을 주장했다. 나치 선전부는 이 출판물을 "가공할 유대인 절멸 프로그램"(『 키셔 베오바흐터』, 1941년 7월 24일)이라는 논제를 뒷받침하는 데 이용했다. 1944년에 미국의 재무장관 헨리 모건도 주니어는 독일제국의 분할과 탈산업화를 위한 계획의 추진을 주문했다. 괴벨스는 이것을 그의 불굴의 의지 호소에 대한 경고로 이용했다. 두 계획 다 이론으로 그쳤지만, 민족사회주의자들에게 언제나 독일의 전쟁 범죄와 반인도적 범죄를 정당화해주는 것으로 이용되었다. 이 계획들은 사선 서클 내에서 혼동을 일으켰다. 볼프강 벤츠 편, 『전설 거짓말 선입관: 현대사 사전Legenden Lügen Vorurteile: Ein Lexikon zur Zeitgeschichte』(뮌헨, 1990), 85쪽, 145쪽 참고.

290. 주 289 참고.

291. 디터 비슬리체니의 보고서에서 인용한 말로, 그는 아이히만에게 이런 꼬리표를 붙였다. 그것은 친위대 사람에게는 용서할 수 없는 모욕이었다. 사선 서클은 이 보고서를 여러 번 읽고 논했다.

292. 히틀러와 "독일 인종의 본질"을 반유대주의 정책과 분리해 역사적 대량학살 혐의로 그 총통과 민족사회주의를 고발하는 것을 불가능하게 하려는 사선의 노력을 가리킨다. 그러나 아이히만은 전형적인 독일인으로, "총통"의 사상을 따르는 훌륭한 장교로 인정받기를 원했다.

293. 아이히만은 기술적 문제에 정말 관심이 없었다. 그는 녹음 기술에 대해 아무것도 몰랐고, 그것을 설명할 때 잘못된 용어를 사용하곤 했다.

294. 시간을 특정하는 것과 관련해 아이히만은 종종 신뢰하기 어렵다. 그는 그런 문구들을 수사적 목적의 "장식"으로 사용했고, 주기성 날짜 또는 상징적인 날짜를 말하기를 좋아했다. 심지어 아이히만은 이스라엘에서 수감된 직후에 쓴 어떤 글에서 독일이 항복한 지 "15년하고 하루"라며 날짜를 적었지만, 이것이 거짓임은 모든 참석자가 알았다. 5월 9일에 그는 아르헨티나에서 여전히 잡히지 않은 채 살고 있었기 때문이다.

295. 코르헤어 보고서와 관련 있다. 이 보고서는 사선 서클에서 자세히 다뤄졌고, 아이히만은 자신의 "허위 정보" 스타일의 논평을 이 보고서에 덧붙였다.

296. 히틀러가 유대인을 "적 인종"으로, 즉 "아리아 인종"에게 진정한 위협이 되며 따라서 아리아 인종이 생존을 위해 맞서 싸워야 하는 단일 민족으로 특징지은 것에 정확히 부합한다. 다른 모든 인종은 위협이 되지 않는 단순히 "열등한 인종"이었다.

297. 민족사회주의 이념에 따르면 유대인은 모든 인류와 민족의 적이고, 그에 따라 인종 학살은 세계를 위한 봉사였다.

298. 반유대주의적이고 선정적인 선동가이자 『슈튀르머』 편집자였던 율리우스 슈트라이허를 말한다. 그는 뉘른베르크에서 처형되었고, 반유대주의자들 사이에도 논란거리였다. 슈트라이허와 아이히만은 1937년에 아이히만이 슈트라이허의 손님으로서 뉘른베르크 전당 대회에 초대받으면서 만나게 되었다고 알려져 있다. 하이드리히 일파가 취한 방향은 『슈튀르머』 방식에 대한 반대 입장에 영향을 받았다. 하이드리히 일파는 거리에서의 폭행과 살인을 원치 않았고, 좀더 "점잖은"(비밀스러운) 반유대인 정책을 지향했다.

299. 친위대 보안국은 과학과 학문을 유대인의 세계 지배 투쟁의 "무기"로 봤는데, 이는 민족사회주의자들의 반지성주의에 기초한 시각이었다.

300. 십계명을 말한다. 민족사회주의의 교회 비판에서는 성경 자체가 "유대인적"인 것으로 간주된다. 그래서 아이히만은 아내의 성경책을 찢어버린 것이었다. 이 책의 "여성 방문자들"이라는 절을 보라. 사선 녹취록 3:1에서 아이히만은 그 일에 대해 이야기한다.

301. 아이히만은 사선 회담에서 자신의 절멸 계획에 방해가 되는 사람들의 예를 거듭 들었다. 흔히 그들은 친구들을 위해 예외적인 것들을 밀어붙이려 애쓰고 있는(또는 자신들의 노력에 대해 보답받기를 바라고 있는) 정권의 고위 인사들이었다. 1944년에 아이히만은 힘러의 명령에 따라 행동하고 있던 쿠르트 베허까지도 이런 종류의 장애물로 여겼다.

302. 하리 뮐리스Harry Mulisch, 『형사 사건*Strafsache*』, 40/61, 118쪽.

303. 사선 녹취록 67:11~12. 이것은 두 페이지로, 타자수가 이것을 배치할 수는 없었고, 사선이 그 "결론"과 연결되는 것이라고 표시했다. 그러나 녹취록을 팔기에 앞서 그는 이 두 페이지와 그 뒤에 이어진 페이지들 전부를 빼버렸고, 그래서 "사선 녹취록"은 실제로는 마지막이 아니었던 그 의미심장한 결론으로 끝나게 되었다. 이 두 페이지는 사선이 소장한 67번 테이프 복사본에 남아 있었고, 오늘날에는 아이히만 유품, 코블렌츠 연방기록원, N1497-65 내에 있다.

304. 하루 중 언제였는지에 대한 단서는 사선 녹취록 68:15에 나온다.

305. 연방기록원 녹음테이프 01A, 7:22 이하.

306. 사선 녹취록 69:2, 72:1.

307. 69번 테이프의 녹취록은 불완전하며, 70번 테이프와 71번 테이프의 녹취록은 빠져 있어서 이것들이 준비된 바 있는지도 말하기 어렵다.

308. "실험은 없다Keine Experimente"는 아데나워의 선거 공보물에 들어갔던 구호다.

5장 안전하다는 착각

1. 「전 친위대 중령 구속Ehemaliger S.S.-Oberstleutnant verhaftet」, 『프랑크푸르터 알

게마이네 차이퉁』, 1957년 4월 4일. 또한 『함부르크 아벤트블라트*Hamburger Abendblatt*』『아르헨티나 타게블라트』 같은 소규모 일간지들.

2. 지금까지 알려진 로타어 헤르만의 편지들은 다음과 같다. 1960년 6월 25일 프리츠 바우어에게 보낸 편지, 프리츠 바우어 유품, 본 사회민주주의 기록원(크리스토프 슈탐에게 감사한다). 이 편지는 이름트루트 보야크, 『아이히만의 회고: 비판적 에세이』, 27쪽에 수록되었다. 1959년 9월 17일, 1959년 11월 5일, 1960년 3월 28일, 1960년 4월 27일, 1960년 5월 26일, 1960년 5월 30일, 1961년 5월 1일, 1961년 5월 26일, 1971년 5월 14일, 1971년 6월 2일 프리트만에게 보낸 편지. 1961년 5월 20일 벤구리온에게 보낸 편지. 이 편지들은 모두 프리트만과 에르빈 쉘레 간의 몇몇 편지들과 함께 투비아 프리트만Tuviah Friedman 편, 『아이히만 체포*Die "Ergreifung Eichmanns": Dokumentarische Sammlung*』(하이파, 1971)에 담겨 있다. 문서들과 관련해 투비아 프리트만에게 감사한다. 그 밖의 편지들은 루트비히스부르크 연방기록원의 나치 범죄자 기소 본부 컬렉션, III/24에 있다.

3. 해당 내용은 바우어의 사망 전인 1968년에 파리에서 출간된 프랑스어판 『복수자들*Les Vengeurs*』과 미국판 『복수자들*The Avengers*』에서는 빠져 있다. 독일어 번역판은 없었다. 바르-조하르의 연합통신AP 인터뷰에 대해서는 「아이히만 흔적의 실마리는 프랑크푸르트에서 나왔나?Führte Hinweis aus Frankuft auf Eichmanns Spur?」, 『프랑크푸르터 룬트샤우』, 1969년 2월 12일 참고. 이스라엘 밖의 반응에 대해서는 「아이히만 추적에 대한 새로운 이야기Neue Version über die Fahndung nach Eichmann」, 『노이어 취르허 차이퉁』, 1969년 2월 19일 참고.

4. 영어판은 이세르 하렐Isser Harel, 『가리발디 거리의 집: 아돌프 아이히만의 체포*The House on Garibaldi Street: The Capture of Adolf Eichmann*』(런던, 1975). 독일어판 역시 *Das Haus in der Garibaldi Straße*라는 제목으로 1976년에 프랑크푸르트암마인에서 나왔다. 독일어판은 영어판, 히브리어판과 부분적으로 다르다. 1997년 영어판부터 이 책은 (대체로) 대부분의 가명에 대한 단서를 가지고 출판되었다.

5. 1971년 6월 2일 코로넬수아레스에서 로타어 헤르만이 투비아 프리트만에게 보낸 편지, 투비아 프리트만 편, 『아이히만 체포』.

6. 카를 슈미트Carl Schmitt · 한스 디트리히 잔더Hans Dietrich Sander, 『작업장—논쟁: 서한집 1967~1981*Werkstatt—Discorsi. Briefwechsel 1967~1981*』(슈넬로다, 2008), 247쪽 이하.

7. 아하로니는 무엇보다, 하렐이 역사적으로 검증 가능한 사실이라며 제시한 말킨과 아이히만 사이의 날조된 대화를 자세히 분석했다. 말킨과 아이히만이 공통된 언어를 사용하지 않았다는 것은 모든 관련자가 알고 있었다. 츠비 아하로니 · 빌헬름 디틀, 『사냥꾼. 아이히만 작전』, 227쪽 이하.

8. 레이먼드 레이는 2010년 자신의 다큐멘터리 드라마 「아이히만의 최후Eichmanns Ende」를 위한 기자회견에서, 클라우스 아이히만이 와병 중임에도 한 사진에서 로타어 헤르만의 딸을 알아봤으며 젊은 시절의 여자친구에 대한 기억에 긍정적으로 반응했다고 이야기했다. 안타깝게도 아이히만 가족에게서 나온 다른 진술은 알려진 바 없다. 어떤 사람이 자기 친구가 자기 아버지를 배신했다고 여기는 상황에서도 그 친구를 계속 좋게 생각하리라는 것은 상상하기 어려운 일이다.

9. 클라우스 아이히만은 1936년에 베를린에서, 질비아 헤르만은 1941년에 부에노스아이레스에서 태어났다.

10. 헤르만 가족의 전기적 날짜들과 생활 조건에 관한 훌륭한 연구를 수행한 부에노스아이레스의 나타샤 데 빈터에게 감사한다. 레이먼드 레이, 야스민 그라펜호르스트(독슈타치온Docstation, 함부르크), 파트리치아 슐레징거(북독일방송국)에게 특히 감사한다. 이들은 다큐멘터리 드라마 「아이히만의 최후」의 대본에 대해 학술적 자문가를 이용했을 뿐만 아니라 그 자문가가 자신들의 연구 결과에 접근할 수 있게 해주었다.

11. 1971년 6월 2일 헤르만이 프리트만에게 보낸 편지. 여기에는 몇 가지 전지적 정보도 담겨 있다.

12. 다하우 수용소의 수감자 데이터베이스에 헤르만이 있다. 자세한 정보를 제공해준 기념관의 디르크 리델에게 감사한다. 이후의 헤르만의 주장은 확인 가능한 문서들에서 얻을 수 있는 정보에 기본적으로 부합한다.

13. 이 사진을 가지고 있다고 주장하는 사람들조차 사진을 찾아내지는 못하고 있다.

14. 아이히만이 납치된 후인 1960년 6월 25일 코로넬수아레스에서 헤르만이 바우어에게 보낸 편지.

15. 이 날짜는 때때로 1957년 8월 27일로 제시된다. 헤르만 자신은 1957년도에 쓴 한 편지만 언급했다. 편지 원문은 발견되지 않았다. 보야크에 따르면 프리츠 바우어는 그 편지를 펠릭스 시나어에게 전달했다. 이름트루트 보야크, 『프리츠 바우어 전기 1903~1968』(뮌헨, 2009), 286쪽. 이 주장에는 문제가 있는데, (보야크에 따르면) 바우어는 처음에는 정보원의 이름을 밝히지 않았고, 헤르만은 남아 있는 다른 모든 편지에서 레터헤드가 있는 편지지만을 사용했기 때문이다. 댄 세턴의 영화에 나오는 "문서"는 분명 원본이 아닌데, 사실 관련 오류를 포함하고 있기 때문이다. 이 편지에서 "헤르만"이 스스로를 "반半유대인"이라고 칭하고 있는 것이다. 나치가 정한 기준에 따르면 헤르만은 "완전한 유대인"이었고, 훗날의 편지들이 보여주듯이 헤르만 또한 이 점을 알고 있었다.

16. 언론 관련 문서들, 아르놀트 부흐탈 유품, 도시역사연구소Institut für Stadtgeschichte, 프랑크푸르트암마인, S1/138. 또한 「그자는 떠나야 한다Der Man muss weg」, 『슈피겔』, 1957년 10월 16일 참고.

17. 이름트루트 보야크, 『프리츠 바우어 전기 1903~1968』에 따르면 그렇다. 헤센 중앙국립기록원 비스바덴 461, 32440, 2번 파일.

18. 1957년 7월 1일. 하인츠 슈네펜, 『오데사와 제4제국』, 162쪽에서 인용. 안타깝게도 슈네펜은 항상 학문적 기준에 맞게 출처를 인용하지는 않지만, 파일들에 대한 그의 접근은 의심의 여지 없이 훌륭하다.

19. 아이히만은 이 점을 「나의 도주」, 28쪽에서 밝혔다. 여기서 그는 또한 이런 정보에 근거해 자신이 너무 부주의해졌다고 자책한다.

20. 1957년 7월 12일자 『알게마이네 보헨차이퉁 데어 유덴』에 실린 「나일강의 테러와 강제수용소Terror und KZs am Nil」를 기반으로. 또한 1957년 8월 17일자 『프랑크푸르터 일루스트리어테』의 「친위대 접선지 카이로SS-Treffpunkt Kairo」도 보라.

21. 또한 카이 옌젠Kai Jensen의 「친위대 접선지 카이로—뚱뚱한 오리 한 마리!SS-Treffpunkt Kairo—eine dicke Ente!」라는 기사가 『다리, 외교 업무*Die Brücke, Auslandsdienst*』(18, 제4부, 1957, 6~8쪽)에 실렸다. 이 기사는 있을 수 있는 모든 소문에 대한 놀라울 만큼 현학적인 논박으로, 중동에 실제로 있었던 민족사회주의자들에 대한 독자의 관심을 딴 데로 돌리기 위해 계획되었음에 틀림없는 세부적인 내용들을 동원하고 있다.

22. 미국 국립기록원, RG 263, CIA 아돌프 아이히만 파일.

23. 이세르 하렐은 만남의 날짜를 1957년 11월 6일로 기록했다. 이름트루트 보야크는 그 날짜를 1957년 11월 7일로 기록했다. 보야크, 『프리츠 바우어 전기 1903~1968』, 295쪽.

24. 한나 야블론카Hanna Yablonka, 『이스라엘 대 아이히만*The State of Israel vs Adolf Eichmann*』(뉴욕, 2004), 15쪽 참고.

25. 디터 셍크Dieter Schenk, 『오른쪽 눈이 멀어서: 연방형사청의 나치적 기원*Auf dem rechten Auge: Die braune Wurzeln des BKA*』(쾰른, 2001), 302쪽.

26. 로타어 헤르만의 두 번째 아내는 2009년의 인터뷰에서, 남편이 죽은 후 자신이 그의 모든 서류를 독일로 보냈으니 그 서류들은 기록보관소에 보관되어 있을 수도 있다고 말했다. 유감스럽게도 이 노부인은 우편 행낭을 누구 앞으로 보냈는지 기억하지 못했고, 답신을 받지 못했다.

27. 1960년 6월 25일에 헤르만이 바우어에게 보낸 편지.

28. 보야크, 『아이히만의 회고』, 30쪽.

29. 적어도 이것은 오늘날까지 아이히만 가족 내에서 알려져 있는 이야기다. 이 내용을 알려준 헬무트 아이히만에게 감사한다.

30. 메르티그는 과거에 민족사회주의 독일노동당의 당원이었다. 우키 고니, 『오데사』, 아이히만 장(276~298쪽) 참고. 또한 홀거 메딩, 『뉘른베르크로부터의 도주?』(쾰른, 바이마르, 빈, 1992), 162쪽 이하 참고. 아이히만 본인은 메르티그의 회사에서 일하기 시작한 날을 1958년 1월 31일로 적었다. 벤츠사 지원서, 슈네펜, 『오데사와 제4제국』, 160쪽 이하에 실린 사본.

31. 1921년 11월 21일에 부에노스아이레스 출생한 에버하르트 프리치에 대한 기록보관소 카드 파일은 1958년 3월 6일의 거주 신청서로 시작된다. 그의 직업은 "출판인, 호텔 수위"로 되어 있다. 잘츠부르크 시기록원에서 도움을 준 페터 F. 크라믈에게 감사한다.

32. 이 호는 1957년 12월호로 되어 있지만 1958년 3월에 대한 언급을 포함하고 있다. 『길』은 발행 호수들이 짐작게 하는 것과 달리 그렇게 규칙적으로 발행되지는 않았다.

33. 프랑수아 주누는 아이히만 재판이 발표된 직후 뛰어난 사업 감각과 어려움에 처한 동지들에 대한 책임감이라는 전형적인 결합에 힘입어 아이히만 가족에게 주의를 돌렸다. 그는 아이히만의 이야기에 대한 권리를 사고 그의 변호를 재정적으로 지원하고자 했다. 그는 벤구리온의 크네세트 연설 며칠 후 그곳에 도착했을 때 린츠 아이히만 부부와 함께 프리치를 찾아냈다. 프랑수아 주누의 인터뷰 내용, 피에르 페앙Pierre

Péan, 『극단주의자: 프랑수아 주누, 히틀러에서 카를로스까지 *L'Extrémiste. François Genoud, de Hitler à Carlos*』(파리, 1996), 257쪽 이하.

34. 정확한 정보를 제공해준 콘스탄츠 시립문서고의 안네-마리 자나와 위르겐 클뢰크너에게 감사한다. 유감스럽게도 진술들과 문서들의 사본은 더 이상 존재하지 않는다. 사선은 뮌헨의 새 주소를 호엔슈타우펜슈트라세 12번지로 제시했다.

35. 잉게 슈나이더는 미프 사선의 단호한 입장이 그녀 자신에게 불리하게 작용했다고 말했다. 여름에 잉게 슈나이더가 그녀에게 브레멘에서 함께 머물 기회를 제공했지만 그녀는 독일 신분증이 없어서 독일에서 일할 수 없었던 것이다.

36. 아르헨티나 문서들의 역사를 짚어볼 때 사선과 연방정보국 간에는 그 어떤 접촉도 없었다. 연방정보국이 사선 녹취록의 사본을 사선 본인에게서 구하지 않은 것은 명확하다. 이 책의 「막후극」 참고.

37. 사스키아 사선과 프란치스카 사선이 2009년 저자에게 보낸 편지. 게르트 하이데만이 1979년 사선을 방문한 일에 대해 2009년 저자와 나눈 대화. 사선과 루델에 대한 연방헌법수호청 파일들은 아직 공개되지 않았다. 사선이 루델을 방문했으니, 두 파일 모두에 이런 내용이 포함되어 있을 것이다. 매우 짧지만 유용한 정보를 제공해준 연방헌법수호청에 감사한다. 연방행정법원 7A 15.10, 자우레 대 연방정보국 사건에서는 제시된 파일들이 겔렌 조직과 "G 장군"에 대한 사선의 언급을 지우지 않고 그대로 노출시키고 있는데, 이로 미루어 그것은 사선의 빈말에 불과했다. 1959년의 사선에 대한 문서들이 아이히만 파일 안에서 1960년 이전의 문서들과 무슨 관계가 있는가 하는 문제에는 답하기 어렵다. 위의 소송 건에 대한 보충 파일, 연방정보국 파일 100 470, 9~13쪽 참고.

38. 67번 테이프, 연방기록원 녹음테이프 10B, 1:03:30.

39. 클라우스 아이히만 인터뷰, 『퀵크』, 1966년 1월 2일.

40. 『공직과 과거』, 608쪽 이하.

41. 입국 거부를 당했다는 프리치의 주장은 검증할 수 없다. 바이에른 내무부는 이런 종류의 일들에 대한 파일을 더 이상 보관하고 있지 않다. 이 날짜들에 해당되는 일들의 파일 보관 기간이 만료되었기 때문이다. (바이에른 국경 경찰이 서독 국경 통제를 담당했다.) 2010년 12월 27일자 편지. 연방헌법수호청은 프리치에 대한 파일이 하나 존재한다는 것만을 확인해줄 수 있었다. 영웅적으로 윤색된 이 프리치 이야기는 드루펠출판사의 『독일 연대기』에 실린 프리치 사망 기사에서 언급되었다. 이 우경 출판사는 프리치를 "위대한 독일인들" 중 한 명으로 여겼다. 「1974년에 사망한 독일인들」, 『독일 연대기: 민족사 연감 *Deutsche Annalen, Jahrbuch des Nationalgeschehens*』 4분기(레오니 암슈타른베르거제, 1975), 쪽 번호 미표기.

42. 아이히만 재판, 2JS178/56. 프리치가 로베르트 제르파티우스에게 쓴 편지들에 따르면, 그는 뤼네부르크 지방법원의 결정을 뒤집기 위해 모든 법적 수단을 동원했으며, 그의 재심 신청이 거부된 데 대한 그의 항소는 결국 카를스루에 연방법원에서 기각되었다. 코블렌츠 연방기록원, AllProz 6. 오간 편지들은 Bestände 253과 Abteilung 4에 분산되어 있다.

43. 내가 우키 고니에게 플라타델마르에서의 아이히만의 교제에 대해 말하자 그는 깜

짝 놀랐다. 아이히만이 그렇게 돈이 많이 드는 곳으로 여행할 수 있었으리라고는 상상도 못 했기 때문이었다. 아이히만은 감옥에서 쓴 편지들에서 그곳의 친구들과 숙소를 감사히 언급했다.

44. 1960년 6월 1일에 아이히만이 심문관 아브너 W. 레스에게 한 말, 아브너 레스 유품, 취리히 연방기술공과대학 현대사 문서고, NL Less, 4.2.3.2.

45. 엄밀히 말하면, 우리는 이전 시대의 뮐러의 개인사에 대해서도 거의 알지 못한다. 지금까지 이야기되었던 내용의 대부분은 신뢰하기 어렵기로 악명 높은 아이히만의 주장에 근거한—불행히도 항상 이 점이 언급되는 것은 아니지만—것이다. 안드레아스 제거Andreas Seeger, 『"비밀 경찰 뮐러": 배후 조종자의 이력*"Gestapo Müller": Die Karriere eines Schreibtischtäters*』(베를린, 1996)의 참고 자료를 훑어보면 이 전기가 아이히만에게 얼마나 많이 의존했는지를 분명히 알 수 있다.

46. 보고서, 1958년 3월 19일, 미국 국립기록원, RG 263, CIA 아돌프 아이히만 파일. "아돌프 아이히만(201-047132)은 이스라엘에서 태어났고, 친위대 중령이 되었다. 그가 1952년부터 클레멘스라는 가명으로 아르헨티나에서 살고 있다는 보고가 있다. 유대인 대량학살에 책임이 있는 자임에도 불구하고 현재 그가 예루살렘에 거주 중이라는 소문도 있다."

47. 아이히만 파일에 속해 있는 이하의 단편적인 글들을 읽고 인용하도록 허락해준 연방헌법수호청에 감사드린다. 연방행정법원 7A 15.10, 자우레 대 연방정보국 사건에서 제출된 파일들에 대해서는 이 책 「막후극」을 보라.

48. 연방헌법수호청이 외무부에 보낸 서신, 「제목: 아르헨티나의 카를 아이히만. 참조: 없음」, 1958년 4월 11일, 3급 기밀문서(1971년 4월에 4급 대외비 문서로 보안 등급이 낮아짐).

49. 이와 관련된 소문은 무수히 많다. 예컨대 루돌프 폰 알펜슬레벤은 코르도바에 있는 프리치 소유의 집에서 살았다고 한다. 이에 대한 확인은 불가능했다.

50. 적어도 문제의 그 연방헌법수호청 파일들은 "기록보관소 소장 가능"으로 분류되었는데, 이는 향후 몇 년에 걸쳐 그 파일들이 연방기록보관소로 넘겨질 것임을 알려주는 기쁜 소식이다. 그러나 그것이 언제가 될지는 알 수 없다. 그럼에도 불구하고 내 질문에 답해준 연방헌법수호청에 감사한다. 2010년 12월 3일과 20일에 연방헌법수호청이 저자에게 보낸 서신.

51. 미하엘 프랑크Michael Frank, 『최후의 보루: 아르헨티나의 나치 인사들*Die letzte Bastion: Nazis in Argentinien*』(함부르크, 1962), 108쪽.

52. 1960년 7월 27일. 슈네펜, 『오데사와 제4제국』, 164쪽에서 인용됨.

53. 같은 책, 163쪽.

54. 1958년 7월 4일 외무부가 연방헌법수호청에 보낸 서신, ibid. 사본을 제공해준 연방헌법수호청에 감사한다.

55. 1954년 8월 11일 부에노스아이레스 주재 서독 대사관이 외무부에 보낸 서한, 212 아래, no. 2116/54. 외무부는 이 정보를 1954년 8월 25일에 연방헌법수호청에 전달했다(306 212-02/5.20973/54). 1958년 8월 21일의 답신 초안에서 상세히 인용됨. 이 초

안의 내용에 대해서는 아래 주 56 참고.

56. 연방헌법수호청이 외무부에 보내는 회신의 초안이 두 가지 있는데, 이것들은 의사결정 과정을 재구성할 수 있게 해준다. 첫 번째 초안에는, 아이히만 문제에서 추가로 발견된 사실이 있으면 연방헌법수호청에 보고해달라는 요청이 포함되어 있다. 이것은 줄을 긋는 것으로 지워져 있다. 두 번째 초안에는 주제 제목 외에 이에 대한 언급이 없다. 연방헌법수호청이 외무부에 보낸 서한, 손글씨로 수정 내용과 추가 내용이 적혀 있는 초안(3급 기밀문서였으나 1974년 4월에 4급 대외비 문서로 보안 등급이 낮아졌다)과 날짜가 삭제되었지만 수정 날짜가 1958년 8월 21일로 되어 있는 초안(3급 기밀). 프란츠 라데마허의 경우에 대한 언급도 몇 마디 포함되어 있는 이 서신이 이 형태로 보내졌는지는 확실치 않다.

57. 슈네펜, 『오데사와 제4제국』, 136쪽.

58. 이 자료집들은 뮌헨의 현대사연구소에서 편찬되었다. 현재 우리는 1954~1961년의 공백이 즉시 메워지기를 바랄 수 있을 뿐이다. 이 책에서는 최근에 나온 1962년도에 대한 자료집들을 참작했는데, 수록된 자료들이 워낙 선별적인 것이어서 유감스럽게도 빠르고 쉬운 과정이었다.

59. 모어와 1963년까지 부에노스아이레스 주재 대사를 지낸 그의 전임자 베르너 융커는 서로 잘 알았다. 그들은 1936년 난징 대사관에서 근무하던 중에 처음 만났다. 몇 가지 차이점과 간과된 어떤 점들이 포함된 그들의 삶에 대한 정보는 『1871~1945년 독일 외교 업무 인물 핸드북*Biographisches Handbuch des deutschen Auswärtigen Dienstes 1871~1945*』(파더보른, 2005) 제2권과 제3권을 보라.

60. 「우상들」, 360쪽, 40쪽. 모어가 1941년 2월 26일에 제국중앙보안청에 보낸 편지는 검찰 측 문서의 하나였다.

61. 후베르트 크리어 인터뷰. 댄 세턴Dan Setton, 『요제프 멩겔레: 결산 2007*Josef Mengele: The Final Account 2007*』(SET Productions, 2007).

62. 『파리 마치』 질문지에 대한 답변, 1962년 5월, 코블렌츠 연방기록원, AllProz 6/252.

63. 아이히만이 이스라엘에서 쓴 글 「납치 전사Vorgeschichte der Entführung」, 코블렌츠 연방기록원, AllProz 6/253.

64. 베라 아이히만 인터뷰, 『파리 마치』, 1962년 4월 29일. 2009년에 출판인 주트홀트 박사가 제공한 정보에 따르면, 주트홀트 박사에게 한 설명. 베라 아이히만의 진술, 1980년 드루펠출판사가 아르헨티나 문서들을 모아 출판한 책 『나, 아돌프 아이히만』에 수록. 또한 이 책의 「막후극」 참고.

65. 클라우스 아이히만 인터뷰, 『퀵』, 1966년 1월 2일.

66. 예컨대 미구엘 세라노Miguel Serrano, 『황금책*Das goldene Band*』(베텐, 1987). 히틀러가 영구적인 얼음 덩어리 속에 살아남아 있다는 전설은 간단한 인터넷 검색을 통해 알 수 있듯이 오늘날에도 여전히 존재한다. 하지만 인공 수정과 복제의 시대에 이루어진 현대적 변형은 서서히 완화되어, 히틀러가 다시 태어날 수 있도록 단지 자신의 "유전 물질"만 놔뒀다고 말하고 있다.

67. 1960년 5월 30일에 메르세데스-벤츠의 확인되지 않은 어떤 직원이 부사장 한스 마르틴 슐라이어에게 보낸 편지. 가비 베버Gaby Weber, 『다임러-벤츠와 아르헨티나 연루*Daimler-Benz und die Argentinien-Connection*』(베를린, 함부르크, 2004), 91쪽에서 인용됨.

68. 아이히만의 납치가 언론에 보도된 직후 멩겔레는 다음과 같이 썼다. "이제 알겠지, 내가 옳았다는 것을."

69. 「성전 기사단 따위는 없다: 아이히만의 출생지: 사로나가 아닌 졸링겐Doch kein Templer: Eichmanns Geburtsort: Solingen, nicht Sarona」, 『디차이트*Die Zeit*』, 1959년 9월 11일. 이 기사는 게하르트-F. 크라머가 쓴 이스라엘 보고서의 수정판이다. 그는 전 함부르크 검찰총장으로서 이 잡지에 기고했다.

70. 주로 가비 베버, 『다임러-벤츠와 아르헨티나 연루』, 87~95쪽. 지원서와 개인 신상 기록 사본은 슈네펜, 『오데사와 제4제국』, 160쪽 이하를 보라. 풀드너는 그 호의를 숨기지 않았고, 아이히만이 납치된 후 경찰에 한 진술에서 그것을 언급했다. 이 정보는 아르헨티나 주재 독일 대사관이 외무부에 보낸 보고서에도 나와 있다.

71. 1960년 5월 30일에 확인되지 않은 어떤 직원이 한스 마르틴 슐라이어에게 보낸 편지. 가비 베버, 『다임러-벤츠와 아르헨티나 연루』, 91쪽에서 인용됨. 베버는 그 편지가 진짜인지 의심한다. 그러나 그것의 내용은 아이히만의 조력자들이 스스로를 정당화하려 할 때 작성한 다른 글들에 완벽하게 부합한다.

72. 지금까지의 문헌에서 발견되는 금액들은 잘못된 환율에 기대고 있으며, 흔히 달러와 독일 마르크를 혼동한다. 남성의 평균 세전 월급은 일반적으로 약 600마르크로 제시된다. 이 정보를 제공할 수 있도록 도와준 독일연방은행 직원들에게 감사한다. 이 환율이 실제로 지불된 금액에 상응했다는 사실은 뒤러출판사가 독일 필자들에게 지불한 원고료 내역서에서도 파악할 수 있다. 프리치 서신 참고.

73. 가비 베버, 『다임러-벤츠와 아르헨티나 연루』, 페이지 번호 없는 부록에 수록된 사본. 1959년 4월 8일부터 6월 30일까지의 기간에 대해 리카르도 클레멘트는 1만 5216.6페소를 받았다.

74. 가비 베버의 데이비드 필치 인터뷰(부에노스아이레스, 2000), 가비 베버, 『다임러-벤츠와 아르헨티나 연루』, 91쪽.

75. 1939년 10월 16일에 아이히만이 네베에게 보낸 통신문. DÖW-Akt 17 072/a. 네베는 니스코로의 수송 때 "베를린 집시들"도 수송할 수 있을지 물었고, 아이히만은 기차에 "집시 객차 3~4량"을 추가하는 것을 제안했다.

76. 사선 녹취록 13:7.

77. 지몬 비젠탈, 『나는 아이히만을 쫓았다』(귀터슬로, 1961), 239쪽.

78. 헤르만 랑바인 유품, 오스트리아 국립기록원, E 1797. 이러한 활동에 대한 증거, 문서, 논평은 여러 폴더와 상자에서 찾아볼 수 있다. 예컨대 106번 폴더, 즉 1959년 초에 오르몬트와 교환한 서신도 참고하고, 독일과의 서신이 담긴 녹색 폴더도 참고하라(20:21—언론; 23:24—사법).

79. 1960년 6월 9일에 연방헌법수호청이 외무부에 보낸 서신(II/a2-051-P-20 364-

5a/60). 인용을 허락해준 연방헌법수호청에 감사한다.

80. 파울 디코프의 친구 중에 유명한/악명 높은 히틀러 숭배자인 프랑수아 주누가 있었는데, 디코프는 친위대와 나치 체제를 위해 주누와 함께 일한 이래 그와 밀접한 관계를 유지했다. 주누는 1960년부터 아이히만의 변호 자금을 모으는 일을 도왔다. 「막후극」 참고.

81. 저자가 프리츠 바우어의 옛 직원 두 사람과 나눈 대화. 두 사람은 자신의 이름이 거론되는 것을 원하지 않았다.

82. 아네테 바인케Annette Weinke, 『냉전기 독-독 관계사*Eine deutsch-deutsche Beziehungsgeschichte im Kalten Krieg*』(파더본, 뮌헨, 취리히, 빈, 2002), 151~157쪽.

83. F. J. P. 페알레F. J. P. Veale, 「아이히만 납치. 우연인가 연출인가?Eichmann-Entführung—Zufall oder Regie?」, 『유럽 민족』 11, 제1호(1961), 73~78쪽, 특히 73쪽.

84. 바우어는 1962년에 사선에게 배경 정보를 요청하는 편지를 썼는데, 사선의 답장에는 그들이 이전에 접촉한 적이 있음을 암시하는 내용이 전혀 없다. 1962년 7월 16일에 코모도로리바다비아의 빌럼 사선이 프랑크푸르트암마인의 바우어 검찰총장에게 보낸 편지. 보야크, 『아이히만의 회고』, 48쪽 이하, 218쪽에서 인용됨. 베를린 주립문서고의 직원이 내게 확인해준바, 안타깝게도 거기서 언급된 출처(베를린 주립문서고, Nr. 76, BRep 057-01)는 맞지 않는다. 가능성 있는 다른 문서고들(비스바덴의 헤센 중앙국립기록원, 프랑크푸르트의 프리츠 바우어 문서고, 본의 사회민주주의 기록원)에서도 그 편지를 찾을 수 없었다.

85. 일로나 치오크Ilona Ziok의 영화 「프리츠 바우어—할부 사망Firtz Bauer—Tot auf Raten」(2010)의 인터뷰.

86. 조사를 통해 슈나이더라는 이름을 가진 14명의 친위대원이 드러났다.

87. 2010년 12월 7일에 볼프강 라부스가 저자에게 보낸 이메일. 이 이메일은 평범한 내용을 담고 있음에도 불구하고 다른 네 명의 회사 사람이 참조하는 것으로 되어 있었다.

88. 2010년에 토마스 하를란이 저자에게 보낸 편지. 일로나 치오크의 영화 「프리츠 바우어—할부 사망」도 참고.

89. 쿠엔틴 레이놀즈 · 에프라임 카츠 · 츠비 알두비, 『아돌프 아이히만 사건: 죽음의 전권 대리인』(취리히, 1961), 201쪽에서도 언급되었다.

90. 이 공포의 장소에 대해서는 다음을 보라. 쥘러스 셸비스Jules Schelvis, 『소비보르 절멸 수용소*Vernichtungslager Sobibór*』(베를린, 1998); 토마스 "토비" 블라트Thomas "Tovi" Blatt, 『소비보르: 잊힌 봉기*Sobibór—der vergessene Aufstand*』(함부르크, 뮌스터, 2004).

91. 1967년 슈마이즈네르는 이 사업도 매각했고, 고이아니아에서 종이 재생 회사의 사장이 되었다. 그는 1989년에 사망했다. 쥘러스 셸비스, 『소비보르 절멸 수용소』, 291, 314, 220(사진)쪽; 리하르트 라시케Richard Lashke, 『소설 소비보르 탈출*Flucht aus Sobibór, Roman*』(게를링겐, 1998), 참고 자료 부록, 436쪽.

92. 더 정확히는 『소비보르의 지옥: 어느 유대인 청년의 비극*Inferno em Sobibór — A tragédia de um adolescente juden*』(리우데자네이루, 1968). 이 저작은 아직 번역되지 않았다.

93. 전 소비보르 수용소장 구스타프 프란츠 슈탕글Gustav Franz Stangl이 1969년에 이를 확인해주었다. 윌러스 셀비스, 『소비보르 절멸 수용소』에서 인용됨.

94. 지몬 비젠탈은 자신이 슈탕글을 찾아낸 것에 대해 여러 형태로 이야기했고, 톰 세게브가 이를 재구성했다. 세게브의 짐작에 따르면, 비젠탈은 실질적인 정보를 제공하지 않았는데, 분명 슈마이즈네르에 대한 참고 자료를 발견하지 못하고 문서고의 확연한 구멍만을 발견한 것이었다. 톰 세게브, 『지몬 비젠탈』, 327쪽 이하. 훗날 슈마이즈네르는 다른 소비보르 생존자들과의 대화에서 슈탕글에 대한 기억을 이야기했다. 그가 바그너와 조우해 바그너를 알아봤던 때의 사진들이 존재한다. 지몬 비젠탈, 『복수가 아닌 정의』(프랑크푸르트암마인, 베를린, 1998), 127쪽도 보라.

95. 윌러스 셀비스는 소비보르에 대한 자신의 책을 위해 슈마이즈네르와의 긴 인터뷰를 진행했다. 윌러스 셀비스, 『소비보르 절멸수 용소』, 314쪽. 브라질에서 비젠탈을 도운 언론인 마리오 치마노비치는 바그너가 살해되었다고 확신했다. 마리오 치마노비치의 톰 세게브 인터뷰, 2008년 10월 29일. 또한 톰 세게브, 『지몬 비젠탈』, 374쪽을 보라. 심지어 경찰의 사진들도 바그너 스스로 목을 맸다는 이야기를 반박한다.

96. 이튿날 『아르헨티나 타게블라트』를 포함해 거의 모든 신문에 이 기사가 실렸다. 여기서는 1959년 12월 24일자 『슈베비셰 알프차이퉁』을 인용했다.

97. 톰 세게브, 『지몬 비젠탈』, 177쪽.

98. 하인츠 바이벨-알트마이어Heinz Weibel-Altmeyer, 「아이히만 사냥Jagd auf Eichmann」, 『노이에 일루스트리어테』, 1960년 6월 11일~7월 8일, 5부작 연재 기사.

99. 1960년 6월 9일에 연방헌법수호청이 외무부에 보낸 편지(II/a2-051-P-20364-56a/60). 인용을 허락해준 연방헌법수호청에 감사한다.

100. 1960년 6월 9일에 연방헌법수호청이 외무부에 보낸 편지(II/a2-051-P-20364-56a/60).

101. 1960년 2월 12일에 랑바인이 독일산업연맹에 보낸 편지. 1960년 4월 26일에 독일산업연맹이 국제아우슈비츠위원회에 보낸 편지. 이 두 편지는 랑바인 유품, 오스트리아 국립기록원, E1797-25, 녹색의 서신 폴더, 독일 A-C에 포함되어 있다.

102. 이런 종류의 모든 일에서 그랬듯이, 랑바인은 먼저 프랑크푸르트 검사인 헨리 오르몬트에게 이 편지로 인해 어떤 피해를 끼치게 될지 물었다. 증거는 오르몬트 서신 폴더, 랑바인 유품, 오스트리아 국립기록원. 오르몬트, 랑바인, 바우어 사이의 연결에 대해서는 이 책의 「막후극」 참고.

103. 1960년 6월 9일에 연방헌법수호청이 외무부에 보낸 편지(II/a2-051-P-20364-5a/60).

104. 1959년 8월 20일에 에르빈 쉴레가 투비아 프리트만에게 보낸 편지. 투비아 프리트만 편, 『아이히만 체포』에 수록.

105. 「이스라엘과 아이히만 사건Israel und der Fall Eichmann」, 『아르헨티나 타게블라트』, 1959년 10월 16일.

106. 투비아 프리드만Tuviah Friedman, 『우리는 결코 잊지 않을 것이다*We shall not forget*』(하이파, 연도 없음)에 일부 언론 기사의 사본이 수록되어 있다. 수사 당국은 프리드만의 독자적 행동이 불러온 문제들에 점점 더 많이 직면하게 되었다. 1970년대에 지몬 비젠탈과 나치 범죄자 기소 본부 사이에 오간 서신(루트비히스부르크 연방기록원)을 보라. 또한 1961년에 디트리히 초이크가 루트비히스부르크에 제출한 보고서도 보라. 둘 다 루트비히스부르크 연방기록원의 나치 범죄자 기소 본부 컬렉션에 포함되어 있다.

107. 언론을 상대로 꾸며낸 바우어의 발언과 1959년 10월 13일에 영국 외무장관이 취한 입장에 의거함. 이 작전은 1960년까지 계속되었다. 소규모 신문들에서도 증거가 보인다. 여기서 검토한 매체들은 『프랑크푸르터 알게마이네 차이퉁』 『프랑크푸르터 노이에 프레세』 『타임스』(런던) 『디타트』 『슈베비셰 알프차이퉁』 『벨트보헤』 『도이체 보헤』 『노이에스 외스터라이히』다.

108. 『도이체 보헤』, 1960년 1월 27일.

109. 1959년 12월 16일에 연방 법무부가 외무부에 보낸 답신. 슈네펜, 『오데사와 제4제국』, 163쪽에서 인용됨. 슈네펜은 어느 문서고인지를 언급하고 있지 않지만, 보통 외무부의 정치 문서고를 참고한다.

110. 이것이 악의적이라고 생각하는 사람이라면 아돌프 폰 타덴의 유품을 몇 시간쯤 살펴보기를 권한다. 수천 통의 편지로 이루어진 타덴의 서신 칸에는 진정 악의적인 험담과 소문이 포함되어 있다. 사선은 타덴의 매체에 최소한 하나의 기사를 썼다(『제국의 사명』, 1955년 10월 29일). 타덴은 심지어 사선을 공개적으로 비난하기까지 했다. 드루펠출판사에서 나온 출판물에 대한 리뷰와 관련해서는 이 책의 「막후극」 참고.

111. 1960년 6월 9일에 연방헌법수호청이 외무부에 보낸 편지(II/a2-051-P-20364-5a/60). 연방헌법수호청에 감사한다.

112. 「네오나치 지도자는 'MI6 요원이었다'Neo-Nazi leader 'was MI6 agent'」, 『가디언』, 2002년 8월 13일. 타덴은 자신이 영국을 위해 간첩 활동을 했을 수도 있음을 뒷받침하는 모든 증거를 자신의 유품에서 철저히 제거했다.

113. 클라우스 아이히만 인터뷰, 『퀵』, 1966년 1월 2일.

114. 투비아 프리드만과의 서신 교환. 투비아 프리드만 편, 『아이히만 체포』.

115. 루트비히스부르크 연방기록원의 나치 범죄자 기소 본부 컬렉션, III24/28.

116. 아리 타르타코버에 대해 이야기하는, 1971년 4월 27일에 프리드만이 헤르만에게 보낸 편지, 투비아 프리드만 편, 『아이히만 체포』.

117. 1960년 3월 28일에 헤르만이 프리드만에게 보낸 편지, 투비아 프리드만 엮음, 『아이히만 체포』.

118. 프리드만은 1971년의 편지들에서 헤르만에게 사과했다.

119. 그 결정에 대해서는 한나 야블론카의 역작 『이스라엘 대 아돌프 아이히만』(뉴욕,

2004)을 보라.

120. 한나 야블론카, 『이스라엘 대 아돌프 아이히만』, 15쪽 이하; 톰 세게브, 『지몬 비젠탈』, 178쪽.

121. 흥미롭게도 나는 헤르만 랑바인 유품(오스트리아 국립기록원, 아이히만 언론 폴더)에서도 한 부를 발견했다.

122. 그들의 유년기 사진을 보면 그때부터 이미 형제들이 얼마나 비슷했는지를 알 수 있다.

123. 또한 톰 세게브, 『지몬 비젠탈』, 180쪽을 보라.

124. 아하로니는 1959년 3월에 어떤 임무를 맡았는지 말하지 않았다.

125. 「나의 도주」, 26쪽, 코블렌츠 연방기록원, AllProz 6/247.

126. 「납치 전사」(납치의 배경), 1961년 11월 7일로 기록되어 있음. 방대한 양의 「구속 보고서Verhaftungsbericht」, 날짜는 없지만 재판 시작 전에 쓰였음, 코블렌츠 연방기록원, AllProz 6/253. 이 내용은 아이히만의 글 「나의 도주」(1961년 3월), 코블렌츠 연방기록원, AllProz 6/247과도 일치한다.

127. 아이히만이 자진해서 아르헨티나를 떠나 다른 여러 곳을 거쳐 이스라엘로 갔다는 설이나 아르헨티나가 그를 넘겨주었다는 설이 여전히 존재한다. 하지만 오늘날에도 누군가 이런 설을 계속 지지하는 이유로서 납득 가능한 단 하나는 아이히만이 서면 증언과 법정 진술 모두에서 거짓말을 하도록 강요받았다는 증거일 것이다. 이를 뒷받침하는 증거라 할 만한 것은 없다. 철저한 자료 조사에 기초하면, 아이히만이 이스라엘로 가는 데 동의했다는 생각이나 납치 시나리오 아닌 다른 시나리오는 전혀 성립되지 않는다.

128. 클라우스 아이히만 인터뷰, 『퀵크』, 1966년 1월 2일. 베라 아이히만은 1962년 4월 29일의 『파리 마치』 인터뷰에서 이 꿈에 대해 이야기했다.

129. 「납치 전사」, 1961년 11월 7일, 코블렌츠 연방기록원, AllProz 6/253; 「나의 도주」, 28쪽.

130. 아이히만 자신의 보고서 또한 자세한 정보를 제공하며, 이는 관련자들의 다른 진술에 의해 뒷받침된다.

131. 잉게 슈나이더가 이 점을 확인해주었다. 그녀는 유럽에서 살고 있었는데, 이 시기에 미프 사선이 그녀를 찾아와 머물렀다. 룰프 반 틸의 잉게 슈나이더 인터뷰(2005).

132. 베라 아이히만 인터뷰, 『파리 마치』, 1962년 4월 29일; 풀드너가 아르헨티나 경찰에 한 매우 절제된 진술; 클라우스 아이히만 인터뷰, 『퀵크』, 1966년 1월 2일.

133. 클라우스 아이히만 인터뷰, 『퀵크』, 1966년 1월 2일; 몬이 제르파티우스에게 보낸 편지, 제르파티우스 보고서, 코블렌츠 연방기록원, AllProz 6/253.

134. 클라우스 아이히만과 그의 가족은 처음에 자신들의 아파트에 머물렀다가 한동안 언론의 시선에서 사라졌다. 1960년 5월 23일 이후 언론은 부에노스아이레스에서 아이히만의 흔적을 찾기 시작했다. 머지않아 『유럽 민족』에서 『슈피겔』에 이르기까지 신문

들에 이스라엘을 향한 경고가 실렸다. 그들이 아이히만 가족에게 손을 대면 "유대인"의 평판이 손상될 것이라는 내용이었다.

135. 나중에 밝혀진 사실이지만, 당시 부에노스아이레스 주재 대사였던 베르너 융커는 자신을 기용한 사람인 하인리히 폰 브렌타노에게 정보를 자주 숨겼다.

136. 레이먼드 레이의 호세 모스코비츠 인터뷰(2009). 모스코비츠 씨는 불완전하지만 이해 가능한 독일어로 말한다. 그의 발언 내용은 오해의 여지가 없다. 더 따져 물어도 그는 이 시점에 대해 여전히 절대적으로 확신했다.

137. 톰 세게브, 『지몬 비젠탈』, 410쪽 이하.

138. 모든 관련자가 이러한 사실을 확인해준다. 모스코비츠는 레이먼드 레이와의 2009년 인터뷰에서 자신이 제공한 도움을 언급한다. 그는 심지어 아하로니가 가명으로 대사관을 방문하는 것을 성사시켰다. 톰 세게브는 비젠탈의 사적 문건들 내에서 비젠탈과 모스코비츠 간의 광범위한 서신을 발견했다. 츠비 아하로니는 비록 나중에야 모스코비츠의 이름을 밝히기는 하지만, 처음부터 그를 협력자로 언급한다. 모스코비츠는 아하로니가 정보를 얻도록 도왔고, 모사드 팀을 위해 눈에 띄지 않게 아파트와 자동차를 임대했다. 심지어 이세르 하렐도 부에노스아이레스의 한 헝가리인이 경찰에 좋은 연줄을 갖고 있었고, 아하로니와 접촉하는 사람이었다고 암시한다. 이세르 하렐, 『가리발디 거리의 집: 아돌프 아이히만의 체포』(1997), 35쪽. 모스코비츠와 아하로니의 가명은 밝혀져 있지 않다.

139. 여기서도 모스코비츠, 아하로니, 하렐의 설명이 서로 모순되지 않는다.

140. 서독 연방정부의 출판물 『반유대주의 및 나치 사건들: 연방정부 백서 및 성명*Die Antisemitischen und nazistischen Vorfälle. Weißbuch und Erklärung der Bundesregierung*』(본, 1960), 36쪽.

141. 『슈피겔』, 1960년 6월 15일.

142. 연방정보국의 아이히만 파일이 2010년에도 공개되지 못하는 이유에 대한 연방총리실의 해명(해당 문서의 3쪽). 좀더 자세한 내용은 이 책의 「막후극」 참고.

143. 1960년 8월 30일에 롤프 포겔이 귄터 딜에게 보낸 편지. 라파엘 그로스Raphael Gross, 『예의 바름: 민족사회주의 윤리*Anständig geblieben: Nationalsozialistische Moral*』(프랑크푸르트암마인, 2010), 197쪽에서 인용됨. 현대사연구소, 뮌헨, B145, 1132.

144. 베르너 융커의 사선에 대한 보고서, 1960년 11월 29일, PA AA B83, 55권. 1960년 12월 1일에 브렌타노가 얀츠에게 보낸 편지. 『공직과 과거』, 608쪽 이하에서 인용됨. 여기서도 아이히만 납치에 대한 외무부의 자세한 반응을 볼 수 있다. 하지만 1950년대의 아르헨티나 내 나치 공동체를 아우르는 문건들에 대한 조사에서는 분명 거의 아무것도 발견되지 않았다.

145. 1962년 12월 13일에 베르너 융커 대사가 외무부에 보낸 편지. 『1962년 서독 외교정책 문서집*Akten zur Auswärtigen Politische Bundsrepublik Deutschland 1962*』(뮌헨, 2010), 2060~2061쪽에 수록되어 있다(dokument 483).

146. 이름트루트 보야크, 『프리츠 바우어 전기 1903~1968』 참고.

147. CIA에 대해서는 리처드 브레이트먼 편, 『미국 정보부와 나치』(워싱턴 D.C., 2004) 참고.

148. 『공직과 과거』, 609쪽.

149. 같은 책, 600쪽 이하.

150. 이 이중 부기는 코블렌츠 연방기록원 내의 제르파티우스 문건에서 분명하게 확인된다. 여기에는 자세한 재무제표가 포함되어 있다. 아이히만 변호를 위한 재정에 대해서는 이 책의 「막후극」 참고.

151. 『공직과 과거』, 614쪽에 나와 있는, 장관들을 상대로 쓴 엄격한 기밀 메모에서 인용.

152. 1962년 1월 22일에 아데나워가 벤구리온에게 보낸 편지. 『1962년 서독 외교 정책 문서집』(뮌헨, 2010), 206~207쪽에 수록되어 있다(dokument 37).

153. 1960년 말까지의 사건들은 연방행정법원 소송(사건 번호 7A 15.10, 자우레 대 연방정보국 사건) 별첨 파일에 기록되어 있다. 연방정보국 파일 121 099, 1964(1960년 6월 3일의 "외무부 질의에 대한auf AA-Anfrage" 편지) 및 1784(1960년 8월 11일). 인용을 허락해준 크리스토프 파르치에게 감사한다.

154. 가족들은 이 고시문에 대해 분명히 거리를 두었다. 필리프 트라포이어, 『어느 살인자의 목소리』 참고.

155. 1960년 7월 23일자 오스트리아 신문 『폴크스빌레』에 실린 「아이히만은 바티칸을 거쳐 갔다Eichmanns Weg führte über den Vatikan」. 이 기사는 당시의 다른 기사들에 비해 대단한 정통함을 보여준다.

156. 아르헨티나 연방경찰, 아이히만 납치에 대한 보고서, 1960년 6월 9일, 아르헨티나 국립문서고, DAE, 보르만 파일, 77~79쪽. 우키 고니, 『오데사』, 296쪽에서 인용됨.

157. 『쿠리어』, 1960년 5월 31일 등등.

158. 티모시 나프탈리, 「CIA와 아이히만의 동료들」, 341~343쪽 참고. 밀덴슈타인의 이집트 활동에 대해서는 카이로에서 나온 CIA 보고서 「연합군-이스라엘의 이집트 침공Combined Allied-Israeli Invasion of Egypt」, 1957년 1월 3일, 미국 국립기록원, RG 263, CIA 레오폴트 폰 밀덴슈타인 파일 참고.

159. 아이히만의 원수를 갚고 프리츠 바우어를 죽이겠다는 위협(내가 아는 한 유일한 위협)은 프리드리히 슈벤트의 개인 문서고에서 발견된 악명 높은 "오데사 의정서ODESSA protocol" 안에 있다. 이 특이한 글은 1965년 6월에 스페인에서 열린 친위대 비밀결사 회의에서 나온 보고서라고 한다. (날짜는 오랫동안 불분명했다.) 이 "의정서"에는 프리츠 바우어 살해 주장이 담겨 있다. 하지만 슈벤트가 위조 전문가인 만큼, 이것이 위조된 것인지 아니면 과도하게 야심적인 남자들의 술자리에서 나온 것인지 판단할 수 없다. 함부르크 사회연구소 문서고, 슈벤트 문건.

160. 1961년 3월 3일에 나온 보고서, 미 국립문서고, RG 263, CIA 아돌프 아이히만 파일. 오토 스코르체니 자신이 이 보고서의 출처였을 수도 있다. 암살 계획 이야기는 아마도 동독의 선전으로 직접 거슬러 올라갈 것이다. 1960년 5월 29일에 『베를리너 차이퉁』은 「아이히만—쿠웨이트 내 본 대기업의 중개자Eichmann—ein Mittelsmann

Bonner Konzerne in Kuweit」라는 기사에서 연방정보국 국장 겔렌이 서독의 나치 인사들을 보호하기 위해 아이히만 청산을 직접 지시했다고 보도했다.

161. 울리히 클라인Ulrich Völklein, 『요제프 멩겔레: 아우슈비츠의 의사*Josef Mengele: Der Arzt von Auschwitz*』(괴팅겐, 2003), 270쪽 이하.

162. 아르헨티나 통신원 "니콜라우스 엘레르트"가 쓴 그 『프랑크푸르터 알게마이네 차이퉁』 기사는 분명 빌프레트 폰 오벤과 호르스트 카를로스 풀드너의 정보에 기초한 것이다.

163. 프리드리히 파울 헬러Friedrich Paul Heller · 안톤 메게를레Anton Maegerle, 『툴레: 민족 심령론에서 신우익까지*Thule: Vom völkischen Okkultismus bis zur Neuen Rechten*』(슈투트가르트, 1995), 93쪽 참고.

164. 부에노스아이레스 경찰 보고서. 우키 고니, 『오데사』, 296쪽에서 인용됨.

165. 「아이히만, 통칭 클레멘트, 고강도 수사를 받는 유대인 박해자Eichmann, alias Klement. Jodenvervolger in zwaar verhoor」, 『폴크스크란트』, 1960년 6월 8일.

166. 사스키아 사선은 여전히 아버지가 아이히만을 참을 수 없어 했다고 확신한다. 하지만 아이히만에게 동조하는 그의 글과 아이히만 변호를 후원하기 위한 훗날의 그의 노력은 다른 이야기를 해준다. 사선은 『라 라손』과의 인터뷰에서 자신의 미국식 별명을 언급했다.

167. 「'최종해결'의 관리자Der Manager der 'Endlosung'」, 『비더슈탄츠켐퍼*Wiederstandskämpfer*』(오스트리아), 1960년 5~6월. 「아이히만: 대량학살의 관리자Eichmann: Manager des Massenmordes」, 『아르바이터차이퉁』, 1960년 5월 25일.

168. 「범죄에는 조국이 없다. 아이히만 재판이 드리운 그 그림자Der Verbrechen hat kein Vaterland. Der Eichmann-Prozeß wirft seine Schatten voraus」, 『귀향*Heimkehr*』, Jg. 12(괴핑겐, 1961), 6:1.

169. 「화제의 재판 미리 보기Vorschau auf einen Sensationsprozeß」, 『유럽 민족』 11, 제4호(1961), 37~41쪽, 여기서는 41쪽.

170. 1962년 6월 7일자 일기의 복사본이 슈네펜, 『오데사와 제4제국』, 155쪽에 나와 있으며, 헤센 중앙국립기록원을 출처로 제시하고 있다. 하지만 한 조사에 의해 드러난 바, 이 문서고에 멩겔레의 일기가 일부 존재하긴 하지만 그중에 이 일기는 포함되어 있지 않다. 또한 클라인, 『요제프 멩겔레: 아우슈비츠의 의사』, 270쪽에서 인용되었다.

171. 1961년 4월 17일에 아이히만이 가족에게 보낸 편지, 6쪽, 코블렌츠 연방기록원, AllProz 6/165.

172. 멩겔레의 일기, 처형 소식을 들은 직후인 1962년 6월 1일. 클라인, 『요제프 멩겔레: 아우슈비츠의 의사』, 270쪽에서 인용됨.

173. 아이히만은 실제로 "평가를 만들어내도록"이라고 썼다. 그의 면죄의 불가능성의 근거가 될 어떤 보편적이고 인간적인 "권리" 개념이 존재하기 때문에 자연권이 특정 시기와 무관하게 존재한다는 것을 그는 이해하지 못했다.

6장 역할 변경

예루살렘의 아이히만

1. 검찰 측 문서 T/3.

2. 아브너 W. 레스, 아브너 레스 유품, 취리히 연방기술공과대학 현대사 문서고, NL Less, 4.2.3.2.

3. 『3호실 대화*Gespräch in 3*』와의 아브너 W. 레스 인터뷰, 아브너 레스 유품, 취리히, NL Less, 테이프 7.1 X.

4. 다큐멘터리 「인간의 모습: 아돌프 아이히만Erscheinungsform Mensch: Adolf Eichmann」(함부르크, 1978~1979)을 위한 아브너 W. 레스 인터뷰, 아브너 레스 유품 중 카세트, 7.1 IX.

5. 「나의 도주」, 39쪽, 코블렌츠 연방기록원, AllProz 6/247.

6. 아이히만이 이스라엘에서 다시 다듬은 이 이야기는 그의 가장 성공적인 허구 중 하나였다. 그가 아르헨티나에서 여러 차례 설명했듯이, 그는 의사 기록을 각 부처에 제출하기에 앞서 그것을 "언어 규칙"에 맞게 검열하는 일을 담당했다. 하이드리히는 그 회의에서 아이히만을 모든 참석자의 접점이 되는 존재로서 소개했고, 이후 모든 참석자가 그를 그렇게 대했다. 어째서 누구나 아이히만이 의사록을 기록하는 일을 담당했을 수도 있다고 여겼는지는 미스터리다. 무엇보다 그는 그 일에 훈련되어 있지 않았기 때문이다. 아이히만은 진짜 기록자를 지휘하는 사람이었다. 인용문은 「여기 교수대에 직면해서도Auch hier im Angesicht des Galgens」, 코블렌츠 연방기록원, AllProz 6/193, 16쪽.

7. 1962년 5월 『파리 마치』의 질문지에 대한 답변, 코블렌츠 연방기록원, AllProz 6/252.

8. 「여기 교수대에 직면해서도」, 코블렌츠 연방기록원, AllProz 6/193. 22쪽.

9. 특히 그의 글 「나의 존재와 행동Mein Sein und Tun」, 코블렌츠 연방기록원, AllProz 6/253, 8쪽에서.

10. 1951년 6월 12일자 『흑군단*Das Schwarze Korps*』의 기사 「관료의 토대Die Grundlagen der Bürokratie」는 친위대 사상에 따른 새로운 관료주의의 인상적인 이미지를 발전시킨다.

11. 초기 다큐멘터리 「인간의 모습: 아돌프 아이히만」, 그리고 언급된 모든 사람의 진술과 인터뷰 참고.

12. 이는 데이비드 세자라니, 『아이히만: 그의 삶과 범죄』에 수록된 여러 사진도 마찬가지다. 아이히만의 얼굴은 너무 비대칭적이어서 반전을 쉽게 알아볼 수 있다. 제복도 방향을 명확히 보여준다.

7장 막후극

1. 라울 힐베르크Raul Hilberg, 『홀로코스트의 기원 이해와 해석*Die Quellen des Holocaust entschlüsseln und interpretieren*』(프랑크푸르트암마인, 2002), 189쪽.

2. 전 공군 장교 몬이 아르헨티나 문서들을 찾고 있던 아이히만의 변호인 로베르트 제르파티우스에게 보낸 편지에 따르면, 사선과 클라우스 아이히만은 5월 12일에 메르세데스-벤츠사의 그의 사무실에 나타났다. 제르파티우스 보고서, 「저작권자 아돌프 아이히만, 발행인 미국 라이프사Betrifft: Urheberrecht ADOLF EICHMANN, Veröffentlichung LIFE. USA」, 코블렌츠 연방기록원, AllProz 6/253, 10~17쪽(이후 '제르파티우스 보고서'로 표기).

3. 룰프 반 틸의 잉게 슈나이더 인터뷰.

4. 「나의 도주」, 31쪽, 코블렌츠 연방기록원, AllProz 6/247.

5. 따라서 언론과 문헌이 아이히만의 육필 텍스트에서 인용한 내용은 조심스럽게 사용되어야 한다. 1960년부터 1979년까지 급하게 만들어진 전사본들은 완전히 신뢰할 수 없다. 하지만 아이히만의 필체 때문에 끔찍하게 곤혹스러운 사람은 누구든 내게 연락하면 된다. 이 연구 과정에서 대부분의 육필 텍스트의 전사본이 생성되었기 때문이다. 반면에 녹음테이프들은 1957년 녹음이 이루어지자마자 녹취록으로 만들어졌다. 마지막 73번 테이프 녹취록에서도 아이히만이 손글씨로 적어놓은 수정 사항들을 볼 수 있다.(2, 3, 6, 7, 8쪽)

6. 사선의 딸은 가족이 연속 용지를 깔끔하게 잘라놓아야 했던 일, 그리고 그 종이 위에 텍스트가 타자되던 긴 밤들을 기억한다. 원본에서는 지금도 이런 절단 모서리를 볼 수 있다. 주

7. 복사기 기술의 역사에 대한 지식은 아르헨티나 문서 각각에 대한 판단에서 매우 중요하다. 아이히만 재판 기간에 제록스 복사기로의 전환이 이루어지고 있었다. 일반 용지에 건식 복사본을 만들어내는, 오늘날 우리에게 친숙한 복사기는 1960년 초에야 출시되었고, 이후 개인 사무실과 공공 사무실에서 점점 널리 쓰였다. 사선과 헤센주 검찰총장 사무실은 감광지를 사용하는, 카메라 기술에 기반한 포토스탯 복사기를 주로 사용했다. 아이히만 재판에서는 반사 복사본과 서모팩스 복사본도 사용되었다.

8. 사선이 제르파티우스에게 보낸 편지들은 코블렌츠 연방기록원, AllProz 6/253에 보관되어 있다. 여기서 말하는 편지는 1961년 1월 13일자. 사선은 초기 인터뷰들에서 비슷한 말을 했다.

9. 심지어 『슈피겔』은 아이히만의 감방 바로 아래에 고문실이 있을 것이고, 아이히만이 그곳에서 이스라엘 사람들이 좋아하지 않는 발언과 관련해 마음을 바꾸게 될 것이라고 자세히 상상했다. 『슈피겔』, 1960년 6월 15일.

10. 코블렌츠 연방기록원, AllProz 6/253, 18~19쪽, 70~71쪽에 사본이 있다. 베라 아이히만이 린츠의 시동생에게 보낸 사본이다. 몬이 제르파티우스에게 보낸 편지에 따르면, 베라 아이히만은 자신의 "언론 고문"에게 압박감을 느꼈다. 제르파티우스 보고서.

11. 때로는 비현실적인 금액이 이야기되기도 한다. 사선은 거래에 그다지 능숙하지 않았고, 도움 없이 혼자서 아이히만 문서들의 판매를 성사시키려 서두르다보니 중대한

실수를 범했다. 경험 부족으로 인해 그는 『라이프』 기사들에 대한 저작권을 잃었는데, 만약 『라이프』가 그 텍스트들의 편집을 사실상 그에게 맡겨두었다면 그는 저작권을 계속 유지했을 것이다. 제르파티우스는 판매 가격에 대한 5만 달러에서 120만 달러 사이의 추측들을 발견할 수 있었다. 다음을 참고하라. 1960년 11월 26일의 제르파티우스 보고서, 코블렌츠 연방기록원, AllProz 6/253. 1960년 12월 5일에 제르파티우스가 로베르트 아이히만에게 보낸 편지, 코블렌츠 연방기록원, AllProz 6/253.

12. 1960년 11월 28일에 제르파티우스가 베라 아이히만에게 보낸 편지, 코블렌츠 연방기록원, AllProz 6/253.

13. 프론디시는 1960년 6월 14일부터 7월 10일까지 유럽을 여행했는데, 이는 떠난 시점으로서는 너무 늦고 돌아온 시점으로서는 너무 일렀다. 하지만 사선은 페론 이후에도 계속 대통령들과 접촉했다. 국립문서고의 사진 한 장은 그가 아르투로 움베르토 일리아 대통령과 함께한 모습을 담고 있으며, 여기에는 루델도 나와 있다. 우키 고니에게 감사한다.

14. 『슈테른』은 오랜 침묵 끝에 이 정보를 밝혔다. 『슈테른』, 2010년 6월 24일.

15. 사스키아 사선은 아버지가 『슈테른』 『슈피겔』 『라이프』에 대해 말했다고 거듭 밝혔다. 나로서는 아직 이 영역을 철저히 연구할 수 없었다.

16. 보고서, 19660년 12월 1일, 미 국립문서고 RG 263, CIA 아돌프 아이히만 파일.

17. 로베르트 펜도르프Robert Pendorf, 『살인자와 살해당한 자들: 아이히만과 제3제국의 유대인 정책*Mörder und Ermordete. Eichmann und die Judenpolitik des Dritten Reiches*』(함부르크, 1961), 7쪽.

18. 내가 지금까지 입증하지 못한 소문에 따르면, 『슈피겔』은 자료를 검토했고, 그 자료의 사용을 거절했으며, 자료를 "뮌헨으로" 보냈다. 사스키아 사선의 말에 따르면 그녀의 아버지는 자신이 『슈피겔』의 통신원이기도 했다고 주장했고, 뮌헨의 한 정보원이 쓴 1960년 12월 1일자 CIA 보고서에 따르면 사선은 『슈피겔』과 『슈테른』에 80쪽 분량의 문서를 팔았다. 미 국립문서고, RG 263, CIA 아돌프 아이히만 파일. 사스키아 사선의 저자와의 인터뷰 및 편지(2009).

19. 제르파티우스는 이 계약서를 조사한 결과, 5만 네덜란드 플로린(약 5만 독일 마르크)이 넘는 수수료가 있음을 밝혔다. 이 계약서는 네덜란드 영화 제작자 룰프 반 틸이 네덜란드의 문서고들에서 일부 사선 자료의 사본을 발견한 이유를 설명해줄 수 있다. 제르파티우스가 로베르트 아이히만에게 보낸 편지, 코블렌츠 연방기록원, AllProz 6/253, 30~32쪽. 룰프 반 틸이 저자와 나눈 대화(2004).

20. 심문, 1960년 6월 5일, 397쪽.

21. Ibid.

22. 제르파티우스 보고서, 1960년 11월 26일, 코블렌츠 연방기록원, AllProz 6/253. 1960년 12월 5일에 제르파티우스가 로베르트 아이히만에게 보낸 편지, 코블렌츠 연방기록원, AllProz 6/253.

23. 1960년 11월 30일의 제르파티우스 보고서와 편지.

24. 프랑수아 주누와 한스 레헨베르크, 그리고 이들과 아이히만의 관계에 대한 자세한 내용은 대단히 충실한 조사를 보여주는 빌리 빙클러Willi Winkler의 책 『그림자 사나이: 괴벨스에서 카를로스까지: 프랑수아 주누의 수수께끼 같은 삶*Der Schattenmann: Von Goebbels zu Carlos: Das mysteriöse Leben des François Genoud*』(베를린, 2011), 특히 9장을 참고하라. 카를 라스케Karl Laske, 『히틀러와 카를로스 중간의 삶: 프랑수아 주누*Ein Leben zwischen Hittler und Carlos: François Genoud*』(취리히, 1996)는 참고할 필요가 있지만 상세함이 덜하다. 주누와의 인터뷰는 피에르 페앙, 『극단주의자: 프랑수아 주누, 히틀러에서 카를로스까지』(파리, 1996) 257쪽 이하. 스위스 로망드 방송사의 다큐멘터리 「히틀러에서 카를로스까지의 극단주의자들L'Éxtrémiste de Hitler á Carlos」(1996)에는 상당한 원본 인터뷰들이 담겨 있다.

25. 제르파티우스는 프리츠 자우켈의 변호인이었고, 레헨베르크는 발터 풍크를 변호했다.

26. 린츠 서신에서 레헨베르크와 "그의 친구 G."가 재판 자금 조달자로 언급되었고, 제르파티우스의 유품에는 더욱 명확한 증거가 있다. 코블렌츠 연방기록원, AllProz 7/227, 253, 257 이하. 제르파티우스는 독일 정부가 재판 비용을 공식적으로 책임지게 하려 애썼지만 실패했다. 결국 이스라엘 측이 그의 보수를 지급했다. 주누와 레헨베르크가 모금한 상당한 자금은 공식적으로는 신고되지 않았다. 그러나 제르파티우스의 유품 중에 있는 계산서는 레헨베르크의 역할을 분명히 보여준다. 레헨베르크는 또한 CIA의 감시를 받고 있었다. 자세한 내용은 미 국립문서고, RG 263, CIA 한스 레헨베르크 파일에서 찾을 수 있고, 프란츠 라데마허 파일에서도 찾을 수 있다. 또한 연방정보국 파일 121 099는 레헨베르크가 연방정보국의 정보원 중 한 명이었고, 연방정보국에 변호 자료를 전달했으며, 또한 연방정보국은 재판 자금 조달 활동에 대한 정보를 계속 제공받았음을 보여준다.

27. 페터 보크Peter Woog, 육필 메모, 1965년 2월 24, 취리히 연방기술공과대학 현대사 문서고, JUNA 문서고/567, 페터 보크.

28. 7월 25일의 회의에서 에버하르트 프리치는 변호인 제르파티우스에게 유럽 독점권을 대가로 협력과 모든 문서의 제공을 약속했다. 제르파티우스 보고서.

29. 제르파티우스 보고서, 1960년 11월 26일, 코블렌츠 연방기록원, AllProz 6/253. 로베르트 제르파티우스와 한스 레헨베르크 간 편지, 코블렌츠 연방기록원, AllProz 6/253.

30. 지금까지 아이히만 파일에서 제시된 많은 문서는 아이히만이 했을지도 모르는 말에 대한 때때로 엄청난 두려움의 집합이다. 공개된 아르헨티나 문서들의 모든 페이지는 이름을 찾기 위해 면밀히 조사되었다. 이 작업은 프리츠 바우어가 주문한 만큼 철저하지는 않았지만, 이름들의 목록은 아주 유용했다. 연방행정법원 7A 15.10, 자우레 대 연방정보국 사건 첨부 문서, 연방정보국 파일 121 099, 1~66쪽; 100 470, 181~253쪽.

31. 1960년 9월 13일, 미 국립문서고, RG 263, CIA 아돌프 아이히만 파일. 주고받은 이 서신 대부분은 지금까지 공개된 연방정보국 아이히만 파일의 문서들에서는 빠져 있다.

32. CIA 보고서, 1960년 9월 20일.

33. 나는 녹음테이프들을 들으면서도, 『라이프』가 갖고 있지 않은 페이지들을 살펴보면서도 그 이름을 발견하지 못했다.

34. 제르파티우스 보고서는 앨런 덜레스(CIA)가 헨리 루스(『라이프』)에게 요청한 일과 프리치와의 언쟁을 1960년 9월 말이나 10월에 있었던 일로 기록하고 있다.

35. 1960년 10월 11일에 어느 CIA 정보원이(분명 『디벨트』 주변 인물) 프랑크푸르트에서, 아이히만이 이미 500쪽에 달하는 글을 썼다고 보고했다. 미 국립문서고, RG 263, CIA 아돌프 아이히만 파일.

36. 사선 녹취록 21:22, 12.7.

37. 제르파티우스 보고서. "그는 이스라엘에 붙잡혀 있는 동안 매일 보고서를 구술하고 있었다." 제르파티우스는 아이히만에게 그렇게 하지 말라고 충고하려 애썼지만 큰 성과는 없었다.

38. 연방정보국 파일에는 이스라엘에서 쓰인 글 몇 편과 제르파티우스와의 서신 중 상당 부분이 포함되어 있다.

39. 글래스고의 패트릭 오코너와 협상이 진행되었는데, 그는 특히 영국의 대행사인 커티스 브라운을 대표했다. 여섯 자릿수의 파운드화 금액에 대한 이야기가 있었다. 또한 주누는 이탈리아의 『에포카』, 영국의 『피플』 지와도 협상했다. 제르파티우스 보고서, 그리고 피에르 페앙, 『극단주의자: 프랑수아 주누, 히틀러에서 카를로스까지』에 나오는 주누 인터뷰. 이전에 알려진 적 없었던 아이히만의 아르헨티나 시절 사진들이 『에포카』에 실렸고, 「나의 도주」에서 발췌한 내용이 1961년 4월 30일부터 5월 28일까지 『피플』에 5회에 걸쳐 연재되었다. 베라 아이히만 인터뷰, 『파리 마치』, 1962년 4월 29일. 원문은 코블렌츠 연방기록원, AllProz 6/252. 『파리 마치』 제683호, 1962년 5월 12일.

40. 질문지에 대한 아이히만의 답변은 『파리 마치』 제687호(1962년 6월 9일)에 실렸다.

41. 주누의 실망에 대해서는 페앙의 프랑수아 주누 인터뷰 참고.

42. 제르파티우스 보고서. 사선은 1960년 12월에야 전보를 보내 가겠다고 알린다.

43. 『라이프』는 여타 미국 잡지들이 그렇듯이 잡지에 기재된 발행일 전의 화요일에 시중에 나왔다. 해리 골든의 예고는 1960년 11월 21일자 호(11월 15일 시판)에 실렸다. 이어진 두 호에 「아이히만이 자신의 저주스러운 이야기를 들려준다」라는 연속 기사가 실렸다. 1960년 11월 28일자 호는 11월 22일에 시중에 나왔고, 12월 6일자 호는 11월 29일에 시중에 나왔다.

44. 베라 아이히만 인터뷰, 『파리 마치』, 1962년 4월 29일.

45. 제르파티우스 보고서. 1960년 12월 1일에 거의 모든 독일 일간지에 보도되었다. 1960년 12월 9일에는 또 다른 기자회견이 열렸고, 제르파티우스는 자신의 결심을 더욱 확고히 했다.

46. 츠비 볼슈타인은 아이히만이 투옥된 후 그의 건강과 안녕을 책임졌고, 볼슈타인 자신에게 힘든 경험이었던 그 일에 대해 일기를 썼다. 1999년 9월 11일자 『디벨트』 3면에 실린 볼슈타인의 1960년 12월 4일자 일기에서 발췌.

47. 1960년 11월 28일에 베라 아이히만이 제르파티우스에게 보낸 전보. 코블렌츠 연방기록원, AllProz 6/253, 59쪽.

48. 제르파티우스 보고서. 연방정보국 파일에도 사본이 하나 있다. 연방행정법원 7A 15.10, 자우레 대 연방정보국 사건 별첨 문서, 연방정보국 파일 121 099, 1840~1843.

49. 「아이히만이 말한다Eichmann parle」, 『렉스프레스』 제494호, 1960년 12월 1일. 1961년 1월 13일에 사선이 제르파티우스에게 보낸 편지, 코블렌츠 연방기록원, AllProz 6/253, 113~114쪽. 제르파티우스는 재판에서 이 기사를 이용해 잠재적 증인으로서의 사선의 신뢰성을 떨어뜨렸다. 105차 공판 기록.

50. 「아이히만, 부에노스아이레스에서 쓴 회고록에서 자신은 악마 같은 나치 기계의 한 부품이었다고 밝혀Eichmann Fue un Engranaje de la Diabólica Maquinaria Nayi, Dice el Hombre que Escribió sus Memorias en Buenos Aires」, 『라 라손』, 1960년 12월 12일.

51. 1961년 1월 13일에 사선이 제르파티우스에게 보낸 편지, 코블렌츠 연방기록원, AllProz 6/253, 113~114쪽. 1961년 1월 28일에 사선이 제르파티우스에게 보낸 편지, 코블렌츠 연방기록원, AllProz 6/253, 110쪽. 사선의 조언은 그의 상세한 앎과 반유대주의적, 나치적 태도를 무심코 드러내며, 이 때문에 그의 도움 제안 중 일부는 아무리 선의에서 나온 것이라 하더라도 어리석을 만큼 순진했다.

52. 이복동생 로베르트 아이히만에게 대리권을 주는 1961년 2월 7일자 편지는 자녀들에게 50퍼센트, 제르파티우스에게 50퍼센트를 주는 것을 고려했다. 코블렌츠 연방기록원, AllProz 6/253, 6쪽.

53. 보고서, 1960년 12월 21일, 미 국립문서고, RG 263, CIA 아돌프 아이히만 파일. 정보원의 이름은 가려져 있다.

54. 미 국립문서고, RG 263, CIA 레옹 드그렐Léon Degrelle 파일, 023-230/86/22/04. 이 드그렐 파일 안에 단서가 있는데, 츠비 알두비가 분명 레옹 드그렐을 납치하려는 계획을 세웠었기 때문이다. 빌리 빙클러에게 진심으로 감사한다.

55. 로베르트 펜도르프, 『살인자와 살해당한 자들. 아이히만과 제3제국의 유대인 정책』, 7쪽.

56. 랑바인에 대한 정보와 이어지는 설명은 헤르만 랑바인 유품, 오스트리아 국립기록원, E/1797에 의해 뒷받침된다.

57. 1959년 3월 12일, 랑바인은 폴란드 여행 중에 입수한 "친위대원들의 사진 몇 장"에 대해 오르몬트에게 알렸다. Ibid., E/1797, 106번 바인더. 형사 고발에 대한 서신 교환, ibid.

58. 헤르만 랑바인과의 서신 교환에는 그 잡지들에 대한 몇몇 논평이 포함되어 있다. 또한, 나치 영웅 숭배로의 퇴보가 우려되자 그들은 자신들의 언론 활동에 대해 서로 상의했다. 랑바인 유품, 오스트리아 국립기록원, E/1797, 106번 바인더.

59. 헨리 오르몬트의 유품은 현재 야드바셈 기록원에 있다. 유감스럽게도 나는 지금까지 그것을 살펴볼 수 없었다. 발터 비테Walter Witte의 오르몬트 전기 『모든 것은 때가 온다: 변호사 헨리 오르몬트 1901~1973*Alles zu seiner Zeit: Rechtsanwalt Henry*

Ordmond 1901~1973』(타자본, 연도 미상)을 보내준 프리츠 바우어 연구소의 베르너 렌츠에게 감사한다. 이 전기는 이 장을 위해 참고할 만한 내용은 담고 있지 않았지만, 그의 전기적 사실에 대한 가치 있는 정보를 제공했다. 오르몬트의 역할을 재구성한 이하의 내용은 그가 랑바인과 교환한 광범위한 서신에 기반한 것이며, 이 서신들은 현재 랑바인 유품, 오스트리아 국립기록원, E/1797, 106번 바인더에 있다. 나의 아이히만 연구를 위해 이 엄청나게 풍부한 자료를 이용할 수 있게 허락해준 안톤 펠린카에게 감사한다.

60. "너무 많은 사람이 전 부서들의 집단적 무고함을 강조하는 데 관심을 두고 있습니다." 1956년 4월 4일 오르몬트가 랑바인에게 보낸 편지. 『공직과 과거』, 591쪽에서 인용됨.

61. 토마스 하를란Thomas Harlan, 「아이히만은 어떤 사람이었나?Kto to był Eichmann?」, 『폴리티카』, 1960년 5월 28일.

62. 오르몬트와 랑바인의 상세한 편지들, 헤르만 랑바인 유품, 오스트리아 국립기록원, E/1797, 106번 바인더.

63. 1961년 2월부터의 오르몬트와 랑바인 간 서신에는 회의 준비, 재정 문제, 하를란의 여행 비용 명세, 하를란이 언제 도착할지에 대해 호텔의 랑바인에게 전해진 메모가 포함되어 있다. 랑바인 유품, 오스트리아 국립기록원, 랑바인 유고, E/1797.

64. 비젠탈은 1960년 2월 29일에 오스트리아 주재 이스라엘 대사 에제키엘 사하르에게 이 접촉을 보고했다. 비젠탈이 자신의 전기 작가인 헬라 픽에게 이 일에 대해 말한 만큼 이 일에 대한 증거는 더 많이 있으며, 1960년 2월에 이세르 하렐은 비젠탈이 이 행동으로 아이히만 추적에 위험을 초래했다고 비난했다. 헬라 픽Hella Pick, 『지몬 비젠탈: 정의를 추구하는 삶*Simon Wiesenthal: A Life in Search of Justice*』(런던, 1996), 147쪽. 이세르 하렐, 『지몬 비젠탈과 아이히만 체포*Simon Wiesenthal and the Capture of Eichmann*』(미출판 원고). 톰 세게브, 『지몬 비젠탈』, 181쪽에서 인용됨.

65. 이 일에 대한 기억을 들려준 토마스 하를란에게 감사한다. 무엇보다 문서들의 범위와 판독성은 그 문서들이 로베르트 아이히만에게서 나온 것임을 대변해준다. 또한 육필로 쓰인 부분들에는 이것들이 『라이프』에 판매된 것을 제외한 모든 문서라는 메모가 포함되어 있다. 루트비히스부르크 연방기록원의 "기타" 폴더도 참고.

66. 1961년 3월 7일의 메모, HMJ 비스바덴, 베젠마이어, 에드문트—노바크. 지금은 아돌프 아이히만, 2권, 211번째 장. 보야크, 『프리츠 바우어 전기 1903~1968』, 582쪽, 주 93에 기록되어 있음.

67. 로베르트 아이히만이 아르헨티나 문서들을 자발적으로 넘겨주었을 가능성은 배제할 수 있으며, 그는 틀림없이 도난을 인지했을 것이다. (만약 랑바인이 누군가에게 문서들을 사진 찍고 원본은 그냥 사무실에 남겨두라고 지시했다면, 우리가 알고 있는 것처럼 그가 나중에 그것들을 필름에 담을 필요는 없었을 것이다.) 로베르트 아이히만은 사실 형의 변호인을 통해 형에게 경고를 했어야 했다. 헬무트 아이히만의 유용한 정보에 따르면, 아돌프 아이히만의 가족은 나의 문의 이전에는 문서 도난에 대해 아무것도 모르는 것처럼 보였다. 또한 1961년 3월~4월의 제르파티우스의 편지들, 그리고 특히 프리치가 제르파티우스에게 보낸 편지를 참고하라. AllProz 6/253, 60~62. 2009년에 린츠 경찰과 검찰에 한 문의는 성과가 없었다.

68. 장-피에르 슈테판Jean-Pierre Stephan, 『당신 적의 얼굴: 독일적 삶*Das Gesicht Deines Feindes: Ein deutsches Leben*』(베를린, 2007), 124쪽의 인터뷰에서 하를란이 한 말에 따르면.

69. 자신의 기억을 기꺼이 나와 공유해준 다니엘 파센트에게 감사한다. 그의 열린 마음이 없었다면 나는 이 일들을 재구성해줄 정보들을 찾을 생각을 해내지 못했을 것이다. 나는 그 이후 유포되어 온 아르헨티나 문서 사본들이 다른 묶음들일 수도 있다는 생각은 결코 하지 못했을 것이고, "사선 인터뷰"라는 꼬리표가 붙은 문서 더미들 하나하나를 한 번 더 자세히 살펴보고 페이지 수를 세어보는 것이 가치가 있으리라는 생각을 결코 하지 못했을 것이다.

70. 미에치스와프 F. 라코프스키는 다니엘 파센트가 토마스 하를란으로부터 사선 녹취록을 받았으며 폴란드 경찰청의 범죄학자들이 그것이 진짜임을 알아봤다고 일기에 썼다. 미에치스와프 F. 라코프스키Mieczysław F. Rakowski, 『정치 일지 1958~1962*Dzienniki Polityczne 1958~1962*』(바르샤바, 1998), 286쪽. 5월 9일에 바르샤바의 형사본부인 KGMO의 평가 요약서가 나왔는데, 이에 따르면 『폴리티카』에 제시된 사선 녹취록에 남아 있는 아이히만의 친필은 진짜였다. 그것의 일부가 첫 번째 기사에 실렸다. 폴란드어 문서의 번역을 도와준 크리스티안 간처에게 감사한다.

71. 『폴리티카』에 따르면 설명을 곁들인 녹취록 번역본은 1258페이지에 달했다. 유감스럽게도 그 원고는 그 신문사의 문서고에 더 이상 존재하지 않는 것 같다. 하를란의 여자친구인 크리스티나 지불스카는 그것의 사본 전부가 도난당했다고 주장했다. 그러나 리아네 디르크스(지불스카에 대한 소설도 썼음)가 회상하듯이 지불스카의 기억은 항상 정확하지는 않았다. 다음을 참고하라. 「최고 수준의 개입Eingriff auf höchster Ebene」, 『프랑크푸르트 룬트샤우』, 2006년 6월 20일, 10쪽. 리아네 디르크스Liane Dirks, 『크리스티나*Krystyna*』(쾰른, 2006).

72. 미에치스와프 F. 라코프스키, 1961년 6월 20일의 일기, 『정치 일지 1958~1962』, 293쪽.

73. 나는 개인적으로 『폴리티카』 기사들을 처음으로 언급한 『알게마이네 유디셰 보헨차이퉁』의 짧은 사이드 칼럼에 고마움을 느낀다. 또한 나는 (부끄럽게도) 전에는 구동구권에서 그런 출판물을 찾을 생각을 해본 적이 없었음을 고백해야만 한다. "우리 머릿속의 벽"은 여전히 깜짝 놀랄 만큼 견고하다. 1961년 5월 24일자 『디벨트』도 참고하라.

74. 「아이히만에 의한 아이히만Eichmann par Eichmann」, 『파리 마치』 제630호, 1961년 5월 6일; 제631호, 1961년 5월 13일; 제632호, 1961년 5월 20일.

75. 아브너 W. 레스 자신의 메모에 따르면, 1960년 12월에 그는 『라이프』 기사들만 잘 알고 있었다. 1961년 2월 2일에 제르파티우스는 레스에게 더 이상의 심문을 금지했고, 그래서 심문은 공식적으로 1월에 종료되었다. 그러나 아이히만 자신은 이 금지를 따르지 않았다. "그는 자신의 목소리를 너무 좋아해서 그 '즐거움'을 포기할 수 없었다." 그리고 레스는 그의 협조를 구하고 싶었다. NL Less 4.2.3.2, 아브너 W. 레스 유품, 취리히 연방기술공과대학 현대사 문서고. 그러나 레스의 상관들은 재판을 위해 돌출 요소를 피하고자 했기에, 사선의 녹취록이 이스라엘에 도착했다는 것을 아이히만에게 알리지 않기로 결정했다. 훗날의 레스의 보고, NL Less, 4.2.3.2, 개인 자료, 폴더 2, ibid.

76. 오르몬트-랑바인 간의 서신, 특히 1962년 1월 25일 랑바인의 편지, 랑바인 유품,

오스트리아 국립기록원, E/1797, 106번 바인더. 이어지는 인용들도 이 출처에서 가져온 것이다.

77. 아이히만의 16차 공판, 1961년 4월 26일.

78. 가브리엘 바흐Gabriel Bach, 「1942년 1월 20일 반제회의의 65주년을 맞아 2007년 1월 18일에 반제회의장에서 이루어진, 아돌프 아이히만 재판의 검사보 가브리엘 바흐 씨와의 대화Gespräch mit Herrn Gabriel Bach, stellvertretender Ankläger im Prozess gegen Adolf Eichmann, anlässlich des 65. Jahrestages der Wannsee-Konferenz vom 20. Januar 1942 am 18. Januar 2007 im Haus der Wannsee-Konferenz」, 『반제회의장 소식지*Haus der Wannseekonferenz Newsletter*』 제8호(2007년 12월), 2~21쪽, 이 내용은 5쪽.

79. 비젠탈은 1970년 12월 28일에 벤 A. 지예스에게 보낸 편지에서도 이미 이 점을 언급했다. 톰 세게브, 『지몬 비젠탈』, 188쪽 참고.

80. 1980년 10월 5일에 비젠탈이 하우스너에게 보낸 편지, 지몬 비젠탈 기록원, 빈 서신. 그토록 빨리 그것을 보내준 미카엘라 보첼카에게 감사한다.

81. 페이지들을 꼼꼼하게 비교하면 알 수 있다. 직접 확인하고 싶은 사람은 누구나 랑바인 측 문서들(또는 사선의 원본 문서들)에는 존재하지 않는 어떤 대표적인 손상 부분을 보고 쉽게 확인할 수 있다. 사선 녹취록 18:12에는 왼쪽에 P 모양의 커다란 불탄 자국이 있는데, 이로 인해 해당 페이지의 약 10퍼센트가 손상되었다.

82. 이것은 하인츠 펠페의 설명이다. 펠페는 아이히만 재판 직후 소련의 첩자라는 정체가 드러났다. 하인츠 펠페Heinz Felfe, 『적들의 임무 중에서: 10년간의 연방정보국 내 모스크바 인*Im Dienst des Gegners: 10 Jahre Moskaus Mann im BND*』(취리히, 1986), 248쪽 참고. 연방정보국 파일 121 099를 살펴보면 그들이 아르헨티나 문서들을 1960년대 말에 미국으로부터 확보한 상태였음을 확인할 수 있다.

83. 1961년 5월 31일의 하가그의 감정서는 6월 9일에 법정에 제출되었고, 따라서 재판 자료의 하나로서(검찰 측 문서 T/1392) 열람 가능하다. 하가그는 모든 페이지를 넘겨받은 시점을 1961년 5월 25일로 분명히 밝히고 있지만, 그에 앞선 1961년 3월 17일과 4월 10일의 두 건의 감정 또한 언급한다. 단 엿새 만에 산더미 같은 문서를 감정하는 것은 불가능했을 것이다. 히브리어를 번역해준 베를린의 이리나 요보틴스키에게 감사한다.

84. 문헌들에서, 특히 대중적인 책들에서는 수많은 목격자가 사선의 집에서 17개의 파일로 이루어진 이 두 개의 바인더를 봤다고 주장한다. 사선은 최소한 400쪽 이상의 자료를 갖고 있었으므로, 우리는 그러한 주장을 즉시 묵살해버릴 수 있다. 만약 그가 하가그 식으로 그것들을 분류했다면, 약 28개의 파일이 만들어졌을 것이다.

85. 나는 루트비히스부르크 연방기록원 직원과 함께 다른 한 부분의 녹취록들을 정렬하는 즐거움을 누렸다. 하가그 조사관과 달리 나는 정리해야 할 페이지들 대부분을 매우 잘 알고 있다는 이점이 있었다. 그러나 이 작업에는 여전히 많은 유머가 필요했다……. 이 기회를 빌려, 나의 아이히만 연구에서 가장 즐거운 문서고 경험 중 하나를 제공해준 토비아스 헤르만과 지다르 톱탄치에게 다시 한번 진심 어린 감사를 전하고 싶다.

86. 이것은 분명 틀렸다. 페이지 번호를 하나 건너뛰고 매긴 페이지들이 있었기 때문이다(이 오류는 나중에 바로잡혔다). 이런 페이지들은 다음과 같다. 112=113, 224=225, 508=509.

87. 이 페이지에는 아이히만의 부관이었던 롤프 귄터에 대한 대화가 담겨 있다. 이 대화가 녹음된 원본 테이프(연방기록원 녹음테이프 09D)에서 아이히만은 이 발언들을 빼줄 것을 요청하는데, 그가 귄터가 아직 살아 있다고 확신해, 귄터에게 해를 끼치고 싶어하지 않았기 때문이었다.

88. 사선 녹취록 6:1.

89. 1961년 6월 2일에 디트리히 초이크가 프리츠 바우어에게 보낸 편지, 루트비히스부르크 연방기록원, 나치 범죄자 기소 본부 컬렉션, III 44/28.

90. 하가그가 매긴 페이지 번호 기준으로, 인정된 페이지들은 다음과 같았다. 18, 57, 90, 100, 102, 106, 110, 118, 124, 131, 151, 152, 158, 168, 201, 202, 209, 213, 221, 227, 230, 246, 253, 265, 267, 272, 276, 277, 278, 279, 281, 283, 288, 292, 293, 303, 304, 306, 307, 308, 313, 314, 323, 336, 361, 362, 368, 369, 372, 373, 384, 398, 407, 408, 420, 421, 424, 425, 426, 432, 513, 514, 516, 519, 521, 522, 524, 525, 574, 577, 578, 582, 585, 587, 609, 610, 613, 616, 617, 662, 663, 665, 667. (페이지 목록은 나의 의뢰를 받아 연방기록원에서 조사되었다.)

91. 이니셜로 서명한 것은 보야크가 생각하듯이(『아이히만의 회고』, 50쪽) 아이히만의 거드름의 표현은 아니었고, 녹취록과 수정 사항에 대한 지속력 있는 인증을 위한, 증거 심리의 일반적 관행이었다. 레스는 이 관행에 대해 여러 차례 자세히 설명했다. 아브너 레스 유품, 취리히 연방기술공과대학 현대사 문서고.

92. 6쪽 분량의 타자본 「사선 회고록에 대한 증언」, 예루살렘, 1961년 6월 9일, 코블렌츠 연방기록원, AllProz 6/254.

93. 사선은 마지막 인터뷰 때에야 아이히만이 쓰고자 했던 자서전에 대해 이야기한다. "에디시온 플루스Edicion Plus"(부에노스아이레스 방송Telefe Buenos Aires, 1991)에서 방영.

94. 『유럽 민족』 11, 제11호(1961), 37~42쪽. 이 부분은 41쪽.

95. 폴머는 아이히만 재판 이후에도 아르헨티나에 있는 사람들과 계속 연락을 유지하게 된다. 후안 말러(라인하르트 콥스Reinhard Kopps)는 폴머가 1980년 12월에 부에노스아이레스 근처 푼타치카에서 "동지 축제"를 주도했다고 말했다. 후안 말러, 『평화와 전쟁, 그리고 "평화"』, 403쪽.

96. 아돌프 폰 타덴은 심지어 『라이프』 기사들을 읽기 전에도 사선 문서들의 범위에 대해 이야기했으며, 나중에 인정했듯이 그는 루델을 통해 사선 문서들을 매우 잘 알고 있었다. 1960년 12월 6일에 타덴이 에리히 케른마이어에게 보낸 편지. 아돌프 폰 타덴 유품, 니더작센 주기록원, VVP 39, Acc. 1/98 49번, 주트홀트 서신.

97. 1961년 6월 23일에 바우어는 검사 슈타인바허가 빈에서 에버하르트 프리치를 심문하고 싶어한다고 헤센주 법무부에 알렸다. 이름트루트 보야크의 1961년 6월 23일 메모, HMJ 비스바덴, 베젠마이어, 에드문트—노바크. 현재는 아돌프 아이히만, 2권,

346번째 장, 보야크, 『프리츠 바우어 전기 1903~1968』, 582쪽.

98. 보야크, 『아이히만의 회고』. 참고문헌의 문제적 성격에 대해서는 이 책 3장의 「3. 우정의 작업」, 주 41을 보라.

99. 하우스너는 녹음테이프 녹취록 중 하나에 적혀 있는 "이 29번은 오직 여러분의 참고용"이라는 아이히만의 메모를 언급하는데, 이 언급은 보야크가 생각하듯이(『아이히만의 회고』, 222쪽, 주 93) 녹음테이프를 가리키는 것이 아니라, 바로 이 문구가 적혀 있는 녹취록을 가리킨다. 사선 녹취록 29:1. 29번 테이프는 아이히만 유품에서 빠져 있는데, 상속자들이 적어도 이 지시에 유의했기 때문이다. 하우스너의 『예루살렘의 정의』(뉴욕, 1966)의 모든 언급은 분명 하가그가 배열한 문서들과 관련 있다.

100. 룰프 반 틸(2005)과 레이먼드 레이(2009)의 사스키아 사선 인터뷰. 사선 가족의 친구인 잉게 슈나이더의 룰프 반 틸과의 인터뷰(2005).

101. 기드온 하우스너, 『예루살렘의 정의』.

102. 하우스너의 대리인 가브리엘 바흐는 아이히만의 거짓말에 속지 않으려면 아르헨티나에서 이야기된 내용이 무엇인지 아는 것이 얼마나 중요한 일인지 늘 이야기했다.

103. 반대 심문, 아이히만의 96차 공판, 1961년 7월 13일. 이 재판 영상은 아이히만이 얼마나 설득력 있게 거짓말을 했는지를 놀랄 만큼 분명하게 보여준다.

104. 한나 아렌트는 『라이프』 기사들 외에 이스라엘에서 작성된 아이히만의 육필 단편(「'유대인 문제'라는 사안에 대한 나의 진술Betrifft: Meine Feststellung zur Angelegenheit 'Judenfrage'」)의 타자본도 자신의 책을 위해 사용했다. 이 단편은 검찰 측 재판 문서 중 하나였으므로 재판에 참석한 모든 언론인이 접할 수 있었다. 그녀는 사선 녹취록은 읽지 못했다. 한나 아렌트, 『예루살렘의 아이히만』, 10쪽, 330쪽.

105. 루트비히스부르크 연방기록원, 나치 범죄자 기소 본부 컬렉션 III 44/104.

106. 루트비히스부르크 연방기록원, B162/428과 429.

107. 바덴-뷔르템부르크주 형사청의 첨부 편지를 비롯한 서신들은 한 특별 위원회의 이름이 인쇄된 편지지에 쓰여 있는데, 현재 이 형사청에는 그에 대한 기록이 전혀 없다. 노르베르트 키슬링이 내게 설명했듯이 이것은 특이한 일인데, 발신 우편물 기록 대장을 보관하는 것이 일반적이기 때문이다. 편지지에는 다음과 같은 문구가 인쇄되어 있었다. '바덴-뷔르템부르크주 형사청 특별 위원회 기소 본부 Tgb. Nr. SK. ZSt. A/14–111/61.'

108. 함부르크 현대사연구소의 문서고에서 사본이 하나 있다.

109. 한스 레헨베르크는 1961년 3월 31일자 편지에서, 재판이 시작되기 전 주누와 공동으로 진행한 선전 활동에 대해 밝힌다. 보르만 유품과 괴벨스 일기에 대한 논쟁 이후, 소송을 일삼는 주누의 성향은 악명을 떨쳤다.

110. 1962년 1월 25일에 랑바인이 오르몬트에게 보낸 편지, 오스트리아 국립기록원, 헤르만 랑바인 유품, E1797/106: 헨리 오르몬트와의 서신.

111. 한나 아렌트는 무엇보다 재판을 직접 참관한 것이 며칠밖에 되지 않는다고 비난받았지만, 심문 기록과 공판 기록을 가장 면밀히 읽은 사람 중 한 명이었고, 미국으로

돌아갈 때 그 기록들을 가져갔다.

112. 랑바인과 오르몬트 두 사람은 하를란에 대해, 존중과 이해 없이 집필된 책에 대해 이야기했으며, 하를란이 분명 부끄러움을 느껴 철회한 것에 대해 애석해하는 의견을 교환했다. 랑바인 유품, 오스트리아 국립기록원, E/1797, 106번 바인더.

113. 토마스 하를란은 할 수 있는 한 최선을 다해 상자의 내용물을 내게 설명해주었다. 2009년에 보야크 부인은 아직 상자를 살펴볼 시간이 없었기 때문에 할런이 말한 것을 확인해주거나 바로잡아 줄 수 없었다. 안타깝게도 보야크로부터는 더 이상 연락이 없었다.

114. 이 페이지들을 내게 보내준 카트린 자이볼트-하를란에게 감사한다. 이 페이지들은 이 문서 컬렉션에 대한 토마스 하를란의 정보를 확인시켜 주었을 뿐만 아니라, 하를란의 사본들이 헨리 오르몬트의 사무실에서 나온 것임을 증명해주었다.

115. 여기서의 추측은 사용되진 않았지만 알려져 있는 문서고 소장물 내의 문서들, 이른바 "사라진 페이지들"와 혼동되어서는 안 된다. 위르겐 베페르스Jürgen Bevers, 『아데나워 뒤에 있는 자*Der Mann hinter Adenauer*』(베를린, 2009)의 「아이히만 재판과 사라진 40페이지Der Eichmann-Prozess und die verschwundenen 40 Seiten」라는 장을 보라.

116. 이후 파라고가 진짜 정보와 거짓 정보를 모두 사서 아이히만에 대한 정교한 이야기를 만들어냈다는 것이 증명되었다. 그러나 강조되어야 하는 사실은, 그럼에도 이 책이 남아메리카의 나치들에 대한 정확한 세부 정보를 담고 있으며, 그 정보는 파라고의 정보 출처가 얼마나 훌륭했는지 보여준다. 그 출처들이 나쁜 출처들과 너무 밀접하게 얽혀 있어서 이것들을 골라내는 데 엄청난 수고가 필요하지만 말이다.

117. 빌럼 사선에 관해 언어적으로 스릴 넘치고 상상력 풍부한 책을 쓴 스탄 라우리센스는 파라고의 저작에서 많은 것을 얻었지만, 우리가 바라는 만큼 인용문과 그 자신의 이야기를 항상 명확하게 구분하지는 않았다. 『아돌프 아이히만의 치명적 우정』(뢰벤, 1998).

118. 16장 「아이히만 납치」와 21장 「끔찍한 이야기」, 221쪽 이하와 285쪽 이하.

119. 파라고는 "에버하르트 프리체Eberhard Fritsche" 운운한다. 그가 제시하는 인명들은 많은 경우 부정확하다.

120. 파라고, 『가사 상태: 마르틴 보르만과 그 외 남아메리카의 나치 거물들』, 187쪽.

121. 라우리센스 또한 17개의 파일을 봤다고 주장한다. 이 모든 이야기와 달리, 이 세상에서 그것들을 볼 수 있는 곳은 오직 이스라엘뿐이었다. 왜냐하면 그것들은 아브라함 하가그의 작품이었기 때문이다.

122. 숫자 659와 695는 기드온 하우스너의 글에서, 이스라엘 쪽 아르헨티나 문서들의 맥락에서만 등장한다. 다른 모든 사례는 파라고의 타자 오류에서 비롯된 것으로, 이 때문에 그 숫자는 사용된 출처를 가리키는 분명한 지표가 된다.

123. 파라고, 『가사 상태: 마르틴 보르만과 그 외 남아메리카의 나치 거물들』, 290쪽.

124. 게르트 하이데만과 카를 볼프는 1979년에 사선과 함께 있었다. 하이데만의 말에

따르면, 이 시점에 하이데만 자신(과 다른 모든 사람)은 사선이 아이히만을, 적어도 아르헨티나 문서들을 이스라엘에 팔아넘겼다고 확신했으며, 사선은 계속 그 점을 염려했다. 하이데만은 보르만에게도 관심이 있었지만, 이와 관련해 사선이 도움이 되지 않는다고 내게 말했다. 하지만 사선은 하이데만을 클라우스 바르비에게 소개해주겠다는 약속을 지켰고, 하이데만은 바르비와의 단독 인터뷰를 할 수 있었다. 그러므로 사선은 보르만에 대한 동화들로 파라고에게 깊은 인상을 줄 필요가 없었다. 그는 1979년에야 사망한 요제프 멩겔레처럼 헤드라인을 장식하는 다른 많은 나치에게 그를 소개할 수 있었을 것이다.

125. 기본 개요를 위해서는 메이어 리트박Meir Litvak과 에스더 웹먼Esther Webman의 우수한 논문 「아랍 세계의 홀로코스트 표현The Representation of the Holocaust in the Arab World」을 보라. 이 논문은 학술대회 자료집인 데이비드 세자라니 편, 『아이히만 이후. 1961년 이후 집단 기억과 홀로코스트*After Eichmann: Collective Memory and the Holocaust Since 1961*』(뉴욕, 2005), 100~115쪽에 실려 있다.

126. 파리스 야히아Faris Yahya(필명은 파리아 글룹Faria Glubb), 『나치 독일과 시온주의자들의 관계*Zionist Relations with Nazi Germany*』(베이루트, 1978). 이러한 주장의 다른 예들은 아부 마진Abu Mazin(마흐무드 아바스Mahmud Abbas)과 주르지 하다드Jurji Haddad의 고찰에서 찾을 수 있는데, 이들은 민족사회주의자와 시오니스트의 공통점이 자본주의적 목표에 있다고 봤다.

127. 클라우스-미하엘 말만Klaus-Michael Mallmann과 마르틴 퀴페르스Martin Cüppers, 「'팔레스타인 내 유대인 민족 터전의 철거': 1942년 아프리카 탱크군 특수 부대'Elimination of the Jewish National Home in Palestine': The Einsatzkommando of the Panzer Army Africa, 1942」, 『야드바솀 연구』 제35호(2007), 111~141쪽. 이 논문은 독일어판(동일 편집자, 『독일인, 유대인, 민족 학살, 역사와 현재로서 홀로코스트*Deutsche, Juden, Völkermord, Der Holocaust als Geschichte und Gegenwart*』, 다름슈타트, 2006, 153~176쪽)보다 포괄적이다.

128. 사선 녹취록 10:11.

129. 1961년 2월 22일에 아이히만이 로베르트 아이히만에게 보낸 편지. 1961년 12월 5일 아이히만을 방문한 것에 대한 토론 노트. 코블렌츠 연방기록원, AllProz 6/238.

130. 1961년 2월 22일에 아이히만이 로베르트 아이히만에게 보낸 편지, 아이히만이 가족에게 보낸 편지들. 사본 하나가 연방정보국 파일에 들어갔다. 또한 1961년 10월 17일자 CIA 보고서, 미 국립문서고, RG 263, CIA 아돌프 아이히만 파일(조사되지 않은 파일, 2009년 5월 기밀 해제) 참고.

131. 따라서 이 자료를 이용할 때는 약간의 주의가 필요하다. 모든 육필 메모가 다 아르헨티나에서 작성된 것은 아니기 때문이다. 특히 큰 물음표가 딸린 말들과 취소 줄이 그어진 말들이 그렇다.

132. 이런 생각을 말해준 프란치스카 사선에게 감사한다.

133. 페루 리마에 살던 클라우스 바비의 친구 프리드리히 슈벤트는 사선이 친위대 계급도 모르며, 친위대원이라면 이런 것을 절대 잊지 않을 것이므로 사선은(그는 사선을 "사세"라고 불렀다) 친위대원일 리 없다고 이야기를 퍼뜨렸다. 함부르크 사회연구소, 슈

벤트 컬렉션, 18/89, 리마, 1965년 5월 6일.

134. 1966년 1월 7일에 시우다드에서 슈벤트가 오버뮐러에게 보낸 편지. 함부르크 사회연구소, 슈벤트 컬렉션, 38/27, 47.

135. 댄 세턴의 츠비 아하로니 인터뷰(『멩겔레*Mengele*』). 츠비 아하로니 · 빌헬름 디틀, 『사냥꾼. 아이히만 작전』.

136. 사선과 함께한 이 시간에 대해 기꺼이 이야기해준 게르트 하이데만에게 감사한다. 이때 생성된 녹음물과 사진도 존재한다. 안타깝게도 나는 아직 이 자료를 들을 기회가 없었고, 이 자료는 여전히 하이데만이 소유하고 있다.

137. 『유럽 민족』 31, 제2호(1981), 60~61쪽. 이 리뷰를 언급해준 주트홀트 박사에게 감사한다. 그는 오늘날에도 여전히 이 리뷰에 대해 정말로 화가 나 있다. 이와 관련해 타덴이 주트홀트에게 보낸 두 통의 편지(타덴 유품에서 찾을 수 있다)가 이해를 도와준다. 여기에는 아셰나워에 대한 훨씬 더 분명한 비판이 담겨 있다. 타덴은 유대인 절멸을 사실로 인정하면서 중심적인 입장을 취했지만, 사망자 수를 비현실적으로 낮게 보는 경향이 있었다. 1980년 12월 10일과 17일의 편지, 니더작센 주기록원, 파텐젠Pattensen 서고, VVP39, Acc. 1/98, Nr. 49.

138. 데이비드 어빙David Irving의 웹사이트, "The Eichmann Paper", 2010년 12월 최종 확인.

139. 아셰나워 원고에 접근할 수 없었음에도 레니 야힐Leni Yahil은 훌륭한 논문을 쓸 수 있었다. 「아돌프 아이히만의 '회고록' 'Memoirs' of Adolf Eichmann」, 『야드바셈 연구』 18(1987), 133~162쪽.

140. 어빙의 인용들(어빙의 웹사이트 "Eichmann Papers")은 그가 언급하는 페이지들을 대단히 정확하게 확인하게 해준다. 그가 발견한 문서 꾸러미 중에는 이전에 알려진 적 없는 아이히만 텍스트를 가리키는 것은 없다. 이 자료의 가치는 사선 텍스트 중 사라진 부분들을 재발견하게 해주었다는 데 있다.

141. 어빙은 "V에서 XII까지 번호가 매겨진, 어떤 전기적 작품의 페이지 번호 없는 8개 장"에 대해 언급하지만, 공개된 그 장에는 명확한 페이지 번호들과 장 번호 IV가 모두 있었다.

142. 이 장은 여러 군데에서 아이히만의 말을 상대화하거나 탈문맥화하거나 왜곡해, 히틀러를 이상화하고 유대인 절멸을 유대인의 조작의 결과로 제시하는 사선의 목적에 부합되게 한다. 이를 직접 보고 싶은 사람은 아이히만이 한 말에 대한 매우 명백하게 그릇된 설명을 제4부, 15쪽과 19쪽에서 찾을 수 있다.

143. 이런 언급 때문에 심지어 데이비드 세자라니와 이름트루트 보야크 같은 연구자들은 '아이히만 유품, 코블렌츠 연방기록원, N/1497'을 알고 있으면서도 그것을 살펴보는 것을 그만두었다. 드루펠 판을 사용했다는 것은 불행히도 세자라니와 보야크의 책들 또한 실제로는 랑거, 사선, 알펜슬레벤이 한 말을 "아이히만에게서 인용한 말"로서 포함하고 있다는 것을 의미한다. 특히 루돌프 카스트너 및 아이히만의 유대인 협상 파트너가 되어야만 했던 사람들에 대한 최근의 대작들도 네 개의 "사라진" 테이프 없이 이 주제를 다루었다. 그러한 저작들은 다음과 같다. 라디슬라우스 뢰브, 『레쇠 카스트너』(런던, 2008); 애나 포터, 『카스트너의 열차: 홀로코스트의 한 알려지지 않은 영

웅의 실화』(뉴욕, 2007), 324쪽; 크리스티안 콜베Christian Colbe, 「'그리고 거기서 나는 숙고하기 시작했다': 아돌프 아이히만의 헝가리 '걸작'에 대한 이중의 기억'Und da begannen zu überlegen.' Adolf Eichmanns Zweispältige Erinnerung an sein ungarisches 'Meisterstück.'」, 프리츠 바우어 연구소 편, 『책임의 미로에서: 가해자, 희생자, 고발자. 홀로코스트의 역사와 결과 2003년 연감*Im Labyrinth der Schuld. Täter, Opfer, Ankläger. Jahrbuch 2003 zur Geschichte und Wirkung des Holocausts*』(프랑크푸르트와 뉴욕, 2003), 65~93쪽.

144. 루트비히스부르크 필름본은 이스라엘본과 동일한 큰 손상을 보여주는데, 이는 루트비히스부르크 필름과 이스라엘본이 동일한 복제 경로에서 만들어졌음을 시사한다.

145. 사선의 한 메모에 따르면 7번 테이프는 존재하지 않았는데, 아마도 어쩌다가 8번 테이프하에 타자되었을 것이다. 페이지 수로 보아 그럴 가능성이 있다. 6번 테이프에서 8번 테이프로 넘어가는 것을 보면 빠진 텍스트가 없음을 알 수 있다.

146. 이 단편은 61번 테이프에 속하는 것임이 분명하다. 아마도 사선은 잘못된 테이프를 사용해 녹음을 시작했지만 곧 실수를 깨달았던 것 같다.

147. 이 메모들은 아이히만 문서들과 함께 묶여 있고, 메모의 진짜 작성자는 간과되었다. 아마 사선조차 기억하지 못했을 텐에, 그가 그 문서들에서 남아 있는 자신의 메모들을 전부 빼냈기 때문이다.

148. 1997년 러틀리지Routledge 판.

149. 서가 기호 B206/1986하에서 이것들을 찾을 수 있다.

150. 2011년 1월에 나는 이 사건의 맥락에서 그 파일 컬렉션을 볼 수 있었다. 나는 베를린에서 작업에 집중하는 즐거운 주말을 보내게 해주고 나의 책을 검증할 기회를 갖게 해준 한스-빌헬름 자우레와 그의 변호사 크리스토프 파르치, 그리고 로자 스타르크에게 이 자리를 빌려 감사를 표하고 싶다. 파일의 모든 인용은 크리스토프 파르치의 친절한 허락을 받았다.

151. 헌신적인 학자의 이런 의견은 용서해야겠지만, 학자들은 지금까지 다른 사람의 관심을 끌지 못했던 자신들의 주제에 대한 파일들이 중요한 것일 수 없는 이유를 다른 이해관계를 가진 사람에게서 듣는 것을 좋아하지 않는다. 말하자면, 발견된 모든 것이 "청구인[아이히만 사건에 대한 정보를 찾는 가비 베버]의 정보적 이익과는 거의 관련이 없다"(9쪽)는 이유 말이다. 어떤 연구 프로젝트를 위해 흥미로운 것이 무엇인지는 현재 그 프로젝트를 수행하고 있는 사람만이 판단할 수 있고, 다른 사람은 누구도 판단할 수 없다. 국가 기관의 직원들도, 대부분의 경우 다른 주제의 전문가들도 판단할 수 없다.

152. 대부분이 이스라엘 경찰과 검찰에서 유래한 문서들인데, 재판에서 검찰에 의해 사용되지 않았기 때문에 공개된 적이 없다. 통제를 위해 보이지 않게 만들기, 제시된 파일의 구성과 범위에 대해서는 베티나 슈탕네트, "2011년 1월 22일 연방행정법원 7A 15.10. 소송 절차에 대한 첨부 문서(분류번호 100 470, 100 471, 121 082, 121 099)의 선별 근거에 대한 연방행정법원 7A 15.10 문서 소小감정서"(함부르크, 2011년 1월 25일), 일곱 페이지 및 문서 부록 참고.

153. 나는 독일의 한 연방 정보기관이 아돌프 아이히만을 자유인으로 내버려두려 노

력했을 것이라는 생각은 차마 하지 않겠다. 그런 생각을 도저히 참을 수 없을 것이라는 심리적인 이유에서다.

154. 가비 베버가 이러한 수완 좋은 탐색자 중 한 명이라는 것은 명백히 입증 가능하므로 이 진술서가 대중에게 전달되기 위해 작성된 것이 아니라고 주장할 수는 없다.

155. 아르헨티나에서 아이히만을 추적했던 사람이자 납치팀의 일원이었던 츠비 아하로니조차 자신이 아이히만으로 하여금 멩겔레에 대해 털어놓게 하려 애썼지만 헛수고였다고 말했다. 아하로니가 모사드에서 가장 두려운 심문 전문가 중 한 명이었고 "대심문관"이라는 별명을 갖고 있었음을 생각하면 이 놀라운 거부는 더욱더 놀랍다. 훗날에 그는 열 시간 이상 지속된 한 인터뷰에서 빌럼 사선을 설득해 멩겔레 추적을 돕게 했다. 다음을 참고하라. 츠비 아하로니 · 빌헬름 디틀, 『사냥꾼: 아이히만 작전』. 『요제프 맹겔레: 결산 2007』을 위한 댄 세턴의 츠비 아하로니 인터뷰. 룰프 반 틸의 『빌럼 사선』(KRO, 2005)을 위한 빌헬름 디틀 인터뷰.

156. 에리히 슈미트-엔봄Erich Schmidt-Eenboom, 『연방정보국: 근동의 독일 첩보 업무: 비밀의 배경과 사실들*BND: Der deutsche Geheimdienst im Nahen Osten: Geheime Hintergründe und Fakten*』(뮌헨, 2007), 94쪽.

157. 2011년 1월 29일, Aktuelle Stunde. http://dip21.bundestag.de/dip21/btp/17/17083.pdf. 예르치 몬타크 사무실에 감사한다.

158. 연방행정법원 7A 15.10, 자우레 대 연방정보국 사건의 첨부 문서, 연방정보국 파일 121 099, 1665쪽.

159. 빌럼 사선 인터뷰, 1991년 "에디시온 플루스"(부에노스아이레스 방송, 1991)에서 방영.

160. 빌럼 슬루이제(빌럼 사선), 『청년들과 시골 처녀들』(부에노스아이레스,1954), 51~53쪽. 약간 축약해 인용한다.

161. 사스키아 사선과 프란치스카 사선에 따르면, 그들의 아버지는 미완성 원고들을 남기지 않았다.

자료

문서 컬렉션

AdsD Archiv der Sozialen Demokratie, Bonn 사회민주주의 기록원, 본
Nachlass Fritz Bauer 프리츠 바우어 유품

BArch Bundesarchiv Koblenz 코블렌츠 연방기록원
AllProz 6 Unterlagen Servatius, Eichmann-Prozess 제르파티우스 자료, 아이히만 재판
N/1497 Nachlass Eichmann 아이히만 유품
R/58 Reichssicherheitshauptamt 제국중앙보안청

BArch Ludwigsburg 루트비히스부르크 연방기록원
Prozessakten Adolf Eichmann 아돌프 아이히만 재판 자료
Bestand Zentrale Stelle — Generalakte III, Korrespondenz T. Friedman. 루트비히스부르크 중앙청 소장 자료 — 일반 III, T. 프리트만 서신
Prozessberichte vom Dietrich Zeug für die Zentrale Stelle 디트리히 초이크가 루트비히스부르크 중앙청을 위해 작성한 재판 보고서

Barch Berlin Lichterfelde 베를린 리히터펠데 연방기록원
BDC-Bestände (ehem. US-Berlin Document Center) 베를린문서센터 소장 자료

(전 미국-베를린문서센터)

BStU Berlin Hoppengarten 베를린 호펜가르텐 구동독 기록원 자료 국가보안부(슈타지) 연방기록물관리처

Die Bundesbeauftragte für die Unterlagen des Staatssicherheitsdienstes der ehemaligen Deutschen Demokratischen Republik Archivmaterial der HA IX/11 1933~1945. 구동독 기록원 자료 국가보안부 연방기록물관리처 HA IX/11 1933~1945.

Deutsches Literatur Archiv, Marbach 마르바흐 독일 문학 기록원

Nachlass Hans Grimm (Korrespondenz Eberhard Fritsch) 한스 그림 유품(에버하르트 프리치 서신)

Nachlass Ernst Kernmayr (Korrespondenz Eberhard Fritsch) 에른스트 케른마이어 유품(에버하르트 프리치 서신)

Deutsche Rundfunkarchiv, Frankfurt a. M. 프랑크푸르트암마인 독일 라디오 방송 기록원

Eine Epoche vor Gericht「법정 앞에 선 시대」

FZH Archiv der Forschungsstelle für Zeitgeschichte, Hamburg 함부르크 현대사연구소

Hessisches Hauptstaatsarchiv, Wiesbaden 헤센 중앙국립기록원, 비스바덴

Abt. 461

HIS—Hamburger Institut für Sozialforschung 함부르크 사회연구소

Sammlung Schwend 슈벤트 소장 문고

Institut für Stadtgeschichte, Frankfurt 프랑크푸르트 도시사연구소

Nachlass Arnold Buchthal 아르놀트 부흐탈 유품

Niedersächsisches Landesarchiv 니더작센 주기록원

Hannover, Magazin Pattensen 하노버, 파텐젠 서고

Nachlass Adolf von Thadden 아돌프 폰 타덴 유품

Rheinische Landesbibliothek Koblenz 코블렌츠 라인 주도서관

Nachlass Beumelburg (Korrespondenz Eberhard Fritsch) 보이멜부르크 유품(에버하르트 프리치 서한)

Stadtarchiv Bergen 베르겐 시기록원

Meldebuch Eversen, Fach 585 Nr. 2 에퍼젠 구舊체류신고등록부, Fach 585 Nr. 2

Archiv für Zeitgeschichte, Eidgenössische Technische Hochschule Zürich 취리히 연

방기술공과대학교 현대사 문서고
Nachlass Avner W. Less 아브너 W. 레스 유품
JUNA Archiv JUNA 문서고

Archiv der Universität, Wien 빈대학 기록원
Doktorandenlisten 박사과정생 학적부

ÖStA Österreiches Staatsarchiv 오스트리아 국립기록원
E/1797 Nachlass Hermann Langbein E/1797 헤르만 랑바인 유품

Simon Wiesenthal Archiv, Wien 빈 지몬 비젠탈 기록원
Korrespondenz 서한

Stadtarchiv Salzburg 잘츠부르크 시기록원
Meldekartei 등록 색인 카드

CDJC Centre de Documentation Juive Contemporaine, Paris 파리 유대인현대문서센터

CZA Central Zionist Archiv, Jerusalem 예루살렘 시온주의 중앙기록원

CAHJP Central Archives of the History of the Jewish People, Jerusalem 예루살렘 유대인 역사 중앙기록원
A/W Bestand des IKG-Archivs, Wien 빈 IKG 기록원 A/W 소장 자료

ISA Israelisches Staatsarchiv 이스라엘 국립기록원
Götzen 「우상들」

Yad Vashem Archiv 야드바셈 기록원
O-1 Sammlung K. J. Ball-Kaduri O-1 K. J. 발-카두리 컬렉션
O-3 Sammlung mündlicher Zeugenaussagen O-3 구두 증인 진술 컬렉션
O-51 Sammlung NS-Dokumente (DN) O-51 민족사회주의 문서 컬렉션(DN)
Tr. 3 Dokumente des Eichmann-Prozess (Zählung nach B06/xxx) Tr. 3 아이히만 재판 문서(소장 자료는 B06/xxx 로 표기)

Holocaust Memorial, Washington 워싱턴 홀로코스트 기념관
Collection Uko Goñi 우키 고니 컬렉션

United States National Archives 미국 국립기록원
RG 263, CIA Name Files RG, RG 263, CIA 인명 파일
RG 319, Dossier XE 004471, Adolf Eichmann RG 319, XE 004471 문서, 아돌프 아이히만

Syracuse University New York, Special Collections 뉴욕 시러큐스대학 특별 컬렉션
Francis Biddle Papers 프랜시스 비들 문서

"Sonderarchiv Moskau", heute RGVA "모스크바 특별기록원"(현 RGVA)
Russisches Staatsmilitärarchiv, ehemaliges Sonderarchiv, Moskau 모스크바 국립군사기록원, 전 모스크바 특별기록원

SOA Lmt, Tschechien Stání oblastní archiv Litomerice/Staatliches Gebietsarchiv in Leitmeritz 리토메리체 체코 국립지역기록원
MLS (Bestand Volksgericht), Lsp 441/47 Karl Rahm MLS(인민법원 소장 자료), Lsp 441/47 카를 람

SÚA, Staatliches Zentralarchiv, Prag 프라하 국립중앙기록원
AGK Warschau AGK 바르샤바

인터뷰

인터뷰 자료들을 남겨준 우키 고니, 마르틴 하이딩거, 레이먼드 레이, 룰프 반 틸, 나타샤 데 빈터에게 깊이 감사한다. 알텐잘츠코트, 부에노스아이레스, 코로넬수아레스에서 2009년과 2010년에 이루어진 라파엘 아이탄, 빌헬름 회틀, 호세 모스코비츠, 페드로 포비에심, 잉게 슈나이더, 사스키아 사선에 대한 인터뷰.

1978년(「인간의 모습Erscheinungsform Mensch」): 지몬 비젠탈, 이세르 하렐, 아브너 레스, 츠비 볼슈타인, 이스라엘 구트만, 다피트 프랑코, 기드온 하우스너, 가브리엘 바흐, 벤야민 할레비, 슐로모 쿨샤르, 빌럼 사선에 대한 인터뷰.

아돌프 아이히만의 글(연대순)

1945년 이전

1937: 「세계유대주의: 독일 정착 유대인 활동의 정치적 활약과 영향Das Weltjudentum: politische Akt 제4부ität und Auswirkung seiner Tätigkeit auf die in Deutschland ansässigen Juden」.

1937년 11월 1일 베를린 보안국 본부에서 열린 보안국 유대인 문제 담당관 회의. 미하엘 빌트Michael Wildt 편, 『유대인 정책…Die Judenpolitik…』, 문서 번호 19, 133~138쪽.

아르헨티나 문서

책들에 적힌 여백 메모

몇몇 원본은 아이히만 유품, 코블렌츠 연방기록원, N1497. 그 밖의 것들은 1960년 6월 26일에서 7월 16일에 걸쳐『슈테른』에 인용됨.

심문 기록에 대한 아이히만의 논평, 1026~1035쪽.

책들에 대한 논평

원본 메모들과 사선이 타자한 메모들은 아이히만 유품, 코블렌츠 연방기록원, N1497; 그 밖의 것들은 루트비히스부르크 연방기록원(B162), "기타D 제4부erses" 폴더.

긴 원고, 「다른 이들이 말했고, 이제 내가 말할 차례다!Die anderen sprachen, jetzt will ich sprechen!」

원본 육필 페이지, 일부 타자 사본, 필름 및 복제본은 아이히만 유품, 코블렌츠 연방기록원, N1497; 제르파티우스 유품, 코블렌츠 연방기록원, AllProz 6; 루트비히스부르크 연방기록원(B162), "기타" 폴더.

원고 일부: "제목: 사안에 대한 나의 입장 '1933~1945년 민족사회주의 독일제국 정부의 유대인 문제와 이를 해결하기 위한 조치'Betriff: Meine Feststellungen zur Angelegenheit 'Judenfragen und Maßnahmen der nationalsozialistischen deutschen Komplexes in den Jahren 1933 bis 1945'". 원래는 콘라트 아데나워에게 보내는 공개 편지로 계획되었다.

69쪽에 이르는 육필 텍스트: "제목: 사안에 대한 나의 입장 '1933~1945년 민족사회주의 독일제국 정부의 유대인 문제와 이를 해결하기 위한 조치'"의 상태 나쁜 사본(검찰 측 문서 T/1393). 제르파티우스 유품, 코블렌츠 연방기록원, AllProz 6/95-111과 일치한다. 소위 17번 파일, 날짜는 1959년 2월 19일로 (잘못) 적혔다.

이 텍스트는 종종 구속 중에 쓰인 것으로 여겨지지만, 분명 사선 인터뷰에 속하고 아이히만 체포 전에 작성되었다.

에세이, 메모, 연설문 전반, 1956~1957

약 200쪽 분량으로, 몇몇 문서고의 육필 원본, 사본, 사선의 타자본, 마이크로필름을 포함한다. 아이히만 유품과 제르파티우스 유품, 코블렌츠 연방기록원; 루트비히스부르크 연방기록원 "기타" 폴더와 필름.

「소설 투쿠만Tucumán Roman」

원고. 여전히 가족이 사적으로 소장하고 있어 열람할 수 없다. 1958~1959년에 자녀들을 위해 쓴 것으로 추정된다. 260쪽에 달하는 육필 페이지라고 한다. 「다른 이들이 말했고 이제 내가 말할 차례다!」와의 중복을 배제할 수 없다.

사선 인터뷰, 녹음테이프

오디오 자료는 아이히만 유품, 코블렌츠 연방기록원, N1497에 있다.

녹음테이프 10개(29.5시간), 카세트 테이프(K)(32시간), DAT-카세트(DAT)(32시간)(서가 기호 Ton 1367, 6-1에서 6-10까지). 녹음테이프 전부가 아르헨티나 원본이 아니라 나중에 복제한 것이다. 좀더 현대적인 녹음의 흔적이 드러나기 때문이다. 오디오 카세트와 DAT 카세트는 원본을 복제한 것이고 대체로 일치한다. 오디오 자료에는 녹취되지 않은 일부 대화도 담겨 있다.

사선 인터뷰, 보존된 녹취록

공개된 순서대로.

『라이프』: 600쪽에 달하는 녹취록과 몇몇 육필 페이지 사본. 연구자들은 열람할 수 없다.

『슈테른』: 녹취록들과 80쪽의 육필 문서. 출판사 문서고에 남아 있지 않다.

이스라엘(하가그)/제르파티우스: 이스라엘 국립기록원 74/3156. 제르파티우스 유품, 코블렌츠 연방기록원, AllProz 6/95-111. 1979년부터 코블렌츠 연방기록원에서 이용 가능.

62개 녹음테이프의 녹취록(1~5, 11~67번, 빠진 페이지들 있음)과 6, 7, 9~26, 31~39, 48~67번 테이프에 대한 아이히만의 육필 수정 내용이 이스라엘에서 16+1개 파일로 정리됨. 녹취록은 총 713쪽이다. 17번 파일을 포함하면 총 795쪽이다(공식적으로는 798쪽인데, 이는 페이지 번호를 매길 때 오류가 있었던 탓에 잘못 계산된 것이다). 68~73번 테이프의 녹취록은 없다.

린츠: 1961년 3월에 로베르트 아이히만의 사무실에서 훔친 것으로, 헤르만 랑바인에 의해 마이크로필름으로 만들어졌다. 900쪽에 달하며(1~5, 11~67번 테이프), 역시 빠진 페이지들이 있지만 이스라엘 것과는 다른 페이지들이다. 아이히만의 광범위한 수정 내용, 사선의 타자본, 추가 아르헨티나 문서. 랑바인은 헨리 오르몬트와 토마스 하를란에게(『폴리티카』에 사용됨), 그리고 다른 관공서들에 사본을 제공했다.

하를란은 자신의 사본을 분실해 오르몬트에게 남아 있는 것을 이름트루트 보야크에게 주었다.

루트비히스부르크 연방기록원의 두 사본 중 하나도 분명 린츠 쪽에서 나온 것이다.

사선: 수정 내용 원본이 딸린 원본 녹취록, 그리고 사선의 마이크로필름본. 마이크로필름은 1979년에 아이히만 가족에게 전달되었고, 현재는 한 스위스 출판인의 기증으로 코블렌츠 연방기록원의 아이히만 유품, N1497에 소장되어 있다.

사선 쪽 자료는 가장 방대해서, 835쪽에다가 아이히만의 녹취록 메모 78쪽을 더하고 있다. 6~10번 테이프(존재하지 않는 "7번" 테이프는 제외), 그리고 68~73번 이외의 테이프의 녹취록이 포함되어 있지만, 29번 테이프와 41:3페이지는 없다.

아르헨티나 문서들의 초기 이용과 공개

사선 인터뷰에 기초함

루돌프 아셰나워Rudolf Aschenauer 편, 『나, 아돌프 아이히만. 역사적 증인 보고Ich, Adolf Eichmann. Ein historischer Zeugenbericht』(레오니암슈타른베르거제, 1980).

분명 수정주의 경향을 띤 이 책은 이제 분석될 수 있다. 원고 사본은 아이히만 유품, 코블렌츠 연방기록원, N1497, 77~86.

사선 인터뷰를 게재함

『라이프』: 「아이히만이 자신의 저주스러운 이야기를 들려준다Eichmann tells his own

damning story」, 『라이프』(시카고, 1960년 11월 28일과 12월 5일). 이 기사는 같은 제목의 2부작으로 『라이프 인터내셔널Life International』에 다시 연재됐다. 「나는 그들을 도살장으로 보냈다I transported them to the Butcher」(1부, No. 1, Vol. 30, 1961년 1월 9일, 9~19쪽), 「결론적으로, 나는 아무것도 후회하지 않는다To sum it all up, I regret nothing」(2부, No. 3, Vol 30, 1961년 2월 13일, 76~82쪽)(검찰 측 문서 T/47).

허가받은 재수록

「아돌프 아이히만의 시인Das Geständnis des Adolf Eichmann」, 『레뷔Revue』: Nr. 8, 9, 10(뮌헨, 1961).

『파리 마치』(1960년 5월 6일, 5월 13일, 5월 20일).

『폴리티카』(1961년 5월 20일~6월 17일), 린츠 쪽 자료 일부와 해설.

기드온 하우스너. 그는 자신의 재판 보고서인 『예루살렘의 정의』를 위해 이스라엘 쪽 자료(하가그)를 사용했다. 그는 1979년 이전에는 사선 녹취록을 이용할 수 있는 유일한 저자였다.

사선 인터뷰 기간의 『라이프』 기사들에 대한 아이히만의 동시대 논평 목록: 검찰 측 문서 T/1432.

「이스라엘 인도에 대한 해명Erklärung zur Überstellung nach Israel」, 1960년 5월(T/3).

이스라엘 자료

「나의 회고Meine Memoiren」

"1945년 5월 8일에서 15년하고도 하루가 지난 오늘…"은 "1960년 5월 9일부터 6월 16일까지"로 날짜가 적혀 있지만 5월 23일 후에야 쓰이기 시작한 128쪽 분량의 육필 텍스트이며, 1960년 6월 16일에 법원 파일을 위해 복사되었다. 재판 문서 B06-1492(T/44).

학술적 요건을 갖추지 않은 채, 불완전한 옮겨 쓰기를 통해 1999년 8월 12일~9월 4일에 『디 벨트』에 실렸다. 이 텍스트는 「127[원문 그대로] 아이히만 페이지들 127-Eichmann-Seiten」로도 인용된다.

「나의 도주, 예루살렘 감옥에서 보내는 편지Meine Flucht, Bericht aus der Zelle in Jerusalem」

대체 가능한 제목은 "나의 도주 보고서Mein Fluchtbericht", 원제는 "1945년 5월 어느 날 밤In einer Mainacht 1945". 날짜가 1961년 3월로 되어 있다. 이 텍스트는 재판에서 증거로 사용되지 않았다.

코블렌츠 연방기록원, AllProz 6/247; 미국 국립기록원, RG 263, CIA 아돌프 아이히만 파일, Vol. 1, Doc. 72. 더 나은 사본은 Vol. 3, 76. 육필 텍스트 「나의 도주 보고서」, 이스라엘 국립기록원.

영국 잡지 『피플People』, 1961년 4월 30일~5월 28일에 실렸다.

심문 기록

1960년 5월 29일~1961년 1월 15일(1~76번 테이프) 및 1961년 2월 2일(77번 테이프).

재판 문서(T/37, T/41).

38일간의 심문에서 나온 76개 녹음테이프, 270시간, 3564쪽의 타자 페이지, 아이히만이 수정.

처음: 이스라엘 경찰 본부 제6국(국장 A. 젤링거A. Selinger), 「아돌프 아이히만」, Vols. I~VI, 마하나 이야르Mahana Iyar, 1961년 2월 3일, 복사본.

이후: 이스라엘 법무부, 「아돌프 아이히만 재판」. 아이히만이 예루살렘 재판에 앞서 이스라엘 경찰에 한 진술. Vols. VII~VIII, 1995년 예루살렘, 복사본.

옥중 기록Gefängnisnotizen

1960년 5월 30일~12월 19일. (T/44; 사본 대부분은 아이히만 유품, 코블렌츠 연방기록원, AllProz 6)

『라이프』 기사들에 대한 논평이 담긴 14쪽의 타자 페이지, 이스라엘에서 작성(T/48~51).

사선 녹취록에 대한 육필 논평(검찰 측 문서 T/1393).

감옥에서 쓴 다양한 메모와 육필 에세이. 재판 전에 쓴 것도 있고, 가족에게 보낸 편지도 있다.

정신심리학 평가

I. S. 쿨샤르(이스라엘) 수행, 1961년 1월 20일~3월 1일.

세 시간씩 일곱 차례 수행, 당시의 통상적인 테스트(IQ, 로르샤흐, TAT, 사물 연관 테스트, 웩슬러, 벤더, 그림 테스트, 손디) 실시.

보고서 원본은 공개되지 않았다.

보고서 요약은 슐로모 쿨샤르/쇼샨나 쿨샤르/리포트 손디, 「아돌프 아이히만과 제3제국Adolf Eichmann and the Third Reich」, 랄프 슬로벤코Ralph Slovenko 편, 『범죄, 법, 교정Crime, Law and Corrections』(일리노이 스피링필드, 1966), 16~52쪽. 그림 테스트에서 나온 그림들은 『슈피겔Spiegel』(1978), 2호에 실렸다.

재판 문서

이스라엘 법무부, 아돌프 아이히만 재판. 원고 측과 피고 측이 제출한 증거물의 마이크로필름 사본, Vol. IX(예루살렘, 1995). 검찰 측 문서 번호(T/xx)로 인용된다.

전체는 루트비히스부르크의 민족사회주의 범죄 수사 본부에, 오늘날의 루트비히스부르크 연방기록원, B 162에 소장되어 있다. 또한 많은 부분이 제르파티우스 유품, 코블렌츠 연방기록원, AllProz 6과 아브너 레스 유품, 취리히 연방기술공과대학교 현대사 문서고에 소장되어 있다.

공판 기록(1961년 4월 2일~8월 14일): 법정 진술

예루살렘 지방법원, 형사부 40/61. 이스라엘 검찰총장 대 아돌프 카를 아이히만의 아들 아돌프. 1~121차 공판 기록. 개정되거나 수정되지 않았다(독일어 번역). 레스 유품과 제르파티우스 유품에 전체가 소장되어 있다.

이스라엘 법무부, 『아돌프 아이히만 재판. 예루살렘 지방 재판 기록』, Vols. I~VI,

예루살렘, 1992~1994(영어 번역). 필름 자료: 스티븐 스필버그의 유대인 필름 보관소/예루살렘 히브리대학교.

「우상들」

1206쪽. 공개용으로 정해진 것은 그중 676쪽. 날짜가 1961년 9월로 되어 있다. 2000년 2월 27일에 런던에서 열린 어빙-립슈타트 재판의 증거로 공개되었다. 이스라엘 국립기록원.

제르파티우스에 따르면 아이히만이 생각한 가제는 "다가올 세대를 위한 회고Erinnerungen für komkmende Generationen"나 "베르사유Versailles"였다.

재판부터 처형까지 옥중 기록Gefängnisaufzeichnungen seit Prozessbeginn bis zur Hinrichtung

수많은 메모, 편지, 서류, 초안, 조직도, 좀더 긴 원고. 여기에는 「구속 보고서Verhaftungsbericht」 「납치 전사Vorgeschichte der Entführung」 「여기 교수대에 직면해서도Auch hier im Angesicht des Galgens」, 판결과 상고에 대한 아이히만의 입장, 최종 진술의 다양한 초안, 가족 · 친지 · 변호사와 교환한 서신, 외국의 문의나 『파리 마치』 설문과 관련해 교환한 서신 등이 포함되어 있다. 오늘날 이것들 대부분이 아이히만 유품, 코블렌츠 연방기록원, AllProz 6과 아이히만 재판 컬렉션, 이스라엘 국립기록원에 소장되어 있으며, 일부는 가족들이 가지고 있다(열람 불가능).

신학 서신Theologische Briefe

윌리엄 헐 목사와의 '개종 대화Bekehrungsgespräche'.

윌리엄 L. 헐, 『어느 영혼을 위한 투쟁. 사형수 감옥에서 만난 아이히만과의 대화Kampf um eine Seele. Gespräche mit Eichmann in der Todeszelle』(부페르탈, 1964).

아이히만의 편지 세 통, 그리고 1962년 4월 11일부터 5월 31일까지의 13차례 방문에 대한 기억을 옮긴 글(문제 많은)을 수록했다.

참고문헌

이제는 더 많은 자료와 연구 논문을 접할 수 있기 때문에 이 책은 이전 책들에서 더 많이 벗어나 있지만, 그 책들이 범한 모든 오류를 지적하지는 않는다. 이런 종류의 파괴적인 텍스트는 읽기 즐겁지 않고, 다음에 제시하는 책들은 나처럼 아이히만을 집중적으로 연구하는 사람에게는 여전히 꼭 필요한 것들이다. 여기서 사용된 아이히만 관련 문헌의 전체 목록은 800종이 넘는 책을 아우르기 때문에 당연히 제시할 수 없다. 추가로 읽을 더 많은 참고문헌은 주석들에서 찾을 수 있다. 랜돌프 L. 브레이험의 아이히만 참고문헌은 여전히 필독을 요한다. Randolph L. Braham, 『아이히만 사건. 자료집The Eichmann Case. A Source Book』(뉴욕, 1969).

책과 기사

Adler, H. G. "Adolf Eichmann oder die Flucht aus der Verantwortung." *Tribüne* 1(1962), pp. 122–134.

"Adolf Eichmann, Novelist." *Time and Tide*(London) 42, no. 25(1961), p. 1009.

Aharoni, Zvi, and Wilhelm Dietl. *Operation Eichmann: The Truth About the Pursuit, Capture, and Trial*. Translated by Helmut Bögler. New York, 1997.

Aly, Götz. *"Endlösung": Völkerverschiebung und der Mord an den europäischen Juden*. Frankfurt am Main, 1995.

———. "Die späte Rache des Adolf Eichmann." *Österreichische Zeitschrift für Geschichtswissenschaften* 11, no. 1(2000), pp. 186 – 191.

Aly, Götz, and Christian Gerlach. *Das letzte Kapitel: Realpolitik, Ideologie und der Mord an den ungarischen Juden* 1944/1945. Stuttgart and Munich, 2002.

Anderl, Gabriele. "Emigration und Vertreibung." In *Vertreibung und Neubeginn: Israelische Bürger österreichischer Herkunft*. Edited by Erika Weinzierl and Otto D. Kulka. Vienna, 1992.

Anderl, Gabriele, and Dirk Rupnow. *Die Zentralstelle für jüdische Auswanderung als Beraubungsinstitution*. Vienna, 2004.

Anderson, Jack. "Nazi War Criminals in South America." *Parade*, November 13, 1960, pp. 6 – 9.

Arendt, Hannah. *Eichmann in Jerusalem: A Report on the Banality of Evil*. 1963; reprint New York, 1994.

———. "Thinking and Moral Considerations: A Lecture." *Social Research* 38, no. 3(Autumn 1971), pp. 417 – 446.

"Arendt in Jerusalem." *History and Memory* 8, no. 2(Fall – Winter 1996), special issue.

Aronson, Shlomo. *Reinhard Heydrich und die Frühgeschichte von Gestapo und SD*. Stuttgart, 1971.

Arnsberg, Paul. "Eichmann — The Germans Don't Care." *Jewish Observer and Middle East Review* 10, no. 15(April 14, 1961).

Ausschuß für deutsche Einheit, ed. *Eichmann: Henker, Handlanger, Hintermänner: Eine Dokumentation*. East Berlin, 1961.

Avni, Haim. "Jewish Leadership in Times of Crisis: Argentina During the Eichmann Affair(1960 – 1962)." *Studies in Contemporary Jewry* 11(1995), pp. 117 – 135.

Bach, Gabriel. "Gespräch mit Herrn Gabriel Bach, stellvertretender Ankläger im Prozess gegen Adolf Eichmann, anlässlich des 65. Jahrestages der Wannsee-Konferenz vom 20. Januar 1942 am 18. Januar 2007 im Haus der Wannsee-Konferenz." In Haus der Wannseekonferenz, ed., *Newsletter* 8(December 2007), pp. 2 – 21.

———. "Adolf Eichmann and the Eichmann Trial." In *Holocaust: Israel Pocket Library*. Jerusalem, 1974.

Bar-Nathan, Moshe. "Background to the Eichmann Trial." *Jewish Frontier* 28, no. 5(May 1961), pp. 4–7.

Bar-On, A. Zvie. "Measuring Responsibility." *Philosophical Forum* 16, nos. 1–2(1984–1985), pp. 95–109.

Bar-On, Dan. "Steckt in jedem von uns ein Adolf Eichmann?" *Die Welt*, August 19, 1999.

Bar-Zohar, Michel. *Les vengeurs*. Paris, 1968. English: *The Avengers*. New York, 1968.

Bascomb, Neal. *Hunting Eichmann: How a Band of Survivors and a Young Spy Agency Chased Down the World's Most Notorious Nazi*. Boston and New York, 2009.

Bauer, Yehuda. *Freikauf von Juden? Verhandlungen zwischen dem nationalsozialistischen Deutschland und jüdischen Repräsentanten* 1933–1945. Frankfurt am Main, 1996.

______. "Wir müssen jetzt die richtigen wissenschaftlichen Fragen stellen." Interview in *Die Welt*, August 12, 1999.

______. "Das Böse ist niemals banal." Interview in *Spiegel*, August 16, 1999.

Baumann, Jürgen. "Die Psychologie des bürokratisch organisierten Mordes." *Frankfurter Hefte: Zeitschrift für Kultur und Politik* 21(1966), pp. 199–205.

Beatty, Joseph. "Thinking and Moral Considerations: Socrates and Arendt's Eichmann." *Journal of Value Inquiry* 10(1976).

Beier, Lars-Olav. "Anatomie eines Mörders." *Frankfurter Allgemeine Zeitung*, February 17, 1999.

Ben Natan, Asher. *The Audacity to Live: An Autobiography*. Tel Aviv, 2007.

Bergman, Monika. "Transporttechnische Angelegenheiten." *Die Zeit*, February 11, 1999.

Bernstein, Richard J. "*The Banality of Evil* Reconsidered." In *Hannah Arendt and the Meaning of Politics*. Edited by Craig Calhoun and John McGowan. Minneapolis, 1997.

______. "Responsibility, Judging, and Evil." *Revue Internationale de Philosophie* 53, no. 2(June 1999), pp. 155–172.

Bethke. "Der Antisemitismus im Glaskasten. Zum Eichmann-Prozeß." In *Glaube und Gewissen*. Halle a. d. Saale 7, 1961.

Bettelheim, Bruno. "Eichmann—Das System—Die Opfer." In *Erziehung zum Überleben: Zur Psychologie der Extremsituationen*. Munich, 1982.

Biss, Andreas. *Der Stopp der Endlösung: Kampf gegen Himmler und Eichmann in Budapest*. Stuttgart, 1966.

Biuletyn glownej komsji badania zbrodni Hitleowskich w Polsce(Bulletin of the Commission for Investigation of Hitlerite Crimes in Poland). Warsaw, 1960. Eichmann documents: vols. 12 and 13.

Böll, Heinrich. "Befehl und Verantwortung. Gedanken zum Eichmann-Prozeß." In *Aufsätze, Kritiken, Reden*. Cologne and Berlin, 1967.

Botz, Gerhard. *Nationalsozialismus in Wien: Machtübernahme und Herrschafts sicherung*, 1938–1939. Buchloe, 1988.

Braham, Randolph. *Eichmann and the Destruction of Hungarian Jewry: A Documentary Account*. New York, 1963.

———. *The Politics of Genocide: The Holocaust in Hungary*. New York, 1994.

Brandt, Willy. *Deutschland, Israel und die Juden: Rede des Regierenden Bürgermeisters von Berlin vor dem HerzlInstitut in New York am* 19. *März* 1961. Berlin, 1961.

Brand, Joel. *Adolf Eichmann: Fakten gegen Fabeln*. Munich and Frankfurt, 1961.

Brand, Joel, and Alex Weissberg. *Advocate for the Dead: The Story of Joel Brand*. London, 1958.

Brayard, Florent. "'Grasping the Spokes of the Wind of History': Gerstein, Eichmann and the Genocide of the Jews." *History and Memory* 20(2008), pp. 48–88.

Brechtken, Magnus. *"Madagaskar für die Juden": Antisemitische Idee und politische Praxis* 1885–1945. Munich, 1998.

———. "Apologie und Erinnerungskonstruktion—Zum zweifelhaften Quellenwert von Nachkriegsaussagen zur Geschichte des Dritten Reiches. Das Beispiel Madagaskar-Plan." *Jahrbuch für Antisemitismusforschung* 9(2000), pp. 234–252.

Breitman, Richard David, and Shlomo Aronson. "The End of the 'Final Solution'? Nazi Plans to Ransom Jews in 1944." *Central European History* 25, no. 2(1992), pp. 177–203.

Breitman, Richard, ed. U.S. *Intelligence and the Nazis*. Washington, D.C., 2004.

Breton, Albert, and Ronald Wintrope. "The Bureaucracy of Murder Revisited." *Jour-*

nal of Political Economy 94, no. 5(October 1986), pp. 905 – 926.

Brochhagen, Ulrich. *Nach Nürnberg: Vergangenheitsbewältigung und Westintegration in der Ära Adenauer*. Hamburg, 1994.

Brockdorff, Werner(alias Alfred Jarschel, former Nazi youth leader). "XVII. Karl[!] Adolf Eichmann." In *Flucht vor Nürnberg: Pläne und Organisation der Fluchtwege der NSProminenz im "Römischen Weg."* Munich-Wels, 1969(summary of Eichmann's delusional alternative biography).

Browder, George C. *Hitler's Enforcers: Gestapo and the SS Security Service in the Nazi Revolution*. New York, 1996.

Browning, Christopher. *The Path to Genocide: Essays on Launching the Final Solution*. Cambridge, 1992.

______. *Judenmord: NSPolitik, Zwangsarbeit und das Verhalten der Täter*. Frankfurt am Main, 2001.

Brunner, José. "Eichmann, Arendt and Freud in Jerusalem: On the Evils of Narcissism and the Pleasures of Thoughtlessness." *History and Memory* 8(1996), pp. 61 – 88.

______. "Eichmann's Mind: Psychological, Philosophical and Legal Perspectives." *Theoretical Inquiries in Law* 1(2000), pp. 429 – 463.

Buechler, Yeshoshua Robert. "Document: A Preparatory Document for the Wannsee 'Conference.'" *Holocaust and Genocide Studies* 9, no. 1(Spring 1995), pp. 121 – 129.

Camarasa, Jorge. *Odessa al Sur: La Argentina Como Refugio de Nazis y Criminales de Guerra*. Buenos Aires, 1995.

Cantorovich, Nati. "Soviet Reactions to the Eichmann Trial: A Preliminary Investigation, 1960 – 1965." *Yad Vashem Studies* 35(2007), pp. 103 – 141.

Carmichael, Joel. "Reactions in Germany." *Midstream* 7, no. 3(Summer 1961), pp. 13 – 27.

Cesarani, David. *Eichmann: His Life and Crimes*. London, 2005.

Cesarani, David, ed. *Genocide and Rescue: The Holocaust in Hungary,* 1944. Oxford, 1997.

______. *After Eichmann: Collective Memory and the Holocaust Since* 1961. London, New York, 2005.

Clarke, Comer. *Eichmann — The Man and His Crimes*. New York, 1960.

Cohen, Ahiba, Tamor Zemach-Maron, Jürgen Wolke, and Birgit Schenk. *The Holocaust and the Press: Nazi War Crimes Trials in Germany and Israel*. New Jersey, 2002.

Cohen, Richard J. "Breaking the Code: Hannah Arendt's *Eichmann in Jerusalem* and the Public Polemic: Myth, Memory and Historical Imagination." In *Michael: The Diaspora Research Institute*, edited by Dina Porat and Shlomo Simonsohn(Tel Aviv, 1993) pp. 13:29–85.

Conze, Eckart, Norbert Frei, Peter Hayes, and Moshe Zimmermann. *Das Amt und die Vergangenheit: Deutsche Diplomaten im Dritten Reich und in der Bundesrepublik*. Munich, 2010.

Crossman, Richard H. S. "The Faceless Bureaucrat." *New Statesman*, March 31, 1961.

Diamant, Manus. *Geheimauftrag: Mission Eichmann*. Vienna, 1995.

Donovan, John. *Eichmann: Man of Slaughter*. New York, 1960.

"Eichmann and the German Government." *Jewish Chronicle*(London), March 17, 1961, p. 31.

"Eichmann's Ghost Writer: A Dutch Friend in Argentina." *Wiener Library Bulletin* 15, no. 1(1961), p. 2.

Einstein, Siegfried. *Eichmann: Chefbuchhalter des Todes*. Frankfurt am Main, 1961.

Enzensberger, Hans Magnus. "Reflexionen vor einem Glaskasten." In *Politik und Verbrechen: Neun Beiträge*. Frankfurt am Main, 1964.

Felstiner, Mary. "Alois Brunner: 'Eichmann's Best Tool.'" *Simon Wiesenthal Center Annual* 3(1986), pp. 1–46.

Friedman, Tuviah. *The Hunter*. New York, 1961.

———. *Die Ergreifung Eichmanns: Dokumentarische Sammlung*. Haifa, 1971.

Friedman, Tuviah, ed. *We Shall Never Forget: An Album of Photographs, Articles and Documents*. Haifa Documentation Centre, undated(1965).

Garner, Reuben. "Adolph Eichmann: The Making of a Totalitarian Bureaucrat." In *The Realm of Humanitas: Responses to the Writing of Hannah Arendt*. New York, 1990.

Gellhorn, Martha. "Eichmann and the Private Conscience." *Atlantic Monthly* 209, no. 2(February 1962), pp. 52–59.

Gerlach, Christian. "The Eichmann Interrogations in Holocaust Historiography." *Ho-*

locaust and Genocide Studies 3(2001), pp. 428–452.

Giefer, Rena, and Thomas Giefer. *Die Rattenlinie: Fluchtwege der Nazis: Eine Dokumentation*. Frankfurt am Main, 1991.

Gilbert, G. M. "The Mentality of SS-Murderous Robots." *Yad Vashem Studies* 5(1963), pp. 35–41.

Glock, Charles Y., Gertrude J. Selznick, and Joe L. Spaeth. *The Apathetic Majority: A Study Based on Public Responses to the Eichmann Trial*. New York, 1966.

Goldfarb, Jack. "The Eichmann Mailbag." *Congress BiWeekly* 29, no. 3(February 5, 1962), pp. 8–9.

Goñi, Uki. *The Real Odessa: How Perón Brought the Nazi War Criminals to Argentina*. Rev. ed. London, 2003.

Goshen, Seev. "Eichmann und die Nizko Aktion im Oktober 1939. Eine Fallstudie zur NS-Judenpolitik in der letzten Etappe vor der 'Endlösung.'" *Vierteljahrshefte für Zeitgeschichte* 29(1981), pp. 74–96.

______. "Nisko—Ein Ausnahmefall unter den Judenlagern der SS." *Vierteljahrshefte für Zeitgeschichte* 40(1992), pp. 95–106.

Gottlieb, Roger S., ed. *Thinking the Unthinkable: Meanings of the Holocaust*. New York, 1990.

Gourevitch, Lev, and Stéphane Richey. *Agents Secrets Contre Eichmann*. Paris, 1961.

Gross, Raphael. *Anständig geblieben: Nationalsozialistische Moral*. Frankfurt am Main, 2010.

Große, Christina. *Der EichmannProzeß zwischen Recht und Politik*. Frankfurt am Main, Berlin, et al., 1995.

Haas, Peter Jerome. "What We Know Today That We Didn't Know Fifty Years Ago: Fifty Years of Holocaust Scholarship." *CCAR Journal* 42, no. 2(Summer–Fall 1995), pp. 1–15.

Halberstam, Joshua. "From Kant to Auschwitz." *Social Theory and Practice* 14, no. 1(1988), pp. 41–54.

Harel, Isser. *The House on Garibaldi Street: The Capture of Adolf Eichmann*. London, 1975.

Hausner, Gideon. *Justice in Jerusalem*. New York, 1966.

Heiman, Leo. "Eichmann and the Arabs: The Untold Story of the Nazis and the Grand Mufti." *Jewish Digest* 6, no. 9(June 1961), pp. 1–6.

Herbert, Ulrich. "Weltanschauungseliten. Ideologische Legitimation und politische Praxis der Führungsgruppe der nationalsozialistischen Sicherheitspolizei." *Potsdamer Bulletin für zeithistorische Studien* 9(1997), pp. 4–18.

Herbert, Ulrich, ed. *Nationalsozialistische Vernichtungspolitik* 1939–1945*: Neue Forschungen und Kontroversen*. 2 vols. Frankfurt am Main, 2002.

Hesselbach. "Er schrieb Adolf Eichmanns Memoiren. Die abenteuerliche Geschichte des Willem Sassen." *Kölnische Rundschau*, December 16, 1960.

Hilberg, Raul. *Die Vernichtung der europäischen Juden: Die Gesamtgeschichte des Holocaust*. 3 vols. Frankfurt am Main, 1990.

———. "Eichmann war nicht banal." *Die Welt*, August 28, 1999.

Hillel, Marc, and Richard Caron. *Operation Eichmann*. Paris, 1961.

Horkheimer, Max. "Zur Ergreifung Eichmanns (1960/1967)." In *Zur Kritik der instrumentellen Vernunft: Aus Vorträgen seit Kriegsende*. Edited by Alfred Schmidt(Frankfurt, 1967).

Hull, William L. *Kampf um eine Seele: Gespräche mit Eichmann in der Todeszelle*. Wuppertal, 1964.

Huth, Werner. "Adolf Eichmann. Ein Fall von pathologischer Ideologie." In *Glaube, Ideologie und Wahn: Das Ich zwischen Realität und Illusion*. Munich, 1984.

Jäger, Herbert. *Verbrechen unter totalitärer Herrschaft: Studien zur nationalsozialistischen Gewaltkriminalität*. 1967; reprinted Frankfurt am Main, 1982.

———. *Makrokriminalität: Studien zur Kriminologie kollektiver Gewalt*. Frankfurt am Main, 1989.

Jansen, Hans. *Der MadagaskarPlan: Die beabsichtigte Deportation der europäischen Juden nach Madagaskar*. Munich, 1997.

Jaspers, Karl. Television interview by Thilo Koch, March 10, 1960(broadcast on August 10). *Frankfurter Allgemeine*, August 17, 1960.

———. "Die grundsätzlich neue Art des Verbrechens." In *Wohin treibt die Bundesrepublik?* Munich, 1966.

Kárny, Miroslav. "Nisko in der Geschichte der 'Endlösung.'" *Judaica Bohemiae* 23, no. 2(1987), pp. 69–84.

Kaul, Friedrich Karl. *Der Fall Eichmann*. East Berlin, 1963.

Kelen, Emery. "Bureaucrat or Beelzebub?" *Atlas* 2, no. 2(August 1961), pp. 125–127.

Kempner, R. M. W. *Eichmann und Komplizen: Mit Dokumentenfaksimiles*. Zurich, Stuttgart, and Vienna, 1961.

Klarsfeld, Serge. *Vichy—Auschwitz: Die Zusammenarbeit der deutschen und französischen Behörden bei der "Endlösung der Judenfrage" in Frankreich*. Nördlingen, 1989.

Knopp, Guido. *Hitlers Helfer: Die Täter: Adolf Eichmann, Martin Bormann, Joachim von Ribbentrop, Roland Freisler, Baldur von Schirach, Josef Mengele*. Munich, 1996.

Kogon, Eugen. "Nicht der Einzige—Nur eine Anmerkung zum Fall Eichmann." *Frankfurter Hefte* 15, no. 7(1960).

Kolbe, Christian. "'Und da begann ich zu überlegen.' Adolf Eichmanns zwiespältige Erinnerungen an sein ungarisches 'Meisterstück.'" In *Im Labyrinth der Schuld: Täter, Opfer, Ankläger*. Edited by Fritz Bauer Institut. Frankfurt am Main and New York, 2003, pp. 65–93. (A yearbook on the history and impact of the Holocaust.)

Koning, Ines de. *A Study of Adolf Eichmann(*1906–1962*): Adolf Hitler's Expert in Jewish Affairs*. Newton, Mass., 1964. (Self-published by Diss Newton College of the Sacred Heart; highly speculative and a fund of Eichmann legends.)

Krause, Peter. *Der EichmannProzeß in der deutschen Presse*. Frankfurt am Main and New York, 2002.

Krummacher, Friedrich A., ed. *Die Kontroverse: Hannah Arendt, Eichmann und die Juden*. Munich, 1964.

Kühnrich, Heinz. *Judenmörder Eichmann: Kein Fall der Vergangenheit*. East Berlin, 1961.

Kulcsár, Shlomo. "The Psychopathology of Adolf Eichmann." In *Proceedings of the IVth World Congress of Psychiatry*. Madrid, 1966.

______. "De Sade and Eichmann." *Mental Health and Society* 3(1976), pp. 102–113.

Kulcsár, Shlomo, Shoshanna Kulcsár, and Lipot Szondi. "Adolf Eichmann and the Third Reich." In *Crime, Law and Corrections*. Edited by Ralph Slovenko. Springfield, Ill., 1966.

Lamm, Hans. *Der EichmannProzeß in der deutschen öffentlichen Meinung*. Frankfurt am Main, 1961.

Landau, Ernest, ed. *Der KastnerBericht über Eichmanns Menschenhandel in Ungarn*. Munich, 1961.

Lang, Berel. *Act and Idea in the Nazi Genocide*. Chicago and London, 1990.

———. *The Future of the Holocaust: Between History and Memory*. Ithaca, N.Y., and London, 1999.

Lang, Jochen von. *Das EichmannProtokoll: Tonbandaufzeichnungen der israelischen Verhöre. Mit einem Nachwort von Avner W. Less*. Berlin, 1982.

Lauryssens, Stan. *De fatale vriendschappen van Adolf Eichmann*. Leuven, 1998.

Lawson, Colin. "Eichmann's Wife Speaks." *Daily Express*, December 12, 1961.

LeBor, Adam. "Eichmann's List: A Pact with the Devil." *Independent*, August 23, 2000.

Levai, Jenö. *Abscheu und Grauen vor dem Genocid in aller Welt...... Diplomaten und Presse als Lebensretter: Dokumentationswerk anhand der "streng geheim" bezeichneten Akten des Reichsaussenministeriums*. New York, 1968.

Levai, Jenö, ed. *Eichmann in Ungarn: Dokumente*. Budapest, 1961.

Levine, Herbert S.. "Politik, Persönlichkeit und Verbrechertum im Dritten Reich. Der Fall Adolf Eichmann." In *Geschichte als politische Wissenschaft: Sozialökonomische Ansätze, Analyse politikhistorischer Phänomene, politologische Fragestellungen in der Geschichte*. Edited by J. Bergman, Kl. Megerle, and P. Steinbach. Stuttgart, 1979.

Linze, Dewey W. "LIFE and Eichmann." *Newsweek*, December 5, 1960.

Longerich, Peter. *Der ungeschriebene Befehl: Hitler und der Weg zur "Endlösung."* Munich and Zurich, 2001.

Lozowick, Yaacov. "Malice in Action." *Yad Vashem Studies* 27(1999), pp. 287–330.

———. *Hitlers Bürokraten: Eichmann, seine willigen Vollstrecker und die Banalität des Bösen*. Zurich and Munich, 2000.

Malkin, Peter Z., and Harry Stein. *Ich jagte Eichmann*. Munich and Zurich, 1990.

Man, Peter, and Uri Dan. *Capturer Eichmann: Temoignage d'un agent du Mossad*. Paris, 1987.

Meding, Holger. *Flucht vor Nürnberg? Deutsche und österreichische Einwanderung in Argentinien* 1945–1955. Cologne, 1992.

———. *"Der Weg": Eine deutsche Emigrantenzeitschrift in Buenos Aires* 1947–1957. Berlin, 1997.

Miale, F. R., and M. Selzer. *The Nuremberg Mind: The Psychology of the Nazi Lead-*

er. New York, 1975.

Mikellitis, Edith. "Der verlorene Sohn. Anmerkungen zum Fall Eichmann." *Zeitschrift für Geopolitik*(Heidelberg) 32(1961), pp. 269 – 270.

Milotová, Jaroslava. "Die Zentralstelle für jüdische Auswanderung in Prag. Genesis und Tätigkeit bis zum Anfang des Jahres 1940." In *Theresienstädter Studien und Dokumente*, no. 4(1997).

Moser, Jonny. "Nisko. The First Experiment in Deportation." *Simon Wiesenthal Center Annual* 2(1985), pp. 1 – 30.

_____. "Die Zentralstelle für jüdische Auswanderung in Wien." In *Der Pogrom 1938: Judenverfolgung in Österreich und Deutschland*. Edited by Kurt Schmid and Robert Streibel. 2nd ed. Vienna, 1990.

Mulisch, Harry. *Criminal Case 40/61, the Trial of Adolf Eichmann: An Eyewitness Account*. Philadelphia, 2009.

Naftali, Timothy. "The CIA and Eichmann's Associates." In *U.S. Intelligence and the Nazis*. Edited by Richard Breitman. Washington, D.C., 2004.

_____. *New Information on Cold War: CIA StayBehind Operations in Germany and on the Adolf Eichmann Case*. Nazi War Crimes Interagency Working Group. Washington, D.C., 2006.

Nellessen, Bernd. *Der Prozess von Jerusalem: Ein Dokument*. Düsseldorf and Vienna, 1964.

Nicosia, Francis R.. "Revisionism Zionism in Germany II. Georg Kareski and the Staatszionistische Organisation, 1933 – 1938." In *Yearbook of the Leo Baeck Institute* 32(1987), pp. 247ff.

_____. "Ein nützlicher Feind. Zionismus im nationalsozialistischen Deutschland 1933 – 1939." *Vierteljahrshefte für Zeitgeschichte* 37(1989), pp. 367 – 400.

Onfray, Michel. *Le songe d'Eichmann: Précédé de'un kantien chez les nazis*. Paris, 2008.

Oppenheimer, Max. *Eichmann und die Eichmänner: Dokumentarische Hinweise auf den Personenkreis der Helfer und Helfershelfer bei der "Endlösung."* Ludwigsburg, 1961.

Orth, Karin."Rudolf Höß und die 'Endlösung der Judenfrage.'" *Werkstatt Geschichte* 18(1997), pp. 45 – 57.

Paetzold, Kurt, and Erika Schwarz. *"Auschwitz war für mich nur ein Bahnhof": Franz Novak—der Transportoffizier Adolf Eichmanns*. Berlin, 1994.

Paul, Gerhard. "'Kämpfende Verwaltung.' Das Amt IV des Reichssicherheitshauptamtes als Führungsinstanz der Gestapo." In *Die Gestapo im Zweiten Weltkrieg: "Heimatfront" und besetztes Europa*. Edited by Gerhard Paul and Klaus-Michael Mallmann. Darmstadt, 2000.

———. "Von Psychopathen, Technokraten des Terrors und 'ganz normalen Deutschen.'" In *Die Täter der Shoah: Fanatische Nationalsozialisten und ganz normale Deutsche?* Edited by Gerhard Paul. Göttingen, 2002.

Pearlman, Moshe. *Die Festnahme des Adolf Eichmann*. Frankfurt am Main, 1961. (Published before the trial and by Pearlman's own admission unsupportable in places.)

———. *The Capture and Trial of Adolf Eichmann*. New York, 1963. (Heavily revised after the 1961 edition.)

Pendorf, Robert. *Mörder und Ermordete: Eichmann und die Judenpolitik des Dritten Reiches*. Hamburg, 1961.

Pohl, Dieter. *Nationalsozialistische Judenverfolgung in Ostgalizien* 1941–1944*: Organisation und Durchführung des Massenverbrechens*. Munich, 1996.

———. "Die Ermordung der Juden im Generalgouvernement." In *Nationalsozialistische Vernichtungspolitik* 1939–1945*: Neue Forschungen und Kontroversen*. Edited by Ulrich Herbert. Frankfurt am Main, 1998.

Poliakov, Léon. "Adolf Eichmann ou le rêve de Caligula." *Le Monde Juif*. Paris, June 4, 1949.

———. *Harvest of Hate: Background to the Eichmann Story Introduced by Lord Russell of Liverpool*. London, 1960.

Proces Eichmanna: Sprawy Miedzynarodowe. Warsaw, vol. 14, no. 8, 1961.

Rabinovici, Doron. *Instanzen der Ohnmacht: Wien* 1938–1945*: Der Weg zum Judenrat*. Frankfurt am Main, 2000.

Ranasinghe, Nalin. "Ethics for the Little Man: Kant, Eichmann, and the Banality of Evil." *Journal of Value Inquiry* 36(2002), pp. 299 – 317.

Rappaport, Ernest A. "Adolf Eichmann: The Travelling Salesman of Genocide." *International Review of PsychoAnalysis* 3(1976), pp. 111 – 119.

Rein, Raanan. *Argentina, Israel, and the Jews: Peron, the Eichmann Capture and After*. Bethesda, Md., 2003.

Reitlinger, Gerald. *The Final Solution: Hitler's Attempt to Exterminate the Jews of Europe,* 1939–1945. London, 1987.

Reyna, Mariano. "El caso Eichmann." *Todo es Historia*(Buenos Aires) 116(January 1977), pp. 6–20.

Reynolds, Quentin. "Adolf Eichmann, Henker von Millionen." *Sie und Er*(Zofingen) 37(January 5–March 30, 1961), pp. 1–13.

Reynolds, Quentin, Ephraim Katz, and Zwy Aldouby. *Minister of Death: The Adolf Eichmann Story*. London, 1961.

Ritzler, B. A., and L. Saradavian. "Sadism and the Banality of Evil as Factors in Nazi Personalities: A Rorschach Analysis." Paper presented at the American Psychological Association Convention. Washington, D.C., August 1986.

Robinson, Jacob. *And Crooked Shall Be Made Straight: The Eichmann Trial, the Jewish Catastrophe and Hannah Arendt's Narrative*. Philadelphia, 1965.

Rosenkranz, Herbert. *Verfolgung und Selbstbehauptung: Die Juden in Österreich* 1938–1945. Vienna and Munich, 1978.

Rotenstreich, Nathan. "Can Evil Be Banal?" *Philosophical Forum* 16, nos. 1–2(1984–1985), pp. 50–62.

Sachs, Ruth. *Adolf Eichmann: Engineer of Death*, New York, 2001.

Safrian, Hans. *Die EichmannMänner*. Vienna, 1993.

______. "Adolf Eichmann. Organisator der Judendeportation." In *Die SS: Elite unter dem Totenkopf*. Edited by Ronald Smelser. Paderborn, 2000.

Sandkühler, Thomas. "Eichmann war kein Subalterner, der nur Befehle ausführte." Interview in *Die Welt*, August 16, 1999.

Schechtman, Joseph B. "The Mufti-Eichmann Team." *Congress BiWeekly*, November 7, 1960, pp. 5–7.

Scheffler, Wolfgang. "Hannah Arendt und der Mensch im totalitären Staat." *Aus Politik und Zeitgeschichte* 45(1964), pp. 19–38.

______. "Diese Notizen sind der Versuch, sich verständlich zu machen." Interview in *Die Welt*, August 14, 1999.

Schmidt, Regina, and Egon Becker. *Reaktionen auf politische Vorgänge: 3 Meinungsstudien aus der Bundesrepublik*. Frankfurt am Main, 1967.

Schneppen, Heinz. *Odessa und das Vierte Reich: Mythen der Zeitgeschichte*. Berlin, 2007.

Schubert, Günter. "Post für Eichmann." *Jahrbuch für Antisemitismusforschung* 15(2006), pp. 383–393.

Schüle, Erwin. "Die strafrechtliche Aufarbeitung des Verhaltens in totalitären Systemen. Der Eichmann-Prozeß aus deutscher Sicht." In *Möglichkeiten und Grenzen für die Bewältigung historischer und politischer Schuld in Strafprozessen*. Edited by Karl Forster. Würzburg, 1962.

Schwelien, Joachim. *Jargon der Gewalt*. Frankfurt am Main, 1961.

Segev, Tom. *Simon Wiesenthal: The Life and Legends*. New York, 2010.

Selzer, Michael. "On Nazis and Normality." *Psychohistory Review* 5, no. 4(March 1977), pp. 34–36.

———. "The Murderous Mind: Psychological Results of Tests Administered to Adolf Eichmann." *New York Times Magazine*, November 27, 1977, pp. 35ff.

———. "Ein Angreifer, zu nackter Grausamkeit fähig." *Der Spiegel*, February 1978.

Servatius, Robert. "Exclusiv-Interview mit Eichmann-Verteidiger." *Allgemeine Jüdische Wochenzeitung*, April 21, 1961.

Smith, Gary, ed. *Hannah Arendt Revisited: "Eichmann in Jerusalem" und die Folgen*. Frankfurt am Main, 2000.

Sommer, Theo. "Adolf Eichmann, Ostubaf. a. D. Der Mann am Schalthebel der Hitlerschen Vernichtungsmaschine." *Die Zeit*, June 3 1960.

Sontag, Susan. "Reflections on 'The Deputy.'" In *Against Interpretation*. London, 1994.

Sösemann, Bernd. "Viele NS-Quellen sind schlecht ediert." Interview in *Die Welt*, August 18, 1999.

Stangneth, Bettina. "Antisemitische und antijudaistische Motive bei Immanuel Kant? Tatsachen, Meinungen, Ursachen." In *Antisemitismus bei Kant und anderen Denkern der Aufklärung*. Edited by Horst Gronke et al. Würzburg, 2001.

———. "Adolf Eichmann interpretiert Immanuel Kant." Lecture at the University of Marburg, 2002(unpublished).

Steinacher, Gerald. *Nazis on the Run: How Hitler's Henchmen Fled Justice*. Oxford, 2011.

Steur, Claudia. "Eichmanns Emissäre. Die 'Judenberater' in Hitlers Europa." In *Die Gestapo im Zweiten Weltkrieg: "Heimatfront" und besetztes Europa*. Edited by Gerhard Paul and Klaus Michael Mallmann. Darmstadt, 2000.

Strasser, Peter. *Verbrechermenschen: Zur kriminalwissenschaftlichen Erzeugung des Bösen*. Frankfurt am Main and New York, 1984.

Szondi, Leopold. "Blindanalyse der Triebteste Adolf Eichmanns." In *Kain: Gestalten des Bösen*. Bern, 1969. (A blind analysis of the test performed on Eichmann by Szondi.)

Vogel, Rolf, ed. *Der deutschisraelische Dialog: Dokumentation eines erregenden Kapitels deutscher Außenpolitik*. Vols. 1–3. Munich, 1987–1988.

Volk, Christian. "'Wo das Wort versagt und das Denken scheitert.' Überlegungen zu Hannah Arendts Eichmann-Charakterisierung." *ASCHKENAS—Zeitschrift für Geschichte und Kultur der Juden* 16(2006), pp. 195–227.

Wassermann, Heinz P. "'Lang lebe Deutschland, lang lebe Argentinien, lang lebe Österreich……' – Der Prozeß gegen Adolf Eichmann: Eine Analyse historischer Bewußtseinsbildung durch die Tagespresse." *Zeitgeschichte* 20, nos. 7–8(July–August 1993), pp. 249–259.

Weber, Gaby. *DaimlerBenz und die ArgentinienConnection: Von Rattenlinien und Nazigeldern*. Berlin and Hamburg, 2004.

Weibel-Altmeyer, Heinz. "Jagd auf Eichmann." *Neue Illustrierte*, June–July 8, 1960.

Weinke, Annette. "Die SED-Begleitkampagne zum Jerusalemer Eichmann-Prozeß." In *Die Verfolgung von NSTätern im geteilten Deutschland: Vergangenheitsbewältigung* 1949–1969 *oder: Eine deutschdeutsche Beziehungsgeschichte im Kalten Krieg*. Paderborn, Munich, Zurich, and Vienna, 2002.

Weitz, Yehiam. "The Holocaust on Trial: The Impact of the Kasztner and Eichmann Trials on Israeli Society." *Israel Studies* 1, no. 2(December 1996), pp. 1–26.

______. "The Founding Father and the War Criminal's Trial: Ben Gurion and the Eichmann Trial." *Yad Vashem Studies*(2008), 211–252.

Wiesenthal, Simon. *Großmufti—Großagent der Achse*. Salzburg and Vienna, 1947.

______. *Ich jagte Eichmann: Tatsachenbericht*. Gütersloh, 1961.

Wieviorka, Annette. *Procès de Eichmann*—1961. Brussels, 1989.

Wighton, Charles. *Eichmann: His Career and Crimes*. London, 1961.

Wildt, Michael. *Die Judenpolitik des SD* 1935–1938*: Eine Dokumentation*. Munich, 1995.

______. "Eichmanns Götzen." *Die Zeit*, March 23, 2000.

______. *Generation des Unbedingten: Das Führungskorps des Reichssicherheitshauptamtes*. Hamburg, 2003.

Wildt, Michael, ed. *Nachrichtendienst, Politische Elite und Mordeinheit: Der Sicher-*

자료

heitsdienst des Reichsführer SS. Hamburg, 2003.

Winkler, Willi. *Der Schattenmann: Von Goebbels zu Carlos: Das mysteriöse Leben des François Genoud*. Berlin, 2011.

Witte, Peter. "Warum Eichmann bewußt Details verschweigt." *Die Welt*, August 21, 1999.

———. "Adolf Eichmann unterschlägt bewußt entscheidende Fakten. Der Judenreferent deportiert zielstrebig für seinen Führer." *Die Welt*, August 24, 1999.

Wojak, Irmtrud. "Über Eichmann nichts Neues." Interview in *Frankfurter Rundschau*, August 11, 1999.

———. *Eichmanns Memoiren: Ein kritischer Essay*. Frankfurt am Main, 2001.

———. *Fritz Bauer:* 1903–1968*: Eine Biographie*. Munich, 2009.

Wolfmann, Alfred. *Eichmannprozeß: Berichte aus Jerusalem*. Düsseldorf, c. 1962.

Wucher, Albert. *Eichmanns gab es viele: Ein Dokumentarbericht über die Endlösung der Judenfrage*. Munich and Zurich, 1961.

Wyss, P. "*Eichmann in Jerusalem*." In Karl Jaspers, *Provokationen: Gespräche und Interviews*. Edited by Hans Saner. Munich, 1969.

Yablonka, Hanna. *The State of Israel vs. Adolf Eichmann*. New York, 2004.

Yahil, Leni. "'Memoirs' of Adolf Eichmann." *Yad Vashem Studies* 18(1987), pp. 133–162.

———. *Die Shoah: Überlebenskampf und Vernichtung der europäischen Juden*. Munich, 1998.

Zachodnia Agencja Prasowa, ed. *Eichmann*. Poznan, 1960.

Zimmermann, Moshe. "An Eichmanns Aufzeichnungen kommt kein Historiker vorbei." *Die Welt*, August 17, 1999.

———. "Aufzeichnungen eines Mörders." *Allgemeine Jüdische Wochenzeitung*, March 16, 2000.

다큐멘터리

Bogart, Paul, director. *Engineer of Death: The Eichmann Story*. United States: Robert E. Costello, Talent Associates, CBS, New York, 1960.

Defrank, Rolf, director. *Erscheinungsform Mensch: Adolf Eichmann*. Hamburg: Aurora Television Productions, 1978–1979.

Glynn, Clara, director. *Adolf Eichmann—Begegnungen mit einem Mörder*. BBC/NDR, 2002. English version: *I Met Adolf Eichmann*.

Graham, William A., director. *The Man Who Captured Eichmann*. United States, Argentina: Butcher's Run Films, Stan Margolies Company, Turner Pictures, 1996.

Gribowsky, Peter Schier, director. *Eine Epoche vor Gericht*. Germany: NDR 1961.

Keutner, Sabine, director. *Der Fall Adolf Eichmann: 40 Jahre Entführung und Verhaftung*. Mainz, Germany: ZDF, 3sat, 2000.

Knopp, Guido, director. *Eichmann: Der Vernichter*. Munich: BMG Video/Universum-Film München, 1998. English version: *Hitler's Henchmen II. Adolf Eichmann: The Exterminator*.

Ley, Raymond, director. *Eichmanns Ende*. Hamburg: docstation for NDR, SWR, 2010.

Mossek, Nissim, director. *Adolph Eichmann: The Secret Memoirs*. Israel, Netherlands: Biblical Productions, EO Television, 2002.

Sandler, Michael, director. *I Captured Eichmann*. Belgium: Belbo Film Productions BV, 1980.

Setton, Dan, director. *Eichmann: The Nazi Fugitive/Lechidato shel Adolf Eichmann*. Israel: SET Productions, Jerusalem, 1994.

———. *Josef Mengele: The Final Account*. Israel: SET Productions, Jerusalem, 2002.

Sivan, Eyal, director. *Der Spezialist*. Germany, France, Belgium, Austria, Israel, 1998.

Wallace, Mike, interviewer. *The Devil Is a Gentleman*. United States: CBS New York, 1983.

찾아보기

ㅁ

ㅂ

ㅅ

ㅇ

ㅈ

ㅊ

ㅋ

ㅌ

ㅍ

ㅎ

예루살렘 이전의 아이히만

대량학살자의 밝혀지지 않은 삶

초판 인쇄 2025년 2월 21일
초판 발행 2025년 2월 28일

지은이 베티나 슈탕네트
옮긴이 이동기 이재규
펴낸이 강성민
편집장 이은혜
기획 노만수
편집 한선예
마케팅 정민호 박치우 한민아 이민경 박진희 황승현
브랜딩 함유지 함근아 박민재 김희숙 이송이 김하연 박다솔 조다현 배진성 이준희
제작 강신은 김동욱 이순호

펴낸곳 (주)글항아리 | 출판등록 2009년 1월 19일 제406-2009-000002호

주소 경기도 파주시 문발로 214-12, 4층
전자우편 bookpot@hanmail.net
전화번호 031-955-2689(마케팅) 031-941-5161(편집부)

ISBN 979-11-6909-359-0 03900

잘못된 책은 구입하신 서점에서 교환해드립니다.
기타 교환 문의 031-955-2661, 3580

www.geulhangari.com